CARL GOERDELER

UND DIE DEUTSCHE WIDERSTANDSBEWEGUNG

GERHARD RITTER

CARL GOERDELER UND DIE DEUTSCHE WIDERSTANDS-BEWEGUNG

MIT EINEM BRIEF GOERDELERS
IN FAKSIMILE
UND VIER ABBILDUNGEN

DEUTSCHE VERLAGS-ANSTALT

Die Veröffentlichung von Ausarbeitungen und Briefen C. Goerdelers erfolgt im Einverständnis mit seinen Erben, die den Abdruck gestattet haben. Das ihnen zustehende Urheberrecht bleibt unberührt. Jede weitere Verwertung ist daher nur mit ihrer Zustimmung zulässig.

CIP-Kurztitelaufnahme der Deutschen Bibliothek

Ritter, Gerhard:
Carl Goerdeler und die deutsche Widerstandsbewegung: mit e. Brief Goerdelers in Faks./
Gerhard Ritter. – Neuaufl. –
Stuttgart: Deutsche Verlags-Anstalt, 1984.
ISBN 3-421-06181-5

4. Auflage 1984
(Unveränderter Nachdruck der 3. Auflage von 1956)

Gesamtherstellung: Wilhelm Röck, Weinsberg
Printed in Germany

INHALTSVERZEICHNIS

BILDHINWEIS

Die Bildvorlagen wurden uns von der Familie Goerdeler zur Verfügung gestellt.

VORWORT

ZUR NEUAUFLAGE 1984

In der Zeitgeschichte wie in den meisten wissenschaftlichen Disziplinen gibt es Buchpublikationen, die für das Studium und später für Lehre und Forschung schlechterdings nicht zu entbehren sind. Prekär wird es, wenn von diesen die eine oder andere, gar mehrere, seit Jahren vergriffen sind und nicht wieder aufgelegt werden. Auffällige Beispiele dafür sind John Gimbels „Amerikanische Besatzungspolitik in Deutschland 1945–49", 1971 erschienen, und Karlheinz Niclaus' „Demokratiegründung in Westdeutschland. Die Entstehung der Bundesrepublik von 1945–49", 1974 veröffentlicht. Schlimm wird es, wenn Bücher dieser Art in den Hochschulbibliotheken ständig ausgeliehen oder vorbestellt, also blockiert sind. In der Fachliteratur entsteht eine echte, anderweitig nicht ausfüllbare Lücke. Die Misere spüren nur die Betroffenen. Die Öffentlichkeit merkt nichts davon, denn die Malaise ist für sie ein peripheres Thema.

Ein besonderes Beispiel dieser Kategorie in der Zeitgeschichte ist Gerhard Ritters Werk „Carl Goerdeler und die deutsche Widerstandsbewegung". Es erschien 1954, schon nach zwei Monaten die nächste Auflage, 1956 die dritte, die auch ins Englische, Französische und Italienische übersetzt worden ist. Der dtv brachte 1964 eine ungekürzte Taschenbuchausgabe heraus; auch sie ist vergriffen.

Wohl weniger weil sich am 20. Juli 1984 der Tag des Attentats auf Hitler zum 40. Mal jährt, vielmehr weil die Deutsche Verlags-Anstalt dieses Werk nicht untergehen lassen will, hat sie sich nun entschlossen, einen unveränderten Nachdruck der dritten Auflage herauszugeben.

Das Verständnis für die Widerstandsbewegung im Dritten Reich ist weder gleich nach Kriegsende noch in den letzten Jahren sehr wach gewesen. Das haben mannigfache Gründe verursacht: Gleichgültigkeit, Ressentiments gegen vorwiegend konservative Kräfte – Joachim Fest spricht in seiner Hitler-Biographie von „unwillig bezeugtem Respekt" –, sogar auch die Verurteilung der Aktion vom 20. Juli als „Dolchstoß" oder Landesverrat im Kriege. Ein Grund war weiterhin, zum mindesten in der deutschen Geschichtsschreibung, ein generell mangelndes Interesse an gescheiterten Aufständen. Zu einem allgemein- und gesellschaftspolitisch, reformations- und verfassungsgeschichtlich so wichtigen Ereignis wie dem deutschen Bauernkrieg von 1524–25 ist erst 1933 eine bedeutsame zweiteilige Monographie von Günther Franz erschienen. Auch die Achtundvierziger Revolution ist lange Zeit in der Geschichtsschreibung nicht eben ein begehrtes Thema gewesen. Die erste herausragende Beschreibung stammt von Veit Valentin 1930/31, also erst nach achtzig Jahren, obwohl die deutsche Geschichtsschreibung in voller Blüte stand.

Der Anstoß zur deutschen Widerstandshistorie ging von Hans Rothfels aus. Damals lebte und lehrte er noch in Chicago. Seine Schrift „Die deutsche Opposition gegen Hitler" erschien 1948 in englischer Sprache und 1964 in deutscher. Sie stellt mehr eine Würdigung als eine Beschreibung dar, wozu auch in dieser Zeit die Materialien noch nicht ausgereicht hätten. Sinn dieser Schrift war es, die Alliierten angesichts ihrer Animosität, zum mindesten Indolenz, gegenüber dem deutschen Widerstand aufzuklären.

Das Attentat vom 20. Juli 1944 in Rastenburg mit den Aktionen vornehmlich in Berlin und Paris war der einzige Offiziersputsch in der preußisch-deutschen Geschichte, abgesehen vom Kapp-Putsch 1920, der mit dieser Rebellion überhaupt nicht zu vergleichen ist, – ein Putsch von oben gleichsam, nach allen Seiten isoliert. Die völlige Isolierung hatte die totale Diktatur mit ihrem gigantischen Überwachungsapparat und ihrem Heer von freiwilligen und erpreßten Denunzianten erzwungen. Eine generalstabsmäßige Vorbereitung wäre kaum möglich gewesen. Das aber machte die bürgerliche Widerstandsbewegung so interessant für die Fachwissenschaft, ebenso das Problem der Kontakte zwischen Widerstandsbewegung und dem neutralen wie feindlichen Ausland.

Die Widerstandsbewegung ist geradezu ein Paradigma für die gewaltigen Risiken und minimalen Chancen eines Aufstandes gegen eine totalitäre Macht. Diese Widerstandsbewegung und ihr Wagnis sind ein Zeugnis von historischem Rang für das hohe Ethos ihrer Träger, für ihren damals schwer vorstellbaren Mut und ihre Opferbereitschaft – ungeachtet der Fehlplanungen und Fehlleistungen. Den Trägern waren, ihrer Herkunft gemäß, Revolutionsinstinkt und -technik fremd. Im Juni 1944 schrieb Oberst Graf Stauffenberg, der allein den Attentatsversuch unternommen hat: „Es kommt nicht mehr auf den praktischen Zweck an, sondern daß die deutsche Widerstandsbewegung vor der Welt und vor der Geschichte einen entscheidenden Wurf gewagt hat." Hans Herzfeld zitiert in seiner Rezension dieses Buches Gerhard Ritter: daß „die Geschichte der Widerstandsbewegung die Geschichte einer gescheiterten Unternehmung bleibt", aber er fügt hinzu, dieser „Aufstand des Gewissens" in seiner letzten sittlichen Entschiedenheit sei für das Gesamtbild der deutschen Geschichte unentbehrlich.

Ritter war mit Carl Goerdeler befreundet. Er gehörte zur Widerstandsbewegung, die den Staatsstreich am 20. Juli gewagt hat, aber er war an der Aktion der Verschwörer unmittelbar nicht beteiligt. Nach dem gescheiterten Attentat wurde auch Ritter verhaftet. Er soll im Konzentrationslager gefoltert worden sein. Carl Goerdeler hat er noch kurz vor dessen Hinrichtung gegenübergestanden. Sein Buch beschränkt sich bewußt im wesentlichen auf die Beschreibung dieser Verschwörung, ihres Aufkommens, ihres Ganges und des Versuchs, einen Staatsstreich zu vollziehen. Hier wie in seinen anderen Publikationen zeigt sich Ritter als ein Meister der historischen Erzählung. Plastisch beschreibt er die Tatsachen, porträtiert er – allerdings nicht immer – sehr treffsicher die Personen. Es ist kein Erlebnisbericht, es sind keine Memoiren, schon gar nicht kann man von einer Heroisierung Goerdelers und der Widerstandsbewegung reden. „Die erlebte Vergangenheit" wird nicht unterdrückt. Mit entschiedener Kritik hält Ritter nicht zurück, der zeitlebens leidenschaftliche Historiker kommt voll zur Geltung.

„Inneres Beteiligtsein und forscherliche Gerechtigkeit brauchen einander nicht im Wege zu stehen", schrieb Christian Lewalter in der „Zeit" über das Werk. Die Wertung ist nicht vernachlässigt, aber sie basiert auf einer anschaulichen Beschreibung der Tatsachen und Personen, eben auf dem, was und wie es geschehen ist. Zwar ist stellenweise seine Darstellung durch die neuere Forschung überholt, die Rezensionen haben die Mängel der Ritterschen Darstellung nicht übersehen: so beispielsweise, daß der sozialdemokratische Anteil so zurückhaltend bewertet, daß Goerdeler als Zentralfigur der Widerstandsbewegung überschätzt worden sei. Dennoch ist es keine Übertreibung, wenn man Ritters Arbeit das klassische Werk über die Widerstandsbewegung um Goerdeler nennt – über sie, die nicht die einzige war, die aber als die weitaus bedeutendste in Erscheinung getreten ist. Hans Herzfeld hat dieses Buch „als Ganzes eine Schlüsselleistung" genannt.

Der Hinweis ist noch anzufügen, daß in der Universität Bochum unter der Leitung von Professor Hans Mommsen, gefördert von der Stiftung Volkswagenwerk, eine historisch-kritische Edition ausgewählter Schriften von Carl Goerdeler vorbereitet wird.

Tübingen, im Dezember 1983 Theodor Eschenburg

VORREDE

Der äußere Anstoß zur Ausarbeitung dieses Buches kam von verschiedenen Seiten. Einmal von der mir befreundeten Familie Carl Goerdelers, die dessen überaus reichen schriftlichen Nachlaß, der bald nach Kriegsende aus den verschiedensten Verstecken im In- und Ausland zusammengebracht worden war, in einer Biographie verwertet zu sehen wünschte. Sodann von einem Kreise ehemaliger Angehöriger der Widerstandsbewegung, der sich unter Führung des Ehepaares Graf Hardenberg zum „Hilfswerk 20. Juli 1944" zusammenschloß – einer Stiftung, die im wesentlichen caritativen Zwecken gewidmet ist, nämlich der Beschaffung und Verteilung von Mitteln zur Unterstützung notleidender Hinterbliebener und Überlebender der Widerstandsbewegung. Auf einer ersten Zusammenkunft dieses Hilfswerks in Hindelang (Allgäu) im August 1947, zu der auch ich eingeladen war, wurde ich gebeten, mich um die Sammlung historischen Quellenmaterials mit dem Ziel einer späteren geschichtlichen Darstellung zu bemühen. Ich bin beiden Anregungen gefolgt, weil ich die Lösung der Aufgabe für politisch notwendig hielt.

Die Materialsammlung erwies sich als überaus schwierig und zeitraubend. Wie vorauszusehen, waren schriftliche Dokumente außerhalb des Goerdeler-Nachlasses nur noch sehr spärlich vorhanden. Das meiste war entweder der Gestapo in die Hände gefallen oder aus Furcht vor ihrem Zugriff vernichtet, manches auch in seinen Verstecken unauffindbar geworden. Überdies hat überhaupt nur ein verhältnismäßig kleiner Kreis von Mitgliedern der Opposition seine Pläne, Verabredungen und Erlebnisse zu Papier gebracht. So war ich zunächst in der Hauptsache auf die Sammlung mündlicher und brieflicher Auskünfte von Überlebenden und Angehörigen angewiesen: ein Quellenmaterial von sehr unterschiedlicher Ergiebigkeit und Zuverlässigkeit, meist nur mit kritischer Vorsicht zu gebrauchen. Von den nächsten Angehörigen und Freunden war in sehr vielen Fällen nicht mehr zu erfahren als eine allgemeine Charakteristik der betreffenden Persönlichkeit und ihrer politischen Grundhaltung. Briefe politischen Inhalts sind nur in Ausnahmefällen erhalten. Die wichtigste Unterstützung bei dieser Sammelarbeit fand ich durch meinen ehemaligen Schüler, Dr. Heinrich von zur Mühlen in Berlin. Er hatte im Auftrag und mit finanzieller Unterstützung eines Berliner Kreises (von Zastrow, von Zitzewitz-Muttrin, Frau Leber, Heinz, Dr. Reuter u. a.) schon vorher eine Materialsammlung begonnen, die durch ausführliche, genau präzisierte Befragung von Überlebenden gefördert wurde. Leider setzte die Geldabwertung von 1948 dieser fruchtbaren Tätigkeit ein Ende. Ich habe sie indessen auf andere Weise fortsetzen können: durch eine sehr ausgedehnte Korrespondenz, zahlreiche Besuche und persönliche Aussprachen, nicht zuletzt auch durch eine Archivreise, die ich im Herbst 1950 nach dem Staatsarchiv Nürnberg und den Berliner Archiven unternahm. Ihr wichtigster Ertrag war eine Reihe von Funden im amerikanischen Document Center in Berlin-Zehlendorf, das mir (wohl als erstem deutschem Forscher) durch die Besatzungsbehörden zugänglich gemacht wurde, und eine vorläufige Übersicht über den Verbleib der amtlichen deutschen Dokumente der Hitlerzeit, über den ich in der Zeitschrift „Der Archivar", Jahrgang IV, Heft 2, Mai 1951, berichtet habe. Für die Durcharbeitung der (gedruckten und ungedruckten) sogenannten Nürnberger Prozeßmaterialien standen mir Freiburger studentische Hilfskräfte zur Verfügung, deren Besoldung dankenswerterweise zum Teil die an Goerdelers Schicksal so stark interessierte Firma Robert Bosch übernahm. Bei der Vervollständigung der Materialien aus dem Nachlaß Goerdelers waren mir unter anderen Bundesminister Jakob Kaiser und Dr. Strölin-Stuttgart behilflich. Letzterer erschloß mir den ersten Zugang zu wichtigen Dokumenten, die Verlagsdirektor Gotthold Müller, einer der Leipziger Freunde Goerdelers, aufbewahrt hatte.

Nach und nach kam so doch eine ganze Menge zerstreuten Quellenstoffes zusammen. Allmählich erschien aber auch immer weiteres wichtiges Quellenmaterial im Druck: Presseartikel der verschiedensten Art, größere und kleinere Memoirenwerke und Spezialstudien, nicht zuletzt eine Reihe amtlicher Aktenpublikationen zur Außenpolitik der Hitlerzeit. Ich bin dankbar dafür, daß ich nicht gedrängt war, mein Buch vorzeitig abzuschließen, sondern die jetzt vorliegende Fülle solcher Publikationen abwarten konnte. Den wichtigsten Quellenfund machte ich erst im Frühjahr 1953, als es mir mit liebenswürdiger Unterstützung des State Department in Washington (Dr. Kellermann, Dr. Noble, Dr. Sweet) gelang, nicht nur Zugang zu finden zu den der Forschung bereits freigegebenen deutschen Beutedokumenten des War Dept. (Departmental Records Branch, Alexandria-Virginia), sondern schließlich auch zu gewissen, bisher sekretierten Beständen, die sich mit der Verschwörung des 20. Juli 1944 beschäftigten: den täglichen Berichten, die der Gestapochef Kaltenbrunner vom 21. Juli bis 15. Dezember 1944 über das Ergebnis der Vernehmung von Häftlingen des 20. Juli an Bormann für Hitler erstatten ließ. Ihr Verfasser ist (nach dem bekannten Kiesel-Bericht) nicht Kaltenbrunner selbst, sondern der Obersturmbannführer von Kielpinski. Sie sind, wie alle für Hitlers eigene Lektüre bestimmten Berichte, mit einer abnorm großen Schreibmaschinentype geschrieben, um ohne Brille lesbar zu sein, und mit zahlreichen dokumentarischen Beilagen versehen, die ihren Quellenwert außerordentlich erhöhen. Den Wortlaut der Gefangenenaussagen geben sie nur in wenigen Einzelfällen wieder, bemühen sich aber sichtlich um exakte Formulierung der Einzelheiten. Leider findet man sehr oft nur Andeutungen, wo man genauere Information wünschte, bloße Auszüge statt eines vollen Berichts. Trotzdem sind diese Polizeirapporte, die Hitler (nach Kiesels Bericht) täglich gierig verschlang und die ihm als Ganzes ein erschütterndes Bild von der inneren Zersetzung seines Staatswesens geben mußten, für den Historiker der Widerstandsbewegung von unschätzbarem Wert. Mit kritischer Vorsicht gelesen, geben sie ein recht genaues Bild der verschiedenen Verschwörergruppen und ihrer inneren Gegensätze, aber auch Gemeinsamkeiten. Ich habe sie im folgenden abgekürzt mit der Sigle KB. (Kaltenbrunner-Berichte) zitiert, Goerdelers verschiedene Aufzeichnungen im Gefängnis (sie sind im Schlußkapitel einzeln besprochen) zusammenfassend mit der Sigle Mem. (Memoiren).

Mancherlei weitere Aufschlüsse verdanke ich meinem Studium deutscher Dokumente in der Congress Library und den National Archives Washington D.C. sowie in der Hoover Library, Stanford/Calif. – ein Studium, zu dem mir eine dreimonatige Vortragsreise durch die USA auf Einladung amerikanischer Universitäten 1953 die Möglichkeit bot. Die liebenswürdige Hilfsbereitschaft aller amerikanischen Dienststellen, die ich aufsuchte, verdient jedes Lob. Besonders dankbar bin ich dafür, daß man mir ermöglichte, diejenigen Dokumente, die ich infolge verzögerter Freigabe nicht mehr selbst abschreiben konnte, kopieren zu lassen, und einzelne Quellenstücke noch nachträglich in Filmkopie zugehen ließ.

Es würde mehrere Seiten füllen, wollte ich die Namen aller derjenigen Persönlichkeiten aufzählen, die mich durch Auskünfte (oft sehr ausführliche) und Hergabe von Quellenstücken bei meiner Arbeit unterstützt haben. Ich darf sagen, daß sich so gut wie niemand, den ich um Auskunft bat, meiner Bitte versagt hat, und bitte um die Erlaubnis, meinen lebhaft empfundenen Dank allen freundlichen Helfern generaliter aussprechen zu dürfen; die Namen sind jeweils an der betreffenden Stelle im Quellennachweis genannt. Ich bedaure nur, daß es mir unmöglich ist, alle mir erteilten Auskünfte im Rahmen dieses Buches auszuwerten, dessen Ziel ja nicht sein darf, eine möglichst vollständige Aufzählung von „Widerstandskämpfern" unter Abwägung ihres jeweiligen Anteils an der Verschwörung zu bieten, sondern eine Geschichte der Widerstandsbewegung als Ganzes, gruppiert um eine führende Gestalt und auf dem

Hintergrund der Geschichte des Hitler-Reiches. Ganz verzichtet habe ich auf eine Darstellung des Ablaufs der Ereignisse am 20. Juli 1944 – und nicht nur deshalb, weil Goerdeler nichts mehr damit zu tun hatte. Sie hätte den Rahmen des recht umfänglich gewordenen Buches gesprengt. Das über diese Ereignisse gesammelte Quellenmaterial hoffe ich später andernorts zu verwerten.
Kein Fachhistoriker, der sich mit Fragen der allerjüngsten, noch selbst erlebten Vergangenheit beschäftigt, wird dies leichten Herzens tun. Es ist schwer, bei so geringem zeitlichem Abstand einen Gesamtaspekt zu gewinnen, der das einzelne in seinem Wert und Unwert, in seiner wahren geschichtlichen Bedeutung abzuschätzen gestattet; es ist qualvoll und oft enttäuschend, mit einem Quellenstoff zu hantieren, der sich gleichsam noch in flüssigem Aggregatzustand befindet, während der Arbeit fortlaufend noch anschwillt, aber auch oft unter den Händen zerrinnt. Man lernt dabei sehr eindringlich, wie aus den Ereignissen „Geschichte" wird: durch fortlaufend zur Legende erstarrende Mißverständnisse, Mißdeutungen, Halbwahrheiten der politischen Publizistik, der es so selten auf die reine Wahrheit, so überwiegend auf den politischen Effekt ankommt; durch Anklage und Selbstverteidigung der Kämpfenden, die auf beiden Seiten zu übertreiben und zu verzerren pflegen; mit einem Wort: in dicken Staubwolken, die das wirkliche Geschehen halb verschleiern. Dieses Geschehen klar zu erkennen in seinen wahren Zusammenhängen, aus tausend Mosaiksteinchen sich ein Bild zusammenzusetzen, das wenigstens in seinen Grundlinien den Tag überdauern kann, ist ein sehr mühsames Geschäft; ich hatte oft die Empfindung bei der Arbeit, sie sei die mühsamste meines literarischen Lebenswerkes überhaupt. Aber sicherlich war es auch die bewegendste, die den ganzen Menschen in Anspruch nahm, nicht selten bis zu zitternder Erregung. Denn wie könnte ein solches Buch ohne Leidenschaft geschrieben werden! Ob die Leidenschaft des Erkennens und persönlichen Miterlebens das nüchtern-kritische Urteil getrübt hat, mag der Leser selbst beurteilen. Meine Hoffnung ist, es möchte dadurch nur um so wachsamer geworden sein.
Auf alle Fälle: der Historiker darf nicht warten, bis die Legende sich verfestigt hat. Er muß selbst mit Hand anlegen am Formen des Geschichtsbildes unserer Zeit – auch wenn er Gefahr läuft, dadurch in den politischen Tageskampf unversehens mit hineingezerrt zu werden, an manche kaum vernarbte Wunde zu rühren und erregte Proteste von mehr als einer Seite zu wecken; denn auch die politisch-moralische Stellungnahme, das offene Bekenntnis, bleibt ihm nicht erspart.

Freiburg, Dezember 1954 Gerhard Ritter

ZUR DRITTEN AUFLAGE

Seit dem Erscheinen der zweiten Auflage, die zwei Monate nach Erscheinen der ersten nötig wurde und in der nur wenige Berichtigungen und Ergänzungen vorgenommen werden konnten, hat mich ein Strom von Zuschriften aus dem Leserkreis überflutet, die vielerlei Korrekturen und Ergänzungen meiner Darstellung boten, darunter manches recht Wichtige. Ich habe alles sorgsam überprüft und eine nicht geringe Anzahl von Stellen geändert und ergänzt, hauptsächlich in den Anmerkungen, aber auch im Haupttext. An meiner Grundauffassung hat sich indessen nichts geändert, sie hat sich vielmehr teilweise durch neue Nachrichten bestätigt; alle Korrekturen betreffen nur Einzelheiten. Leider war auch daran nichts zu ändern, daß innerhalb einer geschlossenen Darstellung, die sich um eine Zentralfigur gruppiert, nicht alle an dem Geschehen beteiligten Persönlichkeiten mit gleicher Ausführlichkeit gewürdigt werden können, manche stark zurücktreten müssen. Das hat die Angehörigen mancher Widerstandskämpfer enttäuscht. Ohne perspektivische „Verkürzung" gewisser Teile entsteht aber nun einmal kein plastisches Bild der historischen Wirklichkeit.
Mein Buch hat auch in der politischen Publizistik ein ungewöhnlich starkes Echo gefunden, das über die deutschen Grenzen weit hinausgeht. Übersetzungen ins Italienische, Französische und Englische werden von führenden ausländischen Verlagen vorbereitet. In Deutschland ist, so viel ich sehe, weniger die Leistung und Methode meiner Darstellung als die politische Gestalt Goerdelers lebhaft umstritten worden. Diese Debatte hat immer mehr eine Wendung genommen, die mich nötigt, öffentlich dazu Stellung zu nehmen, um Mißverständnisse meiner Auffassung abzuwehren.
Ich habe weder mit meinen Sympathien für die Persönlichkeit Goerdelers und für die Widerstandsbewegung noch mit meiner Kritik an ihrer politischen Leistung hinter dem Berge gehalten. Das „Stellung nehmen" gehört nach meiner Auffassung zu den unabdingbaren Pflichten des Historikers, der ja nicht eine irgendwie fertig vor ihm stehende Vergangenheit bloß zu photographieren, sondern Geschichte überhaupt erst lebendig zu gestalten und womöglich auch für die Gegenwart fruchtbar zu machen hat. Daran sollen mich auch diejenigen Kritiker nicht irremachen, die mir ein allzu starkes Hervortreten mit dem eigenen Urteil vorwerfen. Man hat aber meine kritische Stellungnahme offenbar vielfach mißverstanden. Sie dreht sich in der Hauptsache immer nur um einen Punkt: um jenen moralischen Optimismus, der das wahre Wesen des Menschen verkennt und darum im politischen Kampf allzu leicht Illusionen verfällt — anderseits freilich auch wieder als beflügelnder Antrieb wirken kann

(was gerade bei Goerdeler der Fall war) und selbst in verzweifelten Lagen vor Resignation bewahrt. Dem Helden dieses Buches wird schon auf S. 47 vorgeworfen, daß er die Macht der Vernunft und des guten Willens überschätzt und darum die Dämonie der politischen Kräfte nicht klar erkannt habe, mit denen er zu ringen hatte.

Dieser Einwand scheint nun vielfach so mißverstanden zu werden (so z. B. in dem Aufsatz von Franz Böhm in der Zeitschrift „Monat", Juni 1955), als wollte ich Goerdeler und seinen politischen Freunden vorwerfen, daß sie nicht echte „Revolutionäre", sondern allzu bürgerliche Moralisten gewesen wären. Nichts liegt mir in Wahrheit ferner als der Wunsch, sie möchten „Revolutionäre" gewesen sein, dämonische Naturen von der Art Hitlers, denen jedes Mittel recht war im Kampf um die Macht. Denn was hätte Deutschland und die Welt damit gewonnen, wenn das Hitlerregiment durch Kräfte gestürzt worden wäre, die ihm irgendwie wesensgleich waren? Es hätte nichts weiter bedeutet, als daß der Satan von Beelzebub verdrängt wurde. Ganz gewiß war es nicht die Aufgabe der deutschen Widerstandsbewegung, „Revolution" zu machen, sondern im Gegenteil: einem revolutionären Treiben, das die ganze Welt ins Unheil stürzte, schleunigst ein Ende zu machen. Man kann auch sagen: streng gesetzliche, meinetwegen „bürgerliche" Ordnung an die Stelle von mörderischer Willkür und ewig gärendem Chaos zu setzen. Was Deutschland nach dem Zusammenbruch der Hitlerherrschaft brauchte, waren nicht neue Machtmenschen, sondern Männer, die allgemeines Vertrauen verdienten – Vertrauen im Inland wie im Ausland. Die Träger des Widerstandes durften also nicht Ehrgeizige sein, denen es primär auf die Erringung der Macht ankam, sondern Patrioten, in denen das sittliche Gewissen alle anderen Stimmen übertönte: gewissenhafte, rechtlich gesinnte Idealisten, die bewußt ihr Leben für Freiheit und Ordnung aufs Spiel setzten. Andernfalls hätten sie ihre historische Mission verfehlt.
Sie hätten sie freilich auch dann verfehlt, wenn sie auf eine Restauration veralteter Zustände hingestrebt hätten. Aber das wollten sie ja gar nicht – auch Goerdeler nicht; ja er vielleicht am wenigsten von allen. Wenn diese seine Biographie irgend etwas neu ans Licht gebracht hat, so ist es der exakte Nachweis, daß er so ziemlich das Gegenteil eines „Restaurators" war, und es überrascht mich nicht, aber es betrübt mich sehr, daß die meisten Rezensenten meines Buches gerade diesen zentralen Punkt nicht erfaßt haben oder sich dagegen sträuben, offenbar befangen in zähe gewordenen Vorurteilen.

Noch einmal: nicht darin sehe ich den entscheidenden Einwand gegen die Politik Goerdelers, daß er nicht „Revolutionär" und hemmungsloser Machtpolitiker gewesen ist, sondern darin, daß er die Dämonie seiner Gegner und wahrscheinlich auch die politische Blindheit der Massen des deutschen Volkes unterschätzt, überdies die politische Weitsicht und Handlungsfreiheit ausländischer Staatsmänner erheblich überschätzt hat. Praktisch bedeutet dies vor allem: daß er nicht rechtzeitig die eiserne Notwendigkeit erkannt hat, den Tyrannen gewaltsam aus dem Wege zu räumen, sondern fast bis zum letzten Augenblick sich dagegen sträubte. Indessen: wer eine solche Kritik ausspricht, wäre selbst ein Illusionär, wenn er das Attentat auf Hitler für eine unfehlbar wirksame Patentlösung hielte. Nicht nur sehr ernste moralische Erwägungen sprachen dagegen (ich habe sie mehrfach, besonders auf S. 416 gewürdigt), sondern auch sehr gewichtige politische Bedenken (über die der Leser u. a. die jetzt neu hinzugefügte Anmerkung 130 zum 15. Kapitel vergleichen möge). Vor allem: sowohl die äußere Möglichkeit zu einer solchen Mordtat wie ihr politischer Erfolg blieben äußerst zweifelhaft. Es gab aber – wie der Mißerfolg Popitz' und Langbehns gezeigt hat – auch keine ernsthafte Möglichkeit, die Front der nationalsozialistischen Machthaber von innen her aufzubrechen. Und da es vollends unmöglich war, gegen die „revolutionäre" Hitlerbewegung eine „antirevolutionäre" Volksbewegung in Gang zu bringen, bleibt nur der Schluß übrig: es gab überhaupt keine irgendwie sichere Erfolgschance für den deutschen Widerstand. Was er auch tat und versuchen mochte: es blieb immer ein Sprung ins völlig Dunkle. Kann man da noch von „Versagen", muß man nicht vielmehr von echter Tragik reden?

Die deutsche Widerstandsbewegung ist niemals ein echter Machtkampf gewesen – einfach deshalb nicht, weil sie zwangsläufig machtlos war. Ihre politische Leistung kann darum auch nicht mit den üblichen Maßstäben politischer Historie gemessen werden. Sie war ein reiner Aufstand des Gewissens, und eben darin liegt ihre geschichtliche Bedeutung.

Freiburg, im Februar 1956 Gerhard Ritter

ZUR EINFÜHRUNG

Die Geschichte der deutschen Widerstandsbewegung ist ebenso ein historisches wie ein politisches Problem. Ihre Betrachtung gehört ganz unmittelbar zu jener politischen Selbstbesinnung, zu der wir Deutschen durch die furchtbarste aller Katastrophen unserer bisherigen (an Katastrophen ja wahrlich reichen) Geschichte aufgerufen sind. Warum ist es nötig und wichtig, ihr Gedächtnis immer wieder zu erneuern? Es wäre bedenklich, wenn es nur – oder in erster Linie – deshalb geschähe, um uns daran zu erbauen, daß bei weitem nicht alle Deutschen dem großen Baal geopfert haben; denn das liefe in allzu vielen Fällen auf eine Beschwichtigung des bösen Gewissens hinaus und würde im ganzen mehr der Verstockung nationaler Selbstgerechtigkeit dienen als der Festigung eines gesunden nationalen Selbstbewußtseins. Aber wenn schon dieses Selbstbewußtsein heute beginnt, nach einer Periode totaler Verwirrung und Unsicherheit neu zu erwachen, so kommt alles darauf an, daß es nicht wieder auf die alten Bahnen gerät, d. h. daß es sich nicht wieder auf falsche Ehrbegriffe und Machtziele verbeißt. Es ist einfach nicht wahr – das bezeugt uns die Widerstandsbewegung gegen Hitler mit lauter Stimme –, daß die Machtinteressen der Nation imstande sind, den fundamentalen Unterschied zwischen Recht und Unrecht zu überdecken. Es ist einfach nicht wahr, daß die Solidarität der nationalen Gemeinschaft über alle anderen menschlich-sittlichen Verpflichtungen geht, daß sie einen sittlichen Höchstwert darstellt, vor dem alle anderen zu verblassen hätten. „Right or wrong, my country" – das gilt nicht einmal im Kriege, wenn das Leben des Staates auf dem Spiele steht, als höchstes Gesetz schlechthin. Es gibt keine nationale Ehre, losgelöst von der Unterscheidung zwischen Gut und Böse; nationale Ehre ist nur da, wo ein Volk und Staat sich auch durch sittliche Leistungen bewährt. Wenn wir heute auf den Trümmern des Hitlerreiches uns bemühen, eine neue politische Volksgemeinschaft aufzubauen, so kommt alles darauf an, daß sie nicht wieder eine Gemeinschaft des brutalen nationalen Egoismus, des hemmungslosen, nackten Machtinteresses wird, sondern daß sie den Charakter einer sittlichen Gemeinschaft gewinnt, die sich im Innern aufbaut auf der Achtung vor der Würde und den Freiheitsrechten der menschlichen Persönlichkeit und die im Verkehr mit fremden

Nationen auch das Lebensrecht der anderen zu respektieren weiß. Von dieser Einsicht wird auch die historische Betrachtung der deutschen Widerstandsbewegung heute auszugehen haben.

Gewiß, es gab eine Zeit unmittelbar nach der großen Katastrophe, in der es als vordringlich erschien, der von Haß- und Rachegefühlen erfüllten öffentlichen Meinung des Auslands mit dem Nachweis entgegenzutreten, daß nicht das ganze deutsche Volk solchen Haß verdiene, auch nicht den Vorwurf feiger Servilität schlechthin, daß man vielmehr zu unterscheiden habe zwischen der blinden Gefolgschaft Hitlers und einem anderen, besseren Deutschland, dessen führende Köpfe den Schergen Hitlers zum Opfer gefallen sind. Die bekannten Bücher von Hans Rothfels und Eberhard Zeller haben diesen Nachweis mit einer Eindringlichkeit geführt, die allmählich auch im Ausland einen gewissen Eindruck zu machen beginnt. Heute erscheint es indessen als wichtiger, vor allem die politischen Ideen und die dahinter stehenden sittlich-religiösen Überzeugungen ans Licht zu stellen, von denen die Opposition der deutschen Widerstandsbewegung getragen war. Denn in der Tat: hier erscheinen Ideale eines neuen, besseren Deutschland und eines neuen, besseren Europa, deren innerer Wert den Tod ihrer Träger überdauert. Der Geist dieser Männer, die moralisch-politische Gesinnung, die sie zur Opposition trieb, muß auch unter uns lebendig bleiben und immer neu erweckt werden, soll unsere eigene Aufbauarbeit gelingen.

Die Zeugnisse dieses Geistes sind sehr vielgestaltig und von sehr verschiedenem Wert je nach der Tiefe und Echtheit der Motive, die den einzelnen zur Opposition trieben. Die Verführungskraft des Nationalsozialismus war deshalb so groß, weil seine Predigt auf eine Selbstvergötterung der Nation und eine ideologische Verklärung natürlicher Vitalität hinauslief. Dieser Pseudoreligion war letztlich nur eine echte Religion geistig gewachsen, oder doch eine sittlich-politische Überzeugung, die in der Überlieferung echter Religion wurzelte. Nicht alles, was aus irgendeinem Grunde unzufrieden war mit dem Hitlerregiment, daran Kritik übte und sich irgendwie zur Wehr setzte, kann zur „deutschen Widerstandsbewegung" in dem hier gemeinten Sinn gerechnet werden. Diese Widerstandsbewegung war schließlich keine Sache unbefriedigten Ehrgeizes, sondern eines reinen Patriotismus, der unser Volk vom Abgrund des Verderbens zurückreißen wollte: eines Verderbens ebensowohl sittlich-geistiger als politischer Art.

Wird ihre Geschichte so verstanden, so rückt die Gestalt des Oberbürgermeisters Dr. Carl Goerdeler ganz von selbst in den Mittelpunkt der Betrachtung. Denn die moralische Empörung als Kern der Opposition, der leidenschaftliche Wille zum Aufbau einer neuen, echten, von sittlichen Grundsätzen getragenen Volksgemeinschaft und schließlich zur Begründung einer neuen, von gegenseitiger Achtung getragenen Gemeinschaft der Völker wird hier als Leitmotiv alles politischen Handelns besonders deutlich erkennbar. In Goerdeler lebt das geistige Erbe jenes spezifisch deutschen Liberalismus, der in der klassischen Epoche des deutschen Idealismus von Kant, Humboldt und Stein bis zu den Dahlmann, Droysen und anderen Charakterköpfen der Paulskirche sich ausgebildet hatte, lebendig fort. Es gibt aber auch äußere Gründe, die es ratsam erscheinen ließen, eine historische Darstellung der deutschen Widerstandsbewegung um seine Biographie zu gruppieren. Von keinem anderen Politiker der deutschen Opposition sind auch nur entfernt so zahlreiche Quellenzeugnisse über sein Wirken, und zwar auf fast allen Stufen seiner Entwicklung, überliefert wie von ihm. Das ist kein Zufall. Kein anderer besaß eine so große Freudigkeit zu schriftlichem Niederschlag seiner Gedanken und Pläne wie er. Bis in die letzten Tage seines Lebens hat seine rastlose Feder immer neue Denkschriften, Aufrufe, Bekenntnisse seines Glaubens an Deutschlands Zukunft und Aufbaupläne dafür entworfen. Dank der Fürsorge und Klugheit treuer Freunde im In- und Ausland ist erstaunlich viel davon erhalten geblieben; das meiste ist der Geheimen Staatspolizei Hitlers gar nicht bekannt geworden, aber auch das Beschlagnahmte ist im wesentlichen noch greifbar.

Wichtiger noch: Carl Goerdeler stand lange Zeit mehr als irgendein anderer im Mittelpunkt der Verschwörung gegen die Tyrannei; mit fast allen ihren Gruppen und Parteirichtungen trat er in unmittelbare persönliche Verbindung – und nicht nur als rastlos tätiger Motor und Werber der Bewegung, sondern zugleich als ihr produktivster Kopf, sofern es dabei auf die Ausarbeitung allseitig durchdachter, Äußeres und Inneres zugleich umfassender Pläne ankam. Von seiner Biographie her läßt sich das Ganze der Bewegung besonders gut überblicken. Andererseits hat seine Biographie überhaupt nur im Rahmen eines solchen Gesamtaspektes historische Bedeutung. Nur im beständigen Vergleich mit seinen Mitkämpfern läßt sich der rechte Maßstab zur Beurteilung seines Wirkens gewinnen.

Damit ist die Gefahr einseitiger Betrachtung bereits angedeutet, der unsere um eine Zentralfigur gruppierte Darstellung der deutschen Widerstandsbewegung zu begegnen hat. Jeder Biograph ist in Versuchung, die persönliche Leistung und Bedeutung seines Helden zu überschätzen. Das gilt doppelt dann, wenn er mit ihm zu Lebzeiten in näherer persönlicher Verbindung gestanden hat. Der Verfasser ist sich aber nicht nur dieser Gefahr von Anfang an sehr deutlich bewußt gewesen, sondern glaubt sich dagegen geschützt zu haben, indem er das Biographische nicht als Selbstzweck betrachtete, sondern nur als Hilfsmittel zum Verständnis überindividueller Erscheinungen der jüngsten Vergangenheit. Die Geschichte der deutschen Widerstandsbewegung ist bisher ganz überwiegend als Rechtfertigung und Verteidigung gegen ihre Kritiker, Ankläger und Leugner geschrieben worden. Sie hat dabei nicht selten etwas vom Stil der Heldengalerie, wohl gar der Heiligenvita angenommen. Was hier versucht wird, ist etwas anderes: durch kritisch-nüchterne Betrachtung zur Erfassung der historischen Wirklichkeit und damit zu tieferer Selbstbesinnung zu gelangen. Dazu war es unerläßlich, die deutsche Widerstandsbewegung auf dem Hintergrund der internationalen Politik zu zeichnen, soweit diese heute schon quellenmäßig erfaßbar ist. Zugleich mußte die Entwicklung ihrer Freiheitsideale und Reformpläne bis in die Weimarer Republik zurückverfolgt werden. Und schließlich galt es, ihre Entwicklung und die politische Haltung ihrer Träger aus dem Zusammenhang der inneren und äußeren Geschichte des Hitlerreiches zu begreifen.

ERSTES BUCH

DAS WERDEN DES POLITIKERS

Erstes Kapitel

JUGEND UND MANNESREIFE

Carl Goerdelers geistige Entwicklung ist fortdauernd von den Eindrücken seines Elternhauses bestimmt geblieben. Immer wieder, in allen Stadien seines Lebens, kommt er auf das geistige, insbesondere das moralische Erbe zu sprechen, das er hier empfangen habe, und noch zuletzt im Kerker, angesichts eines grausamen Todes, hat er voll tiefen Heimwehs zurückgeblickt auf die sonnige bürgerliche Welt des 19. Jahrhunderts, der er entstammte. Die Jugenderinnerungen, die er auf der Flucht vor der Gestapo niederschrieb (aber nicht mehr vollenden konnte), atmen ganz und gar den Geist altpreußisch-konservativen Beamtentums, wie er in der Spätzeit Bismarcks noch in ungebrochener Kontinuität fortlebte: voll Stolz auf die friderizianische Tradition, voll Zuversicht im Blick auf die gefestigte Macht der preußisch-deutschen Monarchie. Höchst anschaulich schildern sie das Leben der westpreußischen Kleinstädte Schneidemühl, wo Carl Friedrich Goerdeler am 31. Juli 1884 geboren wurde, und Marienwerder, wohin sein Vater 1890 als Amtsrichter versetzt wurde. In aller Einfachheit des Lebensstils waren es doch behäbige äußere Verhältnisse, in denen der Knabe aufwuchs: ein sehr großer, in intensiver Gemeinschaft erlebter Verwandtenkreis, heitere Geselligkeit aller Art, von der geistvoll-lebendigen Mutter mit Geschmack gestaltet, auch mancherlei Verkehr mit adligen Gutsbesitzern der Nachbarschaft, den schon der Nebenberuf des Vaters als Syndikus der „Westpreußischen Landschaft“ bedingte. Es fehlte auch nicht an musischen Interessen; aber die politisch-historische Bildung stand doch, dem Stil dieses Lebenskreises entsprechend, weitaus im Vordergrund. Die Mutter las gern Biographien, Memoiren, geschichtliche Werke, und abends im Familienkreise gab es immer viel politische Debatten, vollends seit der Vater 1899 freikonservativer Landtagsabgeordneter geworden war. Ihre Richtung läßt sich darnach vermuten: die Freikonservativen waren die Partei „Bismarck sans phrase“.[1]

Es entsprach einer Modeströmung deutscher Jugend um die Jahrhundertwende, wenn der junge Goerdeler nach Abschluß des Gymnasiums 1901 sich zur Berufsausbildung als Marineoffizier meldete. Nach wenigen Monaten bereute er diesen Entschluß und veranlaßte seinen Vater, ihn von Kiel wieder fortzu-

holen – aus einem für seine Wesensart sehr charakteristischen Motiv: er befürchtete, die reine Männergesellschaft des Seemanns, ohne Aussicht auf das innige Behagen eines regulären Familienlebens, auf die Dauer nicht zu ertragen. Carl Goerdeler war ein sehr männlicher Charakter; aber zu dieser Männlichkeit gehörten eine Gemütsart von großer Wärmebedürftigkeit und ein stark ausgeprägter patriarchalischer Familiensinn; in seinem Nachlaß klingt das immer wieder durch – am stärksten in den leidenschaftlichen Selbstanklagen des zum Tode Verurteilten, die schönste Kraft seiner Mannesjahre verschwendet zu haben auf den rastlosen Umtrieb in beruflichen und politischen Geschäften, in Überschätzung der politischen Aufgaben, in Verkennung seiner nächsten Pflichten als Mensch und Familienvater. Sosehr er besessen schien von Beruf und Politik: seine Seele hat er ihnen doch niemals ganz verkauft.
Das Rechtsstudium, das er 1902, den Spuren des Vaters folgend, in Tübingen begann, hat er schon 1905 in Königsberg abgeschlossen – drei kurze Tübinger Semester umschlossen alles, was für ihn die Studienzeit an Erinnerungen unbeschwerter Jugend barg. Nach seinen späteren Erinnerungen hat er nur „wenige Vorlesungen, meist allgemein bildender Art, vornehmlich historische, gehört" – also das juristische Studium nicht allzu wichtig genommen. Die frühe Verlobung mit Anneliese Ulrich, einer Königsberger Cousine (1903), trug zur Beschleunigung des Examensabschlusses sicherlich bei. Militärdienst (beim Königsberger Feldartillerieregiment 16) und Referendarausbildung bei verschiedenen ostpreußischen Justizstellen folgten – eine arbeitsreiche Zeit, in der auch die juristische Doktordissertation entstand. Sie wurde in Göttingen bei Robert von Hippel eingereicht und behandelt den strafrechtlichen Schuldbegriff – ein Thema, das mit seiner engen Verbindung moralphilosophischer und juristischer Erwägungen dem Verfasser viel Mühe gemacht hat, aber doch auch wieder für Goerdelers Geistesart charakteristisch ist.[2] Freilich mag ihm gerade bei dieser Arbeit bewußt geworden sein, daß ihm der Beruf des Richters nicht lag: schon bei der Ablegung der Assessorprüfung in Berlin (März 1911), der die Heirat rasch folgte, war er sich darüber klar, daß ihn die Betätigung in Verwaltung und Wirtschaft am meisten befriedigen würde. Vor allem die städtische Verwaltung, mit ihrer Fülle organisatorischer Aufgaben, ihren höchst modernen Problemen und ihrer engen Berührung mit dem Wirtschaftsleben reizte seinen lebhaften Geist.
Nicht zufällig hat die Tätigkeit eines großstädtischen Syndikus und Oberbürgermeisters schon seit dem 19. Jahrhundert eine solche Fülle politischer Talente in Deutschland angezogen, auch außerhalb der Hansestädte: von den Stüve und Miquel, den Winter und Forckenbeck, den Hobrecht und Adickes bis zu Jarres, Luther und Adenauer. Das hatte auch nicht bloß politische Gründe

wie etwa den, daß nicht-konservative Politiker im Reiche Bismarcks fast nur auf dem Wege großstädtischer Bürokratie in bedeutende Verwaltungsposten gelangen konnten. Vor allem gab und gibt es kaum einen zweiten Posten in der ganzen deutschen Verwaltung, der so viel Gelegenheit zur Entfaltung freier persönlicher Initiative bietet, wie den an der Spitze großer städtischer Gemeinwesen. Hier war die enge praktische Zusammenarbeit zwischen Regierten und Regierenden schon lange vor dem Zusammenbruch des monarchischen Beamtenstaates eine Selbstverständlichkeit; und da sie sich im Raum nüchtern-praktischer Verwaltungsaufgaben vollzog, bot sich hier weniger freier Spielraum für parteipolitische Demagogie, die der sachlichen Arbeit im Weg steht, als in den Volksvertretungen des Staates. Die großen Städte sind gleichsam die Nervenzentren des öffentlichen Lebens. Hier drängt sich die Entwicklung aller wirtschaftlichen und sozialpolitischen Probleme der Gegenwart am dichtesten zusammen; hier gibt es immer neue Gestaltungsaufgaben zu lösen, gerade auch rein technisch-ökonomische, in rasch wechselnder Folge, über alles schematisch-bürokratische Herkommen und alle Schlagworte parteipolitischer Propaganda hinweg. Sie können nur von Männern gemeistert werden, die einen hellen Blick, einen klaren, von Vorurteilen freien Kopf und schnelle Entschlußkraft besitzen, das alles verbunden mit solider ökonomisch-juristischer Sachkenntnis. Vielleicht darf man sagen, daß der Typus eines guten Oberbürgermeisters zwischen dem des staatlichen Verwaltungsjuristen und dem des modernen großindustriellen Betriebsführers mitteninne steht. Träger Schlendrian pflegt sich hier sehr rasch und sehr handgreiflich zu rächen, Korruption sehr bald ans Tageslicht zu kommen. Andererseits bietet die in Deutschland sonst unbekannte Form des zeitlich begrenzten Wahlbeamtentums, der freien Berufung in städtische Ämter ohne Anciennitätsrücksichten, der großstädtischen Verwaltung Chancen der Personenauswahl, die keine staatliche Behörde besitzt. Wie günstig sich das bis in die unteren Beamtenstellen auswirken konnte, weiß jeder, der die alte preußische Staats- und städtische Verwaltung nebeneinander erlebt hat. Goerdeler ist immer sehr stolz gewesen auf die persönliche Initiative in der Auswahl und Erziehung des städtischen Personals, aber auch in der Durchführung großer technischer Aufgaben, die er als Verwaltungschef bedeutender Städte hat entfalten können. Alle geistigen Anlagen und menschlichen Eigenschaften, die ein solcher Chef besitzen sollte, waren ihm in besonders hohem Maße eigen. Auf dem Gebiet der Kommunalverwaltung und Kommunalpolitik lag seine eigentliche Begabung; von ihr ist er nicht nur ausgegangen, sondern bis zu einem gewissen Grade in seinem Denken überhaupt bestimmt geblieben. Vorzüge, aber auch Grenzen und Schwächen seiner Wesensart lassen sich von daher am einfachsten verständlich machen.

Sehr zielbewußt hat er sich auf das Amt eines künftigen Stadtoberhauptes vorbereitet. Auf Rat des Königsberger Oberbürgermeisters Körte begann er mit einer regelrechten Banklehrzeit: informatorisch in der Bank der Ostpreußischen Landschaft und später in der Preußischen Seehandlung in Berlin arbeitend, wo er besonders mit dem kommunalen Anleihewesen vertraut wurde. Seine kommunale Verwaltungsarbeit nahm er (ebenfalls auf Körtes Rat) im Westen auf, um auch die rheinische Stadtverwaltung und die allgemeinen Verhältnisse des Industriereviers kennenzulernen. Am 1. Oktober 1911 ging er nach Solingen und wurde dort zunächst als unbesoldeter Hilfsarbeiter, aber schon bald als besoldeter Assessor tätig. Ende 1912 wurde er (aus Anlaß einer Berufung nach Halberstadt, die er ausschlug) einstimmig zum Beigeordneten gewählt, d. h. zum einzigen juristisch vorgebildeten Mitglied der Solinger Stadtverwaltung und wichtigsten Gehilfen, zeitweise Vertreter des Oberbürgermeisters. Als solcher ist er vom 1. April 1913 bis (formell) Anfang 1920 tätig gewesen und hat so reiche Gelegenheit gehabt, mit den Menschen und den sozialen Problemen der rheinischen Industriegesellschaft bekannt zu werden. Dem konservativen Beamtensohn aus dem Osten traten hier die sozialdemokratischen Stadtverordneten, die selbständigen „Rottenmeister", die Groß- und Kleinindustriellen als Vertreter einer ihm völlig fremden Welt gegenüber. Darf man die Zeugnisse des Oberbürgermeisters Dicke wörtlich nehmen, so muß es ihm aber gelungen sein, sich rasch große Achtung und menschliche Sympathie zu erwerben – auch bei dem gestrengen Stadtoberhaupt selbst, das ihm anfangs eher kühl gegenübergetreten war. Die Zeugnisse von 1920 rühmen ihn als ein „ganz bedeutendes Organisationstalent", „den größten Aufgaben auf allen Gebieten der Verwaltung vollkommen gewachsen", heben aber noch besonders hervor, daß er Klarheit und Festigkeit im Auftreten mit gewinnender Liebenswürdigkeit zu verbinden wisse; sie loben sein großes Geschick in allen Verhandlungen, seine „sehr verständigen sozialen Anschauungen", sein „feines Gefühl für die Stimmung des Volkes" und besonders seine allgemeine Beliebtheit in der Bürgerschaft und ihrer Vertretung. Es scheint also, daß die ihm eigene, geradezu faszinierende Gabe, in persönlicher Begegnung Vertrauen zu gewinnen und Mißtrauen zu zerstreuen, schon sehr früh hervorgetreten ist.

Auch der Krieg, der ihn 1914 nach dem Osten rief und dort bis zum Ende festhielt, bot ihm Gelegenheit, sein Verwaltungstalent zu bewähren: im Stabe der X. Armee erhielt er 1918 (als Hauptmann der Reserve) den Auftrag, die Finanzverwaltung des von ihr seit Brest-Litowsk besetzten gewaltigen Gebietes von Weißrußland und Litauen zu organisieren. Wie er ihn erfüllt hat, davon liegt ein von ihm selbst geschriebener Bericht vor, der mit folgenden Worten schließt: „Was dem Lande in Zukunft beschieden sein wird, steht dahin. Die

Deutschen, die nicht in feindlicher Absicht kamen und trotz aller von ihnen selbst hart empfundenen Kriegsnotwendigkeiten mit friedlicher Gesinnung hier geweilt haben, wünschen dem Lande Minsk Segen auf seine Arbeit."[3] Daß die so bezeugte humane Gesinnung nicht bloß in Worten sich kundtat, zeigen die Einzelheiten des Berichts: unter sorgsamer Restauration des russischen Verwaltungsapparates und Steuerwesens gelang es, die beim Abzug der Bolschewisten völlig entleerten Landeskassen rasch wieder zu füllen, eine rational geordnete Finanzverwaltung herzustellen und damit die materiellen und kulturellen Bedürfnisse des Landes in erstaunlichem Umfang zu befriedigen. General von Falkenhayn, Goerdelers Kommandeur, versichert, die ganze Landesbevölkerung habe seine glänzende Leistung und seine große Humanität anerkannt, „was viel heißen will".[4] Die leidenschaftliche Empörung, mit der später dieser gerechte Verwalter die brutale Mißhandlung des russischen Volkes durch Hitlers Schwarze Schergen verfolgt hat, wird durch seine eigenen Rußlanderinnerungen noch verschärft worden sein.

Das Jahr 1918 brachte aber auch den Sturz der Monarchie und die Revolution. Wer so an den alten monarchischen Ordnungen hing wie Goerdeler, mußte schwer davon getroffen werden. Erst im Frühjahr 1919 von seinem militärischen Posten am Dnjepr heimkehrend, hat er längere Zeit geschwankt, ob er in diesem neuen republikanischen Deutschland noch weiter die Beamtenlaufbahn verfolgen oder sich eine völlig ungebundene Existenz schaffen sollte: etwa als Anwalt, aber auf einem eigenen ostpreußischen Siedlungshof sitzend. Sein Schwiegervater, leidenschaftlicher Monarchist, unterstützte diese Pläne auch finanziell, so daß sie zeitweise der Verwirklichung nahekamen. Die Vorliebe Goerdelers für ländliches Siedlungswesen, die Überzeugung, daß der Landflucht mit allen Mitteln gewehrt, ein möglichst großer Teil der Stadtbevölkerung durch eigenen Grundbesitz (etwa in der Form von Stadtrandsiedlungen) der freien Natur zurückgegeben und seßhaft gemacht werden müsse, kehrt in seinem Schrifttum immer wieder. Es konnte keinen eifrigeren Siedlungspolitiker geben als diesen Stadtbürgermeister aus dem agrarischen Osten; noch in seinen letzten Lebensjahren hat er mit Hilfe der Stuttgarter Firma Robert Bosch für seine Familie einen kleinen schwäbischen Gutshof erworben (Katharinenpläsir im Landkreis Heilbronn), auf den er große Hoffnungen setzte.

Man begreift, daß er in dem revolutionär gewordenen Deutschland zögerte, nach Solingen zurückzukehren, wo die radikalen Elemente stark zugenommen hatten und wo er den Druck der englischen Besatzung schwer empfand. Schließlich hat er aber sein Amt doch noch einmal aufgenommen (April 1919), nicht ohne gutes Zureden seines Vaters, und mit dem gewohnten Eifer sogleich mancherlei Reformen durchgesetzt.[5] Aber schon im Juni ließ er sich in seine westpreußische Heimat beurlauben – um dort ein politisches Abenteuer zu versuchen, das zum ersten Male gewisse typische Charakterzüge des späteren Verschwörers Goerdeler erkennen läßt.[6]

Die Unterzeichnung des Versailler Vertrages stand unmittelbar bevor. In Ost- und Westpreußen herrschte größte Aufregung; Volkskundgebungen gegen die Abtretung deutscher Gebiete wurden veranstaltet, überparteiliche „Volksräte" und „parlamentarische Aktionsausschüsse" gebildet, letztere im Auftrag eines sogenannten „Ostparlaments", zu dem sich die Reichs- und Landtagsabgeordneten aller bedrohten Ostprovinzen am 20. Mai vereinigt hatten. Sogar der Gedanke tauchte auf, schlimmstenfalls sich vom Reich zu trennen, wenn dieses außerstande sein sollte, sich dem Versailler Diktat aktiv zu widersetzen. Man wollte dann einen eigenen Oststaat bilden und dessen ganze Bevölkerung zum Kampf gegen Polen mobilisieren. Besonders die Vertreter des „Heimatdienstes und Volksrates", am 28. Mai zu einem „Fünfzehnerausschuß" zusammengeschlossen, proklamierten solche Pläne, die auf eine Art von Bürgerkrieg mit den Polen hinausliefen. Warnungen der Reichsregierung vor unbedachten Sonderaktionen (am 1. Juni verkündet) blieben nicht ohne Eindruck, hinderten aber doch nicht, daß selbst August Winnig, der neuernannte sozialdemokratische Reichskommissar für den Osten, noch am 15. Juni die Bevölkerung aufrief, sich keinesfalls dem Versailler Diktat zu beugen, zur Abwehr nötigenfalls „die Waffen zu ergreifen" und so „wenigstens die Ehre zu retten". Er wird damit gerechnet haben, daß sich im Osten immerhin noch beträchtliche Truppenbestände vorfanden, die auf Verlangen der Siegermächte noch nicht demobilisiert waren, weil man sie als Deckung Europas gegen die rote Flut des Bolschewismus nicht entbehren mochte. Von den Alliierten waren sie vor allem zum Schutz des eben sich bildenden neuen polnischen Staates gedacht; aber es gab Patrioten genug, die sie gegen Polen zu verwenden wünschten. Im Stabe des in Westpreußen stehenden XVII. Armeekorps und bei den Freiwilligentruppen, die als „Grenzschutz" eingesetzt waren, herrschte ein sehr kriegerischer Geist. Außer dem nationalgesinnten Bürgertum waren aber auch gewisse Gruppen der rechtssozialistischen Gewerkschaften für den Abwehrkampf gewonnen.

Diese nationale Abwehrbewegung war es, die Goerdeler nach Westpreußen gerufen hat. Zusammen mit seinem Bruder Fritz (demselben, der später sein Todesschicksal hat teilen müssen) meldete er sich zum Dienst im Feldartillerieregiment 71, wurde aber gleich darauf als politischer Verbindungsmann in das Generalkommando des XVII. A. K. in Danzig (General von Below) berufen. Die eigenhändigen Aufzeichnungen in Tagebuchform, die er über seine dortige

Tätigkeit hinterlassen hat, lassen deutlich erkennen, dass er gemeinsam mit dem rührigen Zentrumsabgeordneten Dr. Fleischer die schärfste Tonart vertreten hat. Kein Wunder, daß hier seine ganze Seele in Wallung war: gehörte doch das deutsch-polnische Verhältnis zu den meisterörterten Themen schon der väterlichen Tafelrunde! Marienwerder lag gerade in dem Gebiet, über dessen Deutschtum nach dem Versailler Friedensvertrag erst noch abgestimmt werden sollte. Und nirgends ist die künstliche Schöpfung des polnischen Korridors und des Freistaates Danzig so schwer ertragen, so sehr als Unnatur empfunden worden wie in diesem Streifen Westpreußens hart hinter der Weichsel. Aber was Goerdeler jetzt von den Offizieren des Danziger Generalstabes forderte – und wie er es tat –, das erinnert doch schon stark an die Denkschriften, in denen er später immer wieder zu einer „Aktion“ gegen Hitler aufgerufen hat.

Die politische Leidenschaft tritt in der Form einer scheinbar eiskalten Logik und Aufzählung nüchterner Tatsachen auf.

„I. Der Friede wird nach mir bekannten Stimmungen im Westen unterzeichnet werden.

II. Die einzige Möglichkeit, das Deutschtum im Osten und die Ostmark dem Reiche zu retten, ist die militärische Niederwerfung Polens.

III. Aus I und II ergibt sich die Notwendigkeit für den Osten, selbständig zu handeln.

IV. Dies Handeln wird, wenn rechtzeitig und militärisch erfolgreich, die Bevölkerung mitreißen, selbst wenn die Parteiführer sich jetzt abwartend verhalten.“

Es geht also nicht bloß um Abwehr eines Einmarsches der Polen, sondern um ihre „Niederwerfung“. Ob diese mit den isolierten Kräften der im Osten stehenden Armeekorps ohne Unterstützung der Reichsbehörden möglich und ob die Bevölkerung Ost- und Westpreußens nach beinahe 5 Jahren Weltkrieg noch imstande und ernstlich bereit sein würde, einen neuen Krieg mitzumachen und zu nähren, das wird von unserem Patrioten gar nicht erst diskutiert. Sehr viel mehr interessiert ihn die Frage, ob das Armeekommando und das parlamentarische Aktionskomitee so viel „Mut“, „Energie“, „klare Entschlossenheit“ besitzen werden, um auf jede Gefahr zu „handeln“ – auch gegen den Befehl der OHL und der republikanischen Reichsregierung. Die Entscheidung eilt im höchsten Grade – und ohne diese drängende Eile wären seine Pläne unbegreiflich! Am 16. Juni kommt Goerdeler nach Danzig; genau eine Woche später wird die Entscheidung über den Versailler Vertrag in Weimar fallen. Aber noch vorher hofft er, „vollendete Tatsachen“ zu schaffen. Als eine Danziger Arbeiterversammlung unter linksradikaler Führung den Generalstreik beschließt für den Fall, daß die Militärs zum Grenzkrieg übergehen sollten, rät

Goerdeler dringend zur Verhaftung der Wortführer und ebenso derjenigen Persönlichkeiten, die jetzt einen Freistaat Danzig ausrufen wollen. Es soll dazu der „Belagerungszustand" erklärt werden. Generalkommando und Oberpräsident lehnen das ebenso ab wie den von ihm entworfenen Aufruf an die Bevölkerung. Gleichwohl verhandelt er noch am 21. mit einem Leutnant vom Posenschen Grenzschutz, der ihm verspricht, spätestens in der Nacht vom Sonntag zum Montag (22. auf 23.) „die Front auf mehrere Kilometer zum Kampf zu bringen". Tatsächlich trifft am 23. früh ein Telegramm vom Unterabschnitt Kreutz ein: „Von zwei Seiten durch polnische Angriffe schwer bedroht. Feindlicher starker Angriff steht unmittelbar bevor. Unterstützung erbeten. Wir kämpfen bis zum letzten Blutstropfen und halten Front bis zum Äußersten." Sofort bereitet Goerdeler gemeinsam mit dem Abgeordneten Dr. Fleischer einen flammenden Aufruf an die Bevölkerung vor: „Noch ist der Friede nicht unterzeichnet, und schon marschiert der Pole!"[7] Aber bald stellt sich heraus, daß in Wahrheit kein Schuß gefallen, kein polnischer Angriff oder Vormarsch erfolgt ist. So bricht die ganze „Aktion" zusammen, noch ehe sie begonnen hat; denn ohne polnische Provokation ist kein verantwortlicher Soldat oder Politiker zum „Handeln" zu bringen. Das hindert unseren Patrioten nicht, noch am 25. zu versuchen, ob sich der Oberpräsident von Batocki nicht durch die „Volksräte" zu einer Lossage von der offiziellen Reichspolitik bewegen lasse, und schließlich, als dieser sich versagt, die Generäle noch einmal aufzuputschen; vielleicht, daß sich von Loßberg, Kommandant in Oberschlesien, bereden läßt, gemeinsam mit von Below loszuschlagen? Eine Hoffnung, die ebenfalls rasch scheitert.

Goerdeler hat in einer Schlußbetrachtung zu diesen Ereignissen sehr kritisch über seine Mitspieler (nicht zuletzt über den Organisator der Volksräte, den Schriftsteller G. Cleinow) geurteilt, sie „politische Kinder" genannt, den Verantwortlichen Mangel an Klarheit, Mut, Entschlossenheit vorgeworfen. Aber ihm selbst wird man vorwerfen müssen, daß er hier ausschließlich als Patriot urteilt, nicht als Politiker, der die Realitäten kennen muß. Seine Pläne setzten als erstes voraus, daß die deutsche Bevölkerung zu jedem Opfer im Kampf mit Polen entschlossen war – eine Illusion, wie sich bald herausstellte. Seine Haltung zeigt jene prachtvolle Unerschrockenheit und Unbedingtheit, die ihm sein ganzes Leben hindurch eigen war – aber auch schon jenes fast blinde Vertrauen auf die Macht politischer Ideale und moralischer Grundsätze im öffentlichen Leben, das ihn später zu so mancher Illusion verführen sollte. Nachträglich wird man geneigt sein, von Mangel an politisch-militärischem Augenmaß in der Einschätzung der Möglichkeiten zu sprechen; doch wiegt dieser Vorwurf nicht allzu schwer, wenn man die völlige Unsicherheit der damaligen

Lage bedenkt, gerade auch auf polnischer Seite, und die allgemeine Erregung, in der auch das Unmöglichste als möglich erscheinen mochte. Wir wissen heute, wie groß der Zwiespalt im Lager der Alliierten in der Frage war, was man den Deutschen an Gebietsverlusten im Osten zumuten könnte, wie entschieden vor allem Lloyd George noch nach der Überreichung des Vertragsentwurfs auf deutschen Widerstand rechnete, innerlich bereit, ihm an dieser Stelle gerecht zu werden. Als General von Hammerstein im März sich geweigert hatte, die Durchfuhr polnischer Hilfstruppen aus Frankreich über Danzig-Thorn zuzulassen, hatte er damit in Versailles vollen Erfolg gehabt.[8] Ganz aussichtslos war also der Widerstand wohl doch nicht? Der Oberpräsident von Batocki, der die Grenzmark schon im Herbst 1918 gern verselbständigt hätte und der die patriotischen Erhebungspläne noch bis zuletzt (25. Juni) zu fördern sich mühte, hatte dabei einen „Freiheitskampf des ostmärkischen Deutschtums" im Auge, der selbst dann, wenn er scheiterte, die moralische Position des Reiches im Protest gegen Versailles wesentlich stützen könnte. Goerdeler hat ganz ähnlich gedacht.[9]

Übrigens ließ er dem Wagnis die praktische Arbeit unmittelbar folgen. Am 8. Juli wurde (offenbar unter seiner Mitberatung) in Marienburg eine Arbeitsgemeinschaft der politischen Parteien zur gemeinsamen Vorbereitung der Volksabstimmung in den westpreußischen Abstimmungsgebieten begründet; daran schloß sich eine große Denkschrift über die politische Organisation des Deutschtums in den abzutretenden Gebietsteilen an, die Goerdeler in Gemeinschaft mit anderen verfaßt hat.[10] Bemerkenswert an ihr ist vor allem die Forderung, keine nationale Einheitspartei künstlich zu gründen, sondern alle bisherigen Parteiorganisationen einschließlich der Sozialisten als Ausdruck natürlicher Gruppenbildung fortbestehen zu lassen, aber in einer überparteilichen Arbeitsgemeinschaft zu vereinigen; dazu die dringende Empfehlung, die Klassengegensätze zu mildern, auch den Unterschied zwischen Gebildeten und Ungebildeten nicht zum Kastengegensatz werden zu lassen. Der Wunsch nach echter „Volksgemeinschaft" ist in Goerdeler immer lebendig gewesen.

Im Spätjahr 1919 wurde er, zwischendurch nach Solingen zurückgekehrt, zur Verwirklichung dieses Programms noch einmal nach dem Osten berufen. Es liegen Zeugnisse darüber vor, daß er mit großem Geschick und Erfolg an der Einigung der Parteien in den Abtretungsgebieten gearbeitet hat; allerhand Quertreibereien der sogenannten „Deutschen Partei" wurden ausgeräumt und eine Grundlage für die Arbeitsgemeinschaft geschaffen, an der sich sogar die „Unabhängigen", d. h. der linke Flügel der Sozialisten, beteiligen konnten.[11]

Zum Zweck dieser Bemühungen hatte sich Goerdeler für zwei Monate (November-Dezember) in Solingen beurlauben lassen. Aber er gedachte nicht mehr dorthin zurückzukehren, trotz nach wie vor günstiger Verhältnisse. Wie die Gattin berichtet, war das ostpreußische Heimatgefühl in ihm jetzt so mächtig geworden, daß er sich in der rheinischen Industriestadt wie in der Fremde vorkam. So bewarb er sich um eine Anstellung in Königsberg: zuerst (erfolglos) um den Posten des Stadtkämmerers, dann um den des zweiten Bürgermeisters. Seine Wahl stieß auf Widerstand bei den Sozialdemokraten, die den Posten für einen Sozialisten beanspruchten und denen er als Konservativer und Nationalist verdächtig war – zweifellos nicht ohne Grund. Er selbst hat später bekannt, er sei „in einem Nationalismus enger Art" erzogen und aufgewachsen. Erst seit 1930, d. h. seit er als Leipziger Oberbürgermeister viel ins Ausland und mit vielen Ausländern in Berührung kam, habe er diesen Nationalismus nach und nach – dann aber gründlich! – abgestreift.[12] Es scheint aber, daß seine persönliche Vorstellung vor den Königsberger Stadtverordneten auch auf die Opposition nicht ohne starken Eindruck geblieben ist. Jedenfalls gewann er eine Mehrheit, und wenn die Sozialisten bei seiner Einführung demonstrativ den Saal verließen (11. Febr. 1920), so hatte er zehn Jahre später die Genugtuung, daß sie geschlossen und freudig zu seiner Abschiedsehrung erschienen. Die gewinnende Kraft der Persönlichkeit und seine sachliche Leistung haben in Königsberg ebenso wie in Solingen rasch alle Widerstände überwunden. Später in Leipzig hat sich derselbe Vorgang noch einmal wiederholt: auch hier gewann er durch sein eindrucksvolles persönliches Auftreten die Mehrheit der Stadtverordneten für sich, trotz geschlossenen Widerstands der Sozialisten gegen seine Wahl.[13]

Zweites Kapitel

BÜRGERMEISTER UND KOMMUNALPOLITIKER

Diese biographische Skizze, in der es vor allem um den Politiker Goerdeler geht, darf sich bei der Schilderung seiner Leistungen als großstädtischer Bürgermeister nicht allzulange aufhalten. Daß sie bedeutend waren und über das Durchschnittsmaß eines routinierten Verwaltungsfachmannes wesentlich hinausragten, wird von allen Seiten anerkannt. Die Stadt Königsberg hat seine außerordentliche Arbeitsleistung dadurch gewürdigt, daß sie ihm 1928 ein behagliches Stadthaus (gegen billigen Mietzins) zur Verfügung stellte. Aus Leipzig wird berichtet, man sei dort schon nach kurzer Zeit seines Wirkens allgemein überzeugt gewesen: einen so tüchtigen Oberbürgermeister habe die Stadt seit fünfzig Jahren nicht gehabt.[1] Er selbst schreibt beim Rückblick auf die Anfangsjahre der Weimarer Republik, es sei höchst ungerecht, sie einfach des „Versagens" anzuklagen: „Wer hat denn die Revolution niedergeschlagen? . . . Und dann haben wir gearbeitet, gearbeitet, gearbeitet, die Familie vergessen, geschuftet, um der Verwirrung Herr zu werden, die Verwaltung zu reinigen, zu ordnen, zu modernisieren, die Finanzen zu ordnen, Recht, Anstand und Pflicht wieder zur Geltung zu bringen, die Wohnungslosigkeit zu beseitigen, die Verkehrs- und Versorgungsbetriebe wieder instand zu bringen, die der Arbeit Entwöhnten wieder zu steter Arbeit zu gewöhnen, das Diktat von Versailles zu beseitigen. Wie unrecht ist es, gerade die letztere Arbeit und ihre von Stresemann erreichten Erfolge zu übersehen! Mit Gewalt ließ sich doch nichts anfangen, ohne Heer, also blieb nur die Klugheit! Die einzige heroische Tat, der Ruhrkampf, kostete uns den Rest der Währung. Aber wir hatten Willen und Verstand. Wie klug war die Propaganda, die mein damaliger (Königsberger) Oberbürgermeister Lohmeyer gegen den Korridor entfaltete! Sie erreichte, daß selbst die Franzosen seit 1930 seine Unsinnigkeit anerkannten. Wie war die Währung anders als durch Sparsamkeit in Ordnung zu bringen?"[2]

An der nationalen Propaganda gegen den „Korridor" hat sich auch Goerdeler eifrig beteiligt: durch viele Vorträge, in denen zwei Landkarten der Grenzprovinz „Einst" und „Jetzt" eine große Rolle spielten. Die Abschnürung Ostpreußens und seiner Hauptstadt vom Reich bereitete den Königsbergern besonders viele Nöte und Sorgen. Je schwieriger dadurch die Aufgaben der Stadtverwaltung wurden, um so wichtiger wurden sie zugleich. Goerdeler hat sie mit einem wahren Feuereifer angepackt. Aber bald erweiterte sich sein Wirkungskreis: er wurde Mitglied des Personal- und Verkehrsausschusses im Deutschen und Preußischen Städtetag sowie stellvertretender Vorsitzender des Arbeitgeberverbandes deutscher Gemeinde- und Kommunalverbände[3] und war auch literarisch in deren Interesse vielfach tätig. Seine Ehrenämter zwangen ihn, beständig zwischen Berlin und Königsberg hin und her zu reisen, bei wichtigen Tarifverhandlungen oft wochenlang angespannt, zuweilen vom Schlafwagen direkt aufs Rathaus und abends wieder nach Berlin zu jagen. Er hat aber, bei unerschöpflicher Arbeitskraft, gerade diese Aufgaben besonders hoch geschätzt. Sie brachten ihn mit der Arbeiterschaft und ihren Gewerkschaftsvertretungen in immer neue Berührung und verschafften ihm eine sehr konkrete Vorstellung von ihren sozialen Problemen. Da auch sein Oberbürgermeister sehr viel abwesend war, hatte er ihn oft in Königsberg zu vertreten. Lohmeyer gehörte zu jener Gruppe höchst aktiver Kommunalpolitiker, die damals (in Fortführung der Ideen von Hugo Preuß) eine große Reform der preußisch-deutschen Verwaltungsorganisation erstrebten. Der Deutsche Städtetag war das Hauptorgan ihres Wirkens. Goerdeler war an dieser Reformbewegung beteiligt; er hat in ihr bald eine bedeutende Rolle gespielt. Seinem Einsatz auf diesem weiteren Tätigkeitsfeld verdankte er es wohl in erster Linie, daß sich der Ruf des begabten Mannes bald weithin verbreitete. Im Frühjahr 1930 wurde er zum Oberbürgermeister von Leipzig gewählt. So an die Spitze einer der größten und wirtschaftlich wichtigsten Städte des Reiches gestellt, herausgelöst aus der ostpreußischen Exklave, wuchs er rasch zu einem der führenden Kommunalpolitiker Deutschlands heran. Wir müssen ihn auf den Hauptstationen dieses Weges begleiten, weil nur so – wie sich noch zeigen wird – seine spätere Rolle als Oppositionsführer ganz zu begreifen ist.

Längst waren die deutschen Großstädte aus dem Rahmen der alten, leicht übersehbaren Bürgergemeinden herausgewachsen, denen einst die Steinsche Reform in Altpreußen, die liberale Bewegung in Süddeutschland und am Rhein die Selbstverwaltung beschert hatten. Aus der Gemeinschaft angesehener Bürger war eine städtische Massenbevölkerung geworden, aus der Bürgergemeinde die Einwohnergemeinde, von deren Mitgliedern nur ein beschränkter Teil noch seßhaft war, die weitaus meisten einander gar nicht kannten, von echter „Nachbarschaft" nichts mehr wußten und als Träger städtischer „Ehrenämter" überhaupt nicht in Betracht kamen. Immer kräftiger hatte sich die besoldete städtische Bürokratie entwickelt, während der Grundgedanke Steins, vor allem das Patriziat der „großen Eigentümer" in Ehrenämtern für die Geschäfte des Gemeinwesens mobil zu machen, immer mehr im Nebel einer romantischen Vergangenheit entschwand. Dennoch waren die deutschen Gemeindeverwaltungen niemals zu bloßen Organen der Staatsgewalt herabgesunken wie in Frankreich; sie hatten sich eine sehr kräftige, grundsätzlich sogar allseitige Wirksamkeit ihrer selbst gewählten Verwaltungsorgane bewahrt, von der Staatsaufsicht bis 1918 nicht allzu stark beengt. Die Gemeindewahlen fanden unter der Monarchie nirgends – wie die zum Reichstag – auf Grund des allgemeinen Wahlrechts statt, sondern auf Grund des Dreiklassenwahlrechts oder anderer Systeme mit Steuerzensus, die das Proletariat und alle fluktuierenden Elemente fernhielten und eine weniger partei- als lokalpolitische Auswahl der Bürgervertreter und Stadträte begünstigten. Eben damit machte die Revolution von 1918 ein Ende: sie führte den vollen Gleichklang zwischen Staats- und Gemeindewahlen herbei. Aber die Folge war, daß nun auch das Gemeindeleben politisiert wurde; denn wie hätten diese städtischen Massen anders mobilisiert werden sollen als durch die politischen Parteien?

Man erlebte jetzt, daß die Gemeindevertretungen zu kleinen Abbildern der staatlichen Parlamente wurden, daß parteipolitische Debatten, mit allem doktrinären Eigensinn deutscher Kirchturmspolitiker durchgefochten, die sachliche Diskussion lokaler Verwaltungsfragen störten und verwirrten, daß Partei-Egoismus bei der Besetzung städtischer Ämter sich vordrängte und mehr nach dem Parteibuch und der „Gesinnung" als nach der sachlichen Fähigkeit fragte. Über das Ausmaß der so entstehenden Korruption lauten die Urteile sehr verschieden.[4] Sicherlich hat sie sich nicht überall in gleichem Maße gezeigt. Daß in dem engen Raum städtischer Gemeinwesen, in täglicher Arbeitsgemeinschaft der verschiedenen Parteivertreter angesichts ganz konkreter Verwaltungsaufgaben sich die politischen Gegensätze auch wohl abschleifen konnten, so daß eine besonders tüchtige, imponierende Persönlichkeit Raum zu freiem Wirken behielt, zeigt nicht nur das Beispiel Goerdelers, sondern die nicht unbeträchtliche Zahl bedeutender und sehr populärer Oberbürgermeister gerade in der Weimarer Republik. Aber natürlich gab es da große Unterschiede, sehr viele unnötige Hemmungen und zähe Kämpfe, die ein so rüstiger Arbeiter wie Goerdeler nur schwer ertrug. Er hat sich, auch in der Tagespresse, sehr scharf über dieses Dreschen von leerem Stroh und die ewige Wiederholung immer der gleichen Parteiphrasen geäußert. „Von programmatischen Erklärungen und Beschlüssen wird weder ein Fürsorgeempfänger satt, noch ein Kind erzogen, noch eine Straße unterhalten, noch die Straßenbahn in Bewegung gesetzt, noch ein Konzert intoniert, sondern hier heißt es Kopf und Muskeln zu unmittelbar fruchtbarer Arbeit anspannen."[5] Abhilfe erwartete er nicht von einer Änderung des Wahlrechtes, etwa von Personalwahlen in städtischen Bezirken an Stelle der Verhältniswahl; das würde, so meinte er, nur die Vertreter allerengster Lokalinteressen in das Rathaus bringen.[6] Auch von erneuter Einführung des älteren Zensuswahlrechtes, wie sie die Konservativen (Deutschnationalen) wünschten, ist bei ihm keine Rede. Statt dessen verlangte er eine starke Beschränkung der Plenarsitzungen des Stadtparlaments: nur ein- oder zweimal im Jahr sollte man das Plenum zusammenrufen, zu Sitzungen über grundsätzliche Fragen, die dann auch allgemeines Interesse wecken würden. Alle laufenden Geschäfte sollten indessen mit einem „Hauptausschuß" (oder mehreren Ausschüssen) der Versammlung beraten werden, in dem die sachliche Debatte von selbst an die Stelle politischer Rhetorik treten würde.

Seine zweite Reformforderung betrifft die Stellung des Oberbürgermeisters: sie soll in der Weise gestärkt werden, daß er nach außen wie nach innen ganz klar als verantwortlicher Leiter des städtischen Gemeinwesens hervortritt, nicht etwa als bloßer Funktionär der städtischen Körperschaften, der dann „zerrieben würde zwischen der Notwendigkeit, die ihm seine Einsicht diktiert, dem Wettlauf von Parteien in vielen Gemeindevertretungen und dem Eingriffsrecht des Staates". Er muß also das Recht haben, „allein zu handeln, wo die Gemeindevertretung sich den Notwendigkeiten der Zeit versagt" (z. B. durch verschwenderische Ausgabenwirtschaft); und zwar „mit voller strafrechtlicher, zivilrechtlicher und disziplinarrechtlicher Verantwortung, gegenüber der Gemeinde, dem Staat und dem Reich". Für sich selbst hat Goerdeler die Rolle eines politischen Parteifunktionärs sehr entschieden abgelehnt: er wollte keine andere Bindung anerkennen als die von „Eid und Gewissen"; er berief sich dafür auf den Grundsatz altpreußischen Beamtentums, „ausschließlich Sachwalter der Interessen der Allgemeinheit" zu sein.

Man wird sich hüten müssen, auf diese Haltung das Schlagwort vom „politischen Reaktionär" anzuwenden. Die Städteordnung der Weimarer Zeit hat nur in Ausnahmefällen (Thüringen 1922) und nur vorübergehend die Parlamentarisierung der Gemeindevertretungen so weit getrieben, daß der Bürgermeister vom Vertrauensvotum seiner Stadtverordneten abhängig wurde. In vielen Gemeindeordnungen, besonders in denen mit Magistratsverfassung, war der Bürgermeister ausdrücklich berechtigt, solche Beschlüsse des Gemeindeparlaments zu beanstanden, die gegen Gesetz, Gemeindewohl oder Staatsinteresse verstießen.[7] Überdies drängten die technischen Notwendigkeiten der modernen Gemeindeverwaltung ganz allgemein dahin, das schwerfällige altdeutsche Kollegialsystem der städtischen Verwaltungen im Sinn einer verstärkten, bürokratisch organisierten (d. h. dem Bürgermeister unterstellten) Exekutive zu reformieren. Den Grund hat Goerdeler knapp und schlagkräftig formuliert: „Die Aufgaben der Gemeinden sind heute wesentlich verwickelter als vor 50 und 100 Jahren. Die Technik zwingt zu einem viel schnelleren Tempo."

Eben deshalb erschien auch das Zweikammersystem der Steinschen Magistratsverfassung, wie es in den östlichen Provinzen Preußens und den sächsischen Großstädten fortlebte, als veraltet, das Einkörpersystem der rheinischen Bürgermeisterverfassung (das vom französischen Mairie-System beeinflußt war) und der radikal-demokratischen Stadtratsverfassungen von Bayern und Württemberg (seit 1919) als moderner. Auch der Deutsche Städtetag hat auf Reformen in dieser Richtung gedrängt; sein großer Entwurf für eine einheitliche gesamtdeutsche Gemeindeverfassung von 1930 lief auf eine Empfehlung der süddeutschen Gemeinderatsverfassung, aber mit verstärkter Exekutive, nach rheinischem Muster hinaus.[8]

Einen ganz besonders breiten Raum nimmt in der Erörterung kommunalpolitischer Fragen bei Goerdeler die städtische Wirtschafts- und Finanzpolitik ein. Schon sehr früh hat er Bedenken geäußert gegen die Haltung der Kommunen – aber auch des Staates – gegenüber diesen Problemen, wie sie in den Jahren des kurzen Wirtschaftsaufschwungs seit der Stabilisierung der Mark (1924–1929) üblich wurde. Immer wieder klagte er in seinen Aufsätzen über den unverantwortlichen Leichtsinn, mit dem man in Staat und Kommunen damals üppige öffentliche Bauten, Kulturunternehmungen aller Art, Lohn- und Gehaltserhöhungen ins Werk setzte, ohne Rücksicht auf die bittere Verarmung Deutschlands durch den Weltkrieg und mit Hilfe einer leichtfertigen Anleihewirtschaft (besonders mit ausländischem Kapital). Demgegenüber vertrat er sehr puritanische Grundsätze: „Mut zur Sparsamkeit", auch wenn sie noch so unpopulär ist – keine Ausgaben ohne Deckung, keine Anleihe ohne dringende Notwendigkeit, kein Jahresetat ohne Ausgleich der Bilanz, keine neuen Experimente mit der Währung! Nur so ist das Vertrauen der Regierten für die öffentliche Verwaltung nach der Inflation wieder zu gewinnen, nur so die Währung vor neuem Verfall zu sichern – ein Thema, das in unendlichen Variationen immer wiederkehrt. Niemand kann mehr besitzen, als er selbst erarbeitet, keine Anleihe nimmt uns die Lasten ab, die wir uns selbst aufpacken! Goerdeler beobachtete kritisch die Neigung vieler Stadtoberhäupter, sich billigen Ruhm zu verschaffen durch großartige, aber finanziell unsolide fundierte Bauten, die der Menge in die Augen fallen. Für sich selbst nahm er das Verdienst in Anspruch, als Oberbürgermeister von Leipzig eine zerrüttete Finanzwirtschaft durch eiserne Sparsamkeit in Ordnung gebracht zu haben. Beim Abschied von seinen dortigen Mitarbeitern 1937 setzte er ihnen auseinander, daß die Stadt in den sieben Jahren seiner Leitung eine Mehrlast von insgesamt 100 Millionen Mark habe einsparen müssen (infolge erhöhter Soziallasten, verminderter Steuereingänge und hoher Schuldentilgungspflichten) und daß es trotzdem gelungen sei, noch einen Überschuß anzusammeln und die Schuldenlast zu vermindern.[9] Das war sein größter Stolz, und von diesen Erfahrungen waren auch alle seine Reformprogramme für die Wirtschafts- und Finanzpolitik des Reiches bestimmt, wie wir noch sehen werden. Es versteht sich, daß später seine Kritik am Hitler-Regime von hierher immer neue Nahrung empfing. Ohne Zweifel verdankte er dieser soliden Finanzwirtschaft einen großen Teil seiner Popularität in Leipzig, besonders beim kleinen Mann; dies um so mehr, als er selbst mit seiner Familie in großer Einfachheit lebte.

Auch publizistisch hat er seine Grundsätze kommunaler Finanz- und Wirtschaftspolitik verfochten, am ausführlichsten wohl in einer Artikelreihe, die vom Januar bis März 1937 erschien.[10] In der Form eines Kommentars zu der von ihm mitgeschaffenen deutschen Gemeindeordnung vom 30. Januar 1935 (insbesondere zu den §§ 67–75) wurde hier vor allem die Frage erörtert, ob, in welchem Umfang und in welcher Form die Gemeinden sich wirtschaftlich betätigen sollten. Sie gehörte zu den meisterörterten Problemen deutscher Kommunalpolitik in jener Epoche. Goerdeler gibt eine Antwort, die grundsätzlich auf dem Boden liberaler, d. h. nichtsozialistischer Wirtschaftspolitik bleibt, aber die wirtschaftliche Betätigung der Gemeinden auf denjenigen Gebieten fordert, wo der Natur der Sache nach die wirtschaftliche Aufgabe am besten (oder nur) durch einen kommunalen Monopolbetrieb gelöst werden kann. Grundsätzlich ist das Wirtschaften Sache des Privatunternehmers, der sein eigenes Risiko trägt; kameralistische Verwaltung kommunaler Wirtschaftsbetriebe ist zu verwerfen, weil sie ohne den Stachel echter Konkurrenz bleibt, mangelhafte Leistungen auf Kosten des Stadtsäckels ausgleichen kann und in einem von Parteien regierten Gemeinwesen allzu leicht in Gefahren der Korruption und des politischen Mißbrauchs gerät. Die Wirtschaftsbetriebe müssen also in der Form selbständiger Unternehmungen nach streng ökonomischen Gesichtspunkten geführt werden; aber sie sollen, im Gesamtinteresse der Gemeinde, unter der verantwortlichen Oberleitung des Bürgermeisters stehen – auch wenn sie (was durchaus ratsam sein kann) die Form einer selbständigen Rechtspersönlichkeit (AG. oder GmbH.) annehmen. Mit Rücksicht auf die Steuerzahler muß die Haftung der Gemeinde auf einen bestimmten Höchstbetrag beschränkt bleiben. Eben deshalb sollen auch keine Bankunternehmungen mit großem Risiko von der Kommune oder vom Staat betrieben werden; nur Sparkassen und zentrale Währungsbanken (Notenbanken) eignen sich für die öffentliche Hand. Spekulation mit Vermögensteilen wird der Gemeinde aus demselben Grund verboten, Vermögensveräußerung nur in dem Umfang gestattet, als dadurch keine bald wieder gebrauchten Vermögensteile verlorengehen; nur der Staat darf über das Volksvermögen in größerem Umfang frei verfügen, unter Umständen sogar in sehr hohem Maße; er soll davon aber nur in ganz besonderen Notzeiten (wie im Krieg) Gebrauch machen. Das entspricht „dem Naturgesetz und der sittlichen Ordnung". Der Leistungswille der Bürger hängt immer ab vom Vertrauen auf die Solidität der öffentlichen Finanzverwaltung. Diese muß immer dessen eingedenk sein, daß sie mit fremden, ihr anvertrauten Geldern zum allgemeinen Besten zu wirtschaften hat. Theoretisch ist eine Etataufstellung mit Ausgleich der Bilanz auch für längere Zeiträume als für ein Jahr möglich; praktisch ist indessen das Jahr als der natürliche Zyklus alles Lebens zu betrachten, und wer öffentliche Gelder verwaltet, hat vor allem für Sicherheit zu sorgen, wie sie schließlich doch nur ein ausgeglichener Jahresetat verbürgt. (Das würde Goerdeler wohl auch heute wieder gegen neuere finanzpolitische Theorien einwenden.) Schließlich darf die Steuerkraft der Bürger nicht über ein bestimmtes Maß hinaus beansprucht werden: ihre dauernde Leistungsfähigkeit darf darunter nicht leiden.

Goerdeler hat die hier aufgestellten Grundsätze der Organisation kommunaler Wirtschaftsbetriebe als Ergebnis der neueren Erfahrungen deutscher Städte und vieler kommunalpolitischer Debatten seit dem ersten Weltkrieg betrachtet. Er war aber stolz darauf, zu ihrer Klärung wesentlich beigetragen zu haben. Daß es ihm gelungen war, als Leipziger Oberbürgermeister die städtischen Regiebetriebe, seinen Prinzipien entsprechend, gegen widrige Strömungen des Stadtparlaments zu erhalten, erschien ihm (in einer für sein ganzes politisches Denken bezeichnenden Wendung) als Beweis dafür, „daß selbst in bewegten Zeiten eine mit dem Willen zum Guten vorgetragene vernünftige Erkenntnis schließlich sich durchsetzt".[11]

Eine wichtige Rolle spielte in diesen Erörterungen die Frage nach den Grenzen des staatlichen Aufsichts- und Einspruchsrechts gegenüber den Gemeinden. Im Gegensatz zur Durchschnittsmeinung der konservativen Partei vertrat Goerdeler mit Entschiedenheit den Grundsatz möglichst großer Freiheit der kommunalen Selbstverwaltung. Die staatliche Aufsicht, meint er, solle sich nur auf die Gesetzlichkeit, nicht aber auf die Zweckmäßigkeit der städtischen Verwaltung erstrecken; denn diese könne von den unmittelbar Beteiligten viel besser als von einem Ministerialbeamten beurteilt werden. Übrigens könne und solle der Staat eine Gemeinde so wenig wie einen einzelnen hindern, Dummheiten zu machen, auch nicht in der Vermögensverwaltung; denn nur da wird wirklich verantwortlich gehandelt, wo jeder sein eigenes Risiko trägt und es ihm nicht von anderen abgenommen wird.[12]

Mit Recht hat sich Goerdeler für solche Grundsätze auf den Freiherrn vom Stein berufen. Die Wirkung freier selbstverantwortlicher Initiative als obersten Grundsatzes aller Wirtschaftspolitik und Verwaltungsorganisation; die Überzeugung, daß wahre Gemeinschaft nur von freien, selbstverantwortlichen Persönlichkeiten gebildet werden kann, nicht aber durch obrigkeitlichen Zwang, der nur Masse erzeugt; der Glaube, daß das Prinzip der Selbstverantwortung auch in die Arbeiterschaft hineingetragen werden muß und kann und daß ebenso die Wirtschaft wie der Staat dann am besten gedeihen, wenn sie auf die freie Schaffenskraft rüstiger, für ihr Handeln selbstverantwortlicher Bürger vertrauen, statt ewig zu gängeln und zu kommandieren – das alles gehört zum echten Erbe des älteren deutschen Liberalismus, wie er sich im Kreise städtischer Selbstverwaltung noch am ehesten erhalten hatte. Die Tatsache, daß Goerdeler aus Heimat- und Familientradition, zunächst wohl auch aus nationalistischen Vorurteilen zur konservativen („Deutschnationalen") Partei gehörte, war im wesentlichen eine Äußerlichkeit, die unserer Feststellung nicht im Wege steht.[13] Unleugbar neigte er (wie sich noch zeigen wird) zu einer autoritären Staatsauffassung, mißtraute der parlamentarischen Verfassungsform im Sinne der westlichen Demokratien und vertrat kulturpolitisch einen ausgesprochen konservativen Standpunkt, wie er in deutschnationalen Kreisen üblich war. Aber die Autorität der Reichsleitung, die er verstärken wollte, sollte nicht auf rohem Zwang, sondern auf allgemeinem Vertrauen beruhen und streng an die Gesetze gebunden sein – nur freilich imstande, auch unpopuläre Maßnahmen durchzusetzen, wenn es das höhere Staatsinteresse erforderte. Das alles waren Gedanken, wie sie im deutschen Rechtsliberalismus von jeher erblich waren und im sogenannten Jungkonservatismus der Weimarer Zeit wieder auflebten – nicht ohne tragische Verstrickung in die Dämonie einer politischen Bewegung, die ihre Ideen mißbrauchte. Mit den Standesinteressen der Junker und Schlotbarone dagegen hatte Goerdeler nichts zu tun. Von Hugenberg hat er sich im entscheidenden Augenblick, wie wir noch sehen werden, getrennt, und dem Vorstand der Deutschnationalen Partei gehörte er schon lange vor 1931 nur noch dem Namen nach an. Die Vorurteile der echten „Kapitalisten" gegen soziale Bestrebungen der Arbeiterschaft hat er nie geteilt. Wohl aber war seine wirtschaftspolitische Grundanschauung durch einen unüberbrückbaren Abgrund vom sozialistischen Denken getrennt. Alles Wirtschaftsleben ist für ihn Kampf – Kampf zunächst um die Selbsterhaltung des Menschen, der aber zum „lauteren Wettbewerb" und durch soziale Hilfsbereitschaft, durch „edle und freiwillige Kameradschaft" gemildert werden muß – eine Hilfsbereitschaft, ohne die freilich „das Gemeinschaftsleben unerträglich werden müßte".[14]

Übrigens stand Goerdeler mit seinem Kampf für die Freiheit kommunaler Selbstverwaltung in einer Front mit den meisten seiner Berufsgenossen. Allgemein war die Enttäuschung darüber, daß die Weimarer Republik, entgegen den Versprechungen ihrer Verfassung, diese Freiheit nicht gefördert, sondern in praxi stark vermindert hatte. Hugo Preuß, der Urheber des Verfassungswerks, hat diese Enttäuschung selbst geteilt. Schuld daran war vor allem (wie auch Goerdeler feststellte) die streng unitarische Finanzreform Erzbergers, die mit der Schaffung eigener Steuerbehörden des Reichs bis zur Lokalinstanz hinunter und mit der Entziehung der Einkommensteuer die Kommunen als Träger eigener Steuerhoheit ausgeschaltet und sie mit Hilfe des sogenannten Reichsfinanzausgleichs zu Kostgängern des Reichs gemacht hatte. Dazu kam die Zentralisation der Sozialfürsorge, des Wohnungs- und Arbeitsnachweises und anderer ehemals kommunaler Verwaltungszweige. Schwere Soziallasten wurden den Gemeinden von Reichs wegen aufgebürdet ohne entsprechende Verstärkung eigener Einnahmequellen. Aber auch die Länder, ihrer ehemaligen Machtstellung im Bundesrat beraubt, suchten sich vielfach schadlos zu halten durch eine verschärfte Zentralisierung ihrer inneren Verwaltung, besonders im Schulwesen und der Polizei, so daß der Kampf um die Zuständigkeit zwischen Reich und Ländern, wie sich der Präsident des Deutschen Städtetages, Dr. Mulert, ausdrückte,[15] auf dem Rücken der Kommunen ausgefochten wurde. Man hat berechnet, daß 1929 durchschnittlich nur noch 3% der Gemeindeausgaben freigestellt, 97% durch staatliche Pflichtaufgaben festgelegt waren[16] – das lähmte notwendig die Verantwortungsfreudigkeit der kommunalen Organe. Die ungeheure Last der Arbeitslosenfürsorge seit 1930 hat schließlich die Finanzen vieler Gemeinden ganz erdrückt, besonders da, wo vorher mit ausländischen Anleihen leichtsinnig gewirtschaftet worden war. Wo sie zusammenbrachen, wurde ein Staatskommissar eingesetzt – ein Schicksal, das allein in Preußen 600 Gemeinden erfuhren.

Aus der Opposition gegen diese Zustände ist in der Weimarer Republik eine Reformbewegung deutscher Kommunalpolitiker erwachsen, die sich von Anfang an nicht auf die besonderen Anliegen der Gemeinden beschränkte, sondern sogleich aufs Ganze ging: auf die gesamte Verwaltungsstruktur des neuen Staates. Denn nur im Rahmen einer allgemeinen Reichs- und Länderreform konnten die besonderen Nöte der Gemeindeverwaltungen wirklich durchgreifend behoben werden. „Zentralismus oder Selbstverwaltung" lautete der Titel einer Reformschrift, die der Königsberger Kollege Goerdelers, Oberbürgermeister Lohmeyer, 1928 veröffentlichte.[17] Sie legte sorgsam dar, was die Folge des ungeklärten Nebeneinanders von zentralistischen Tendenzen der neuen Reichsverwaltung mit fortdauernder Selbstherrlichkeit der alten Länderverwaltungen, insbesondere Preußens und Bayerns, war: eine behördliche Überorganisation, insbesondere der staatlichen Mittelinstanzen, die ebenso kostspielig wie irrational erschien – das alles verschleiert durch eine vielfach unübersichtliche, veraltete Gebietsgliederung und Zuständigkeitsverteilung der

Behörden. Statt dessen forderte er – als radikaler, demokratischer Unitarier – durchgreifenden Neubau, einheitlich für das ganze Reichsgebiet: als unterste Instanz die Stadt- und Landkreise, als mittlere die bisherigen Länder, neu geordnet zu 13 (oder lieber noch: 9) Reichsprovinzen von annähernd gleicher Bevölkerungszahl, als oberste das Reich, das seinen bundesstaatlichen Charakter nunmehr völlig abstreifen sollte. Die Einzelheiten dieses Planes (der hier nicht näher zu entwickeln ist) erinnern in so vielen Zügen an spätere Reformschriften Goerdelers, daß an einem geistigen Zusammenhang nicht gezweifelt werden kann. Gemeinsam war beiden zunächst die Kritik an Erzbergers Finanzreform, die Forderung nach steuerlicher Selbständigkeit der Gemeinden und neuer Verteilung der verschiedenen Steuerarten auf Reich, Länder und Kommunalverwaltungen. Das war ein Programmpunkt wohl aller kommunalpolitischen Reformer. Aber selbst die radikalste der Forderungen Lohmeyers: die Länderparlamente in bloße Provinziallandtage, die Länder in bloße „Reichsgaue" umzuwandeln, kehrt bei Goerdeler mehrfach wieder; er möchte ihre Verhandlungen entpolitisieren und schlägt vor, mit ihnen ähnlich zu verfahren wie mit den Stadtparlamenten: nur seltene Tagungen des Plenums, Erledigung der meisten Geschäfte in einem Hauptausschuß der Versammlung.[18] Eine solche Entpolitisierung setzte nun freilich auch eine Entmachtung der Parteien voraus; Lohmeyer wollte zu diesem Zweck alle Reichstagsabgeordneten zuerst durch die Schulung der Selbstverwaltung laufen lassen: in Gemeinde-, Kreis- und Provinzialkörperschaften – ein Gedanke, der noch in den letzten Denkschriften Goerdelers (wenn auch in abgeänderter Form) wiederkehrt. Beide Männer waren aus praktischer Erfahrung von Sorge erfüllt vor dem verantwortungslosen Radikalismus und der Popularitätssucht demokratisch gewählter Volksvertreter, besonders in Finanzfragen. Beide sannen auf Abhilfe ohne reaktionäre Beschränkung des Wahlrechts. Sie verlangten ein Vetorecht der Exekutive (in allen Instanzen) gegen verfehlte Finanzbeschlüsse der Kammern nach angelsächsischem Muster, insbesondere gegen Ausgaben ohne Dekkung, weiter: Heraufsetzung des Wahlalters auf 24 Jahre[19] und Ersatz der Listenwahlen (Proporz) durch den englischen Wahlmodus der Personalwahl mit einfacher Mehrheit, um die Parteizersplitterung einzuschränken. Vor allem wollten sie die Stellung des Reichspräsidenten gegenüber dem Reichstag verstärken. An diesem Punkt ist Goerdeler sehr weit gegangen: der Reichspräsident sollte bei der Berufung der Reichsminister nicht an das Vertrauensvotum des Reichstags gebunden sein – also reine Präsidialkabinette berufen können![20] Er erklärte es für einen Vorzug solcher Kabinette, daß sie durch einen längeren Zeitraum (unter Umständen bis zu 7 Jahren) im Amte bleiben und auch unpopuläre Maßnahmen durchsetzen könnten – ohne längere Bewährungsfristen ließen sich große Reformen nun einmal nicht durchführen. Wir werden noch sehen, wie er vor allem die Arbeitslosigkeit mit Hilfe solcher halbdiktatorischer Methoden zu überwinden hoffte.

Ein weiteres Anliegen, das Goerdeler mit Lohmeyer teilte, war die Vereinfachung und Verbilligung der Verwaltung, besonders in Preußen. Die preußischen Regierungsbezirke und Bezirksregierungen sollten verschwinden, die Zahl der Reichsministerien sollte durch teilweise Zusammenlegung vermindert werden; insbesondere wollte Goerdeler die Reichsministerien für Wirtschaft und Arbeit zusammenlegen (eine immer wiederkehrende Hauptforderung!), ebenso die Ministerien für Verkehr (Post, Eisenbahn, Straßenwesen). Darüber hinaus wünschte er, daß die preußischen Ministerien möglichst weitgehend mit den Reichsministerien verschmolzen würden, zunächst die für Landwirtschaft und Handel; nur das Kultus- und das Finanzministerium Preußens sollten vorläufig selbständig bleiben.[21]

Damit war das heikelste aller Verfassungsprobleme angerührt: das Verhältnis Preußens zum Reich. Es hatte bekanntlich von jeher, schon in der Reichsgründungszeit, viel Not bereitet, wurde aber in den späteren Jahren der Weimarer Republik immer mehr als lastendes Problem empfunden: nicht nur von seiten der Rechtsparteien, die in Preußen eine sozialdemokratische Mehrheitsregierung vor sich sahen, sondern auch von den Verwaltungsreformern, die das Nebeneinander einer hochentwickelten preußischen Verwaltung neben der sich immer mehr ausdehnenden des Reiches als Luxus empfanden. Nicht alle Reformer waren radikale Unitarier; viele bevorzugten eine mittlere Lösung, wie sie der frühere Reichskanzler (und ehemalige Essener Oberbürgermeister) Dr. Hans Luther vorschlug: die Umgestaltung Preußens zum Reichsland, in das auch die kleineren norddeutschen Länder aufgehen sollten, doch so, daß die preußischen Provinzen als „Länder neuer Ordnung" ein erhöhtes Maß von Selbständigkeit erhielten. Goerdeler hat diese Pläne sehr achtungsvoll behandelt und der Persönlichkeit Luthers mehrfach seinen Respekt bezeugt als dem „besten Reichskanzler der Nachkriegszeit". Aber seine Vorschläge betrachtete er mit Kritik: er fürchtete als Folge eine Vertiefung der Mainlinie, eine zu starke Auflockerung Preußens, das doch den agrarischen Osten mit dem industriellen Westen verbinden sollte. Entweder, meinte er, müsse man weitergehen und auch die süddeutschen Länder zu bloßen Reichsprovinzen machen oder man müsse auch Preußen seine Staatlichkeit mitsamt seinem Landtag belassen. Nicht dieser sei gefährlich, wohl aber das System der parlamentarischen Regierungsbildung, das er durch seine (uns schon bekannte) mehr präsidiale Regierungsform zu ersetzen wünschte.[22]

So sieht man immer wieder die kommunalpolitischen Bestrebungen unversehens ins Staatspolitische übergehen. Das war auch auf den Tagungen der sogenannten kommunalen Spitzenverbände[23] nicht anders, die in den Spätjahren der Weimarer Republik sich mehr und mehr zu bedeutsamen politischen Machtfaktoren und Organen der öffentlichen Meinungsbildung entwickelten. Sie beruhten auf freiwilligem Zusammenschluß ihrer Glieder, erreichten aber, daß praktisch die meisten Gemeinden und höheren Kommunalverbände sich ihnen anschlossen. Die eifrigsten Unitarier unter ihren Vorstandsmitgliedern, wie Lohmeyer und Mulert, drängten auf unmittelbare Vertretung der Städte in den obersten Reichsorganen, dem Reichstag, Reichsrat, Reichswirtschaftsrat, Reichsministerium des Innern; das Reich, war ihre Theorie, das den Kommunen so hohe Lasten auflegt, muß ihnen auch eine unmittelbare Vertretung gewähren. Es ist ganz unwahrscheinlich, daß der konservativ gesinnte Goerdeler so weit gegangen ist, die Länder als staatliche Mittelinstanz einfach ausschalten zu wollen zugunsten einer Reichsbürokratie, die sich zu einem „Wasserkopf" hätte auswachsen müssen. Unmittelbare Äußerungen darüber liegen mir nicht vor.[24] Wohl aber war er mitbeteiligt an anderen Reformplänen der Städtetage: an der Vereinheitlichung des deutschen Städteverfassungsrechtes und am Zusammenschluß aller kommunalen Spitzenverbände. Freilich wird es ihm dabei weniger auf Uniformierung der kommunalen Verfassungen[25] als auf die organisatorische und gesetzliche Sicherung kommunaler Freiheit und Selbstverwaltung angekommen sein. Dafür fühlte er sich doppelt mitverantwortlich, seit er (als Leipziger Oberbürgermeister) in den Vorstand des Deutschen Städtetages eingetreten war.

Die Vereinigung aller Spitzenverbände war theoretisch schon vor dem Umsturz von 1933 vorbereitet; der Berliner Kommunalwissenschaftler Dr. Jeserich hat Entwürfe dafür – in vorsichtiger Form – schon 1932 veröffentlicht. Im Frühjahr 1933 wurden seine Pläne bereits zur Wirklichkeit, nachdem im Zuge der nationalsozialistischen „Gleichschaltung" die meisten Oberbürgermeister-, Bürgermeister- und Landratsposten neu besetzt worden waren. Eine führende Rolle spielte dabei der Oberbürgermeister Fiehler von München, der den Gedanken des Zusammenschlusses der kommunalen Spitzenverbände Hitler selbst vortrug, und zwar gemeinsam mit Goerdeler und Jeserich.[26] Er fand den Beifall des Diktators und wurde von ihm mit der Durchführung beauftragt. Da er sich auf einen Wunsch des „Führers" berufen konnte, gelang es ihm schon im Mai, die Vorstände aller kommunalen Spitzenverbände zur Zustimmung zu bewegen – natürlich nicht ohne einen gewissen moralischen Druck der Partei. Fiehler wurde Vorsitzender, Jeserich geschäftsführender Präsident des neuen Deutschen Gemeindetages, Goerdeler (wie Jeserich berichtet) „kraft seiner überragenden Persönlichkeit, seiner Sachkunde und seiner großen kommunalen Erfahrungen" das einflußreichste Mitglied des zwanzigköpfigen Vorstandes; diesem gehörte er bis 1937, d. h. bis zu seinem Ausscheiden aus dem Leipziger Oberbürgermeisteramt an; aber auch nachher hat er noch mehrfach an den Arbeiten des Gemeindetages teilgenommen und seinen Aufgaben stets großes Interesse bewahrt.

Begutachtung von Gesetzen und Verordnungen war neben der Auskunftserteilung an Gemeinden und Gemeindeverbände die Hauptaufgabe der neuen Organisation. Das wichtigste der hier beratenen Gesetze war die neue, einheitliche deutsche Gemeindeordnung, die für alle Gemeinden schlechthin galt und am 30. 1. 1935 als Reichsgesetz verkündet worden ist. An ihrer Vorbereitung hat Goerdeler einen entscheidenden Anteil gehabt. Bevor der Entwurf (der in vielen Bestimmungen auf die Vorschläge des Städtetages von 1930 zurückging) ins Hitler-Kabinett gelangte, wurde er in einem kleinen Kreise beraten und formuliert, dem auch der Leipziger Oberbürgermeister angehörte.[27] Nach seiner eigenen Darstellung stammte einer der beiden ersten Entwürfe von ihm, der andere von Fiehler. Das Ergebnis der gesetzgeberischen Arbeit hat Goerdeler mehrfach als „vorzüglich" gerühmt – ein Urteil, das auf den ersten Blick verwundern muß angesichts einer Ordnung, die das sogenannte Führerprinzip ebenso konsequent durchführte wie das Einparteiensystem und die Selbstverwaltung durch staatliche Aufsicht sehr stark einengte – trotz aller phrasenhaften Versicherungen des Prologs und der Kommentare, der Geist des Freiherrn vom Stein solle neu belebt, „eine wahre Volksgemeinschaft" von der „Zelle" der Gemeinde her geschaffen werden. Aber Goerdelers Urteil erklärt sich wohl so, daß er auf das Zustandekommen dieses Gesetzes sehr große Hoffnungen gesetzt hatte und daß er von diesen Hoffnungen auch dann nicht lassen wollte, als schließlich eine Enttäuschung daraus geworden war. Trotz aller Korruption des ursprünglichen Entwurfes durch nationalsozialistische Einflüsse war doch eine große Fülle wohldurchdachter und zweckmäßiger Einzelbestimmungen erhalten geblieben, im ersten, allgemeinen Teil auch gewisse Grundsätze, die altdeutscher Tradition entsprangen. Hier wurden die Gemeinden nicht als Staatsanstalten bezeichnet, sondern als „öffentliche Gebietskörperschaften", Rechtspersönlichkeiten aus eigener geschichtlicher Wurzel. Besonders wichtig waren Goerdeler die Abschnitte über Finanzen und Wirtschaft, deren Kommentierung in seinen Aufsätzen wir schon kennen. In ihnen erblickte er geradezu ein „Grundgesetz der öffentlichen Wirtschaft überhaupt",[28] und versuchte, gestützt auf diese Bestimmung, seine eigene Kritik an der Wirtschafts- und Finanzpolitik des Hitler-Regiments als gesetzlich wohlbegründet zu erweisen – wobei er sich darauf berufen konnte, daß Hitler persönlich in den Prolog des Gesetzes einen Satz eingefügt hatte:[29] „Die deutsche Gemeindeordnung ist ein Grundgesetz des nationalsozialistischen Staates. Auf dem von ihr bereiteten Boden wird sich der Neubau des Reiches vollenden." Überhaupt bietet die Entstehungsgeschichte dieser Ordnung des Merkwürdigen genug.

Wie Goerdeler erzählt, hatte er sich vor allem deshalb um die neue Gemeindeordnung bemüht, „um möglichst schnell die reaktionäre von Popitz für Preußen abzulösen". (Gemeint ist offenbar das preußische, auf Göring bzw. Grauert zurückgehende Gemeindegesetz vom 15. 12. 1933.) „Reaktionär" fand er daran die viel zu weit getriebene Staatsaufsicht über die Gemeinden und die allzu starke Beschränkung der Bürgerschaft bei der gemeindlichen Willensbildung.[30] Daß gerade an diesen beiden Punkten das neue Gesetz in denselben, ja noch ärgeren Fehler verfallen würde, war nicht sogleich vorauszusehen. Jeserichs erster Entwurf hatte ihn zu vermeiden versucht. Und Hitler zeigte sich in erstaunlichem Maße zugänglich für die Vorschläge unseres Reformers. Dieser nahm Anstoß vor allem an zwei Punkten, die die Nationalsozialisten in den Entwurf hineingebracht hatten: an der Ernennung der Ratsherren und Gemeindeverordneten durch die Partei (statt des von ihm selbst vorgeschlagenen einfachen Wahlverfahrens) und an der allzu eng gefaßten Staatsaufsicht.[31] Er erzählt nun in seinen Niederschriften von 1944, Anfang Januar 1935[32] habe ihn Hitler zu sich befohlen, um seine Meinung über das dicht vor der Verabschiedung stehende Gesetz zu hören. Er habe eben diese Einwände vorgetragen und stark betont, daß gerade in einem autoritären Staat die Verwaltung „nach unten elastisch abgefedert sein müsse" durch eine echte Selbstverwaltung, in der die Staatsbürger an der öffentlichen Verantwortung sich beteiligten; andernfalls gäbe es nur ein stumpfes Befehlen und Abwarten, ein gefährliches Abschieben der Verantwortung nach oben. Diese letzte Vorhaltung mag Hitler für den Augenblick eingeleuchtet haben. Er selbst hatte sich (wie Jeserich berichtet) in den ersten Vorbesprechungen durchaus geneigt gezeigt, dem Gemeinderat ein Beschlußrecht einzuräumen. Jetzt meinte er, „man könne dem Bürgermeister Auseinandersetzungen mit den Stadtverordneten nicht zumuten, dazu verstünden die neuen Leute zu wenig". Im übrigen suchte er, seinem Partner grundsätzlich zustimmend, ihn zugleich durch eine Schmeichelei zu gewinnen: Leider habe er zur Zeit nicht genügend zur Selbständigkeit erzogene Männer, die ihm (Goerdeler) gleichwertige Oberbürgermeister sein könnten. „Also müsse er die Ratsherren von der Partei auslesen lassen und müsse auch dem Staat einen starken Einfluß bei der Bestallung der Oberbürgermeister vorbehalten." Immerhin sollte die Staatsaufsicht eingeschränkt werden. Sogleich wurde Frick zitiert und erhielt, ohne daß seine Einwendungen beachtet wurden, strikte Weisung, den Entwurf entsprechend den Wünschen Goerdelers umzuarbeiten. Dieser selbst wurde zum Frühstück geladen und konnte in den am Nachmittag durchgeführten Kommissionsberatungen seine Wünsche zu Gehör bringen. Dabei stieß er freilich auf zähen Widerstand des Innenministeriums, das dann auch eine wesentliche Abschwächung seiner Forderungen (nach Neufassung der Artikel über Staatsaufsicht) durchsetzte. Immerhin hat Hitler (wie Dr. Jeserich und Graf Schwerin-Krosigk sich erinnern) in der entscheidenden Kabinettsitzung (damals wurden solche noch abgehalten!) verlangt, daß zu Gemeinderäten nicht etwa nur Parteimitglieder oder Mitglieder von Parteiorganisationen, sondern auch „gewöhnliche Volksgenossen" bestellt werden könnten, ja sogar sollten.

Wenn das alles richtig ist, dann hätte Hitler damals noch ein Gefühl dafür gehabt, daß seine Parteigefolgschaft nicht für alle Verwaltungsposten sich eignete, am wenigsten in der technisch so komplizierten Verwaltung moderner Großstädte. Vielleicht hat er sich gescheut, seine Partei mit allzuviel Verantwortung auch in dieser (politisch relativ belanglosen) Sphäre zu beladen? Goerdeler aber konnte den Eindruck haben, daß auf diesem Gebiet sein Wort etwas galt.[33] Und er hat noch bis zuletzt gemeint, das Gesetz von 1935 würde sich durch wenige einfache Änderungen in Ordnung bringen lassen.

Indessen: die von ihm gerügten Mängel betrafen gerade den zentralen Punkt, und so hat er schließlich 1944 rückblickend feststellen müssen, daß die Gemeindeordnung von 1935 vollkommen fehlgeschlagen sei: „Das Gemeindeleben ist verödet, die Selbstverwaltung tot, die Bürger kennen kaum noch die Namen ihres Bürgermeisters, geschweige denn die von der Partei ernannten, im Verborgenen blühenden Gemeinderäte."[34] So pessimistisch hatte er 1936/37 noch nicht geurteilt, als er seine Artikel über kommunale Wirtschaft schrieb. Gleichwohl waren auch sie schon Ausdruck seiner Opposition: sie waren als indirekte Kritik an der Staatswirtschaft Hitlers gemeint, und zur Zeit ihres Erscheinens hatten die Kommunalpolitiker schon manche Enttäuschung erlebt. Schon seit 1935 war der Vorstand des Deutschen Gemeindetages mehr und mehr in Gegensatz zur Herrschaft der Staatspartei geraten – einfach aus dem Zwang seiner Aufgabe heraus, die Selbstverwaltung durch das System des totalitären Zwangsstaates hindurchzuretten. Die neue Gemeindeordnung als Wegbereiterin einer neuen politischen Ordnung – das war ursprünglich die Hoffnung ihrer Begründer gewesen; aber diese Hoffnung erwies sich nur allzubald als eine Illusion.

Gescheiterte Hoffnungen, eine Fülle von Reformbestrebungen, die zuletzt alle Papier blieben – so könnte man überhaupt die Summe des hier Berichteten zusammenfassen. Für unser Generalthema, die Geschichte der deutschen Widerstandsbewegung, ist ihre Betrachtung gleichwohl unentbehrlich. Denn es zeigt sich, daß die Opposition des Goerdeler-Kreises gegen Hitler nicht isoliert betrachtet werden darf: sie stand in unmittelbarem Zusammenhang mit einer älteren, schon in der Weimarer Epoche entstandenen Reformbewegung und lebte zum großen Teil aus deren Ideen. Nur so erklärt sich, daß so große Teile gerade der höheren Beamtenschaft daran beteiligt waren, nur so auch, daß sie sich so intensiv und hartnäckig mit detaillierten Plänen einer neuen Verwaltungsorganisation beschäftigten, die nach dem Sturz Hitlers durchgeführt werden sollten, obwohl doch dieser selbst nichts weniger als gesichert war. Es gab Männer unter den Opponenten, die viel ernstlicher als Goerdeler gehofft haben, ein neues autoritäres System werde jene organisatorischen Reformen durchführen, die der Weimarer Republik nicht gelungen waren – hier wäre etwa Fritz von der Schulenburg als Beispiel zu nennen. Ihre Hoffnungen mußten noch steigen, als tatsächlich die Präsidialkabinette Brüning und Schleicher einiges davon durchzusetzen begannen: insbesondere die finanzielle Belastung der Gemeinden zu erleichtern, den Gegensatz zwischen dem Reich und Preußen gewaltsam zu beseitigen und den preußischen Verwaltungsaufbau erheblich zu vereinfachen. Erst allmählich ist ihnen klargeworden, daß unter dem autoritären Regime Hitlers und seiner Partei von wahrer Selbstverwaltung keine Rede mehr sein konnte. Um so heftiger war dann der Rückschlag in ihrer politischen Gesinnung.

Nicht so natürlich, als ob sich ihre Opposition allein und wesentlich aus ihren kommunalpolitischen Bestrebungen oder aus ihren Plänen für eine organische Fortbildung der Reichsverfassung erklären ließe. Weit stärker als alle anderen Motive war ihre moralische Empörung, die Erbitterung eines tief gekränkten Rechtsbewußtseins gegen das Gewaltregiment des Tyrannen – davon wird noch ausführlich zu reden sein. Aber der besondere Charakter ihrer Opposition ist doch wesentlich mitbestimmt durch die Tatsache, daß so viele ihrer Träger aus der kommunalen und höheren staatlichen Verwaltung stammten. Sie war kein vages Ressentiment utopischer Idealisten oder doktrinärer Demokraten. Sie wurzelte in den Idealen freier Selbstverantwortung, die sich im Rahmen kommunaler Selbstverwaltung hatte praktisch bestätigen können. Es war darin ein Stück echter Sachlichkeit lebendig: Kritik erfahrener Sachkenner der öffentlichen Verwaltung, nüchterner Realisten des politischen Alltags am Dilettantismus fanatischer Demagogen. Das hat diesen Männern einen großen Teil ihrer inneren Sicherheit gegeben. Die Polemik der Nationalsozialisten gegen die „liberalistischen Doktrinäre und Egoisten“ zielte an ihnen völlig vorbei.

Drittes Kapitel

BERATER DES REICHSPRÄSIDENTEN

Seit seiner Ernennung zum Oberbürgermeister von Leipzig (22. 5. 1930) wurde Carl Goerdeler mehr und mehr zu einer politischen Figur – und zwar allein kraft seiner Persönlichkeit, nicht seiner Parteizugehörigkeit. Es ist nicht ganz leicht zu verdeutlichen, was eigentlich die starke Suggestivwirkung ausmachte, die von ihm ausging und auf jeden ausstrahlte, der mit ihm zu tun hatte. Theodor Litt hat in einer schönen Charakteristik des Menschen[1] gemeint, es habe etwas Herrscherliches in seinem Wesen gelegen. Aber er fügte gleich mit Recht hinzu, daß ihm trotz alles leidenschaftlichen politischen Wollens jede Spur von Dämonie des Machtwillens, von Verschlagenheit und Herzenskälte gefehlt habe, die man so oft bei geborenen Politikern findet. Natürlich lebte in ihm jener Ehrgeiz, etwas Großes zu vollbringen, ohne den keine bedeutende politische Tat gelingt. Aber sicher ist doch, daß in diesem Ehrgeiz sehr viel mehr moralisches Pflichtgefühl als persönliches Machtstreben steckte. Das macht die Stärke, aber auch die Schwäche seines Wesens aus. Die Stärke, weil er von jedem sofort als höchst vertrauenswürdige Persönlichkeit empfunden wurde: gerade, tapfer, aufrecht, männlich in jedem Zuge, von bestechender Klarheit und Einfachheit seiner Gedankengänge und Prägungen, mit verblüffender Sicherheit des konkreten Sachwissens. Ich selbst habe wenige Menschen kennengelernt, die so eindrucksvoll und doch so schlicht zu reden und eben dadurch zu überzeugen wußten – überaus lebhaft und doch stets gebändigt. Immer hatte man die Empfindung, daß es ihm nur um die Sache ging, die er verfocht, nicht um die eigene Person. Das machte ihn menschlich sympathisch; es war aber seine Gefahr, daß er das Schwergewicht sachlicher Argumente im politischen Kampf überschätzte. „Wie er selbst", schreibt Litt, „ein klar denkender, rechtlich urteilender, geradlinig wollender Mensch war, der wenig oder nichts an Dunklem, Unerlöstem, Hintergründigem in sich trug, so nahm er auch von seinen Mitmenschen an, daß, soweit nicht Selbstsucht oder böser Wille im Wege stehe, es auch bei ihnen nur der verständigen Aufklärung und der wohlmeinenden sittlichen Belehrung bedürfe, um sie von etwaigen Irrtümern zurückzubringen und auf den rechten Weg zu führen ... Die unheimliche Verschlingung von Gut und Böse, die verführerische Zweideutigkeit vieler geistiger Mächte, die Macht der uneingestandenen Vorurteile und der geheimen Begehrungen – dieses ganze Zwielicht, in dem das seelische Leben so vieler sich abspielt: alles dies hatte im Grunde in seinem Bilde vom Menschen keinen Platz."

In der Tat besaß Goerdeler in erstaunlich hohem Maße den Glauben des humanitären Rationalisten an die Macht der Vernunft, gerade auch der sittlichen Vernunft. Er erinnert darin, wie in vielen Zügen (sogar in den Gesichtszügen!) an sein großes Vorbild, den Freiherrn vom Stein. Schreibfreudig wie dieser, Verfasser unzähliger Denkschriften und Aufsätze über Politik, Verwaltung und Wirtschaft, hat er mit ihm auch gemeinsam, daß sein Schrifttum *allein* den starken, lebendigen Eindruck der Persönlichkeit nicht ganz verständlich macht. Es wirkt, ähnlich wie die Denkschriften Steins, oft etwas altfränkisch-lehrhaft mit seinem unbedingten Glauben an die Macht „wirtschaftlicher Naturgesetze" und seinen puritanischen Moralgrundsätzen. In den letzten, im Gefängnis geschriebenen und für die Nachwelt bestimmten Aufzeichnungen klingen manche Wendungen seltsam genau an die Sprache des ausgehenden, „empfindsam" gewordenen 18. Jahrhunderts an: so als ob man einen Zeitgenossen Steins selber reden hörte. So lehrhaft wirkte Goerdeler im Leben keineswegs – dafür war er ein viel zu temperamentvoller und moderner Mensch. Andererseits zeigen seine Schriften auch die Vorzüge seines Wesens. Sie sind ebenso mutig wie klar.

Den Hauptanstoß für seine Schriftstellerei bildete in den Jahren seit 1929 die mit unheimlicher Stetigkeit anwachsende Arbeitslosigkeit der Massen:[2] das schwerste Problem aller öffentlichen Verwaltungen. Schon auf der Königsberger Ostmesse im August 1927 will er ihr Kommen prophezeit und vor unbegründetem Optimismus gewarnt haben. Die Weltwirtschaftskrise von 1929 erschien ihm nicht als eine der industriellen Konjunkturkrisen, wie sie die Welt seit 80 Jahren kannte, sondern als Auswirkung gewaltiger Strukturveränderungen infolge des Ersten Weltkrieges, des Diktates von Versailles, aber auch der Zerstörung deutschen Vermögens durch die Inflation. Das Verhängnisvollste seien die gegenseitige Abschließung der Industrieländer als Folge allgemeiner Überproduktion bei überhöhten Produktionskosten und die Störung der normalen Welthandelsbeziehungen durch das System der Reparationen und durch das ewige Schwanken der Währungsrelationen. Auch die Überproduktion hänge mit dem Überdruck der Kriegsschulden in aller Welt zusammen. Wiederherstellung eines freien Güteraustausches mit aller Welt ist gerade für Deutschland, meint er, mit seinem beengten Wirtschaftsraum ein vordringliches Bedürfnis; zu einer autarken Wirtschaft sind gerade wir am allerwenigsten imstande. Aber wie kann der stockende Güterumlauf wieder in Gang gebracht werden? Als entscheidendes Heilmittel erscheint Goerdeler die Senkung der Preise, ermöglicht durch Verminderung der Produktionskosten. Nur so läßt sich der Absatz dauerhaft steigern, insbesondere der Auslandsexport neu beleben. Die Verminderung der Produktionskosten will er vor allem durch zwei Mittel erreichen: durch Senkung der Steuerlasten und durch Verringerung des Lohnkostenanteils. Die Minderung der Steuerlasten soll ermöglicht werden durch äußerste Sparsamkeit der Verwaltung; das wird dann zum Ansatzpunkt für jene organisatorischen Reformforderungen, die wir schon kennen, aber auch zu mancherlei Anklagen gegen die kommunale und staatliche Finanzpolitik, gegen überflüssige Neuerungen und Bauten im Schulwesen u. dgl. mehr.[3] Unmittelbar wichtiger sind seine Vorschläge zur Verbilligung der Produktion.

Sie laufen auf ein ganz entschieden deflatorisches Programm hinaus. Das Schlagwort Deflation, meint er, darf uns nicht schrecken: der richtige „preußisch-deutsche Begriff" dafür ist Sparsamkeit und Einfachheit. Mehr arbeiten ohne Lohnerhöhung, also billigere Waren schaffen ohne Verminderung der Kaufkraft des einzelnen Arbeiters, das ist der Kern seiner Vorschläge. Mehrfach hat er es für unverständlich erklärt, daß man die Löhne steigere und dabei die Zahl der Arbeitslosen sich beständig vermehren lasse. Was nützen etwa den Bauarbeitern hohe Baulöhne, wenn dadurch das Bauen so teuer wird, daß das Miethäuserbauen sich nicht mehr rentiert und darum unterbleiben muß? (Ein häufig wiederkehrendes Lieblingsbeispiel unseres Reformers). Er glaubte, eine Verlängerung der Arbeitszeit von acht auf zehn Stunden ohne Lohnerhöhung würde sich (wenn auch nicht von heute auf morgen) wohl durchsetzen lassen. Sie wäre volkswirtschaftlich sehr viel wirksamer als die übliche Kurzarbeit (von sechs bis sieben Stunden) mit vermehrter Einstellung von Arbeitskräften. Alles kommt also darauf an, daß die Preisbindungen der Kartelle und die Lohntarife der Gewerkschaften aufgelockert werden. Auch der verständige Arbeiter muß schließlich einsehen, daß es besser ist, viele Menschen in Arbeit mit bescheidener Entlohnung zu bringen als wenige mit hohen Löhnen, während die Masse sich kümmerlich mit bloßer Arbeitslosenunterstützung durchschlagen muß. Natürlich wird der Arbeiter zu solcher Einsicht nur dann bereit sein, wenn er sieht, daß auch Beamte und Angestellte erhebliche materielle Opfer bringen, und daß auch die Bezüge des Betriebsleiters und die Gewinne des Fabrikanten sich in mäßigen Grenzen halten (er wollte sie von Staats wegen beschränken!), und daß schließlich auch der Staat sich in seinen Ausgaben die härteste Selbstbeschränkung auferlegt.

Goerdeler war sich völlig klar darüber, daß ein solches Programm höchst unpopulär sein mußte. Er bewunderte aber gerade den Mut zur Unpopularität an dem Reichskanzler Brüning, der damals mit so großer Energie die Staatsausgaben beschränkte, und war überzeugt, daß diese Politik, längere Zeit und mit Zähigkeit durchgehalten, schließlich zum Erfolg führen müsse. Auch das fortwährende Ansteigen der Arbeitslosenziffern (von 1,9 Millionen 1929 auf 5,5 Millionen 1932) beirrte ihn darin nicht. Eben dies war einer der wichtigsten Gründe dafür, daß er immer wieder das reine Präsidialkabinett forderte; denn nur mit Hilfe präsidialer „Notverordnungen" nach Art. 48 der Reichsverfassung würden die nötigen Maßnahmen durchzusetzen sein. Er bedauerte sogar, daß man nicht die politische und wirtschaftliche Krise von 1923 benutzt habe, um die Führerstellung des Reichspräsidenten noch mehr zu verstärken. Weder das Mitlaufen der Regierung auf dem „Trampelweg der Masse" noch der mühsame, langsame und kostspielige „Mittelweg" einer Demokratie, die immer erst die Masse zu gewinnen sucht, ehe sie einen Schritt vorwärts wagt, könne in Notzeiten genügen.[4]

Bald hatte er Gelegenheit, diese seine Grundsätze unmittelbar in der Reichsregierung zur Geltung zu bringen. Am 18. 12. 1931 wurde er von Hindenburg zum Reichskommissar für Preisüberwachung ernannt und zur Ausübung dieses Amtes mit allen Vollmachten versehen, die er verlangte. Aus den Verhandlungen, die dahin führten, geht deutlich hervor, wie hohen Wert der Kanzler darauf legte, gerade diesen Mann zur Unterstützung seiner Politik zu gewinnen. Um den Widerstand der Wirtschaft gegen eine so unpopuläre Maßnahme wie die zwangsweise Senkung der Preise zu überwinden (die Notverordnung vom 8. Dezember hatte Herabsetzung aller gebundenen Preise um 10% angeordnet), bedurfte es schon einer Persönlichkeit, die ebenso als antisozialistisch wie als unbedingt vertrauenswürdig bekannt war und gerade auch im nationalen Bürgertum hohes Ansehen genoß. Goerdelers Name wurde aus der Oppositionsfront Hugenbergs gleichsam herausgebrochen, und er selbst hat den Bruch mit seinen Parteifreunden auch nicht gescheut; deren verbohrte Opposition gegen den Vertrauensmann Hindenburgs und gegen das angeblich in ihm verkörperte „schwarzrote System" war ihm teils unverständlich, teils als bloße Parteikabale verächtlich. Es empörte ihn, daß man die Erfolge Brünings in der Reparationsfrage nicht anerkennen wollte. So führte eine Aussprache mit Hugenberg zur öffentlichen Erklärung seines Austritts aus der Deutschnationalen Partei. Ohne sich der „Jungkonservativen" Gruppe unter Westarp, Schlange-Schöningen und Treviranus förmlich anzuschließen, ging er doch mit ihr denselben Weg. Die neue, präsidiale Regierungsform hielt er für kein Monopol der Konservativen Partei. Gleich die erste nähere Berührung mit Brüning ließ ihn eine „tiefe menschliche Zuneigung" zu diesem tapferen und gewissenhaften Mann fassen, und sie hielt dauernd an.[5]

Nicht parteipolitische, aber sachliche Bedenken haben ihn gleichwohl anfangs zögern lassen, das neue Amt zu übernehmen. Grundsätzlicher Gegner jeder sogenannten Planwirtschaft, entschiedener Verfechter der freien Initiative und Selbstverantwortung des Privatunternehmers, empfand er bei dem Gedanken staatlicher Eingriffe in das Preisgefüge, den natürlichen Regulator der Wirtschaft, Unbehagen.[6] Aber die neuartige, durch keine Tradition beengte Aufgabe reizte auch wieder seine Tatkraft, und vor allem hoffte er, in diesem Ehrenamt ohne jede parteipolitische Bindung seine eigenen wirtschaftspolitischen Ideen noch wirksamer geltend machen zu können als in irgendeinem Ministerium. Dr. Luthers und Brünings Bemühen, unter allen Umständen die deutsche Währung vor neuer Inflation zu schützen und darum den Reichshaushalt im Gleichgewicht zu halten, schien ihm unbedingt richtig. Eine Nachahmung des englischen Verfahrens, durch Ablösung vom Goldstandard und Devalvation des Pfundes (21. 9. 1931) den eigenen Export zu steigern, schien ihm für Deutschland, das weder große Goldreserven zum Abbremsen der Inflation noch so große sichere Rohstoffmärkte auf der gleichen Währungsbasis besaß wie das Empire, unmöglich; nur wenn die Vereinigten Staaten sich dem englischen Vorgehen anschlössen, meinte er, würden wir gezwungen sein, denselben Weg zu gehen.[7] Darüber hinaus war er grundsätzlicher Gegner aller Versuche, durch staatliche Kreditausweitung, künstliche Schaffung vermehrten Geldumlaufs die stockende Wirtschaft wieder anzukurbeln. Den Gedanken von Keynes, die staatliche Finanzpolitik als wichtigstes Mittel zur Steuerung der Wirtschaft, zur Überwindung von Konjunkturkrisen einzusetzen – ein Gedanke, der sich damals die Welt eroberte –, lehnte er ebenso schroff ab wie später alle planwirtschaftlichen Experimente eines Roosevelt (seit 1933) oder gar die Verbindung von Geldabwertung mit Lohnsteigerungen und Verkürzung der Arbeitszeit, wie sie die französische Regierung seit 1936 betrieben hat – für ihn das Musterbeispiel schwächlicher Popularitätshascherei in einer radikalen Demokratie.[8] Ihm galt es als „unabänderliches Naturgesetz", daß Geld sich nicht künstlich schaffen lasse, sondern immer nur das Ergebnis wertschaffender, harter Arbeit sei, daß nur ein ausgeglichener Haushalt die Stabilität der Währung sichere; daß ohne diese auch keine Belebung des Welthandels möglich sei; daß je größer die Not, um so härter gearbeitet werden müsse, Mangel an Absatz nur durch Senkung der Preise überwunden werden könne. Kein staatlicher Wirtschaftsplan könne an diesen Naturgesetzen etwas ändern, keine staatliche Geldausweitung echtes, die Wirtschaft befruchtendes Kapital aus dem Boden stampfen; Kapital bilde sich immer nur aus ersparten Arbeitserträgnissen, nicht aus Notendruck oder Bankwechselgeschäften. Staatliche Subventionen für notleidende Wirtschaftszweige verschieben nur die Steuerlast von einer Schulter auf die andere, verteilen die Gelder unter hohen Verwaltungskosten meist an die falschen Stellen und schwächen das Verantwortungsbewußtsein des Einzelunternehmers, d. h. seinen Drang, sich durch bessere Wirtschaft selber zu helfen. Staatliche Arbeitsbeschaffung lehnt Goerdeler nicht gänzlich ab, sieht aber sehr deutlich die Gefahren der Fehlinvestitionen und des Abgleitens in die Zwangs- und Planwirtschaft.

Goerdeler ist nicht müde geworden, diese „Naturlehren" der Wirtschaft in immer neuen Wendungen, in unzähligen Aufsätzen, Vorträgen, Denkschriften zu wiederholen. Er war felsenfest davon überzeugt, in diesen Lehren ein theoretisches Werkzeug zu besitzen, mit dessen Hilfe sich die große Wirtschaftskrisis würde überwinden lassen, wenn man ihm nur die genügenden Vollmachten dazu gäbe. Heute wird kaum jemand zweifeln, daß dieser Glaube ein Irrglaube war. Angesichts einer Arbeitslosenziffer von annähernd fünf Millionen, wie sie Ende 1931 schon bestand, gab es schlechterdings keinen anderen Ausweg mehr als den möglichst baldigen Übergang von der Deflation zur Politik der Vollbeschäftigung mit staatlicher Nachhilfe. Brünings Sparpolitik war notwendig, um die öffentlichen Haushalte in Ordnung zu bringen und so die Beständigkeit der Währung zu sichern; die Warenpreise mußten gesenkt werden, um die Lebenshaltung entsprechend der Einkommensminderung zu verbilligen und vor allem: um den deutschen Export nach der Abwertung des englischen Pfundes auf dem Weltmarkt konkurrenzfähig zu erhalten. Aber ein Allheilmittel war die Deflation der Preise ganz gewiß nicht. Man konnte sie nicht fortsetzen, ohne erst recht eine Stockung des Absatzes hervorzurufen: durch Zurückhaltung der Käufer, die dann auf weiteres Absinken der Preise warten, und durch Schrumpfung der allgemeinen Kaufkraft. Brüning selbst hat seine Sparpolitik, wenn ich ihn recht verstehe,[9] auch gar nicht so gemeint. Er betont jedenfalls, daß seine Preissenkungsaktion nur als einmaliger, in seinem Ausmaß genau kalkulierter Eingriff und nur im Zusammenhang mit ganz bestimmten steuertechnischen Maßnahmen[10] sinnvoll war, aber nicht beliebig wiederholt werden konnte. Er ging ausschließlich von praktischen Erwägungen, nicht von ökonomischer Theorie aus und behielt deshalb (so versichert er heute) auch die Notwendigkeit im Auge, neben der Preissenkungsaktion eine Politik der „Ankurbelung" zu betreiben: durch staatliche Arbeitsbeschaffung und Ausweitung des Kredits. Seine Kritiker haben ihm vorgeworfen, er habe die „Deflationspolitik" zu lange fortgesetzt; schon im Herbst 1931 hätte er sie auf Kreditausweitung und Arbeitsbeschaffung umschalten müssen.[11] Nun gehörte aber die staatliche Arbeitsbeschaffung (wie Brüning betont) schon seit langem zur festen Tradition der Weimarer Republik; es sei darin mehr getan worden (zum Ärger der Reparationsgläubiger) als in irgendeinem anderen

Land: vor allem durch Modernisierung der technischen Apparatur von Post und Eisenbahn, der großen Durchgangsstraßen u. a. m. Er selbst habe diese Politik zielbewußt fortgesetzt, große neue Straßenbauten technisch weitgehend vorbereiten lassen und auch praktisch schon in Gang gebracht, ehe er aus dem Amt schied; der Reichsbahn sei eine Devisenanleihe von 175 Millionen zur Einführung eines neuen Lokomotiv- und Wagentyps verschafft worden; Pläne der großstädtischen Randsiedlung, von Treviranus und seinen Freunden betrieben, wären bis in Einzelheiten schon in Bearbeitung gewesen, ehe Goerdeler Regierungskommissar wurde. Ein Gesetz über freiwilligen Arbeitsdienst war schon für die Notverordnung vom Dezember 1931 fertig vorbereitet, aber aus Rücksichten der Innen- und Außenpolitik bis Mai 1932 vertagt. Im übrigen schlossen die von Schlange-Schöningen vorbereiteten Gesetze zur „Osthilfe" (wie man aus dessen Memoiren weiß) ein Programm großzügiger Ostsiedlung auf hoffnungslos verschuldeten Güterkomplexen ein. Auch für die Kreditausweitung – „bis zur Höhe der uns entzogenen Auslandskredite" – ist nach Brünings Ansicht alles geschehen (besonders über die 1931 gegründete Akzept- und Garantiebank und durch vermehrte Silberprägungen), was damals möglich war, ohne in formalen Widerspruch zu den Bestimmungen des Young-Plans (Annex V) zu geraten. Eine wesentliche Erweiterung dieser Maßnahmen war allerdings (nach seiner Überzeugung) so lange nicht durchführbar, als die starren Bindungen dieses Reparationsabkommens noch fortdauerten: Jede neue Geldschöpfung wäre von den Reparationsgläubigern sofort wieder abgeschöpft worden.[12] Aber schon 1931 wurden im Reichswirtschaftsministerium (Referent Dr. Lautenbach) Pläne einer höchst modernen staatlichen Kreditausweitung ausgearbeitet. Brüning hoffte im Frühjahr 1932 sie ins Werk setzen zu können, sobald die Lausanner Verhandlungen über das Reparationsproblem die Hindernisse des Young-Plans aus der Welt geschafft hätten.[13] Seine Nachfolger, auch die Hitler-Regierung, haben davon nachträglich reichen Nutzen gezogen.

Es scheint nach alledem, daß die heute gangbaren, schnellfertigen Urteile über Brünings sogenannte Deflationspolitik einer Revision bedürfen – eine Aufgabe, die bisher durch das Fehlen fast allen Aktenmaterials sehr erschwert ist. So viel ist aber jetzt schon sicher, daß der Kanzler mit dem Dogmatismus der Denkschriften Goerdelers nichts zu tun hatte und daß dieser den letzten Sinn seiner Wirtschaftspolitik mißverstanden hat. Der Leipziger Oberbürgermeister sah immer nur die Gefahren staatlicher Eingriffe in das freie Spiel der Wirtschaftskräfte: Minderung der echten Selbstverantwortung des Einzelunternehmers, Korruption, Verschwendung und Fehlleitung von Steuergeldern, übermäßige Verschuldung, Verfall der Währung, Lähmung des internationalen Güteraustausches durch staatliche Preisregulierung und Devisenbewirtschaftung usw. Sein Drängen auf absolute Sauberkeit, spartanische Einfachheit und Sparsamkeit der öffentlichen Verwaltung, auf nüchternste Selbstbeschränkung staatlicher Wirtschaftspolitik und Weckung der privaten Initiative war verständlich aus den Erfahrungen der Inflationsperiode, berechtigt gegenüber manchen Entartungserscheinungen der Hochkonjunkturzeit zwischen 1927 und 1929 (vor allem in der Wirtschaftspolitik der Kommunen), mehr noch gegenüber der gewissenlos leichtfertigen Finanzpolitik der Hitler-Regierung seit 1936, die seine schlimmsten Befürchtungen bestätigt hat. Für die Gegenwart, die Regierung Brüning, waren seine Ratschläge unzulänglich, ja verfehlt, und dieser erinnert sich, daß er zuweilen Mühe hatte, den Preiskommissar „in freundschaftlichen Unterhaltungen Schritt für Schritt von seinen dogmatischen Auffassungen auf den Boden der Wirklichkeit und der praktischen Möglichkeiten zurückzubringen". Die Aufgabe, zu deren Lösung er Goerdeler berufen hatte, war klar umgrenzt: er sollte, nachdem die vertraglich gebundenen Preise durch Notverordnung um 10% herabgesetzt waren, die Durchführung übernehmen und durch Verhandlungen mit den Unternehmern (bzw. ihren Verbänden) erreichen, daß auch die übrigen Preise entsprechend heruntergingen – was ihm auch in vortrefflicher Weise gelang. Die Geschicklichkeit seiner Verhandlungsmethoden wurde allgemein anerkannt. Entsprechend seinen streng liberalen Grundsätzen betrachtete er seine Tätigkeit selbst als bloße Notstandsmaßnahme. Er beschränkte sie grundsätzlich auf die „Preise für lebenswichtige Gegenstände des täglichen Bedarfs" und suchte mehr durch Zureden, Mahnung, Warnungen als durch Zwang zu wirken; nur ein einziges Geschäft hat er vorübergehend geschlossen. Die Öffentlichkeit suchte er zu gewinnen, indem er die Preissenkungsaktion als Teil eines nationalen Erholungs- und Aufstiegsprogramms schilderte – mit gutem Erfolg; denn jedermann spürte, daß hier ein Mann am Werk war, der Zwangswirtschaft gerade vermeiden, Privatinitiative wecken, nicht lähmen wollte. Die Tatsache, daß er sich mit einem minimalen Behördenapparat begnügte (fünf höhere Beamte, sieben Schreibhilfen), bestätigte diese gute Absicht. Er selbst hatte den Eindruck, allgemeines Vertrauen zu finden, und hielt seine Aufgabe bereits im März 1932 im wesentlichen für erfüllt, nachdem sich die Preise auf der ganzen Linie um ein Zehntel gesenkt hatten. Auf mündlichen Vortrag bei Hindenburg wurde er aber (wie er berichtet) gebeten, noch zu bleiben und Vorschläge für die Meisterung der politischen Gesamtlage auszuarbeiten. So hat er formell sein Ehrenamt noch viele Monate beibehalten (bis 16. Dezember) in einer sehr merkwürdigen Stellung: als Berater des Reichspräsidenten, der doch nur gelegentlich beigezogen wurde und auf die großen schicksalhaften Entscheidungen dieses Krisenjahres ohne wesentlichen Einfluß blieb.

Zunächst legte er Hindenburg ein großes innerpolitisches Reformprogramm vor (April 1932). Es enthält im wesentlichen die uns schon bekannten Vorschläge zur Wirtschaftspolitik, Verfassungs- und Verwaltungsreform des Reiches. Mit Hilfe des Notverordnungsrechts nach Art. 48 sollte sich alles durchsetzen lassen. Außer der Senkung von Löhnen und Preisen hatte Goerdeler schon in früheren Denkschriften auch gewisse Maßnahmen zu staatlicher Arbeitsbeschaffung vorgeschlagen, die er jetzt wiederholte und ergänzte. Vor allem wollte er einen Arbeitsdienst für 250000 Jugendliche einrichten, zunächst aus Freiwilligen, doch mit dem Ziele einer späteren Arbeitsdienstpflicht, die zugleich als Vorbereitung zum Wehrdienst nützlich werden könnte (ältere, ähnliche, aber etwas phantastisch anmutende Pläne ließ er jetzt fallen).[14] Ergänzend sollten 500000 Arbeitslose, die schon lange von Unterstützung lebten, (insbesondere Kinderreiche) mit staatlichen Notstandsarbeiten beschäftigt werden ohne erhöhte Geldzahlung, aber mit freier Kleidung, Verpflegung, unter Umständen Unterbringung für den Mann. Dabei war hauptsächlich an Aufforstungs- und Meliorationsarbeiten gedacht.[15] Weitere Vorschläge betrafen die städtische Randsiedelung für Industriearbeiter, größere Siedlungspläne für den Osten, Maßnahmen zur Bekämpfung der Landflucht (nicht ohne eine gewisse Beschränkung der Freizügigkeit) und eine völlige Umgestaltung der Arbeitslosenversicherung, ja des sozialen Versicherungswesens überhaupt. Die Einzelheiten dieses Programms, das sich wohl als eine praktische Utopie erwiesen haben würde (Abwälzung der Versicherungslast in möglichst weitem Umfang auf die Betriebe und die Arbeiter selbst, Ausscheiden aller weiblichen Versicherten u. a. m.), dürfen uns hier nicht aufhalten. Wichtig ist aber, daß er das Versicherungswerk – in direktem Gegensatz zu Bismarck! – möglichst weitgehend aus der Hand des Staates nehmen und entweder der gewerkschaftlichen Selbstverwaltung anvertrauen oder mit dem gemeindlichen Sparkassenwesen (als „Sparversicherung“) in enge Verbindung bringen wollte. Alles kam nach seiner Meinung darauf an, auch an dieser Stelle „die Einzelverantwortlichkeit des einzelnen Menschen oder seiner Berufsvertretung“ wieder lebendig zu machen, die bisher (besonders in der Krankenversicherung) „durch den bürokratischen Apparat und die uniforme Regelung vollkommen erstickt“ worden sei. „Die Aufgabe, die auf diesem Gebiet zu lösen ist, ist die gleiche, wie sie Stein 1807 auf dem Gebiete der öffentlichen Verwaltung vorfand.“ „Die Einschaltung der Arbeiter in das Staatsleben ist eine unabweisbare Folgewirkung der sozialen und wirtschaftlichen Entwickelung wie zu Anfang des 19. Jahrhunderts die Heranziehung des Bürgertums. Möge sie ebenso weise wie rechtzeitig erfolgen!“

Er beklagt die Zersplitterung der deutschen Gewerkschaften, die ihren praktischen Einsatz für öffentliche Aufgaben erschwere, empfiehlt aber, ihnen solche Aufgaben zu stellen und sie dadurch zur Bildung von Arbeitsgemeinschaften anzuregen. „Sie werden schon kraft der hervorragenden Schulung, die viele ihrer Führer haben, zu dem richtigen Ausgleich kommen. Sollten sie es nicht können, so muß der Staat, wie er es auch bei anderen Berufen getan hat, Arbeiter-Berufskammern mit Selbstverwaltung bilden." Später, als das Hitler-Regiment die deutschen Gewerkschaften vernichtet hatte, kehrte in den Denkschriften Goerdelers der Plan einer deutschen Einheitsgewerkschaft der Zukunft regelmäßig wieder.

Die Vorlage dieser großen Denkschrift unmittelbar an den Reichspräsidenten, ohne jede Rücksprache mit dem Kanzler oder dem Finanzminister, scheint einen Sturm im Kabinett hervorgerufen zu haben. Der Wirtschaftsminister Warmbold, der eben damals mit Schleicher seinen Rücktritt verabredete, begründete ihn unter anderem mit der Vermutung, daß Brüning selbst diese Ausarbeitung veranlaßt habe; er hat sie also wohl als eine Art von Programm eines Ministerkandidaten betrachtet; auch Schleicher war über Goerdelers Schritt schwer verärgert. Aber auch Brüning hat ihn als ein Überschreiten der Befugnisse des Preiskommissars betrachtet und dessen sachliche Zielsetzung abgelehnt.[16] Trotzdem scheint das gute Verhältnis zwischen beiden Männern durch diese Differenz nicht gestört worden zu sein. Es war nicht Brünings Art, andere als seine engsten Vertrauten (Dietrich, Stegerwald, Pünder) in das Innerste seiner Pläne hineinschauen zu lassen, die er – nach Anhören vieler sachverständiger Persönlichkeiten – sich in der Stille seines Kabinetts allein bildete; nicht einmal an allen seinen Überlegungen über die Preissenkungsaktion hat er Goerdeler teilnehmen lassen. So ist es auch zu einer förmlichen Aussprache über Goerdelers Gesamtprogramm nie gekommen, wohl aber zu vielen freundschaftlichen Aussprachen über Einzelheiten – wie denn überhaupt die Arbeit des Preiskommissars in engster, fast täglicher Fühlungnahme mit dem Kanzler sich vollzog. Dieser selbst erzählt, er habe Goerdeler für den Fall seines eigenen Sturzes als Nachfolger „anleiten" wollen, da ihm dessen Tüchtigkeit als Preiskommissar deutlich geworden sei.[17] Goerdeler seinerseits berichtet, er sei seit Februar 1932 immer häufiger zu den Kabinettsitzungen eingeladen worden; wenn er ausblieb, so habe man wichtige ihn interessierende Entscheidungen vertagt. „Ich fühlte", schreibt er 1937, „daß ich mich dem Höhepunkt meiner Wirkungsmöglichkeiten näherte." Seine früheren konservativen Parteifreunde bemühten sich jetzt wieder um ihn; aber auch mit Vertretern der Linken nahm er engere Fühlung auf; er lernte dabei „mögliche und unmögliche Personen unterscheiden". Jeden Augenblick erwartete er (wie es scheint) seine Berufung in ein Ministeramt – obwohl er wußte, daß keine Partei hinter ihm stand, sondern nichts als seine persönliche Leistung und Fähigkeit, die ihn emportrug. Seine Erwartungen stiegen aufs höchste, als er kurz nach Pfingsten (etwa 20. Mai) gemeinsam mit dem Arbeitsminister Stegerwald zu einer wichtigen abendlichen Verhandlung mit den Gewerkschaften gebeten wurde, auf der das Kernstück seines Programms, die Änderung der Lohntarife, zur Debatte stand. Er schlug vor, im Baugewerbe einen Versuch zu machen und die Tariflöhne aufzuheben, später auch die achtstündige Arbeitszeit; da jeder dritte Maurer arbeitslos sei, wäre diesem Gewerbe nur zu helfen durch einen verbilligten Normallohn.[18] Als Bürgermeister in Königsberg habe er 1924–1927 zehnstündige Arbeitszeit mit dem Erfolg eingeführt, daß die Preise gesenkt und der Absatz vermehrt werden konnten, während die Lebenshaltung der Arbeiter sich besserte. Diese Maßnahme war dann freilich durch die politischen Parteien rückgängig gemacht worden. „Jetzt in den Nachtstunden in Berlin wurden die Gewerkschaften allmählich weich. Wir trennten uns gegen 4 Uhr mit ihrer Zusage, meine Vorschläge zu überdenken. Fortsetzung Ende Mai."

So glaubte er dicht vor Erreichen seines Ziels zu stehen; bis zuletzt hat er diese nächtliche Szene überaus wichtig genommen. Aber wenige Tage darauf war plötzlich alles zu Ende: die Präsidialregierung Brünings wurde unversehens gestürzt – in einer dramatischen Wendung, die als eine der verhängnisvollsten unserer neueren Geschichte längst allgemein anerkannt ist. Goerdeler selbst erzählt, er sei Ende Mai (es muß der 30. gewesen sein) telefonisch nach Berlin gerufen worden. „Bleich und seine Erregung nur mühsam verbergend, teilte der Kanzler mir mit, der Reichspräsident verlange den sofortigen Rücktritt des Kabinetts. Er bat mich, zum Reichspräsidenten zu gehen und das zu verhindern." Es sei aber zu spät gewesen. Hindenburg habe ihn „wegen Unwohlseins" abweisen lassen; übrigens sei er selbst auch nur ungenügend über die Gesamtlage, insbesondere über die außenpolitische Situation, unterrichtet gewesen.

Brüning selbst bestreitet (brieflich) entschieden die Richtigkeit dieser Darstellung: er habe Goerdeler nicht nach Berlin berufen und ihn erst gesprochen, als Papen schon zum Nachfolger ernannt war. Er habe auch keinen Versuch gemacht (wie es Meißner ihm nahegelegt zu haben scheint), im Amt zu bleiben, nachdem sich Hindenburg den Einflüssen Schleichers willfährig gezeigt hatte.[19] Wohl aber hat er dem Reichspräsidenten in jener unheilvollen Unterredung, die zum Bruch führte, Goerdeler als seinen Nachfolger vorgeschlagen und hat auch, wie er berichtet,[20] noch während der Kabinettsitzung, die den Rücktritt der Regierung formell beschloß, auf Annahme dieses Vorschlags durch Hindenburg gehofft. Dieser offenen, klaren und energischen Persönlichkeit, dem Ostpreußen, Protestanten und Konservativen, wird er es noch am ehesten zugetraut haben, daß er den Geist des alten Soldaten noch einmal aus dem Gewölk politischer Intrigen befreien könnte, mit dem man ihn umnebelt hatte. Wenn schon eine „Rechtsregierung" mit Einschluß der Hitler-Partei gebildet werden sollte, wie es Schleicher und Hindenburg wünschten, so konnte Goerdeler als der relativ beste unter den dann möglichen Nachfolgern des Reichskanzlers erscheinen – als der Mann, der sich von Hugenberg, dem blinden Nationalisten, bewußt getrennt hatte und von dessen strenger Rechtlichkeit am wenigsten zu befürchten war, daß er totalitären Herrschaftsansprüchen der Nationalsozialisten nachgeben würde. Aber die Umgebung Hindenburgs wußte sehr genau, weshalb sie Goerdelers Empfang verhinderte und die zweite Audienz Brünings künstlich auf drei Minuten verkürzte, so daß er die bedeutenden neueren Erfolge seiner Außen- und Innenpolitik nicht einmal zur Sprache bringen konnte. Der Widerstand gegen Goerdelers Ernennung ging vor allem von Schleicher aus,[21] der (wie der Bericht von Papen mit erschütternder Deutlichkeit zeigt) in dieser entscheidenden Stunde alle Fäden fast allein in der Hand hielt – ein politisierender General ohne alle politische Gefolgschaft, wie Goethes Zauberlehrling zwar fähig, die Geister zu rufen, aber nicht sie zu beschwören.[22]

Eben dies, daß eine so reine Hofintrige zum Erfolg führen konnte, war nun freilich nicht bloßer Zufall. Es war die Folge der ganzen Künstlichkeit dieser Präsidialregierung mit einem zur Regierung längst unfähig gewordenen (und im Grunde wohl nie politisch befähigten) Greise an der Spitze. Brüning selbst hat sie immer nur als Notmaßnahme betrachtet, zu der ihn die Unmöglichkeit, in der normalen Form parlamentarischer Gesetzgebung die Notlage Deutschlands zu meistern, gezwungen habe. Er hat niemals daran gedacht, daraus ein Dauersystem zu machen, und darf heute mit Recht darauf verweisen, daß es keine Verfassung in der Welt gibt, die ohne Notstandsmaßnahmen und Ausnahmegesetze auskommt.

Sein tragisches Mißgeschick war, daß seine Notregierung immer künstlicher werden mußte, je länger sie dauerte, weil in so schweren Krisenzeiten der Radikalismus extremer Parteien von links und von rechts immer größere Spannungen, ja eine Art von latentem Bürgerkrieg erzeugte und die Wählermassen gegen eine Politik der zähen Geduld, der vernünftigen Mäßigung, der Entsagung und der materiellen Opfer immer mehr aufbrachte, sie immer ungeduldiger und unvernünftiger machte. Gegen diese Hetze war seine Stütze durch den Reichspräsidenten zu schwach – nicht nur deshalb, weil es dem „alten Herrn" an ausreichender politischer Einsicht und menschlicher Treue fehlte, sondern vor allem deshalb, weil seine engere Umgebung selbst von der extremen Rechten abhängig war. Bei dieser extremen Rechten liegt die eigentliche und die schwerste Verantwortung für den unheilvollen Gang der Dinge.

Vergeblich hat Hugenberg sie von sich abzuschütteln versucht, indem er betont, er sei beim Sturz Brünings und der Berufung des Papen-Kabinetts nicht beteiligt gewesen;[23] er hat dafür zusammen mit seinen Parteifreunden alles getan, um eine Lage zu schaffen, in der die Politik des Kanzlers von jedem Intriganten gefährdet werden konnte. Vergeblich beruft er sich auf die parlamentarischen Spielregeln, die eine Aufnahme Hitlers in das Kabinett unvermeidlich gemacht hätten, seit er zum Führer der zahlenmäßig stärksten Partei geworden war; denn spätestens seit Harzburg (11. Oktober 1931) hat er gewußt, daß mit Hitler ein parlamentarisches Regiment überhaupt unmöglich war. Wenn er sich trotz des Scheiterns der „Harzburger Front" nicht in die Kampfstellung gegen den Nationalsozialismus einreihte, so deshalb nicht, weil ihm die parlamentarische Verfassung viel gleichgültiger war als der militante, ungeduldige Nationalismus, den er mit den Hitlerleuten teilte. Denn im Kern seines Wesens war er ein „Alldeutscher", kein altpreußischer Konservativer.

Erst nach dem Sturz Brünings ist deutlich geworden, daß sein Präsidialregime in Wahrheit gar keine „Diktatur" gewesen war, sondern trotz allem ein parlamentarisches Kabinett der gemäßigten Mitte, das nur in neuer Form regierte: durch Notverordnungen, die erst nachträglich der parlamentarischen Kritik ausgesetzt wurden, im Reichstag aber auf Duldung selbst der gemäßigten Linken zählen durften; denn auch dort empfand man diese Regierung als letzten Damm gegen die drohende Sintflut von rechts und links, in der die Weimarer Republik unterzugehen drohte. Es war der Grundfehler der Intriganten des 30. Mai 1932, vor allem Schleichers, daß sie dies verkannten und eine Präsidialregierung gänzlich ohne Stützung durch irgendeine Partei glaubten einrichten zu können. Goerdeler hat sich dieses Fehlers nicht schuldig gemacht. Er war ehrlich entsetzt über das Versagen Hindenburgs, über seinen Verrat an Brüning, empört über die Hintermänner der Regierung Papen und über die Berufung dieses gescheiterten Diplomaten, wie er später sagte, ohne Anhang, Sachkenntnis und politische Verdienste. Schleicher hatte schon einige Wochen vorher mit ihm Fühlung genommen in einer Unterredung, die „im Sande verlief",[24] aber Goerdeler den General nachträglich als Gegner Brünings erkennen ließ. Schleicher war es auch, der bei den Verhandlungen über die Ministerauswahl von Anfang an die Führung übernahm. Goerdeler wurde von Papen und Hindenburg dringend zum Eintritt aufgefordert. Er sollte das Wirtschafts- und Arbeitsministerium übernehmen, die er, wie schon in seinen Denkschriften, zu vereinigen riet und zuerst an Minister Warmbold zu übertragen empfahl. Er wollte sich nicht entscheiden, ohne zu wissen, wer Finanzminister würde, riet außerdem dringend, Verhandlungen mit Hitler aufzunehmen, um die parlamentarische Grundlage der neuen Regierung zu klären. Man solle der Hitler-

Partei zwei bis drei Ministerposten anbieten. Mache sie mit, so sei es um so besser. Er hat sich also (ähnlich wie Graf Westarp und Treviranus) gegen den Gedanken Schleichers zur Wehr gesetzt, zunächst ein „Übergangskabinett" zu bilden, das von der Hitler-Partei bloß toleriert würde, ohne sie zur Mitverantwortung zu zwingen; ebensowenig wollte er ihr Gelegenheit geben, sich nochmals durch Neuwahlen zu verstärken. Auf jeden Fall müsse klargestellt werden, daß der Reichstag, sobald er der „Rettung" des Vaterlandes Schwierigkeiten mache, aufgelöst werde und Neuwahlen erst nach zwei Jahren stattfinden würden. Die Arbeit des neuen Kabinettes müsse zunächst gegen dauernde Wahlkampagnen gesichert werden. Antwort Schleichers: er habe ja schon alles mit Hitler besprochen.[25] „Ich erwiderte, das genüge bei dem Ernst der Lage nicht; man müsse sich untereinander ins Auge sehen und vor der Bildung des Kabinetts volle Klarheit schaffen." Frhr. von Gayl und von Braun schlossen sich diesem Standpunkt an, nahmen aber bald darauf die ihnen angebotenen Posten ohne Vorbehalt an, weil „Hindenburg befohlen habe, daß das Kabinett morgen steht", und sie ihn nicht im Stich lassen dürften.

So schnell war Goerdeler nicht zu gewinnen. Er trug zunächst seine Bedenken „gegen diese Art von Kabinettsbildung" dem General Schleicher unter vier Augen vor, erkundigte sich näher nach der Persönlichkeit des ihm ganz unbekannten Herrn von Papen, beriet sich mit seinen Freunden, besonders mit Brüning, und warnte am nächsten Morgen den Reichspräsidenten dringend vor der Berufung dieses Mannes.[26] Für seine Person könne er an einem Kabinett Papen sich nicht beteiligen. Er rechnete damit, daß Papen sich nicht lange werde halten können, und glaubte zweifellos, daß seine eigene Stunde doch noch kommen würde.

Als dann alles ganz anders kam, hat er seine ablehnende Haltung bitter bereut. Noch im Gefängnis 1944, ja fast bis in die Stunde seines Todes hat er sich mit Gewissensvorwürfen schwer gequält, daß es seine Pflicht gewesen wäre, damals zuzupacken, um seine Wirtschaftspläne an leitender Stelle durchführen zu können. Niemals hat er daran gezweifelt, daß sie zu einem raschen Erfolg, d. h. zur Überwindung der Arbeitslosigkeit geführt haben würden. Dann wäre es auch gelungen, die Welle abzustoppen, die den Nationalsozialismus emportrug, und Deutschland unendliches Unheil zu ersparen. Er selbst glaubte die Gabe zu besitzen, sich allgemeines Vertrauen, ja große Popularität als Minister rasch zu gewinnen. An Verwaltungskenntnis fühlte er sich allen Ministern des Papenkabinetts überlegen. Wie anders wäre alles gelaufen (so hielt er sich oft grübelnd vor), wenn eine Regierung Goerdeler statt einer Hitler-Diktatur die Befreiung Deutschlands aus den Fesseln von Versailles gebracht, sozialen Frieden und wirtschaftliche Erholung gesichert hätte!

Der nachträgliche Betrachter wird weder diese Selbstvorwürfe gerechtfertigt finden noch Goerdelers beinahe naiven Glauben an die Unfehlbarkeit seiner Konzeption teilen. Überdies hat er seine Vertrauensstellung bei Hindenburg zweifellos überschätzt. Man kann aber daraus die Erkenntnis entnehmen, daß die politische Ideenwelt unseres Reformers von der Brünings doch sehr verschieden war. Wir hörten früher schon, daß er (abweichend von diesem!) an eine Verfassungsänderung mit Hilfe des Artikels 48 dachte, welche die Präsidialkabinette unabhängig von Vertrauensvoten des Reichstags machen sollte – ein für Brüning ganz unmöglicher Gedanke! So ist wohl als sicher anzunehmen, daß auch er den Grundfehler der Politik Schleichers nicht erkannt hat: die parlamentarische Wurzellosigkeit. Was Bismarck 1890 erlebt hatte, das haben die Papen und Schleicher in rascher Folge auch erleben müssen: wie gefährlich es ist, von der Gunst eines einzigen Mannes abzuhängen – kaum minder gefährlich, als auf die Gunst der Parteien angewiesen zu sein, sofern nicht dieser eine über alle Hof- und Parteiintrigen erhaben ist. Auf eine parlamentarische Stütze hat Brüning nie ganz verzichten wollen,[27] und es war nicht das geringste Stück seiner politischen Kunst, daß er es immer wieder verstand, durch vertrauliche Verhandlungen mit den Parteiführern, in einem ebenso geduldigen wie zähen Spiel der Kompromisse, die Duldung seiner Notverordnungen und seines Kabinetts zu erreichen. Goerdeler seinerseits wäre bereit gewesen, die parlamentarische Basis des Kabinetts unter Umständen ganz preiszugeben und jahrelang ohne den Reichstag zu regieren – ein höchst gefährlicher Weg, der unmittelbar in die Diktatur hineinführte, ähnlich dem, den Papen im November, Schleicher im Januar gehen wollte, auf dem ihnen aber dann Hindenburg nicht mehr folgte. *Wie* gefährlich er war, das hat Goerdeler damals natürlich nicht geahnt. Ihm fehlte eben – das war die Kehrseite seiner kommunalpolitischen Vorbildung – die praktische Erfahrung als Parlamentarier, die sichere Witterung für das parteipolitisch Mögliche; dafür hatte sich das „Herrscherliche seines Wesens" (wie Litt es nennt) in der Regierung großstädtischer Gemeinwesen kräftig (und wohl etwas einseitig) entwickelt. Er hat darum auch das totalitäre, aller parlamentarischen Regierungsform hohnsprechende Machtstreben der Gefolgschaft Hitlers nicht mit demselben Instinkt gewittert wie Brüning; der hatte am 11. Mai öffentlich im Reichstag erklärt, er werde nie mit nationalsozialistischen Ministern zusammen in einem Kabinett sitzen; er wußte eben, daß sie sich in ein so rein sachliches Arbeitsprogramm wie das seine um ihrer Propaganda- und Machtziele willen niemals einfügen würden.[28]

Statt des Papen-Kabinetts, dessen Führer er mißtraute und grollte, hätte Goerdeler ein reorganisiertes Kabinett Brüning oder ein neues Kabinett mit Brüning als Außenminister gewünscht. Den Bitten Papens, eine konservative Regierungspartei, nötigenfalls in Opposition gegen Hugenberg, zu begründen, versagte er sich. Der bekannte Industrieführer Reusch wollte Hugenberg damals veranlassen, die Führung der Deutschnationalen an Goerdeler abzutreten, erreichte es aber nicht. Auf Brünings Wunsch hat sich dann Goerdeler mehrfach bemüht, zwischen dem rechten Flügel des Zentrums (Prälat Kaas) und Hugenberg zu vermitteln, um diesen zur Bildung einer preußischen Koalitionsregierung der Deutschnationalen mit den Nationalsozialisten und dem Zentrum zu bewegen. Der Versuch mißlang – hauptsächlich, wie er selbst berichtet, weil Hugenberg sich einer Verständigung mit dem Zentrum abgeneigt zeigte.[29] Ebensowenig führten gewisse Bemühungen, Goerdeler zum preußischen Ministerpräsidenten zu machen, zu einem praktischen Ergebnis; er selbst hätte die Aufgabe gern übernommen – aber in der Absicht, dem Dualismus im Reich möglichst bald ein Ende zu machen.[30]

Im ganzen scheint es, daß Goerdeler mit dem Kabinett Papen, dem er seine Mitarbeit versagt hatte, nur noch wenig politische Verbindung besaß. Papen erklärte ihm schon am 16. Juli, er halte die Aufgabe des Preiskommissars im wesentlichen für gelöst, und schlug ihm vor, das Amt schon mit Ablauf des Monats abzubauen. Tatsächlich kam mit diesem Zeitpunkt die Preisüberwachung zum Stillstand; aber formell blieb Goerdeler vorläufig noch weiter Preiskommissar. Nur wurde er zu den wirtschaftspolitischen Beratungen des Kabinetts nicht mehr hinzugezogen und besaß darauf praktisch kaum noch einen Einfluß. Eine neue Programmschrift vom 5. Juni,[31] die er als Preiskommissar entwarf, wiederholt nur seine, uns schon bekannten Vorschläge zur Wirtschaftspolitik und Verwaltungsreform; die Regierung Papen aber ging darüber hinaus: sie setzte recht beträchtliche Finanzmittel zur Belebung der Wirtschaft ein. Die von ihr in größerem Umfang (bis zu 600 Millionen) finanzierten Notstandsarbeiten im Verkehrswesen (Post, Eisenbahn, Flurregulierungen, Straßenbau), in der vorstädtischen Kleinsiedlung und in Hausreparaturen lagen noch auf der Linie von Goerdelers früherem Programm. Über diese hinaus machte sie aber jetzt auch einen Anfang mit leicht inflatorischen Maßnahmen zur Ankurbelung der Wirtschaft, vor allem durch Ausgabe von Steuergutscheinen bei Mehreinstellung von Arbeitern, sehr sinnreich kombiniert mit einer Lockerung der Tariflöhne. Der Bericht, den Goerdeler darüber dem Vorstand des Deutschen Städtetags erstattete (23. September), überrascht durch seine mehr zustimmende als kritische Stellungnahme. Er betont zwar nach wie vor, daß jede Form „künstlicher" Wirtschaftsbelebung unvermeidlicherweise in Planung, Regulierung, Steuerung der Wirtschaft hineinführe, erkennt aber an, daß die Absicht der Regierung nicht auf Bevormundung, sondern auf Anregung der freien Unternehmerinitiative hinziele, und warnt sogar vor doktrinärer Kritik: nicht auf systematische Eindeutigkeit, sondern auf praktische Nützlichkeit komme es jetzt an. Seine Sorge ist nur, daß die Preise rascher steigen könnten als die Kaufkraft, daß die Steuergutscheine in neuen, überflüssigen Investitionen angelegt werden und daß die ausländischen Rohstoffpreise zu rasch in die Höhe gehen könnten. Im ganzen ist er jedoch ziemlich optimistisch gestimmt: etwa eine halbe Million Arbeitslose könnten, wie er hofft, bis Frühjahr 1933 wieder in Arbeit gebracht werden. Aber ein Dauererfolg ist nur dann gesichert, wenn bis September 1933 „der Anschluß an eine echte Belebung der Wirtschaft erreicht ist, hervorgerufen durch erhöhte, nicht auf künstlichem Kredit beruhende Nachfrage, vermehrte Warenerzeugung zu angemessenen Preisen und durch Belebung der Weltwirtschaft". Bis nächsten Herbst sollten 2 Millionen in Arbeit kommen. „Jede Wirtschaftspolitik, die auf Opfern aufgebaut ist, kann nur dann zum Ziele führen, wenn sie sehr schnell Erfolge zeitigt oder wenn sie von einer inneren Bereitwilligkeit der Volksgemeinschaft getragen wird." Die Stabilität der deutschen Innenpolitik wird also die wichtigste Voraussetzung für das Gelingen des neuen, „kühnen und durchaus nicht von der Hand zu weisenden Planes" sein.

Man sieht: die politische Enttäuschung vom 30. Mai und das Mißtrauen gegen Papens „leichten Reitersinn" haben Goerdeler durchaus nicht gehindert, die wirtschaftlichen Pläne der neuen Regierung streng sachlich und ohne doktrinäres Vorurteil zu prüfen, ja ihnen besten Erfolg zu wünschen – obwohl sie im Grunde seinen eigenen zuwiderliefen.[32] Tatsächlich blieben sie ja auch nicht ohne Erfolg: zum erstenmal seit Beginn der Krise fing die Zahl der Erwerbslosen zu sinken, Produktion und Ausfuhr zu steigen an: die Krisis der Weltwirtschaft überschritt eben jetzt – auch in andern Ländern – ihren Höhepunkt. Die Tatsache, daß gleichzeitig infolge der nationalsozialistischen und kommunistischen Hetze die innerpolitische Spannung noch wuchs, scheint Goerdeler nicht allzusehr beunruhigt zu haben. In einer Niederschrift von Mitte oder Ende Dezember „Zur Lage" äußert er sich recht zuversichtlich. Es sei durchaus möglich, daß der Tiefpunkt der Wirtschaftskrise nun erreicht sei. Befriedigt stellt er fest, daß Deutschland durch die vernünftige, sparsame Finanz- und Wirtschaftspolitik der letzten Jahre sich „aus den Gefahren der Inflation und aus dem Sumpf fortschreitender Verschuldung herausgearbeitet hat und heute nicht mehr darauf angewiesen ist, um das tägliche Geld beim Ausland zu betteln". Wir hätten sogar in unserer finanziellen Ordnung vor manchen anderen Ländern einen Vorsprung gewonnen, auch außenpolitisch sei die Lage wesentlich gebessert: die Reparationsverpflichtung erledigt, die Gleichberechtigung in der Rüstungsfrage am 10. Dezember in Genf wenigstens grundsätzlich zugestanden. Nun komme alles darauf an, daß im Innern Stetigkeit der Entwicklung eintrete. Leider habe der plötzliche politische Wechsel im Mai noch ungelöste politische Spannungen hervorgerufen. Aber „ich habe den großen Glauben, daß die überwiegende Mehrheit unseres deutschen Volkes sich nach Anstand und Einigkeit sehnt. Wie in den entscheidenden Tagen des Krieges kommt auch jetzt alles darauf an, die Nerven zu behalten". „Wenn wir die Wirtschaftsgesetze achten, nicht törichten Illusionen nachjagen, aber davon überzeugt sind, daß wir die sittlichen, geistigen und körperlichen Kräfte haben, um unsere Leistungsfähigkeit wieder zur Geltung zu bringen, dann setzt sie sich auch durch. Wir dürfen mit fester Zuversicht in die Zukunft sehen. Ernste Arbeit wird uns allmählich wieder Freiheit und Wohlfahrt erringen."

Wie weit war dieser Mann entfernt von den verzerrten Bildern der deutschen Lage, die eben damals die Hitler-Propaganda den Massen vorgaukelte! Aber wie weit war er auch entfernt von den Realitäten der politischen Lage in Berlin! Vom Sturz Papens am 17. November hatte er erst nachträglich erfahren, von den langen Verhandlungen über die Nachfolge offenbar überhaupt nichts Näheres. Auf Grund von Zeitungsnachrichten glaubte er selbst an erster Stelle für den Kanzlerposten in Betracht zu kommen und erwartete nicht ohne Ungeduld seine Berufung nach Berlin. Er hielt sich für fähig, ebensowohl auf der Linken, bei jüngeren, nationalgesinnten Sozialdemokraten, wie in den Reihen der Nationalsozialisten sich einen Anhang zu schaffen; die Außenpolitik lag ihm damals noch recht fern – wie fern, zeigt jene oben zitierte Aufzeichnung „Zur Lage", die wohl so etwas wie die Skizze eines Regierungsprogramms darstellen mag. Als der Ruf ausblieb, auch jedes Angebot eines Ministerpostens, schob es Goerdeler auf die „unselige Nachtragerei" Schleichers. Seine formelle Entlassung aus dem Amt des Preiskommissars (16. 12.), das er schon mehrfach bereitwillig zur Verfügung gestellt hatte, nahm er nun doch nicht ohne eine Warnung vor den Gefahren der neuen Wirtschaftspolitik hin.[33] Von dem verworrenen Intrigenspiel, das bald darauf zum Sturz des Kabinetts Schleicher und zur Berufung Hitlers in das Kanzleramt führte, hat er wiederum erst nachträglich erfahren. Am Tage nach der „Machtergreifung" scheint Hugenberg bereits die Aussichtslosigkeit seiner eigenen Stellung begriffen zu haben. Wie Goerdeler berichtet, bat er diesen dringend um Hilfe mit der Begründung: „Ich habe gestern die größte Dummheit meines Lebens gemacht: ich habe mich mit dem größten Demagogen der Weltgeschichte verbündet."[34] Goerdeler hat damals nicht gänzlich abgelehnt, aber Sondervollmachten verlangt, die natürlich nicht zu haben waren; übrigens war auch kein Ministerposten mehr frei.

Ob er damals noch geglaubt hat, auch unter Hitler seine eigenen Pläne durchsetzen zu können?

Viertes Kapitel

IN DEN ERSTEN JAHREN DES HITLER-REICHES

So wenig wie die meisten anderen Deutschen hat Carl Goerdeler die ganze Dämonie der nationalsozialistischen Bewegung von Anfang an erfaßt. Seiner konservativen, durchaus bürgerlichen Natur war ihr lärmendes Wesen, seinem streng rechtlichen Empfinden die Gewalttätigkeit ihres Auftretens, seinem Wahrheitssinn ihre hemmungslos-verleumderische Propaganda natürlich von jeher zuwider; sonst hätte er sich nicht auf die Seite Brünings gegen die sogenannte „Harzburger Front" gestellt und im Herbst 1933, als ihn Hitler zum Eintritt in die Partei auffordern ließ, dies verweigert.[1] Aber es gab doch auch Gemeinsamkeiten des politischen Programms, zum mindesten der politischen Kritik: vor allem an dem Friedensdiktat von Versailles und seinen wirtschaftlichen Folgen, an der 1919 geschaffenen Ostgrenze, bis zu einem gewissen Grade auch an den Mängeln der Weimarer Verfassung. Auch Goerdeler hat ja die Herrschaft der Parteiinteressen im Weimarer Staat bekämpft, eine Umwandlung der Länder in bloße Reichsprovinzen gewünscht und eine Stärkung der Reichsexekutive gefordert. Mehr noch: auch er teilte die allgemeine Sehnsucht der Deutschen jener Epoche, die Hitler so unzählige Idealisten in die Arme getrieben hat: der im Weltkrieg so unerträglich gewordene innere Zwiespalt der Nation, der unversöhnliche Gegensatz zwischen dem Nationalismus der Rechten und den antinationalistischen und antimilitaristischen Ressentiments der Linken möchte überwunden werden durch eine neue Kameradschaft aller Stände und Parteigruppen, wie man sie zuerst in den Schützengräben des Krieges erlebt hatte. Dieser Zwiespalt vergiftete fortdauernd das Leben der Republik, in der man sich gegenseitig als „Novemberputschisten" und „annektionistische Kriegsverlängerer" beschimpfte. Goerdelers Parteigenossen von 1922, die Deutschnationalen, hatten alles getan, um diesen Gegensatz wach zu halten, das alte Mißtrauen der „bürgerlichen Parteien" gegen die „Roten", in dem sich Klassenselbstsucht und militanter Nationalismus trübe vermischten, immer neu aufzufrischen, ungeachtet der Tatsache, daß die Sozialdemokratische Partei längst zum Hauptträger des neuen Staates und damit auch seiner nationalen Geltungsansprüche geworden war – ungeachtet auch ihrer vaterländischen Verdienste während des Weltkrieges. Adolf Hitler aber versprach, Sozialismus und Nationalismus endgültig miteinander zu versöhnen.

Nun war Goerdeler weit entfernt davon, das gehässige Mißtrauen so vieler Deutschnationaler gegen die „Roten“ zu teilen. Tägliche Zusammenarbeit mit sozialdemokratischen Vertretern in der Stadtverwaltung, zuerst in Solingen, haben ihn dieses Mißtrauen überwinden lassen; in vielen Fällen war Hochschätzung, ja Sympathie an die Stelle getreten und von der anderen Seite erwidert worden; er erzählt mit tiefer Befriedigung, wie es ihm gelungen sei, auch bei seinen anfänglich schärfsten Gegnern unter den Königsberger Sozialisten Vertrauen zu erwerben, und umgekehrt, wie er sich in gemeinsamer Arbeit an der „Ostfrage“ von ihrer vaterländischen Haltung habe überzeugen können. Aber gerade aus dieser versöhnlichen Gesinnung heraus machte ihm die nationalsozialistische Parole auch wieder Eindruck. „Zwei gute Stücke“, meinte er noch 1944, habe der Nationalsozialismus gebracht. Das erste sei „die Lehre, daß wir einander helfen und die Vergütung so machen müssen, daß nicht das Kapital ungebührliche Renten abwirft“ – also die soziale Parole; das andere sei „die Erkenntnis, daß Leben Kampf ist, Arbeit und Leistung erfordert“ – das ist die militante Parole, die Goerdeler offensichtlich im Sinn seiner liberalen Theorie vom freien Wettkampf der Kräfte verstand; aber, setzte er sogleich hinzu, „es muß ein Kampf werden, veredelt durch die Beachtung der Gebote Gottes“.[2]

Von direkter Auseinandersetzung mit dem Nationalsozialismus ist in seinen Papieren aus der Zeit vor 1933 nichts weiter zu finden als gelegentliche Äußerungen der Sorge vor drohendem innerem Umsturz infolge der großen Wirtschaftskrise. Die schon früher zitierte „Wirtschaftsdenkschrift“ von 1929 begründete aus solchen Sorgen heraus geradezu den Vorschlag einer Diktatur; denn auf rein parlamentarischem Wege würde eine durchgreifende Reform nicht durchzusetzen sein: „alle Parteien leiden unter der Angst vor den Wählern.“ Es sollte also ein „Ermächtigungsgesetz“ geschaffen werden, wie es schon in der Notstandszeit Ende 1923 geschehen war;[3] um wirksam zu sein, müßte aber auch das damals bestehengebliebene Einspruchsrecht des Reichstags und Reichsrats beseitigt werden: etwa durch einen mit Zweidrittelmehrheit zu fassenden Beschluß, der „der ermächtigten Stelle“ die Befugnis zu verfassungsändernden Notverordnungen erteilt. Da auf eine solche Mehrheit kaum zu rechnen ist, bleibt praktisch nur das Notverordnungsrecht nach Art. 48 Absatz II übrig. Zu seiner erfolgreichen Anwendung gehört aber, daß Reichspräsident und Reichsregierung vollkommen übereinstimmen und entschlossen sind, nötigenfalls auch das Einspruchsrecht des Reichstags gegen Notverordnungen praktisch auszuschalten: durch Auflösungsdekrete nach Art. 24, unter Umständen auch mit Hilfe des Reichsrats, der nach Art. 74 Reichstagsbeschlüsse durch seinen Einspruch durchkreuzen bezw. hinausschieben kann. Verweigert der Reichskanzler die Unterschrift unter ein Auflösungsdekret, so darf der Reichspräsident sich nicht scheuen, notfalls einen anderen zum Zwecke der Gegenzeichnung zu berufen. Ein sehr geschickter Staatsmann – der allerdings wird benötigt! – kann so, meint Goerdeler, „eine durch schwierige Zeit hindurchführende, zielbewußte Politik auf Jahre hinaus treiben, selbst dann, wenn das Kapital sich versagt. Eine „Mobilmachung aller Volkskräfte" zur Rettung der Nation muß das Ziel seiner Reformpolitik sein.

„Auf Jahre hinaus" – also eine immerhin vorübergehende, wenn auch langfristige Notstandsdiktatur wird hier geplant. Wie ernst der Vorschlag gemeint war, wissen wir schon: das jahrelange Regieren ohne Reichstag, wenn es nicht anders ginge, hat Goerdeler auch dem 1932 sich bildenden Kabinett Papen empfohlen. Kein Zweifel: auch er trieb in seinem Eifer, die große Wirtschaftskrise zu überwinden, mit dem Verfassungsrecht ein gefährliches Spiel. An der Entwicklung, die von Brünings Notverordnungen über das Papen-Kabinett bis zu Hitlers „Ermächtigungsgesetz" vom 24. 3. 1933 führte, hat auch er seinen eindeutig erkennbaren Anteil gehabt. Wohin sie führen würde, hat er natürlich ebensowenig wie die anderen geahnt. Ein Diktator, schrieb er 1937, kann in Notzeiten seine Berechtigung haben – was Hitler brachte, war die Diktatur einer Partei. Und wenn es der Fluch des „Weimarer Systems" gewesen war, daß Parteiinteressen über dem Staatswohl standen, so hat sich dieser Fluch jetzt noch hundertfach verschlimmert, weil nun vollends „die Partei dem Staat befiehlt". „Einer kann befehlen, eine Partei kann und darf es nicht."

So also suchte er seine eigene Politik zu rechtfertigen, und so begründete er seine Opposition gegen das Hitler-Regiment. Das Staatsinteresse, das Gemeinwohl gegen die Parteiinteressen zu suchen, war der Sinn der von ihm vorgeschlagenen diktatorischen Präsidialgewalt. Eben dieses Staatsinteresse wollte er nun gegen die Hitler-Partei schützen; er verstand es im Sinn altpreußischen Beamtentums. Die Nationalsozialistische Partei, fährt er 1937 fort, „hatte die Möglichkeit, das hohe Ideal der Lebens- und Arbeitskameradschaft zur Grundlage des Lebens der Nation zu machen; sie hatte die Möglichkeit, Deutschlands Staaten auch innerlich zu einen. Sie hatte die Möglichkeit, so tatsächlich die moralische Führung in einer sich sozial neu ordnenden Welt zu übernehmen, wenn sie Leistung und Kameradschaft, Anstand und Recht auf ihre Fahnen schrieb. Sie konnte Deutschlands außenpolitische Lebensrechte sichern. Sie hat als Partei den Fehler der Diktatoren gemacht; sie hat Macht ... zusammengerafft und Macht mißbraucht." In ihrem totalitären Machtanspruch „tastet sie die natürlichen Wurzeln und die moralischen Grundlagen menschlichen Zusammenlebens an; zu ihnen muß sie in einen unlösbaren Widerspruch geraten. Da aber die Natur immer siegt und da ein menschliches Zusammenleben ermöglichendes Moralgesetz ebenfalls eine Naturnotwendigkeit ist, muß die Partei hieran zerbrechen".

In diesen Sätzen haben wir den ganzen Goerdeler vor uns: alles, was ihn von der Partei trennte und was er von ihr erhofft hatte. Es ist moralische Enttäuschung, in der zuletzt seine ganze Opposition wurzelt; diese aber ist getragen von einem erstaunlich zuversichtlichen, an den moralischen Optimismus und an die Naturrechtsvorstellungen des 18. Jahrhunderts erinnernden Glauben an die Macht der sittlichen Vernunft: mit „Naturnotwendigkeit" setzt sie sich zuletzt immer im Leben durch. Dieser Glaube war sein stärkster Halt; aber durch wie viele Illusionen und Enttäuschungen mußte er ihn führen!

Die ersten Konflikte mit dem Totalitätsanspruch der Partei erlebte er bald nach der „Machtergreifung" Hitlers, als er die Hissung der Hakenkreuzfahne auf dem Leipziger Rathaus verweigerte, solange sie noch nicht zur Reichsflagge erklärt war. Damals hat er zusammen mit Bürgermeister Dr. Löser das Rathaus verschlossen, von der Stadtpolizei besetzen lassen, auch wohl bis nach Mitternacht persönlich Wache gehalten, um das Eindringen von SA-Leuten zu verhindern. Beide Männer sind auch auf den Leipziger Brühl gezogen, in die Pelzhändlerstraße, und haben persönlich die jüdischen Ladenbesitzer gegen plündernde SA-Leute geschützt. Aber sie erlebten mit Schrecken und Ohnmacht, daß im Frühjahr 1933 die Gewerkschaftshäuser besetzt und beschlagnahmt, die Gewerkschaften aufgelöst wurden, und zwar unter dem stürmischen Beifall eines politisch blinden Großbürgertums. Trotz solcher Erlebnisse bekennt Goerdeler, er habe „in den ersten Jahren nach 1933 mit der NSDAP vollkommen vertrauensvoll zusammengearbeitet", was ihm durch die menschlich anständige und einsichtige Haltung des Leipziger Kreisleiters Dönicke sehr erleichtert worden sei. Er beruft sich auf das Erbe seiner Familie: altpreußische Beamte in der fünften Generation, die immer nur ihre Dienstpflicht getan und sich auch nach der Revolution von 1918 dem neuen Staat nicht versagt hätten. Noch unmittelbarer wirksam war wohl sein unbändiger Schaffensdrang, der resigniertes Beiseitestehen einfach nicht ertrug. „Den Lauf der Ereignisse zum Besten unseres Volkes zu beeinflussen und die guten Kräfte in der Partei (ohne ihr selbst anzugehören!) zu stärken" – das war seine gute Absicht; er hat sie damals mit unzähligen Gutwilligen geteilt. Wie aussichtslos sie war, hat er zunächst um so weniger gemerkt, als seine starke Persönlichkeit im engeren Lebenskreis auch diesmal wieder – ähnlich wie schon in Solingen und Königsberg – sich durchzusetzen verstand über alle parteipolitischen Gegensätze hinweg.

Mit Feuereifer, wie immer, hat er sich auf seine kommunalen Aufgaben gestürzt: die städtischen Finanzen saniert, die Verwaltung vereinfacht und straffer in seiner Hand zusammengefaßt, für Modernisierung der teilweise noch sehr rückständigen technischen Einrichtungen der großen Messestadt (wie Müllabfuhr, Kanalisation, Regulierung der Wasserläufe u. dgl.) gesorgt, mancherlei größere Bauaufgaben durchgeführt, der Organisation der Messe große Reichszuschüsse verschafft, sein Hauptinteresse aber den sozialen Einrichtungen zugewandt. Die Stadtrand- und Kleinsiedlung war sein Lieblingsfeld,[4] auf dem er seine Ideen weithin durchsetzen konnte: in möglichst intensiver, aber auch möglichst billiger Bauweise, entgegen den Luxuswünschen mancher Parteistellen. „Fast jedes Wochenende", schreibt er, „fuhr ich mit Frau und Kindern, die Fortschritte der Bauten der Kleinwohnungen zu besichtigen: meine glücklichsten Stunden!" Überall freundlich begrüßt in den Siedlungshäuschen und Schrebergärten, glaubte er deutlich das Wachsen seiner Popularität zu spüren. In Zusammenarbeit mit Dönicke, „einem prächtigen Mann", richtete er 1934 Morgenkurse mit einer Elite von Arbeitern ein, in denen er diese an Hand von Stadthaushalt und Jahresabschlüssen der städtischen Betriebe die „Naturgesetze der Wirtschaft" lehrte: sie sollten zu denkender Mitarbeit in der Betriebsführung erzogen werden, sollten Bilanzen und Jahresabschlüsse lesen können, die Funktion des Geldes, das Verhältnis von Kapital und Arbeit verstehen und so von eingerosteten Vorurteilen frei werden. Radikale Demokratie, meinte er, sei nur sinnvoll, wenn ihre Wähler von den Grundgesetzen der Wirtschaft und des gesellschaftlichen Zusammenlebens etwas verstehen, und der Nationalsozialismus sei „auch politisch eine gesunde Reaktion gegen demokratische Einrichtungen, die der Grundlage (in der politisch-ökonomischen Bildung der Massen) entbehren." Nun müsse er aber auch zeigen, daß er seine Aufgabe verstehe, indem er die politische Volksbildung ernsthaft in die Hand nähme. So schlug er Dr. Ley 1935 vor, die Arbeitsfront in großem Stil dafür einzusetzen. Er wurde aber mit einer Antwort abgewiesen, die ihn tief erschütterte: „Das wollen wir lieber lassen, dann würden die Arbeiter zu klug werden."

Seine Ideale ökonomischer Volksbildung hat er darum nicht aufgegeben: in fast allen seinen Programmschriften kehrt die Forderung wieder, in allen Schulen müßten künftig die Grundgesetze der Wirtschaft gelehrt werden, schon vom 10. Lebensjahr an. Um dies zu erleichtern, hat er sich schließlich selbst an die Ausarbeitung eines ökonomischen populären Lehrbuchs gemacht. Eine im Winter 1935/36 verfaßte Broschüre „Im Lichte der Preise" (oder: „Durch Preise zur Klarheit") legte er auf Wunsch des Verlegers dem Propagandaministerium und Hitler selber vor. Goebbels äußerte sich nicht ungünstig, wenn auch skeptisch, und empfahl eine viel primitivere Form, womöglich mit Zeichnungen und Bildern;[5] zwei Monate später verbot er ihre Publikation, als der

Verfasser inzwischen offiziell in Ungnade gefallen war (davon werden wir noch hören). Aber dieser ließ sich nicht abschrecken. Während des Krieges (etwa 1942/43) hat er eine umfangreiche „Wirtschaftsfibel" geschrieben, z. T. gestützt auf Ausarbeitungen der Freiburger Nationalökonomen von Dietze, Walter Eucken und Ad. Lampe. Sie faßt in volkstümlich schlichter, oft anschaulicher Sprache die Summe seiner wirtschaftspolitischen und theoretischen Ansichten zusammen und sollte nach einem Regierungswechsel veröffentlicht werden. Noch im Gefängnis, bis in seine letzten Tage hinein, hat sie Goerdeler beschäftigt: er betrachtete sie als eine Art von Vermächtnis an das deutsche Volk, wollte sie aber zugleich „in alle Sprachen" übersetzen lassen.[6]

Durch Volksaufklärung politisch zu wirken – das ist eine der großen Hoffnungen Goerdelers gewesen, die sein Wesen kennzeichnen. Offenbar hat er längere Zeit gehofft, die große Volksbewegung des Nationalsozialismus werde ihm dafür Raum verschaffen. Aber es gab noch andere Erfahrungen, die ihn zuversichtlich stimmen mochten. Wir hörten schon früher (Kap. 2) davon, wie lebhaft sich Hitler um seine Mitarbeit an der neuen Gemeindeordnung bemühte und wie weitgehend er seine Forderungen nach echter Selbstverwaltung unterstützte. Das war im Januar 1935. Schon zwei Monate vorher hatte er Goerdeler „in liebenswürdigster Weise" gebeten, von neuem das Amt des Preiskommissars zu übernehmen, ihm Erfüllung aller seiner Wünsche zugesagt und sogar sein Privatflugzeug zur Verfügung gestellt.[7]

Derselben Einladung war Goerdeler 1931 deshalb gefolgt, weil er seine allgemeinen Reformideen durchzusetzen hoffte und mit der Gesamtpolitik des Kabinetts Brüning sich eng verbunden fühlte. Von solcher Verbundenheit konnte diesmal natürlich keine Rede sein. Was hatte sich nicht alles ereignet, das den Übergang vom Rechtsstaat zur nackten Tyrannei deutlich erkennen ließ! Unser Memoirenschreiber berichtet von ungeheuerlichen Korruptionsfällen und Übergriffen der Gestapo, zuletzt alle auf Göring zurückgehend, die er in seinem Amtsbereich erlebte, und von der Antwort, die er beim Justizminister Gürtner erhielt, als er dort um Abhilfe bat: „Sie scheinen sehr erschüttert zu sein? Das sollten Sie nicht. Da erlebe ich ganz andere Sachen. Die Korruptionsfälle häufen sich bei mir zu Bergen. Die Korruption ist noch niemals so hoch gestiegen wie heute. Ich kann nichts mehr machen. Es ist furchtbar."[8] Was in demselben Augenblick durch einen Telefonanruf Görings bestätigt wurde, der vom Justizminister Deckung eines als Großschieber entlarvten „verdienstvollen PGs" verlangte. Aber noch viel Schlimmeres war geschehen: vor allem die Massenmorde des 30. Juni 1934. Deren wahren Umfang hat Goerdeler, wie er berichtet, „erst nach Jahren" kennengelernt; auf dem Reichswehrministerium, das er auf Wunsch des Leipziger Standortältesten am 30. Juni

aufgesucht hatte, war ihm von Blomberg das Ganze nur als „gerechte Strafe an Röhm" und Niederschlagung einer echten Putschgefahr dargestellt worden. Immerhin: auch so muß ihn aufs tiefste angeekelt und empört haben, was da hinter Gefängnis- und Kasernenhofmauern geschehen war. Und so müßte man sich wundern, daß er im November ein Reichsamt aus den blutbefleckten Händen Hitlers entgegennahm – wenn er nicht eben Goerdeler gewesen wäre: mit seinem unbegrenzten Tätigkeitsdrang, seiner Blindheit für dämonische Gewalten der Tiefe und seinem optimistischen Glauben an die eigene Fähigkeit, durch vernünftiges Zureden immer noch Gutes wirken zu können. „Den Entartungserscheinungen", schreibt er 1944, „standen auch Lichtblicke entgegen; die Wehrmacht schien der Träger alter bester Überlieferung zu bleiben."
Bei ihr suchte er Rückhalt, als er sich zur Annahme seines zweiten Preiskommissariates entschloß. Er fragte Blomberg, den Oberbefehlshaber und Kriegsminister, und General von Reichenau, den Chef des Ministeramtes, ob sie hinter ihm stehen würden, wenn es gälte, in dem neuen Amt die Autorität des Staates gegen Parteiinstanzen durchzusetzen. „Na endlich!" war die Antwort Reichenaus, und beide versprachen ihm höchst erfreut Unterstützung – beide nicht ahnend, wie bald sich ihre Rolle verwandeln würde, beide aber auch befangen in devoter Gefolgschaft des „Führers", deren Blindheit Goerdeler offenbar nicht durchschaut hat.[9]
Das neue Preiskommissariat hing mit der schwierig gewordenen Lage der deutschen Wirtschaft zusammen. Dem vorsichtig zögernden Dr. Luther, der sich aus den Zielen und Vorstellungen der Deflationsepoche noch nicht losmachen konnte,[10] war im März 1933 Hjalmar Schacht als Reichsbankpräsident gefolgt und hatte durch seine neue Kreditpolitik (insbesondere der sogenannten Mefo-Wechsel mit Laufzeit bis zu 5 Jahren) reichliche Mittel zu staatlicher Arbeitsbeschaffung, aber auch zur Wiederaufrüstung zur Verfügung gestellt. Mit ihrer Hilfe war es gelungen, den riesigen Eisblock der Arbeitslosigkeit in überraschend kurzer Zeit zum Schmelzen zu bringen; nicht gelungen war dagegen die Besserung der Lage des deutschen Außenhandels, der auf ausländische Exporthindernisse aller Art stieß. Der dadurch eingetretene Devisenmangel, noch verschlimmert durch große ausländische Schuld- und Zinsverpflichtungen, machte den Einkauf der unentbehrlichen Industrierohstoffe und Lebensmittel zu einem sehr ernsten Problem. Zu seiner Bewältigung glaubte sich Hitler damals noch auf die Ratschläge und die Hilfe wirklicher Sachverständiger angewiesen; am 2. August 1934 hatte er den Reichsbankpräsidenten Schacht zusätzlich zum Reichswirtschaftsminister ernannt, der dann mit Hilfe seines „neuen Planes" das System zweiseitiger Warenlieferungsverträge mit Agrar- und Rohstoffländern auf Verrechnungskonto ohne eigentlichen Devisentausch

einführte: ein genial erdachtes und durchgeführtes Verfahren der Aushilfe, das erst durch die spätere maßlose Rüstung und Kriegspolitik Hitlers übersteigert bzw. zum System gewaltsamer Ausbeutung besetzter Länder entartet ist.
Knappheit der Rohstoffe führt im Spiel des freien Marktes zu ihrer Verteuerung, damit auch der Industrieprodukte – was neue Exportschwierigkeiten, Verteuerung der Lebenshaltung und im Zusammenhang damit eine Stockung des eben begonnenen Wirtschaftsaufschwungs zur Folge haben konnte. Um sie zu verhindern, waren 1934 schon vor der Wiedereinsetzung des Preiskommissars[11] mehrere Verordnungen ergangen, die auf eine Zuteilung knapper Rohstoffe (bzw. Ersatzstoffe) zu festen Preisen an die Betriebe hinausliefen. Es scheint, daß Goerdeler im Zusammenhang mit diesen Maßnahmen um seinen Rat befragt worden war. Er hatte ihn in einem ausführlichen Gutachten „An den Reichskanzler Adolf Hitler" vom Spätsommer oder Herbst 1934 geliefert, das die willkommene Gelegenheit benutzte, zwischen die ökonomischen Erörterungen eine Fülle von kritischen Bemerkungen zur allgemeinen Politik der Hitler-Regierung einzustreuen. Die Hoffnung, mittels solcher Memoranda seine Kritik bis unmittelbar an den Führer herantragen zu können, war für Goerdeler eines der Hauptmotive zur Übernahme des Preiskommissariates gewesen. Material zur Beurteilung der ökonomischen Lage hatte man ihm aus dem Wirtschaftsministerium geliefert.[12]
Die Denkschrift „An den Reichskanzler" stellt einen ersten, noch ganz offen geführten Vorstoß gegen die Parteiherrschaft im „Dritten Reiche" dar. Die Tendenz des Ganzen ist sehr massiv erkennbar. Goerdeler sucht die Rohstoff- und Devisennöte Deutschlands als überaus bedrohlich hinzustellen, um in so „ernster Lage" mit gesteigertem Nachdruck seine Warnungen zu Gehör zu bringen. Gleich in den ersten Sätzen werden große Gestalten preußischer Geschichte als Vorbilder heraufbeschworen: Friedrich Wilhelm I., Friedrich der Große, der Freiherr vom Stein und Scharnhorst. „Wir müssen die Souveränität des Staates wie einen Fels von Erz stabilisieren (gemeint ist natürlich: gegen die Parteiwirtschaft). Wir müssen die innere Verwaltung vereinfachen und verbilligen, wir müssen in der gesamten Wirtschaft zu größerer Klarheit und Sparsamkeit übergehen, wir müssen die im Volke schlummernden Kräfte (gemeint ist: auch außerhalb der Partei) zur Mitarbeit und damit zum verantwortlichen Mittragen heranziehen und sie damit auch bereit machen, Rückschläge und Enttäuschungen zu ertragen; wir müssen endlich das deutsche Volk zu seinem endgültigen Befreiungskampf rüsten." Was es mit diesem „Befreiungskampf" auf sich hat, wird erst im weiteren Verlauf deutlich. Zunächst ist nur von wirtschaftlichen Problemen die Rede.
Die Erfolge des bisherigen Arbeitsbeschaffungsprogramms sind groß, aber doch

beschränkt. Der Verfasser reduziert ihre nationalsozialistische Übertreibung: von 4,9 (nicht 6,5) Millionen echter Arbeitsloser des Juni 1932[13] sind bisher nur 2,5 Millionen wieder in Arbeit gekommen – d. h. nur so viele, wie „dem Einwurf öffentlicher Mittel entspricht". Es handelt sich also noch nicht um eine organische Neubelebung der Privatwirtschaft; die läßt sich mit der bisherigen Methode überhaupt nicht erreichen. Diese Methode kann, ohne die Währung zu gefährden, auch gar nicht beliebig fortgesetzt werden. Dies um so weniger, als inzwischen Rohstoffknappheit infolge Devisenmangels eingetreten ist. Es ist eine Illusion zu glauben, wir könnten sie in großem Umfang durch Herstellung von Ersatz beseitigen (wie der Gutachter näher zu beweisen versucht). Die Versorgung des Volkes mit Lebensmitteln ist noch nicht ernstlich bedroht, auch die Industrie besitzt noch erhebliche Warenvorräte. Da aber „Reichsmittel zur öffentlichen Arbeitsbeschaffung in nennenswertem Umfang nicht mehr zur Verfügung gestellt werden können" (dies betrachtet er als feststehende Tatsache!), droht aus den Schwierigkeiten des Außenhandels eine neue Vermehrung der Arbeitslosigkeit. Er berechnet sie auf nicht weniger als 2 Millionen Menschen. So werden demnächst wieder insgesamt 4,3 Millionen in der Wirtschaft unterzubringen sein, und der Gutachter sieht sich somit berechtigt, alle seine früheren Vorschläge (die er Hitler schon im Juli 1933 vorgelegt hatte)[14] ausführlich zu wiederholen. Noch eingehender als früher behandelt er dieses Mal das Siedlungswerk, für das längst nicht genug geschehen sei, besonders die Ansiedelung gewerblicher Arbeiter auf dem Lande. Da der Auslandsabsatz Deutschlands wohl dauernd beschränkt bleiben werde, müßten wir ein „Sparkapital" durch Mehrbestellung nutzbaren Bodens ansammeln. Schon in vier Jahren glaubt Goerdeler (auf Grund einer etwas phantastisch anmutenden Kostenrechnung)[15] für mehrere Millionen gewerblicher Arbeiter „Nebenberufssiedlungen" schaffen zu können – ein nach seiner Meinung „politisch, wirtschaftlich und sozialpolitisch entscheidendes Hilfsmittel". Denn auf die Dauer würden Preissteigerungen bei Verknappung der Auslandszufuhr doch unvermeidlich und durch keine Verordnung zu verhindern sein. Dem Arbeiter müsse also auf andere Weise zu einem ausreichenden Realeinkommen verholfen werden.

Planwirtschaftliche Maßnahmen, wie sie jetzt die Rohstoffverknappung erzwungen hat, sind immer ein bedenkliches Aushilfsmittel, das man möglichst vermeiden sollte. Diese Betrachtung gibt dem Gutachter Gelegenheit, gegen die Überorganisation der Wirtschaft zu polemisieren, wie sie der Nationalsozialismus eben damals durchführte, besonders in der Schaffung des „Reichsnährstandes" mit seinen tausend Bindungen des Landwirts. Der selbständigen Initiative des Einzelunternehmers sollte man möglichst großen Spielraum lassen, statt sie durch anmaßliche Einmischung und Ermahnung betriebsfremder „politischer Leiter“ zu lähmen, durch unnütze staatliche Vorschriften zu erschweren, durch Preis- und Lohnbindungen der großen Wirtschaftsverbände (Kartelle und Gewerkschaften) einengen zu lassen. Aber auch das System der Exportzuschüsse und der staatlichen Regulierung des Außenhandels wird kritisch beleuchtet, vor leichtfertigem Schuldenmachen und Währungsexperimenten aller Art gewarnt. Kernstück aller Förderung des Exportes ist ihm nach wie vor die Verbilligung der deutschen Ware, die jetzt für den Weltmarkt zu teuer sei. Jeder Versuch, sich vom Weltmarkt loszulösen, führt in den Wirtschaftskrieg; dieser aber „kann jederzeit in den militärischen übergehen“. Also Sparsamkeit der öffentlichen Verwaltung, nach dem Vorbild Friedrich Wilhelms I., der durch sie „den preußischen Staat vor dem Untergang gerettet hat“! Große Staatsbauten, aber selbst die Reichsautobahn erscheinen als unrentable Kapitalanlage, nicht passend für Notzeiten. Der Staatshaushalt muß unbedingt im Gleichgewicht gehalten werden, aber lieber durch Sparsamkeit als durch neue Erhöhung der Steuerlast.

Freilich: heute reichen diese oft empfohlenen Mittel allein nicht mehr aus. Die lebensnotwendige Steigerung des deutschen Exports setzt sogleich voraus, daß die deutsche Politik Vertrauen im Ausland genießt; denn die Politik geht der Wirtschaft immer voraus! Mit Hilfe dieses Gedankensprungs gelangt Goerdeler zu einer recht deutlichen Kritik der Außen- und Innenpolitik Hitlers. Stärkste Zweifel werden gegen die neue Polenpolitik angemeldet, wie sie der „Freundschaftsvertrag“ vom 26. Januar geschaffen hatte. Goerdeler glaubt als geborener Westpreuße die Polen zu kennen: mit ihnen ist auf die Dauer kaum Friede möglich, Danzigs Zukunft nach wie vor aufs schwerste bedroht; die Polen werden aus dem neuen Vertrag nur für sich Vorteil ziehen. „An der Spitze der politischen Betrachtung muß die Erkenntnis stehen, daß das deutsche Volk um die Sicherung seiner Existenz kämpfen muß. Das von seiner Ostmark getrennte Deutschland kann überhaupt unter vernünftigen Bedingungen nicht leben; der Korridor ist ein Pfahl im Fleisch seiner Wirtschaft und seiner Ehre.“ Hier also – das sieht man deutlich! – erwartet und erhofft Goerdeler den künftigen „Befreiungskampf“. Sicherlich, meint er, ist ja der neue Freundschaftsvertrag nur als zeitweise Entlastung gedacht, um die Aufrüstung Deutschlands zu erleichtern. Aber die kommende antipolnische Wendung bedarf der „Rücksicherung durch entsprechende Verständigung mit anderen für uns wichtigen und verläßlichen Völkern“. – offenbar ist dabei an die Westmächte, vor allem an England, gedacht.

Aber dazu muß mancherlei in der deutschen Außenpolitik anders werden. Man muß z. B. darauf verzichten, das Auslandsdeutschtum in nationalsozialistischen

Parteigruppen organisieren zu wollen; das führt nur zu seiner Spaltung und politischen Gefährdung, gerade auch in Danzig. Überhaupt muß alles vermieden werden, was die Außenwelt gegen uns zusammenführt. Das Endziel einer besseren deutschen Zukunft darf man nicht in allzu stürmischem Tempo erreichen wollen – der Zeitraum ist nicht entscheidend, sondern nur der Enderfolg. Höchst gefährlich ist das Nebeneinander verschiedener Stellen, die Außenpolitik betreiben, besonders die Konkurrenz von Auswärtigem Amt und Propagandaministerium. Die neue Rassenpolitik droht gefährliche Spannungen im Ausland zu erzeugen; gerade hier kommt deshalb alles auf strengste Selbstdisziplin an. Dasselbe gilt von der Kirchenpolitik: Zwangsmittel zur Einigung der evangelischen Kirchen wecken draußen Verstimmung, ja verderben unseren Ruf als Mutterland der Reformation. Hier schließt sich eine ganze Reihe von Beschwerden an, in vorsichtiger Form, aber deutlich genug vorgetragen: über das Eindringen minderwertiger Charaktere und gesinnungsloser Mitläufer in hohe Machtstellungen mit Hilfe der Partei, über die prahlerische Selbstverhimmelung des deutschen Wesens vor der Welt und die Einmischung in fremde Verhältnisse, vor allem über die mangelnde Rechtssicherheit und Freiheit der Meinungsäußerung. „Sicherung gewisser Grundrechte wie des Eigentums, der Wohnung und der persönlichen Freiheit gegen jede nicht richterlich gedeckte Beeinträchtigung ist für die deutsche Art ein unerläßliches Erfordernis, um höchste Hingabe an Staat und Volk zu erzielen." Schließlich werden alle uns schon wohlbekannten Vorschläge zur Neugestaltung der Reichsverfassung, Verwaltung und Gemeindeordnung noch einmal ausführlich entwikkelt, und zwar in Form eines Reformprogramms, dessen Verwirklichung in kürzester Frist möglich sein sollte: Goerdeler erbietet sich, detaillierte Gesetzentwürfe sogleich zu liefern. Die alten Wünsche des Kommunalpolitikers und Unitariers erhalten hier eine besonders radikale Form. Größten Wert legt er auf klare Begrenzung der Zuständigkeit der Partei: nicht in den Behörden, sondern nur in „Beiräten" und in der politischen Volkserziehung soll sie sich betätigen. Aus der Jugenderziehung will er sie grundsätzlich ausschalten: Elternhaus und Schule, nicht unreife „Jugendführer" sollen die Jugend ausbilden. Die Unerträglichkeit des Neben- und Gegeneinanders von staatlichen und Parteibehörden, die Verwischung klarer Verantwortlichkeit, die Nutzlosigkeit der neuen „Kulturkammern" – das alles wird an praktischen Beispielen demonstriert.

Alles in allem: ein sehr energischer und überaus mutiger Versuch, dem Führer der Nationalsozialisten ein bürgerliches Reformprogramm altpreußischen Stils aufzudrängen. Ob Hitler es wirklich gelesen hat? Es ist kaum zu glauben, daß er in voller Kenntnis dieser Gedankengänge den Verfasser in so betont liebenswürdiger Form in das Amt des Preiskommissars berufen haben würde, wie es Anfang November geschah. Hat er nur flüchtig hineingeblickt, so konnte er immerhin Stellen finden, deren preußisch-soldatischer Grundton ihn ansprach.

Die Berufung Goerdelers zum Reichskommissar für Preisüberwachung erfolgte durch ein Edikt vom 5. November 1934, das seine Befugnisse bis zum 1. Juli 1935 datierte und ausdrücklich auch auf die Preise von kommunalen und staatlichen Wirtschaftsbetrieben (Körperschaften des öffentlichen Rechts) erstreckte. Er selbst bezeichnet als seine Aufgabe, Preisüberhöhungen entgegenzuwirken, um die belebenden Wirkungen der neuen Mittel für Arbeitsbeschaffung nicht abschwächen zu lassen und um „Mengenkonjunktur" (durch Massenabsatz) zu sichern. Es sollten aber auch Schleuderverkäufe verhindert werden, die bei der noch immer bedrängten Lage mancher Wirtschaftszweige drohten und die Wettbewerbsverhältnisse verfälschen konnten. Es ergingen also Verordnungen über Preiskontrolle (11. Dezember) und freien Wettbewerb (21. 12. 1934). Der letztere sollte als sicherster Regulator des Preissystems erhalten bleiben.[16] Auch die Ausscheidung volkswirtschaftlich entbehrlicher Zwischeninstanzen des Handels zwischen Erzeuger und Verbraucher wurde erstrebt, sofern sie den Absatz nur erschwerten, verteuerten oder verlangsamten. Alle Preisfestsetzungen und -abreden bedurften der Anmeldung und der Bewilligung bei der Preisbehörde. Als solche ließ Goerdeler die Landesbehörden, in Preußen die Regierungspräsidenten tätig werden. Sein eigener Mitarbeiterstab blieb auch diesmal sehr klein (zehn höhere Angestellte nebst dem nötigen Büropersonal). Allen unterstellten Behörden überließ er ein möglichst weites Feld selbständiger Verantwortung.

Seine Befürchtung, mit den Wünschen der Partei in Konflikt zu kommen, schien sich aber gleich zu Anfang seines Amtes zu bestätigen. Schon am zweiten Tag suchte ihn der „Reichsorganisationsleiter" Ley auf und ersuchte ihn, seine Vollmachten auf die Partei zu übertragen. „Sie würde einige große Demonstrationen gegen Wucher veranstalten, einige Wucherer und Hamsterer aufhängen, und der Spuk sei vorüber." Goerdelers Erklärung, solche terroristische Willkür würde alle Initiative der Geschäftsleute lähmen und die Wirtschaft rasch zum Erliegen bringen, blieb ohne Eindruck. Er ließ sich aber nicht abschrecken und übertrug „noch am selben Tage" seine Vollmachten auf die ordentlichen Landesbehörden. Am nächsten Tage bat ihn Hitler, noch ohne Kenntnis dieser raschen Entscheidung, zu einer Art Audienz zu sich, empfing ihn gemeinsam mit dem Chef der Parteizentrale, Rudolf Heß, und suchte ihm (mit dem üblichen Redefluß) klarzumachen, daß er seine Vollmachten besser auf Partei- als auf Staatsorgane übertrüge. Er war nicht wenig überrascht zu hören, die Frage sei bereits in gegenteiligem Sinn entschieden, erhielt aber sogleich die Erklärung, die Partei würde sich sehr unpopulär machen, wenn sie sich mit einer Aufgabe belüde, bei der man es weder dem Käufer noch dem Verkäufer recht machen könne. „Ich fühlte förmlich", schreibt Goerdeler,[17] „wie ihm ein Stein vom Herzen fiel, daß es keiner Entscheidung mehr bedürfe. Zu Heß sagte er: ‚Wissen Sie, eigentlich die beste Lösung!' Damit war die Sache erledigt. Ich hatte die klare Erfahrung gewonnen, daß die Minister gerade im Führerstab und gerade Hitler gegenüber doppelt und dreifach die Pflicht hätten, dem Führer stets die Wahrheit zu sagen und sich nicht in schwierigen Lagen hinter seine Entscheidung zurückzuziehen." – Hätten sie – wird man hinzufügen dürfen– nur immer nach dieser Maxime gehandelt! Goerdeler selbst hatte die Genugtuung, daß ihn Hitler bald darauf (in der uns schon bekannten Weise) zur Schlußredaktion des Gemeindegesetzes heranzog und gegen das Ministerium Frick unterstützte.

Seine Stellung bei dem Diktator schien also gut gesichert. Auch die Presse unterstützte ihn als Preiskommissar (wie er selbst berichtet) „großartig", und da er es auch diesmal verstand, sich rasch Vertrauen bei allen beteiligten Behörden und Organisationen zu erwerben, mochte er auf guten Erfolg seiner Amtstätigkeit hoffen. Eine erstaunlich ausgedehnte Reisetätigkeit hat er damals entfaltet, um durch Vorträge in der Öffentlichkeit für seine wirtschaftspolitischen Ideen zu werben und den Sinn seines Amtes („Preisdisziplin, nicht Preisdiktat!") zu erläutern. Eine außerordentliche Fülle von Zeitungs- und Zeitschriftenaufsätzen diente demselben Zweck. Da er immer mit großer Offenheit der Tendenz zu staatlicher Planwirtschaft entgegentrat und seine entschieden liberalen Ideen ganz unverblümt verfocht, erregte sein Auftreten großes Aufsehen und hat seinen Namen (besonders in Wirtschaftskreisen) erst recht populär gemacht. Dieser Reichskommissar, dessen Rede so weit abstach vom üblichen Stil der Staats- und Parteigrößen, konnte fast immer auf überfüllte Säle rechnen.[18]

Aber der praktische Erfolg seiner Einwirkung auf die Wirtschaft des Reiches blieb doch sehr beschränkt. Die Preise stiegen nicht, aber sie fielen auch nicht, und die Warenausfuhr ging weiter zurück. Um sie zu heben, plante Schacht im Frühjahr 1935 das Hilfsmittel staatlicher Exportvergütungen, für das die Mittel durch eine allgemeine „Exportumlage" der Wirtschaft beschafft werden sollten. Goerdeler widersprach. Er war schon seit langem nicht mehr mit der kühnen Kreditpolitik Schachts einverstanden, die ja nun freilich in schärfstem Gegensatz stand zu seinem eigenen Deflationsprogramm. Besonders die künstliche Einschaltung einer halb fiktiven „Metallurgischen Forschungsgesellschaft mbH." (Mefo), deren Wechsel die Reichsbank zu Rüstungszwecken finanzierte, erschien ihm als ein fiskalisches Schwindelgeschäft nach Art italienischer und türkischer Finanzkünstler. Aber seine Proteste bei Schacht blieben vergeblich. „Als ich ihm den Unsinn nachwies", berichten die Memoiren, „deutete er auf das Bild Hitlers und sagte: „Sie irren, das ist ein großer Mann, er wird das Volk in sein Glück führen." Es war ganz deutlich, daß zwischen diesen Gegensätzen kein Ausgleich möglich war und eine Entscheidung getroffen werden mußte. Goerdelers Forderung entsprechend fand am 27. oder 28. Juni, also kurz vor Ablauf seiner amtlichen Vollmachten, eine Aussprache zu dritt mit Hitler statt, an der kein weiterer Zeuge teilnahm. Eine einzigartige Gelegenheit für Schacht, hat sein Widerpart später gemeint, sich den Bedenken des Preiskommissars anzuschließen „und von seiner im Frühjahr 1933 gegebenen Zusage, Kredite in jeder Höhe zur Verfügung zu stellen, sich loszumachen". Aber der große Finanzkünstler glaubte sich noch nicht am Ende seiner Mittel und war noch längst nicht erschüttert in seinem Vertrauen, daß Hitler „für das deutsche Volk das Beste wollte, daß er Friede und Arbeitsmöglichkeiten erhalten wollte".[19] Die finanztechnischen Argumente Goerdelers werden ihm wenig eingeleuchtet haben – jedenfalls hielt er an seinen Plänen fest.

Man sollte meinen, daß sich Hitler ohne weiteres auf die Seite Schachts geschlagen hätte, der ihm so viele bequeme Möglichkeiten zur Finanzierung seiner Politik bot. Aber in finanztechnischen Fragen war der Diktator damals offensichtlich noch ganz unsicher, und so scheinen ihm Goerdelers Warnungen vor einer neuen Teuerung und Inflation doch starken Eindruck gemacht zu haben. Er erklärte sich außerstande, zwischen zwei so bedeutenden Experten zu entscheiden: „Dazu verstehe ich zu wenig von der Wirtschaft." Er müsse also beide bitten, im Amt zu bleiben. Aber Goerdeler lehnte das ab, falls ihm nicht stark erweiterte Vollmachten gegeben würden, auch zu Eingriffen in die Verwaltung: doch wohl im Sinn des Reformprogramms. Erstaunlicherweise erklärte sich Hitler sofort dazu bereit: „Sie erhalten alle Vollmachten, die Sie haben wollen. Legen Sie mir gleich einen Gesetzentwurf vor!" Das sah aus wie ein voller Erfolg – und sicherlich beweist es mehr als vieles andere die starke Suggestivkraft dieser Persönlichkeit. Zwei Stunden später war der gewünschte Entwurf bereits fertiggestellt (übrigens mit Beihilfe Schachts). Aber sein Verfasser zweifelte selbst daran, daß er Gesetz werden würde, und legte deshalb gleich einen Alternativentwurf bei, der sein Preiskommissariat für beendet erklärte. Tatsächlich wurde das Amt auch zunächst nicht verlängert. Aber eine endgültige Entscheidung war damit noch längst nicht gefallen. Im August ließ Hitler dem Preiskommissar sagen, er könne seinen Ministern die von ihm erbetenen Vollmachten nicht abgewinnen. Bald darauf[20] schickte er aber Lammers, den Chef seiner Reichskanzlei, nach Leipzig mit dem Auftrag, Goerdeler doch noch zur Rückkehr in ein „hohes Reichsamt" zu bewegen. Aber dieser bestand auf den erbetenen Vollmachten und erklärte: Entweder erkennten die Reichsminister die Tatsache eines außerordentlichen Notstandes an, der die Einsetzung eines Kommissars mit sehr weitgehenden Vollmachten erfordere, oder sie müßten die Verantwortung selber tragen.[21] Darauf wurde er um ein neues Gutachten bis Ende Oktober (1935) gebeten, das er auch erstattet hat.

Es liegt mir in einem Exemplar aus dem Nachlaß des Generalstabschefs Ludwig Beck vor, der es ebenso wie der Chef der Heeresleitung Fritsch Anfang November als gelesen abgezeichnet hat[22] – das erste greifbare Dokument einer Zusammenarbeit Goerdelers mit dem späteren Führer der militärischen Opposition! Inhaltlich bietet dieses Memoire wenig Neues gegenüber dem großen Reformprogramm vom August 1934: es geht auch hier um den Kampf gegen jede Form der Plan- und Zwangswirtschaft, gegen das Übermaß von Abgaben, Organisationen, Gängelung des Wirtschaftslebens, für freie Selbstverantwortung des gewerblichen Unternehmers und Landwirts, für die Eröffnung freien Zugangs zu den Weltmärkten, für eine Politik des Rechts, des Anstands, der Sparsamkeit, des friedlichen Völkerausgleichs statt der Selbstisolierung. Aber die Kritik am Wirtschaftssystem der Regierung kann sich jetzt stützen auf die ersten Mangelerscheinungen in der Lebensmittel-, besonders der Fettversorgung; der Verfasser versäumt auch nicht, nachdrücklich auf die verhängnisvollen wirtschaftlichen Folgen der neuen Judengesetzgebung hinzuweisen. Vor allem betont er, daß mit Preisüberwachung nichts Wesentliches mehr auszurichten ist – im Gegenteil: auf manchen Gebieten kann nur durch Freilassen der Preise die Mangellage gebessert werden. „Die entscheidenden Maßnahmen liegen auf einer anderen Ebene oder bedürfen sehr viel umfassenderer Vollmachten, als ich sie im Juli vorgeschlagen habe. Daß ich zu jedem Dienst für Volk und Vaterland genau so wie jeder andere zur Verfügung stehe, bedarf keines Wortes."

Man sieht: der Verfasser will nicht mehr als Preiskommissar, sondern nur noch als Reorganisator der ganzen inneren Reichsverwaltung, nicht zuletzt auch der Finanzen, tätig werden. Dafür gab es natürlich gar keine Aussicht. Praktischen Erfolg hat seine Denkschrift nicht gehabt; aber sie hat doch auch seine Berufungsaussichten nicht vermindert. Im Juli 1936 erfuhr er, Hitler plane seine Berufung „in ein hohes Reichsamt", und wandte sich wieder an die Wehrmachtsleitung, um sich Rat und Unterstützung zu erbitten. General Keitel, der Chef des Wehrmachtamts, an den er in Berlin geriet, besprach sich mit Blomberg, dem Wehrminister, und riet dann ab, das Amt anzunehmen, das man ihm zugedacht habe: „Es sei eines Dr. Goerdeler nicht würdig, unter den gegen-

wärtigen Verhältnissen wieder ein Reichsamt zu übernehmen." Was nun eigentlich geplant war, scheint Goerdeler selbst nicht genau erfahren zu haben. Zu vermuten ist aber, daß er in irgendeiner Form zur Behebung des Devisenmangels mithelfen sollte, der eben damals, bei rasch gesteigertem Tempo der Aufrüstung mit ihrem gewaltigen Rohstoffbedarf, mehr und mehr zum Alpdruck der Hitler-Regierung wurde. Seit Anfang April 1936 war Göring an Stelle Schachts mit der Kontrolle der Devisen und Rohstoffe beauftragt. Es hätte sich also wohl um eine Tätigkeit als Hilfsorgan dieses korruptesten aller Parteibonzen gehandelt – und damit wäre denn auch jene Warnung der Generale erklärt. Tatsächlich erhielt der ehemalige Preiskommissar ein Schreiben Görings (vom 7. 8.), das ihn zu einer gutachtlichen Äußerung über die Devisen-, Rohstoff- und Währungslage aufforderte; bereits vorliegende Denkschriften des Staatssekretärs Trendelenburg und des Oberstleutnants Thomas, Stabschefs im Heereswaffenamt, über diese Frage waren beigefügt.
Das große Gutachten, das Goerdeler daraufhin erstattete, nach sorgfältiger Beratung mit früheren Mitarbeitern, hat er selbst immer als eine seiner wichtigsten Arbeiten betrachtet. Es war die letzte Ausarbeitung, die er im Auftrag der Hitler-Regierung angefertigt hat. Da sie ihm die Ungnade der Machthaber zuzog, bedeutete sie in seinem Schaffen einen Wendepunkt. Eine erste kürzere und vorläufige Fassung wurde Ende August dem Staatsrat Neumann im preußischen Staatsministerium persönlich übergeben. Dieser versprach, sie Göring sofort auszuhändigen, der sie noch am gleichen Abend zu Hitler mitnehmen wollte. Sie soll, mit Randglossen Görings versehen, noch existieren, blieb mir aber unerreichbar. Statt dessen liegt mir die sehr ausführliche zweite Fassung vor, die das Datum 17. 9. trägt und durch die Post nach Berlin gelangt ist.[23] Etwa gleichzeitig mit der ersten Fassung hat Goerdeler dem Reichskanzler seine (schon früher besprochene) Wirtschaftsbroschüre „Im Lichte der Preise" übersandt.
Die Denkschrift zur Devisenfrage bietet alles auf, was dem Verfasser an Argumenten zur Verfügung steht, um in einem eindringlichen Appell eine Änderung des wirtschaftspolitischen Kurses der Reichsregierung zu erreichen. Dessen Überkühnheit, wird versichert, mißachtet die wirtschaftlichen Naturgesetze. „Es steht alles auf dem Spiel!" Unser Autor hat diesmal auf Anordnung Görings beste amtliche Informationsquellen zur Verfügung und macht sich das zunutze. Der erste Teil bringt eine Kritik schon vorliegender Reformvorschläge, der zweite ein eigenes Programm. Einen neuen Vorschlag, die Exportzuschüsse fortzusetzen, aber ihre Finanzierungsmethode zu verbessern (durch indirekte Belastung der Importeure) lehnt er ab,[24] stimmt dagegen mit Wärme dem Antrag des „Trendelenburg-Ausschusses" auf Abwertung der Reichsmark zu. Das steht nicht im

Widerspruch zu seiner früheren Haltung. Denn inzwischen (1. 2. 1934) war auch der Dollar abgewertet worden und dadurch die deutsche Währung in eine unnatürliche Lage auf dem Weltmarkt geraten. Zu diesem den freien, ungehinderten Zugang zu eröffnen, war aber von jeher Goerdelers Hauptanliegen. Das Schachtsche System zweiseitiger Tauschverträge erklärte er für technisch ausgezeichnet, aber doch nur für eine Notmaßnahme, deren Wirkung sich bald abschwächen müßte. Ohne Markabwertung sei der eigentliche Schaden, die Isolierung der deutschen Wirtschaft, jetzt nicht mehr zu heilen. Um so dringender aber werde nun die Sicherung eines ausgeglichenen Reichshaushaltes, dazu noch die Beschaffung eines gewissen Gold- und Devisenvorrates, um die deutsche Währung vor einem Absinken ins Bodenlose zu schützen. Das alte Sparprogramm Goerdelers erhält also von daher eine neue Stütze. Es wird mit großer Ausführlichkeit noch einmal entwickelt, mit allen seinen Warnungen vor Schuldenwirtschaft und übermäßiger Kreditexpansion, vor falschen Autarkiebestrebungen und vor Illusionen über die wirtschaftliche Chance der sogenannten Ersatzrohstoffe, die der Verfasser im einzelnen diskutiert. Dem Ideal der nationalen Autarkie stellt er die „grandiose Möglichkeit" gegenüber, von Deutschland ausgehend dem Währungswirrwarr der Welt ein Ende zu machen, eine allgemeine Wirtschaftsverständigung herbeizuführen, mit Hilfe von Auslandskrediten das Devisengleichgewicht wiederherzustellen und so endlich aus der Verkrampfung der Nachkriegssituation herauszukommen. Sogar die Frage einer Beteiligung Deutschlands an den Übersee-Kolonien erschiene dann nicht mehr aussichtslos. (Schacht hatte sie schon in Paris im Frühjahr 1936 mit Léon Blum erörtert und war auf wohlwollende Aufnahme gestoßen.) Natürlich gehört zu einer so versöhnlichen Weltpolitik ein großer deutscher Entschluß; denn sie setzt voraus, daß manches anders wird, nicht zuletzt auch die Behandlung der Juden, der Freimaurer, der Kirchen. Wir brauchen unbedingte Rechtssicherheit und Freiheit, wenn das deutsche Volk Vertrauen in die Zukunft fassen soll. Unser Autor rührt diese heiklen Punkte aber diesmal nur mit großer Vorsicht an – man spürt, daß er den Empfänger seiner Denkschrift überzeugen, gewinnen, nicht durch allzu negative Kritik abstoßen will. Es gibt, meint er, nach sorgsamster Prüfung aller Möglichkeiten, keinen anderen Weg, der zum Heil Deutschlands und der Welt führen kann, als den Entschluß zur Selbstbeschränkung, zur Mäßigung in den Zielen, nicht zuletzt zur eisernen Sparsamkeit nach dem Vorbild Friedrichs des Großen. Auch die Aufrüstung muß verlangsamt werden. Sie könnte auch ohne Schaden „in einfacherer Form der ortsfesten Anlagen" (also der Kasernen) erfolgen. An Stelle allgemeiner Mahnungen werden konkrete zahlenmäßige Vorschläge gemacht: jährlich können außer den Mitteln aus laufenden Reichseinnahmen 1–2 Milliarden Schulden ohne Gefahr für Rüstungszwecke aufgewandt werden. (Der tatsächliche Aufwand betrug 1936 rund 10,3 Milliarden!)[25] Daran ist ja kein Zweifel, daß die deutsche Armee in allen Teilen schlagkräftig gemacht werden muß, weil gewisse Fragen der deutschen Zukunft „nur mit dem Einsatz der Armee gelöst werden können", insbesondere die Rückgewinnung des polnischen Korridors und die Revision der Ostgrenze überhaupt. Die Trennung Ostpreußens vom Reich ist schlechthin unerträglich. „Im übrigen will kein Volk in Europa ernstlich den Krieg, der ja für lange Zeit einen Wiederaufstieg zur gewohnten Lebenshaltung verhindern und wesentliche Kulturerrungenschaften vernichten würde."

Deutschlands Ziel muß also sein, an der Sicherung des Weltfriedens und an der Neubelebung der Weltwirtschaft mitzuhelfen. Gelingt ihm das, so wird es „für lange Zeit eine führende Stelle unter den Völkern der Welt einnehmen". Freilich bedarf es, um aus den gegenwärtigen Schwierigkeiten herauszukommen, harter, unpopulärer Maßnahmen im Sinn der uns wohlbekannten Deflationspolitik. Goerdeler, der die Lebensmitteleinfuhr keinesfalls beschränken will, rechnet mit starken Einschränkungen der Rohstoffeinfuhren für die Industrie (um 500 Millionen) und einer daraus erwachsenden vorübergehenden Arbeitslosigkeit von 2 bis 2,25 Millionen Menschen. Er will sie mit Verkürzung der allgemeinen Arbeitszeit auf sechs Stunden und anderen (uns schon bekannten) Mitteln bekämpfen. Aber er glaubt, daß dieser Notstand rasch vorübergehen und der deutsche Export schon im Lauf eines halben Jahres bedeutend ansteigen wird. Grundsätzlich ist die Aufnahmefähigkeit des Weltmarktes – bezieht man alle unentwickelten Weltteile mit ein – unbegrenzt. Der beigefügte Entwurf eines Jahresetats für den Reichshaushalt, der große Einsparungen enthält, faßt die Summe der Vorschläge zahlenmäßig zusammen und soll sie als ausführbar erweisen.

Es ist kein Zweifel, daß Hitler selbst die kurze Fassung dieser Denkschrift ebenso wie Göring gelesen hat. In einem Ministerrat, der unter Görings Vorsitz am 2. September stattfand, erwähnte dieser auch Goerdelers Denkschrift. Er nannte sie „vollständig unbrauchbar", da sie außer vielen anderen verfehlten Ideen den Vorschlag einer wesentlichen Rüstungsbeschränkung enthalte.[26] Das war also der springende Punkt. Vielleicht hatte Hitler zeitweise gehofft, in diesem deutschnationalen Bürgermeister ein bequemeres Werkzeug seiner hemmungslosen Rüstungspolitik zu finden als in dem immer eigenwilligen Schacht, dessen Sorgen um die Devisenbeschaffung seit Ende 1935 immer größer geworden waren? Nun sah er sich schwer enttäuscht; mehr noch: er wird jetzt erst erkannt haben, daß dieser Berater einem völlig entgegengesetzten Lager angehörte. In einer eigenen geheimen Denkschrift, die den nächstbeteiligten Ministern als strikte Weisung mitgeteilt wurde, hat er eben damals die Idee entwickelt, Deutschland müsse sich zum Entscheidungskampf mit dem bolschewistischen Rußland rüsten und könne dabei in keiner Weise auf Unterstützung durch die Westmächte rechnen. „Gegenüber der Notwendigkeit der Abwehr dieser (der bolschewistischen) Gefahr haben alle anderen Erwägungen als gänzlich belanglos in den Hintergrund zu treten ... Das Ausmaß und das Tempo der militärischen Auswertung unserer Kräfte können nicht groß und nicht schnell genug gewählt werden. Es ist ein Kapitalirrtum zu glauben, daß über diese Punkte irgendein Verhandeln oder ein Abwägen stattfinden könnte mit anderen Lebensnotwendigkeiten." Wenn die deutsche Armee nicht „in kürzester Frist" zur „ersten Armee der Welt" entwickelt würde, wäre Deutschland verloren. „Es haben sich daher dieser Aufgabe alle anderen Wünsche bedingungslos unterzuordnen." Die Nachwelt wird nicht nach den Methoden fragen, mit denen wir dieses Ziel erreicht haben, sondern ausschließlich danach, *ob* wir es erreicht haben oder ob wir mit Hilfe unserer angeblich unfehlbaren Wirtschaftsmethoden zugrunde gegangen sind. Was nützt es, immer und immer wieder festzustellen, daß es uns an Rohstoffen und Lebensmitteln fehlt? Es kommt nur darauf an, daß wir diesen Mangel eines Tages endgültig beseitigen durch Ausdehnung unseres Lebensraumes. So lange, bis das eines Tages erreicht ist, müssen Erleichterungen unserer Versorgungslage geschaffen werden. Dazu wird die deutsche Wirtschaft eingespannt werden ohne alle Rücksicht auf Privatinteressen, Rentabilität oder was sonst. Das Wirtschaftsministerium hat nur die Aufgaben zu stellen, die private Unternehmerschaft mag sich die Köpfe zerbrechen über die Möglichkeit der Durchführung. Zeigt sie sich unfähig, ihre Aufgabe zu erfüllen, so wird der nationalsozialistische Staat schon selbst die Probleme zu lösen wissen. Versteht die deutsche Privatwirtschaft ihre Aufgabe nicht, so beweist sie damit nur ihre Existenzunfähigkeit in unserer modernen Welt angesichts des gigantischen Aufbaus der Wirtschaft im Sowjetstaat. Dann wird aber nicht Deutschland ruiniert werden, sondern nur gewisse Wirtschaftler! Binnen vier Jahren muß die deutsche Armee kampfbereit und die deutsche Wirtschaft fertig sein zur Mobilisation für den Krieg. Fast vier kostbare Jahre sind schon für die Aufrüstung verlorengegangen; kein weiterer Augenblick darf mehr ungenutzt verstreichen![27]

Man sieht: hier gab es keine Möglichkeit der Zusammenarbeit mehr. Goerdelers Denkschrift wird auf Hitler ähnlich gewirkt haben wie später die Ausarbeitungen des Generalstabschefs Beck: als Bestätigung seines Entschlusses, fortan keine Bedenken der Experten mehr ernst zu nehmen und sich in wirtschaftlichen ebenso wie in militärischen Fragen künftig ganz auf die eigene Eingebung zu verlassen.

Der große Umschwung, den diese Denkschrift ankündigte, wurde bald darauf vor aller Welt sichtbar: auf dem Nürnberger „Parteitag der Ehre" (8. bis 14. 9. 1936), wo der neue „Vierjahresplan" der Wirtschaft proklamiert und in einer langen Führerrede begründet wurde. Goerdeler erfuhr, er habe dabei auch ihn und seine Denkschrift sehr abfällig kritisiert, allerdings ohne seinen Namen zu nennen.[28] Aus den Tagungsberichten läßt sich das nicht bestätigen. Aber wenige Tage danach kam ein Telegramm des Propagandaministeriums, das die Veröffentlichung seiner Wirtschaftsbroschüre verbot.

Er selbst hat das später als die große Wende seiner öffentlichen Wirksamkeit betrachtet, als das Ende jeder praktischen Möglichkeit, durch direkte Einwirkung auf die obersten Machthaber etwas am Lauf der Dinge zu ändern. Es entsprach seiner aktiven Natur, daß er trotzdem nicht aufhörte, für seine Ideen zu werben. Vor allem setzte er seine publizistische Tätigkeit mit Eifer fort. Aber die Publizistik wurde jetzt notgedrungen zur politischen Opposition, und da es im Zwangsstaat Adolf Hitlers keine offene Opposition geben konnte, blieb ihm nur das Mittel der indirekten Kritik.

Angesichts des Göringschen Vierjahresplans, den er für vollständig verfehlt hielt,[29] kam es ihm vor allem darauf an, vor einem Übermaß staatlicher Wirtschaftsregulierung und vor jeder Selbstabsperrung von der Weltwirtschaft zu warnen. Mehrfach betonte er jetzt, daß seine eigene Tätigkeit als Preiskommissar nur vorübergehend habe Nutzen stiften können, und eigentlich nur in dem Sinn, daß sie für die Lauterkeit des freien Konkurrenzkampfes, für die Innehaltung eines fair play zu sorgen bemüht war.[30] Den Gedanken eines wirtschaftlichen Weltfriedens, den er gegenüber Göring entwickelt hatte, trug er jetzt – etwas verändert – in die Öffentlichkeit. Er schlug eine internationale Organisation vor „zur Sicherung der Währungsgrundlagen und der wirtschaftlichen Schuldverpflichtungen" durch freiwillige gegenseitige Kontrolle – also eine Art von europäischer Zahlungsunion. Ohne gegenseitiges Vertrauen der Völker könne die Weltwirtschaft nicht wieder in Gang kommen, ohne Vertrauen der Regierten auf die solide Finanzwirtschaft ihrer Regierung aber auch kein unternehmungsfreudiger Geist in den Betrieben aufkommen. Das wurde dann etwa an Roosevelts New Deal und vor allem an der unsoliden Finanzpolitik Frankreichs unter Léon Blum demonstriert, nicht ohne viele Seitenblicke auf die Leichtfertigkeit deutscher Staatsmänner der Weimarer Epoche – vor Brüning. Solchen unsoliden Finanzgebarungen wurden die soliden Grundsätze öffentlichen Wirtschaftens gegenübergestellt, die sich in der „Deutschen Gemeindeordnung" von 1935 fanden – nach Goerdelers Auslegung dem „Grundgesetz öffentlicher Wirtschaft überhaupt".[31] Ohne Vertrauen auf die Redlichkeit des Staates, vor allem ohne gesicherte Rechtsordnung und Schutz der einzelnen vor Willkür kann die Wirtschaft nicht gedeihen – das war ein Lieblingsthema seiner Aufsätze. Besonders charakteristisch ist dieser Gedanke am Schluß eines Artikels der „Deutschen Rundschau" formuliert, der zwar erst im März 1938 erschien, aber mancherlei Vorläufer hatte: „Freiheit des einzelnen, Freiheit des Volkes ist die entscheidende Voraussetzung für stolzen Mut und höchste Leistung. Willkür ist ihr Tod, Recht ihr Gott; Verantwortungsbewußtsein erhebt sie zur Opferbereitschaft, adelt sie zur Güte. Nur auf dieser Grundlage kann jenes moralische und materielle Gleichgewicht wiedergefunden werden, dessen die Welt bedarf."[32]

Goerdeler wäre nicht er selbst gewesen, wenn er nicht trotz allem auch versucht hätte, wenigstens auf die ihm persönlich näherstehenden Reichsminister einzuwirken. Zuerst auf Schacht, der sich aber (nach Goerdelers späterem Bericht) zunächst wenig zugänglich zeigte und die Hoffnung äußerte, am Ende doch noch mit seinen eigenen Plänen durchzudringen. Aber schon wenige Monate später, Anfang Januar 1937, sei er in recht verzweifelter Stimmung in Leipzig erschienen und habe sich selbst angeklagt, er hätte 1933 dem „Führer" nicht unbegrenzte Rüstungskredite versprechen dürfen, sondern höchstens 10–12 Milliarden; jetzt sei die Reichsbank in schwerer Verlegenheit.[33] Goerdeler riet, eine entsprechende Denkschrift an Hitler zu senden; fruchte sie nichts, so möge er seinen Abschied fordern – was dann, nach schwierigen Auseinandersetzungen seit März, Ende Juli geschah. Auch auf den Finanzminister Schwerin-Krosigk und den Wirtschaftsminister Funk, den Nachfolger Schachts, hat der Unermüdliche mehrfach einzuwirken gesucht – immer im Kampf gegen die Verschwendung von Reichsgeldern und gegen künstliche Neuschöpfung von Kredit.[34] Aber diese Männer besaßen ja keine echte Entscheidungsgewalt: seit 1936 gab es nur noch Werkzeuge. Und so sah sich Goerdeler unaufhaltsam in eine neue Stellung hinübergedrängt: aus der des Warners und Ratgebers in die des entschlossenen Opponenten.

Auf die Dauer mußte sich die Ungnade Hitlers auch auf die Stellung Goerdelers in Leipzig auswirken. Solange er in Gunst bei den obersten Machthabern stand, war er allen Anfechtungen von seiten lokaler Parteigrößen enthoben – dies um so mehr, als er sich (wir hörten es schon) mit dem Kreisleiter Dönicke persönlich gut zu stellen wußte. Ihm und einigen nationalsozialistischen Häuptern der Verwaltung[35] hat er auch die große Denkschrift für Göring gezeigt. Sie beeiferten sich, zuzustimmen und seinen Mut zu bewundern. Daß die Stadträte glücklich waren, einen Oberbürgermeister mit so ausgezeichneten Verbindungen „nach oben" zu besitzen, begreift sich leicht. Der Mut, mit dem er es wagte, seine Kritik am herrschenden Wirtschaftssystem gelegentlich auch öffentlich auszusprechen (so z. B. bei der Eröffnung der Leipziger Frühjahrsmesse 1935), konnte sein Ansehen nur noch steigern. Als seine Amtszeit im Sommer 1936 ablief, wurde er auf zwölf Jahre wiedergewählt, und die Parteivertreter versicherten ihm, seine Wahl sei gerade deshalb erfolgt, weil er als Nichtparteimitglied die Interessen der Stadt mit um so größerer Unabhängigkeit vertreten könne. Er selbst faßte das – mit charakteristischem Optimismus – als einen Beweis dafür auf, „daß schließlich immer der gesunde Menschenverstand siegt und daß gerade die örtliche Selbstverwaltung in Deutschland berufen ist, ihm den Weg zu bahnen". Er versichert, mit seinen Stadträten sei er dadurch immer besser ausgekommen, daß er „an das logische Denken dieser klugen Sachsen appellierte". Besichtigungsfahrten in andere Großstädte, die er mit einer Elite alljährlich unternahm, hätten das gegenseitige Vertrauen noch verstärkt. Das gute, menschlich-persönliche Verhältnis scheint auch durch die Wandlungen des Herbstes 1936 nicht erschüttert worden zu sein. Aber die Partei bestand jetzt entschiedener als früher auf ihrem Programm. Schon seit Frühjahr 1936 drängten die nationalsozialistischen Stadträte, besonders Bürgermeister Haake, auf Entfernung des Mendelssohn-Denkmals vor dem Gewandhaus, der weltbekannten Wirkungsstätte des größten jüdischen Komponisten. Der Oberbürgermeister hatte sich diesem antisemitischen Verlangen widersetzt und nicht ohne Erfolg Unterstützung im Goebbels-Ministerium gesucht. Der Streit darüber war bis in den Spätherbst gegangen. Anfang November reiste Goerdeler auf Einladung der deutsch-finnischen Handelskammer zu einem Vortrag über Wirtschaft, Währung und Verwaltung nach Helsingfors – es war die erste einer langen Reihe von Auslandsreisen, auf denen er Verbindung mit führenden Politikern außerdeutscher Länder gesucht und gefunden hat. In Stockholm (wo er unter anderem mit dem schwedischen Bankier Jakob Wallenberg, von Schacht brieflich empfohlen, eine sehr folgenreiche, freundschaftliche Verbindung anknüpfte) erreichte ihn die Nachricht, das Mendelssohn-Denkmal sei trotz seines Verbotes entfernt worden. Sein Stellvertreter, Bürgermeister Haake, hatte seine Abwesenheit benutzt, um, wie er sagte, dem Oberbürgermeister „einen schweren Entschluß abzunehmen". Aber Goerdeler dachte nicht daran, sich so von der Partei – und am wenigsten von einem Untergebenen – überfahren zu lassen.[36] Sofort nach der Rückkehr forderte er Wiederherstellung des Denkmals von der Partei; andernfalls werde er seinen Abschied nehmen. Natürlich war die Antwort negativ, und schon am nächsten Tage übergab Goerdeler, kurz entschlossen wie immer, sein Abschiedsgesuch. Auf Weihnachten ging er in Urlaub, am 1. April in den Ruhestand – nicht ohne feierlichen Abschied und Rechenschaftsbericht.

Daß es Goerdeler ungeheuer schwer gefallen ist, als 52jähriger gerade auf dieses Amt zu verzichten, das ihm so gemäß war wie kein zweites, bedarf nach allem, was wir von ihm hörten, keiner Versicherung; es spricht aber auch aus jeder Zeile seiner Abschiedsrede vor Mitarbeitern und Beamten der Stadtverwaltung (31. 3. 1937). Dennoch war es kein übereilter Entschluß „ab irato“: es ging ihm um eine Prinzipienfrage; und da kannte er kein Ausweichen. Es ging um seine freie, auch der Partei gegenüber unabhängige Selbstverantwortung als Bürgermeister, zugleich – und nicht zuletzt – um seine Befehlsgewalt im engeren Machtbereich. Es ging aber vor allem um eine Gewissensfrage, um seine Verantwortung als Mitträger deutscher Kultur, deutschen Rechtssinnes und Anstands vor aller Welt. Das ist ihm von Anfang an klar gewesen. Nicht bewußt war ihm, wie er später bekennt, daß dies „das vollkommene Ende öffentlicher Tätigkeit sein würde“. In gewissem Sinne war es aber auch erst der Auftakt dazu. Keine seiner früheren Leistungen hat den Namen des Leipziger Oberbürgermeisters so mit einem Schlage in ganz Deutschland bekannt und populär gemacht wie dieser klare und mutige Protest gegen die deutsche Kulturschande. Jedermann spürte: hier war endlich ein ganzer Mann: einer, der sein Amt fahren ließ, um nicht mit seinem guten Namen, wenn auch nur scheinbar und indirekt, eine schandbare Tat zu decken. Mit dem Ausscheiden aus dem Leipziger Amt wurde er endgültig frei für eine neue Mission.

ZWEITES BUCH

DEUTSCHE WIDERSTANDSGRUPPEN

Fünftes Kapitel

GESCHICHTLICHE VORAUSSETZUNGEN FÜR DEN AUFSTIEG DES NATIONALSOZIALISMUS

Seit 1937 fügt sich die Lebensgeschichte Carl Goerdelers in den weiteren Zusammenhang der deutschen Widerstandsbewegung ein.

Seit wann gab es einen deutschen Widerstand gegen die Hitler-Tyrannei? Wie und aus welchen Quellen formte er sich? Man kann diese Fragen nicht beantworten, ohne einen Blick auf die historischen Voraussetzungen für den Aufstieg des Nationalsozialismus zur Alleinherrschaft zu werfen.

Die Kernfrage einer solchen Betrachtung ist, ob man ihn wesentlich aus spezifisch deutschen Wurzeln abzuleiten hat (wozu die Mehrzahl seiner Kritiker, besonders der ausländischen, nach der Katastrophe von 1945 neigte) oder wesentlich aus allgemein europäischen Lebenserscheinungen, die in Deutschland nur ihre besondere Gestalt empfingen. Die zweite Deutungsart wird übertrieben, wenn man das Hitlertum als eine Art von Überfremdung deutschen Wesens ansieht, als bloßen Gegensatz zu unseren nationalen Traditionen, zuletzt als bloße Episode deutscher Geschichte. Und doch ist kein Zweifel, daß überall da, wo ein tiefer begründeter, grundsätzlicher Widerstand sich regte, die leidenschaftliche Überzeugung dahinterstand, der Nationalsozialismus sei eine satanische Verfälschung echter deutscher Tradition. War diese Überzeugung berechtigt?

Man sollte sich hüten, auf solche Fragen mit jenen Gemeinplätzen sogenannter Völkerpsychologie zu antworten, die heute überall im Schwange sind und die doch historisch gar nichts erklären, weil sie sich anmaßen, das komplexeste aller historischen Gebilde, die moderne Nation, auf einen einzigen Nenner zu bringen, ihre Wesensart mit einem bloßen Schlagwort zu charakterisieren. Jede Nation setzt sich in Wahrheit aus unzählbaren inneren Gegensätzen zusammen. In jeder liegen (zum mindesten innerhalb des europäisch-abendländischen Kulturkreises) annähernd ähnliche Möglichkeiten menschlicher, seelisch-geistiger Entwicklung verborgen. Es ist deshalb ziemlich sinnlos, etwa den „romantisch veranlagten und eroberungssüchtigen" Deutschen dem „rationalen und friedliebenden" Franzosen oder die angebliche Knechtsgesinnung unserer Landsleute der natürlichen Freiheitsliebe der Engländer gegenüberzustellen, wenn man damit bestimmte historische Erscheinungen erklären will. An politischer Romantik, an Abenteurern des Geistes und der Politik hat es in

Frankreich wahrlich ebensowenig gefehlt wie bei uns, auch nicht an ausschweifenden Machtträumen, und es ist noch nicht 100 Jahre her, daß man in Europa gewohnt war, nicht Deutschland, sondern Frankreich als einen ewig brodelnden Kessel voll revolutionärer Unruhe und kriegerischen Ehrgeizes zu betrachten. Wer aber die Gewöhnung der Deutschen an Untertanentreue und pünktlichen militärischem Gehorsam für den Triumph des Nationalsozialismus verantwortlich machen will, der sei daran erinnert, daß Deutschland nicht das erste, sondern das letzte in der langen Reihe europäischer Länder gewesen ist, in denen das System des Einparteienstaates und der totalitären Tyrannei seit 1917 zur Herrschaft kam, und daß Hitler, der geborene Österreicher, sein unmittelbares Vorbild nicht im Staate Bismarcks, sondern im Italien Mussolinis gefunden hat – einem Lande, dessen Bürgern gewiß niemand ein Übermaß von braver Untertänigkeit und Disziplin nachsagen wird.

Etwas ganz anderes ist das Aufsuchen bestimmter politischer Traditionen und konkreter geschichtlicher Situationen, die Hitler seinen Aufstieg zur Macht und die Anwendung seiner Herrschaftsmethoden erleichtert haben. Ganz gewiß war es für seinen Erfolg nicht gleichgültig, daß das politische Nationalbewußtsein der Deutschen, viel später als in Westeuropa erwacht, von seinem Ursprung in den Freiheitskriegen 1813–1815 her einen betont kämpferischen Charakter trug und daß seine militanten Züge durch die Erlebnisse der Einigungskriege 1864–1871, ja selbst des Ersten Weltkrieges noch verschärft wurden.[1] Noch unmittelbarer bedeutsam war die Tatsache, daß der katastrophale Ausgang des Ersten Weltkrieges zwar den rapiden politischen und wirtschaftlichen Aufstieg Deutschlands, den Bismarcks Reichsgründung entfesselt hatte, jäh unterbrechen, aber die enorme Vitalität der deutschen Nation, ihre wirtschaftliche Kraft und ihr politisches Selbstvertrauen nicht wirklich zerbrechen konnte. Daraus entstanden Spannungen, die einen Demagogen geradezu einluden, sich ihrer zu bemächtigen und das Gefühl der Unzufriedenheit mit einer europäischen Machtverteilung, die man in Deutschland ganz allgemein als unnatürlich empfand, zu Kampfparolen für die Masse auszumünzen. Nichts ist leichter im Zeitalter der modernen Massendemokratie, als in Notzeiten Mißtrauen gegen die Regierenden, Haß gegen die Fremden zu predigen, Geduld und vernünftige Taktik als Schwäche, ja Landesverrat zu brandmarken. Mit ganz ähnlichen Methoden, durch Aufpeitschen nationaler Unzufriedenheit zu nationalistischem Ehrgeiz und Aktivismus, ist auch die faschistische Bewegung in Italien zum Sieg geführt worden.

In Italien war freilich der Versuch, eine ganze Nation durch Militarisierung des Denkens und der Volkserziehung (nach den Rezepten Machiavellis) zu heroischer virtù zu bringen und zum geeigneten Werkzeug waghalsiger Eroberungspolitik zu machen, von vornherein aussichtslos – in Deutschland nicht, infolge der Erziehungsarbeit der preußisch-deutschen Armee und dank der Tatsache, daß der Klang preußischer Militärmärsche für den Durchschnittsdeutschen nun einmal mit der Erinnerung an die kaiserliche Zeit – die Epoche politischen Glanzes und höchster materieller Wohlfahrt – eng verbunden war. Insofern kann man sagen, daß die besondere Tradition des preußisch-deutschen Militärstaates den großen Machterfolg Hitlers in entscheidender Weise erleichtert habe. Man kann darauf hinweisen, daß der deutsche Liberalismus von Anfang an ein anderes Gesicht trug als der westeuropäische: nicht wie dieser aus innerpolitischen Machtkämpfen entsprungen, sondern wurzelnd in der Epoche der Freiheitskriege, lebte er nicht aus dem Mißtrauen gegen eine starke Staatsgewalt, sondern suchte sie gerade erst zu begründen als eine nationale, von der Zustimmung aller Volksgenossen getragene und darum dem Machtkampf mit anderen Nationen gewachsene Führungsgewalt. Liberale Freiheitsideen und machtpolitischer Ehrgeiz wirkten hier von Anfang an ganz eng zusammen, und seit der Gründung des Bismarck-Reiches mit seiner monarchisch-konstitutionellen Verfassung und seiner großen europäischen Machtstellung trat der Liberalismus hinter dem Nationalismus immer mehr zurück. In der Masse des deutschen Bürgertums lebte nicht Mißtrauen gegen den „Racker Staat", sondern ein starkes, seit 1866 neu gefestigtes und verstärktes Vertrauen zur Obrigkeit, das sich zwar seit Wilhelm II. verminderte und dann durch die Revolution von 1918 tief erschüttert wurde, aber 1933 sofort wieder auflebte: in einem blinden Vertrauen weitester Kreise des deutschen Bürgertums auf die guten Absichten Hitlers, dessen erstes Regierungsprogramm ja von schönen, friedlich klingenden Versprechungen geradezu triefte. Die Vorstellung, man könnte einem gewissenlosen Abenteurer als Regierungschef in die Hände gefallen sein – dazu noch unter dem Segen des alten Hindenburg! –, wäre der Masse des deutschen Bürgertums damals geradezu als grotesk erschienen. Die wenigen, die (wie der Verfasser) es schon damals wußten, erinnern sich heute noch deutlich der tiefen Verzweiflung, die sie angesichts dieser Blindheit überfiel: in qualvoller Voraussicht einer unaufhaltsam kommenden Kulturkatastrophe.

Trotzdem wäre es grundfalsch, und die spätere Entwicklung der deutschen Widerstandsbewegung wäre gar nicht zu begreifen, wenn man den Nationalsozialismus selbst aus den hier genannten Voraussetzungen deutscher Geschichte ableiten wollte, die seinen Machterfolg erleichterten: als letzte Konsequenz etwa und Übersteigerung eigentümlich deutscher Traditionen. Gerade da, wo die Überlieferung des altpreußischen Militärstaates am lebendigsten war, in der Armee, wurde er von Anfang an als fremdartig empfunden, und niemand ist bitterer von ihm enttäuscht worden als jene Idealisten, die zunächst gutgläubig von ihm eine Erneuerung politischer Gemeinschaftsideale im Sinne des staatsfreudigen älteren Liberalismus der deutschen Erhebungszeit erwarteten. Im Kern seines Wesens ist der Nationalsozialismus gar kein originaldeutsches Gewächs, sondern die deutsche Form einer europäischen Erscheinung: des Einparteien- und Führerstaates. Dieser aber läßt sich nicht aus älteren Traditionen erklären, sondern nur aus einer spezifisch modernen Krisis, aus der Krisis der liberalen Gesellschaft und Staatsform.

Wir haben ihre tieferen Ursachen hier nicht zu verfolgen. Das Entscheidende ist doch wohl die Tatsache, daß die moderne Industriegesellschaft mit ihrem uniformen Massenmenschentum für das liberale Ideal der freien, geistig und wirtschaftlich unabhängigen, selbsttätigen Persönlichkeit nur noch sehr wenig Raum bietet, um so mehr aber für die demokratischen Ideen der Gleichheit der Lebensansprüche und der Volkssouveränität. Das Volk, d. h. die Masse schlechthin als Souverän läßt sich mit Hilfe der modernen technischen Hilfsmittel ganz anders als früher mobilisieren. Die Massenkundgebung, die sogenannte „direkte Aktion", tritt mehr und mehr an die Stelle der ernsthaften parlamentarischen Diskussion. Die Masse verlangt nicht nach Diskussion, sondern nach eindrucksvollen Taten; sie folgt nicht vernünftigen Erwägungen, sondern ihren Gefühlen; sie hört nicht auf den Rat kluger Sachkenner, sondern auf den leidenschaftlichen Appell der Demagogen; sie will Führung, nicht kluges Abwägen von Fragen und Möglichkeiten, nicht Freiheit des Selbstentscheidens. In einer solchen Gesellschaft bieten sich ungeheure Möglichkeiten für einen Demagogen, der es versteht, sich selbst als den Repräsentanten und Träger des Volkswillens glaubhaft zu machen – zumal dann, wenn eine parlamentarische Regierung innerlich unsicher wird, wenn sich die Parteien, stets in Sorge um ihre Popularität, der Meisterung schwieriger Aufgaben nicht gewachsen zeigen.

Adolf Hitler war Meister in der Kunst der Massenbeherrschung wie nur ganz wenige. Diese Kunst scheute keine Übertreibung, keine Verleumdung und Verdächtigung, um Unzufriedenheit, Mißtrauen, Entrüstung über das sogenannte „System" von Weimar zu erregen und sie zur lodernden Flamme des Hasses anzufachen. Aber die Verhetzung der Masse war nur die eine Seite seiner Volkspredigt; ihr Erfolg wäre ein halber geblieben, hätte er nicht zugleich ein neues, positives Zukunftsideal zu zeigen verstanden. Richtig ist, daß erst die Massenarbeitslosigkeit von 1930 die Zahl seiner Anhänger jäh und unerwartet zu vielen Millionen anschwellen ließ; aber es wäre eine Mißdeutung dieses Erfolges, wollte man glauben, daß wesentlich materielle Wünsche und Hoffnungen ihm die Massen zugetrieben hätten. Natürlich spielten sie eine große Rolle, waren aber letztlich nicht entscheidend, zumal die Hitler-Partei überhaupt kein klares Wirtschaftsprogramm besaß. Die Krise der Weimarer Republik 1930–33 war wesentlich eine Vertrauenskrise. Nicht nur die wirtschaftliche Unzufriedenheit der Massen, sondern ganz allgemein die Ungeduld der deutschen Nation, die Kehrseite ihrer starken Vitalität, wußte Hitler auszunutzen. Die schwere Krise von 1923 war überstanden worden, weil die Wehrmacht und die rechtsstehenden sogenannten nationalen Verbände der Republik zu Hilfe gekommen waren; diesmal rief alles, was sich zur Rechten zählte, nach einer deutschen Wiedergeburt, einer totalen Erneuerung deutschen Lebens. Eben diese innere Erneuerung versprach Hitler zu schaffen. Und mit solchen Versprechungen hat er unzählige Idealisten in seine Garne gelockt.

Vor allem verhieß er, eine neue, vertiefte Volksgemeinschaft zu gründen – nicht nur durch Überwindung des Parteienhaders (mit all den Unerfreulichkeiten des vielzersplitterten deutschen Parteisystems und seinen ewig schwankenden Koalitionen), sondern mehr noch: der Klassengegensätze und des unheilvollen Zwiespaltes von Rechts und Links. Man kann im Ausland wohl nur schwer nachfühlen, was diese Verheißung gerade für die Deutschen bedeutet hat. Gewiß: das Streben nach „Volksgemeinschaft", nach der Bildung eines einheitlichen Volkswillens und der Aus- und Gleichschaltung widerstrebender Sonderinteressen gehört zum Wesen aller modernen Demokratie seit Rousseau und der großen Französischen Revolution. Die Einheitlichkeit des Volkswillens gehört zum Begriff einer radikal durchgeführten Volkssouveränität (im Sinne Rousseaus) notwendig hinzu. Im Föderationsfest von 1791 haben die Franzosen das Erlebnis dieser neuen, politischen Volksgemeinschaft zum ersten Male enthusiastisch gefeiert. Die Massenversammlungen Hitlers – zumal der Reichsparteitage – stellten eine Art von Wiederholung solcher Feiern dar. Aber für die Deutschen hatte die neue Volkseinheit noch einen besonderen Sinn. Als böses Erbe aus dem Bismarckreich war der Klassengegensatz zwischen Besitzbürgertum und sozialistischer Arbeiterschaft weltanschaulich-politisch noch vielfach verschärft: vor allem durch den Gegensatz in Fragen der Rüstung und Außenpolitik. Während des Ersten Weltkrieges hatte der Streit um die Kriegsziele (wir sprachen schon davon) zu einer förmlichen Zerreißung der Nation geführt. Das politische Leben der Weimarer Republik war durch seine Fortsetzung (den Zank um die Dolchstoßlegende) fortdauernd vergiftet worden. Weil nun Hitler die Aussicht eröffnete, Nationalismus und Sozialismus miteinander zu versöhnen in seiner national-sozialistischen Partei, erschien er unzähligen patriotisch empfindenden Deutschen wie ein Erlöser aus altem unseligem Zwist. Die Monarchie Wilhelms II. hatte vor *der* Aufgabe versagt, deren Meisterung den demokratischen Staatsmännern des Westens so glänzend gelungen war: dafür zu sorgen, daß die Nation im Feuer des Krieges zu einer

wirklichen Einheit zusammenschmolz. Der unbekannte Gefreite des Weltkrieges versprach sie jetzt zu lösen; er gelobte, die Kameradschaft der Schützengräben zum Muster des politischen Alltags zu machen. Ohne Zweifel war das die weitaus zugkräftigste aller seiner Parolen – nicht nur bei den früheren Kriegsteilnehmern. Sicherlich war das neue Programm eines „nationalen Sozialismus" verschwommen, nebelhaft, romantisch. Aber es wurde mit großem Schwung vorgetragen und wirkte ebenso auf das patriotische Gefühl wie auf das soziale Geltungsbedürfnis der breiten Massen, besonders des Kleinbürgertums, der Angestelltenschicht und gewisser Teile der Arbeiterschaft, die vor der Kameradschaft mit dem eigentlichen Proletariat und dem Kommunismus zurückscheuten. Hier blieben die Lehren des strengen Marxismus unverstanden, erschien die Predigt vom Klassenkampf als veraltet, der Nationalsozialismus moderner, zukunftsfreudiger. So viel meinte jeder zu sehen, daß es dem „Führer", der selbst aus der Tiefe des Proletariats aufgestiegen war, ganz gewiß nicht um eine Verteidigung kapitalistischer Interessen ging, auch nicht, wie den Kommunisten, um eine „Diktatur des Proletariats" und Ausrottung der Bourgeoisie, sondern um eine echte Volksversöhnung, um ein Gewinnen der Masse für die „nationale Idee".
Über seinem so stark betonten Gegensatz zu den Zielen des Bolschewismus hat man in Deutschland lange Zeit die innere Verwandtschaft seines Führertums mit dem der russischen „Volksbeauftragten" übersehen. Beide beriefen sich auf den Volkswillen, der kein höheres Recht über sich anerkennt; in beiden Fällen gab es also keine Hemmungen, diesen Volkswillen durch gewaltsame Gleichschaltung mit allen Mitteln des Terrors herzustellen. Aber diese Züge roher Gewaltsamkeit waren am 30. Januar 1933 nur für den tiefer Blickenden bereits erkennbar – oder vielleicht: vorauszuahnen. Denn zunächst ging ja alles höchst ehrbar zu: im Stile einer echt parlamentarischen Regierungsbildung – sogar einer Koalitionsregierung! Sehr wenige haben damals schon begriffen, daß diese Regierungsbildung ein bloßes Provisorium war (genau so wie die Mussolinis 11 Jahre vorher), nämlich ein bloßer Übergang zur Diktatur, und daß Hitler ganz ebenso beanspruchte, die einzig wahre Inkarnation des Volkswillens zu sein wie der italienische Duce, wie Lenin in Rußland und wie schon 150 Jahre früher die Robespierre und Danton. Aber Hitler kannte seine Deutschen: er hütete sich, den trotz aller Legalität revolutionären (um nicht zu sagen illegitimen) Charakter seiner Führerstellung deutlich hervortreten zu lassen. Eben darum veranstaltete er die berühmte Schaustellung von Potsdam (21. März 1933) mit der tiefen Reverenz vor Friedrich dem Großen und vor Hindenburg, dem Traditionsträger – mit dem Erfolg, daß er nicht nur in Deutschland, sondern weit nachhaltiger noch im Ausland als ein politischer Nachfahr der preußischen Soldatenkönige betrachtet wurde.

Daß diese Szene überhaupt nötig wurde, zeigt deutlich, wie wenig die Masse der Deutschen, und gerade auch der gebildeten Schicht, auf eine echte Revolution gefaßt und geistig für sie gerüstet war. Man kann wohl sagen, daß sie ihre Freiheit verloren haben, ohne überhaupt recht zu merken, was eigentlich vor sich ging. War das nun die Folge eines besonderen deutschen Mangels an politischer Begabung, unzulänglicher Erziehung in parlamentarischen Regierungsformen, allzu lange und eifrig geübter Untertänigkeit? Fragen, auf die es schwerlich eine sichere Antwort gibt! Auch andere Nationen sind unversehens in den Einparteienstaat hineingeraten. Richtiger ist es darum, nach der geistigen Situation der Zeit zu fragen, die das Phänomen der widerstandslosen Hinnahme diktatorischer Staatsformen erklären hilft.

Hier wäre nun vieles zu sagen über die innere Auflösung des liberalen Geistes in Europa: über die Zersetzung idealistischen Denkens und humanistischer Persönlichkeitsideale durch das Aufkommen neuer weltanschaulicher Modeströmungen im Zeitalter des Positivismus und Materialismus; über die Anwendung biologischer Lehren vom ewigen Daseinskampf aller Lebewesen auf die menschliche Gesellschaft und die Geschichte, über die bedenkliche Auswirkung der popularisierten und trivialisierten Lebensphilosophie Nietzsches mit ihrer Predigt vom Übermenschen, vom Willen zur Macht und zum „gefährlichen Leben", von der feigen Intelligenz und der Herrlichkeit einer starken Vitalität; über den Kampf der revolutionären Syndikalisten gegen die satte Bürgerlichkeit, ihr Lob der militanten Elite und ihren politischen Mythos, der die Massen in Bewegung bringt. Überall drängte die Entwicklung zu einseitiger Wertschätzung des starken Willens, der natürlichen Vitalität an Stelle rein geistiger Werte – ja zum Abenteuer an Stelle der bürgerlichen Sekurität. Auf einen Teil der deutschen Jugend hat der Aufruf Hitlers zu „opferfreudiger Einsatzbereitschaft" wie ein romantischer Rausch gewirkt (ganz anders als der Bolschewismus auf die russische Jugend, die in ihm wohl vor allem die Technisierung, die rationale Entzauberung der russischen Welt erlebte). Weitesten Kreisen der modernen Bildung hat die robuste Willensenergie, die rasche Entschlußfreudigkeit des faschistischen Systems, im Gegensatz zu den endlosen (und oft so fruchtlosen) Debatten der Parlamente, gewaltig imponiert. Jedenfalls fand sich zunächst niemand – und das war zuletzt entscheidend! –, der bereit gewesen wäre, für die Erhaltung der parlamentarischen Freiheiten sein Leben einzusetzen. Wie hohl das Pathos der liberalen Freiheitsparolen nachgerade geworden war, wie hoffnungslos jeder Versuch, unter diesem Banner ernsthaft zu fechten, das wurde mir in privaten Debatten mit liberalen Politikern klar, an die ich mich aus dem Frühjahr 1933 (z. Zt. des ominösen Reichstagsbrandes) noch deutlich erinnere. Wie isoliert stand der tapfere Sozialdemokrat Wels vor der Öffentlichkeit, als er am 22. März 1933 im Reichstag als einziger Oppositionsredner aufstand, um gegen die Selbstpreisgabe des Parlaments im sogenannten Ermächtigungsgesetz, für die Grundsätze des Rechtsstaats, für freie Kritik, für Gleichberechtigung aller Parteien, für Menschlichkeit, echten Sozialismus und für die Freiheit schlechthin zu kämpfen!

In alledem kam aber noch mehr zutage als ein Verblassen liberaler Freiheitsideale im Zeitalter moderner Massendemokratie. Wie man weiß, hätten auch die holländischen Stände des 16. Jahrhunderts und die englischen des 17., denen das moderne Europa den Ursprung liberaler Verfassungsgrundsätze verdankt, im Kampf mit dem fürstlichen Absolutismus niemals das ganze Volk hinter sich gebracht und niemals einen Bürgerkrieg entfesseln können, wäre ihnen nicht eine Volksbewegung zu Hilfe gekommen, der es um mehr ging als um die Erhaltung halb feudaler Freiheits- und Steuerprivilegien – nämlich um die Freiheit des religiösen Glaubens, zuletzt um die ewige Seligkeit oder Verdammnis. Widerstand gegen die Tyrannei, wenn es ganz ernsthaft wird, wenn der unmittelbare Einsatz des Lebens gefordert wird, kann nur da erfolgen, wo ein echter Glaube dazu zwingt: ein Glaube, der keine Rücksicht auf privates Wohlergehen, ja auf das Leben und äußere Ehre mehr kennt. Das hat uns auch die Geschichte der Widerstandsbewegung gegen Hitler sehr eindringlich gelehrt. Das Maß ihres Heroismus war ganz eindeutig von der Echtheit der Glaubensüberzeugungen bestimmt, aus denen jeweils Widerstand geleistet wurde. Wo es sich um bloße Unzufriedenheit derer handelte, die irgendwie im Schatten standen, ist es besser, nicht erst von „Widerstand“ zu reden.

Hier nun enthüllt sich die tiefste Schwäche unserer Zeit: ihre Glaubensarmut, die Unsicherheit der Überzeugungen, der Relativismus sittlicher Werte, die Skepsis gegenüber allem, was als unbedingte Forderung vor den Menschen tritt. Das nihilistische Verdämmern echter Ideale zur bloßen Ideologie, das Nicht-mehr-ernst-Nehmen sittlich-geistiger Entscheidungen als solcher, das bloße Gerede an Stelle klaren Wissens um die eigene Verantwortung. Die Tatsache, daß er einen fanatisch verfochtenen Glauben an sich selber besaß, an seine Mission und an den nationalsozialistischen Religionsersatz, gab Hitler die stärkste Überlegenheit über so viele kluge, aber skeptisch unsichere Politiker der Weimarer Republik; denn die Masse verlangt darnach, an einen Menschen und an eine Sache zu glauben. Derselbe Fanatismus, der ihn emportrug, hat ihn dann freilich zur Selbstvergötzung und zu wahnwitzigen Abenteuern getrieben, die mit seinem Sturz geendet haben. Aber die skeptische Unsicherheit ihrer Freiheitsgesinnung ist auch heute noch die eigentliche Gefahr der westeuropäischen Welt. Ihr gegenüber steht heute die fanatische Selbstsicherheit der bolschewistischen Ersatzreligion.

Sechstes Kapitel

DIE SOZIALISTISCHE OPPOSITION

Was die Widerstandsbewegung in Deutschland von der aller anderen Länder grundlegend unterschied, war der Umstand, daß sie sich gegen die Regierung des eigenen Landes richten mußte. Und zwar gegen eine Regierung, die fast zehn Jahre lang von einem Machterfolg zum anderen aufstieg, zuletzt fast über den ganzen Kontinent triumphierte! Für die von Hitler unterjochten Völker war es der natürliche Ausfluß der Vaterlandsliebe, gegen seine Herrschaft sich zur Wehr zu setzen – für die deutsche Opposition dagegen wurde es immer wieder von neuem zur Gewissensqual, sich der innen- und außenpolitischen Erfolge dieser Regierung nicht freuen zu können, sondern sie geradezu fürchten zu müssen, weil sie ein zutiefst verruchtes System nur noch mehr befestigten. Welch eine Lage! Wer sie miterlebt hat, kann sich nur mit Grauen daran erinnern, und mancher Überlebende aus den Kreisen der Opponenten möchte am liebsten das Gedächtnis dieser Erlebnisse wie einen bösen Albtraum von sich abschütteln. Man mußte schon sehr fest gegründete Überzeugungen vom Wesen wahrer deutscher Ehre und Größe haben, um dem patriotischen Rausch nicht zu erliegen und sich nicht täuschen zu lassen über die dämonische Natur dieses Regiments.

An moralischem Widerwillen gegen die hemmungslose Haßpredigt Hitlers und auch gegen die höchst fragwürdigen Gestalten seiner nächsten Umgebung hat es schon vor 1933 nicht ganz gefehlt.[1] Helle Empörung rief im Herbst 1932 in weiten Kreisen sein Telegramm an die Mörder von Potempa hervor: an fünf oberschlesische SA-Männer, die einen kommunistischen Arbeitskameraden auf viehische Weise zu Tode gemartert hatten und die nun Hitler als seine Kameraden begrüßte.[2] Seine Wahlerfolge hat das freilich nicht ernstlich behindert; denn die Masse vergißt schnell, läßt sich von äußeren Erfolgen umgarnen und hat, wenn man sie zu täuschen versteht, einen *moralischen Pferdemagen*. In den ersten Wochen, von der Bildung des Koalitionskabinetts bis zum Tag von Potsdam (21. März), überschwemmte eine Welle von illusionären Hoffnungen das ganze Land. Auch viele Gegner der Hitler-Partei klammerten sich an die Hoffnung, es möchte der konservativen Mehrheit des neuen Ministeriums gelingen, die revolutionäre Welle abzudämmen. Die erste Ernüchterung brachten freilich schon die Exzesse der SA nach dem Reichstagsbrand: brutale Mißhandlung ihrer alten kommunistischen Gegner, Bildung der ersten Konzentrationslager, die große Judenhetze vom 1. April, bald darauf die Besetzung der Gewerkschaftshäuser und die Auflösung der Gewerkschaften, später die Auflösung aller Parteien außer der alleinseligmachenden Staatspartei. Den ersten Übergriffen der SA (beim Hissen der Hakenkreuzflagge, Plünderung jüdischer Läden u. dgl.) haben viele einzelne ähnlich mannhaft widerstanden wie Goerdeler in Leipzig (s. Kap. 4). Aber von den schlimmsten Exzessen der SA erfuhr die Öffentlichkeit wenig oder gar nichts; und der zähe Widerstand, den die alte, noch von Severing organisierte preußische Polizei an vielen Stellen dagegen leistete, blieb erst recht vor der Welt verborgen.[3]

Organisierter systematischer Widerstand gegen das neue Regiment war am ersten von denen zu erwarten, die seinen Druck am frühesten und härtesten zu spüren bekamen: von den Kommunisten und Sozialdemokraten. Die Kommunistische Partei ist in jenen Jahren mit bemerkenswertem Ungeschick geführt worden. Ihr ständiges Zusammengehen mit den Nationalsozialisten in der unbedingten Opposition gegen die Regierungen der Mitte hat während der großen Krise 1930–1933 sehr viel dazu beigetragen, den Bestand der Weimarer Republik zu erschüttern, hat in Preußen die Bildung einer nicht-nationalsozialistischen Regierung geradezu unmöglich gemacht und somit den Weg für Hitler ebnen helfen. Die Partei hat diesen Fehler fürchterlich büßen müssen. Rund 20000 ihrer Anhänger soll die SA im Lauf des Sommers 1933 in Gefängnissen und Konzentrationslagern zusammengetrieben haben,[4] nachdem die Elite ihrer Führerschaft schon unmittelbar nach dem Reichstagsbrand verhaftet war. Die Partei wehrte sich nicht, aber sie ging in die Illegalität – ebenso wie die Sozialdemokratie; denn auch diese sah sich außerstande, die Auflösung ihrer Gewerkschaften durch einen Generalstreik zu beantworten – genau so wie sie 1932 die gewaltsame Absetzung ihrer Minister in Preußen durch die Papen-Regierung passiv hatte geschehen lassen.

Die Tatsache dieses Versagens aller revolutionären Programme im Moment des großen Umsturzes ist von höchster Bedeutung für die Geschichte des deutschen Widerstands. Wie ist es zu erklären? Genau zehn Jahre vorher hatten die Kommunisten die gefährlichsten Aufstände entfesseln können – warum wurde es jetzt nicht einmal versucht? Warum stellte sich Torgler, statt zum Kampf aufzurufen, freiwillig der Polizei, um seine Unschuld am Reichstagsbrand zu beteuern? War die revolutionäre Kraft der deutschen Kommunisten, von deren Gefährlichkeit die nationalsozialistische Propaganda so viel Wesens machte, in Wahrheit erloschen? Oder waren etwa bestimmte Weisungen aus Moskau daran schuld?[5]

Wäre das letztere wirklich der Fall gewesen, so müßte man glauben, daß die Leitung der Komintern die Kraft und Gewaltsamkeit der nationalsozialistischen Bewegung ebenso unterschätzt hat wie jener sozialdemokratische Parteivorsitzende, der bei der letzten Massenversammlung seiner Partei in Berlin (März 1933) tröstend erklärte: „Gestrenge Herren regieren nicht lange." Offenbar hat auf der radikalen Linken dieselbe Illusion eine Rolle gespielt, die auch so viele bürgerliche Politiker narrte: diese Partei von bloßen Radaumachern werde sich nicht lange am Ruder halten. Bei den Kommunisten kam doch das Dogma von der unaufhaltsamen Selbstzersetzung der bürgerlich-kapitalistischen Gesellschaft hinzu; so konnte denn der Umbruch von 1933 als eine sehr erwünschte „revolutionäre Krise" erscheinen.[6] Die Selbsttäusühung wurde bei den sozialdemokratischen Führern noch verstärkt durch die Tatsache, daß ihre Wählerschaft bei den Reichstagswahlen vom 5. März 1933 sich erstaunlich geschlossen behauptete. Sie waren vielfach geneigt, die „Machtergreifung" Hitlers als eine bloße Episode im ewig wechselnden Spiel der deutschen Koalitionsregierungen zu betrachten; es konnte dann auch wohl als nächste Aufgabe der Partei erscheinen, mit Hilfe formaler Anpassung an die neuen Verhältnisse sich selbst mit ihrer riesigen Organisation durch den Sturm hindurch zu retten. Umgekehrt mag die revolutionäre Energie der Kommunisten nicht nur durch die plötzliche Verhaftung ihrer Führer gelähmt worden sein, sondern auch durch die Beobachtung, daß bei denselben Wahlen ein großer Teil ihrer Anhänger offensichtlich ins feindliche Lager überging. Mehr noch: massenhaft füllten sich die SA-Stürme mit plötzlich „bekehrten" Kommunisten auf – in Berlin angeblich (nach Diels) bis zu 70 %. Selten hat sich so deutlich gezeigt, wie wenig bei der nicht bodenständigen Masse der Großstädte die bloße Wahlziffer bedeutet. Wie rapide waren die Zahlen der kommunistischen Stimmen während der großen Arbeitslosigkeit gestiegen: in Berlin 1932 bis auf beinahe 38 %! Wie viele blutige Prügeleien und Schießereien hatte es zwischen roten und braunen Aktivisten in den Dschungelkämpfen der letzten Jahre gegeben! Jetzt, da die Waagschale der Macht sich eindeutig zugunsten der Braunhemden senkte, fand offenbar ein Großteil politischer Raufhelden die besseren Erfolgschancen auf ihrer Seite und schlug nun mit der alten Energie auf die früheren Genossen ein. Ihr Geltungs- und Machtbedürfnis fand in der Aussicht, als „Hilfspolizei" tätig zu werden, ja selbst in die Geheime Staatspolizei einzudringen, ein überaus lockendes neues Ziel.

Das alles sind bloße Teilerklärungen, die noch nicht das Wesentliche berühren: die Tatsache nämlich, daß man eine Revolution nicht gegen den Strom der Zeit machen kann. Es war doch wohl so, daß die marxistischen Parolen nach allem, was man seit 1914 erlebt hatte, nicht mehr die alte Zauberkraft besaßen –

nicht mehr jenen unbedingten Glauben weckten, ohne den kein Bürgerkrieg zum Aufflammen kommt. Jedenfalls nicht bei der sozialdemokratischen Führerschicht, die seit 1919 die Hauptlast politischer Verantwortung getragen hatte, darüber oft müde und skeptisch geworden war und nun den Strom der öffentlichen Meinung gegen sich andrängen spürte. Ihre Anhängerschaft war längst aus einer Partei des proletarischen Klassenkampfes zu einer freiheitsliebenden, antimilitaristischen Partei der Arbeiterwohlfahrt geworden. An der Echtheit ihrer Freiheitsliebe kann kein Zweifel sein; aber um sich der Demagogie Hitlers an der Spitze aufständischer Arbeiterbataillone entgegenzuwerfen – gegen Reichswehr, bewaffnete SA, nationalsozialistisches Bürgertum, mit den kommunistischen Todfeinden im Rücken –, dazu fehlten alle politischen Voraussetzungen.[7] So trösteten sie sich zunächst mit der Möglichkeit einer immer noch wirksamen parlamentarischen Oppositionsbildung. Als diese ihnen durch das Ermächtigungsgesetz aus der Hand geschlagen wurde, gingen sie in die Illegalität.

Die Geschichte der sozialistischen Untergrundbewegung ist für das Thema dieses Buches höchst bedeutsam. Sie hat den eindeutigen Beweis dafür erbracht, daß es schlechthin unmöglich ist, unter einem totalitären Regiment eine politisch-revolutionäre Volksbewegung in Gang und zu praktischem Erfolg zu bringen. Es bedarf zu seinem Sturz einer äußeren Katastrophe – falls nicht noch rechtzeitig ein „Staatsstreich", also eine „Revolution von oben her" gelingt.

Eine Hauptschwäche der sozialistischen Oppositionsfront war, daß Sozialdemokratie und Kommunismus auch in der Illegalität nicht wirklich zusammenfinden konnten. Der große Riß zwischen West und Ost, der heute die Welt spaltet, ist zuerst in der sozialdemokratischen Emigration als unheilbar erlebt worden. Unter vielen Schmerzen hat sie sich zu der Einsicht durchgerungen, daß es keinen echten Ausgleich gibt zwischen demokratischer Freiheit im Sinn des Westens und Staatssklaverei im Sinn des Ostens. Zunächst gab es Oppositionsgruppen innerhalb der sozialdemokratischen Bewegung, die dem alten, nach Prag emigrierten Parteivorstand vorwarfen, durch schwächlichen „Reformismus", durch Mangel an revolutionärem Aktionswillen das Unheil von 1933 verschuldet zu haben. („Neubeginner." „Revolutionäre Sozialisten.")[8] Sie traten der Illusion entgegen, als ob das Hitler-Regiment rasch zerfallen würde, forderten die heimliche Organisation einer schlagkräftigen „revolutionären Avantgarde" und das Zusammengehen mit allen „antifaschistischen" Oppositionsgruppen, vor allem mit den Kommunisten. Solche Tendenzen fanden neuen Auftrieb, als unter dem Druck der nationalsozialistischen Bedrohung Sowjetrußland sich den westlichen Demokratien annäherte, im September 1934 in den Völkerbund eintrat, mit Frankreich einen Beistandspakt abschloß, sich eine schein-demokratische neue Verfassung gab, die Komintern einen entsprechenden Kurswechsel vornehmen ließ und als nun in Frankreich die kommunistische Bewegung rapide zunahm. Im Zeichen der seit 1935 sich bildenden „Volksfronten" in Frankreich und Spanien drängte auch die Linke der deutschen Sozialdemokratie auf eine gemeinsame Plattform mit den Kommunisten. Aber ließen sich „Diktatur des Proletariats" und „Rätesystem" im Ernst mit Freiheitsidealen im Sinne des Westens, d. h. mit der Sicherung persönlicher Freiheitsrechte, vereinigen? Die erste schwere Ernüchterung brachte der große Schauprozeß um Sinowjew und Genossen (seit April 1936); drei Jahre später zerstörten die Freundschaftsverträge Stalins mit Hitler vollends die Frontgemeinschaft der „Antifaschisten"; auch der deutsch-russische Krieg seit 1941 hat sie nicht mehr wiederhergestellt. Die „revolutionären Sozialisten" haben sich 1937 wieder mit dem alten Stamm der Partei vereinigt, die „Neubeginner" erst 1939 endgültig vom russisch orientierten Kommunismus abgewandt. Die Tatsache, daß die Zentrale der sozialdemokratischen Emigration 1938 von Prag nach dem Westen (zuerst nach Paris und Brüssel, später nach London) fliehen mußte, hat sie vollends ins Lager des Westens und seiner Freiheitsideale getrieben; sie näherte sich schließlich am meisten den Idealen der englischen „Labour-Party".

Wie alle Emigration, so war auch die sozialdemokratische in Gefahr, die lebendige Fühlung mit den innerdeutschen Verhältnissen zu verlieren. Was ihnen an Helfern, Freunden und Gesinnungsgenossen im Machtbereich Hitlers zur Verfügung stand, war naturgemäß nur eine kleine Elite.[9] Denn die Masse der Arbeiterschaft hat ebenso wie die des Bürgertums – daran kann kein Zweifel sein – zunächst ihren Frieden mit den neuen Herren gemacht.[10] Untergrundkämpfer zu werden, ist nicht jedermanns Sache, und überdies sind die sozialen Versprechungen Hitlers, wie man weiß, beileibe nicht bloße Redensarten geblieben. Vor allem wurde die Arbeitslosigkeit überraschend schnell überwunden – wenn auch mit bedenklichen Mitteln –, ohne daß eine Senkung der Reallöhne, wie Goerdeler sie gefordert hatte, nötig gewesen wäre. Man sollte auch nicht länger abstreiten, daß die soziale Gesetzgebung und Arbeitsordnung des „Dritten Reiches" manchen wirklichen Fortschritt gebracht hat – trotz aller Verfälschung guter Absichten durch Parteiterror, Großmannssucht und Korruption. Erst die seit 1936 einsetzende Großaufrüstung mit ihrer Warenverknappung und Arbeitsanspannung und dann vollends der Krieg, mit seiner immer unerträglicher werdenden Zwangswirtschaft, haben die Massen allmählich wieder in Gärung gebracht.

Immerhin gab es dauernd eine ziemlich breite Schicht sozialdemokratischer Funktionäre, die ihren alten Parteiidealen treu blieben, besonders unter den

Gewerkschaftsleuten. Alte Freundschaften und Verbindungen blieben erhalten, wenn auch oft nur noch in der Form unpolitischer Sport- oder Spielklubs und Jugendgruppen („Packs") – im ganzen war es eine Taktik mehr des Bereithaltens als des aktiven Kämpfertums. Immerhin zeigten noch die Betriebsratswahlen von 1935 mit ihren für die nationalsozialistischen Funktionäre höchst ungünstigen Ergebnissen, wie stark das Ressentiment der Gewerkschaften von 1933 unter der Arbeiterschaft noch fortwirkte. Aber eine neue Verhaftungswelle seit Mai 1935 brachte viele alte Gewerkschaftsführer ins Konzentrationslager. Noch stärker als vorher wurde die sozialdemokratische Opposition jetzt zur Emigration gedrängt. Vom Ausland ist dauernd ein sehr reger Nachrichtenaustausch zwischen den alten Parteigenossen unterhalten worden – zur gegenseitigen Ermutigung, Schulung, Unterstützung, zum Erspähen jeder Schwäche und Lücke im System der nationalsozialistischen Herrschaft, in ständiger Erwartung eines kommenden Krieges. In fast allen Grenzländern wurden Auslandsbüros und „Grenzsekretariate" für Flüchtlingshilfe, Schriftenschmuggel u. dgl. errichtet – nicht ohne daß viele Reibungen, Eifersüchteleien, Gefährdungen durch Verräter und Unvorsichtige entstanden. Zeitweise haben die regelmäßig eingehenden „Grünen Berichte" dieser Organisation vielen Auslandsregierungen zur Information über innere Zustände in Deutschland gedient. Aber seit 1939 fand dieses Treiben mit der Unterwerfung fast aller Nachbarländer unter Hitlers Herrschaft (nur Schweden und die Schweiz blieben noch offen) ein rasches Ende, und in Deutschland griff die Geheime Staatspolizei immer wirksamer zu. Immerhin hat sie die persönlichen Verbindungen zwischen alten Parteigenossen und Gewerkschaftlern nicht völlig zerstören können. Wir werden sehen, daß in den letzten Kriegsjahren führende Köpfe der sozialdemokratischen Opposition sich mit den bürgerlich-adligen Widerstandskreisen um Goerdeler und Graf Moltke und sogar mit Vertretern beider christlicher Kirchen ganz eng zusammenfanden und daß zuletzt die alten Verbindungen der Gewerkschaftler dazu benutzt wurden, ein Netz der Verschwörung über das ganze Land zu spannen.

Es wird berichtet, daß die sozialdemokratischen Führer sich immer wieder wehren mußten gegen Stimmungen der Verzweiflung: ob die Sache der demokratischen Freiheit nicht am Ende doch verloren sei in unserer tief veränderten Welt. Für die Kommunisten gab es keine solchen Zweifel; da gab es zwar viele Überläufer, aber bei den Aktiven um so mehr Fanatismus und heldisches Martyrium. Wir haben in den Gefängnissen der Gestapo 1944 Kommunisten getroffen, die seit 11 Jahren in Haft, aber in ihren Überzeugungen unerschüttert waren. Man kann die Zeugnisse dieses kommunistischen Widerstands nicht lesen, ohne von sehr zwiespältigen Empfindungen bewegt zu werden. „Zehntausende unbekannter Helden", schrieb der Manchester Guardian 1943 – aber für welche Ziele opferten sie sich? Gewiß nicht für die Freiheit im Sinn des Westens. Diktatur des Proletariats stand hier gegen die Diktatur des „unbekannten Gefreiten", ein Fanatismus gegen den anderen. Und nicht die Freiheit Deutschlands, sondern seine Einordnung in das östliche Weltsystem war das letzte Ziel. Unzählige und unbeschreibliche Martyrien sind erlitten worden zur Durchführung von Einzelaktionen, die als solche gänzlich aussichtslos (und darum sinnlos) erschienen, die aber alle dem Dogma des revolutionären Marxismus entsprachen: sie sollten einer ohnedies wankenden, eines Tages unfehlbar einstürzenden „kapitalistischen" Gesellschaftsordnung und Staatsordnung durch innere Zersetzung den letzten Stoß geben. Da das „Proletariat" der berufene Träger der Revolution ist, bewegt sich die geheime Agitation auch fast ausschließlich in seiner Sphäre. Es werden kleinste kommunistische Betriebszellen gebildet, Dreier-, Fünfer- und Achtergruppen, die einander nicht kennen sollen (um die Verfolgung zu erschweren), aber durch einen Kurierdienst mit Hilfe kunstvoll organisierter „Treffen" in Verbindung miteinander und mit gewissen Zentralstellen gehalten werden. Ihre Tätigkeit besteht z. T. in der Einübung und Diskussion marxistischer Lehren, vor allem aber in der geheimen Herstellung und Verbreitung von Flugblättern, gedruckten, geschriebenen und hektographierten Zeitschriften,[11] Handzetteln, Kettenbriefen, die von Hand zu Hand gehen, im Ankleben von Mauerplakaten, Bemalen von Wänden mit Schlagworten, Schmuggel und Verstecken von Waffen und von Sprengstoff für Bombenanschläge, schließlich in der gegenseitigen Geldhilfe, Unterstützung von Verfolgten auf der Flucht, Herstellung laufender Verbindung mit dem Ausland, vor allem mit Rußland, Anfertigung gefälschter Pässe in kunstvoll getarnten Paßfälscherzentralen u. dgl. mehr. Es war die Fortsetzung einer alten, schon immer geübten, ursprünglich auf den Erfahrungen russischer Anarchisten und Emigranten in der Zarenzeit aufgebauten Illegalität; auch viel elementare Rauflust und Romantik der Geheimbündelei war dabei mit im Spiel. Aber die deutsche Kriminalpolizei hatte schon lange vor 1933 eine sehr intime Kenntnis dieser Methoden und eigene Spezialorgane zu ihrer Erfassung entwickelt. Seither hatte sich die Zahl ihrer Spitzel und „Verbindungsleute" durch Überläufer und bestochene Helfer noch erheblich vermehrt.[12] Um so aussichtsloser war diese ganze Betriebsamkeit. Und in welche Verwirrung mußten nun diese Verschwörer stürzen, als der Ribbentrop-Molotow-Pakt vom August 1939 plötzlich eine deutsch-sowjetische Kriegsallianz begründete, als die Moskauer Zentrale völlig umschwenkte und nun mit einem Male ihren Gefolgsleuten eine nazifreundliche Haltung zumutete! Es konnte nicht anders sein, als daß viele Untergrundkämpfer jetzt der Kommunistischen Partei den Rücken kehrten.

Aber kaum zwei Jahre später war schon wieder eine neue Lage da. Seit dem Überfall Hitlers auf Rußland gab es für die deutschen Kommunisten neue und diesmal sehr klare Kampfziele. Die Sabotage des Krieges wurde jetzt ihre Hauptaufgabe, und sie haben darin großen Eifer entwickelt. Ausländische Radiomeldungen wurden abgehört und heimlich verbreitet, eigene Empfangs- und auch Sendegeräte gebaut oder aus Rußland hereingeschmuggelt, verbotene Nachrichten mündlich und schriftlich weitergegeben, kriegsfeindliche Stimmung durch Heimaturlauber bis an die Front getragen, Versuche zur Verzögerung oder direkten Sabotage der Kriegsproduktion unternommen, oft in Gemeinschaft mit ausländischen Rüstungsarbeitern, mit denen man in enge Verbindung kam; auch an Waffen- und Munitionsdiebstählen fehlte es nicht. Wie das alles sich praktisch auswirkte im Leben der kleinen Leute, die schließlich zumeist als Hoch- und Landesverräter am Galgen endeten, kann man aus mancherlei Lebensläufen sich anschaulich machen.[13] Man sieht mit Erschrecken, wie leicht sich da echter Idealismus mit bloßem Raufheldentum verbinden konnte, politische Tapferkeit und Fanatismus mit soldatischer Drückebergerei (bis zur Selbstverstümmelung), endlos verlängerten Lazarettaufenthalten und Durchstechereien jeder Art – höchst unerfreuliche Auswirkungen der allgemeinen Dienstpflicht auf eine Bevölkerung, die dem Krieg mit Leidenschaft widerstrebt, ja ihn sogar für ein Verbrechen hält.

Es blieb aber nicht bei den mühsamen Sabotageversuchen der kleinen Leute. Es gab auch eine groß angelegte Unternehmung, die von hochgebildeten Akteuren organisiert und durchgeführt wurde und die mit ihrer Spitze bis in die zentralen Dienststellen des Dritten Reichs eindrang: die von Schulze-Boysen und Arvid Harnack seit 1940 organisierte Verschwörung der sogenannten „Roten Kapelle". Schulze-Boysen war Oberleutnant im Luftfahrtministerium, Harnack (ein Neffe des großen Theologen) Oberregierungsrat im Wirtschaftsministerium; andere Mitverschworene saßen im Oberkommando der Wehrmacht und Auswärtigen Amt. Die Organisation der ganzen Gruppe reichte bis nach Paris, Belgien und Holland; sie wurde von Moskau aus in verschlüsselten Radiosendungen über Paris und Brüssel gesteuert. Ihre geistigen Führer (zu denen auch der Schriftsteller Kuckhoff, der Romanist Prof. Krauss und eine Anzahl akademisch Gebildeter und Künstler zählten) gehörten zu jenen Edelkommunisten, die nicht nur der Haß gegen Hitler, sondern auch eine höchst individuelle geistige Entwicklung in das kommunistische Lager geführt hatte; der Reiz des geistigen Abenteuers mag dabei ebenso eine große Rolle gespielt haben (besonders bei dem romantisch veranlagten Schulze-Boysen) wie ein unklarer sozialer Enthusiasmus oder (wie bei Harnack) die Bewunderung der technisch-ökonomischen Leistung des bolschewistischen Systems. Was auch immer die Motive waren: praktisch haben sie sich bedingungslos dem Landesfeind als höchst gefährliche Werkzeuge zur Verfügung gestellt. Schulze-Boysen hatte enge Verbindung mit den kommunistischen Schulungs- und Propagandagruppen, von denen wir schon hörten und die er und Harnack mit geistiger Nahrung versorgten. Die wichtigste (und gefährlichste) Arbeit der „Roten Kapelle" bestand indessen in der laufenden Versorgung der russischen Heeresleitung mit wichtigen militärischen Nachrichten, und zwar nicht nur über den Stand der Rüstungsproduktion, sondern sogar über Angriffspläne und Unternehmungen hinter der feindlichen Front unter hemmungsloser Ausnutzung amtlich erworbener Spezialkenntnisse. Russische Sender und Codes, mit Fallschirm abgesetzte russische Funktionäre sowie deutsche Emigranten und Kriegsgefangene, die nun Agentendienste übernahmen, wurden für diesen Spionagebetrieb eingesetzt. Erst im August 1942 gelang es der Kriminalpolizei, die Hauptanstifter zu fassen und das ganze Komplott aufzudecken. Der Prozeß vor dem Reichskriegsgericht, in einwandfreier Form durchgeführt, konnte nicht anders als mit einer Massenhinrichtung enden.[14]

Die Verschworenen der „Roten Kapelle" sind nach 1945 in der russisch besetzten Zone Deutschlands als Helden des Widerstands gefeiert worden – mit gutem Grund. Aber mit „deutschem Widerstand" hatte diese Gruppe offenbar nichts zu tun; man sollte darüber keinen Zweifel lassen. Sie stand ganz eindeutig im Dienst des feindlichen Auslandes. Sie bemühte sich nicht nur, deutsche Soldaten zum Überlaufen zu bewegen, sondern verriet wichtige militärische Geheimnisse zum Verderben deutscher Truppen. Wer dazu als Deutscher imstande ist, mitten im Kampf auf Leben und Tod, hat sich von der Sache seines Vaterlandes losgelöst, er ist Landesverräter – nicht nur nach dem Buchstaben des Gesetzes. Nun soll nicht geleugnet werden – im Gegenteil, es gehört zu den Grundproblemen dieses Buches –, daß es sittliche Verpflichtungen gibt, die unter Umständen sogar die Bande nationaler Gemeinschaft sprengen. Formeller Landesverrat kann sogar zur sittlichen Verpflichtung werden – eine paradoxe, aber unausweichliche Konsequenz der Verkehrung aller natürlichen Rechtsverhältnisse im Totalstaat. Aber das gilt nur dann, wenn ernstliche Aussicht besteht, durch einen solchen Verstoß gegen das formelle Recht das eigene Land zu retten – militärisch vor der hilflosen Preisgabe an fremden Willen, vor dem Verlust aller äußeren und inneren Freiheit, moralisch vor dem Triumph eines bösen Prinzips. Die nationale Opposition um Carl Goerdeler hat (wie wir noch sehen werden) auch ihrerseits viel mit dem

Ausland verhandelt – aber immer nur in dem Sinn, entweder den Beginn eines ungerechten und schließlich aussichtslosen Kriegs zu verhindern oder ihn auf eine Weise beenden zu helfen, die Deutschland vor dem Allerschlimmsten bewahrte. Die „Rote Kapelle" wollte Rußlands Sieg, um mit russischer Hilfe in Deutschland einen kommunistischen Staat nach sowjetrussischem Muster zu errichten – einen Staat, den die überwältigende Mehrheit der Deutschen sich nur mit Gewalt hätte aufzwingen lassen und der schon diesem seinem Ursprung nach ein sowjetrussischer Vasallenstaat hätte werden müssen, so gut wie heute Polen und die Tschechoslowakei. Von deutscher Freiheit war dann keine Rede mehr, und so bleibt diese kommunistische Opposition von dem Kreise Goerdelers, aber auch der deutschen Sozialdemokratie durch Welten getrennt – auch wenn ihnen das allernächste Ziel, der Sturz Hitlers, gemeinsam war.

Seit der Vernichtung der „Roten Kapelle" besaß der russische Kommunismus keine ernstlich wirksamen Werkzeuge in Deutschland mehr. Wir werden später sehen, wie er Ersatz bei den deutschen Kriegsgefangenen suchte, aus denen er mit Hilfe der deutschen Emigration (unter Führung von W. Pieck und W. Ulbricht) kommunistisch geschulte, „antifaschistische" Stoßtrupps der Propaganda bildete. Dieser Versuch, gleichsam von außen her eine innerdeutsche Widerstandsbewegung zunächst in der Fronttruppe, aber auch in der Heimat ins Leben zu rufen, zu ermutigen und zu fördern, wird uns deshalb noch näher beschäftigen müssen, weil die Russen seit Stalingrad ganz bewußt die Grenze der kommunistischen Agitation überschritten und gerade auch die „national gesinnten" Elemente in der deutschen Armee und Zivilbevölkerung für sich zu gewinnen suchten. In diesem Zusammenhang war die Bildung bürgerlicher Widerstandskreise (um Goerdeler und seine Freunde) ebenso interessant wie die Opposition vieler jüngerer Generalstabsoffiziere gegen die Hitlerhörigkeit ihrer Kommandeure. Vielleicht hängt es mit dieser veränderten allgemeinen Marschrichtung kommunistischer Propaganda zusammen, daß wir aus dem Dezember 1942 von einer Konferenz deutscher Kommunisten „für den sofortigen Frieden" hören, die irgendwo im Rheinland stattgefunden habe. Das dort entwickelte „Zehnpunkteprogramm" klingt durchaus liberal und läßt von den typisch kommunistischen Kampfzielen so gut wie nichts erkennen.[15] Inhaltlich stimmt es ziemlich genau überein mit dem „Manifest", das die im Moskauer „Nationalkomitee Freies Deutschland" vereinigten deutschen Emigranten und Kriegsgefangenen ein halbes Jahr später als ersten Aufruf zum „nationalen Widerstand" verkündeten. In dieselbe Richtung weist das wenige, das man bisher von der Tätigkeit der kommunistischen Untergrundbewegung in den letzten Kriegsjahren weiß. Ihre Führer, der Berliner Kraftfahrer Anton

Saefkow, der Hamburger Schlosser Franz Jakob und der Feinmechaniker Bernhard Bästlein (ebenfalls aus Hamburg) sollen ein großes „konstruktives Aufbauprogramm" zur Bildung einer „nationalen Einheitsfront" entwickelt haben, in dem freilich viel die Rede war (wie es scheint) von einer „Volksmiliz", von „Betriebsräten", „Volksausschüssen" und „Wehrgruppen" – was irgendwie an die Arbeiter- und Soldatenräte von 1918/19 erinnerte. Wir hören aber auch von Verbindungen, die man zu sozialdemokratischen und bürgerlichen Widerstandskämpfern suchte, zum Teil vermittelt durch die Gattin des damals im Konzentrationslager sitzenden bekannten Herausgebers der „Deutschen Rundschau" Dr. Rudolf Pechel. „Um der Einheit willen", soll Saefkow seinen Parteigenossen einmal geschrieben haben, „müssen wir bewußt manche Forderung zurückstellen"; es wird sogar berichtet, daß schon gewisse „Vereinbarungen" mit anderen Oppositionsgruppen getroffen wären, und zwar über die ersten Schritte zur Bildung einer neuen deutschen Republik.[16] Näheres darüber ist mir, wenigstens bisher, nur aus dem Konzentrationslager Buchenwald bekanntgeworden, wo unter der Leitung von Hermann Brill seit Anfang 1944 eine förmliche Vereinigung „antifaschistischer Elemente" gebildet wurde, bestehend aus Kommunisten, „sozialistischen Demokraten" und politischen Katholiken, deren Vorstand sich nun eifrig um ein Programm deutscher und europäischer Zukunft mühte, und zwar in betonter Anlehnung an Sowjetrußland.[17] Ergab das alles nun eine tragbare Brücke zur bürgerlichen Opposition? Zwei sozialdemokratische Mitglieder des nationalen Widerstandskreises, der Pädagoge Adolf Reichwein und der Journalist Dr. Leber, wagten am 22. Juni 1944 eine erste Zusammenkunft mit Saefkow und Jakob, um eben dies vorsichtig zu erkunden. Leber war verblüfft, die Kommunisten in ihren Zukunftszielen nicht nur gemäßigter, sondern noch „bourgeoiser" zu finden als sich selbst, den Rechtssozialisten; nicht einmal die Aufteilung der Großgüter hätten sie gefordert.[18] Aber als man sich zum zweiten Male treffen wollte, stellte sich heraus, daß ein Polizeispitzel sich eingeschlichen hatte. Alle Gesprächsteilnehmer wurden verhaftet und die ganze weitausgedehnte Saefkow-Gruppe in einem großen Hochverratsprozeß vernichtet.[19] So hat diese erste unmittelbare Berührung mit dem Kommunismus der nationalen Widerstandsbewegung nur Unheil gebracht.

Siebentes Kapitel

KIRCHLICHE OPPOSITION

Was die kommunistische Untergrundbewegung zusammenhielt und durch viele Jahre hindurch die unerhörtesten Blutopfer bringen ließ, war ein verbissener, fanatischer Glaube an ihre Parteiideale, ihre kommunistische „Weltanschauung". Man kann sie als eine Art von Ersatzreligion betrachten. Das Unheimliche daran ist, daß sie, im Gegensatz zur echten Religion, den menschlichen Egoismus, den irdischen Geltungsdrang, den kämpferischen Machtwillen nicht zähmt durch Unterwerfung unter einen göttlichen Willen, unter ein absolutes Sittengebot, sondern aufs äußerste steigert: die Diktatur des Proletariats, für die hier gekämpft wird, schafft keine echte Gemeinschaft, sondern zerstört sie durch erbarmungslose Ausrottung ihrer Gegner, setzt eine neue Gewaltherrschaft an Stelle der alten und sät eben deshalb zuletzt mehr Haß als Liebe. Die innere Verwandtschaft beider totalitärer Systeme, des nationalsozialistischen und des bolschewistischen, hat ihre Todfeindschaft nicht gehindert, aber sie hat ihr zeitweises Zusammengehen in der Sphäre großer Politik ebenso erleichtert wie das Überlaufen von einer Partei zur anderen in der Sphäre des kleinen Mannes, der Untergrundbewegung.
Aus ganz anderer Tiefe echter Glaubensüberzeugung entsprang der Widerstand gegen das Hitler-Reich, zu dem sich christliche Persönlichkeiten beider großer Kirchen in schweren inneren Kämpfen durchrangen. Gerade weil ihre Opposition so weit entfernt blieb von allem Mitschwingen weltlicher Motive, gerade weil sie so rein grundsätzlichen Charakter trug, mußte der Entschluß dazu gegen tausend innere Hemmungen – der geschichtlichen Tradition, der weltlichen Klugheit, der äußeren „kirchenpolitischen" Rücksichten – erkämpft werden. Wo er aber aus echter Glaubensnot gefunden wurde, da wagte die Opposition auch offener ans Licht zu treten, kühner und freier zu reden, getroster ins Martyrium zu gehen als an irgendeinem anderen Abschnitt der Widerstandsfront. Es ist bemerkenswert, daß dieses offene Bekenntnis ein so breites Echo im Volke gefunden hat, und zwar in allen seinen Schichten vom einfachen Bauern und Arbeiter bis zu den Höchstgebildeten der Nation. Das war für viele Zeitgenossen sehr überraschend; aber es war doch wohl sehr deutsch.

Tatsächlich haben nur die Kirchen in der Hitlerzeit so etwas wie eine wirkliche Volksbewegung gegen den Nationalsozialismus in Gang gebracht. Wer, wie der Verfasser, an den großen „Bekenntnissynoden“ der evangelischen Kirchen 1934–36 teilgenommen hat, wird niemals wieder den tiefen Eindruck dieser Tage vergessen. Vor allem nicht den der Synode von Barmen (29.–31. 5. 1934): die klare, ja freudige Entschlossenheit der Versammelten, offen Zeugnis abzulegen wider den Ungeist des neuen Regiments, auf jede Gefahr hin (die deutlich sichtbar vor den Kirchentüren lauerte), und die große öffentliche Schlußkundgebung im Freien: wie das Kirchenvolk da zu Zehntausenden zusammenströmte aus dem ganzen bergisch-märkischen Lande: mit der Bahn, auf Fahrrädern, mit Omnibussen, Bauernwagen, Fahrzeugen jeder nur denkbaren Art: Bergleute, Bauern, Bürger, Industriearbeiter, Gebildete und Ungebildete, alles vereint im Drang des Bekennens und in offenem, lautem Gebet um die Freiheit des Glaubens. In Berlin-Dahlem war es vor allem das höhere Bürgertum der südwestlichen Villenvorstädte, das sich um die Kanzel des streitbaren Pastors Niemöller drängte und ihn das Ideal des Glaubenskämpfers predigen hörte, der dem Herrn seiner Kirche die Treue hält, auch wenn „die Klauen des Satans“, der Geheimen Staatspolizei, nach ihm packen. In Süddeutschland waren es vor allem die Großstädte: Stuttgart, München, Nürnberg, in denen sich wirkliche Massen in Bewegung setzten, um ihre Treue zur Kirche öffentlich zu bezeugen, gegen Gewaltakte der Nationalsozialisten laut zu protestieren, den unter Hausarrest gesetzten Landesbischöfen Wurm und Meiser durch Großkundgebungen zu Hilfe zu kommen, in der Form riesiger Straßenaufläufe, die mit Bittgottesdiensten im Freien vor den Häusern der Bedrohten endeten, aber auch durch Sammlung von Unterschriften, die im Nu in die Hunderttausende gingen.[1] Ein Flugblatt des Nürnberger Pfarrers Kern „Mein Deutschland, wohin?“ erreichte in kürzester Zeit mit 750000 Exemplaren wohl die höchste Auflagenziffer einer kirchlichen Broschüre seit den Tagen Luthers. Durch Jahre hindurch griff diese Bewegung immer weiter um sich, sammelte auf ihren „Bekenntnistagen“ und Volksmissionen immer neue Massen in allen Teilen des Landes um ihre Fahnen – mit der Wirkung, daß der nationalsozialistische Plan einer evangelischen „Nationalkirche“ sehr rasch scheiterte. Schon die Tatsache, daß Hitler sein Werkzeug, den kirchlich unmöglichen „Reichsbischof“ Ludwig Müller, so rasch fallen ließ, zeigt deutlich, wie unsicher sich der Diktator dieser unerwartet starken Volksbewegung gegenüber fühlte. Der Widerstand beider christlicher Kirchen gegen das Hitler-Regiment ist der einzige, der praktischen Erfolg gehabt hat. Der Führer scheute, bei allem Haß gegen das Christentum (wie er in den „Tischgesprächen“ am nacktesten zutage tritt), einen offenen „Kulturkampf“, so lange wenigstens, bis sein Eroberungskrieg ihm die Allmacht beschert haben würde.[2] Während des Krieges fühlte er sich genötigt, um der „Volksgemeinschaft“ willen den Streit um die „Nationalkirche“ zunächst wieder einschlafen zu lassen. So blieb es bei den indirekten und getarnten Kampfmitteln: massenhafter Einziehung unbequemer Geistlicher zum Militärdienst, Verbot oder Beschränkung kirchlicher Jugendpflege, Entziehung der Druckerlaubnis für religiöse Literatur, allmähliche Austrocknung der theologischen Fakultäten durch Verweigerung der Lehrerlaubnis für den wissenschaftlichen Nachwuchs u. dgl. Für die evangelische Kirche, die noch nicht wie die katholische in einem offenen Konflikt mit dem Staat ihre Laienschaft hatte mobilisieren müssen, hat dieser Kampf eine gewaltige Steigerung ihrer Popularität und die Verdrängung fast aller „liberalen“, d. h. zu Kompromissen mit der „Welt“ bereiten Elemente aus den Kirchenregierungen zugunsten der strengsten Orthodoxie zur Folge gehabt. Wie stark diese Popularität bis heute nachwirkt, zeigen in den letzten Jahren die in Nachahmung der Katholikentage neu veranstalteten „Kirchentage“: Massenversammlungen, deren Besucherzahlen an Hitlers Reichsparteitage weit näher heranrücken als die Volkstage irgendeiner politischen Partei.[3]

Wie erklärt sich dieser starke Erfolg des kirchlichen Widerstands? Vor allem besaßen die Kirchen, im Gegensatz zu den politischen Oppositionsgruppen, ein eigenes Forum: Stätten öffentlicher Verkündigung, in die der Staat mit seinen Polizeiorganen nur zögernd einzudringen und die er auch nicht ganz zu schließen wagte. Es gab auch eine kirchliche „Untergrundbewegung“, mit heimlichen Sitzungen der „Bruderräte“ und Freundeskreise, an unscheinbaren, wechselnden, der Polizei nicht leicht zugänglichen Orten,[4] mit kunstvoll ausgebautem Kurierdienst, Vervielfältigung von Handzetteln und Nachrichtenblättern auf Kopiermaschinen, die dann immer wieder beschlagnahmt wurden. Es gab (unter Führung Niemöllers) einen „Pfarrernotbund“, der schon Weihnachten 1933 etwa 6000 Mitglieder, d. h. rund ein Drittel aller evangelischen Geistlichen, umfaßte, die sich nun dauernd große Gehaltsentzüge auferlegten, um abgesetzten oder sonst in Not befindlichen Amtsbrüdern zu helfen; es gab illegale Ausbildungsstätten für junge Theologen, ein kirchliches Hilfswerk für verfolgte Judenchristen, dessen Leiter (Pfarrer Grüber und Sylten) zuletzt ins KZ wandern mußten, es gab nicht zuletzt einen ausgedehnten Reise- und Kurierdienst zur Verbindung mit ausländischen Glaubensgenossen in der „Ökumene“. Aber die Bruderräte konnten es doch wagen, auch öffentlich hervorzutreten; auf ihr Betreiben wurden die „Bekenntnissynoden“ berufen, von diesen eine „Vorläufige Kirchenleitung“ eingesetzt, die sich nur auf den Grundsatz eines kirchlichen „Notrechts“ stützen konnte, aber gleichwohl ihre praktische Anerkennung an Stelle der offiziellen Reichskirchenbehörde erzwang. Es ist erstaunlich, in welchem Umfang die deutschen Gerichte mit ihren Entscheidungen sich auf die Seite der Bekenntniskirche zu stellen wagten und den von ihr berufenen Behörden die Legalität verschafften. „Mein Führer", sagte der Reichsminister Frick zu Hitler, bei Besprechungen mit evangelischen Kirchenführern am 30. Oktober 1934, „die Bischöfe haben eine sehr starke Waffe in der Hand, es wird jeder Prozeß gegen sie verloren." Dem entsprach weithin die Haltung der Justizbeamtenschaft in den Gefängnissen: unzählige verhaftete Pfarrer haben es (oft in erschütternder Form) erlebt, daß ihre Kerkermeister innerlich auf ihrer Seite standen und nur noch mit schlechtem Gewissen ihren Dienst verrichteten.

Das alles hing nun freilich damit zusammen, daß die evangelische Geistlichkeit ihren Widerstand ursprünglich sehr betont auf die Verteidigung rein religiöser Anliegen beschränkte. Der Landesobrigkeit widerstehen zu müssen, war für das deutsche Luthertum ein völlig neues Erlebnis und stand in Widerspruch zu allen seinen Traditionen. Auch die Weimarer Republik, in der die Landeskirchen zum ersten Male sich selbst zu verwalten hatten, ohne Gängelung durch den Staat, hatte dazu keinerlei Anlaß geboten. So war es ein sehr weiter Schritt vom Untertanengehorsam zum organisierten Widerstand, vom blinden Vertrauen auf Hitlers Bekenntnisse zum Christentum („als unerschütterliches Fundament des sittlichen und moralischen (!) Lebens unseres Volkes")[5] zum äußersten Mißtrauen und zur Illegalität. Bekanntlich ist dieser Schritt von den verschiedenen Kirchenführern in sehr verschiedenem Zeit- und Ausmaß vollzogen worden, und dieser Unterschied hat seit 1935 zu ziemlich tiefgehenden Spaltungen innerhalb der „Bekenntnisfront" geführt. Es gab vorsichtige Zauderer, zumal in den Landeskirchen mit „unzerstörten" Kirchenregierungen, und radikale Kämpfernaturen, die jeden Kompromiß verabscheuten. Es gab gemäßigte und maßlose Temperamente, Vermittlungstheologen und strenge Orthodoxe. Die Ausgleichsversuche des Kirchenministers Kerrl zwischen rechts und links und die Bemühungen einer Theologengruppe, die den totalen Bruch mit der Reichsregierung zu vermeiden und diesen gemäßigten Minister irgendwie zu stützen suchte (Frühjahr 1939), hat selbst ein so tapferer Mann wie der Württemberger Landesbischof Wurm nicht gänzlich abgewiesen, während die engere Gefolgschaft Niemöllers (der selbst seit dem 1. 7. 1937 in Haft saß) immer mehr zu einer radikalen Ablehnung des „dämonischen" Hitler-Staates in allen seinen Erscheinungsformen gelangte und zuletzt schon jede Verhandlung mit dem Kirchenministerium als halben Verrat betrachtete. Aber Hitler sorgte selbst dafür, daß solche Spannungen die Einheit der kirchlichen Widerstandsfront nicht wirklich zerrissen. Seit dem Überfall auf die Tschechoslowakei

und dann vollends im Kriege enthüllte sich immer deutlicher die wahre Dämonie seiner Macht.
Eben deshalb war es praktisch auch gar nicht möglich, die Opposition dauernd auf rein religiöse und kirchenpolitische Anliegen zu beschränken. Zuerst war es der Einbruch kirchenfremder Elemente und nationalsozialistischer Irrlehren in das Heiligtum gewesen, was die Theologen zur Abwehr aufrief: zum Kampf gegen die „deutschen Christen", die eifrigsten Anhänger Hitlers mit einer vielfach stark säkularisierten Theologie. In den Kirchenwahlen des Juli 1933 hatten sie, von der Partei (auch von Hitler persönlich) unterstützt, die Mehrheit in den Landeskirchen und Synoden gewonnen. Die Folge war, daß man nun sogleich mit der Einführung des „Arierparagraphen", d. h. mit der Absetzung von Geistlichen mit jüdischer und halbjüdischer Abstammung, begann. Seit einer großen Kundgebung im Berliner Sportpalast (13. November 1933), in der sie einen ganz radikalen Redner vorschickten, galten die „deutschen Christen" als Ketzer schlechthin, so daß der Streit der Kirchenparteien nunmehr als reiner Glaubenskampf erschien. Aber mehr und mehr griff er darüber hinaus. Unter dem Einfluß der „deutschen Christen" drangen weltlich-politische Ideen in die evangelische Theologie und Predigt ein, beginnend mit einer Verklärung rein weltlicher Ordnungen, vor allem der Herrschaftsordnung des „Dritten Reichs" als göttlicher „Schöpfungsordnung". Gewollt oder ungewollt drohte diese Richtung dem Totalitätsanspruch des modernen Einparteienstaats dienstbar zu werden, und es ist das unvergängliche Verdienst der altgläubigen Theologen, daß sie (unter geistiger Führung des Basler Theologen Karl Barth) diese Gefahr rechtzeitig erkannt und unbeirrt dagegen angekämpft haben. Es gab natürlich auch liberale und Vermittlungstheologen, die Hitlers Gewaltregiment widerstrebten. Aber im ganzen war es doch so, daß die Gefahr des Erliegens gegenüber der nationalsozialistischen Propaganda um so größer war, je weiter sich die protestantische Glaubensüberzeugung von der biblischen Grundlage entfernte. Nur um die Kerntruppe der theologischen Orthodoxie sammelte sich ein wirklich entschlossener Widerstand; nur hier gab es ja auch mehr als bloße Gruppen von „Kirchenbesuchern", nämlich wirkliche „Gemeinden".[6] Wer einen Mangel darin findet, daß diese Gemeinden und ihre geistlichen Führer nicht von Anfang an politische statt „bloß" kirchlich-religiöser Ziele verfolgt hätten und nicht auf eine offene politische Revolution losgesteuert wären, zeigt damit nur, daß er vom Wesen und der grundsätzlichen Bedeutung dieses Widerstands nicht das geringste begriffen hat. Hier ging es nicht mehr bloß um einen Streit theologischer und kirchenpolitischer Parteirichtungen oder um eine Abwehr einzelner Übergriffe der Staatsgewalt in die kirchliche Rechtssphäre, wie sie schon immer geleistet worden war. Es

ging um eine grundsätzliche Neubesinnung auf die Grenzen der weltlichen Staatsgewalt, um eine grundsätzliche Bestreitung ihres Anspruchs auf Beherrschung alles Lebens, auch des geistigen und des religiösen – und damit um die Sicherung der Grundlagen unserer abendländischen Kultur, die ohne solche Begrenzung staatlicher Gewalt überhaupt nicht denkbar ist. Die katholische Kirche, die an diesem Kampf sich eifrig beteiligte, hatte es insofern leichter, als sie über eine hierarchische Organisation verfügte, die keine Abweichung einzelner Persönlichkeiten oder Gruppen von der Generallinie duldete, ihren festen Rückhalt am Papsttum und weitreichende internationale Verbindungen besaß und sich auf ihr traditionelles, dogmatisch festgelegtes „Naturrecht" stützen konnte, das auch die weltlichen Ordnungen mit einbegriff. Die evangelischen Theologen mußten ihren Kampf ohne solchen Rückhalt führen, zunächst als lauter einzelne, von deren persönlicher Einsicht, Überzeugungskraft und Tapferkeit es allein abhing, ob sie sich einen Anhang in den Gemeinden, der Pfarrerschaft und auf den Synoden schaffen konnten – nicht ohne die Gefahr und Not immer neuer Spaltungen und Gegensätze verschiedener Gruppen. Vor allem: sie entdeckten jetzt erst, wie wenig sie geistig auf einen solchen Kampf gerüstet waren, und daß die herkömmlichen, dem Luthertum des 19. Jahrhunderts noch weithin selbstverständlichen Begriffe evangelischen Kirchenrechts und evangelischer Sozialethik schlechterdings nicht mehr ausreichten. Die alte lutherische Lehre von den „zwei Reichen", dem Reich Gottes und der Welt, und von der „christlichen Oberkeit" bedurfte einer wesentlichen Fortbildung, Erneuerung und Vertiefung. Nicht ohne innere Nöte, aber in einer höchst fruchtbaren, heute noch immer fortdauernden, geistigen Anstrengung ist diese neue Grundlage praktischen Kämpfertums gegen den Totalstaat erarbeitet, schließlich sogar auf lutherischem Boden eine Lehre vom Widerstandsrecht, ja der Widerstandspflicht des Christen gegen gottlose Tyrannei geschaffen worden.[7] Nur so war es möglich, daß ganz bewußt evangelische Christen, darunter einzelne Berufstheologen von Rang (wie der hochbegabte Dietrich Bonhoeffer) sich auch in die Front des politischen Widerstands mit gutem Gewissen einreihen und an den Plänen bürgerlicher Politiker für den Neuaufbau des Staates nach dem Sturz Hitlers unmittelbar mitarbeiten konnten. Die deutsche Oppositionsbewegung erhielt dadurch eine geistige Vertiefung, deren Bedeutung nicht leicht überschätzt werden kann: die „Rechenschaft an der Wende zum Jahr 1943", die Dietrich Bonhoeffer unter dem Titel „Nach zehn Jahren" für seinen engeren Freundeskreis niederschrieb (nicht lange vor seiner Verhaftung), erscheint heute als das Schönste, Tiefsinnigste und bleibend Wertvollste, was zu einer Analyse der geistigen Situation jener Zeit und des deutschen Widerstandes je geäußert worden ist.[8]

Im Grunde war schon die „theologische Erklärung" der Barmer Reichssynode vom Mai 1934, die als grundlegende „Bekenntnisschrift" der kämpfenden Kirche galt, mit ihrer scharfen Zurückweisung staatlicher Totalitätsansprüche zugleich ein politisches Ereignis. Auf derselben Linie lagen die verschiedenen Kundgebungen kirchlicher Stellen, die den Treueid für Hitler (auch den Fahneneid!) nur „innerhalb der Gebote Gottes" für gültig erklärten und die sich sehr energisch gegen das Übermaß eidlicher Verpflichtungen, schon von Jugendlichen und Kindern, wandten. Man kann das allmähliche Hinübergreifen auf das politische Gebiet am deutlichsten an den Kundgebungen der preußischen Bekenntnissynode und der „Vorläufigen Kirchenleitung" verfolgen, solange diese noch unter dem starken Einfluß Niemöllers stand. Eine Kanzelabkündigung, die in Dahlem am 5. März 1935 beschlossen wurde, wandte sich gegen die „rassisch-völkische Weltanschauung", die Vergötterung eines „ewigen Deutschland", die „religiöse Verklärung" der weltlichen Obrigkeit und den Mißbrauch des Eides. Ihre Verlesung in den Kirchen führte zur Verhaftung von 700 Pfarrern. Noch weiter ging eine für den Reichskanzler bestimmte Denkschrift der zweiten „Vorläufigen Kirchenleitung" (Mai 1936), die das Unglück hatte, nicht in die Hände Hitlers, wohl aber der ausländischen Presse zu gelangen. Sie protestierte nicht nur gegen die Entchristlichung der Jugend und die Verfolgung des Christentums durch die Partei, sondern zugleich gegen die Zerstörung des Rechtsstaates, Vergewaltigung der Presse, Verfälschung der Wahlergebnisse bei den Reichstagswahlen, gegen die Konzentrationslager und die Willkür der Geheimen Staatspolizei. Als im Herbst 1938 zum ersten Male ernste Kriegsgefahr drohte, entwarf die Kirchenleitung der altpreußischen Unionskirche eine Liturgie für einen Bittgottesdienst, die so schwere Anklagen gegen die öffentlichen Zustände in das Bußgebet einschloß, daß die lutherischen Bischöfe davon abrückten und eine schwere Krise der Bekenntnisfront daraus entstand. Bald darauf brachten aber die Judenverfolgungen des November 1938 zum allgemeinen Bewußtsein, daß angesichts dieser Staatsgewalt kein Bußruf zu ernst, keine Anklage zu schwer sein konnte. Es hat damals an tapferen Pfarrern nicht gefehlt, die ungeachtet schwerster Folgen für sie selbst diese Schande Deutschlands in ihren Bußpredigten anzuprangern wagten.[9] Während des Krieges wurde dann der württembergische Bischof Wurm mehr und mehr zum Wortführer der Bekenntniskirche, die er zugleich in einem neuen Einigungswerk zu sammeln sich bemühte – der Grundlage des heutigen protestantischen Kirchenverbandes. Seine Rundschreiben an die Gemeinden und seine Eingaben an die Reichsregierung brachten nicht bloß Notstände des kirchlichen Lebens zur Sprache. Seinem Eintreten, gemeinsam mit dem katholischen Episkopat, verdankten es die Halbjuden und Mischehenpartner, daß wenigstens sie einstweilen verschont blieben. Und sein mutiger Protest gegen den Mord an Geisteskranken und Schwachsinnigen (an Minister Frick am 19. Juli 1940 gerichtet) gehört zu den schönsten Zeugnissen deutschen Widerstandes überhaupt.

Unverkennbar ist allerdings, daß Wurm und die anderen lutherischen Bischöfe nur sehr ungern und nur in äußersten Notfällen mit ihren Protesten über die kirchlich-religiöse Sphäre im engeren Sinn hinausgriffen – darin zurückhaltender als Niemöller, in dem Hitler mit sicherem Instinkt seinen politisch entschlossensten Gegner erkannte und den er deshalb nicht mehr aus der Haft herausließ. Sie fürchteten nicht ohne Grund, daß die „bekennende Kirche" sich zu einem Sammelbecken aller möglichen unzufriedenen Elemente ohne wahres inneres Verhältnis zur Glaubenspredigt entwickeln könnte – wie es von der „Vorläufigen Leitung" schon 1934 ausgesprochen war.[10] Das hätte nach ihrer Auffassung bedeutet, daß die „Sache des Evangeliums" durch glaubensfremde Elemente verunreinigt und verfälscht wurde. Aber *der* Einsicht haben auch sie sich nicht verschlossen, daß eine christliche Kirche, die sich vom Einfluß auf das öffentliche Leben in einen stillen Winkel privater Erbaulichkeit abdrängen läßt, dem Auftrag ihres Stifters untreu wird, „das Salz der Erde" zu sein, und daß sie ihrer Mitverantwortung für die politisch-soziale Wirklichkeit dadurch nicht entgeht. Ihre Aufgabe, ohne alle weltlichen Machtansprüche dennoch in das Leben von Welt und Gesellschaft kräftig hineinzuwirken, ist den evangelischen Kirchen Deutschlands erst im Kampf mit dem Hitler-Staat klar bewußt geworden.

Auch auf *katholischer Seite* hat es nicht an Bedenken vor einer Politisierung des Kirchenkampfes gefehlt, aber sie waren – soviel der Außenstehende zu erkennen vermag – weniger grundsätzlicher Art. Ihren mittelalterlichen Weltherrschaftsanspruch und dessen Verfechtung mit weltlichen Machtmitteln hatte die römische Papstkirche ja längst aufgeben müssen, und ihre innere Entwicklung seit dem Tridentinum war auf eine immer stärkere Entweltlichung zugunsten einer Steigerung und Vertiefung ihrer geistlichen Wirksamkeit hinausgelaufen. Der deutsche Episkopat war zu einer Gemeinschaft eifriger und pflichttreuer Seelenhirten geworden, gründlich geschult in theologischen Studien, geistlichen Exerzitien und pfarramtlicher Seelsorge – politischem Treiben im allgemeinen fremd und daran nur in dem Maße interessiert, als es um die zähe Behauptung des in Konkordaten festgelegten Rechts- und Besitzstandes der Kirche ging. Gegen keinen Vorwurf haben sich die Bischöfe der Hitlerzeit entschiedener gewehrt als gegen den des „politischen Katholizismus", d. h. weltlicher Machtansprüche, der seit den Tagen des Kulturkampfes aus dem liberalen Lager und nun auch von den Anhängern Hitlers immer wieder

gegen sie geschleudert wurde. Wenn sie vor 1933 mit Warnungen und Verboten die nationalsozialistische Bewegung zu bekämpfen suchten, so leitete sie dabei ein rein geistlicher Eifer: es ging um die Abwehr des „neuen Heidentums“ und des Rassenmythos. Dieser geistliche Eifer wurde nun freilich stark abgedämpft, als es Hitler in einem seiner geschicktesten Tarnungsmanöver gelang, durch seinen Vizekanzler von Papen das Reichskonkordat vom 20. Juli 1933 mit dem päpstlichen Stuhl abzuschließen – den ersten Vertrag, der seine internationale Anerkennung als legitime Regierung bestätigte. In ungewöhnlich gründlichen Einzelbestimmungen erhielt darin die Kirche ihren rechtlichen und materiellen Besitzstand zugesichert – aber gegen das Versprechen, die neue Regierung anzuerkennen und auf politische Betätigung des Klerus zu verzichten. Dem politischen Priestertum, das in der alten Zentrumspartei eine so große Rolle gespielt hatte, war damit der Abschied gegeben; die deutschen Bischöfe haben auch diese Bestimmung durchaus ernst genommen: ihren Priestern wurde jetzt jede parteipolitische Betätigung verboten.
Aber bald mußten sie erleben, daß ihr Vertragspartner sich durch das Konkordat in keiner Weise davon abhalten ließ, den Rechtsstand der Kirche zu schmälern, wo immer es der Partei nützlich erschien; noch weniger davon, den weltanschaulichen Kampf gegen sie fortzusetzen. In dieser Lage war ihnen das Konkordat einerseits von Vorteil, weil es der Gegenwehr eine rechtliche Unterlage bot, anderseits aber doch eine Hemmung, weil sie fürchten mußten, durch allzu öffentliche und allzu laute Proteste die Weitergeltung seiner Bestimmungen erst recht zu gefährden. Die Folge war, daß die katholische Kirche in den ersten Jahren des Hitler-Regiments einen offenen Kampf vermied, während ihn die evangelische schon seit Ende 1933 aufnahm. Immerhin hat der Episkopat schon im Sommer 1933 Hirtenbriefe an seine Gläubigen gerichtet, in denen er die Anerkennung der neuen Regierung als legitimer Obrigkeit mit sehr deutlichen Warnungen verband: Warnungen vor einer Überspannung staatlicher Autorität, vor „unchristlicher Rachepolitik“ gegenüber andern Völkern, vor einseitigen Übertreibungen der Blut- und Rasselehre, vor Unterdrückung der Vereins- und Pressefreiheit durch staatliche Gleichschaltungsmaßnahmen u. a. m.[11] Diesen Mahnungen ging seit März 1934 eine sehr intensive literarische Gegenpropaganda zur Seite, organisiert in einer Kölner Abwehrstelle, die in Millionenauflagen Flugblätter, Broschüren und „Katechismuswahrheiten“ zur Bekämpfung der „rassischen“ Weltanschauung verbreitete und damit ein erstaunlich starkes Echo fand. Niemals ist der Zudrang zum Priesterberuf stärker gewesen als eben damals. Seit 1935 wird mit wachsendem Ernst in Hirtenbriefen, Eingaben und Denkschriften an die Reichsregierung gegen die Schmähung und Herabwürdigung katholischer Glaubensgrundsätze

und kirchlicher Einrichtungen durch Parteiorgane, gegen die Beschränkung kirchlichen Vereinswesens u. dgl. angekämpft, 1936 schon von „Unbegreiflichkeiten" der nationalsozialistischen Bewegung gesprochen. Die bedeutendste Leistung in diesem Abwehrkampf war wohl die wissenschaftliche Entlarvung des Rosenbergschen „Mythos", die zuerst im Oktober 1934 als amtliche Beilage zum „Kirchlichen Amtsblatt für die Diözese Münster" mit einem Vorspruch des Bischofs Graf Galen erschien – eine ebenso mutige wie solide Theologenarbeit, die damals in allen Lagern des geistigen Deutschlands aufatmend begrüßt wurde.[12] Der offene Kampf brach aber erst seit dem Erscheinen der großen päpstlichen Enzyklika „Mit brennender Sorge" vom 14. März 1937 herein. Sie faßte die vom deutschen Episkopat schon lange vorgetragenen Beschwerden in einer großen Anklage gegen das völkische Neuheidentum zusammen und wirkte mit ihren Mahnungen an Priester, Ordensleute, Laien und katholische Jugend zur Kirchentreue wie ein offener Kampfruf wider das Dritte Reich. Die Staatspolizei konnte zwar ihre Verbreitung im Druck, nicht aber ihre Verlesung von den Kanzeln verhindern. So antwortete die Partei, unter der Leitung von Goebbels, mit dem großen Verleumdungsfeldzug gegen die Klostergeistlichkeit, die jetzt eine lange Serie von Strafprozessen wegen angeblicher Devisen- und Sittlichkeitsvergehen über sich ergehen lassen mußte – zuletzt doch ohne Schädigung ihres öffentlichen Ansehens. Aber der Kampf nahm nun von beiden Seiten immer schärfere Formen an, und auch im Krieg gab es keine Versöhnung, im Gegenteil: er bot den nationalsozialistischen Kulturkämpfern mit seinen „militärischen Notwendigkeiten" erst recht Gelegenheit, durch Wegnahme von Klostergebäuden, Beschränkung des Ordensnachwuchses, Einschränkung oder Verbot der kirchlichen Prozessionen, der Presse, Jugendarbeit und Vereinstätigkeit der Kirche an allen Ecken und Enden Abbruch zu tun.

Eine besonders bedeutsame Rolle spielte im Widerstand katholischer Volkskreise gegen das totalitäre System die katholische Arbeiterbewegung mit ihren Arbeitervereinen und christlichen Gewerkschaften. Das Kettelerhaus in Köln und das Berliner Generalsekretariat der Arbeitervereine, das erst 1936 aufgelöst wurde, haben auch nach 1933 noch als Zentralen gegenseitiger Informationen und Bestärkung im Widerstand gegen das Hitler-Regiment gedient, und zwischen den alten Genossen und Mitarbeitern der katholischen Arbeiterbewegung scheint sich eine ähnliche stille Gemeinschaft erhalten zu haben wie zwischen den alten sozialdemokratischen Gewerkschaftsleuten. Die Führer der katholischen Verbände wie Dr. Otto Müller und Josef Joos, der Redakteur Nikolaus Groß und die Verbandssekretäre Bernhard Letterhaus und Jakob Kaiser hielten nicht nur Fühlung untereinander und mit den Vertretern anderer Sozialverbände (Habermann, Leuschner), sondern beteiligten sich mehr oder weniger aktiv an der Militärverschwörung der Gruppe Beck-Goerdeler. Prälat Dr. Müller, Letterhaus und Groß sind denn auch 1944 Blutzeugen ihres Bekenntnisses geworden.[13]

Neben den Oppositionsgruppen katholischer Arbeiter gab es aber auch eine ziemlich ausgebreitete Widerstandsbewegung im katholischen Bürgertum aus wesentlich kirchlich-religiösen Motiven. Im Rheinland sammelte sie sich besonders um den Kölner Verleger Dr. Theodor Scharmitzel und besaß in dem Oberregierungsrat Dr. Becker (Oberpräsidium Koblenz) einen sehr aktiven Vertreter ihrer Ideen im höheren Beamtentum. Man hielt Verbindung mit Gesinnungsgenossen in Berlin (Rechtsanwalt Dr. Wirmer, J. Kaiser, Letterhaus u. a.), in München (Dr. Josef Müller, P. Rösch, P. Delp u. a.) sowie andernorts und bediente sich dabei vielfach der Vermittlung von Ordensgeistlichen. Auch Goerdeler ist mit dem Kölner Widerstandskreis gelegentlich in Verbindung getreten und hat seine Mitwirkung am Aufbau einer neuen Reichs- und Staatsverwaltung erbeten und zugesagt erhalten. Im ganzen scheint es aber, daß diese rheinischen Kreise sich mit einer geistigen Vorbereitung des kommenden Umsturzes begnügten und auf den politischen Aktivismus der „ostelbischen Junker und Militärs", in deren Mittelpunkt seit etwa 1938 Goerdeler stand, nicht ohne Mißtrauen blickten. Nach einem eingehenden (mir vorliegenden) Bericht des Dominikanerprovinzials P. Laurentius Siemer von 1945 hat Wirmer kurz vor dem 20. Juli 1944 mit einiger Bestürzung feststellen müssen, daß sich bei diesen rheinischen Katholiken „eine starke Abneigung gegen das ostelbische Preußen bemerkbar machte und man eine Lostrennung des alten westelbischen Deutschland vom ostelbischen Preußen für wünschenswert hielt". Diese Gegensätzlichkeit hat die gemeinsame Arbeit an Aufbauplänen sehr erschwert, aber die Gemeinsamkeit der Kampffront nicht zerstört.

In weitere Einzelheiten der katholischen Widerstandsbewegung brauchen wir uns hier nicht zu vertiefen. Allgemein bekannt sind die Namen der deutschen Bischöfe, die sich als Vorkämpfer ihrer Kirche am meisten hervortaten: Kardinal Bertram von Breslau als Sprecher der Fuldaer Bischofskonferenz, der Berliner Bischof Graf Preysing, Helfer vieler Verfolgter, Kardinal Faulhaber-München, der gelehrte Verteidiger des Alten Testaments, Erzbischof Conrad Gröber von Freiburg, der unermüdlichste aller kirchlichen Publizisten und Volksschriftsteller, nicht zuletzt Graf Clemens August von Galen von Münster. Von dessen Protestkundgebungen im Sommer 1941 drang die Kunde sehr rasch ins Ausland. Sie wurden dort – zum schweren Schaden der von ihm vertretenen Sache! – sogleich in zahllosen Radiosendungen als Propagandamittel benutzt. Er hatte aber schon seit 1934 mehrfach in Hirtenbriefen und Predigten gegen das „Neuheidentum“ der Nationalsozialisten gesprochen – Kundgebungen, die einen im kirchlichen Schrifttum sonst ungewohnten Ton erklingen lassen; aus ihnen sprach nicht nur der katholische Priester und gläubige Christ, sondern zugleich der westfälische Edelmann, der seinen Gegnern offen den Fehdehandschuh hinwirft, unter ausdrücklicher Berufung auf die adelige Standessitte und die ritterlichen Ehrbegriffe seiner Familie, ihnen jede menschliche Gemeinschaft aufkündigt, wenngleich er als Christ für sie betet. Es hat viele unerschrockene, zum Martyrium bereite Kundgebungen kirchlichen Widerstands in beiden Kirchen gegeben. So mannhaft offen, so volkstümlich und darum so unmittelbar wirksam wie Graf Galen hat kein zweiter gesprochen.

Es gibt keinen stärkeren Beweis für die Popularität des kirchlichen Widerstands in Deutschland als die Tatsache, daß die Gewaltherrscher schließlich an keinen der Bischöfe (beider Konfessionen) Hand anzulegen wagten und ihre Rache bis ans Ende des Krieges hinausschieben mußten. Als man in der engsten Umgebung Hitlers erwog, Graf Galen schleunigst aufhängen zu lassen, meinte Goebbels: dann könne man ruhig ganz Westfalen „während des Krieges abschreiben“. Er kannte seine Rheinländer und Westfalen und hatte wohl auch jenen Aufstand katholischer Oldenburger vor Augen, die 1936 ihren Gauleiter gezwungen hatten, die aus den Schulen entfernten Kruzifixe wieder aufzustellen. In der Tat nahm die Popularität Graf Galens mit jeder seiner Kundgebungen noch zu; heimliche Abschriften seiner Kampfpredigten wanderten von Hand zu Hand, und nicht nur bei den Katholiken. Da man die Bischöfe nicht zu fassen wagte, hielt man sich um so eifriger an die Pfarrer und Kapläne, von denen schließlich Hunderte in den Konzentrationslagern saßen,[14] sehr zahlreiche von den „Volksgerichtshöfen“ verurteilt wurden. Politischer und kirchlicher Widerstand war schließlich auf katholischer Seite ebensowenig mehr klar zu trennen wie auf evangelischer – ja in gewissem Sinne noch weniger. Denn niemals ist es den katholischen Bischöfen zweifelhaft gewesen, daß aus dem „christlichen Naturrecht“, das die katholische Kirche zur Norm ihrer Sozialethik macht, auch ganz bestimmte Freiheitsforderungen für die weltliche Ordnung erfließen. In ihren Hirtenbriefen von 1942 haben sie ausdrücklich erklärt, sie seien verpflichtet, „nicht nur für religiöse und kirchliche Rechte einzutreten, sondern auch für menschliche Rechte schlechthin“, ohne die der ganze Bau der Kultur zusammenfallen müsse.[15] Und so haben sie sich seit 1941 auch nicht gescheut, noch über die Kundgebungen evangelischer Bischöfe hinaus gegen die Unmenschlichkeiten des nationalsozialistischen Herrschaftssystems zu protestieren: gegen die willkürliche Beschlagnahme privaten Eigentums, das System der Konzentrationslager, das Spitzelwesen, die Erschießung von unschuldigen Geiseln, Kriegs- und Strafgefangenen, Verschleppung ausländischer Arbeiter – und natürlich auch gegen die Ermordung der Geisteskranken.[16] Vergebliche Bemühungen! Aber die katholische Kirche selbst hat durch das mutige Zeugnis ihrer Bekenner ebenso wie die evangelische neue Achtung auch in längst ihr entfremdeten Volkskreisen gewonnen. Wer es in den Gefängnissen und Konzentrationslagern miterlebt hat, wird es so leicht nicht vergessen, wie die seelische Kraft christlicher Glaubenshaltung wärmende Strahlen aussenden konnte in eine längst gottlos gewordene Welt des Hasses und der Verzweiflung hinein. Die konfessionellen Gegensätze aber traten erstaunlich weit zurück hinter dem neuen Erlebnis einer Glaubens- und Kampfgemeinschaft beider Kirchen.

Achtes Kapitel

BÜRGERLICHE OPPOSITION

Die Kraft des Widerstandes gegen die Hitler-Tyrannei hing wesentlich von der Echtheit, Klarheit und Tiefe des Freiheitsglaubens ab, den seine Gegner ihm entgegenzusetzen hatten. Außerhalb der Kirchen war dieser Freiheitsglaube nicht rein moralisch-religiöser Natur, sondern mitgespeist durch weltlich-politische Motive der verschiedensten Art und Herkunft. Will man die Oppositionsgruppen des deutschen Bürgertums, die sich in den verschiedensten Parteilagern bildeten, auf einen Nenner bringen, so läßt sich vielleicht eines sagen: daß ihre Mitglieder alle, in geschichtlicher Bildung erzogen, das Bewußtsein einer sittlichen Verpflichtung gegenüber der deutschen Vergangenheit in sich trugen. Sie wollten – ganz einfach gesagt – die besten Überlieferungen deutscher und preußischer Geschichte nicht verfälschen, mißbrauchen, schänden oder gar zerstören lassen. Was man im einzelnen als „edelste Werte deutscher Geschichte" empfand, darüber herrschte freilich keine Einigkeit. Es gab altpreußische und altbayrische Monarchisten, Romantiker der Restauration; es gab auch enttäuschte Republikaner, die es immer noch besser fanden, einem gewissenhaften, an feste Traditionen gebundenen König als einem gewissenlosen Demagogen zu gehorchen; ihnen erschien also die Monarchie als eine Art provisorischer Notlösung. Viel wichtiger als die – seit der Katastrophe von 1918 immerhin sehr fragwürdig gewordene – Staatsform der Monarchie war das Ethos preußischer Staatsgesinnung, das zu den großen, seit vielen Generationen sorgsam gepflegten Überlieferungen deutscher Bildung gehörte. Dieses Erbe war in sehr vielen Deutschen – bis in die Führerschaft der Sozialdemokratie hinein! – sehr lebendig; denn die menschenprägende Kraft des preußischen Staates war nun einmal die stärkste in Deutschland gewesen; nicht ohne Grund hat man sie mit der des Puritanertums verglichen. Es gab aber noch andere Werte deutscher Geschichte, die im Bewußtsein vieler Deutscher fortlebten: vor allem die Vielgestaltigkeit ihres Staats- und Kulturlebens; eine der wichtigsten Voraussetzungen für den Reichtum deutscher Geistigkeit, jetzt schwer bedroht durch Uniformierung und Zentralisierung mit Hilfe der allmächtigen, in alle Lebenssphären eindringenden Staatspartei. Der ältere deutsche Liberalismus hatte das Volk nie als uniforme Masse, sondern als vielfältig gegliederte politische Gemeinschaft betrachtet, deren innere Lebendigkeit, sich ausprägend in freien, schöpferischen, selbstbewußten Persönlichkeiten, als Höchstwert schlechthin erschien. Auch diese Ideale waren in der deutschen Bildungswelt nicht einfach erstorben, so schwer sie es auch hatten, sich im Rahmen der modernen Industriegesellschaft zu behaupten. Wer in ihnen lebte, der sträubte sich, einen absolut einheitlichen, mit allen Künsten der Massenpropaganda und des Terrors „gleichgeschalteten" Volkswillen als unfehlbar anzuerkennen. Er verlangte zurück nach dem festen Dach jenes „Rechtsstaates", an dessen Ausbau so viele Generationen deutscher Männer mit Erfolg gearbeitet hatten. Und schließlich gab es auch immer noch ein Deutschbewußtsein, das einen besonderen Vorzug deutschen Wesens in seinem „reichen Besitz an Seelentum" (Edgar J. Jung) erblicken wollte, in seiner Offenheit für metaphysische Fragen und der Innigkeit seines religiösen Empfindens; hier sah man die größte Gefahr des Nationalsozialismus in der geistigen Vergiftung der Massen, besonders der Jugend, durch eine politisch bestimmte, letztlich satanische „Weltanschauung."

Nun ist keine Frage, daß jede dieser Geisteshaltungen Aus- und Umdeutungen erfahren konnte, die es ermöglichten, sie aus der Front des Widerstandes auszuschalten, ja wohl gar in das Fahrwasser der Hitler-Bewegung zu ziehen. Es gehört nun einmal zum Wesen unserer Spätzeit, daß die sittlichen und politischen Ideale verschwimmen, prinzipielle Gegensätze sich abschleifen, relativieren oder neutralisieren. Und überall sind eilfertige Publizisten am Werk, die im Bemühen, ihre Leserschaft durch kühne Zeitdiagnosen zu verblüffen, politische Begriffe durcheinanderwirbeln, wenn nicht gar auf den Kopf stellen; denn das „épater le bourgeois" gilt nun einmal den Literaten unseres Kontinents seit Nietzsche als das sicherste Kennzeichen von Esprit. Zeiten des Chaos und der allgemeinen Gärung, wie sie der jähe Zusammenbruch des Kaiserreiches und der bürgerlichen Gesellschaft des 19. Jahrhunderts am Ende des ersten Weltkriegs hinterließ (und wie wir sie heute zum zweitenmal erleben), sind der fruchtbarste Nährboden für ein solches literarisches Treiben. Anders als in den ersten Jahren nach 1945 ließen sich in der Weimarer Zeit vor allem solche Stimmen hören, die sich auf das „Fronterlebnis" beriefen und im Namen der „Frontgeneration" alle möglichen Projekte zur Erneuerung deutschen Lebens vorbrachten – in oft recht unklarer Mischung von konservativen mit liberalen Ideen, altpreußischen Mannesidealen mit romantischen Vorstellungen vom altdeutschen „Reich", bürgerlichen Freiheitsbegriffen mit sozialistischen Projekten, vielfach noch vermengt mit „völkischen" Postulaten und mit der verschwommenen, oft abenteuerlichen Romantik einer „bündischen" Jugend.[1]
Wer heute diese ganze chaotische Publizistik zur Hand nimmt, erschrickt vor

so viel Zerfahrenheit und innerer Wehrlosigkeit gegenüber den Schlagworten des aufsteigenden Nationalsozialismus.

Wieviel ist doch schon vor 1933 geschehen, um die altpreußischen Traditionen für die Propaganda der Nationalsozialisten gleichsam gebrauchsfertig zu machen! Was wurde nicht alles geredet von „preußischem Sozialismus", der auf grenzenlose Einsatz- und Opferbereitschaft hinauslaufen sollte, von kommenden „Jahren der Entscheidung", einem neuen Weltalter gnadenloser Härte und des „heroischen Realismus" (O. Spengler), von der „totalen Mobilmachung" als Kennzeichen einer neuen Zeit, vom heilsamen „Einbruch elementarer Kräfte" (aus der Welt des Arbeiters) in den bürgerlichen Raum, von Ersatz des Individuums durch die typisierte Normalgestalt des Arbeitsmenschen (E. Jünger), vom Ideal des „preußischen Stils", vom kommenden „Dritten Reich" und von der Jämmerlichkeit des Liberalismus, der nichts als die Freiheit sei, „keine Gesinnung zu haben" (Moeller van den Bruck)! Ohne es zu wissen und zu wollen, hat man so geholfen, einem neuen Gewaltregiment den Weg zu ebnen und gerade diejenigen Züge altpreußischer Tradition, von deren Gefährlichkeit schon oben die Rede war, ins Krampfhafte übersteigert. Aber das Preußentum hatte auch noch andere Seiten. So wie ihn die wirkliche Geschichte zeigt, war der Geist des Preußentums dem des Nationalsozialismus nicht innerlich verwandt, sondern entgegengesetzt – das Gegenteil von nationalistischer Volksverhetzung, von Kult der Masse und rechtloser Gewaltherrschaft. „Wir Frontkämpfer von 1914 waren stolz darauf", schrieb ich selbst 1936 (in Abwehr der Theaterszene von Potsdam),[2] „Söhne eines Volkes zu sein, in dem altpreußische Zucht, nüchterne Sachlichkeit und wortlos schweigende Pflichterfüllung noch immer in höchsten Ehren standen, Soldaten einer Armee, die ... kein anderes Verdienst anerkannte als das der sachlichen Leistung im Dienst – im Kriege genau wie im Frieden!" Eben dies war einer der Ansatzpunkte für eine Opposition aus altpreußischem Geist. Aber auch die überlieferten Ehrbegriffe und Tugendideale des preußischen, ehemals adligen Offizierkorps: Ritterlichkeit, strenge Rechtlichkeit und phrasenlose Sachlichkeit im Dienst – einem Dienst, der trotz kärglicher Entlohnung als hohe Ehre empfunden wird –, männliche Selbstachtung ohne Kriecherei, stetes Bewußtsein der Verantwortung für das Schicksal der Untergebenen, gerieten mit den brutalen Herrschaftsmethoden des Nationalsozialismus in Konflikt.

Von Selbsttäuschungen und Mißverständnissen war auch das Erbe des deutschen Liberalismus bedroht. Zu diesem Erbe gehörte von jeher das Bewußtsein, einen ganz anderen und – wie man überzeugt war – tieferen Begriff politischer Gemeinschaft zu besitzen als die Liberalen Westeuropas. Sie sollte mehr sein als eine bloße Summe einander gleichberechtigter Individuen, ihr Staat nicht das

Produkt eines fiktiven „Gesellschaftsvertrages“ zur Sicherung individueller Freiheitsrechte, nicht bloßes „Notdach“ und notwendiges Übel, sondern Verwirklichung einer sittlichen Idee. Deutsche Romantik und deutscher Historismus hatten eine eigene, scharf geprägte Staats- und Gesellschaftslehre entwikkelt, in der das Ideal einer organischen, vielfältig gegliederten Gemeinschaft (an Stelle mechanischer Summierung unzähliger Einzelwillen zum „Gemeinwillen“) eine große Rolle spielte, die Freiheit nicht mehr als individuelle Willkür erschien, sondern (im Sinne Kants) als Freiheit der sittlichen Selbstbestimmung, die sich nur im Dienst an der Gemeinschaft vollenden kann. Vor allem hatten sie dem westeuropäischen Begriff der „Nation“ als politischer Willensgemeinschaft freier Staatsbürger den des „Volkes“ gegenübergestellt, das nicht durch irgendwelche politischen Entschließungen entsteht, sondern historisch erwächst und sich formt: aus Gemeinschaft des Blutes, der Sprache, der Lebensformen und Sitten, der geistigen Überlieferungen, nicht zuletzt der geschichtlichen Schicksale in Glück und Elend. Das deutsche Nationalbewußtsein des 19. Jahrhunderts stammte nicht, wie das französische, aus dem Erlebnis einer großen demokratischen Revolution, sondern war zuerst als Bewußtsein rein geistiger Gemeinschaft wach geworden und hatte sich dann im Kampf gegen die französische Demokratie und ihren Erben Napoleon politisch geformt, mit dem Nahziel einer Restauration althistorischer Autoritäten. So fehlte in Deutschland nicht nur die enge Verbindung des bürgerlichen Freiheits- und Nationalbewußtseins mit den Ideen der Demokratie, die in Westeuropa selbstverständlich war, sondern im Gegenteil: es gehörte beinahe zu den festen Traditionen deutscher bürgerlicher Bildung, sich auch als Liberaler irgendwie im Gegensatz dazu zu wissen; jedenfalls bildeten die Bewunderer und Anhänger westeuropäisch-demokratischer Lebens- und Verfassungsformen auch nach 1918 im höheren deutschen Bürgertum nur eine Minderheit.[3]

Von hier aus wird deutlich, warum die nationalsozialistische Propaganda in der deutschen Bildungswelt eine so erstaunlich verführerische Wirkung haben konnte. Wenn sie die demokratische Ideologie des Westens verächtlich machte, von „völkischen“ Idealen sprach, von einer „Neugeburt deutschen Wesens“, von „Treue“ und „Gefolgschaft“ statt von blindem Gehorsam und Kommando, von deutscher „Volksgemeinschaft“, von organischer Gliederung des Volkes in seine Stände, Berufe, Gaue, heimatliche Landschaften, von Gebundensein des wahren Volkes an Blut und Boden im Gegensatz zu den entwurzelten, heimatlosen Massen der Großstädte und Industriezentren, und wenn sie schließlich immer wieder erklärte, der neue Staat solle nur ein Werkzeug des deutschen Volkstums sein, dieses aber bilde eine große Einheit in Europa über alle staatlichen Grenzen hinweg – so klang das alles wie eine Erfüllung alter deutscher romantischer Sehnsuchtsträume. Unzählige Deutsche, vor allem die aus der Jugendbewegung stammenden, haben sich dadurch täuschen lassen und hörten aus so viel schillernden Worten eben das heraus, was ihrem Begriff von deutscher Wesensart, deutscher politischer Sendung entsprach. Es hat nicht lange gedauert, bis sie aus ihren Illusionen erwachten und tief ernüchtert bemerkten, was dieses „Dritte Reich“ in Wirklichkeit war: ein rein politisches Machtgebilde, zustande gebracht durch die Mobilisierung eben jener wurzellosen Massen der Großstädte, die von „Blut und Boden“ gerade gar nichts wußten, ein „totalitärer“ Staat, der alles eigengewachsene Volkstum rücksichtslos in seinen Dienst zwang, geistig uniformierte, durch Terror alles Eigenleben erstickte – mit anderen Worten: ein revolutionäres Gebilde durchaus im Stil der französischen, russischen, italienischen Terroristen, legitimiert allein durch die Berufung auf jenen egalitären „Gemeinwillen“ Rousseaus, der kein Recht der Minderheiten kennt und keinen Widerspruch, keinen Sondergeist duldet.

Immerhin: es gab die Möglichkeit einer solchen Einsicht, und wo der Glaube an Freiheit und Recht als Lebensideale echt war, da wurde sie schon bald erreicht. Man kann das besonders deutlich an der Erscheinung des hochbegabten Münchner Rechtsanwaltes und Publizisten Edgar J. Jung verfolgen. Sein Buch „Die Herrschaft der Minderwertigen“ (1927) gehört zu jenen Erscheinungen „jungkonservativer“ Publizistik, deren politische Wirkung recht fragwürdig bleibt: romantische Ideale deutschen Volkstums, deutschen „Selbstopfers“, deutschen Seelenlebens, deutscher übernationaler Führungsansprüche in Osteuropa unter „Überwindung des westlichen Nationalstaatsgedankens“, vor allem Herrschaft einer „hochwertigen Elite“ im Staat – das alles war als geistiges Rüstzeug gegen den Nationalsozialismus praktisch unbrauchbar. Dennoch hat er, wie uns bezeugt wird,[4] als streng rechtlich und humanitär denkender Mensch, als Christ und als Träger europäischer Bildung das Hitlertum von Anfang an nicht nur abgelehnt, sondern praktisch bekämpft und als Gehilfe von Papens dessen oppositionelle Haltung versteifen helfen, insbesondere an jener Marburger Rede Papens (17. Juni 1934) mitgearbeitet, die wie ein erster Trompetenstoß des offenen Widerstands wirkte. Bald darauf fiel er als einer der ersten Blutzeugen der bürgerlichen Opposition unter den Opfern des 30. Juni.

Man hat im Kreise jenes „deutschen Herrenklubs“, dem Edgar Jung gemeinsam mit Papen, Schleicher und den Jungkonservativen Heinrich v. Gleichen, Treviranus u. a. angehörte, vielleicht zuviel und zu geistreich über allerhand Reformideen und taktische Probleme der Kulissenpolitik diskutiert und darüber den nüchternen politischen Instinkt verloren. Im Grund bedurfte es aber nur dieses Instinktes und eines unbeirrbaren humanitären Rechtssinns, um das Dämonische der nationalsozialistischen Haßpredigt und Massenverführung zu durchschauen. Männer, die sich nicht täuschen ließen, die schon vor der „Machtergreifung" Hitlers dessen Bewegung mit Entsetzen anwachsen sahen und denen die Judenhetze des 1. April 1933, die Greueltaten der SA, der falsche Lärm um den Reichstagsbrand und viele ähnliche Erscheinungen nur bestätigten, was sie immer befürchtet hatten, waren gar nicht so selten im deutschen Bürgertum. Jeder Mitlebende könnte sie aus seinem Bekanntenkreis aufzählen. Aber die wenigsten hatten Mut oder Möglichkeit, mit ihrer Opposition offen hervorzutreten. Wer in Berlin saß und persönliche Verbindungen zu den Zentralen der Reichsverwaltung hatte, erfuhr am meisten und wurde dann auch wohl in Einzelaktionen zur Abdämmung oder Abschwächung des Unheils verstrickt. Wir hören von mancherlei Berliner Kreisen, die sich schon 1933 gegen das Hitler-Regiment förmlich verschworen, Verfolgte schützten oder ihnen zur Flucht verhalfen, in dieser oder jener Form auf Männer der neuen Regierung einzuwirken suchten, schon damals über alle Möglichkeiten zum Sturz des neuen Regimes nachsannen. Brüning, der zeitweise im Mittelpunkt solcher Bestrebungen gestanden zu haben scheint, spricht sogar von „weit verbreiteten Versuchen zu offenem Widerstand", von ihrer Verbindung mit „starken Gruppen in der Reichswehr" und „mit der wachsenden Zahl prominenter Nazis", die mit Hitlers Regime unzufrieden waren,[5] begnügt sich aber leider mit ziemlich vagen Andeutungen. Nur so viel wird deutlich, daß er selbst sofort nach dem 30. Januar 1933 Verbindung mit Schleicher aufgenommen hat und daß dieser bald auf ein Eingreifen Hindenburgs, bald auf das des Generals v. Hammerstein rechnete, der als Chef der Heeresleitung (bis Januar 1934) zur Opposition hielt.[6] Rudolf Pechel, der Herausgeber der „Deutschen Rundschau", weiß von Verbindungen zwischen Brüning, Treviranus und Edgar Jung, der genaue Pläne für einen Umsturz und sogar schon eine neue Ministerliste ausgearbeitet habe.[7] War etwa die Marburger Rede Papens als eine Art von Signal für diese „Erhebungspläne" gedacht? Sicherlich ist Jung, der ein Mann von großem politischem Ehrgeiz war und (nach Papen) kein Geheimnis daraus machte, daß er die „Seele des Widerstands" sei, nicht bloß um der Marburger Rede willen ermordet worden; – freilich scheinen seine Verabredungen recht vager Natur gewesen zu sein, und sie wurden mit großer Unvorsichtigkeit betrieben. Auch Brüning und Treviranus mußten in diesen Mordtagen schleunigst ins Ausland entfliehen.

Man sieht: es hat offenbar eine bürgerliche Verschwörung gegen das Hitler-Regiment schon in dessen ersten Jahren gegeben, und erst die Schreckenstaten des 30. Juni haben ihr zunächst ein Ende gemacht. Überdies fehlte es nicht an einzelnen mutigen Männern, die sich dem Terror (ähnlich wie Goerdeler in Leipzig) nach Kräften widersetzten. Der Jurist Fabian von Schlabrendorff, damals als Hilfsarbeiter im preußischen Innenministerium tätig, berichtet von der tapferen Haltung seines Staatssekretärs Herbert von Bismarck und seiner eigenen altkonservativen Freunde, wie Ewald von Kleist, Landrat v. d. Osten und anderer, die sich schon vor 1933 vergeblich bemühten, den verhängnisvollen Kurs, den die Deutschnationale Partei unter Hugenberg nahm, umzusteuern, und die sich auch nachher durch keine Gefahr schrecken ließen.[8] Ewald von Kleist ist später eines der Opfer des 20. Juli geworden, unter denen sich überhaupt eine auffallend große Zahl preußischer Adeliger findet – nicht zufällig; denn in diesen Gestalten wurden eben jene heilsamen Kräfte altpreußischer Tradition, von denen wir früher sprachen, zu Fleisch und Blut. Es wäre aber sehr einseitig und ungerecht, nur sie als wirksam anzuerkennen. Unter den frühesten Vorkämpfern des Widerstands gegen Hitler gab es auch Süddeutsche und Katholiken wie den Adjutanten Papens, Graf Ketteler, oder den Freiherrn Karl Ludwig von Guttenberg, Herausgeber der „Weißen Blätter" – einer Monatsschrift, die es sich ähnlich wie die „Deutsche Rundschau" zur Aufgabe machte, die literarische Opposition, offen und getarnt, bis an die äußerste Grenze des Möglichen zu treiben. Alle möglichen Berufsstände waren im Kreise der sich langsam sammelnden bürgerlichen Opposition vertreten. So finden wir im Berliner Kreis (um nur ein paar Beispiele zu nennen) die früheren Diplomaten Mumm von Schwarzenstein und (einige Jahre später) Ulrich von Hassell, den Großkaufmann Nikolaus von Halem, einen der aktivsten Widerstandskämpfer, den Arzt Brünings, Prof. Zanter, einzelne Gelehrte wie Eduard Spranger oder Rudolf Smend und viele andere mehr. Seit Ende 1933 wurden auch die Einflüsse der kirchlichen Opposition immer stärker; das Dahlemer Pfarrhaus Niemöllers hat manchen politischen Verschwörer unter seinem Dach gesehen, und Dietrich Bonhoeffer, als Berliner Professorensohn in weiten gesellschaftlichen Verbindungen stehend, hat die Berührung mit der Politik nicht gescheut, sondern als Pflicht betrachtet.

Darin freilich unterschied sich diese bürgerliche Opposition von der kirchlichen, und ebenso von der proletarisch-sozialistischen, daß sie immer nur einzelne zu Gruppen sammeln, nicht aber daran denken konnte, eine Volksbewegung gegen Hitler in Gang zu bringen. Soweit sie konkrete Umsturzpläne entwickelte, konnte sie diese nur in der Form des Staatsstreichs, der Revolution von oben her, zu verwirklichen hoffen. Ein Staatsstreich war aber nicht denkbar ohne Unterstützung durch die bewaffnete Macht. Und so wurde das Verhältnis der Politiker zu den Militärs von Anfang an, schon lange vor dem Eintritt Goerdelers in die politische Aktion, zum zentralen Problem der bürgerlich-nationalen Widerstandsbewegung.

Neuntes Kapitel

DIE HALTUNG DER SOLDATEN

Wer die politische Haltung der Soldaten im Reiche Hitlers verstehen will, muß zurückgreifen auf die Traditionen der Reichswehr, des Freiwilligenheeres der Weimarer Republik. Ihr Verhältnis zum Staate ist gekennzeichnet durch eine tiefe Zwiespältigkeit. Die älteren Offiziere, die jetzt in höherem Dienstrang standen und noch aus der alten kaiserlichen Armee stammten, trugen deren Berufsethos noch ganz lebendig in sich. Aber das ganz persönliche Treueverhältnis zum Staatsoberhaupt war durch die Ereignisse von 1918 nun doch zerstört. Für die Autorität des Staatsoberhauptes alles einzusetzen, war ihnen vor 1918 nicht nur dienstliche Pflicht, sondern zugleich Herzenssache gewesen. Mit dem Reichspräsidenten Ebert verband sie nichts, mit Hindenburg wohl die gemeinsame Erinnerung an die Kaiserzeit und die persönliche Achtung seines Feldherrnruhms – beides aber doch gebrochen durch schmerzliche, ja peinliche Erinnerungen an die Novembertage von 1918, in denen auch Hindenburg den Kaiser hatte fallen lassen, sich von Ludendorff getrennt, Groener an seine Stelle gesetzt und das geschlagene Heer den neuen Machthabern zur Verfügung gestellt hatte. Die beiden Männer, die bei dieser Wendung entscheidend mitgewirkt hatten, Groener und Schleicher, waren in der neuen Reichswehr nicht beliebt – gerade weil sie dem neuen Staat sich enger verbunden fühlten als die meisten ihrer Kameraden. Die betrachteten sich wohl als Waffenträger der Republik – einzige Waffenträger zu sein gehörte zu ihrem Berufsstolz –, aber in einem ganz äußerlichen Dienstverhältnis, kühl bis ans Herz hinan. Ihr Offiziersideal verkörperte am vollkommensten der Organisator und Chef der Wehrmacht: General von Seeckt. Es war lange üblich, ihn das Urbild eines „unpolitischen" Soldaten zu nennen. Wie sein Nachlaß inzwischen gezeigt hat, ist das nur bedingt richtig. Es hat ihm weder an politischem Ehrgeiz, noch an einer gewissen politischen Verschlagenheit, noch an eigenen politischen Zielen gefehlt. Er hat mehr als einmal nach dem Präsidentenposten gestrebt und zur Durchsetzung eigener Ziele sich nicht gescheut, sehr nachdrücklich in die deutsche Außenpolitik hineinzureden.[1] Als ihm Ebert während der Staatskrise 1923 die „vollziehende Gewalt" übertrug, hat er eine Zeitlang mit dem Gedanken eigener „Machtergreifung" und einer durchgreifenden Reichsreform (mit dem Ziele einer Stärkung der Präsidialgewalt) gespielt – Gedanken, in denen ihn Goerdeler, der ihm damals eine Reformdenkschrift übersandte, noch bestärkt zu haben scheint.[2] Schließlich war er aber doch zu klug, um den Fortbestand der Reichswehr und die mühsam erkämpfte innere Ruhe der Republik durch politische Abenteuer zu gefährden. So gab er seine Vollmachten in dem Augenblick zurück, als er merkte, daß sich seine Autorität durch unpopuläre Maßnahmen (wie die Auflösung der extremen Rechts- und Linksparteien) rasch verbrauchte. Innerpolitische „Querverbindungen" auch mit der Linken und mit den Gewerkschaften zu suchen wie Schleicher, lag ihm gänzlich fern, parteipolitisches Treiben war ihm fremd und wenig interessant. Im Grunde interessierte ihn wohl nur die eine politische Frage, die jeden Soldaten bewegte: die nach der Möglichkeit für Deutschland, wieder „aktive Macht" zu werden. „Aktive Politik" treiben aber hieß für Seeckt nichts anderes als „den Kampf vorbereiten": den Kampf gegen Frankreich und Polen zur Zerstörung des Vertragswerkes von Versailles, und zwar mit Hilfe Rußlands, dessen Rote Armee er sich als Verbündeten dachte und zu verstärken eifrig bemüht war. Dieser Kampf, meinte er, würde „uns nicht erspart bleiben", falls wir uns nicht bereit fänden, fortdauernd „den Franzosen und Polen aus der Hand zu fressen". Bekanntlich hat er sehr viel Geld und Kraft an den heimlichen Aufbau einer hochmodernen Rüstungsindustrie gewandt, die beiden Armeen, der bolschewistischen und der deutschen, nutzbar werden sollte. Innerpolitische Bedenken gegen eine solche Bundesgenossenschaft schob er als „politischen Kinderschreck" verächtlich beiseite. Das war auch Politik – aber eine rein militante. Die große Denkschrift, in der Seeckt das alles im September 1922 dem Reichskanzler Wirth vortrug, muß man schon eine klassische Formulierung „militaristischen Geistes" nennen.

In diesem Geist, nicht aber in dem einer reinen Schutz- und Polizeitruppe ohne politischen Ehrgeiz hat Seeckt seine Generalität erzogen. So wie er selbst (nach der Formulierung seines Biographen) „auf seine Stunde wartete", so taten sie es im Grunde alle. Natürlich nicht auf einen neuen Zweifronten- oder gar Weltkrieg (wir werden noch sehen, daß sie den wie das Feuer scheuten), überhaupt nicht blindlings auf einen neuen Krieg – beileibe nicht; wohl aber darauf, daß eine veränderte Weltkonstellation Deutschland die Möglichkeit geben würde, so stark aufzurüsten, daß es keine französisch-polnischen Angriffe mehr zu fürchten brauchte und damit in die Lage käme, wieder „aktive Politik" (mit Machtgewicht) zu treiben. Sie hätten keine Soldaten sein müssen, wenn sie nicht bereit gewesen wären, jedem zu folgen, der ihnen das versprach. Der Gedanke, daß Rußland dabei irgendwie hilfreich werden könnte, war schon so fest verwurzelt, daß der Wehrminister von 1937, General v. Blomberg, die

freundschaftlichen Beziehungen zur Roten Armee noch jahrelang nach Hitlers Machtergreifung weitergepflegt hat – trotz aller antibolschewistischen Proklamationen der Nationalsozialistischen Partei.
Seeckt wurde 1926 gestürzt, aus einem an sich höchst unbedeutenden Anlaß; dahinter steckte aber das Mißtrauen der Republik gegen seine Eigenmächtigkeit. Es folgten dann unter Gessler und Groener viele Anstrengungen, das Offizierkorps politisch im Sinne der Weimarer Demokratie zu erziehen, in Vortragskursen und Belehrungen jeder Art, um die sich vor allem auch Schleicher als Chef des neugeschaffenen, rein politischen „Ministeramtes" eifrig bemüht hat. Das alles glitt aber (nach dem Zeugnis von Miterlebenden) von der Mehrzahl ab wie Wasser vom Regenmantel. Ja, es erschütterte in nicht wenigen Fällen das Vertrauen zu der neuen Heeresleitung. Unter dem zweiten Nachfolger Seeckts, General Freiherrn von Hammerstein-Equordt, einem Grandseigneur von ebenso großer Lässigkeit im Dienst wie Freiheit von politischen Vorurteilen (er galt im Ministerium als „roter General", und eine seiner Töchter war Kommunistin), scheint diese Erschütterung noch zugenommen zu haben. Jedenfalls behauptet von Fritsch, der ihn im Februar 1934 ablöste, er habe bei seinem Amtsantritt nur noch ein „Trümmerfeld" vorgefunden.[3] Nun waren es aber gerade die Hammerstein, Groener und Schleicher, die dem Nationalsozialismus am entschiedensten widerstrebten. Aus ihrem Mißerfolg zu schließen, die Mehrzahl der deutschen Offiziere wäre dem Nationalsozialismus wohlgesinnt gewesen, würde ein Kurzschluß sein. Für den deutschen Durchschnittsoffizier verkörperte sich die Republik von Weimar hauptsächlich in der Sozialdemokratie. Gegen diese herrschte stärkstes Mißtrauen. Ihre wehrfeindliche Haltung vor 1914 war noch unvergessen und ebenso ihr Kampf gegen Ludendorff während des Weltkriegs. Auch das Bündnis, das ihre Führer wie Ebert und Noske nach 1918, im Kampf gegen die extreme Linke, mit den Generälen geschlossen hatten, änderte daran nicht allzuviel, und manche späteren Ereignisse wie Scheidemanns öffentliche Bloßstellung der Rußlandgeschäfte Seeckts (1926) oder Löbes Antrag auf parlamentarische Kontrolle des Offiziersersatzes weckten neue Erbitterung. Wehrfeindliche Äußerungen der sozialdemokratischen Presse verstärkten sie noch. Man traute den „Erfüllungspolitikern" von der Linken keine rechte Tatkraft in der Außenpolitik und keine echte „Wehrfreudigkeit" zu. Man fürchtete aber auch immer, es könnten bei uns ähnliche Zustände eintreten wie in Frankreich nach dem Dreyfus-Prozeß: daß die „Zivilminister" eine politische Gesinnungsschnüffelei in der Armee einführten und damit das streng sachliche Leistungsprinzip bei Stellenbesetzungen und Beförderungen zerstörten. Dagegen hat sich noch jede Berufsarmee zur Wehr gesetzt, und so erklärt es sich wohl auch, daß der Oberst Beck, der später zum Führer

der Widerstandsbewegung gegen Hitler geworden ist, sich 1929 als Ulmer Regimentskommandeur schützend vor seine Leutnants Ludin und Scheringer stellte, als sie wegen verbotener Werbetätigkeit für den Nationalsozialismus vor Gericht gestellt wurden.

Eifersüchtige Wahrung der politischen Unabhängigkeit, Sicherung einer Sonderstellung der Armee als „Staat im Staate", Festhalten am strengen Leistungsprinzip – das richtete sich nun freilich gegen jeden Parteieinfluß, grundsätzlich also auch gegen den der Hitler-Partei. Hier kam noch vieles dazu, das die Abwehr verstärkte: die natürliche Abneigung des Berufssoldaten gegen eine Militarisierung breiter demokratischer Massen, ja des ganzen Volkslebens, durch die das Militärische als solches entwertet wird; die Geringschätzung der Fachleute gegenüber dem dilettantischen Treiben des politischen Soldatentums und eines Führerkorps, das jedem Berufsoffizier wie ein Zerrbild seiner selbst erschien; die Sorge vor einer Konkurrenz der Parteiarmee mit der Reichswehr, die Erfahrung, daß der vormilitärische Drill der Braunhemden die Brauchbarkeit der Rekruten mehr schädigte als förderte. Schließlich und nicht zuletzt der Widerwille des in ritterlichen Standestraditionen und adlig-bürgerlichen Lebensformen erzogenen Offizierkorps gegen das Proletarische und Marktschreierische der Hitler-Bewegung, zumal gegen die Roheit ihrer Saalschlachten und Straßenkämpfe. So erklärt es sich, daß bis 1933 die Haltung der älteren, noch aus der alten Armee stammenden Offiziere gegenüber dem Nationalsozialismus fast durchweg zurückhaltend, vielfach skeptisch oder scharf ablehnend war. Eine Ausnahme machte nur Oberst von Reichenau, der als intriganter Streber galt.[4]

Aber war die Wirkung solcher Standestraditionen stark genug, um ihre Träger zum aktiven Widerstand gegen das nationalsozialistische Regiment anzutreiben? Als Reichskanzler hat Hitler sich um keinen Stand mehr bemüht als um das Offizierkorps, und schon seine ersten Schritte in die Politik hatte er ja mit Unterstützung von Reichswehrorganen getan. Schließlich gab es keinen zweiten Politiker in Deutschland, der die Wiederherstellung deutscher Wehrhoheit mit solcher Energie förderte wie er: eine für jeden Offizier bestechende Aussicht! Wie verführerisch sie wirkte, kann man am Beispiel Seeckts sehr deutlich verfolgen. Es wird schon richtig sein, daß er nie zum überzeugten Nationalsozialisten geworden ist, sondern im Grunde der Hitler-Partei mit derselben Kühle gegenüberstand wie allem Parteitreiben. Gleichwohl beantwortete er Ende 1930 eine Anfrage der Deutschen Allgemeinen Zeitung, ob er eine Regierungsbeteiligung der Hitler-Partei für wünschenswert halte, mit einem „uneingeschränkten Ja. Sie ist mehr als das, sie ist notwendig . . . Das, was in dieser Bewegung den Kern bildet, das nationale Empfinden, der Wehrwille, das soziale

Verständnis, alles getragen von einem jugendlichen, reformbestrebten Auftrieb, alle diese Elemente sind ein notwendiger Bestandteil der Regierung der Zukunft. Diese Regierung muß die Form eines Keils haben, dessen stählerne Spitze die Vernunft ist, die von der Macht vorwärtsgetrieben wird gegen die Wand wirtschaftlicher Hemmnisse und äußerer Feindschaft ... Bei dem Stoß dieses Keils werden Späne fliegen, das ist unvermeidlich. Die Formalisten und Bürokraten werden beiseite geschoben, und es wird nicht schade um sie sein."[5]
Im Frühjahr 1931 hatte er eine persönliche Aussprache mit Hitler, die ihm einen „außerordentlich tiefen" Eindruck machte, wenn er auch dem „Führer" erklärte, seinen eigenen Stil nicht mehr ändern zu können. Ein Jahr später riet er seiner Schwester, Hitler statt Hindenburg zu wählen, wobei er eigene Präsidentschaftshoffnungen begrub. Bald darauf hielt er zur Sonnwendfeier des oberbayrischen Stahlhelms eine Rede, die kaum noch etwas von seinem „eigenen Stil" erkennen läßt, vielmehr die bis dahin sorgsam gepflegte Prägnanz Moltkescher Redeweise durch Wagnerische Redensarten ersetzte: „Nur wer das Fürchten nie gelernt, schmiedet Notung neu!"
Als Seeckt so redete, war er schon lange nicht mehr im Amt, aber noch immer vornehmster Repräsentant des Geistes, der die Mehrzahl seiner Standesgenossen beherrschte. Als solcher trat er auch in vielen Vorträgen, in- und ausländischer Veröffentlichungen, auf. Inzwischen waren nationalsozialistische Ideen längst in die unteren Ränge der Armee eingedrungen, hatten aber auch in den oberen zu wirken begonnen, teilweise auf dem Weg über den „Stahlhelm" und die „Harzburger Front". Schon 1932 stand ein so großer Teil der wehrfähigen und wehrfreudigen Jugend im Lager Hitlers,[6] daß die Reichswehrleitung nicht mehr wagte, eingeschriebene Parteimitglieder von der Aufnahme in ihre Reihen auszuschließen, daß Schleicher im Juni gegen Groener die Aufhebung des Verbotes der SA durchsetzte und es Anfang Dezember für unmöglich erklärte, den offenen Kampf gegen die Partei, wie ihn Papen damals forderte, mit Hilfe der Armee durchzuführen.[7] Er suchte damals noch nach Mitteln, die Hitler-Bewegung durch eine innere Spaltung zu lähmen und ungefährlich zu machen. Sieben Wochen später war auch er am Ende seiner Künste. Tatsächlich war jetzt Hindenburg durch das Widerstreben der Reichstagsparteien gegen sein Präsidialkabinett in eine Lage gebracht worden, in der ihm faktisch gar nichts anderes übrigblieb, als entweder die Verfassung offen zu brechen und ohne den Reichstag zu regieren, allein auf die Reichswehr gestützt, oder aber ein Hitler-Kabinett zu berufen – mit den von Papen eingebauten Sicherungen gegen eine Hitler-Diktatur (die sich nachträglich als unwirksam erwiesen haben). Man begreift, daß er sehr unwirsch wurde, als in diesem allerletzten Augenblick der Chef der Heeresleitung vor ihm erschien und die Ent-

lassung Schleichers als „untragbar“ für die Reichswehr bezeichnete. Nach einer gut überlieferten Erzählung hat er den General v. Hammerstein höchst ungnädig angebrummt: er wünsche keine politische Belehrung durch seine Generäle, sie sollten sich lieber mehr um ihre Herbstmanöver kümmern und die Politik anderen Leuten überlassen. Es war die natürliche Reaktion des alten Soldaten auf eine Handlung, die er im altpreußischen Stil als „Insubordination“ empfinden mußte. Was Hammerstein nun eigentlich vorgetragen hat, ist nicht mehr mit voller Sicherheit zu erkennen. Nach einem Bericht des mitanwesenden Generals v. d. Bussche hätte er schwere Sorge vor einer „inneren Zersetzung“ der Truppe durch nationalsozialistische Propaganda und vor der politischen „Maßlosigkeit“ Hitlers geäußert. Ein Bericht, den Hammerstein selbst 1935 niedergeschrieben hat (zur Abwehr nationalsozialistischer Angriffe auf sein Verhalten in der Junikrise) versichert statt dessen, er habe gegen die Bildung eines Präsidialkabinetts Papen—Hugenberg ohne Mitwirkung Hitlers protestiert, weil die Reichswehr außerstande sei, dieses Kabinett gegen 93Prozent des deutschen Volkes zu stützen. Dazu stimmt aber schlecht, was er selbst (in voller Übereinstimmung mit v. d. Bussche) von Hindenburgs Antwort berichtet: die Herren würden ihm, dem Präsidenten, doch wohl nicht zutrauen, daß er den „österreichischen Gefreiten“ zum Wehrminister oder gar zum Reichskanzler berufen würde! Der Generaloberst muß also doch in irgendeiner Form auch vor Hitler gewarnt haben, nicht bloß vor einem Kabinett Papen—Hugenberg ohne Mitwirkung Schleichers oder Hitlers. So oder so: zu einem offenen Kampf, einem Bürgerkrieg gegen die Hitler-Bewegung war er jedenfalls nicht bereit; in erster Linie kam es ihm doch wohl darauf an, seinen Freund Schleicher im Amt zu erhalten. Jedenfalls hat er sich eifrig darum bemüht, in der illusionären Hoffnung, dieser könnte als Wehrminister ein wirksames Gegengewicht gegen Hitler im Kabinett bilden und die „Maßlosigkeit“ des großen Demagogen mit Hilfe der Reichswehr abdämmen. Solche Vorhaltungen waren nicht sehr eindrucksvoll und kamen in jedem Fall bereits zu spät. Wie wenig man sich überdies auf das Wort eines Hindenburg verlassen konnte, wurde wieder einmal klar, als der Präsident bereits am nächsten Tag in aller Form das Kabinett Schleicher entließ und Herrn von Papen den Auftrag gab, mit Hitler zu verhandeln.[8]

An Hammersteins Protestschritt hat sich nun sogleich die Legende angeknüpft, er habe Schleicher veranlaßt, noch im letzten Augenblick seiner Amtstätigkeit als Wehrminister die Potsdamer Garnison zu mobilisieren, um durch einen Putsch in Berlin die Ernennung Hitlers gewaltsam zu verhindern, diesen zu verhaften, einen „Reichsnotstand“ zu erklären und Hindenburg nötigenfalls gewaltsam nach Ostpreußen abzuschieben. Das Gerücht geht auf eine offenbar sehr aufgeregte Unterhaltung zurück, die am Vormittag des 29. Januar im Freundeskreise Schleichers, vielleicht auf Veranlassung Hammersteins, jedenfalls mit dessen Teilnahme stattgefunden hat. Ohne jede nähere Orientierung über das, was jetzt im Präsidentenpalais vor sich ging, beriet man, was die Reichswehr jetzt noch tun könnte, um ihren politischen Einfluß auf die neue Regierung zu sichern. Man hielt Schleicher noch immer für unentbehrlich als politisches Organ der Armee. Von einem auswärtigen Ratgeber (Otto Wolff, Köln) soll telefonisch der Ratschlag gekommen sein, mit militärischer Gewalt gegen den Reichspräsidenten vorzugehen, der jetzt wohl nicht mehr voll zurechnungsfähig und in Gefahr sei, politischen Abenteurern in die Hände zu fallen. Sicher ist, daß Schleicher diesen absurden Gedanken keinen Augenblick ernst genommen hat. Statt dessen wurde Hammerstein veranlaßt, am Nachmittag sich persönlich mit Hitler zu treffen, Näheres über die laufenden Verhandlungen zu erkunden und (wie ich vermuten möchte) auf alle Fälle für die Beibehaltung Schleichers als Kriegsministers sich einzusetzen. Veranlaßt war dieser Besuch durch die Nachricht, Hindenburg habe Schleicher völlig fallen lassen und bereits telegrafisch den General von Blomberg, der ihm von Ostpreußen her vertraut war, aus Genf herbeigerufen, wo er in der Abrüstungskommission des Völkerbunds tätig war.[9] Hitler zeigte sich Hammerstein gegenüber bereit, Schleicher als Wehrminister in sein Kabinett aufzunehmen; offenbar hat er die Ränke des großen Intriganten ebensowenig gefürchtet wie die Vizekanzlerschaft eines Papen.

Im letzten Augenblick schaltete sich aber nun ein Zwischenträger in die Verhandlungen ein: Werner von Alvensleben, ein politischer Geschäftemacher, der als Leiter eines obskuren Antikomintern-Büros sich zwischen Regierung und Hitler-Partei wichtig zu machen suchte und bald der einen, bald der andern Seite sich als Vermittler anbot. Am Abend des 29. alarmierte er die nationalsozialistische Führerclique, die im Kaiserhof auf die Ernennung Hitlers wartete, mit der Nachricht, Schleicher sei soeben im Begriff, die Potsdamer Garnison zur Durchführung eines Staatsstreiches nach Berlin marschieren zu lassen.[10] Das führte zu stärkster Aufregung, Alarmierung der Berliner SA und eines befreundeten Polizeimajors, der die Wilhelmstraße durch Schutzpolizei decken sollte, vor allem zur Meldung an Papen und durch ihn an Hindenburg. Der „Alte Herr" selbst blieb ziemlich unberührt: er hielt das Ganze für bloßen Wind. Sein Sohn Oskar dagegen und Papen zeigten sich sehr besorgt. Praktisch war das Ergebnis, daß Hindenburg nun beschloß, die Ernennung des neuen Reichswehrministers beschleunigt durchzuführen, noch vor der Bildung des neuen Reichskabinetts, um allen Schleicherschen Intrigen ein Ende zu machen. Hammersteins Versuch, den von Genf kommenden Blomberg am frühen Morgen des 30. Januar durch seinen Adjutanten am Anhalter Bahnhof abzufangen, zu sich zu bestellen und noch in allerletzter Minute zur Ablehnung zu bestimmen, scheiterte. Am Zuge stand auch Oskar von Hindenburg, der den General unmittelbar zu seinem Vater geleitete, wo er sogleich seine Ernennung als Wehrminister empfing. Zwei Stunden später war das Hitler-Kabinett gebildet. So dramatisch, in einer Art von Wettlauf zwischen Militärs und Politikern, vollzog sich der letzte Akt des Dramas, mit dem Deutschlands Unheil begann.

Hitler hat mit der Berufung General Blombergs, den er vorher gar nicht kannte und den sich Hindenburg gerade als einen vermeintlich unpolitischen Soldaten im Sinne der Reichswehrtradition und als persönlichen Vertrauensmann ausgesucht hatte,[11] ein unwahrscheinlich großes Glück gehabt. Keine Persönlichkeit konnte besser geeignet sein, den äußeren Anschein unveränderter Selbständigkeit der Reichswehr aufrechtzuerhalten und diese doch in kaum merklichen Stufengraden zum willenlosen Werkzeug zu machen, als gerade dieser Wehrminister aus der Schule des alten kaiserlichen Generalstabs: kein Parteimann, nicht ohne Anhänglichkeit an die Tradition, aber impressionabel, ein Kavalier und liebenswürdiger Vermittler ohne gefestigte sittliche Grundsätze, nicht ohne phantastische Züge in seiner Weltanschauung – mit einem Wort: nichts weniger als ein Charakter. Weil er empfänglich war für die Suggestivwirkung des großen Rhetors und Demagogen – im Gegensatz zu den meisten seiner Kameraden, nüchtern-sachlichen Technikern des Kriegshandwerks –, gewann er bald das volle Vertrauen Hitlers, mehr als irgendein anderer General. Niemals hat ein deutscher Kriegsminister formal eine solche Fülle der Macht besessen wie er als Minister für Heer und Marine zugleich, nach Hindenburgs Tod (seit 1.6.1935) auch noch als „Oberbefehlshaber der Wehrmacht“, d. h. Inhaber der Kommandogewalt über alle drei Wehrmachtteile. Aber niemals ist auch deutlicher geworden, wie wenig die äußere Organisation der Militärbehörden für das wirkliche Machtverhältnis militärischer und politischer Instanzen bedeutet, wie sehr hier alles abhängt von den Persönlichkeiten und von den allgemeinen politischen Verhältnissen. Blomberg hätte (trotz seines Rückhalts an Hindenburg) nie daran denken können, in ähnlichem Sinn eine „politische Figur“ zu machen wie die Seeckt, Groener und Schleicher. Er hat es aber auch gar nicht gewollt. In das Ministerbüro, das früher Schleicher als Machtposition gedient hatte, berief er den einzigen überzeugten Nationalsozialisten der höheren Stäbe, Oberst von Reichenau. So konnte Hitler ohne Sorge sein und Hammerstein, dessen Mißtrauen und Abneigung er genau kannte,[12] zunächst an der Spitze der Reichswehr belassen, ja sogar in dessen Hause, unmittelbar nach der Regierungsbildung, einen Empfang der Generalität veranstalten, mit einer Programmrede, von der er selbst später meinte, es sei eine seiner schwierigsten

Reden gewesen angesichts der Eiseskühle, mit der man hier seine Worte aufnahm.[13] Übrigens scheint es, daß Hammerstein, wie in allen seinen Dienstgeschäften, so auch in der Vertretung der Wehrmachtinteressen gegen die Partei sich recht lässig erwiesen hat.[14]

Mit vollendeter Klugheit hat Hitler überhaupt, solange Hindenburg noch lebte und darüber hinaus, die Empfindlichkeiten der Reichswehr geschont, ja förmlich um ihre Sympathie geworben; der Tag von Potsdam (21. März 1933) diente vor allem diesem Zweck. Den Generälen trat er, wie sein Adjutant Hoßbach berichtet, bis 1937 mit betonter Achtung gegenüber, mischte sich in Fragen der Ausbildung, der Taktik und Strategie, aber auch in Einzelheiten der Personalbesetzung niemals ein und vermied es, Beschwerden über seine Partei, die man ihm persönlich vortrug, abzuweisen. Unangenehmen Entscheidungen in solchen Fragen wich er lieber durch einen Redeschwall aus, dem keiner der Militärs gewachsen war. Gegen politische Verleumdungen aus der Partei und gegen die Rivalität der SA hat er die Reichswehr mehrfach in Schutz genommen, in Godesberg 1933 eine gemeinsame Tagung von Wehrmacht- und SA-Führern zum Ausgleich der Gegensätze veranstaltet, am 7. Januar 1935 eine förmliche Kundgebung in Berlin abgehalten, die sein volles Vertrauen zum Oberbefehlshaber (damals Fritsch) gegen alle Verleumdungen der SS bezeugen sollte.

Zuletzt war das alles bloße Taktik und äußere Form. In den entscheidenden Fragen seiner Wehrpolitik hat sich Hitler um keinen Rat oder Einspruch militärischer Fachleute gekümmert. Sowohl die Wiedereinführung der allgemeinen Wehrpflicht 1935 wie die Rheinlandbesetzung 1936 hat er selbstherrlich verfügt, ohne vorher auch nur einen der Militärs zu befragen. Als Blomberg zuerst von der bevorstehenden Verkündung des neuen Wehrgesetzes und dem großen Umfang der von Hitler geplanten Heeresverstärkung hörte, war er entsetzt, weil er sofort den bewaffneten Einspruch des Auslands befürchtete. Die Generäle der Reichswehr nahmen das Gesetz überhaupt mit sehr gemischten Empfindungen auf; denn die Einführung der allgemeinen Wehrpflicht bedeutete ja, daß nun die letzten Dämme zerbrachen, die bisher das Offizierkorps und die Truppe vor der Überflutung durch fanatische Parteianhänger geschützt, der Armee so etwas wie einen eigenen Korpsgeist hatten bewahren helfen. In der Tat ist dieser Dammbruch an erster Stelle zu nennen, wenn man nach Gründen für das Versagen des militärischen Widerstands gegen Hitler fragt. Man hat dafür immer wieder die „preußische Disziplin" und die mangelnde politische Erziehung des Offizierkorps, die Einseitigkeit seines militärischen Denkens verantwortlich gemacht. Aber ohne strengste Disziplin gibt es überhaupt keine leistungsfähige Armee, und politische Bildung schützt nicht vor politischen Torheiten und Leidenschaften. Denn die Politik ist in erster Linie nicht eine Sache des Wissens, sondern des Instinkts, des Willens und des Charakters; der aber läßt sich durch keine Erziehung garantieren. Schließlich war der deutsche Durchschnittsoffizier politisch nicht schlechter gebildet als der Durchschnittsdeutsche überhaupt. Wenn er vorzüglich zum Gehorsam erzogen war, so kann auch das Gehorchenkönnen eine politische Tugend sein, und politisierende Soldaten haben nach aller geschichtlichen Erfahrung (gerade auch in Preußen und Deutschland)[15] viel häufiger Unheil als Nutzen gestiftet. Zur Tradition der altpreußischen Armee gehörte nun freilich auch, daß die Spitzen der militärischen Hierarchie eine gewisse Freiheit der Entschließung besaßen. Moltke hat größtes Gewicht darauf gelegt, der obersten Truppenführung nur Weisungen und Aufträge zu selbständiger Ausführung, nicht etwa Kommandos zu erteilen; erst Hitler hat dieser Tradition, auf der die größten Erfolge deutscher Heerführung beruhten, als Oberbefehlshaber ein Ende gemacht. Zum Tragen einer selbständigen Verantwortung bedarf es innerlich freier Persönlichkeiten, und die an der obersten Spitze des Heeres stehenden Persönlichkeiten haben auch ein großes Stück politischer Mitverantwortung zu tragen. Denn die großen Fragen der Rüstung und militärischen Volkserziehung, von Krieg und Frieden und vollends die Probleme der modernen Kriegführung sind zugleich politische Probleme erster Ordnung. Eben deshalb hatte sich Clausewitz das Ideal der „Feldherrnnatur“ ausgedacht, der die oberste Kriegs- und Heeresleitung anvertraut werden sollte: des kriegerischen Genius, in dem sich militärische und politische Begabung vereinigen, der also weit mehr als ein bloßer Fachmann, ein bloßer Kriegstechniker ist. Nur sind leider solche Genies in der geschichtlichen Wirklichkeit das Allerseltenste, und es mag wohl sein, daß der stark technisierte Ausbildungsgang des modernen Generalstabs wenig geeignet ist, sie zu fördern, daß er mehr die tüchtigen Kriegstechniker als die genialen Köpfe an die Spitze bringt. Eine wirklich geniale, überragende Führernatur – zu der immer auch ein sicherer politischer Instinkt gehört – scheint der deutschen Generalität des Zweiten Weltkrieges gefehlt zu haben, trotz überaus tüchtiger Fachleistungen und großer Bravour im einzelnen, und eben dies erleichterte Hitler, dem genialischen Dilettanten, seine spätere Mißhandlung des Generalstabs und sein gewissenloses Spiel mit Menschenleben und Material. Geniale Köpfe konnten aber auch deshalb nicht in Erscheinung treten, weil es der große Abenteurer von Anfang an verstand, selbständige Charaktere von den allerobersten Kommandostellen fernzuhalten und sie durch willfährige Werkzeuge zu ersetzen. Dadurch war alle militärische Opposition gelähmt. An der Dienstbeflissenheit eines Keitel sind im Zweiten Weltkrieg unzählige Proteste der Truppenführer gescheitert.

Aber es gab von Anfang an eine noch tiefer liegende Schwierigkeit. Armeen sind Machtmittel in der Hand der Politik, aber ohne politische Kraft aus eigener Wurzel. Was war es denn, was die Reichswehr im Widerstand gegen den Nationalsozialismus zu verteidigen hatte? Ihre Tradition war: überparteilich zu sein, um jeder gesetzmäßigen Regierung gleichermaßen zur Verfügung zu stehen. Die Hitler-Regierung war gesetzmäßig, und die Überparteilichkeit verlor im Einparteienstaat ihren ursprünglichen Sinn. Man konnte sich nach wie vor wehren gegen alle Versuche, die militärische Leistung durch politische Gesinnung zu ersetzen; aber Hitler war viel zu klug, um seinen Generälen das zuzumuten; im Gegenteil, er schützte sie gegen solche Zumutungen seiner Parteigenossen, löste auf ihr Verlangen das „Wehrpolitische Amt der NSDAP" schließlich auf und veranstaltete sogar 1934 ein grausiges Blutbad unter seinen SA-Führern, als diese die Monopolstellung der Wehrmacht bedrohten. Denn er wußte, daß er sein stärkstes Machtinstrument zerstört hätte, wenn er es (etwa im Stil der Polen unter Pilsudski) zu einer bloßen Parteiarmee hätte werden lassen. Um so weniger konnte die Armee sich auf die Dauer „überparteilich" gebärden, d. h. überzeugte Nationalsozialisten aus ihren Reihen fernhalten. Denn im Einparteienstaat gilt nun einmal das Gesetz: Wer nicht für mich ist, der ist wider mich. Er kennt kein Ausweichen in die (angeblich) unpolitische Neutralität. Da die Masse des deutschen Volkes bis 1937 unzweifelhaft mit Hitler ging, hätte die Reichswehr sich nicht nur völlig isoliert, d. h. ihres eigenen Nachwuchses beraubt, sondern geradezu meutern müssen, wenn sie gegen das Staatsoberhaupt und gegen die allgemeine Volksstimmung einen eigenen politischen Kurs hätte steuern wollen.[16]

Mit andern Worten: die Tradition der Reichswehr bot kein wirklich tragfähiges Fundament für einen politischen Widerstand der Militärs gegen Hitler. Sie war überdies in voller Auflösung, seit die große Aufrüstung begann und das Personal des 100000-Mann-Heeres nun als Führungs- und Instruktionspersonal für den raschen Aufbau eines Volksheeres gebraucht wurde. Den Traditionsträgern ging dieser Aufbau (wir hörten es schon) vielfach zu schnell vor sich; sie fürchteten eine Qualitätsminderung von dem massenhaften Einströmen reaktivierter alter oder nur flüchtig ausgebildeter neuer Offiziere. Aber sie konnten es nicht hindern und sahen mit Schmerz, aber ohnmächtig mit an, wie die frühere, durch viele Traditionen zusammengebundene Kameradschaft des Offizierkorps sich lockerte und das politische Strebertum auch in die Kasinos und Kasernen eindrang. Gab es also überhaupt keine Ansatzpunkte für militärischen Widerstand? Nicht in der Reichswehrtradition als solcher, wohl aber auf der rein moralischen Ebene: in der persönlichen Gewissensentscheidung von einzelnen, denen die Schreckenstaten des neuen Regiments nach und nach die Augen öffneten, sie dessen wahren Charakter kennen lehrten und die nun moralische Empörung in den Widerstand zwang – über alle dienstliche Gehorsamspflichten hinweg. In solcher Empörung konnte viel von dem überlieferten Standesethos des deutschen Offizierkorps fortleben – grundsätzlich unterschied sie sich jedoch nicht von der Haltung der bürgerlichen Opposition.

Wir brauchen nun nicht im einzelnen zu verfolgen, was alles von der deutschen Wehrmachtsführung bis 1937 unternommen worden ist, um Einspruch zu erheben gegen die brutale Juden- und Kirchenverfolgung, gegen Übergriffe der Polizei und SA, gegen die Ausdehnung der Hitlerjugend auf das zarteste Kindesalter, für die Erhaltung der Militärseelsorge, für den Schutz einzelner Verfolgter und dergleichen mehr.[17] Man muß anerkennen, daß auch Blomberg sich an solchen Bemühungen beteiligt hat, wenn auch ohne starken Nachdruck und im ganzen ohne viel Erfolg. Trotzdem gab es dauernde Spannungen zwischen ihm und seinem Gehilfen Reichenau auf der einen, dem Oberbefehlshaber des Heeres und dem Generalstabschef Beck auf der anderen Seite, die ihm zu große Nachgiebigkeit gegen die Parteiwünsche vorwarfen. Als Hammerstein Anfang 1934 abgehen mußte, verhinderte Hindenburg nicht ohne Mühe, daß Reichenau sein Nachfolger wurde. Statt dessen ernannte er den Freiherrn von Fritsch, das Urbild eines Nur-Soldaten und konservativen Reichswehrgenerals, auf den sich nun alle Hoffnungen der Unzufriedenen richteten – im Grunde doch mit Unrecht, wie sich nachträglich gezeigt hat. Gewiß, er war kein Nationalsozialist, schon seiner streng christlichen Erziehung nach der Geistesart dieser Leute innerlich fremd, und er hat die Interessen der Reichswehr traditionsgemäß mit Würde und Energie vertreten, völlig unzugänglich der persönlichen Suggestion des „Führers", der ihn beinahe fürchtete. Dieser behielt ihn trotzdem bei, weil er sein Können und die große militärische Autorität, die er bei der Generalität genoß, zunächst noch brauchte, solange das neue Volksheer noch im Aufbau war. Aber politisch war Fritsch hilflos wie ein Kind, wie seine Briefe und Aufzeichnungen deutlich zeigen, und geradezu ängstlich besorgt, mit politischen Problemen nicht in irgendwelche Berührung zu geraten – auch Goerdeler hat das schon bei der ersten persönlichen Begegnung (wohl 1934) erfahren, als er gewisse Warnungen anbringen wollte.[18] Am krassesten trat das nach den Bluttaten des 30. Juni 1934 zutage, als er, von Papen zum Eingreifen aufgefordert, erklärte: „Ich kann nur handeln, wenn ich einen Befehl des Ministers Blomberg oder des Feldmarschalls von Hindenburg erhalte", und seine Offiziere mahnte: „Wir können die Politik nicht ändern, müssen still unsere Pflicht tun."[19]

Daß die Massenmorde des 30. Juni vor sich gehen konnten, ohne daß die

Wehrmacht sich rührte, obwohl zwei ihrer Generäle (von Schleicher und von Bredow) Blutopfer wurden, zeigt erschütternd die Schwäche ihrer Stellung im Dritten Reich. General Oster hat bei seinen Vernehmungen vor der Gestapo Oktober 1944 erklärt, daß der 30. Juni 1934 im Offizierkorps zum ersten Male scharfe Opposition, ja Erbitterung hervorgerufen hätte. „Der 30. Juni 1934 war die erste Gelegenheit, um die Methoden einer Räuberbande im Keim zu ersticken. Aus diesem Kampf zwischen Wehrmacht und SS sind aber Himmler und Heydrich als Sieger hervorgegangen.“[20] Sicherlich: zu einem Sturz des Regimentes aus diesem Anlaß gab es keine praktische Möglichkeit angesichts der hilflosen Schwäche des kaum noch aktionsfähigen, uralten Reichspräsidenten, angesichts der Tatsache, daß Hitler sich eben jetzt als Retter der Wehrmacht aufspielen konnte und daß über den grausigen Vorgängen der Mordtage für die breite Öffentlichkeit ein dicker Nebel lag. Wenn es richtig ist (was neuerdings wahrscheinlich gemacht wurde),[21] daß das Wehrministerium selbst, durch den Nationalsozialisten Reichenau, an der Vorbereitung des 30. Juni mitbeteiligt war, so erklärt sich die Haltung Blombergs vielleicht von daher. Jener Mahnrede Fritschs an seine Offiziere war, wie wir neuerdings wissen,[22] ein Versuch des Oberbefehlshabers und des Generalstabschefs Beck vorangegangen, eine ehren- oder kriegsgerichtliche Klärung der Fälle Schleicher und Bredow zu erreichen. Blomberg hatte das abgelehnt unter Berufung auf schwer belastende Dokumente, von denen ihm Hitler selbst gesprochen habe und die beide Generäle als Hoch- und Landesverräter erweisen sollten. Das mag die Protestierenden zunächst verblüfft und ihnen die Sprache verschlagen haben – um so mehr, als Schleicher, der politische Aktivist, ja von jeher den Soldaten unheimlich und undurchsichtig gewesen war. Aber warum hat Blomberg nicht die Vorlage dieser „Dokumente“ (wahrscheinlich bloße Angebereien irgendwelcher Spitzel) verlangt und nicht auf einem kriegsgerichtlichen Verfahren bestanden? Und warum hat sich die Generalität damit begnügt, im Privatkreis der „Vereinigung Graf Schlieffen“ eine inoffizielle, ehrengerichtliche Untersuchung zu veranstalten und deren Ergebnis, das die beiden Offiziere für unschuldig erklärte, nur unter Ausschluß der Öffentlichkeit verkünden zu lassen?[23] Wie man es auch erklären oder entschuldigen mag: politisch gesehen hat die Wehrmacht in diesen Tagen eine Entscheidungsschlacht verloren, ohne es auch nur recht zu merken. Für den Klarblickenden war es seit dem 30. Juni ganz deutlich, daß Deutschland von einer Verbrecherbande regiert wurde und aufgehört hatte, ein Rechtsstaat zu sein. In weiten Kreisen des höheren deutschen Bürgertums setzte damals ein erstes tiefes Erschrecken ein. Die Reichswehr aber sah man es hinnehmen, daß ihr Kamerad und früherer Wehrminister nebst seinem Gehilfen niedergeschossen wurde wie ein toller Hund[24] – ohne daß kriegsgerichtliche Untersuchung und Urteil wenigstens nachträglich erfolgten. Das bleibt (wie es schon damals mancher im Lande empfand) ein dunkler Flecken auf ihrer Ehre. Auch die (gewiß schwerwiegende) Tatsache, daß das Reichskabinett bereits am 3. Juli beschlossen hat, die gesamte Röhm-Aktion in Bausch und Bogen als „rechtens" zu erklären, wischt diesen Flecken nicht hinweg; denn es wäre Sache des Wehrministers gewesen, diesen Beschluß unter allen Umständen zu verhindern. Die Tatsache, daß er überhaupt gefaßt werden konnte, und noch dazu einstimmig, zeigte eine tiefe Erschütterung des Rechtssinnes in Deutschland überhaupt an, die sehr trübe Aussichten für die Zukunft eröffnete.

Die hilflose und unwürdige Abhängigkeit der Wehrmacht vom Willen Hitlers wurde bald darauf noch besiegelt durch den neuen Fahneneid, den Blomberg gleich nach Hindenburgs Tod und der Übernahme seines Amtes durch Hitler alle Soldaten schwören ließ. Er verpflichtete sie nicht, wie der bisherige, zu treuem Dienst für „Volk und Vaterland", sondern zu „unbedingtem Gehorsam" gegenüber der Person Adolf Hitlers als „Führers des Deutschen Reiches und Volkes". Sollte es richtig sein, daß der Reichswehrminister sich bei der Abfassung der neuen Formel „keine besonderen Gedanken gemacht"[25] und auch keinen juristischen Sachverständigen zu Rate gezogen hat, so wäre das ein erschreckender Beweis für die Leichtfertigkeit, mit der man damals, ohne parlamentarische Kontrolle, die Geschäfte führte. Wie vorsichtig und wohlüberlegt hatte die Weimarer Republik nach den Erfahrungen von 1918 die Gehorsamspflicht ihres Freiwilligenheeres begrenzt! Damals schwor der Soldat einfachen, nicht „unbedingten" Gehorsam „dem Reichspräsidenten und den Vorgesetzten", außerdem aber „Treue der Reichsverfassung". Von dieser Treue hatte man die Soldaten schon 1933 wohlweislich entbunden; was Blomberg jetzt anstrebte, war offensichtlich eine Rückkehr zu dem persönlichen Verhältnis zwischen Offizierkorps und Kriegsherr in der kaiserlichen Zeit. Aber auch diese hatte nur von einfachem Gehorsam gegenüber dem Staatsoberhaupt, nicht von der Bindung an eine bestimmte Person gewußt; die neue Formel mit ihrer krampfhaften Übersteigerung der Gehorsamspflicht entsprach durchaus dem Stil des nationalsozialistischen Systems. Dies war um so bedenklicher (um nicht zu sagen gewissenloser), als ja bald darauf die allgemeine Wehrpflicht wieder eingeführt wurde und nun die „Freiwilligkeit" der Eidesleistung zur leeren Form wurde – ein Umstand, der schon im 19. Jahrhundetr den „Fahneneid", ein Produkt des alten Werbewesens in der Zeit der Landsknechte, moralisch entwertet und im Grunde widersinnig gemacht hatte.[26] Was jetzt verlangt wurde, mußte zu einer totalen Verwirrung der Gewissen führen. Vergeblich haben evangelische Kirchenbehörden in ihren Kundgebungen darauf hingewiesen, daß ein bei Gott geschworener Eid niemals dazu verpflichten könne, „gegen Gottes Gebot“ zu handeln.[27] Es gab viele militärische Führer, die durch den Wortlaut des neuen Fahneneids sich verhindert fühlten, einem gewissenlosen Tyrannen und tausendfachen Rechtsbrecher in den Arm zu fallen und ihre höhere Verpflichtung dem Vaterland gegenüber durch formalen Ungehorsam zu erfüllen. Anderen mag der Fahneneid als willkommener Vorwand gedient haben, um sich unbequemen Pflichtenkonflikten zu entziehen; denn wer vermag schon selbständig zu entscheiden, was eine Ausnahmesituation (wie die des rechtsliebenden Mannes unter Hitler) an Ausnahmepflichten mit sich bringt – auch in der festgefügten Hierarchie einer Armee! Jedenfalls war dieser Fahneneid eines der schwersten Hindernisse, die der Bildung einer militärischen Fronde im Wege standen. General Beck, das spätere Haupt der Verschwörung, hat die Folgen dieser Eidesleistung offenbar sofort geahnt, als er beim Nachhausegehen einem Kameraden sagte: „Dies ist der schwärzeste Tag meines Lebens.“ Nachträglich bekam er Gewissensbisse, ob er die Eidesleistung, von der er sich überrumpelt fühlte, nicht hätte verweigern müssen.[28]

Allzu viele Gesinnungsgenossen wird er damals noch nicht gehabt haben. Nur eine Eliteschicht besinnlicher Naturen konnte damals innerlich beiseite stehen, während die Masse der Durchschnittsoffiziere sich der gewaltigen Heeresverstärkung, des raschen Aufstiegs zu höheren Posten und größeren Dienstaufgaben freute oder auch einfach in den schwierigen Tagesaufgaben versank, vor die sie der Neuaufbau eines Volksheeres stellte. Mit geradezu raffinierter Kunst und mit immer neuen Gunst- und Treuebezeugungen hat es Hitler verstanden, in den Jahren 1934/35 um das Vertrauen der Generäle zu werben, deren technische Hilfe er gerade jetzt so dringend brauchte, und den Schock zu überwinden, den die plötzliche Entlarvung seines wahren Gesichts den Besten unter ihnen versetzt haben mochte. Vielleicht war es auch wirklich so, daß ihm die schmukken, wohldisziplinierten, sachkundigen und intelligenten Generäle der alten Reichswehr, seit er sie näher kennengelernt hatte, besser gefielen als die primitiven Bandenführer seiner SS und SA. Jedenfalls hatte man im Heer das Gefühl, jetzt in besonderer Gunst zu stehen. Wer sich über das neue Regiment ärgerte, mochte auch wohl hoffen, die ins Heer eintretende Hitlerjugend samt ihren Führern in einem anderen Geist erziehen zu können; und sicher hat die Wehrmacht unzähligen Unzufriedenen, die sich politischer Verfolgung oder lästigen Zumutungen der Partei entziehen wollten, lange Zeit, bis in den Weltkrieg hinein, als eine Art von Zufluchtsstätte gedient. Denn das Leistungsprinzip der alten Reichswehr hielt man hier zähe fest. Freilich mehrten sich bald die Reibungen mit der Partei, Überwachungen und Bespitzelungen der Offiziere selbst in den Kasinos, Bezeugungen der Eifersucht und des Mißtrauens aller Art. Die SS wurde immer mehr zu einer Prätorianergarde ausgebaut, die Luftwaffe durch ihren Oberbefehlshaber Göring, ohne daß Blomberg als Wehrmachtsbefehlshaber viel Widerstand geleistet hätte, in eine Sonderstellung gebracht und zur Domäne rein nationalsozialistischen Geistes gemacht, der auch in die Marine immer tiefer eindrang. Immerhin durfte sich die Generalität bis 1937 noch in dem Bewußtsein sonnen, nicht nur die Gunst, sondern auch die besondere Achtung des Diktators zu besitzen. Erst seine neue außenpolitische Wendung, seit 1936 sich vorbereitend, hat auch das geändert.

Mit Friedensbeteuerungen hat Hitler von Anfang an nicht gespart. Als er 1934 mit der (zunächst heimlichen) Aufrüstung begann, war alles überzeugt, sie solle nur der militärischen Sicherung und damit einer außenpolitischen Machtverstärkung des Reiches dienen. Überall hingen die Wahlplakate aus: „Wer Adolf Hitler wählt, wählt den Frieden." Noch am 30. Januar 1937, fast ein Jahr nach der Rheinlandbesetzung, verkündete er in seiner Reichstagsrede: „Die Epoche der Überraschungen ist abgeschlossen. Der Friede ist unser höchstes Gut." Später, im Kriege, hat er sich zynisch geäußert, er habe sich die neue Wehrmacht niemals als Friedensinstrument gedacht. Wann er in Wahrheit zuerst den Entschluß gefaßt hat, zur Expansionspolitik überzugehen, ungeachtet aller kriegerischen Gefahren, wird sich eindeutig wohl kaum noch feststellen lassen. Sicher ist nur, daß ihm die Erweiterung des deutschen Lebensraums, noch weit über die Grenzen von 1914 hinaus, von Anfang an als Höchstziel seiner Außenpolitik vor Augen geschwebt hat und daß seine Wunschträume immer wesentlich nach Osten und Südosten gerichtet waren. Ihre Kontinuität, von seinem Kampfbuch an über die Unterhaltungen mit Rauschning 1932–34 bis zu den Tischgesprächen im Hauptquartier von 1941/42, ist wahrhaft erstaunlich. Sicher ist aber auch, daß jedes neue außenpolitische Abenteuer, das ihm glückte, die Ungeduld in ihm verstärkte, möglichst bald an die Verwirklichung seiner Träume zu gehen. Der Austritt aus dem Völkerbund 1933, der ihn keineswegs in der Welt isolierte, war der erste Schritt auf diesem Wege, die Verkündung der allgemeinen Wehrpflicht 1935, mit dem Erfolg, daß England, statt den Krieg zu erklären, ein Flottenabkommen schloß, der zweite. Die entscheidende Kraftprobe brachte dann das Frühjahr 1936, als die neue Rüstung kaum erst angelaufen war: die Besetzung des Rheinlandes und Kündigung des Locarno-Vertrags – eine Aktion, deren Ausgang selbst Hitler mit größter Spannung und Unruhe erwartete. Als alles gut, ja mehr als gut ging, kannte sein Selbstvertrauen keine Grenzen mehr. Auf die Londoner Militärattachés, die dringend gewarnt hatten, und auf Blomberg, der zeitweise „die Nerven verlor", und wohl auch auf Fritsch, der sich jedenfalls bedenklich geäußert hatte, blickte er nun mit Überlegenheit herab. Von hier an hat er selbst später den Beginn seines Mißtrauens gegen die Generäle datiert.[29]

Unter ihnen befand sich in der Tat mindestens einer, der schon längst voller Sorgen auf die Entwicklung deutscher Außenpolitik blickte: der Generalstabschef Beck. Ursprünglich hatte auch er zu denen gehört, die Hitlers Berufung zum Reichskanzler begrüßten, weil er davon die Wiederherstellung der Rüstungsgleichheit und einen neuen Machtaufstieg Deutschlands erwartete. Aber schon aus dem Sommer 1934 sind von ihm Äußerungen überliefert, die schwere Sorgen vor einem leichtfertigen Heraufbeschwören der Kriegsgefahr, insbesondere auch durch überstürzte Aufrüstung, erkennen lassen. Nach dem 30. Juni und dem mißglückten Wiener Putsch vom 25. Juli 1934, bei dem der Bundeskanzler Dollfuß ums Leben kam, fand er die außenpolitische Situation geradezu „trostlos".[30] Die deutsche Regierung habe durch ihre „Politik mit doppeltem Boden" allen moralischen Kredit verloren. Daraus könnten Spannungen erwachsen, die zu einem „hoffnungslosen Endkampf" führen würden. Als er im Mai 1935 von Blomberg zur Abfassung einer operativen Studie aufgefordert wurde, die (zunächst rein theoretisch) den schlagartigen Überfall auf einen Südoststaat (gemeint war die Tschechoslowakei) behandeln sollte, nahm er die Gelegenheit wahr, dringend vor solchen Abenteuern zu warnen; ja, er erbat seinen Abschied für den Fall, daß die Studie als ernsthafte Kriegsvorbereitung gemeint wäre. In demselben Sinn, als Warner und Mahner zum Frieden, war er fortdauernd weiter tätig. Aber er blieb ungehört, und die Ereignisse schienen ihn zu widerlegen. Statt jener moralischen Verfemung, die Beck so fürchtete, erlebte Hitler den Triumph, daß Staatsmänner aller Welt ihn aufsuchten, dazu den glanzvollen Verlauf der Olympischen Spiele in Berlin und das Zustandekommen der Pakte mit Italien und Japan. Nicht einmal seine Beteiligung an dem spanischen Abenteuer Mussolinis schien ihn ernstlich in Gefahr zu bringen. Trotzdem versteifte sich die Oppositionshaltung des Generalstabschefs immer mehr. Als er Anfang 1937 sich zu der Möglichkeit eines militärischen Eingreifens in Österreich äußern sollte – für den Fall, daß dort eine monarchische Restaurationsbewegung Erfolg hätte –, erklärte er rundheraus: „Deutschland ist in bezug auf sein Heer nicht in der Lage, das Risiko eines mitteleuropäischen Krieges herauszufordern." Dazu gab er unter anderem eine sehr düstere Schilderung der Engpässe, unter denen eben jetzt die deutsche Ernährung leide; sie beruhte auf den uns schon bekannten Ausarbeitungen Goerdelers, mit dem er längst in dauernder Verbindung stand: erste Keimzelle der späteren Verschwörung! Beide Männer haben sich durch zahlreiche Denkschriften in ihren Überzeugungen gegenseitig bestärkt. Wir werden später sehen, daß Goerdeler seit 1937 großen Eifer daransetzte, Verbindungen mit politischen Persönlichkeiten des Auslands zu finden. Auch darin hat Beck es ihm gleichgetan. Einen privaten Besuch der Pariser Weltausstellung im Sommer 1937 benutzte er, um nicht nur den französischen Generalstabschef Gamelin, sondern auch den Marschall Pétain und Ministerpräsident Daladier zu besuchen; man tauschte Versicherungen friedlicher Gesinnung aus, die beiderseits sicherlich ehrlich gemeint waren, und traf sich in der Überzeugung, daß der an verantwortlicher Stelle stehende Soldat alles aufzubieten habe, den Krieg vermeidbar zu machen. Man darf wohl vermuten, daß die Erscheinung dieses ehrlichen Friedensfreundes in Paris dazu beigetragen hat, das Mißtrauen der Franzosen gegen das Hitler-Reich abzuschwächen.

Beck war ein Soldat sehr eigentümlicher Art: das gerade Gegenteil des nationalsozialistischen Ideals. Der stärkste Eindruck auf jeden, der ihm begegnete,[31] war der von großer Vornehmheit, Güte und menschlicher Lauterkeit, dazu einer klaren, disziplinierten Intelligenz und einer gepflegten, vorwiegend militärischen und historischen Bildung. Trotz straffer soldatischer Haltung gehörte er zu dem Typus des „gelehrten Offiziers", mehr ein Mann der Studierstube als der Front, ein Geistesmensch, der neben den Vorzügen auch die Schwächen eines solchen Charakters besessen haben mag: sehr gewissenhaft, unbegrenzt fleißig (man berichtet, daß er als Generalstabschef meist auf das Mittagessen verzichtete, um sich nicht vom Schreibtisch zu trennen, und oft bis tief in die Nacht das Büro nicht verließ), jeden Schritt sorgsam erwägend, jedes einzelne in großen Zusammenhängen bedenkend, aber zaudernd in seinen Entschlüssen, von vielen Zweifeln und Sorgen bedrängt. Vom Titanischen des kriegerischen Genius, der lieber mit dem Schwert zuhaut als allzulange erwägt, hatte er nichts, auch nichts vom Dämonischen des echten Verschwörers. Was ihm so große Autorität verschaffte, sowohl im Offizierkorps wie später unter den Frondeuren, war neben seinem (offenbar ungewöhnlichen) fachlichen Können seine ruhig-überlegene Geistigkeit und seine unbedingte Vertrauenswürdigkeit; mit einem Wort: der Adel seiner Seele. Mit seinem großen Vorbild Moltke darf man ihn schon deshalb nicht vergleichen, weil er niemals Gelegenheit gefunden hat, sich als Heerführer zu bewähren und zu zeigen, ob ein Funken jenes Genius in ihm steckte, der auch die verwickeltste militärische Lage rasch zu entwirren und mit einfachsten Entschlüssen zu meistern weiß.[32] Aber der Edelsinn und die Lauterkeit seines Charakters vertragen jeden Vergleich.

Was ihn in die politische Opposition trieb, war ganz eindeutig das Bewußtsein moralischer Verantwortung: als Träger seines Amtes, aber auch als Staatsbürger. Ähnlich wie bei Goerdeler entspringt sein Widerstand gegen das Regime aus der Tiefe sittlich-religiöser Überzeugung. Alles, was er von militärischen Bedenken vorträgt, ist demgegenüber beinahe sekundär, oder vielmehr: es erhält erst von daher Gewicht – genau so wie die ewig wiederholten (und immer übertriebenen) wirtschaftlichen Bedenken Goerdelers.[33] Angesichts der Gefahr, daß der moderne Krieg zur „Totalität“ entartet, fordert Beck ausdrücklich „eine sittlich fundierte Politik, die sich in jeder Beziehung den Primat wahrt, auf der Grundlage eines neuen sittlichen Idealismus im Staat und in seinem Verhältnis zu den anderen Völkern“. Zuletzt hängt alles, meint er, „davon ab, daß der Leiter der Politik ein moralischer Mensch ist, der in letzter Instanz dem eigenen inneren Moralgesetz, seinem Gewissen, unterworfen bleibt“. Eben dies war es, was er bei Hitler vermißte. Dessen Pläne sind ihm (auch wenn er das so natürlich nicht ausspricht) deshalb verwerflich, weil sein ganzes Regiment sittlich verwerflich ist; sie können darum auch militärisch nur ins Unheil führen. Dagegen anzukämpfen ist ihm aber auch darum Gewissenspflicht, weil er mit Zähigkeit an dem alten, Moltkeschen Ideal des Generalstäblers festhält: er soll nicht nur ausführender Techniker, sondern mitverantwortlicher Berater des Oberbefehlshabers sein. Ja, Beck ging noch darüber hinaus. Mit dem Auswärtigen Amt (Staatssekretär von Bülow) stand er in laufender Verbindung, um über die außenpolitische Lage jederzeit orientiert zu sein – so lange, bis es ihm von Blomberg verboten wurde.[34] Militärtechnische und politische Erwägungen findet man in seinen Denkschriften fortwährend vermischt. In einer militärischen Niederschrift vom Dezember 1935 forderte er Beteiligung des Oberbefehlshabers des Heeres (von Fritsch) an allen politischen Beratungen, auch des Kabinetts und des Führers, die den Krieg und die Landesverteidigung betrafen. Er selbst als Chef des Generalstabes hätte dann, als Berater seines Oberbefehlshabers, in die politischen Entschlüsse mit hineinwirken können, während jetzt der Generalstab, als rein technisches Büro eines einzelnen Wehrmachtteiles, nur noch eine Nebenrolle spielte. Für Beck hing aber geradezu das Vertrauen des Volkes in die Wehrmacht daran, daß diese sich nicht als Werkzeug einer abenteuerlichen Außenpolitik mißbrauchen ließe. Die Kriegsfurcht beunruhige bereits die Massen, hieß es in einer (vielleicht von Goerdeler stammenden?) Denkschrift, die er am 11. Januar 1937 seinem Oberbefehlshaber Fritsch mitteilte.[35] Alles blicke vertrauensvoll auf die Militärs. „Die Wehrmacht“, so tröste man sich, „wird kein Abenteuer zulassen, da stehen Kluge und Könner an der Spitze.“ Dieses Vertrauen dürfe nicht enttäuscht werden, sonst werde die ganze moralische Verantwortung auf die Wehrmacht fallen. „Auf der Armee liegt ganz ausschließlich die Verantwortung für die kommenden Dinge. Vor dieser Feststellung gibt es kein Ausweichen. In- und Ausland sind darin einer Meinung, und diese entspricht der Wahrheit.“

Man sieht: dieser General trieb seine eigene Politik gegen Hitler in der Form einer Opposition gegen den Krieg. Hatte er damit jemals Aussicht auf Erfolg? Die Ereignisse des Winters 1937/38, bekannt als „Fritsch-Krise", gaben bald die Antwort darauf.

Ihre Vorgeschichte und ihr Verlauf sind heute ziemlich genau bekannt.[36] Es fing wahrscheinlich schon 1937 an mit dem Besuch der deutschen Herbstmanöver durch Mussolini, der dem deutschen Diktator zum Bewußtsein brachte, wie sehr es seine Autorität verstärken würde, wenn er ähnlich wie der Duce selbst Oberbefehlshaber der Wehrmacht würde. Zum ersten Male entwickelte er jetzt ganz offen seine Kriegspläne zur Eroberung der Tschechoslowakei und Österreichs vor den Spitzen der Wehrmacht und dem Außenminister Baron Neurath: in jener denkwürdigen Besprechung vom 5. November 1937, die durch das sogenannte Hoßbach-Protokoll bekanntgeworden ist. Für den Geist, der in der Wehrmacht damals herrschte, ist es kennzeichnend, wie die Hörer reagierten. Von Kriegsbegeisterung zeigte sich keine Spur, nur Göring stimmte vorbehaltlos zu, Fritsch und Blomberg erhoben ernste Bedenken, besonders der letztere, und zwischen ihnen und dem Luftwaffenminister gab es eine sehr scharfe Auseinandersetzung. Man sieht, daß Beck in der Kriegsfrage tatsächlich Verbündete hatte.[37] Aber Hitler, schwer ernüchtert, sann nun auf neue Wege, um zu seinem Ziel zu kommen.

Der Heiratskandal, der den General Blomberg im Januar 1938 als Wehrminister und Oberbefehlshaber der Wehrmacht unmöglich machte, ist Hitler wohl sicher überraschend gekommen; er scheint ihn zunächst auch menschlich tief erschüttert zu haben, da ihm Blomberg besonders nahestand. Görings Absicht, den General zu stürzen, um sich an seine Stelle zu setzen, ist recht wahrscheinlich, das Hervorziehen alter, beiseite gelegter Polizeiakten gegen Fritsch in diesem Augenblick wohl sicher als gemeine Intrige irgendwelcher nationalsozialistischer Hintermänner zu deuten. Es scheint nicht, als ob Hitler vom ersten Augenblick an entschlossen gewesen wäre, diese (anscheinend doppelte) moralische Katastrophe der obersten Wehrmachtführung zu einem völligen Kurswechsel zu benutzen; hat er doch sogar Beck einmal die Nachfolge Blombergs angeboten, vorübergehend auch an Fritsch als neuen Wehrminister gedacht, gegen Reichenau selbst Bedenken gehabt und einen so ausgesprochen konservativen Vertreter der alten Reichswehrtradition wie von Rundstedt um seinen Rat wegen der Neubesetzung gefragt. Es mag wohl sein, daß er durch den Fall Blomberg tief mißtrauisch geworden war gegen die moralische Integrität der hohen Generalität, die er bis dahin heimlich bewundert hatte, und daß er zunächst wirklich an homosexuelle Verfehlungen Fritschs, dieses seltsamen Junggesellen, geglaubt hat; sicher wurde er darin bestärkt durch gewisse kritische Äußerungen Blombergs und durch das ungeschickt-hilflose, ihm unverständliche Auftreten des steif-korrekten Fritsch in seiner ersten Audienz, als er ihm die Anklage vorhielt. Später mag er ehrlich bedauert haben, daß die Unschuld des Generals erst so spät und erst nach langen peinlichen Verhandlungen an den Tag kam. Sicheres läßt sich darüber nicht ausmachen. Man kann auch nur Vermutungen darüber anstellen, ob bei Hitler die Enttäuschung über seine höchsten Generäle überwog oder die Genugtuung, vier Jahre nach den für seine SA so demütigenden Ereignissen des 30. Juni nun umgekehrt die Wehrmacht vor der Partei bloßgestellt zu sehen. Glaubte er sich gezwungen, den Fall Fritsch unter allen Umständen zunächst aufzuklären, um spätere neue Skandale zu vermeiden? Oder war es ihm willkommen, das Selbstbewußtsein dieses, auf seine Ehre so stolzen Offizierkorps einmal demütigen zu können? Hätte er nicht Fritsch, wenn er ihn loswerden wollte, auch ohne Prozeß, einfach aus Gesundheitsgründen, entlassen können? Wie dem auch sei: auf alle Fälle hat er die Gelegenheit benutzt, sich nicht nur Blombergs, sondern auch des unbequemen Fritsch sehr rasch – noch vor dem Kriegsgerichtsurteil – zu entledigen. Er selbst hat damals angedeutet, daß ihn beide auch durch ihre militärische Haltung enttäuscht hätten: beide hatten sich ja am 5. November seinen kriegerischen Plänen unzugänglich gezeigt, Fritsch hatte sich überdies in Fragen des Einsatzes der Panzerwaffe als sehr konservativ erwiesen und einem allzu raschen Tempo der Aufrüstung widerstrebt. Die Hauptsache war für Hitler doch, unbehindert durch Bedenken der Fachleute seine abenteuernden Kriegspläne nun durchführen zu können. So griff er mit Freuden jetzt die von Blomberg selbst (wohl aus Ressentiment gegen seine Kameraden) ihm angeratene Lösung der Kommandofrage auf: er übernahm selbst die militärische Führung der Wehrmacht, nur von Keitel als „Chef des Oberkommandos" gestützt, einem Durchschnittskopf und kompromißbereiten, ja charakterlosen Menschen, der bald zu völliger Hörigkeit herabsinken sollte. General von Brauchitsch, den er zum Nachfolger Fritschs ernannte, da Reichenaus Ernennung einen allgemeinen Protest der Generalität und wohl auch den Rücktritt führender Köpfe zur Folge gehabt hätte, hatte größeres geistiges Format. Daß er sich aber gleich bei Antritt seines Amtes von Hitler mit einer erheblichen Geldsumme beschenken ließ, um seine Ehescheidung durchführen zu können, wirft ein sehr bedenkliches Licht auf die moralische Haltung der höheren Generalität. Wo sollte der Widerstand herkommen, wenn der Oberbefehlshaber des Heeres selbst sich gleichsam so verkaufte?

Man hat ein sittliches und politisches Versagen der Generäle darin gesehen, daß „niemand aufstand, den Schmerz tödlicher Verletzung (der Ehre des Offizierstandes durch Hitler) in die Welt zu schreien".[38] Es ist aber schwer vorzustellen, wie das hätte geschehen sollen, nachdem der Prozeß die Unschuld Fritschs klar erwiesen hatte und dieses Ergebnis von Hitler in aller Form demselben militärischen Führerkreis mitgeteilt war, den er vorher über die Beschuldigung Fritschs unterrichtet hatte,[39] während die Öffentlichkeit überhaupt niemals von dieser Affäre gehört hatte. Überdies wurde der falsche Zeuge durch Erschießen bestraft und dem General selbst durch Verleihung eines Regiments als Ehrentitel eine öffentliche, wenn auch bescheidene Genugtuung zuteil. Sicherlich: man hätte darauf bestehen sollen, daß auch die Hintermänner des Prozesses, die Göring und Himmler, zur Verantwortung gezogen wurden; Brauchitsch hat das vergeblich verlangt, überdies die Ernennung Fritschs zum Feldmarschall und seine öffentliche Ehrenrettung im Reichstag durchzusetzen versucht, was aber wohl kaum möglich gewesen wäre ohne eine Erörterung der peinlichen Affäre in der breitesten Öffentlichkeit. War es aber im Ernste denkbar, um dieser Forderung willen die ganze Generalität zu einem Protestschritt zu bewegen? Und hatte der noch irgendwelche Aussicht, nachdem inzwischen die gewaltsame Angliederung Österreichs dem Führer denjenigen außenpolitischen Triumph eingetragen hatte, der fast von allen Deutschen, auch von den am meisten kritisch gestimmten, als die Endlösung eines jahrhundertealten Problems deutscher Geschichte begrüßt wurde? Fritsch selbst hat sich zwar bitter über sein Schicksal beklagt, aber eine öffentliche Demonstration zu seinen Gunsten ebenso abgelehnt wie seine Rückkehr ins Amt; er hat sich auch nicht gescheut, in großer Paradeuniform hoch zu Roß das ihm verliehene Regiment zu übernehmen – wie er auch vorher schon durch sein Ungeschick und dadurch, daß er sich auf Vernehmungen durch die Gestapo überhaupt einließ, ja sogar deren Vorladung in ihr Hauptquartier in der Prinz-Albrecht-Straße folgte, seine Sache und die des Heeres wesentlich verschlimmert hatte. Daß die „Fritsch-Krise" als Anlaß zu einem Aufstand der Generäle völlig ungeeignet war, muß damals auch der Eindruck erbitterter Gegner Hitlers gewesen sein. Goerdeler hat damals die verschiedensten Generäle zum Eingreifen für die Ehrenrettung des Oberbefehlshabers aufgefordert und mit allen möglichen Dienststellen die Möglichkeit eines Putsches (etwa durch militärische Besetzung des Hauptquartiers der Gestapo) erörtert.[40] Aber die Unmöglichkeit solcher Gewaltschritte wurde ihm schon bei einer Leipziger Besprechung mit Generalstabsoffizieren des Dresdener Generalkommandos dargelegt, unter denen sich General Olbricht, später eines der Häupter im Komplott des 20. Juli, befand.[41] Der Generalstabschef Beck, von seinem Oberquartiermeister Halder aus Anlaß eines Vortrages nach den näheren Umständen der „Fritsch-Krise" befragt, lehnte jede Diskussion als unpassend ab und erklärte sogar: „Meuterei und Revolution sind Worte, die es im Lexikon eines deutschen

Soldaten nicht gibt." Eine für das spätere Haupt der Verschwörung sehr merkwürdige Äußerung! Aber der Generalstabschef hatte damals der Hoffnung noch nicht entsagt, seinen Kampf gegen den Krieg „ohne Meuterei", auf dem Wege legaler dienstlicher Vorstellungen zu gewinnen. Noch immer glaubte er (nach Halders Zeugnis) an gewisse „Entwicklungsmöglichkeiten" des Nationalsozialismus.[42] Von der wahren Dämonie des Kampf- und Machtwillens, die Hitler beseelte, hatte er also noch immer keine klare Vorstellung. So schwer war es für einen Mann militärischen Denkens, das politische Spiel des großen Zauberers zu durchschauen!

Will man zu einem Gesamturteil über die Blomberg- und Fritsch-Krise kommen, so wird man es nicht bedauern dürfen, daß damals eine Demonstration der Generäle unterblieb (sie hätte nur Schaden angerichtet), wohl aber dies: daß es in der höchsten Generalität des Heeres Männer gegeben hat, die es durch ihr rein persönliches Versagen dem Diktator so leicht machten, den letzten Rest von Selbständigkei der Armee zu beseitigen. Diese bekam es sehr bald zu spüren, was die Übernahme der Obersten Führung durch Hitler selbst, des formalen „Oberkommandos" durch seine Kreatur Keitel, später der generalstabstechnischen Gesamtleitung durch seinen Bewunderer Jodl und was schließlich der Ersatz des alten Routiniers von Neurath durch v. Ribbentrop, den diplomatischen Dilettanten und eitlen Fant, bedeutete. Der erste Schritt zur offenen Machtexpansion, die Annexion Österreichs, wurde fast ohne Mitwirkung des Auswärtigen Amtes, allein durch Parteiinstanzen politisch-diplomatisch vorbereitet, die militärische Besetzung angeordnet, ohne daß der Generalstabschef mehr als ein paar Stunden Zeit behielt, die nötigsten Anordnungen zu treffen. Das System der reinen Diktatur war jetzt auch auf die Wehrmacht übertragen, von irgendwelcher Mitverantwortung des Generalstabs keine Rede mehr. Statt dessen wurde von seiten der Partei (vor allem durch Göring) ein Keim der Spaltung in das Offizierkorps hineingetragen, indem man geflissentlich den „Frontgeist" der jungen, aus der Hitler-Bewegung stammenden Offiziere in Gegensatz brachte zum „reaktionären" Geist der „Generalstäbler" und der älteren Generation. Der neue Wehrmachtsadjutant, Major Schmundt, der im Januar an die Stelle Hoßbachs trat, hat später als Personalchef dafür gesorgt, daß eifrige Nationalsozialisten in alle höheren Stäbe eindrangen. Schon am 17. August wurde die SS als eine Art von viertem Wehrmachtsteil im Mobilmachungsfall neben das Heer gestellt; es war vorauszusehen, daß sie im Ernstfall mancherlei Privilegien vor der alten Armee genießen würde. Daß aber der Ernstfall rasch heranrückte, war schon seit der Weisung an die Wehrmacht vom 30. Mai zu erkennen, in der es hieß: „Es ist mein unabänderlicher Entschluß, die Tschechoslowakei in absehbarer Zeit durch eine militärische Aktion zu zerschlagen." Im vergeblichen Kampf gegen diesen „unabänderlichen Entschluß" hat sich der erste Akt des militärischen Widerstands entwickelt: schon jetzt sehr rasch von legaler Form zur illegalen Opposition, ja zur Vorbereitung eines Staatsstreichs und Attentats fortschreitend.

Diese Vorgänge zu schildern wird indessen erst möglich sein, wenn wir zuvor den Faden der Biographie Goerdelers wieder aufgegriffen haben. Denn inzwischen war auch dieser längst zum Verschwörer geworden, und seine politische Entwicklung läuft der des Generalstabschefs Beck genau parallel.

DRITTES BUCH

DIE VERSCHWÖRUNG

I. ABSCHNITT
UM DIE RETTUNG DES FRIEDENS (1937–1940)

Zehntes Kapitel

GOERDELERS AUSLANDSREISEN 1937/1938
DIE TSCHECHENKRISE 1938

Nach seinem Ausscheiden aus dem Leipziger Amt hat sich Goerdeler zunächst einen neuen unpolitischen Wirkungskreis gesucht: als „Wirtschaftsführer" in der Schwerindustrie. Gustav Krupp von Bohlen und Halbach hatte ihn schon im Herbst 1935, also nach dem Ende seines zweiten Preiskommissariats, eingeladen, in das Direktorium der Krupp AG. in Essen einzutreten; ein mehrtägiger Besuch in Essen war gefolgt, die Entscheidung aber noch offen geblieben.[1] Ende 1936, während Goerdelers Auseinandersetzung mit den Leipziger Nationalsozialisten, schwebte sie noch. Es ist aber nicht anzunehmen, daß ihm die Aussicht auf einen hoch bezahlten Posten in der Großindustrie den Verzicht auf sein Bürgermeisteramt erleichtert hat. Denn Krupp, mit dem er sich in Berlin traf, wagte jetzt, nach dem offenen Konflikt mit der Partei, seine Berufung nicht mehr ohne Rücksprache mit Hitler und ließ ihm Anfang März mitteilen, der Führer möchte einen Mann von den wirtschaftlichen Ansichten Goerdelers nicht in der Schwerindustrie sehen. Bald darauf erschien der Schwager Krupps, Freiherr von Wilmowsky, in Leipzig und bot dem Enttäuschten eine hohe Entschädigungssumme an, die er aber sofort ablehnte, „da Herr von Krupp freie Hand gehabt hätte und ich selbst" (so schrieb Goerdeler 1944) „nicht seines Angebotes halber in Leipzig aus dem Amt geschieden sei. Diesen Tatbestand wollte ich nicht verdunkeln lassen".

Inzwischen hatten sich bereits andere Anknüpfungen ergeben. Schon seit dem Sommer 1936 hatte der Kreis oppositionell gestimmter Demokraten, der sich um Robert Bosch in Stuttgart sammelte, durch Theodor Bäuerle, den Leiter des Volksbildungswerks, mit Goerdeler persönlich Fühlung bekommen.

Der alte Bosch war ein völlig anderer Typ von „Industrieführer" als die Mehrzahl seiner Standesgenossen in Rheinland-Westfalen: Kein bloßer Geschäftsmann und Techniker ohne politischen Instinkt und politisch-historische Bildung, noch weniger ein großindustrieller „Herrenmensch", sondern ein echt schwäbischer Demokrat und Volksmann, fest verwurzelt in den politischen Traditionen seiner engeren Heimat. Er gehörte nicht nur zu den erbitterten Feinden, sondern zu den aktiven Gegnern des Hitler-Regiments. Als solcher begnügte er sich nicht damit, große Summen für die Opfer dieses Regiments zu stiften (besonders z. B. für verfolgte jüdische Landsleute und für Theologiestudenten der „Bekennenden Kirche"), sondern er sammelte einen Kreis Gleichgesinnter um sich. Zu ihm gehörten zunächst seine engsten Mitarbeiter (der Geschäftsführer seiner Firma Hans Walz, sein Privatsekretär Willy Schloßstein, Baurat Albrecht Fischer, der Leiter des Volksbildungswerkes Theodor Bäuerle u. a.); nach und nach wurden aber auch andere Stuttgarter Freunde zugezogen (darunter Oberpolizeidirektor a. D. Hahn) und schon bald Verbindung gesucht mit führenden Persönlichkeiten des Landes wie Landesbischof Theophil Wurm, Staatspräsident a. D. Bolz, Oberbürgermeister Dr. Karl Strölin u. a. Mit führenden Vertretern der Wehrmacht in Württemberg wurden ebenfalls Verbindungen angeknüpft, die allerdings bei Kriegsausbruch abbrachen. Auch die im Verlag Ph. Reclam jun. Leipzig erschienene „Deutsche Rundschau", Dr. Pechels tapfere Monatsschrift, wurde von Bosch finanziell unterstützt in ihrem Bemühen, unter tausend kunstvollen Tarnungen Opposition gegen den Ungeist des Nationalsozialismus zu wecken und lebendig zu erhalten. Bosch hatte schon früher gewisse internationale Vereinigungen zur Herbeiführung einer Verständigung mit Frankreich unterstützt, ebenso die Paneuropa-Bewegung des Grafen Coudenhove-Calergi. Mit Goerdeler waren Bosch und die Männer um ihn zunächst einig in ihrem Bemühen, das drohende Unheil zu verhüten. Diese gemeinsame Zielsetzung führte sehr häufig, zeitweise allmonatlich oder 14tägig, zu tiefgeheimen Beratungen bei Walz über die für eine Bekämpfung des Regiments gegebenen Möglichkeiten. Späterhin, als nach allgemeiner Überzeugung nur noch die Beseitigung des Systems in Frage kommen konnte, stimmte man den Absichten Goerdelers zu, der vor allem seine Verbindungen zu hohen Militärs wie Beck und Fritsch zu aktivieren versprach. Bosch benutzte in Verfolg der gemeinsamen Ziele die Auslandsverbindungen seiner Firma, besonders in Holland und Frankreich, dazu, den westeuropäischen Staatsmännern Warnungen vor der Gefährlichkeit des Nationalsozialismus zu übermitteln – immer in der Hoffnung, Hitlers Kriegspläne würden vom Ausland her durchkreuzt werden.[2] Goerdeler war bei diesen Bemühungen der politische, immer gut informierte Berater, der sein Ohr überall hatte und unermüdlich war im Anknüpfen immer neuer persönlicher Beziehungen. So wurde zwischen ihm und Robert Bosch 1937 ein formell ziemlich lockeres Vertragsverhältnis gegründet: Goerdeler wurde Berater der Firma in Finanzfragen und ihr Vertreter bei den Berliner Behörden, doch ohne scharf abgegrenzte Verpflichtungen. Seine ausgedehnte politische Reisetätigkeit erhielt so ein legales Aussehen. Der Firmenchef aber war sehr großzügig in der Gewährung finanzieller Hilfe aller Art für die Oppositionsgruppen, zumeist aus seinen Privatmitteln, und stellte auch während des Krieges seine Auslandsverbindungen den Verschwörern zur Verfügung. Es ist schwer vorstellbar, wie Goerdeler ohne diese Hilfe seine politische Rolle als lebendiger Mittelpunkt der Oppositionsbewegung überhaupt hätte durchführen können, und die Verdienste Boschs (und des Direktors Hans Walz) um seine Sache sind umso höher anzuschlagen, als zwischen den innerpolitischen Idealen des einstigen ostpreußischen Konservativen und denen Robert Boschs anfänglich ein deutlich empfundener Gegensatz bestand, der aber allmählich verschwand, da Goerdeler sich der süddeutschen Auffassung weitgehend anpaßte.

Ehe indessen diese Stuttgarter Verbindung sich praktisch auswirkte, hat Goerdeler noch das Kruppsche Angebot politisch ausgenützt. Schacht brachte ihn auf den Gedanken, er müsse jetzt schleunigst mit den führenden Männern des Auslands, Politikern und Wirtschaftlern, Fühlung gewinnen, seinen eigenen Horizont erweitern und vor allem dem Ausland deutlich machen, daß es noch ein anderes, besseres Deutschland gebe als das der Hitler-Gefolgschaft. Das lief auf eine Art von praktischer Ausbildung zum Oppositionsführer hinaus und scheint zu beweisen, daß der Reichsbankpräsident schon damals von Hitler innerlich abgefallen war. Sein Vorschlag, das Kruppsche Angebot zur Finanzierung dieser Auslandsreisen zu benutzen, hatte guten Erfolg: ohne weiteres wurden dem Reisenden die nötigen Mittel zur Bestreitung seiner Reisekosten zur Verfügung gestellt. Schwierigkeiten machte anfangs die Beschaffung der Paßvisen, da der sächsische Gauleiter Mutschmann den Reisepaß Goerdelers beschlagnahmen ließ. Es gelang diesem aber, durch einen persönlichen Besuch bei Göring die rasche Freigabe zu erwirken und diesen Parteigewaltigen von der Nützlichkeit der geplanten Weltreisen zu überzeugen. Offenbar hat er ihm als ihren eigentlichen Zweck hingestellt, auf nicht offiziellem Wege und in vertraulicher Fühlung mit Angehörigen der verschiedensten Stände zu ermitteln, ob und in welchem Grade Deutschland von Kriegsgefahren bedroht sei: Gefahren, die Göring bekanntlich immer geängstigt haben. Er zeigte sich aufs stärkste interessiert an Nachrichten dieser Art und bat Goerdeler, vor seiner Abreise nach Amerika noch einmal nach Berlin zu kommen und ihm seine Eindrücke aus England zu berichten. Daß der frühere Preiskommissar jetzt im Ausland als Oppositioneller galt, störte ihn nicht; im Gegenteil: er erwartete davon erst recht offene Türen und zuverlässige Auskünfte. Wie tief in Wahrheit die Opposition seines Gesprächspartners ging, hat er nicht geahnt; sonst hätte er ihn nicht mit bloßen Mahnungen zu patriotischer Haltung entlassen.

Und so begann denn die Weltreise des späteren deutschen Oppositionsführers unter der Protektion des mächtigsten Naziführers nächst Hitler – eine der seltsamsten Unternehmungen dieser abenteuerlichen Zeit: die Erkundungsfahrt eines reinen Privatmanns, der Diplomatie auf eigene Faust trieb, ohne Auftrag irgendeiner Behörde oder einer Partei, und doch überall wie eine politische Persönlichkeit hohen Ranges aufgenommen wurde. Die erste Reise führte ihn über Brüssel (4.–16. Juni 1937) nach England (bis 15. Juli), zurück nach Berlin, von da Ende Juli nach dem Haag und Amsterdam, im August über Frankreich nach Kanada (Toronto), von dort nach den Vereinigten Staaten, wo er in Washington für einige Wochen erkrankte; im Dezember kehrte er über Paris zurück. Eine zweite Reise nach London im März 1938 war durch eine Vortragseinladung veranlaßt, die seine englischen Freunde vermittelt hatten, und war mit einem neuen Besuch Frankreichs verbunden. (Gesamtdauer Mitte März bis Mitte April). Im August 1938 brach er zu seiner dritten Reise auf: über die Schweiz (wo er bis 20. Oktober verweilte und sich mit Freunden aus England traf), über Italien (Rom, Neapel, Florenz) nach Jugoslawien, Rumänien und Bulgarien. Eine vierte Reise führte ihn nach Frankreich und Algier (März bis April 1939), eine fünfte von Mai bis Juli (oder August?)[3] 1939 nach England, Libyen, Ägypten, Palästina, Syrien, der Türkei und der Schweiz. Über alle Reiseeindrücke wurden ausführliche Reiseberichte angefertigt und an Krupp, Bosch, Göring, Schacht gesandt, außerdem an die Generäle von Fritsch, Beck, Halder und Thomas, mit denen Goerdeler 1937 schon längst in Verbindung stand;[4] anfangs gingen sie auch der Reichskanzlei zu, wo sie Hitlers Sekretär Hauptmann Wiedemann in Empfang nahm und weiterzuleiten versprach.

Ihre politische Absicht läßt sich ohne Schwierigkeit auf einen einfachen Nenner bringen: sie sollten zeigen, daß die Erhaltung des Friedens wesentlich vom Verhalten der deutschen Regierung abhänge. Angriffsabsichten wären im Ausland nirgends zu entdecken, vielmehr wären die westlichen Demokratien zu einer wirtschaftlichen und politischen Verständigung durchaus bereit. Aber freilich gäbe es eine ganz bestimmte Grenze der Nachgiebigkeit gegenüber deutschen Machtansprüchen und Eroberungsplänen; deren Überschreitung würde für Deutschland lebensgefährlich sein.

Diese sehr eindeutig vorgetragene Grundthese wird, wie immer bei Goerdeler, mit vorwiegend wirtschaftlichen Argumenten begründet; er will zeigen, daß jenseits aller Willkür der Regierenden ökonomische Bedürfnisse und Notwendigkeiten die Staatsräson der Mächte bestimmen. Im einzelnen weiß er das mit einer erstaunlich eindringlichen Analyse ausländischer Wirtschafts- und Verfassungszustände zu begründen, meist in sehr lebendiger, ja fesselnder Darstellung. Manche dieser Reiseberichte gehören zu den eindrucksvollsten Produkten seiner emsigen Feder: Zeugnisse eines höchst lebendigen, rasch auffassenden Geistes. Besonders die Berichte aus dem nahen Orient und der Türkei, in denen das schlichte Sachinteresse an der fremden Welt überwiegt und die politische Tendenz zurücktritt, erscheinen mir als wahre Meisterstücke politisch-ökonomischer Landesbeschreibung. Man spürt, daß er recht gute Informationsquellen besaß: nicht nur die Diplomaten, Wirtschafts- und Militärattachés der deutschen Auslandsvertretungen, sondern führende Staatsmänner, Wirtschaftsleiter und Sachkenner des Auslandes selbst.[5] Das alles hindert nicht, daß der Berichterstatter die Welt so sieht, wie er sie als Politiker sehen *will*: optimistisch im Blick auf die Möglichkeit, den Frieden zu erhalten und eine dauerhafte Neuordnung Europas aufzubauen, äußerst kritisch überall da, wo er seine eigenen liberalen Wirtschaftsprinzipien durch staatliche Lenkungsmanöver durchkreuzt sieht. Neben treffenden, oft scharfsichtigen Beobachtungen fehlt es auch nicht an Illusionen: Äußerungen jenes vernunftgläubigen Optimismus, den wir schon kennen. Er ist auch hier geneigt, als wahrscheinlich, wohl gar als sicher zu prophezeien, was die natürliche Vernunft nach seiner Meinung empfiehlt.

Wir müssen auf den Inhalt dieser Berichte schon deshalb etwas näher eingehen, weil ihr Verfasser fast nur durch sie versuchen konnte, auf die politische Entwicklung in Deutschland während der entscheidungsvollen Jahre 1937–39 einzuwirken. Denn wie sein Reiseplan zeigt, war er von Juni 1937 bis zum Kriegsausbruch überhaupt nur wenige Monate daheim.[6] Gerade in den Krisenmonaten des Jahres 1938 und des Sommers 1939, in denen sich die ersten politisch-militärischen Verschwörungen zusammenballten, hat er seinen Freunden und Gesinnungsgenossen gefehlt.

In *Belgien* traf er nicht nur mit führenden Politikern und Wirtschaftlern zusammen, sondern wurde auch vom Ministerpräsidenten van Zeeland und dem König empfangen. Beide machten ihm starken Eindruck mit ihrer politischen Klugheit und ihrer grundsätzlichen Verständigungsbereitschaft. Die Verbindung mit dem belgischen König hat Goerdeler noch bis in den Krieg hinein weiter verfolgt. Sein Bericht hebt vor allem die Bereitschaft belgischer Wirtschaftsführer hervor, mit der deutschen Industrie zusammenzuarbeiten, zugleich ihre Furcht vor sozialistischen Experimenten in Frankreich. Gestützt auf gewisse Äußerungen des früheren Kolonialgouverneurs Maurice Lippens, entwickelt er das glänzende Phantasiebild einer künftigen Beteiligung Deutschlands an der ökonomischen Erschließung des Kongogebiets mit seinen riesigen Rohstoffquellen, in der Form gemischter belgisch-deutscher Kolonialgesellschaften, darüber hinaus wirtschaftliche „Heranziehung der ganzen Oslogruppe“ über Belgien und Holland, zuletzt der Bildung großer europäisch-überseeischer Wirtschaftsräume überhaupt.[7] Was im Wege stehe, sei weniger die Behandlung der Juden als der Kirchen in Deutschland: sie allerdings habe ein hohes Maß von Mißtrauen und Abneigung gegen die deutsche Politik erzeugt. Dasselbe versichert er bald darauf aus *England*, dessen Studium ihm ebensoviel Anlaß zur

Kritik wie zur Bewunderung bot. (Erster Bericht vom 15. Juli 1937.) Kritisch betrachtet er die unsicher experimentierende Sozialpolitik des Landes, gewisse Mängel und technische Rückständigkeiten der Industrie, die Einseitigkeit des Landwirtschaftsbetriebes, mancherlei Symptome nachlassender Energie des Wirtschaftslebens, die er zu beobachten meint, insbesondere auch das Schwinden des alten Kolonialgeistes und Auswanderungsdranges. Bewundernd schildert er die prunklose Einfachheit des Lebensstils, die Höflichkeit der Verkehrsformen, die Sparsamkeit der Verwaltung, die immer noch lebendigen Traditionen des „selfgovernment". Im ganzen warnt er entschieden vor Unterschätzung der Lebenskraft des britischen Volkes und Empires. Die Außenpolitik sei durchaus friedlich, aber nicht gewillt, irgendeine ihrer Machtpositionen kampflos preiszugeben, auch im Mittelmeer nicht. Darauf weise auch die starke britische Aufrüstung hin. Deutschland gegenüber meint Goerdeler in der gebildeten Gesellschaft überwiegend auf wohlwollende, Frankreich gegenüber mehr auf kritische und sorgenvolle Urteile gestoßen zu sein – nur daß die Juden- und noch mehr die Kirchenverfolgung des Hitler-Regiments viel Antipathien geweckt habe. Praktisch, meint er, wird England „zu jedem Abkommen mit Deutschland bereit sein, bei dem es seinen Besitzstand halten und seine Zukunftsrisiken verringern kann. Für die Aufrechterhaltung des Versailler Diktats gibt man keinen Schuß Pulver mehr. Man wird, so bin ich überzeugt, bereit sein, entsprechenden Wünschen Deutschlands insoweit Rechnung zu tragen, als Änderungen mit den Mitteln friedlicher Entwicklung zu erreichen sind. Man wird auch dem deutschen Wunsch nach Kolonien, allerdings nur im Westen Afrikas, entgegenkommen, aber nicht vorleistend, sondern im Rahmen eines alle Streitfragen regelnden langdauernden Abkommens. Dies kann im Zusammenhang mit Plänen van Zeelands die Flottmachung unserer Währung ohne politische Verschuldung umfassen, womit wir die Rohstoffschwierigkeiten spielend überwinden werden". Ein so großes, die Erde umfassendes Weltreich wie das Britische Empire könne seiner Natur nach immer nur schwerfällige und langsame Entschließungen fassen, immer nur auf lange Sicht voraus disponieren; es könne sich auch wohl gegen Deutschland entscheiden und werde dann ebenso zäh in seiner Gegnerschaft bleiben. Es könne für den Versuch einer Verständigung auch wohl zu spät werden, der Zeitpunkt lasse sich nicht einseitig von Deutschland her bestimmen. „Dauernde Ungewißheiten wird England trotz seiner bewunderungswürdigen, manchmal zur Verzweiflung treibenden Ruhe aus politischen Gründen nicht durchhalten können und dürfen, ohne den Bestand des Empire zu gefährden."

Das waren sehr deutliche Warnungen. Was stand an echter politischer Information dahinter? Was bisher von der Haltung der britischen Diplomatie im

Sommer und Herbst 1937 bekannt geworden ist, läßt sich mit den Eindrücken Goerdelers recht wohl vereinigen.[8] Das ganze Jahr 1937 über war man in London ebenso wie in Paris eifrig bemüht, durch weites Entgegenkommen in Handels- und Kolonialfragen den deutschen Diktator zu einem allgemeinen Friedensabkommen zu bewegen, das ihn verpflichten sollte, die Lösung seiner wohlbekannten Forderungen im Osten und Südosten (Danzig, polnischer Korridor, sudetendeutsche Frage, Verhältnis zu Österreich) nur auf dem Wege friedlicher Verständigung, nicht mit kriegerischer Gewalt zu suchen. Mit Ribbentrop, dem deutschen Botschafter in London, solche Dinge zu erörtern, mochte aussichtslos erscheinen, seit dieser in einer Unterredung mit Churchill ebenso offen wie plump die letzten Sehnsuchtsträume seines Herrn und Meisters ausgeplaudert hatte: freie Hand für Deutschland im Osten zur Eroberung nicht nur Danzigs und Polens, sondern selbst Weißrußlands und der Ukraine als „deutscher Lebensräume" – dafür Garantie der Erhaltung des britischen Empire durch die deutsche Wehrmacht.[9] Jetzt bot sich Goerdeler an, die britischen Wünsche und Erbietungen auf dem Wege über Göring, von dessen Kriegsscheu er in London berichtet haben wird, zu Gehör zu bringen. Wie er selbst erzählt, wurden sie ihm von Sir Robert Vansittart anvertraut, der damals noch permanenter Unterstaatssekretär im britischen Außenministerium war. Er eilte eigens nach Berlin zurück, um sie Göring auch mündlich vorzutragen – natürlich völlig vergeblich. Als im November Lord Halifax nach Berchtesgaden kam, um Hitler erneut zur Verständigung zu drängen, hatte dieser schon zwei Wochen vorher seinen obersten Wehrmachtsbefehlshabern seinen Entschluß zum baldigen Losschlagen verkündet.

Für Goerdeler scheint aber diese seine „diplomatische Mission" (wie er sie auffaßte) sehr viel bedeutet zu haben. Der Gedanke einer friedlichen Generalverständigung der Großmächte über alle noch offenen Probleme europäischer Ordnung zur Erhaltung des Friedens hat ihn seither nicht mehr losgelassen. Er kehrt in seinen Korrespondenzen und Denkschriften unablässig wieder.

Zunächst setzte er seine Auslandsreisen fort. Nach kurzem Aufenthalt in Brüssel, Haag und Amsterdam (Ende Juli) plante er zunächst eine längere Reise nach Südamerika, die am 1. August in Boulogne beginnen sollte,[10] zog es aber dann doch vor (aus unbekannten Gründen), schon im August nach Kanada (Toronto) und nach den Vereinigten Staaten zu fahren. Ein kurzer Zwischenaufenthalt in *Frankreich* wurde zu einem neuen Reisebericht benutzt (Paris 5. August), der vermutlich auf Informationen des deutschen Botschafters, Grafen Welczeck, zurückgeht.[11] Er spricht von großer Verständigungsbereitschaft der Franzosen, aber auch von schwerer Enttäuschung über die abweisende Haltung Deutschlands, und warnt vor einer Überschätzung der inneren Schwäche Frankreichs, insbesondere der Kommunistengefahr. (Der französische Kommunismus sei keineswegs identisch mit dem russischen und entwickle entschieden patriotische Tendenzen). Man sei sehr empfindlich wegen der Beteiligung deutscher Truppen an dem faschistischen Abenteuer in Spanien, schätze die militärische Leistungsfähigkeit der Italiener gering ein und halte sie für unzuverlässige Freunde Deutschlands. Wollten wir eine Verständigung mit Frankreich, so sollten wir uns aus dem spanischen Unternehmen möglichst bald lösen; der gute Wille in Paris könne sehr leicht eines Tags in neue Feindschaft umschlagen.

Auf diese Tonart waren auch die Reisebriefe aus Nordamerika gestimmt. Goerdeler gab sich viel Mühe, die großen Zukunftsmöglichkeiten auszumalen, die der deutschen Wirtschaft aus einer engen Verbindung mit dem rohstoffreichen *Kanada* erwachsen könnten. (Bericht vom 27.—28. September.)[12] Auf die Dauer könne dieses Land der unbegrenzten Naturschätze seinen Außenhandel unmöglich im Rahmen des Ottawa-Abkommens mit England halten. Es werde verstärkten Absatz auch auf dem europäischen Kontinent suchen müssen, und gerade die deutsche Wirtschaft sei zur Partnerschaft besonders wohl geeignet. Die wirtschaftliche Bindung Kanadas an das Britische Empire könne sich also sehr wohl lockern. Leider sei die gegenwärtige deutsche Politik aber geeignet, die inneren Spannungen des Empire zu vermindern, indem sie die ganze Welt gegen uns in Harnisch bringe. In Kanada weckten sowohl die Juden- wie die Kirchenverfolgungen starke Antipathien (wie in einem Sonderbericht noch stark unterstrichen wurde); und doch habe man auch hier sehr viel Verständnis für eine Revision der Versailler Vertragsbestimmungen – jedoch nur auf friedlichem Wege.

Sehr ausführlich ist dann der Bericht aus den *Vereinigten Staaten* gehalten (vom 2. Januar 1938), eine in mehr als einer Hinsicht interessante Lektüre. Er schildert den ungeheuren Reichtum des Landes an Bodenschätzen und natürlichen Kraftquellen, auch die imponierende Entwicklung seiner Industrie, sieht aber ebenso deutlich die vorläufigen Grenzen ihrer Leistungsfähigkeit und die schwierig zu lösenden inneren Probleme der amerikanischen Wirtschaft, vor allem auf dem agrarischen Sektor. Politisch betont er – im bewußten Gegensatz zur Goebbels-Propaganda — die organische Verwurzelung der amerikanischen Demokratie im Boden des Koloniallandes und erkennt ohne jedes Vorurteil ihre großen historischen Leistungen an. Das hindert ihn aber nicht an der nüchternen Einsicht in gewisse Schwächen des amerikanischen Verwaltungssystems und des allgemeinen Staatsaufbaus im Rahmen der Föderativ-Verfassung. Sehr ausführlich kritisiert er, wie zu erwarten, die New Deal-Politik Roosevelts und glaubt, daß eine „Vertrauenskrise“ gegenüber diesem Präsidenten bald hereinbrechen werde. Gleichzeitig aber warnt er dringend davor, die außenpolitische

Bedeutung aller dieser inneren Schwierigkeiten zu überschätzen. „Ich bin zu der Überzeugung gekommen, daß die Vereinigten Staaten sehr schweren Zeiten in ihrer Volkswirtschaft entgegengehen, aber ich bin ebenso überzeugt, daß sie dieser Schwierigkeiten Herr werden, und zwar eines Tages sehr überraschend." Das natürliche Kräftepotential des Landes ist unerschöpflich, und überdies sind gewisse Reformbestrebungen bereits im Gange. Das wichtigste Ergebnis seiner Betrachtungen ist die Einsicht, daß die Epoche des politischen Isolationismus und der wirtschaftlichen Selbstabsperrung vom Welthandel für Amerika vorüber ist. Ohne Erschließung eines freien Weltmarktes kann die amerikanische Wirtschaft gar nicht wieder in Blüte kommen, und der japanische Expansionsdrang in Ostasien zwingt sie einfach zu einer verstärkten weltpolitischen Aktivität. Trotz der Neutralitätsakte ist die Regierung seit Herbst 1937 dabei, die Nation in einen solchen neuen Kurs hineinzusteuern; das kann sehr bald auch zu verstärkter Rüstung führen. Von grundsätzlicher Deutschfeindlichkeit des amerikanischen Volkes ist nichts zu entdecken – trotz aller Erbitterung über die mangelnde Rechtssicherheit im Deutschen Reich und die Verfolgung von Juden und Christen. Aber ohne konkrete Gegenleistung werden die Vereinigten Staaten für eine Unterstützung deutscher wirtschaftlicher und politischer Wünsche nicht zu haben sein. Statt dessen wird man streben, mit England zusammenzugehen: zunächst in Ostasien, wo beide Mächte gemeinsame Interessen zu verteidigen haben. Da aber England auch im Mittelmeer seine Stellung bedroht fühlt und sie mit Einsatz aller Kräfte zu erhalten strebt, wird es sich bemühen, die englisch-amerikanische Entente zu erweitern – selbst unter wirtschaftlichen Opfern. Goerdeler prophezeit einen kommenden amerikanisch-englischen Handelsvertrag, durch den das System der Ottawa-Konferenz durchbrochen wird; er wird trotz aller noch bestehenden Hemmungen zustande kommen, falls England einsehen muß, daß auf eine Verständigung mit Deutschland nicht zu rechnen ist. Nach Lage der Dinge ist aber auch nicht daran zu zweifeln, daß „England den vollen politischen Kaufpreis für einen ihm an sich (um des Empire willen) unangenehmen Handelsvertrag wird einkassieren können". (Eine Prophezeiung, die sich bald bestätigt hat.)[13]

Die politische Schlußfolgerung, die Goerdeler aus alledem zieht, ist sehr eindeutig: will die deutsche Politik eine Verständigung mit den Vereinigten Staaten, so wird sie diese nur auf dem Wege über eine Generalbereinigung europäischer Probleme erreichen, vor allem durch friedliche Vereinbarung mit England. Hier eröffnet sich eine großartige Möglichkeit: ist Deutschland ehrlich bereit, den europäischen Frieden zu garantieren und so den angelsächsischen Mächten die Durchführung ihres Kampfes um Ostasien zu ermöglichen, so darf es auf große Gegenleistungen rechnen. Über die Kolonialfrage, den Danziger Korridor, den Anschluß Österreichs und die Zukunft des Sudetendeutschtums wird sich dann wohl ebenso eine Vereinbarung erzielen lassen wie über die Wirtschaftsfragen. Der freie Zugang zum Weltmarkt tut sich auf, und auch die Währungsnöte werden sich dann durch Dollaranleihen überwinden lassen. Sollte es aber zum kriegerischen Konflikt kommen, insbesondere wegen der Tschechoslowakei, so werden die Vereinigten Staaten zwar nicht wieder Truppen nach Europa schicken (das hält Goerdeler damals noch für ausgeschlossen!), aber sie werden England auf jede Weise im Krieg unterstützen. Noch steht der Weg zur Verständigung offen – aber nicht lange mehr.[14]

Auf welchem Wege Goerdeler sich seine politischen Informationen verschafft hat, läßt sich noch einigermaßen erkennen. Nach England hatte ihm Schacht Empfehlungsbriefe an seine ausländischen Bekannten mitgegeben, vor allem an den Gouverneur der Bank von England, Montagu Norman. Er besuchte aber auch die deutsche Botschaft in London, ärgerte sich über das luxuriöse Auftreten Ribbentrops und ließ sich von dessen Mitarbeitern informieren. Eigene Verbindungen besaß er zu einzelnen englischen Industriellen und Bankleuten von Wirtschaftskongressen und von der Leipziger Messe her. Sie wurden vor allem durch den Industriellen A. P. Young erweitert, der zu den Vertrauensleuten Edens gehörte und der ihn mehrfach in seinen Club einlud. So entstand ziemlich rasch ein großer Bekanntenkreis: von Bankleuten, Industriellen, aber auch Politikern aller Parteien.[15] Das führte zu Besichtigungsreisen im ganzen Land: durch Fabriken, Arbeitersiedlungen, Bauernhöfe und Schrebergärten. Eine praktisch sehr wichtige Vermittlerrolle spielte der seit 1933 in London lebende deutsche Pädagoge Dr. Reinhold Schairer, ehemals Leiter des Deutschen Studentenwerkes – eine etwas romantisch veranlagte Persönlichkeit, erfüllt von dem Enthusiasmus der deutschen Jugendbewegung; er war Goerdeler schon in Königsberg nähergetreten und stand ihm nun als treu ergebener Helfer zur Seite. Auch sprachliche Hilfen hat er ihm geleistet und seine englische Korrespondenz jahrelang vermittelt, ihn auch mehrfach in Frankreich und der Schweiz zu geheimen Treffen aufgesucht. Durch Young und seine Freunde kam Goerdeler auch mit führenden Persönlichkeiten des Foreign Office in Verbindung; vor allem mit dem Staatssekretär Anthony Eden, Unterstaatssekretär Sir Robert Vansittart und dem Counsellor Frank Ashton-Gwatkin, Chef der Wirtschaftsabteilung. Auch mit Viscount Halifax, dem Gegenspieler Edens und Vansittarts, ist er bekannt geworden und schließlich 1939 noch mit Winston Churchill, wobei ihm vor allem Dr. Brüning behilflich war.[16]

Auf ähnlichen Wegen gelang es ihm, auch in Kanada und den Vereinigten Staaten mit führenden Männern des öffentlichen Lebens ins Gespräch zu kom-

men: mit dem kanadischen Ministerpräsidenten Mackenzie King, dem amerikanischen Staatssekretär Cordell Hull, dem früheren Ackerbauminister Wallace, den Diplomaten Sumner Wells und Messerschmidt, mit dem Sohn Präsident Tafts, dem Expräsidenten Hoover, Kriegsminister Stimson, Finanzminister Morgenthau, dem Finanzmann und Industriellen Owen Young und vielen anderen.[17]
Während dieser amerikanischen Reise erkrankte er ernstlich an einer Herzattacke und lag darum wochenlang als Gast des Schriftstellers John W. Wheeler-Bennett, den er schon seit 1932 kannte, in dessen Hause in Charlottesville-Virginia.[18]
Weniger zahlreich scheinen die Berührungen mit französischen Politikern gewesen zu sein, von denen Goerdeler selbst nur Daladier und Reynaud nennt, um so vielseitiger dagegen seine belgischen Bekanntschaften.[19] Im ganzen ist es erstaunlich, wie rasch es ihm gelungen ist, Zugang zu politisch wichtigen Persönlichkeiten des Auslandes zu finden, und es wird mir versichert,[20] daß die lebhafte Intelligenz und die klare Entschlossenheit dieses Sendboten eines „anderen Deutschland" bei seinen Gesprächspartnern einen starken Eindruck hinterlassen haben – ganz besonders bei Eden und Hull. Sie werden die große Sorge, mit der sie schon 1937 die Politik Hitlers verfolgten, durch seine Mitteilungen bestätigt gefunden haben.
Sicherlich hat er schon 1937 mit ihnen nicht nur politische und wirtschaftliche Verständigungsmöglichkeiten erörtert. Wie er selbst seine Auslandsmission damals auffaßte, davon gibt eine Denkschrift vom 1. Dezember 1937 Zeugnis, die er in New York verfaßte und einem amerikanischen Vertrauensmann[21] mit dem Auftrag übergab, sie erst dann zu veröffentlichen, wenn er das Zeichen dazu geben würde oder ihm etwas zustieße. Diese Niederschrift faßt offensichtlich den Sinn vieler politischen Aussprachen zusammen.
Er ist beunruhigt über den Gleichmut, mit dem viele Ausländer die Nachricht von Greueltaten des Hitler-Regiments aufnehmen, sie oft wenig beachten und geneigt sind, im Nationalsozialismus bloß eine Deckung gegen die Gefahr einer kommunistischen Weltrevolution zu sehen. Auf solche Stimmungen war Goerdeler schon in England gestoßen; später sollten sie ihm noch mehr begegnen: bei jenen Vertretern der Politik des „appeasement", die sich von den sichtbaren Erfolgen Hitlers imponieren ließen. Ihnen sucht er nun klarzumachen, daß Hitlers Machtstellung auf einer ungeheuren Täuschung beruht – einer Täuschung, der leider auch das deutsche Volk anheimgefallen ist, zeitweise fast zu 80 %. Das Diktat von Versailles, das die nationale Selbstachtung der Deutschen tödlich verwundete und die materielle Grundlage ihrer Lebenshaltung zerstörte, hat dem gefährlichen Agitator den Boden bereitet. Die Revision des Vertrags kam zu spät; sie begann nämlich erst in einem Augenblick, als Deutschlands Wirtschaft unter der Deflationskrise zusammenbrach und nun das deut-

sche Volk die Geduld verlor, eine langsame Besserung, wie sie sich dank Brünings kluger Politik 1932 allmählich vorbereitete, in Ruhe abzuwarten. Der Radikalismus von links war in diesem Augenblick keine ernste Gefahr mehr, wohl aber der von rechts. Man hätte ihn vielleicht abfangen können durch rechtzeitige Beteiligung an der Verantwortung der Regierung, aber nicht in der geradezu kopflosen Form, in der es die Schleicher und Papen und ihre deutschnationalen Hintermänner versuchten. Diesen, den Gefolgsleuten Hugenbergs, fällt die schwere Verantwortung zu, daß sie durch eine bloße Scheinkoalition mit Hitler diesen zur Macht gebracht haben, statt im Widerstand gegen ihn mit der „sich regenerierenden Sozialdemokratie" oder dem Zentrum zusammenzugehen. (Auch der hochbegabte Dr. Schacht hat leider diesen Fehler mitgemacht.) Sie haben es rasch mit dem Verlust aller politischen Bedeutung büßen müssen, und seitdem entwickelte sich die Alleinherrschaft Hitlers und seiner Partei zu einem Schreckensregiment.

Anschließend werden die Schäden des neuen Systems dargelegt, beginnend mit den Massenmorden des 30. Juni 1934. Goerdeler schildert die allgemeine Rechtlosigkeit und das Spitzelwesen, das Chaos der Verwaltung, die so oft von ihm erörterten Fehler der Wirtschafts- und Finanzpolitik, den „Verfall der Moral in Staat und Partei", den Totalitätsanspruch des Staates, seine Verfolgung der Kirchen und den allgemeinen Gesinnungszwang.[22] Über die Gefahr eines neuen, von Hitler entfesselten Krieges ist noch nichts gesagt – sie wird Goerdeler wohl erst nach seiner Rückkehr klargeworden sein; die seit 1936 laufende Aufrüstung findet er sachlich gerechtfertigt – noch hält er sie offenbar für rein defensiv; aber ihre Finanzierung erfolgt mit leichtfertigen Methoden, und die „politische Blindheit" der Armee, die das nicht sehen will, hängt mit der völlig unpolitischen Tradition des preußisch-deutschen Heeres zusammen. Sie hat dem Nationalsozialismus bisher keinen Widerstand entgegengesetzt.

Trotzdem: eines Tages wird „ein furchtbares Aufbäumen der gequälten und in ihrer tiefsten Würde verletzten Natur" des Menschen unausbleiblich sein. „Niemand als das deutsche Volk selbst kann es aus diesem Zustand (der Rechtlosigkeit und moralischen Zersetzung) retten." Es hat bis dahin noch „einen schweren Leidensweg" vor sich; denn die Gewalthaber werden keine Schrecklichkeit scheuen, um sich an der Macht zu erhalten. Dennoch scheint Goerdeler, der unbeugsame Optimist, mit der Selbstbefreiung Deutschlands durch einen inneren Umsturz fest zu rechnen. Seinem Gastgeber Wheeler-Bennett hat er damals schon Ideen zu einer künftigen Restauration der Monarchie auf der Grundlage verfassungsmäßiger Freiheit anvertraut. Auch seine Denkschrift schließt mit dem Ausblick auf eine künftige „unparteiische, der Zukunft sich verantwortlich fühlende Staatsführung, die an die beste Tradition des deutschen

Volkes anknüpfen" soll: an die Überlieferungen des liberalen Rechtsstaats. Und der Verfasser fleht die ausländischen Staatsmänner geradezu an, einem solchen wiederhergestellten Deutschland das Vertrauen nicht zu versagen, die Fehler des Diktats von Versailles nicht zu wiederholen, vielmehr dessen „entehrende Bestimmungen" zu beseitigen und jeder Versuchung zu einem zweiten Diktat zu widerstehen. „Ein beruhigtes Europa, in organischer Entwicklung zu immer größer werdender wirtschaftlicher Einheit fortschreitend, bedeutet die Sicherung des Friedens und der Wohlfahrt der Welt."

Man erkennt aus alledem ziemlich deutlich, daß Goerdeler auf seiner ersten großen Auslandsreise ein doppeltes politisches Ziel verfolgt hat. Zunächst sollten seine Berichte, über Göring laufend, die Hitler-Regierung vor einer drohenden Isolierung Deutschlands warnen und ihr die Möglichkeit einer friedlichen Verständigung vor Augen stellen. Für den Fall, daß sie nicht darauf einging (was der Reisende kaum anders erwartet haben kann), wollte er sich selbst ausländische Verbindungen schaffen, die einer neuen, nach dem inneren Umsturz gebildeten Regierung eine günstige Aufnahme bei den Westmächten sichern sollten. (Eben deshalb rückt er wohl auch so scharf von der Politik Hugenbergs und sogar von seinem Freunde Schacht ab.) Die Staatsmänner des Westens sollten ebenso von der Notwendigkeit eines Umsturzes wie von der einer Revision des Versailler Vertragswerks überzeugt werden; denn nur durch eine solche friedliche Revision, d. h. durch einen großen außenpolitischen Erfolg, konnte die neue Regierung sich eines Tages vor der Nation legitimieren und eine bessere innerpolitische Autorität gewinnen, als sie die Kabinette der Weimarer Republik besessen hatten.

Mitte Januar 1938 hatte Goerdeler ein langes Gespräch mit den Generälen Beck und Fritsch über seine Reiseeindrücke, auch über die militärischen, nach Auskunft der deutschen Militärattachés in den besuchten Ländern. Er wird von ihnen wohl erfahren haben, daß seine politischen Verständigungspläne praktisch aussichtslos waren: wußten sie doch vom 5. November her von Hitlers Kriegsplänen aus dessen eigenem Mund! Goerdeler will Fritsch schon damals gewarnt haben: die nächste Aktion der Gestapo würde sich nun wohl gegen die Armee richten! Vierzehn Tage später brach die sogenannte Fritsch-Krise aus, und Goerdeler bemühte sich vergebens, die ihm bekannten Generäle zu einem Putsch gegen die Gestapo aufzustacheln – vermutlich auf Anstiften des Regierungsrats Gisevius, mit dem er damals zuerst in Verbindung kam und der in seinem bekannten Buch ausführlich darüber berichtet.[23]

Diese Bemühungen scheiterten bekanntlich schon daran, daß vor der Entscheidung über den Fall Fritsch die nationalsozialistische Regierung ihren triumphalen Einzug in Wien halten konnte.[24] Unmittelbar darnach, Mitte März, brach Goerdeler zu seiner zweiten Reise nach Frankreich und England auf, die bis Mitte April dauerte. Den äußeren Anlaß bot ein Vortrag, zu dem ihn auf Betreiben seiner englischen Freunde das Londoner Institute of Public Administration (in der berühmten London School of Economics) eingeladen hatte, über „Wirtschaft und öffentliche Verwaltung".[25] Was er hier vortrug, war eine besonders radikale Formulierung seines uns wohlbekannten liberalen Wirtschaftsprogramms, mit scharfer Polemik gegen alle staatliche Planwirtschaft, Lohnregulierung und übertriebene Sozialfürsorge. Der Redner war kühn genug, auch gegen Keynes, den damals größten und populärsten Wirtschaftstheoretiker Englands, recht munter zu polemisieren. Vielleicht hat er seine Ausführungen letztlich nur als indirekte Attacke gegen das Hitlersche Wirtschaftssystem gemeint, ähnlich wie in den Aufsätzen, die er damals in der englisch-amerikanischen Publizistik zu verbreiten suchte. Seine englischen Hörer werden das aber schwerlich verstanden haben, und so begreift man, daß der Vorsitzende der Veranstaltung, Lord Stamp, den Vortrag mit Enttäuschung, ja Verstimmung aufnahm.[26] Goerdeler seinerseits hat in seinem Reisebericht vom 30. April seine schon früher geäußerte Kritik an der englischen Wirtschafts- und Sozialpolitik noch wesentlich verschärft – vielleicht ein Nachklang der unharmonisch verlaufenden Debatten?

Auch politisch scheint diese Reise nicht sehr glücklich ausgegangen zu sein. Ein Zusammentreffen mit Winston Churchill, das Brüning arrangiert hatte, scheiterte im letzten Augenblick infolge seltsamer Mißverständnisse.[27] Die neue Unterredung mit Sir Robert Vansittart nahm, wie es scheint, eine sehr unglückliche Wendung. Man sprach über die Sudetenfrage, die ja schon unmittelbar nach der Besetzung Österreichs als neues Gewölk am politischen Horizont aufstieg und die wenige Tage darauf zu höchst sorgenvollen Beratungen in einer gemeinsamen Sitzung britischer und französischer Minister in London führte.[28] Goerdeler selbst berichtet über seine Unterredung in seinem Lebensbericht von 1944: „Er (Vansittart) sagte, England würde äußerst gewisse Autonomie (der Sudetendeutschen) bewilligen. Ich legte dar, das Gebiet sei deutsch, grenze an Deutschland, müsse also an das Reich und nicht an die Tschechei gegliedert werden. Er lehnte ab. Ich sagte, machen Sie vor allem klare, gleichbleibende Politik, sonst fördern Sie die Begierde auch nach unberechtigtem Besitz. Sein Mitarbeiter, der treffliche Ashton-Gwatkin, der später (mit Lord Runciman) nach Prag ging, war in jeder Beziehung meiner Ansicht."

Um dieser Haltung Goerdelers gerecht zu werden, darf man nicht übersehen, daß die Abtretung des sudetendeutschen Landes in jenen Wochen sogar von dem tschechischen Vertreter in London, dem jüngeren Masaryk, als praktische Möglichkeit zur Entspannung des deutsch-tschechischen Verhältnisses im Gespräch mit dem Staatssekretär Halifax erwähnt worden ist – allerdings in offensichtlichem Gegensatz zum Kurs der Prager Regierung.[29] Trotzdem wird man urteilen müssen, daß Goerdeler in seiner bedeutungsvollen Unterredung mit Vansittart wohl als deutscher Patriot gesprochen hat, aber ganz und gar nicht als Diplomat und auch nicht im Sinne jener innerdeutschen Opposition, die England jetzt eben den Rücken steifen wollte gegen die Expansionsgelüste Hitlers, um so angesichts einer schweren, durch den Führer selbst verschuldeten Kriegsgefahr den verhaßten Tyrannen stürzen zu können. Goerdeler geriet in bedenkliche Nähe jener Politik des „appeasement um jeden Preis", die schließlich Chamberlain nach München geführt hat. Einfache Abtretung des Sudetenlandes an Deutschland, das hieß zugleich Auslieferung des gesamten tschechischen Befestigungssystems. Auslieferung an Deutschland bedeutete praktisch Auslieferung an Hitler. Wenn aber die Friedensmacher von München später dessen vertraglichen Zusagen trauten, daß er die Resttschechei in Frieden lassen würde: konnte ein Mann wie Goerdeler dasselbe Vertrauen haben? Merkte er nicht, in welches Zwielicht er durch seine Zumutung an die englische Diplomatie sich selbst und die ganze Oppositionsbewegung rückte: als handle es sich nur um eine andere Spielart desselben deutschen Imperialismus und unersättlichen Machtdrangs, den Hitler im Extrem verkörperte? Als wünsche man dessen außenpolitische Erfolge einzuheimsen, um ihn dann zu stürzen und bald darauf im wesentlichen dasselbe außenpolitische Spiel von neuem anzufangen? Tatsächlich ist das der Verdacht gewesen, der im Laufe des Sommers sich im britischen Foreign Office mehr und mehr festgesetzt hat.[30] Goerdelers heftige Klagen über den verbrecherischen Wahnsinn des Hitler-Systems haben ihn offenbar ebensowenig zu zerstören vermocht wie seine Versicherung (die er auch in Frankreich wiederholte), niemand außer Hitler wünsche in Deutschland den Krieg, und es gebe eine starke Oppositionsgruppe unter den Generälen der Wehrmacht. Über den Eindruck dieser Äußerungen hat er bald darauf seinen Stuttgarter Freunden erzählt, Vansittart habe ihn schroff abgewiesen mit der Bemerkung, solche Reden wären ja Landesverrat![31] Um die Ernsthaftigkeit seiner Opposition zu erweisen, scheint dann Goerdeler in kleinerem Kreise (und zwar bei der Bank von England) in irgendeiner Form davon gesprochen zu haben, er erwarte einen baldigen Gewaltstreich gegen das verruchte System der Hitler-Partei und habe auch schon Fühlung genommen mit dem Oberbefehlshaber des Heeres, Generaloberst von Brauchitsch (was während der Fritsch-Krise tatsächlich geschehen war). Unglücklicherweise sickerte eine Nachricht davon über allerhand Mittelsleute bis zu Brauchitsch durch, der, über solche Unvorsichtigkeit entsetzt, Hitler selbst davon Meldung gemacht haben soll. So folgte auf die englische Reise ein recht übles Nachspiel: eine durch Monate fortgesetzte Untersuchung durch Staatsanwälte des Reichsjustizministeriums, die nur durch ein geschicktes Eingreifen Schachts abgebogen werden konnte.[32]

In seiner Grundhaltung ließ sich Goerdeler durch diese Erfahrungen nicht beirren. Sein Reisebericht vom 30. April meldet zwar, in England sei die allgemeine Stimmung gegenüber Deutschland seit dem Einmarsch in Österreich vollkommen umgeschlagen: alles sei entsetzt über die Rücksichtslosigkeit des deutschen Vorgehens, auch die friedfertigsten Menschen hielten jetzt eine kriegerische Auseinandersetzung für unvermeidlich, da man ja offenbar in Berlin auf Erhaltung des Friedens keinen Wert mehr lege; England müsse also nun wohl oder übel seine Aufrüstung beschleunigen. Gleichwohl ist er überzeugt, daß die britische Regierung auch jetzt noch eine friedliche Verständigung dem Krieg weit vorziehen würde, in der richtigen Erkenntnis, daß unbegrenzte Aufrüstung die britischen Finanzen ruinieren, der Krieg die Wohlfahrt des Landes völlig zerstören und seinen Lebensstandard wesentlich senken müßte. „Und so habe ich wieder die Überzeugung gewonnen" (fährt der Bericht fort), „daß es möglich ist, alle nationalen Lebensrechte Deutschlands, selbst den Gebietsanschluß Sudetendeutschlands, im *Verhandlungswege* zu erreichen. Ich selbst habe jede Gelegenheit wahrgenommen, darauf hinzuweisen, daß die bloße Autonomie in der Tschechoslowakei keine Ruhe für Europa bringen kann." Sie würde nur neue unlösbare Probleme schaffen. „Ich habe gefunden, daß die Engländer für diese klare, kalte Logik, die gleichzeitig vaterlandsbewußt ist, jedes Verständnis aufbrachten. Sicherlich werden sie den Frieden an diesem Punkt nicht scheitern lassen, wenn man in einer allgemeinen Verständigung um die Erhaltung des Friedens in der Welt überhaupt ringt."

Was hat Goerdeler mit diesem Bericht, der den späteren Vermittlungsbemühungen Chamberlains, Lord Runcimans und Ashton-Gwatkins geradezu in den Rücken fiel, beabsichtigt? Hoffte er im Ernst, den Diktator jetzt noch vom Wege der Gewalt auf den eigenen Weg, den des friedlichen allgemeinen Interessenausgleichs, abdrängen zu können? Und wenn es ihm hätte gelingen können: mußte nicht jeder so errungene außenpolitische Erfolg die innerpolitische Autorität des Tyrannen ebenso, ja noch mehr verstärken, als es eben erst durch die friedliche Eroberung Österreichs geschehen war? Es scheint doch wohl, als hätte unser Weltreisender, ganz besessen von seiner Idee einer allgemeinen Friedenssicherung durch ein „agreement" der großen Mächte, nach taktischen Rücksichten überhaupt nicht mehr gefragt und (wie auch sonst) die Überzeugungskraft ruhiger Vernunft weit überschätzt – auch da, wo längst keine nüchterne Staatsvernunft mehr am Werke war (wie er doch eigentlich selbst wußte). Dieser Eindruck verstärkt sich noch, wenn man hinzunimmt, was er (in demselben Bericht) über Frankreich sagt. Man fange dort an, schreibt er, einzusehen, daß die Politik fester Bündnisverpflichtungen für die Tschechoslowakei ein Fehler war, und habe geringe Neigung, schwere Opfer dafür zu bringen. Darum sei hier die Stimmung auch nicht so gereizt wie in England. Immerhin sei diese Einsicht einstweilen noch auf kleine Kreise beschränkt; sie werde sich aber gewiß weiter ausbreiten. Aber mit Sicherheit sei zu sagen, daß die große Mehrheit des französischen Volkes und seine Armee jedenfalls dieses Jahr noch fest entschlossen sei, die Bündnispflicht gegenüber den Tschechen zu erfüllen. Aus alledem zieht der Berichterstatter den Schluß, daß die Welt vor einem „Kulminationspunkt" der Entwicklung stehe. Jetzt – aber nicht lange mehr – sei eine ernsthafte Möglichkeit gegeben, den Weltfrieden auf lange zu sichern. „Ich bin überzeugt, daß eine deutsche Initiative für eine Politik der Zusammenarbeit, für eine Beseitigung aller politischen Reibungsflächen und für eine konstruktive Arbeit auf dem Gebiet der Handels-, Wirtschafts- und Sozialpolitik die Welt mit sich reißen würde." Geschieht nichts dergleichen, so wird der Krieg nicht lange mehr aufzuhalten sein. England wird seine Rüstungslast und die beständige Unsicherheit nicht lange mehr ertragen. In Frankreich gibt es gewiß noch viele innere Schwierigkeiten zu überwinden, die einstweilen die politische Aktivität nach außen lähmen. Aber unter Führung von Chautemps hat ihre Bereinigung begonnen, und im Moment einer äußeren Krisis werden sie sofort zurücktreten. Die französische Nation scheut den Krieg und ist bereit, den Versailler Vertrag zu revidieren, wird aber um die Erhaltung ihrer Großmachtstellung erbittert kämpfen.

Als Goerdeler diesen Bericht Ende Mai in der Reichskanzlei bei Hauptmann Wiedemann abgab, weigerte sich dieser, ihn und etwa folgende noch weiterzuleiten: das würde lebensgefährlich für ihn selbst und für den Berichterstatter sein. Der Krieg sei jetzt beschlossene Sache, und zwar mit dem Ziel, ein deutsches Imperium zu errichten, das außer Großdeutschland Polen, die Ukraine, das Baltikum, Skandinavien, Holland, das flämische Kernland von Belgien, Luxemburg, Burgund, Elsaß-Lothringen und die Schweiz umfassen sollte. Auf Goerdelers erregte Entgegnung „Das ist ja der Weltkrieg!" war die Antwort: „Jawohl, das ist der Weltkrieg!" Und als er rief: „Aber das ist die Katastrophe!" hieß es: „Jawohl, das ist die Katastrophe! Aber daran ist nichts mehr zu ändern." Ribbentrop habe sich durchgesetzt mit seiner Ansicht, das dekadente England würde letzten Endes keinen Krieg erklären, jedenfalls aber nicht mehr kämpfen. Er, Wiedemann, sei entschlossen, dieses Spiel nicht mehr länger mitzumachen und seinen Abschied zu nehmen.[33]

So weitgehende Eroberungspläne sind aus dieser Zeit in anderen Quellen nicht bezeugt; wenn sie nicht Wiedemanns aufgeregter Phantasie entstammen, könnten sie nur auf vertrauliche Äußerungen Hitlers im Kreise seiner nächsten Vertrauten zurückgehen, von denen wir nichts Näheres wissen.[34] Fest steht aber, daß der Diktator damals wütend war über die sogenannte „Maikrise", ausgelöst durch tschechische Gerüchte über einen bevorstehenden deutschen Überfall auf Böhmen, die von der westlichen und russischen Diplomatie mit drohenden Gesten beantwortet wurden; daß er in einer „Führerbesprechung" am 28. Mai (an der außer dem Generalstabschef Beck auch Wiedemann teilnahm) ganz unverhüllt von großen Eroberungsplänen zur Behebung der deutschen Raumnot gesprochen hat, von Erweiterung der deutschen Küstenbasis durch Annexion Belgiens und Hollands und von Beseitigung der Tschechei; schließlich: daß er am 30. Mai das Oberkommando der Wehrmacht wissen ließ, es sei sein „unabänderlicher Entschluß, die Tschechoslowakei in absehbarer Zeit durch eine militärische Aktion zu zerschlagen". Diese Aktion sei sofort militärisch vorzubereiten.

Alles dies wird Goerdeler sofort durch Beck erfahren haben. Einen noch handgreiflicheren Beweis für die völlige Nutzlosigkeit seiner Friedensbemühungen konnte es nicht geben. Aber nun setzte auch die erste Gegenaktion der militärisch-politischen Oppositionsgruppen ein. Sie ging aus von dem Generalstabschef, den bereits ein ganzer Kreis von Gesinnungsgenossen in militärischen Führungsstellen umgab. Es ist deutlich zu sehen, daß zuerst in den Frühjahrsmonaten 1938 sich aus der bürgerlichen Widerstandsbewegung so etwas wie eine Aufstandsbewegung, eine richtige Verschwörung zu bilden beginnt. Die Fritsch-Krise, d. h. die Umbildung der Wehrmacht zu einem völlig unselbständigen Werkzeug Hitlers, die Berufung Ribbentrops, des gefährlichen Höflings und Dilettanten, zum Außenminister und die nunmehr deutlich am Horizont auftauchende Gefahr kriegerischer Abenteuer – das alles hat die Gegner Hitlers gedrängt, zur Rettung des Friedens durch aktiven Widerstand, womöglich zum Sturz des verhaßten Regiments sich zusammenzuschließen.[35]

Gegen den Gedanken eines „schlagartigen" Überfalls auf die Tschechoslowakei hatte Beck schon seit Jahren protestiert – wir haben davon bereits früher gehört. Von einer Verwendung der neu aufgebauten Wehrmacht zu Angriffs- und Eroberungszwecken wollte er überhaupt nichts wissen.[36] Sie bedeutete für ihn geradezu Verrat an der eigentlichen Aufgabe des Heeres: den Boden der Heimat zu schützen. Natürlich begründete er in seinen Denkschriften diese Ablehnung nicht moralisch (wie heute manche seiner ausländischen Kritiker zu erwarten scheinen), sondern mit dem Hinweis auf die europäischen Bündnissysteme, die automatisch (wie er meinte) jede isolierte

Angriffsaktion sofort zu einer europäischen Krisis, zuletzt zu einem neuen Weltkrieg erweitern würden: eine für Deutschland schlechthin tödliche Aussicht! Bis 1937 waren die unter seiner Leitung bearbeiteten Aufmarschpläne reine Verteidigungspläne gewesen. Er befürchtete aber schon seit 1934, daß Hitlers „Politik der Gewalt und des Treubruchs" eines Tages in außenpolitische Abenteuer hineinführen könnte. Seit November 1937 wußte er, wer das erste Opfer der Angriffspolitik sein sollte: nach Österreich die Tschechoslowakei. Die von Hitler damals (in der Besprechung mit den Spitzen der Wehrmacht) entwickelten Phantasien über eine gewaltsame Behebung der deutschen „Raumnot" hatten ihn tief entsetzt; er selbst glaubte, ähnlich wie Goerdeler, an die Möglichkeit, die Mängel des Versailler Vertrages nach und nach auf friedlichem Wege zu bereinigen. Nun kam, am 30. Mai, die direkte Weisung, den Überfall auf die Tschechoslowakei schleunigst vorzubereiten. Dagegen mündlich bei Hitler selbst zu protestieren, gab es für ihn keine praktische Möglichkeit.[37] Als Generalstabschef konnte er nur bei seinem Oberbefehlshaber von Brauchitsch vorstellig werden und allenfalls durch diesen auf Hitler einzuwirken versuchen. Diesem Zweck dienten wiederum eine Reihe ausführlicher Denkschriften, erfüllt von politischer und militärischer Kritik.[38]

Ihre politischen Ausführungen sind ganz deutlich durch Goerdelers Reiseberichte und seine pessimistische Beurteilung der wirtschaftlichen Lage Deutschlands mitbestimmt. Zweifellos hat aber auch General Georg Thomas, der erfahrene Chef des Wehrwirtschafts- und Rüstungsamtes im OKW, darauf eingewirkt, der schon lange schwerste Bedenken gegen Tempo und Ausmaß der Rüstung hegte und als Kenner der amerikanischen und russischen Rüstungsindustrien überzeugt war, das wirtschaftliche Kriegspotential Deutschlands könne niemals zum Durchhalten eines Weltkrieges ausreichen.[39] Schon seit 1937 hatte Thomas in dienstlichen Schreiben und öffentlichen Vorträgen die Hitlerische Idee des „Blitzkrieges" und die Göringsche der wirtschaftlichen „Autarkie" kritisch beleuchtet. Seine statistischen Auskünfte und ökonomischen Berechnungen haben in den folgenden Jahren dauernd eine der wichtigsten Grundlagen für die Denkschriften Goerdelers und Becks gebildet.

Der Generalstabschef bestreitet nicht, daß die Verhältnisse in Böhmen-Mähren auf die Dauer für Deutschland unerträglich sind. Indessen glaubt er (in seiner ersten, mehr politischen Denkschrift vom 5. Mai), daß eine friedliche Einigung mit England darüber möglich ist, falls die deutsche Regierung „einer für England noch tragbaren Lösung zustimmt" – freie Hand wird man uns in London niemals zugestehen. In einer späteren, mehr militärischen Denkschrift würde er „notfalls" sogar einen Krieg mit der Tschechei ins Auge fassen, erklärt ihn aber für aussichtslos, „solange die Tschechen mit der Waffenhilfe Englands und

Frankreichs rechnen können". Eben dies hält er nun für absolut sicher. Frankreich *kann* die Tschechen nicht im Stich lassen (vollends nicht nach dem Triumph Hitlers über Österreich!), ohne seine Ehre und seine europäische Machtstellung preiszugeben. Gerät aber Deutschland mit den Westmächten erst einmal in Konflikt, so wird ein zweiter Weltkrieg daraus. Auch die Vereinigten Staaten werden ihm nicht fernbleiben, zumindest werden sie unsere Gegner wirtschaftlich unterstützen mit Hilfe ihrer gewaltig angewachsenen Rüstungsindustrie. Deutschlands Lage wird dann aus vielen Gründen noch hoffnungsloser sein als 1914–18 – ungeachtet großer Anfangserfolge gegen die Tschechoslowakei, an denen Beck nicht zweifelt. Er rechnet (ähnlich wie die Militärs der Westmächte)[40] mit einem tschechischen Widerstand von nur wenigen Wochen. Aber das würde genügen, um Frankreich einen Großangriff im Westen zu ermöglichen, dem Deutschland keine ausreichende Abwehr entgegenzusetzen vermöchte. Es kann freilich sein, daß es der französischen Regierung nicht gelingt, ihr Volk, das den Krieg heftig scheut, nicht „von vornherein zu einem Angriffskrieg mitzureißen". Vielleicht werden die Westmächte sich zunächst auf den See- und den Luftkrieg beschränken, vielleicht werden sie die Tschechei zunächst preisgeben und ihre Wiederherstellung dem Ende eines langen Krieges überlassen. Indessen am Schicksal Deutschlands ändert das alles nichts. „Der Feldzug gegen die Tschechei kann an sich erfolgreich verlaufen. Den Krieg wird Deutschland verlieren. Treten England und Frankreich in den Krieg ein, so wird die Tschechei nur noch die Rolle des Kriegsanlasses spielen, im übrigen es sich dann aber um eine Auseinandersetzung auf ganz anderer Ebene handeln. Es wird zu einem europäischen, unter Umständen zu einem Weltkrieg kommen." – Oder (wie es an anderer Stelle heißt) „zu einem Krieg auf Leben und Tod".

Der Verfasser dieser Denkschriften hat sich nicht damit begnügt, sie seinem Oberbefehlshaber Brauchitsch vorzutragen und durch ihn Hitler vorlegen zu lassen. Er bemühte sich, die obersten Spitzen der gesamten Wehrmacht oder – als das aussichtslos erschien – wenigstens die des Heeres für seine Ansichten zu gewinnen und sie zu einem offenen Protest gegen den Krieg fortzureißen. Wirklich setzte er durch, daß Brauchitsch am 4. August die Heeresgruppenbefehlshaber und Kommandierenden Generäle zusammenberief und Beck eine seiner Denkschriften vortragen ließ. Die Versammelten, um ihre Meinung befragt, stimmten der militärischen Lagebeurteilung ohne Ausnahme zu; nur daß einige Hitlergetreue (von Reichenau und Busch) ein paar Worte über die Notwendigkeit, dem Führer Vertrauen zu schenken, zu äußern wagten. Das ist bemerkenswert, weil es deutlich zeigt, daß in der Wehrmachtführung 1938 nicht die geringste Kriegsneigung, wohl aber allgemeine Besorgnis vor einem zweiten Weltkrieg geherrscht hat. Brauchitsch mahnte denn auch die Generäle, ihre Bedenken dem Führer gegenüber offen auszusprechen und damit seine eigenen Warnungen vor einem Abenteuer zu unterstützen. Diese Mahnung blieb nicht ganz ohne Erfolg. In einer Versammlung der künftigen Stabschefs der Feldarmeen, die Hitler bald darauf nach Berchtesgaden einberief (10. August), wagten einzelne der Offiziere auf die Unfertigkeit der Rüstung und auf die Unzulänglichkeit der Befestigung an der Westfront hinzuweisen. Sie erregten dadurch Hitlers Zorn – was den Befehlshaber der Westfront, General Adam, nicht gehindert hat, ein paar Wochen später dieselben Bedenken nochmals vorzutragen und sich dadurch erneut die Ungnade des Staatschefs auf den Hals zu ziehen.[41] Auch von Brauchitsch selber weiß man, daß er mehrfach die Sorgen des Generalstabs dem Führer vorgetragen hat, was dann wiederholt zu stürmischen Szenen führte.[42]

Bei solchen Warnungen aber verblieb es – zu Becks Enttäuschung. Er hatte von Brauchitsch noch mehr gefordert: eine förmliche Gehorsamsverweigerung der Generalität für den Fall, daß der Diktator sich nicht überzeugen ließe. Der Oberbefehlshaber sollte (in einem vom Generalstabschef entworfenen Appell) die Generäle auffordern, „auf Gedeih und Verderb" sich hinter ihn zu stellen, d. h. mit ihm gemeinsam den Führer vor eine Art von Ultimatum zu stellen: verweigerte er die Zusage, den Frieden in jedem Fall zu erhalten, so sollten sie alle gemeinsam den Abschied fordern und dadurch – so hoffte Beck – die Durchführung des Überfalls auf Böhmen praktisch unmöglich machen. Das hieß also: eine Art von Generalsstreik mit politisch sehr weittragenden Konsequenzen. Brauchitsch hat ihn verweigert, und diese Weigerung ist ihm von Beck ebenso wie von dessen politischen Freunden als Charakterschwäche ausgelegt worden – ein Urteil, dem sich die bisherige Literatur über die Hitler-Opposition ziemlich einmütig angeschlossen hat. Aber ist es gerecht? Gab es eine praktische Möglichkeit, in dieser Form und in diesem Augenblick, d. h. vor der letzten Entscheidung über Krieg und Frieden, dem Staatschef eine Festlegung auf den Frieden aufzuzwingen? Und gab es eine sittliche und politische Pflicht der Generalität dazu? Die zweite dieser Fragen hat Beck mit großer Entschiedenheit bejaht – in einer Vortragsnotiz, die zu den eindrucksvollsten Zeugnissen seines Charakters und zu den schönsten Dokumenten der deutschen Oppositionsbewegung überhaupt gehört. „Es stehen hier letzte Entscheidungen über den Bestand der Nation auf dem Spiele. Die Geschichte wird die (militärischen) Führer mit einer Blutschuld belasten, wenn sie nicht nach ihrem fachlichen und staatspolitischen Wissen und Gewissen handeln. Ihr soldatischer Gehorsam hat eine Grenze, wo ihr Wissen und ihr Gewissen und ihre Verantwortung die Ausführung eines Befehls verbieten."

„Es ist ein Mangel an Größe und Erkenntnis der Aufgabe, wenn ein Soldat in höchster Stellung in solchen Zeiten seine Pflichten und Aufgaben nur in dem begrenzten Rahmen seiner militärischen Aufträge sieht, ohne sich der höchsten Verantwortung vor dem gesamten Volk bewußt zu werden. Außergewöhnliche Zeiten verlangen außergewöhnliche Handlungen."

Deutlicher läßt sich kaum zum Ausdruck bringen, daß nichts anderes als ein fast erdrückend schwer genommenes sittliches Verantwortungsbewußtsein diesen edlen Mann zur Opposition trieb. Aber was er hier anrührt, ist ein grundsätzliches Problem von großer Bedeutung: die Frage nach der politischen Mitverantwortung des Soldaten. Man macht sich das Urteil über die Generäle der Hitlerzeit viel zu leicht, wenn man ihr Sträuben gegen einen Militärputsch einfach aus Charakterschwäche erklärt oder auch aus der bewußt „unpolitischen" Erziehung der Reichswehr unter Seeckt. Der Grundsatz, daß die Armee bloßes Werkzeug der Politik sein soll, auch in ihrer obersten Führung, gehört zu den Lebensprinzipien der modernen Staatsbildung; ohne ihn hätte sich überhaupt keine gesicherte staatliche Autorität herausbilden, hätte sich das wüste Landsknechtswesen und die beständige Gefahr eines Bürgerkrieges, die aus ihm erwächst, niemals überwinden lassen; es genügt, an die soldatische Selbstherrlichkeit der Wallenstein, Cromwell und der französischen Adelsfronde gegen Mazarin zu erinnern, um diese Gefahr zu veranschaulichen. Überall da, wo sich eine gestraffte staatliche Autorität durchsetzen konnte, hat auch das politische Putschieren der Generäle aufgehört; da, wo es auch nach dem Beginn des 18. Jahrhunderts noch fortdauert, ist es ein sicheres Zeichen für politische Unordnung und verfallende staatliche Autorität: so in der iberischen und ibero-amerikanischen Staatenwelt, so auch in der Zeit des französischen Direktoriums, des 18. Brumaire und der Nachahmung dieses Staatsstreichs durch Napoleon III. Die Armee *muß* „unpolitisches Werkzeug" sein, sonst wird sie zur tödlichen Gefahr für jede Staatsleitung, weil sie allein über materiellen Waffenbesitz größeren Umfangs verfügt. Das ist ganz und gar keine „militaristische" Besonderheit des preußisch-deutschen Staatswesens, sondern genau so ein Lebensgesetz der westlichen Demokratien bis heute. Im friderizianischen Staat war das „unbedingt Ordre parieren" der Generäle eine Selbstverständlichkeit; das galt ebenso für den Freiheitskämpfer Clausewitz, der bekanntlich den Satz, das Kriegführen sei nur eine Fortsetzung der Politik mit anderen Mitteln und es sei deshalb widersinnig, Feldzugspläne durch militärische Fachleute entwerfen zu lassen, zu einem Kernstück seiner berühmten Kriegsphilosophie gemacht hat; von ihrem Geist hat der deutsche Generalstab ein ganzes Jahrhundert lang gezehrt. Bismarck schrieb in den „Gedanken und Erinnerungen": „Aufgabe der Heeresleitung ist die Vernichtung der feindlichen Streitkräfte ... die Feststellung und Begrenzung der Ziele, die durch den Krieg erreicht werden sollen ... ist und bleibt während des Krieges wie vor demselben eine politische Aufgabe" – also Sache des Staatsmannes, nicht des Soldaten.

Nun wohl: „Außergewöhnliche Zeiten verlangen außergewöhnliche Mittel", hat Beck sehr mit Recht festgestellt. Es war schon mehr als außergewöhnlich, daß diesmal nicht der Staatsmann, sondern der Soldat ein „Element der Mäßigung" (wie Clausewitz das nannte) in die Politik hineinzutragen sich berufen fühlte. Und zwar mit Hilfe militärtechnischer Argumente, die sonst in aller Welt gerade umgekehrt zu wirken pflegen: als Hinweis auf (angebliche oder wirkliche) „Zwangsläufigkeiten" der Kriegstechnik, die alle Bemühungen ruhiger Staatsvernunft, der Kriegsfurie Einhalt zu gebieten, zur Ohnmacht verdammen. Einem Bismarck schien es „natürlich, daß in dem Generalstab der Armee nicht nur jüngere strebsame Offiziere, sondern auch erfahrene Strategen das Bedürfnis haben, die Tüchtigkeit der von ihnen geleiteten Truppen und die eigene Befähigung zu dieser Leitung zu verwerten und in der Geschichte zur Anschauung zu bringen". Dem Staatsmann fiel demgegenüber die Aufgabe zu, „die Wirkung kriegerischen Geistes in der Armee in den Schranken zu halten, auf welche das Friedensbedürfnis der Völker berechtigten Anspruch hat". Hitler hat mehrfach seine Verwunderung darüber geäußert, daß der Generalstab nicht wie ein Kettenhund sei, den man in seinem Blutdurst kaum zügeln könne, sondern ewig nur den Bremsklotz am Wagen seiner Kriegspolitik bilde. In der Tat: eben in der Umkehrung des normalen Verhältnisses zwischen Staatskunst und Kriegshandwerk kommt die ganze Unvernunft des Hitler-Regiments sinnfällig zum Ausdruck: die Tatsache nämlich, daß an der Spitze des Staates kein echter Staatsmann mehr stand, sondern ein verantwortungsloser Abenteurer. In einer solchen Lage fiel dem Generalstab eine weit größere, sittliche und politische Verantwortung zu als in normalen Zeiten.

Grundsätzlich hatte also Beck gegen Hitler tausendmal recht mit seinen Bemühungen um die Rettung des Friedens. Es ist aber nichts weniger als verwunderlich, daß er auf starke Hemmungen bei seinen Kameraden und seinem Oberbefehlshaber stieß. Eine so alte und so wohlbegründete Tradition wie die des Heeres läßt sich nicht ohne weiteres ins Gegenteil verkehren. Brauchitsch und die ihm folgenden Generäle taten genau das, was der deutsche Generalstabsoffizier von jeher in solcher Lage getan hat: sie erhoben dringende, sachlich begründete Einwendungen gegen die Kriegspläne ihres obersten Befehlshabers, überließen aber ihm die Verantwortung, ob er ihren Rat befolgen wollte oder nicht. Wer sie dafür ohne weiteres verdammt, nähert sich dem

Standpunkt jener Ankläger von Nürnberg, die den deutschen Generalstab für eine verbrecherische Organisation erklären wollten, weil er Hitlers Eroberungspläne technisch vorbereitet und durchgeführt hat. Es heißt den Soldaten überfordern, wenn man von ihm grundsätzlich und ganz allgemein verlangt, auch noch dafür zu sorgen, daß keine falsche Kriegspolitik gemacht werde. Daß politisierende Generäle in den meisten Fällen nur Unheil angerichtet haben, trotz besten Willens, wurde schon früher bemerkt (oben Kapitel 9 Anm. 15). Freilich: mit der Berufung auf die Tradition ist das Problem einer soldatischen Widerstandspflicht noch keineswegs erledigt. Wenn außergewöhnliche Zeiten außergewöhnliche Mittel erfordern, so gibt es keinen Freibrief für mangelnde Verantwortungsfreudigkeit aus dem bloßen Herkommen. Daß es vielen der „Goldbetreßten" an echter Zivilcourage in kritischen Momenten gefehlt hat, daß oft ihre politische Einsicht nicht zureichte oder durch privaten Ehrgeiz verdunkelt wurde –, wer könnte das leugnen? Ihr Durchschnitt überragte an Charakterstärke gewiß nicht den Durchschnitt der höheren Zivilbeamten, und welche Folgen das für die Stellung der Armee im Staate Hitlers gehabt hat, ist uns im Laufe unserer Darstellung schon längst deutlich geworden. Aber ist nicht der starke Charakter immer und überall das Seltenste unter den Menschen? Außergewöhnlichen Zeiten wie denen des Hitler-Reiches gewachsen zu sein, erfordert schon ein übernormales Maß von sittlich-geistiger Kraft, aber auch von politischer Einsicht. Daß Brauchitsch solchen höchsten Ansprüchen nicht gewachsen war, wird sich noch zeigen. Urteilen darüber darf nur, wer die ganze Schwierigkeit seiner Lage wirklich verstanden hat.

Was Beck ihm vortrug, war zunächst ein kräftiger Appell an das Gewissen der militärischen Führer, ihrer Mitverantwortung für das Schicksal Deutschlands bewußt zu sein. Das war ohne Zweifel ein tief berechtigtes Anliegen. Sicherlich gibt es eine bestimmte Grenze militärischer Gehorsamspflicht. Kein Soldat in höherer Führerstellung kann sittlich verpflichtet sein, das militärisch Unsinnige zu tun, wenn es ihm befohlen wird, und seine Mitwirkung zu leihen, wenn er deutlich sieht, daß die Staatsführung Armee und Volk ins Verderben reißt. Auch er ist schließlich Patriot, genau so wie der Zivilist, ist ein lebendiger Mensch mit sittlicher Verantwortung, nicht Maschinenteil, nicht bloßer Militärtechniker. Die Tatsache, daß Hitler seine Generäle in unzähligen Fällen gezwungen hat, gegen ihr Gewissen und gegen ihre bessere Einsicht zu handeln, daß er ihr Widerstreben mit dem Kriegsgericht verfolgte, ihnen während des Krieges sogar das Abschiednehmen verbot, daß er Truppenführer von höchstem Rang ohne kriegsgerichtliche Untersuchung schimpflich entließ oder gar aus der Armee ausstieß — das alles gehört zu den schlimmsten Mißbräuchen seiner Tyrannis und hat den „Militärputsch" geradezu herausgefordert. Die

Tat des 20. Juli 1944 findet ihre Rechtfertigung in der unzweideutigen Pflicht jedes Militärs, der dazu in der Lage war, dem schauerlichen Spuk eines längst verlorenen Krieges so rasch als möglich ein Ende zu machen – auf jede Gefahr hin und ohne Scheu selbst vor den gewaltsamsten Mitteln. Genau ebenso hat es nun General Beck 1938 als militärische Pflicht empfunden, den Ausbruch eines von vornherein aussichtslosen Krieges zu verhindern. Aber war dieser Ausbruch 1938 ebenso sicher wie 1944 die Niederlage? Und waren die Mittel, die Beck empfahl, wirklich geeignet, Hitler zu friedlicher Haltung zu zwingen?

Über den Gewissensappell ging der Generalstabschef schon hinaus, wenn er eine gemeinsame Amtsniederlegung der gesamten höheren Generalität forderte. Weil das gar nicht ohne gemeinsame Verabredung und ohne ein förmliches Ultimatum an die Staatsleitung möglich war, mußte es als eine Art von Meuterei erscheinen, jedenfalls als revolutionärer Akt mit weittragenden politischen Konsequenzen. „Ein Diktator kann sich nicht zwingen lassen", am wenigsten durch Gehorsamsverweigerung, hat General von Manstein mit Recht vor dem Nürnberger Tribunal gesagt. „Mit dem Moment, wo er einem solchen Zwang auch nur einmal nachgibt, ist seine Diktatur ja erledigt."[43] Es ist mindestens unwahrscheinlich, daß sich Hitler durch Abschiedsforderungen seiner Generäle zur Friedenspolitik hätte zwingen lassen. Um so wahrscheinlicher ist, daß er mit schärfsten Terrormaßnahmen darauf reagiert hätte; strebsame jüngere Offiziere hätten sich ganz gewiß bald gefunden, Bewunderer Hitlers (wie der hochbegabte Jodl), die man auf die verwaisten Posten hätte befördern können. Beck selbst sah voraus, daß es zu „wesentlichen inneren Spannungen" und zu einer „klärenden Auseinandersetzung zwischen Wehrmacht und SS" kommen müsse. Es bleibt aber ganz unklar, wie er diese Auseinandersetzung durchführen wollte, wenn vorher alle oberen Führer der Wehrmacht abdanken sollten, und wenn er im selben Atem verlangte: „Es kann und darf kein Zweifel darüber aufkommen, daß dieser Kampf für den Führer geführt wird." Glaubte er ernstlich, die Fiktion durchhalten zu können: Hitler sei nur durch radikale Kriegshetzer zu seinen Entschlüssen getrieben? Es scheint fast so, wenn man hört, daß er hoffte, auch einzelne „aufrechte und tüchtige Männer der Partei" (wie den schlesischen Gauleiter Wagner und den Reichsstatthalter Bürckel in Wien) und einzelne Generäle der Luftwaffe gewinnen zu können. Allerdings dürfe „auch nur die leiseste Vermutung etwa eines Komplotts nicht aufkommen". Vielmehr müsse die Parole lauten: „Für den Führer, gegen den Krieg, gegen die Bonzokratie, Friede mit den Kirchen, freie Meinungsäußerung, Schluß mit den Tschekamethoden, wieder Recht im Reich, Senkung aller Beiträge um die Hälfte, kein Bau von Palästen, Wohnungsbau für Volksgenossen, preußische Sauberkeit und Einfachheit!" Also ein ganzes Programm der Gegenrevolution – und doch kein Komplott, kein politischer Aufstand?

Man sieht: General Beck war ganz und gar keine Wallensteinnatur. Ähnlich wie Goerdeler (dessen Ideen aus seinem Reformprogramm deutlich hervorblicken) hoffte er noch immer, in der Hauptsache durch Appell an die Vernunft zu wirken. Dabei sollte dieser Appell selbst Brauchitsch überlassen werden – er, der Generalstabschef, lieferte nur die schriftlichen Entwürfe dazu. Wie hätte es gelingen sollen, auf diesem Wege eine Revolution zustande zu bringen – zunächst einen Aufstand der Generäle, der der ältesten Tradition der Armee (und nicht nur der preußisch-deutschen) widersprach und der es Hitler so leicht gemacht hätte, vor der Öffentlichkeit an eben diese Traditionen zu appellieren und seine militärischen Gegner als pflichtvergessene Meuterer, ja wohl gar als mutlose Versager und Memmen hinzustellen!

Ein weiteres Bedenken kommt hinzu. Hätte es wirklich im August 1938 so eindeutig, wie Beck sich das dachte, festgestanden und wäre es ebenso eindeutig für die Generalität erkennbar gewesen, daß Deutschland unter Hitler in einen zweiten Weltkrieg ohne Hoffnung auf glücklichen Ausgang hineintrieb, so hätte sich ganz gewiß ein Militärputsch mit anschließender Gegenrevolution vor der Nation rechtfertigen lassen – allerdings nicht auf dem Wege, den Beck damals vorschlug, sondern mit sehr viel handgreiflicheren Methoden, und nicht mit der Parole „Für den Führer", sondern ganz offen gegen ihn. Tatsächlich ist ein solcher Putsch auch versucht worden – aber nicht mehr von Beck selbst, der am 18. August resigniert seinen Abschied nahm,[44] sondern von seinem Nachfolger General Halder, in Verbindung mit einem Verschwörerkreis, der sich inzwischen um die Abteilung „Abwehr" des Oberkommandos der Wehrmacht gebildet hatte. Es war die erste Aktion, in der sich zeitweise der Widerstand zum Aufstand zu verdichten schien. Aber von Anfang an kämpfte sie mit der Schwierigkeit, daß die außenpolitische Lage keineswegs so eindeutig war, wie sie Beck und seine Freunde zu sehen glaubten.

Es gehört nämlich zu den wahrhaft dämonischen Zügen der Politik Hitlers, daß er trotz aller Waghalsigkeit seines Draufgängertums viel zu verschlagen und viel zu instinktsicher war, um seinen Gegnern die offene Flanke, d. h. die Möglichkeit zu bieten, ihn vor aller Welt ganz eindeutig als leichtfertigen Abenteurer zu entlarven. Er hat sich ebenso eifrig wie erfolgreich darum bemüht, seine Generäle für das geplante Kriegsunternehmen gegen die Tschechei auch innerlich zu gewinnen, indem er es als ebenso notwendig im nationalen Interesse wie als praktisch gefahrlos hinstellte – in stundenlangen Vorträgen am 10. und 15. August, die sicherlich unvergleichlich eindrucksvoller waren als alles, was Beck in seinen Denkschriften vorbringen konnte. Er hatte nämlich recht damit, daß er die hilflose Schwäche der westlichen Demokratie der geballten Willenskraft des Dritten Reichs gegenüberstellte. Die Gefahr war gar nicht so groß, wie Beck und Goerdeler glaubten, daß die Franzosen gegen Deutschland marschieren und die Engländer ihnen dabei Hilfe leisten würden.

Wir können heute ziemlich genau das Chaos schwankender Erwägungen verfolgen, in das die Kabinette von London und Paris durch Hitlers brutales Vorgehen gestürzt wurden.[45] Die Regierung Daladier war sich im Frühjahr 1938 völlig klar darüber, daß Hitler durch keinerlei tschechische Konzessionen davon abzuhalten sein würde, die Tschechoslowakei eines Tages mit Gewalt einfach „von der Landkarte auszulöschen". Auch ohne Kenntnis der geheimen militärischen Weisungen, die der Diktator schon 1937 gegeben hatte mit dem Ziel, diesen Staat als Hindernis späterer Eroberungskriege, als russische Flugzeugbasis und Alliierten Frankreichs für immer auszuschalten, sah Daladier ganz deutlich, was kommen würde: daß Hitler Schritt für Schritt eine deutsche Hegemonie über Mitteleuropa, später über ganz Europa errichten würde und daß er bei seinem Vorgehen auf jene hilflose Schwäche der Westmächte rechnete, die ihm schon die Rheinlandbesetzung, die hemmungslose Aufrüstung und die Annexion Österreichs ermöglicht hatte. Auf einer gemeinsamen Beratung beider westeuropäischer Regierungen in London am 29. April hat er das ganz offen ausgesprochen und damit auch die entschiedene Unterstützung seines Außenministers Bonnet gefunden bei seiner Forderung: beide Westmächte gemeinsam müßten von jetzt ab eine ganz feste Haltung zeigen und jeder weiteren Expansion der deutschen Macht widerstreben. Täten sie das nicht, so würde der Krieg nicht etwa vermieden, sondern höchstens hinausgeschoben und Hitlers Anmaßung nur noch verstärkt werden. Aber die französischen Minister stießen bei Chamberlain und Halifax auf zähen Widerstand. Beide weigerten sich, das Britische Reich mit irgendeiner Garantie für die Erhaltung der Tschecho-Slowakei zu belasten – beide nicht ohne Illusionen über Hitler, der sich vielleicht doch noch zur Mäßigung seiner Ansprüche würde bewegen lassen, beide aber vor allem davon überzeugt, daß im Konfliktsfall die Tschechei sich militärisch doch nicht würde retten lassen.[46] Ihre Argumente konnten die französischen Minister um so weniger widerlegen, als ihr eigener Generalstabschef Gamelin kurz zuvor ungefähr dasselbe erklärt hatte: mehr als eine (nicht allzu wirksame) Diversion zum Festhalten eines Teils der deutschen Armee an der Westfront würde Frankreich nicht leisten können.[47] Das Ergebnis der Beratung vom April war also ein halber und lahmer Entschluß gewesen: diplomatische Vorstellungen in Prag und Berlin, die auf eine Mahnung zu friedlichem Interessenausgleich hinausliefen, verbunden mit einem vorsichtigen Hinweis darauf, daß ein gewaltsames Vorgehen von deutscher Seite unabsehbare Verwicklungen herbeiführen müßte, von denen sich wohl auch Großbritannien schließlich nicht würde fernhalten können (Erklärung Chamberlains vom 24. März, etwas kräftiger wiederholt anläßlich der „Maikrise" am 21. Mai). Hitler hatte das nur dazu angetrieben, seine militärischen Vorbereitungen zu beschleunigen, vor allem aber unter ungeheurem Propagandalärm die Errichtung des „Westwalls" zu forcieren. Immerhin hatte er sich gehütet, die Tschechei direkt militärisch zu bedrohen, solange er sich militärisch noch nicht gesichert glaubte. Den ganzen Sommer über ließ er die Sudetendeutsche Partei für völkische Autonomie kämpfen und ihren Führer Konrad Henlein sogar nach London gehen, um Chamberlain von der moralischen Berechtigung dieser Forderung zu überzeugen. Der Erfolg war, daß eine britische Delegation unter Lord Runciman nach Böhmen entsandt wurde, die dort für eine friedliche Revision des Versailler Vertragswerkes (im Sinn der deutschen Patrioten) wirken sollte. Um Benesch zu Konzessionen zu drängen, trat man in Prag weit drohender auf als in Berlin. Liest man heute die Berichte der britischen Mittelsmänner aus Prag, dazu die diplomatischen Meldungen und Eingaben des Berliner Botschafters Sir Neville Henderson, so kann man nur erschrecken angesichts so vieler Illusionen. Insbesondere die Rolle Hendersons kann man heute nur als verhängnisvoll empfinden: in seinem übergroßen, mit heimlicher Bewunderung gemischten Respekt vor der Willensenergie und der praktischen Leistung Hitlers hat er schlechterdings alles getan, um seine Regierung vor kräftigen Entschlüssen zu warnen und selbst dann, wenn sich diese einmal zu drohenden Gesten auch in Berlin entschloß, deren Wirkung auf Hitler wieder abzuschwächen.

In dieser Lage mußte die deutsche Opposition dringend wünschen, die britische Regierung über die wahren Absichten Hitlers, die man im Generalstab ja kannte, rechtzeitig aufzuklären. (Sie ahnte natürlich nicht, daß Daladier schon längst ganz ähnliche Warnungen in London vorgetragen hatte und daß man in beiden westlichen Hauptstädten auch über das Widerstreben der deutschen Generalität gegen Hitlers Kriegspolitik recht wohl informiert war.) Die erste Warnung der deutschen Opposition brachte, so viel sich erkennen läßt, der Gutsbesitzer Ewald von Kleist, einer der konservativen Gegner Hitlers, der schon mehrfach in Haft gesessen hatte, nach London. Und zwar schon am 18. August, während die Prager Ausgleichsverhandlungen Runcimans noch in vollem Gange waren.[48] Als seine Auftraggeber nannte er selbst „seine Freunde" im Generalstab, fügte aber hinzu, daß er überhaupt keinen General in höheren Kommandostellen kenne, der nicht gegen den Krieg wäre, selbst Reichenau nicht ausgenommen. Kleists Auftreten war ebenso mutig wie geschickt, und die mannhaft aufrechte Persönlichkeit dieses Edelmanns machte auf seine Gesprächspartner den stärksten Eindruck. Er beschränkte sich auf einen Besuch bei Vansittart, Winston Churchill und Lord Lloyd und vermied alle unnützen Gespräche mit politischen Nebenfiguren, klar bewußt der Lebensgefahr, der er sich selbst und seine Auftraggeber aussetzte. (Er komme „mit einem Strick um den Hals", wie er sich ausdrückte.) Rundheraus berichtete er, der Krieg gegen die Tschechei sei nicht eine bloße Gefahr, sondern fest beschlossene Sache, auch nicht das Werk irgendwelcher Extremisten in der Parteiführung, sondern Hitlers ganz persönlicher und alleiniger Entschluß, und war höchst verwundert darüber, daß man in London nicht schon längst durch den britischen Geheimdienst über das festgesetzte Datum des Angriffs orientiert sei. (Tatsächlich kannte Lord Lloyd schon aus anderen Quellen das Datum des 28. September.) Es gäbe nur noch ein Mittel, das Unglück jetzt noch abzuwenden: die britische Regierung dürfe Hitler nicht im Zweifel darüber lassen, daß die bisherigen Warnungen aus London und Paris nicht bloßer Bluff wären (wie Ribbentrop fortwährend versicherte), sondern ernst gemeint; außerdem sollte einer der britischen Staatsmänner in einer Rede vor aller Welt – besonders auch vor der deutschen Öffentlichkeit – deutlich machen, daß der Angriff auf die Tschechei Europa in das unabsehbare Elend eines zweiten Weltkrieges stürzen würde. Das würde der deutschen Opposition, die längst mit Entsetzen auf das kommende Unheil starre, den stärksten Auftrieb geben und so das Vorspiel sein zum Ende dieses Schreckensregiments, mit dem sich niemals eine vernünftige Ordnung der Welt würde herstellen lassen. Ohne indirekte Unterstützung durch die Festigkeit des britischen Auftretens könnten aber seine Freunde nicht zum Erfolg kommen. Churchill gegenüber deutete er an, daß es sich im Fall des inneren Umsturzes wahrscheinlich um eine monarchische Regierung handeln würde.

Die Reaktion der britischen Gesprächspartner war charakteristischerweise verschieden. Vansittart, der als entschiedener Gegner Hitlers bereits seit Januar 1938 im Auswärtigen Amt praktisch kaltgestellt war (auf einem bloßen Ehrenposten), begnügte sich mit einer ausführlichen Wiedergabe seines Gesprächs an den Staatssekretär, bemerkte aber, daß ihm die politischen Pläne Kleists einen sehr vernünftigen Eindruck gemacht hätten und daß seine Mitteilungen mit anderen Nachrichten aus Deutschland übereinstimmten. Churchill, als unabhängiger Politiker, ging viel weiter. Er bemühte sich, alles zu tun, was er nur konnte, um die Zuversicht der deutschen Oppositionspartei zu stärken. So sprach er von starken Strömungen der englischen öffentlichen Meinung, die einen neuen Gewaltstreich Hitlers nicht mehr ruhig hinnehmen würde, verwies auf die Erklärung Chamberlains vom 24. März, die auch heute noch gelte (wie er durch Rückfrage bei Lord Halifax gleich feststellte), bezeugte seine lebhafte Sympathie für eine neu zu bildende deutsche Regierung und meinte, sowohl Großbritannien wie Frankreich würden sich großzügig erweisen, ihr entgegenzukommen, z. B. in der Frage der Rückgabe von Kolonien oder im Abschluß von Handelsverträgen. Selbst eine Klärung der Frage des Polnischen Korridors, auf die Kleist drängte, wollte er nicht gänzlich abweisen, wenn es auch jetzt nicht der Zeitpunkt sei, sie anzuschneiden, um Polen nicht ins Lager der Gegner zu treiben. Schließlich gab er Kleist noch einen Brief mit, der auf die Ermutigung seiner Freunde berechnet war.[49] Übrigens begnügte er sich keineswegs mit solchen Ermunterungen der deutschen Opposition. Er drängte den Außenminister Halifax, durch gemeinsame diplomatische Drohungen Englands, Rußlands und Frankreichs, womöglich mit Unterstützung Amerikas, dem Diktator rechtzeitig in den Arm zu fallen. In einer Rede vor seinen Wählern (am 27. August) erklärte er die drohende Invasion in Böhmen für einen „Frevel gegen die Zivilisation und die Freiheit der ganzen Welt", dem Großbritannien ebensowenig untätig zusehen dürfe wie 1914 dem Überfall auf Belgien.[50]

Ganz anders war die Reaktion des entscheidenden Mannes: des Premierministers Chamberlain. Er erklärte (in einem Brief an Halifax) den deutschen Abgesandten für einen blind-rabiaten Hitlergegner, der ihn an die jakobinischen Emigranten in der Zeit König Wilhelms III. erinnere und dem es nur darauf ankäme, seine deutschen Freunde zu einem Putsch aufzustacheln. Von seinen Behauptungen müsse man gewiß vieles abstreichen. Man habe neuerdings auch andere Stimmen aus Deutschland gehört, die behaupteten, daß Hitler es ernst meine mit seinen kriegerischen Gesten; diese rieten aber um so mehr zum Entgegenkommen. Eine verschärfte öffentliche Erklärung abzugeben, lehne er ab, jedenfalls für den Augenblick (weil er Hitler dadurch noch mehr zu reizen fürchtete); vielleicht könne man aber die Berliner Regierung auf diplomatischem Wege noch einmal auf die Erklärung vom 21. Mai verweisen – das müsse mit Henderson besprochen werden; den wolle er nach London kommen lassen – schon dies sei eine warnende Geste! – und ihn über die Mitteilungen Kleists informieren.

In der Tat hatte die geheime Mission Kleists eigentlich keine Neuigkeit nach London gebracht. Schon am 17. August hatte der britische Militärattaché aus Berlin gemeldet, Hitler habe in seiner Ansprache an die Generäle in Döberitz (am 15. August) einen Überfall auf Böhmen für Ende September angekündigt. Am 21. wurde diese Nachricht von derselben Stelle bestätigt und hinzugefügt, daß man im deutschen Generalstab schwer beunruhigt sei über die passive Haltung des Auslands. Sollte Hitler sein neuer Coup gelingen, so würde sein Regiment für weitere zehn Jahre gefestigt sein. Sollte er dagegen durch die feste Haltung der Westmächte gezwungen werden, seine Kriegspläne aufzugeben, oder in einen aussichtslosen Krieg verstrickt werden, so könnte seine Herrschaft sehr rasch zusammenbrechen. Beide Meldungen stammten von einem deutschen Offizier, der genau informiert war. Henderson, der sie nach London weitergab, erklärte aber den Mittelsmann, dessen antihitlerische Haltung er kenne, für einseitig parteiisch und seine Meldung im wesentlichen für bloße Propaganda.[51] Am 25. schilderte sein Militärattaché sehr zutreffend die Stimmung im Lande und besonders im Generalstab: alles fürchtet und verabscheut den Krieg, alle Gemäßigten hoffen auf harten Widerstand der Westmächte gegen Hitlers Pläne, was seine Autorität schwer erschüttern würde; schon jetzt haben die Kriegsvorbereitungen das Wirtschaftsleben in schwere Unordnung gebracht, der Wehrwirtschaftsstab (des Generals Thomas) hält die wirtschaftlichen Kriegsaussichten Deutschlands für sehr ungünstig. Das alles aber wird Hitlers Entschlüsse nicht beirren, und wenn er erst einmal im Kriege ist, wird es seiner Propagandamaschine nicht schwer fallen, das jetzt sich sträubende deutsche Volk durch militärische Erfolge in Kriegsbegeisterung zu versetzen. So muß die englische Politik sich jetzt entscheiden, ob sie ihm eher diese Erfolge gönnen als sich in den Krieg stürzen will – um einer „vielleicht unvernünftigen Sache, der Sudetenfrage willen".

Man sieht, die britische Regierung war über die Lage in Deutschland sehr gut informiert. Gleichwohl begriff sie auch jetzt noch nicht, daß es gar nicht mehr um die „vielleicht unvernünftige" Sudetenfrage ging, sondern um den Bestand der Tschechoslowakei überhaupt und darüber hinaus um die Notwendigkeit, dem hemmungslosen Eroberungsdrang des Diktators ein für allemal ein Ziel zu setzen. Man blieb bei lauter halben Maßnahmen. Henderson wurde nach London berufen und erhielt dort (wie Weizsäcker vertraulich geraten hatte) Auftrag, dem Führer eine ernste Warnung zukommen zu lassen – aber gleichzeitig die Weisung, einen persönlichen Besuch Chamberlains bei Hitler vorzubereiten. Die Warnung unterblieb, als er Bedenken dagegen erhob. Als der Schatzkanzler John Simon am 27. August eine öffentliche Rede hielt (gleichzeitig mit Churchill und mit Einverständnis des Kabinetts), die Chamberlains Andeutungen vom 24. März wiederholte, beeilte sich Halifax sogleich, ihre Wirkung in Berlin und Prag wieder abzuschwächen.

Warum dieses unsichere Schwanken? Zunächst deshalb, weil man der Dynamik der Hitler-Revolution und der Persönlichkeit dieses Hypermilitaristen ebenso fremd und verständnislos gegenüberstand wie einst die konservativen Regierungen Europas dem Erzmilitaristen Napoleon. Dazu kam, daß man sich längst von den schweren Mängeln des tschechoslowakischen Staatswesens überzeugt hatte, die Berechtigung der sudetendeutschen Beschwerden anerkannte und nicht die geringste Neigung verspürte, für die Erhaltung dieser künstlichsten aller Schöpfungen von Versailles die Opfer eines neuen Kriegs auf sich zu nehmen. Man wollte also die Hoffnung nicht aufgeben, daß sich ein friedliches „agreement“ müsse finden lassen, und fürchtete, durch schroffes Auftreten die Haltung der Tschechen zu versteifen, Hitler aber erst recht zur Gewaltsamkeit zu reizen. Diese Sorge wurde durch starke Zweifel an der eigenen Kampffähigkeit noch verstärkt. Vor allem die Furcht vor der überlegenen deutschen Luftwaffe spielte in London und Paris eine sehr große Rolle. Man sah hier, mangels fast aller Luftschutzmaßnahmen, den Schrecken eines Luftbombardements mit wahrhaft panischer Angst entgegen – es war, auf dem Höhepunkt der Krisis, dieselbe halb verzweifelte Stimmung, wie sie uns Deutschen aus den schwülen August- und Septembertagen 1938 noch in deutlicher Erinnerung ist.[52] Schließlich und vor allem: man traute in London der französischen Bereitschaft und Fähigkeit nicht, ernsthaft und wirksam einzugreifen. In der Tat weckt die Passivität, mit der die französische Politik sich bis in den September hinein der britischen Führung überließ, das Erstaunen des Betrachters: war es doch eigentlich, den Verträgen nach, ausschließlich ein französisches, nicht ein britisches Anliegen, die Tschechoslowakei vor dem Untergang zu retten. Ganz klar sah hier wohl nur der Ministerpräsident Daladier, was für Frankreich und Europa auf dem Spiele stand; er hat denn auch im Juli eine sehr entschlossen klingende Rede gehalten. Aber das waren nur Worte; die Stimmung des Landes war ausgesprochen kriegsfeindlich, der politische Ehrgeiz, oder doch der Wille, die 1918 mit fremder Hilfe errungene Hegemonie auf dem Kontinent aus eigener Kraft zu behaupten, in der Nation so gut wie völlig erloschen. Der Außenminister Georges Bonnet war der typische Vertreter dieser resigniert-skeptischen Stimmung: im Grunde überzeugt von der militärischen Wertlosigkeit des tschechischen und polnischen Bündnisses für Frankreich, hat er (trotz späterer Ableugnungsversuche und einzelner Ansätze zu mannhafterer Haltung) viel dazu beigetragen, mutige Entschlüsse in Paris zu verhindern. Hier wie in London hat man 1938 kaum etwas getan, um die bereitwillig und immer von neuem angebotene militärische Hilfe Rußlands zu aktivieren: teils aus Mißtrauen gegen die Leistungsfähigkeit der Roten Armee (seit den großen Tuchatschewski-Prozessen), teils aus Abneigung und Furcht vor dem bolschewistischen System, teils deshalb, weil Polen und Rumänien sich gegen einen Durchmarsch der Roten Armee, ja selbst gegen das Überfliegen ihres Gebiets durch russische Flieger sträubten. Die Furcht vor den Bolschewiken hat schließlich auch die Haltung Polens bestimmt – mehr freilich noch, wie es scheint, der blinde Nationalismus: die Begehrlichkeit nach Anteil an der tschechischen Beute.

In den ersten Tagen des September hätte es allen Beteiligten klarwerden können, daß für Hitler die „Sudetenfrage“ nur ein Vorwand war. Als am 6. September Präsident Benesch dem diplomatischen Druck der Westmächte nachgab und den Sudetendeutschen alle ihre Forderungen nach Autonomie bewilligte, wurde dieses Opfer damit beantwortet, daß die Sudetendeutsche Partei die Verhandlungen plötzlich abbrach, daß ihre Führer nach Deutschland gingen und daß von dort die Parole zur offenen Revolte ausgegeben wurde. War dies nicht der Moment, in dem es zum endgültigen Bruch zwischen Hitler und den Westmächten kommen mußte? Der nahe bevorstehende Parteitag der Nationalsozialisten erhöhte die allgemeine Spannung aufs äußerste. Die deutsche Opposition erwartete dort Erklärungen des Führers, die einen neuen Weltkrieg unvermeidlich machen würden.

Sie hatte sich inzwischen zu einem förmlichen Komplott verdichtet. Die zentrale Figur, die alles in Bewegung brachte, scheint der Oberst Hans Oster gewesen zu sein, Leiter der Zentralabteilung der sogenannten „Abwehr“ im OKW. Er wird von allen Seiten als eine überaus frische, tapfere, ja verwegene Soldatennatur geschildert, ein Aktivist von rascher, zuweilen leichtfertiger Entschlußfreudigkeit. Mit seiner Neigung zu salopper militärischer Ausdrucksweise konnte er wie ein Zyniker erscheinen, wurzelte aber doch in echten religiösen Überzeugungen und war erfüllt von grenzenloser moralischer Empörung über den Nationalsozialismus. Diese leidenschaftliche Abneigung stammte schon aus der Zeit vor 1933 und hatte nie geschwankt. Bis zu seiner Entfernung aus dem Amt im April 1943 ist er die Seele der militärischen Opposition gewesen, unendlich regsam und verschlagen und dank seiner Stellung im Abwehrbüro von außen her fast ungreifbar für die Organe der Himmlerschen Geheimpolizei, solange sein Chef, Admiral Canaris, ihn deckte. General Beck hatte ihn seinem Nachfolger empfohlen, dem General Franz Halder, der vom ersten Tag seiner Amtsführung an sich entschlossen zeigte, die Opposition seines Vorgängers gegen den Krieg weiterzutreiben, und seinem Oberbefehlshaber Brauchitsch dies auch ganz offen bei der Übernahme seines Amtes erklärte. Sehr zu Unrecht ist Halder immer wieder als eine halbe und weiche Natur, als ein gemütvoller Mensch von schwankender Entschlußkraft geschildert und in Gegensatz zu der charaktervollen Persönlichkeit Becks gestellt worden. Dieser selbst hat ihn ganz anders beurteilt, und nicht nur die hervorragenden dienstlichen Leistungen Halders als Generalstabschef, sondern auch seine politische Aktivität lassen einen ganzen Mann und höchst achtbaren Charakter erkennen. Während seiner Münchener Dienstjahre (um 1923) hatte er die Erfolge der prahlerischen und verlogenen Demagogie Hitlers auch im jüngeren Offizierkorps der Reichswehr beobachten können; er hatte sie mit höchster Besorgnis und Abneigung verfolgt. Seit den Massenmorden des 30. Juni und vollends seit der Fritsch-Krise nährte er gegen den „Verbrecher" und „Blutsäufer" einen ganz urtümlichen Haß, der sich im vertrauten Kreis auch wohl in bayrischen Kraftworten entladen konnte. Dieser Haß entsprang durchaus nicht nur aus jener Empfindlichkeit des militärischen Fachmanns gegen das anmaßende Hineinreden eines Dilettanten in sein Fach, die in den Denkschriften Becks so deutlich mit anklingt, sondern unzweifelhaft aus echter sittlicher Empörung. Halder war aber kein blinder Draufgänger, sondern eher (was auch seine äußere Erscheinung ausdrückt) eine bürgerlich-korrekte Natur, die in allen Dingen ihre Ordnung haben wollte, alles sorgsam vorbedachte und ein bloßes „Putschieren" ohne klares Ziel und sauberen technischen Operationsplan verabscheute. Es konnte nicht anders sein, als daß ein solcher Mann seelisch schwer litt unter dem Zwiespalt zwischen seiner Dienstpflicht und seiner patriotischen und moralischen Überzeugung. So empfand er den „Zwang zum Widerstand als ein fürchterliches und qualvolles Erleben", spürte sehr genau, daß auch den Berufsgenossen, die er am meisten verehrte, wie Fritsch und Beck, der „revolutionäre Schwung" völlig fehlte und daß es ein fast aussichtsloses Beginnen war, gegen den Dämon Hitler anzukämpfen, den ihm Fritsch schon 1937 resigniert als „Deutschlands Schicksal" bezeichnet hatte. Das alles hat ihn aber nicht abgehalten, durch qualvolle Jahre hindurch zu tun, was er in seiner Stellung ohne eigene Kommandogewalt tun konnte, um das Unheil für Deutschland nicht allzu groß werden zu lassen. Daß er damit scheiterte, war, wie sich noch zeigen wird, nicht seine Schuld.[53]

Im Vergleich mit Fritsch und Beck war er ohne Zweifel nicht der schwächere, sondern der stärkere Aktivist.[54] Von der Notwendigkeit einer Beseitigung des Hitler-Regiments schon seit dem 30. Juni 1934 überzeugt, hatte er 1937 und 1938 mehrfach vergeblich sich bemüht, diese seine beiden Vorgesetzten zu schrofferem Auftreten gegen den Diktator zu bewegen. Bei seinem Amtsantritt als Generalstabschef empfahl ihm Beck, sich mit Goerdeler in Verbindung zu setzen. Das war aber zunächst nicht möglich, da dieser sich im August wieder auf Auslandsreisen begeben hatte, von denen er erst im Dezember zurückkehrte. Statt dessen entwickelte Halder im Zusammenwirken mit Oster (seinem früheren Untergebenen im Generalkommando von Münster) seine eigenen Widerstandspläne. Sie liefen darauf hinaus, unter allen Umständen den Ausbruch eines zweiten Weltkriegs zu verhindern – nötigenfalls durch einen militärischen Gewaltstreich.

Zunächst sollte noch einmal die Haltung der Londoner Regierung erkundet werden, von der ja Herr von Kleist (hinter dessen Mission wohl auch schon Oster gesteckt hatte) keine eindeutigen Eindrücke hatte mitbringen können.[55] Zu diesem Zweck setzte sich Halder mit dem deutschen Auswärtigen Amt, insbesondere mit Staatssekretär von Weizsäcker, in Verbindung.[56] Dort bestand seit langem eine vom Staatssekretär geduldete, ja vielfach geförderte Oppositionsgruppe älterer und jüngerer Diplomaten, die sich bemühten, die Tradition des Amtes, d. h. die Summe dort aufgespeicherter Erfahrung und Sachkenntnis gegen den Dilettantismus des hitlerhörigen neuen Außenministers Ribbentrop zur Geltung zu bringen und dem Unheil eines Einbruchs fanatischer Nationalisten in den Bereich der Außenpolitik nach Möglichkeit entgegenzuwirken. Viele von ihnen haben im Kampf gegen den Nationalsozialismus später ihr Leben aufs Spiel gesetzt und verloren: Adam von Trott zu Solz, Otto Kiep, Hans-Bernd von Haeften, Eduard Brücklmeier, Albrecht Graf Bernstorff. Zu dieser Gruppe gehörten auch die Brüder Erich und Theodor Kordt: jener Legationsrat im Ministerbüro Ribbentrops, dieser Botschaftsrat in London. Durch Vermittlung Osters wurde Erich Kordt in die Pläne der Opposition eingeweiht, und zwar zu einem doppelten Zweck: einmal sollte Brauchitsch durch einen sachverständigen Diplomaten davon überzeugt werden, daß ernstlich die Gefahr eines neuen, für Deutschland völlig aussichtslosen Weltkriegs drohe, falls der befohlene Angriff auf Prag durchgeführt würde, und daß Hitler, durch Ribbentrop falsch beraten, blind sei gegenüber dieser Gefahr. Zum andern sollte noch einmal versucht werden, die englische Regierung vom Bestehen einer entschlossenen Oppositionsgruppe in der Armee zu überzeugen; man hoffte sie zu einer eindeutig drohenden Sprache zu ermuntern durch die Mitteilung, daß für den schlimmsten Fall Kräfte bereit ständen, die den Kriegsausbruch mit Gewalt verhindern würden. Erich Kordt, der den ersten Auftrag durchführte, gewann den Eindruck, daß er Brauchitsch habe überzeugen können; ob dieser selbst gegen Hitler vorgehen würde, blieb aber dunkel. Die Botschaft nach England, die wegen des nahe bevorstehenden Parteitages eilte, ließ Kordt am 3. September durch einen unverdächtigen weiblichen Kurier (seine Kusine Susanne Simonis) mündlich an seinen Bruder überbringen, der sie ans englische Außenministerium weitergeben sollte. Das geschah denn auch: in tief geheimen Unterredungen mit dem vertrauten Berater Chamberlains, Sir Horace Wilson, und mit dem Außenminister Halifax selbst (6. bzw. 7. September). Theo Kordt wurde sehr aufmerksam und „mit tiefem Ernst“ angehört und empfing das Versprechen des Außenministers, seine Mitteilungen an den Premier und ein oder zwei Kabinettskollegen weiterzugeben; man werde sie sorgsam prüfen. Was ihm Halifax verschwieg, war die Tatsache, daß Chamberlain bereits seit einer Woche entschlossen war, zu Hitler nach

Berchtesgaden zu fliegen und mit ihm in mündlicher Aussprache einen friedlichen Ausgleich zu suchen; Henderson war schon längst im Begriff, diese Begegnung vorzubereiten. Halifax scheint auch nichts davon erwähnt zu haben, daß um dieselbe Zeit eine dringende Aufforderung, nun endlich mit unzweideutigen Drohungen in Berlin aufzutreten, auch schon durch andere Kanäle – nicht zuletzt auch durch Goerdeler – an das englische Kabinett gelangt war.[57] Es ist denkwürdig, daß selbst der Staatssekretär des Auswärtigen Amtes von Weizsäcker daran beteiligt war, der seinen eigenen Minister bezichtigte, den Führer durch beschönigende Schilderung der englischen Haltung zu täuschen, und daß der Völkerbundskommissar Burckhardt, der das alles nach London berichten ließ, in Berlin keinen Minister und General (selbst Göring und Keitel nicht ausgenommen) gesprochen hatte, der sich nicht als Gegner des Kriegsunternehmens bekannt hatte.

So gänzlich, so ausschließlich hing das Schicksal Deutschlands und der Welt von dem Willen des einen Mannes ab! Mußte man nicht versuchen, ihn schleunigst aus der Welt zu schaffen, um sie vor dem Unglück eines neuen Weltkriegs zu bewahren? Es ist bezeichnend für den zutiefst unrevolutionären Charakter der bürgerlich-militärischen Oppositionsbewegung in Deutschland, daß keiner ihrer Führer schon damals eine Mordtat geplant hat. Halders Gedanke war, den Tyrannen durch einen Militärputsch zu überrumpeln, festzusetzen und vor dem deutschen Volk als leichtfertigen Abenteurer zu entlarven.[58] Der Generalissimus Brauchitsch sollte den Putsch auslösen, zunächst eine Militärdiktatur ausrufen und dann die Bildung einer neuen Regierung veranlassen. Halder hat diesen Plan mit Brauchitsch selbst nicht direkt besprochen, um ihn damit nicht (bei etwaiger Entdeckung des Komplotts) zu kompromittieren, zweifelte aber nicht, daß er sich im rechten Augenblick zur Verfügung stellen würde. Anderseits war er sich klar darüber, daß ein so gewaltiges Machtgebilde wie das nationalsozialistische Staatswesen nicht durch einen bloßen „Militärputsch" aus der Welt geschafft werden konnte: daß ein solches Unternehmen von einer breiten Volksströmung getragen werden mußte, um zu gelingen. Er wehrte sich deshalb mit aller Entschiedenheit gegen die Zumutung irgendeines Gewaltstreichs, ehe vor aller Welt klar war, daß Hitler Deutschland leichtfertig in das Unglück eines neuen Weltkrieges hineingestürzt hätte oder hineinzustürzen im Begriff stand. Nur dem offenkundigen Verbrecher gegenüber ist Versagen des Gehorsams, meinte er, erlaubt. Erst wenn Hitler als solcher vor aller Welt dastünde, wäre irgendwelche Hoffnung, daß der allgemeine Rausch der Hitler-Begeisterung sich abkühlen, vielleicht sogar jäh ins Gegenteil umschlagen könnte. Die Führer der Wehrmacht jedenfalls sollten der Nation nicht als Verräter oder Saboteure, sondern als ihre Retter erscheinen.

Damit stand er in erklärtem Gegensatz zu manchen Mitgliedern der bürgerlichen Opposition, mit der er sich gleich nach dem Amtsantritt durch Oster in Verbindung setzte. Viele der Zivilisten, die längst ungeduldig auf diese Stunde warteten, neigten dazu, die politischen Möglichkeiten der Wehrmacht zu überschätzen, und hätten am liebsten ihren Putsch ohne Rücksicht auf den (immerhin unsicheren) Gang der außenpolitischen Ereignisse sogleich ins Werk gesetzt. Gisevius, der von der Geheimen Staatspolizei herkam und in ihr seine Freunde hatte, wollte Halder für seine Lieblingsidee gewinnen (die er schon im Frühjahr anläßlich der Fritsch-Krise entwickelt hatte, unter Beifall Goerdelers), das Hauptquartier der Gestapo in der Prinz-Albrecht-Straße auszuheben und an den verhaßten Schergen des Hitler-Regiments (und Feinden des Gisevius) Vergeltung zu üben. Die Generäle sollten von Hitler die Entlassung Himmlers und Heydrichs fordern. Wenn er es (wie zu erwarten) ablehnte, sollte ein Potsdamer Militärkommando kurzerhand das Geheime Staatspolizeiamt besetzen, die beiden Gestapochefs und ihre nächsten Mitarbeiter festnehmen und den Führer vor vollendete Tatsachen stellen. Gisevius versprach, aus den Geheimschränken der Polizei rasch genug belastendes Material herbeizuschaffen, dessen Veröffentlichung dem deutschen Volk die Augen über die Schandtaten seiner Gewalthaber öffnen würde.

Man begreift ohne weiteres, daß der Generalstabschef ein solches Abenteuer von sich wies. Aber er war enttäuscht, daß die anderen Zivilisten, die Oster ihm zuführte, zwar „mit großer Lautstärke", aber keineswegs mit sehr klaren politischen Plänen die Beseitigung Hitlers von ihm forderten. Da Goerdeler ausfiel, hatte man sich an Schacht gewandt, der als Reichsminister und Gegner Hitlers zum politischen Oppositionsführer besonders geeignet erschien und der denn auch diesmal eifrig mitmachte.[59] Halder kam es offenbar darauf an, Klarheit zu schaffen, was geschehen sollte, wenn Hitler ausgeschaltet war und nun die Gefahr eines Bürgerkrieges entstand. So hat man denn in aller Eile (denn es standen ja nur wenige Tage, bestenfalls 3–4 Wochen zur Verfügung)[60] einen Aufstandsplan geschmiedet, der etwa folgendermaßen aussah:

Sobald Hitler den Befehl zum Angriff auf die Tschechoslowakei gegeben hätte – der Generalstabschef glaubte sich dafür eine Anlaufsfrist von mindestens 48 Stunden gesichert zu haben –, wollte Halder die Verschwörer benachrichtigen. Die Kriegserklärung der Westmächte wurde dann mit Sicherheit erwartet, mit der Folge einer panischen Schreckensstimmung in ganz Deutschland. Diesen Moment sollte Brauchitsch dazu benutzen, auf dem Befehlswege eine Gegenaktion auszulösen. Größere Militärabteilungen (alles aktive Truppen, geführt von Berufsoffizieren) unter dem Kommando des Generals von Brockdorff-Ahlefeldt, Kommandeurs der Potsdamer Division, sollten zur Besetzung von

Berlin einmarschieren. Der Kommandierende General des III. (Berliner) Wehrkreises, von Witzleben, eine gerade und entschlossene Soldatennatur, sollte an die Spitze der Aktion treten. Seine große Popularität bei der Truppe (ihm stand die 23. Division zur Verfügung) war als wichtiger Faktor des Gelingens in Anschlag gebracht.[61] Es hat nicht an Vorarbeiten gefehlt, um die Besetzung besonders wichtiger Punkte der Hauptstadt, der politischen Kommandostellen, der Nachrichtenzentralen, der Stützpunkte von SS und Polizei generalstabstechnisch vorzubereiten. Auf dem Polizeisektor hat Gisevius im Auftrag Witzlebens (der ihn getarnt in seinen Büros arbeiten ließ) mitgewirkt; er brachte auch seine Freunde, den Polizeipräsidenten Graf Helldorf und den Kriminalrat Nebe mit ins Komplott. Liest man in seinem Buch von den technischen Schwierigkeiten, die es zu überwinden galt, und von dem großen Aufgebot militärischen Personals, das dazu benötigt wurde, so mag einem das ganze Unternehmen als äußerst gewagt und unsicher erscheinen. Ließ sich eine sofortige Gegenmobilisierung hitlertreuer Streitkräfte überhaupt verhindern, ließ sie sich durch so künstliche Fiktionen, wie sie Gisevius vorschlug: der Führer sei durch einen Staatsstreich Himmlers und Görings bedroht, auch nur vorübergehend lähmen?[62]

Das schwierigste war natürlich, gleich zu Anfang die Person Hitlers in die Gewalt der Verschwörer zu bringen. Diese Aufgabe war Witzleben bereit, persönlich auf sich zu nehmen – vorausgesetzt, daß er von Brauchitsch als Oberbefehlshaber des Heeres den dienstlichen Auftrag zur Besetzung des Regierungsviertels erhielt. Er soll erklärt haben, den Eingang zur Reichskanzlei würde er sich nötigenfalls durch einen Kanonenschuß freimachen und Hitler kurzerhand militärisch festsetzen. Zur Abwehr gegen ein Eingreifen der SS, insbesondere gegen die in München stationierte „Leibstandarte", sollte nötigenfalls eine Panzerdivision verwendet werden, die damals unter General Hoepner in Thüringen stand. Was dann mit Hitler geschehen sollte, wenn man ihn aus der Reichskanzlei entführt hätte, scheint nicht völlig geklärt zu sein. Die einen schlugen eine Gerichtsverhandlung vor, die mit seiner Verurteilung enden sollte. Hierfür hielt man im Büro Osters eine reiche, von dem jungen Reichsgerichtsrat Dohnanyi angelegte Dokumentensammlung von Schandtaten des Regimes als Anklagematerial bereit. Oster selbst soll schon seit 1936 eine Schrift „Politisches ABC" vorbereitet haben, das, für die Masse bestimmt, in populärer Form mit dem Nationalsozialismus Abrechnung hielt.[63] Zeitweise dachte man auch an Hitlers Internierung als Geisteskranker, unter Mitwirkung des Berliner Psychiaters Prof. Bonhoeffer, dessen beide Söhne tief in die Verschwörung verstrickt waren. Die Militärdiktatur (mit Brauchitsch als Oberhaupt) sollte möglichst bald durch eine zivile Regierung abgelöst werden. Halder hat an Neurath oder Noske oder Geßler (alles Repräsentanten einer versunkenen Epoche) als Übergangsfiguren gedacht; ihre Hauptaufgabe war, die Berufung einer Nationalversammlung und die Bildung einer parlamentarischen Regierung ins Werk zu setzen.

Nichts kann die verzweifelte Notlage einer freiheitlich gesinnten Opposition unter dem totalitären System besser beleuchten als diese eilig improvisierten Pläne. Es ist sehr leicht, an ihrer offensichtlichen Unzulänglichkeit nachträglich Kritik zu üben. Sie liefen auf ein reines Abenteuer, fast ohne Erfolgschancen, hinaus. Aber wie sollte man die überall gärende Unzufriedenheit mit dem Hitlersystem, wie insbesondere die allgemeine Kriegsfurcht zu einer echten Volksbewegung organisieren, wie ihr Gewicht noch rechtzeitig zur Geltung bringen, ehe der Kriegsausbruch alle Opposition vollends hoffnungslos machte? Man muß, trotz aller Kritik, den Mut und den reinen Patriotismus der Männer bewundern, die sich auf ein so großes Abenteuer einließen. Ein echter Verschwörer großen Stils, eine neue politische Führergestalt war offensichtlich nicht unter ihnen. Wer indessen das Abenteuer ablehnte, dem blieb tatsächlich nichts übrig als völlige Resignation.

Es gab aber auch junge Aktivisten, die sich das Vorgehen gegen Hitler sehr viel einfacher und handfester dachten. Der frühere Stahlhelmführer Oberstleutnant Friedrich Wilhelm Heinz (ehemals Angehöriger der Freikorpsbrigade Ehrhardt) scheint hier die Hauptrolle gespielt zu haben. Nach seinem eigenen Bericht wurde er Mitte September in Osters Wohnung von Witzleben beauftragt, einen Stoßtrupp zusammenzustellen, dem beim Eindringen in die Reichskanzlei die Hauptaufgabe zugedacht war. Er habe diesen Trupp bis etwa zum 22. September gesammelt, aus etwa dreißig jungen Offizieren, Studenten und Arbeitern, und habe an ihn, ohne Wissen des Generals, aber mit Einverständnis Osters, die Parole ausgegeben: es sollte nach Eindringen in die Reichskanzlei ein Zwischenfall provoziert und Hitler dabei erschossen werden. War so der Tyrann gefallen, so wollten diese jungen Offiziere, ohne sich viel um die älteren Generäle zu kümmern, ihren Kameraden, den Prinzen Wilhelm, den ältesten Sohn des Kronprinzen, den sie als eine „sehr saubere, sehr klare und sehr tapfere Soldatengestalt" verehrten, zum Reichsregenten ausrufen; dabei wurde vor allem auf die Regimenter 1 (in Königsberg) und 9 (in Potsdam) gerechnet. Später sollte ein Übergang von der Reichsregentschaft in die Monarchie gefunden werden, und zwar auf demokratischem Wege. Ein Plan dafür war schon früher (Juli oder Anfang August) in Klein-Obisch, dem Wohnsitz des Prinzen, gemeinsam mit ihm beraten worden, bis in gewisse verfassungsrechtliche Einzelheiten hinein. Mitte September will Heinz den früheren sozialdemokratischen Gewerkschaftsführer und Minister Wilhelm Leuschner sowie seinen Gehilfen Hermann Maaß, einen früheren Jugendführer, dafür gewonnen haben. Von „Reaktion" war also hier offensichtlich keine Rede – wohl aber von der Aufrichtung eines neuen wirksamen Symbols: der verfassungsmäßigen Monarchie, mit deren Zerstörung in den Augen der Massen das ganze Elend Deutschlands angefangen hatte.[64]

Für das Zustandekommen aller dieser Anschläge hing aber nun alles vom weiteren Verhalten Hitlers und seiner westeuropäischen Gegenspieler ab. Ganz ohne Eindruck sind die fortgesetzten Vorstellungen der deutschen Opposition in London offenbar doch nicht geblieben. Auch dort fürchtete man eine Hitler-Rede auf dem Parteitag in Nürnberg, die den Krieg unwiderruflich machen könnte. Sie wurde am 12. September erwartet. Einen Tag vorher gab Chamberlain eine offizielle Presseerklärung heraus, die auch sogleich nach Nürnberg durchgegeben wurde und die vorher mit Eden und Churchill sowie mit dem Oppositionsführer des Unterhauses besprochen war. Sie enthielt eine vorsichtig verklausulierte, aber doch deutliche Warnung. Auch eine Botschaft für Hitler ging an Henderson ab, die in derselben Richtung wirken sollte. Die Presseerklärung hat denn auch in Nürnberg einen gewissen Effekt gehabt.[65] Nur wurde er stark abgeschwächt durch die Tatsache, daß die als halboffiziös betrachtete „Times" (und ebenso die Pariser „République") schon am 6. bzw. 7. September in viel beachteten Leitartikeln den (bisher diplomatisch kaum erörterten) Vorschlag gemacht hatten, das Sudetengebiet einfach an Deutschland abzutreten. Und Chamberlains warnende Botschaft wurde gar nicht ausgerichtet, weil Henderson (diesmal sogar von Weizsäcker unterstützt) sich sträubte. Alles fürchtete, den „wilden Mann" noch wilder zu machen. Um so mehr war man überrascht, als die gefürchtete Rede zwar pathetische Versicherungen der Hilfsbereitschaft für die Sudetendeutschen brachte, aber doch vermied, die deutsche Politik auf den Krieg öffentlich festzulegen. Und unmittelbar nach dem Parteitag flog Chamberlain nach München-Berchtesgaden. Die mit so viel Spannung erwartete kriegerische Explosion blieb aus. Statt dessen erlebte Hitler seinen bisher stolzesten diplomatischen Triumph: der Premierminister des Britischen Weltreiches bemühte sich höchst persönlich in seine abgelegene Bergklause, um ihn (wie die Welt es empfand) um Frieden zu bitten. Die Berliner Verschwörer aber sahen sich geprellt: das Wild, das sie hatten fangen wollen, kam ihnen überhaupt nicht ins Netz.[66]

Aber gleich darauf spitzte sich die Lage von neuem zu. Durch den Dolmetscher Paul Schmidt erfuhr man aus Berchtesgaden, daß die Unterredung der beiden Staatsmänner sehr stürmisch verlaufen sei und daß Hitler nichts Geringeres als eine völlige Zerstückelung der Tschechoslowakei durch Abtreten des Sudetenlands verlangt, gleichzeitig aber ganz offen damit geprahlt habe, er würde selbst einen zweiten Weltkrieg nicht scheuen, sondern nur wünschen, ihn noch bei voller Manneskraft zu erleben. Schien es nicht ausgeschlossen, daß die britische Politik so brutalen Drohungen nachgab? In der Tat hatte Chamberlain einen schweren Stand, als er am 18. September in einer Kabinettssitzung gemeinsam mit den Ministern Frankreichs darüber beriet, was nun geschehen solle.[67]

Daladier sagte ganz klar voraus, daß es trotz aller Versicherungen, dies sei Hitlers letzte territoriale Forderung, nicht dabei bleiben würde; daß der Rest der Tschechoslowakei nach Abtretung des Sudetenlandes völlig wehrlos und kaum noch lebensfähig dem Zugriff des Eroberers preisgegeben sei, zumal dann, wenn das Prinzip der „Selbstbestimmung“ auch noch auf die magyarischen, polnischen und slowakischen Minoritäten des böhmisch-mährischen Raumes angewendet würde; daß Hitler mit Hilfe dieses Prinzips das ganze Vertragswerk von Versailles ins Wanken bringen, das ganze staatliche System Südosteuropas sprengen und sich schließlich zum Herrn des Kontinents machen würde. Der französische Ministerpräsident gab seinen Widerstand gegen die formelle Anerkennung des „Selbstbestimmungsrechts“ in der Tschechoslowakei auch dann nicht auf, als Halifax ihm auseinandersetzte, es sei jetzt unmöglich, der Tschechoslowakei praktisch militärischen Schutz zu bieten, und selbst nach einem zweiten Weltkrieg würde sie in ihren gegenwärtigen Grenzen nicht mehr wiederherzustellen sein. Schließlich einigte man sich auf das faule Kompromiß, der Regierung Benesch sollte es überlassen bleiben, mit Hilfe einer internationalen Kommission allenfalls noch tragbare neue Grenzen ausfindig zu machen, die dem Bedürfnis beider Seiten, der deutschen und der tschechischen, gerecht würden; gleichsam zum Trost dafür wollte man ihr die formale Garantie der Großmächte, auch Großbritanniens, für die Erhaltung ihres Restbestandes als „neutrales“ Staatsgebilde zusagen. Das bedeutete für Frankreich den Verzicht auf einen Alliierten im Osten (der vor allem als Flugzeugstützpunkt im Kriege nützlich werden konnte), gleichzeitig einen schlecht verhüllten Bruch seiner vertraglichen Verpflichtungen; für England bedeutete es eine ebenso unerwünschte wie praktisch wertlose Bindung an kontinentale Händel.

Und doch reichte auch dieses Opfer noch nicht aus, um Hitlers unersättlichen Machthunger zu stillen. Auf seiner Godesberger Begegnung mit Chamberlain (22.–24. September) war ihm sogar das Prinzip der Selbstbestimmung, das Daladier so gefürchtet hatte, noch nicht genug. Was er jetzt forderte, lief darauf hinaus, daß der Staat Beneschs durch sofortige Auslieferung des gesamten Sudetenlandes an die deutsche Armee sich wehrlos machte, ehe die Verhandlungen über die endgültige Grenzziehung überhaupt begonnen hätten. Und die Ankündigung, spätestens am 1. Oktober werde der deutsche Angriff beginnen, wenn nicht bis dahin alles geregelt sei, setzte die Großmächte unter einen unerträglichen Zeitdruck. Die Folge war ein ziemlich radikaler Stimmungsumschlag in London, aber auch in Paris. Die öffentliche Meinung der westlichen Länder begann zu wittern, daß es hier einen dämonischen Machtwillen gab, an dem jeder Versuch friedlicher Verständigung über kurz oder lang doch einmal scheitern mußte. In Frankreich wurden 14 Divisionen mobilisiert und zur Sicherung der Maginotlinie in Marsch gesetzt; Daladier erreichte eine einstimmige Ablehnung der Godesberger Forderung durch sein Kabinett. Chamberlain, der sich in Godesberg wieder unsicher schwankend gezeigt hatte und den Henderson beständig drängte, alle Forderungen Hitlers zu bewilligen, wurde durch die Mehrheit seines Kabinetts (einschließlich des Pazifisten Halifax!) zu einer ebenfalls ablehnenden Entscheidung gezwungen. Eine gemeinsame Sitzung britischer und französischer Minister am 25. September in London verlief höchst dramatisch. Daladier widerstand mit überraschender Entschlossenheit dem deutlich erkennbaren Wunsch des britischen Premiers, auch diesmal irgendein Kompromiß zu finden, das Hitler zufriedenstellen könnte. Er ließ keinen Zweifel daran, daß es jetzt nicht bloß um das Schicksal der Tschechoslowakei und die Ehre Frankreichs, sondern um die Freiheit Europas und die „Rettung der westlichen Zivilisation" ginge: irgendwo müsse es schließlich eine Grenze geben, an der man sich weigere, dem Kommando des Diktators noch weiter zu folgen. Er ließ sich auch nicht einschüchtern durch die recht unverblümt geäußerten Zweifel der Briten an der Fähigkeit Frankreichs, militärisch einzugreifen. Chamberlain und Simon fürchteten, die französische Armee würde sich bloß in den Kellern der Maginotlinie begraben. Daladier erklärte das für eine ebenso lächerliche Idee wie den Verzicht auf Luftangriffe. Der vielgerühmte deutsche Westwall sei in Wahrheit noch längst nicht fertig; selbstverständlich würde die französische Armee eine Invasion nach Deutschland unternehmen, ihre Luftflotte einen Angriff auf die rheinischen Industriezentren ungeachtet der deutschen Luftüberlegenheit. Übrigens könne man bestimmt auch auf kräftige Unterstützung durch die russische Luftflotte rechnen. Überhaupt warnte er vor allzu großer Schüchternheit der westlichen Politik und rief seinen Generalissimus Gamelin aus Paris herbei, der sich über die militärischen Aussichten Frankreichs im ganzen recht optimistisch äußerte; schließlich sei die Luftwaffe immer nur ein Teil des Kriegspotentials und nicht kriegsentscheidend.[68]

Das Ergebnis der Beratung war eine sehr fühlbare Versteifung der britisch-französischen Haltung. Zwar richtete Chamberlain – mit Einverständnis Daladiers – noch einmal einen persönlichen Brief an Hitler, der diesen beschwor, nicht um einer bloßen Methodenfrage willen den Krieg über Europa heraufzubeschwören, und der Englands Bereitschaft beteuerte, sich für eine saubere Durchführung der in Prag bereits angenommenen Vorschläge zur Abtretung des Sudetenlandes zu verbürgen. Aber der Brief enthielt zugleich einen vorsichtigen Hinweis auf die „tragischen Folgen", die eine etwaige Weigerung Hitlers haben müßte. Das Wissen darum, daß die Mehrzahl der deutschen Generäle den Krieg ablehnte und daß viele Deutsche nicht begriffen, warum der Führer einen Krieg machen wollte, wo er doch auch ohne ihn alle nationalen Forderungen erfüllt haben konnte, dieses Bewußtsein hat ohne Zweifel die westlichen Staatsmänner ermutigen helfen.[69]

Die Spannung stieg aufs höchste, als Sir Horace Wilson, der Chamberlains Botschaft an Hitler persönlich überbrachte, am Nachmittag des 26. bei diesem auf schroffste Ablehnung stieß. Der Führer bereitete sich gerade für jene kriegshetzerische Rede im Sportpalast vor, die allen, die sie damals im Rundfunk mit angehört haben, noch in schreckensvoller Erinnerung ist: mit ihren hemmungslosen persönlichen Schmähungen seines Gegenspielers Benesch, die den Streit um das Sudetenland wie einen Boxkampf zweier Protagonisten auf der politischen Bühne erscheinen ließen. Nicht minder hemmungslos gab sich Hitler im Gespräch mit Wilson, dem friedseligsten aller britischen Unterhändler. Sicherlich hatte noch nie zuvor ein britischer Diplomat eine solche Behandlung erlebt. Rundheraus mußte er sich sagen lassen, der Einspruch Londons sei dem Diktator völlig gleichgültig; am 1. Oktober würde der Angriff auf die Tschechei beginnen, falls das Godesberger Ultimatum bis dahin nicht angenommen wäre. Der Zweck der Einschüchterung wurde denn auch vollkommen erreicht: Wilson und der ihn begleitende Henderson wagten gar nicht, dem Rasenden eine zweite, inzwischen nachgeschickte Botschaft zu übergeben: die überaus wichtige Nachricht, das französische Kabinett habe soeben beschlossen, die Tschechoslowakei durch „offensive Maßnahmen" zu unterstützen, falls sie angegriffen würde; dies würde auch England in den Krieg hineinziehen. Gleichzeitig mit dieser Meldung, die am Nachmittag des 26. nach Berlin telefoniert wurde, ging eine Mitteilung von Lord Halifax an die Presse, die genau den Wünschen der deutschen Opposition entsprach: Chamberlain habe nun alles versucht, um eine friedliche Lösung der tschechoslowakischen Frage zu finden; die Übergabe des Sudetenlandes sei bereits von der französischen, britischen und tschechoslowakischen Regierung angenommen worden. Wenn nun trotz aller dieser Bemühungen ein deutscher Angriff auf die Tschechoslowakei erfolgen sollte, so würde Frankreich verpflichtet sein, ihr beizuspringen, „und Großbritannien und Rußland würden sicherlich auf Frankreichs Seite stehen".[70]

Nichts ist interessanter, als die Wirkung dieser entscheidenden Nachrichten auf Hitler zu verfolgen. In seiner Sportpalastrede hatte er, trotz aller maßlosen Beschimpfungen Beneschs, eine direkte Kriegserklärung noch eben vermieden. Er hatte (wie Henderson durch Göring und Bodenschatz erfuhr) den Tschechen noch eine allerletzte Überlegungsfrist bis zum 28. September 2 Uhr mittags gelassen. Als nun um die Mittagszeit des 27. Wilson noch einmal bei ihm erschien, um sich zu verabschieden, und dabei – eingewickelt in tausend Beteuerungen britischen Versöhnungs- und Friedenswillens – die letzte Botschaft aus London mitteilte, wurde Hitler plötzlich hellhörig. Wilson sprach vorsichtigerweise nicht von „Offensivmaßnahmen" Frankreichs, wie seine Instruktion ihm vorschrieb, sondern nur von „aktiven Feindseligkeiten" (actively engaged in hostilities) –, aber sein Partner spürte sofort heraus, was das zu bedeuten hatte. Immerfort wiederholte er: „Also, das bedeutet, daß Frankreich uns angreift, und daß England uns angreift? Wir wollen doch Frankreich nicht angreifen!" Er ließ sich denn auch durch keine Beschwichtigungsversuche des verängstigten Unterhändlers beirren.[71]

Es scheint mir nicht zweifelhaft (obgleich es bisher immer übersehen wurde), daß diese entscheidende Abschiedsaudienz Wilsons das Eis gebrochen hat. Wie ein Tiger hat Hitler schon zum Sprung angesetzt, um seine sichere Beute zu zerfleischen. Nur noch einen letzten Seitenblick gleichsam wirft er auf die Haltung der Westmächte: werden sie still sitzen oder werden sie ihm in den Rükken fallen? Bis dahin hat er auf keine Warnungen seiner Generäle gehört. Daß sie recht hatten, wenn sie die Stärke der tschechischen Befestigungswerke weit höher einschätzten als er selbst, hat er erst später zugegeben, als er diese Werke kennenlernte.[72] Indessen daran, daß ein ernsthafter Großangriff der ganzen französischen Armee an dem erst halbfertigen Westwall, der nur von 5 (bis höchstens 7) mangelhaft ausgebildeten und unzureichend bewaffneten Divisionen besetzt werden konnte, nicht aufzuhalten war – daran kann er trotz aller rhetorischen Tiraden keinen Augenblick gezweifelt haben.[73] Jetzt erfährt er, daß die französische Armee wirklich marschieren wird. Gleichzeitig kommt aus London die Nachricht von den ersten Maßnahmen zur Mobilisation der britischen Flotte. Soll er – so wird er sich jetzt gefragt haben – allen Ernstes einen zweiten Weltkrieg entfesseln, nur um das Staatswesen Beneschs mit *einem* Schlag „zerschmettern" zu können, statt es zunächst nur wehrlos zu machen, um den Rest der Beute eines Tages um so sicherer einzuheimsen?

Wir haben kein schriftliches Zeugnis über das, was im Innern seiner Seele in diesen entscheidenden Stunden vorging, aber wir sehen, daß er am Nachmittag des 27. einen inzwischen von Weizsäcker entworfenen Antwortbrief an Chamberlain unterzeichnet hat, der zum erstenmal, wenn auch nur zwischen den Zeilen, eine gewisse Bereitschaft zum Einlenken erkennen ließ und erneut (wie schon in der Sportpalastrede) versicherte, er dächte nicht an die Besetzung der *ganzen* Tschechei; dafür sei er bereit, jede Garantie zu geben.[74] Weiterhin sehen wir, daß von jetzt an die vielfältigen Bemühungen, die in letzter Minute von London, Paris und Rom aus unternommen wurden, um doch noch irgendeinen friedlichen Ausweg aus der Krise zu finden, nicht mehr auf gänzlich taube Ohren stießen. Am Abend des 27. fand jener berühmte Umzug motorisierter Truppen durch die Straßen von Berlin statt, dessen Wirkung auf das Publikum den Diktator so schwer enttäuschte, weil er nur allgemeine Niedergeschlagenheit statt Kriegsbegeisterung weckte. An demselben Abend hielt Chamberlain eine Rundfunkansprache, die in ihrem halb drohenden, halb beschwörenden Pathos wie ein letzter Kassandraruf unmittelbar vor dem Losbruch des Krieges wirkte. Am nächsten Vormittag vertrat der französische Botschafter François-Poncet in besonders geschickter und eindrucksvoller Weise den französischen Wunsch nach einer friedlichen Beilegung des Konfliktes.[75] Gegen Mittag erklärte sich Hitler einverstanden mit dem Vorschlag Mussolinis, den Moment, in dem die Mobilmachung ausgelöst werden sollte, um wenigstens 24 Stunden zu verschieben, und lud zu einer Konferenz der vier großen Mächte (ohne Rußland) nach München ein. Der Friede war noch einmal gerettet.

Niemand hatte diese jähe Wendung voraussehen können. Am wenigsten die Verschwörer um Halder und Witzleben, die durch ihre Verbindungsmänner im Auswärtigen Amt immer nur von neuen Verschärfungen der Lage hörten. Seit den wilden Ausbrüchen Hitlers in seiner ersten Unterredung mit Wilson und dann vollends seit der Sportpalastrede zweifelten sie nicht mehr daran, daß die lange erwartete Explosion am 28. tatsächlich erfolgen würde. Die Spannung stieg von Stunde zu Stunde höher. Alles wartete nur noch auf das Stichwort des Mobilmachungsbefehls, um die vorbereitete Gegenaktion im richtigen Moment loszulassen.[76] Am Mittwochvormittag (28. September) teilte Erich Kordt an Oster den Wortlaut des Briefwechsels von Chamberlain mit Hitler vom 26./27. mit. Dieser gab die Abschriften an Witzleben weiter, der damit sofort zu Halder fuhr und einen neuen Zornesausbruch des Generals gegen Hitler erreichte, ja sogar, wie es scheint, jetzt Brauchitsch selber für die Verschwörung gewann.[77] Allerdings wollte dieser zunächst in der Reichskanzlei noch Näheres über den Stand der Dinge hören und fuhr hinüber. Dort herrschte große Aufregung und ein Getümmel hochgestellter Leute, besonders von Parteigrößen, die alle die letzte Entscheidung erwarteten. Witzlebens „Stoßtrupp" stand bereit, und Erich Kordt, der im Auswärtigen Amt noch um 11 Uhr einen Anruf seines Londoner Bruders mit dringenden Warnungen vor der Kriegsgefahr erhielt, glaubte damit rechnen zu können, daß seine in die Reichskanzlei eilenden Freunde imstande sein würden, in der allgemeinen

Unruhe „die große Doppeltür hinter dem Posten zu öffnen und so dem Stoßtrupp den Weg frei zu machen". Graf Fritz von der Schulenburg, stellvertretender Polizeipräsident von Berlin, einer der leidenschaftlichsten unter den Verschwörern, wurde von ihm dringend zu sofortiger Aktion ermuntert. In demselben Augenblick kam ein Anruf aus Rom, der die Vermittlung Mussolinis einleitete. François-Poncet und Henderson meldeten sich gleichzeitig zur Audienz bei Hitler an. Kurz darauf war der Spuk zu Ende: Legationsrat Brücklmeier und General Brauchitsch meldeten aus der Reichskanzlei den Erfolg von Mussolinis Friedensaktion. Der Putschplan war mit einem Schlage aussichtslos geworden.

Wir haben sein Werden und Scheitern hier so ausführlich verfolgt, weil dieser Anschlag der einzige war, der, wenn er zustande gekommen wäre, vielleicht einige Aussicht gehabt hätte, ohne allzu schwere innere Kämpfe zum Erfolg, d. h. zum Niederbruch des Hitler-Regimentes zu führen und damit Deutschland, aber auch Europa vor einem schrecklichen Schicksal zu bewahren. Nur dieses eine Mal hätte es gelingen können, das ganze Offizierkorps der Armee zu einer geschlossenen Aktion zu bringen – zu einer Aktion für den Frieden, der niemand Verrat an der Sache des Vaterlands vorwerfen konnte. Daß auch dieses Mal die Chancen des Gelingens äußerst gering waren – wer könnte es leugnen? Tausend Zufälle konnten dazwischentreten (wie es immer bei solchen Generalsputschen der Fall sein wird), und für die Sicherheit Hitlers war technisch so vollkommen gesorgt, daß man sich nur schwer vorstellen kann, wie er hätte überrumpelt werden sollen. Aber ist es gerecht, wenn man den Männern, die das scheinbar Unmögliche dennoch möglich zu machen suchten – nur von grenzenloser Sorge für das Vaterland getrieben –, in einem Atem vorwirft, daß sie das Abenteuerliche wagten und daß es ihnen an echtem revolutionärem Geist, wohl gar an der Stütze durch eine gegenrevolutionäre Volksbewegung gefehlt habe? Sollten sie, weil diese Bewegung sich auf enge Zirkel beschränkte und sich unter dem System des Terrors auch gar nicht ausbreiten konnte, tatenlos die Hände in den Schoß legen? War es nicht schließlich ein erstaunliches Zeichen echter sittlicher Verantwortungsfreudigkeit, daß die Spitzen der Armee und leitenden Beamten des Auswärtigen Dienstes ihre Verpflichtung für Volk und Vaterland, ja für die Menschheit so hoch über ihre engere Dienstverpflichtung stellten? Die Anerkennung sittlichen Wollens darf durch die äußeren Mißerfolge nicht verdunkelt werden – auch nicht im Bereich der Politik.

Die neueste englische Schilderung der militärischen Opposition legt besonders großen Wert darauf, die britische und französische Regierung von dem Vorwurf zu entlasten, sie hätten durch ihre unzeitige und schwächliche Friedenspolitik den Erfolg eines aussichtsreichen Komplotts verhindert. Man wünscht so das Entstehen einer neuartigen „Dolchstoßlegende" im Keim zu ersticken.[78] Und in der Tat: auf eine so unsichere Chance wie auf einen deutschen Generalsputsch gegen Hitler ließ sich keine Außenpolitik der Westmächte aufbauen. Sie mußten schon die Gefahr eines Krieges ganz ernsthaft ins Auge fassen. Aber war diese Gefahr wirklich so riesengroß, wie sie damals geglaubt haben? Hitler selbst war offenbar anderer Meinung und ebenso die ganze deutsche Generalität. Opfer hätte es freilich gekostet, und gewiß nicht geringe. Aber was man 1938 an Kosten zu sparen suchte (und zwar höchst einseitig zu Lasten des Tschechenstaates), mußte man später mit schweren Zinsen nachzahlen. Und man hat nicht nur das politische Prestige, sondern jedes politische Vertrauen auf die westlichen Demokratien im böhmisch-tschechischen Raum verspielt – für immer. Das wirkt sich bis heute verhängnisvoll aus. Uns Deutschen steht es gewiß nicht an, den Staatsmännern der Westmächte darüber Vorwürfe zu machen, daß sie unserer Regierung 1938 nicht den Krieg erklärt haben. Aber es gibt auch eine Verantwortung vor der Geschichte. Daß ein echter Friede auf dem Weg, den man in London und Paris 1938 betrat, nicht gesichert werden konnte, hat zumindest Daladier ganz genau gewußt. Es lag nicht an ihm, sondern an der Kriegsfurcht seines Landes, daß er seine Einsicht nicht in die Tat umsetzen konnte, sondern sich schließlich mit dem rein formalen Erfolg einer europäischen Konferenz zur Lösung der Tschechenkrise begnügte. Schließlich war es wohl so, daß die Staatsmänner der westlichen Demokratien das äußerste Maß von Friedensmöglichkeiten erschöpfen mußten, ehe sie ihre Völker zur Kriegsbereitschaft bringen konnten. Man kann das als einen Vorzug, als Frei heit von „militaristischer" Gesinnung betrachten. Wer aber heute die diplomatischen Korrespondenzen der Henderson, Halifax, Bonnet auf dem Höhepunkt der Tschechenkrise liest, und wer etwa sieht, wie sie gleich nach dem mutigen Entschluß vom 25. September, noch ehe Hitlers Einlenken erkennbar wurde, diesen Entschluß wieder ins Wanken zu bringen suchten, der gewinnt nicht den Eindruck, daß diese Männer ihrer geschichtlichen Aufgabe gewachsen waren. Vielleicht waren es auch die Männer der deutschen Militäropposition nicht. Aber ein gerechtes Urteil darf niemals einseitig sein.

Elftes Kapitel

VOM MÜNCHNER ABKOMMEN BIS ZUM POLENKRIEG

(1938 — 1939)

Carl Goerdeler hat die Tschechenkrise nur vom Ausland her miterlebt, da er sich von August bis Mitte Oktober 1938 in der Schweiz aufhielt, und zwar (wie es scheint) aus Sorge vor polizeilichen Verfolgungen.[1] Seine Stellungnahme zu den einzelnen Phasen der Tschechenkrise und zu den Berliner Umsturzplänen läßt sich im einzelnen – bis auf jene Warnungen, die er nach London gelangen ließ – nicht mehr erkennen.[2] Wohl aber hat er sich zu dem abschließenden Abkommen von München geäußert: in einem Brief, den er am 11. Oktober an einen seiner amerikanischen Freunde schrieb.[3] Er läßt die tiefe Enttäuschung, ja fast Verzweiflung des Patrioten über den neuen Triumph Hitlers erkennen. „Eine ausgezeichnete Gelegenheit ist verpaßt worden. Das deutsche Volk wollte keinen Krieg; die Armee würde alles getan haben, ihn zu vermeiden . . . Wenn England eine entschlossene Haltung gezeigt und öffentlich dem deutschen Volk erklärt hätte: wir sind bereit, alle eure begründeten Ansprüche zu befriedigen, doch nicht unter dem Druck der Gewalt, und nur, wenn alle Fragen auf einmal in aller Offenheit und mit der festen Absicht erörtert werden, einen gesicherten Dauerfrieden herzustellen und die gefährlichen Lasten der Aufrüstung zu beseitigen, wenn England und Frankreich nur das Risiko eines Krieges auf sich genommen hätten, Hitler würde nie Gewalt angewendet haben. Und dann wäre er der Blamierte gewesen, und nicht, wie es jetzt der Fall ist, die guten Elemente meines Volkes. Es wäre das Ende Hitlers gewesen."
Man sieht: den Kern der Berliner Aufstandspläne, den Militärputsch unmittelbar nach Beginn der Feindseligkeiten und der Kriegserklärung der Westmächte, wagt der Briefschreiber nicht einmal anzudeuten – vermutlich aus Gründen der Vorsicht. (Oder sollte er nichts davon erfahren haben?) Was er der britisch-französischen Politik vorwirft, ist vor allem die Methode des Zurückweichens vor Hitlers Gewaltdrohungen und das Fehlen eines eigenen konstruktiven Friedensplanes. (Beides hat er in seinen Aufzeichnungen von 1945 als „furchtbaren Fehler" bezeichnet.) „Chamberlain hat alle Stellungen aufgegeben, ohne auch nur das geringste Zugeständnis von Hitler zu erhalten." „Das Münchner Abkommen war nichts anderes als eine glatte Kapitulation Frankreichs und Englands vor aufgeblasenen Gaukelspielern." „Frankreich

hat in Europa jede Achtung verloren. Englands Ruf hat schwer gelitten; ernste Auswirkungen werden sich bald in seinem Empire zeigen. Mussolini und Hitler haben nicht mehr den geringsten Respekt vor Frankreich und England." „Schritt für Schritt werden sie nun weiter vorgehen", auch in der Richtung auf das französische und britische Kolonialreich. Hitlers Propaganda wird nun die ganze Welt erfüllen.

„Das Ende der Leidenszeit des deutschen Volkes ... ist weit hinausgeschoben worden." Ein tiefer Zwiespalt zwischen vaterländischem und seelischem Empfinden wird in der Seele des Patrioten offenbar. „Eigentlich könnte ich nun sagen: Immerhin vergrößert diese Entwicklung die Macht und den Lebensraum meines Landes. Als Deutscher sollte ich an sich sehr zufrieden sein. Ich weiß jedoch, daß diese Diktatoren nichts als Verbrecher sind und daß ihre Wirtschaftspolitik zum Bolschewismus führt, der Hitlerismus ist Gift für die deutsche Seele. Hitler ist entschlossen, das Christentum zu zerstören ... Nicht Gerechtigkeit, Vernunft und Anstand, sondern brutale Gewalt werden die Zukunft der Welt formen."

Goerdelers Brief, aus einem gewissen äußeren Abstand zu den deutschen Dingen geschrieben, ist nicht frei von Illusionen und Übertreibungen. Er überschätzt bei weitem die praktischen Möglichkeiten eines Umsturzes vor dem Ereignis von München und malt sich allzu optimistisch aus, wie eine neue „Regierung anständiger Männer" „in wenigen Wochen" damit hätte beginnen können, zusammen mit England und Frankreich „einen dauerhaften Weltfrieden zu gestalten", Mussolini zu beseitigen, das spanische Problem zu lösen und gemeinsam mit Amerika auch im Fernen Osten Frieden zu schaffen. Er wagt die seltsame Vermutung, vielleicht wären Chamberlain „und seine Adelsclique" selbst von faschistischen Gedankengängen angekränkelt und darauf bedacht, „das kapitalistische Parteisystem" mit Hilfe des Nationalsozialismus vor dem Bolschewismus zu retten. Er scheint jetzt aber auch zu sehen (anders als im Frühjahr 1938 in seiner Aussprache mit Vansittart), daß den Sudetendeutschen mit ihrer Aufnahme in das tyrannisch regierte Reich nicht geholfen ist und daß die Tschechen jetzt schon um ihre Freiheit gebracht sind. Und geradezu prophetisch ist sein Schlußurteil über Chamberlains Politik der Befriedung: „Indem Mr. Chamberlain vor einem kleinen Risiko zurückscheute, hat er einen Krieg unvermeidbar gemacht. Das englische wie das französische Volk werden nun ihre Freiheit mit den Waffen zu verteidigen haben, es sei denn, daß sie ein Sklavendasein vorziehen. Doch sie werden in der Zukunft unter weit schwierigeren Bedingungen zu kämpfen haben."[4]

Die Reaktion des deutschen Volkes auf das Ereignis von München hat Goerdelers Brief sicherlich nicht zutreffend geschildert, wenn er schlechthin von „Verzweiflung" in Volk und Armee über Hitlers Schreckensregiment sprach und damit die Stimmung seines engeren Freundeskreises verallgemeinerte. Er übersah (von der Schweiz aus) das tiefe Aufatmen, mit dem die Ausschaltung der unmittelbaren Kriegsgefahr zunächst in Deutschland wie in aller Welt begrüßt wurde. Jedermann bestaunte das politische Geschick des großen Abenteurers und sein geradezu unwahrscheinliches Glück im Ausspielen militärischer Trümpfe. Aber als der große Friedensmacher wurde doch ganz allgemein nicht er, sondern Chamberlain bejubelt. Der Glaube an Hitlers politisches Genie war, wo er schon bestand, erneut gefestigt, ja noch gestiegen. Aber die Furcht vor seinen Kriegsplänen blieb unvermindert bestehen.[5] Und wenige Wochen nach München hat er selbst sein moralisches Ansehen tiefer geschädigt als je zuvor: durch die abscheuliche Judenverfolgung des November 1938, die auch in weiten Kreisen seiner Anhänger tiefes Entsetzen weckte. Es ist sicher nicht zuviel gesagt, wenn man feststellt, daß die Untaten der „Kristallnacht" des 9. November und noch mehr die darauf folgende systematische Beraubung und Mißhandlung der gesamten Judenschaft weiten Kreisen des deutschen Bürgertums die Augen dafür geöffnet haben, daß ihre „gesetzliche" Obrigkeit in Wahrheit in der Hand von Verbrechern lag. In kirchlichen Kreisen begann jetzt eine grundsätzliche Besinnung auf die Grenzen christlicher Gehorsamspflicht gegenüber einer Obrigkeit, die durch grobe Mißachtung des göttlichen Sittengebotes sich selbst außerhalb jeder Rechtsordnung stellt, die also zur bloßen „Räuberbande" wird: eine Besinnung, die in der Geschichte des deutschen Protestantismus ohne jeden vergleichbaren Vorgang war.[6] Aber weit darüber hinaus reichten Scham und Erbitterung gerade der eifrigsten Patrioten: so weit war es also gekommen, daß wir uns des deutschen Namens, den wir liebten und auf den wir stolz waren, vor der Welt zu schämen hatten! Niemand, der diese dunklen Novemberwochen nicht als Deutscher miterlebt hat, kann die Tiefe der Empörung und der ohnmächtigen Verzweiflung ganz ermessen, die sie in unzähligen deutschen Herzen weckten. Von jetzt an gab es auch für viele Schwankende keine Möglichkeit der Versöhnung mit dem Gewaltregiment mehr.

Es ist selbstverständlich, daß Goerdeler in diesen Empfindungen mit allen seinen deutschen Freunden übereinstimmte. Stärker indessen als andere drängte er sofort wieder zu politischer Aktivität. Während in Deutschland nach dem dramatischen Ereignis von München eine gewisse Abspannung und Verwirrung sich zeigte und die meisten Mitglieder der Opposition zunächst keinen Weg des Vorwärtskommens mehr sahen, hat er, vom Ausland her, sofort wieder tausend Fäden zu spinnen versucht, die Hitlers Eroberungspolitik in ein Netz verstricken sollten – dünne Zwirnsfäden, wie sich noch zeigen wird, mehr Phantasiegebilde als Wirklichkeit, aber auch als solche ein Zeichen seiner rastlos tätigen Energie und seines unverwüstlichen Glaubens an den Sieg des Guten in der Welt.

Im einzelnen ist es schwierig, ja fast unmöglich, das Werden seiner politischen Pläne zwischen der Tschechenkrise und dem Ausbruch des Polenkrieges zusammenhängend zu verfolgen, weil sie während einer höchst unruhvollen, durch viele Monate fortgesetzten Reisetätigkeit ausgeheckt und betrieben wurden und daher nur lückenhaft überliefert sind. Wir wenden uns zunächst diesen Reisen selber zu, um darnach die politische Korrespondenz und die für englische Freunde bestimmten Denkschriften aus jener Zeit zu betrachten. Offenbar haben wir es mit einer doppelten Aktivität unseres Politikers zu tun: durch seine Reiseberichte sucht er, auf dem Wege über Göring, direkt auf die Außenpolitik des Dritten Reiches einzuwirken; gleichzeitig aber bemüht er sich, durch seine ausländischen Freunde die Aktivität der fremden, besonders der westlichen Regierungen anzustacheln.

Von Mitte Oktober bis Anfang Dezember 1938 reiste Goerdeler nach Italien und den Balkanstaaten, von März bis August 1939 nach den westeuropäischen Hauptstädten, nach Nordafrika, Vorderasien und der Türkei, auf dem Hin- und Rückweg in die Schweiz. Der Zweck so ausgedehnter Fahrten kann nicht ausschließlich politischer Art gewesen sein. Offenbar sprach auch ganz einfach die Freude am Erleben immer neuer Eindrücke fremder Landschaften und Lebensverhältnisse mit. Eben deshalb ließ er sich auch auf der letzten seiner großen Reisen nach Afrika und dem Vorderen Orient von seinem ältesten Sohn Christian begleiten. Seine sorgfältig ausgearbeiteten Reiseberichte[7] sind allerdings in der Hauptsache wieder politischer Natur. Ihre Fassung läßt deutlich erkennen, daß sie nicht bloß für den engeren Freundeskreis, sondern auch für die Machthaber der Staatspartei bestimmt sind. Am Wirken dieser Partei wird fortlaufend, aber immer nur indirekt und in vorsichtigen Wendungen Kritik geübt. Da Hitler selbst als Empfänger seit Mai 1938 ausschied, ist offenbar Göring, auf dessen Friedensliebe die Opposition ja noch bis unmittelbar vor dem Kriegsausbruch gewisse Hoffnungen setzte, als Adressat gemeint. Wir beschränken uns hier auf eine Zusammenfassung der wichtigsten politischen Grundgedanken.

Starke Sympathien weckt unserem Reisenden die Struktur der *Schweizer* Demokratie: ihr föderaler Charakter, die starke Aktivität ihrer kommunalen und kantonalen Selbstverwaltung, die große Stabilität der Regierungsorgane, die reiche, ja „luxuriöse" Kulturpflege des Landes, die gesunde, bürgerliche Nüchternheit des geistigen Lebens, schließlich und nicht zuletzt der wehrhafte Sinn des Schweizer Volkes. Kritischer urteilt er über die neuere Finanz- und Wirtschaftspolitik der Schweizer Bundesregierung, die ihm zuviel Planwirtschaft treibt und dadurch nur Störungen des natürlichen Wirtschaftsablaufs herbeiführt. Das politisch wichtigste Ergebnis seiner Betrachtungen ist die Versicherung, daß die Schweizer fest entschlossen und dank ihrer vortrefflichen Miliz auch imstande sind, ihre äußere Unabhängigkeit gegen jede Bedrohung zu verteidigen; politische Einmischung (im Stile der nationalsozialistischen Auslandspropaganda) ist völlig aussichtslos; die deutsche Politik täte gut daran, mehr Verständnis für die Eigenart und den Wert dieser Demokratie zu zeigen.

Ebenso gründlich wie kritisch ist der Bericht über *Italien* ausgefallen. Die äußerlich imponierenden Leistungen der faschistischen Verwaltung, besonders im Verkehrwesen, die staatlichen Monumentalbauten, die reiche Ausstattung der Schulen, die neue Besiedlung der Campagna – das alles wird nicht übersehen. Aber in genauer Betrachtung erscheint es doch als bloße „Fassade". Den Zentralismus der italienischen Verwaltung findet der Beobachter übertrieben, die Wirtschaft durch eine Unzahl schlecht organisierter Steuern stark überlastet, die Finanzlage kläglich trotz weit getriebener Kollektivierung des Vermögensbesitzes, die schon als eine Art von Staatssozialismus anzusprechen ist. Sowohl die finanzielle Schwäche des faschistischen Staates wie die natürliche Schwäche der italienischen Wirtschaft und nicht zuletzt die militärische Untüchtigkeit der Nation lassen die anspruchsvolle Außenpolitik Mussolinis als reines Abenteuer erscheinen. Der Berichterstatter glaubt, daß die Monarchie und die Armeeleitung sich dessen auch klar bewußt seien, ja daß es Mussolini selbst nicht ganz an realpolitischer Einsicht fehle. Aber der blinde und radikale Nationalismus seiner vielfach recht jugendlich-unreifen Anhänger treibt seine Politik in ein gefährliches Fahrwasser, in dem sie notwendig eines Tages stranden muß. Als Verbündeter ist das faschistische Italien für Deutschland ziemlich wertlos, ja gefährlich.

Von den *Balkanstaaten*, die unser Reisender besuchte, hat er nur in *Bulgarien* überwiegend günstige Eindrücke gesammelt: das (nach seiner Meinung) unverdorbene Bauernvolk mit der schlichten Natürlichkeit seiner Lebensformen weckt seine Sympathien, die überwiegend deutschfreundliche Stimmung des Landes seine Hoffnung auf echte Bundesgenossenschaft. Das Regierungssystem einer parlamentarisch gemilderten, aufgeklärten Diktatur, die autoritär ist, ohne tyrannisch zu sein, scheint ihm vernünftig, die allmähliche, nicht überstürzte Industrialisierung im ganzen erfolgreich. Im Gegensatz dazu tadelt er die Großmannssucht, die vorschnelle Industrialisierungspolitik und das Staatswirtschaftssystem der *jugoslawischen* Regierung, benutzt aber den Bericht über die serbisch-kroatische Wirtschaft vor allem dazu, um sich sehr kritisch über das von Schacht ins Leben gerufene System des staatlich gelenkten deutsch-jugoslawischen Güteraustausches zu äußern. Es war als Notmaßnahme zur Behebung der Folgen unseres Devisenmangels vielleicht notwendig, hat sich aber längst zu einer Ausbeutung deutscher Wirtschafts- und Finanzkraft entwickelt: die jugoslawische Regierung benutzt ihre Unentbehrlichkeit als Lieferant jugoslawischer Landesprodukte zu einer gewaltigen Überteuerung der Exportpreise, und zwar zugunsten der Staatskasse, nicht etwa der Bauern. Sie baut so in Wirklichkeit mit deutschen Geldern eine Konkurrenzindustrie auf. Wir aber erkaufen mit diesen Überpreisen weder einen gesicherten Absatzmarkt für den eigenen Export noch die politische Freundschaft des Landes. Wir sollten also möglichst bald von der staatlichen Devisenbewirtschaftung und dem Schachtschen System des zweiseitigen Handelsabkommens wieder loszukommen suchen – was freilich eine Rückkehr Deutschlands zu ausgeglichenem Staatshaushalt und strenger Sparsamkeit voraussetzt. Jugoslawien *kann* sich auf die Dauer gar nicht einseitig an die deutsche Wirtschaft binden; um so größere Chancen bietet es uns als Absatzmarkt und Lieferant im Rahmen eines wieder frei gewordenen Weltwirtschaftsverkehrs. (Das alles ist deutlich für Göring geschrieben, den Manager des Vierjahresplanes und der Devisenbewirtschaftung.)

Eine längere Betrachtung widmet Goerdeler den Nationalitätenproblemen: den serbisch-kroatischen Spannungen, dem auf dem Balkan allgemein verbreiteten Haß gegen die Magyaren, aber auch der Lage der deutschen Siedler in Jugoslawien. Es versteht sich, daß er scharfe Kritik an dem bürokratischen Zentralismus der jugoslawischen Verwaltung, aber auch an der verfehlten Volkstumspolitik des Nationalsozialismus und seiner Auslandsorganisationen übt. Dem blinden Nationalismus, der sich in alledem kundtut, stellt er bewundernd die Mäßigung und Weisheit gegenüber, mit der die Briten ihr Commonwealth zu regieren verstehen. Die deutsche Politik sollte sich das zum Muster nehmen; sie sollte ja nicht etwa versuchen, die Autonomiebestrebungen der Kroaten (die ihr an sich nur willkommen sein können) zu einer Spaltung des jugoslawischen Staates zu benutzen. Echtes Vertrauen zu gewinnen, darauf kommt es auch auf dem Balkan an! Der Verwaltung der alten Donaumonarchie wird nachgerühmt, daß sie durch ihr System des „Gehenlassens" und der „Systemlosigkeit" ihren Völkern ein viel wohnlicheres Heim geboten hätte, als irgendein planmäßig zentralisiertes Staatswesen je ihnen bieten könnte. „Die Zukunftslösung für den Balkan liegt ganz offenbar in einer Selbstverwaltung, die nach Nationalitäten abgegrenzt ist, und gleichzeitig in der organischen staatlichen Zusammenfassung, soweit diese Nationalitäten wirtschaftliche Interessen lebendig als gemeinsam empfinden" – also in der Schaffung einer Art von Balkan-Commonwealth.

Das Nationalitätenproblem steht auch im Mittelpunkt des Berichtes über *Rumänien*, der aber eine noch viel weiter greifende Lösung dafür sucht. Die Verfassung und Verwaltung dieses Landes, seine wirtschaftlichen Zustände und Entwicklungsmöglichkeiten, seine scharfen sozialen Spannungen und seine militärische Leistungsfähigkeit werden sehr kritisch beleuchtet; trotzdem warnt der Verfasser dringend davor, auf die faschistisch-revolutionäre „eiserne Garde" irgendwelche Hoffnung für Deutschland zu setzen. Sie wird letztlich immer nationalistisch, also keine zuverlässige Stütze deutscher Einflüsse sein; übrigens hält es der Berichterstatter eben jetzt, im Augenblick der Erschießung Codreanus, für sehr wahrscheinlich, daß die bürgerlich-liberale Politik König Carols sich noch lange behaupten wird. Was ihn am meisten bewegt, ist die Lage des Deutschtums in Rumänien, die durch die nationalsozialistische Volkstumspolitik nur noch schwieriger wird. Im Gegensatz zu ihr entwickelt er eigene Vorschläge, in denen zum erstenmal (soviel ich sehe) ein Gedanke auftaucht, der von nun an immer neu variiert werden wird: die Idee eines europäischen Staatenbundes.

Wie kann man die Lage der nationalen Minderheiten in Europa verbessern, wie insbesondere die der abgesprengten Teile deutschen Volkstums in den Balkanländern? Ganz gewiß nicht durch Weckung und Steigerung ihres politischen Ehrgeizes und Geltungsdranges, wie es die nationalsozialistische Bewegung versucht; also nicht durch Übertragung deutscher Ideologien ins Ausland, wo sie sich doch nicht allgemein durchsetzen können, sondern nur schärfstes Mißtrauen wecken. Es kommt vielmehr darauf an, die nationalen Gegensätze in Europa ganz allgemein zu mildern; nur wenn das gelingt, wäre auch die weitgehende Autonomie nationaler Minderheiten kein ernstes Problem mehr. Als idealste Lösung erscheint ein europäischer Staatenbund, den Goerdeler als „Fernziel" mit Wärme verficht. Hat es denn heute überhaupt noch einen Sinn, meint er, daß die Völker des alten Europa einander bekämpfen? Ist nicht, zumindest westlich der Weichsel, der Raum viel zu eng geworden für ihre Streitigkeiten? In so engem Raum kann ein moderner Großkrieg mit Millionenheeren sich ja gar nicht mehr recht entfalten; er kann nur noch als Totalkrieg, d. h. mit politisch sinnlosen Opfern durchgeführt werden. Vollends sinnlos ist hier ein Kampf um „Gewinnung neuen Lebensraumes", da es schwach besiedelte Lebensräume hier gar nicht mehr gibt. Es sind jetzt nur noch wenige, relativ unbedeutende Grenzveränderungen, die das Europa von Versailles braucht: die Beseitigung des Polnischen Korridors, der Deutschland zerschneidet, die Abtretung der südlichen Dobrudscha an Bulgarien, um Rumänien von Spannungen an seiner Südfront zu entlasten und ihm dadurch die Behauptung Bessarabiens zu erleichtern, die Verschiebung der bulgarischen Südgrenze bis an die Ägäis und gewisse Grenzberichtigungen in Mazedonien; die Angliederung Tirols bis einschließlich Bozen an Deutschland. „Ethnographisch kommt auch das Elsaß in Betracht, aber hier könnte ich mir auch eine friedliche Entwicklung als die fruchtbare denken“ – nämlich eine Entgiftung des Problems durch einen europäischen Staatenbund. Dessen ständiges Organ hätte die Wirtschaft aller beteiligten Länder immer besser aufeinander abzustimmen; das würde weiter zu einer Rechtsangleichung und schließlich zum politischen Schutz- und Trutz-Bündnis nach außen führen können.

Man sieht aus alledem deutlich, wie die nationalsozialistische Übersteigerung nationaler Machtpolitik den ehemaligen Deutschnationalen in kräftiger Reaktion auf den Weg einer neuen Europapolitik drängt – freilich nicht bis zur Preisgabe deutscher Revisionsansprüche gegenüber den Grenzen von Versailles.

Für unser Thema weniger bedeutsam sind die als — Schilderungen höchst interessanten und lebendigen – Reiseberichte aus *Nordafrika* und dem *Vorderen Orient*. Ihr politischer Ertrag läßt sich in wenige Sätze zusammendrängen.

Das Wichtigste ist die im ganzen Mittelmeerraum immer wiederkehrende Beobachtung, daß Italien in allen Moslemstaaten ebensoviel Haß wie Verachtung erntet, während Großbritanniens moralische Autorität immer noch sehr stark ist. Sogar die starken Spannungen, die in Algerien zwischen Franzosen und Eingeborenen bestehen, werden zur Zeit von der Gemeinsamkeit des Hasses auf den Faschismus übertönt. Die französische Herrschaft gilt den Algeriern immer noch als leichter und freiheitlicher als die faschistische. Auch Ägypten ist zur Verteidigung gegen Italien entschlossen. Dieses an sich ärmliche Land[8] hat sich unter Mitwirkung Englands sehr stark gegen Libyen gedeckt. Weder gegen Ägypten noch gegen Tunis bestehen für Italien im Kriegsfall ernsthafte militärische Erfolgsaussichten; denn zu einem Krieg großen Stils ist es gar nicht fähig. Seine kolonialen Leistungen in Libyen sind zwar auf den ersten Blick sehr eindrucksvoll, aber zuletzt doch unwirtschaftlich, mehr Luxus als echte Aufbauarbeit – eine Beobachtung, die zu neuen Warnungen vor leichtfertiger Finanzwirtschaft Anlaß gibt.

Die scharfen Spannungen zwischen Juden und Arabern, die unser Reisender in Palästina beobachtet, veranlassen ihn zu einer Warnung vor der falschen Hoffnung, arabische Sympathien könnten uns irgend etwas nützen im Kampf gegen das Britische Weltreich. In der Krise werden Araber das kluge, wohlwollende Protektorat der Briten einer italienischen Herrschaft weit vorziehen. Im übrigen täten wir gut daran, den Judenstaat in Palästina nach Kräften zu fördern; sein Gedeihen liegt sicherlich im Interesse eines Landes, das wie Deutschland die Juden vertreibt und froh sein muß, wenn sie in ihrer alten Heimat wieder unterkommen können. Auch in Syrien wird im Konfliktsfall für die deutsche Politik keine Stütze zu finden sein.

Der letzte der Reiseberichte ist im Juli 1939 in der Türkei geschrieben – wohl nicht ohne Beratung durch den Botschafter von Papen. Man spürt ihm die steigende Sorge vor dem nahenden neuen Weltkrieg an. „Zur Türkei", meint der Autor, „wird es nicht schwer sein, ein freundschaftliches Verhältnis zu finden, wenn nicht in Europa der Wahnsinn die Oberhand behält." Imperialistische Neigungen der türkischen Volkspartei seien nicht sehr bedeutsam. Die freundschaftliche Verbindung mit Deutschland seit vielen Jahrzehnten wirkt nach, freilich mischt sich allmählich ein gewisses Mißtrauen gegen den Nationalsozialismus mit ein. Von nationalsozialistischen und faschistischen Ideen will man nichts wissen. Der Diktator Kemal starb gerade im rechten Augenblick, und sein Nachfolger, der weit liberalere Inönü, genießt allgemeines Vertrauen. Die enge Verbindung Deutschlands mit Italien wirkt sich auf türkischem Boden sehr störend aus; denn auch hier gilt Italien als der „Aasgeier", dessen Raubgier alle Welt fürchtet.

Goerdeler hat seinen Reiseberichten aus Südeuropa im Dezember 1938 eine zusammenfassende Schlußbetrachtung nachgesandt, die er in seinem Bericht über Algerien und Frankreich (vom 17. April 1939) noch ergänzt. Er erklärt sich die weitgehende Bereitschaft der britischen Regierung zur Verständigung mit den „Achsenmächten" wesentlich aus dem Bedürfnis, Europa zu befrieden und freie Hand für ihre Ostasienpolitik zu gewinnen, d. h. für die Offenhaltung der fernöstlichen Märkte im Kampf mit Japan. Die Offensive der Japaner auf dem ostasiatischen Festland bedeutet im Grunde für die Wirtschaft ganz Europas eine Gefahr; aber die Fortdauer der europäischen Spannungen hindert die Briten daran, ihr wirksam (in Gemeinschaft mit Amerika) entgegenzutreten. Auch ihre Bemühungen um eine dauerhafte Verständigung mit Italien scheinen erfolglos zu bleiben, obgleich Mussolini im Interesse seines Landes gut daran täte, alle ehrgeizigen imperialistischen Machtträume fahren zu lassen. So sehen sich die Briten genötigt, ihre Aufrüstung zu beschleunigen, und auch Frankreich ist auf dem Wege, seine innere Schwäche zu überwinden. Auf die Dauer können beide Westmächte den Zustand andauernder Spannungen und wachsender Rüstungslast nicht ertragen. „Ohne Wiederherstellung des Vertrauens zu Wort und Vertrag" wird jetzt keine Verständigung mit ihnen mehr möglich sein. So rückt die Kriegsgefahr immer näher. Spätestens bis Ende 1939 (heißt es in dem Aprilbericht) muß eine klare Entscheidung gefallen sein. Man unterschätze nicht den Selbstbehauptungswillen der Engländer! Sie sind friedlich, werden aber im Notfall den Krieg nicht scheuen. Der Unterstützung der Vereinigten Staaten können sie seit dem Abschluß des englisch-amerikanischen

Handelsvertrages sicher sein. Deutschland steht demnach heute schon einer geschlossenen Front der Weltmächte gegenüber; denn auch Rußland wird, je nach der Lage, entweder gegen uns oder gegen Japan kämpfen. So klingt das Ganze mit immer neuen Mahnungen zu friedlicher Verständigung noch in letzter Minute und mit dringlichen Warnungen vor Entfesselung des Krieges aus. Die wirtschaftliche und währungspolitische Lage Deutschlands ist schon heute so ungünstig – infolge seiner andauernden Defizitwirtschaft –, daß selbst die „Einsatzfähigkeit der Armee gefährdet wird"; denn weder kann die Sicherheit der Verpflegung und des militärischen Nachschubs garantiert werden, noch ist die seelische Haltung des Volkes großen Kriegsopfern gewachsen (ein Thema, das Goerdeler nach Kriegsausbruch immer neu erörtern wird). „Alle Zukunftschancen für uns beruhen in einer längeren Periode ruhiger Friedensarbeit ... in ihr treten zweifellos vorhandene Schwierigkeiten der anderen am schnellsten und klarsten zutage. In ihr können wir mit größter Wahrscheinlichkeit auf die erste Stelle in der Welt rechnen, wenn wir uns nur angewöhnen, nie davon zu sprechen, und uns so im Zaume halten, daß wir diese Stellung nie mißbrauchen."

Hat Goerdeler, als er dieses Zukunftsbild vor Görings Augen zu zaubern suchte, im Ernst geglaubt, damit jetzt noch Eindruck machen zu können? Und hat er im Grunde wünschen können, daß die Hitler-Regierung durch neue friedliche Triumphe ihrer Außenpolitik sich erst recht befestige? Die Frage ist nicht eindeutig zu beantworten; sie bildete vielmehr das quälende, im Grunde unlösbare Kernproblem aller Oppositionsgruppen in dieser Zeit. Kein deutscher Patriot konnte seinem Vaterland den Krieg wünschen; ihn zu verhindern, erschien vielmehr allen als erste, vordringlichste Pflicht – ganz unabhängig davon, ob sich die Chancen eines inneren Umsturzes dadurch verminderten oder nicht.[9] Aber was ließ sich zur Sicherung des Friedens praktisch tun? Gutes Zureden bei Göring, wie es Goerdeler in seinen Reiseberichten unternahm, war gewiß ein hoffnungsloses Bemühen. Dennoch hat man es bis zum letzten Moment vor Kriegsausbruch auch von anderer Seite (z. B. von der Hassells) immer wieder versucht. Denn der andere Weg, der Militärputsch, war seit München völlig aussichtslos geworden. Zunächst schon deshalb, weil niemand mehr ernsthaft an die Kriegsbereitschaft der Westmächte glaubte. Weiterhin deshalb, weil Hitler nach München so klug war, der Armee ausdrücklich anzubefehlen, sie habe sich für die nächsten 4–5 Jahre ausschließlich ihrer inneren Ausbildung und der Vollendung ihrer Rüstung zu widmen – was die Besorgnis der Generäle vor neuen Abenteuern beschwichtigte. Von der Auseinandersetzung mit Polen über Danzig und das Korridorproblem, die schon 1938 begann, erwarteten sie lange Zeit keinen kriegerischen Konflikt.[10] Und schließlich war das

Ziel dieser Besprechungen, die Rückgewinnung Danzigs und einer freien Verbindung mit Ostpreußen, unendlich viel populärer als die tschechische und die sudetendeutsche Frage.

Was Goerdeler nach München am meisten beunruhigte, war die unsicher abwartende Passivität der Westmächte gegenüber dem unruhigen Ehrgeiz des Diktators. Sie spiegelt sich besonders eindrucksvoll in jenem berühmten Bericht wider, den der französische Botschafter François-Poncet über seine Abschiedsaudienz am 18. Oktober in Hitlers seltsamem Teehaus auf der Spitze des Obersalzberges erstattet hat:[11] Man starrt voll ängstlicher Spannung auf die Mienen und Gesten des Gewaltmenschen, völlig ungewiß, welches Land nun wohl das nächste Opfer sein wird, welche finsteren Pläne er jetzt wieder „in seinem Gehirn wälzen mag" –, aber man wagt sich kaum zu rühren. Man erfährt in London schon im Spätherbst, daß Hitler neue Anschläge gegen Polen plane, und in Paris, daß sich in Moskau, wie in ganz Osteuropa, eine völlige Schwenkung der Politik vorbereite: niemand wolle mehr auf westeuropäische Allianzen bauen, alles suche sein Abkommen mit Hitler zu treffen. Sogar die Sowjets dächten an eine Verständigung mit ihm: vielleicht mit Hilfe einer vierten Teilung Polens. Gleichwohl vollzieht sich die weitere Auflösung des tschechoslowakischen Reststaates ohne militärische Gegenwehr der Westmächte, die keine ernste Anstrengung mehr machen, die in München zugesagte Garantie für diesen Staat zur Wirklichkeit werden zu lassen. Halifax ist der Meinung, das ganze System der Allianzverträge Frankreichs mit osteuropäischen Staaten habe sich als unnatürlich erwiesen: man kann nicht Hegemonieansprüche machen ohne die militärische Kraft, sie zu behaupten. Möge doch die französische Politik diese Ansprüche aufgeben und dafür sich anstrengen, wenigstens ihre Macht im Westen und ihr Kolonialreich zu sichern! Der französische Gesandte in Warschau empfiehlt schon am 20. Oktober eine vorsichtige Lockerung des Bündnisses mit Polen.[12] Sein Außenminister Bonnet ist im Grunde derselben Meinung. Wetteifernd mit Chamberlain bemüht er sich, eine Freundschaftserklärung zwischen Frankreich und Deutschland schwarz auf weiß zu erhalten. Aber schon ehe diese Erklärung in Paris unterzeichnet wird, berät die französische Regierung mit der britischen, wie man sich durch verstärkte Aufrüstung gegen eine Attacke Hitlers auf den Westen schützen könne, und kommt zu dem niederschlagenden Ergebnis, daß man vorläufig einem Großangriff, vor allem in der Luft, nicht gewachsen sei. Man kann also die Tschechei praktisch nicht weiter schützen[13] und muß versuchen, wenigstens Italien durch diplomatisches Entgegenkommen aus der Bundesgenossenschaft Hitlers herauszulocken – ein hoffnungsloser Versuch, wie sich schon bald herausstellen wird. Aus Berlin berichtet der britische Geschäftsträger Sir Ogilvie-Forbes seit

Anfang Dezember mehrfach von Gerüchten, Hitler werde nun wohl bald ernst machen mit den großen Plänen seines Buches „Mein Kampf", im Osten neuen „Lebensraum" zu erobern, vielleicht sogar in der Ukraine! Gleichzeitig meldet er steigende Unzufriedenheit, ja Erbitterung der Deutschen gegen ihren Tyrannen. Niemals seit 1933 sei die politische Mißstimmung so groß gewesen wie jetzt. Nach dem Juden-Massaker sei sie noch gewaltig gestiegen. Aber Ogilvie ist sehr beunruhigt zu hören, daß es „autoritative Kreise" in London gebe, die auf eine Revolte der innerdeutschen Opposition im Kriegsfall rechnen. Das ist eine ganz gefährliche Illusion, meint er. „Wenn Hitler entscheidet, daß ein Krieg mit England notwendig ist, werden die Deutschen, Extreme und Gemäßigte, mit ihrer charakteristischen Disziplin wie ein Mann folgen", und wer sich weigert, den wird die SS schnell und gründlich erledigen. Was ist also zu tun? Gewisse Hoffnungen kann man vielleicht auf Görings Friedensliebe setzen; er ist Mittelpunkt von gemäßigten Elementen in der Partei. Aber freilich: letztlich ist auch er völlig hitlerhörig; er wird nie etwas gegen seinen Führer tun. So kommt auch dieser kluge und nüchterne Diplomat zu dem trübseligen Schluß: Englands Rolle als „der Polizist Europas" ist ausgespielt, die Pax Britannica wird in Mitteleuropa nicht mehr respektiert. Es bleibt nur übrig, sich aus unerfüllbaren Garantien für osteuropäische Staaten herauszuhalten und möglichst ein gutes Verhältnis – eben doch zu Göring und den „gemäßigten Nazis" zu pflegen.

Auf diesem Hintergrund von allgemeiner Ratlosigkeit und verängstigter Passivität muß man die Pläne Goerdelers für ein europäisches Widerstandsbündnis gegen Hitler sehen, um sie recht zu würdigen. Tatenloses Abwarten ertrug er einfach nicht, und sein Glaube an den Sieg der Vernunft ließ sich schlechterdings durch nichts erschüttern. So suchte er rastlos nach Auswegen aus der verfahrenen Situation – nicht ohne dabei auch auf phantastische Pläne (oder doch Erwägungen) zu verfallen.

Als Mittelsleute für seine politischen Ratschläge in England und Amerika dienten hauptsächlich, wie es scheint, die getreuen Helfer von 1937/38: Dr. Reinhold Schairer, dessen amerikanischer Freund Spencer-Miller, der englische Industrielle A. P. Young und einige andere.[14] Schairer und Miller waren seine begeisterten Verehrer, unermüdlich hilfsbereit, aber ohne allen politischen Einfluß und wohl auch ohne praktische Erfahrung in politischen Geschäften. Goerdeler mag zeitweise selbst empfunden haben, daß er mit Hilfe solcher Vermittler kaum Aussicht hatte, irgend etwas Ernsthaftes auszurichten. Jedenfalls hat er sich längere Zeit mit dem Gedanken getragen, mit seiner Familie auszuwandern, am besten nach Amerika.[15] Um ihm das zu erleichtern, sammelten englische Freunde ein stattliches Kapital für ihn, unter Beteiligung von Bosch.

Er sollte zunächst als politischer Mahner und Warner im Ausland tätig werden; es wurde aber auch an die Bildung einer deutschen Emigrationsregierung unter seiner Leitung gedacht. Ihn selbst muß schon längst der Glaube beherrscht haben, dereinst zur Bildung einer neuen, besseren Regierung Deutschlands berufen zu sein. Daß dafür der Umweg der Emigration am wenigsten geeignet war, scheint ihm aber dann doch bald klargeworden zu sein; schon am 20. Oktober schreibt er an Schairer (nach einem nächtlichen Telefongespräch von der Schweiz aus), vorher werde er *alle* anderen Wege versuchen.

Der erste dieser Wege war die Bearbeitung ausländischer Politiker durch Denkschriften, die über England auch nach den Vereinigten Staaten geleitet wurden. Wie immer in seinen Plänen, war er dabei von höchster Ungeduld. Ein am 19. Oktober abgesandtes Memorandum bezeichnet er als „letzten Versuch zu einer europäischen Zusammenarbeit mit den englischen Freunden". Bringt England „bis Ende des Jahres" den Entschluß nicht auf, darnach zu verfahren, so bleibt den deutschen Patrioten nichts übrig, als sich ausschließlich auf „die schlummernden guten Kräfte des eigenen Volkes zu verlassen" . . . „Frankreich ist ohnehin abzuschreiben." Er selbst müsse dann „*in* das Schiff springen und versuchen, das Steuer zu beeinflussen". Was war damit gemeint? Nach der Erinnerung seiner damaligen Freunde nichts anderes als der abenteuerliche Gedanke, sich irgendwie (etwa mit Hilfe Görings oder Schachts) in ein Reichsamt bringen zu lassen (vielleicht als Devisenkommissar?) und in solcher Stellung „nach der Talleyrandschen Methode zu arbeiten",[16] d. h. den Frieden Europas durch planmäßige Sabotage Hitlerscher Kriegspläne sichern zu helfen.

Mehr als eine Augenblicksphantasie kann das aber kaum gewesen sein; niemand hätte sich jedenfalls weniger für eine Nachahmung Talleyrands geeignet als gerade Goerdeler, dem alle Verschlagenheit fehlte. Aber es zeigt die verzweifelte Unrast, mit der er nach irgendeiner Möglichkeit des Einsatzes suchte. Weit ernster zu nehmen ist das große „Friedensprogramm", das er seinen amerikanischen Freunden im Winter 1938/39 übermittelte und dessen Grundlinien sich auch in mancherlei Ausarbeitungen der Kriegszeit wiederfinden.

Wahrscheinlich ist nur ein Teil der Niederschriften des Winters 1938/39 erhalten. Das erste Stück, das auch nach Amerika ging,[17] entwickelt zunächst (in merkwürdig lehrhafter Form) sein uns längst bekanntes liberales Wirtschaftsprogramm, entsprechende Grundsätze seiner Sozialpolitik, die ihr Gerechtigkeitsideal nicht auf der Gleichheit, sondern auf der Verschiedenheit der menschlichen Leistungen aufbaut, Land und Stadt gleichmäßig begünstigen will — und schließlich das Ideal eines geistig toleranten, die Freiheit des einzelnen achtenden Rechtsstaates. Auf diese allgemeine Grundlage soll aber nun auch die Völkerordnung aufgebaut werden: nicht mehr so, daß alle Nationen sich unterschiedslos zu einer Gemeinschaft zusammenschließen, wie im Genfer Völkerbund, sondern nur diejenigen, die im Festhalten an einer liberalen Gesellschafts- und Rechtsordnung miteinander übereinstimmen. „Zwischen Gentlemen und Gangsters ist Zusammenarbeit einfach unmöglich.“ Die vernünftige Weltordnung bedarf vielmehr „in dieser Welt des Schutzes der Schwerter gegen die Kräfte der Unordnung und des Bösen“. Werden sich diese Schwerter jetzt zusammenfinden und „die Seelen und Geister in aller Welt vor klare Ziele und Aufgaben gestellt werden“? „Die Welt, insbesondere die Jugend, sehnt sich nach der Erlösung vom Bolschewismus, Marxismus und Faschismus aller Art. Sie will Gerechtigkeit, Frieden und sinnvolles Schaffen. Wird sie hierzu jetzt entschlossen aufgerufen und geführt, dann erringt sie mit kurzen Opfern eine neue, lang dauernde Friedensordnung.“ Geschieht das nicht, so gerät die Welt in eine Aufrüstung ohne Ende, und zwar „ohne klares und sittliches Ziel“, mit dem Ergebnis, daß die allgemeine Überspannung der Nerven schließlich zu inneren Revolutionen in allen, auch den angelsächsischen Ländern führt, das Britische Empire zerfällt, die Vorherrschaft der weißen Rasse gefährdet wird.

Man sieht: hier wird zu einer Art von Kreuzzug gegen die totalitären Staaten aufgerufen – allerdings in verdeckter Form. Zunächst ist nur von einem weiteren Ausbau des Friedenssystems die Rede, das in München geschaffen werden sollte, aber tatsächlich nicht über eine Art von „kalter Kriegführung“ (wie man heute sagen würde) hinausgeführt hatte. Auf einer „Vorkonferenz“ der Mächte soll entschieden werden, wer bereit ist, sich dem eben erörterten Programm anzuschließen, eine entsprechende innere Ordnung herzustellen, die öffentlichen Finanzen ins Gleichgewicht zu bringen, im Völkerverkehr die „allgemein anerkannte Sittenordnung“ zu beachten und sich an einer Begrenzung, später Verminderung der Rüstung zu beteiligen. Nur wer sich dazu entschließt, kann auf „gerechte Regelung vorhandener Streitigkeiten und Gegensätze“, d. h. praktisch: auf weitere Revisionen der bestehenden Grenzverhältnisse u. dgl. rechnen. „Wer sich der Zusammenarbeit auf dieser Grundlage entzieht, will Krieg und ist Friedensbrecher. Von dem Ergebnis dieser Vorkonferenz hängen Krieg und Frieden ab.“

Im Entwurf fügte Goerdeler noch hinzu: „Dies alles immer in voller Öffentlichkeit: Noten veröffentlichen, Rundfunk, Presse, Parlamente!“ Das verdeutlicht noch wesentlich seine Absicht: die ganze Welt, vor allem aber die deutsche Öffentlichkeit, soll klar sehen, wer Frieden und Ordnung will und wer beides zerstört. Die „Friedensmächte“ (wie er sie später öfters nennt) sollen dem Programm gewaltsamer Eroberung großer Macht, das die faschistischen Staaten verkünden, ein viel großartigeres Programm dauerhaften, weil gerechten Friedens, allgemeiner Wohlfahrt, gesicherter Freiheit des Individuums, freier Weltwirtschaft entgegenstellen. Sie sollen für ihre eigenen Ideale werben, die Jugend der ganzen Welt, auch die deutsche, für sich zu gewinnen suchen, statt immer nur furchtsam in der Defensive zu verharren. Die Berliner Generalsverschwörung hatte ihre Pläne auf die bloße Kriegsfurcht der Deutschen aufgebaut und war damit gescheitert. Jetzt plant Goerdeler, den bewunderten „Führer" auf andere Weise als Friedensstörer und Tyrannen zu entlarven. Die Deutschen sollen deutlich vor Augen sehen, daß die freie westliche Welt nicht aus blinder Feindschaft, nicht aus grundsätzlichem Deutschenhaß gegen Hitler kämpft, sondern um höherer Ziele willen: für das Ideal einer Freiheit, die der Nationalsozialismus genau ebenso brutal unterdrückt wie der Bolschewismus.

Kann man das lesen, ohne anzuerkennen, daß in dieser Idee etwas Großartiges, Zukunftweisendes steckt? Und daß die Alternative, die Goerdeler prophezeit, falls sein Plan nicht durchgeführt wird, mindestens teilweise Wirklichkeit geworden ist?

Freilich: so großartig der Entwurf und die prophetische Schau, so utopisch erscheint das Ganze angesichts der machtpolitischen, insbesondere der militärischen Wirklichkeit von 1938/39. Goerdeler weiß recht wohl, daß sein Friedensbund nicht ohne so etwas wie einen Kreuzzug zustande kommen kann. Sein Brief vom 20. Oktober sagt es ganz unverblümt. Das deutsche Volk wolle zwar auch jetzt keinen Krieg, aber die Armee habe ihn „nach einer Front nicht mehr wie in der letzten Situation zu scheuen", und bei ihr habe Hitler jetzt enorm gewonnen. Indessen fügt er sogleich hinzu: „Krieg, aber aus wirtschaftlichen (Inflation ist stark im Gang) und seelischen Gründen nur kurz, kein Jahr. Er ist nun, so schrecklich auch immer, die billigste Lösung" nach dem ungeheuren Fehler der Münchner Konferenz.

Wollte er also Deutschland mutwillig in einen Krieg verstricken? Ganz gewiß nicht. Aber er hielt es für aussichtslos, durch bloße Kriegsdrohungen auch jetzt noch, wie es die Generalsopposition im August und September versucht hatte, den Diktator vom Kriege abzuschrecken; über kurz oder lang würde der zweifellos doch entfesselt werden. Wenn es aber so stand, sollte man wenigstens eine Ausgangslage schaffen, die Hitler als den großen Unruhstifter eindeutig vor aller Welt erscheinen ließ. Goerdeler hat dabei an eine Art von Ultimatum gedacht, das man ihm stellen sollte: entweder seine Aggressionspolitik aufzugeben und eine neue Staats- und Rechtsordnung auch im Innern herzustellen oder als Friedensbrecher geächtet zu werden. Zunächst schien ihm die große Judenhetze des November 1938 dafür ein geeigneter Moment;[18] später hat er den Einmarsch in Prag als Fanal betrachtet, das die westliche Welt aufscheuchen und zur „Aktion" treiben würde. Was er völlig übersah, war die Unzulänglichkeit der militärischen Kräfte des Westens, insbesondere die innere Zersetzung des französischen Kampf- und Machtwillens; darin darf man ihn als Opfer seiner militärischen Fachberater, insbesondere Becks, betrachten. Anderseits überschätzte er weit die Bedeutung wirtschaftlicher Engpässe und mangelnder Widerstandskräfte Deutschlands für die Kriegführung Hitlers. So erklärt sich seine Fehlprophezeiung vom „kurzen Krieg". Man wird aber als sicher annehmen dürfen, daß er diesen Krieg selbst durch eine innere Revolte abzukürzen gedachte. Und als Patriot mußte er ebenso wie alle Politiker wünschen, eines Tages nicht mit leeren Händen, sondern mit einer großartigen Zukunftsperspektive vor die Nation treten zu können.

Eine völlig neue Atmosphäre für das Schmieden von Zukunftsplänen schufen Hitlers brutale Vergewaltigung der Resttschechei und der Einmarsch in Prag (15. und 16. März 1939). Die unabsehbare politische Bedeutung dieses Ereignisses konnte keinem politisch Einsichtigen verborgen bleiben; auf unzählige hat es sofort wie das Fanal eines nun unaufhaltsam gewordenen neuen Weltbrandes gewirkt. Auch in Deutschland. Es mag sein, daß die große Masse der Urteilslosen auch diesmal wieder voll gaffenden Staunens war: über den neuen, mühelosen Triumph des Führers, dem scheinbar alles glückte, ohne daß mehr als papierene Proteste des Auslands spürbar wurden. Aber der Mitlebende erinnert sich doch genau, daß vielen auch unter den Claqueuren schwül zumute wurde angesichts eines solchen Übermaßes sowohl von Glück wie von politischer Rücksichtslosigkeit und Verlogenheit. Die Septemberrede im Sportpalast: „Ich will gar keine Tschechen" und die laute Versicherung, das letzte territoriale Eroberungsziel sei nun erreicht, klang ihnen noch allzu deutlich in den Ohren. Die Tatsache, daß es sich in der Nacht des 15. März um eine brutale, am Präsidenten Hacha verübte Erpressung gehandelt hatte, vermochte schließlich keine Propaganda ganz zu verdunkeln, und auch darüber konnte eigentlich kein Zweifel mehr sein, daß der letzte, aber auch der allerletzte Rest von Vertrauen auf das Wort des „Führers" in der Welt verspielt war. Ganz nackt hatte sich das wahre Wesen Hitlers, die Dämonie eines unbändigen Macht- und Eroberungswillens, gezeigt.

Die Schockwirkung auf die Kabinette der Westmächte, vor allem auf die Londoner Politik, ist bekannt. Schwächliche Versuche Chamberlains im Unterhaus, die eigene Passivität durch Hinweis auf die „Selbstauflösung" des tschechoslowakischen Staates zu entschuldigen, wurden sofort durch einen Entrüstungssturm der öffentlichen Meinung Englands hinweggefegt. Auch für die „Friedensmacher" von München gab es nun keinen Zweifel mehr, daß sie jetzt das Steuer völlig herumwerfen müßten – auf jede Gefahr hin. Keinen Schritt durfte man jetzt diesen Gewaltmenschen mehr vorankommen lassen auf seinem Weg zur Unterjochung Europas unter seinen Willen.[19] Mahnungen der deutschen Opposition zum „Festbleiben" waren jetzt überflüssig geworden.

Ihre Träger haben das aber, wie natürlich, nicht sogleich gesehen, und als sie es merkten, der Festigkeit des britisch-französischen Widerstandswillens nach allen Erfahrungen der letzten Jahre noch lange nicht getraut. Der erste, der sich durch die Prager Ereignisse zu neuer Aktivität anstacheln ließ, war wieder Carl Goerdeler. Unmittelbar nach diesem Datum hat er eine fieberhaft gesteigerte Tätigkeit entfaltet, um sich mit seinen Europaplänen in Paris, London und womöglich Washington, aber auch in Rom zu Gehör zu bringen. In einer ganzen Reihe von Denkschriften hat er sie ausführlich entwickelt.

Ihr Inhalt entspricht den Plänen des Oktober-November 1938, die wir schon kennen. Aber der Verfasser entwickelt jetzt ein mächtiges Pathos: „Um die Welt aus dem gegenwärtigen Starrkrampf zu befreien, muß der Bann der Hitlerschen Ideen durch die Wucht stärkerer Kräfte durchbrochen werden." „Was Millionen Menschen in allen Ländern heute vermissen, ist eine große Idee, für die zu leben und zu arbeiten sich lohnt." „Begeisterung, jene innerste Lebenskraft, kommt nur aus dem Entschluß, mit Millionen Menschen aller Länder sich einer solchen großen Idee hinzugeben und für ihre Verwirklichung die ganze Kraft einzusetzen." Das Ziel ist eine neue europäische „Völkergenossenschaft", begründet auf Freiwilligkeit und sich später einfügend in die universale Gemeinschaft eines wesentlich verbesserten Völkerbundes. Frankreich und England haben seit 1936 große Opfer gebracht für den europäischen Frieden, nicht etwa aus Schwäche, wie Hitler meint, sondern um einer Verständigung mit Deutschland willen. Das deutsche Volk muß darüber aufgeklärt werden, daß die französische Regierung Hitler 1937 dreimal, die englische einmal „endgültige und offizielle Friedensangebote gemacht und sogar die Rückgabe der Kolonien versprochen haben, wenn er sich zum Frieden verpflichten wollte. Er hat ihnen nicht einmal eine Antwort erteilt." Man muß ihn jetzt öffentlich als den großen Friedensstörer anprangern und die deutsche Nation auffordern, „sich selbst zwischen ihm und den Friedensmächten zu entscheiden".[20] Hitler selbst wird den Sinn des neuen Völkerbunds nicht einmal verstehen können. Aber auch Mussolini hat sich durch seine Vertragsbrüche[21] des internationalen Vertrauens unwürdig gezeigt. „England und Frankreich sollen in Zukunft die anderen Mächte nicht mehr um Frieden bitten, sondern sie sollen Frieden fordern.“ „Sollten die Diktatoren der Achse sich für den Weg der Gewalt entscheiden, so sollten die Friedensfrontmächte den Gegner zuerst an seiner schwächsten Stelle treffen: im Mittelmeer. Bricht dort die Achse, so wird bald das deutsche Volk sich selbst von seinem Tyrannen befreien.“[22]

Man sieht: Goerdeler ist in diesem Augenblick nicht in der Lage, eine innere Revolte in Aussicht zu stellen. Er erhofft sie nur, wenn durch Eingreifen der Westmächte die Verderblichkeit des Hitler-Regiments dem deutschen Volk bekannt wird, vor allem dann, wenn zunächst der Faschismus in Italien gestürzt werden sollte. Ein solches Unternehmen möchte er auf jede Weise fördern. Eine auf 23. März datierte kurze Denkschrift ist für den Papst in Rom bestimmt – eines der merkwürdigsten Produkte dieser rastlosen Feder. Sie sucht den Sturz Hitlers und Mussolinis, dieser Träger eines totalitären Staatssystems, als dringendes Interesse der christlichen Kirchen hinzustellen. Ihr Verfasser rät deshalb, die Kirchen sollten unter päpstlicher Führung der Welt verkünden, „daß die Welt einen wahren, gerechten und glücklichen und dauernden Frieden haben kann“, wenn sie sich von diesen beiden Gewalthabern befreit. Zu diesem Zweck sollte ihrem Regiment die Zufuhr aller Rohstoffe, die sie doch nur zu kriegerischen Zwecken mißbrauchen werden, gesperrt werden – eine Maßnahme, die nur dann praktisch wirksam wird, wenn man die Rohstoffe den bisherigen Lieferanten abkauft und so lange stapelt, bis der Friede gesichert ist. Mussolini sollten keine Konzessionen irgendwelcher Art von den „Friedensmächten“ mehr gewährt werden; dagegen sollten der italienische König und Kronprinz darüber verständigt werden, daß sie für ihr Volk alles „Lebensnotwendige“ erreichen können, wenn sie sich von Mussolini trennen. Wird ein solcher Entschluß in die Tat umgesetzt, so „erntet die Welt noch in diesem Jahr die Früchte wahren Friedens. Damit entfällt auch der sonst unvermeidbare Zwang, die Hilfe Rußlands in Anspruch zu nehmen.“

Ob diese Niederschrift, deren Seltsamkeit durch den betont religiösen Klang ihrer Sprache noch verstärkt wird, jemals wirklich abgesandt worden ist und ihren Adressaten erreicht hat? Papst Pius XII. wird darin auch „als Sohn des italienischen Volkes“ angesprochen, was noch deutlicher macht, wie völlig der Verfasser die politische Situation des päpstlichen Hofes verkannte. Aber wir haben es ja hier überhaupt nicht mit nüchtern-„realpolitischen“ Erwägungen zu tun, sondern mit verzweifelten Bemühungen eines in Ungeduld und Eifer sich verzehrenden Mannes, irgendeine hilfreiche Hand zu finden, die sein Vaterland und die Welt noch im letzten Augenblick vor den Schrecken eines neuen Kriegs retten könnte. In solcher Lage wird selbst der Strohhalm zur Hoffnung.

Übrigens begnügte Goerdeler sich nicht damit, seine Vorschläge nur an den

Papst zu richten. Eine für englische und französische Leser bestimmte weitere Denkschrift entwickelt sie noch konkreter.[23] Sie empfiehlt, alle persönlichen Beziehungen zu Hitler abzubrechen, die Botschafter Englands und Frankreichs auf ihren Berliner Posten nicht eher zurückkehren zu lassen, bis ein klarer Friedenszustand hergestellt ist, und jeden Glückwunsch zu Hitlers 50. Geburtstag (20. 4. 1939) zu unterlassen. Vor allem sollte jene schon erörterte Sperre jedes Rohstoffbezuges, womöglich auch aus Südamerika, durchgeführt werden, auch von den Vereinigten Staaten, damit endlich auch breite Schichten der deutschen Wirtschaft erkennen, in welche Abgründe der Weg Hitlers führt. Im Gegensatz zu der mißglückten Sperre gegen Italien aus Anlaß des abessinischen Konflikts sollte man den Boykott in aller Stille ohne propagandistischen Lärm durchführen. Mit Mussolini noch irgendwelche Verständigung zu suchen, wäre zwecklos, da auf sein Wort ja doch kein Verlaß ist und sein faschistisches System zu imperialistischen Abenteuern geradezu zwingt.[24] Trennt man ihn (in der schon erörterten Weise) von seinem Volk, so wird er sich wahrscheinlich mit fürchterlichen Drohungen begnügen, da er zu ernsthafter Kriegführung außerstande ist. Sollte er aber dennoch „einen verzweifelten Schlag“ gegen die Westmächte wagen, so „kann man mit einer an Sicherheit grenzenden Wahrscheinlichkeit damit rechnen, daß die verantwortlichen Kräfte in Deutschland Hitler verhindern, an der Seite Mussolinis in einen solchen unsinnigen Krieg einzutreten“. Es würde sich also dann in einer verhältnismäßig einfachen und kurzen Operation darum handeln, „das Mittelmeer für immer von der Freibeuterei Mussolinis zu befreien“. „Wird nach diesen Vorschlägen wirklich gehandelt, und zwar sofort, so wird nach menschlichem Ermessen die Welt noch in diesem Jahr von der immer unerträglicher werdenden Unsicherheit befreit und mit einem wahren Frieden beglückt werden.“

Es scheint, als hätte Goerdeler sich in Erwartung einer so baldigen Wendung aller Dinge bereits ernsthafte Gedanken darüber gemacht, wie die künftige Außenpolitik Deutschlands aussehen sollte. Jedenfalls hat er große Sorgfalt auf die Ausarbeitung eines Friedensprogramms gewendet, das wohl auch dazu bestimmt war, in London, Paris und Washington Zutrauen zu erwecken zu einer neuen, von ihm selbst zu leitenden Reichsregierung, zusammengesetzt aus Männern der Opposition.[25]

Er schlägt vor, zunächst eine engere Gemeinschaft zwischen England, Frankreich und Deutschland zu bilden als Kern eines neuen, europäischen Staatenbunds, und zwar durch vertragliche Abmachungen folgenden Inhalts:

1. Um die letzten noch aus dem Versailler Vertrag stammenden Spannungen zu beseitigen, soll die Frage des „Polnischen Korridors“ aus der Welt geschafft werden durch einen friedlichen Ausgleich deutscher und polnischer Interessen.

Deutschland soll außerdem ein „möglichst großes und entwicklungsfähiges" Kolonialgebiet in Übersee erhalten und „soweit wie möglich" Zutritt für deutsche Siedler in geeigneten Kolonialgebieten Englands und Frankreichs.[26]

2. Zur Wiederherstellung der Rechtssicherheit in Europa soll die Tschechoslowakei als unabhängiger Staat in den Grenzen des Münchner Abkommens restauriert, zugleich aber neutralisiert werden mit internationaler Garantie ihres Bestandes. Deutschland erklärt, im Südosten keine politische Hegemonie zu erstreben. „Die Unabhängigkeit der europäischen Staaten wird garantiert, soweit sie es nicht für gut finden, untereinander Bindungen einzugehen, die ihre Souveränität begrenzen. Der Wirtschaftsverkehr steht allen Völkern zu den gleichen Bedingungen offen", was wechselseitige Wirtschaftsverträge einzelner Staaten und Staatengruppen, auch zollpolitischer Art, nicht ausschließt. „Deutschland muß den Vorgängen an seiner Ostgrenze nach den Erfahrungen seiner Geschichte stets ein besonderes Interesse entgegenbringen. Dies muß im Rahmen des vernünftigen Gleichgewichts gestattet sein." (Hier ist wohl an das Recht zu selbständiger Abwehr polnischer oder russischer Übergriffe gedacht.) Deutschland garantiert den gegenwärtigen legalen Besitzstand im Mittelmeer, und zwar für die nächsten zehn Jahre auch mit militärischen Mitteln.

3. Die hier den Westmächten angebotene deutsche Bereitschaft zur Waffenhilfe wird noch dadurch erweitert, daß Deutschland sich bereit erklärt, durch „jedes zweckdienliche Mittel" daran mitzuwirken, daß der wirtschaftliche Besitzstand des Westens in Ostasien in vollem Umfang wiederhergestellt wird. Dafür wird es auch militärische Machtmittel zur Verfügung stellen, falls die Korridorfrage vorher bereinigt und die Finanzierung eines solchen kriegerischen Unternehmens gesichert ist.

4. Deutschland erhält eine Goldanleihe von vier bis sechs Milliarden Geldwert zur internationalen Sicherung seiner Währung, zinslos, aber mit mindestens zweiprozentiger Tilgungsverpflichtung. Dafür verpflichtet es sich, alle Devisen- und Außenhandelskontrollen möglichst rasch aufzuheben. Alle Teilnehmerstaaten verpflichten sich, das Staatsbudget ausgeglichen zu halten, damit die Ordnung der Währung dauerhaft bleibe. Demselben Zweck dient das sofortige Abstoppen der Aufrüstung. Ein Abrüstungsabkommen, mit internationaler Kontrolle, soll sofort beraten werden. Sollte das Verhalten anderer Mächte, z. B. Italiens oder Japans, neue Rüstungsmaßnahmen erfordern, so soll darüber vorher eine Verständigung der verbündeten Regierungen erfolgen.

Der so begründete Dreibund soll durch Beitritt weiterer Staaten zu einem „europäischen Staatenbund" und schließlich darüber hinaus zu einer „Arbeitsgemeinschaft aller Völker" erweitert werden, jedoch so, daß jeder neu eintretende Staat gewisse Verpflichtungen (im Sinn der neuen Friedensordnung) zu übernehmen hat. „Der europäische Staatenbund soll Kriege durch europäische Zusammenarbeit auf freiwilliger Grundlage ausschließen." Die Arbeitsgemeinschaft wird den alten Völkerbund ersetzen. Sie soll ohne Zwangsgewalt als politische und wirtschaftliche Ausgleichsinstanz wirken, unter Umständen (auf Wunsch der Beteiligten) auch schiedsrichterlich tätig werden[27] und in besonderen Notfällen karitativ Hilfe leisten. Zu den Grundsätzen des politischen und wirtschaftlichen Liberalismus, die sie hüten und pflegen soll, gehört ganz allgemein die Beschränkung staatlicher Tätigkeit auf das rein politische Gebiet, unter Freigabe des geistigen Lebens.

Das alles ist bedeutsam als erster Versuch aus dem Kreise der deutschen Oppositionsbewegung, ein eigenes, ausgeführtes Programm deutscher Außenpolitik zu entwickeln – der einzige bisher bekannt gewordene Entwurf aus der Zeit vor dem Kriege. Man hat den Patrioten des Oppositionskreises neuerdings vorgeworfen, sie hätten sich im Frühjahr und Sommer 1939 als typisch deutsche Nationalisten erwiesen, indem sie im Grunde nur das eine Ziel verfolgten: Hitler zwar zu stürzen, aber zugleich seine Erben zu werden, d. h. seine außenpolitischen Erfolge für Deutschland festzuhalten. Es wäre ihnen also auf eine Art von „Kuhhandel" mit der Diplomatie der Westmächte angekommen.[28] Der Leser mag nun selbst urteilen, ob und in welchem Maße das für Goerdeler zutrifft. Daß er ein deutscher Patriot war, der Deutschlands Bestes, nicht aber seine Erniedrigung wollte, scheint mir ebenso deutlich wie dies: daß er sich das Reich der Zukunft nicht als ewigen Unruhstifter und Tyrannen Europas, sondern als echte Friedensmacht erträumte, fest eingefügt in eine europäische Staatengemeinschaft von rein genossenschaftlichem Charakter.

Auf welchen Wegen unser Patriot sein Programm in London und Paris zu Gehör gebracht hat, läßt sich teilweise noch erkennen. Gisevius berichtet von einem Treffen mit Dr. Schairer in Ouchy bei Genf, kurz nach den Prager Ereignissen, an dem er selbst und auch Schacht teilnahm, der am 20. Januar aus seinem Amt als Reichsbankpräsident entlassen war und um Mitte März schon in der Schweiz weilte.[29] Ihm war mit seiner Entlassung die letzte Illusion geschwunden, man könne durch unmittelbare Einwirkung auf Hitlers Regierung den in den Abgrund rollenden Wagen noch irgendwie aufhalten. Da eine Denkschrift des Reichsbankdirektoriums, die vor hemmungslosen Rüstungsausgaben warnte, den äußeren Anlaß zu seinem Sturz gebildet hatte, hielt er nun eine schnelle Entwertung der deutschen Währung für unvermeidlich. Die Freunde drängten ihn (wie mir mündlich berichtet wird), seine von Hitler genehmigte längere Auslandsreise zu benutzen, um vor allem den Kurs der englischen Regierung versteifen zu helfen und das Ausland über die wahre Lage in Deutschland aufzuklären. Schairer versprach sich sehr viel von einem

offenen Propagandafeldzug gegen das Hitlertum, den sowohl Schacht wie Goerdeler nach ihrer Emigration von England aus eröffnen sollten. Schacht blieb indessen allen solchen Plänen gegenüber kühl und zurückhaltend, urteilte sehr kritisch über Goerdelers Illusionen und über dessen Londoner Verbindungsleute und erklärte, zunächst seine Indienreise durchführen zu wollen. Goerdelers Meinung, die deutsche Wirtschaft, aber auch die Armee sei größeren militärischen Aufgaben gar nicht gewachsen, so daß die Naziherrschaft im Kriege sehr rasch von selbst zusammenstürzen würde, teilte er durchaus nicht. Vor allem wollte er solche Urteile nicht nach London und Paris mitgeteilt haben, hielt es vielmehr umgekehrt für nötig, dort vor einer Verkennung der rasch wachsenden Stärke der deutschen Rüstung zu warnen. Die Diplomatie der Westmächte sollte sich klar darüber sein, in welche Gefahren man durch längeres Zuwarten hineintrieb. So kam ein gemeinsamer Entschluß nicht zustande, wenn man auch darin einig war, das Ausland müsse vor dem hemmungslosen Ehrgeiz und Kampfeswillen des Diktators gewarnt werden.
Mit einem so allgemeinen Auftrag fuhr Schairer nach London zurück.[30] Nach der Erinnerung von Gisevius, die er als Zeuge in Nürnberg vortrug, sollte der Sendbote die Staatsmänner des Westens vor allem darüber informieren, daß „spätestens im Herbst der Streit um Danzig beginnen würde", daß es Hitler aber in Wahrheit gar nicht auf Danzig ankomme, sondern auf ganz Polen und zuletzt auf die Ukraine; man sollte sich also jetzt auf gar keine Verhandlungen über Danzig einlassen, sondern die Lösung der Korridorfrage auf eine bessere Zukunft verschieben. In ähnlichem Sinn habe damals Schacht auch mit Montagu Norman (dem Governor der Bank von England) gesprochen, den er in Basel traf.
Zu diesem Bericht stimmt es nun schlecht, daß in den Denkschriften Goerdelers aus dieser Zeit von den Absichten Hitlers gegen Polen mit keinem Wort die Rede ist – man gewinnt fast den Eindruck, als hätte ihr Autor die nächsten konkreten Eroberungsziele des Diktators noch gar nicht erkannt. Es muß also offen bleiben, ob hier ein Gedächtnisfehler vorliegt. Sicher ist mir, daß Goerdeler damals in der Vorstellung lebte, es müsse etwas geschehen, um der britischen Politik ihre Angst vor der unheimlichen Macht des nationalsozialistischen Reiches zu nehmen. Und sicherlich hatte er recht damit, wenn er den militärischen Defaitismus in London und Paris für eine europäische Gefahr hielt: alles, was wir heute aus Memoirenwerken und Dokumentensammlungen wissen, zeigt deutlich, daß man dort die militärische Macht Hitlers ebenso stark überschätzte wie der deutsche Generalstab den Kampfeswillen und die Kampffähigkeit Frankreichs – trotz eines ausgedehnten und wirksamen Spionagedienstes und trotz zahlreicher Berichte der Militärattachés, die

einen durchaus sachverständigen Eindruck machen. Unkontrollierbare Einzelmitteilungen von Privatpersonen – vollends solche, denen man die politische Tendenz deutlich ansah – konnten indessen an diesem Zustand nichts ändern. Und schließlich zeigt sich, daß selbst Chamberlain seit dem Prager Ereignis durch militärische Sorgen nicht mehr daran gehindert wurde, alles zu tun, was er im Augenblick, d. h. ohne zureichende Rüstung, tun konnte, um Hitlers Eroberungspolitik zu hemmen. Er brach zwar keine diplomatischen Beziehungen ab und drohte auch nicht in ultimativer Form mit dem Krieg, wie sich Goerdeler das dachte, weder in Rom noch in Berlin; aber er teilte sehr freigebig Hilfsversprechen an alle bedrohten Nationen Osteuropas aus – weit über die praktische Leistungsfähigkeit Englands hinaus; außerdem beschleunigte er die Aufrüstung – immerhin mit besserem Erfolg als die Franzosen, wenigstens hinsichtlich der Luftwaffe.

Was die Welt am meisten überraschte, war seine Erklärung im Unterhaus am 31. März, in der er der polnischen Regierung die Unterstützung der Westmächte förmlich anbot, falls sie deren zu bedürfen glaube, um eine für Polen lebensgefährliche Bedrohung abzuwehren. Es war damit (für britisches Empfinden ein unerhörter Vorgang!) in die Hand eines Kontinentalstaates, und zwar eines sehr wenig mächtigen, die Entscheidung darüber gelegt, ob das britische Inselreich in einen Kontinentalkrieg verwickelt werden sollte oder nicht. Man hat für diesen so überaus folgenreichen Entschluß, der die Haltung Polens in der Korridorfrage noch wesentlich zu versteifen schien, die deutsche Opposition mitverantwortlich gemacht.[31] Durch ihre Ratschläge, ihre Mitteilungen über eine deutsche Generalsopposition, ihren Hinweis auf die Mängel der deutschen Rüstung und die Engpässe deutscher Wirtschaft habe sie den zögernden Premierminister Englands zu einem verhängnisvollen Schritt ermutigt; durch ihn wären die eben damals durch Ribbentrop in Hitlers Auftrag begonnenen deutsch-polnischen Verhandlungen sabotiert worden, die eine friedliche Lösung der Korridorfrage bezweckten; der Grenzstreit zweier Nachbarstaaten sei zu einem Weltkonflikt erweitert und damit das Unheil eines zweiten Weltkrieges heraufgeführt worden. Wie steht es damit?

Zunächst ist zu erwidern, daß die britische Regierung niemals beabsichtigt hat, eine friedliche Lösung der Korridorfrage durch eine deutsch-polnische Verständigung zu verhindern; im Gegenteil: sie hat sich bekanntlich bis zur letzten Minute eifrig bemüht, einen solchen Ausgleich diplomatisch zu fördern. Wenn sie dabei nicht von Anfang an jene Energie aufbot, die dem Starrsinn der Polen gegenüber nötig gewesen wäre, so waren die bösen Erfahrungen daran schuld, die sie eben erst mit ihrem harten diplomatischen Druck auf Benesch gemacht hatte. Sie durfte keinesfalls die Polen dahin treiben, daß sie sich zu Vasallen Hitlers machten – dies um so weniger, als ihr bekannt war, daß Ribbentrop bei seinen Kompromißvorschlägen ziemlich deutlich hatte durchblicken lassen, Hitler würde eine deutsch-polnische Allianz zu gemeinsamer Bekämpfung des bolschewistischen Rußlands erwünscht sein, mit dem Endziel einer Eroberung der Ukraine. Trotzdem haben Halifax und Chamberlain, mit Zustimmung Frankreichs, in Warschau auf eine friedliche Lösung der Korridorfrage gedrängt. War aber nicht gleichwohl die Erklärung Chamberlains vom 31. März schuld daran, daß die Polen sich so hartnäckig zeigten? Darüber ließe sich mit Sicherheit nur dann urteilen, wenn zu irgendeinem Zeitpunkt der Verhandlungen (die ja schon im Oktober 1938 begannen) sich irgendeine Spur von Bereitschaft der polnischen Regierung zu ernsthaftem Interessenausgleich mit den Deutschen gezeigt hätte. Tatsächlich hat sie sich schon lange vor den Prager Ereignissen immer nur kühl abweisend verhalten, in blinder Verkennung der realen Machtverhältnisse, in blinder Mißachtung auch der Tatsache, daß Danzig längst dem Nationalsozialismus anheimgefallen war und also für Polen nur noch einen Gefahrenherd bildete. Dieselbe sture Haltung hat sie auch nach Prag gezeigt: ein erneutes Verständigungserbieten Ribbentrops, das am 21. März erfolgte, lehnte sie wieder ohne langes Zögern ab.[32] Es war dieselbe Verblendung, die man in Warschau zur Verzweiflung der Pariser Staatsmänner schon während der Tschechenkrise gezeigt hatte: statt gemeinsam mit Frankreich das deutsche Vordringen in den böhmisch-mährischen Raum abzuwehren, hatte man damals nichts anderes im Sinn gehabt, als „den Schakal des Ostens“ zu spielen und sich an der Beraubung des wehrlosen Opfers nach Kräften zu beteiligen. Auch der Völkerbundskommissar Carl J. Burckhardt in Danzig sprach von einer seltsamen Mischung von Stolz und Narrheit, die das Wesen polnischer Politik ausmache.

Es ist denn auch nicht eigentlich die Sorge um Polen oder gar um den Korridor gewesen, was die britische Politik zu ihrer neuen Aktivität aufstachelte, sondern ganz allgemein ihre Furcht vor einer hemmungslosen Expansion des Hitler-Reiches in den osteuropäischen Raum, insbesondere den Balkanraum. Den ersten Anstoß gab, schon einen Tag nach dem Einmarsch Hitlers in Prag, eine Art von Notschrei des rumänischen Gesandten: die deutsche Politik wende Druck an, um Rumänien zur Einräumung eines deutschen Monopols auf den rumänischen Ölexport zu zwingen. Diese Nachricht[33] ließ sofort das Schreckbild eines deutschen Angriffs auf die Balkanländer mit dem Ziel einer Beherrschung des ganzen Südostens auftauchen – eine für die britische Mittelmeerherrschaft unerträgliche Aussicht. Halifax, seit den Prager Ereignissen sehr aktiv geworden, setzte schon am 20. März ein Rundschreiben auf, das Frankreich, Rußland und Polen zu einer Erklärung zusammen mit Großbritannien einlud: diese vier Mächte wären entschlossen, jeder Bedrohung der Unabhängigkeit irgendeines europäischen Staates gemeinsam entgegenzutreten. Mit Frankreich kam darüber schon zwei Tage später eine Einigung zustande. Auf einer gemeinsamen Sitzung des französischen und des englischen Außenministers in London (21. März) stellte sich heraus, daß Bonnet inzwischen bereits auf dieselben Alarmrufe hin bei der russischen Diplomatie und sogar in Washington sondiert und diplomatische Unterstützung erbeten hatte; weiter: daß beide westeuropäischen Regierungen entschlossen waren, keinen deutschen Angriff in Europa mehr passiv hinzunehmen, weder auf Rumänien oder Polen noch auf Jugoslawien oder die Schweiz oder Holland. Man kam überein, daß jetzt so rasch als möglich gehandelt werden müsse, um alle von Hitler bedrohten Regierungen zum Widerstand zu ermutigen; übrigens hatten die Briten schon vorher die Türken mit Erfolg um aktive Unterstützung dieser Politik ersucht. Halifax führte aus, es sei jetzt nicht mehr die Frage zu diskutieren, ob man praktisch imstande sei, Rumänien und Polen wirksam Hilfe zu leisten, sondern nur: ob man Aussicht habe, einen auf die Dauer erfolgreichen Krieg gegen Deutschland zu führen, d. h. ob Großbritannien und Frankreich Deutschland auf die Dauer so schädigen könnten, daß seiner Eroberungspolitik ein für allemal Einhalt geboten würde; dabei sei der äußere Kriegsanlaß sekundär. Es gebe wenig Hoffnung, den Frieden Europas zu retten, solange die Nazis an der Macht seien. Indessen lägen Anzeichen dafür vor, daß Hitler, wenn er das deutsche Volk in einen großen Krieg hineinbrächte, recht wohl auf innerpolitische Schwierigkeiten stoßen könnte, die für das Naziregime gefährlich werden könnten. Dasselbe gelte für Mussolini in Italien.[34]

Muß man aus dieser letzten Bemerkung schließen, daß Mitteilungen von seiten der deutschen Opposition die britische Politik zu ihrer neuen Aktivität veranlaßt haben? Wir hörten schon, daß selbst die erbittertsten Gegner Hitlers gerade jetzt nicht mehr wagten, auf einen Militärputsch zu rechnen oder gar ihn in Aussicht zu stellen. Jene Besprechung von Ouchy kann frühestens ungefähr an demselben Tage stattgefunden haben, an dem sich Halifax mit Bonnet beriet. Es bedurfte aber auch gar nicht erst irgendwelcher neuen Botschaften, um Halifax darüber zu informieren, daß in Deutschland niemand außer Hitler selbst (und vielleicht seinen Intimsten) das Abenteuer eines Krieges wünschte und daß ein von ihm provozierter Großkrieg, wenn er zu Schwierigkeiten führte, das Hitler-Regiment ernstlich gefährden würde. Diese Vermutung (oder vielmehr Hoffnung) hat noch jede Gewaltherrschaft in der Geschichte bei ihren Feinden erweckt. Was den neuen leidenschaftlichen Kampfwillen in London hervorgerufen hat, war ganz gewiß nicht die Hitleropposition, sondern niemand anders als Hitler selbst.

Aber auch das Hilfsangebot Englands an die Polen ging nicht auf deutsche Anregung zurück – weder direkt noch indirekt. Seine engere Vorgeschichte läßt sich vielmehr ganz eindeutig erkennen. Jene am 21. März geplante Viermächteerklärung kam nämlich nicht zustande, obwohl auch Rußland sich sofort dazu bereit fand. Aber sowohl Litwinow wie Bonnet machten die Mitwirkung Polens zur Voraussetzung ihrer Unterschrift. In Warschau aber weigerte man sich, Arm in Arm mit den Bolschewiken (die man sogar als Verbündete fürchtete und mit Abneigung betrachtete) auf der diplomatischen Bühne zu erscheinen und sich dadurch vielleicht erst recht den Angriff Hitlers auf den Hals zu ziehen. Bonnet hielt das zwar für „verrückt", aber zeigte nicht die geringste Neigung, die Politik Frankreichs zu exponieren, wenn der polnische Verbündete nicht mittat. Oberst Beck versuchte, ein geheimes englisches Bündnis zu erreichen, als Ergänzung zur französischen Allianz. Darauf ließen sich die Westmächte nicht ein, entschlossen sich aber statt dessen zu einer öffentlichen Hilfszusage für Polen und Rumänien, allerdings streng begrenzt auf den Fall, daß Deutschland Gewalt brauchen sollte an Stelle eines friedlichen Interessenausgleichs. Schon am 27. März ging aus London ein förmliches Angebot nach Warschau ab: die britische Regierung sei bereit, gemeinsam mit Frankreich den Polen zu Hilfe zu kommen, falls Deutschland die Unabhängigkeit Polens bedrohe, sei es durch militärischen Angriff oder durch Unterwühlung wie im Fall der Tschechoslowakei. Voraussetzung dafür sei eine entsprechende Zusage Polens für den Fall, daß Hitler Rumänien oder die Westmächte angriffe. Man wartete zur Übergabe dieses Angebots nur noch die Zustimmung Bonnets ab. Als sie am 29. eintraf, wurde noch am selben Tage seine Aushändigung angeordnet. Schon am nächsten Tag wurde in Paris und Warschau der Inhalt der Erklärung mitgeteilt, die Chamberlain am 31. im Unterhaus abgeben wollte, und beiderseits Zustimmung eingeholt.[35]

Man sieht: für irgendwelche Einwirkung deutscher Einflüsterungen oder Ratschläge bleibt in dieser geschlossenen Kette diplomatischer Aktionen durchaus kein Raum – am wenigsten für irgendwelche bestimmten Nachrichten über Hitlers Absicht, Polen demnächst zu überfallen, wie sie die deutsche Opposition am 29. oder 30. März durch einen englischen Zeitungskorrespondenten bis zu Chambelain durchgeschleust haben soll.[36] Von solchen Absichten kann die Widerstandsgruppe schon deshalb nicht gewußt haben, weil sie einstweilen noch gar nicht bestanden.[37] Überdies war die Politik Halifax' längst entschieden, als jener Korrespondent (Jan Colvin) in London ankam.

Im Lauf des Sommers ist aber dann noch eine ganze Reihe von Sendboten der Opposition in London eingetroffen, unter ihnen auch Goerdeler, der im April Frankreich und Algier bereiste, im Mai[38] nach England kam und dort auch von Churchill empfangen wurde. Über den Inhalt der Unterredung wird mir von einem der Teilnehmer berichtet, Goerdeler habe sehr viel von deutschen Oppositionsgruppen, besonders auch in der Wehrmacht, berichtet, habe es aber versäumt, bestimmte Forderungen an die englische Politik für den Fall eines Umsturzes zu stellen. Das nimmt wunder angesichts der Tatsache, daß er ja kurz vorher ein so ausführliches (und uns bekanntes) Programm europäischer Friedenspolitik aufgestellt hatte. Praktisch soll bei der Unterhaltung nichts herausgekommen sein,[39] doch steht fest, daß gerade Churchill sich immer für das Bestehen einer deutschen Opposition mehr als andere englische Politiker interessiert hat. Wie im Vorjahr Herrn von Kleist, so empfing er im Hochsommer 1939 auch dessen Freund Fabian von Schlabrendorff und ließ sich von ihm über deutsche Verhältnisse berichten. Auch mit Brüning, der im April aus den Vereinigten Staaten nach London zurückgekehrt war, hat er darüber verhandelt. Weitere Besuche in England werden von dem jungen Diplomaten Adam von Trott zu Solz und vom Grafen Helmut von Moltke berichtet – beide hatten viele und intime Beziehungen zu englischen Freunden: der eine als früherer Rhodes-Stipendiat in Oxford, der andere als geborener Halbengländer und früherer Anwalt an Londoner Gerichtshöfen. Sie suchten diese im Sinne der Hitleropposition, zu der sie gehörten, fruchtbar zu machen.[40]

Was konnten sie aber dort als Wunsch oder Ratschlag vorbringen? Sicherlich nicht mehr dasselbe wie im Vorjahre. Jetzt stand keine deutsche Generalsopposition mehr bereit, die nur auf das Signal zum Losbruch des Krieges wartete, um Deutschland von seinem Tyrannen zu befreien. Schlabrendorff, den Churchill fragte, ob er für eine erfolgreiche Aktion der Widerstandsgruppe garantieren könne, sah sich denn auch genötigt, dies zu verneinen. Es war aber auch kaum noch sinnvoll, die englischen Politiker wie im Vorjahr zur Festigkeit gegenüber Hitlers Eroberungsplänen zu mahnen. Weder ließ sich voraussagen, daß der Friede dadurch gesichert würde, noch war eine psychologisch günstige Situation für einen Putsch davon zu erwarten. Chamberlains Erklärung vom 31. März hatte auf Hitler nur die Wirkung gehabt, daß er in maßlose Wut geriet und von jetzt an darauf sann, wie er diese Durchkreuzung seiner Pläne den Briten heimzahlen könne. Durch Canaris erfuhr man, er habe auf den Tisch gehauen und geschrien: „Denen werde ich einen Teufelstrank brauen!“[41] Tatsächlich hatte er unmittelbar darauf die militärische Vorbereitung für eine „endgültige Abrechnung“ mit Polen angeordnet, die vom 1. September an durchführbar sein sollte.[42] Zunächst war sie als „isolierter Krieg“ gedacht. Indessen gingen seit Mai die Erwägungen hin und her, ob ihr eine Abrechnung mit dem Westen vorausgehen oder nachfolgen sollte.

An eine „Wiederholung der Tschechei", d. h. an ein abermaliges Stillsitzen der Westmächte im Falle osteuropäischer Eroberungen, glaubte Hitler jetzt selbst nicht mehr, wie er den Spitzen der Wehrmacht in seiner bekannten Ansprache vom 23. Mai darlegte. Aber mit einer für ihn unendlich charakteristischen Wendung erklärte er, die Politik habe sich nicht etwa den Umständen anzupassen, sondern die Umstände müßten der Politik angepaßt werden. England betrachte er von jetzt ab als Feind, mit dem es eines Tages eine „Auseinandersetzung auf Leben und Tod" geben müsse. Fraglich blieb nur, wie sich erreichen ließ, daß nicht ein neuer Zweifrontenkrieg entstand, sondern zunächst Polen niedergeworfen wurde (im Blitzkrieg) und später der Westen oder umgekehrt. Nur um dieses Problem zu lösen, hat der Diktator noch den ganzen Sommer über zugewartet, ehe er losschlug. Polen zu isolieren durch „Nichtangriffsverträge" mit möglichst vielen Nachbar- und Randstaaten, die eigene Schlagkraft durch den „Stahlpakt" mit Italien zu stärken, die englische Wachsamkeit durch alle möglichen Freundschaftsangebote einzuschläfern, Frankreich von England womöglich abzuspalten, schließlich und vor allem durch den Pakt mit Stalin die Westmächte zu düpieren, womöglich vom Eingreifen ganz abzuschrecken und Polen zu widerstandsloser Unterwerfung zu nötigen – das war der Inhalt emsiger Bemühungen, welche die nächsten Monate erfüllten.[43] Das Endziel, der Großkampf zur Eroberung neuen deutschen „Lebensraumes" im Osten, wurde schon in jener Generalsansprache vom 23. Mai ganz offen angekündigt; aber da sie mit dem Befehl schloß, die Rüstungsprogramme auf 1943 abzustellen, wirkte sie auf die militärischen Hörer mehr als theoretische Deklamation denn als Ankündigung einer unmittelbar bevorstehenden Aktion (wie auch Brauchitsch später in Nürnberg erklärt hat). Auch jene Besorgnis, die Halder (und zuletzt auch Brauchitsch) im Vorjahr zur Opposition getrieben hatte, die Sorge vor der Katastrophe eines Zweifrontenkrieges, bemühte sich Hitler ausdrücklich zu zerstreuen: „Das Gelingen der Isolierung Polens ist entscheidend", beteuerte er. „Es darf nicht zu einer gleichzeitigen Auseinandersetzung mit dem Westen kommen."

Von hier aus gab es also keine neuen Putschmöglichkeiten. Auf der anderen Seite machten es die neue Politik Englands, das eifrige Austeilen von Hilfsversprechen an alle möglichen von Hitler mehr oder weniger bedrohten Staaten und erst recht das Bemühen der Briten um ein Kriegsbündnis mit Moskau der Hitler-Propaganda leicht, von englischen „Einkreisungsversuchen" zu sprechen. So entstand eine englandfeindliche Stimmung in Deutschland, die einen inneren Umsturz politisch erst recht als aussichtslos erscheinen ließ. Was konnten also die Mitglieder der deutschen Opposition in England raten?

Es scheint, daß sie, zum mindesten teilweise, davor gewarnt haben, die polnische Politik durch eine Art von „Blankoscheck" allzusehr zu ermutigen und dadurch ihre Abneigung gegen jede Konzession in der Korridorfrage noch zu verstärken.[44] Insbesondere betrachtete die Oppositionsgruppe des Auswärtigen Amtes, der ja auch der Staatssekretär Weizsäcker nahestand, die neue Geschäftigkeit der britischen Diplomatie mit Sorge: sie würde Hitler erst recht zu Gewaltschritten reizen, meinte der Staatssekretär, zumal sie ihre Warnungen mit einer lauten antideutschen Pressepropaganda begleitete, statt sie in mehr vertraulicher Form wirken zu lassen. Mit Weizsäckers Einverständnis haben damals die beiden Kordts mehrfach Unterredungen darüber mit Vansittart gehabt (der gerade darum, weil er nicht mehr im Vordergrund des Foreign Office stand, den deutschen Oppositionellen leichter zugänglich war). Ihre Kritik an der englischen Diplomatie wurde indessen übel aufgenommen. In den Nürnberger Prozessen von 1948 hat Vansittart seinen damaligen Gesprächspartnern vorgeworfen, sie hätten selber einer Expansion Deutschlands nach dem Osten zugeneigt. Der Verdacht, den er schon im Vorjahre in der Aussprache mit Goerdeler geschöpft zu haben scheint, diese Oppositionellen wären im Grunde ebenso imperialistisch wie ihre nationalsozialistischen Gegner, mag sich also damals noch mehr in ihm befestigt haben. Nun mag sein, daß die Form ihrer Kritik zu solchen Vermutungen Anlaß gab. Es steht aber fest, daß die beiden Kordts in vertraulichen Mitteilungen an das Foreign Office schon im Juni zu einer festen Haltung gegenüber der Polenpolitik Hitlers rieten und energisch darauf hinwiesen, daß es nur ein Mittel gäbe, seine Angriffsgelüste vielleicht noch zu zähmen: den raschen und erfolgreichen Abschluß der britischen Verhandlungen mit Sowjetrußland. Sollten diese scheitern, so würde das die größte Gefahr für den Frieden bedeuten. Das Londoner Außenamt nahm diese Information mit vollem Vertrauen auf und teilte sie Henderson (ohne Namensnennung) mit. Dieser zeigte sich ängstlich und unsicher, ob ein britisch-russisches Übereinkommen nicht Hitler erst recht zum Losschlagen reizen würde; er hielt nach wie vor an der verfehlten Politik des Appeasement fest. Im Gegensatz dazu hat Weizsäcker vertraulich zu „schweigsamer Festigkeit" (silence menaçant) geraten.[45] Konnte die deutsche Opposition sich überhaupt anders verhalten? Konnte sie etwas anderes empfehlen als Festigkeit ohne aufreizende Propaganda und unter politischem Druck auf die Polen, die unselige Korridorfrage durch ein vernünftiges Vergleichsangebot aus der Welt zu schaffen? Alles kam darauf an, daß Hitler die Möglichkeit genommen wurde, den geplanten Eroberungskrieg als Unternehmung zur Wahrung eines höchst populären „nationalen Lebensinteresses" erscheinen zu lassen. Wie großen Wert hat Hitler selbst noch im allerletzten Augenblick vor Kriegsausbruch darauf gelegt, ein Aktenstück in der Hand zu haben, das vor der deutschen

Öffentlichkeit seinen guten Willen zu einer vernünftigen Kompromißlösung in der Korridorfrage beweisen sollte! Nur darum ließ er ja Ribbentrop in der Nacht vom 30. zum 31. August dem englischen Botschafter jenes 16-Punkte-Programm vorlesen, aber gleichzeitig als überholt erklären und durch überstürzte Fristsetzung praktisch unannehmbar machen. Hätte die britische Politik nicht erst in diesem letzten Augenblick mit höchster Energie in Warschau auf Verhandlungsbereitschaft gedrängt und hätten die Polen sich nicht fortdauernd so unzugänglich gezeigt, so wäre es Hitler doch sehr erschwert worden, seinem Volk die Unvermeidlichkeit des kriegerischen Machtaustrags glaubhaft zu machen. Jedenfalls konnte die deutsche Opposition auf kein anderes Ziel lossteuern als auf dieses – auch wenn sie (wie alle Welt) damit rechnen mußte, daß der Gewaltmensch jedes politische Zugeständnis sogleich als bloßen Auftakt zu weiteren Erpressungen benutzen würde. Zum mindesten konnte man hoffen, durch diplomatische Verhandlungen den Kriegsbeginn noch hinauszuschieben. Unterdessen aber kam alles darauf an, dem kecken Spieler den stärksten seiner Trümpfe aus der Hand zu schlagen: das Bündnis mit dem bolschewistischen Rußland.

Tatsächlich hat die deutsche Opposition schon sehr frühzeitig Warnungen vor einer deutsch-russischen Annäherung nach London gelangen lassen; Goerdeler selbst durch einen Mittelsmann schon im Mai auf Grund von Mitteilungen seiner militärischen Freunde,[46] später Erich Kordt in Unterredungen mit Vansittart, die sein Bruder Theo noch im August fortsetzte, schließlich auch Schlabrendorff (wohl im August) im Gespräch mit Lord Lloyd. Sehr überraschend können diese Nachrichten im Foreign Office kaum gewirkt haben, da man dort (ebenso wie in Paris) immer sehr gut orientiert war; die ersten Warnungen vor einer bevorstehenden „vierten Teilung Polens" waren schon im Herbst 1938 aus Moskau nach Paris gelangt und seither mehrfach wiederholt worden.[47] Man hoffte aber in London noch im August, selber ein Abkommen mit Stalin zustande zu bringen, und gab sich den deutschen Sendboten gegenüber sehr zuversichtlich. „Beruhigen Sie sich", sagte Vansittart zu Erich Kordt, „*wir* schließen ganz bestimmt das Abkommen mit der Sowjetunion ab." Wahrscheinlich glaubte er es selbst: war doch Litwinow, der russische Außenminister, zunächst sehr bereitwillig auf die englischen Vorschläge zur Sicherung Osteuropas eingegangen; aber auch Molotow, sein Nachfolger, bemühte sich bis Mitte August immer erneut, die Besorgnis der westmächtlichen Diplomatie vor einem Scheitern ihrer Bündnisverhandlungen zu beschwichtigen; und schließlich schien es ja wirklich fast undenkbar, daß die so oft und so laut verkündete Todfeindschaft zwischen Nationalsozialismus und Bolschewismus plötzlich verschwinden sollte.

Das erwies sich nun freilich rasch als Irrtum. Man kann daran Kritik üben, wie überhaupt an den hastigen und verspäteten Versuchen der Westmächte, jetzt noch, nach so zahlreichen Beweisen ihrer militärischen und politischen Schwäche, einen diplomatischen Schutzkordon gegen das Hitler-Reich zu errichten.[48] In Rußland zählten zuletzt nur die Divisionen, von denen England nur zwei (nicht motorisierte) sofort verfügbar hatte; außerdem lockte hier der von Hitler angebotene polnische Beuteanteil und die baltische „Interessensphäre" – beides war in einer westmächtlichen Allianz nicht zu gewinnen. Von dem Augenblick an, in dem Hitler sich bereit fand, seine so oft proklamierte Todfeindschaft zu vertagen (wenn auch nicht zu begraben) und zunächst gemeinsam mit Stalin das Polenreich aufzuteilen, besaß der Westen in Moskau keine Erfolgschancen mehr. Denn was hätte die Sowjets jetzt noch bewegen sollen, für den kapitalistischen Westen sich auf ein blutiges Abenteuer mit der stärksten Militärmacht des Kontinents einzulassen – für dieselben bürgerlichen Regierungen, deren Mißachtung der Roten Armee und des Rätesystems so oft hervorgetreten war! –, und das alles zur Rettung Polens, mit dem man noch so viele alte Rechnungen zu begleichen hatte und das sich selbst aufs heftigste gegen jede Allianz mit dem Bolschewismus sträubte? Aber gerade weil es so war – und die Berliner Diplomaten um Weizsäcker wußten es sehr genau[49] –, ist nicht recht einzusehen, wie die britische Diplomatie die Warnungen der deutschen Opposition hätte praktisch fruchtbar machen sollen. Auch von Paris aus wurde ja dauernd energisch auf raschen Abschluß des Russenpaktes gedrängt – ohne daß es gelungen wäre, auch nur den Widerspruch der Polen gegen ein militärisches Eingreifen der Sowjets zu überwinden.[50] Was England fehlte, war letztlich einfach die materielle Macht, um mit der deutschen Wehrmacht in Moskau zu konkurrieren. So nahm das Schicksal unaufhaltsam seinen Lauf.

Der deutsch-russische Pakt vom 23. August erstickte jeden Gedanken an einen Putschversuch der Generäle im Keim. Nicht etwa deshalb, weil sie in ihrer Mehrheit (wie man in England heute vermutet) entzückt gewesen wären, wieder wie in Seeckts Zeiten Verbindung mit der Roten Armee zu bekommen, sondern ganz einfach deshalb, weil sich dadurch eindeutig das Übergewicht der Macht auf die Seite Deutschlands verschob – zwar noch nicht zahlenmäßig, aber nach der aktiven Kampfkraft des Heeres. Wäre die französische Armee damals zu ebenso schnellem und aktivem Vorstoß bereit und fähig gewesen wie die deutsche, so hätte sie freilich auch jetzt noch während der deutschen Bindung im Osten recht große Erfolgschancen gehabt.[51] Aber niemand traute ihr jetzt noch sehr viel Offensivgeist zu, und so groß war immerhin die Bedrohung am Rhein jetzt nicht mehr, daß man von unmittelbarer Gefahr für Deutschland sprechen konnte.

So hatten die Warnungen vor einem neuen Zweifrontenkrieg, die der Generalstab bei Hitler vorbrachte, von vornherein keine rechte Überzeugungskraft. Dieser konnte seinen Generälen sagen, bisher hätten sie ihn vor jeder seiner Unternehmungen dringend gewarnt, und immer hätte er gegen sie recht behalten. Trotzdem hat sich auch diesmal Halder überlegt, ob sich ebenso wie im Vorjahr eine militärische Gegenaktion in Gang bringen ließe. Aber die Zeitspanne zwischen dem politischen Entschluß zum Krieg und dem Beginn militärischer Handlungen, auf die er damals gesetzt hatte, um einen Staatsstreich auslösen zu können, war inzwischen von sechs auf fünf Tage, zuletzt auf einen halben Tag verkürzt worden. Genaueres über den voraussichtlichen Angriffstermin war weder bei Weizsäcker im Auswärtigen Amt noch beim Oberkommando der Wehrmacht zu erfahren; bekanntlich herrschte bis zum letzten Augenblick darüber Unsicherheit, selbst in der Reichskanzlei. Durch Einführung genauer Zeittafeln für den Aufmarsch war diesmal auch dem Oberkommando des Heeres die freie Verfügung über die Divisionen genommen. Vor allem aber fehlte diesmal der zur Durchführung der Aktion entschlossene Frontsoldat. Witzleben war nach Frankfurt versetzt, sein Nachfolger kam für Putschpläne nicht in Betracht; Brockdorff, mit dem Halder darüber sprach, traute sich nicht zu, ebenso wie dieser populäre General die Truppe mitzureißen; General Fromm, der Befehlshaber des Ersatzheeres, erklärte sich nach einem Tag Bedenkzeit außerstande mitzumachen. Dann war aber auch Graf Helldorf, der Polizeipräsident, nicht wieder „an die Hand zu bekommen", wie Halder berichtet; Canaris und Oster hätten sich vergeblich darum bemüht.[52]

Goerdeler seinerseits, beständig auf Reisen, scheint in den letzten Monaten vor Kriegsausbruch nur noch mangelhaft über die innerdeutschen Vorgänge orientiert gewesen zu sein. Eine Denkschrift „Die Lage Ende Juli 1939", die er wohl im Ausland (vielleicht in der Türkei?) verfaßt hat,[53] will nicht an baldigen Kriegsausbruch glauben und meint, die Welt warnen zu müssen vor einer bevorstehenden großangelegten Friedenspropaganda Hitlers, ausgehend von dem für September angekündigten „Parteitag des Friedens". Auch die „Nichtangriffspakte", die der Führer damals mit einer Reihe kleinerer Staaten abschloß, scheinen ihn auf diese Vermutung gebracht zu haben. In Wahrheit, meint er, verfolge der Tyrann nur das Ziel, durch verlockende Angebote an einzelne Mächte die Einheitsfront seiner Gegner aufzuspalten. Goerdelers Hauptanliegen ist demgegenüber eine ausführliche Schilderung der Greueltaten des Naziregimentes insbesondere in den Konzentrationslagern, an deren

Schrecken man in Deutschland zu glauben sich sträube. Dennoch sei Hitler ganz persönlich dafür verantwortlich. Es sei unbegreiflich, wie man im Ausland glauben könne, mit einem solchen Unmenschen sich überhaupt verständigen zu können. Statt ihm den Weg zur Macht zu ebnen, sollte man ihm einen großen konstruktiven Plan zur Neuordnung Europas entgegenstellen. Gewaltige moralische Gegenkräfte des besseren Deutschlands, aber auch Italiens, würden dann gegen die faschistische Tyrannei aufstehen, die bisher immer wieder entmutigt und zurückgeworfen worden wären durch die außenpolitischen Erfolge Hitlers. „Trotz ausreichend vorhandener Machtmittel", meint der Verfasser, haben die Staatsmänner des Westens ihn bisher nicht bekämpft, sondern „immer aufs neue sanktioniert ..." Aber auch diese Erfahrung kann den moralischen Optimismus Goerdelers nicht erschüttern. Auf die Dauer, versichert er, „lassen sich die moralischen Grundgesetze nicht von Tyrannen umbiegen. Sie werden mit unerhörter Wucht aus dem natürlichen Empfinden und der Anständigkeit der arbeitenden Massen und einzelner intellektueller und religiöser Führer hervorbrechen". „Hitler selbst erfüllt langsam die Bedingungen, die zu seinem Zusammenbruch führen müssen." Wird nur erst einmal der große Bann durchbrochen, dann wird die Welt mit Überraschung erleben, welche gewaltigen Kräfte zur Wiederherstellung einer vernünftigen Weltordnung zusammenströmen können.

So war die Gesinnung, die unseren Patrioten am Vorabend der großen Weltkatastrophe erfüllte. Sie hat ihn auch durch die fürchterlichsten Erlebnisse und Enttäuschungen der kommenden Kriegsjahre hindurchgetragen. Irgendeinen Einfluß auf den Ablauf der Ereignisse, die zum Kriegsausbruch führten, konnte er ebensowenig gewinnen wie seine Freunde: General Thomas, der vergeblich versuchte, noch im letzten Augenblick mit einer gründlichen Denkschrift über die bedrohliche Wirtschaftslage Deutschlands den Chef des Oberkommandos der Wehrmacht, General Keitel, in seiner unbedingten Hitlerhörigkeit zu erschüttern, oder Schacht, der (nach der Erzählung von Gisevius) die Absicht hatte, unmittelbar nach der Kriegserklärung über Halder, den Generalstabschef, das Oberkommando des Heeres zur Gehorsamsverweigerung aufzufordern, und zwar unter Berufung auf die Verfassungswidrigkeit einer Kriegserklärung ohne Zustimmung des Reichstags.[51] Diesem völlig aussichtslosen Schritt ist die unerwartete Verschiebung des militärischen Marschbefehls am 25. August zuvorgekommen. Oster hielt sie in vorzeitigem Optimismus für ein Zeichen dafür, daß Hitler den Krieg doch nicht durchzuführen wage, seit ihm der feierliche Abschluß des englisch-polnischen Beistandsvertrags an demselben Tag gezeigt habe, wie ernst es diesmal den Westmächten mit ihrer Kampfbereitschaft wäre. In Wirklichkeit handelte es sich nur um einen letzten

Versuch des Diktators, durch allerhand Freundschaftserbietungen die britische Politik doch noch in die Neutralität abzudrängen, außerdem durch ein Scheinangebot an die Polen zu friedlicher Regelung der Korridorfrage die deutsche Öffentlichkeit über seine wahren Absichten zu täuschen. Staatssekretär von Weizsäcker hat noch am 31. August versucht, über dieses Scheinangebot der „16 Punkte" eine ernsthafte Verhandlung in Gang zu bringen. Als Mittelsmann rief er den ehemaligen Botschafter in Rom, Ulrich von Hassell, zu Hilfe, der auch längst zur entschiedenen Opposition gehörte und der nun sogleich seine guten Beziehungen zur Familie Görings und zum britischen Botschafter Henderson in diesem Sinne zu aktivieren versuchte – natürlich ebenfalls vergeblich.[55]

Goerdelers Rolle in diesen letzten aufgeregten Tagen bleibt undeutlich. Am 14. August traf ihn Hassell in Berlin, entschlossen, alles zu tun, was sich zur Verhinderung des Krieges etwa noch tun ließe. Den Kriegsaufschub vom 25. hat er benutzt, um sogleich am nächsten Tage nach Schweden zu fliegen – hauptsächlich, wie es scheint, im Geschäftsinteresse der Firma Bosch. Doch hat er damals auch vergeblich versucht, mit einem hervorragenden Mitglied der deutschen Emigration am 2. September in Stockholm sich zu treffen – anscheinend mit der Absicht, eine Dauerverbindung mit England auch für den Kriegsfall zu verabreden.[56]

Für ihn hat vom ersten Tag an kein Zweifel daran bestanden, daß der nun anhebende Krieg nicht Deutschlands Krieg war, sondern der Machtkampf eines gewissenlosen Abenteurers und Welteroberers.

Die fürchterlichen Gewissensnöte, äußeren und inneren Gefahren, die den Patrioten des deutschen Widerstands aus dieser Haltung in den nächsten Jahren erwachsen sollten, werden uns noch viel beschäftigen.

Zwölftes Kapitel

LETZTE VERSUCHE ZUR LÖSCHUNG DES WELTBRANDES
(Winter 1939/1940)

Kein Deutscher, der schon die Augusttage von 1914 miterlebt hatte, wird jemals den Eindruck tiefer Beklemmung vergessen können, mit der das deutsche Volk die Kriegsproklamation Hitlers im Reichstag am 1. September 1939 aufnahm. Welch ein Gegensatz zwischen dem naiven Enthusiasmus der Kriegsfreiwilligen von ehedem, die zu Hunderttausenden in die Kasernen strömten, ehrlich bereit, sich für das bedrohte Vaterland zu opfern, und dem stumpfen Gehorsam einer durch Terror gewaltsam disziplinierten, zu blinder, gedankenloser Gefolgschaft erzogenen, aber auch durch militante Propaganda betäubten und verwirrten Masse, die 1939 Hitlers Fahnen folgte! „Das ist das Ende Deutschlands!" stöhnte der feinnervige Canaris, als er die Nachricht vom Marschbefehl des Führers empfing. Aber wie er dachten Unzählige im Land, die seit 1936 mit steigender Besorgnis die Außenpolitik des großen Abenteurers verfolgten, denen der Stalin-Pakt die letzten Zweifel an dem nackten Machiavellismus seines Machtstrebens zerstört hatte und die nun ihre Söhne – grausamste aller politischen Zumutungen! – in den Tod geben sollten für eine letztlich verruchte Sache. Daß es in Wahrheit gar nicht um den Korridor und um Danzig ging, sondern um maßlose Eroberungsträume eines Phantasten, wurde freilich erst nach und nach deutlich: als man bedenkenlos das Deutschtum der baltischen Länder mit seiner uralten, adlig-bürgerlichen Kultur aus seiner Heimat vertreiben ließ und dem Elend einer „Umsiedlung" preisgab, die Hitler obendrein als geniale Lösung östlicher Nationalitätenprobleme anzupreisen die Stirn hatte; als die ersten Gerüchte aus dem eroberten Polen kamen von schändlich-roher Mißhandlung des Polenvolkes, von Ausrottung der polnischen Intelligenz, der Judenschaft und weithin auch der Geistlichkeit – Gerüchte, die jedem sittlich gesunden Deutschen das Blut kochen ließen vor ohnmächtiger Empörung und Scham. Aber das dumpfe Empfinden, daß dieser Eroberungskrieg ein gewissenloses Spiel mit dem Schicksal Deutschlands bedeute, war doch von Anfang an weit verbreitet, von sogenannter „Kriegsbegeisterung" nirgends etwas zu spüren. Wer, wie der Verfasser, die ersten Kriegswochen unmittelbar an der Westgrenze, gleich hinter dem sogenannten Westwall erlebte, erinnert sich deutlich, wie eigentlich jedermann erwartete, daß es nun ganz bald Feuer und Phosphor vom Himmel regnen und naher Geschützdonner das Vorrücken der vereinigten französisch-britischen Armeen über den Rhein verkünden würde. Denn daß die wenigen, höchst mangelhaft ausgebildeten und ausgerüsteten Landwehr- und Ersatzdivisionen, die hier am Oberrhein standen, imstand sein sollten, einem Großangriff der westlichen Armeen ernstlich standzuhalten, erschien selbst ihren eigenen Führern – in allen Dienstgraden! – höchst unwahrscheinlich.[1]

Aber das Wunder geschah: es blieb totenstill an dieser Front. Niemand regte sich, um dem deutschen Aufmarsch gegen Polen in den Rücken zu fallen. Die französische Armee vergrub sich in den Kellern ihrer Maginotlinie, kein feindlicher Flieger schien sich nach Deutschland hineinzuwagen, und was die feindliche Radiopropaganda an fingierten Erfolgsmeldungen und Aufrufen an die deutsche Bevölkerung durch den Äther sandte, wirkte auf die deutschen Hörer (soweit sie wagten, sich einzuschalten) teils lächerlich, teils schwer ernüchternd. Unterdessen bestand die neue Armee Hitlers ihre erste Feuerprobe glänzender, als irgend jemand in der Welt erwartet hatte. Die neue Technik des massierten Panzerangriffs in Verbindung mit dem Luftkampf ermöglichte eine Wucht und Beweglichkeit der Strategie, die mit einem Schlag alle vom Ersten Weltkrieg überkommenen Vorstellungen und Methoden über den Haufen warf. (Trotzdem klammerte sich der französische Generalstab in starrem Doktrinarismus an diesen Methoden fest.) Die deutsche Opposition aber geriet angesichts so großer und rascher Erfolge Hitlers in schwere Verlegenheit. Gab es überhaupt noch eine Möglichkeit, das deutsche Volk gegen diesen Mann aufrufen zu wollen, dessen außenpolitischer Optimismus sich immer wieder gegen alle Zweifler bestätigt und der nun auch die ersten militärischen Triumphe seinen innenpolitischen hinzugefügt hatte?

Man sieht sehr deutlich aus den Tagebüchern Hassells,[2] der seit Kriegsausbruch immer häufiger mit Beck, Goerdeler und ihren engeren Freunden in Verbindung trat (sie holten ihn alle Augenblicke als außenpolitischen Berater von München nach Berlin), wie groß die Ratlosigkeit dieses Kreises war. Die militärischen Erfolge in Polen änderten nach seiner Meinung nicht das geringste an der Tatsache, daß Deutschland in einen auf die Dauer (trotz allem) aussichtslosen Kampf gegen die Westmächte verstrickt war. Das „Vorrücken des Bolschewismus auf der ganzen Front und dicht an unsere Grenze" empfand man als Bedrohung der ganzen europäischen Kultur, die Entwurzelung des baltischen Deutschtums und vollends die „Bestialitäten der SS in Polen" als eine nationale Schmach. Für Goerdeler kam noch hinzu, daß er das Abgleiten in eine halb- oder ganzsozialistische Kriegswirtschaft fürchtete und sich schon jetzt in den düstersten Prophezeiungen erging über baldiges Versagen der deutschen Ernährungswirtschaft, Rohstoff-, Waffen- und Munitionsbeschaffung. Binnen sechs Monaten, behauptete er, würde ein scharfer Druck spürbar sein, länger als 18 Monate ginge es überhaupt nicht. Aber wie sollte man das deutsche Volk von der Größe dieser Gefahren und von der Notwendigkeit eines inneren Umsturzes überzeugen?

Das war um so schwieriger, als es zunächst schien, als wolle der Diktator nach dem Triumph über Polen auf der Bahn seiner Eroberungen innehalten und mit den Westmächten eine Verständigung suchen. Seine Reichstagsrede vom 6. Oktober enthielt zwar kein konkretes Friedensangebot, wohl aber einen Appell an die Westmächte, sich durch uneingeschränkte Anerkennung seiner bisherigen Eroberungen den Frieden zu erkaufen. Im Grunde war das eine Aufforderung zu glatter Kapitulation. Aber der Meister der Demagogie wußte seine Worte so geschickt zu wählen, daß die Masse der Deutschen glauben mußte, es läge nur an der böswilligen Eifersucht und Machtgier der westlichen Diplomatie, wenn nun die Sicherung eines europäischen Dauerfriedens, mit Abrüstung und endgültigem Ausgleich aller alten Gegensätze zu Frankreich, nicht zustande käme. Dieser Eindruck wurde durch eine gewaltige Presse- und Rundfunkpropaganda für den Frieden noch verstärkt. Nur die wenigsten Deutschen begriffen, daß der „Führer" sich selbst um jeden außenpolitischen Kredit gebracht hatte und daß deshalb ein zweites München, wie er es forderte, nicht mehr möglich war. Noch weniger ahnten sie, was in Wahrheit sein Innerstes bewegte: Frohlocken über das Stillesitzen der französischen Armee, das er (mit Recht) als Beweis der Schwäche seiner Gegner empfand, die Gewißheit, jetzt den Rücken frei zu haben für eine große Westoffensive, die ihn gewaltig verlockte, die Besorgnis, eines Tages könnte sich das ändern und die unnatürliche Freundschaft mit dem Bolschewismus zerbrechen – im Hintergrund (noch unausgesprochen, aber niemals aufgegeben) das Fernziel einer Eroberung deutschen Lebensraums in Rußland, sobald erst einmal die westlichen Gegner wehrlos am Boden lägen. Das Wesentliche dieser Gedanken hat er schon kurz vor seiner Reichstagsrede dem italienischen Außenminister Graf Ciano offenbart, und ehe noch Daladier und Chamberlain auf seine Friedenserbietung antworten konnten, hat er sie den Oberbefehlshabern der drei Wehrmachtteile in einer großen Denkschrift (vom 9. Oktober) dargelegt, die bereits einen ausführlichen Feldzugsplan zur „endgültigen militärischen Erledigung des Westens" enthält.[3]

Was ließ sich nun praktisch tun, um die propagandistische Wirkung der Hitlerischen Friedensoffensive auf das deutsche Volk abzuschwächen? Goerdeler kam auf seine alte Idee zurück: die Westmächte sollten etwas tun, um die Initiative in der Friedensfrage an sich zu reißen, d. h. sie sollten dem deutschen Volk Befriedigung seiner gerechten Ansprüche im Osten in Aussicht stellen, dazu freien Zugang zur Weltwirtschaft, wenn die deutsche Regierung bereit wäre, Polen (ohne seine „deutschen Gebietsteile") und die Tschechoslowakei in den Grenzen von München wiederherzustellen, gleichzeitig aber eine gesicherte Rechtsordnung in Deutschland zu schaffen und sich an einer allgemeinen Abrüstung mit wirksamer internationaler Kontrolle (besonders im U-Boot- und Flugzeugbau) zu beteiligen. Ließe sich Hitler darauf ein, so „würde die Entwicklung ihn und uns mit sich fortreißen"; sträubte er sich, so müßte man „über ihn hinweggehen". Dabei dachte er in diesem Augenblick nicht mehr an eine Militärrevolte, sondern an ein Kabinett Göring als „Übergangslösung" – ein Gedanke, dem auch Hassell und der preußische Finanzminister Popitz, der sich in diesen Wochen wohl zum erstenmal mit Goerdeler traf, zustimmten. Beide setzten noch immer auf Görings wohlbekannte Friedensneigungen und hielten einen Putsch wohl ebenfalls jetzt für aussichtslos.[4]

Das Utopische, ja Verfehlte dieser „wilden Pläne" hat Goerdeler schon nach wenigen Tagen selbst empfunden. Daß der korrupte Reichsmarschall weder als Opponent gegen seinen Führer noch als Chef einer „Übergangsregierung" irgendwelches Vertrauen verdiente, bedarf keiner Erörterung. (General Beck äußerte denn auch von vornherein den stärksten Widerwillen gegen jede Verbindung mit ihm.) Aber es gab noch ernstere Bedenken. Den „Rechtsstaat wiederherzustellen" war schließlich Sache der Deutschen selbst. Goerdelers (auch später noch öfters hervortretende) Neigung, dafür das Ausland zu mobilisieren, war im Kriege doppelt verfehlt: jeder Einmischungsversuch von draußen hätte fatale Erinnerungen geweckt an Wilsons Verlangen von 1918, den Kaiser zu stürzen. Recht hatte er natürlich mit dem Wunsch, die britisch-französische Antwort auf Hitlers Rede möchte einerseits „maßvolle" Forderungen bringen, die dem deutschen Volk einleuchten könnten, anderseits keine Zugeständnisse an eine so wenig vertrauenswürdige Regierung machen vor der Wiederherstellung eines neuen, besseren Rechtszustandes. Aber wie hätten die Westmächte hoffen können, Hitler auch nur den geringsten Teil seiner Beute zu entreißen, solange die französische Armee in ihrer Maginotlinie stillesaß, gemächlich seinen Angriff erwartend? Das einzige, was Chamberlain damals tun konnte, um die deutsche Opposition zu ermutigen, hat er getan. In seiner Antwortnote vom 12. Oktober verkündete er laut: „Wir beabsichtigen nicht, ein Deutschland von seinem berechtigten Platz in Europa auszuschalten, das in Freundschaft und Vertrauen mit anderen Nationen zusammenleben will. Wir meinen im Gegenteil, daß kein wirkungsvolles Heilmittel für die Leiden der Welt gefunden werden kann, das nicht Rücksicht nimmt auf die gerechten Ansprüche und Bedürfnisse aller Nationen." Die britische Regierung sieht künftigen Lösungen „auf dem Wege der Verhandlung und Übereinkunft" entgegen – wenn „die Zeit dazu kommt". „Wir sind nicht mit Racheabsichten in den Krieg eingetreten, sondern nur, um die Freiheit zu verteidigen. Wir suchen keine materiellen Vorteile für uns. Wir wünschen nichts vom deutschen Volk, was seine Selbstachtung verletzen könnte." Das Ziel ist eine bessere internationale Ordnung, die den Frieden dauernd sichert. „Ich bin sicher, daß alle Völker Europas, einschließlich des deutschen Volkes, sich nach Frieden sehnen, einem Frieden, der es ihnen ermöglichen wird, ihr Leben ohne Furcht zu verbringen" usw.

Deutlicher konnte der britische Premier kaum reden, um seine Bereitschaft zu einer Verständigung mit einer Regierung auszudrücken, die den Friedenswillen der Mehrheit des deutschen Volkes repräsentierte. Es ist sehr merkwürdig, daß man diese Erklärung im Lager der deutschen Opposition zunächst gar nicht beachtet zu haben scheint – noch merkwürdiger, daß man sie als eine persönliche Zusage Chamberlains an die Mitglieder der Opposition betrachtete, als der britische Diplomat Convell Evans in den letzten Oktobertagen eine von ihm selbst gefertigte, eilige Abschrift der zitierten Stelle nach der Schweiz mitbrachte und sie dort Theo Kordt vorlegte. (Die beiden hatten unmittelbar vor Kriegsausbruch gelegentliche Zusammenkünfte im neutralen Ausland verabredet.) Freilich versicherte der englische Übermittler ausdrücklich, Neville Chamberlain betrachte diese Erklärung als eine feierliche Verpflichtung und werde sie gegenüber jeder vertrauenswürdigen Regierung, die an Hitlers Stelle träte, unbedingt einhalten.[5]

Hitlers Friedensappell an die Westmächte wurde von Daladier und von Chamberlain in ihren Antwortreden vom 10. bzw. 12. Oktober eindeutig abgelehnt. Trotzdem wollten Beck und seine Freunde die Hoffnung nicht ganz fahren lassen, es könnte diplomatische Auswege zur Vermeidung oder zum mindesten Vertagung des großen Weltkonflikts geben. Phantastisch mutet der Gedanke Goerdelers an, sich selbst über Göring dem Führer als Mittelsperson anzubieten, um die Engländer zu einem Friedensangebot mit vernünftigen Bedingungen zu bewegen. Dabei dachte er wieder an die „Methode Talleyrands": man müßte das englische Angebot mit Bedingungen verknüpfen, die für Hitler unannehmbar wären; er würde es ablehnen, und das würde seinen Sturz erleichtern.[6]

Weniger „sanguinisch" waren die Bemühungen Schachts, dessen Auslandsbeziehungen vor allem Gisevius zu aktivieren versuchte. Am 16. Oktober schrieb er einen Brief an den ihm befreundeten amerikanischen Bankier Frazer (früher Präsident der Basler BIZ), in dem er anregte, Präsident Roosevelt möchte sich als Friedensvermittler einschalten – nötigenfalls zunächst auf mehr privatem Wege; dabei wurde in vorsichtigen Wendungen angedeutet, die Eröffnung solcher Friedensgespräche könnte förderlich sein „für die Entwicklung gewisser

Voraussetzungen" für ihren Erfolg. Hier war also vor allem an Zeitgewinn gedacht, um die innere Opposition gleichsam zu Atem kommen zu lassen.[7] Der Brief blieb unbeantwortet. Anfang November bot sich Schacht sogar an, selbst zu politischen Besprechungen nach Amerika zu kommen; er hoffte zu einem Vortrag eingeladen zu werden, der ihm als Tarnung seines Reiseziels dienen könnte. Nun war der amerikanische Geschäftsträger Kirk, der diesen Wunsch übermittelte, schon seit der Hitler-Rede vom 6. Oktober von vielen Seiten mit ähnlichen Anregungen, Amerika möge den Mittler spielen, bestürmt worden; einzelne davon stammten aus der nächsten Umgebung Hitlers (wahrscheinlich auch von Göring) und waren offensichtlich als Propagandamanöver zu betrachten, um Hitlers Friedenswillen den Neutralen zu demonstrieren. In Washington vermutete man, daß auch Schacht zu solchen Manövern benutzt werde – gerade deshalb, weil er im Ausland als Oppositioneller galt. So beschloß man, zwar keine Einwendungen gegen eine Vortragsreise zu erheben, aber jede politische Verbindung mit ihm abzulehnen. Im übrigen hatte Staatssekretär Cordell Hull schon seit Jahren gegen die Neigung Roosevelts opponiert, die aussichtslose Rolle eines Vermittlers zwischen den europäischen Mächten zu spielen. Mit gutem Grund hielt er jetzt jeden neuen Versuch für zwecklos, ja schädlich, weil er dazu dienen könnte, den Rüstungseifer der Westmächte zu schwächen.[8]

Alle Pläne einer Friedensvermittlung waren zu Ende, als Hitler am 27. Oktober den Spitzen der Wehrmacht seinen festen Entschluß mitteilte, nunmehr ohne weiteres Zuwarten die Großoffensive im Westen zu eröffnen, und als ersten Angriffstag den 12. November bestimmte. Damit ergab sich für die Opposition eine völlig veränderte politische Lage. Alle höheren Stäbe des Heeres, aber auch der Marine und der Luftwaffe einschließlich Görings, waren sich einig darin, daß ein Großangriff durch Holland und Belgien zum mindesten in diesem Augenblick, unter den ungünstigen Wetter- und Bodenverhältnissen des November, praktisch aussichtslos wäre. Den Generälen des Heeres schwebte immerfort als Schreckbild das Festrennen der deutschen Offensive in der Marneschlacht und die ebenso blutige wie vergebliche Offensive auf Verdun, an der Somme und in den Flandernschlachten vor Augen. Dazu kamen schwere Sorgen der Panzerspezialisten wegen des herbstlichen und winterlichen Schlammwetters, der Luftwaffe wegen mangelnder Bodensicht im Nebelmonat, schließlich ganz allgemein das Bedürfnis der Armee nach Auffrischung, Neuordnung, weiterer Schulung, Ergänzung und Vermehrung ihrer Verbände, Überholung ihres im Polenfeldzug stark abgenützten Maschinenparks und Waffenmaterials, nach wesentlicher Vermehrung des Munitionsbestandes, Steigerung der gesamten Kriegsproduktion, Ergänzung der zunächst höchst unzulänglichen, z.T.

aus tschechischen und polnischen Beständen notdürftig ergänzten Infanterieausrüstung mit Waffen und Bekleidungsstücken und anderem mehr. Bedenkt man die relativ geringe Zahl von kampffähigen Divisionen, die im Herbst 1939 erst zur Verfügung standen (alles in allem 52), den völlig unzulänglichen Bestand an Kriegsschiffen (nur 27 Hochsee-U-Boote!), bedenkt man weiter die Unsumme genau spezialisierter, höchst verwickelter Vorbereitungen, die schon der Durchmarsch durch Holland und Belgien erforderte: die Erkundung von Einzelheiten der Flußübergänge, der Sperrforts, des Überschwemmungssystems, der Flugplätze, die Ausrüstung und Instruktion von getarnten Stoßtrupps in fremden Uniformen, die Ausbildung und Erprobung neuartiger Methoden zur Überwältigung starker moderner Sperrforts, die Berechnung der genauen Landepunkte und Landezeiten der Fallschirmjäger und Gleitflugzeuge – Einzelheiten, von deren Durchführung das Gelingen eines blitzartigen Durchbruchs durch die neutrale Zone großenteils abhängig war –, bedenkt man schließlich, daß bis zum 10. Oktober überhaupt noch kein Feldzugsplan für die Westfront vorlag, so begreift man ohne weiteres das Entsetzen, ja die Verzweiflung, mit der das Oberkommando des Heeres den Befehl Hitlers aufnahm, binnen zwei Wochen den Großangriff zu beginnen. Dieser Befehl war schon rein technisch betrachtet, heller Wahnsinn. Aber hinter den militärischen Sorgen standen noch tiefere: die Furcht, in ein Kriegsunternehmen hineinzugeraten, das sich über kurz oder lang zu einem neuen Weltbrand ausweiten würde und dessen Ende niemand voraussehen konnte. Schließlich und nicht zuletzt der sittliche Widerwille gegen die brutale Mißachtung der Neutralität kleiner Nachbarstaaten, denen eben erst durch die Hitler-Regierung die Achtung ihrer Grenzen feierlich verbrieft worden war und die nun ohne Warnung eines Nachts überfallen werden sollten. Sowohl Brauchitsch wie Halder sträubten sich leidenschaftlich dagegen, zur Mitwirkung bei einem Unternehmen gezwungen zu werden, das Deutschland abermals, und noch viel ärger als 1914, in den Ruf des Weltfriedensbrechers bringen würde. Sie boten alles auf, um Hitler davon zu überzeugen, daß er den Krieg viel sicherer und leichter gewinnen würde, wenn er den Angriff der Westmächte abwartete. Frankreich könne einen Vorstoß nur durch Belgien in der Richtung auf das Ruhrgebiet wagen. Eben dies aber wäre für Deutschland der am meisten erwünschte Fall (wie er es im Grunde schon 1914 gewesen war). Sobald sich erst einmal die französische Armee losgelöst hätte von ihrer Maginotlinie und über die belgische Südgrenze vorstieße in den flandrisch-wallonischen Raum, wäre sie reif zum „Sichelschnitt“ durch die große deutsche Gegenaktion. Aber alle Vorstellungen blieben vergebens.

Moralische und politische Bedenken standen für die Mitglieder der Oppositionsgruppe um Beck weitaus im Vordergrund; sie spielten aber auch bei Halder und Brauchitsch eine sehr große Rolle, und deren militärtechnische Sorgen verschärften sich durch das Bewußtsein einer schweren, sittlichen Verantwortung für das Leben der Soldaten, die für ein ebenso unnötiges wie gefahrvolles, ja zuletzt verderbliches Unternehmen eingesetzt werden sollten.

So tauchten mit einem Male auch die Staatsstreichpläne des Vorjahres wieder auf. Seit Ende Oktober sieht man die Berliner Oppositionsgruppe wieder fieberhaft bemüht, sie irgendwie ins Werk zu setzen.

Als einer der entschiedensten Aktivisten war wieder Goerdeler tätig. Schon zwei Tage nach jener Aussprache Hitlers mit dem Armeeoberkommando, in der er den Angriffstermin festgesetzt hatte, sieht man ihn beschäftigt mit der Vorbereitung einer Gegenaktion. Da er selbst wieder für ein paar Tage nach Schweden fahren mußte (zu geschäftlichen Verhandlungen für Bosch), bat er den Botschafter von Hassell zu Beratungen nach Berlin und erklärte ihm, mit allen Friedensaktionen vom Ausland her sei es nun aus. Es müsse in dem Augenblick „gehandelt" werden, in dem Hitler den Befehl zur Offensive erteile. Dieses „Handeln" dachte er sich offenbar als offenen Ungehorsam der Militärs mit nachfolgendem Staatsstreich. Sei dies nicht zu erreichen, so würde immer noch Zeit sein nach den ersten militärischen Rückschlägen – dann allerdings mit wesentlich verschlechterter Aussicht, einen „anständigen Frieden" zu bekommen. Auf Brauchitsch setzte Goerdeler geringes Vertrauen, größeres dagegen auf seinen Generalstabschef Halder; vielleicht gelänge es immerhin, den Oberbefehlshaber dahin zu bringen, daß er Halder statt seiner handeln ließe – „handeln" im Sinn eines Gegenbefehls an die Armeekommandos, nicht zur Offensive anzutreten. Von diesem Augenblick an, meinte er optimistisch, würden genügend entschlossene Generäle zur Durchführung des Staatsstreichs zur Verfügung stehen. Eine militärisch-politische Denkschrift sei inzwischen ausgearbeitet und Brauchitsch bereits vorgetragen worden.[9]

In der Tat gab es Denkschriften dieser Art die Fülle. Einige davon hatte Beck geschrieben; sie waren sehr umfangreich und mit vielen Belegen versehen und fanden sich später (1944) unter den von der Gestapo entdeckten Papieren des OKH in Zossen,[10] sind also wohl auch an Halder gelangt. Ein weiteres Memorandum verfaßte General Karl Heinrich von Stülpnagel, Oberquartiermeister I und Stellvertreter des Chefs im Generalstab, der schon 1938 an den Putschplänen großen Anteil gehabt hatte und jetzt als eine der aktivsten Kräfte der Militäropposition erscheint. Von dem Adel seines Charakters und der Weite seines geistigen Horizonts und seiner Bildung berichten alle, die ihn kannten, mit der größten Hochachtung.[11] Seine Denkschrift, die vor einem Großangriff im Westen warnte, konnte sich auf verschiedene Eingaben hoher militärischer

Führer berufen, die schon seit Mitte Oktober an die Oberste Heeresleitung gelangt waren. Besonders eindrucksvoll war die des Generalobersten Ritter von Leeb, Oberbefehlshabers der Heeresgruppe C, vom 11. Oktober gewesen, die außer den militärischen auch sehr nachdrücklich politische Bedenken erhoben hatte und die sittlich-religiösen Wurzeln der Opposition dieses Generals deutlich erkennen ließ. Leeb hat seine Einwände durch einen Privatbrief an Brauchitsch vom 31. Oktober noch stark unterstrichen, am 10. November den vergeblichen Versuch gemacht, alle drei Oberbefehlshaber der Westfront zu einer gemeinsamen Rücktrittsdrohung zu bewegen, und sich Halder zu jeder Form des Widerstands zur Verfügung gestellt.[12]

Die entscheidende Frage war, ob es bei den bloßen Denkschriften und aussichtslosen mündlichen Vorstellungen bleiben würde. Darüber urteilten die meisten der Verschwörer – im Gegensatz zu Goerdeler – äußerst pessimistisch.[13] Indessen kam gegen Ende Oktober Nachricht aus dem Hauptquartier des Oberkommandos in Zossen, daß General Halder allen Ernstes jetzt wieder an einen Gewaltstreich dächte. Sie scheint zuerst die Oppositionsgruppe des Auswärtigen Amtes erreicht zu haben, die in Legationsrat (und Rittmeister) Hasso von Etzdorf einen eigenen Verbindungsmann in Zossen besaß (übrigens auch zu Witzleben, Hammerstein und anderen Truppenkommandeuren dauernde Verbindung unterhielt)[14]. Als Etzdorf Anfang Oktober zum erstenmal nach Zossen gekommen war, hatte er mit Erstaunen erlebt, mit welcher Offenheit Halder sogleich mit ihm über Hitler sprach. Er nannte ihn eine amoralische Natur, ohne jeden Begriff von Wahrheit, den Krieg ein Verbrechen an Deutschland und Europa; seine Fortsetzung im Westen müsse auf alle Fälle verhindert werden, notfalls mit Gewalt. Zur Vorbereitung eines solchen Gewaltstreichs war eine eigene Gruppe im Generalstab tätig, als deren Initiator und Mittelsmann zu Oster der Oberstleutnant Großcurth diente. General Karl Heinrich von Stülpnagel, der Generalquartiermeister Eduard Wagner und andere, jüngere Offiziere waren mit beteiligt.[15] Ende Oktober fürchteten die Verschwörer einen Gegenschlag Hitlers etwa in der Art des 30. Juni 1934, aber diesmal gegen den Generalstab gerichtet; denn man hatte erfahren, der Führer sei durch einen jungen Offizier der Luftwaffe auf dem Weg über Göring vor den Zossener „Defaitisten" gewarnt worden. So drängte man nun zur Eile, die ja auch wirklich nötig war, wenn man noch vor dem Unglückstermin des 12. November zur Tat kommen wollte. Aufrufe und Sofortmaßnahmen für den Fall eines Umsturzes sollten schleunigst vorbereitet, dem deutschen Volk und besonders der Generalität die ihnen von Hitler drohende Gefahr deutlich vor Augen gestellt werden.

Eine zu diesem Zweck von der Aktionsgruppe des Auswärtigen Amtes entworfene Denkschrift ist teilweise erhalten geblieben. Sie prophezeit ein rasches Steckenbleiben der Westoffensive, Ausbrechen eines allgemeinen Weltbrandes, unabsehbare wirtschaftliche und innerpolitische Nöte Deutschlands, fordert zur Beseitigung der blutigen Tyrannei Hitlers auf und sucht die Bedenken der Soldaten gegen die Meuterei zu widerlegen. Die so viel gefeierten Verdienste und Erfolge des „Führers" werden als bloße Scheinerfolge entlarvt und herabgesetzt, nicht ohne propagandistische Übertreibung. Die „relative Unpopularität" des Militäraufstandes, heißt es, „muß mit dem nötigen Maß an Zivilcourage hingenommen werden"; dem deutschen Volk werden die Augen schon aufgehen, wenn es erst einmal erfährt, „was Deutschland aus der Hand eines Besessenen bevorstand". Der Fahneneid hat Hitler gegenüber seine Gültigkeit verloren, seit er Deutschland, seine eigene Pflicht vergessend, seinen besessenen Zielen zu opfern bereit ist. Es ist vielmehr „höchste nationale Pflicht, dem deutschen Vaterland gegen diesen Verderber die Treue zu halten". Das Gedächtnis der mutigen Opponenten Yorck und von der Marwitz wird heraufbeschworen. Es ist jetzt höchste Zeit zu handeln. Nur solange noch keine Niederlage erfolgt und die Armee noch intakt ist, kann Deutschland auf einen ehrenhaften Frieden hoffen. Als ehrenhaft könnte ein Frieden gelten, der Polen und die Tschechoslowakei etwa in den Grenzen des Münchner Abkommens wiederherstellen, eine Landbrücke nach Ostpreußen schaffen, das ostoberschlesische Industrierevier dem Reich wieder eingliedern, uns aber nicht mit fremdem Volkstum belasten würde. Mäßigung im Erfolg ist immer die größte politische Tugend. Für einen solchen Frieden würde man auch die Westmächte wohl gewinnen können.[16]

Zur Bekräftigung dieser Denkschrift, die (wie es heißt) Brauchitsch, Stülpnagel, Halder und anderen führenden Militärs in Zossen vorgelegt wurde und ihre Zustimmung gefunden haben soll, benutzte Kordt auch noch jene Mitteilungen über Chamberlains Haltung, die sein Bruder soeben in der Schweiz durch Conwell Evans erfahren hatte (s. o.). Sie machten auf Oster und Beck überraschend starken Eindruck; bis nach Zossen scheinen sie freilich nicht durchgedrungen zu sein.[17]

Inzwischen hatte sich nun aber auch der Verschwörerkreis um Oster zu einer Aktion gesammelt und suchte seinerseits (seit dem 2. November) auf das Zossener Hauptquartier einzuwirken. Auch hier wurde eine Denkschrift verfaßt, an der außer Oster, Gisevius und General Thomas auch der jugendliche, intellektuell hochbegabte Reichsgerichtsrat Dr. Hans von Dohnanyi mitarbeitete.[18] Er war auf Betreiben Osters zu Kriegsbeginn nebst anderen Oppositionellen in das Amt „Abwehr" des OKW berufen worden und hat sich an den politischen Planungen des Verschwörerkreises mit großem, zuweilen sogar übergroßem

Eifer beteiligt.[19] Ein anderer der neuen Mitarbeiter des Abwehramtes war der Münchner Rechtsanwalt Dr. Josef Müller. Ihm hatte Oster gleich bei seiner ersten dienstlichen Meldung ganz unverblümt eröffnet, zu welchem Zweck er (als Oberleutnant der Reserve) in seine militärische Dienststelle einberufen sei: hauptsächlich deshalb, um über den Vatikan, zu dem er gewisse persönliche Beziehungen besaß, Verbindung nach dem Ausland zu suchen und ermitteln zu helfen, ob eine neue deutsche Regierung in den westlichen Hauptstädten auf eine günstige Aufnahme und erträgliche Friedensbedingungen hoffen dürfe. Erste – nur ganz vorläufige – Nachrichten, die Müller im Oktober aus Rom sandte, lauteten günstig und wurden in der Osterschen Denkschrift mit verwertet.[20]

General Thomas hat, wie es scheint, als Vermittler aller dieser Nachrichten zum Zossener Hauptquartier gedient und war erstaunt, wie bereitwillig seine Vorschläge dort aufgenommen wurden.[21] Von Attentatsplänen wollte er selbst nichts wissen. Dem korrekten, im kaiserlichen Dienst aufgewachsenen Soldaten war der Gedanke an politischen Mord entsetzlich, obwohl er Hitler, den „Blutsäufer", persönlich tief verabscheute. Er fürchtete aber auch, daß eine solche Gewalttat dazu führen würde, Hitler in den Augen des Volkes den Glorienschein eines Märtyrers zu verleihen. So drängte er zunächst noch (in Übereinstimmung mit Beck und dem Osterschen Verschwörerkreis) auf einen „legalen" Staatsstreich und verstand darunter eine Erhebung der Armee, ausgelöst durch einen regelrechten Befehl des Oberkommandos zur Verhaftung Hitlers – am besten von Brauchitsch selbst gezeichnet, im Notfall von dem Generalstabschef. Der Verhaftete sollte dann vor einen Staatsgerichtshof gestellt und von diesem abgeurteilt werden: gleichzeitig müßte eine großzügige Volksaufklärung über die Schandtaten des Regiments erfolgen, für die ja Dohnanyi seit langem das Anklagematerial bereit hielt. Es war gerade neuerdings stark vermehrt worden durch die Greueltaten der SS in Polen, von denen man im Verschwörerkreis mit Entsetzen hörte[22] und denen Generaloberst Blaskowitz vergeblich zu steuern versucht hatte. So müßte es gelingen, den Diktator moralisch zu entlarven.[23]

Dem Grundgedanken dieser Pläne hat der Generalstabschef durchaus zugestimmt. Sein Oberquartiermeister Stülpnagel hat sich (wie es nach den Notizen von Gisevius scheint) unmittelbar mit Oster in Verbindung gesetzt und ihn in die Details der Pläne eingeweiht, die man sich inzwischen im Generalstab überlegt hatte – bis zur Besetzung der Berliner Zentralstellen durch eine Panzerdivision und genauen Erkundung aller Ausgänge der Reichskanzlei.[24] Auch Beck und Goerdeler, der eben von Stockholm zurückgekehrt war,[25] wurden jetzt alarmiert: sie möchten sich vom 5. November an für alle Fälle bereit halten – d. h. doch wohl: für die neue Regierungsbildung. Schließlich sandte Halder mit demselben Auftrag auch noch seinen Generalquartiermeister Wagner zu Schacht.

Der 5. November war deshalb als Stichtag gedacht, weil Brauchitsch an ihm noch einen letzten Versuch machen wollte, Hitler umzustimmen und ein Aufgeben (oder doch Verschieben) der Westoffensive zu erreichen. Ohne einen solchen letzten Versuch war Brauchitsch sicherlich zu keinem revolutionären Entschluß zu bringen. Blieb Hitler taub gegen alle Vorstellungen, dann war offenbar der Moment gekommen, in dem die Mine hochgehen mußte: dann würde es aber auch möglich sein, nach erfolgtem Umsturz dem Volk den verbrecherischen Leichtsinn deutlich zu machen, mit dem sein vielbewunderter Führer die Nation in den Abgrund eines aussichtslosen Abenteuers hatte stürzen wollen. So spitzte sich zunächst alles auf dieses Datum zu.[26]

Aber die mit so viel Spannungen erwartete Auseinandersetzung des Oberbefehlshabers mit Hitler nahm einen sehr unglücklichen Verlauf. Durch Brauchitsch und die Einwände aller militärischen Sachverständigen gegen die verfrühte Offensive in die Enge getrieben, nahm Hitler seine Zuflucht zu einem wilden Zornesausbruch. Bemerkungen des Generals über mangelnden Offensivgeist und noch nicht zureichende Disziplin der Truppe gaben ihm den willkommenen Anlaß dazu. Sehr geschickt wußte er seinen Partner an der empfindlichsten Stelle zu treffen: an seinem soldatischen Ehrgefühl. Er wetterte über den Geist der Feigheit und des Defaitismus, der jetzt im Zossener Hauptquartier herrsche, ließ allen langaufgespeicherten Haß gegen die Generalstäbler los und beendete die Audienz, indem er ohne Abschied aus dem Zimmer stürmte.[27] Bleich und zitternd vor Wut über diese Mißhandlung kehrte der Oberbefehlshaber nach Zossen zurück. Die Verschwörer seines Stabes aber mußten nun vollends fürchten, verraten zu sein. So gab Halder sogleich den Befehl, kompromittierende Papiere zu vernichten – leider ohne durchgreifenden Erfolg.

Das bedeutete noch nicht die Aufgabe seiner Staatsstreichpläne (wie sich noch zeigen wird). Brauchitsch soll damals in seiner Wut sogar geäußert haben, er würde zwar selbst nichts unternehmen, sich aber auch nicht wehren, wenn andere es täten. Aber wie sollte man weiterkommen, wenn die oberste Spitze der Armee nicht mittat? In der Tat: war nicht der Gedanke eines „legalen Staatsstreiches" überhaupt eine Utopie – wenn doch (nach dem Urteil von Thomas) 75 % der Bevölkerung und fast das ganze jüngere Offizierkorps noch hinter Hitler standen? Mußte der Umsturz nicht notwendig mit einer Ermordung des Führers begonnen werden? War der Tyrann einmal gefallen, dann mochte es allenfalls denkbar sein, die Staatsgewalt zunächst in die Hände der

Armee zu bringen (etwa mit der Begründung, den Ausbruch des Chaos zu verhindern). Andernfalls entstand die Gefahr eines neuen Kapp-Putsches – und nichts hat die Generäle mehr vor Staatsstreichplänen zurückscheuen lassen als die Furcht vor einer Wiederholung dieses unglückseligen Abenteuers.[28] Auch in den Diskussionen, die Halder mit Brauchitsch über einen Staatsstreich führte, hat sie eine bedeutende Rolle gespielt. Trotzdem scheute der Generalstabschef immer wieder vor einer Mordtat zurück – ähnlich wie Thomas fürchtete er, die Armee dadurch zu diskriminieren, und meinte, „der Generalstab sei nun einmal keine Vereinigung von Meuchelmördern".[29] In der Tat: von der Spitze der Armee selbst durfte das Attentat nicht ausgehen – das hätte ihre moralisch-politische Autorität sofort zerstört. Wie aber, wenn es, ohne Wissen der Heeresleitung, von anderer Seite herkam?

Eben dies wird der Gedanke gewesen sein, der Oster in dieser kritischen Woche bewog, nach einem Attentäter zu suchen, um die große Aktion in Gang zu bringen. Er fand ihn ohne lange Mühe. Schon am 1. November hatte ihn Erich Kordt aufgesucht und ihm angeboten, bei einem seiner nächsten Besuche in der Reichskanzlei Hitler durch Bombenwurf zu töten. Im Vorzimmer des Führers, zu dem er als Abgesandter des Auswärtigen Amtes ungehindert Zutritt hatte, hoffte er bald Gelegenheit dazu zu finden. Es war ein mutiger, in schweren inneren Kämpfen errungener Entschluß, der zugleich natürlich die Preisgabe des eigenen Lebens bedeutete.[30] Aber auch dieser Entschluß blieb, wie so viele spätere, vergeblich dank jener rätselhaften Fügung des Schicksals, die den Tyrannen bis zuletzt immer wieder vor einem raschen Ende bewahrt hat. Nicht vor dem 11. November konnte Oster den nötigen Sprengstoff auf Schleichwegen besorgen.[31] Am 7. aber reiste Hitler schon nach München ab und befahl Verschiebung der Offensive, zunächst um drei Tage – ob doch aus einer letzten Scheu vor dem Abenteuer, das ihm alle widerrieten, oder unter dem Eindruck der Friedensbotschaft, die der belgische König und Königin Wilhelmine von Holland an diesem Tag an die Welt richteten, ist nicht bekannt. Denkbar wäre immerhin, daß er sich scheute, diese Botschaft unmittelbar durch Einmarsch in beide neutrale Länder zu beantworten. Zwei Tage darauf geschah das bekannte Attentat im Bürgerbräukeller, dessen Inszenierung durch Himmlers Organe als Propagandatrick heute kaum noch zweifelhaft ist[32] und das denn auch die erwünschte Wirkung tat: eine Woge neuer Sympathiekundgebungen für den Führer ging durch das Land, verbunden mit Ausbrüchen des Hasses gegen die angeblichen britischen Hintermänner. Von jetzt an mußte auf jeden künftigen Attentäter der Schatten des Verdachtes fallen, er stünde im Dienst des britischen Secret Service. Vor allem wurde jetzt die Sprengstoffausgabe so streng überwacht, daß auch Oster und Canaris zunächst keine Möglichkeit mehr besaßen, die Sperre zu durchbrechen. Und für ein Pistolenattentat war die Erfolgschance im Gewimmel der Adjutanten und Wachen im Vorzimmer viel zu gering.

Trotzdem blieb der Verschwörerkreis um Beck und Oster auch weiter eifrig um einen Staatsstreich bemüht. Alle möglichen Anschläge wurden hier ausgeheckt. Wie immer, brachte auch diesmal Gisevius seinen alten Plan wieder vor, die Gestapo auszuheben unter dem Vorwand eines angeblich geplanten Putsches der SS. Vielleicht ließ sich das Münchner Attentat dazu verwenden? Da Halder über den Mangel an einem entschlossenen Draufgänger klagte, den man zur Durchführung des Putsches einsetzen könnte, fuhr Oster, in Begleitung von Gisevius, nach Kreuznach, wo General von Witzleben als Truppenkommandant sein Stabsquartier hatte, und suchte ihn zu einer Reise nach Berlin zu bewegen. Aber was sollte er als einzelner, ohne seine Truppe, in Berlin praktisch ausrichten?[33] Übrigens war er auch überzeugt, daß sein Offizierkorps, besonders in den unteren Rängen, keinen Putsch mitmachen würde. Schließlich wurde die ganze Aktion noch durch eine grobe Unvorsichtigkeit Osters gefährdet. Sie veranlaßte Canaris, ihm jede weitere Aktivität zu verbieten, und Halder war über sein Herumreisen an der Front in Begleitung eines längst verdächtigen Zivilisten so ärgerlich, daß er zunächst keine Botschaft von Gisevius mehr annehmen wollte und Oster ernstlich vor weiteren Unvorsichtigkeiten warnen ließ.

Gleichwohl hat auch er seine Putschpläne weiter verfolgt.[31] Da er keine eigene Kommandogewalt besaß, kam alles darauf an, den Oberbefehlshaber Brauchitsch für die Aktion zu gewinnen. Hierzu wurden alle Künste der Überredung aufgeboten. Um ihn noch mehr von der Ausweglosigkeit eines zweiten Weltkriegs zu überzeugen, wurden auch Sachverständige der Wirtschaft (wie Hugo Stinnes) herbeigeholt; General Thomas hatte längst einen Kreis rheinischer Industrieller um sich gesammelt, der ähnlich pessimistisch wie er selbst über die wirtschaftlichen Folgen eines langdauernden Krieges dachte. Brauchitsch besaß auch persönliche Freunde unter den rheinischen Industriellen, die ihn dringend vor den Gefahren eines langdauernden Krieges warnten. Das alles hat ihm starken Eindruck gemacht; aber vor der Aufgabe, aus dieser Einsicht die politische Konsequenz zu ziehen, hat er schließlich immer wieder versagt.

Es ist üblich geworden, die harten Urteile über seinen Charakter nachzusprechen, die wegen dieses Versagens im Kreise der Verschwörer, unter Führung Becks, laut wurden. Es wäre aber ungerecht, zu verkennen, daß es ein großer Unterschied ist, ob einer an verantwortlicher, weithin sichtbarer Stelle steht und nun selbst die letzte Entscheidung treffen soll oder außerhalb solcher Verantwortung unter den Kritikern, Beobachtern, Mahnern, Drängern. Vergleicht man das Verhalten Becks während seiner Amtszeit 1933–38, insbesondere während der Röhm-Affäre 1934 und der Fritsch-Krise 1938, mit seiner Aktivität nach der Entlassung, so wird dieser Unterschied – das muß einmal deutlich gesagt werden – unmittelbar anschaulich. Daran, daß auch Walther von Brauchitsch aus letzter Überzeugung ein Gegner Hitlers und seiner Partei gewesen ist, kann nach dem Urteil derer, die ihm am nächsten standen, kein Zweifel sein. Der ehemalige Leibpage der Kaiserin stammte aus einer politischen und geistigen Welt, die dem Treiben in der Umgebung des Volkstribunen völlig entgegengesetzt war. Aber gerade deshalb fühlte er sich auch unsicher und gewissermaßen wehrlos in dieser ihm so wesensfremden, ja unheimlichen neuen Umwelt.[35] Er hat, wie von allen Beteiligten bezeugt wird, von Beginn seiner Tätigkeit als Heeresbefehlshaber an einen zähen, oft nervenzermürbenden Kleinkrieg durchgeführt, um in Personalfragen, im Kampf um die Militärseelsorge (der er sich als kirchlich gesinnter Protestant eng verbunden fühlte), wider die Übergriffe der Parteiverbände, besonders der SS, gegen das Propagandaministerium u. dgl. so viel von den alten Traditionen der Reichswehr wie möglich zu retten. Er war weder ein haltloser Romantiker wie Blomberg, noch ein würdeloser Höfling wie Keitel, noch ein fanatischer Gefolgsmann Hitlers wie Jodl. Aber es fehlte diesem intelligenten und vornehmen Soldaten jeder politische Instinkt und – vor allem – das Eisen im Blut. Auch militärisch war (nach dem Urteil seines nächsten Gehilfen) rasche Entschlußkraft nicht eben seine Tugend. Zum politischen Revolutionär war er ganz und gar nicht geschaffen.

Nun war aber der Staatsstreich im Herbst 1939 nicht bloß eine Frage des politischen Temperaments und der Zivilcourage, sondern zugleich – und vor allem – der äußeren Erfolgschancen. Wie steht es damit?

General Thomas hat 1945 gemeint, die Beseitigung des Hitler-Regiments wäre im Winter 1939/40 „ohne große Schwierigkeiten“ möglich gewesen, und führt dafür folgende Gründe an: die Reichsregierung und das Führerhauptquartier waren geschlossen in Berlin, das öffentliche Ansehen der Heeresleitung nach dem siegreichen Polenfeldzug sehr groß, die SS zahlenmäßig noch verhältnismäßig gering, die Macht und die Erfahrung der Gauleiter als Verteidigungskommissare noch unbedeutend. Weiter: man hätte das Lügensystem der Kriegsvorbereitung, den geplanten Überfall auf neutrale Länder, die wahren Zusammenhänge des Attentats im Bürgerbräukeller, die Greueltaten der SS in Polen aufdecken und propagandistisch verwerten können. Schließlich: mit der Regierung Chamberlains war noch eine Verständigung möglich, und die Masse des Volkes hätte eine Regierung des Friedens begrüßt, wenn die wahren Ziele Hitlers und das Waghalsige seiner Pläne aufgedeckt wurden. Das alles ist sicherlich richtig, aber nur unter der Voraussetzung, daß der erste Hauptschlag gelang: die Beseitigung der Hitler-Regierung mit Waffengewalt. War dies auch dann ernstlich denkbar, wenn Hitler noch lebte? Wenn es zum Bürgerkrieg kam, würde das Offizierkorps der Armee der Obersten Führung unbedingt folgen? Und gab es auf seiten der Verschwörer eine politische Persönlichkeit, die Popularität, demagogische Überredungskunst, revolutionären Machtwillen, dämonische Verschlagenheit und Sicherheit des politischen Instinkts genug besaß, um die Massen mit sich fortzureißen?

Die deutsche Armee ist keine Balkanarmee, hat Halder später einmal gesagt, gewohnt, ihre Waffe nach innen zu führen und Offizierskomplotte zu schmieden. Der soldatische Führer, hätte er hinzufügen können, hat zwar ein militärisches Kommando, aber als solcher noch keine politische Macht. Das militärische Kommando ist ein streng begrenzter Dienstauftrag, keine Machtposition. Wer eine Machtstellung daraus entwickeln und sie gegen einen Dienstvorgesetzten als Waffe gebrauchen will, muß sicher sein, daß seine Untergebenen ihm auch als politische Anhängerschaft folgen. Kein General kann dienstlichen Gehorsam verlangen, wenn er zur Meuterei und zum Hochverrat aufruft. Seine Truppe für solche Zwecke zu erziehen, gab es unter Hitler nicht die geringste Möglichkeit. Als politische Gefolgschaft ließ sich damals nur eine ganz kleine Gruppe verschworener Offiziere, allerdings in den höchsten Dienststellen der Armee, zusammenbringen. Ihre militärische Kommandogewalt über die Truppe reichte nicht weiter als bis zu einem ganz kurzen raschen Schlag, und auch das wohl nur so lange, als dem Gros der Truppe das letzte Ziel ihrer Aktion im Nebel blieb. Denn die Armee war längst keine so festgeschlossene Gemeinschaft mehr wie die Reichswehr der Weimarer Republik. Vollends jetzt im Krieg war sie ein reines Volksheer, rekrutiert aus der Hitlerjugend, auch ihr Offizierkorps keine feste Kameradschaft von Berufssoldaten mehr. Es gab wohl kaum noch eine feste „Regimentstradition". Übrigens war es während des Krieges so gut wie unmöglich, ohne Wissen Hitlers irgendeinen Truppenverband aus der Front herauszunehmen und gegen das Führerhauptquartier in Marsch zu setzen. Man hätte also schon der Mitwirkung des Heimatheeres und seines Oberkommandierenden, Generals Fromm, bedurft; dieser aber weigerte sich – wie Halder damals feststellte –, bei irgendeinem Handstreich mitzuwirken. Ausgeschlossen war eine Mitwirkung der anderen Wehrmachtsteile. Zum mindesten die Luftwaffe hätte es sich zur Ehre gemacht, meuternde Teile der Armee niederzukämpfen.

Konnte ein Militärputsch unter solchen Umständen praktischen Erfolg haben? Wenn überhaupt, dann sicherlich nur in einem Moment grenzenloser Verwirrung, wie er nach plötzlicher Ermordung Hitlers eingetreten wäre. In jedem Fall gehörte eine sehr fest zupackende und sehr sichere Hand dazu, um das Unternehmen politisch zu steuern. An einer solchen Hand fehlte es aber offenbar – und nicht nur auf militärischer Seite; denn die Politiker um Goerdeler und Beck waren sich ja nicht einmal darüber einig, ob überhaupt ein Attentat sittlich erlaubt und politisch zweckmäßig sei!

Wer dürfte ihnen das nachträglich zum Vorwurf machen? Wer dürfte andererseits die Möglichkeit schlechthin leugnen, daß, war die entscheidende Tat erst einmal geschehen, der alles lähmende Bann erst einmal gebrochen, in Kämpfen selbst schon das große politische Talent hervortreten würde, fähig, die kritische Lage zu meistern und die Macht an sich zu reißen? Sicher ist nur: daß Revolutionen dieser Art nicht aus den Beratungen gewissenhafter, kluger Männer geboren werden, die ohne starken eigenen Machtdrang allein der Sache dienen wollen und vor Gewalttaten zurückscheuen. Carl Goerdeler hat es an politischem Selbstbewußtsein und Sendungsglauben sicherlich nicht gefehlt, wohl aber am dämonischen Ehrgeiz des geborenen Revolutionärs. Sein Sendungsglaube war mehr moralischer als machtpolitischer Natur, seine Führerstellung noch keineswegs anerkannt, nicht einmal im engsten Kreise der Mitverschworenen, eine persönliche Gefolgschaft für ihn kaum vorhanden. Erheblich besser stand es damit für Beck, dessen Führerstellung im Winter 1939/40 immer mehr hervortrat und der nicht nur das Vertrauen des höheren Offizierkorps, sondern zugleich eine ihm persönlich warm ergebene Anhängerschaft unter den Generälen und Generalstabsoffizieren besaß. Aber war er nun eigentlich der berufene Revolutionär, der Mann der kühnen, gewagten und schnellen Entschlüsse? Wer nüchterne Einsicht statt legendarischer Heldenverehrung in der Geschichte sucht, kann diese Frage unmöglich bejahen.

Im übrigen hatte zunächst nicht er, sondern Brauchitsch das Steuer der Entscheidung in der Hand. Auf ihn, den Schwankenden, innerlich Unsicheren, mußte die Rede starken Eindruck machen, mit der Hitler am 23. November seine Generalität für den kommenden Großkampf zu ermutigen und zu begeistern suchte. Zum ersten Male wurde hier ganz offen der Eroberungskrieg als eigentliches Ziel des Hitler-Reiches und die Erkämpfung seiner Vorherrschaft über Europa als letzten Sinn des gegenwärtigen Krieges proklamiert. „Grundsätzlich habe ich die Wehrmacht nicht aufgestellt, um nicht zu schlagen, der Entschluß zum Schlagen war immer in mir. Früher oder später wollte ich das Problem (des deutschen Lebensraums) lösen." Es werde ein Kampf auf Leben oder Tod sein, und so könne er nur im heroischen Geist Friedrichs des Großen bestanden werden. Einem nüchternen Hörer mochte wohl deutlich werden, daß der Redner, durch seine bisherigen Erfolge verführt, im Begriff stand, dem Größenwahn zu verfallen. Aber der starke Appell an die soldatische Grundtugend der Tapferkeit konnte um so weniger ohne Wirkung bleiben, als er sich unverkennbar wieder gegen den „defaitistischen" Geist des Zossener Hauptquartiers wandte: „Ich werde vor nichts zurückschrecken und jeden vernichten, der gegen mich ist." Es gibt bei uns keine innere Revolution! Diese unverhüllte Drohung machte deutlich, daß der Generalstab in Gefahr war, nicht nur das politische Mißtrauen des Diktators zu wecken, sondern gleichzeitig dessen Vertrauen auf seine militärischen Fähigkeiten zu verlieren. Das Unnatürliche des Verhältnisses, daß gerade die Soldaten es waren, die das Prinzip ruhiger Staatsvernunft gegen den extremen Militarismus der politischen Führung zu verfechten hatten, kam jetzt klar zutage. Es drohte dahin zu führen, daß die Fachmilitärs überhaupt ihren Einfluß auf den Gang der Kriegführung verloren.[36]

Sollte Brauchitsch noch irgendwelche Zweifel daran gehabt haben, so sorgte Hitler sogleich für weitere Verdeutlichung. Gleich nach der Generalsbesprechung wurde der Generaloberst zu einer Führeraudienz befohlen und ihm der „Geist von Zossen" nochmals so kräftig vorgehalten, daß er seine Entlassung erbat – aber vergeblich. Danach bekam er Hitler viele Wochen nicht mehr zu Gesicht.[37] Die Versuche Halders, seinen Befehlshaber auch jetzt noch zum Staatsstreich zu bewegen, wurden aussichtslos. Brauchitsch lehnte es ab, einen zweiten Kapp-Putsch zu machen. „Was macht der deutsche Arbeiter?" fragte er; „was folgt auf den Umsturz? Was steht hinter der Gruppe Beck – Oster – Canaris?" – eine Frage, die auch Beck dem Generalstabschef nicht befriedigend beantworten konnte. Dessen Bemühungen, die vor allem von Stülpnagel, Canaris und Oster unterstützt wurden, einen Teil der Heerführer für seine Pläne zu gewinnen, stießen auf dieselben Bedenken. „Das Schwert, das wir schwingen sollen", sagte einer von ihnen, „wird uns in der Hand zerbrechen." „Befehle können wir geben, ob sie ausgeführt werden, wissen wir nicht", meinte ein anderer. Nur Witzleben und von Leeb zeigten sich aktionsbereit. Stülpnagels Vorschlag an Halder, nötigenfalls Brauchitsch einzusperren und allein zu handeln, lehnte der Generalstabschef als unehrenhaft ab, vor allem aber deshalb, weil seinen Befehlen als bloßer Stabschef kein Armeebefehlshaber gefolgt wäre. Die Armee würde darüber nur auseinanderbrechen, meinte er. Nach einer wochenlangen Reise, die Stülpnagel zu den Armeehauptquartieren unternahm, mußte er resigniert bekennen, daß sein Chef und Freund Halder recht habe: er würde praktisch keinen Gehorsam finden.[38]

Unter diesen Umständen war es vergeblich, daß General Thomas im Auftrag des Verschwörernestes in der „Abwehr" Ende November eine zweistündige Aussprache mit Halder hatte,[39] daß Beck selbst ihn aufsuchte[40] und daß er auch einen schriftlichen und mündlichen Gedankenaustausch mit Goerdeler vermittelte. Man stimmte wohl im Ziel, aber nicht in der Beurteilung der Erfolgschancen überein. Immerhin schob sich der Angriffstermin überraschenderweise immer weiter hinaus, so daß die Beratungen und Verhandlungen noch monatelang kein Ende nahmen. Zuerst war es die Ungunst der Witterung, die Hitler nun doch zu vielen kurzfristigen Verschiebungen nacheinander veranlaßte – vermutlich unter dem Einfluß Görings, des schwerbesorgten Luftwaffenchefs –, dann die Notwendigkeit, den ganzen Aufmarschplan umzuarbeiten, seit dieser am 10. Januar durch den Fehlflug eines militärischen Kuriers über die belgische Grenze in die Hand des künftigen Gegners geraten war. Für das Oberkommando des Heeres verminderte sich dadurch die Spannung, was Brauchitsch in seinem Widerstand gegen die Putschpläne der Verschwörer noch versteift haben wird. Vor allem aber setzten nun Bemühungen von allen Seiten ein, den langdauernden Stillstand der Operationen auszunutzen, um durch neue diplomatische Bemühungen das Unheil des Weltbrandes doch noch abzuwenden.

Mussolini, in der bei ihm gewohnten Mischung von Eifersucht gegen den deutschen Rivalen, Furcht vor dessen übermäßiger Stärke und Besorgnissen vor bolschewistischen Triumphen, bemühte sich aufs äußerste, den Führer von seinen Angriffsplänen im Westen abzubringen; seinem Außenminister Graf Ciano gab er offen zu erkennen, daß er eine deutsche Niederlage wünsche, und gab ihm den Auftrag, Holland und Belgien vor deutschen Invasionsplänen zu warnen.[41] Von Amerika aus machte Roosevelt, zum lebhaften Mißvergnügen seines Außenministers Cordell Hull, den aussichtslosen Versuch, durch seinen Unterstaatssekretär Sumner Welles als Sonderbeauftragten in den Hauptstädten Europas irgendeine Möglichkeit zum Abschluß eines Verständigungsfriedens auszukundschaften. Dabei war vor allem an Mussolinis Mithilfe gedacht, der sich als Vermittler einschalten sollte. Diese Mission beunruhigte die Verschwörer, weil sie zu einem zweiten München führen konnte; Hassell bemühte sich deshalb, den amerikanischen Geschäftsträger Kirk in Berlin von der Aussichtslosigkeit jeder Friedensverhandlung mit Hitler zu überzeugen. Das erwies sich nachher als unnötig, da Sumner Welles sich in seinen Gesprächen mit dem Führer und Ribbentrop selbst sehr rasch davon überzeugen konnte. Brauchitsch dagegen scheint auf diese Mission einige Hoffnung gesetzt zu haben, ebenso auf gewisse Sondierungen, die, von Männern der Wirtschaft und (angeblich) von Göring ausgehend, über die Schweiz und Belgien nach England liefen. Vielleicht, so mochte er hoffen, blieb ihm die folgenschwere Entscheidung für oder wider Hitler doch noch erspart?[42] Mehrfach soll er die Befürchtung geäußert haben, wenn England alle Friedensangebote Hitlers und auch die Friedensvermittlung Amerikas ausschlage, so sei das ein Zeichen dafür, daß man das deutsche Volk und nicht bloß die Hitler-Regierung vernichten wolle.

Angesichts dieses Schwankens war es von höchster Wichtigkeit, die Generäle davon zu überzeugen, daß die Politik der Westmächte sich niemals mit einer Fortdauer des Hitler-Regimes abfinden würde, daß diese aber anderseits zwischen Hitler und Deutschland zu unterscheiden wüßten und nicht daran dächten, die innere Verwirrung und zeitweilige Schwäche, die ein Militärputsch mit sich bringen müßte, zu einem Großangriff auszunützen; vielmehr würden sie bereit sein, mit einer neuen, vertrauenswürdigen Regierung Deutschlands über einen durchaus ehrenhaften und für die Zukunft Europas heilvollen Frieden zu verhandeln, der alle berechtigten nationalen Geltungsansprüche befriedigen sollte. Eine solche Zusage aus London und womöglich auch aus Paris zu erhalten, in möglichst fester und verbindlicher Form, hat der Verschwörerkreis sich auf den verschiedensten Wegen bemüht – in Parallelaktionen, die meist ohne gegenseitige Fühlung verliefen, zum Teil einander überschnitten, schließlich aber doch zu einem gewissen Erfolg führten.

Als eine Art von Vorbereitung kann man die Reise des Legationsrats Adam von Trott zu Solz nach den Vereinigten Staaten betrachten, die er im Herbst 1939 auf Einladung des amerikanischen Institute of Pacific Relations und mit Unterstützung des Auswärtigen Amtes unternahm, um an einer Konferenz dieses Instituts in Virginia Beach teilzunehmen. Eines der aktivsten Mitglieder des Verschwörerkreises, hochbegabt und voll feurigen Eifers, hat er seine Beziehungen zur akademischen Welt England-Amerikas immer von neuem auszunutzen gesucht, um Verbindungen zur Außenwelt aufrechtzuerhalten. Seinen Aufenthalt in Virginia benutzte er dazu, in privaten Gesprächen amerikanische Politiker über die Ziele der deutschen Opposition zu informieren und sie zu drängen, es möchte durch öffentliche Erklärungen im Sinn der letzten Rede Chamberlains klargelegt werden, welche Friedensziele die westlichen Alliierten verfolgten – zur Ermutigung der deutschen Opposition. Von der britischen Botschaft in Washington und vom State Department wurden seine Vorschläge mit stärkstem Mißtrauen aufgenommen. Ein Teil der deutschen Emigranten verdächtigte ihn als Agenten der Gestapo, ein anderer dagegen, darunter Kurt Riezler, Bethmann Hollwegs früherer Sekretär, und der Sozialdemokrat Hans Simons, fand sich bereit, ein Memorandum in diesem Sinn aufzusetzen, das bis ins Weiße Haus gelangt ist und Sumner Wells vor seiner Abreise nach Europa vorgelegen haben soll. Es lief auf die Forderung hinaus, die Vereinigten Staaten möchten ihre ganze Autorität für das Programm eines gemäßigten Friedens einsetzen und damit der Hitler-Propaganda den Wind aus den Segeln nehmen, die das deutsche Volk durch die Behauptung aufzuregen suche, Englands Kriegsziel sei die völlige Vernichtung deutscher Macht und Wohlfahrt. Verbunden mit der Aussicht auf wirtschaftliche Unterstützung eines neuen Deutschlands durch Amerika, würde dies der deutschen Opposition einen mächtigen Auftrieb geben.[43] Irgendein Erfolg dieser Vorstellungen ist nicht sichtbar geworden.

Unbekannt ist, auf welchem Wege Goerdeler damals seine ausländischen Verbindungen mobilisiert hat. Vermutlich hat er von Stockholm aus, das er im Herbst 1939 mindestens dreimal aufsuchte, an Lord Vansittart gewisse Friedensvorschläge der Opposition übermittelt, die auf eine Wiederherstellung der deutschen Ostgrenzen von 1914 hinausliefen; jedenfalls ließ ihm der Lord antworten, so leicht werde das jetzt nicht mehr durchzusetzen sein.[44] Von seinen weiteren Aktionen ist nur noch bekannt, daß er eine Rücksprache mit Sumner Wells in Berlin hatte, ferner ein Gespräch mit dem König der Belgier (anscheinend Anfang März), der ihm versicherte, es bestünden durchaus noch „brauchbare Friedensmöglichkeiten", aber nicht mit der Hitler-Regierung, und ihm jede Unterstützung versprach. Auch mit einem Vertrauensmann Daladiers sollte er sich treffen, durch Vermittlung eines Amerikaners in der Schweiz; ob es geschehen ist, bleibt ungewiß.[45]

Über die Schweiz liefen aber viele Fäden nach dem Westen, und die Regierung Chamberlain war lebhaft interessiert daran, sie nicht abreißen zu lassen, sondern weiterzuspinnen. Nichts hätte ihr in diesem Augenblick mehr erwünscht sein können als ein innerer Umschlag in Deutschland, der sie und die ganze westliche Welt von unabsehbaren Gefahren befreite; und so bemühte sie sich, die deutsche Opposition zu ermutigen. Einer der Verbindungsleute der Gruppe Beck-Goerdeler in der Schweiz war der bekannte Sozialpädagoge Professor Siegmund-Schultze, dessen Haus in Zürich als Treffpunkt und Absteigequartier für mancherlei Emigranten und für Sendboten der Widerstandsgruppe diente und der ziemlich regelmäßig durch Vertreter der Firma Bosch über die Lage in Deutschland orientiert wurde. Er berichtet mir, Chamberlain habe ihn geradezu einladen lassen, per Flugzeug nach London zu mündlicher Besprechung zu kommen.[46] Eine andere Verbindung lief über den ehemaligen Reichskanzler Josef Wirth, der in die Schweiz emigriert war und der sich dem Kreise Goerdelers als Mittler zur Verfügung stellte. In einem Schreiben, das Dr. Schairer nach London überbrachte, machte er den Ministerpräsidenten Chamberlain auf das Bestehen einer sehr beachtlichen Oppositionsgruppe in Deutschland aufmerksam. Es würde für diese Gruppe eine große Hilfe bedeuten, wenn sie erfahren könnte, daß ein innerer Umsturz von den Westmächten nicht militärisch zum Schaden Deutschlands ausgenutzt werden würde. Daraufhin trafen Mitte Februar zwei Abgesandte des Foreign Office, persönliche Freunde Vansittarts, in Lausanne-Ouchy mit Dr. Wirth und einem in London wohlbekannten Begleiter zusammen, der seit Kriegsausbruch als Privatmann in Luzern lebte und seine englischen Verbindungen von dort aus weiterpflegte.[47] Sie überbrachten eine Art von Angebot, das in fünf Punkten schriftlich niedergelegt war und mündlich erläutert wurde. Die Niederschrift wurde nicht ausgehändigt, es konnte aber davon eine Übersetzung für Wirth angefertigt werden, die noch erhalten ist. Zur Beglaubigung ihres Auftrages übergaben die englischen Herren mehrere Exemplare eines vervielfältigten, aber noch nicht veröffentlichten Manuskriptes einer Rede, die Chamberlain am 24. Februar in Birmingham halten wollte und dann auch wirklich gehalten hat.

Der Wortlaut der britischen Mitteilung (in Übersetzung) ist folgender:

„1. Es wird die Versicherung abgegeben, daß die britische Regierung eine vorübergehende Krise, wie sie im Anschluß an eine Aktion der deutschen Opposition entstehen könnte, nicht militärisch zum Nachteil Deutschlands, etwa durch einen Angriff im Westen, ausnützen würde.

2. Die britische Regierung erklärt sich bereit, mit einer neuen deutschen Regierung, der sie ihr Vertrauen schenken kann, zur Sicherung eines dauerhaften Friedens zusammenzuarbeiten und Deutschland die erforderliche wirtschaftliche Hilfe zu gewähren.

3. Weitere Zusicherungen kann die britische Regierung ohne vorheriges Einvernehmen mit der französischen Regierung nicht geben. Wenn Frankreich ins Vertrauen gezogen werden könnte, wären noch genauer bestimmte Zusicherungen möglich.

4. Im Falle einer Beteiligung Frankreichs an den Verhandlungen wäre es erwünscht, wenn der ungefähre Zeitpunkt der Durchführung des innerdeutschen Unternehmens mitgeteilt werden könnte.

5. Falls die deutsche Opposition zur Erleichterung ihrer Aktion eine von den Westmächten durchzuführende Diversion wünschen sollte, wäre die britische Regierung bereit, einem solchen Wunsche im Rahmen des Möglichen zu entsprechen."

Mündlich wurde hierzu erläuternd bemerkt, man betrachte in London diese Zusage bis Ende April 1940 als verbindlich, natürlich zunächst nur für die britische Regierung, zweifle aber nicht an der Zustimmung der französischen zum ersten Punkt. Als vertrauenswürdig könne nur eine deutsche Regierung gelten, deren Mitglieder entschlossen wären, die bisherige Expansionspolitik des Reiches endgültig aufzugeben, den „Preußengeist" (im Sinn des „Militarismus") auszuschalten und entsprechende organisatorische Maßnahmen, besonders auf dem Gebiet der Wehrmacht, zu treffen. Es könne also kein Mitglied der jetzigen Regierung, auch Göring nicht, in der künftigen Regierung vertreten sein.

Die Rede Chamberlains enthielt gegen Schluß die folgende Versicherung: „Wir kämpfen gegen die deutsche Weltherrschaft, aber wir wünschen nicht die Vernichtung irgendeines Volkes ... Welche konkreten Friedensziele müssen erreicht werden? Zunächst muß die Unabhängigkeit der Polen und Tschechen gesichert werden. Sodann müssen wir greifbare Beweise dafür haben, daß Verpflichtungen oder Zusagen, die man uns gibt, auch gehalten werden. Unter der jetzigen deutschen Regierung kann es keine Sicherheit für die Zukunft geben ... Sie hält ihr Wort weder fremden Regierungen noch ihrem eigenen Volk. Es ist deshalb Sache der Deutschen, den nächsten Schritt zu tun und uns zu zeigen, daß sie ein für allemal den Grundsatz aufgegeben haben, Macht gelte für Recht ... Zur Wiederherstellung des Vertrauens kann Deutschland mehr beitragen als irgendeine andere Nation, da es das meiste dazu getan hat, es zu zerstören. Ist Deutschland bereit, zuverlässige Beweise seines guten Willens zu geben, wird es bei den anderen keinen Mangel an Willen finden, ihm bei der Überwindung der wirtschaftlichen Schwierigkeiten zu helfen, die den Übergang vom Krieg zum Frieden begleiten werden. Was ich als unser Kriegsziel herausgestellt habe, enthält nichts Demütigendes oder Drückendes für irgendeinen, und auf einer solchen Grundlage würden wir für unser Teil bereit sein, eine Verständigung zu suchen mit jeder Regierung, die solche Ziele unterschreibt und Beweise ihrer Aufrichtigkeit gibt."

Das war ein starker und deutlicher Appell an die Opposition, nun zur Tat zu schreiten. Aber natürlich hütete sich die britische Regierung, eine schriftliche Verpflichtung aus der Hand zu geben und ihre Friedensbedingungen näher zu umschreiben; auch ließ sich aus ihren Erklärungen ein gewisses Mißtrauen gegen ihre Partner herauslesen, ob sie am Ende auch wieder den vielberufenen „Preußengeist" in sich tragen könnten.[48] Die britischen Eröffnungen sollen ein oder zwei Tage später von Dr. Wirth im katholischen Pfarrhause von Küßnacht dem früheren Wehrminister Geßler mitgeteilt worden sein, zur Weiterleitung an Goerdeler und Beck.[49] Sie sind aber, wie es scheint, niemals dort angelangt. Eine völlige Überraschung würden sie dort nicht bedeutet haben, denn hier war man ja schon seit Oktober über die parallelen Verhandlungen orientiert, die Dr. Josef Müller im Vatikan angeknüpft hatte. Außerdem stand Theo Kordt, jetzt in Bern, verabredungsgemäß in dauernder Verbindung mit seinem englischen Kollegen Convell Evans. Dabei hatte er festgestellt, daß man in London bereits ungeduldig zu werden begann angesichts der fortdauernden Verzögerung des angekündigten Staatsstreiches. Zur Ungeduld kam das Mißtrauen, ob es sich bei dem ständigen Drängen der deutschen Oppositionsgruppe auf günstige Friedensbedingungen am Ende um eine Art von Erpressungsversuch deutscher Nationalisten handele – ein Verdacht, den wir schon von 1938 her kennen. Vansittart bestand deshalb hartnäckig darauf, Polen müßte sofort nach dem Umsturz geräumt und wiederhergestellt werden als Zeichen eines neuen Friedenswillens in Deutschland, ohne Rücksicht auf die Gefahr eines Nachrückens der Bolschewisten, die man ihm vorhielt. Um solche Verstimmungen und Ärgernisse zu beschwichtigen, schrieb ihm Theo Kordt am 16. Februar einen Brief – also genau zur Zeit der Verhandlungen in Ouchy, von denen er offenbar nichts wußte.[50]

Aber die Wünsche der deutschen Opposition gingen über eine „Stillhalte-Zusage" hinaus. Man vermißte noch eine schriftliche Festlegung der britischen Regierung, und zwar auf klar umrissene Friedensbedingungen. Dies zu erreichen, machte sich kurz nach dem Wirthschen Interview Ulrich von Hassell auf den Weg nach der Schweiz. Der äußere Anstoß dazu kam diesmal von britischer Seite, und zwar auf eine etwas abenteuerliche Weise. Ein englischer Weltreisender und Amateurdiplomat, Mr. Lonsdale Bryans, lag ohne Auftrag und Wissen (ja sogar gegen den Wunsch) des britischen Außenministeriums seit Oktober in Rom gewissermaßen auf der Lauer, in der Hoffnung, sich dort irgendwie als Vermittler zwischen den kriegführenden Mächten nützlich machen zu können. Zufällig lernte er im November (in einem Bierlokal) den Schwiegersohn Hassells, Herrn Detalmo Pirzio-Biroli, kennen, der ihn als Halbamerikaner mit deutscher Verwandtschaft interessierte. Bei einer zweiten Begegnung erfuhr er andeutungsweise von dem Bestehen einer deutschen Oppositionsgruppe und erbot sich sogleich, diese mit dem Außenminister Lord Halifax in Verbindung zu bringen, den er selbst als seinen „Bekannten" betrachtete. Unter der Bedingung, den Namen seines Schwiegervaters keinem anderen als Lord Halifax persönlich zu offenbaren, willigte Pirzio-Biroli ein, ihm ein briefliches Memorandum für den Minister zu übergeben, in dem er darlegte, wieviel der deutschen Opposition an einer britischen Zusage liegen müsse, man werde eine innere Krise nicht zum Angriff an der Westfront ausnützen. Tatsächlich erreichte der betriebsame Vermittler, daß ihn Lord Halifax kurz persönlich empfing und sich damit einverstanden erklärte, wenn er – aber nur als Privatmann – versuchen wolle, sich mit Hassell in der Schweiz zu treffen. „Es kann ja nichts schaden, und am Ende kann es von Nutzen sein", war seine Antwort.

Das Treffen des britischen Agenten mit dem deutschen Diplomaten, vermittelt durch Pirzio-Biroli, fand am 22. Februar in Arosa statt, wo Hassell seinen kranken Sohn im Sanatorium besuchte. Es ist von beiden Seiten ausführlich geschildert worden.[51] Hassell, der sehr vorsichtig vorging, überzeugte sich bald von der politischen Harmlosigkeit seines Partners und benutzte ihn dazu, um Lord Halifax eine genau überlegte schriftliche Mitteilung (statement) zukommen zu lassen. Sie ist vor allem deshalb von Interesse, weil hier nicht (wie kurz vorher in Ouchy) bloß von einem Stillhalte-Abkommen die Rede war, sondern von einem raschen und dauerhaften Friedensschluß, für den die deutsche Opposition ganz eindeutig ihre Vorschläge entwickelte: Es soll bei der Vereinigung Österreichs und des Sudetenlandes mit dem Reich bleiben, im Westen keine Grenzfrage aufgerollt (also auf Elsaß-Lothringen verzichtet) werden; im Osten soll die deutsch-polnische Grenze etwa wie 1914 verlaufen, Polen und die Tschechei aber wiederhergestellt werden. Hassell legte in seiner mündlichen Erklärung aber besonderes Gewicht darauf, daß keine Forderung eines inneren Umsturzes von englischer Seite mit den Friedensbedingungen verknüpft werden dürfe, weil er befürchtete, das würde in Deutschland böse Erinnerungen an die Wilsonschen Forderungen von 1918 wecken; der Umsturz sei vielmehr ausschließlich Sache der Deutschen selbst. Das war sicherlich richtig und charakterisiert den aufrechten Patrioten;[52] es trug aber insofern rein akademischen Charakter, als ja auf beiden Seiten niemand daran zweifelte, daß vor dem Sturz Hitlers von Friedensverhandlungen überhaupt keine Rede sein könnte. Übrigens stellte von Hassell selbst den Frieden auf eine für Hitler völlig unannehmbare Basis, wenn er (in Übereinstimmung mit dem uns schon bekannten Programm Goerdelers) immerfort betonte, daß Europa für die deutsche Oppositionsgruppe „weder ein Schlachtfeld noch eine Machtbasis bedeute", sondern „den Wert eines Vaterlandes habe, in dessen Rahmen ein gesundes, lebenskräftiges Deutschland gerade im Hinblick auf das bolschewistische Rußland ein unentbehrlicher Faktor ist" – ein Gedanke, der seitdem im Schrifttum unserer Patriotengruppe immer wiederkehrt. Auch die allgemeinen Prinzipien der Friedensprogramme Goerdelers wurden wiederholt: internationale Zusammenarbeit auf dem Gebiet der Wirtschaft, allgemeine Rüstungsminderung, Anerkennung gewisser Leitgedanken durch alle europäischen Staaten, wie Grundsätze der christlichen Ethik, Gerechtigkeit und Gesetzlichkeit als Prinzip des öffentlichen Lebens, soziale Wohlfahrt als Leitmotiv, wirksame Kontrolle der Staatsgewalt durch das Volk, Freiheit der Gedanken, des Gewissens und der geistigen Arbeit – alles Forderungen, die einen Sturz der Hitler-Regierung voraussetzten.[53]

Hassell war klug genug, einen innerdeutschen Umsturz keineswegs in sichere Aussicht zu stellen. Vor dem Losbruch des Großkampfes im Westen, meinte er, werde sich dafür wohl kaum eine Gelegenheit bieten;[54] auf keinen Fall aber sei ohne ein „autoritatives englisches Statement", d. h. ohne feste Verpflichtung der britischen Politik für die Zukunft darauf zu rechnen, da die deutschen Patrioten nichts mehr fürchteten als eine Wiederholung der Erlebnisse von 1918 nach der Preisgabe des Kaisers.

Es zeigte sich aber bald, daß Mr. Bryans nicht der Mann war, die britische Politik zu irgendeiner Zusage zu veranlassen. Halifax ließ ihn nach seiner Rückkehr durch seinen Unterstaatssekretär Sir Alexander Cadogan mit ein paar höflichen Dankesworten (auch für Hassell) abfertigen, ohne ihn selbst zu empfangen. Eine schriftliche Antwort durch diesen unkontrollierbaren Boten zu geben, wurde abgelehnt; das sei eine Woche vorher schon auf anderem Wege geschehen (gemeint war offenbar: über Wirth). Bryans konnte nur mit äußerster Mühe erreichen, daß man ihm die Pässe für ein zweites Treffen in der Schweiz bewilligte, um seine selbsterwählte Mission wenigstens formell abschließen zu können. Es kam erst am 15. April zustande, nachdem durch den Losbruch der Norwegen-Offensive schon eine ganz andere politische Lage entstanden war. Wenn hier nun Bryans seinem deutschen Partner versicherte, Lord Halifax habe das Hassellsche Dokument dem Premierminister vorgelegt und sei mit den darin dargelegten Grundsätzen ganz einverstanden, so war er dazu (nach seinem eigenen Bericht) in keiner Weise befugt.

So verlief dieses – für den deutschen Partner äußerst gefahrvolle – Unternehmen ohne jeden praktischen Nutzeffekt. Aber es gab noch einen weiteren, viel besser gangbaren Weg der diplomatischen Fühlungnahme: die Verhandlung über den Vatikan. Auf diese schon im Herbst 1939 angesponnene Verbindung haben die Freunde Becks weitaus den größten Wert gelegt, weil sie nur so hoffen konnten, aus der Sphäre unverbindlicher Gespräche mangelhaft autorisierter Zwischenträger zu ernsthaften, für beide Seiten verbindlichen Abmachungen zu kommen. Dr. Josef Müller wurde als eine Art von offiziellem Bevollmächtigten der Widerstandsgruppe nach Rom gesandt (getarnt durch den Auftrag militärischer Spionageabwehr). Aber auch Dohnanyi beteiligte sich an der Aktion und zog (zur Besorgnis mancher Mitglieder der Oppositionsgruppe) noch andere Mitverschworene heran, wie Dietrich Bonhoeffer, seinen Schwager, der jetzt auch zur „Abwehr“ gehörte. Die Verhandlungen zogen sich vom Oktober 1939 bis Anfang Februar 1940 hin, mit einem längeren Hin und Her von Frage und Antwort. Papst Pius XII., dessen Sekretär Pater Leiber mit Dr. Müller in engster Verbindung stand, zeigte ein überraschend großes Verständnis für das Anliegen des deutschen Partners und setzte seine ganze Autorität der englischen Regierung gegenüber für die Echtheit ihrer Oppositionshaltung ein. Mehr noch: er erbot sich selbst als Vermittler und hob damit diese ganze Verhandlung auf die Ebene amtlicher (oder doch halbamtlicher) Diplomatie. Staatssekretär Lord Halifax und sein vatikanischer

Botschafter Osborne ließen sich hier auf förmliche, freilich niemals in schriftlicher Form festgelegte Erklärungen ein.

Den Gang der Verhandlungen und ihr schließliches Ergebnis hat Dohnanyi in einem sehr ausführlichen Bericht für Halder und Brauchitsch festgelegt, der am 22. September 1944 in die Hände der Gestapo gefallen und seitdem noch nicht wieder aufgetaucht ist. Die Zeugenaussagen über seinen Inhalt stimmen nicht ganz überein. Fest steht, daß die britische Seite nicht nur versprach, eine innerdeutsche Krise militärisch nicht auszunützen, sondern gleichzeitig bestimmte Zusicherungen für den Friedensschluß mit einer neuen Regierung gab. Sie erklärte sich damit einverstanden, daß Österreich und das Sudetenland beim Reich verblieben, etwa in den Grenzen des Münchner Abkommens, und daß die Ostgrenze nach völkischen Gesichtspunkten revidiert würde; Deutschlands wirtschaftliche Stellung in Europa sollte neu geregelt werden. Das entsprach etwa den Forderungen, die auch schon Hassell in Arosa geäußert hatte (ohne übrigens damals schon irgend etwas von den römischen Verhandlungen zu wissen). Auf Elsaß-Lothringen hatte er verzichten wollen, und kein politisch Verständiger konnte erwarten, die englische Politik würde sich darauf einlassen, überhaupt an dieses Problem zu rühren, das allein ihren Alliierten anging.

Nun erinnert sich aber General Halder, der den Bericht Dohnanyis zweimal gründlich studiert hat (zum zweiten Male in seiner Haftzeit 1944), genau daran, daß darin auch von Wiederherstellung der deutschen Westgrenze von 1914 die Rede war; das hat ihn schon damals ebenso verwundert wie mißtrauisch gemacht gegen die Zuverlässigkeit des ihm vorgelegten Textes. Er selbst legte, vom militärischen Standpunkt, keinen besonderen Wert auf diese Konzession, die einen wirklichen Frieden mit Frankreich von neuem unmöglich gemacht hätte. Heute vermutet er dahinter einen ungeschickten Versuch, ihn selbst und Brauchitsch durch scheinbar glänzende Friedensaussichten zu verlocken. Aber wer hat diesen ungeschickten und sehr bedenklichen Versuch gemacht? War es Dohnanyi selbst? Die sonst noch vorliegenden Berichte berühren die elsaßlothringische Frage nicht.[55] Wohl aber melden sie, die Briten hätten eine Volksabstimmung in Österreich über seinen künftigen Verbleib gewünscht, außerdem eine „Dezentralisation" des künftigen Deutschen Reiches – doch sei dies nicht als eine unabdingbare Forderung zu verstehen. Weiterhin hätte man Einzelabmachungen getroffen über die Einleitung von Friedens- und Waffenstillstandsverhandlungen. Diese sollten nicht direkt, sondern durch päpstliche Vermittlung geführt werden, die Aufhebung der Verdunklung sollte das äußere Signal für die Gegenseite sein.[56] Der Sturz Hitlers und die Bildung einer vollständig neuen Regierung galten als Vorbedingung, aber auch das (noch einzuholende) Einverständnis der französischen Regierung war vorbehalten. Das Ganze sollte (nach Angaben von Thomas) nur so lange gültig sein, als noch kein Großangriff im Westen von deutscher Seite erfolgt wäre.[57]

Alles in allem: trotz aller Vorbehalte und der Zurückhaltung schriftlicher Dokumente eine so weitgehende Erfüllung außenpolitischer Wünsche der Opposition, wie sie es den Umständen nach erhoffen konnte! Es wäre Legende, zu behaupten, auf englischer Seite hätte man die deutsche Opposition von Anfang an im Stich gelassen. Für den „Sitzkrieg" des Winters 1939/40 und für die Regierung Chamberlain trifft das keineswegs zu. Die Schwierigkeit war vielmehr umgekehrt: ganz offenbar hat man auf deutscher Seite allzu zuversichtlich gehofft, die Heeresleitung zu einem Staatsstreich drängen zu können, hat dadurch in London Erwartungen erweckt,[58] die sich nachher nicht bestätigten, und somit für später fast allen Kredit verloren.

An General Halder sind die Mitteilungen aus Rom erst auffallend spät herangetragen worden. Im Kreise Osters war man sich ihres hochgefährlichen Inhalts (der ja amtlich als „Landesverrat" gelten mußte) offenbar so sehr bewußt, daß man in Verlegenheit war, wer es wagen könnte, sie dem Generalstabschef vorzulegen. Mitte März wurde der Botschafter von Hassell eingeweiht und um Rücksprache mit Halder gebeten. Diese zog sich aber hinaus, und schließlich übernahm es General Thomas, den Anlaß einer dienstlichen Besprechung zu der bedenklichen Aussprache zu benutzen – obwohl er persönlich Gegner der ganzen diplomatischen Aktion war, die er als „unsoldatisch" empfand[59] und über die man ihn erst nachträglich informiert hatte. Die Begegnung mit Halder fand Anfang April statt[60] und verlief durchaus nach Wunsch: der Generalstabschef nahm den großen Bericht Dohnanyis entgegen und studierte ihn sorgfältig. Er schöpfte zwar bald Mißtrauen gegen die Zuverlässigkeit seines Inhalts, entschloß sich aber trotzdem, ihn am nächsten Abend seinem Oberbefehlshaber vorzulegen mit der Bitte, ihn in Ruhe durchzulesen. Am nächsten Morgen wurde er sehr ernst empfangen: „Sie hätten mir das nicht vorlegen sollen. Das ist glatter Landesverrat; das mitzumachen kommt für mich unter keinen Umständen in Frage. Im Kriege ist für den Soldaten keinerlei Verbindung mit einer ausländischen Macht zulässig." Er war sehr aufgeregt und verlangte sofortige Verhaftung des Überbringers; den Bericht wollte er auf dem Dienstweg an die „zuständige Stelle" weiterleiten. Halders Antwort war die eines mutigen, verantwortungsbewußten Mannes: „Wenn einer verhaftet werden muß, dann verhaften Sie bitte mich." Damit brachte er den Aufgeregten zur Besinnung. Aber die so mühsam vorbereitete Aktion war im ersten Anlauf gescheitert.

Man sieht: dieser korrekte, in altpreußischer Tradition erzogene Offizier war seelisch völlig außerstande, den Sprung über die Hürde der Legalität zu vollziehen. Es war schon sehr viel, daß er es schließlich fertigbrachte, die Schuld der stillschweigenden Mitwisserschaft an einem landesverräterischen Unternehmen auf sich zu laden. Wenn er Halder weiterhin auseinandersetzte, die Beseitigung Hitlers würde praktisch nichts nützen, dieser Krieg sei ein Kampf der Weltanschauungen, der nun einmal ausgetragen werden müßte, so klingt das wie angelernte Parteiphrasen, mit denen er bloß seine eigene politische Unsicherheit und Entschlußlosigkeit zudecken wollte. Es bestätigt aber auch so die Unmöglichkeit, mit Hilfe dieses Mannes Revolution zu machen.

Was über Halders Einstellung berichtet wird,[61] läßt erkennen, daß er sich in schwerem Gewissenskonflikt befand. Die Aufzeichnung Dohnanyis betrachtete er nicht ohne Mißtrauen. Über Elsaß-Lothringen enthielt sie offensichtlich unmögliche Zusagen; irgendeine Unterschrift fehlte. War irgendein späteres englisches Kabinett an diese Zusagen gebunden? War dieses Papier überhaupt ein wirklich tragfähiger Boden für eine große Staatsaktion? An Goerdeler hat er damals einen Brief geschrieben, in dem es hieß: „Das Heer wird seine Pflicht für das Vaterland auch gegen die Regierung Hitlers tun, wenn die Lage es verlangt."[62] Ein Gewaltstreich gegen die Regierung mitten im Kriege sei jedoch nur dann zu verantworten, wenn die äußerste Not dazu dränge. Dies aber sei „zur Zeit" nicht mehr der Fall – der Entscheidungskampf mit dem Westen müsse jetzt zunächst durchgeschlagen werden.

Damit war nicht etwa gemeint, daß der Sieg jetzt absolut sicher sei. Halder rechnete nach wie vor mit militärischen Rückschlägen, die einen inneren Umsturz später erleichtern könnten. Aber er sah die Lage jetzt doch mit anderen Augen an als zu Anfang des Winters. Inzwischen war mit äußerster Anstrengung an der Verstärkung und Verbesserung der deutschen Rüstung, an den Aufmarschplänen, an tausend technischen Details der Durchbruchsoperation gearbeitet worden. Sogar für die Organisation einer besseren Okkupationsverwaltung der westlichen Länder, als sie in Polen bestand, hatte der Generalstab sich zu sorgen bemüht. Luftaufnahmen mit modernsten Geräten hatten gezeigt, daß die französischen Verteidigungslinien technisch weit unvollkommener waren, als man früher geglaubt hatte, und durch Agenten bzw. Überläufer wurde bekannt, daß die französische Armee so gut wie nichts zu ihrer Ergänzung und Erweiterung tat. Die Panzergenerale Hoepner und von Reichenau, früher äußerst skeptisch, urteilten jetzt sehr zuversichtlich über die Aussichten einer Durchbruchsschlacht, als Goerdeler sie darnach befragte.[63] Es war der Heeresleitung bekannt, daß immer wieder genaue Nachrichten über deutsche Angriffsziele und Angriffstermine durchsickerten; vollends seit dem Fehlflug des deutschen Kurierflugzeuges im Januar mußte man erwarten, daß drüben starke Gegenmaßnahmen, vor allem Bereitstellungen der Westmächte zur Deckung von Holland und Belgien erfolgen würden. Aber nichts dergleichen wurde erkennbar. Offensichtlich wagte die englisch-französische Kriegsleitung keine Besetzung neutralen Bodens vor Beginn des deutschen Angriffs.[64]

Natürlich wirkte diese starke Veränderung der Lage auch auf die politische Haltung des Generalstabschefs zurück. Schon im Januar hatte er, in einer langen Aussprache mit Beck, dessen übertriebenen Pessimismus im Blick auf die kommende Westoffensive mit militärischen Argumenten zurückgewiesen. Gleichzeitig hatte er es abgelehnt, die Armee gewissermaßen zum „Hausknecht" ziviler Widerstandsgruppen zu machen, der das Geschäft des „Reinemachens" zu erledigen hätte, ohne sich selbst Gedanken über die politischen Konsequenzen zu machen. Er sei mit seinen Gesinnungsgenossen im Generalstab nach wie vor bereit, mit den erforderlichen Freiwilligen als „Stoßtrupp" vorauszugehen – aber dieser Stoßtrupp hätte keinen Sinn, wenn ihm nicht eine aktionsfähige Front folge. Eine solche Front könne aber nur durch eine echte politische Bewegung von links bis rechts gebildet werden – und davon fehle bisher jede Spur. Sie zu schaffen, nicht aber „Weisungen" an die Armee zu geben, sei die Aufgabe ziviler Widerstandskreise. Zu einem neuen „Kapp-Putsch" gebe er sich ebensowenig wie Brauchitsch her.[65]

Das Gespräch hatte mit einem schrillen Mißklang geendet, und Halders Ansichten hatten sich bis April auch nicht mehr geändert. Von einem Anwachsen der Widerstandsbewegung in weiteren Kreisen konnte keine Rede sein; die Stimmung der Armee aber war immer zuversichtlicher, ein Generalsputsch demgemäß immer aussichtsloser geworden. Mitten in die Erwägungen Halders nach Empfang der römischen Berichte schlug der Entschluß Hitlers ein, die gegen den Rat und ohne die Mitwirkung des Generalstabs vorbereitete waghalsige Expedition nach Dänemark und Norwegen durchzuführen. Die Führung der Armee hatte sich dagegen gesträubt: weil es ein Unternehmen gegen alle militärischen Regeln war, halb auf Glückszufälle gegründet, und weil es ohne dringende Not die deutschen Streitkräfte zersplitterte; aber auch deshalb, weil ein so brutaler Überfall auf friedliche Nachbarvölker, deren Gebiet weit außerhalb der eigentlichen Kampfzone lag und die sich vertraglich durch Hitler selbst gesichert glaubten, den bösen Ruf Deutschlands als gemeingefährlichen Friedensbrechers erst recht befestigen müßte. Ein Erschrekken über die unerhörte Brutalität dieses Gewaltstreichs war damals in ganz Deutschland zu verspüren; die Versicherung der offiziellen Propaganda, man habe einem englischen Invasionsunternehmen zuvorkommen müssen, fand keinesfalls überall Glauben – obwohl sie zutraf, wie man heute weiß. Und so mochte die Oppositionsgruppe im Generalstab eine Zeitlang wohl meinen, das Abenteuer würde mißglücken und im Rückschlag günstige Voraussetzungen für einen Staatsstreich schaffen.

Aber das erwies sich rasch als ein Irrtum. Das Unternehmen glückte, weit über alle Erwartung hinaus, wenn auch unter schweren, nie wieder ganz aufgeholten Verlusten der Marine. Hitler triumphierte abermals über die Bedenken seiner Generäle, und die Achtung vor der militärischen Leistungsfähigkeit und politischen Weisheit des Westens sank jäh auf einen Nullpunkt – nicht nur in Hitler-Deutschland. Daß der Generalstab Halders in einem tieferen Sinn dennoch recht hatte mit seinen Warnungen vor dieser voreiligen Präventivaktion, daß sie, aufs Ganze des Krieges gesehen, weit mehr Nachteile als Vorteile gebracht hat, politisch wie militärisch, das konnte damals noch niemand übersehen.[66] Für den Augenblick war die Lage so, daß Brauchitsch oder Halder, selbst wenn sie den Entschluß gefunden hätten, zum Widerstand gegen Hitlers Kriegführung aufzurufen, einen Sturm der Entrüstung gegen sich selbst entfesselt hätten, sowohl in der Nation wie in der Armee. Niemand außer dem allerengsten Verschwörerkreis hätte sie überhaupt verstanden. Und so wurden denn auch alle Versuche, die Befehlshaber der Heeresgruppen zu Vorstellungen bei Brauchitsch oder zur Verweigerung des Angriffs zu bringen, wie man sie noch Anfang April unternommen hatte, völlig aussichtslos. General Thomas, der darin zeitweise am eifrigsten gewesen war, riet jetzt selbst davon ab. Er fand sich mit General Olbricht, dem Chef des Allgemeinen Heeresamts, der eben damals zur Opposition stieß, einig in der Überzeugung, daß jetzt andere Wege zur Beseitigung des Hitler-Regimentes gesucht werden müßten.[67] Zunächst war der Großkampf im Westen und damit der Ausbruch des Weltbrandes nicht mehr aufzuhalten.

Die Tatsache, daß die deutsche Militäropposition weder imstande war, den Überfall auf Dänemark und Norwegen noch den auf Belgien und Holland zu verhindern, brachte sie gegenüber ihren britischen Gesprächspartnern in eine äußerst peinliche Lage. Ausdrücklich war in Rom ausgemacht worden, daß an der Westfront weiterhin praktisch Waffenruhe herrschen sollte, um der deutschen Widerstandsgruppe Gelegenheit zu ihrem Staatsstreich zu geben. Konnte nun nicht bei den britischen Partnern der Eindruck entstehen, man sei einer Gruppe getarnter Hitler-Agenten ins Garn gegangen, wie bei dem bekannten Überfall von Venlo am 9. November 1939, bei dem Offiziere des britischen Geheimdienstes in die Hände deutscher Gestapofunktionäre gefallen waren, als sie sich im Glauben, Männer der deutschen Opposition zu treffen, der holländischen Grenze näherten? Zum mindesten lag der Verdacht eines unredlichen Doppelspiels deutscher Nationalisten nahe, die es gar nicht ernst meinten mit ihren Staatsstreichplänen.

Dies scheint eines der Motive gewesen zu sein[68] für jenen Schritt Osters, der wie keine andere Tat der deutschen Widerstandsbewegung alle Schranken patriotischen Herkommens durchbrach, ihr nachträglich, als er der Öffentlichkeit bekannt wurde, unendlich viel empörte Kritik zugezogen hat und der bis heute die Erinnerung an ihren sittlichen Heroismus zu trüben droht – auch bei sonst wohlwollenden Betrachtern. General Oster benutzte seine alte intime Freundschaft mit dem holländischen Militärattaché Oberst J. G. Sas (er kannte ihn schon aus seiner Münsterer Dienstzeit und traf sich mit ihm fast regelmäßig in Berlin-Zehlendorf), um durch ihn nicht nur allgemeine Warnungen vor Hitlers Angriffsabsichten nach Holland gelangen zu lassen (die strömten dort ohnehin von allen Seiten zusammen), sondern um ihm auch die genauen Angriffstermine mitzuteilen, und zwar schon seit dem 6. November. Auf demselben Wege sind Nachrichten über den nahe bevorstehenden Überfall auf Skandinavien schon am 4. April in die nordischen Hauptstädte gelangt,[69] und am späten Abend des 9. Mai konnte Sas seiner Regierung (in durchsichtiger Tarnung) telephonisch melden, daß am nächsten Tag in der Morgendämmerung der Sturm losbrechen würde. Man wird vermuten dürfen, daß auch eine indirekte Warnung aus Rom, die den Haag Anfang Mai erreichte (doch ohne genaue Angabe des Datums), zuletzt auf dieselbe Quelle zurückging (angeblich über Dr. Josef Müller),[70] und daß Oster auch noch später seine Hand im Spiel gehabt hat, als eine ähnliche Voraussage in Belgrad eintraf (April 1941).

In allen diesen Fällen handelt es sich ganz offenbar um einen Verrat militärischer Geheimnisse an den Landesfeind, begangen im vollen Bewußtsein ihrer formalen Rechtswidrigkeit als „Landesverrat" – nicht um ein bloßes Spiel „militärischer Abwehr" und „Verführung des Gegners", wie manche es haben beschönigen wollen; denn was hätte ein solches „Spiel" schon genutzt? Über die Motive Osters kann man freilich nur Vermutungen aufstellen; aber seine Freunde sind sich darüber nie im unklaren gewesen: es war abgrundtiefer Haß gegen Hitler und seine Kriegspläne – ein Haß, den man wohl schon fanatisch nennen müßte, wäre er nicht aus echter sittlicher Empörung geboren. Aus der Empörung einer sehr schlichten und ritterlichen Soldatennatur über das offenkundige Verbrechen des Überfalls auf friedliche Nachbarvölker, die mit dem Kriegsanlaß nicht das geringste zu tun hatten und deren Einbeziehung in den „großen Orlog" (wie er sich gern ausdrückte) durch keinen bittern Zwang der Selbsterhaltung – wie 1914 – zu rechtfertigen war, von keiner Zwangsläufigkeit der Militärtechnik gefordert wurde. Den unschuldig bedrohten, den ungerecht Überfallenen soweit als möglich zu Hilfe zu kommen, sich selbst und seine Freunde weit abzusetzen von dem „Blutsäufer" und „Tyrannen" – das war ganz einfach der moralisch-politische Antrieb, der ihn alle Schranken formaler Gesetzlichkeit überspringen und in den Augen des offiziellen Deutschlands zum todeswürdigen Verbrecher werden ließ. Um die ganze Tiefe des Widerwillens zu verstehen, der ihn gegen Hitlers Kriegsmethoden erfüllte, wird man wohl auch bedenken müssen, was er alles aus nächster Nähe, als Mitglied der „Abwehr", an Vorbereitungen der widerwärtigsten Art für den Hollandfeldzug miterlebte: Bildung von fünften Kolonnen und Sprengkommandos, Beschaffung holländischer und belgischer Uniformen für Fallschirmspringer und Spionagetrupps, Vorbereitung von Mordüberfällen auf Brückenwachen aus dem Hinterhalt und tausend andere Teufeleien, in deren Aussinnen Hitler geradezu schwelgte, während sie dem ehrlichen Soldaten als Schändung seines Handwerks erschienen.

Trotzdem bleibt die Frage noch offen, ob das Mittel, das Oster gegen diese völkerrechtswidrigen Gewalttaten einsetzte, in jedem Sinn gerechtfertigt war. Landesverrat, hat man in dem bekannten Braunschweiger Remer-Prozeß geurteilt, setzt die böse Absicht voraus, dem eigenen Lande zu schaden. Daß Oster seinem Deutschland nicht schaden, sondern nützen wollte, bedarf keiner Diskussion. Aber hat er nicht wissentlich der deutschen Wehrmacht geschadet, indem er sie in wesentlich erhöhte Gefahr brachte? Ging nicht die nächste Pflicht, die gegen die eigenen Volksgenossen, die eigenen Kameraden, der gegen fremde Völker voran? Daß sie nicht verletzt werden dürfe, unter keinen Umständen, war in der Tat die einmütige Überzeugung der meisten Widerstandskämpfer außerhalb der kommunistischen Gruppen. Eben deshalb haben sie auch niemals etwas wissen wollen von Waffensabotage und haben alle ihr Bestes hergegeben für den Erfolg der deutschen Wehrmacht – obgleich sie doch wußten, daß jeder Sieg auf den Schlachtfeldern und in der Luft eine neue Stärkung der Autorität und Macht des Tyrannen bedeutete. Osters Tat hat bei vielen von ihnen, als sie davon hörten, schärfste Verurteilung gefunden. Und doch wird man sie nicht einfach gleichsetzen dürfen mit dem Landesverrat der kommunistischen „Roten Kapelle". Oster hat nicht die Niederlage Deutschlands und seine Preisgabe an einen fremden Herrschaftswillen erstrebt, sondern nur das Scheitern von Angriffsoperationen auf neutrale Länder. Sicherlich: das konnte viel Blut kosten. Aber wenn der Überfall auf Norwegen gleich zu Anfang scheiterte, wenn der Angriff auf Belgien und Holland schon an den Grenzbefestigungen steckenblieb, dann war (so wird er gerechnet haben) die Situation geschaffen, die Hitlers Gegner für den inneren Umsturz brauchten: dann war der Zauber der Unbesiegbarkeit gebrochen, der diesen Dämon umwitterte. Und dann ließ sich mit dem Blut von wenigen Tausenden vielleicht das Blut von Millionen ersparen.

Die nationale Gemeinschaft ist (das haben wir heute gelernt) nicht der höchste Wert schlechthin. Es kann zur Pflicht werden sie zu durchbrechen. Sogar formeller Landesverrat, sagten wir früher schon (Kapitel 6), kann zur sittlichen Verpflichtung werden – aber „nur dann, wenn ernstliche Aussicht besteht, durch einen solchen Verstoß gegen das formelle Recht das eigene Land zu retten". Hier scheint mir der Punkt, an dem das Verhalten Osters am meisten zur Kritik herausfordert. Als Soldat hätte er wissen sollen, daß der Verrat von Angriffsterminen zu jenen kleinen Mitteln gehört, durch die zuletzt nichts Wesentliches entschieden wird. Weder die Dänen und Norweger noch die Holländer und Belgier haben irgendeinen nennenswerten Vorteil daraus ziehen können. Auf eine wirklich wirksame Hilfe von englischer oder französischer Seite konnten sie in keinem Fall rechnen. Sie haben aber auch nicht gewagt, auf die Warnungen aus Berlin hin darum zu bitten. In Skandinavien wollte man an ihren Ernst nicht glauben und betrachtete sie fast bis zum letzten Augenblick als Propagandatrick. In Holland war man längst von anderer Seite gewarnt, hatte schon seit dem Überfall auf Norwegen viele Straßensperren eingebaut und alle Vorkehrungen zur schnellen Sprengung von Brücken und Deichen getroffen, die man ohne Neutralitätsverletzung treffen konnte. Man wagte aber bis zur Morgenfrühe des 10. Mai keinen Schritt darüber hinauszugehen, um Hitler keinen, auch nicht den leisesten Vorwand für seinen Neutralitätsbruch zu geben. In der letzten Nacht vor dem Angriff sind ein paar kleinere Brücken im Süden des Landes gesprengt, ein paar Maschinengewehrposten aufgestellt, ein paar tausend Deutsche in der Residenzstadt in Schutzhaft genommen worden – das war die ganze Wirkung des Osterschen Verrats.[71] Es war also eine im Grunde überflüssige Tat.

Die Sturmflut des nationalsozialistischen Angriffswillens flutete unwiderstehlich über alle großen und kleinen Hindernisse hinweg. Für die deutsche Widerstandsbewegung kam nun die allerschwerste Prüfungszeit. Der Gegensatz zwischen patriotischem Empfinden und sittlichem Pflichtbewußtsein als Staats- und Weltbürger wuchs sich zu höllischer Verstrickung aus.

II. ABSCHNITT
UM DIE ABWENDUNG DER KATASTROPHE (1940—1944)

Dreizehntes Kapitel
WIDER DEN SIEGESTAUMEL
ZUKUNFTSPLÄNE FÜR DEUTSCHLAND

Der unerhörte Siegeszug deutscher Heere durch Holland, Belgien und Frankreich machte die Lage der deutschen Oppositionsgruppen zunächst völlig hoffnungslos. Alle Bedenken deutscher Fachmilitärs und klugen Politiker schienen mit einem Schlage widerlegt. Glänzender noch als je zuvor triumphierte der stürmische Kampfwille des großen Abenteurers über die wägende Vorsicht seiner militärischen und politischen Berater. Es wäre Blindheit zu leugnen, daß er die innere Schwäche der westeuropäischen Demokratien klarer durchschaut, die technische Überlegenheit der modernen deutschen Waffenrüstung über die veraltete der Franzosen sicherer erfaßt und richtiger eingeschätzt hat als sie alle. Und es wäre ungerecht zu bestreiten, daß sein ungestümes Drängen auf schnelle, kühne Vorstöße ins feindliche Hinterland unter Ausnutzung aller technischen Möglichkeiten der neuen Waffen viel dazu beigetragen hat, der deutschen Offensive jenen gewaltigen, die ganze Welt verblüffenden Schwung zu geben, die ihr einen so raschen und so überwältigenden Sieg verschaffte – auch wenn er in einem kritischen Moment der Durchführung (ähnlich wie schon im Norwegenfeldzug) als „Oberster Kriegsherr" versagt und durch dilettantische Eingriffe in die Planung seiner Generäle die totale Vernichtung der britischen Hilfstruppen verhindert hat. Auf das Ganze gesehen, war der unbändige Stolz, mit dem er in der berühmten Reichstagssitzung vom 19. Juli 1940 auf seine eigene Leistung zurückblickte, nicht unberechtigt. Wie gefährlich dieser „einmalige" Erfolg sich auswirken würde, indem er sein ohnedies übernormales Selbstvertrauen zu vollem Größenwahn entfachte, das haben damals nur die wenigen vorausgesehen, deren Opposition aus letzter Tiefe moralisch-religiöser Überzeugungen stammte und somit durch keine äußeren Erfolge beirrt werden konnte.

„Man könnte verzweifeln unter der Last der Tragik, sich an den Erfolgen nicht freuen zu können", schrieb Hassell damals in sein Tagebuch.[1] Es spricht doch sehr für die Echtheit der Überzeugungen, aus denen die deutsche Widerstandsbewegung lebte, daß er eine ähnliche Stimmung tiefer Niedergeschlagenheit bei fast allen antraf, die bisher an den Umsturzversuchen sich beteiligt hatten:

Niedergeschlagenheit, nicht Freude im Blick auf die Zukunft. „Da dem Nationalsozialismus, so wie er geworden ist, jede Seele fehlt und sein eigentliches Bekenntnis die Gewalt ist, so werden wir eine entgötterte Natur, ein entseeltes kulturloses Deutschland und vielleicht Europa bekommen, gewissenlos und roh" – das war die allgemeine Befürchtung. So weit waren diese Männer von nationalistischem Ehrgeiz und imperialistischen Machtträumen entfernt.
Das eindrucksvollste Zeichen dafür ist eine Denkschrift Goerdelers,[2] die gerade auf dem Höhepunkt der Siege Hitlers, am 1. Juli 1940, entstanden ist, offenbar für Offiziere der Armee bestimmt. Die glänzende Leistung der Wehrmacht erhält ihr gebührendes Lob. Aber dieser Sieg, sagt Goerdeler, „gibt ihr große Macht und noch größere Verantwortung". Kriege dürfen niemals Selbstzweck sein, ihr Ziel ist allein der glück- und dauerhafte Friede. „Von einem solchen Frieden sind wir heute weiter entfernt denn je ... denn dieser Krieg dient nicht einem planmäßigen Aufbau, sondern phantastischen, zum letztenmal in der Zeit Napoleons gehegten Plänen." Einen glücklichen und dauerhaften Frieden hätten wir auch ohne Krieg haben können. Die jetzt betriebene maßlose Haßpropaganda gegen das angebliche „Krämervolk" der Engländer ist bare Verleumdung. „Es wird vor der Geschichte nicht möglich sein, die Verantwortung für diesen Krieg anderen aufzubürden; ihn hat die derzeitige Reichsregierung gewollt und bewußt heraufbeschworen." „Wären England und Frankreich neutral geblieben, so wären sie unfehlbar 1940 oder 1941 ans Messer gekommen." Die Hitler-Regierung brauchte den Krieg, weil sie mit ihrer Finanz- und Wirtschaftspolitik „am Ende ihres Lateins" angekommen war. Und was ist nun die Zukunft? Es kann kein gutes Ende nehmen, selbst wenn die Insel England niedergeworfen werden, Amerika dem Krieg fernbleiben sollte; selbst dann, wenn der Westen seinen Frieden macht und der Bolschewismus zurückgeworfen oder gestürzt wird, selbst wenn Deutschland den Raum vom Nordkap bis zum Kap der Guten Hoffnung, vom Atlantik bis zum Dnjepr oder Ural militärisch beherrschen sollte. Warum nicht? Weil Hitler außerstande ist, einen solchen Raum so zu beherrschen, daß die Ehre und Freiheit der darin wohnenden Völker bewahrt bleiben – unentbehrliche Voraussetzung dafür, daß sie Höchstleistungen vollbringen. „An einen schöpferischen Aufbau freier Völker unter deutscher Führung denkt ein System nicht, das in Deutschland von finanziellem Wahnsinn, von wirtschaftlichem Zwang, von politischem Terror, von Rechtlosigkeit und Unmoral lebt", das die Jugend verdirbt und das Christentum verfolgt. Wo ein solches System herrscht, „ist der frühere oder spätere Zusammenbruch nach dem von Gott in dieser Natur verankerten Gesetz vollkommen gewiß." Ein Tyrann kann immer nur eine Tyrannei errichten; jeder neue Erfolg macht ihn nicht weise und maßvoll, sondern immer ehrgeiziger,

brutaler und eroberungslustiger. Goerdeler malt ein Schreckensbild der Zukunft Europas unter Hitlers Zwangsherrschaft aus: Verelendung der Massen, Zerstörung aller Kulturwerte, Ausrottung der Intelligenz, besonders im Osten, Vernichtung aller nationalen Freiheit und Eigenständigkeit, „Hinaufschwemmung brutaler Naturen, von Gesinnungslumpen, Unerfahrenen und Unwissenden in die Führung". Für die nächsten 15 Jahre hält er nicht einmal die Ernährung Europas ohne Zufuhren aus Amerika für gesichert. Was aus der asiatischen Welt bei solcher Entwicklung Europas werden soll, ist gar nicht auszudenken. Und für die Ausbreitung bolschewistischer Ideen bietet das allgemeine Massenelend den besten Nährboden.

Solchen Zukunftsaussichten gegenüber zitiert Goerdeler am Schluß die bekannte Aufforderung Steins vom 12. Oktober 1808 an König Friedrich Wilhelm III. zum Widerstand gegen Napoleon: „Für den Redlichen ist kein Heil als in der Überzeugung, daß der Ruchlose zu allem Bösen fähig ist . . . Zutrauen zu dem Mann zu haben, von dem man mit so vieler Wahrheit sagte, er habe die Hölle im Herzen, das Chaos im Kopf, ist mehr als Verblendung . . . Ist also in jedem Falle nichts wie Unglück und Leiden zu erwarten, so ergreife man doch lieber einen Entschluß, der ehrenvoll und edel ist und eine Entschädigung und Trostgründe anbietet im Fall eines übeln Erfolges."

Klarer und reiner ist die moralische Empörung, aus der die deutsche Widerstandsbewegung lebte, niemals formuliert worden. Daß sie in diesem Augenblick höchster militärischer Triumphe keine Aussicht hatte, die Spitzen der Wehrmacht mit sich fortzureißen, bedarf keiner Erklärung. Es ist jedoch sehr bemerkenswert, daß die Opposition der uns schon bekannten Gruppe Stülpnagel im Generalstab auch auf dem Höhepunkt des Siegeszuges durch Frankreich nicht etwa nachließ, sondern sich eher noch verschärfte.[3] Anfang 1941 setzten auch schon wieder die Versuche ein, auf Brauchitsch oder auf einzelne Frontgeneräle im Sinne der Opposition einzuwirken; sie blieben freilich ohne Erfolg.[4] Das hat aber Goerdeler nicht abgehalten, sich fortdauernd Gedanken über die Zukunft Deutschlands oder Europas zu machen und sich auch über die *positiven* Ziele der deutschen Widerstandsbewegung klarzuwerden. Diesem Zweck diente eine Reihe von Denkschriften, die im Laufe des Jahres 1940 entstanden sind und viel Kritik am Hitler-Regiment mit mancherlei Besserungsvorschlägen verbinden.[5] Sie sind in einem relativ gemäßigten Ton gehalten, so daß man vermuten darf, sie sollten (mindestens teilweise) dazu dienen, noch außerhalb des Verschwörerkreises stehende oder schwankende Persönlichkeiten für den Widerstand gegen Hitler zu gewinnen und durch streng sachliche Argumente zu überzeugen. Gleichzeitig mögen sie aber auch als Diskussionsgrundlage oder Vortragsmanuskript in engeren Zirkeln gedient haben. Einzelne Empfehlungen (etwa hinsichtlich der wirtschaftlichen Behandlung besetzter Länder) richten sich offenkundig an Mitglieder der Wehrmacht, und gelegentlich appelliert der Verfasser ganz eindeutig an die Verantwortung der Soldaten: „Die vielen wackeren, vaterlandsliebenden und für ihren Beruf begeisterten Offiziere, die sich etwa durch schöne Kasernen, durch immer neue Rüstungen, durch die modernsten Waffen, durch schnelle Laufbahn und ähnliche Erscheinungen haben blenden lassen, die jetzt ihr Blut hingeben und von den Waffenerfolgen begeistert sein mögen, werden mit dem gesamten deutschen Volk ihre Leichtgläubigkeit eines Tages bitter bereuen und bezahlen ... Weiteres Augenschließen, weiteres Frönen gegenüber allen Formen der Ichsucht wäre ... vollkommen unsoldatisch." Die entscheidende Frage ist gestellt, ob wir uns weiter in Illusionen und Selbstbetrug bewegen und so dem Verfall deutscher Macht (trotz aller territorialen Eroberungen) entgegengehen wollen oder ob wir „mit Klarheit, Mut und sinnvollem Opfer verantwortlich das Schicksal meistern und wenden werden."[6]

Betrachtungen der Wirtschaftslage stehen, wie gewöhnlich bei Goerdeler, am Anfang. Die Knappheit der Rohstoffe, heißt es, nimmt beängstigend zu, und die Preise steigen unaufhaltsam. Ein solches Problem kann nicht mit bloßen Zwangsmaßnahmen des Staates gemeistert werden, am wenigsten durch Ausbeutung der besetzten Länder und Heranziehung ihrer Bevölkerung zur Zwangsarbeit. Es gilt vielmehr, ihre freie nationale Produktion mit geschickter und schonender Hand zu fördern und ihren natürlichen Export nach Deutschland zu lenken. Nur wo Recht, Moral, nationale Freiheit und Selbstverwaltung wiederhergestellt werden, darf man große Leistungen erwarten. Statt dessen gehen „unmenschliche Verbrechen" in den eroberten Ostgebieten vor sich. „Sie müssen und werden die deutsche Ehre für lange Zeit furchtbar belasten." „Die dortigen Gewalthaber lehnen die Anordnungen der Reichsregierung brüsk ab. Sie berufen sich auf Sonderbefehle des Führers." Es ist eine schlimme Satrapenwirtschaft, und sie dehnt sich neuerdings auch im Westen aus: den Militärbefehlshabern in Elsaß-Lothringen und Luxemburg ist aller Einfluß auf die Verwaltung genommen, alle Gewalt ist den Satrapen der Staatspartei übertragen. Verbrechen geschehen aber nicht nur in den besetzten Ländern. Die Tötung der sogenannten unheilbar Geisteskranken in Deutschland ist eine Ungeheuerlichkeit, die zum Himmel schreit und die alles Vertrauen zur Staatsführung erstickt, selbst bei den gutwilligsten Staatsbürgern. Jedermann fragt sich mit Angst, wohin das noch führen soll.

Solche Untaten sind der Ausfluß eines total korrupten Regierungssystems, das keine Freiheit kennt, die Verwaltung durch planlose Einmischung unverantwortlicher Parteistellen verdirbt und das Prinzip der Selbstverwaltung verfälscht, weil es keine selbständige Verantwortung des einzelnen duldet. Dieses Thema wird noch besonders unterstrichen in einer Betrachtung über Bildungswesen und Jugenderziehung. Hier hören wir (neben altbekannten Forderungen des bürgerlich Liberalen) eine sehr ernste Warnung vor der Militarisierung des ganzen deutschen Lebens, und zwar im Sinn einer Erziehung zu blinder Unterwürfigkeit. „Im Soldatentum gehört neben den Gehorsam das Verantwortungsbewußtsein." Eben dies aber wird heute brutal unterdrückt. Vorstellungen gegen irrige Befehle, Rückfragen jeder Art werden als Mangel an gutem Willen ausgelegt, und so „entwickelt sich im Befehl die Hemmungs-, in der Ausführung die Verantwortungslosigkeit". Der Einzelmensch wird ins Kollektiv gepreßt. Diesem Zustand des Staatszwanges und Parteiterrors stellt Goerdeler seine eigenen Ideale, die des liberalen Rechtsstaates, gegenüber. „Eiserne Gerechtigkeit", durch unabhängige Rechtsprechung gesichert, Anstand und Ehre als Grundsatz der öffentlichen Verwaltung, die Denunziation und Spitzelwesen unterdrückt, statt sie zu fördern – das sind die unentbehrlichen Grundlagen zur Bildung einer wahren Volksgemeinschaft, in der Vertrauen statt Mißtrauen herrscht. Die „Grundsätze der Friedenswirtschaft", die Goerdeler in diesem Zusammenhang entwickelt, sind uns aus seinen zahlreichen früheren Ausarbeitungen längst bekannt. Höchst eindrucksvoll ist aber die Selbstverständlichkeit, mit der er sein System freier Selbstverantwortung des einzelnen auch auf den Bereich der internationalen Beziehungen ausdehnt. Den freien Wettkampf der Nationalwirtschaften und der nationalen Kulturen in eine gesicherte Ordnung zu bringen, wird die Aufgabe einer gesunden Neugestaltung Europas sein.

Leidenschaftlich protestiert er gegen die Vergewaltigung fremder Nationen und gegen diesen Krieg, der letztlich – zum mindesten in solchem Ausmaß[7] – unnötig war. Immer wieder setzt er dem Schlagwort vom „deutschen Lebensraum", der mit brutaler Gewalt erobert und behauptet werden müsse, sein eigenes, am Vorbild des britischen Commonwealth ausgerichtetes Ideal entgegen: „Kein Volk lebt allein auf dieser Welt; Gott hat auch noch andere Völker geschaffen und sich entwickeln lassen." Nur eine materialistische Geschichtsbetrachtung kann lehren, daß der Staat am besten fährt, der am rücksichtslosesten sich mit Gewalt durchsetzt. „Ewiger Kampf bedeutet dauernde Kräftevergeudung. Ewige Unterdrückung anderer widerspricht offenbar ebenso den Geboten Gottes wie der vernünftigen ... Erkenntnis, daß nur freie Menschen höchste Leistungen vollbringen und daß nur deren gegenseitiger Austausch dauernd Leben erhält und verbessert." Man muß schon im Kriege vorausdenken an die friedliche Dauerordnung, die durch ihn erzielt werden soll; nicht jede Form der Kriegführung ist deshalb dem Soldaten erlaubt; es gibt auch ein Maß der Zerstörung, das dem zu erreichenden Endziel widerspricht. Und die Rede vom „totalen Krieg" ist verwerflich, wenn damit eine Selbstherrlichkeit des militärischen Elementes begründet werden soll. In Bismarcks Staatskunst ist uns das alles vorbildlich vor Augen gestellt.

Goerdeler läßt sich von den großen äußeren Erfolgen Hitlers nicht im geringsten imponieren. Die Kriegsentscheidung, meint er (im Oktober 1940), ist noch lange nicht erreicht. Die wirtschaftlichen Kräfte Deutschlands sind seit dem Entschluß zum Vierjahresplan 1936 immer stärker überanstrengt worden. „Kein Zweifel kann darüber bestehen, daß im Herbst 1941 auch in Deutschland nur noch solche Lebensmittelrationen möglich sind, die praktisch Hunger bedeuten" und zu einem gewaltigen Leistungsabfall führen werden. An anderer Stelle wird sogar schon der August 1941 als Termin des sicheren Zusammenbruchs genannt: eine jener Fehlschätzungen, die bei Goerdeler immer wiederkehren, weil sich ihm auch das statistische Zahlenmaterial den politischen Vorstellungen entsprechend formte. An diesen trüben Zukunftsaussichten, meint er, würde sich auch durch weitere Eroberungen etwa in Spanien, Afrika oder auf dem Balkan nichts Wesentliches ändern –, nicht einmal „die Einbeziehung Rußlands in den deutschen Marktraum" würde eine Wendung bringen, da Hitler nur zu brutaler, lebenzerstörender Ausbeutung fähig ist. Vor allem: Europa bleibt abgeschnürt von den großen Wirtschaftsräumen Amerikas und Asiens, deren Zufuhren es auf die Dauer nicht entbehren kann.

Wie aber sollte sich die außenpolitische Lage Hitler-Deutschlands noch verbessern? Weder Spanien noch die Balkanstaaten oder auch Finnland können als Alliierte von großem Nutzen sein. Die Unfähigkeit Italiens zum Großkampf ist längst erwiesen. Vermöge seines Rohstoff- und Rüstungsbedarfs ist dieser Alliierte für Deutschland mehr eine Last als eine wirkliche Hilfe. Der Krieg ist in Italien höchst unpopulär, Mussolini muß damit rechnen, „daß die überwältigende Mehrheit des italienischen Volkes gegen ihn in Bewegung kommt", falls er „den Krieg nicht in absehbarer Zeit einem vernünftigen Ende entgegenführen kann". „Die italienischen Soldaten wollen gar nicht kämpfen und fallen." Die Durchhaltekraft des italienischen Volkes „wird kaum bis zum Winter 1941/42 reichen". Um eine Revolution hinauszuschieben, wird Mussolini kleine Teilerfolge suchen, etwa gegen Jugoslawien und Griechenland. Daran hat aber Deutschland nicht das mindeste Interesse, weil es eine bloße Kräfteverzettelung bedeutet. Um die Italiener auf wirklich wichtige Kriegsziele zu lenken, wird nichts übrigbleiben, als deutsche Truppen auf solche Punkte anzusetzen, die an und für sich von der italienischen Armee hätten überwältigt werden können.[8] Japans Kräfte nähern sich der Erschöpfung; es übernimmt sich mit der Riesenaufgabe, China zu überwältigen, und kann uns als Verbündeter ohnedies nicht viel nützen. Wirtschaftlich ist es ein gefährlicher Konkurrent für alle europäischen Staaten. Eine innere Aussöhnung mit England und Frankreich wird das jetzige deutsche Regime niemals erreichen, solange in diesen Nationen noch ein Funke von Freiheitswillen lebt. Der ist aber auch in den Franzosen noch nicht erstorben, trotz allen äußeren Anscheins der Kollaboration – wie sie übrigens auch Preußen nach Jena geübt hat, ohne sich darum selbst innerlich aufzugeben! „Der Franzose wäre kein Franzose, wenn er nicht weiterhin nur *ein* Ziel verfolgen würde: die Freiheit seines ganzen Landes." Frankreich kann nicht ewig unterworfen bleiben; wir sollten einen echten Interessenausgleich mit ihm suchen; aber der ist nicht möglich, „solange man die nationalen Freiheiten anderer Völker für nichts achtet".

Rußland schließlich „kann sich nach den Vorgängen der letzten sieben Jahre nicht einen Augenblick im unklaren darüber befinden", daß es einen Vollsieg der Achsenmächte nur fürchten, nicht wünschen kann. Wäre es innerlich stärker und nicht „durch den bolschewistischen Kollektivismus ausgebrannt", so hätte es längst seinen Platz an der Seite der Westmächte gefunden. Einstweilen wartet es ab, freut sich wahrscheinlich, wenn deutsche Truppen zum Angriff auf Ägypten angesetzt werden, und hofft auf gegenseitiges Zerfleischen der kapitalistischen Großmächte. Es erwartet dabei in seiner doktrinären Verbohrtheit vielleicht die Weltrevolution. Zunächst sucht sich Stalin „zwischen Szylla und Charybdis durchzuwinden". Es kann aber sehr wohl der Augenblick kommen, wo er sich gezwungen sehen wird, einzugreifen, um nicht zu spät zu kommen. Der Zeitpunkt selbst bleibt ganz ungewiß.[9] Um so sicherer ist, daß die Vereinigten Staaten England nicht im Stich lassen werden. Sie leisten ihm praktisch jetzt schon alle Hilfe, die sie auch nach einer formellen Kriegserklärung leisten würden. Ob Roosevelt wieder gewählt wird oder nicht, ist dafür gänzlich bedeutungslos. Amerika kann auf die Dauer gar nicht beiseite stehen; aber es kann „mit der Kriegserklärung mindestens noch ein gutes Jahr warten", um dann gleich „mit beachtlichen Kräften" auf dem Kriegsschauplatz zu erscheinen, sei es in Ostasien, sei es im Atlantikgebiet.

Es gibt also keinen Lichtblick für die Zukunft, solange das Hitler-Regiment fortdauert. Der Krieg ist damit sinnlos geworden, denn er kann zu keinem glückhaften Frieden führen. Warum ihn also fortsetzen? Das Ende wird ein schreckliches Erwachen sein, und alles wird nach den Verantwortlichen rufen. Unter Hinweis auf gewisse Äußerungen einzelner Parteifunktionäre meint unser Gutachter: „Die Flucht aus der Verantwortung beginnt bereits." Es wäre verhängnisvoll, wollten wir abwarten, bis das Ende von selber kommt. Ohne Risiko gibt es keinen politischen Entschluß. Man muß den Mut haben, ein Risiko zu laufen – freilich auch die Klugheit, den rechten Augenblick herauszufinden. Worauf wollen wir aber warten? Selbst ein totaler deutscher Waffensieg müßte ins Elend führen; denn er würde zur moralischen Zerrüttung der deutschen Nation, zum Verfall aller höheren Kultur und über kurz oder lang zum Aufstand der besiegten Völker führen. „Die deutsche Macht würde überraschend schnell zerfallen." Oder sollen wir warten, bis unsere Gegner siegen? Je länger wir kämpfen, um so mehr wächst ihr Haß, und ein furchtbares Schicksal Deutschlands würde das Ergebnis sein. Endet der Krieg aber mit allgemeiner Erschöpfung, wie der Dreißigjährige, so ist das allgemeine Elend nicht minder gewiß. Alles kommt also darauf an, ihn rechtzeitig zu beenden, „insbesondere solange die Wehrmacht noch etwas bedeutet und Deutschland sich selbst noch, wenn auch notdürftig, wirtschaftlich behaupten kann". Wartet die Wehrmacht, bis das deutsche Kriegspotential unter dem Zwang unausweichlicher Naturgesetze „verdunstet ist", so kommt sie endgültig zu spät.

Man kann das Ganze dieser Denkschriften nicht lesen, ohne einen starken und bewegenden Eindruck davon zu erhalten, wie völlig sich Goerdeler losgelöst hatte vom Nationalismus „deutschnationaler" Parteikreise und des Alldeutschen Hugenberg, wie weit er über eine äußerliche Anbetung der Macht im Sinn altpreußischer „Militaristen" hinausgewachsen war. Sicherlich: er blieb ein sehr bewußter Patriot, der sich den Stolz auf die großen Zeiten deutscher Geschichte nicht rauben lassen wollte durch die Schmach des deutschen Namens in der Gegenwart. Wir werden noch sehen, daß er sogar die Hoffnung auf eine künftige Führerrolle Deutschlands in Europa – aber eines innerlich erneuerten Deutschland! – nicht fahren lassen wollte. Er war weder Pazifist geworden noch ein blinder Nachahmer ausländischer Vorbilder. Aber sein Deutschtum hatte sich zu echtem Europäertum ausgeweitet; die Übersteigerung des Nationalismus im Hitlertum hatte ihm – ebenso wie seinen Freunden und Gesinnungsgenossen – die Augen geöffnet für die Gefahren einseitig kämpferischer Machtpolitik. Daß gerade ein so feuriger Patriot wie er sich völlig immun zeigte gegen den Siegestaumel der Nationalisten, daß er sich nach wie vor weigerte – und zwar wesentlich aus sittlichen Motiven –, die Knie zu beugen vor dem großen Baal, bleibt ein denkwürdiges Faktum, für das in der neueren Geschichte nicht so leicht ein Gegenstück zu finden sein wird.

Dieser starke Gesamteindruck wird nur wenig beeinträchtigt dadurch, daß die Niederschriften Goerdelers in einer eigentümlich altfränkischen, zuweilen etwas breiten, immer aber stark lehrhaften Form gehalten sind, die manchmal geradezu an Sittenpredigt erinnert.[10] Sicherlich war sein ökonomisches Denken nicht frei von doktrinären Vorurteilen, sein politisches stark mitbestimmt durch sein utopisches Vertrauen auf die Macht natürlicher Vernunft. Aber wie hätte er ohne dieses Vertrauen die Kraft finden sollen zu seinem tapferen Durchhalten in einem praktisch von vornherein aussichtslosen Kampf gegen die Tyrannei? Entscheidend für unser Urteil ist doch die Energie der sittlichen Überzeugung, die ihn nie erlahmen, nie in zweifelnde Resignation versinken ließ wie so manche sehr kluge Männer der deutschen Widerstandsbewegung – nicht zuletzt ihr nominelles Oberhaupt General Beck. Goerdelers Mitverschwörer haben ihm oft vorgeworfen, er vereinfache sich die Probleme zu sehr. Sicherlich nicht ohne Grund. Aber diesem Mangel steht gegenüber der Vorzug einer erstaunlichen Geschlossenheit seines liberalen Denkens, das äußere und innere Politik konsequent auf denselben Nenner bringt: auf den Gedanken der Selbstverantwortung des freien Mannes und der freien Nation, des freien Wettkampfes der Kräfte, in Schranken gehalten durch eine vernünftige Gesamtordnung der Wirtschaft und Gesellschaft, des Staates und der Völkerwelt. Für Goerdeler, den Erben des älteren deutschen Liberalismus in der Epoche Steins und Humboldts, hatte die Idee der Freiheit noch einen vollen Klang und Gehalt. Wie hätte er sich sonst mit solcher Energie der Predigt roher Gewalt und der nationalen Selbstvergötzung entgegenwerfen können? Hier stand wirklich ein geschlossenes Idealbild der gesellschaftlich-politischen Welt dem nationalsozialistischen gegenüber.

Davon ausführlich zu sprechen, scheint uns im Rahmen unserer Biographie wichtiger als ein genau detaillierter Bericht über die schon oft geschilderte Verschwörertätigkeit der Opposition im Kriege mit ihren tausend dramatischen Einzelheiten. Ihr rastloses Bemühen um den Staatsstreich bietet das tragische Schauspiel immer neuen Mißlingens – teils infolge unüberwindlicher sachlicher Schwierigkeiten, teils infolge rätselhafter Zufälle, deren mehrfache Wiederholung etwas Unheimlich-Schicksalhaftes an sich hat. Es wird genügen, davon später nur die Umrisse zu zeichnen. Um so gründlicher ist die Frage zu beantworten: Wie dachte man sich in der deutschen Widerstandsbewegung den Neuaufbau Deutschlands und Europas nach vollendetem Umsturz? Hat man fruchtbare neue Gedanken entwickelt, die auch heute noch, wenigstens teilweise, bedeutsam sein könnten?

Als Quelle für die Pläne Goerdelers steht zunächst eine große, 99 Seiten umfassende Denkschrift zur Verfügung, betitelt „Das Ziel", die Anfang 1941 entstanden sein dürfte.[11] Sie wird durch eine lange Reihe von Ausarbeitungen aus den Jahren 1942–44 ergänzt; die letzten sind im Gefängnis niedergeschrieben.[12]

Man hat gleich beim ersten Auftauchen dürftiger Fragmente aus diesen Plänen in der deutschen Öffentlichkeit 1946 von „reaktionärer Grundhaltung" gesprochen – ein Vorwurf, den Vertreter der sozialistischen Linken in der Oppositionsbewegung schon früher erhoben hatten. Um sich über die Berechtigung solcher Vorwürfe klarzuwerden, mag es gut sein, zunächst einmal zu fragen, wie unser Patriot über die deutsche Vergangenheit gedacht hat Er hat sich darüber 1944 sehr ausführlich geäußert.[13]

An der Verfassung des kaiserlichen Deutschlands kritisiert er die verfassungsrechtliche Unklarheit in der Verantwortlichkeit des Reichskanzlers vor dem Reichstag und vor dem Monarchen. Nach Bismarcks Abgang hat es sich besonders in der Außenpolitik verhängnisvoll ausgewirkt, daß der Kanzler allzu stark von der Willkür des Monarchen abhing und weder Reichstag noch Reichskabinett hinter sich hatte. Dem Reichstag fehlte eine klare Verantwortung vor dem Volke, weil sein Mißtrauen keine Regierung erschüttern konnte. Das Wahlsystem mit Stichwahl der Kandidaten, die keine absolute Mehrheit im Wahlkreis erreichten, stand hinter dem englischen System der relativen Wahlmehrheiten zurück, weil es den Kuhhandel zwischen den Parteien und damit die Bildung von Splitterparteien begünstigte. Voll bewährt hat sich das System einer weitgehenden Selbstverwaltung in Bundesstaaten, Provinzen, Kreisen und Gemeinden. Wichtiger noch: Die Freiheit der Persönlichkeit war unbedingt gesichert. Es herrschte Recht und Anstand im öffentlichen Leben. „Aber die Regierung beging den verhängnisvollen Fehler, die politische und gewerkschaftliche Arbeiterbewegung zu bekämpfen und so die Idee des Klassenkampfes zu verschärfen und zu vertiefen." Die Arbeiter wurden so künstlich zu Staatsfeinden gemacht.

Das führt zu einer Kritik der damaligen Wirtschafts- und Sozialpolitik. Natürlich rühmt Goerdeler das liberale Wirtschaftssystem der kaiserlichen Zeit und den Segen der damals noch freien Weltwirtschaft. Der Wettbewerb sei keineswegs zügellos gewesen, sondern durch feste gesetzliche Spielregeln im Innern, durch eine wohlüberlegte Steuerung des Außenhandels geordnet. Die staatliche und kommunale Wirtschaftsbetätigung bewegte sich im ganzen auf gesunden Bahnen, und die bedeutenden Leistungen deutscher Sozialpolitik werden ebenso anerkannt wie der enorme Aufschwung des wirtschaftlichen Lebens im ganzen. Aber dem stehen doch recht dunkle Schattenseiten gegenüber: „Die große Masse der Arbeiter mußte zu lange arbeiten, zehn und zwölf Stunden am Tage. Ansprüche auf regelmäßigen Urlaub wurden stets abgelehnt, die Feiertage nicht bezahlt", die Wohnverhältnisse der Arbeiter waren mangelhaft. „Es wurde fast nichts getan, um eintönige Arbeit zu beleben." „Die Unternehmer vertraten den Arbeitern gegenüber den Herrenstandpunkt", ein persönliches Verhältnis bildete sich nur in den seltensten Fällen heraus; der Arbeiter konnte kein Interesse an dem Unternehmen gewinnen, in dem er eingestellt war. Die Sozialordnung „wies Härten und Ungerechtigkeiten auf; sie vermochte nicht, den steigenden Wohlstand in die breite Masse der Arbeiter dringen zu lassen, und ließ eine gesunde Weiterentwicklung der Besitzverhältnisse nicht zu". „Die gewerkschaftlichen Zusammenschlüsse der Arbeiter wurden als ausschließliche Vertragskontrahenten für Lohnverträge nicht anerkannt. Der Staat beging den entscheidenden Fehler, die Bedeutung dieser Zusammenschlüsse zu verkennen und sich einzubilden, er könne eine Entwicklung aufhalten, die mit der Zusammenballung des Kapitals und der Arbeiter in Großbetrieben unvermeidbar war." So zwang er die Arbeiter, sich politischen Parteien anzuvertrauen, die ihre Interessen vertraten, beging aber dann „den zweiten Fehler, diese Parteien zu bekämpfen und ihre Angehörigen von öffentlichen Ämtern auszuschließen" – was ihm den Vorwurf des Klassenstaates eintrug. Es entstanden so Spannungen des politischen Lebens, die bis ins Gebiet der Weltanschauung und der Religion reichten. Und doch waren sie keine unvermeidliche Folge des liberalen Wirtschaftssystems, sondern eines zähen Klassenegoismus der bürgerlichen Schichten, „die sich der vollen Gleichberechtigung und der verantwortlichen Eingliederung der Arbeiter in Wirtschaft, Verwaltung und Verfassung ... versagten". Die Überwindung dieser Hemmungen hätte sich freilich auch wohl auf friedlichem Wege schließlich erreichen lassen.

Mit ungewöhnlich guter Sachkenntnis und Nüchternheit wird über die Außenpolitik des kaiserlichen Deutschland nach Bismarcks Abgang geurteilt. Weder französische Revanchegelüste noch britische Eifersucht spielen in Goerdelers Darstellung die in der patriotischen Legende übliche Rolle. Er meint ganz einfach, die deutsche Politik habe ihre Hauptaufgabe verfehlt: nach der Preisgabe des Rückversicherungsvertrages mit Rußland das Hineintreiben in eine völlige Isolierung zu vermeiden und angesichts des gefahrdrohenden Zusammenschlusses von Frankreich und Rußland die rechtzeitige Annäherung an England zu vollziehen. Schuld daran ist nach seiner Meinung nicht nur die „schillernde Persönlichkeit" des Kaisers und der Einfluß unverantwortlicher Ratgeber, sondern in erster Linie die Tatsache, daß Bismarcks Reichsverfassung weder dem Kaiser noch dem Kanzler noch dem Staatssekretär des Äußern eine klare Verantwortung zugemessen hatte. „Eine klare Außenpolitik wurde überhaupt nicht mehr gemacht. Man ließ die Dinge immer größeren Risiken zutreiben und beschwor damit die Totalität des Krieges herauf", d. h. ein gefährliches Übergewicht der militärischen über die politische Führung. „Der Erste Weltkrieg ist von Deutschland nicht vorsätzlich herbeigeführt; er entsprang auch nicht einem bösen Willen, sondern er hat seine Ursache auf deutscher Seite ausschließlich in mangelnder Vorsicht, in mangelnder Entschlußkraft, in bis zur Dummheit gesteigerter Naivität." Ob er hätte vermieden werden können, wenn man von Berlin aus rechtzeitig die Wiener Politik zu einer ehrenvollen Verständigung mit Serbien gezwungen hätte, läßt sich natürlich nicht mehr sagen; denkbar ist immerhin, daß ein erfolgreiches Zusammenwirken deutscher und englischer Politik in der Beilegung des Konflikts unserem Erdteil den Frieden für lange Zeit gesichert hätte. Goerdeler ist weit entfernt davon, die Schuld für den Kriegsausbruch einseitig den Gegnern Deutschlands zuzuschieben; er bemüht sich vielmehr, in sehr korrekter (und sachlich zutreffender) Weise die relative Verantwortung der verschiedenen Großmächte zu bestimmen. Im Urteil über die britische Haltung schließt er sich ziemlich eng an den Botschafter Lichnowsky an, ohne deshalb die bekannten Schwächen der Politik Lord Greys zu verkennen.

Im übrigen stimmt er dem Urteil Präsident Wilsons über die Geheimdiplomatie der europäischen Kabinette vor 1914 zu: sie hätten stärker der Kritik der öffentlichen Meinung ausgesetzt werden müssen und seien viel zu einseitig von machtpolitischem Ehrgeiz angetrieben worden. Aber nur die allgemeinen Grundlinien der Außenpolitik sollten der öffentlichen Kritik unterliegen; ihre Durchführung im einzelnen darf nicht durch Hineinreden Unberufener gehemmt und die Entschlußkraft der verantwortlichen Staatsmänner nicht dadurch gelähmt oder in falsche Bahnen gedrängt werden. Die Arbeit der Diplomaten „muß unter eine handfeste Verantwortung gegenüber dem Außenminister gestellt werden, der seinerseits dem Kabinett verantwortlich ist, dessen Verantwortung vor dem Volk verfassungsmäßig festgelegt sein muß".

Sehr scharf ist die Kritik an der deutschen Staatsführung während des Ersten Weltkriegs. Es fehlte ihr ebenso an sicherem Augenmaß in der Einschätzung des militärischen Kräfteverhältnisses auf beiden Seiten wie an klarer Entschlossenheit in kritischen Augenblicken und an Mut, dem Volk (wie es „Gepflogenheit in England ist") die volle Wahrheit über den Ernst der Kriegslage zu sagen. So „schossen politische Überziele ins Kraut", und Ludendorff drang „in den leeren Raum des politischen Willens ein". Dessen Haltung und die Hindenburgs wird als gänzlich unpolitisch verworfen. Sie hat den rechtzeitigen Abbruch eines aussichtslosen Krieges zuerst verzögert, dann überstürzt erreichen wollen und dadurch selbst das politische Chaos in Deutschland angerichtet. Goerdeler lehnt es ab, einseitig die Linke für die Revolution von 1918 verantwortlich zu machen; auch die Rechte habe ihren Schuldanteil, weil sie viel zu lange „Überforderungen" vertrat. Und von einem „Dolchstoß" in den Rücken der Armee will er gar nichts wissen, da „nach menschlichem Ermessen die Niederlage unabwendbar war". In Wahrheit haben „Noske, Ebert und entschlossene Offiziere die Ordnung des Staates und die Interessen des Vaterlands über alles gesetzt, als sie die Spartakistenbewegung niederschlugen".

Ludendorff hat politische Fragen militärisch lösen wollen; aber er hat sie damit nur vollends unlösbar gemacht. Daß sich Bethmann von ihm die Führung aus der Hand nehmen ließ, ist zum Verhängnis Deutschlands geworden.

Die Weimarer Republik sucht unser Patriot gegen die maßlosen Schmähungen Hitlers in Schutz zu nehmen. Ihre Verfassung brachte eine klarere Regelung der Verantwortlichkeit der Reichsspitzen, als man sie in kaiserlicher Zeit gekannt hatte. Sehr ungünstig wirkte sich das überdemokratische System der Verhältniswahlen aus: es verführte zu einer verantwortungslosen Wahldemagogie. Die ministerielle Gewalt war zu schwach, was besonders in Finanzfragen verhängnisvoll wurde und das bedenkliche Ausnahmegesetz der Notverordnungen unvermeidlich machte. Die Verwaltung war im allgemeinen sachkundig, sauber und gerecht, das Recht und die persönliche Freiheit des Staatsbürgers waren gesichert, die Selbstverwaltung der Länder und Kommunalverbände trotz des verstärkten Zentralismus der Verfassung kräftig entwickelt, mit sehr segensreichen Folgen. Auch das Urteil über die Wirtschafts- und Sozialpolitik der republikanischen Regierungen lautet im ganzen günstig; ihre Mißerfolge werden wesentlich auf die Haltung des Auslands zurückgeführt: auf die überhohen Reparationslasten, auf die Unterbindung des freien Weltmarkts, auf die Besetzung des Ruhrgebiets mit ihren Folgen für die Inflation des deutschen Geldes. Die Zwangs- und Planwirtschaft des Krieges wurde in Deutschland nach und nach abgebaut, der freie Wettbewerb wirkte sich günstig aus – freilich wurde er durch die Bildung großer Industrieverbände und Preiskartelle stark beeinträchtigt.[14] Die soziale Lage des deutschen Arbeiters hat sich wesentlich gebessert, das System der Arbeitslosenversicherung wurde aber falsch, d. h. ohne organische Verbindung mit dem Wirtschaftsprodukt aufgebaut. Im einzelnen haben Unternehmerverbände und Gewerkschaften viele Fehler gemacht. Zur Ehre der letzteren ist aber zu sagen, daß ihre Führung im ganzen einsichtig war und ihrer Gefolgschaft auch harte Opfer zuzumuten wagte. Der Vorwurf gegen die republikanischen Regierungen, daß sie die Arbeitslosigkeit nicht schon vor 1933 durch öffentliche Arbeiten zu bekämpfen verstanden hätten, ist unberechtigt. Die Finanzierung solcher Arbeiten hätte das Ende der Reparationen verhindert und wäre praktisch nur dadurch möglich geworden, daß wir uns, infolge künstlicher Kreditschöpfung, währungspolitisch vom Ausland abschlossen.

Die Außenpolitik der Weimarer Zeit findet unser Gutachter alles in allem wesentlich besser, d. h. zielklarer, zäher, besonnener, nüchterner als die der wilhelminischen Epoche: eine gewaltige Kraftanstrengung, die doch auch nicht ohne bedeutende Folgen blieb. Wir erzwangen uns die Unterstützung Englands, machten durch den Locarno-Vertrag eine dauerhafte Sanierung der

Währung möglich, wurden überraschend schnell ein vollberechtigtes Mitglied des Völkerbundes. Im Frühjahr 1932 war Deutschland von allen Reparationen und Besatzungen frei, hatte die Inflation überwunden und stand mit nur zehn Milliarden Mark Schulden finanziell besser da als alle anderen großen Staaten der Welt. „Wir hatten kein Chaos. Wir hatten keinen Bolschewismus, wir hatten einen Rechts- und Verfassungsstaat." Wer von uns hätte das 14 Jahre vorher für möglich gehalten? „Diese Leistungen wurden von den Rechtsparteien nicht anerkannt. Ihre Opposition war blind und kurzsichtig, sie verfiel der Demagogie." Außenpolitisch kann eine innerpolitische Opposition nützlich sein. Aber sie muß ehrenhaft, sachlich und verantwortungsbewußt bleiben. Hitler dagegen hat keine Verleumdung gescheut. Sicherlich war 1932 vieles noch nicht erreicht: es gab noch offene Grenzfragen, die Kolonialfrage, die Beschränkung der Wehrhoheit. Aber wir hatten gute Aussicht, noch wesentlich weiterzukommen. „Hätten alle Deutschen in nationaler Pflichterfüllung die Nerven behalten, wären nicht kurzsichtige und ehrgeizige Politiker in diesem Augenblick zum Teil aus höchst selbstsüchtigen Motiven der Regierung in den Rücken gefallen", so hätte außenpolitisch ein befriedigender Zustand auf friedlichem Wege erreicht und auch die Arbeitslosigkeit „durch sinnvolle Opfer aller" überwunden werden können.

Auf dem Hintergrund dieser geschichtlichen Anschauung übt Goerdeler seine Kritik (die wir schon kennen) an der Innen- und Außenpolitik des „Diktators". Sein Herrschaftssystem ist das bloße Zerrbild einer Verfassung. Alle guten Traditionen deutscher Geschichte hat er verfälscht, den deutschen Namen durch schauerliche Verbrechen besudelt, die in der ganzen Weltgeschichte keine Parallele finden – vor allem durch die brutale Mißhandlung der Polen und durch die „planmäßig und bestialisch vollzogene Ausrottung der Juden". Mit seinen Siegen hat er nur ein Chaos angerichtet, statt eine gesunde Neuordnung Europas zu ermöglichen, und zuletzt auch noch die Gelegenheit versäumt (heißt es 1944), das russische Volk vom Bolschewismus zu befreien. Eroberungskriege haben auch andere Völker, wie z. B. die Engländer geführt, aber das britische Commonwealth lehrt uns, wie sich aus der Gewalttat doch noch ein heilsames Dauergebilde gestalten läßt. Hitler versteht es nur, zu zerstören und den allgemeinen Haß gegen sich und Deutschland zu erwecken. Wird es also zu einem zweiten, noch schlimmeren Versailles kommen? Unser Patriot will die Hoffnung nicht aufgeben, daß unsere Kriegsgegner ebenso wie die Deutschen aus so grausigen Erfahrungen lernen werden: jene, wohin ein Erschlaffen politischer Opferbereitschaft führt, diese, daß es noch eine höhere Aufgabe als kriegerische Machteroberung gibt und daß wir nicht zum „Herrenvolk" berufen sind. Gelingt es, eine neue, bessere Weltordnung auf den Trümmern des Krieges aufzubauen, so wird dieser zuletzt doch nicht vergeblich gewesen sein.

Wie aber soll nun diese neue Ordnung aussehen? Wir betrachten zunächst die Pläne Goerdelers für eine künftige Staatsverfassung, Wirtschafts- und Gesellschaftsordnung in Deutschland, sodann (im nächsten Kapitel) seine Forderungen für die Neugestaltung Europas in den kommenden Friedensverträgen.

Die reifste und knappste Form seiner Verfassungspläne hat er im September 1944 unmittelbar nach seiner Verurteilung zum Tode im Gefängnis niedergeschrieben. (Wir bringen sie im Wortlaut als Anhang 1 dieses Buches.) Sie beruht in ihren Einzelheiten auf jahrelangen, immer neu angestellten Überlegungen und Beratungen mit politischen Freunden, aber auch mit sachverständigen Juristen, Theologen, Nationalökonomen, Gewerkschaftsführern, Pädagogen und Militärs.[15] Goerdeler war unermüdlich im Diskutieren und Durchdenken der Probleme, trotz hartnäckig festgehaltener Grundüberzeugungen und Doktrinen auch immer wieder lernbereit. In den Grundzügen war indessen sein Verfassungsplan schon in der Schrift „Das Ziel" 1941 festgelegt.

Wer ihn verstehen will, muß schon die Phantasie aufbringen, sich lebendig in die Lage zurückzuversetzen, wie sie ihm und seinen Freunden damals vor Augen stand. Das erste große, uns alle bestimmende Erlebnis war der radikale Umschlag von der egalitären Massendemokratie in die Diktatur gewesen. Keine der großen Parteien der Weimarer Republik war imstande gewesen, diese Katastrophe zu verhindern; ja in irgendeinem Grade waren sie alle mitverantwortlich für den jähen Verlust unserer Freiheit. Alle ihre Schlagworte hatten sich verbraucht, und zwar restlos: der Nationalismus der Rechten ebenso wie der Marxismus der Linken und der Konfessionalismus des Zentrums, der inzwischen schon durch das Erlebnis des gemeinsam durchgefochtenen Kampfes beider Kirchen widerlegt war. Niemand in Deutschland wäre damals im Ernst bereit gewesen, für die Restauration dieses alten Parteiwesens auch nur einen Finger zu rühren. (Bekanntlich verdanken die politisch-parlamentarischen Parteien, ebenso wie die Gewerkschaften, ihre Wiedererstehung seit 1946/47 ganz wesentlich der Nachhilfe der Besatzungsmächte – zugleich freilich der Sturmflut demokratisch-parlamentarischer Freiheitspredigten, die vom Westen her über uns hereinbrach, im Bemühen, die Deutschen umdenken zu lehren und „umzuerziehen".) Es gab also kein einfaches „Zurück nach Weimar". Daß eine Rückkehr zum alten, parlamentarisch verkleideten Obrigkeitsstaat der Hohenzollern für die Widerstandsbewegung nicht in Frage kam, ist ebenso selbstverständlich; wir wissen ja nun, wie Carl Goerdeler darüber dachte. Mit den Mitteln des Militär- und Beamtenstaates ließen sich die immanenten Gefahren der modernen Massendemokratie keinesfalls beschwören. Ebensowenig durch eine künstliche Bevorzugung bürgerlich-konservativer Elemente, wie man es im Frankreich des 19. Jahrhunderts immer wieder versucht hatte. Die Überwindung der alten Klassenspaltung zwischen Bürgern und Proletariern durch eine nationale „Volksgemeinschaft" war ja das eigentliche Geheimnis der innenpolitischen Erfolge Hitlers gewesen. Keinesfalls durften wir dahinter zurückgehen, und niemand war tiefer überzeugt als Goerdeler von der Notwendigkeit, „die Arbeiter zu Mitträgern der Verantwortung für den Staat zu machen". Wie aber sollte es dann, angesichts der großen, geschichtslosen, ungegliederten, geistig weithin uniformen, politisch mangelhaft gebildeten Massen moderner Industriebevölkerung gelingen, die politische Macht verantwortungslosen Demagogen aus der Hand zu reißen, die Gefahr zu beschwören, daß dumpfe Masseninstinkte von neuem gegen ruhige Vernunft in Bewegung gesetzt wurden? Keine Frage des politischen Wiederaufbaus hat Goerdeler und seine Freunde leidenschaftlicher bewegt als eben diese. Der Verfasser kann es aus lebhaften Diskussionen bezeugen, die er selbst mit ihm darüber hatte und mit einem vertrauten Freiburger Freundeskreis, in dessen Auftrag er selbst 1942 eine große Denkschrift über „politische Gemeinschaftsordnung" ausarbeitete und an dessen heimlichen Beratungen auch Goerdeler teilnahm.[16]

Das zentrale Problem der modernen Massendemokratie ist einerseits die Frage einer gesunden Elitebildung, anderseits die Begründung einer möglichst stabilen Autorität, welche die Freiheit nicht erdrückt, sondern sichert. Diesen beiden Problemen ist Goerdelers Verfassungsplan mit besonderer Energie auf den Leib gerückt. Mit dem herkömmlichen Schema parlamentarischer Demokratie wollte und konnte er sich nicht zufrieden geben und wollte sich da von westlichen Vorbildern „nicht beirren lassen". Es setzt eine politische Reife der Wählermassen voraus, die wir im Hitler-Deutschland keinesfalls erwarten durften. Vielleicht ist überhaupt der naive Glaube vieler angelsächsischer Politiker an die unfehlbare Weisheit des „Volkes" schlechthin (so möchte ich hinzufügen) ein Aberglaube, der nur in Ländern mit relativ gesicherter äußerer Lage und demgemäß verhältnismäßig undramatischer innerer Entwicklung nicht immer wieder durch die harten Tatsachen (wie etwa in Frankreich und Deutschland) widerlegt wird. Politische Elitebildung läßt sich bis zu einem gewissen Grad fördern durch „Entmassung der Masse" – ein in unserem Oppositionskreis häufig erörtertes Thema. Sie spielt in Goerdelers Plänen eine große Rolle. Er möchte die Industrien durch Dezentralisation weitgehend auflockern (etwa nach dem Vorbild der württembergischen Verhältnisse), den intelligenten Arbeiter aus der Masse herausheben durch Mitverantwortlichkeit im Betrieb, legt größten Wert auf politische Erziehung, besonders aber auf die Verbreitung ökonomischer Kenntnisse in allen Schulen und dergleichen mehr. Aber das alles sind doch nur indirekte Mittel, die bestenfalls auf lange Sicht und niemals mit Sicherheit wirken. Sie helfen zunächst nicht weiter in der Lösung des Problems: Wie gewinne ich eine Schicht wirklich vertrauenswürdiger, den Problemen des öffentlichen Lebens gewachsener, urteilsfähiger und aktiver Politiker und wie bringe ich sie in die Kommandostellen der Politik?

Die Methode, die er dafür vorschlägt, geht aus von seinen praktischen Erfahrungen in der Selbstverwaltung und wiederholt zum Teil die uns schon bekannten Lohmeyerschen Reformvorschläge der zwanziger Jahre (siehe oben Kapitel 2). Goerdeler betrachtet die Gemeinden als „Zellen der Staatsbildung". Es sind enge, leicht überschaubare demokratische Gemeinschaften – in großen Gemeinden allerdings nur dann, wenn sie ihre Vertretungskörperschaften aus kleineren Stadtbezirken hervorgehen lassen, in denen man sich noch gegenseitig kennt. Auch dann bleibt die Auswahl der richtigen Persönlichkeiten schwierig; sie ist aber entscheidend für den praktischen Erfolg. Unser Autor will sie durch die im jeweiligen Bezirk hauptsächlich vertretenen Berufsgruppen und die deutschen Gewerkschaften aussuchen und auf die Wahlliste bringen lassen – wohl in der Meinung, daß diese Gruppen am besten wissen, wer sich für kommunale Geschäfte eignet. Es kommen nur Bezirksangesessene mit einem gewissen Mindestalter (28 oder 30 Jahre) in Betracht. Aber nur die eine Hälfte der Vertreter soll so ausgesucht werden; die Auswahl der anderen Hälfte bleibt den „politischen Bewegungen" überlassen, die Goerdeler nicht unterdrücken, sondern allmählich in Gang bringen möchte, weil sie allein über das rein partikulare Interesse der Berufsgruppen und der engsten Lokalverbände hinausführen können.[17] Das Wahlverfahren soll in jedem Bezirk als reine Mehrheitswahl, ohne Stichwahl und Listensystem vor sich gehen. So entsteht zunächst das Gemeindeparlament, das sich seine Stadtbehörde (Bürgermeister) wählt. Es dient zugleich als Wahlkörperschaft für den Kreistag, im Zusammenwirken mit anderen Gemeindevertretungen, und zwar so, daß ein genügender Einfluß der Landgemeinden gesichert bleibt. Die Kreistagsabgeordneten müssen im Kreis angesessen sein, brauchen aber keiner Gemeindevertretung anzugehören. Es handelt sich also nicht um eine Bildung der Volksvertretung auf höherer Stufe durch Delegation aus der niederen, sondern um freie Wahl, bei der aber die Stadtverordneten (bzw. Ratsherren) als Wahlmänner tätig sind. Die nächsthöhere Stufe ist der Gau; denn das Reich soll künftig in Reichsgaue, d.h. Reichsprovinzen, eingeteilt werden, die an die Stelle der alten Länder und preußischen Provinzen treten sollen – ein Gedanke, der uns schon aus den

Vorschlägen kommunalpolitischer Reformer der Weimarer Republik bekannt ist (Kapitel 2).

Ihre Abgrenzung soll in möglichst enger Anlehnung an die historischen Länder und Provinzialgrenzen erfolgen ohne künstliches Schematisieren und Rationalisieren, das nur historisch gewachsene Zusammenhänge zerreißen würde.[18] Sie stellen nur noch kommunale Selbstverwaltungsorgane dar, nicht mehr Einzelstaaten im Sinn der „Länder" von 1919. Ihre Verwaltung wird durch Landeshauptleute im Zusammenwirken mit „Gautagen" geführt. Der „Gautag" (Provinziallandtag) wird von den Kreistagen gewählt; grundsätzlich sollen seine Mitglieder in kommunalen Vertretungskörperschaften geschult sein. Er wählt die Gauregierung (Landeshauptmann und Landesräte) und dient wiederum als Wahlmännerkollegium für den Reichstag. Von den 300 Reichstagsabgeordneten soll aber nur die Hälfte aus Gautagswahlen hervorgehen und gleichfalls in kommunalpolitischen Geschäften geschult sein; die andere Hälfte geht aus unmittelbaren und direkten Volkswahlen hervor, jedoch so, daß ihre Auswahl nach dem Muster der Gemeindewahlen beschränkt ist: in jedem Wahlkreis werden vier Kandidaten aufgestellt: je zwei von den „politischen Bewegungen", je einer von den Wirtschaftsgruppen und von den deutschen Gewerkschaften. Für alle Reichstagsabgeordneten gilt die Vorschrift eines Mindestalters von 35 Jahren und fünfjähriger Schulung in irgendwelchen Posten der Selbstverwaltung.

Schließlich soll neben dem Reichstag noch ein Oberhaus als „Reichsständehaus" geschaffen werden aus Leitern der Berufsgruppen, Vertretern der Kirchen und Universitäten, dazu ebenso vielen Vertretern der Gewerkschaft, wie Betriebsführer von den Berufsgruppen entsandt sind, endlich bis zu 50 angesehenen Deutschen aller Stände im Alter von mindestens 50 Jahren, die von der Reichsleitung frei berufen werden, also einer Notabelngruppe.[19]

Überblickt man das Ganze, so zeigt sich, daß für den Kommunalpolitiker Goerdeler die Schulung in kommunalen Verwaltungsgeschäften noch immer (wie schon in den zwanziger Jahren) als das wichtigste Auswahlprinzip einer politischen Elite gilt. Darin ähneln seine Vorschläge denen des Freiherrn vom Stein: es soll gewissermaßen von unten nach oben gebaut, aus dem engeren Kreis zum fortschreitend weiteren aufgestiegen werden. Nur daß der Kommunalpolitiker des 20. Jahrhunderts im Gegensatz zu Stein von irgendwelchen Vorzugsrechten des Adels oder des großen Grundbesitzes, überhaupt des Vermögens, nichts mehr wissen will und auf die politische Rechtsgleichheit aller Stände, besonders auf die Gleichberechtigung von Arbeitern und Unternehmern, großes Gewicht legt. Das Staatsbürgerrecht ist in keiner Weise mehr auf die „eingesessene", im Boden verwurzelte Bürgerschaft beschränkt und durchaus nicht mehr nach dem Umfang des Geldbeutels abgestuft. Auch von „Ernennungen" und „Berufungen" der Volksvertreter durch die Regierung, die sie aus Kandidatenlisten auswählt, welche die Wählerschaft „präsentiert", will Goerdeler nichts wissen. Ein so bürokratisches und zentralistisches System, wie es zuerst Napoleon angewandt hatte, um die Unruhe des demokratischen Lebens abzudämpfen, hätte seinem liberalen Denken gänzlich widersprochen; denn auf Eindämmung und Auflockerung, nicht auf Machtausdehnung des bürokratischen Wesens kam es ihm gerade an. Man konnte also seine Absichten gar nicht schlimmer verkennen als dadurch, daß man sie als eine Art von Nachahmung jenes „christlichen Ständestaates" verstand, den die von ihren extremen Parteien hart bedrängte Regierung Dollfuß in Österreich errichtet hatte.[20]

Man kann gegen Goerdelers Pläne einwenden, daß sein Eliteprinzip weniger politisch als verwaltungstechnisch geschulte Männer zur Aktion berufen hätte. Dagegen würde er eingewendet haben, daß Deutschland von reinen Machtpolitikern ohne Sachkunde und Verwaltungserfahrung nun gerade genug Unheil erlebt hatte; daß die mühsame Arbeit eines deutschen Wiederaufbaus auf den Trümmern des Hitler-Reiches gar nicht nüchtern und sachkundig genug in Angriff genommen werden konnte; daß die Politisierung eines Volkes, das durch die Tyrannei jeder Freiheit und Selbstverantwortung entwöhnt war, nur mit höchster Vorsicht vorgenommen werden durfte; daß in einer so völlig egalisierten und so tief erschütterten Gesellschaft wie der unseren, ohne feste, klare Standestraditionen, kaum ein anderes Eliteprinzip noch anwendbar war als das der Sachkenntnis und Bewährung in öffentlichen Angelegenheiten; denn auch der Besitz höherer Bildung konnte keinen politischen Führungsanspruch mehr begründen, seit die deutsche Bildungswelt als Ganzes sich den elementarsten politischen Problemen gegenüber ebenso hilflos gezeigt hatte – wenn nicht noch hilfloser – wie alle anderen.

Schließlich aber wollte ja auch Goerdeler – im Gegensatz zu der später zu besprechenden Gruppe des „Kreisauer Kreises" – gar nicht auf die Dauer bei der Wahl durch kommunale Körperschaften beharren. Von Anfang an wollte er die Hälfte aller Abgeordneten – was seine Freunde teilweise mit Ängstlichkeit aufnahmen – als Vertreter „politischer Bewegungen" wählen lassen, deren Gestaltung noch ganz im Dunkeln lag.[21] Er empfand das selbst als Wagnis, vertraute aber darauf, daß seine eigene Regierung, wenn sie erst einmal im Sattel säße und Deutschland einen ehrenvollen Frieden gebracht hätte, schon eine große Volksbewegung „auf breitester Grundlage" hinter sich bringen würde. Gleichwohl hat er keinen Augenblick an eine neue Staatspartei und einen neuen „Einparteienstaat" gedacht. Die neue Volksbewegung sollte von der Regierung nur eingeleitet, später selbständig geführt werden. „In ihr sind auch Oppositionsgruppen gestattet, die Volksbewegung soll ihnen bei der Aufstellung von Kandidaten Rechnung tragen. Später mögen sich daraus Parteien – konservativ, liberal, sozialistisch, kommunistisch – entwickeln." Politischer Gesinnungszwang sollte also in keiner Weise ausgeübt werden – auch der äußersten Linken gegenüber nicht. Unser Autor ist zwar überzeugt, daß der Marxismus genau so abgewirtschaftet hat wie der Konfessionalismus des Zentrums. „Er kann nicht wieder Grundlage einer Partei werden, ebensowenig ist der Kirche gestattet, über Parteien Politik zu machen." Aber er fügt sogleich hinzu: „Doch läßt sich in dieser Richtung nichts dogmatisch festlegen", hier beginnt vielmehr „die politische Kunst des Staatsmannes", der es eben verstehen muß (so dürfen wir die Andeutung auslegen), die Massen durch Erfolge für sich zu gewinnen. Nur eine Einschränkung freier Parteibildung soll der neue liberale Staat einführen: er läßt bloß die drei stärksten Parteien zum Zuge kommen, um eine Wiederkehr der unglückseligen Parteizersplitterung von Weimar zu verhindern. In derselben Richtung sollen ja auch das englische Wahlsystem der reinen Mehrheitswahl ohne Stichwahl und Proporz und die Bestimmung wirken, daß die Abgeordneten in ihrem Wahlkreis ansässig sein müssen.[22]

Von ängstlichem Konservatismus wird man angesichts dieser Pläne kaum sprechen können, eher von Kühnheit. Denn natürlich hat sich Goerdeler nicht vorgestellt, daß die neue Epoche deutscher Geschichte, die durch den Sturz Hitlers begründet wurde, mit einer totalen Dauerbesetzung Deutschlands durch feindliche Siegermächte beginnen würde; hätte er das geglaubt, so hätte sich alles Plänemachen überhaupt erübrigt. Blieb aber Deutschland unbesetzt, so war die Gefahr eines innerpolitischen Chaos, vielleicht einer totalen Spaltung der Nation, ähnlich der im Frankreich der Restaurationszeit, riesengroß. Da bedurfte es schon wohldurchdachter Pläne, um eine wirklich gesunde und dauerhafte Demokratie aufzubauen.

Goerdeler war tief durchdrungen von der Einsicht, daß diese neue Demokratie, in bewußtem Gegensatz zum Bismarck-Staat, vor allem auch in der Arbeiterschaft verankert sein müsse. Eben darum hielt er mit größter Zähigkeit, gegen mancherlei Widerspruch seiner Freunde, an dem Gedanken fest, die Gewerkschaftsbewegung neu zu beleben. Zu ihrer politischen Vernunft hatte er das größte Vertrauen auf Grund seiner persönlichen Erfahrung (nicht nur bei jenen Verhandlungen mit der Bauarbeitergewerkschaft 1932). Er betrachtet sie als eine antirevolutionäre Organisation, auf konkrete Nahziele gerichtet, insbesondere auf die Verbesserung der Lebenslage des Arbeiters, aber auch auf seine geistige Schulung und seine Erziehung zu voller Staatsbürgerschaft. Die enge Verbindung der Freien Gewerkschaften mit der Sozialdemokratie machte ihn trotz seiner konservativen Herkunft nicht irre; denn die Tätigkeit der Gewerkschaften selbst bedeutete ja so etwas wie eine Loslösung von der marxistischen Revolutionsdoktrin.

Im einzelnen haben sich seine Pläne an diesem Punkt erheblich weiterentwickelt, seit er (etwa 1941) mit früheren Gewerkschaftsführern in nähere Verbindung trat. Seine Denkschriften von 1940/41[23] sprechen noch nicht von „Gewerkschaften", sondern nur von einer Reform der „Deutschen Arbeitsfront". Ihren Grundgedanken, die Arbeitskämpfe durch organisatorische Zusammenfassung aller wirtschaftlich Schaffenden abzudämpfen bzw. zu überwinden, findet er gut. Auch die Treuhänder der Arbeit möchte er als Mittler und Schlichter in Streitfällen beibehalten, ebenso das staatliche Verbot von Streiks und Aussperrung. Aber er will die Arbeitsfront von parteipolitischen Einflüssen befreien, ihre Finanzverwaltung unter öffentliche Kontrolle bringen und vor allem den natürlichen Interessengegensatz von Unternehmer und Arbeiter nicht künstlich verwischt sehen: beide sollen in getrennten Gruppen organisiert sein, „beruflich, örtlich, bezirksweise usw., um die Arbeitsverträge teils für den Betrieb, teils für den Ort, teils für den Bezirk, teils für das Reich festzulegen", grundsätzlich ohne staatliche Einmischung; doch soll das Prinzip des „Leistungslohns an Stelle des reinen Zeitlohns" festgelegt werden. Später schloß er sich einem Organisationsplan an, der zwischen den Führern der früheren christlichen Gewerkschaften (Jakob Kaiser, Bernhard Letterhaus, Nikolaus Groß, Prälat Dr. Otto Müller, Frau Dr. Nebgen u. a.), der sozialistischen Gewerkschaften (Wilhelm Leuschner und Hermann Maaß) und des ehemaligen deutschnationalen Handlungsgehilfenverbandes (Max Habermann) in vielen Besprechungen aufgestellt wurde und Ende 1942 „in groben Umrissen" festlag.[24] Auch mit den früheren Hirsch-Dunckerschen Gewerkschaften wurde durch Ernst Lemmer Verbindung gehalten.

Der Grundgedanke dieses Planes war die Begründung einer deutschen Einheitsgewerkschaft, welche die frühere Zersplitterung überwinden sollte. Darüber hatten sich Kaiser und Leuschner schon in den ersten Maitagen 1933 geeinigt; gemeinsam wollten sie sich bemühen, „den Willen zur freien gewerkschaftlichen Organisation wach zu halten und für den Fall der Beseitigung Hitlers die Möglichkeit zur sofortigen Neuordnung vorzubereiten". Beide hatten das denn auch in tausend Formen getarnter Werbearbeit versucht. Dennoch mußte Leuschner, als ihn Goerdeler etwa 1940 nach der überwiegenden Haltung der deutschen Arbeiterschaft fragte, gestehen, die große Masse sei, bei guten Löhnen und gewissen sozialen Errungenschaften der Arbeitsfront, mit dem jetzigen Zustand nicht unzufrieden, und die Zahl der Träger alter Gewerkschaftsideen schmelze immer mehr zusammen. Goerdeler soll darüber erstaunt gewesen sein; Leuschner seinerseits, den Kaiser schon früher mit Hammerstein und Beck bekannt gemacht hatte, war erfreut, politischen Anschluß an Goerdelers Kreis zu finden. Es wurde ein Bündnis des Bürgerlich-Liberalen mit dem Sozialisten geschlossen, das beide Partner bis zum bitteren Ende durchgehalten haben, trotz vielerlei Zweifel und Regungen von Eifersucht auf sozialistischer Seite, denen auch Leuschner, wie es scheint, sich nicht ganz verschloß.[25]

In Gemeinschaftsarbeit zwischen Kaiser, Habermann und Leuschner entstand der Plan einer Deutschen Einheitsgewerkschaft, die an Stelle der früheren Zersplitterung treten sollte. Goerdeler hat diesen Gedanken aufgenommen. Die von ihm geplante „deutsche Gewerkschaft" sollte von der Arbeitsfront vor allem den Beitrittszwang übernehmen. Alle Arbeiter und Angestellten vom 18. Lebensjahr an hätten ihr beizutreten, die Angestellten in einer besonderen Gruppe. Die Organisation sollte volle Selbstverwaltung erhalten; als große neue Aufgabe sollte ihr die gesamte Sozialversicherung und Arbeitsvermittlung übertragen werden. Alle Sozialbeiträge sollten künftig gegen entsprechende Lohnerhöhung von den Arbeitern allein getragen werden. Nur so, glaubte man, würde der Arbeiter das Bewußtsein bekommen, für die rechte Verwaltung seiner Interessen selbst verantwortlich zu sein, mit Hilfe einer von ihm kontrollierten Organisation. Das erinnert (wie auch schon der Gedanke der Einheitsgewerkschaft) an Goerdelers ältere Pläne von 1932 (Kapitel 3), die er nur abgewandelt, nicht aufgegeben hatte. Die größte Schwierigkeit machte natürlich das Problem der Arbeitslosenversicherung, deren Last sich im Fall einer ernsten Krise nicht von der Arbeiterschaft allein tragen ließ. Goerdelers Denkschriften von 1940/41 wollten es durch ein System abgestufter Versicherungsleistungen lösen, das er gleichfalls schon 1932 entworfen hatte und an dem er wohl bis zuletzt (wie ich aus Gesprächen mit ihm von 1942/43 weiß) zähe festhielt.[26] Doch wurde darüber keine Einigung mit den Arbeiterführern erzielt – nur daß man in dem Grundsatz übereinkam, „daß auch hier die Arbeiterschaft bei der Aufbringung der Mittel und bei der Verwaltung verantwortlich eingebaut werden müsse, schon um eine organische Lohnpolitik sicherzustellen". Die Aufgaben der Gewerkschaft sollten sich aber nicht auf Lohnverhandlungen, Arbeitsvermittlung und Sozialversicherung beschränken; sie sollte auch ein großes Erziehungswerk ausüben: durch Schulung der Arbeiter in wirtschaftlichen Fragen[27] sollten diese instand gesetzt werden zu verantwortlicher Mitarbeit und Kontrolle der Betriebsleitung. Die Gewerkschaft sollte (in doppelter Zahl) Kandidaten aufstellen für die Wahl als Arbeitervertreter in den Betriebsleitungen. Solche Vertreter wären zu entsenden in die Vorstände der großen

Kapitalgesellschaften (mit mehr als 50 Millionen Goldmark anonymen Kapitals), in die Aufsichtsräte aller Gesellschaften und in die Vertrauensräte aller Wirtschaftsbetriebe; weiter in die Wirtschafts- (Industrie-, Handels-, Landwirtschafts-) Kammern, schließlich auch in das Ständehaus des Reichs und zu den Volksvertretungen aller Stufen (vermöge des schon geschilderten Wahlverfahrens). Zu diesem Zweck sollten sich die Gewerkschaften nicht nur beruflich gliedern (es waren zehn Industriegruppen und eine Angestelltengruppe vorgesehen), sondern auch landschaftlich, und zwar bis zu den Bezirken der Wirtschaftskammern. Schließlich dürften die Gewerkschaften auch eigene Wirtschaftsbetriebe unterhalten, vorausgesetzt, daß sie streng wirtschaftlich und ohne Staatszuschüsse arbeiteten.[28] Von der „Sozialisierung" der Industrien erwartete Goerdeler keinen wirklichen Nutzen für die Arbeiterschaft. Gleichwohl hielt er an dem Grundsatz fest, den er ja schon 1935–37 verfochten hatte (siehe Kapitel 2): daß die Bewirtschaftung der Bodenschätze und der großen Verkehrs- und Versorgungsbetriebe, die sinngemäß am besten im Monopol geschieht, in „Gemeinwirtschaft" betrieben werden sollte, jedoch so, daß streng ökonomische Betriebsführung und möglichst weitgehend auch freier Wettbewerb erhalten blieben.[29] Um diesen vor der Verfälschung durch große Konzerne, Trusts und Syndikate zu schützen, wollte er (im Sinn der ihm befreundeten Freiburger Nationalökonomen) ihre Tätigkeit staatlich kontrollieren, notfalls beschränken. Wie denn überhaupt die Dezentralisation der Wirtschaft eines seiner Hauptanliegen war.

Überblickt man das Ganze dieser Pläne, so zeigt sich, daß darin den Arbeitergewerkschaften eine ganz gewaltige wirtschaftliche und politische Macht zufiel und daß von „bourgeoisem Patriarchalismus" (wie ihn einzelne Sozialisten ihm vorwarfen) gar keine Rede sein kann. Der von Goerdeler geplante Staat war ganz entschieden ein Volks-, ja man kann sagen ein Arbeiterstaat. Eben deshalb erregte er mit seinen Plänen stärkste Bedenken bei Konservativen, wie Ulrich von Hassell, bei seinem Freunde Popitz, dem preußischen Finanzminister, und dessen volkswirtschaftlichem Berater, Prof. Jessen, aber auch in dem sogenannten Kreisauer Kreis um den Grafen Helmuth von Moltke, von dem noch die Rede sein wird. Die dort tätigen Sozialisten wollten von einer allgemeinen deutschen Gewerkschaft als Dauereinrichtung nichts mehr wissen, sondern nur von Gewerkschaften der einzelnen Betriebe. Goerdeler indessen meinte, „daß viele Fragen der Sozialpolitik nicht vom Standpunkt des einzelnen Betriebes in Angriff genommen werden können, sondern vom Standpunkt großer, das ganze Reich überziehender Fach- und Berufsorganisationen". Vor allem: er brauchte die „Deutsche Gewerkschaft" als mitgestaltenden Faktor seiner neuen Demokratie.

Auf diesem Fundament sollte nun eine möglichst dauerhafte staatliche *Autorität* errichtet werden. Es war für uns Deutsche mit Händen zu greifen, daß ohne sie die Freiheit nicht wahrhaft gesichert ist. Die Weimarer Republik war an der hilflosen Schwäche und Unbeständigkeit ihrer parlamentarischen Regierungen zugrunde gegangen. Wie ließ sich eine Wiederholung dieses kläglichen Schauspiels vermeiden? Das war dieselbe Frage, die 1948 auch den parlamentarischen Rat in Bonn so stark bewegt hat, als er unsere jetzt geltende Bundesverfassung beriet. Die Mittel, mit denen er die Stabilität unserer Bundesregierung gesichert hat, sind den Vorschlägen Goerdelers sehr nahe verwandt. Der Reichskanzler ist nicht allmächtig, sondern regiert auf Grund von Beschlüssen seines neunköpfigen[30] Kabinetts. Aber das ist kein lose zusammengefügtes, von den Regierungsfraktionen zusammengeleimtes Koalitionskabinett mehr, sondern eine nach seinem Willen gestaltete Gefolgschaft, vom Staatschef nach seinen Vorschlägen berufen. Die Minister bedürfen nicht des formellen „Vertrauens" der beiden Reichshäuser. Der Staatschef hat sie aber abzuberufen, wenn der Reichstag mit einer Zweidrittelmehrheit oder beide Häuser mit einfacher Mehrheit dies verlangen, vorausgesetzt, daß sie gleichzeitig eine neue Regierung namhaft machen. Das „Notverordnungsrecht" wird in veränderter Form wieder eingeführt: nicht als Verordnungsrecht des Reichspräsidenten, sondern als vereinfachtes Gesetzgebungsverfahren für einen Teil der Reichsgesetze. Normalerweise kommt ein Gesetz durch übereinstimmende Beschlüsse beider Reichshäuser zustande. Dabei steht die Initiative sowohl der Regierung wie beiden Kammern zu. Die Regierung kann aber auch ohne parlamentarische Bewilligung ein Gesetz erlassen. Doch ist sie gezwungen, es zurückzuziehen, wenn beide Häuser, davon eines mit wenigstens Zweidrittelmehrheit, es verlangen. An die Zustimmung des Parlaments ist sie aber in jedem Fall für das Etatgesetz, für Steuer- und Zollgesetze, für Verträge mit dem Ausland und für die Erklärung eines Krieges gebunden. Sie hat schließlich ein Vetorecht gegen solche Beschlüsse, deren finanzielle Auswirkung im Etat nicht vorgesehen ist – kann sich also gegen eine verschwenderische Ausgabenwirtschaft des Parlamentes wehren.[31] So hofft Goerdeler der Regierung eine starke Verfügungsgewalt zu sichern, gleichzeitig aber sie unter öffentliche Kontrolle zu stellen. Nicht ganz eindeutig ist die Machtabgrenzung des Staatsoberhauptes zu erkennen. In der großen Denkschrift von 1941 ist ihm das Recht zugeteilt, den Reichstag aufzulösen; außerdem ist „für äußerste Fälle" die Erklärung eines Staatsnotstandes vorgesehen, der ihm das Recht zuweist, Notverordnungen mit Gesetzeskraft zu erlassen. Von beidem ist indessen in dem späteren Entwurf nicht mehr die Rede. Dort ist die Stellung des Staatsoberhauptes durchaus auf die Rolle des republikanischen „Hüters der Verfassung" beschränkt.

Wie aber war nun das Staatsoberhaupt gedacht? „In Betracht kommen", sagt die Ausarbeitung von 1941, „Erbkaiser, Wahlkaiser, auf Zeit gewählter Führer. Eine ideale Lösung, d. h. eine solche, die für alle Fälle das Richtige vorausbestimmt, gibt es nicht." Verstandesmäßig betrachtet spricht vieles für die Monarchie; aber gefühlsmäßig gibt es viele Gegenargumente, auch manche bittere Erfahrungen der jüngsten Vergangenheit. Bedenkt man die starken inneren Gegensätzlichkeiten des deutschen Lebens und die starke soldatische Tradition, so scheint trotz allem – rein verstandesmäßig gesehen – eine Monarchie am meisten erwünscht. Und zwar eine Erbmonarchie, weil sie allein über jede Art von Massenpropaganda erhaben ist. Daß auch sie gewisse Gefahren birgt, liegt auf der Hand. Sie lassen sich aber vermindern, wenn man dem „Reichsführer" wesentlich nur Repräsentationspflichten zuweist und ihn politisch nur dann „auf den Plan ruft, wenn Kanzler, Reichsregierung und die beiden Häuser offensichtlich nicht mehr ordnungsmäßig zusammenarbeiten". „Im übrigen aber soll er sich, und wenn es Jahrzehnte ohne ihn geht, aus der Tagespolitik heraushalten." „Es tut not, daß das deutsche Volk nach allen Schwierigkeiten der letzten 25 Jahre nun einmal zur Ruhe kommt, und dazu gehört insbesondere auch eine von Tageseinflüssen und Tagesstreit unabhängige Staatsführung. Zur Ausschaltung von Personenfragen kann die Stellung des Reichsführers zunächst durch einen Reichsverweser ersetzt werden."[32]

Es ist also nicht das Hängen eines alten Deutschnationalen an monarchischen Traditionen, sondern das politische Bedürfnis nach möglichst stabilen Regierungsverhältnissen, was Goerdeler, mit einem gewissen Zögern, zum Vorschlag einer monarchischen Restauration bewegt. Vor allem soll verhindert (oder doch erschwert) werden, daß sich wieder ein gefährlicher Demagog zu monarchischer Gewalt aufschwingen kann. Dasselbe Bedürfnis wurde in jenen Jahren von vielen Deutschen empfunden, die sich angstvoll fragten, wie es gelingen sollte, nach dem Zusammenbruch einer so überstarken Autorität wie der des „Führerstaates" eine neue von wirksamer Symbolkraft zu errichten und so das Chaos zu verhindern. Es gab unter den Verschwörern keine wirklich populäre Gestalt; so erwog man, ob sich vielleicht die Symbolkraft der Krone heraufbeschwören ließe, um den Umsturz populär zu machen. Hoffnungen dieser Art fanden eine gewisse Neubelebung durch die Tatsache, daß der tapfere Soldatentod des Prinzen Wilhelm, des ältesten Kronprinzensohnes, am 26. Mai 1940 so großes Aufsehen erregte. Zu seiner Bestattung in Potsdam sollen mehr als 50000 Menschen zusammengeströmt sein – was Hitler so erschreckte, daß er den weiteren Dienst von Mitgliedern ehemals regierender Dynastien in der Armee verbot. Indessen stieß die Restauration der Hohenzollernmonarchie sogleich auf dieselbe Schwierigkeit, auf die geschichtlich beinahe alle Restaurationsversuche dieser Art gestoßen sind: es war fast unmöglich, einen geeigneten Prätendenten herauszufinden.

Gegen die Persönlichkeit des früheren Kronprinzen erhoben sich von allen Seiten Bedenken – die stärksten gerade von denen, die ihn am genauesten kannten.[33] Minister Popitz dachte zeitweise an Prinz Oskar, ließ den Gedanken aber bald fallen und setzte sich für den zweiten Sohn des Kronprinzen, Prinz Louis Ferdinand, ein. Dieser wurde auch von anderer Seite empfohlen, besonders von dem Rechtssyndikus der Lufthansa, Dr. Otto John, der ihn als Angestellten seiner Firma kannte und schon seit 1937 in die Ziele der Hitleropposition eingeweiht hatte. John selbst gehörte zu den Aktivisten der Widerstandsbewegung und brachte den Prinzen nach und nach mit seinen politischen Gesinnungsgenossen in Verbindung: unter anderem mit Hammerstein, mit Dohnanyi, dessen Schwager Dr. Klaus Bonhoeffer, ebenfalls Syndikus der Lufthansa, seinem Bruder Dietrich, dem Theologen, dem Kaufmann Justus Delbrück, Rechtsanwalt Dr. Wirmer von der früheren Zentrumspartei, jetzt einem der eifrigsten unter den Verschwörern. Vor allem aber lernte ihn in diesem Kreise auch Jakob Kaiser kennen, und Goerdeler selbst besuchte ihn im Juli 1942 auf seinem Gut Cadinen. Beide waren stark beeindruckt von der Weltaufgeschlossenheit, Lebensnähe, vielseitigen Begabung und Bildung dieses Hohenzollernsprosses, der seine fürstlichen Standestraditionen und -vorurteile so radikal von sich geworfen hatte, ja zeitweise selbst, in den Werkstätten von Ford, den Alltag eines modernen Fabrikarbeiters kennengelernt und geteilt hatte. Ob ihm bei den tausend Abenteuern seiner Weltreisen die sichere Würde erhalten geblieben war, die nun einmal zum Wesen der Monarchie gehört, darüber bestanden gewisse Zweifel, die aber durch die positiven Eindrücke zunächst überwogen wurden. Unter diesen spielten seine guten persönlichen Beziehungen zum Präsidenten Roosevelt eine nicht unbedeutende Rolle.[34] Vor allem: er war bereit, im Falle eines Umsturzes sich zur Verfügung zu stellen, wenn auch nur „als Privatmann", und schrieb darüber auf Johns Wunsch ein Memorandum. So sammelte er viele Sympathien für sich; aber „Thronprätendent" der Opposition ist er doch eigentlich nicht geworden. Die entgegenstehenden Schwierigkeiten waren zu groß.

Zunächst war vorauszusehen, daß die Erhebung eines Hohenzollern in Bayern und Österreich auf heftigen Widerspruch stoßen würde, auch im Kreise der dortigen Oppositionsmitglieder.[35] Aber auch wenn man darauf keine Rücksicht nahm, erhob sich die Schwierigkeit, daß Prinz Louis Ferdinand sich weigerte, etwaigen Thronansprüchen seines Großvaters und Vaters irgendwie in den Weg zu treten. Wilhelm II. starb am 4. Juni 1941; aber den dynastischen Vorrang des Kronprinzen konnte man schon deshalb nicht einfach übergehen, weil er der Armee allein als Thronerbe und ehemaliger Heerführer bekannt war. Es wurde deshalb der Plan entwickelt, er solle mit einer Proklamation an Volk und Armee hervortreten, in der er folgendes erklärte: Er habe nicht deshalb dem Thron entsagt, „um das Reich Wahnwitzigen und Verbrechern auszuliefern". „Der Führer hat den dem deutschen Volk geleisteten Eid durch geheime Mordbefehle gebrochen." So stelle er sich nun „vor den Thron seiner Väter, vor dem sie Unrecht nicht duldeten", um Volk und Reich zu retten, übernehme die Führung des Reiches und den Oberbefehl über die Wehrmacht und werde alles daransetzen, zunächst einen ehrenvollen, aber auch für andere Völker annehmbaren Frieden zu erkämpfen. Danach werde er sogleich zugunsten seines Sohnes, des Prinzen Louis Ferdinand, abdanken.

Ein undatierter Entwurf zu einer solchen Proklamation hat sich im Nachlaß Goerdelers gefunden und wird auszugsweise als Anhang IV dieses Buches abgedruckt. Der Urheber ist unbekannt; Goerdeler war es wohl nicht. Das wahrscheinlichste ist, daß er in dem kritischen Kriegswinter 1942/43 entstanden ist, in dem der Fall von Stalingrad den Gedanken an eine Militärrevolte wieder sehr aussichtsreich erscheinen ließ und die Verschwörer zu höchster Aktivität antrieb. Damals haben nach dem Bericht Louis Ferdinands, den mir Bundesminister Jakob Kaiser mündlich ergänzte, im Hause des Professors Bonhoeffer, des Vaters der beiden Mitverschworenen, und später in der Wohnung Claus Bonhoeffers zwei Aussprachen stattgefunden, bei denen außer dem Prinzen Goerdeler, Jakob Kaiser, Wilhelm Leuschner, Dr. Wirmer und Ewald von Kleist-Schmenzin, der alte Todfeind Hitlers, zugegen waren, das zweitemal auch Hassell. Man drang in den Prinzen, selbst als Kronprätendent hervorzutreten und das Signal zum Aufstand der Generäle zu geben. Schon lange vorher waren Kaiser und Leuschner als Führer der früheren Gewerkschaften gefragt worden, ob die hinter ihnen stehenden Volksteile einer Wiederherstellung der Monarchie zustimmen oder sich dagegen auflehnen würden. Beide glaubten der Zustimmung breiter Massen gewiß zu sein, wenn nur so das Regiment des Tyrannen gestürzt werden könne. Prinz Louis Ferdinand seinerseits bestand darauf, daß sein Vater nicht übergangen werden dürfe, und zwar, wie es scheint, allein aus der Empfindung der „Sohnespflicht" (im Sinn des dynastischen Erbrechtes) heraus, nicht deshalb, weil er sein plötzliches Hervortreten vor der Öffentlichkeit für politisch aussichtslos hielt. Wie auch immer: er wollte zunächst seinen Vater fragen; wie der aber antworten würde, daran konnte niemand zweifeln, der den Kronprinzen kannte. Ohne Zögern lehnte er das gefährliche Abenteuer ab und warnte seinen Sohn dringend (und mit Erfolg), sich weiter auf solche Verschwörungen einzulassen.[36]

Die politische Rolle des Prinzen war damit für immer erledigt. In seinen Aufzeichnungen von 1944 spricht Goerdeler nur noch von einem Generalstatthalter, den die neu zu bildende Regierung auf vier Jahre wählen lassen soll, das erstemal durch das Ständehaus, später durch beide Häuser in gemeinsamer Sitzung (ähnlich wie die französische Präsidentenwahl). Ob die Monarchie überhaupt noch in den Sattel gehoben werden könne, erscheint ihm fraglich, obgleich er es selbst nach wie vor wünschen würde; aber unter den Hohenzollern oder Wittelsbachern, die er sich als „würdig" denken könnte,[37] erscheint der Name Louis Ferdinand überhaupt nicht mehr. Unser Autor ist bereit, sich dauernd mit einem Generalstatthalter oder Reichspräsidenten zu begnügen; jedoch sollte er unbeschränkt wieder wählbar sein, nach der dritten Wiederwahl auf Lebenszeit. Man sieht, es kam ihm wesentlich nur auf das Prinzip der Dauerhaftigkeit an.

Der nachträgliche Betrachter mag über die Idee einer Restauration der Hohenzollernmonarchie leicht den Kopf schütteln. Der Verfasser gesteht, daß er selbst den Kopf geschüttelt hat, als ihm Goerdeler (etwa im Januar 1943) davon in Andeutungen erzählte. Es gab auch jüngere Mitglieder der Verschwörung, die sich entschieden dagegen wandten, weil sie jeden Anschein eines „junkerlich-reaktionären" Regimes (etwa im Stil der früheren Papen-Regierung) zu vermeiden wünschten.[38] Indessen wird man nicht übersehen dürfen, daß es den Verschwörern zunächst darauf ankommen mußte, die Sympathien des älteren, aus monarchischer Zeit stammenden Offizierskorps für einen Umsturz zu gewinnen, und daß sie nicht etwa eine Restauration des alten Kaiserreiches planten, sondern eine streng konstitutionelle, auf präsidiale Befugnisse im Sinn der Republik beschränkte Monarchie, etwa nach englischem, holländischem und skandinavischem Muster. Ein Hohenzollernprinz, der den ungeheuren Mut besessen hätte, sich an die Spitze der deutschen Widerstandsbewegung zu stellen, offen zur Befreiung von einer unerträglich gewordenen und außenpolitisch gescheiterten Tyrannei aufzurufen und dafür sein Leben aufs Spiel zu setzen, hätte jedenfalls die historische Lage der Monarchie in Deutschland mit einem Schlage verändert. Die peinlichen Erinnerungen vom November 1918 wären demgegenüber jählings versunken. Es ist nicht abzusehen, wie sich das innenpolitisch hätte auswirken können. Vielleicht war es wirklich so, wie damals die Arbeiterführer vermuteten: daß in der fürchterlichen Drangsal eines aussichtslos gewordenen Krieges, in dem der Bombenhagel unserer Gegner unser ganzes Leben zu vernichten drohte, auch breitere Volksmassen es vorgezogen hätten, einen Monarchen zu bekommen, der uns baldigen Frieden verhieß, als eine unabsehbare Fortsetzung ihrer Leiden unter dem „Führer", dessen Gewaltherrschaft seit Stalingrad doch in Wahrheit immer volksfremder wurde. Ein sicheres Urteil darüber wird niemals möglich sein.

Die Grundzüge der von Goerdeler geplanten Verfassung für ein künftiges Deutschland liegen nun vor unseren Augen. Es gilt nur noch, einige besonders wichtige Einzelheiten aus der Fülle seiner Organisationsvorschläge herauszuheben und abschließend das Ganze mit den Verfassungsplänen anderer Widerstandsgruppen zu vergleichen.

Das Wichtigste ist zunächst die Kompetenzverteilung zwischen Reich und Ländern (bzw. Gauen), Kreisen und Gemeinden. Man erkennt hier unschwer die Grundzüge der Lohmeyerschen Reformgedanken von 1928 (siehe oben Kapitel 2) wieder: kräftige Entwicklung der Selbstverwaltungsorgane unterster Instanz, weitgehende Beschränkung der Länderhoheit, Zusammenfassung der wichtigsten Hoheitsrechte in der Hand der zentralen Reichsstellen, deren gesetzgeberische Tätigkeit auch die Grundzüge der Länderverwaltung bestimmt. In jedem Gau soll ein Reichsstatthalter (1941 noch „Oberpräsident" genannt) die Selbstverwaltungsorgane beaufsichtigen — nicht kleinlich, nicht in Einzelheiten eingreifend, nicht mit Hilfe bürokratischen Schreibwerks, sondern möglichst durch reisende Inspekteure –, aber doch so, daß die „Einheit der inneren Reichsverwaltung" gewahrt bleibt. Man kann das politischen Zentralismus nennen; denn die eigentlichen politischen Entscheidungen sollen alle in der Reichshauptstadt fallen, die Länder als bloße Kommunalverwaltungen höherer Ordnung fungieren. Trotzdem können sie ihre Sonderinteressen in der Reichsinstanz kräftig zur Geltung bringen, da ja die Reichstagsabgeordneten zur Hälfte aus ihren eigenen Vertretungskörperschaften hervorgehen und alle in der kommunalen Selbstverwaltung geschult sein sollen. Und da das Hineinreden der Staatspartei in die Verwaltung wegfällt, ist noch ein weiteres Stück der nationalsozialistischen Überzentralisation abgebaut.

Den Grundgedanken des inneren Reichsaufbaus entsprechen auch Goerdelers Vorschläge für die künftige Finanzreform. Eigene Steuereinkünfte will er nur den Gemeinden und dem Reich zubilligen, alle Zwischeninstanzen sollen sich durch Umlagen und eigene Wirtschaftsbetriebe finanzieren. So hofft er das Steuerwesen grundlegend vereinfachen zu können. Doch soll die Reform erst dann in Angriff genommen werden, wenn der neue Staat sich innerlich gefestigt und seine drückendsten Finanzsorgen überwunden, vor allem das schwierige Problem der Kriegsschulden der Lösung näher gebracht hat.[39]

Je straffer der innere Aufbau des neuen Reiches gedacht war, um so schwieriger gestaltete sich die Frage nach dem zukünftigen Verhältnis zu Österreich. Um sie zu klären, ist Goerdeler im Oktober 1942 zusammen mit Jakob Kaiser nach Wien gefahren. Er fand dort viel Widerstreben, Österreich noch weiter an das Reich zu binden, doch bei einzelnen großdeutsch gesinnten Politikern Bereitschaft, auch nach dem Sturz Hitlers beim Reich zu bleiben; nur verlangte man allgemein eine Sonderstellung Österreichs, das nicht länger „Provinz“ sein wollte. Man kam so zu dem Schluß, diese Sonderstellung müsse stark betont werden: etwa durch regelmäßige Aufnahme eines Österreichers als Ministers ohne Portefeuille ins Kabinett, Verlegung eines Teils der Regierungsorgane nach Wien, vielleicht auch zeitweise Tagung des Reichstages in dieser alten Reichshauptstadt.[40]

Eine weitere, grundsätzlich wichtige Frage war die nach dem künftigen Verhältnis von Kirche und Staat. Es versteht sich, daß unser Politiker die Kirchen von allen Beschränkungen befreien wollte, die sie im „Dritten Reich“ eingeengt hatten. Freie Selbstverwaltung ohne Einmischung einer staatlichen Kirchenbehörde sollte ihnen garantiert, ihr Vermögen nach dem Stand vom 1. Januar 1933 erhalten bzw. wiederhergestellt werden. Der Staat sollte sich nur die Bestätigung der „Oberen“ in ihren Ämtern vorbehalten, den Kirchen ihr Steuerrecht belassen, aber die Staatszuschüsse einstellen (ein Vorschlag, dessen rechtliche und praktische Tragweite Goerdeler schwerlich ganz übersehen hat). Darüber hinaus sollte die Betätigung der Kirchen auf dem Gebiet der Jugenderziehung, Schulbildung und Volkswohlfahrt nicht gehemmt, sondern in jeder Weise gefördert werden, besonders auch im Religionsunterricht. Unser Gutachter fand eine freie Konkurrenz zwischen staatlichen und kirchlichen Schulen und Wohlfahrtseinrichtungen höchst erwünscht, weil das nur zu gegenseitiger Leistungssteigerung führen könne. Er meinte, die protestantischen Kirchen wären im 19. Jahrhundert viel zu einseitig Pastorenkirchen geworden, weil der Staat ihnen zu viele praktische Aufgaben abgenommen und sie dadurch immer mehr auf Gottesdienst und Predigt beschränkt habe. Sie sollten aber wieder echte Volkskirchen werden.

Er nahm also einen betont laizistischen Standpunkt ein – ähnlich wie einst der Freiherr vom Stein. Ja, er ging darin so weit, daß er indirekt nun doch wieder Staatszwang anwenden wollte, um das innere Gefüge der deutschen Kirchen zu ändern. Durch Drohung mit dem Entzug des Steuerrechts wollte er die evangelischen Landeskirchen zwingen, sich zu einer deutschen Gesamtkirche zu vereinigen, die katholische Kirche, sich einen deutschen Primas zu küren, dem die Besetzung „der höheren Kirchenstellen“ zustehen sollte. Wie wenig sich das (vom kirchlichen Standpunkt gesehen) mit dem Prinzip kirchlicher Selbstbestimmung vertrug, hat er offenbar nicht bemerkt.[41]

Auf eine recht originelle Weise dachte Goerdeler das Judenproblem zu lösen. Daß er die deutschen Juden für ihre Verluste und Mißhandlungen entschädigen wollte, versteht sich ohne weiteres. Aber er suchte nach einer Dauerlösung, die sie aus der unwürdigen Stellung eines mehr oder weniger unerwünschten „Gastvolkes“ in den Ländern Europas erlösen sollte. Er hielt es für eine wichtige Aufgabe der künftigen Mächtekonferenz, ihnen einen selbständigen Staat in freiem Siedlungsland zu beschaffen (er dachte unter anderem an kanadische und südamerikanische Gebiete, da Palästina auf die Dauer nicht ausreichen würde). Dann würden sie eine eigene Heimat und eigenen diplomatischen Schutz genießen wie jeder andere Ausländer. Soweit sie soldatische Leistungen für Deutschland oder alte Familientraditionen aufweisen könnten, sollte ihnen aber auch die deutsche Staatsangehörigkeit nicht verweigert werden.[42]

Schließlich bedarf noch die Frage einer kurzen Betrachtung, wie Goerdeler sich die Ausrottung des Nationalsozialismus im deutschen Volk gedacht hat. Von einem Verbot der Partei wollte er als echter Liberaler nichts wissen, ebensowenig von irgendwelcher Bestrafung oder Zurücksetzung wegen formeller Parteizugehörigkeit. Politische Einsicht und persönlichen Mut hielt er für keine Alltagseigenschaften des Menschen, deren Mangel der Gesetzgeber unter Strafe stellen dürfte.[43] Mit rücksichtsloser Härte sollten alle Verstöße gegen das Recht, insbesondere alle Unmenschlichkeiten, aber auch alle Korruptionserscheinungen bestraft werden, ohne Unterschied der Person, und zwar durch deutsche Gerichte. Denn ihm lag viel daran, daß die Deutschen selbst die nötige Sühne an denen vollzögen, die den guten deutschen Namen mit Schande bedeckt hätten, und dadurch ihren Willen zur Erneuerung alles Lebens selbst bekundeten. Nur eine solche Selbstreinigung, meinte er, würde auch moralisch wirksam sein, nicht aber ein Strafgericht der Sieger über die Besiegten, das nur neue Erbitterung schaffen könnte. Eben deshalb sollte die Verfolgung aller im Namen Hitlers begangenen Verbrechen eine der ersten und dringendsten Taten der neuen Regierung sein.[44] Von der öffentlichen Aufklärung über die Schandtaten der nationalsozialistischen Führerschaft erwartete er sich eine so starke Wirkung, daß die Partei ganz von selbst unter der Last der Anklagen zusammenbrechen und auch ohne Verbot jede politische Bedeutung verlieren würde; denn trotz aller Erbitterung auf diese Schandtaten hat Goerdeler niemals daran gezweifelt, daß die moralische Substanz des deutschen Volkes in ihrem Kern noch gesund sei – trotz allem! Ohne diesen Glauben hätte er an dem Sinn einer deutschen Widerstandsbewegung verzweifeln müssen.

Überblickt man das Ganze dieser Zukunftspläne für Deutschland, so erscheinen sie zwar als ein Versuch, an die geschichtliche Tradition anzuknüpfen, aber keineswegs in der Form der Restauration, sondern echter Erneuerung und Fortbildung. Veraltetes sollte abgestoßen oder reformiert, aus den Fehlern der Vergangenheit sollten Lehren gewonnen werden – so wie sie ein Mann verstand, der aus der kommunalen Selbstverwaltung der Weimarer Epoche herkam und fast überall an damalige Reformpläne anknüpfen konnte. Bürgerlichliberales Denken, besonders in Wirtschaftsfragen, liegt zugrunde; aber es paart sich mit ehrlicher Bereitschaft, die Fundamente von Staat und Gesellschaft demokratisch zu verbreitern und auch den Arbeiter als gleichberechtigten Staatsbürger und Volksgenossen nicht nur anzuerkennen, sondern auch an der öffentlichen Verantwortung mitzubeteiligen. Nur daß sich unser Reformer von allen marxistischen Doktrinen ebenso fernhält wie von den Überschwenglichkeiten sozialistischer Weltverbesserer. Er kennt die sehr begrenzten Möglichkeiten staatlicher Planung und mißtraut allem, was nach totalitärer Lebensbeherrschung durch die öffentliche Gewalt ausschaut. Seine Pläne sind nüchtern, zuweilen allzu einfach gedacht, aber handfest und klar, im ganzen von erstaunlicher Geschlossenheit. Dahinter steht ein sittliches und patriotisches Pathos, an dessen Echtheit kein Zweifel sein kann.

Ein gleich geschlossener und vielseitiger, bis in Einzelheiten durchdachter Zukunftsplan ist von keiner anderen Gruppe der Widerstandsbewegung überliefert. Am meisten vergleichbar sind noch die Reformentwürfe des Kreises um die Grafen Helmuth von Moltke und Peter Yorck von Wartenburg, später von der Gestapo als „Grafengruppe“ oder „Kreisauer Kreis“ bezeichnet. Seine Zusammensetzung und die Wesensart seiner – durchweg geistig sehr hochstehenden – Mitglieder sind schon so oft geschildert worden,[45] daß ich hier darauf verzichten kann. Nicht entbehrlich ist indessen ein exakter Vergleich seiner Planungen mit denen Goerdelers, weil Gegensatz und Gemeinsamkeit innerhalb der Widerstandsbewegung eine sehr große Rolle gespielt haben.

Eine Art von Vorgeschichte haben diese Pläne in gewissen Verfassungsentwürfen, die Graf Peter von Yorck mit einem engeren Freundeskreis beriet, zu dem unter anderen Graf Fritz von der Schulenburg, Graf Berthold Stauffenberg, der Bruder des späteren Attentäters, und Yorcks früherer Dienstvorgesetzter, Landrat Ehrensberger, jetzt Referent im Reichsinnenministerium, gehörten. Graf Yorck ist eine der edelsten, tapfersten und auch menschlich sympathischsten Gestalten der ganzen Widerstandsbewegung; er war ein tief überzeugter Christ.[46] Wie viele Christen in Deutschland, so trieb auch ihn zuerst, wie es scheint, die abscheuliche Judenhetze vom November 1938 zu politischer Empörung. Ein Exemplar des Verfassungsentwurfs, der von Ende 1938 bis Frühjahr 1940 in diesem Freundeskreis entstand, scheint nicht erhalten zu sein. Wohl aber läßt ein mir vorliegender Bericht erkennen, daß er auf eine starke Dezentralisation des Reiches und Verlegung des Schwergewichts auf die Länder hinauslief. Die kommunale Selbstverwaltung sollte stark betont, die Wirtschaft ständisch gegliedert werden – alles Gedanken, die später in den sogenannten „Kreisauer Papieren“ wiederkehren. Offenbar sind die Yorckschen Entwürfe bei deren Beratung mitverwendet worden.[47]

Aus der Freundschaft Yorcks mit dem Grafen Helmuth James Moltke, einem Großneffen des großen Marschalls und Besitzer von dessen schlesischem Gut Kreisau, ist der vielgenannte „Kreisauer Kreis" nach und nach erwachsen. Auch hier bildete der religiöse Protest gegen den Nationalsozialismus und seine Predigt roher Gewaltherrschaft den Ausgangspunkt, und in der politischen Gesellschaft, die sich um die beiden Freunde nach und nach sammelte, spielten die Theologen und theologisch, kirchlich oder doch religiös interessierte Laien eine überaus starke Rolle. Beide Konfessionen waren durch Persönlichkeiten vertreten, die theologische Schulung mit einem ungewöhnlich hohen Maß von politischem Interesse und von Sachkunde in Fragen der praktischen Lebensgestaltung verbanden. Die evangelische Seite vor allem durch Dr. Eugen Gerstenmaier, vielleicht den lebenskundigsten und lebenskräftigsten aller deutschen Theologen,[48] selbst aus der praktischen Wirtschaft hervorgegangen; die katholische durch den jungen Jesuitenpater Alfred Delp, weithin bekannt als Schriftsteller und Vortragender über Fragen moderner Lebensgestaltung. Graf Moltke, gebürtiger Halbengländer, zuletzt als Barrister in London tätig, scheint seine außenpolitischen Hoffnungen vorzugsweise auf christliche Kreise Englands gesetzt zu haben und teilte die Neigung der Anglikaner zu ökumenischer Gesinnung auch gegenüber der Kirche Roms. So wurde die Aussöhnung oder doch Annäherung beider Konfessionen zu einem Lieblingsthema der Kreisauer Gespräche.[49] Durch Pater Delp wurde Moltke in die sozialethischen Anschauungen der päpstlichen Enzykliken eingeführt, die ihn lebhaft interessierten. War er doch längst, mitangeregt durch Vertreter der deutschen Jugendbewegung und des freiwilligen Arbeitsdienstes, für soziale Reformen sehr aufgeschlossen und hatte einen Teil seines Gutsbesitzes freiwillig in Bauernhöfe aufgeteilt. Pläne zur Sozialreform und Überwindung der Klassengegensätze bildeten somit ein weiteres Hauptthema des Grafenkreises, und man kann es als dessen bedeutendste, bleibend denkwürdige Leistung betrachten, daß es ihm gelang, Vertreter der radikalen Linken mit Angehörigen der Aristokratie und Kirchengläubigen zu enger, ja freundschaftlicher Zusammenarbeit zu bringen. Carlo Mierendorff und Theo Haubach waren nun freilich Sozialisten besonderer Art: keine alten Kämpen der Gewerkschaftsbewegung oder Arbeiter, die zu Parteifunktionären aufgestiegen waren, sondern Akademiker von bürgerlicher Herkunft, die (ähnlich wie ihr Altersgenosse Schumacher) sich in der sozialdemokratischen Partei kraft ihrer überlegenen Intelligenz und wissenschaftlichen Bildung durchzusetzen suchten gegen eine geistig erstarrte, mehr oder weniger dogmengläubige, aber praktisch opportunistische Parteibürokratie. Der Erste Weltkrieg, in dem sie mit Auszeichnung gekämpft hatten, die Kameradschaft des Schützengrabens und das Chaos der nachfolgenden Revolutionsjahre war ihr politisches Grunderlebnis gewesen; die geistige Luft von Heidelberg, geschwängert mit politischem Radikalismus und schöngeistig-philosophischen Interessen, hatte ihren Bildungsbesitz bestimmt. Trotz bedeutender Leistungen als Volksredner, Journalisten und Organisatoren (besonders in der sozialistischen Jugendbewegung und dem „Reichsbanner Schwarz-Rot-Gold") war ihr Weg in der Partei „ein Leidensweg geblieben"; dabei hatte sich Mierendorff als die weit stärkere, politisch aktivere Kraft gezeigt. Die Echtheit ihrer Überzeugungen haben sie nach 1933 in grausamen, langjährigen Leiden der Gefängnisse und Konzentrationslager erproben müssen. Die Frage, was sie an politischem Ideengut zur Widerstandsbewegung hinzubrachten, ist nach Lage der Quellen nicht leicht zu beantworten. Mierendorffs stärkste Leidenschaft scheint dem Kampf gegen das Fortleben und Neuerwachen eines militanten Nationalismus gegolten zu haben, dessen Duldung oder gar Förderung in der Reichswehr er der Weimarer Demokratie (besonders dem Wehrminister Geßler) vorwarf. Er setzte ihm das Ideal einer europäischen Völkerversöhnung und Föderation entgegen. Beide Männer glaubten an die Möglichkeit einer allgemeinen Lebenserneuerung durch die Verbindung sozialistischer Reformen in Wirtschaft und Gesellschaft mit vaterländischer Gesinnung – aber nicht auf den Wegen Hitlers. Der marxistischen Doktrin standen sie beide recht frei gegenüber, zum Christentum suchten sie ein neues Verhältnis. Haubach, eine mehr philosophisch betrachtende als aktive Natur, wird von einer Freundin als überzeugter Christ geschildert. Mierendorff ließ sich gemeinsam mit Graf Helmuth Moltke bei einem katholischen Bischof einführen, um sich mit ihm über die Soziallehren des Katholizismus zu unterhalten.[50] Man sieht: von der Tradition des religiösen Freidenkertums ihrer Partei hatten sich diese jüngeren Sozialisten völlig losgelöst. Gegen die Dämonie einer völlig gottlos gewordenen Politik riefen auch sie nach dem Ideal eines „christlichen Staates", wie es der Moltke-Kreis pflegte.

Das gilt allerdings nicht, wie es scheint, von ihrem Freunde Dr. Julius Leber, der nach Mierendorffs jähem Tode (durch Luftangriff Dezember 1943) als die stärkste politische Figur unter den Sozialisten galt, aber an den (ihm allzu akademischen) Beratungen der Kreisauer Runde nur vorübergehend teilnahm und hauptsächlich von Graf Stauffenberg, dem späteren Attentäter, unterstützt wurde. Selbst aus Arbeiterkreisen stammend, hatte er sich durch eigene Kraft mühsam emporgearbeitet und lange Jahre als Journalist, Kommunalpolitiker und Reichstagsabgeordneter praktische Erfahrungen gewonnen in den Alltagsnöten, spärlichen Triumphen und grausamen Rückschlägen des Parteitreibens. Nüchtern und willensstark, hatte auch er sich nicht beugen lassen durch noch so schreckliche Erfahrungen in jahrelanger Haft. Sein politischer Nachlaß, von seinem Freunde Dahrendorf veröffentlicht (der zu den Vertrauensleuten der Kreisauer im Lande draußen gehörte), vermittelt einen ziemlich deutlichen Eindruck von der Persönlichkeit und ihrer politischen Gesamthaltung. Das Eindrucksvollste ist seine rücksichtslose Kritik an der eigenen Partei, niedergeschrieben im Gefängnis im Sommer 1933. Es ist die Kritik derselben Front junger Aktivisten, die wir auch bei Mierendorff finden; sie strebt heraus aus bequemem Opportunismus zu kämpferischer Tat. Weniger klar sind die positiven Ziele. Wir hören auch hier von dem Wunsch nach einer neuen, tiefer begründeten, den alten „Klassensozialismus" überwindenden Volksgemeinschaft, die auch die Idee des Vaterlandes kräftig bejaht. Leber zeigt – im Gegensatz zu vielen Parteigenossen – auch Verständnis für die Notwendigkeit einer ausreichenden Rüstung. Er ist nicht grundsätzlich militärfeindlich, aber freilich sehr mißtrauisch gegen den undemokratischen Geist der Reichswehr. Mehr noch: es bleibt auch bei dem alten Mißtrauen gegen die „bürgerlichen Politiker" der Mitte und der Rechten. Während der Notjahre 1930–32 hat Leber die Krisenmaßnahmen Brünings leidenschaftlich bekämpft, besonders die Lohn- und Gehaltssenkungen als Politik eines „Bürgerblocks" befehdet, gleichzeitig massive Polizeimaßnahmen zur Niederhaltung der „faschistischen Rüpel" verlangt. Rückblickend gesteht er sich allerdings 1933 ein, „daß es mit der alten Form der Parteienherrschaft nicht mehr weiter ging, daß die Verhältnisse eine andere Form der Demokratie einfach erzwangen. Brüning war ihr Sachwalter. Erst Brünings Sturz machte der Demokratie von Grund auf ein Ende".[51] Das Wichtigste ist seine Einsicht, daß „Demokratie Verantwortung und Selbstzucht" der Politiker verlangt; daß sie nicht Herrschaft der breiten Masse sein kann, sondern nur der Auslese, also führende Persönlichkeiten braucht, die der Masse sichtbar werden müssen. Er verwirft also das Verhältniswahlrecht und fordert eine stabile, starke Staatsautorität als wichtigste Sicherung der Freiheit. Die marxistische Theorie des Klassenkampfes wird eingehend kritisiert und als Ganzes abgelehnt. Trotzdem hält Leber als Ziel fest: „Die Überwindung der kapitalistischen Epoche mit ihrem egoistischen ökonomischen Liberalismus und die Proklamierung der menschlichen Arbeit als Fundament sozialer Geltung." Als Sozialist gilt ihm, wer an die Möglichkeit einer sozialen Umformung glaubt, die nicht länger „den Besitz zum Fundament aller sozialen Geltungen und Wertungen erhebt" und die Teilnahme an den Kultur- und Bildungsgütern der Nation nicht davon abhängen lassen will.[52]

Wenn Leber geglaubt hat, mit einer solchen Auffassung im Gegensatz zu den sozialen Anschauungen Goerdelers zu stehen, so war das offenbar ein Mißverständnis, an dem mangelhafte Kenntnis von dessen Ausarbeitungen mit schuld sein mag. Ein wirklicher Gegensatz bestand wohl nur auf dem Feld der Wirtschaftspolitik: in der Frage staatlicher Wirtschaftslenkung, die der Leipziger Oberbürgermeister ja völlig ablehnte. Doch gibt es für diese Probleme kein von Leber selbst stammendes Programm. Er war wohl überhaupt weniger ein Mann der theoretischen Planung als der praktischen Politik und nicht ohne den Ehrgeiz, eines Tages das Staatsruder selbst zu ergreifen.[53] Über die endlosen akademischen Diskussionen des Kreisauer Kreises hat er sich gelegentlich ebenso kritisch geäußert wie über die dort herrschenden Vorstellungen von „christlicher Politik". Von katholischer Abstammung, aber religiös indifferent, hatte er offenbar stärkeres Mißtrauen gegen klerikale Machtbestrebungen als die Protestanten des Kreisauer Zirkels. Jedenfalls lehnte er es heftig ab, von einem „christlichen Staat" oder von einer „göttlichen Mission der christlichen Kirche im weltlichen Staat" zu sprechen und damit „wichtige Grundsätze der Sozialdemokratischen Partei einfach über Bord zu werfen". An christlicher Erziehung der Jugend hielt er gleichwohl fest.[54]

Weniger Politiker als Lebensreformer war der vierte Sozialist der Moltkeschen Tafelrunde: der Volkspädagoge Adolf Reichwein. Er stammte aus der Jugendbewegung und hatte deren Ideale freier Persönlichkeitsbildung in allen Phasen eines fast abenteuerlich bewegten Lebens festgehalten und in immer neuen Gestalten zu verwirklichen gesucht. Ein eigenes politisches Programm wird man hier wohl nicht suchen dürfen - abgesehen von radikalsozialistischen Neigungen, über die noch zu berichten sein wird. Soviel sich erkennen läßt, gingen vor allem seine Ideen über Menschenbildung in die Kreisauer Pläne ein.

Soweit diese einen schriftlichen Niederschlag fanden,[55] machen sie den Eindruck, weithin aus der Auseinandersetzung mit Goerdelers Verfassungsvorschlägen entstanden zu sein.[56] Der Aufbau der geplanten Reichsverfassung ist ihnen in vielen Punkten sehr ähnlich; indessen sind die Abweichungen sehr bemerkenswert.

Vor allem ist die Auflockerung des Reichsgefüges sehr weit getrieben. Wie weit, läßt sich freilich nicht genau bestimmen, da die von Moltke stammende Niederschrift sich in verschwommenen, juristisch völlig unklaren Formulierungen bewegt und fast mehr als eine Darlegung politisch-moralischer Grundsätze wirkt denn als Verfassungsentwurf. Das ist um so auffallender, als sie sich formell als Dienstanweisung für die künftigen „Landesverweser" gibt, denen, wie es scheint, der Aufbau eines neuen Reiches zunächst völlig überlassen bleibt, zwar nach gemeinsamen Richtlinien, aber in getrennten, selbständigen Aktionen. Es werden ihnen nicht etwa die Autorität und militärischen Machtmittel einer Reichsregierung zur Verfügung gestellt, sondern sie werden einfach angewiesen, „sich in den Besitz der erforderlichen Machtmittel zu setzen", unverzüglich Verbindung mit den Kirchen und „der deutschen Gewerkschaft" (die also schon wieder gebildet sein muß) aufzunehmen, sich mit den benachbarten Landesverwesern zwecks sofortiger „Neuabgrenzung der Länder" (nach einer beigelegten Karte) zu verständigen, eine neue Selbstverwaltung (nach beigefügten Grundsätzen) aufzubauen, die Wirtschaft ihres Landes zu einer (nicht näher bezeichneten) „Umstellung" ohne Arbeitsverlust zu bringen, die „erforderlichen Geldmittel in Anspruch zu nehmen" und „ohne Rücksicht auf etwaigen Widerstand" „alle Maßnahmen zu treffen, die der Aufrechterhaltung der Kampfkraft der deutschen Wehrmacht dienen".

Es ist anzunehmen, daß diese Weisung von einer neugebildeten Reichsregierung ergehen soll. Von deren Befugnissen, von irgendwelchen Kompetenzabgrenzungen zwischen Reich und Ländern und von der Aufgabe der Reichszentrale im Augenblick des Umsturzes ist indessen nichts gesagt. Wir hören vielmehr, daß die Kreisauer Gruppe „keine neue Regierung" habe bilden wollen. Statt dessen sollte „im gegebenen Moment" (ob nach gewaltsamer Beseitigung Hitlers oder nach dem militärischen Zusammenbruch, darüber bestand keine Einigkeit) eine „Gruppe angesehener Männer als Bevollmächtigte des deutschen Volkes" Landesverweser „in den einzelnen landschaftlichen Gebieten einsetzen" (also nicht einfach in den alten Ländern, sondern in neu zu formierenden?); diesen Landesverwesern sollte die Neuordnung praktisch zufallen.[57]

Ob ein solcher Plan irgendwelche Erfolgsaussichten hatte und welche Dauerfolgen er selbst im Fall des Gelingens hätte haben müssen, brauchen wir nicht erst zu diskutieren. Es zeigt aber, wie einseitig das Interesse des Grafen Moltke sich der föderalen Struktur seines neuen Staatsgebildes zuwandte; bei seinen Bemühungen, neue Anhänger in Bayern zu werben, hat er denn auch immer stark darauf hingewiesen und seine Pläne durch eine mitgebrachte Karte erläutert.[58] „Deutschland in seiner jetzigen Form (des zentralisierten Staates) ist immer irgendwie eine Herausforderung an die Welt", fügte er erläuternd hinzu.[59]

In dieselbe Richtung weist, daß er das künftige Oberhaus des Reiches, Reichsrat genannt, in der Hauptsache aus den Länderchefs zusammensetzen und den Reichstag nicht bloß zur Hälfte, wie Goerdeler, sondern ganz von den Länderparlamenten wählen lassen will. Übrigens sind diese Landtage, im Unterschied zu den „Gautagen" Goerdelers, nicht bloß als Körperschaften der höheren Kommunalverwaltung gedacht, sondern als politische Organe: Vertretungen der partikularen Staatlichkeit. Sie selbst sind von den Kreistagen, diese von den Gemeindevertretungen gewählt. Der künftige Reichstag wird also ebenso wie der „Reichsrat" völlig von Vertretern des Länderpartikularismus beherrscht. Schließlich wird die volle Staatlichkeit der Länder noch dadurch bestätigt, daß sie außer einem Kabinettschef (Landeshauptmann, Landesregierung) auch noch einen Staatschef (Landesverweser) haben sollen, dazu eine Art Oberhaus (Landesrat), dessen Funktion und Zusammensetzung indessen nicht näher erläutert werden.

Ein Hauptinteresse der Kreisauer Entwürfe gilt dem Verhältnis von Staat und Kirche, dem Erziehungswesen sowie der Wirtschafts- und Sozialpolitik. Es ist von „entschlossener Mitarbeit der beiden großen christlichen Kirchen an der öffentlichen Lebensgestaltung" die Rede sowie von einem staatlich geförderten „Zusammenschluß führender Männer, bestehend aus je einem Bischof als Vertreter der beiden großen Bekenntnisse, für eine einheitliche Regelung aller die Gestaltung des öffentlichen Lebens betreffenden Fragen der christlichen Weltanschauung" – ein Gedanke, der offenbar auch Goerdelers Wünschen entspricht (siehe oben Anm. 41), aber in dieser Form doch wohl als utopisch erscheinen muß. Er setzt je einen evangelischen und katholischen Primas voraus, als Verhandlungspartner für die Reichsregierung; gleichzeitig wird „zur Erwägung vorgeschlagen", eine „Deutsche Christenschaft" zu bilden, der alle Christen ohne Rücksicht auf ihr Bekenntnis angehören sollen und die dafür sorgen soll, daß „in allen Angelegenheiten mit staatlichem Einschlag" die christlichen Gesichtspunkte berücksichtigt werden. Wie im einzelnen kirchliche Autonomie und Staatsaufsicht gegeneinander abgegrenzt werden sollen, bleibt undeutlich. Der Ausdruck „christlicher Staat" ist vermieden, aber die staatliche Schule soll christliche Schule sein, mit Religionsunterricht als Pflichtfach, und zwar so, daß er im Auftrag der Kirche und nach Möglichkeit durch Geistliche erteilt wird. Überraschend ist, daß weder über die so vielumstrittene Frage der Konfessionsschulen noch über das sogenannte christliche Elternrecht etwas gesagt ist. Denn wenn es heißt, daß „den Eltern das Recht zusteht, ihre Kinder nach den Grundsätzen des christlichen Glaubens und nach den Forderungen ihres eigenen Gewissens zu erziehen", so ist ja damit über die Schulform noch gar nichts ausgemacht. Für die Universitäten wird eine Aufteilung und Abstufung vorgeschlagen, die an angelsächsische Unterschiede zwischen College und Graduate-School wenigstens von ferne erinnert. Es soll staatliche Hochschulen mit rein fachlicher Berufsausbildung geben und über ihnen stehend Reichsuniversitäten, in denen sich Forschung und Lehre nach alter deutscher Tradition vereinigen. Das Ziel ist offenbar eine Entlastung der Universität vom Massenandrang der Durchschnittsköpfe, die nur in einen praktischen Beruf drängen. Die Ausbildung des theologischen Nachwuchses soll rein kirchlichen Hochschulen überlassen bleiben.

Das Wirtschaftsprogramm läuft im wesentlichen, unter dem Einfluß sozialistischer Ideen, auf eine zentral gelenkte Staatswirtschaft hinaus, scheint aber auch der freien Marktwirtschaft Raum lassen zu wollen. Während Goerdeler den Gedanken möglichst hoher Leistungssteigerung durch freie Konkurrenz und der Selbstverantwortung jedes wirtschaftlich Tätigen in den Mittelpunkt stellte, bezeichnet das Moltkesche Programm gleich zu Anfang „die Existenzsicherung der Werktätigen" als zentrale Aufgabe der Wirtschaftsführung. Diese Existenzsicherung wollte Goerdeler in der Hauptsache auf dem Wege genossenschaftlicher Selbsthilfe erreichen: durch eine mit staatlicher Hilfe organisierte mächtige Einheitsgewerkschaft, welche die Interessen der Arbeiterschaft dem Unternehmer gegenüber vertreten, darüber hinaus die ganze Sozialversicherung verwalten und ihre Mitglieder sowohl in die Betriebsleitung wie in die verschiedenen Wirtschaftskammern entsenden sollte. Der Kreisauer Reformplan spricht von einem Zusammenwirken „des einzelnen, des Betriebs, der Selbstverwaltungskörperschaften der Wirtschaft, der deutschen Gewerkschaft und des Staates" bei der Aufgabe wirtschaftlicher Existenzsicherung, läßt aber völlig im unklaren, wie diese Zusammenarbeit konkret gedacht ist. Die „deutsche Gewerkschaft" soll nur als Übergangserscheinung zur Durchsetzung des Kreisauer Wirtschaftsprogramms „und des diesem vorausgehenden Staatsaufbaus" neu errichtet werden; ist beides erreicht, so soll sie wieder verschwinden und ihre Aufgaben „auf die Organe des Staates und der wirtschaftlichen Selbstverwaltung" übertragen: wie und in welcher Verteilung der Aufgaben, bleibt dunkel. Als bleibende Einrichtung werden „Betriebsgewerkschaften" vorgeschlagen. Die künftige Reichsregierung soll nämlich „die Entwicklung des (einzelnen) Betriebes zu einer Wirtschaftsgemeinschaft der in ihr schaffenden Menschen" fördern, die den Namen „Betriebsgewerkschaft" erhalten soll. In ihr „wird die Beteiligung der Belegschaft an der Betriebsführung und an den Betriebsergebnissen, insbesondere dem Wertzuwachs des Betriebes" (also nicht auch an den Verlusten?) „zwischen dem Eigentümer des Betriebes und der Vertretung der Belegschaft vereinbart", und zwar mit Genehmigung der „Selbstverwaltungskörperschaft des Landes" (gemeint ist anscheinend: der „Landeswirtschaftskammer"). Wie wir wissen, sahen auch Goerdelers Pläne ein Mitbestimmungsrecht der Arbeiterschaft in den Betrieben und daneben die Möglichkeit eigener wirtschaftlicher Betätigung der Gewerkschaften vor; hier aber scheint es um etwas anderes zu gehen: um eine „vereinbarte Umwandlung von Privatbetrieben in eine Art von Produktionsassoziationen zugunsten der Belegschaft", allerdings ohne förmliche Aufhebung des ursprünglichen Eigentumsrechts.[60]

Neben dieser Neuerung findet man auch noch starke Überreste aus dem herkömmlichen Programm der Sozialdemokratie: in der Forderung nach Verstaatlichung gewisser Industriebetriebe (die Goerdeler grundsätzlich verwarf, soweit es sich nicht um „natürliche“ Monopolbetriebe der Verkehrswirtschaft, Wasser- und Stromversorgung handelte). Allerdings bleibt das Verhältnis zwischen Staats- und Privatwirtschaft merkwürdig unklar. „Die Reichsregierung“, heißt es, „sieht die Grundlage des Wiederaufbaus der Wirtschaft in einem geordneten Leistungswettbewerb.“ Aber dieser Wettbewerb soll sich „im Rahmen staatlicher Wirtschaftsführung“ vollziehen und „hinsichtlich seiner Methoden unter ständiger staatlicher Aufsicht“ stehen. Also Verkehrswirtschaft unter zentraler staatlicher „Führung“ und „Aufsicht“, deren Funktion im einzelnen nicht näher bestimmt wird! Nur so viel wird deutlich, daß die Monopole, Kartelle und Konzerne unter staatliche Kontrolle gelangen sollen, aber so, daß sie als Hindernisse eines „geordneten Leistungswettbewerbs“ ausgeschaltet, nicht etwa als Werkzeuge der zentralen Wirtschaftsführung benutzt werden. „Schlüsselunternehmen des Bergbaues, der eisen- und metallschaffenden Industrie, der Grundchemie und Energiewirtschaft“ sollen in das „Eigentum der öffentlichen Hand“, d. h. des Staates übergeführt, aber dort „nach den allgemein für die Wirtschaft geltenden Grundsätzen“ (gemeint ist wohl: der Rentabilität) geleitet werden. „Märkte und Großindustrien“ der Länder sind unter fortlaufende „Einflußnahme“ des Reichs zu stellen, eine Bestimmung, die sich mit dem (lose föderalistisch gedachten) politischen Aufbau des Reiches nicht leicht vereinigen läßt. Gleichzeitig hören wir freilich von einer „nach Ländern gegliederten wirtschaftlichen Selbstverwaltung der Betriebe von Industrie, Handel und Handwerk“, und zwar mit Hilfe von „Gewerbekammern“, die mit den entsprechenden (ebenfalls nach Ländern gegliederten) „Landwirtschaftskammern“ zusammengefaßt werden sollen in „Landeswirtschaftskammern“. Alle diese Kammern sind paritätisch aus Betriebsführern und „Belegschaftsvertretern“ zusammenzusetzen. Ihre Funktion wird nicht näher bestimmt. Es ist nur ganz allgemein von „Selbstverwaltung der Wirtschaft“, außerdem von „Aufträgen“ die Rede, welche die „Landeswirtschaftsämter“ (gemeint sind wohl die Wirtschaftsministerien der Länder?) erteilen können; als konkrete Selbstverwaltungsaufgabe wird nur die Überwachung der zweijährigen Lehrlingsausbildung genannt. Schließlich wird über die „Landeswirtschaftskammern“ noch eine „Reichswirtschaftskammer“ und über die „wirtschaftlichen Landesbehörden“ ein Reichswirtschaftsministerium gestellt, ohne daß deutlich würde, wie sich die beiden Reichsinstanzen untereinander abgrenzen und wie sich ihre Funktionen im Verhältnis zu den Länderinstanzen bestimmen sollen.

Damit ist der Inhalt dessen umschrieben, was von den Aufbau- und Reformplänen der Kreisauer Widerstandsgruppe schriftlichen Niederschlag gefunden hat. Diese Gruppe bestand durchweg aus hochgebildeten, geistig anspruchsvollen Persönlichkeiten. Ihre Führer neigten dazu, auf die nüchternen Zukunftspläne Goerdelers – den sie als Charakter hoch schätzten und als Verbündeten begrüßten – mit einer gewissen Geringschätzung herabzublicken: sie galten ihnen als „bürgerlich-reaktionär", ja wohl gar als „dilettantisch" (Graf Moltke) im Vergleich mit ihren eigenen Einfällen. In einer ausführlichen Denkschrift, die Theodor Steltzer am 15. Juli 1944 für die westlichen Alliierten niederschrieb und nach London gelangen ließ, um ihnen „die deutsche Opposition gegen den Nationalsozialismus" zu schildern – im Hinblick auf die nahe bevorstehende Neuordnung Deutschlands durch die Siegermächte –, erklärte er, „daß es außer uns keinen auf vom Hitlerismus unabhängige Gruppen gestützten Kreis gibt, der in der Lage wäre, *alle* aufbauwilligen Kräfte zusammenzufassen". Zwar gebe es noch andere Widerstandskreise, besonders „einen konservativen Kreis mit ausgesprochen aktivistischen Absichten". Die Kreisauer glaubten indessen nicht, „daß sie ernsthaft gewertet werden könnten".[61]

Wer die beiderseitigen Pläne ernsthaft und unbefangen miteinander vergleicht, wird sich schwerlich einem so abwertenden Urteil anschließen können und statt dessen eher geneigt sein, die Stufenfolge umzukehren. Goerdeler selbst, der von seiten der „Grafengruppe" und ihrer Freunde reichlich scharfe Angriffe erfuhr, hat zwar 1944 rückblickend auf diese Auseinandersetzungen von „jüngeren Männern ohne Erfahrung" gesprochen, aber jede Empfindlichkeit unterdrückt und sich immer redlich bemüht, mit ihnen einen Ausgleich zu finden im Interesse gemeinsamer Frontbildung. Ohne die romantischen Züge ihres nur halbausgereiften Zukunftsprogrammes zu verkennen[62], war er doch ohne weiteres bereit, ihre Talente für den von ihm selbst geplanten Neubau mit einzusetzen und ihren politisch stärksten Vertretern (wie wir noch sehen werden) hervorragende Plätze in der neuen Regierung einzuräumen.[63]

Unterstützt wurde er bei seinen Ausgleichsbemühungen vor allem durch *Graf Fritz von der Schulenburg*, der seit 1938 mit Peter Yorck in engerer Verbindung stand und an dessen (schon besprochenen) Planungen teilnahm, aber der Kreisauer Tafelrunde nicht angehörte. Vielmehr hat er sich über deren allzuvieles Theoretisieren öfters recht kritisch ausgelassen: mit rein literarischen Debatten, meinte er, lasse sich keine Politik machen.[64] Er selbst war, darin Goerdeler ähnlich, ein Mann der praktischen Verwaltung, den höchst konkrete Erfahrungen in das Lager der Opposition getrieben hatten. Von unruhigem Tatendrang erfüllt, unzufrieden mit der stumpfen Routine des bürokratischen Alltags, war er 1932 zur Hitler-Partei gestoßen, und zwar als Anhänger Gregor Strassers, von dem er ebenso eine innere Neubelebung der Staatsverwaltung wie sozialistische Reformen erwartete (letztere mehr im Sinn jener arbeiterfreundlichen Jungkonservativen, die von „preußischem Sozialismus" schwärmten und auf eine Regierung Schleicher-Strasser hofften, als im Sinn der marxistischen Parteien). Aus diesen Illusionen hatten ihn dann ziemlich rasch seine Erlebnisse in Ostpreußen seit 1933 gerissen, wo er am Oberpräsidium in Königsberg die Parteikorruption aus nächster Nähe an der Person des Gauleiters Koch studieren konnte. Gleichwohl hat er, als Parteigenosse, noch bis 1940 hohe Staatsämter bekleidet, war aber spätestens seit 1937 innerlich längst zum erbitterten Gegner des Systems geworden; ein Jahr später sahen wir ihn an den Staatsstreichplänen der Militäropposition beteiligt (Kapitel 10). Seine besondere Aufgabe hat er seitdem darin gesehen, eine gründliche Säuberung der preußischen Verwaltung von korrupten Elementen und Parteiagenten so vorzubereiten, daß sie im Moment des Umsturzes sofort durchgeführt werden könnte; weiterhin darin, die Reichsverwaltung, die durch planlose Einsetzung immer neuer Reichsämter mit umfassenden Sondervollmachten durch Hitler allmählich zum Chaos geworden war, nach einem klar durchdachten Reorganisationsplan wieder in Ordnung bringen zu helfen. Der erstgenannten Aufgabe diente das systematische, jahrelange Aufspüren fachlich tüchtiger, menschlich zuverlässiger und vom Parteidogma freier Persönlichkeiten, deren Namen Schulenburg in langen Listen sammelte – eine Tatsache, die ihn mit unzähligen Menschen in Verbindung brachte und so in besonderem Maß zur Vermittlertätigkeit zwischen den verschiedenen Widerstandsgruppen befähigte.[65]

Der Lösung der zweiten Aufgabe, der Vereinfachung und rationaleren Gestaltung der Reichsverwaltung, hat Schulenburg mancherlei dienstliche Denkschriften gewidmet, die er als stellvertretender Oberpräsident von Schlesien entwarf. Vor allem aber stellte er einen eigenen, umfassenden Reformplan auf, der im Frühjahr 1944 abgeschlossen sein soll, bisher aber trotz aller Bemühungen nicht mehr aufzufinden war. Spuren davon finden sich in den Berichten der Gestapo, die ich in Washington sah; sie sind aber hier so eng vermischt mit den uns schon bekannten Reformplänen Goerdelers (mit dem Schulenburg nach seiner eigenen Aussage aufs engste zusammenarbeitete), daß sie sich kaum noch davon trennen lassen. Immerhin lassen sich wohl die folgenden Sätze als sein geistiges Eigentum ansprechen:

„Das Ziel der Verwaltungsreform soll sein, klare Verantwortung und die Freiheit zu selbständigen Entschlüssen zu schaffen. Die Mängel des bestehenden Verwaltungsaufbaus werden vor allem in einem unklaren Durcheinander von Sondervollmachten und Sonderverantwortlichkeiten ohne Rücksicht auf den bestehenden Zukunftsaufbau erblickt sowie in einer zu starken Zentralisation, ausgedrückt in der Erledigung minderwichtiger Verwaltungsgeschäfte durch zentrale Reichsbehörden. Die einst so stolze Verwaltung ist ein Haufen von sinnlos ausführenden Maschinen und Maschinchen geworden ... Die Unklarheit der Verantwortungen hat zu einem weitverbreiteten Mangel an Verantwortungsbewußtsein geführt, so daß bei jeder kleinen Maßnahme zehn und mehr Stellen zustimmen müssen. Die wesentlichen Mittel einer Verwaltungsvereinfachung werden in einem klaren Aufbau der Ministerien und einer Rückgabe der an Sonderbevollmächtigte verlorengegangenen Zuständigkeiten mit der Folge einer Aushöhlung der Zuständigkeit der Ministerien gesehen, ferner in einem Ausbau der Selbstverwaltung."

Etwa 58 oberste Reichsbehörden sollten (nach dem Bericht eines Mitarbeiters) aufgelöst und ihre Aufgaben auf neun Reichsministerien verteilt werden. Auf die Einzelheiten dieser Neueinteilung und auf die Scheidung zwischen den Aufgaben zentraler Reichsstellen und kommunaler Selbstverwaltungsorgane hat Schulenburg offenbar sehr viel Mühe verwandt. Er war dazu doppelt befähigt, nachdem er (seit 1940 in militärischen Stellungen tätig) als Fachreferent im Stabe des Generals von Unruh hatte mithelfen müssen, frontdienstfähige Beamte aus der Verwaltung „auszukämmen", und dabei alle Teile der Reichsverwaltung gründlich kennengelernt hatte.

Es versteht sich, daß zur Dezentralisation der Reichsverwaltung auch für Schulenburg eine kräftige Verstärkung kommunaler Selbstverwaltung gehörte. Wie weit er darin gehen wollte, ist nicht mehr deutlich zu erkennen. Graf Schwerin-Krosigk erinnert sich aber (nach brieflicher Mitteilung) aus Gesprächen, daß er vom extremen Föderalismus der Kreisauer ebenso weit entfernt war wie vom Zentralismus Popitz'; die auch von ihm geplanten „Reichsgaue" sollten echte Länder bleiben. Unklar und widerspruchsvoll bleibt auch, was über die von ihm geplante Abgrenzung der Reichsgaue berichtet wird. Es steht aber fest, daß er sich – im Gegensatz zu Goerdeler – mitbeteiligt hat an jenen mühsamen, stark wechselnden und niemals voll befriedigenden Versuchen vieler Oppositioneller, an die Stelle der historischen Länder- und Provinzialgrenzen ein rationales Prinzip der Neugliederung Deutschlands zu setzen. Dabei sollten die einander so vielfach widersprechenden Gesichtspunkte der Stammeszugehörigkeit, der historischen Tradition, der geographischen Landschaftsbildung, der natürlichen Gegebenheiten von Verkehr und Wirtschaft irgendwie miteinander ausgeglichen (oder auch teilweise ausgeschaltet) werden; schließlich suchte man auch noch einigermaßen gleichmäßige Bevölkerungszahlen und Gebietsgrößen zu erreichen. Planungen dieser Art hatte schon die Hitler-Regierung in der neugeschaffenen „Reichsstelle für Raumordnung" entwerfen lassen, schließlich aber auf Hitlers Befehl wieder eingestellt. Das dort angefallene statistisch-geographische Material wurde aber von Schulenburg in Verbindung mit dem Geographen Dr. Albrecht Haushofer (der sich allmählich von seiner Verbindung mit Heß und Ribbentrop loslöste und zur Opposition stieß)[66] zusammen mit einigen Beamten der Reichsstelle neu bearbeitet. Wie das Ergebnis aussah, ist politisch – jedenfalls im Zusammenhang der Widerstandsbewegung – nicht sonderlich interessant.[67] Um so interessanter ist die Tatsache, daß der große Organisationsplan Schulenburgs später im „Reichssicherheitshauptamt", der Behördenzentrale Himmlers, starken Eindruck gemacht hat, ebenso wie die verwaltungstechnische Erfahrung und organisatorische Begabung seiner Mitgefangenen Goerdeler und Popitz, die man im Gefängnis (wie im letzten Abschnitt dieses Buches noch zu berichten sein wird) große Pläne für den Wiederaufbau der zerstörten deutschen Städte ausarbeiten ließ. Man kann das wohl als eine Art von Triumph des Geistes über die brutale Gewalt betrachten.

Politisch hat Schulenburg, wie es scheint, vor allem die Sozialisten im Kreis der Opposition unterstützt und dahin gewirkt, daß neben Leuschner zuletzt auch Julius Leber in die Regierungspläne Goerdelers einbezogen wurde. Indessen wird sein „Sozialismus" wohl nicht viel über eine grundsätzliche Arbeiterfreundlichkeit hinausgereicht haben; jedenfalls ist nichts von eigenen wirtschafts- und sozialpolitischen Ideen überliefert. Was ihn, den praktischen Verwaltungsmann, am stärksten beschäftigte, war die Wiederherstellung eines sauberen, leistungsfähigen Beamtentums altpreußischer Zucht. Darin traf er sich mit *Johannes Popitz*, dem preußischen Staatsminister, von dem uns ebenfalls ein Verfassungsplan überliefert ist, der aber politisch den extremen Gegenpol zu den Ideen der sozialistischen Linken bildet.

Müßten wir diesen Verfassungsplan als Ausdruck der politischen Ideale seines Urhebers betrachten (wie alle bisher erörterten Programme), so könnten wir nur von aufgeklärtem Absolutismus sprechen. So, wie er dasteht, wirkt er in seiner kalten, klaren Rationalität beinahe josefinisch. Jede Erinnerung an den historischen Charakter des Reiches als Bundesstaats erscheint wie ausgelöscht, wenn wir hören, daß es künftig nur noch eine Staatsgewalt in Deutschland geben soll: die des Reiches. Die Länder, neu gegliedert nach einem rationalen System, das alle bisherigen Ungleichheiten aufhebt,[68] werden bis in die Untergliederungen (Regierungsbezirke) hinein zu bloßen Verwaltungsbezirken des Reiches erklärt, allerdings mit gewissen Befugnissen zur Selbstverwaltung, aber „unter Reichsaufsicht". Reichsstatthalter regieren und kontrollieren die Selbstverwaltung. Das Reich ist Rechtsnachfolger der bisherigen Länder. Landständische oder parlamentarische Körperschaften gibt es nicht mehr; sie sind durch „Landesräte" ersetzt, die (anscheinend) ähnlich wie der „Staatsrat" des Reiches durch Ernennung von Notabeln gebildet werden sollen. Gewählt wird vorläufig überhaupt nicht mehr. Das Reich regiert ein „Reichsverweser", der wie ein absoluter Monarch seine Kabinette nach Gutdünken beruft und entläßt: die Minister jeweils auf Vorschlag des Reichskanzlers, den er zuerst ernennt. Er ist verantwortlich nur vor „Gott und dem deutschen Namen", vertritt das Reich völkerrechtlich, führt den Oberbefehl über die Wehrmacht, in „Kommandosachen" ohne Gegenzeichnung, und hat die Ausfertigung und Verkündung von Gesetzen. Diese „Gesetze" werden von der Regierung allein erlassen, allerdings in nicht eiligen Fällen „nach Anhörung des Staatsrates", der aber nach ihren eigenen Vorschlägen vom Reichsverweser ernannt ist.

Man liest das alles nicht ohne Erstaunen. Soll also die Diktatur des großen Volksverführers durch eine Diktatur volksfremder hoher Staatsbeamter ersetzt werden? Der befremdliche Eindruck wird nicht wesentlich gemildert durch mancherlei programmatische Grundsätze, die sich im ersten Artikel finden, wie Unverbrüchlichkeit des Rechts, Anstand im öffentlichen Leben, Freiheit der Kirchen, Sicherung deutscher Kultur und dergleichen mehr. Zur Sozial- und Wirtschaftspolitik wird nur wenig gesagt, und dieses wenige ist mehrdeutig: Alle Schichten des Volkes sollen „nach Maßgabe ihrer Leistung" an den materiellen und geistigen Gütern des Lebens beteiligt werden, alle diejenigen sollen einen „menschenwürdigen Lebensstand" gesichert erhalten, die ihre Pflicht gegen Volk und Staat erfüllen; in der Wirtschaft soll „die Verantwortlichkeit selbständiger Unternehmer wiederhergestellt", der Landflucht soll gewehrt werden. Weniger populär konnte ein Regierungsprogramm kaum formuliert werden.

Es heißt, dieser Verfassungsplan sei von Popitz mit seinen Freunden, Professor Jens Jessen, dem Botschafter Ulrich von Hassell, dem Staatssekretär a. D. Erwin Planck und mit Generaloberst Beck „jahrelang durchberaten" worden.[69] Goerdeler kann an diesen Beratungen nicht teilgenommen haben. Jedenfalls stand das Ergebnis in schroffem Widerspruch zu seinen eigenen Zielen; nur der zentralistische Grundzug ist gemeinsam; aber bei Popitz ist er noch wesentlich verschärft.

Popitz galt mit seinen Freunden im Verschwörerkreis immer als die extremste Rechte. Man wird ihm aber wohl nur dann gerecht werden, wenn man diesen Verfassungsplan überhaupt nicht als Zukunftsideal betrachtet, sondern nur als erste Notlösung für den Übergang: vom Sturz Hitlers bis zur Bändigung des Chaos. Popitz war der Meinung, daß es verfrüht wäre, im voraus ideale Verfassungspläne zu schmieden, und stand den Programmen und Kabinettslisten Goerdelers sehr kritisch gegenüber. Mehr als ein Provisorium ließe sich zunächst nicht festlegen. Ausdrücklich heißt es denn auch im Prolog: dieses Grundgesetz werde vom Inhaber der vollziehenden Gewalt erlassen, um eine neue Ordnung herzustellen, so lange, „bis unter Mitwirkung aller Schichten des Volkes dem

Deutschen Reich eine endgültige Verfassung gegeben werden kann". Und vom „Staatsrat" wird im Artikel 10 gesagt: er vertrete das Volk so lange, „bis die Festigung der allgemeinen Lebensverhältnisse des deutschen Volks die Bildung einer Volksvertretung auf breiter Grundlage gestattet". Nimmt man diese Zukunftsversprechungen ernst (trotz ihrer auffallenden Unbestimmtheit), so kann man das Popitzsche „Grundgesetz" sogar als eine ausgezeichnete Notlösung für den allerersten Anfang, d. h. für die Dauer des darin am Schluß verkündeten „Ausnahmezustandes" gelten lassen – ausgezeichnet wegen der juristischen Präzision und Klarheit des Entwurfs, die in wohltätigem Gegensatz steht zu den Verschwommenheiten und phantastischen Zügen mancher anderen Programme des Verschworenenkreises.[70] Als repräsentativer Ausdruck dessen, was der deutschen Widerstandsbewegung als politisches Zukunftsideal vorschwebte, kann es aber keinesfalls gelten.

Wir haben diese Zukunftsideale ausführlich aus den Schriften Goerdelers kennengelernt und wenden uns nunmehr seinen Plänen und Hoffnungen für die Neugestaltung Europas zu.[71]

Vierzehntes Kapitel

FRIEDENS- UND ZUKUNFTSPLÄNE FÜR EUROPA

Alle Bemühungen der Opposition, die Ausweitung des Krieges zu einem Weltbrand zu verhindern, Hitler zu stürzen und sich mit den Westmächten zu verständigen, waren im Winter 1939/40 gescheitert. Frankreich war völlig zu Boden geworfen und als Gesprächspartner für die Kriegsdauer ausgeschieden. In England war die Regierung Chamberlain, die sich zu gewissen Zusagen an die Widerstandsgruppe bereitgefunden hatte, am 10. Mai 1940 gestürzt worden. War damit jede Aussicht auf einen Verständigungsfrieden geschwunden – auch für den Fall, daß die Ausschaltung oder Beseitigung Hitlers doch noch gelang? An der Antwort auf diese Frage hing im Grunde alle Zukunftsplanung der Verschwörer. Denn nur, wenn die neuzubildende Regierung Beck-Goerdeler (oder wie sie sonst heißen mochte) damit rechnen konnte, nach Kriegsende als gleichberechtigter Partner mit unseren Gegnern am Verhandlungstisch zu sitzen, über die Bedingungen des Friedens und über die künftige Gestalt Europas mitzuberaten, hatte es überhaupt einen Sinn, Zukunftspläne zu schmieden – ebenso über Deutschlands Verfassung wie über eine neue Form der europäischen Völkergemeinschaft. War nicht darauf zu rechnen, d. h. setzte sich im Lager Englands (und seiner Verbündeten) der absolute Sieges- und Vernichtungswille durch, der keinen Unterschied mehr anerkannte zwischen Hitler-Deutschland und einem „anderen besseren Deutschland", dann war keine Hoffnung mehr: der Krieg mußte dann ausgetragen werden bis zum bitteren Ende: bitter, ja verzweiflungsvoll im Fall eines deutschen Sieges, der ganz Europa unter das Joch der Tyrannen brachte, bitter, ja verzweiflungsvoll aber auch bei totalem Zusammenbruch der deutschen Macht – denn was hatten wir dann anderes zu erwarten als eine verschlimmerte Neuauflage des Diktats von Versailles? Eine Zukunftsaussicht, die sich bis zu absoluter Finsternis verdunkelte, seit Hitlers brutaler Überfall auf Rußland auch die Sowjetmacht mit unseren Gegnern vereinigte! Von deutscher Selbstbestimmung konnte dann schwerlich noch die Rede sein.

So stellte sich die Lage den Verschwörern dar. Man muß die ganze fürchterliche Unausweichlichkeit dieser Alternative vor Augen haben, um die außenpolitische Haltung Goerdelers und seiner Freunde zu begreifen: ihre immer wieder erneuten, verzweifelten Bemühungen, auf alle mögliche Weise die britische Politik davon zu überzeugen, daß es noch ein anderes, nicht hitlerhöriges Deutschland gab, mit dem es lohnen würde, zusammenzuwirken beim Aufbau eines neuen, besseren Europas. Zu diesem Zweck hat Goerdeler eine ganze Reihe von Friedensprogrammen entworfen, die das Ideal eines neuen, für immer (oder doch für lange) gesicherten Weltfriedens ausmalten und als Friedensziel seiner Gruppe darstellten. Man kann sie als einen letzten, äußersten Versuch auffassen, durch Appell an die ruhige Staatsvernunft die Entartung des nun einmal entbrannten Kampfes zu einem „totalitären" Krieg aufzuhalten, der (ähnlich wie der Erste Weltkrieg, aber noch viel ärger als damals) maßlose politische Leidenschaften, aber auch alle Dämonien der modernen Kriegstechnik entfesseln und nicht eher enden würde, bis nicht nur ganz Deutschland in Trümmer geschlagen war, sondern vielleicht auch die Zukunft Europas unter diesen Trümmern begraben lag.

Das Tragische ist nur, wie bei allen früheren Friedensbemühungen der deutschen Widerstandsbewegung, daß einerseits alle bloßen Zukunftsprogramme zur Ohnmacht verdammt waren, solange nicht die revolutionäre Tat sie beglaubigte, anderseits diese Tat nach wie vor auf stärkste patriotische Bedenken derer stieß, die sie allein ausführen konnten: der Generäle. Ohne irgendwelche Zusagen von britischer Seite, man werde das nach dem Sturz Hitlers drohende innerdeutsche Chaos nicht zum eigenen Vorteil ausnutzen, und weiter: man werde bereit sein, mit einer Regierung von erklärten und bewährten Gegnern Hitlers über einen gemäßigten Frieden zu verhandeln, schienen diese Bedenken vollends unüberwindlich. Aber konnte man nach den Enttäuschungen des Winters 1939/40 eine solche britische Erklärung überhaupt noch erwarten? Ganz gewiß nicht mehr, wenn erst einmal die britische Politik an mächtige Alliierte gebunden war, die den deutschen „Militarismus" ein für allemal zu vernichten und auszurotten strebten, wenn große, blutige Opfer der Gegner die Leidenschaften zur Siedehitze gesteigert hatten oder wenn gar die Waage der Siegesaussichten sich eindeutig auf ihre Seite neigte. So entstand eine unheilvolle Verstrickung, an der zuletzt alle Friedenspläne der deutschen Opposition gescheitert sind.

Jeder Sieg der deutschen Waffen verminderte die innerpolitischen Erfolgsaussichten der Oppositionsgruppen in demselben Maße, wie er ihre außenpolitischen Chancen vergrößerte. Solange der Aufstieg des Hitler-Reiches über Europa dauerte, wäre ein Staatsstreich den meisten Deutschen als Sabotage und Landesverrat erschienen. Erst als der Krieg aussichtslos wurde, begann sich das zu ändern – aber nun war es für seine außenpolitische Wirkung schon zu spät: nun forderte die Gegenseite „bedingungslose Kapitulation", und die Führer der deutschen Widerstandsbewegung gerieten in Verdacht, nichts weiter zu sein als nationale Opportunisten und Militaristen, die durch Regierungsänderung im letzten Augenblick Deutschland vor der Vergeltung für seine Untaten (so erschien es draußen!) abzudecken suchten. Wie hoffnungslos dadurch die Lage der Verschwörer wurde, ist ihnen – zu ihrem Glück! – erst nachträglich voll bewußt geworden, als Winston Churchill am 2. August 1944 im Unterhaus zynisch erklärte: die Geschehnisse des 20. Juli und die nachfolgenden Massenexekutionen hätten für England nur das eine Interesse: mit anzusehen, wie sich die Machthaber des Dritten Reiches gegenseitig an die Hälse führen.

Es war ein böses Wort – aber es war sicherlich Ausdruck der damals vorherrschenden Stimmung seines Landes, in dem selbst heute, nach zehn Jahren dokumentarischer Gegenbeweise, die Legende noch nicht ganz ausgestorben scheint, die Männer des 20. Juli seien Nationalisten, bloß von anderer Parteifarbe als der braunen gewesen und der Generalstab des Heeres von Annexionisten, Imperialisten und Militaristen im Stile Ludendorffs beherrscht.[1]

Von den Abgründen des Hasses und Mißtrauens, zuletzt gegen alles Deutsche schlechthin, die sich im Verlaufe des Zweiten Weltkrieges zwischen uns und der Außenwelt auftaten, hat Carl Goerdeler ganz bestimmt keine zureichende Vorstellung gehabt (nicht einmal im Gefängnis, wie sich noch zeigen wird). Sein Vernunftoptimismus hinderte ihn daran. Aber so blind war er doch nicht, daß er nicht deutlich spürte, wie der Fortgang des Krieges einen Verständigungsfrieden immer aussichtsloser machte. Aus der Angst, es könnte sehr bald zu spät für immer werden, hat er ungeduldiger als jeder andere zur entscheidenden Tat gedrängt. Wie aber hätte er seine außenpolitische Aktion anders einrichten sollen? Konnte er in seiner Lage etwas anderes tun als unverdrossen an die Vernunft appellieren – oder aber völlig resignieren, d. h. den Dingen ihren Lauf lassen? Sein schwedischer Freund, Jakob Wallenberg, hat ihm im November 1942 einmal gesagt, er solle den Staatsstreich doch wagen auch ohne britische Zusage eines gemäßigten Friedens. „Sie sind ein guter deutscher Patriot, Sie kämpfen für Deutschlands Wohl. Sie müssen nicht Ihre Feinde fragen, was sie tun wollen. Die können Ihnen gar keine gute Antwort geben. Jedermann weiß, daß Sie Frieden machen wollen, aber ohne bedingungslose Kapitulation. Fragen Sie dann, wenn Sie an der Macht sind. Sie werden entweder Ja oder Nein als Antwort hören. Glauben Sie etwa, daß eine Regierung Beck-Goerdeler geringere Chancen hätte, um die bedingungslose Kapitulation herumzukommen, als Hitler? Schlägt man Ihnen jedes Entgegenkommen ab, wird dann etwa Ihre Regierung weniger geeignet sein als Hitler, den Krieg fortzusetzen bis zur Erkämpfung eines ehrenvollen Endes?“[2]

Sicherlich war das ein ausgezeichneter Ratschlag, und er hat Goerdeler für den Moment auch eingeleuchtet. Aber es war nicht nur die Schwierigkeit, die militärischen Führer ganz aufs Ungewisse hin zur Tat zu bringen, was ihn hemmte. Uns scheint: er hätte nicht nur Optimist und Illusionist sein müssen (was man ihm nach 1945 so oft vorgeworfen hat), sondern leichtfertiger, ja gewissenloser Abenteurer, wenn er nicht das Äußerste aufgeboten hätte, was ihm nur möglich war, um Klarheit über die außenpolitischen Aussichten eines Staatsstreiches zu gewinnen. Sollte er sich etwa blindlings, auf Gnade und Ungnade, den Alliierten in die Arme werfen, auf jede Gefahr hin, auch auf die eines inneren Chaos, das ihnen den Sieg erleichterte? Er hätte dann gewissermaßen den Portier gespielt, der den Kriegsgegnern Deutschlands die Türen aufriß mit der Aufforderung, sich nach Belieben zu bedienen. Mußte er nicht alles aufbieten, sie schon vorher von seinem guten Willen zu einer vernünftigen Lösung der Friedensprobleme zu überzeugen, wenn er nicht einfach zum Landesverräter werden wollte? Das hat er nie gewollt, ebensowenig wie seine Mitverschworenen. Gewiß: im schlimmsten Fall konnte man weiterkämpfen, wie ihm Wallenberg sagte. Aber war es so unbedingt sicher, daß eine Regierung, die darauf rechnete, als Regierung des Friedens die Masse zu gewinnen, eben diese Masse mit neuer Kriegsbegeisterung erfüllen könnte? Bestand nicht die sehr ernste Gefahr, daß sie zur bloßen Konkursverwalterin wurde und die ganze furchtbare Last des Hitler-Erbes, die moralische Verantwortung für einen letztlich aussichtslosen Kampf auf sich lud, ohne damit irgend etwas zu nützen? Ende 1942 war der Krieg längst aussichtslos geworden – auch die neue Regierung hätte daran nichts mehr ändern können. Als im Januar 1943 die Alliierten in Casablanca die Parole „bedingungslose Kapitulation" ausgaben, weigerten sich nicht nur die meisten Generäle, sondern auch viele Oppositionelle (wie der Moltke-Kreis), dem Tyrannen die moralische Verantwortung für ein solches Erbe abzunehmen. Die qualvollen Erwägungen, in die Goerdeler mit seinen Anhängern dadurch gestürzt wurde, werden wir noch kennenlernen. So betrachtet, rücken die Friedenspläne Goerdelers und seiner Freunde erst in die richtige historische Beleuchtung. Sie mochten von vornherein praktisch-politisch aussichtslos sein – moralisch waren sie eine unbedingte Notwendigkeit. Es mußte alles versucht werden, was nur möglich war, um auf die Politik der Siegermächte schon vor dem Umsturz einzuwirken. Wie es Revolutionären ergeht, die sich auf den moralischen Effekt ihrer Tat dem Ausland gegenüber allein verlassen, hatte zuletzt wieder die bolschewistische Revolution von 1917 und ihre Auswirkung im „Frieden" von Brest-Litowsk gezeigt.

Im einzelnen hat es wenig Nutzen, die zahllosen Fäden genau zu verfolgen, die von irgendwelchen Mitgliedern der Widerstandsbewegung auch nach 1940 nach England hinübergesponnen wurden;[3] denn über Ziel, Inhalt und praktischen Erfolg aller dieser Bemühungen ist recht wenig bekannt. Immerhin scheint es, als ob überraschend lange – mindestens bis Ende 1942 – und auf verschiedenen Wegen indirekte Nachrichten aus England an die Verschwörergruppen gelangten, die sie ermutigen konnten: es sei dort immer noch Bereitschaft zu einem Verständigungsfrieden vorhanden, sogar in der Umgebung Churchills, falls Hitler gestürzt würde und eine vertrauenswürdige Regierung sich durchsetzen könnte.[4]

Indessen waren das alles nur Gerüchte aus zweiter oder dritter Hand. Natürlich hätte Churchill einen inneren Umsturz in Deutschland freudig begrüßt – das hatte er schon 1938 und 1939 bezeugt und hat es bis 1943 mehrfach erkennen lassen; aber alle Versuche, seiner Regierung ähnliche direkte Erklärungen zu entlocken, wie sie Lord Halifax und Chamberlain gegeben hatten, sind immer wieder gescheitert. Über einen dieser Versuche – vielleicht den wichtigsten – bin ich durch den Hauptbeteiligten, Prof. Siegmund-Schultze, näher informiert. Goerdeler legte auf ihn als Mittelsmann deshalb besonderen Wert, weil er sehr vielseitige Verbindungen zu ausländischen Kirchenführern besaß und hoffen konnte, durch sie bis an die führenden Männer der britischen Regierung heranzukommen. Wir hörten schon früher (Kapitel 12) von den Einladungen nach London, die er zu Kriegsanfang von Chamberlain erhalten hatte. Erzbischof Temple von York (seit 1940 von Canterbury) hatte kurz vor dem Kriege mit ihm eine Fortsetzung seiner ökumenischen Verbindungen verabredet. Seit dem Regierungsantritt Churchills war Siegmund-Schultze indessen sehr skeptisch geworden gegen die Möglichkeit, deutsche Friedensvorschläge in London anzubringen, und wollte sich nur dann darauf einlassen, wenn irgendeine konkrete Aussicht auf inneren Umsturz in Deutschland bestünde. Nach langem Hin und Her, bei dem die Mitarbeiter der Firma Bosch eifrige Mittlerdienste leisteten,[5] wurde um Ostern 1940 vereinbart, daß Siegmund-Schultze einen schriftlich formulierten Friedensvorschlag dann weitergeben sollte, wenn Brauchitsch durch eigenhändige Abzeichnung (sog. Paraphe) sein Einverständnis bezeugt hätte.

Nun ist bekannt, daß Halder und Brauchitsch sich dem Überfall Hitlers auf Rußland, der den Krieg zum Zweifrontenkrieg ausweitete und dessen theoretische Vorbereitung dem Generalstab schon im Juli 1940 aufgetragen war, zunächst ebenso widersetzt haben wie vorher dem Überfall auf Belgien und Holland. Weiterhin, daß die grausigen Wehrmachtsbefehle vom 12. und 13. Mai 1941, in denen der Tyrann ein System blutigen Terrors gegen die russische Zivilbevölkerung anordnete und die Erschießung aller kommunistischen Armeekommissare befahl, das Entsetzen der Heeresleitung und der höheren Truppenbefehlshaber erregten. Halder hat damals (nach seinem eigenen Bericht) seinen Oberbefehlshaber bestürmt, mit ihm gemeinsam den Dienst zu quittieren – allerdings vergeblich. Wie Schlabrendorff durch Oberst von Tresckow erfuhr, trieb ihn seine Empörung zu neuen ernstlichen Erwägungen, ob sich der Sturz Hitlers angesichts der neuen Lage nicht doch noch erreichen ließe.[6] In diesem Zusammenhang könnte es geschehen sein, daß Brauchitsch seine Paraphe zu Goerdelers Friedensvorschlag gab. Rätselhaft bleibt freilich, wie es möglich war, ihn so weit zu bringen, nachdem er im Vorjahr den sogenannten X-Bericht über Dr. Josef Müllers Friedensgespräche in Rom mit offenbar echter Entrüstung als „Landesverrat" abgelehnt hatte. Mit General Halder hat er (nach dessen Mitteilungen an den Verfasser) niemals über seinen Verkehr mit Goerdeler gesprochen.[7] Hat er nun seine Paraphe (B) nur im Sinne des üblichen Geschäftsganges auf ein ihm vorgelegtes Blatt gesetzt, d. h. bloß zur Bestätigung der Kenntnisnahme? Dem Züricher Vermittler wurde es jedenfalls anders dargestellt.

Das so gezeichnete Dokument gelangte am 30. Mai durch Herrn Schloßstein von der Firma Bosch in Siegmund-Schultzes Hände. Der Inhalt war in mehrmaligem Schriftwechsel zwischen diesem und Goerdeler festgelegt worden (den Wortlaut siehe im Anhang V). Er gleicht im ganzen den Friedensforderungen der Widerstandsgruppe, wie sie Hassell schon im Februar 1940 nach London hatte gelangen lassen (siehe Kapitel 12). Aber Frankreich war inzwischen niedergeworfen, Belgien überrannt und besetzt worden. So ist jetzt von Verzicht auf Elsaß-Lothringen keine Rede mehr; vielmehr sollen die Grenzen von 1914 auch im Westen wiederhergestellt werden; gleichzeitig wird freilich das Selbstbestimmungsrecht der Nationen betont; spätere Programme werden das ausdrücklich auch auf Elsaß-Lothringen beziehen. Auch die deutschen Kolonien werden jetzt zurückgefordert – aber im Rahmen eines internationalen Mandatssystems. Damit ist schon vorausgedeutet auf die Forderung einer Neuorganisation des europäischen Staatensystems und des Völkerbundes: mit Abbau der Zollgrenzen, gegenseitiger Hilfe im Wiederaufbau unter Verzicht auf Reparationen und auf Kontrolle der Währungen, Schiedsgerichtsbarkeit, Begrenzung und Herabsetzung der Rüstung unter internationaler Kontrolle.

Es ist kaum anzunehmen, daß ein solches Friedensprogramm jenseits des Kanals in der Lage vor 1941 als zu anmaßlich empfunden wurde. Hassell hörte sogar Anfang 1942 (durch den Schweizer Carl J. Burckhardt), man habe sich drüben gewundert, daß die Forderungen der Opposition so gemäßigt blieben.[8] Aber die Regierung Churchill lehnte es ab, offiziell auch nur davon Kenntnis zu nehmen. Als Siegmund-Schultze mit seinem Dokument auf der britischen Gesandtschaft in Bern erschien, wurde ihm eröffnet, seit einigen Monaten sei ihr verboten, irgendwelche Anregungen für einen Frieden in Empfang zu nehmen. Es gelang ihm zwar, in länger hingezogener Unterhaltung wenigstens den Hauptinhalt seiner Information mündlich weiterzugeben, und er erfuhr auch bald darauf aus London, diese sei sogleich an das Foreign Office telefonisch ausführlich mitgeteilt worden. Es blieb aber jede Antwort aus, und auch seine Bemühungen, durch Erzbischof Temple und andere englische Persönlichkeiten zu erreichen, daß man seine schriftlichen Mitteilungen doch noch entgegennehme, fielen wirkungslos zu Boden. Erst Anfang August wurde dem britischen Generalkonsul in Zürich die Erlaubnis zu ihrer Weitergabe erteilt[9] – lange nach Beginn des Rußlandfeldzuges, also gewissermaßen nachträglich. Durch kirchliche Mittelsleute erfuhr Siegmund-Schultze später, der Erzbischof habe mit verschiedenen (im ganzen mindestens vier) Kabinettsmitgliedern, darunter Churchill und Eden, über die Angelegenheit gesprochen. Ein Brief, den er darüber an Siegmund-Schultze geschrieben hatte, kam niemals an. Auf Umwegen erfuhr aber der Adressat, Eden und Churchill würden indirekt in ihren außenpolitischen Reden an seine Anregung anknüpfen. In dieser indirekten Form wurde die Antwort in zwei Reden des britischen Außenministers erteilt. Siegmund-Schultze erkannte darin einen Satz seines an Erzbischof Temple gerichteten Berichtes wieder. Die Antwort lautete aber rein negativ. Sie lief darauf hinaus: auch eine Oppositionsregierung würde bedingungslos kapitulieren müssen. So jedenfalls wurde sie von dem Züricher Mittelsmann verstanden.

Deutlich geht aus alledem hervor, daß die Regierung Churchill eben das zu vermeiden wünschte, was die deutsche Opposition für ihren Staatsstreich brauchte: irgendeine Bindung für die Zukunft. Diese ihre Weigerung erfolgte (was historisch besonders bedeutsam ist) schon zu einem Zeitpunkt, als sie noch durch keinerlei Kriegsallianzen an die russische und amerikanische Politik gebunden war. Über ihre Motive lassen sich einstweilen nur Vermutungen anstellen. Aber sie hat ja später oft genug erklärt, daß sie keineswegs am Ende eines langen und harten Ringens wieder in die Lage von 1918 zu geraten wünsche, als die Deutschen sich auf Wilsons berühmte 14 Punkte beriefen, um damit den Machtwillen der Sieger zu lähmen und sich einen schonsamen Frieden zu ertrotzen. Ganz hingegeben an die Aufgabe, zum zweiten Male im Laufe eines Menschenalters das Inselvolk und seine Verwandten in Übersee zu einem unbedingten Kampf- und Siegeswillen aufzustacheln, es opferbereit zu machen auf einem langen, zunächst sehr dunkel aussehenden Weg „voll Blut, Schweiß und Tränen", hat der „alte Löwe" Churchill nichts mehr hören wollen von unbestimmten Friedensgesprächen, die (so mag er geurteilt haben) den Kampfwillen und Rüstungseifer nur schwächen konnten. Ein tiefes (und be-

Dr. Carl Goerdeler bei einer Amtshandlung als Leipziger Oberbürgermeister im Jahre 1935: Dr. Thierack, Hitlers späterer Justizminister, zeichnet sich in das Goldene Buch der Messestadt Leipzig ein. Thierack ließ Dr. Goerdeler am 2. 2. 1945 hinrichten.

Carl Goerdeler mit seinem 1942 gefallenen Sohn Christian in Istanbul 1939.

Ein in der Handschrift erhalten gebliebener Brief Dr. Carl Goerdelers an General Olbricht vom 17. 5. 1944 (offenbar verschrieben, muß 1943 heißen), mit welchem er dringend zum Handeln mahnt.

DR. GOERDELER
OBERBÜRGERMEISTER A. D.
LEIPZIG W 35
KAPITÄN-HAUN-STRASSE 23
RUF 45555

17. 5. 44

Hochverehrter Herr General,

immer wieder habe ich mir die Auffassung überlegt, es müsse erst der psychologisch richtige Moment abgewartet werden.

Kann man dadurch den Zeitpunkt verpassen, in dem die kriegerische Handlungen auslösen, dann hätte er mit

dem Beginn des Rückmarsches gekommen; für eine politische Auswertung würde Zeitpunkt dann zu spät kommen.
Inzwischen ~~sind~~ [wären] beachtliche Kulturwerte, die wichtigsten Wirtschaftszentren Italiens verlorengehen, ~~ist~~ [wäre] die Gesamtverantwortung der militärischen Führer mit kostbarem Menschenleben überlastet. Deshalb darf der Hafen des »Zug-folge schrittlichen« Zeitpunktes nicht abgewartet, er muß

herbeigeführt werden. Denn wir sind uns sicher einig, daß Führung ohne verantwortungsbewußter richtiger Kandidaten nicht möglich ist.

Nun ich möchte im Interesse der Zukunft unseres Vaterlandes die in Jahrhunderten heran gebildete Intelligenzschicht nicht ausgeschaltet wissen; wir sollten aus gleichem Grunde die erfahrenen führenden Köpfe unseres Soldaten nicht fehlen.

Stalingrad und Tunis sind so schwere Niederlagen, die

hen in der deutschen Geschichte seit Jena und Auerstädt nicht zu verzeichnen sind. In beiden Fällen ist dem deutschen Volke gezeigt, daß entscheidende Zeitpunkte verlangt hätten, Ver- [illegible] zu opfern. Daß das [illegible] ist, wissen wir; denn Soldat und Politiker können nur solche Opfer als notwendig verlangen, die auch auf anderen Gebieten einen das Opfer überwiegenden Erfolg verbürgen. Im Ernstfall bürgt leichtfertige gewissenlose Führung dafür. Bei rechter Führung würden:

DR. GOERDELER
OBERBÜRGERMEISTER A. D.
LEIPZIG W 35
KAPITÄN-HAUN-STRASSE 28
RUF 45555

beide Ostseehafengebiete verbunden und damit eine günstigere militärische und politische Lage hergestellt.

Die Zahl der durch Verfahren in diesem Kriege zum Tode gebrachten Zivilisten, Männer, Frauen und Kinder der verschiedenen Völker sowie der deutschen Kriegsgefangenen übersteigt weit eine Million. Die Art und Weise ihrer Behandlung ist ungeheuerlich und hat mit Ritterlichkeit, Menschlichkeit, u. mit den primitivsten Anstandsbegriffen wilder

Volkes nicht zu kennen. Dem deutschen Volke aber wird wahrheitswidrig dargestellt, als ob die russischen Volksmassen es sind, die lauschen und [illegible] Verbrechen an Unschuldigen begangen hätten.

Die Liste solcher Tatsachen ließe sich fast beliebig vermehren. Ich habe nur diese beiden Vorgänge herausgegriffen, weil sie Schulbeispiele für die sittliche Vergiftung des Volkes sind und kund zu kommen mit einer in der deutschen Geschichte noch nicht da-

DR. GOERDELER
OBERBÜRGERMEISTER A. D.
LEIPZIG W 35
KAPITÄN-HAUN-STRASSE 23
RUF 45555

gewachsenen Korruption sowie mit der Vernichtung des Rechts jede Möglichkeit bieten, den „Erfolg züchtigenden" Zustände zu schaffen. Gewiß, die große Mehrheit des deutschen Volkes, fast die gesammte Arbeiterschaft, weiß heute, daß dieser Krieg kein gutes Ende mehr nimmt.

Demgegenüber erscheint das Verhalten des Volkes unerklärlich. Aber diese Paradoxie beruht nur auf der Tatsache, daß Terror, Geheimhaltung, Lüge und Verbrechen schützt.

die Kameradschaft schwindet sofort, wenn das Volk sieht, daß dem Verrat zu Leibe gerückt, der Verdächtigen Verurteilung angesagt u. an Stelle des Zusammenwirkens Neid und Lüge, Unehrlichkeit und Rohheit gesetzt werden. In derselben Stunde wird jeder Deutsche [illegible] oder [illegible], der Anständige wie der Unanständige, jeder wird die Handlung, die er gestern noch, weil sie heimlich blieb, ungehindert vornehmen oder unbeanstandet ließ, heute ablehnen und verurteilen, weil jener Anstand, diese Verantwortung von sich fordern würde.

DR. GOERDELER
OBERBÜRGERMEISTER A. D.
LEIPZIG W 35
KAPITÄN-HAUN-STRASSE 23
RUF 45555

finden und keinen anderen Weg, so bin ich bereit, alles zu tun, um zu einer Aussprache mit Hitler zu gelangen. Ich würde ihm sagen, was zu sagen ist, insbesondere daß sein Rücktritt vom Lebensinteresse des Volkes erfordert wird.

Es ist nicht gesagt, daß eine solche Aussprache, wenn sie herbeigeführt werden kann, böse enden muß; Überraschungen sind möglich, nicht wahrscheinlich, aber das Risiko muß jetzt gewagt werden. Nur ist Vorsicht nötig beim Entscheiden,

warum ich Sicherheit verlange,
daß dem Kommandeur Walter gesandt werde.

Die zusätzlichen Kolonnenfahrzeugen hierzu sind einsatzbereit. Ich bitte Sie, hochverehrter Herr General, dringend, nochmals zu prüfen, ob sich nicht doch die den technischen Maßnahmen entgegenstehenden Schwierigkeiten überwinden lassen. Ich bitte, auch das von mir vorgeschlagene Verfahren zu überdenken und mir nach meiner Rückkehr Gelegenheit zu eingehender Besprechung der Lage und Möglichkeiten zu geben.

Mit herzlichem Gruß
Ihr Guderian

Vor dem Volksgerichtshof September 1944.

greifliches) Mißtrauen gegen die praktischen Aussichten der Umsturzpläne, aber auch jenes verhängnisvolle Klischeebild vom unsterblichen „Militarismus“ der deutschen Generäle, das in seinen Volksreden spukt, werden viel dazu beigetragen haben, seine Haltung gegenüber der von 1938 zu versteifen. Von den großen, mit Bewunderung gemischten Hoffnungen, die man im Kreise des deutschen Widerstands gerade auf ihn (im Gegensatz zu Eden) setzte, hat er wohl nie etwas geahnt.

Bewunderung für England und seine Kunst des friedlichen Ausgleichs politischer Gegensätze ist einer der Grundzüge von Goerdelers außenpolitischen Denkschriften während des Krieges. Ihm schwebt eine Vereinigung sehr weiter Wirtschaftsräume, wie sie das 20. Jahrhundert durch seine Verkehrstechnik ermöglicht hat, mit national geschlossenen politischen Gemeinschaften, dem Ideal des 19. Jahrhunderts, als Endziel vor. Im britischen Empire, das sich zum Commonwealth freier Nationen entwickelt, findet er ein Vorbild für die künftige Organisation Europas, letztlich der Welt. Es soll eine freie Gemeinschaft der europäischen Völker entstehen, aber mit einem festen Machtkern, und vorbereitet durch eine Wirtschaftsunion. Wir kennen dieses Programm schon aus den Denkschriften des Winters 1938/39 (Kapitel 11). Es wird seit dem Winter 1940/41 in manchen Einzelheiten ergänzt oder abgeändert, dem jeweiligen Wandel der außenpolitischen Lage entsprechend, wird allmählich immer breiter ausgemalt – mit einer politischen Phantasie, die zuletzt, in den Gefängnismonaten, beinahe schwärmerisch wird im Ausspinnen ihres Sehnsuchtstraumes – in den Grundzügen bleibt es aber immer gleich. Wir begnügen uns hier damit, besonders charakteristische und wichtige Einzelheiten der verschiedenen Stadien herauszuheben.

In der großen Denkschrift „Das Ziel“, deren außenpolitischer Abschnitt nicht lange vor dem Beginn des Rußlandfeldzugs entstanden sein kann[10], findet man das Bewußtsein der militärischen Kraft Deutschlands stärker entwickelt als in irgendeiner anderen Niederschrift. Das begreift sich ebensowohl aus der deutschen Lage nach der Niederwerfung Frankreichs wie aus dem Zweck der Niederschrift, die Generäle für einen Staatsstreich zu gewinnen. Der Verfasser will eine „ausreichend starke“ deutsche Wehrmacht auch nach dem Kriege erhalten wissen; freilich bedarf sie dazu „der vollen Wiederherstellung und Achtung soldatischer Tugenden auf sittlich-reiner Grundlage“, die das Hitler-Regiment korrumpiert hat. So erneuert, könnte sie (falls die politische Entwicklung es so fügen sollte) „zum Kern europäischer militärischer Kräfte“ werden. Die neu zu schaffende Europa-Union, die Goerdeler vorschlägt, kann nur eine Vereinigung antibolschewistischer Kräfte sein. Von irgendwelcher „Gleichschaltung“ der europäischen Nationalstaaten will er nichts wissen; jeder müßte volle Freiheit behalten, sich nach eigenen Wünschen politisch zu organisieren. Er warnt auch dringend vor „militärischen Zwangseingriffen in Rußland", die dort „ungeahnte nationale Kräfte auf den Plan rufen" könnten, und er betrachtet es als eine Aufgabe der Zukunft, „Rußland allmählich in eine europäische Zusammenfassung einzubeziehen". Aber solange dort der seelen- und gottlose Kollektivismus der bolschewistischen Zwangsherrschaft besteht, kann er sich eine wirklich fruchtbare politische und wirtschaftliche Zusammenarbeit mit Rußland nicht vorstellen.

Dann bleibt aber die europäische Gemeinschaft von außen her dauernd bedroht. Sie „bedarf einer starken militärischen Deckung", und wie sollte die ohne Mitwirkung einer leistungsfähigen, innerlich gesunden deutschen Wehrmacht zu beschaffen sein? Dieser Gedanke führt weiter zu hochgespannten patriotischen Hoffnungen, die aber sogleich – in sehr charakteristischer Weise – mit dringenden Warnungen vor Mißbrauch der Gewalt verbunden werden. „Die zentrale Lage, die zahlenmäßige Stärke und die hochgespannte Leistungsfähigkeit verbürgen dem deutschen Volk die Führung des europäischen Blocks, wenn es sie sich nicht durch Unmäßigkeit oder durch Machtsuchtmanier verdirbt. Es ist dumm und anmaßend, vom deutschen Herrenmenschen zu sprechen. Es ist töricht, für sich selbst die Achtung vor der nationalen Ehre und Selbständigkeit zu verlangen und sie anderen zu versagen. In die Führung Europas wird diejenige Nation hineinwachsen, die gerade die kleinen Nationen achtet und ihre Geschicke mit weisem Rat und weiser Hand, nicht mit brutaler Gewalt zu leiten versucht. Die Sachlichkeit der Gesichtspunkte muß entscheiden. Berechtigte Interessen müssen klug und weitschauend ausgeglichen werden." „In Äußerlichkeiten muß anderen betont der Vortritt überlassen werden." Die Methode der Briten, ihr weites Empire gewissermaßen unsichtbar zu leiten und jeder organischen Entwicklung der Reichsteile Raum zu lassen, verdient Nachahmung. Wird das deutsche Volk sich dazu fähig erweisen? Im Blick auf die ältere preußisch-deutsche Geschichte glaubt Goerdeler diese Frage bejahen zu können. Hitler freilich hat es fertiggebracht, den deutschen Namen der Welt furchtbar zu machen. Seine Außenpolitik ist seit 1939 eine einzige Kette von groben Rechtsbrüchen, die alles Vertrauen auf die deutsche Politik zerstört haben. Vertrauen ist aber die unentbehrliche Grundlage erfolgreicher Außenpolitik.

Goerdelers hochgespannte Zukunftshoffnungen wurden bald enttäuscht, und die Allianz der Kriegsgegner Deutschlands wurde immer fester. Am 12. Juli 1941 schlossen Rußland und Großbritannien ein Beistandsabkommen, in dem sich beide verpflichteten, später nur in gegenseitigem Einverständnis Waffenstillstands- oder Friedensverhandlungen zu eröffnen. Am 14. August verkündeten Roosevelt und Churchill die Atlantic-Charta, deren erste sieben Artikel zwar ähnlich klangen wie Goerdelers eigene Friedenswünsche, die aber im achten ziemlich unzweideutig auf langdauernde Entwaffnung Deutschlands abzielte. Bald wurde ausdrücklich bekanntgegeben, daß Deutschland keinen Nutzen von der Charta haben – also schon jetzt unter Ausnahmerecht gestellt werden sollte. Kurz nach dem Eintritt der Vereinigten Staaten in den Krieg traten die meisten Staaten der Welt, die nicht zum Hitlerischen „Dreierpakt" gehörten, in einer förmlichen Erklärung den Grundsätzen der Atlantic-Charta bei. Diese wurden nochmals in dem britisch-russischen Bündnisvertrag vom 26. Mai 1942 bekräftigt; in ihm banden sich beide Partner auch für die Zeit nach Kriegsende aneinander, und zwar für 20 Jahre. Für die Kriegsdauer verpflichteten sie sich gegenseitig, „weder mit der Hitler-Regierung noch mit einer anderen deutschen Regierung, die nicht klar auf alle Angriffsabsichten verzichtet, in irgendwelche Verhandlungen einzutreten" und nicht ohne beiderseitiges Einverständnis einen Waffenstillstand oder Friedensvertrag abzuschließen. Das war formell kein Hindernis für Gespräche mit der deutschen Opposition, erschwerte sie aber doch wesentlich, weil jeweils der andere Vertragspartner die Echtheit ihres Friedenswillens bezweifeln konnte. Und die Russen waren, wie sich später gezeigt hat, höchst mißtrauisch gegen die Bündnistreue ihrer westlichen Alliierten, der „kapitalistischen" Mächte. Dies um so mehr, als England und Amerika für lange Jahre praktisch außerstande waren, eine „zweite Front" auf dem Kontinent zur Entlastung Rußlands aufzurichten. Man sieht aus den Memoiren Churchills, wie schwer das die britischen Politiker bedrückt hat. Je peinlicher es ihnen war, daß sie Rußland zunächst sich selbst und seinem grausamen Schicksal überlassen mußten, um so mehr beeiferten sie sich mit Versprechungen für die Zukunft, um so ängstlicher hüteten sie sich, irgendwelchen Argwohn gegen ihre Bündnistreue aufkommen zu lassen. Nach dem Kriege, versprachen sie, gemeinsam mit Rußland „alle Maßnahmen zu treffen, um eine Wiederholung der Angriffe durch Deutschland unmöglich zu machen". Im Angriffsfall wollten sie erneute Kriegshilfe und wirtschaftlichen Beistand leisten. Günstig für deutsche Ohren klang die Abrede beider Mächte, „weder nach territorialen Erwerbungen für sich selbst zu streben, noch sich in die inneren Angelegenheiten anderer Staaten einzumischen"; aber das war nur auf starken amerikanischen Druck hin eingefügt und, wie sich später zeigen sollte, stillschweigend so gemeint, daß Deutschland auch aus dieser Verpflichtung kein Vorteil erwachsen sollte.

Es ist im einzelnen nicht deutlich zu erkennen, wieviel von diesen Abreden der deutschen Opposition bekannt wurde und wie Goerdeler darauf reagierte.[11] Ulrich von Hassell, der Fachdiplomat des Beckschen Kreises, und Minister

Popitz begannen schon im August 1941 darüber zu debattieren, ob es für einen Staatsstreich vielleicht schon zu spät sei, weil Deutschland „keinen annehmbaren Frieden mehr bekommen könne".[12] Goerdeler war nicht so pessimistisch. Doch fühlte auch er sich nach und nach zu Abstrichen an seinem Friedensprogramm genötigt. Ein Entwurf vom Dezember 1942 spricht nicht mehr von einfacher Rückgabe Elsaß-Lothringens an Deutschland, sondern von Teilung nach der Sprachgrenze; gegebenenfalls sollte nach zehn Jahren eine Volksabstimmung unter neutraler Kontrolle stattfinden. Die Zukunft der ehemaligen deutschen Kolonien und der Beteiligung Deutschlands an der Kolonisation fremder Erdteile überhaupt wird als offene, nicht allzu dringliche Frage behandelt, für die künftige Abrüstung Deutschlands ein sehr weitgehender, konkreter Vorschlag gemacht.[13] Ob auch dieses neue Programm für England bestimmt war oder nur für deutsche Leser, ist nicht zu erkennen. Sicher ist aber, daß Goerdeler den 1941 gescheiterten Versuch, über kirchlich-ökumenische Kreise eine Brücke zum Londoner Foreign Office zu schlagen, ein Jahr später wiederholt hat. Denn er war es doch wohl, der hinter dem Versuch des Pastors Schönfeld in Schweden und seiner politischen Aussprache mit dem Bischof Bell von Chichester Ende Mai 1942 stand – Aussprachen, an denen dann auch noch Dietrich Bonhoeffer mit Hilfe der „Abwehr" teilnehmen konnte. Beide Theologen waren bemüht, ihren Gesprächspartner davon zu überzeugen, daß wirklich ein zweites, heimliches Deutschland bestehe, ehrlich bereit zu innerer Einkehr, ja Buße und Umkehr auf den von Hitler betretenen Wegen brutaler Machtpolitik. Die immer eindrucksvoller sich bewährende Glaubenskraft und Selbstbehauptung der christlichen Kirchen in Deutschland, von denen sie berichten konnten, gab ihren Worten den rechten Hintergrund. Genaue Einzelangaben sollten zeigen, daß sich bereits ein ganzes Netz der Verschwörung gegen den Tyrannen gebildet habe, in allen Spitzenbehörden des Staates und der Armee, und daß eine weitgedehnte Anhängerschaft der gewerkschaftlich organisierten Industriearbeiter dahinterstehe. Nach dem neuesten englischen Bericht legten sie auch eine Art Friedensprogramm der Verschwörer vor, das etwa den Plänen Goerdelers entsprach,[14] und baten den anglikanischen Bischof, der britischen Regierung den Wunsch der deutschen Oppositionsführer zu übermitteln, sie möge sich bereit erklären, nach Hitlers Sturz auf dieser Grundlage mit einer Oppositionsregierung zu verhandeln. Am besten würde diese Erklärung öffentlich abgegeben – ein Wunsch, der in auffallender Weise abweicht von der Besorgnis des Beckschen Kreises (wir kennen ihn von Hassell her),[15] der Umsturz könnte in Deutschland in den Verdacht geraten, so wie einst die Revolution von 1918 unter ausländischem Druck erfolgt zu sein. Dr. Schönfeld fügte aber der Bitte an die britische Regierung ausdrücklich hinzu: sollte sie ablehnen, so würden die Verschwörer ihren Putsch gleichwohl durchführen und, falls sie damit Erfolg hätten, lieber bis zum bitteren Ende weiterkämpfen als einen demütigenden Frieden annehmen. An der Stärke der deutschen Wehrmacht zum Durchstehen eines solchen Kampfes hätten sie keinen Zweifel.

Irgendeinen praktischen Erfolg hatte dieser Vorstoß ebensowenig wie alle früheren. Staatssekretär Eden nahm die Mitteilung Bischof Bells mit Interesse zur Kenntnis, ließ ihn aber am 17. Juli wissen, man werde nichts weiter in dieser Sache tun. Gerade im Sommer 1942 wurde die Spannung zwischen London und dem Kreml, der sich im Stich gelassen fühlte, besonders groß. Anderseits begannen jetzt die schweren Bombardements auf die Wohnviertel deutscher Städte, mit denen man die „Kriegsmoral" der Zivilbevölkerung zu ruinieren und sie zu revolutionärer Haltung zu treiben hoffte. Man glaubte also noch andere Mittel zu besitzen, um einen Umsturz in Deutschland zu fördern, als die Verhandlung mit hitlerfeindlichen Politikern und Generälen über ein neues besseres Deutschland und Europa – offenbar einer der fürchterlichsten und folgenreichsten Irrtümer „militaristischen" Denkens, welche die neuere Geschichte kennt. Die große Politik steuerte unaufhaltsam einem Abgrund zu, und vergeblich streckten sich die beschwörenden Hände einiger ebenso wohlgesinnter wie hilfloser Deutscher von der Opposition über den Kanal.

Die entscheidende Wendung, die ihr Bemühen vollends zur Utopie werden ließ, brachte aber erst die Landung amerikanisch-englischer Truppen in Nordafrika (7./8. November 1942) und bald darauf die Katastrophe von Stalingrad. Die Waage des Sieges begann sich langsam auf die Seite der Alliierten zu neigen; Hitlers Macht überschritt, sichtbar vor aller Welt, ihren Höhepunkt. Als Siegel auf diese Entwicklung setzte die schon jetzt siegesgewisse amerikanische Diplomatie die berühmte Erklärung von Casablanca (24. Januar 1943) durch: die Parole des Weiterkämpfens bis zu „bedingungsloser Kapitulation" (unconditional surrender) der Gegenseite.

Kein Schritt der alliierten Mächte während des Krieges hat in ihrem eigenen Lager später so viel Kritik erfahren wie diese Proklamation. Ihre Verteidiger haben vergeblich versucht, ihre praktisch-politische Bedeutung herabzumindern oder gar zu leugnen. Für die deutsche Widerstandsbewegung wurde dadurch eine neue Lage geschaffen, die sie auch zu einer neuen Taktik zwang. Das nötigt uns, die Entstehung und Auswirkung der Casablanca-Formel ein wenig näher zu betrachten. Sie ist (wie heute feststehen dürfte) nicht einem Einfall Churchills, sondern der Kreuzzugstimmung und dem demokratischen Doktrinarismus Franklin D. Roosevelts entsprungen. Zwischen tausend eiligen

Geschäften anderer Art, die besonders erschwert wurden durch die gegenseitige Eifersucht ehrgeiziger französischer Generäle, ist den beiden „Großen“, die sie miteinander vereinbarten, praktisch kaum Zeit geblieben zur gründlichen Erwägung ihrer politischen Konsequenzen. Zunächst dachten sie beide wohl nur an ein recht schlagkräftiges, politisch eindrucksvolles Schlußkommuniqué, das „unseren Freunden in aller Welt Mut einflößen werde“. Immerhin hat Churchill sein Kriegskabinett in London telegraphisch darüber verständigt, daß man eine Presseerklärung dieser Art plane – aber so, daß Italien von der darin enthaltenen Drohung ausgenommen werden sollte, „um dort einen Umschwung zu begünstigen“. Daraus folgt unzweideutig zweierlei: 1. Es war ihm vollkommen bewußt, daß die Erklärung einen inneren Umsturz im Lager des Gegners erschweren bzw. verhindern würde, 2. an einen solchen Umsturz in Deutschland glaubte er nicht mehr; jedenfalls lag ihm so wenig daran, daß er keinerlei Bedenken empfand, ihn zu erschweren oder abzudrosseln. Die nach Casablanca telegraphierte Antwort des britischen Kabinetts ist nicht minder charakteristisch: man war in London gegen jede Ausnahme und glaubte, „es würde die Moral der Italiener entschieden stärker untergraben, wenn sie wissen, daß ihnen das Schlimmste droht“. In Deutschland hat man genau den gegenteiligen psychologischen Effekt erzielt.

Churchill berichtet, während der Pressekonferenz, die den Beratungen folgte, habe Präsident Roosevelt ihn ebenso wie alle anderen Teilnehmer dadurch überrascht, daß er die verhängnisvolle Formel proklamierte, ohne daß sie in dem vorher vereinbarten Kommuniqué enthalten und ohne daß darüber ein förmlicher Beschluß gefaßt worden war. Die Bedenken kamen erst nachträglich, aber sie kamen bald von allen Seiten. Das amerikanische Außenministerium war ganz und gar nicht einverstanden mit diesem selbstherrlichen Vorprellen seines Präsidenten. Cordell Hull und seine Mitarbeiter fürchteten sogleich, es würde die Bedrohten erst recht zu erbittertem Widerstand antreiben und dadurch den Krieg verlängern; gleichzeitig grauste ihnen vor der Last der Verantwortung, welche die Siegermächte auf sich nahmen, wenn sie zunächst jede staatliche Autorität in den besiegten Ländern zerstörten. Der Präsident berief sich demgegenüber immer wieder darauf, daß General Grant am Ende des amerikanischen Bürgerkriegs 1865 von seinem besiegten Gegner Lee gleichfalls unconditional surrender verlangt, sie aber dann praktisch mit fairness gehandhabt habe. Roosevelt übersah, daß in Europa kein Mensch die Absicht solcher fairness herauslesen konnte; daß über den Erfolg politischer Proklamationen nicht die letzte Absicht, sondern immer nur der optische Gesamteindruck entscheidet und daß er der Goebbels-Propaganda das wirksamste aller Schlagworte geliefert hatte. Daran änderte sich auch dadurch nichts, daß er schon in Casablanca hinzufügte, man plane nicht „Vernichtung“ der jetzt feindlichen Völker (was selbstverständlich war), sondern Ausrottung ihrer Philosophie der hemmungslosen Gewalt. Ebensowenig änderten daran die nachträglichen Abschwächungen oder vorsichtigen Einschränkungen, zu denen sich die beiden Urheber der Proklamation in späteren öffentlichen Erklärungen genötigt sahen (Churchill am 30. Juni, Roosevelt am 12. Februar, 25. August, 24. Dezember). Sehr bald zeigte sich aber, daß die berühmte Formel praktisch nur ein Hemmnis nüchterner Realpolitik bildete. Mit Marschall Badoglio mußte man wohl oder übel vorher Bedingungen seiner Unterwerfung aushandeln, um sie überhaupt zu erreichen. In der Moskauer Erklärung der Alliierten vom 1. November wurde Österreich eine wohlwollende Behandlung versprochen, wenn es von Deutschland abfiele. Auf der Konferenz von Teheran (Erklärung vom 1. Dezember) wagte man schon keine Wiederholung mehr, sondern hieß alle Völker willkommen in der „Weltfamilie demokratischer Nationen“, die sich gegen Tyrannei zu wenden bereit wären. Hier bezeichnete Stalin nachdrücklich die Verkündung des „unconditional surrender“ als „falsche Taktik“ gegenüber Deutschland und verlangte ihre Preisgabe: sie sollte durch Bekanntgabe der konkreten Friedensbedingungen ersetzt werden. Eden gab diesen Wunsch empfehlend nach Washington weiter, Molotow wiederholte ihn Ende Dezember dem amerikanischen Botschafter gegenüber, stieß aber auf eisernen Widerstand Roosevelts, der an seiner Formel wie an einem Dogma festhielt und von vorzeitiger Festlegung der Friedensbedingungen nichts wissen wollte. Gegen die letztere wandte sich auch Churchill, der inzwischen in Moskau und Teheran gesehen hatte, wie fürchterlich eine Friedensordnung aussehen würde, die unter Mitwirkung Rußlands zustande käme, der aber auch selbst eine totale und dauernde Zerstörung des „preußischen Militarismus“ wünschte: vollständige Entwaffnung, Verbot aller fliegerischen Betätigung, Auslieferung aller Personen, die wegen Kriegsverbrechen beschuldigt werden, an die davon betroffenen Länder, mindestens vier Millionen deutscher Zwangsarbeiter, zum Wiederaufbau Rußlands für viele Jahre eingesetzt, Auslieferung eines riesigen Maschinenparks an Rußland und andere Siegermächte, endgültige Aufteilung Deutschlands in verschiedene Staaten, Ablösung des ganzen Ostens bis zur Oder nebst Austreibung der deutschen Bevölkerung, Zerschlagung Preußens, dem das Ruhrgebiet und andere Industriezentren genommen werden müßten, völlige Auflösung des Generalstabs, Verurteilung vieler Generalstäbler zum Tode oder zu langjähriger Internierung; dabei dachte Churchill an etwa „50–100 berüchtigtste Verbrecher“, was aber Stalin bei weitem nicht genügte.

Angesichts dieser „Friedens"-Aussichten hielt Churchill die ganz allgemeine Formel „bedingungslose Unterwerfung" für immerhin noch weniger abschreckend – sicherlich mit Recht. Er meinte, sie solle schließlich nur besagen, „daß die Deutschen kein *Recht* auf irgendeine bestimmte Behandlung beanspruchen können", anderseits schuldeten aber „die siegreichen Nationen es sich selbst", die „Grundsätze der Menschlichkeit und Zivilisation zu respektieren". Das war nun freilich ein recht schwacher Trost für die Besiegten; aber angesichts des furchtbaren Schicksals und des hemmungslosen Vergeltungsdrangs, die sich schon in Teheran ankündigten, war es wohl wirklich nicht mehr wesentlich, ob es bei einer ganz allgemeinen Drohung blieb oder zu einer konkreten Ausmalung des uns bevorstehenden Elends kam. In den weiteren Verhandlungen ging es hauptsächlich darum, einen Verzicht auf die Casablanca-Formel gegenüber Deutschlands Satellitenstaaten (Finnland, Rumänien, Bulgarien, Ungarn) durchzusetzen, um ihre Kapitulation zu beschleunigen. Von Roosevelts doktrinärem Starrsinn war aber trotz aller Bemühungen der russischen und englischen Diplomatie, denen Cordell Hull zustimmte, nicht mehr zu erreichen, als daß er sich mit einer praktischen Nichtanwendung schließlich einverstanden erklärte. Vergeblich mühten sich der Generalissimus Eisenhower und sein Stabschef Bedell Smith seit dem 13. April 1944, den Präsidenten zu einer mildernden Auslegung des unconditional surrender Deutschland gegenüber zu bewegen. Er wies auf den unglaublich zähen Widerstand hin, den die deutschen Truppen dem Gegner nach wie vor leisteten, auf die ungünstige Propagandawirkung des Schlagwortes in der deutschen Armee und meinte (unterstützt von seinem politischen Beirat Phillips), es würde unmöglich sein, ohne eine solche mildernde Auslegung die Krisis voll auszunützen, die nach der alliierten Landung in der deutschen Truppe entstehen würde. Es blieb alles vergebens. Auch nach der Invasion in Frankreich ist der Antrag mehrmals erfolglos wiederholt worden.[16]

Vom Standpunkt der deutschen Widerstandsbewegung darf man es wohl als ein Glück bezeichnen, daß ihre Häupter trotz der drohenden Formel von Casablanca nichts ahnten von den Zukunftsplänen, die in den Hauptquartieren und Staatskonferenzen der Alliierten für Deutschland und Europa geschmiedet wurden. Hätten sie diese grausige Wirklichkeit gekannt, so hätte ihnen der Mut sinken müssen, noch irgendwelche eigenen Pläne und Vorschläge auszusinnen. Einige von ihnen, wie General Thomas und Staatssekretär Planck – zu denen später sogar Oster stieß –, haben nach Stalingrad immerhin die Hoffnung verloren, jetzt noch einen anderen als einen „Schmachfrieden" für Deutschland zu erreichen, selbst nach einem Sturz Hitlers. Die Verbrechen des Hitler-Systems, meinte Thomas, sind zu groß geworden, um ungesühnt vergessen zu werden. Das deutsche Volk müsse nun den Krieg bis zum bitteren Ende durchkosten, um sich auch innerlich von seinen Tyrannen zu befreien. Aus seiner Dienststelle als Chef des Wehrwirtschaftsamtes entlassen, zog sich Thomas jetzt fast ganz aus der aktiven Widerstandsbewegung zurück.[17] Aber das war nicht die Haltung der meisten. Im Gegenteil: wir werden später noch sehen, daß bald nach der Casablanca-Konferenz, seit März 1943, eine ganze Reihe von Attentatsversuchen gegen Hitlers Leben einsetzte, in denen der Widerstand sich zum Aufstand zu steigern suchte. Es waren Verzweiflungstaten entschlossener Offiziere, die einen aussichtslos gewordenen Krieg gewaltsam zu beenden, eine gemeingefährlich gewordene und ebenso unfähige wie brutale Kriegsleitung auszuschalten suchten. Politisch waren ihre Aussichten seit Casablanca in ganz entscheidender Weise verschlechtert. Wären die Attentate gelungen, so hätten die hinter ihnen stehenden Gruppen den Fluch auf sich geladen, Deutschlands „bedingungslose Kapitulation" sehenden Auges verschuldet zu haben.

Carl Goerdeler ließ sich auch dadurch nicht entmutigen oder beirren. Aber das wenige, das er über die politische Entwicklung im Lager der Alliierten hörte, ängstigte ihn doch schwer. Er empfand vor allem eine doppelte Gefahr: einmal, daß sie als „Siegermächte" dem deutschen Volk seine Selbstbestimmung nehmen würden, zum andern, daß am Ende des Ringens Sowjetrußland als die größte Macht des Kontinentes dastehen und mit seinem totalitären Staatssystem die freie Welt überschatten würde. So hat er im Sommer und Herbst 1943 die größte Mühe aufgewandt, in London Gegenvorstellungen zu erheben und auf die Gefahren der Zukunft hinzuweisen. Die Verteidigung des freien Europas gegen den Bolschewismus wird von jetzt an der Grundgedanke seiner Niederschriften.

Man begreift, daß ihm nach den Erklärungen von Casablanca unendlich viel darauf ankam, einen möglichst authentischen und klaren Eindruck davon zu gewinnen, was man in der Umgebung Churchills nun eigentlich unter „unconditional surrender" verstand und was Deutschland von ihm konkret zu erwarten hatte. Um dies zu erkunden, benutzte er seine alte, oft bewährte Verbindung mit den beiden Wallenbergs in Stockholm, Direktoren der Enskilda-Bank: Jakob, der zur schwedisch-deutschen Handelskommission der Regierung gehörte, und Markus, der die Handelsverbindungen mit England betrieb. Mit Jakob Wallenberg, den er als seinen Freund betrachtete, war Goerdeler auch während des Krieges sehr häufig zusammengekommen und hatte ihm schon oft über die politische Lage in Deutschland und über die Sorgen und Nöte der Opposition berichtet.[18] Schon im April 1942 hatte er Markus Wallenberg gebeten, in London zu ermitteln, ob Zusagen der britischen Regierung für den Fall eines Umsturzes in Deutschland zu haben sein würden. Dies hatte der Schwede sofort für aussichtslos erklärt. Vielleicht hatte das den Anstoß gegeben zu dem uns schon bekannten Versuch im Mai 1942, mit Hilfe kirchlich-ökumenischer Verbindungen (Bonhoeffer-Bischof Bell) weiterzukommen. Im November war Jakob Wallenberg in Berlin; damals hat er seinem deutschen Freunde den schon erörterten Rat gegeben, ohne Rückfragen in England einfach loszuschlagen. Im Februar 1943 teilte ihm Goerdeler mit, die Erklärung von Casablanca schrecke die Generäle vom Staatstreich ab, und es sei höchst unsicher, ob die für März geplanten Anschläge auf Hitler glücken würden, da sich dieser inzwischen mit einem undurchdringlichen Wall von Sicherheitsmaßnahmen und Leibgarden umgeben habe.[19] Der Optimismus Wallenbergs, der meinte, sobald Hitler erst einmal weggeräumt sei, könnten die Alliierten gar nicht mehr „bedingungslose Unterwerfung" verlangen, schien ihn nicht voll zu überzeugen. Jedenfalls drängte er bei der nächsten Begegnung in Stockholm (19.–21. Mai 1943) noch stärker darauf, die beiden Brüder möchten doch konkrete Auskünfte in London zu erreichen suchen. Er berief sich darauf, daß Churchill ihn persönlich kenne; man dürfe ihm ruhig sagen, daß es kein anderer als Goerdeler sei, der hinter der Anfrage stehe. Jakob Wallenberg blieb äußerst skeptisch, erklärte sich aber schließlich bereit, seinem gerade in London weilenden Bruder einen entsprechenden Brief zu schreiben; nur müsse Goerdeler ihm dafür konkrete Vorschläge liefern. Das geschah noch in derselben Nacht. Am nächsten Morgen (am 20. Mai) brachte Goerdeler eine Denkschrift, deren wichtigste Punkte der schwedische Bankier in einem Brief an seinen Bruder zusammenfaßte. Um diesen Privatbrief sicher zu befördern, erbat er (zum ersten und einzigen Male) die Hilfe der schwedischen Diplomatie.

Der Wortlaut des Memorandums, das Goerdeler vorlegte, ging teilweise auf Besprechungen des Vorabends zurück.[20] Wallenberg hatte auf Einschränkung der deutschen Friedenswünsche gedrängt, in der richtigen Erwartung, daß man in London jetzt schon viel höhere Verzichtleistungen, gerade auch in den Grenzfragen, von Deutschland fordern würde.

Goerdeler erklärt gleich anfangs mit Nachdruck, Deutschland müsse sich selbst von seinem verbrecherischen Herrschaftssystem befreien, dessen Beseitigung aber zugleich im Interesse der ganzen Menschheit liege. Er vergißt aber nicht, auf die sehr schweren Opfer hinzuweisen, die der Widerstand dagegen das deutsche Volk schon gekostet hat. „Tausende Deutscher sind hingerichtet und hingefoltert, viele Zehntausende schmachten in Konzentrationslagern und Zuchthäusern." Eine Befreiungsaktion wird als nahe bevorstehend angekündigt. Es ist wichtig, daß sie nicht durch Bombenhagel gestört wird. Das Bombardement müßte auf die noch nicht befreiten Teile Deutschlands beschränkt bleiben. Geschieht das, so wird es (nach Goerdelers mündlicher Erläuterung) die stärkste moralische Unterstützung der Aufständischen sein. Das Aufheben der Verdunkelung wird dann so etwas wie eine Fackel der Freiheit bedeuten. Aber keine Aktion kann beginnen, solange die Akteure nicht darauf rechnen können, daß ihnen von den Kriegsgegnern kein unconditional surrender zugemutet wird.

Die neue Regierung „wird alle sozialen Schichten, alle Konfessionen, alle deutschen Länder repräsentieren". Die geplante neue Reichsverfassung wird ganz kurz in der uns schon bekannten Weise skizziert, ebenso die Grundzüge der geplanten Wirtschafts- und Sozialverfassung. Bis zur Wahl eines Reichstags, „die im Krieg vor Beruhigung nicht möglich ist", soll ein vorläufiger Reichsrat zur Kontrolle der Regierung gebildet werden. Räumung der besetzten Gebiete so rasch als möglich (mit Rücksicht auf die jeweilige Lage) wird ebenso versprochen wie die Wiederherstellung der „vollen Selbständigkeit aller europäischen Nationen". Die deutsche Grenze gegen Polen soll „durch Verhandlungen" festgesetzt werden. Auf einfache Rückkehr zu den Grenzen von 1914 wird also jetzt verzichtet. „Deutschland verbürgt bei Einigung den Bestand Polens und fördert die Staatsunion Polen-Litauen. Im Osten von Polen wird das russische Gebiet vor 1938 geräumt" – also Polen soll die Ostgrenzen von 1938 erhalten. „Weitere Räumungen nur im Einvernehmen mit Polen und seinen Verbündeten." Im Westen ist die Sprachgrenze die, die gerecht ist und Ruhe verspricht. Polen und die Tschechoslowakei werden vollkommen frei und selbständig. „Deutschland wünscht, daß Finnland bestehen bleibt, und ist bereit, dafür ebenso zu kämpfen wie für die polnische Ostgrenze." „Denn westlich dieser Grenze muß sich die europäische Interessen- und Kulturgemeinschaft bilden, unter deren Mitgliedern es nie wieder Krieg geben darf. Wie Rußland sich dazu stellt, hängt von Verhandlungen ab."

Für diese neue Europa-Gemeinschaft wird dann ein Plan entwickelt, der die uns schon bekannten Grundzüge enthält: als Kern und erster Schritt eine Wirtschaftsunion und ein europäisches Wiederaufbauwerk; weiter Schiedsgerichte und eine europäische Polizeitruppe; darüber ein regional gegliederter Weltbund, aber nur mit praktisch erreichbaren Zielen, vor allem mit Schlichtungsverfahren und einer internationalen Währungsbank. Deutschland ist zur Abrüstung schon durch seine Finanzlage gezwungen. „Das mögliche Maß richtet sich nach dem Verhältnis Europas zu Rußland" und nach der Lage im Fernen Osten. „Auf Seerüstung wird verzichtet. Deutschland ist bereit, die Luftwaffe zu internationalisieren."

Den politischen Kern des Ganzen bringt erst der Schluß: „Dies ist der Plan. Die zu seiner Durchführung fähigen Menschen besitzt Deutschland zur Genüge. Aber gerade sie lehnen, die Selbständigkeit aller anderen Völker achtend und wollend, die Einmischung anderer Völker in deutsche Fragen leidenschaftlich ab. Wenn man also hört, daß Polen Ostpreußen und Teile Schlesiens verlangt, daß man Einfluß auf das deutsche Erziehungswesen nehmen, daß man in Deutschland tun will, was Deutsche selbst tun müssen und auch allein mit Erfolg tun können, dann muß man schwarz in die Zukunft Europas und der weißen Völker sehen. Denn sie kann nur auf ihren freien Bund, auf Selbständigkeit und Achtung, nicht auf neue Entwürdigung gegründet werden. Wir werden Hitler und seine Mitverbrecher allein zur Rechenschaft ziehen, weil sie unseren guten Namen befleckt haben. Aber wir werden dahinter unsere Selbständigkeit verteidigen."

Das war die leidenschaftlich hinausgerufene Weigerung des Patrioten, sein Vaterland auf Gnade und Ungnade den künftigen Siegermächten auszuliefern. Carl Goerdeler sah noch nicht, oder wollte es doch nicht wahrhaben, daß es bereits zu spät geworden war. Mit Zähigkeit klammerte er sich an die Hoffnung, durch Appell an die Vernunft den Orkan der Leidenschaften dieses totalen Krieges zu beschwören.[21]

Wenige Wochen später wurde ihm mit Erschütterung klar, daß die Stunde des totalen Zusammenbruchs aller Hoffnungen bereits dicht vor der Tür stand. Anfang August suchte ihn Oberst von Tresckow auf, I a der Heeresgruppe Mitte, und brachte die aufregende Nachricht mit, 1944 würden die Russen an der ostpreußischen Grenze stehen, weil die deutschen Heere es nicht mehr verhindern könnten, wenn auch noch andere Fronten mitversorgt werden müßten. Daraufhin bat Goerdeler seinen Freund Jakob Wallenberg, sofort nach Berlin zu kommen, was dieser auch unter Überwindung großer äußerer Schwierigkeiten tat. Aus London hatte er wenig Günstiges zu melden. Seinem Bruder Markus war es zwar gelungen, in ein Gespräch mit D. Norton, dem Sekretär Churchills, zu kommen. Eine Antwort des Premiers hatte er aber gar nicht einmal zu erbitten gewagt, weil er das für völlig aussichtslos hielt. In der Tat wurden die Äußerungen Goerdelers dort nur als Informationsmaterial (piece of information) betrachtet und als solches mit Interesse aufgenommen. Markus erhielt durch eine dritte Person übermittelt, Churchill lasse ihn bitten, diese Verbindungen zur deutschen Opposition weiter aufrechtzuerhalten. Man sei daran interessiert, weitere Informationen über die deutschen Widerstandsgruppen und ihre Tätigkeit zu erhalten; irgendein Versprechen war aber damit nicht verknüpft.

Immerhin: die Hand des Mittelsmannes war nicht einfach zurückgestoßen worden wie bisher noch immer im Verkehr mit Eden, und es ist erstaunlich, mit wieviel sanguinischer Erwartung sich Goerdeler an diesen schwachen Strohhalm einer Hoffnung geklammert hat. In tief geheimen, kunstvoll getarnten

Unterredungen beschwor er seinen schwedischen Freund, sogleich nochmals in London nachzustoßen und dort mitzuteilen, daß die lange geplante Aktion gegen Hitler nun ganz unmittelbar bevorstehe; für September sei alles vorbereitet. Die britische Luftwaffe werde dringend gebeten, bis etwa Mitte Oktober, wenn möglich, Berlin, Leipzig und Stuttgart, die Hauptzentren der Verschwörung, mit Bombenangriffen zu verschonen. Andernfalls werde die Aktion durch Zerstörung von Verkehrseinrichtungen gelähmt werden.[22] Höchst eindringlich schilderte er die für ganz Europa drohenden Gefahren, wenn man weiterhin hemmungslos deutsche Städte zerstöre und Rußland zum Totalsieg verhelfe. Ein völlig zerstörtes und verarmtes Deutschland fiele als Käufer auf dem Weltmarkt aus, und ein überstarkes Rußland würde alle freien Staaten, ganz besonders aber Schweden und das Britische Empire in Asien bedrohen: als aggressive Macht, aber auch durch die Gefahr einer bolschewistischen Zersetzung der europäischen Demokratien. Dringend bat er, man möge Churchill vorstellen, daß es doch auch in Englands Interesse liege, dem Wahnsinn dieses Krieges so rasch als möglich ein Ende zu machen und dazu die von der deutschen Opposition gebotene Hand zu ergreifen. Wallenberg wurde sehr skeptisch, als er fragte, wie man sich den geplanten Umsturz dächte, und erfuhr, daß man eine Verhaftung Hitlers und Himmlers mit nachfolgender Verurteilung plane. „Haben Sie eine ganze Division Verschworener zur Verfügung", fragte er, „um Hitlers Leibwache zu überwältigen?" Trotzdem machten ihm die Vorstellungen seines deutschen Gesprächspartners starken Eindruck, und er versprach, dessen Wünsche nach London weiterzugeben, was sein Bruder Markus denn auch getan hat. Goerdeler war so fest davon überzeugt, daß der Putsch (von dessen Vorbereitung das nächste Kapitel berichtet) im September vor sich gehen würde, daß er jetzt schon ankündigte, die neue Regierung werde sogleich nach dem Umsturz Fabian von Schlabrendorff nach Stockholm senden, um von dort aus über Waffenstillstandsbedingungen zu verhandeln.[23] Um so mehr war Wallenberg enttäuscht, als der September vorüberging, ohne daß ein Militärputsch erfolgte. Erst Ende November kam er wieder nach Berlin, wo er Goerdeler am 30. zum letzten Male gesprochen hat. Er erfuhr, daß mehrere Attentatsversuche inzwischen gescheitert waren, daß aber die Vorbereitungen zum Umsturz jetzt mit verdoppeltem Eifer betrieben würden; übrigens sei es nun endgültig klargeworden, daß ohne Ermordung Hitlers und Himmlers der Staatsstreich nicht gelingen könnte.

Natürlich spielte bei dieser letzten Unterredung beider Männer auch wieder die Haltung Englands gegenüber der deutschen Opposition eine große Rolle. Goerdeler war hocherfreut, als Faktum feststellen zu können daß bisher die von ihm bezeichneten Städte von den britischen Bombenflugzeugen geschont worden waren. Sanguinisch wie immer hörte er aus Wallenbergs Worten viel mehr heraus, als dieser wirklich sagen wollte. Tatsächlich hat ihm dieser etwa folgendes mitgeteilt: Es bestünde noch eine gewisse Hoffnung, daß die britischen Politiker mit sich würden reden lassen, falls der Umsturz sehr bald erfolgte – aber nur in diesem Fall. „Wenn Deutschland erst geschlagen ist, dann ist alles vergeblich. Dann kann eine Regierung Beck-Goerdeler auch nichts mehr ausrichten." Irgendwelche Versprechungen für die Zukunft sind nicht zu haben.[24]

Aber Goerdeler wollte sich in seinen Hoffnungen nun einmal nicht irre machen lassen. Schon einige Wochen vorher hatte er Hassell erzählt (falls dieser exakt berichtet), er sei über Schweden in den Besitz einer authentischen Äußerung Churchills gelangt, der erklärt habe, vor einer Umwälzung in Deutschland könne er nichts Bindendes sagen. Aber falls sie erfolge und die neue Regierung genügend Autorität gewinne, so glaube er, daß sich ein gangbarer Weg finden werde. Nach dem neuen Besuch Wallenbergs sprach er sogar von „wohlwollendem Interesse", mit dem Churchill das Aufkommen eines neuen Systems in Deutschland beobachten werde[25]. Offensichtlich wollte er dem lähmenden Pessimismus entgegenwirken, der sich seit Casablanca der Verschwörer – und gerade der Berufsdiplomaten wie Hassell – zu bemächtigen drohte, und scheute dabei starke Übertreibungen nicht[26].

Aber er hat auch nicht aufgehört, seine Gedanken und Vorschläge über die Zukunft Europas immer von neuem zu Papier zu bringen – unermüdlich in dem utopischen Bemühen, die Politiker durch Vernunftgründe zu überreden. Das eindrucksvollste Zeugnis dieser Art ist die in unserem Anhang VI wiedergegebene Denkschrift, welche die natürliche britische Staatsraison gegen die Politik eines totalen Vernichtungskriegs aufrufen möchte.[27] Daß sie für englische Leser bestimmt war, zeigt der Inhalt deutlich. Daß sie aber je über den Kanal gelangte, muß bezweifelt werden. Ihr Grundgedanke ist: England und Amerika stehen ebenso als Westmächte wie als Träger der politischen Freiheitsideen in einem natürlichen, den Wandel zeitgebundener Konstellationen und Allianzen überdauernden Gegensatz zum bolschewistischen Rußland. Ohne die Hilfe einer starken und innerlich gesunden, auch militärisch gerüsteten Festlandsmacht sind sie auf die Dauer außerstande, sich selbst und Europa gegen die rote Gefahr zu verteidigen. Zu dieser Verteidigung ist Deutschland schlechterdings unentbehrlich – allerdings nur ein Deutschland, das sich selbst vom totalitären System befreit hat und durch eine innere Wandlung in die Völkergemeinschaft des christlichen Abendlandes zurückgekehrt ist. Aus dieser Tatsache folgt mit logischer Konsequenz, daß man ihm nach diesem Kriege äußere Grenzen[28] und wirtschaftliche Lebensmöglichkeiten

belassen muß, die es befähigen, die Rolle einer europäischen Grenzmark gegen den Osten zu übernehmen, so lange, bis Europa selbst sich zu einer Verteidigungsgemeinschaft aller abendländischen Nationen fortentwickelt hat.
„Deutschland kann es eben noch, wenn es rechtzeitig die Verbrecher zum Teufel jagt und bestraft und wenn ihm England und Amerika die Möglichkeit gewähren, den Krieg ohne Zusammenbruch zu liquidieren. Ein Hemmnis hierzu ist die Forderung der bedingungslosen Kapitulation." Legt der deutsche Soldat bedingungslos die Waffen nieder, so wird Rußland der Vormarsch freigegeben. „Wo er zum Stehen kommt, weiß kein Mensch."
Wer könnte das heute lesen, ohne sich des Prophetischen dieser Sätze bewußt zu werden? Prophetisch ist auch die Voraussage, daß die beiden angelsächsischen Mächte nur dann mit Erfolg sich der Meisterung der großen Probleme Ostasiens werden zuwenden können, wenn die europäische Front gegen Rußland absolut gesichert ist. Goerdeler konnte nicht ahnen, wie völlig man damals in Washington das Wesen bolschewistischer Machtpolitik verkannte und wie eng, wie gefährlich eng die angelsächsische Politik sich bereits an ihren russischen Alliierten gebunden hatte. Aber man hört aus seinen Worten doch auch zum erstenmal die Sorge vor Irrgängen der europafremden Politik Amerikas heraus. Er sträubt sich, daran zu glauben (und fürchtet es offensichtlich doch), daß die Amerikaner als Racheengel und Schulmeister der „Umerziehung" in Deutschland auftreten und dadurch die echte Erneuerung deutschen Lebens im Sinn der westlichen Freiheitsideale gefährden könnten – eine Erneuerung, die nur dann wirksam und von Bestand sein kann, wenn sie aus freiem, selbstgewonnenem Entschluß erfolgt. Solchen Gefahren stellt er noch einmal sein Idealbild eines neuen, bündisch organisierten Europas gegenüber, in dem es nie wieder Krieg geben wird, weil Krieg „glatter Selbstmord" wäre, und eines neuen besseren Deutschlands, in dem Recht und Freiheit herrschen werden.
„Das religiöse Bewußtsein in Deutschland ist durch die Unterdrückung im letzten Jahrzehnt ungeheuer vertieft und verbreitet. Für uns wird die christliche Religion und ihre Lehre Stütze und Leitsatz auch bei allen politischen Maßnahmen im Innern und im Äußeren bleiben. Wir halten es für notwendig, daß auch die Grundsätze der Außenpolitik mit der christlichen Moral in Übereinstimmung gebracht werden."
An den Glauben an dieses kommende neue Deutschland und Europa hat sich Goerdeler immer wieder mit letzter seelischer Kraft festgeklammert – bis in die langen Monate seiner Kerkerhaft hinein, die er unermüdlich dazu benutzte, um sein Zukunftsprogramm noch weiter auszufeilen und zu vervollständigen. Die mit Bleistift in kleiner Schrift und auf kleine Zettel, aber mit unverändert klarer und fester Hand geschriebenen Ausarbeitungen seiner letzten Lebens-

monate, in denen das geschah, häufen sich in seinem Nachlaß zu dicken Stapeln. Inhaltlich zeigen sie keine wesentliche Veränderung mehr.[29] Was er vorzutragen hatte, schien ihm die klare, durch Tagesereignisse nicht weiter abzuwandelnde Forderung der politischen Vernunft. Und die mußte ja eines Tages siegen.

In Wahrheit war seine Stimme schon längst zu der eines einsamen Rufers in der Wüste geworden. Seit dem Herbst 1943 drang sie auch gar nicht mehr über den Kanal hinüber – nicht einmal im abgeschwächten Nachhall neutraler Vermittler.

Carl Goerdeler ist der einzige Politiker des deutschen Widerstands, von dem ausführliche, allseitig durchdachte Zukunftspläne für die Gestaltung des neuen Europas überliefert sind. Dem Kreisauer Kreis scheint ein eigenes, genau bestimmbares außenpolitisches Programm gefehlt zu haben. Immerhin hat man auch dort über eine europäische Föderation diskutiert und gleichfalls an eine Art „Genossenschaftsverband" der europäischen Staaten gedacht; nach Steltzers Bericht sollten sie alle, ohne Rücksicht auf ihre Größe, in einem „europäischen Rat" vertreten sein, der sich bei günstigen Umständen zu einem Organ europäischer Regierung entwickeln könnte.[30]

Es wird mit den sozialistischen Ideen, die im Kreisauer Kreis eine so große Rolle spielten, zusammenhängen, daß man sich dort weniger einseitig mit den Freiheitsidealen des Westens verbunden fühlte als Goerdeler und seine Gesinnungsgenossen. Trott zu Solz hat eine (anscheinend nicht erhaltene) Denkschrift „Deutschland zwischen West und Ost" verfaßt, in der von einer Mittleraufgabe unserer Nation zwischen beiden Kulturbereichen die Rede war. Gemeinsam mit seinem Berufskollegen von Hassell war er der Meinung, daß man versuchen müsse, die deutsche Mittellage in irgendeiner Weise zum Druck auf die englische Politik auszunutzen. Gleichwohl kann man nicht sagen, daß die Kreisauer Tafelrunde als Ganzes einer Verständigung mit dem Osten statt mit dem Westen zugeneigt hätte. Nur von dem Sozialisten Reichwein wird berichtet, er habe in Rußland das große und mächtige Land der Zukunft gesehen, ohne das und gegen das keine europäische Politik mehr möglich sein würde und in dem sich schon jetzt ein großer und heilvoller geistiger Wandel vorbereite. Mit ihm sollte also unter allen Umständen ein Interessenausgleich gesucht werden.[31] Eine Auffassung, die ihn dann zu jenem unglücklichen Treffen mit deutschen Kommunisten trieb, von dem wir schon hörten (siehe oben Kapitel 6). Die anderen Mitglieder des Kreises hegten, wie es scheint, zwar Sympathien für eine gute Nachbarschaft mit Rußland (im Sinn der geschichtlichen Tradition) und für den Sozialismus im Gegensatz zum sogenannten „west-

lichen Kapitalismus", aber ebenso heftige Abneigung gegen den Bolschewismus und sein totalitäres Staatssystem, wie alle deutschen Widerstandskreise.
Die Frage, welche politische Konsequenz sie aus dieser Haltung zogen und wie sich Goerdeler zu dem Problem einer „Ostlösung" stellte, kann aber nur im Zusammenhang der aktiven Umsturzbemühungen des Verschwörerkreises erörtert werden.
Ihrer Betrachtung wenden wir uns als letztem Gegenstand dieses Buches zu.

Fünfzehntes Kapitel

UMSTURZVERSUCHE 1942—1944

I. VOR STALINGRAD

Alles Planen war umsonst, wenn der Umsturz nicht gelang. Ihn ohne Unterstützung der Wehrmacht durchzuführen, war im Krieg noch weniger als im Frieden möglich. Da Marine und Luftwaffe unter hitlerhöriger Führung standen und nicht jene altpreußische Tradition besaßen, die im Offizierskorps der Armee nachwirkte und dessen Widerstand gegen das Hitlertum verstärkte, blieb nur diese als Bundesgenosse der Verschwörer verfügbar. Aber auch hier ergaben sich zunehmend starke Hemmungen.

Einige davon kennen wir schon. Der glänzende Triumph Hitlers über Frankreich schien die pessimistischen Voraussagen des Generalstabs zu widerlegen. Der nachfolgende Segen an hohen Kriegsauszeichnungen und Beförderungen, Generalsposten und Marschallstäben söhnte manchen Unzufriedenen aus, der nicht politische Einsicht oder Charakterstärke genug besaß, um solchen Versuchungen zu widerstehen; mancher Fachsoldat, dem Hitlers Feldherrngabe vorher fragwürdig erschienen war, hat sich jetzt auch wohl imponieren lassen und ist zum Lobredner des Zivilstrategen geworden. Insbesondere gilt das von dem neugekorenen Feldmarschall von Reichenau, der im Winter 1939/40 zeitweise zur Opposition überzugehen schien, ein Jahr später indessen (wie General Thomas berichtet) durch seine Propaganda für Hitlers Strategie und Genie die Bemühungen der Widerstandsgruppe nicht wenig lähmte. Der Führer selbst bemühte sich, durch üppige Dotationen an Geld oder Landgütern die Dankbarkeit und moralische Abhängigkeit seiner militärischen Paladine noch zu verstärken, und hatte damit Erfolg; selbst ein so kritischer und selbständiger Kopf wie Feldmarschall von Kluge scheute sich nicht, ein solches Geschenk anzunehmen (ohne dadurch allerdings sich „erkaufen" zu lassen). Freilich verdarb sich Hitler alles, was er auf diesem Wege gewinnen mochte, sehr rasch selbst durch die brutale Mißhandlung hoher Truppenführer, die charaktervoll genug waren, militärisch unsinnigen Befehlen des Großen Hauptquartiers keine Folge zu leisten. Die lange Kette solcher Kränkungen und Entwürdigungen begann mit der brutalen, allem Militärrecht hohnsprechenden Ausstoßung des Generalobersten Erich Hoepner aus der Armee, weil er einen sachlich durchaus notwendigen, rechtzeitigen Rückzug seiner Panzerarmee vor Moskau entgegen Hitlers Weisung angeordnet hatte, Anfang Januar 1942. Hoepner, eine gerade, einfache, sehr charaktervolle Soldatennatur, schon in Frankreich bewährt als einer der besten Panzergeneräle, ist nicht erst durch diese Ausstoßung ins Lager der Opposition getrieben worden, die schon 1938 auf seine Mitwirkung zählte.[1] Seine Mißhandlung, die zusammen mit der Graf Sponecks großes Aufsehen erregte, hat der Militärverschwörung neuen Auftrieb gegeben; im ganzen aber haben sich diese bösen Erfahrungen auf die Armee erst in der zweiten Kriegshälfte ausgewirkt. Als Hemmnis aller politischen Bemühungen erwies sich bald auch die Tatsache, daß die höheren Kommandostellen, besonders die zentralen, einfach physisch mit Aufgaben überlastet waren, seit der Krieg wieder in ein schnelleres Tempo geriet. „Militärische Führer", hat Halder später erklärt, „können nicht politisch leitend hervortreten, wenn sie täglich 18 bis 20 Stunden Dienst machen müssen." Dazu kam die ungeheure Aufschwellung des Volksheeres durch den Krieg, die seine menschliche Substanz völlig veränderte. Die 4000 Offiziere und Beamten der Reichswehr von 1932 haben sich während des Krieges, nach sachverständiger Schätzung, auf rund 400000 vermehrt – eine politisch amorphe, zum größeren Teil aus der Hitlerjugend stammende und politisch gar nicht mehr zu beeinflussende Masse. Allgemein galten besonders die mittleren Ränge, die rasch beförderten Hauptleute und jungen Stabsoffiziere, ohne die kein General praktisch handeln konnte, als überwiegend hitlergläubig, zumeist aus naivem Idealismus.

Endlich und vor allem: der „Führer" entzog sich jedem Zugriff hoher und höchster militärischer Kommandostellen, seit er mit der Armee ins Feld gerückt war. Gleich zu Beginn des Rußlandfeldzuges schloß er sich in seiner seltsamen „Wolfsschanze" bei Rastenburg in Ostpreußen ein, hinter dreifacher Sperrkette, in kunstvoll getarnten und gesicherten Bunkerbauten im Walde, zugänglich nur für Bevorzugte, die schärfster Kontrolle unterlagen, später in einem ähnlichen Lager bei Wyniza in der Ukraine. Diese Einsiedelei verließ er nur ganz selten zu „Frontbesuchen", die bis in irgendein Stabsquartier der Heeresgruppen führten oder zu kurzem Auftauchen in der Berliner Reichskanzlei und im „Berghof" auf dem Obersalzberg. Wie sehr das jeden Attentats- oder auch Arrestversuch erschwerte, ja fast unmöglich machte, ist oft geschildert worden. Eine rätselhaft sichere Witterung von Gefahren, die seine persönliche Sicherheit bedrohten, gehörte zur Dämonie des Diktators hinzu.

Die Aussicht, einen Umsturz erfolgreich durchführen zu können, war also seit 1941 durch praktische Hindernisse noch viel enger begrenzt als vorher.[2] Sie erweiterte sich erst allmählich in dem Maße, als die immer offenkundiger werdende Fehlleitung des Krieges durch Hitler, der sich vergeblich von seinen Kreaturen als „größten Feldherrn aller Zeiten" feiern ließ, auch die jüngeren

Stabsoffiziere, besonders in den Generalstäben, zur Kritik und Erbitterung trieb. Mit dieser Wendung hing auch die Bildung einer jüngeren, von Graf Stauffenberg geführten Aktivistengruppe zusammen. Aber in demselben Maße, wie diese Opposition wuchs, schwand auch die Aussicht, durch Beseitigung des Tyrannen und rechtzeitigen Abbruch des Krieges einen halbwegs erträglichen Frieden für Deutschland zu bekommen. Damit steigerte sich die seelische Belastung der Opponenten, die Gefahr liefen, von der Masse der Nation ihrerseits für die unaufhaltsam nahende Katastrophe verantwortlich gemacht zu werden. In so auswegloser Lage ist das Attentat des 20. Juli 1944 schließlich als eine Art von Verzweiflungstat erfolgt.

Seit der Rußlandfeldzug in Gang gekommen war und Halders Versuche, seinen Oberbefehlshaber gegen das von Hitler befohlene System des blutigen Terrors in offene Opposition zu bringen, gescheitert waren (Kap. 14), blieb für die Aktivisten der Widerstandsbewegung nur noch die Hoffnung, einzelne Oberbefehlshaber der Heeresgruppen gegen ihren Obersten Kriegsherrn in Bewegung zu setzen. Sie stützte sich auf die allgemeine Empörung, mit der das höhere Offizierskorps die Befehle Hitlers zur Erschießung sowjetischer Kommissare und zu Terrormaßnahmen gegen die Zivilbevölkerung aufgenommen hatte. Mit besonderem Eifer suchte General Friedrich Olbricht diese Stimmung auszunutzen. Seit Mai 1940 Chef des Allgemeinen Heeresamts, besaß er als solcher weitreichende dienstliche Verbindungen zu allen Heeresteilen auch an der Front und nützte sie im Sinn der Widerstandsgruppe. Mit Beck, Oster, Witzleben, Falkenhausen seit langem persönlich verbunden, mit Goerdeler schon aus seinen Dresdener und Leipziger Dienstjahren (als Stabschef beim IV. Armeekorps 1933–38) sehr gut bekannt, gehörte er aus echter sittlich-religiöser Überzeugung zur Opposition. Er hat ihr bis zum bittern Ende die wertvollsten Dienste geleistet – ohne jeden persönlichen Ehrgeiz und Führeranspruch, allein als technischer Organisator in ebenso mühsamer wie gefahrvoller Einzelarbeit.[3] Eng verbunden mit ihm in gleicher Gesinnung war General Thomas, der im Sommer 1941 eine neue Rundfahrt zu Frontgeneralen unternahm: zum Hauptquartier Rundstedts (Heeresgruppe Süd, Generalstabschef von Sodenstern), Bocks (Heeresgruppe Mitte, Chef von Greiffenberg) und Leebs (Heeresgruppe Nord). Er übergab dort den Stabschefs eine Ausarbeitung, die zeigen sollte, daß der Krieg aus wehrwirtschaftlichen Gründen unmöglich gewonnen werden könne. In den beiden erstgenannten Stäben stieß Thomas auf gutes Verständnis; man erklärte ihm aber, die Befehlshaber würden praktisch zu keiner Opposition zu bewegen sein; im Stabe Leebs wurde er diesmal völlig abgewiesen.[4] Im Stabe Bocks gab es längst eine Gruppe entschlossener Opponenten, geführt von dem Ersten Generalstabsoffizier Henning von Tresckow, den uns sein Freund Fabian von Schlabrendorff so lebhaft geschildert hat: hochbegabt, überaus aktiv, vor allem aber ein echter Edelmann, der keine Form von Gemeinheit ertrug und deshalb schon längst vor dem Krieg zum Kampf gegen das Hitlertum entschlossen war.[5] Unter den hitlerfeindlichen Mitgliedern seines Stabes sind vor allem die Grafen Hans von Hardenberg und Heinrich von Lehndorff zu nennen, dazu der General Freiherr von Gersdorff, der später selbst ein Attentat versucht hat, bei dem er sein eigenes Leben aufs Spiel setzte. Nicht zufällig tauchen so viele Namen ostelbischer Adliger und Grundbesitzer in den Reihen der Verschwörer auf: hier waren die besten Traditionen altpreußischen Soldatentums offenbar noch ganz unmittelbar, als Familienerbe, lebendig.[6] Es ist aber auch kein Zweifel, daß die Durchsetzung aller höheren Stäbe mit entschlossenen Gegnern des Hitler-Systems nicht zufällig war: General Halder hat sie, solange er es vermochte, mit Hilfe seiner „Zentralabteilung" unter Oberst von Ziehlberg (der später erschossen wurde) planmäßig an alle wichtigen Kommandostellen verteilt. Erst beim Abgang Halders ist dem Generalstab diese Möglichkeit aus der Hand genommen worden, indem General Schmundt, Hitlers Chefadjutant, nunmehr alle Personalsachen in seiner Amtsstelle vereinigte.[7]

Durch wiederholte Sendungen Schlabrendorffs nach Berlin (seit Oktober 1941) setzte sich Tresckow mit dem dortigen Verschwörerkreis, aber auch mit dem Auswärtigen Amt (Staatssekretär von Weizsäcker) in Verbindung, um über die allgemeine politische Lage orientiert zu sein.[8] Aber was konnte ein einzelner Truppenstab schon politisch ausrichten – selbst wenn es Tresckow gelungen wäre (was immer wieder mißlang), seinen Oberbefehlshaber von Bock in offene Opposition gegen Hitler zu treiben? Der Führer zeigte eben damals den Generälen die ganze Brutalität seines Machtwillens. Er erzwang gegen ihren Widerspruch die verfehlte opferreiche Winteroffensive auf Moskau, lud nach ihrem Scheitern und den ernsten, damit verbundenen Rückschlägen die ganze Verantwortung vor der Öffentlichkeit auf Brauchitsch, den er im Dezember entließ[9], setzte sich selbst kurzerhand an dessen Stelle als Oberbefehlshaber des Heeres und entfernte in den nächsten Monaten nicht weniger als vier Armeeführer und mehrere Dutzende Divisions- und Korpskommandeure aus ihren Kommandostellen – unter ihnen auch Hoepner und Graf Sponeck, von deren rechtswidriger Mißhandlung schon oben die Rede war. So brachte der Winter 1941/42 jene Entwicklung zum Abschluß, die wir in ihrem stückweisen Fortgang seit 1933 beobachtet haben: der Armee wurde nicht nur ihre traditionelle Ausnahme- und Vorzugsstellung im Staate genommen, sie wurde nicht nur zum restlos abhängigen Werkzeug des Politikers gemacht, sondern es wurde ihr planmäßig das moralische Rückgrat gebrochen.

General Jodl, der Chef des Wehrmachtführungsstabes, hat seinen Herrn und Meister damals aufs höchste bewundert: als den einzigen, der im Großen Hauptquartier während der schweren Krisen nie die Nerven verloren und der statt dessen die Kühnheit besessen habe, jetzt erst recht die ganze Last der militärischen Leitung auf sich zu nehmen. Die Mehrzahl der Heerführer dachte aber doch anders: sie empfanden mit großer Bitterkeit ihre Entwürdigung. Daran knüpften neue Hoffnungen der Verschwörer an. Wir hören von Putschplänen, die in Berlin ausgeheckt wurden, deren konkrete Gestalt indessen nicht deutlich zu erkennen ist: die Heerführer der Front sollten gemeinsam Hitler den Gehorsam als militärischem Befehlshaber verweigern. Da nun die Kommandeure der Ostfront während der schweren Winterkämpfe zu einer politischen Aktion außerstande (und auch schwerlich geneigt) waren, sollte der Befehlshaber in Frankreich, der alte Haudegen Witzleben, isoliert „losschlagen", d. h. mit seinen Truppen nach Berlin marschieren und bei Betreten des deutschen Bodens durch eine Proklamation an das deutsche Volk die „vollziehende Gewalt" übernehmen. Sicher ist, daß man seit Ende Dezember unter Teilnahme von Goerdeler, Beck, Popitz, Jessen, von Hassell, Dr. Pechel u. a. eine Proklamation ausgearbeitet hat, welche die Grundzüge der geplanten neuen Staatsform darlegte, und daß in diesem Zusammenhang auch jene früher (Kapitel 13) erörterten monarchistischen Pläne diskutiert worden sind. Nacheinander wurden von Hassell und Dr. Pechel zur Fühlungnahme mit Witzleben nach Paris entsandt. Dieser verfügte indessen nur über schwache Landwehrtruppen ohne größere Kampfkraft, ebenso wie General von Falkenhausen in Brüssel, den Hassell gleichfalls aufsuchte. Der Gedanke, mit solchen Kräften einen Umsturz zu erzwingen, war so phantastisch, daß er ohne vorhergehende Beseitigung Hitlers geradezu als sinnlos erscheint. Darüber wurde auch beraten und Goerdelers halbe Zustimmung zu einer Mordtat angeblich nach langem Ringen erreicht. Wie aber diese durchgeführt werden sollte, bleibt ebenso dunkel wie die Einzelheiten des Komplotts überhaupt. Witzleben und Falkenhausen haben Hassell gegenüber den ganzen Plan für utopisch erklärt. Immerhin hat Witzleben einen Generalstabsoffizier an die Ostfront zu Halder entsandt, um dessen Stellungnahme zu erkunden. Sie konnte nicht anders als ablehnend sein – obwohl der Generalstabschef seine grundsätzliche Zustimmung zur Idee eines Staatsstreichs erneut erkennen ließ. Praktisch besaß er keine Möglichkeit zur Unterstützung solcher Pläne. Der Wehrmachtführungsstab Hitlers hatte sich längst so tief in die Einzelheiten der Truppenverwendung hineingedrängt, daß der Generalstabschef gar nicht mehr frei darüber verfügen konnte.[10] Bald darauf begab sich Witzleben zum Zweck einer klinischen Operation nach Frankfurt. In der Klinik erreichte ihn die Ordre seiner Dienstentlassung.

Der Sommer des Jahres 1942 brachte neue, höchst eindrucksvolle Erfolge der deutschen Armeen. In Rußland drangen sie bis zum Kaukasus vor, in Nordafrika glückte Rommel ein Vorstoß bis an die ägyptische Grenze. Das war keine Zeit, um Umsturzpläne ins Werk zu setzen. Trotzdem hat die zivile Opposition unentwegt daran weitergearbeitet. Wir kennen schon die verschiedenen Versuche, die sie damals anstellte, über Schweden mit der britischen Politik wieder in Fühlung zu kommen (Kapitel 14). Auf die Generäle suchten Goerdeler und Thomas durch eine gemeinsam verfaßte Denkschrift einzuwirken, die sich als „Warnruf der deutschen Wirtschaft" gab und die Aussichtslosigkeit des Krieges infolge ökonomischer Hemmungen beweisen sollte. Sie wurde vom stellvertretenden Vorsitzenden der Reichsgruppe Industrie, Generaldirektor Stahl, einem führenden Bankier, zwei Landwirten und Goerdeler selbst unterzeichnet und zunächst Halder vorgelegt, den General Thomas noch zweimal aufsuchte, blieb aber ohne Erfolg. Der Generalstabschef stimmte grundsätzlich zu, erklärte sich aber praktisch außerstande, „dem Wahnsinn dieser Verbrecher-Clique zu steuern".[11] Im September wurde er selbst, nach schweren Zusammenstößen mit Hitler, aus seinem Amt entlassen. Es war für die Widerstandsbewegung vor allem deshalb ein schwerer Schlag, weil nun überhaupt kein direkter Zugang mehr zur obersten Heeresleitung bestand.

Trotz aller Mißerfolge gaben aber die Verschwörer ihre Bemühungen um einen Militärputsch nicht auf. Thomas versuchte im Spätsommer 1942 den Feldmarschall List zu einem Empfang Goerdelers zu bewegen; der aber wurde schon einige Tage später verabschiedet (am 19. September). Olbricht, den der Soldatentod seines Sohnes erst recht zum Hasser Hitlers gemacht hatte, bemühte sich bei den Generalobersten Reinhardt und Heinrici.[12] Auch Beck schrieb Briefe und sandte Boten an seine früheren Kameraden, aber ohne sichtbaren Erfolg.[13] Bessere Aussichten schienen sich zeitweise im Stab der Heeresgruppe Mitte zu eröffnen, in dem General von Tresckow tätig war. Durch seinen Verbindungsmann Fabian von Schlabrendorff suchte und fand er immer engere Fühlung mit dem (sich langsam erweiternden) Berliner Verschwörerkreis. Seine Bemühungen wurden dadurch erleichtert, daß Feldmarschall von Kluge, der seit Dezember 1941 die Heeresgruppe führte, sich den politischen Einwirkungen Tresckows weniger unzugänglich zeigte als sein Vorgänger von Bock. Entscheidend für seine Haltung wurde indessen erst das persönliche Auftreten Goerdelers.

Der Soldatentod seines sehr geliebten ältesten Sohnes Christian (Mai 1942) hat ihn, ähnlich wie Olbricht, zu neuer Aktivität aufgestachelt. War es doch das Unerträglichste, was einem Vater in dieser verruchten Epoche zustoßen konnte: sein Liebstes hingeben zu müssen für einen Krieg, dessen unheilvoller, ja verbrecherischer Charakter beiden klar bewußt war: dem Geopferten ebenso wie dem Opfernden. Unzählige Male hat Goerdeler seinen Freunden erklärt, er betrachte es als Vermächtnis seines Sohnes, daß diesem schauerlichen Opfergang der deutschen Jugend schleunigst ein Ende gemacht werden müsse. Der Sturz des Hitler-Regimentes wurde ihm so auch noch zu einer ganz persönlichen Pflicht.

Im August 1942 treffen wir ihn, den unermüdlichsten aller Aktivisten der Verschwörung, in Königsberg, wo er den Feldmarschall von Küchler, Befehlshaber der Heeresgruppe Nord, zum Anschluß an die Opposition zu bewegen suchte – wieder ohne rechten Erfolg. Zurückgekehrt traf er mit Schlabrendorff zusammen, der ihn in das Hauptquartier von Kluges nach Smolensk einlud – eine abenteuerliche Reise für einen Zivilisten! Aber Goerdeler schreckte vor keinem Wagnis zurück. Mit gefälschten Ausweisen, die ihm Oster besorgte, traf er nach achttägiger, unendlich mühsamer Fahrt (es muß im Spätherbst gewesen sein) im Stabsquartier des Feldmarschalls ein, hatte mit ihm eine zweistündige Aussprache und lernte auch Tresckow persönlich kennen. Der Eindruck seiner ebenso charaktervollen wie gewinnenden Persönlichkeit auf die Offiziere des Hauptquartiers scheint überwältigend stark gewesen zu sein. „Ein politischer Kopf ersten Ranges", urteilte Schlabrendorff, und ganz besonders war Tresckow von ihm eingenommen. Er empfand ihn sogleich als Geistesverwandten und hat ihm bis zuletzt die stärkste Sympathie bewahrt. Auch Feldmarschall von Kluge war tief beeindruckt, und es schien zunächst, als würde er sich für einen Militärputsch gewinnen lassen – freilich wurde er gleich darauf schon wieder bedenklich. Er hat von jetzt an die Verbindung mit den Verschwörern immer neu gesucht – zum aktiven Aufstand freilich nie den Entschluß oder die Möglichkeit gefunden.[14]

Je mehr allmählich die Hoffnung schwand, einen der Frontgeneräle zum offenen Abfall von Hitler zu bringen, um so wichtiger wurde die Organisation des Widerstands beim Heimatheer und die Einigung der zivilen Verschwörer auf ein gemeinsames Programm. Schon im Winter 1941/42 scheint man sich auf ein vorläufiges Direktorium Beck – Goerdeler – Witzleben als provisorische Umsturzregierung geeinigt zu haben.[15] Wie aber sollte es zur Macht kommen? War es möglich, an Stelle der Fronttruppen das Heimatheer zum entscheidenden Stoß anzusetzen? Darüber gab es schwierige Diskussionen. Goerdeler und Popitz, denen die rasch sich verschlechternde außenpolitische Lage größte Sorge machte, waren bereit, die Frage zu bejahen. General Thomas war dagegen, weil er fürchtete, die Front würde einen Aufstand der Heimattruppen als „Dolchstoß" empfinden und sich zur Wehr setzen. Überdies traute er dem Oberbefehlshaber des Heimatheeres Generaloberst Fromm nicht, dem Olbricht als Chef des Allgemeinen Heeresamtes unterstand. Zum mindesten, meinte er, müsse einer der Oberbefehlshaber der Front zur Mitarbeit gewonnen werden – eine Ansicht, die auch von Beck, Oster und dem Staatssekretär a. D. Planck geteilt wurde.

Im Spätherbst, seit die Amerikaner und Engländer in Nordafrika standen und sich die Katastrophe von Stalingrad vorbereitete, wurde die Entscheidung immer dringlicher. Immer häufiger wurden die Besuche von Frontoffizieren bei Beck, die von katastrophalen Kriegsaussichten berichteten. Im November kam es in Berlin zu einem Treffen von Goerdeler und Olbricht mit Tresckow, in dessen Verlauf Olbricht sich anheischig machte, in Berlin, Wien, Köln und München eine Organisation aufzubauen, die in diesen Städten der Staatspartei die Macht entreißen sollte, sobald von anderer Seite der erste Schlag gegen Hitler geführt wäre. Dabei wurde auch die Frage eines Attentats diskutiert. Olbricht begann damit, Vertrauensoffiziere in jedes stellvertretende Wehrmachtskommando zu entsenden. Die Durchführung des Umsturzes in der Heimat sollte mit Hilfe von Ersatztruppen erfolgen, die auf das Stichwort „Walküre" zur „Unterdrückung innerer Unruhen" in Marsch gesetzt werden könnten – ein Plan, der dann im Juli 1944 bekanntlich teilweise zur Ausführung gelangt ist.[16] Das Amt Olbrichts wurde jetzt zur Zentrale einer technischen Vorbereitung des Putsches, wie sie einst im Zossener Hauptquartier von Offizieren des Generalstabes betrieben worden war.[17] Wo aber war – das blieb immer die Grundfrage – der Frontgeneral zu finden, der durch jähes Zupacken gegen Hitler das Signal zum allgemeinen Aufstand gab?

Eine Zeitlang haben die Verschwörer, wie es scheint, ihre Hoffnung auf General Paulus, den Befehlshaber der 6. Armee in Stalingrad, gesetzt. Wenn er sich entschloß, gegen die Befehle Hitlers sich den Rückmarsch aus seinem verlorenen Posten zu erkämpfen, konnte er vielleicht die ganze Front in Aufruhr bringen. Vergeblich suchten ihn einzelne Unterführer durch Vorstellungen oder praktischen Ungehorsam zu einem solchen Schritt zu drängen.[18] Im Kreise Becks kannte man seine Charakterschwäche. Aber es hätte schon viel bedeutet, wenn er sich wenigstens entschloß, unmittelbar vor dem Untergang seiner Armee eine flammende Anklage gegen den Wahnsinn dieser Heeres- und Staatsführung an das deutsche Volk zu richten und damit den dicken Propagandanebel zu zerreißen, mit dem die Wahrheit über Stalingrad vor der Nation verhüllt wurde. Am 24. November erschien, wie Goerdeler berichtet[19], ein Stabsoffizier von einem Korps der 6. Armee bei Beck und bat ihn dringend, diese durch einen rechtzeitigen Staatsstreich retten zu helfen. Beck habe daraufhin sogleich an Manstein geschrieben, zu dessen Befehlsbereich die 6. Armee gehörte und der ja auch Auftrag hatte, sie zu entsetzen – aber mit völlig unzureichenden Kräften unter Generaloberst Hoth, die kurz vor dem Ziel steckenblieben. Manstein, schreibt Goerdeler, habe ausweichend geantwortet.[20] Aus Stalingrad kamen immer nur neue Beteuerungen treuer Ergebenheit, und Ende Januar war die Katastrophe vollendet.

II. NACH STALINGRAD

Sie brachte zugleich, trotz aller Propagandakünste, eine erste tiefe Erschütterung des Vertrauens der Nation auf das militärische Genie, aber auch auf die menschlichen Eigenschaften Hitlers – eines „Führers", der kalten Herzens Hunderttausende seiner Getreuesten ins Verderben schickte, bloß um eines falschen Ehrgeizes und Prestiges willen. In den höheren Offizierskreisen empfand man es nachgerade als unerträglich, den Launen und dem Eigensinn dieses militärischen Dilettanten ausgeliefert zu sein – eine Stimmung, die sich am auffallendsten gerade unter den jüngeren Generalstabsoffizieren regte. Die Hoffnung des Berliner Verschwörerkreises, die Feldmarschälle Kluge und Manstein würden nun durch gemeinsame Vorstellungen Hitler zur Abgabe des direkten Oberkommandos über das Heer an einen Fachmann bringen, von der Gisevius berichtet[21], wurde allerdings rasch enttäuscht. Aber es blieb nun doch eine wachsende Spannung in der Armee[22], und eben auf diese bauten die Verschwörer bei jenem Plan eines monarchischen Umsturzes, von dem schon früher (Kapitel 13) die Rede war.

Unzweifelhaft hat sich während dieses Kriegswinters, in dem auch die Bombardierung deutscher Städte größeren Umfang annahm, nicht bloß in der Armee, sondern in weiten Kreisen des Volkes das Gefühl verbreitet, der Höhepunkt deutscher Machterfolge sei nun überschritten. Das Bild einer Katastrophe von unabsehbaren Ausmaßen tauchte am – noch fernen – Horizont auf. Als Symptom der daraus folgenden seelischen Spannungen konnten die Unruhen in der Münchner Studentenschaft gelten, gipfelnd in dem bekannten Aufruf der Geschwister Scholl, der ausdrücklich zur Rache für die Toten von Stalingrad aufforderte (16.–19. Februar 1943). Als Ganzes war die Bewegung der „Weißen Rose", der die Scholls angehörten, freilich nicht erst eine Frucht der Kriegsereignisse, sondern entsprang einer ganz echten Empörung der Gewissen gegen Hitlers Gewaltregiment, stark mitbestimmt durch die Ideen der katholischen Jugendbewegung Süddeutschlands. Mit dem Berliner Verschwörerkreis hatten diese jungen Leute ebensowenig zu tun wie überhaupt mit Politik im engeren Sinn. Über immer wiederholte Aufforderungen zu passivem Widerstand und zur Sabotage der Parteiarbeit, aber auch in Rüstungsbetrieben gingen ihre politischen Vorschläge nicht hinaus. Aber gerade in der unbekümmerten Naivität ihres Aufstandunternehmens kam zum Ausdruck, daß jener sittliche und religiöse Idealismus, den der Münchner Philosoph Kurt Huber seinen Hörern im Stile Fichtes predigte, noch immer ein starkes Echo in der akademischen Jugend zu erwecken vermochte.[23] Eine ermutigende Erfahrung für alle Feinde des Tyrannen!

Aber die monarchistischen Erhebungspläne Goerdelers und seiner Freunde scheiterten (siehe Kapitel 13), und da eine „Ausschaltung" Hitlers durch die Heeresgruppenführer gleichfalls nicht zu erreichen war, wurde die Frage, ob man ihn durch Attentat aus dem Wege räumen müsse, jetzt höchst ernsthaft, ja brennend. Goerdeler hielt noch lange an seiner grundsätzlichen Ablehnung fest, wesentlich aus moralischen Bedenken, aber auch aus Furcht vor einer neuen Dolchstoßlegende; immer noch drängte er darauf, man müsse den Tyrannen lebend gefangennehmen und dann in einem Gerichtsverfahren vor dem deutschen Volk und der ganzen Welt als Staatsverbrecher entlarven. Seine militärischen Freunde indessen erklärten das jetzt für unmöglich; nach allen bisherigen Erfahrungen mußte ein solches Unternehmen scheitern; auch Beck schloß sich jetzt dieser Meinung an. Und so schritt denn Tresckow ohne längeres Zögern zur Tat.

Ende 1942 hatte er eine letzte Besprechung mit General Olbricht. Dieser erklärte sich bereit, in Zusammenarbeit mit Oster binnen acht Wochen eine militärische Inbesitznahme von Berlin, Köln, München und Wien durch die Ersatztruppe technisch vorzubereiten. Gegen Ende dieser Frist konnte er melden, er sei damit fertig. Die ausführliche Schilderung der nun folgenden Vorfälle, die Schlabrendorff veröffentlicht hat, brauchen wir hier nicht zu wiederholen: letzte Abreden zwischen Tresckow und Dohnanyi in Smolensk, Einladung Hitlers in das dortige Hauptquartier, Bereitstellung des Kavallerieregiments Boeselager zu seiner Überwältigung, Zurückscheuen Kluges vor der Gewalttat, die in der geplanten Form nur mit seinem Einverständnis erfolgen konnte und ihn sogleich an die Spitze der Erhebung bringen sollte, daraufhin selbständiges Vorgehen Tresckows, der durch Schlabrendorff eine Bombe mit Zeitzünder in das Führerflugzeug schmuggeln läßt, telefonische Durchgabe eines verabredeten Stichworts nach Berlin, ungeheure Spannung auf beiden Seiten – und schließlich völliger Fehlschlag des Attentats, weil der vorher mehrfach erprobte Mechanismus der Zündung auf rätselhafte Weise versagt (13. März). Dasselbe geheimnisvolle Schicksal fügte es, daß wenige Tage darauf auch ein zweiter Anschlag mißriet, den Generalmajor Freiherr von Gersdorff unter Preisgabe des eigenen Lebens im Berliner Zeughaus auszuführen versucht hatte (21. März).[24]

Das Scheitern dieser ersten Attentatsversuche muß für die Verschwörer eine furchtbare Enttäuschung bedeutet haben. Sie wog um so schwerer, als jetzt auch das Unwetter drohender Verfolgungen durch Hitlers Geheimpolizei sich über ihren Häuptern zusammenzog. Zwar blieben ihre Bombenanschläge unentdeckt, aber Anfang April 1943 wurde das Hauptnest der Berliner Verschwörung, das Büro Osters, durch Zugriff der Staatspolizei gesprengt. Anstoß gab ein Devisenschmuggel, der in der Münchner Abwehrstelle vorgekommen war, nicht also die Entdeckung politischer Vergehen; aber Angebereien der beschuldigten Unterorgane führten bald weiter, und gewisse inkorrekte (oder doch mindestens gewagte) Finanzmanöver, für die Dohnanyi verantwortlich war, ermöglichten dessen Verhaftung. Oster, der ihn unvorsichtigerweise zu decken versuchte, geriet dadurch selbst in Verdacht und wurde gleich darauf seines Postens enthoben, Dr. Josef Müller wegen seiner römischen Agententätigkeit in Untersuchungshaft genommen, ebenso Dietrich Bonhoeffer. Nur durch geschicktes Eingreifen des Admirals Canaris und durch den ebenso kühnen wie selbstlosen Einsatz Dr. Sacks, des Chefrichters der Armee – einer der edelsten und tapfersten Gestalten der deutschen Widerstandsbewegung, eines Mannes, dem unzählige Angeklagte des Regimes ihre Rettung verdanken und der selbst 1945 am Galgen geendet hat –, wurde verhindert, daß die Verfolgung sogleich weitere Kreise zog, und erreicht, daß der Prozeß bis nach dem 20. Juli 1944 verschleppt wurde. Mit der Ausschaltung Osters aber wurde der Verschwörung ihr bisheriges Zentrum und Olbricht sein wichtigster politischer Mitarbeiter genommen.[25] Admiral Canaris blieb zwar noch bis Februar 1944 im Amt, war aber nun selbst so schwer bedroht, daß seine Behörde als Stütze der Opposition praktisch ausfiel.[26] Um das Unglück voll zu machen, erkrankte General Beck um dieselbe Zeit schwer. Er mußte sich einer lebensgefährlichen Darmoperation unterziehen, genas erst im Lauf des Sommers allmählich, hat aber, wie es scheint, nicht wieder die volle körperliche Frische erlangt.

So lag die Führung der Bewegung zunächst auf Goerdelers Schultern allein, dem nur noch Olbricht als militärischer Organisator zur Seite stand. Aber auch seine Führerstellung in den Reihen der Opposition blieb nicht unangefochten. Gerade sein unverwüstlicher Zukunftsglaube, der mit seinem Sendungsbewußtsein eng zusammenhing und der ihn immer wieder verführte, viel zu kurzfristige Prophezeiungen aufzustellen, erweckte bei seinen Genossen Zweifel, ob er für politische Führungsaufgaben auch die nötige Nüchternheit und Instinktsicherheit besäße. Kritische Stimmen dieser Art wurden immer häufiger bei den älteren, oft skeptisch gestimmten Politikern wie Popitz und Hassell laut[27]; die Jüngeren aber, die sich im Kreise Moltkes zusammenfanden, witterten aus ihren sozialistischen Neigungen heraus in ihm einen bürgerlichen „Reaktionär". Wie unbegründet dieser Verdacht war, suchte Goerdeler auf einem Zusammentreffen darzulegen, das auf Betreiben Fritz von der Schulenburgs im Januar mit den Freunden Moltkes stattfand, vorbereitet durch Aussprachen zwischen Hassell, Popitz und Konsistorialrat Gerstenmaier. Dieser, der zugleich für die Sozialisten Mierendorff und Haubach sprach, wurde ebenso wie Moltke ziemlich scharf polemisch und empfand Goerdelers Darlegungen als „pädagogisierende Verschleierung des Gegensatzes". Trotzdem wurde ein Zusammenwirken verabredet, und man wurde sich einig über die Notwendigkeit, „möglichst schnell den Staatsstreich herbeizuführen" – im Gegensatz zu Mierendorff und Haubach, die sich (nach dem Bericht Emil Henks) kurz vorher dafür entschieden hatten, man müsse noch bis zur Landung der westlichen Alliierten auf dem europäischen Kontinent zuwarten.[28] Aber ein volles Einvernehmen wurde auf jener Besprechung doch nicht erzielt. Graf Moltke und ein Teil seiner Freunde blieben dauernd skeptisch gegenüber allen Plänen eines Gewaltstreichs und geneigt, die Katastrophe Deutschlands als unvermeidbar hinzunehmen, schon um die Verantwortung dafür Hitler allein zu überlassen. Auch die Scheu vor Goerdelers „reaktionären Plänen" war nicht ganz überwunden. Zwar gelang es Jakob Kaiser, die Besorgnisse seiner katholischen Freunde zu beschwichtigen,[29] aber mindestens ein Teil der Sozialisten blieb nach wie vor mißtrauisch, was noch im Sommer 1944 zu neuen Differenzen geführt hat.

Es kann für Goerdeler nicht leicht gewesen sein, unter so viel innerer und äußerer Bedrängnis seine gute Zuversicht zu bewahren. Er selbst hielt die von den „Kreisauern" so stark betonte Unterscheidung zwischen einer „älteren" und „jüngeren" Generation für „törichtes Geschwätz". „Es leben ja dauernd sämtliche Altersstufen nebeneinander und nicht etwa klar abgegrenzte Generationen. Die einzige Spaltung, die es in Deutschland geben darf, ist die zwischen anständig und unanständig."[30] Aber er fand damit keinen rechten Widerhall. Hassell berichtet aus dem April 1943,[31] Goerdeler schaue „in der Verzweiflung" immer wieder nach einer „Teilaktion" aus, welche die Rettung bringen sollte – vermutlich nach dem Gewaltstreich irgendeines Frontgenerals. Wie er die Lage damals sah und vor allem wie er sie von den Generälen gesehen haben wollte, zeigt uns sehr deutlich eine große Denkschrift vom 26. März 1943, die in mehreren Durchschlägen umlief, von denen sich einer zum Glück erhalten hat.[32] Von Verzweiflung und Mutlosigkeit des Politikers verrät sie nichts, sondern sucht den Goerdeler eigenen Optimismus auch auf die Empfänger auszustrahlen – aber freilich so, daß diesen klargemacht werden soll: jetzt ist der rechte Moment zum Handeln; aber sehr bald wird es zu spät sein, Deutschland noch zu retten!

Sie beginnt, sehr eindrucksvoll, mit der Wiedergabe einer freimütigen Zuschrift, die Major i. G. Niemann, Oberquartiermeister der Heeresgruppe Albrecht von Württemberg, am 20. Juli 1918 an Ludendorff richtete, mit der Mahnung, über dem soldatischen Siegeswillen die politische Notwendigkeit nicht zu vergessen, daß ein aussichtslos werdender Krieg rechtzeitig abgebrochen werden müßte. Oberst Bauer hatte dem zugestimmt, Ludendorff selbst sich am 8. August dieser Meinung angeschlossen. Diesmal aber, sagt Goerdeler, handelt es sich im Unterschied von 1914–18 um einen ungerechten und unnötigen Krieg. Hitler hat ihn schon seit Mai 1938 geplant, was aktenmäßig beweisbar ist. Er war nie zu gewinnen, am wenigsten durch eine unfähige militärische Oberleitung und eine abenteuerliche politische Führung. Jetzt ist der Zeitpunkt gekommen, wo sich „die deutschen Kräfte auf allen Gebieten dem Zustand des Verbrauchtseins nähern". Zunächst ist die sittliche Substanz weitgehend ruiniert, und zwar so, daß wir auf eine praktische Bolschewisierung zutreiben. Der gute Wille des Soldaten ist schändlich für unsittliche Zwecke mißbraucht worden. Zum ersten Male in der Geschichte des deutschen Heeres stehen jetzt die Generäle einer politischen Führung gegenüber, die alle „überkommenen Grundlagen von Ehre und Anstand zum alten Eisen geworfen hat". Das wird begründet durch Hinweis auf die schamlose Korruption hoher Parteiführer, besonders Görings, auf die verhängnisvolle Doppelherrschaft von Staat und Partei, vor allem aber auf die brutale Mißhandlung der Generäle und die fortgesetzte Kränkung und Herabminderung ihrer Ehre. Es folgt eine sehr düstere Schilderung der Wirtschaftslage Deutschlands: des drohenden Nahrungsmangels, der gewaltigen Zerstörungen, die jetzt schon durch die Luftangriffe eingetreten sind, der unaufhaltsamen Minderung des industriellen Rüstungspotentials und der verfügbaren Arbeitskräfte. Auch Deutschlands Gegner begehen schwere Fehler; aber sie haben die weitaus größeren Kraftreserven und eine unvergleichlich bessere politische Führung, während die Hitler-Regierung im Süden und Westen Deutschlands den Preußenhaß neu belebt, die Österreicher dem Reich gänzlich entfremdet.

Sie hat sich auch ihre außenpolitischen Chancen gründlich verdorben, nicht zuletzt durch die ungeheuerlichen Verbrechen gegen die Bevölkerung der besetzten Gebiete und gegen die Juden, die „dauernd als schwere Belastung auf unserer Geschichte ruhen werden" und die man „ebensowenig wegwischen kann wie die Blutspuren auf dem Schlüssel zu Blaubarts Kammer". Deutschlands Kriegsverbündete sind sämtlich am Ende ihrer Kräfte, glauben nicht mehr an den Sieg und suchen sich von der deutschen Führung loszumachen, Italien zuerst. Unser Autor hat von Japans gescheiterten Versuchen gehört, im Herbst 1942 den Frieden zwischen Stalin und Hitler zu vermitteln, und von seiner vorläufigen Verständigung mit Rußland, die es Stalin ermöglichte, seine Fernostarmee an die Westfront zu werfen. Er erwartet also von Japan keine wirksame Unterstützung. Das allmähliche Zerbröckeln der Kriegsbündnisse erinnert ihn lebhaft an die Lage von 1918. Damals, meint er, hat Ludendorff zu lange hin und her geschwankt und sich in seinen Entschlüssen durch vorübergehende militärische Erfolge beirren lassen. Es wäre entsetzlich, wenn wir heute denselben Fehler begehen und uns die politische Einsicht etwa dadurch verdunkeln lassen würden, daß die Ostfront neuerdings noch einmal gefestigt worden ist. Dieser Krieg ist und bleibt aussichtslos. Das militärische Handeln muß also jetzt durch politisches abgelöst werden. „Wenn die vorhandene Staatsführung sich die Wege dazu verbaut hat, dann muß sie selbstverständlich weichen, wie das noch immer in der Geschichte jedes Volkes der Fall gewesen ist." „Sieht sie nicht ihre selbstverständliche Pflicht, das eigene Geschick für nichts, das des Volkes für alles zu achten, so muß ihr das beigebracht werden."

Damit ist vorsichtig – denn der Verfasser spricht offenbar zu Offizieren, die noch nicht in die Verschwörung eingeweiht sind – die Notwendigkeit eines Umsturzes angedeutet. Er meint, wenn eine „anständige und verständige politische und militärische Führung" zusammenwirken, wäre es immer noch nicht zu spät, die verfahrene Lage zu retten. In dem Bestreben, dieser neuen Führung große Zukunftschancen zu geben und damit seine Leser zum Staatsstreich zu ermutigen, geht Goerdeler sehr weit – erstaunlich weit! Er entwickelt sein ganzes, uns schon bekanntes außen- und innenpolitisches Zukunftsprogramm, etwa so, wie er es bald darauf durch Wallenberg nach London übermitteln ließ, und behauptet kühnlich, im Gegensatz zu 1918 (wo niemand sicher sagen konnte, ob noch ein Verständigungsfriede möglich sein würde) sei heute „klar erkennbar, wie der entscheidende Teil unserer Gegner, nämlich die Angelsachsen, auf eine solche Wendung in Deutschland reagieren würden, ja müssen". Sie werden bereit sein, das von Goerdeler skizzierte Friedensprogramm im wesentlichen anzunehmen. Ihre wirtschaftliche Lage zwingt sie, sich Deutschland als kaufkräftigen Markt möglichst zu erhalten; sie müssen trachten, den Bolschewismus abzudämmen; es ist und war immer ein englisches Lebensinteresse, daß Rußland nicht überstark sein sollte. Goerdeler hält (etwas voreilig) eine gewisse Lockerung der Bindungen Stalins an die Westmächte zugunsten Japans für möglich – allerdings erst nach der Niederwerfung Deutschlands. Vorher davon zu träumen „wäre kindlich". Immerhin: an einer natürlichen Spannung britisch-russischer Lebensinteressen ist gar nicht zu zweifeln!

Sie ist schon in Casablanca hervorgetreten, und eben jetzt wird in Washington darüber verhandelt, wie man Rußlands Kriegsziele begrenzen könnte als Preis für eine angelsächsische Offensive in Europa.[33] Nur muß man sich klar darüber sein, daß damit der letzte Moment zur Ausnutzung solcher Spannungen für Deutschland gekommen ist; gelingt eine volle Verständigung des Westens mit Rußland, „so verengen sich auch unsere politischen Möglichkeiten".

Natürlich kann niemand vernünftigerweise erwarten, daß die angelsächsische Politik sich jetzt in erster Linie für die Abwehr des Bolschewismus verantwortlich fühlen wird. Sie steht vor der eisernen Notwendigkeit, zunächst einmal das „unberechenbare, zum Wahnsinn gesteigerte System" Hitlerischer Machtpolitik niederzuwerfen. Aber Goerdeler glaubt, in sichere Aussicht stellen zu können, daß Deutschland unter einer neuen, vertrauenswürdigen, ehrenhaften Regierung binnen 48 Stunden den Luftkrieg beendet sehen kann. „Die nächsten Schritte können dann einer Entspannung mit den Westmächten gewidmet sein, die es ermöglicht, alle Kriegskräfte . . . auf den Osten zu konzentrieren."

Woher diese erstaunliche Zuversicht? Unser Autor beruft sich auf seine Auslandsreisen vor dem Kriege, auf denen er die Durchführbarkeit der von ihm aufgestellten politischen Ziele habe feststellen können. „Sie können jederzeit durch Fühlungnahme mit den Angelsachsen erwiesen werden. Ich rate aber von einer solchen vorherigen Fühlungnahme ab, weil sie nur als moralische Schwäche gedeutet würde. Es liegen auch so genügend sichere Anhaltspunkte . . . vor." Eine Wendung, die auf den ersten Blick völlig unverständlich erscheint, angesichts der regen Aktivität, die Goerdeler gerade in den folgenden Monaten entfalten wird, um über Schweden mit der Londoner Politik in Fühlung zu kommen. Wir erinnern uns indessen der Unterhaltung, die er jetzt eben, im März 1943, mit Jakob Wallenberg geführt hatte (oben Kapitel 14). Dieser hatte ihn immer davor gewarnt, vor vollzogenem Umsturz sich irgendwelche Sicherungen für die Zukunft in England beschaffen zu wollen; andererseits hatte er ihn ermutigt, er sei überzeugt, die britische Politik werde von einer Regierung, die das Hitler-System zerstört hätte, gar nicht „bedingungslose Unterwerfung" und schmachvolle Friedensbedingungen fordern können. Beides nun, die Warnung wie die Ermutigung, scheint sich in der Denkschrift Goerdelers für die Generäle widerzuspiegeln. Beides freilich in charakteristischer Steigerung: die unbestimmte Hoffnung wird sogleich zur Gewißheit. Denn es gehört nun einmal zur Wesensart unseres Autors, daß er die Macht der Vernunft in der Politik überschätzt und daß er immer schon dicht vor Augen zu sehen glaubt, was seine politische Einsicht ihm als das „naturnotwendig" Kommende bezeichnet. Der unzähmbar starke Drang, seinen Partner zu überreden und zu überzeugen, läßt ihn alle Zweifel und Bedenken kurzerhand überspringen. Auf der Kraft dieses Vereinfachens beruhte zu einem wesentlichen Teil die ungewöhnlich starke Suggestivwirkung seiner Rede, erprobt in unzähligen Gesprächen. Aber freilich war er immer in Gefahr, nicht bloß zu vereinfachen, sondern zu übertreiben und dadurch unversehens aus der klar und scharf erfaßten Wirklichkeit in den Bereich der Illusion zu geraten.

Er hat noch weitere Argumente zur Hand, um die Dringlichkeit seines Anliegens klarzumachen. Soll eine neue Regierung bei unseren Gegnern etwas erreichen, so darf die Wehrmacht nicht schon als zusammengebrochen erscheinen; sie muß noch imstande sein, an der alten Ostgrenze Polens den Bolschewismus abzudämmen. Wir müssen den Schlüssel für das Schicksal Polens noch in der Hand haben! Und auch das Rüstungspotential darf nicht weiter durch Zerstörungen und unsachliche Behandlung vermindert werden. Schließlich und vor allem: die Stunde ist reif. Das deutsche Volk hat „in allen seinen Schichten, insbesondere in der Arbeiterschaft", erkannt, daß es von Unfähigen und Verbrechern regiert wird. „Das Volk ist nicht nur reif, sondern es wartet, daß eine rettende Tat geschieht." Hinter der Reife aber kommt immer die Fäulnis. Der Radikalismus in der Arbeiterschaft wächst, das früher vorhandene Vertrauen auf die moralische Qualität der Generäle ist im Schwinden: man findet, daß sie sich alles bieten lassen. Läßt man die Entwicklung untätig weiter fortschreiten, so wird der Radikalismus viel schlimmere Formen annehmen als 1918.

Auf diese dunkeln (und reichlich vagen) Drohungen folgt zum Schluß der ermutigende Zuspruch: „Ein Risiko sehe ich für den entschlossen Handelnden überhaupt nicht mehr." Ist das System des Terrors einmal gebrochen und das deutsche Volk darüber aufgeklärt, was die Hitler-Regierung an ihm gesündigt hat, so wird sich niemand mehr zu ihr zu bekennen wagen – „ich übernehme die Bürgschaft dafür". Laßt die Wahrheit nur 24 Stunden wieder zu Wort kommen, und ihr werdet sehen, daß die moralische Kraft des deutschen Volkes noch immer ungemindert ist, daß sie nur planmäßig verschüttet war durch das System brutaler Gewalt! Das war der Glaube, an dem Goerdeler unerschütterlich festgehalten hat bis zum letzten Augenblick. Kraft dieses Glaubens ruft er zum Aufstand der Generäle, zur Revolution von oben her auf.

Eine Frage – praktisch die wichtigste – blieb indessen unbeantwortet: wie denn dieser Aufstand ins Werk gesetzt werden sollte? Die Denkschrift behält das mündlicher Erörterung vor und deutet nur an, die Wehrmacht könne entweder mit unzufriedenen Kreisen der Staatspartei zusammengehen (mit höchst fragwürdigem Erfolg) oder aber mit einer antinazistischen Oppositionsgruppe sich verbinden, deren Mitglieder längst bereitstünden zur Machtübernahme und ein wohldurchdachtes Programm besäßen. Tatsächlich war nach dem Scheitern der Attentatsversuche Tresckows zunächst völlig unklar, wie man nun zur „Tat" kommen sollte. Seit der Befestigung der Ostfront war auf die Mitwirkung von Truppenkommandeuren des Ostens kaum noch zu rechnen, und es wurde viel über den „geeigneten psychologischen" Moment diskutiert, den man jetzt abwarten müsse. Dagegen wandte sich Goerdeler mit leidenschaftlichem Eifer in einem Brief an Olbricht vom 17. Mai mit der erbitterten Bemerkung, es komme nicht darauf an, den „rechten Moment abzuwarten", sondern darauf, ihn herbeizuführen. „Stalingrad und Tunis" (wo eben erst, am 12. Mai, die deutsch-italienische Armee hatte kapitulieren müssen) „sind so schwere Niederlagen, wie sie in der deutschen Geschichte seit Jena und Auerstädt nicht zu verzeichnen sind." Ist das noch immer nicht der Moment zum Umsturz? Und genügt es noch immer nicht, daß Hitler vor und in diesem Kriege weit über eine Million Zivilisten, Männer, Frauen und Kinder der verschiedenen Völker, dazu russische Kriegsgefangene, auf bestialische Weise hat umbringen lassen? Man schafft den „richtigen Moment", wenn man diese Tatsachen, deren Liste sich beliebig verlängern ließe, ans Licht bringt. Die fast „unerklärliche" Geduld des deutschen Volkes wird zu Ende sein, sobald es die Wahrheit erfährt. Aber wie das ermöglichen? „Finden wir keinen anderen Weg, so bin ich bereit, alles zu tun, um zu einer Aussprache mit Hitler zu gelangen. Ich würde ihm sagen, was zu sagen ist, insbesondere, daß sein Rücktritt vom Lebensinteresse des Volkes erfordert wird. Es ist nicht gesagt, daß eine solche Aussprache, wenn sie herbeigeführt werden kann, böse enden muß; Überraschungen sind möglich, nicht wahrscheinlich, aber das Risiko muß gewagt werden. Nur ist es wohl nicht unbescheiden, wenn ich Sicherheit verlange, daß dann unmittelbar gehandelt wird."[34]

Deutlicher läßt sich Goerdelers persönlicher Mut nicht demonstrieren – aber auch nicht die praktische Hilflosigkeit seiner Bemühungen um einen Staatsstreich. Mit einer Debatte will er ihn eröffnen, statt mit einer Gewalttat – immer noch von einer letzten, obgleich sehr schwachen Hoffnung getrieben: vielleicht könnte seiner Überredungskunst doch noch die „Überraschung" gelingen, daß der Tyrann freiwillig vor der Vernunft das Feld räumt. In jedem Fall: es soll versucht werden, auf dem Weg jener „Anständigkeit", jener „Ritterlichkeit" ans Ziel zu kommen, die dem altpreußischen Konservativen beständig als Ideal vorschwebt, und er selbst erbietet sich ritterlich, dafür sein Leben aufs Spiel zu setzen. Aber General Olbricht, der ihm dabei zu Hilfe kommen sollte, besaß gar keine selbständige Befehlsgewalt über das Heimatheer und hatte sich deshalb schon früher außerstande erklärt zu „alleinigem Handeln". Er hätte nur im Namen und im Auftrag seines Oberbefehlshabers, Generaloberst Fromm, handeln können, und der war zwar kein gläubiger

Nationalsozialist, aber ein Streber und Opportunist, dem die Zweideutigkeit seiner Haltung später zum Verhängnis geworden ist.[35] Leichtfertige Äußerungen dieses Mannes, in denen er die praktische Auswirkung der britischen Bombenangriffe auf das Ruhrgebiet zu bagatellisieren suchte, brachten Goerdeler in höchsten Zorn. Er schrieb darüber am 25. Juli einen Brief an Feldmarschall von Kluge, der die leidenschaftlichste Äußerung seines Hasses auf das Hitler-Regiment darstellt, die mir überhaupt bekannt ist.[36]

Als Augenzeuge, der sich selbst an Ort und Stelle von den Zerstörungen des rheinisch-westfälischen Industriegebietes überzeugt hat, schildert er die namenlosen Leiden der dortigen Arbeiterbevölkerung und entwirft von den Dauerfolgen des Bombardements für die deutsche Industrie ein überaus düsteres Bild – weit düsterer, als es sich nach dem Krieg bestätigt hat: „Es kann einen der heilige Zorn packen, wenn man hört, mit welcher Leichtfertigkeit selbst von gebildeten Menschen von dem Wiederaufbau nach dem Kriege gesprochen wird" und wie gedankenlos viele Gebildete auf Kosten der Allgemeinheit in den Tag hineinleben. „Zur Zeit sind die Bande aller Moral zerrissen; was da ist, ist nur noch Konvention." „Selbst in der Wehrmacht müssen die Grundlagen der Moral auf das schwerste erschüttert sein, weil die religiöse Grundlage verlassen ist"; es gibt auch hier keine echte Kameradschaft mehr, alles ist von Spitzelwesen zersetzt.[37] Schlimmer noch: deutsche Jugend, wehrpflichtig in der SS, wird zu scheußlichsten Massenmorden an den Juden gezwungen! „Was hat man aus der stolzen Armee der Freiheitskriege und Kaiser Wilhelms I. gemacht!" Aber das Volk weiß und fühlt instinktiv, wie schauerlich es belogen wird. Die Wahrheit „wird um so elementarer hervorbrechen, je länger man sie zu unterdrücken sich bemüht". Das Volk wird sich einst gegen alle wenden, die eine Mitverantwortung auf sich geladen haben – nicht zuletzt auch gegen seine Generäle. Sehen sie denn nicht die neue Tragödie, die sich jetzt eben in Italien vorbereitet, sehen sie nicht den offenen Wahnsinn dieser obersten Kriegsleitung?

Und nun folgt ein gewaltiger Appell an Gewissen und Herz des Adressaten, der schonungslos vor die Alternative gestellt wird, den bequemen Weg des Ausweichens oder aber den gefährlichen und ehrenvollen Weg der Pflicht zu gehen. „Wissen Sie ... noch ein Mittel, um einen Sieg zu erringen, der erstens ermöglicht, Rußland endgültig von Europa fernzuhalten, zweitens die Welt und das englische Weltreich dazu zu zwingen, diesen Angriff aufzugeben und schließlich Frieden zu machen?" Wenn nicht, „dann ist die Fortsetzung des Krieges ein glattes Verbrechen, weil es für ein Volk niemals ein heroisches Ende, sondern immer nur ein Weiterleben-müssen gibt". Es ist allerhöchste Zeit, daß die Führer der Wehrmacht jetzt endlich „zupacken", planvoll und schnell. Goerdeler selbst stellt sich dafür „auf jede Gefahr hin" zur Verfügung,

würde auch, wenn es nötig oder nützlich wäre, selbst wieder Offizier zu werden bereit sein. Er hat immer altpreußisch gedacht und den preußischen Offizierstand gegen viele Vorwürfe und Zweifel in Schutz genommen; jetzt aber fühlt er sich blamiert, wenn man ihm in Süddeutschland sagt, an allem sei der preußische Militarismus schuld. „Es sind nicht törichte Männer, die das sagen; es sind Männer, die ein warmes Herz für Deutschland und für den deutschen Soldaten haben, die aber darüber verzweifeln, daß man sehenden Auges, denkenden Verstandes und fühlenden Herzens von Verbrechern und Narren das Vaterland in den Abgrund führen und die deutsche Jugend und die deutschen Männer willenlos in Tod und Verstümmelung treiben läßt."
Aber ist es nicht am Ende schon zu spät, um Deutschland zu retten?
Nach der Abfassung seiner März-Denkschrift scheint Goerdeler doch empfunden zu haben, daß sein unbedingtes Zutrauen zur Verständigungsbereitschaft der Engländer zum mindesten einer neuen Bestätigung bedürfe. Wir kennen die Verhandlungen, die er im Mai 1943 darüber mit Wallenberg geführt hatte. Eine Antwort aus London war bis Ende Juli noch nicht gekommen. Das hinderte unseren Patrioten aber auch diesmal nicht, sich mit der größten Selbstsicherheit für die Möglichkeit eines verhältnismäßig günstigen Friedens zu verbürgen. Er habe sie, sagt er, „erneut festgestellt". Natürlich sei dabei Hitlers Sturz Voraussetzung. „Daß mit Verbrechern und Narren kein Staatsmann dieser Welt verhandeln kann . . . , ist doch selbstverständlich." Gelingt aber der Umsturz, „so können wir . . . den Krieg sofort in der Luft . . . abbrechen" und damit das Volk rasch und in Massen hinter uns bringen. Man sieht: was er eben in London vorgeschlagen hat, wird dem Marschall bereits als sichere Zusage präsentiert. Im übrigen baut er auch jetzt wieder auf das natürliche Bedürfnis unserer Gegner, Deutschland am Leben zu erhalten. Man sollte weder den Bolschewismus noch die Angelsachsen allzusehr fürchten, meint er. „Auch dort wird mit Wasser gekocht, und wir haben vieles in die Waagschale zu werfen. Auch sie sind auf unsere Kraft und unser Können angewiesen." Vollends innerpolitisch ist er seiner Sache sicher und glaubt, „die erdrückende Mehrheit der deutschen Arbeiterschaft, der deutschen Beamten und der deutschen Wirtschaft" jedem politisch aktiven General zuführen zu können.
Der Brief (auch wenn er nach vielen Beratungen schließlich nicht abgesandt wurde)[38] ist ein höchst eindrucksvolles Zeugnis der seelischen Energie, die Goerdeler aufwandte, um die militärischen Führer für seine Pläne zu gewinnen. Er wollte immer den geradesten Weg und sah mit starker Abneigung auf jene diplomatischen Winkelzüge, mit denen Popitz eben damals weiterzukommen versuchte. Nachdem dieser kluge Taktiker früher von Göring so etwas wie eine Palastrevolution oder zum mindesten eine stark bremsende Einwirkung

auf Hitlers abenteuerliche Kriegspolitik erhofft hatte (ohne damit bei Beck irgendwelchen Anklang zu finden), versuchte er es jetzt mit Heinrich Himmler. Wenn die Generäle der Armee nicht zum Aufstand zu bringen waren, ließ sich vielleicht der brennende Ehrgeiz und Sendungsglaube des Reichsführers SS gegen seinen Herrn und Meister lenken und damit der Keil zu einer Spaltung in das feindliche Lager hineintreiben? Den Versuch dazu hat Popitz in einer von Himmlers Rechtsanwalt Langbehn vermittelten Aussprache mit dem Reichsführer am 26. August gewagt – ein abenteuerliches, aber mit höchster diplomatischer Kunst durchgeführtes Unternehmen. Es bestätigte, was man im Kreise der Verschwörer schon länger vermutete, daß Himmlers Glauben an die Unfehlbarkeit des Führers und an seinen Endsieg nicht frei von innerer Unsicherheit war. Aber dieser blutbefleckte Scherge und beschränkte Fanatiker war geistig viel zu unselbständig, letztlich überhaupt eine viel zu jämmerliche Figur, als daß sich auf ihn irgendwelche Pläne zum Staatsstreich hätten aufbauen lassen. Nachträglich wundert man sich, daß ein so kluger Kopf wie Popitz diesen Sachverhalt nicht von Anfang an durchschaute. Es ist heute freilich bei manchen Kritikern der deutschen Widerstandsbewegung üblich geworden, den angeblich „wirklichkeitsblinden“ Idealisten von der Art Goerdelers vorzuwerfen, sie hätten die Dämonie ihres Gegners verkannt und daher versäumt, ihm mit gleichen Waffen zu begegnen. Da erscheint dann leicht der Versuch, eine Spaltung ins feindliche Lager zu tragen, als besseres, weil mehr „realistisches“ Rezept. In Wahrheit gab es keine realen Möglichkeiten dieser Art: einfach deshalb nicht, weil Hitler keine wirklichen Rivalen in seinem Lager hatte. Und so war Popitz' Versuch im Grunde ebenso „unrealistisch“ wie einst die Hoffnung Schleichers, mit Hilfe Gregor Strassers die braune Flut zu teilen. Vor allem: selbst dann, wenn sein überfeines Spiel zunächst geglückt wäre, wäre es der deutschen Widerstandsbewegung zum Unheil geworden: es hätte sie im deutschen Volk ebenso wie im Ausland heillos kompromittiert und größte Verwirrung gestiftet – ganz gleich, ob man Himmler und seine SS (was selbstverständlich geplant war) später zu überspielen gedachte oder nicht. Hatten doch die Offiziere des Klugeschen Hauptquartiers im März 1943 Canaris erklärt, sie würden ihm die Hand nicht mehr geben, wenn er seine Absicht einer vertraulichen Aussprache mit Himmler wahr machen würde. „Wer mit einem solchen Schweinehund einen Händedruck getauscht hat“, hieß es damals, „dessen Hände kann man nicht wieder berühren, ohne sich selbst zu beschmutzen.“[39] Das war nun freilich nicht ganz die Haltung der Beck, Olbricht, Tresckow und Goerdeler. Ihnen schien die Gesamtlage so verzweifelt, daß sie jeden Versuch begrüßen mußten, Zwiespalt in das Lager des Feindes zu tragen. Goerdeler hat später bezeugt, er habe im Mai 1943 Langbehn in seinen Absichten kräftig bestärkt, gleichzeitig aber diesen selbst als zwielichtige Erscheinung und somit immer als „etwas unheimlich" empfunden. Deshalb sei er auch entsetzt gewesen, als er im August oder September merkte, daß ihn Popitz sogar in die Attentatspläne der Verschwörer eingeweiht hatte. Langbehn habe ihm von der Unterredung mit Himmler zwar erzählt, aber keine Einzelheiten, die er auch nicht hätte wissen wollen. Ähnlich wird die Haltung des ganzen Kreises gewesen sein. Man begrüßte jede Spaltung der „Schwarzen", wollte aber selbst nichts damit zu tun haben. Von solchen Bedenken hat Popitz selbst offenbar nichts gespürt – ein typischer Intellektueller, hochbegabt und reinen Sinnes, aber ohne sicheren politischen Instinkt.

In seinen Berichten über die Unterredung hat er sich auffallend optimistisch geäußert – mußte aber dann erleben, daß Himmler sich völlig passiv verhielt und daß Langbehn kurz darauf der Gestapo in die Hände fiel, als er in die Schweiz reiste, um in einer Art von Doppelauftrag (für Himmler und für die Verschworenen) Fühlung mit der britischen Diplomatie zu suchen.

Im Kreise der Opposition hat sich Popitz durch seine kühne Tat[40] keinen Dank verdient, sondern eher noch mehr isoliert. Zum Vorwurf „reaktionärer Haltung" kam nun bei manchen der Verschwörer noch Mißtrauen gegen den langjährigen Parteigenossen und Helfer Görings hinzu. Ist es nötig zu versichern, daß beides unberechtigt war: daß dieser edle Charakter und kluge Politiker weder mit dem Geist des Nationalsozialismus noch vollends mit dem korrupten Parteihäuptling das geringste gemein hatte? Aber wer ihm ferner stand, dem mochte er wohl undurchsichtig und ein wenig hochmütig erscheinen, wie es so oft das Schicksal der Intellektuellen ist. Auch zu Goerdeler hat sich sein Verhältnis seit Herbst 1943 offenbar abgekühlt. Aber das war nicht so sehr die Folge menschlicher Entfremdung als vielmehr politischer Gegensätze und Rivalitäten, die nicht ausbleiben konnten, sobald man daranging, das ideale Zukunftsprogramm konkreter zu gestalten, also auch künftige Machtpositionen zu verteilen.

III. VORBEREITUNG IM HERBST 1943

Inzwischen hatte sich die Lage an der Ostfront plötzlich verschlechtert. Die Mitte Juli einsetzende Gegenoffensive der Russen brachte nicht nur alle deutschen Vorstöße endgültig zum Stehen, sondern drängte unsere Front weit zurück, und zwar im ganzen Süd- und Mittelabschnitt von der Krim bis Smolensk. Für alle nüchtern Denkenden eröffnete sich die Aussicht eines Vordringens der Roten Armee bis zur Reichsgrenze, da die Menschen- und Materialreserven immer rascher zusammenschmolzen und der immer furchtbarer werdende Bombenhagel die deutsche Kriegsindustrie systematisch zertrümmerte. Gleichzeitig machten der Sturz Mussolinis, der Waffenstillstand Badoglios und das Vordringen der alliierten Truppen nach Süditalien der italienischen Kriegshilfe ein Ende und fügte die schwere Last der Verteidigung Italiens allen anderen noch hinzu.

Zusammen mit der Aussicht auf die für 1944 erwartete Invasion der Westmächte in Frankreich ergab das alles eine sehr düstere Zukunftsperspektive. Nur Verblendete oder ganz Naive konnten jetzt noch ernstlich an der Illusion des großen „Endsiegs" festhalten.

In solcher Lage verhallten die Mahnungen Goerdelers nicht mehr ungehört. Im August, berichtet er, habe Tresckow ihn aufgesucht und ihm versichert, Manstein, Kluge und Küchler, also alle drei Heeresgruppenführer des Ostens, wären sich klar darüber, daß jetzt „gehandelt" werden müßte, und selbst die der Gruppe Mitte unterstellten SS-Generäle Hausser und Sepp Dietrich „würden mitgehen". Es sei also jetzt der „psychologische Moment", den Staatsstreich durchzuführen. Nun ist die Frage offen, was die Frontgeneräle unter „Handeln" verstanden. General Stieff vom Oberkommando des Heeres, den Tresckow für die Verschwörung gewonnen hatte und der am 13. August ein dringendes Mahnschreiben Olbrichts (ganz im Sinn des Goerdeler-Briefes) an Kluge übergab, hat später vor der Gestapo ausgesagt, dieser habe nur an gemeinsame Vorstellungen der obersten Heerführer bei Hitler wegen Änderung der Heeresspitzengliederung gedacht. Oberst von Tresckow habe ihm vorher ein ganz falsches Bild von der Entschlossenheit Kluges entworfen, sich an die Spitze eines Aufstandes der Armee zu stellen. Offenbar habe er diesen wider Willen in den Vordergrund der Verschwörung geschoben.[41] Das klingt sehr nach einem Versuch, den damals noch lebenden Kluge durch günstige Aussagen zu decken. Die Wahrheit wird sein, daß der Marschall im August noch nicht ganz entschlossen war, aber dann doch durch Olbrichts, Tresckows, Becks und wohl auch Goerdelers Vorstellungen gewonnen wurde. Es kann nicht ganz ohne Grund gewesen sein, wenn Goerdeler schon im August mit so großer Bestimmtheit seinem Freunde Wallenberg einen Staatsstreich für September voraussagte (siehe Kapitel 14). Tatsächlich ist im September der entsprechende Entschluß gefunden worden. Feldmarschall von Kluge kam selbst nach Berlin und hatte in der Wohnung Olbrichts eine lange Aussprache zu dreien, mit Beck und Goerdeler, über die wir einen ziemlich ausführlichen Bericht besitzen.[42]

Darnach äußerte der Marschall schwere Besorgnisse über die allgemeine Kriegslage und wies klar nach, daß unsere militärischen Kräfte nicht ausreichten, um gleichzeitig die Ostfront von Teromansk bis zum Schwarzen Meer, eine bereits in der Entwicklung befindliche Südfront (in Italien) und gar noch eine neu drohende Westfront zu halten. Im Augenblick sei sogar sicher, daß nicht einmal die Ostfront am Dnjepr würde stehenbleiben können. Der Krieg sei verloren, wenn man nicht zu großen Entschließungen käme und zunächst die Front wesentlich verkürzte. Er wollte nun Goerdelers Urteil darüber hören, ob in einem solchen Fall noch irgendwelche außenpolitischen Aussichten auf einen erträglichen Friedensschluß bestünden. Das gab unserem Patrioten Gelegenheit, mündlich noch einmal das im März schriftlich dargelegte Friedensprogramm zu entwickeln und eine rechtzeitige Verständigung mit der britischen Politik zu empfehlen. Kluges Zweifel, ob die Engländer nicht ebenso wie 1918 handeln, d. h. die totale Zerstörung der deutschen Macht fordern würden, suchte er mit dem Hinweis auf das naturgegebene Interesse Englands an der Erhaltung eines starken Dammes gegen den Bolschewismus zu entkräften, berief sich aber auch auf seine Besprechungen mit Wallenberg. Zwar habe er von London noch keine Antwort auf seine letzten Vorschläge (für die Zukunft Europas und sofortige Einstellung der Luftangriffe) gehört, „sei aber in dieser Hinsicht sehr zuversichtlich, da er die Engländer, ihre Interessen, ihre Politik und ihre Methoden durch ihre Geschichte hindurch sehr genau kenne und beste persönliche Beziehungen zu englischen Politikern fast aller Parteien habe". Schließlich entwickelte er auf Kluges Wunsch auch sein innerpolitisches Programm. Es fand dann eine Besprechung zwischen den beiden Generälen unter vier Augen statt. Darnach wurde Goerdeler wieder zugezogen, und Kluge erklärte ihm, „nun sei es höchste Zeit zu handeln, um noch rechtzeitig die militärische Situation auszunützen ... Noch sei es möglich, bei rechtzeitiger Verständigung mit den Angelsachsen die Ostfront östlich der alten Ostgrenze Polens zu stabilisieren und unüberwindlich zu machen". Aber der Führer sei nicht bereit, solche Entschließungen zu fassen, insbesondere den militärischen Sachverständigen die Möglichkeit weiträumiger Rückzüge zu geben – ganz abgesehen davon, daß die Angelsachsen mit ihm sich niemals auf eine politische Verständigung einlassen würden. Er müsse also ausgeschaltet werden, und zwar mit Gewalt; im Interesse des Volkes müßten die militärischen Führer jetzt selbständig vorgehen. Goerdeler erklärte, er halte ein Attentat für falsch. „Es sei notwendig, mit dem Führer ganz offen zu sprechen; dazu seien der Oberbefehlshaber und der Generalstabschef verpflichtet; aus einer solchen Aussprache, die mit Klarheit, Offenheit und Mut durchgeführt würde, würde sich alles weitere von selbst ergeben. Die gute Sache setze sich jedem gegenüber durch." Auf Herrn von Kluge machte das keinen Eindruck. Er beharrte (mit Recht) auf der Notwendigkeit eines Attentats, dem auch Beck jetzt zustimmte; Goerdelers persönliches Vorgehen bei Hitler lehnte er als zwecklos ab. So blieb diesem nichts übrig, als sich zu fügen. Die militärischen Führer, meinte er, „die es durch mangelnde Offenheit gegenüber Hitler so weit hätten kommen lassen, müßten nun selbst den rechten Weg zur Rettung Deutschlands finden" – er überließ also den Generälen die Verantwortung für das Attentat. Kluge erklärte sich ohne weiteres zur Übernahme dieser Verantwortung bereit: das Nähere wolle er mit seinen Kameraden besprechen; Goerdeler möge als Politiker nur dafür sorgen, „daß die Angelsachsen sich richtig verhielten".

Diese wichtige Unterredung hat Goerdeler immer als die eigentliche Geburtsstunde des Anschlags vom 20. Juli 1944 betrachtet. Und wahrscheinlich mit Recht. Zwar hatte Tresckow schon seit Mai auf einem längeren „Erholungsurlaub", den er sich von Kluge nach Berlin geben ließ, sehr viel dazu getan, die von Olbricht begonnenen Vorbereitungen für einen Militärputsch, die er lückenhaft und technisch noch unzulänglich fand, zu ergänzen und zu verbessern.[43] Indessen konnte auch nach seiner Meinung das Heimatheer nicht in Aktion treten, ehe nicht mindestens einer der großen Truppenführer an der Front das Signal dazu gegeben hatte. Diesen Truppenführer hatte man nun gefunden; im Westen wußte man Falkenhausen und Stülpnagel einverstanden. Der so oft vergeblich geplante Staatsstreich schien nun endlich Wirklichkeit zu werden.

Aber das rätselhafte Geschick, das in diesen Jahren über Deutschland gewaltet hat, wollte es auch diesmal anders. Bald nach der Rückfahrt in sein Hauptquartier erlitt Kluge einen schweren Autounfall (12. Oktober) und schied für viele Monate aus jeder Aktivität aus. Das war um so verhängnisvoller, als Tresckow von seinem Urlaub nicht sogleich ins Stabsquartier der Heeresgruppe Mitte zurückkehrte, sondern zunächst ein Frontkommando als Regimentskommandeur an der Ostfront durchmachen mußte. Als er zwei Monate später zum Generalstabschef der zweiten Armee ernannt wurde, war Kluge durch einen neuen, völlig hitlerhörigen und politisch urteilslosen Oberbefehlshaber (Busch) ersetzt. Seine Bemühungen, als Vertreter General Heusingers ins Oberkommando des Heeres versetzt zu werden, um so persönlich Gelegenheit zu einem Attentat auf Hitler zu finden, blieben erfolglos. Und ebenso scheiterten eine ganze Reihe weiterer Attentatsversuche, die seine Gesinnungsfreunde in diesem Herbst unternahmen und die bis ins Frühjahr 1944 unentwegt fortgesetzt wurden: trotz unerhörten Wagemuts der Verschwörer bei der Beschaffung von Sprengstoff, trotz selbstloser Todesbereitschaft junger Offiziere, die bereit waren, sich selbst zu opfern, um sich mit Hitler in die Luft zu sprengen, trotz alles erfinderischen Scharfsinns, der aufgewandt wurde, um die um den Tyrannen gelegten Schutzwände zu durchbrechen.[44] Immer wieder durchkreuzten unberechenbare Zufälle im letzten Augenblick den wohlbedachten Plan, und Hitlers raubtierhafte Witterung drohender Gefahr entzog ihn mehrfach der gestellten Falle. Ohne vorherige Beseitigung des Tyrannen war aber nun einmal ein Militärputsch praktisch aussichtslos. Ohnedies war der Staatsstreich, seit keiner der aktiven Frontgeneräle mehr dahinterstand, zu einem höchst unsicheren Wagnis geworden.

Dafür war in das Zentrum der Verschwörung seit Oktober 1943 eine neue, jugendlich wagemutige Persönlichkeit eingetreten, die von nun an immer mehr als Führergestalt hervortritt: Oberstleutnant Claus Graf Schenk von Stauffenberg. Er war es, der zuletzt hinter den immer erneuten Attentatsversuchen des Winters 1943/44 stand. Er brachte aber auch die organisatorische Vorbereitung des Umsturzes in der Heimat in neuen Schwung, Osters und Tresckows Bemühungen fortführend und energisch steigernd, unberührt von mancherlei Bedenken der Älteren, fiebernd vor Tatendrang.

Seine Persönlichkeit hat neuerdings (in Ed. Zeller, seinem früheren Schulkameraden) einen liebevoll bewundernden Biographen gefunden, der auch seine politische Entwicklung vom jugendlich unreifen Enthusiasten der Hitler-Bewegung zum leidenschaftlichen Hasser des Tyrannen und der Verderber Deutschlands geschildert (oder doch skizziert) hat. Was ihn seiner militärischen Umgebung so oft überlegen erscheinen ließ und ihm eine fast magnetische Anziehungskraft verlieh, besonders auf gleichaltrige und jüngere Kameraden, war eine seltene Verbindung soldatischer Fähigkeiten – großen fachmilitärischen Könnens und einer bewundernswürdigen Tapferkeit und Selbstbeherrschung – mit einer schöngeistigen Bildung, die als Familienerbe und selbsterworbener Besitz sein ganzes Wesen durchdrang. Dazu kam noch die Gabe einer natürlichen, feurigen Beredsamkeit. Politisch neigte er offenbar mehr zu dem romantischen „Sozialismus“ der Kreisauer Grafen, seiner Altersgenossen, als zu dem bürgerlichen Liberalismus Goerdelers oder gar zu den altpreußisch-konservativen Gedankengängen eines Popitz. Ohne eigene Schulung und Erfahrung in politischen Fragen, hat er sich doch von Anfang an auch in die politische Problematik der Verschwörung eingemischt und wollte sich keineswegs mit einer bloßen Hilfsstellung als militärischer Draufgänger begnügen. Er trug sich vielmehr mit hochfliegenden Ideen einer sittlich-politischen Erneuerung Deutschlands, zu deren Dienst er sich berufen fühlte. Wie er sich diese Erneuerung konkret vorgestellt hat, ist schwer zu sagen – sicherlich aber in der Form einer revolutionären Bewegung, die in „rasender Fahrt“ alles Alte überrennen sollte. Damit stand er nun freilich in entschiedenem Gegensatz zu den Zielen der bürgerlichen Politiker, vor allem Goerdelers, die der „rasenden Fahrt" des revolutionären Treibens endlich ein Ende machen, eine klare, gesicherte Ordnung an die Stelle der ewigen revolutionären Unruhe setzen wollten. Wenn Stauffenberg wirklich (wie Zeller berichtet) im Gespräch mit Leber eine solche Haltung hochfahrend als „Revolution der Greise" abgetan hat,[45] so könnte man das nur als eine sehr unreife Verkennung sowohl seiner älteren Mitkämpfer wie des wahren Bedürfnisses der Zeit betrachten, und man begreift, daß ihn Goerdeler trotz aller Hochschätzung seines Mutes und seiner Gaben als „eigensinnigen Querkopf" nur schwer ertrug.[46] Anderseits scheint mir sicher, daß in dem stürmischen, ungeduldigen Tatendrang dieses Jüngeren ein Stück dämonischen Machtwillens und Herrentums steckte, das dem ewigen Zauderer Beck ebenso fehlte wie dem allzu vernunftgläubigen Optimisten Goerdeler, und daß ohne dieses Element die Widerstandsbewegung wirklich in Gefahr war, in lauter Vorbereitungen und Planungen steckenzubleiben. Im Moment der letzten, entscheidenden Krisis, im Juli 1944, wäre ohne die Entschlossenheit Stauffenbergs die Oppositionsbewegung in mehr oder weniger ratloser Passivität versackt. Im übrigen wird man die aus dem Gegensatz der Temperamente und politischen Ideen entstandenen Reibungen in ihrer praktischen Bedeutung auch nicht überschätzen dürfen. Schließlich sind sie doch immer wieder überbrückt worden, vor allem dank der Mittlertätigkeit Becks, zu dem auch die Jüngeren mit Respekt aufblickten.

Die äußere Möglichkeit für Stauffenbergs Wirken in der Opposition bot seine Ernennung zum Chef des Stabes im Allgemeinen Heeresamt (Anfang Oktober 1943), also zum ersten Gehilfen Olbrichts – des Mannes, der nun schon seit fast einem Jahr gemeinsam mit Tresckow an der Vorbereitung des Aufstandes arbeitete. Von Tresckow übernahm er dessen umfangreiche Vorarbeiten (Mobilmachungskalender, Besetzungspläne, geheime Truppenweisungen, Aufrufe an die Wehrmacht und die Bevölkerung, Rundfunkansprachen usw.), die alle mit Beck gründlich durchgesprochen und von diesem zum Teil durchkorrigiert waren. Er setzte diese illegale Arbeit seinerseits mit Eifer fort, von einem rasch wachsenden Stab von Helfern unterstützt, unter denen Major Ulrich von Oertzen, Tresckows Intimus, der wichtigste war. Stauffenberg besaß in hohem Maße die Gabe, jüngere Offiziere für seine Sache zu gewinnen; aber die Kriegslage war inzwischen auch so bedrohlich geworden, daß der Glaube an den Sieg in allen Stäben dahinschwand und die Erbitterung gegen die katastrophale Kriegsleitung des Diktators auf den Siedegrad stieg.[47]

Die generalstabstechnischen Einzelheiten der Vorbereitung des Militärputsches sind schon mehrfach geschildert worden.[48] Bedenkt man ihre außerordentlichen Schwierigkeiten und die große Zahl von Personen, die ins Geheimnis gezogen werden mußten, so ist es fast als ein Wunder zu betrachten, daß es überhaupt gelang, diese Hochverratspläne bis zum 20. Juli 1944 geheimzuhalten und Mittel und Wege zu finden, um eine so wenig kontrollierbare Truppe wie die Berliner Ersatzbataillone gegen das Regierungsviertel in Marsch zu setzen. Es war – nicht nur in der deutschen Heeresgeschichte – ein ganz unerhörter Vorgang, daß so viele hohe, höchste und allerhöchste Stellen der Armee, eine Reihe von Feldmarschällen mit eingeschlossen, nun schon seit Jahren um das Bestehen einer Zivil- und Militärverschwörung wußten, ohne sie zu verraten, ja sich wohl gar daran beteiligten, und zwar schon, ehe sich die Siegeskurve Hitlers zum Abstieg neigte. Es zeigt, daß die Unterwürfigkeit der soldatischen Führer doch nicht ganz so blind gewesen ist, wie sie nach außen erscheinen mochte. Jetzt nun war sie vollends im Schwinden. Das erleichterte die Arbeit. Aber was sie erschwerte, war der Ausfall Kluges, der im entscheidenden Augenblick (nach Tresckows Plänen) die Führung der gesamten Wehrmacht hätte übernehmen sollen, und die mehr als unsichere Haltung Fromms, des Oberbefehlshabers der Heimatarmee. So blieb nichts übrig, als den verabschiedeten Marschall von Witzleben wieder einmal, wie so oft schon seit 1938, als Nothelfer heranzuziehen. Er fand sich denn auch bereit, die heimlich vorbereiteten Befehle zu unterzeichnen, die den Umsturz wirksam machen sollten. Da man aber keineswegs sicher war, ob die zahlenmäßig geringen Ersatztruppen um und in Berlin imstande sein würden, die dort stationierte SS-Truppe und die Luftwaffeneinheiten niederzuwerfen, mußte alles darangesetzt werden, gleichzeitig mit Hitler auch Himmler und Göring umzubringen, um den Ausbruch eines Bürgerkriegs zu erschweren – ein Umstand, der das Attentat mehrfach in verhängnisvoller Weise verzögert hat.

Auf alle Fälle konnte unmittelbar nach dem Umsturz nur in Form einer Militärdiktatur regiert werden. Diese aber bedurfte möglichst bald der Ablösung durch zivile Kräfte. Schon dies nötigte die aufständischen Offiziere, ihre militärischen Vorbereitungen auf das politische Gebiet mit auszudehnen. So wurde es jetzt auch für den zivilen Sektor höchste Zeit, sich endgültig auf ein gemeinsames Programm, wichtiger noch: auf eine Führerpersönlichkeit und ein von ihr zu bildendes Kabinett zu einigen. Die letzten Monate des Jahres 1943 – in denen man dauernd auf das Gelingen eines neuen Attentatsversuches wartete[49] – sind denn auch von solchen Bemühungen erfüllt. Allgemeine Einigkeit bestand darüber, daß Beck das neue Staatsoberhaupt (Generalstatthalter oder Reichspräsident) werden sollte. Die Würde und Lauterkeit seines Charakters, aber auch sein Ansehen in der Armee ließen ihn dafür wie vorbestimmt erscheinen.[50] Als Reichskanzler kam an erster Stelle natürlich Goerdeler in Betracht. Wir kennen schon die Bedenken gegen den „Illusionär", die von rechts, und gegen den „Reaktionär", die von links erhoben wurden. Aber niemand konnte bestreiten, daß er unter allen Zivilpolitikern der Verschwörung die weitaus aktivste und wohl auch mutigste Persönlichkeit war, daß er über ein ungewöhnlich hohes Maß an praktischer Erfahrung und politischen Ideen verfügte und um die Sammlung der Widerstandskämpfer die größten Verdienste von allen besaß. So bat ihn Beck Ende November um die förmliche Zusammenstellung einer Ministerliste.[51]

Solche Zusammenstellungen waren schon seit Anfang Januar versucht worden,[52] und bis zu seiner Verhaftung hat Goerdeler immer neue Anstrengungen gemacht, geeignete Persönlichkeiten herauszufinden und ihre Bereitschaft zu gewinnen. Natürlich haben die Namen und Posten mehrfach gewechselt (siehe darüber Anhang IX), denn es galt, Rücksicht auf sehr verschiedenartige Wünsche zu nehmen, und es hat auch nicht an ehrgeizigen Quertreibereien einzelner Persönlichkeiten gefehlt. Goerdelers Bestreben war offensichtlich, tüchtige Fachkräfte zu vereinigen, wo immer er sie finden konnte, und die verschiedenen in der Widerstandsbewegung vereinigten Gruppen und Strömungen möglichst gleichmäßig zu beteiligen. So findet man zeitweise auch Namen von Persönlichkeiten, die gar nicht zur Widerstandsbewegung gehörten (wie Freiherr von Gayl oder Schwerin-Krosigk) und die überhaupt erst nach vollzogenem Umsturz befragt werden konnten; in solchen Fällen war ein provisorischer Verweser des betreffenden Postens vorgesehen. Um parteipolitische Einseitigkeiten zu vermeiden und möglichst allen in der Opposition vertretenen Gruppen gerecht zu werden, wandte Goerdeler mehrfach das Mittel an, Staatssekretäre anderer Parteifarbe seinen Ministern beizugeben. Die katholische Gruppe legte großen Wert darauf, daß ihre Konfession genügend stark vertreten sei. Kaiser und Wirmer schlugen den früheren württembergischen Staatspräsidenten Eugen Bolz zum Minister des Inneren vor, damit wenigstens eines der vier wichtigsten Ministerien in der Hand eines Katholiken sei. Sie konnten sich aber damit nicht durchsetzen, da Stauffenberg auf die Berufung des Sozialdemokraten Leber in diesen wichtigen Posten bestand. Bolz wurde daraufhin veranlaßt, sich zur Übernahme des Kultusministeriums bereit zu finden, was er auch tat.[53] Außerdem bestand eine Zeitlang die Absicht, dem künftigen Kabinettschef als Staatssekretär den katholischen Rechtsanwalt (früheren Pressereferenten im Reichsjustizministerium) Dr. Otto Lenz beizugeben, der indessen mit Goerdeler wenig harmonierte, so daß man den Plan sehr bald wieder fallen ließ. Um den Posten des Kultusministers für Bolz frei zu machen, mußte Popitz von ihm zurücktreten, der ihn sehr wünschte. Eine Zeitlang figurierte er dann als künftiger Finanzminister, wurde aber von den Sozialisten und von Stauffenberg so heftig abgelehnt (als „Reaktionär" und langjähriger Mitarbeiter Görings), daß er seit Ende 1943 völlig aus den Kabinettslisten gestrichen werden mußte. Er war darüber sehr verärgert, mißbilligte auch die „allzu bürgerlichen" Methoden der Umsturzpläne Goerdelers und hat ihnen zuletzt eigene entgegengesetzt. An seine Stelle auf der Kabinettsliste als Finanzminister trat Direktor Loeser von den Krupp-Werken, ein von Goerdeler hochgeschätzter früherer Leipziger Mitarbeiter.[54] Am meisten umstritten blieb nach wie vor der Posten des Innenministers, in den Goerdeler, wie es scheint, wenigstens provisorisch Graf Fritz von der Schulenburg zu bringen wünschte, der ihm als Mittelsmann zur Kreisauer Grafengruppe, aber auch als sehr aktiver Berater in Personalfragen wichtig war; gegebenenfalls sollte er Staatssekretär unter Leber werden.[55] Dieser hat sich offenbar nur sehr schwer darein gefunden, unter einem liberalen Kanzler mitarbeiten zu sollen.[56] Um so unentbehrlicher wurde sein Parteigenosse Leuschner, dessen große Erfahrung in parlamentarischen Verhandlungen (als früherer hessischer Innenminister) und in Organisationsfragen (als Gewerkschaftsführer) jetzt ebenso wichtig wurde wie seine menschlich gewinnende Natur. Wir kennen schon seine enge Zusammenarbeit mit Goerdeler in sozialpolitischen Fragen (Kapitel 13); er hat ihn mehrfach, ebenso wie sein Parteigenosse und Gehilfe Maaß, gegen den Vorwurf angeblich „reaktionärer" Gesinnung verteidigt. Beide Männer erkannten seine überragende Begabung und seinen Charakter an. Leuschner figuriert in allen mir bekanntgewordenen Plänen als Vizekanzler; Stauffenberg wünschte, daß er (oder Leber) später Goerdeler als Kanzler ersetzen sollte. Denn manche der „Jüngeren" gingen in ihrer Abneigung gegen Goerdeler so weit, daß sie ihn überhaupt nur als Chef einer „Übergangsregierung" wollten gelten lassen.[57] Als Justizminister war ursprünglich Langbehn vorgesehen, Popitz' vertrauter Mitarbeiter, vermutlich von diesem (gegen die uns schon bekannten Bedenken Goerdelers) empfohlen; seit seiner Verhaftung (Herbst 1943) schied er natürlich aus. Er wurde zunächst, wie es scheint, durch den um die Widerstandsbewegung so verdienten Heereschefrichter Dr. Sack, später durch den katholischen Rechtsanwalt Wirmer, (einen der eifrigsten Aktivisten des Kreises) ersetzt.

Viel Mühe machte es, eine geeignete Persönlichkeit für das Wirtschaftsministerium ausfindig zu machen, das nach den uns schon lange bekannten Plänen Goerdelers mit dem Arbeitsministerium verbunden werden sollte. Man sieht zunächst die Namen verschiedener Wirtschaftsexperten auftauchen; dann wurde der Syndikus der Zellstoffindustrie Dr. Paul Lejeune-Jung gewonnen, ein früherer deutschnationaler Abgeordneter, durch Habermann (vom früheren deutschnationalen Handlungsgehilfenverband) in den Widerstandskreis eingeführt. Er trug sich mit halbsozialistischen Gedanken von „staatlichem Obereigentum" („Reichsgerechtsame") an allen Bodenschätzen, was ihn zur Forderung einer Verstaatlichung der Bergwerke und anderer Naturschätze führte. Mit den Gewerkschaftlern des Kreises und der Kreisauer Gruppe hat er mehrfach darüber diskutiert, wurde aber schließlich doch von ihnen abgelehnt, fühlte sich angeblich auch als kranker Mann den kommenden Aufgaben nicht ganz gewachsen.[58]

Unentschieden blieb einstweilen die Besetzung des auswärtigen Ressorts. Zunächst war es als selbstverständlich erschienen, daß hierzu der hochgebildete und seit langem zur Aktionsgruppe gehörende Botschafter Ulrich von Hassell berufen würde. Seit dem Herbst 1943 taucht indessen auch der Name des ehemaligen Moskauer Botschafters Friedrich Werner Graf v. d. Schulenburg auf, der Goerdeler selbst wenig interessierte, den aber Graf Stauffenberg energisch in den Vordergrund schob.[59] Goerdeler überließ es den beiden Diplomaten selbst, sich über die Besetzung des Ministerpostens zu einigen. Da sie als Edelleute besten alten Stils es ablehnten, sich darüber zu streiten, blieb die Frage vorläufig offen. Ihre Entscheidung hing davon ab, welcher außenpolitische Kurs jetzt eingeschlagen werden sollte. Darüber wird noch zu berichten sein.

Es war ganz unvermeidlich, daß der Versuch, den so lange gehegten Umsturzplänen nunmehr Gestalt durch die Bildung eines „Schattenkabinetts" zu geben, sogleich die Gegensätze der verschiedenen Richtungen ans Licht brachte, die sich im Widerstand gegen die Tyrannei vereinigt hatten. Unvermeidlich wohl auch, daß es im Ringen von Kräften und Ideen so verschiedenartiger Herkunft und von Männern mit so starker politischer Aktivität nicht ohne persönliche Schärfen und verbitternde gegenseitige Mißverständnisse abging. Die Politik ist nun einmal nicht die Sphäre friedlich-geselliger Verträglichkeit, am wenigsten dann, wenn jeder einzelne seine Überzeugung blutig ernst nimmt. Es bleibt erstaunlich genug, daß eine gemeinsame Frontbildung von so weit auseinanderliegenden Parteirichtungen von links bis rechts überhaupt möglich war. Aber zweifellos gehörte schon ein hohes Maß von Selbstverleugnung, nie ermüdender Geduld und Charakterstärke dazu, um unverbittert durch ungerechte Anwürfe, aber auch unbeirrt durch berechtigte Kritik das Werk der Einigung fortzusetzen und so viele eigenwillige Köpfe auf einen gemeinsamen Weg zu führen. Dies um so mehr, als von Monat zu Monat für die Verschwörung die Gefahr wuchs, entdeckt und vernichtet zu werden. Im Januar wurden die im sogenannten „Solf-Kreis" vereinigten Mitglieder der höheren Berliner Gesellschaft, großenteils Diplomaten, die zur Opposition gehörten, verhaftet und einem blutigen Strafgericht zugeführt. Gleich darauf wurde Graf Helmuth Moltke, der die Bedrohten gewarnt hatte, ebenfalls festgesetzt und damit die Kreisauer Runde gesprengt. Im Februar flüchtete der Abwehragent Erich Vermehren, ein Freund des verhafteten Generalkonsuls Kiep, aus seiner Istambuler Dienststelle zu den Engländern, und dies Ereignis führte zur Entlassung seines Chefs Canaris aus dem Amt. So schlug der Blitz schon ganz unmittelbar in den Kreis der Verschwörer ein. Was aber sollte aus Deutschland werden, wenn dieser fürchterliche Krieg immer grausamer weiterging, die Attentatsversuche immer wieder scheiterten und sich die Möglichkeit eines inneren Umsturzes immer weiter hinausschob? Nur wer sich den Zustand unerträglicher Nervenspannung vor Augen hält, in dem die Mitglieder der Opposition jetzt lebten, kann die Schärfe und Gereiztheit ihrer inneren Reibungen recht würdigen.

Trotz aller Gegensätzlichkeiten setzten sie gemeinsam ihre Vorbereitungsarbeit fort. Den Organisatoren des Aufstands, besonders Stauffenberg, kam es naturgemäß darauf an, nicht bloß an der Berliner Zentralstelle, sondern zugleich in allen Landeshauptstädten zuverlässige Verbindungsleute zu haben, die auf ein Stichwort hin sofort die öffentliche Gewalt übernehmen sollten, und zwar in engstem Zusammenwirken militärischer und ziviler Dienststellen. Es wurde also der Versuch gemacht, in jedem Wehrkreiskommando einen „Verbindungsoffizier“ zu finden, der in das Geheimnis der Verschwörung eingeweiht werden konnte, und jeweils einen „politischen Beauftragten“, der im Moment des Staatsstreiches an seine Seite treten sollte. Das machte es unvermeidlich, mit außerordentlich vielen Menschen im Lande vertraulich Fühlung aufzunehmen und sie mehr oder weniger direkt in die Umsturzpläne einzuweihen – ein hochgefährliches, aber auch ungewöhnlich mühsames Unternehmen! Goerdeler hat ein Großteil dieser Last selbst übernommen, unverdrossen im ganzen Reich herumreisend, und es mit einer Vorsicht und Geschicklichkeit durchgeführt, die später in den Untersuchungsberichten der Gestapo mehrfach mit Bewunderung hervorgehoben wurden. Ihn kümmerte es wenig, wenn ihm ängstliche oder doch besorgte Gemüter allzu große „Betriebsamkeit“, ja wohl gar „Geschwätzigkeit“ und „Unvorsichtigkeit“ vorwarfen. Seinen Freunden hat er öfters gesagt: er wisse ganz genau, was man ihm vorwerfe; aber auch das müsse getragen werden, denn schließlich müsse ja irgendeiner es auf sich nehmen, sich nicht immerfort in vorsichtiges Schweigen zu hüllen und bloß in wohlberechneten Andeutungen zu sprechen, wenn ein solcher Riesenbau wie das „Dritte Reich“ ins Wanken gebracht werden solle. Man müsse schon etwas wagen – und nicht bloß das eigene Leben. Dazu war er ohne Zögern entschlossen. Einem General, der ihm vorhielt, es sei ja nicht schwer, andere Leute zu gefährlichen Taten aufzufordern, für die man nicht selbst einstehen müsse, soll er sofort ein Papier übergeben haben, auf dem er, eigenhändig und mit dem vollen Namen gezeichnet, eine scharfe Verdammung des Hitler-Systems und einen Aufruf zu seinem Sturz niederschrieb. „Ich möchte Ihnen zeigen", fügte er hinzu, „daß ich zur vollen Verantwortung für meine Handlungen bereit bin und entschlossen, mein Leben in diesem Kampf aufs Spiel zu setzen."[60]

Nach unendlich mühsamen und vielfach fehlschlagenden Verhandlungen kam schließlich eine lange Namenliste von Männern zustande, auf die man glaubte sich verlassen zu können. Sie fiel am 20. Juli 1944 den Häschern Hitlers sofort in die Hände, weil eben diese Liste in der Nachrichtenzentrale des Ersatzheeres in der Bendlerstraße als Unterlage für Stauffenbergs Weisungen an die Wehrkreiskommandos gebraucht worden war. (Namenverzeichnis siehe Anhang, X.) Dadurch war die Gestapo in der Lage, gleich im ersten Augenblick den weitesten Umkreis der Verschwörer auch außerhalb Berlins zu erfassen. Bis zu diesem Zeitpunkt hat sie indessen so gut wie nichts von ihrem Inhalt gewußt, und Goerdelers ganzes Treiben blieb ihr, trotz eines unbestimmten, allmählich wachsenden Verdachtes, so undurchsichtig, daß sie bis Mitte Juli 1944 keine praktische Handhabe zu seiner Verhaftung fand.[61]

Einen recht wesentlichen Teil der Vorbereitungen zum Staatsstreich nahm schließlich die Ausarbeitung von Notverordnungen, Proklamationen, Flugblättern und Rundfunkansprachen ein, an der sich, wie es scheint, so ziemlich alle Mitglieder des engeren Verschwörerkreises beteiligten. Von Popitz sind „Richtlinien zur Handhabung des Gesetzes über den Belagerungszustand" überliefert,[62] von Peter van Husen, dem juristischen Experten des Kreisauer Kreises, Ausarbeitungen über die Bestrafung von „Rechtsschändern" des nationalsozialistischen Regimes,[63] von Goerdeler eine ganze Fülle von Proklamationen, in denen er den Staatsstreich durch Enthüllung der Verbrechen und katastrophalen politischen Fehler der Hitler-Regierung rechtfertigen, vor allem aber die außen- und innenpolitischen Ziele seiner Regierung darlegen wollte.[64] Der Gedanke, mit Hilfe des Deutschlandsenders, den eine militärische Abteilung gleich zu Beginn des Umsturzes besetzen sollte, dem deutschen Volk die Wahrheit über seine Machthaber zu sagen, hat in Goerdelers Plänen von Anfang an eine große Rolle gespielt. In diesen Kundgebungen redet er so, wie wir ihn aus seinem Schrifttum kennen: nicht immer prägnant genug, zuweilen leicht ans Lehrhafte streifend, sobald er auf seine wirtschaftspolitischen Lieblingsideen zu sprechen kommt, und doch wieder eindrucksvoll durch den schlichten, überzeugenden Ausdruck eines reinen Wollens und durch die klare, konkrete Fassung seines Zukunftsprogramms. Auffallend ist, wie stark in den fertigen Entwürfen die Polemik gegen das verhaßte Regiment des Tyrannen zurücktritt gegen den Drang, für seine eigenen Ideale europäischer und deutscher Zukunft zu werben, Vertrauen einzuflößen, an die Vernunft, an den guten Willen, an alle edleren Instinkte der Menschen zu appellieren statt an ihren Haß und ihre Leidenschaften. Es ist in allem und jedem das Gegenteil nationalsozialistischer Propagandamethoden – bewußt oder unbewußt, aus einer zutiefst bürgerlichen, antirevolutionären Natur heraus, gewinnend durch die Wärme des patriotischen Tones, durch sein starkes Verantwortungsbewußtsein, aber nicht aufpeitschend zu gewaltsamer Tat. Goerdeler war überzeugt, daß sein öffentliches Hervortreten am Rundfunk sogleich die Massen auf seine Seite bringen würde. Natürlich überschätzte er damit die Macht der politischen Vernunft und des sittlichen Bewußtseins über die Menschen. Um diesen Irrtum gerecht zu würdigen, muß man sich indessen die fast unglaublich starke Popularität vor Augen halten, die er an seinen beiden Wirkungsstätten, in Leipzig und Königsberg, sich erworben hatte. Als Jakob Kaiser 1947 auf einer großen Leipziger Volksversammlung von dem früheren Oberbürgermeister Carl Goerdeler sprach, der für die Freiheit gestorben sei, erregte er einen so gewaltigen Sturm der Bewegung unter den Tausenden seiner Zuhörer, daß es fast einem Aufruhr glich.

Übrigens merkt man den Entwürfen Goerdelers an, daß sie von anderen mitbearbeitet wurden und daß ihr Verfasser viele Rücksichten zu nehmen hatte, um seinen Verschwörerkreis zusammenzuhalten. Sozialpolitische und religiöse Wendungen sind in den Text eingedrungen, die sich in Goerdelers Schrifttum sonst nicht finden. Vor allem die ersteren, offensichtlich zur Beschwichtigung der Leber und Reichwein bestimmt, gehen hart an die Grenze dessen, was er mit seinen Überzeugungen (die wir kennen) eben noch vereinigen konnte.[65] Eben deshalb hat er diese Aufrufe auch vor dem Volksgerichtshof nicht mehr ganz als sein geistiges Eigentum anerkennen wollen. Als Quelle zur Deutung seiner politischen Ideen sind sie nicht ohne Einschränkung verwendbar – eine Kompromißlösung wie jede Regierungserklärung einer Parteikoalition. Mit Wirmer und Ulrich von Hassell wird die Zusammenarbeit nicht schwierig gewesen sein; mit Stauffenberg, der auch eigene Entwürfe verfaßte, war sie voller Spannungen,[66] und von Leber wird berichtet, daß er zuletzt gar nicht mehr die Geduld besaß, die Verlesung von Goerdelers Programmentwürfen auch nur anzuhören. Gemeinsam mit Reichwein und Mierendorff hat er schon Ende 1943 einen eigenen „Volksaufruf" entworfen, über den aber eine volle Einigung schließlich nicht zustande kam.[67]

Nach einem Bericht von sozialdemokratischer Seite (Henk) hat man sich hier mit bloßen Proklamationen nicht begnügt, sondern große Anstrengungen gemacht, eine Art von Volkserhebung im Moment des Umsturzes organisatorisch vorzubereiten. Es scheint, daß die schon früher (Kapitel 6) von uns besprochenen, noch immer nicht ganz abgerissenen Verbindungen zwischen den alten Gewerkschaftlern und Sozialdemokraten seit der Wende des Krieges an sehr vielen Orten neu aktiviert wurden. In Hessen-Darmstadt, der alten Wirkungsstätte Leuschners, sollen sogar bis in die kleinsten Orte hinein Vertrauensleute bestimmt worden sein, die mit einer geheimen Frankfurter „Zentrale“ unter Leitung des früheren Staatsrats Ludwig Schwamb in Verbindung gestanden hätten und ihrerseits jeweils auf zuverlässige, handfeste Männer als Gefolgschaft zählen konnten. Es bleibt aber aus mehr als einem Grunde fraglich, ob es sich dabei um mehr gehandelt haben kann als um ganz lose Gesinnungsgemeinschaften, wie sie in allen Teilen des Reichs, vor allem in den Industriezentren, bestanden. Nur daß diese jetzt größere Bedeutung gewannen und sich, je mehr die kriegerische Gloriole Hitlers verblich, innerlich rüsten mochten auf einen nahenden Umschwung aller Dinge.[68]

IV. OST ODER WEST?

Stauffenbergs technische Vorbereitungen für den Umsturz waren Ende November 1943 abgeschlossen. Er selbst erwartete mit Bestimmtheit das Gelingen eines Attentats, das in den Weihnachtsfeiertagen anläßlich der Vorführung neuer Uniformstücke stattfinden sollte und bei dem sich der vorführende junge Offizier (Hauptmann Axel von dem Bussche) gemeinsam mit Hitler in die Luft sprengen wollte. Aber die Vorführung fand nicht statt, und damit scheiterte der Anschlag wie alle anderen. Der Krieg aber ging weiter seinen katastrophalen Gang. Immer quälender erhob sich die so oft erörterte Frage: ob es für einen Militärputsch nicht schon zu spät geworden sei. Wallenberg hatte im November gemeint, nur wenn er sehr bald erfolge, hätte der Umsturz überhaupt noch einen Zweck. Die günstige Deutung der Haltung Churchills, die Goerdeler seinen Worten entnahm, stieß bei seinen Mitverschworenen auf starke Zweifel; man kannte ja schon seine sanguinische Art. Alles, was man von der Politik der Angelsachsen mit Sicherheit wußte, war ihr laut verkündeter Entschluß, weiterzukämpfen bis zur „bedingungslosen“ Unterwerfung Deutschlands. Sollte man unter diesen Umständen nicht versuchen, trotz aller Abneigung gegen den Bolschewismus auch einmal nach Osten Fühler auszustrecken?

Zeitweise schien auch die russische Politik einem solchen Bedürfnis entgegenzukommen. Ermutigend konnte schon der bekannte Tagesbefehl Stalins vom 23. Februar 1942 wirken, in dem es hieß: „Es wäre lächerlich, die Hitlerclique mit dem deutschen Volke, mit dem deutschen Staate gleichzusetzen. Die Erfahrungen der Geschichte zeigen, daß die Hitler kommen und gehen, aber das deutsche Volk, der deutsche Staat bleibt." Ein solches Wort hat man in Deutschland vom Westen her nie gehört, und die russische Propaganda hat es bis Kriegsende in immer neuen Wendungen wiederholt; ja selbst nach dem Einmarsch in Berlin wurde es auf roten Plakatzetteln an die Häusermauern geklebt.

Aber es war nicht nur Propagandagerede, was die deutsche Opposition zu einer Fühlung mit Moskau ermutigen konnte. Wir können ziemlich genau verfolgen, wie mißtrauisch Stalin gegen seine westlichen Alliierten war, die so unendlich lange brauchten, bis sie mit eigenen Landtruppen zum Kampf gegen Hitler antraten. Erst schoben sie die besprochene Landung auf dem Kontinent von Jahr zu Jahr hinaus, dann landeten sie in Afrika statt in Europa, dann kam es bloß zu einem vorsichtigen, militärisch wenig eindrucksvollen Vordringen in Italien, und schließlich wollte Churchill den Hauptstoß vom Balkan statt von Frankreich her führen – offensichtlich, um diesen Kriegsschauplatz nicht der Roten Armee zu überlassen. War es am Ende die Absicht der „kapitalistischen" Mächte, ihren kommunistischen Alliierten als „Degen" auf dem Kontinent zu mißbrauchen, die Russen sich bis zu äußerster Erschöpfung ausbluten zu lassen, um zuletzt selber als Schiedsrichter über den Kontinent zu triumphieren und die Früchte des Sieges allein einzuheimsen? Stalins Verdacht gründete sich u. a. auf die Erfahrung, daß man sich in London, vor allem aber in Washington zunächst überaus harthörig zeigte gegenüber seiner Forderung nach vertraglicher Festlegung einer strategisch günstigen Westgrenze Rußlands. Die Vereinigten Staaten haben sich bis zum Kriegsende überhaupt auf keinen förmlichen Allianzvertrag mit den Sowjets eingelassen, der die Zustimmung des amerikanischen Senats erfordert hätte; sie hielten bis Jalta (11. Februar 1945) hartnäckig an dem System mehr oder weniger formloser Einzelabkommen, Lieferungszusagen, Freundschaftsversicherungen, Hilfsversprechen und rein militärischer Abmachungen fest. Jedes Geheimabkommen über Grenzsicherungen vor der künftigen Friedenskonferenz lehnten sie energisch ab. Staatssekretär Cordell Hull, der diese Politik gegen die Neigung seines Präsidenten zu größerer Nachgiebigkeit vertrat, war der Meinung, Rußland sollte lieber seine Sicherheit im künftigen „Bund der Nationen", der universalen Organisation des Friedens, suchen. Er erinnerte Roosevelt immer wieder an die bösen Erfahrungen, die man im Ersten Weltkrieg mit solchen Geheimabkommen gemacht hatte: sie hatten nach Versailles geführt und schließlich den Rückzug der enttäuschten Amerikaner aus Europa in die Isolationspolitik der Nachkriegsjahre zur Folge gehabt. Hull fürchtete aber auch maßlose Ausdehnungswünsche der Russen, wenigstens im ersten Kriegsjahr 1941/42, und war bestürzt zu hören, daß Stalin bei den Vorbesprechungen zum russisch-englischen Bündnisvertrag nicht nur die Preisgabe Finnlands und der baltischen Staaten an Rußland forderte, sondern zugleich die Garantie einer Rückgabe aller durch den Hitler-Pakt 1939 erworbenen polnischen und rumänischen Gebiete – abgesehen von der Zerstükkelung Deutschlands durch Abtrennung von Ostpreußen, dem Rheinland, Verselbständigung Bayerns und Österreichs und Wiederherstellung der früheren Verhältnisse in Böhmen und Südosteuropa. Churchill, der diese Forderungen im Winter 1941/42 zunächst abgelehnt hatte, war in seiner (schon früher, Kapitel 14, erörterten) Verlegenheit, dem russischen Alliierten militärisch so wenig helfen zu können, im Mai 1942 wenigstens zu einem Kompromiß bereit. Schließlich erreichte Cordell Hull aber doch, daß der Londoner Allianzvertrag (vom 26. Mai) von allen Grenzgarantien frei blieb, ja daß sogar in Art. 5 als Grundsatz festgelegt wurde, die Verbündeten wollten „weder nach territorialen Erweiterungen für sich selbst streben noch sich in die inneren Angelegenheiten anderer Staaten einmischen". Bei dieser ablehnenden Haltung spielte sowohl in London wie in Washington die Rücksicht auf Wünsche der polnischen Exilregierung in England eine gewisse Rolle. Sie gehörte ihrer politischen Richtung nach zur westlichen Demokratie, forderte Rückgabe der 1939 verlorenen ostpolnischen Gebiete, fürchtete und haßte den Bolschewismus und proklamierte die Errichtung eines „Dritten Europa", gebildet aus den von Hitler zu befreienden Randstaaten des östlichen Mitteleuropas vom Baltikum bis Rumänien, deren Bund einen Schutzdamm gegen die rote Flut des Ostens bilden sollte. In diesem Bestreben konnte sie als eine Art von natürlichem Bundesgenossen der deutschen Opposition erscheinen.

Die Frage war nur, wie lange sie mit ihren Wünschen die Unterstützung der Westmächte finden würde. Es ist in der Tat ein höchst aufregendes Schauspiel, zu verfolgen, wie die ebenso kluge wie zähe Politik Stalins sich Schritt für Schritt in den folgenden Kriegsjahren gegen alle Widerstände vorankämpfte auf dem Weg zu seinen imperialistischen Machtzielen: Sicherung Rußlands durch einen Wall von kommunistisch regierten Vasallenstaaten, Zerstückelung Deutschlands, Beherrschung und Ausbeutung einer breiten russischen Okkupationszone, endgültige Ausrottung des deutschen „Militarismus". Im Rückblick erscheint dieser Weg noch gradliniger, als er in Wirklichkeit gewesen sein mag. Ähnlich wie die Machtpolitik Hitlers hat wohl auch die Stalins erst nach und nach ihre letzten, höchsten Ziele entwickelt; und ebenso wie der deutsche hat auch der russische Diktator keinen Umweg zum Ziele gescheut.

Gleichwohl erwies er sich in der Klarheit und harten Konsequenz seines Zielstrebens seinen westlichen Mitspielern weit überlegen.

Auf die volle Höhe ihrer Aktivität gelangte die sowjetische Außenpolitik erst seit dem großen Sieg von Stalingrad. Ihr Fernbleiben von der Konferenz in Casablanca bewirkte sofort jene Proklamation des „unconditional surrender", durch die sich die Westmächte den Weg zu einer Deckung Deutschlands gegen maßlose sowjetische Machtansprüche selbst versperrten. Die Bestrebungen der polnischen Exilregierung in London wurden dadurch lahmgelegt, daß man am 1. März 1943 in Moskau eine „Union polnischer Patrioten" gründete, die später als Werkzeug zur Begründung eines polnischen Vasallenstaates diente. Gleich darauf konnte die russische Diplomatie feststellen, daß man in London und in Washington bereit war, Ostpolen bis zur sogenannten Curzon-Linie (d. h. ungefähr bis zur Grenze von Ende 1939) an Rußland auszuliefern und die Polen dafür durch viel deutsches Land zu entschädigen. Daraufhin wurden die diplomatischen Beziehungen zur polnischen Exilregierung abgebrochen (25. April). Vier Wochen später wurde die Komintern aufgelöst, dadurch die Furcht des Westens vor dem Bolschewismus verringert und der Weg freigemacht zur Verbindung kommunistischer mit nationalistischen und demokratischen Kräften. Präsident Benesch kam nunmehr nach Moskau, löste sich von allen Plänen eines „Dritten Europa" ab und stellte sein Land unter den „Schutz" des großen östlichen Nachbarn. Für den Herbst plante man eine Konferenz der Außenminister des Westens in Moskau; sie sollte ein Zusammentreffen der „Großen Drei" vorbereiten: Roosevelts, Churchills und Stalins. Diesem großen Ereignis arbeiteten die Sowjets höchst wirksam vor, indem sie in Washington von einem Angebot der Japaner berichteten, zwischen ihnen und Hitler einen Sonderfrieden zu vermitteln (16. September). Sie hätten es abgewiesen, fügten sie wahrheitsgemäß hinzu. Aber um dieselbe Zeit beriefen sie ihre Botschafter Litwinow und Maiski aus den westlichen Hauptstädten ab, weil sie als „westlich orientiert" galten, und ersetzten sie durch jüngere Kräfte. Wichtiger noch: sie trieben ein höchst seltsames Doppelspiel mit Deutschland.

Seit Ende 1942 bestand eine kunstvoll getarnte, tief geheime Verbindung zwischen einem Mitarbeiter Ribbentrops, Peter Kleist, und einem Mittelsmann der russischen Diplomatie namens Clauss, der zum Auslandsdienst der russischen Staatspolizei mehr oder weniger geheimnisvolle Beziehungen besaß. Die beiden haben sich im Dezember 1942, Juni und September 1943 in Stockholm getroffen, und zwar so, daß die Initiative in allen drei Fällen von der sowjetischen Seite ausging. Hartnäckig wiederholte Clauss dreimal dasselbe Angebot an den deutschen Mittelsmann: Sonderfrieden auf der Basis der Grenzen von 1939 oder von 1914, freie Hand für Rußland in der Meerengenfrage und in Asien und ausgedehnter gegenseitiger Wirtschaftsverkehr, das alles auszuhandeln in geheimen Konferenzen bevollmächtigter Diplomaten an neutralem Ort. Die Wiederholung des Angebots ist um so erstaunlicher, als Kleist nur immer von neuem melden konnte, daß Hitler sich weigere, über einen Sonderfrieden überhaupt zu verhandeln, und nur die Fortsetzung der einmal angesponnenen Verbindung in möglichst „privater" Form wünsche, tief mißtrauisch und zugleich fanatisch in seinen Glauben an den Endsieg verbissen. Nun ist es schwer, sich vorzustellen, daß Stalin nach der Erfahrung von 1941 jemals geglaubt haben soll, mit Hitler einen dauerhaften Frieden schließen zu können. Die Frage, was letztlich hinter diesen Erbietungen stand, muß also offen bleiben. Reine Fiktion des Mittelsmanns können sie indessen nach mancherlei Anzeichen nicht gewesen sein. Das Wahrscheinlichste dünkt mir, daß man in Moskau auskundschaften wollte, ob und wie weit es überhaupt möglich wäre, den westlichen Alliierten mit einem Sonderfrieden zu drohen, falls sie sich gegen Stalins territoriale Forderungen auch weiterhin hartnäckig zeigten.

Praktisch erwiesen sich solche Drohungen aber sehr bald als unnötig. Schon im August 1943, auf der Konferenz Churchills mit Roosevelt in Quebec, zeigten sich beide Staatsmänner so beglückt darüber, überhaupt mit Stalin in unmittelbare Fühlung zu kommen, daß sie zu den größten Konzessionen bereit waren. Eben damals scheint sich in der Umgebung Roosevelts die Auffassung durchgesetzt zu haben, Rußland werde die große Weltmacht der Zukunft sein, ganz Europa nach der Niederwerfung Deutschlands überschattend. Eben deshalb müßte die Politik der Vereinigten Staaten alles aufbieten, um mit dieser kommenden Macht gut Freund zu sein, womöglich sie zur Mithilfe bei der Niederwerfung Japans zu gewinnen.[69] Das war also genau das Gegenteil der Politik, die unsere deutschen Patrioten so oft als natürliche Staatsräson der Westmächte sich ausgemalt hatten und auf die sie immer wieder vertrauten. Die Konsequenz war grausam für uns Deutsche und verhängnisvoll für Europa. Man willigte darein, Deutschland systematisch der Freundschaft zu opfern, die Roosevelt und Churchill von Rußland erhofften. Um ihretwillen hat man es seiner Ostprovinzen beraubt, in Besatzungszonen zerstückelt, als Machtfaktor völlig zerstört, zur Hälfte seines Gebietes der Willkür der östlichen Siegermacht ausgeliefert. Die Verhandlungen von Moskau und Teheran über diese Opferung (November und Dezember 1943) kann ein Deutscher heute noch nicht ohne tiefste Erregung lesen. Es fing gleich damit an, daß kein anderer als Cordell Hull die Russen ungefragt mit einem Memorandum beglückte, das ihre kühnsten Hoffnungen übertraf.[70]

Nur auf dem Hintergrund dieser Entwicklung der allgemeinen weltpolitischen

Lage rücken die Erwägungen der deutschen Opposition im Herbst 1943, ob es nicht an der Zeit wäre, in Moskau statt in London Fühlung zu suchen, in die richtige Beleuchtung. In der Tat: in diesen entscheidungsvollen Monaten zwischen August und Dezember 1943, ehe sich West und Ost in dem Programm einer gemeinsamen Zerstückelung Deutschlands zusammenfanden, war der letzte Augenblick für einen so gewagten äußersten Rettungsversuch. Er war dadurch begünstigt, daß die russische Politik gleich nach Stalingrad damit angefangen hatte, ihrerseits Fühlung mit der deutschen Generalsopposition zu suchen. Man wird von ihrem Bestehen schon lange durch die kommunistische Untergrundbewegung (einschließlich der „Roten Kapelle") gewußt haben, auch von ihrer Verbindung mit einer bürgerlich-liberalen Widerstandsgruppe. Nun brachte die Kapitulation der Sechsten Armee eine ganze Menge Generäle und höherer Generalstabsoffiziere in die Hand der roten Machthaber – Offiziere, von denen viele recht laut ihre tiefe Erbitterung über Hitler und seine sinnlose Opferung von Hunderttausenden deutscher Soldaten äußerten. Ergab das nicht eine hocherwünschte Gelegenheit, mit der nichtkommunistischen Widerstandsbewegung in Verbindung zu kommen, einen Keil in die antirussische Front des deutschen Nationalismus zu treiben, die Antipathien bürgerlicher Kreise und des so gefürchteten „ostelbischen Junkertums" gegen den Kommunismus abzuschwächen und das alles zum Vorteil der russischen Kriegführung und Außenpolitik auszunutzen? Die Versuche deutscher kommunistischer Emigranten, der Pieck, Ulbricht, Weinert, Plievier, Becher und ihrer Genossen, durch Appell an die „Internationale Solidarität der Arbeiterklasse" in der Form von Flugblättern u. dgl. die Kampfmoral der deutschen Fronttruppe zu erschüttern, hatten sich als wirklichkeitsfremde, beinahe lächerliche Fehlspekulation erwiesen. Sollte es am Ende jetzt möglich sein, deutsche Generäle, bekannte Heerführer, dahin zu bringen, daß sie die deutschen Soldaten zur Preisgabe ihres Führers, zum Niederlegen der Waffen oder zum Überlaufen aufforderten? Die dazu nötige Verhüllung des eigenen „antikapitalistischen" Programms durch liberale Freiheitsphrasen machte so wenig Beschwerden wie kurz vorher die formelle Auflösung der „Komintern". Ideologische Bedenken hatten zu schweigen, wenn es so große Vorteile zu erringen galt: Erschütterung der deutschen Kampfmoral an der Front, Ermutigung der bürgerlichen Opposition im Innern und schließlich, als optischen Effekt in London und Washington, die indirekte Warnung: man könnte auch wohl mit Hilfe einer deutschen Oppositionsregierung zum Frieden kommen. Im übrigen mochten so einwandfrei liberal klingende Proklamationen wie die des „Nationalkomitees Freies Deutschland", das Mitte Juli 1943 in den Moskauer Gefangenenlagern gegründet wurde, auch in den „kapitalistischen" Ländern des Westens die Bolschewistenfurcht abschwächen helfen. Dem Bestreben Roosevelts, außer der Allianz auch die Freundschaft und das Vertrauen Stalins zu gewinnen, wurde dadurch sicherlich der Weg geebnet.

Wir kennen heute die teils raffinierten, teils erstaunlich primitiven Mittel, mit denen diese seltsame Freiheitsbewegung hinter Stacheldraht in Gang gebracht und ein „Deutscher Offiziersbund" Gefangener organisiert worden ist. Unerwartet ritterliche Ehrenhaft der obersten Ränge, eine Mischung von Brutalität mit verlockenden Angeboten späterer Vorzugsbehandlung in den mittleren und unteren; starker Appell an vaterländische Gefühle, Hauptthema einer schwarzweißrot beränderten Zeitung „Freies Deutschland"; Heraussuchen junger Offiziere mit bekannten Adelsnamen, von denen man nähere Auskunft über die bürgerlich-nationale und kirchliche Opposition in der Heimat erhoffte; das alles berechnet auf die politische Unerfahrenheit und Naivität der reinen Fachmilitärs – wie hätte es nicht vielen zur Versuchung werden sollen?[71] Erstaunlicher ist, daß man es fertigbrachte, sogar die kommunistische Untergrundbewegung im Reich auf liberale Freiheitsparolen umzuschalten (vgl. Kapitel 6). Angeblich bestand eine rege Verbindung zwischen diesen Untergrundkämpfern und dem Moskauer Nationalkomitee, vermittelt durch deutsche Kriegsgefangene, die mit Sabotageaufträgen durch die deutschen Kampflinien hin und her passierten. Ob das nun stimmt oder nicht – mit den Oppositionsgruppen der Beck, Goerdeler, Moltke und Schulenburg haben die Kommunisten trotz allen Bemühens keine direkte Fühlung herzustellen vermocht – abgesehen von der einen Begegnung mit Leber und Reichwein im Juni 1944, von deren unglücklichem Verlauf wir früher schon hörten.[72]

Gisevius und (ihm folgend) Dulles haben nun freilich die Meinung vertreten, die Kreisauer Grafengruppe und ihre sozialistischen Freunde hätten von einer Art antifaschistischer Weltrevolution geschwärmt, die sie Arm in Arm mit den Kommunisten und den in Deutschland tätigen Fremdarbeitern durchführen wollten: eine Bruderschaft also aller von Hitler Unterdrückten mit der Aussicht auf friedliche Verständigung mit dem russischen Nachbarn. Dieser „militante Sozialismus" habe vor allem auch die Phantasie Stauffenbergs entzündet und dessen politischen Ehrgeiz noch verstärkt – einen Ehrgeiz, der nichts Geringeres als die Führerschaft auf neuen, revolutionären Wegen in die Zukunft erstrebte.[73] In diesem Zusammenhang soll vor allem Adam von Trott zu Solz als außenpolitischer Berater des Kreisauer Kreises für eine Fühlungnahme mit dem Osten, d. h. mit Stalin, statt mit dem Westen eingetreten sein. Zwar sei dieser im Grunde „westlich eingestellt" gewesen, habe aber nicht nur daran verzweifelt, die Westmächte von ihrem radikalen Vernichtungswillen abzubringen, sondern sich selbst in jenem „revolutionären Dynamismus" bewegt, den wir von Stauffenberg her kennen.

Nun steht fest, daß von Trott im Januar 1943 in der Schweiz dem Amerikaner Allen Welsh Dulles eine Art von Botschaft überbracht hatte, die revolutionäre Zukunftsperspektiven eröffnete. Dulles war im Herbst 1942 als Sonderbeauftragter Roosevelts zum Studium europäischer Wirtschaftsfragen an die Gesandtschaft seines Landes in Bern gekommen und beobachtete von dort aus mit wachsendem Interesse und Verständnis, ja offener Sympathie die Bemühungen der deutschen Widerstandsbewegung um einen inneren Umsturz. Trotts Botschaft an ihn hatte mit großem Ernst auf die beständige Enttäuschung hingewiesen, welche die deutsche Opposition bei ihren Versuchen, mit den westlichen Regierungen in Fühlung zu kommen, erlitten habe, und auf die völlige, oft pharisäische Verkennung ihrer bedrängten Lage unter dem nationalsozialistischen Terrorsystem. Trott hatte dann behauptet, es gäbe Gemeinsamkeiten der Lage und der Gesinnung zwischen dem russischen und dem deutschen Volk. Beide hätten mit der „bürgerlichen Ideologie" gebrochen, beide hätten schwer gelitten und strebten nun einer radikalen Lösung sozialer Probleme zu, ja beide wären im Begriff, „zu den geistigen (wenn auch nicht den kirchlichen) Traditionen des Christentums zurückzukehren". Aus dieser Gemeinsamkeit könnte sich nach Abschluß des Krieges recht wohl eine Verbindung beider Völker und eine gemeinsame, ganz Europa bedrohende soziale Revolution entwickeln, die vielleicht auch auf die im Reich lebenden Fremdarbeiter übergreifen und damit (so wird man zu schließen haben) auch die westliche Welt bedrohen würde.

Die politische Tendenz dieser Denkschrift[74] ist deutlich: sie malt, mit reichlich vagen Pinselstrichen, die Gefahr einer sozialen Revolution der ins Elend Gestoßenen an die Wand, um damit die Politiker des „kapitalistischen" Westens von einer totalen Zertrümmerung des deutschen Wirtschaftspotentials und der totalen Zerstörung deutscher Macht und Ehre abzuschrecken. Gewisse halbromantische Vorstellungen von einer inneren Wandlung Rußlands und der Möglichkeit einer Vereinigung der Unterdrückten, wie sie im Kreisauer Kreis vor allem Reichwein vertrat, scheinen mit anzuklingen. Ist es notwendig, daraus auf Sympathien des Verfassers mit dem russischen Kommunismus oder auf eigene revolutionäre Neigungen zu schließen? Trott selbst hat seine Warnungen im April 1944 durch eine neue Botschaft an Dulles ergänzt. Er berichtet von der neuerlich stark gesteigerten Aktivität der kommunistischen Untergrundbewegung Deutschlands, von ihrem Zusammenhang mit dem „Komitee Freies Deutschland" und von ihrer Unterstützung durch die russische Regierung. Die daraus entstehende Gefahr sei gesteigert durch die Anwesenheit sehr zahlreicher, mangelhaft bewachter russischer Kriegsgefangener im Lande. Besonders gefährlich wirke sich die Tatsache aus, daß immer neue „konstruktive Ideen und Pläne“ für den Wiederaufbau Deutschlands nach dem Kriege von Moskau kämen und durch eine wohlorganisierte Flüsterpropaganda in den Massen verbreitet würden. (Gemeint sind offenbar die „Freiheitsprogramme“ des Moskauer Nationalkomitees.) Von Westen käme nichts dergleichen (sondern, so wird man ergänzen dürfen, immer nur Drohungen mit bedingungsloser Unterwerfung). Die deutschen Sozialistenführer glaubten infolgedessen ein starkes Abgleiten der Massen zur extremen Linken zu beobachten (eine Gefahr, die ja auch Goerdeler schon den deutschen Generälen vor Augen gestellt hatte). Am Ende könne es dahin kommen, daß die Demokratien den Krieg zwar gewönnen, aber den Frieden verlören, indem Deutschland kommunistisch würde und so dort nur eine neue Diktatur an die Stelle der alten träte. Um die deutsche Arbeiterschaft für die westliche Demokratie zu gewinnen, müßte diese der sozialistischen Widerstandsgruppe zu Hilfe kommen. Sie sollte sie ermutigen durch öffentliche Erklärungen, daß die westlichen Regierungen die Teilnahme sozialistischer Führer an einer neu zu bildenden deutschen Regierung willkommen hießen; daß eine deutsche Arbeiterbewegung sich künftig würde frei organisieren dürfen, ohne die Einmischung „arbeiterfeindlicher, kapitalistischer Gruppen des Westens“ befürchten zu müssen; schließlich: daß ein erneuertes Deutschland freie Selbstverwaltung würde genießen dürfen und nicht befürchten müsse, eine bloße Puppenregierung von „deutschen Quislings“ zu erhalten. Diese öffentlichen Erklärungen sollten ergänzt werden durch eine vertrauliche, ähnlich lautende Botschaft der amerikanischen Regierung an die deutschen Arbeiterführer. Außerdem wäre es wünschenswert, den Abwurf von Flugblättern über Deutschland wesentlich zu verstärken und von dem Bombardement zu trennen, den Inhalt der Flugschriften mit der deutschen Opposition abzustimmen, je nach der wechselnden Lage in Deutschland, und überhaupt eine ähnlich regelmäßige Verbindung der Sozialdemokraten mit den „fortschrittlichen Kräften des Westens“ herzustellen, wie sie die Kommunisten nach Moskau hin besäßen. Auch sollten die Luftbombardements soviel als möglich auf militärische und industrielle Ziele konzentriert werden statt auf Wohnviertel, deren Zerstörung nur die Proletarisierung Zentraleuropas bewirke.

Diese neue Botschaft Trotts enthüllt mit großer Klarheit, wie mir scheint, die wahre politische Haltung der Sozialistengruppe um Leber, der vermutlich ihr geistiger Urheber (oder doch Anreger) gewesen ist.[75] Diese alten Sozialdemokraten sind durchaus keine Freunde, sondern entschiedene Gegner des Kommunismus; sie streben ebenso wie die bürgerliche Opposition eine enge Verbindung mit dem Westen an. Aber sie sind von derselben Furcht beherrscht, die ihre Partei von jeher geängstigt hatte: die Massen an die extreme Linke zu verlieren, wenn sie sich unter die Führung eines bürgerlich Liberalen stellen und wenn der Westen gar nichts tut, um die alte sozialistische Besorgnis vor „kapitalistischer Reaktion" zu zerstreuen und die lockenden Parolen aus Moskau durch eine geeignete, gut beratene Gegenpropaganda zu übertrumpfen. Sie reden nicht, wie Goerdeler in seinen für England bestimmten Niederschriften, von der Bedrohung des freien Europas durch das Übergewicht der russischen Macht. Ihr Blick ist ganz auf ihre innerpolitischen Sorgen beschränkt. Aber sie bringen in dieser Botschaft ungefähr dieselben Argumente vor, wie sie gleichzeitig die sozialdemokratische Emigration in den Hauptstädten des Westens immer wieder vorgetragen hat. Man kann, von heute rückblickend, wohl sagen, daß sie die Gefahren kommunistischer Propaganda für Deutschland überschätzt, die Schockwirkung des Rußlanderlebnisses auf die deutschen Soldaten nicht genügend in Rechnung gestellt haben. Aber man kann ihnen nicht vorwerfen, daß sie mit einer grundsätzlichen Abwendung von West nach Ost auch nur geliebäugelt hätten.

Trott zu Solz hat sich, wie man sieht, als Vermittler ihrer Wünsche nach Washington und London zur Verfügung gestellt – also den Sozialisten eine eigene, von Goerdeler und Beck nicht gesteuerte außenpolitische Aktion ermöglicht. Aber diese lief ja nun nicht auf Überspielen der bürgerlichen Oppositionsgruppe hinaus, sondern auf Mitbeteiligung der Sozialisten an der künftigen Regierung, die ihnen längst zugestanden war. Außerdem ließ Trott sie nicht mit einem Abschwenken der deutschen Opposition ins russische Lager drohen, sondern mit einem Abtreiben des deutschen Arbeiters ins Fahrwasser des Kommunismus. Wenn er in diesem Sinn den „Osten" gegen den „Westen" ausspielte, so war das kein Bekenntnis zum Osten, sondern ein taktisches Manöver, dessen Nützlichkeit (oder gar Notwendigkeit) auch Hassell anerkannt hat.[76] Ähnlich wie dieser glaubte Trott, daß Deutschland in seiner Mittellage genötigt sei, mit seinen Nachbarn sowohl im Westen wie im Osten ein erträgliches Verhältnis zu suchen. Wir hörten schon früher von seiner Schrift „Deutschland zwischen Ost und West", in der er diese Überzeugung ausgesprochen hat (siehe Kapitel 14, Schlußabschnitt). Ich möchte vermuten, daß sie identisch ist mit einer von der Gestapo in den Papieren des Grafen Schwerin-Schwanenfeld gefundenen Broschüre „Europa zwischen Ost und West", über die in den Polizeirapporten etwas ausführlicher berichtet wird.[77] Da wird die Gefahr der Ansteckung des deutschen Arbeiters durch bolschewistische Propaganda ähnlich an die Wand gemalt wie in der ersten Mitteilung Trotts an Dulles, auch hier unter Berufung auf gewisse Ähnlichkeiten in der politischen und wirtschaftlichen Struktur der beiden Nationen, auf die angeblich radikalisierte deutsche Jugend und die zwölf Millionen ausländischer Arbeiter im Reich. „Dem Bolschewismus gegenüber sei England in Europa der einzige Gegenspieler. Die englische Politik im Sinn eines zweiten Versailles sei falsch, sie verhindere eine Balance of powers. Deutschland bleibe aber in Europa immer noch die zweitstärkste Macht. Sie müsse von England gegen Rußland ausgespielt werden. Die einzige Möglichkeit sei daher ein ehrenvoller Friede ohne Besetzung, ohne Gebietsabtretung und Kriegskontributionen, ohne politische Einkreisung und wirtschaftliche Fessel. Allenfalls könne an die Abtretung Ostpreußens als Kompensation an Polen gedacht werden sowie an eine Unabhängigkeitserklärung Österreichs. Einer solchen Auffassung stehe lediglich die englische Mentalität entgegen, die Deutschland als unverbesserlich aggressiv betrachte. In Wirklichkeit habe erst der Friede von Versailles den Gedanken an eine Aggression hervorgerufen. Ein ehrenvoller Friede schließe daher die Kriegsmöglichkeit auf lange Zeit aus und verhindere die Reibungsmöglichkeiten Englands mit der Sowjetunion, da z. B. keine gemeinsame Demarkationslinie bestehe. Sicher liege der Widerstand gegen eine solche Lösung hauptsächlich bei den Leuten, die nicht einsehen wollten, daß England gegenüber den USA eine Macht zweiten Ranges geworden sei."

Das sind ungefähr dieselben Gedanken, die der Verfasser dieses Buches im November 1942 und Sommer 1943 ausführlich mit Trott zu Solz erörtert hat. Ich fand ihn damals tief beunruhigt durch die geradezu grotesken Vorstellungen von deutschem „Militarismus" und unausrottbarem Eroberungsdrang, die er in der englischen Publizistik und Kriegsliteratur, aber auch in den Reden britischer Staatsmänner immerfort auftauchen sah. Da ich selbst eben damals mit archivalischen Studien über das Problem des deutschen Militarismus beschäftigt war, bat er mich dringend, seiner Dienststelle eine kritische Beleuchtung dieser Äußerungen vom Standpunkt des wissenschaftlichen Historikers oder besser noch: eine eigene wohl abgewogene Darlegung des wahren historischen Sachverhalts zur Verfügung zu stellen. Er ließ mir zu diesem Zweck durch viele Monate Kopien des im Auswärtigen Amt einlaufenden britischen Propagandamaterials (mitsamt den einschlägigen Bucherscheinungen) zugehen. Das hat mich zu mancherlei Ausarbeitungen, kritischen Literaturberichten, aber auch historischen Darlegungen veranlaßt, die er nach Kräften im neutralen Ausland und über neutrale Vermittler in England zu verbreiten suchte[78] – natürlich ohne jeden praktischen Erfolg.

Im Herbst 1943 scheint Trott eine Dienstreise nach Schweden zu dem Zweck unternommen zu haben, Goerdelers Behauptungen von der Verständigungsbereitschaft Churchills mit Hilfe englischer Freunde nachzuprüfen. Das Ergebnis war: man sei drüben „sehr besorgt wegen Rußland und höchst interessiert an der Entwicklung bei uns, aber mißtrauisch, daß eine Änderung nur auf Tarnung hinauslaufe, also eine Fortsetzung der militaristischen, nazistischen Methoden unter anderer Etikette". Stauffenberg soll er daraufhin gemeldet haben, „daß eine Verständigungsbereitschaft Englands nicht angenommen werden könne".[79]

Wenn das aber zutraf (und wir wissen schon, daß es richtig war), sollte dann nicht wenigstens ein Versuch gemacht werden zu erkunden, wie es mit Stalins Friedensbereitschaft stand? Trott zu Solz und Graf Schulenburg, der frühere Botschafter in Moskau, waren genau orientiert über die geheimnisvollen Angebote eines Sonderfriedens an die Hitler-Regierung, die Peter Kleist aus Stockholm mitbrachte. Beide hatten schon im Dezember 1942, als sie zum ersten Male davon hörten, sofort geäußert, „wir müssen jeder auch noch so ungewissen Möglichkeit nachgehen, die sich uns bietet".[80] Hassell vermutete, vielleicht fürchte Stalin einen überwältigenden Erfolg der Amerikaner und wolle sich darum von ihnen distanzieren. „Wenn Hitler sich mit Stalin verständigt, so ist das daraus entstehende Unheil unvorstellbar", schrieb er im August 1943 in sein Tagebuch. „Es gibt eigentlich nur noch diesen einen Kunstgriff: entweder Rußland oder den Anglo-Amerikanern begreiflich zu machen, daß ein erhalten bleibendes Deutschland in ihrem Interesse liegt. Tatsächlich liegt eine gesunde europäische Mitte im Interesse sowohl des Ostens wie des Westens. Ich ziehe bei diesem Mühlespiel das westliche Spiel vor, nehme aber zur Not auch die Verständigung mit Rußland in Kauf. Trott (ist) ganz mit mir einig, die andern (sind) aus theoretisch-moralischen Gesichtspunkten, die ich an sich verstehe, bedenklich, aber langsam sich überzeugend."[81]

In der Tat wurde die Möglichkeit, eine Verbindung mit Moskau anzuknüpfen, im Spätsommer und Herbst auch von der rechtsstehenden Verschwörergruppe ernsthaft erwogen. Goerdeler traf sich mit Hassell und Schulenburg in der Wohnung des Legationsrats Brücklmeier, der als Mittelsmann wirkte. Er fragte Schulenburg über Stalins Charakter aus und ob er an die Möglichkeit einer Verbindung mit den Sowjets glaube. Die Antwort war: Stalin sei ein kalter Rechner; das Ergebnis etwaiger Verhandlungen hänge davon ab, was man ihm bieten könne. Einstweilen sei Rußland noch nicht fest an seine angelsächsischen Partner gebunden. (Eine Versicherung, die England gegenüber seit dem Bündnisvertrag vom 26. Mai 1942 nicht mehr zutraf.)[82] Goerdeler verstand das so, daß der Botschafter die Verständigungsmöglichkeit überraschend hoch einschätze, und bat diesen um Mitarbeit; es „müsse bald etwas geschehen, weil es zu spät werden könne".[83]

Um diese Haltung Schulenburgs zu verstehen, muß man wissen, daß gerade eben, im September, die russische Seite durch Peter Kleist den Wunsch geäußert hatte, den Leiter der Europa-Abteilung ihres Außenkommissariats Alexandrow mit Graf Schulenburg ein ernsthaftes Friedensgespräch über die uns schon bekannten Friedensbedingungen führen zu lassen.[84] Dieser war also sehr zuversichtlich. Wenn man von drüben schon solche Angebote an die Hitler-Regierung machte: wieviel leichter müßte es dann sein, einen Sonderfrieden für eine neue, weit vertrauenswürdigere Regierung zu erlangen! Franz von Sonnleithner, einer seiner Mitarbeiter, hat 1947 bekundet,[85] Schulenburg habe sich zunächst Ribbentrop für die von den Russen gewünschte Verhandlung zur Verfügung gestellt; Hitler habe jeden derartigen Schritt verboten; daraufhin habe er ihn auf eigene Faust, d. h. mit Hilfe der Widerstandsbewegung, zu tun versucht. Hat er am Ende zunächst gehofft, als Hitlers Beauftragter die Verhandlung zu beginnen, sie aber dann zu benutzen, um für eine Regierung Goerdeler abzuschließen und Hitler um seinen Erfolg zu bringen? Wie dem auch sei: jedenfalls stellte er sich jetzt Goerdeler zur Verfügung und erklärte sich bereit, sich durch die deutschen Kampflinien durchschleusen zu lassen, um mit Stalin ins Gespräch zu kommen. Nach Sonnleithners Aussage erhielt der Generalstabschef eines deutschen Armeekorps im Osten den Auftrag, die Möglichkeit eines Durchsteuerns durch die russische Frontlinie zu erkunden. Dabei wird Tresckow seine Hand im Spiel gehabt haben, der sich schon im August mit Schulenburg über solche Pläne unterhalten hatte. Jedenfalls war er hocherfreut über den Auftrag, den Kampf an der Ostfront vielleicht zum Stillstand zu bringen; das würde es möglich machen, die dort stehenden Truppen sogleich zum Kampf gegen das Hitler-Regiment einzusetzen.[86]

An diesem Plan scheint der Botschafter ziemlich lange festgehalten zu haben. Noch im Dezember, offenbar ohne jede Kenntnis des Verlaufs der Konferenzen von Moskau und Teheran, hat er sich zu Hassell sehr optimistisch über seine Aussichten bei Stalin geäußert.[87] Gleichwohl ist das gewagte Unternehmen schließlich unterblieben. War es technisch undurchführbar? Erschien es zuletzt doch zu abenteuerlich? Oder erhoben sich politische Widerstände dagegen? Nach Sonnleithner hatte Schulenburg den Eindruck, daß die Widerstandsgruppe es mit Rußland nicht ehrlich meine, die Sowjets nur hinhalten und letztlich mit dem Westen zum Abschluß kommen wolle. Er selbst habe eine echte Mittelstellung Deutschlands zwischen Ost und West im Auge gehabt und keine Täuschung Stalins beabsichtigt; das würde ihm viel zu gefährlich erschienen sein angesichts der ständig wachsenden Macht Rußlands; er habe auch keine festen Bindungen an die Westmächte gewünscht, um das gute Verhältnis zu den Sowjets nicht zu gefährden. Sollten diese Angaben zuverlässig sein, so müßte Schulenburg als entschiedener Anhänger einer „Ostlösung", aber auch als blinder Illusionär gelten, und man müßte sich darüber wundern, daß Goerdeler und Beck sich nicht von vornherein seiner Nominierung als Minister des Auswärtigen widersetzt haben. Tatsächlich werden sie durch die Ermittlungen der Gestapo eindeutig widerlegt.[88] Schulenburg war ebensowenig einseitiger Anhänger einer „Ostlösung" wie Goerdeler und Beck. Sie alle ahnten zwar nichts von den wahren Absichten Stalins gegenüber Deutschland; aber sie haben doch niemals daran gedacht, unsere Zukunft einseitig – oder auch nur im wesentlichen – auf einen Pakt mit den Sowjets zu gründen. Vielmehr stand ihnen ebenso wie Hassell fest, daß „sichtbare fairness gegen England das Entscheidende" sei; aber „die Möglichkeit eines Hinüberwechselns zum Osten" müsse als taktisches Druckmittel immerhin erkundet werden. Hassell hat sich übrigens in diesem Sinn auch mehrfach mit Schulenburg unterhalten und nur einen Gegensatz in der Beurteilung der praktischen Aussicht solchen „Mühlespiels", dagegen keinerlei grundsätzliche Meinungsverschiedenheit empfunden. Nach den späteren Ermittlungen der (in diesem Punkt zuerst sehr mißtrauischen) Gestapo war die ganze Widerstandsgruppe (allenfalls von Reichwein und Langbehn abgesehen) darin einig, erstens: daß auf die Dauer mit den Bolschewisten keine fruchtbare Zusammenarbeit möglich sei, sondern nur mit dem Westen, zweitens: daß die gewaltig anwachsende Macht der Sowjets eine so große Gefahr für Mitteleuropa bedeute, daß wir nur in Verbindung mit England und den Vereinigten Staaten hoffen dürften, uns ihrer zu erwehren. Über die Haltung der Seydlitz-Gruppe dachte auch Stauffenberg sehr kritisch; irgendeine Verbindung zum Moskauer Nationalkomitee, das man für „bolschewistisch infiziert" hielt, hat niemals bestanden. Trott zog über Stockholm regelmäßig Erkundigungen über die Tätigkeit des Nationalkomitees ein, lehnte sie aber eindeutig ab.[89]

In der Tat zeigt das Schicksal der Seydlitz-Gruppe handgreiflich, wie aussichtslos jedes Bemühen war, durch Anpassung an russische Wünsche für Deutschland irgendeine Sicherung der deutschen Zukunft, wohl gar der deutschen Ostgrenze zu erreichen.[90] Es scheint, daß die Führer der Oppositionsgruppen sich gegen Ende des Jahres darauf geeinigt haben, *vor* vollzogenem Umsturz keine Verbindung mit Moskau zu suchen, wohl aber unmittelbar nach dem Falle Hitlers diplomatische Verbindungen sowohl nach Osten wie nach Westen aufzunehmen, um dabei die inneren Gegensätze unserer Kriegsgegner gegeneinander ausspielen zu können. Goerdelers Gedankengang war dabei der folgende: noch hielten die deutschen Armeen die Ostgrenze Polens; noch saß eine polnische Exilregierung in London, die nichts ärger fürchtete als ein Vordringen der Roten Armee in ihr Land; noch galt formell die Abmachung des britisch-russischen Bündnisvertrages von 1942, in dem beide Staaten sich verpflichtet hatten, keine Gebietserweiterung zu erstreben; und schließlich waren die Vereinigten Staaten noch immer durch keinen förmlichen Vertrag an die Politik der Sowjets gebunden. Daß trotz alledem das Schicksal Deutschlands in Moskau und Teheran bereits besiegelt war, ahnte er nicht. Vielmehr folgerte er einfach logisch: Rußland muß entweder einschwenken und auf seine Eroberungspläne verzichten, oder es muß mit England brechen, oder sofort nach Hitlers Sturz mit uns, der neuen deutschen Regierung, Fühlung suchen. Um diese zu erleichtern, sollte Schulenburg, als der beste Rußlandkenner, in Stockholm bereit stehen. Auch in Madrid, Bern und Rom sollten Beauftragte der Oppositionsregierung sich bereit halten, sofort Fühlung mit den westlichen Regierungen aufzunehmen, Leute mit den besten Auslandsverbindungen. In Stockholm hoffte Goerdeler auf Wallenbergs Unterstützung seines Unterhändlers, in Bern auf Gisevius' Beziehungen zu Dulles. Trott hat diese Absichten bestätigt, aber hinzugefügt, sobald als möglich hätte man direkte Verhandlungen in London und Moskau aufnehmen wollen: dort durch ihn selbst, vielleicht in Begleitung Generals von Falkenhausens, hier durch Graf Schulenburg, gegebenenfalls mit Unterstützung des früheren Militärattachés General Köstring.[91] Mit anderen Worten: das „Mühlespiel" Hassells sollte nur verschoben, nicht aufgegeben werden.

Keiner der Verschwörer ahnte, wie tief er mit alledem bereits in Illusionen steckte.

V. DAS ENDE DER VERSCHWÖRUNG. DIE JULIKATASTROPHE

In qualvoller Spannung verging der Winter. Die schweren Luftangriffe wurden immer unerträglicher. Militärisch hatten sie vor allem die eine Folge, daß die Luftrüstung ins Stocken kam, die deutsche Luftwaffe in hoffnungslosen Rückstand geriet. Was Goerdeler am meisten ängstigte, war der Zusammenbruch des deutschen Widerstands im Südteil der Ostfront. Gelang es nicht, die Ostgrenze Polens gegen den Vormarsch der Sowjetarmeen zu decken, so brach auch seine große politische Hoffnung zusammen, die britische Politik würde, von der polnischen Exilregierung gedrängt, eines Tages sich bereit finden, gemeinsam mit einem innerlich erneuerten Deutschland Front gegen den Osten zu machen, jedenfalls aber nicht Ostdeutschland, vor allem nicht die geliebte ostpreußische Heimat, dem östlichen Alliierten opfern. Ostpreußens Schicksal scheint ihn in diesen letzten Monaten vor der Julikatastrophe stärker beschäftigt zu haben als alles andere.

Noch immer sträubte er sich gegen den Gedanken des politischen Attentats. Noch immer suchte er nach Frontgenerälen, die ihm helfen sollten, Hitler gewaltsam, aber ohne Mordtat auszuschalten. Neuerdings setzte er seine Hoffnung auf den Generalstabschef Zeitzler, von dessen robuster Natur und dessen schweren Zusammenstößen mit Hitler er öfters gehört haben wird.[92] Vergeblich beschwor er Beck und Stauffenberg, ihn selbst irgendwie mit Zeitzler in Verbindung zu bringen. Beck lehnte diesen Nachfolger ab, Stauffenberg versicherte: er selbst habe längst dem Generalstabschef offen gesagt, er halte den Krieg für verloren, und die Antwort erhalten: „So denken viele, aber nur wenige sagen es offen." Da bedürfe es also keiner Aufklärung mehr. Im März 1944 erhielt Goerdeler den Besuch des Generals von Choltitz, der ihm sein sorgenvolles Herz ausschüttete, ihn bei Zeitzler einzuführen versprach, es aber dann doch nicht tat.[93] Im Frühsommer hoffte unser Patriot den Generaloberst Jaeneke für eine gemeinsame Aktion der Frontbefehlshaber und des Generalstabs bei Hitler zu gewinnen. Er hatte gehört, daß dieser in Ungnade gefallen war, weil er in sehr massiver Form im Großen Hauptquartier aufgetreten war, um die sinnlose Aufopferung der Krim-Armee zu verhindern. Jaeneke, zu dem er als seinen Botschafter General von Rabenau sandte, erklärte sich mit Eifer bereit, diesen Plan zu unterstützen, konnte aber praktisch nichts ausrichten.

Unterdessen gingen die Attentatsversuche der Militärverschwörung weiter ihren Gang. Es ist durchaus unrichtig, daß Graf Stauffenberg sie seit Ende 1943 „monatelang vertagt" hätte, um „Hitler eine letzte Chance zu geben".[94] Nur wenige, teilweise einander widersprechende Nachrichten sind darüber erhalten; aber so viel lassen sie doch mit Gewißheit erkennen, daß weitere Bomben- und Pistolenanschläge im Februar und März versucht wurden, daß sie aber wiederum durch rätselhafte Zufälle scheiterten; gleichzeitig: daß es infolge gesteigerter Vorsichtsmaßnahmen Hitlers immer schwieriger, ja nachgerade fast unmöglich wurde, bewaffnet bis zu dem Tyrannen vorzudringen.[95] Immer gefährlicher und schwieriger wurde auch die Beschaffung, Weiterbeförderung und Aufbewahrung des Sprengstoffs. Schon im Dezember 1943 hätte die Selbstentladung eines mangelhaft aufbewahrten Vorrats explosiven Materials beinahe zur Entdeckung des ganzen Komplotts geführt, an dem immer mehr Personen beteiligt werden mußten.

Am ungeduldigsten wurden über alledem die an der Verschwörung beteiligten Arbeiterführer. Es scheint, daß sie von den Militärs – begreiflicherweise – über die Einzelheiten der geplanten Aktionen nicht informiert wurden und daß nun das alte Mißtrauen der sozialdemokratischen Parteigenossen gegen die „Militärkaste" überhaupt wieder durchbrach, und zwar nicht nur bei Leber, sondern auch bei Leuschner. Es hat darüber Mitte Mai und Anfang oder Mitte Juni sehr heftige Zusammenstöße im Büro Wirmers gegeben. Goerdeler, der sein Regierungsprogramm vorlesen wollte, stieß auf leidenschaftliche Proteste Lebers, zunächst gegen seine außenpolitischen Pläne. Es sei Wahnsinn, nach dem Umsturz den Krieg fortsetzen zu wollen, um einen „ehrenvollen Frieden" zu erkämpfen. Die Totalbesetzung Deutschlands sei in keinem Fall mehr zu vermeiden. Hier soll sich Leuschner eingemischt haben, man solle sich nicht länger von den Militärs an der Nase herumführen lassen; die wollten sich doch nur bei den Gewerkschaften ein politisches Alibi für die Zeit nach dem Zusammenbruch des Dritten Reichs verschaffen. Dieser sei doch nicht mehr aufzuhalten; für die so oft versprochene Aktion der Offiziere sei es längst zu spät. Angeblich zog er sogar seine Beteiligung an Goerdelers Kabinett zurück (was freilich J. Kaiser bestreitet). Leber seinerseits entwickelte dann für die Zeit nach dem Zusammenbruch ein rein sozialistisches Programm und setzte später seinen Freunden auseinander, er fürchte, Goerdeler sei außenpolitisch ein Illusionist und innenpolitisch ein Mann der Großindustrie.

So schien es für einen Augenblick, als würde die mit so unsäglicher Mühe geschaffene Koalition der Parteirichtungen zu guter Letzt doch wieder auseinanderbrechen – dies um so mehr, als es gleichzeitig zwischen sozialistischen und katholischen Arbeiterführern Differenzen über den christlichen Charakter des künftigen Staates kam. Schließlich protestierten auch noch die Konservativen wie Popitz und Gisevius (der Mitte Juli, waghalsig genug, aus der Schweiz nach Berlin zurückkehrte, um bei dem angekündigten Putsch nicht zu fehlen), nebst dessen Freund Graf Helldorff gegen die Koalition mit den Gewerkschaften überhaupt. Ihnen habe Goerdeler, meinten sie, viel zuviel Einfluß eingeräumt. Das Hauptverdienst an der Beilegung dieser Streitigkeiten scheint Jakob Kaiser, Wirmer und Habermann zuzufallen. Leber hielten sie vor, eine einfache Erneuerung des alten sozialdemokratischen Parteiprogramms sei in der heutigen Lage nichts weiter als Reaktion; Leuschner wurde besänftigt und dann als Mittelsmann zu Leber geschickt. Graf Stauffenberg, der sich gleichfalls mißtrauisch gegen Goerdeler geäußert hatte, wurde durch Wirmer und Graf Schwerin-Schwanenfeld darüber aufgeklärt, daß jener nichts weniger wolle als eine Restauration des Weimarer Systems und in Wahrheit voll eigener produktiver Ideen stecke. Zum Ausgleich legte Wirmer eigene Programmentwürfe vor, die er mit denen Lebers verglich. Schließlich wurde erreicht, daß man beschloß, beisammen zu bleiben und sich zur Übernahme der Staatsleitung nach dem militärischen Zusammenbruch bereitzuhalten.[96]

Schon die Tatsache dieser rein politischen Konferenzen mit Stauffenberg zeigt, wie sehr sich je länger je mehr das Schwergewicht auf ihn, das aktive Zentrum des Militärkomplotts, verschoben hatte und wie stark inzwischen die politische Autorität General Becks verblaßt war. Gleichzeitig: daß auch Goerdeler allein nicht mehr imstande war, die auseinanderstrebenden Meinungen zusammenzuhalten. Das mag zusammenhängen mit der Tatsache, daß er seit den Verhaftungen des Winters 1942/43 im Kreise der Verschwörer als schwer gefährdet galt und sich notgedrungen mehr zurückhalten mußte – praktisch: nicht mehr so oft und so lange wie früher nach Berlin kommen konnte und mit Hilfe wirklicher oder fingierter Geschäftsreisen für Bosch möglichst oft seinen Aufenthaltsort wechselte.[97] Die Frage war: wer schließlich bei der Entscheidung über Zeitpunkt und Durchführung des Staatsstreichs den Ausschlag geben würde: ob er oder Stauffenberg.

Hat in diesen scharfen Auseinandersetzungen etwa auch der Gegensatz einer West- und einer Ostorientierung zwischen Goerdeler und Leber eine Rolle gespielt? Die Anklageschrift gegen den sozialistischen Parteiführer behauptet es. Aber das kann (nach allen anderen Zeugnissen) höchstens in dem Sinne richtig sein, daß Leber die Hoffnungen seines bürgerlichen Partners auf eine Verständigungsbereitschaft der Westmächte nicht teilte – war doch seine im April durch Trott ergangene Botschaft ohne jede Antwort geblieben! – und sich große Sorgen machte über die Haltung der deutschen Kommunisten für den Fall, daß die neue Regierung den Kampf gegen Rußland fortzusetzen versuchte. Würde die Arbeiterschaft nicht einer Regierung die Gefolgschaft verweigern, die Arm in Arm mit den „kapitalistischen" Mächten den Kampf gegen Rußland weiterführte? Um sich darüber Klarheit zu verschaffen, hat er acht Tage nach seinem zweiten Zusammenstoß mit Goerdeler, gegen den Rat fast aller seiner Freunde, aber gemeinsam mit Reichwein, jene Begegnung mit deutschen Kommunistenführern gewagt, die zu der Verhaftung der beiden Sozialisten (am 4. bzw. 5. Juni) führte. Dieser neue Blitzschlag, diesmal ins Zentrum der Verschwörung, hat alle ihre Mitglieder aufs tiefste erschreckt und in Stauffenberg ganz unmittelbar den Wunsch geweckt, den Genossen seiner Pläne schleunigst zu befreien. Das Ereignis hat aber weder die Gestapo auf die Fährte des Komplotts geführt (da der kommunistische Spitzel nichts irgendwie Wesentliches erfahren hatte), noch hat es Stauffenberg veranlaßt, die Ausführung des so lange geplanten Attentats zu überstürzen. Dieses war längst überfällig, und die größte Sorge aller Eingeweihten war, daß es schon zu spät käme.[98]

Immer war die Opposition davon ausgegangen, daß der Staatsstreich erfolgen müßte, ehe Deutschlands letzte Kraftreserven verbraucht wären; denn nur solange es noch einen ernsthaften militärischen Widerstand gab, konnte von irgendwelchen Verhandlungen über den Frieden an Stelle von „bedingungsloser Unterwerfung" die Rede sein. Ende März (oder Anfang April) hatten Goerdeler und Beck noch einen letzten Versuch gemacht zu erkunden, ob dazu bei den Westmächten noch irgendwie Bereitschaft bestünde. Eine besonders günstige Gelegenheit hatte sich dadurch geboten, daß Gisevius, seit 1943 Vizekonsul und Abwehragent beim Deutschen Generalkonsulat in Zürich, mit dem amerikanischen Botschaftsrat Allen Welsh Dulles in Verbindung stand. Die Schilderungen, die er den Verschworenen von der verständnisvollen Bereitschaft Dulles' zukommen ließ, ihre Ideen und Wünsche nach Washington zu übermitteln, ja indirekt zu unterstützen, und von seiner Einsicht in die Verkehrtheit mancher in den Vereinigten Staaten herrschenden Vorurteile haben Goerdeler noch im Juli mit großer Hoffnung erfüllt.[99] Dies um so mehr, als seine eigenen Verbindungen nach England neuerlich versagten und von den Mitverschworenen sehr skeptisch beurteilt wurden. Nun hatte er ebenso wie Beck im Frühjahr 1944 begriffen, daß es zweck- und hoffnungslos war, jetzt noch irgendwelche Friedenszusicherungen vom Ausland her *vor* vollendetem Umsturz zu erbitten. Statt dessen suchte er zu erkunden, ob man in Washington und London bereit sein würde, unmittelbar *nach* dem Staatsstreich Verbindung mit Beauftragten der neuen Regierung aufzunehmen – also etwa so, wie man es seit Ende 1943 vorgesehen hatte, aber jetzt ohne die Nötigung, in direkten Kontakt mit Moskau zu treten. Beck und er beriefen sich dabei auf das Vorbild der Finnen, die vor kurzem (Ende Februar) eine einseitige Friedensverhandlung mit den Russen begonnen hatten. Vor allem betonten sie den dringenden Wunsch ihrer Gruppe, Mitteleuropa vor dem Schicksal einer ideologischen und politischen Beherrschung durch den Bolschewismus zu bewahren. Ein solcher Kriegsausgang, erklärten sie, würde das Ende christlicher Kultur und wahrer Demokratie in Europa bedeuten; die eine totalitäre Tyrannei würde dann nur durch eine andere abgelöst. Man möge die Gefahr einer solchen Entwicklung angesichts der Millionen proletarischer Existenzen in dem kriegszerstörten Mitteleuropa doch ja nicht unterschätzen. Müßte an erster Stelle (primarily) mit Moskau verhandelt werden, so stünden andere Kräfte dafür bereit, nicht ihre eigene Gruppe.

Aber diesmal blieb es nicht bei den Warnungen und Beschwörungen. Die Führer der Opposition boten der Gegenseite einen hohen Preis für deren Bereitschaft, sich auf Sonderverhandlungen einzulassen. Die Oberkommandierenden der Westfront, insbesondere Falkenhausen und Rundstedt, würden Befehl erhalten, sofort den Widerstand aufzugeben und die Landung alliierter Truppen in Frankreich zu erleichtern; ja man würde Vorsorge treffen, um alliierte Fallschirmtruppen an den Schlüsselpunkten Deutschlands aufzunehmen. Allerdings sei es nun allerhöchste Zeit geworden für einen solchen Entschluß. Wären die Alliierten interessiert an einem solchen Umsturz?

Man sieht: die Oppositionsführer waren jetzt nahezu bereit, die Formel „bedingungslose Unterwerfung" den Westmächten gegenüber anzunehmen – freilich immer noch im Vertrauen darauf, daß in deren Lager doch zuletzt nüchterne Staatsräson über den nackten Vernichtungswillen siegen, daß gemeinsame Interessen an der Erhaltung abendländischer Kultur sich durchsetzen und den deutschen Staat vor dem Schicksal totaler Vernichtung retten würden. Offensichtlich war nicht nur an einen Waffenstillstand mit Verkürzung der Westfront (etwa an der Ostgrenze Frankreichs oder am sogenannten Westwall) gedacht, sondern an eine Art Vereinigung deutscher und angelsächsischer Streitkräfte – zum mindesten an eine sofortige Besetzung ganz Deutschlands von Westen her, ehe die Roten Armeen auch noch Polen überrannt und die östlichen Reichsgrenzen erreicht hätten. Dann also sollten Friedensverhandlungen beginnen – zwischen Siegern und Besiegten, aber mit einer neuen deutschen Regierung, der jene es verdankten, daß der Endkampf wesentlich verkürzt wurde, und zu deren Anerkennung als Verhandlungspartner sie sich vorher verpflichtet hätten. Sicherlich eine sehr bedenkliche Aussicht, aber immer noch besser als die „bedingungslose" Kapitulation schlechthin. Und immer noch wesentlich besser als eine Kapitulation nach der Eroberung Berlins durch die Russen! Goerdeler und Beck, die eine solche Verantwortung auf sich nahmen, waren tief davon durchdrungen, daß es sittliche und politische Pflicht ist, einen aussichtslos gewordenen Krieg sofort abzubrechen, wenn die letzte Hoffnung geschwunden ist, ihn zu gewinnen oder zum mindesten als „parti remis" zu beenden. Sie wollten diesem grauenhaften, täglich grausiger werdenden Spuk schleunigst ein Ende machen und empfanden es als Verbrechen, auch nur noch das Leben eines einzigen deutschen Soldaten unnütz zu opfern. Daß der Krieg aber tatsächlich aussichtslos geworden und die feindliche Invasion in Frankreich nicht mehr mit irgendwelcher Sicherheit zu verhindern war – trotz alles Prahlens der Hitler-Propaganda mit den Wunderwaffen –, darüber waren sie aus dem Generalstab Zeitzlers und aus den Stäben aller Befehlshaber im Westen, Rundstedts, Falkenhausens, neuerdings selbst Rommels, ganz genau orientiert.[100]

Einen ähnlichen, jedoch am entscheidenden Punkt völlig abweichenden Vorschlag an die westlichen Alliierten erhielt Gisevius Anfang Mai von einer (nicht näher bezeichneten) Gruppe militärischer Verschwörer in Berlin. Hier war von drei Luftlandedivisionen die Rede, die im Gebiet von Berlin abgesetzt und von mitverschworenen Kommandeuren dabei unterstützt werden sollten; weiter von größeren Landungen alliierter Truppen bei Hamburg und Bremen.

Unterdessen sollten zuverlässige, hitlerfeindliche Truppen im Gebiet von München den Diktator und seine engere Umgebung „in Obersalzberg isolieren". Und endlich wurde in sehr unsichere Aussicht gestellt, die Landungsoperationen der Alliierten an der französischen Küste zu erleichtern. Hier waren also die Anglo-Amerikaner gewissermaßen als Hilfstruppen der Putschisten bei einem erst noch zu vollziehenden Staatsstreich gedacht – ein Plan, der so phantastisch wirkt, auch in seinen Einzelheiten, daß man sich nicht vorstellen kann, er sei von der eigentlichen Verschwörerzentrale ausgeheckt.[101] Es kann sich wohl nur um unreife Einfälle eines kleinen Kreises gehandelt haben, der in die Gedanken der leitenden Köpfe nur mangelhaft eingeweiht war.

Wie dem auch sei, Gisevius konnte nach Berlin nichts anderes melden, als was er durch Dulles von der politischen Wirklichkeit wußte: daß die Westmächte nicht daran dächten, sich von ihrem russischen Alliierten zu trennen, und daß es nutzlos sei, darauf zu hoffen. In der Tat: seit Teheran war die gemeinsame Niederwerfung und Zerstückelung Deutschlands beschlossene Sache, und im Lager des Westens war man, nach ungeheuer ausgedehnten und kostspieligen Landungsvorbereitungen und im Besitz einer vielfachen Luftüberlegenheit, seines Erfolges viel zu gewiß, um sich auf irgendwelche Abmachungen mit den innerdeutschen Gegnern Hitlers einzulassen. Eine Art von indirekter Antwort auf die Anfrage der deutschen Opposition vom April gab Churchill, als er am 24. Mai im Unterhaus von neuem erklärte, das britische Empire würde bis zur bedingungslosen Unterwerfung der Deutschen weiterkämpfen und sei in keiner Weise gewillt, sich auch diesmal wieder auf irgendwelche Abmachungen im Stil der Wilsonschen 14 Punkte von 1918 einzulassen; das würde den Deutschen nur neue Handhaben zu Beschwerden gegen das künftige Friedensdiktat bieten. Sein Stellvertreter, Mr. Attlee, ergänzte das später (am 6. Juli) durch einen direkten Appell an die deutsche Opposition: wenn wirklich irgendeine Gruppe in Deutschland wünschen sollte, zu einem Regime zurückzukehren, das auf die Anerkennung des Völkerrechts und menschlicher Freiheitsansprüche gegründet wäre, so müßten diese Leute verstehen, daß niemand an ihren guten Willen glauben würde, solange sie noch keine aktiven Schritte zur Beseitigung ihrer gegenwärtigen Regierung getan hätten. Je länger sie fortführen, ihre derzeitigen Regenten zu unterstützen und zu dulden, um so schwerer wüchse ihre eigene Mitverantwortung.[102]

Das waren weise pädagogische Mahnungen, aber das Gegenteil politischer Hilfe. Welche Chance blieb unter solchen Umständen den deutschen Verschwörern noch? Graf Stauffenberg scheint sich lange an die Hoffnung geklammert zu haben: vielleicht käme die große Landungsoperation doch nicht so bald zustande oder sie scheitere zu guter Letzt; dann würden die stolzen

Briten vielleicht eher mit sich reden lassen. Im vertrauten Kreis hat er sich jedenfalls noch Anfang Juni so geäußert.[103] Es gibt Gründe, zu vermuten, daß dahinter eine eigene, von ihm angeknüpfte, seinen Mitverschworenen nicht voll offenbarte Verbindung zu militärischen Stellen der Westmächte stand, auf die er große Hoffnungen setzte, sogar für die von ihm erwarteten Friedensverhandlungen. Diese Hoffnung hat ihn nicht einmal nach dem 6. Juni verlassen, an dem die so oft verschobene Landung der Alliierten auf französischem Boden zur Wirklichkeit wurde und Stauffenbergs Voraussagen ebenso rasch wie gründlich widerlegte. Wir hören, daß er noch Ende Juni gemeinsam mit Goerdeler Mitteilungen nach England vorbereitete. Ja, noch in seiner allerletzten Begegnung mit ihm, am 18. Juli, hat er sich recht zuversichtlich über Churchills Haltung geäußert.[104]

Trotzdem traf das Ereignis der alliierten Invasion in Frankreich die Verschwörergruppe als schwerer Schlag und richtete große Ratlosigkeit an. Wenn sich die Westmächte erst einmal in siegreichem Vormarsch auf dem Festland befanden, oder auch wenn ihre Völker erst einmal durch große Blutopfer erbittert und rachsüchtig gestimmt waren, hatte es dann überhaupt noch einen Sinn, auf Bereitschaft zur Verhandlung mit einer deutschen Oppositionsgruppe zu hoffen? Goerdeler ließ durch einen seiner Freunde bei Wallenberg anfragen, was dieser darüber dächte. Die Antwort, die er am 20. Juni erhielt, lautete negativ, und so hat es jetzt einen Augenblick gegeben, in dem auch sein bisher so unverwüstlicher Optimismus zusammenzubrechen schien. Dem Vermittler, Müller, und bald danach seinem Bruder Fritz, dem getreuesten seiner ostpreußischen Helfer, hat er damals bekannt, daß er nun kaum noch eine Hoffnung auf Gelingen seiner Pläne habe. Mit Erbitterung sprach er jetzt vom Versagen der Generalität, mit Skepsis und Mißtrauen von der Politik Stauffenbergs und seiner Gruppe – sicherlich mitbestimmt durch das Empfinden, daß die „Jüngeren" ihn jetzt mehr und mehr beiseite zu drängen suchten.[105] Aber auch die anderen Gruppen der Verschwörung wurden jetzt unruhig, und wir hörten schon, daß besonders die Sozialisten die Sache Deutschlands jetzt für verloren hielten. Stauffenberg teilte diese Meinung offenbar nicht, aber auch er beriet sich doch jetzt mit seinen Freunden, ob ein Attentat noch sinnvoll sei oder ob man nicht besser daran tue, den Tyrannen selbst seine Verantwortung für Deutschlands Katastrophe tragen zu lassen. Die Antwort, die ihm Tresckow durch Graf Lehndorff zugehen ließ, wird immer als klassischer Ausdruck der Gesinnung gelten, aus der die deutsche Militäropposition erwachsen ist: „Das Attentat muß erfolgen, coûte que coûte. Sollte es nicht gelingen, so muß trotzdem in Berlin gehandelt werden. Denn es kommt nicht mehr auf den praktischen Zweck an, sondern darauf, daß die deutsche Widerstandsbewegung vor der Welt und vor der Geschichte den entscheidenden Wurf gewagt hat. Alles andere ist daneben gleichgültig.[106] Klarer und eindrucksvoller ließ sich der rein moralische Kern dieser Opposition altpreußischer Offiziere nicht bezeichnen: letztlich ging es ihnen um die Ehre des deutschen Namens – alles andere war bloßes Nebenmotiv.

Immerhin: auch die militärische Lage war zu bedenken. Tresckow war, im Gegensatz zur offiziellen Meinung des Großen Hauptquartiers, schon Anfang Juni davon überzeugt, daß ein russischer Großangriff auf die stark vorgewölbte und daher gefährdete Mitte der deutschen Ostfront nahe bevorstand. Wie, wenn sie zusammenbrach? Wieder tauchte, jetzt ganz unmittelbar drohend, das Gespenst einer Überflutung Deutschlands durch die Roten Armeen auf; um sie abzuwehren, schien es nur noch das eine verzweifelte Mittel zu geben, das Goerdeler und Beck schon im April hatten anwenden wollen: Aufreißen der Westfront, um den Russen durch britisch-amerikanische Besatzungstruppen zuvorzukommen. Tresckow empfahl Stauffenberg, er möge sogleich nach Frankreich zu General Speidel, dem Chef des Stabes bei Feldmarschall Rommel, fahren und ihn für diesen Plan gewinnen.

Damit wurde eine neue, ebenso politisch wie militärisch wichtige Persönlichkeit in die Pläne der Verschwörer mit einbezogen: Hitlers weitaus populärster Marschall, der vielgefeierte Held des afrikanischen Wüstenkrieges, die Renommierfigur des neuen deutschen Heeres mit seiner hochmodernen Panzertechnik. Goerdeler hatte sich schon seit Ende 1943 bemüht, mit ihm in Verbindung zu kommen mit Hilfe eines schwäbischen Mittelsmannes, des trefflichen Oberbürgermeisters von Stuttgart, Dr. Strölin, der schon seit längerem zum Oppositionskreis um Bosch gehörte. Anfang Februar hatte dieser bei einem Besuch des Marschalls in Herrlingen bei Ulm feststellen können, daß auch Rommel nicht mehr an den „Endsieg" glaubte. Der Führer habe ihm selbst gesagt: „Der Krieg ist verloren, mit mir schließt niemand Frieden." Tiefen Eindruck hatte auf ihn ein Zitat aus Hitlers „Mein Kampf" gemacht, das ihm Strölin vorhielt: „Wenn durch die Hilfsmittel der Regierungsgewalt ein Volkstum dem Untergang entgegengeführt wird, dann ist die Rebellion eines jeden Angehörigen nicht nur Recht, sondern Pflicht ... Menschenrecht bricht Staatsrecht." Vor allem hatte er sich davon überzeugt, daß der Diktator ihn selbst vor eine unmöglich zu lösende Aufgabe gestellt hatte: die Invasion mit unzureichenden Mitteln, ohne die unentbehrliche Freiheit der operativen Entschlüsse und im Rahmen einer völlig verfehlten Organisation der militärischen Befehlsverhältnisse in Frankreich abzuwehren. Der Glanz seines Namens sollte offensichtlich dazu mißbraucht werden, um klaffende Lücken der Abwehr vor der Öffentlichkeit zuzudecken. So hatte er sich bereit erklärt, die Bemühungen der Opposition, von denen ihm Strölin berichtete, auf seine Weise zu unterstützen. Er wollte Hitler die Notwendigkeit einer raschen Beendigung des Krieges vortragen und, falls er nicht zur Vernunft zu bringen war, „selbständig handeln".[107]

Wie dieses selbständige Handeln zu verstehen war, hatte sich dann in zahlreichen Besprechungen mit seinem neuen Stabschef (seit 15. April) General Hans Speidel geklärt. Dieser hervorragend befähigte, auch akademisch gebildete Generalstabsoffizier gehörte zu den nächsten Freunden Karl Heinrich von Stülpnagels, der seit Februar 1942 als Militärbefehlshaber von Frankreich einen ganzen Kreis oppositionell gesinnter Offiziere in seinem engeren Stab versammelt hatte. Beide Männer haben gemeinsam auf Rommel eingewirkt und auch mit Feldmarschall von Rundstedt, dem Oberbefehlshaber im Westen, über Umsturzpläne verhandelt, der aber als typischer Nursoldat alle politische Mitverantwortung von sich wies. Für die Attentatspläne war auch Rommel, der zuerst im Mai durch Generalquartiermeister Eduard Wagner aus Berlin davon erfuhr, nicht zu gewinnen. Wohl aber dachte er an eine gewaltsame Festsetzung Hitlers mit Hilfe zuverlässiger Panzerverbände mit nachfolgender Aburteilung durch ein deutsches Gericht – also an einen Staatsstreich im Stil der Halderschen Pläne von 1938. Aber das alles erst dann, wenn sich der Führer neuen dringenden Vorstellungen versagen sollte, die er selbst erheben wollte und die (wie es scheint) auf sofortigen Abbruch des aussichtslos gewordenen Krieges hinausliefen – was praktisch zugleich seinen freiwilligen Rücktritt vom Amt des Staatschefs bedeutet hätte.

Ganz klar hat er diese Forderung allerdings niemals ausgesprochen. Das Äußerste, was er an „Widerstand" praktisch geleistet hat, waren immer erneute und vergebliche Versuche, den „Führer" davon zu überzeugen, daß die feindliche Invasion mit so unzulänglichen Mitteln, wie sie ihm zur Verfügung gestellt wurden, schlechterdings nicht aufzuhalten war. Zuletzt, am 15. Juli, hat er eine als „ultimativ" gedachte Denkschrift abgesandt, die solche Vorstellungen mit der Bitte abschloß, „unverzüglich die politischen Folgerungen aus dieser Lage zu ziehen". Aber das Wort „politisch" wurde dann auf Speidels Wunsch vor der Absendung gestrichen, weil es nur zu „fruchtlosen Wutausbrüchen" führen würde. Was war aber dann der politische Sinn der ganzen Aktion? Wollte Rommel dem Führer noch einmal eine Chance geben, und welche? Oder wollte er die zu erwartende zornige Reaktion Hitlers dazu benutzen, um seinen Abfall damit vor der Öffentlichkeit zu rechtfertigen? Brauchte er am Ende selbst einen solchen neuen Beweis von Hitlers totaler Unvernunft, um den allerletzten Entschluß zum Absprung in das ungewisse Abenteuer zu finden? Wir wissen es nicht – denn zwei Tage darauf fiel er einem englischen Fliegerangriff zum Opfer, wurde schwer verwundet und aus allen Aktionen ausgeschaltet.

So viel ist immerhin deutlich: diese Opposition war grundsätzlich von anderer Art als die Goerdelers und seiner Gesinnungsgenossen. Sie bedurfte, um aktiv zu werden, immer erneut der Bestätigung, daß der Krieg wirklich aussichtslos geworden sei – eingeholt auf vielen Frontfahrten und unzähligen Besprechungen mit Frontkommandeuren. Mit anderen Worten: sie war rein militärischer, nicht politischer Natur. Rommels Mitarbeiter scheinen aber diesen Unterschied nicht stark empfunden zu haben, weil natürlich auch er die moralische Verwerflichkeit des nationalsozialistischen Systems und seiner Träger jetzt einsah und weil sie offenbar sehr glücklich waren, eine so populäre Soldatengestalt für ihre Pläne gewonnen zu haben.[108]

Der Plan, an der Westfront ein „Loch aufzureißen, um einen Durchbruch der Alliierten zu ermöglichen", den Tresckow kurz nach der Invasion an Rommel übermitteln lassen wollte, war dort schon vorbereitet durch ähnliche Planungen, die im Mai zwischen Stülpnagel, Speidel und dem Marschall verabredet worden waren. Allerdings liefen diese nicht auf ein formloses Preisgeben der Front oder gar auf eine Kapitulation hinaus. Man plante vielmehr, ohne Bewilligung Hitlers einen rein militärischen Waffenstillstand mit den Generälen Eisenhower und Montgomery zu verabreden. Darin sollte festgelegt werden: Räumung der besetzten Westgebiete, Rückführung der deutschen Armee hinter den Westwall, sofortige Einstellung des Bombenkriegs gegen die Heimat und daran anschließend Friedensverhandlungen. Unterdessen sollte ein Aufruf an das deutsche Volk ergehen, das über die militärische Lage und über die Verbrechen des Hitler-Regimes schonungslos aufgeklärt werden sollte; Hitler sollte festgesetzt werden, nötigenfalls unter Mitwirkung zuverlässiger Panzerverbände, ein deutsches Gericht sollte ihn aburteilen, eine Regierung Beck-Goerdeler-Leuschner die Gewalt übernehmen. Man sieht: ein Umsturzplan, der soweit als möglich dem normalen Abschluß eines unglücklich verlaufenen Krieges sich näherte, so wenig Raum als möglich ließ für turbulente Zwischenfälle, vor allem: der Armee so viel als möglich von dem bösen Ruf ersparte, durch einfache Preisgabe der Front das Vaterland verraten zu haben. Denn sicherlich ließ sich die Zurücknahme der Kampflinie bis an den Westwall vor der Landung der Alliierten auch rein militärisch als zweckmäßig begründen.

Ob dieser Plan im einzelnen mit Stauffenberg verabredet war, läßt sich nicht mehr deutlich erkennen; sicher ist aber, daß auch dieser geglaubt hat, es müßte möglich sein, auf rein militärischem Weg mit den feindlichen Oberkommandos in Verbindung zu treten und mit ihnen rein militärische Abreden zu treffen, ohne viel Einmischung der Politiker.[109]

Praktische Versuche dazu sind vor dem 6. Juni von Rommel nicht mehr gemacht worden; sie wären auch kaum möglich gewesen ohne Einverständnis des im Westen kommandierenden Oberbefehlshabers von Rundstedt. Der aber war dafür keinesfalls zu gewinnen. Die Lage änderte sich erst, als Hitler den alten Marschall zum Sündenbock für das Gelingen der feindlichen Invasion machte und durch den inzwischen wieder genesenen Feldmarschall von Kluge ersetzte (7. Juli). Dieser überzeugte sich bald davon, daß weder die Schwäche Rundstedts noch, wie man ihm vorgeredet hatte, der Eigensinn Rommels das Unheil verschuldet hatte, sondern die Oberste Führung selbst, und daß die Lage der deutschen Armee angesichts der feindlichen Waffenüberlegenheit völlig hoffnungslos war. So kam es ziemlich bald zu einem Einverständnis zwischen den drei obersten Befehlshabern in Frankreich: Kluge, Rommel und Stülpnagel. Die beiden Marschälle wurden jetzt auch von Emissären des Berliner Verschwörerkreises aufgesucht. Bei Rommel erschien am 9. Juli Oberstleutnant d. R. Cäsar von Hofacker, ein vertrauter Mitarbeiter Stülpnagels und Vetter Stauffenbergs, legte in dessen Auftrag eine politisch-militärische Denkschrift vor und forderte ihn im Namen der Widerstandsgruppe dringend auf, den Krieg im Westen so schnell als möglich selbständig zu beenden. Auf seine Frage, wie lange die Westfront noch halten könne, erhielt Hofacker die Antwort: „Maximal 14 Tage bis 3 Wochen." Er versprach, dies an Kluge und Beck zu melden und bis zum 15. nochmals zu erscheinen, um über den Stand der Berliner Staatsstreichpläne zu berichten.[110] Die Folge seines Appells war, daß Rommel sich zum Abfall von Hitler rüstete. Die technische Möglichkeit, auf dem Funkweg Verbindung mit dem Gegner zu bekommen, wurde erprobt (aus Anlaß einer örtlichen Kampfpause), die Stimmung der Frontgeneräle wurde erforscht und in einem Gespräch mit Kluge (am 12. Juli) wenigstens so viel erreicht, daß dieser Rommels Plan eines „ultimativen" Schreibens an Hitler billigte. Grundsätzlich war er auch damit einverstanden, daß „selbständig gehandelt" werden müßte, falls jenes Schreiben erfolglos bliebe. Speidel erhielt darnach den Auftrag, Stülpnagel zu verständigen und zu betonen, daß Rommel zum „Handeln" auch dann bereit sei, wenn Kluge sich nicht zur Mitwirkung entschließen sollte.[111]

Aber dieser steckte ja selbst schon viel länger und tiefer in der Verschwörung, als er dem neu Bekehrten verraten haben wird. Nicht lange vor der Aussprache mit Rommel hatte auch er eine Botschaft erhalten: Tresckow hatte sie ihm (durch den Oberstleutnant Frhr. von Boeselager) übersandt.[112] Dessen Befürchtung eines russischen Großangriffs auf die deutsche Mittelfront hatte sich inzwischen bestätigt; binnen weniger Wochen war die Lage auch dort unhaltbar geworden. Sollte Deutschland vor der Überschwemmung durch die Roten

Armeen wirksam geschützt werden, so war es nach seiner Meinung höchste Zeit, den aussichtslos gewordenen Kampf im Westen abzubrechen und alle Kraft auf die Ostfront zu konzentrieren. Tresckow forderte also jetzt seinen alten Befehlshaber auf, sofort die Front im Westen zu öffnen (also ohne Waffenstillstandsverhandlungen) und sich gegen Hitler statt gegen die Engländer und Amerikaner zu schlagen. Aber Kluge lehnte ab: der Durchbruch der westlichen Armeen werde ohnedies sehr bald erfolgen, er selbst brauche keine Lücke mehr aufzureißen. Seine Truppen gegen Hitler marschieren zu lassen, fehle ihm jede Möglichkeit. Er sei zwar Oberbefehlshaber West, sei sich aber seines Stabes in keiner Weise sicher und von allen Seiten eingeengt, so daß er von sich aus nichts mehr im Sinne der Verschwörung unternehmen könne.

Damit hatte er sicher recht: wie hätte er, ein seiner Truppe noch kaum bekannter Oberbefehlshaber, seine in schwerem Abwehrkampf liegenden Armeen von sich aus zum Marsch nach Oberbayern oder Ostpreußen, gegen Hitlers Hauptquartier, in Bewegung setzen sollen? War er auch nur sicher, daß er die ihm unterstellten Heeresgruppen- und Armeeführer zur Kapitulation vor dem Gegner brachte, wenn Gegenbefehle von oben kamen? Man sollte diese Unmöglichkeit zunächst einmal anerkennen, ehe man hier von Charakterschwäche spricht. Überdies steht fest, daß er durch Hofacker, der nach Berlin zurückkehrte, eine Botschaft an Beck übermitteln ließ, er halte die Front im Westen für verloren; länger als zwei Wochen könne sie sich nicht mehr halten. Der Staatsstreich sei also jetzt sehr eilig geworden; er selbst erneuere seine Bereitschaft, mit den Verschwörern zu gehen, d. h. sich und seine Truppe einer Regierung Beck zu unterstellen, aber nur unter derselben Bedingung, die er schon im Vorjahr gestellt hatte: daß Hitler zuerst aus dem Weg geräumt werden müßte. Andernfalls hielte er (sicherlich mit Recht) jeden Putschversuch für aussichtslos. Genau entsprechend dieser Zusage hat er sich denn auch am 20. Juli verhalten.[113]

In der Tat: wenn die Front sowohl im Westen wie im Osten demnächst zusammenbrach, dann war es allerhöchste Zeit für die Berliner Widerstandsgruppe zu handeln. Das Attentat mußte nun versucht werden. Und eben jetzt eröffnete sich dafür eine neue Möglichkeit. Seit der zweiten Junihälfte war Stauffenberg vertretungsweise, seit dem 1. Juli offiziell als Chef des Stabes im Oberkommando des Ersatzheeres tätig, also erster Gehilfe des Oberbefehlshabers, General Fromm. Das brachte für die Verschwörung einen doppelten Vorteil. Einmal den, daß der Stabschef Befehle des Oberkommandos an alle untergeordneten Dienststellen ergehen lassen konnte, die er selbst mit der Formel „im Auftrag" (i. A.) seines Kommandeurs unterzeichnete und die als solche volle Gültigkeit hatten. Das gab ihm die Handhabe, wenigstens vorübergehend den riesigen Machtapparat des Heimatheeres selbständig in Bewegung zu setzen, falls es ihm gelang, Gegenbefehle seines Kommandeurs zeitweise auszuschalten oder diesen mit sich zu ziehen. Da er aber Fromm vor Übernahme des Amtes ganz offen erklärt hatte, daß er den Krieg für verloren halte, und zwar durch Schuld Hitlers, ohne daß dieser Anstoß daran genommen hatte, stand zu hoffen, der Oberbefehlshaber werde sich am Ende selbst noch zum Staatsstreich mitreißen lassen – freilich erst dann, wenn Hitler beseitigt war. Dazu aber bot sich ihm nun – das war der zweite Vorteil seiner neuen Stellung – eine neue Möglichkeit: als Stabschef des Oberkommandos konnte er jederzeit zu den „Lagebesprechungen" zugezogen werden, die Hitler täglich mit den Spitzen der Wehrmacht abhielt. Am 7. oder 8. Juni war er schon zum erstenmal dem Diktator auf dem Obersalzberg vorgestellt worden und hatte an sich selbst beobachtet, daß er unberührt blieb von der suggestiven Bannkraft dieses Mannes, der so viele erlagen. So entstand der Plan, persönlich das Attentat auszuführen – als Bombenanschlag mittels einer (vom Abwehrdienst beschafften) englischen Zeitzünderbombe, die er in einer Aktentasche mitführte und trotz seiner schweren körperlichen Behinderung (er hatte im Kriege die ganze rechte Hand und zwei Finger der linken Hand verloren) selbst auslösen konnte, wenn er eine kleine Zange zu Hilfe nahm. Das war, wie man sieht, eine äußerst prekäre und in vieler Hinsicht bedenkliche Möglichkeit: gelang ein solches Attentat wirklich, so riß es nicht nur Hitler, sondern auch seine militärische Umgebung in den Tod; und wenn sich der Attentäter selbst dabei opferte, fehlte er an der zentralen Stelle der Heimatfront, wo gerade er jetzt so lange nicht ersetzt werden konnte, bis der eigentliche Staatsstreich gelungen war.[114] Es ist aber ebenso nutzlos wie ungerecht, daran nachträglich Kritik zu üben; denn es gab schlechterdings keine andere praktische Möglichkeit, rasch zum Ziel zu kommen; jedenfalls hat sie noch niemand aufzuzeigen vermocht. Einem anderen Offizier den Anschlag auf Hitlers Leben zu übertragen, hieß von neuem alles dem Spiel höchst ungewisser Zufälle überlassen; dazu war es aber nun endgültig zu spät.

Mit fieberhaftem Eifer hat denn auch Stauffenberg seit seiner Ernennung zum Stabschef Fromms die letzten Vorbereitungen zur Durchführung des Staatsstreichs getroffen, den Kreis der Mitwirkenden ergänzt und die Aktionspläne von 1943 berichtigt.[115] Da die militärischen Hiobsposten von allen Fronten sich häuften und schon die dienstliche Aufgabe, für den Nachschub an Menschen und an Material zu sorgen, weit mehr als normale Menschenkraft in Anspruch nahm, vollzog sich das alles in einer Atmosphäre höchster Spannung und Aufregung. Wie lange konnte es noch dauern, bis der Feind im Lande stand? Würde eine neue Regierung, die dann etwa bereitstand, überhaupt noch mitzureden haben über Deutschlands Zukunft? Hatte es also wirklich noch einen

Sinn, das große Wagnis zu unternehmen? Würde es nicht zu schwer belastet sein durch den Fluch der „Dolchstoßlegende“, vielleicht auch der politischen Unfruchtbarkeit?

Es war ganz natürlich, daß solche Zweifel alle Beteiligten quälten. Wir hören, daß auch Beck und Goerdeler schwer davon bedrängt wurden. Als Gisevius am 12. Juli nach Berlin zurückkam, sagte ihm Beck ganz offen, daß er den rechten Zeitpunkt für das Attentat bereits für versäumt halte. Sowohl im Westen wie im Osten sei das Schicksal der deutschen Armeen besiegelt, die totale Besetzung des Reichsgebiets werde nicht mehr zu verhindern sein; ihm selbst bleibe nur die undankbare Aufgabe, als eine Art von deutschem Badoglio das böse Erbe Hitlers gleichsam zu liquidieren und dafür zu sorgen, „daß sich das Unvermeidliche wenigstens mit Anstand und Würde vollziehe“.[116] Das klang äußerst resigniert; aber offenbar teilte Beck doch die Meinung Tresckows, daß es zur Würde und Selbstachtung der deutschen Nation gehöre, sich selbst von ihrem Tyrannen zu befreien. Übrigens hoffte auch er, wie wir schon wissen, daß Deutschland nun wenigstens vor dem Eintreffen der Russen von den Armeen des Westens überflutet würde. Goerdeler hielt zäher als er an der Hoffnung fest, die Angelsachsen würden im eigenen Interesse genötigt sein, mit einer neuen Regierung eine Verständigung zu suchen, um Europa vor dem Bolschewismus zu retten. Er ließ sich darin zunächst auch nicht durch den Einwand Gisevius' erschüttern, nach den (diesem bekannten) Abmachungen von Teheran sei an kein Verhandeln mehr zu denken; die einzige Hoffnung für Deutschland bestehe darin, daß noch keine festen Besatzungszonen in Teheran ausgemacht wären, so daß, wenigstens theoretisch, die Möglichkeit bestünde, die Anglo-Amerikaner vor den Russen auf die Linie Königsberg-Prag-Wien-Budapest anlangen zu lassen.[117]

Graf Stauffenberg schließlich scheint (wir hörten schon davon) sich ebenso zäh wie Goerdeler an die Hoffnung geklammert zu haben, zu guter Letzt mit den westlichen Alliierten doch noch zu irgendeiner Verständigung zu kommen. Aber angesichts der schweren Verantwortung, die auf ihm lag und die ihn unmittelbar vor der Ausführung der geplanten Mordtat besonders schwer bedrängt haben muß, empfand er es offenbar als Gewissenspflicht, sich mit grausamster Kälte, beinahe selbstquälerisch, im Gespräch mit Freunden und Helfern alle Gefahren, Verstrickungen und Dunkelheiten der Lage klarzumachen, ehe er das ungeheure Wagnis unternahm.[118] Seine größte Hoffnung war, mit dem Hauptquartier Eisenhowers oder Montgomerys in direkte Verbindung zu kommen und dann „von Militär zu Militär“ irgendein Abkommen treffen zu können, das die Rücknahme der deutschen Westfront zum Einsatz gegen die Russen ermöglichen sollte. Tatsächlich gelang es Dr. Otto John, der als Leiter der

Tochtergesellschaft der Lufthansa in Madrid den Verschwörern große Dienste leisten konnte, im Juli eine solche Verbindung herzustellen: der amerikanische Militärattaché in Madrid erklärte sich bereit, alle dort eintreffenden Mitteilungen an General Eisenhower weiterzuleiten. Aber John wurde gleichzeitig eröffnet, daß die Feindseligkeiten nicht anders beendet werden könnten als durch bedingungslose Waffenstreckung gegenüber allen Alliierten, also auch gegenüber den Russen. Von dieser Bedingung würde man im feindlichen Lager nicht abgehen, gleichgültig welche Regierung das Ruder in Händen hielte. Ein Bekannter Johns aus dem alliierten Lager fügte als persönliche Meinung sogar hinzu: „Ich glaube nicht, daß die Briten und Amerikaner irgendeine Anstrengung machen werden, Berlin vor den Russen zu erreichen. Manche Leute glauben, daß Deutschland eine Bestrafung braucht, die wird man gern den Russen überlassen."[119]

Als diese Nachrichten am 11. Juli in Berlin eintrafen, war dort die Entscheidung für das Attentat schon gefallen. Unter dem Eindruck sich überstürzender Nachrichten von der Erschütterung der Ostfront, wohl auch der Verhaftung Lebers und Reichweins, hatte Stauffenberg sich anscheinend schon Anfang Juli entschlossen, trotz aller Einwände seiner Freunde, die Tat selbst auf sich zu nehmen, um keinen Tag mehr zu versäumen. Am 6. scheint er in Berchtesgaden Besprechungen mit den Generälen Stieff und Fellgiebel gehabt zu haben, bei denen u. a. über die Möglichkeit gesprochen wurde, den Vollzug des Attentats sofort nach Berlin zu melden und dann das Hauptquartier Hitlers von allen Nachrichtenverbindungen abzuschneiden.[120] Am 11. flog er in Begleitung des jungen Hauptmanns Klausing zu einer Führerbesprechung nach Berchtesgaden, die Bombe in der Aktentasche. Da indessen Himmler bei der Besprechung fehlte, unterließ er es, eine günstigere Gelegenheit abwartend – oder war es deshalb, weil die Berliner Zentrale sich nicht als genügend vorbereitet erwies?[121] Als er nachmittags nach Berlin zurückkehrte, fand er dort Johns Hiobspost aus Madrid vor. Sie hat ihn aber nicht abgehalten, den Versuch wenige Tage darauf zu wiederholen.

Es könnte sein, daß auf diesen Entschluß das energische Drängen Goerdelers mit eingewirkt hat: nach dem Tagebuch des Hauptmann d. R. Hermann Kaiser,[122] ihres Mittelsmannes, standen beide Männer in jenen Tagen in enger persönlicher Verbindung miteinander. Goerdeler lehnte zwar nach wie vor grundsätzlich eine Mordtat ab und entwickelte immer neue Pläne, wie man des lebenden Hitler habhaft werden könnte, drängte aber um so eifriger auf eine rasche „Tat". Stauffenberg ließ er wissen, er selbst verabscheue jeden, auch den politischen Mord, sei aber bereit, anderen die Verantwortung dafür zu überlassen und seinerseits die politischen Folgen für einen Umsturz auswerten zu helfen.

Am 10. hatte ihm Kaiser eine Bitte Stauffenbergs übermittelt, er möge sich für den 11. bereit halten; nachmittags erfuhr er dann, die geplante Aktion sei nicht zustande gekommen. Daraufhin ließ er dem Grafen sagen, die Lage sei so gespannt, daß nunmehr schleunigst „nach vorn durchgebrochen werden müsse“, und beschwor ihn am nächsten Tag erneut, unverzüglich zu handeln. In derselben Richtung hat auch Gisevius auf ihn eingewirkt. In der Nacht vom 12. zum 13. legte er Stauffenberg dar, gewiß sei jede Hoffnung auf Vorverhandlungen mit den Westmächten nun geschwunden, und es bleibe nichts als Kapitulation und totale Besetzung Deutschlands übrig. Indessen käme nun doch alles darauf an, „ob der Schlußakt von draußen oder drinnen erzwungen würde und ob sich die Armee wenigstens jetzt zu einer Handlung aufraffte“.[123] Aber stärker als alle diese Mahnungen wird Stauffenbergs Entschluß bestimmt haben, was er soeben durch Hofacker aus Paris erfuhr: daß Kluge bereit sei, den Staatsstreich mitzumachen, aber nur, wenn zuvor Hitler beseitigt sei und der Anstoß von Berlin käme; daß auch Rommel sich zum Abfall rüste und daß die Westfront höchstens noch einige Wochen standhalten könne: dann werde so oder so der Durchbruch der Westalliierten erfolgen.[124] Schon am 14. ließ er die Mitverschworenen abermals alarmieren: am nächsten Tag sollte das Attentat ganz bestimmt erfolgen, und zwar während einer Sonderbesprechung in der Wolfsschanze bei Rastenburg, zu der er General Fromm begleitete. Diesmal war alles auf den Staatsstreich vorbereitet. Schon um 11 Uhr gab Olbricht das Stichwort „Walküre“ an die Truppen in und um Berlin aus, das sie gegen das Zentrum der Hauptstadt in Bewegung setzte – angeblich zur Bekämpfung „innerer Unruhen“, wie die Tarnung lautete. Um 13 Uhr sollte die Lagebesprechung beginnen, gleich darauf das Attentat erfolgen. Eine halbe Stunde später meldete Stauffenberg telefonisch, daß sein Anschlag abermals mißlungen war. Es war schwierig genug für Olbricht, vor der Truppe und den vorgesetzten Dienststellen den unzeitigen Alarm nachträglich als „Übung“ zu tarnen.[125] Was war diesmal das Hindernis? Nach dem einzigen Ohrenzeugenbericht, den wir bisher besitzen, abermals die Tatsache, daß Himmler und außerdem Göring fehlten. Das veranlaßte Stauffenberg, vor der Tat noch einmal in der Berliner Zentrale telefonisch Rückfrage zu halten, ob sie trotzdem geschehen sollte. Als er in die Besprechungsräume zurückkam, war die Versammlung schon aufgelöst und Hitler verschwunden. Nun hatten Rommel und Kluge ja ausdrücklich gefordert, auch jene beiden Unholde müßten beseitigt werden. Überdies hörten wir schon früher (Abschnitt III) von der Sorge der Verschwörer vor etwaigem Widerstand der in Berlin stationierten SS-Truppen und Luftwaffeneinheiten, wenn diese ihren obersten Befehlshaber behielten. Das alles mag Stauffenbergs verhängnisvolles Zögern erklären. Auffallend ist nur, daß man diesen Fall nicht schon vorher besprochen und geklärt hatte.[126] Jedenfalls beweist dieser Vorgang, daß auch eine so entschlossene Soldatennatur wie er nicht gänzlich gefeit war gegen jenes Versagen seelisch-geistiger Kräfte, das der menschlichen Natur in entscheidenden Augenblicken so leicht zum Verhängnis wird.

Niemand hat unter der furchtbaren, zuletzt ergebnislosen Spannung dieses Tages mehr gelitten als Goerdeler, der ihn zusammen mit Gisevius im Hause Becks verbrachte. Die endlosen Beratungen über Postenverteilung, mit denen man sich dort die Wartezeit verkürzte und in denen der alte, aus Zürich herbeigeeilte Kampfgenosse vor allem für sich selbst und seine engeren Freunde eine passende Verwendung auszumachen suchte, werden ihn ebensowenig erbaut haben wie die kritische Beleuchtung der von Beck vorgelegten Proklamationsentwürfe Stauffenbergs und die Debatten um das Ausmaß künftiger politischer Säuberungsaktionen, die Gisevius sehr weit ausdehnen wollte. Was ihn aufs tiefste erschütterte, war aber die Summe militärischer Hiobsposten, die Beck inzwischen durch Hofacker von Rommel und Kluge empfangen hatte – Nachrichten, die alle seine Hoffnungen auf Verhandlungen mit dem Westen vor der Kapitulation zusammenbrechen ließen. Dies um so mehr, als gleichzeitig von Tresckow die Meldung kam, nach dem Zusammenbruch der Mittelfront im Osten (27 Divisionen konnten als vernichtet gelten, und die feindlichen Panzerverbände standen schon knapp 100 km vor dem Rastenburger Hauptquartier!) werde Ostpreußen auf die Dauer nicht zu retten sein. „Wenn die Dinge in Ost und West so eindeutig standen“, schrieb er später rückblickend,[127] „war sehr zu überlegen, ob wir in die Entwicklung noch eingreifen sollten, anstatt die Verantwortung sich klar herausbilden zu lassen. Ich war tief erschüttert und schlug Beck vor, daß wir beide sofort nach dem Westen fahren wollten, um mit Kluge zu sprechen und darnach zu entscheiden, ob Aktion oder nicht und welche. Beck versprach, meinen Vorschlag mit Stauffenberg zu besprechen.“

Man darf also wohl sagen, daß Goerdeler in diesem Augenblick wirklich ratlos war. Wie Gisevius berichtet, hatte ihm dieser schon bei seinem ersten Besuch am 12. angedeutet, er sähe nur noch eine Möglichkeit: Kluge und Rommel zu veranlassen, daß sie ein separates Waffenstillstandsangebot an Eisenhower richteten und die anglo-amerikanischen Truppen schnellstens nach Deutschland hereinfluten ließen, damit sie Berlin wenigstens noch vor den Russen erreichten. Beck gegenüber hatte er sogar Zweifel darüber geäußert, ob die Alliierten überhaupt noch bereit sein würden, eine handlungsfähige Reichsregierung anzuerkennen. Im Gegensatz zu früheren Jahren hatten seine Freunde Graf Helldorff und Nebe eine Mitwirkung der Polizei bei der Durchführung eines Staatsstreiches für unmöglich erklärt und über Stauffenbergs Eignung zum Verschwörer sich sehr kritisch geäußert. Er wollte also jetzt auch auf das Attentat verzichten, im Westen einfach kapitulieren – aber in der Hoffnung, damit wenigstens der Überflutung Deutschlands durch die Bolschewisten zu entgehen. Es scheint nicht, daß er die neueste Meldung Johns aus Madrid schon kannte, nach der eine gleichzeitige Kapitulation im Osten verlangt wurde. Aber er wußte Bescheid über die Abmachungen von Teheran, kann also an die Möglichkeit einer längeren Fortsetzung des Kampfes im Osten nicht mehr geglaubt haben.[128] Praktisch lief sein Vorschlag, den er die „Westlösung" nannte, demnach auf ein bedingungsloses Kapitulieren, aber zugleich auf eine Art von Wettlauf der Besatzungsarmeen hinaus.

Drei Tage vorher hatte sich Goerdeler noch leidenschaftlich gegen eine schlichte Waffenstreckung im Westen gewehrt. Jetzt lieh er – nach Gisevius' Darstellung – dessen Vorschlägen ein willigeres Ohr. Gemeinsam mit Beck (oder vielleicht auch Gisevius) wollte er nach Paris fliegen, in einem von der Abwehr (Oberst Hansen) zur Verfügung gestellten Flugzeug,[129] und die deutschen Befehlshaber bearbeiten. Da er selbst am Sonntagmorgen (16. Juli) nach Leipzig fuhr, um sich von seiner Familie zu verabschieden, trug er Gisevius auf, auch Beck für diesen Plan zu gewinnen.

Indessen hat er ihn nach seiner eigenen Darstellung ganz anders verstanden: nicht bedingungslose Kapitulation hätte er darnach Kluge und Rommel empfehlen wollen, sondern eine Abmachung, die nun freilich ganz utopisch gedacht war. Ein Waffenstillstand sollte ausgehandelt werden, nach dem die britisch-amerikanischen Armeen in Frankreich stehenblieben und das deutsche Westheer zur Abwehr der Russen quer durch Deutschland nach der Ostfront abrücken ließen. „Hitler sollte dabei vor die Wahl gestellt werden" (schreibt Goerdeler), „diese Rettung mitzumachen und zurückzutreten oder durch die Tat und die befreite Volksstimmung zum Rücktritt gezwungen zu werden. Das unselige Attentat wäre vermieden und durch offenes Wort in offener Mannestat das Volk unterrichtet und der Erfolg gesichert."

Es scheint mir nicht ganz sicher, ob die im Gefängnis entstandene Selbstrechtfertigung, in der sich diese Äußerung findet, ohne weiteres als historische Darstellung der wirklichen Absichten des Verfassers betrachtet werden darf. Es könnte immerhin sein, daß er hier von dem Attentatsgedanken weiter abgerückt ist, als seinen wirklichen Gedanken im Juli 1944 entsprach. Aber so hat er sich jedenfalls vor der Nachwelt (für die seine Aufzeichnungen bestimmt waren) selbst darzustellen gewünscht, und da er sich gleich darauf mit Selbstvorwürfen überhäuft, daß er nicht auf der Durchführung dieses Planes bestanden habe, ist anzunehmen, daß er zum mindesten nachträglich an die Durchführbarkeit solcher Pläne geglaubt hat. Es war der letzte Vorschlag, den er überhaupt in die politische Debatte geworfen hat, und man wird nicht anders urteilen können, als daß dieser Plan deutlicher als irgendein früherer zeigt, wie weit der unbeirrbare Glaube dieses edlen Mannes an den Sieg politischer Vernunft ihn über die Schranken politischer Wirklichkeit – einer armseligen und bösen Wirklichkeit! – hinaustragen konnte. Als gläubiger Idealist, hilflos gegenüber der Dämonie der Macht, hat er seine politische Laufbahn beendet. Freilich wäre es sehr ungerecht, wollte man diese Hilflosigkeit allein auf Mängel seines politischen Wirklichkeitssinnes zurückführen. Die Lage Deutschlands war jetzt so verfahren, daß es überhaupt keinen sicheren Weg zur Rettung mehr gab. Auch das Attentat war ein Sprung ins Dunkle – mehr nicht.[130]

Als er am Dienstag früh von Leipzig zurückkehrte, erfuhr er durch Hauptmann Kaiser, im Auftrag von Gisevius (der es durch Kriminalrat Nebe erfahren hatte), daß die Geheime Staatspolizei seine Verhaftung angeordnet habe. Auch Stauffenberg fand sich ein und teilte mit, er habe jetzt „unmittelbare Verbindung zu Churchill"; dieser sei im Besitz der Forderung, „daß im Fall der Aktion alles deutsche Gebiet im Reich verbleiben oder mit ihm vereint werden müsse".[131] Das klang sehr zuversichtlich, und als Goerdeler seinen Wunsch vorbrachte, gemeinsam mit Beck sofort nach Paris zu Kluge zu fliegen, erfuhr er, Stauffenberg habe sich inzwischen mit Beck darüber geeinigt, daß ein solches Unternehmen untunlich wäre. Die besorgte Frage unseres Patrioten, ob sich Ostpreußen wohl militärisch halten lasse, wurde verneint. Man trennte sich dann in Freundschaft und verabredete eine Fluchtadresse (Gut Rahnisdorf bei Herzberg), über die Goerdeler in der nächsten Zeit erreichbar sein würde. Stauffenberg riet aber seinem Partner dringend, sich schleunigst unsichtbar zu machen und nicht durch längeres Herumfahren und Herumtelefonieren in Berlin die ganze Verschwörung zu gefährden. Goerdeler ist es sehr schwer gefallen, diesen Rat zu befolgen. Vergeblich mühte er sich, durch ein getarntes Telefongespräch Gisevius zu einer neuen Zusammenkunft zu bewegen – plötzlich fühlte er mit Schaudern und Befremden, wie alle Freunde vor ihm zurückwichen wie vor einem Pestkranken, seit das Gespenst der Gestapo unsichtbar hinter seiner Erscheinung stand. Schweren Herzens begann er seine Flucht.

Während seiner Abwesenheit von Berlin hatte Stauffenbergs engster Freundeskreis sich zu einem klaren, einfachen und festen Entschluß durchgerungen. Am Sonntagabend (16. Juli) hatten sich Trott, Fritz Schulenburg und Hofacker mit Berthold und Klaus Stauffenberg in dessen Wohnung in Wannsee zusammengefunden, um die durch das Scheitern des zweiten Attentatsversuchs entstandene Lage zu beraten. Hofacker berichtete, „daß der Nachschub des Feindes in etwa 14 Tagen eine erschütternde Übermacht an Menschen und Material geschaffen haben werde, der die sich in der Abwehr verzehrende Invasionsfront bestenfalls noch sechs Wochen Widerstand leisten könne". Adam von Trott vertrat, wie es in dem mir vorliegenden Gestapobericht heißt, „den Standpunkt, daß man auf der Feindseite verhandlungsbereit sei, sobald dafür die Voraussetzung, ein völliger Wechsel des Regimes, geschaffen werde". Da wir Trott als einen klar blickenden diplomatischen Fachmann kennen, muß dies wohl so verstanden werden, daß er riet, in dieser Stunde höchster Gefahr für Deutschland nicht mehr weiter auf irgendwelche Erläuterungen des „unconditional surrender" von der Feindseite her zu warten und zu hoffen, sondern kurz entschlossen die befreiende Tat zu wagen, im Vertrauen darauf, daß dadurch in jedem Fall eine bessere diplomatische Atmosphäre geschaffen würde. In der anschließenden Diskussion kam man zu dem Entschluß, die künftigen Verhandlungen von „Militär zu Militär" zu führen, „und zwar nicht nur mit den Feinden im Westen, sondern auch mit den Sowjets, wobei der alte Schulenburg (der frühere Botschafter) und der ehemalige Militärattaché in Moskau (General Köstring) als Sachkenner in die Verhandlungen eingeschaltet werden sollten. Nach der englisch-amerikanischen Seite wollte von Trott dabei sein".[132] Das entsprach ungefähr den Plänen, die schon im Herbst 1943 verabredet waren. Man sieht: die illusionäre Idee eines Abbruchs der Westfront zur Stützung der Ostfront wurde aufgegeben und vollends die sogenannte „Westlösung" des Gisevius und seiner Freunde; sie fiel unbeachtet zu Boden. Man fand den gesunden Entschluß, dem sich am nächsten Tag auch Beck anschloß, zunächst einfach die entscheidende Tat zu wagen, Deutschland von seinem Tyrannen zu befreien und sich gleichsam mit geschlossenen Augen in den Strom des Schicksals zu werfen – im Vertrauen darauf, daß dieses Schicksal immer noch gnädiger ausfallen würde, wenn Deutschland sich selbst von seiner Schande befreite, als wenn es dies den Feinden überließe.

Aus diesem Geist, der an die Haltung eines Gneisenau und des jugendlichen Clausewitz erinnert, ist die Tat des 20. Juli entsprungen. Aus der Überzeugung (wie einst Clausewitz schrieb), „daß ein Volk nichts höher zu achten hat als die Würde und Freiheit seines Daseins und daß der Schandfleck einer feigen Unterwerfung nie zu verwischen ist". Wer eine solche Tat unbesonnen oder politisch unklug schilt, der hat ihr Wesen und ihre historische Bedeutung nicht begriffen. Gescheitert ist sie nicht etwa am technischen Ungeschick ihrer Durchführung oder an der Unentschlossenheit der daran beteiligten Offiziere – wer daran Kritik übt, soll erst einmal glaubhaft machen, daß und wie er es in der konkreten Situation des 20. Juli besser gemacht hätte! –, sondern an dem unheimlichen Zufall, daß nun gerade Hitler nicht von der Bombe zerrissen wurde. Die Tatsache, daß er überlebte, machte alle Bemühungen Stauffenbergs und

Becks, mit Hilfe von Fiktionen den Staatsstreich doch noch zu retten, unter allen Umständen aussichtslos. Zufall kann man das nicht mehr nennen. Es war Fügung. Deutschland sollte nun einmal, so war es wohl vorbestimmt, den bitteren Kelch seiner Erniedrigung und seines selbst verschuldeten Unglücks bis zur Neige austrinken. Aber das alte Europa ist dabei mit zugrunde gegangen.

Sechzehntes Kapitel

DAS ENDE

Der am 17. Juli gegen Goerdeler erlassene Haftbefehl war – wenn Gisevius recht unterrichtet wurde[1] – noch keineswegs dadurch veranlaßt, daß man eine greifbare Spur seiner Verschwörertätigkeit gefunden hatte. Ein völlig Unbeteiligter, im Grunde Harmloser, dessen Opposition sich im wesentlichen auf unvorsichtige Redereien beschränkte, hatte ihn als künftigen Reichskanzler genannt – das war alles. Es sah zunächst nicht allzu bedrohlich aus. Aber natürlich: die Explosion des 20. Juli brachte ihn sofort in höchste Gefahr. Seitdem wurde die Flucht vor den Greifarmen der Staatspolizei ein Wettlauf um Tod und Leben. Wie ein gehetztes Wild, von Jägern umstellt, suchte unser Patriot irgendeinen sicheren Unterschlupf – zuletzt vergebens.

Die einzelnen Stationen seiner Flucht hat sein Sohn Reinhard 1945 durch Befragen aller Beteiligten genau zu ermitteln gesucht.[2] Daraus ergibt sich, daß Goerdeler, entgegen dem Drängen seiner Freunde, zunächst zögerte, sich von Berlin zu trennen. Nach der Unterredung mit Stauffenberg am 18. Juli rief er den ihm treu ergebenen Oberregierungsrat Wolf, Verkehrsreferent im Berliner Polizeipräsidium (früher Leipzig) an, der ihm schon mehrfach seinen Polizeidienstwagen zu größeren Fahrten zur Verfügung gestellt hatte. Dieser war auch jetzt wieder hilfsbereit, und so geschah das Groteske, daß Goerdelers Flucht vor der Gestapo in einem Polizeidienstwagen begann. Zunächst wurden Jakob Kaiser und Leuschner aufgesucht, die gerade zu einer Besprechung beisammen waren. Man beriet, was nun geschehen sollte. Da die große „Aktion" unmittelbar bevorstand, war es natürlich, daß man Goerdelers Absicht zustimmte, sich bis dahin zu verbergen. Die mit Stauffenberg verabredete Fluchtadresse wurde den Freunden mitgeteilt, die Fahrt nach Herzberg für den nächsten Tag mit Herrn Wolf verabredet. Es scheint (nach dessen Bericht), daß auch noch andere Freunde „im Südwesten Berlins" zu Besprechungen aufgesucht wurden, daß aber Goerdeler mit dem Ergebnis sehr unzufrieden war. Die Nacht brachte er in der Wohnung seiner Nichte Frau Eva Held in Potsdam zu, den nächsten Vormittag und Mittag bei seiner Schwester ebendort. Von hier aus ließ er (über Jakob Kaiser) briefliche Nachrichten an Beck und an Strünck ergehen, den er um Ausstellung eines falschen Passes (mit Hilfe des militärischen Abwehrbüros) bat – ein Versuch, der aber dann scheiterte infolge der Ereignisse des 20. Juli. Am Nachmittag des 19. holte ihn Dr. Wolf in seinem Privatwagen (mit geänderten Kennzeichen) an einem verabredeten Treffpunkt ab – in größter Spannung, weil sich Goerdeler stark verspätet hatte. Die Fahrt ging dann auf weiten Umwegen (zur Täuschung etwaiger Beobachter) nach Herzberg, wo der gefährliche Fahrgast auf freiem Feld in der Nähe des Bahnhofs abgesetzt wurde. Man verabschiedete sich mit der Abrede eines telefonisch durchzugebenden Stichwortes, das Wolf gegebenenfalls veranlassen sollte, sofort an dieselbe Stelle zurückzukommen und Goerdeler zur „Aktion" nach Berlin zurückzubringen. Er war aber in sehr gedrückter und besorgter Stimmung. „Zurückdenkend", schreibt Dr. Wolf, „muß ich sagen: der Mann, der dort in den sinkenden Tag hineinschritt, war nicht einer, der frohgemut seiner künftigen Aufgabe als Kanzler Deutschlands entgegenging. Es war ein Mann, der schwer an der Last seiner Verantwortung trug."

Zu Fuß erreichte Goerdeler das Gut Rahnisdorf, dessen Besitzer, Baron Palombini, ein Vetter des Generals v. Choltitz, schon lange zu seinen politischen Vertrauensleuten gehörte und das schon mehrfach als Treffpunkt der Verschwörung gedient hatte. Er wartete dort den Militärputsch des 20. Juli ab, ohne seinen Gastgeber darüber zu informieren, daß und weshalb er sich auf der Flucht befand – eine Zurückhaltung, die später diesem das Leben gerettet hat. Als die Gestapo am 21. in Rahnisdorf erschien, um den Baron zu verhaften, gelang es ihm selbst, auf ein etwa 20 km entferntes anderes Gut zu seinem alten Kriegskameraden Major Ehrhardt zu entkommen, wo er bis zum 24. Juli blieb. Dann hielt es ihn nicht länger in seinem Versteck: am 25. eilte er über Dessau, wo er auf dem Luftfahrtministerium vorsprach, nach Berlin zurück, um sich dort täglich mit Freunden zu beraten, insbesondere mit Jakob Kaiser, Frau Dr. Nebgen, Leuschner und Wirmer, an wechselnden Treffpunkten und mit wechselndem Nachtquartier (Frau Dr. Landwehr, Bürgermeister a. D. Fritz Elsas), gedeckt nur durch das Menschengewimmel der Großstadt. Auf die Länge erschien das aber doch zu gefahrvoll, und der zeitweise erwogene Plan, den Militärputsch vor der Polizeibehörde einfach zu verleugnen, erwies sich rasch als undurchführbar, da der Gestapo gleich am ersten Tag die Liste der „politisch Beauftragten" bei den Wehrkreiskommandos, bald auch die Ministerliste im Panzerschrank Olbrichts in die Hände fielen und die Verhaftungen der Zivilisten begannen. Es mußte also ein neues Versteck gesucht werden. Goerdeler fand es durch Vermittlung des früheren Chemnitzer Stadtrats Curt Schatter (mit dem ihn Dr. Elsas in Verbindung brachte) und des Oberbürgermeisters a. D. Klimpel in Friedrichshagen: in der Wohnung des Herrn Bruno Labedzki, eines einfachen Bürodieners, der aus reiner Menschlichkeit, ohne seinen Gast vorher gekannt zu haben, ihm Unterschlupf gewährte und die schmalen Lebensmittelrationen seiner Familie mit ihm teilte. Es handelte sich um eine enge, bescheidene Parterrewohnung in einem mehrstöckigen Miethaus; das Versteck war besonders im Falle von Luftalarm von Entdeckung sehr bedroht. Goerdeler blieb zunächst nur zwei Nächte dort (27.–29. Juli) und suchte dann in Strausberg vergeblich einen neuen Unterschlupf (bei Herrn Herbert Lehmann). Die Nacht vom 29.–30. Juli brachte er bei seinem Vetter Willy Ulrich in Berlin-Nikolassee zu, der ihm riet, sich verkleidet zu den Russen durchzuschlagen; statt dessen hoffte der Flüchtling auf schwedische Hilfe. Zu diesem Zweck hatte er am 29. den Pastor D. Lilje (jetzigen Landesbischof von Hannover) in Lichterfelde aufgesucht und ihn gebeten, Verbindung mit dem schwedischen Gesandtschaftspfarrer herzustellen. Da Lilje durch Dienstgeschäfte verhindert war, riet er ihm, den schwedischen Gottesdienst am Sonntag (30. 7.) zu besuchen, was er auch tat. Als er nach Schluß den Geistlichen ansprach, stellte sich heraus, daß der schwedische Pfarrer verreist war und durch einen deutschen Bekenntnispfarrer (Desert) vertreten wurde. Doch versprach ihm dieser, seine Bitte weiterzugeben, man möge ihn unter schwedischen Schutz stellen. Sie blieb indessen erfolglos.[3]

Auf der Suche nach einem neuen Nachtquartier klopfte der Flüchtling nun in Potsdam bei seinem früheren Corpsbruder Studienrat Dr. Brodführer an, der ihn auch aufs herzlichste aufnahm und am nächsten Morgen eine kleine, bescheidene Feier seines 60. Geburtstages für ihn veranstaltete; ihr folgte mittags ein neues Zusammentreffen mit politischen Freunden in einem Berliner Zigarrengeschäft (Voss, Rosenthalerstraße). Aber schon wurde es höchste Zeit, dem heißen Berliner Pflaster wieder zu entfliehen und das Versteck in Friedrichshagen wieder aufzusuchen. Volle acht Tage (vom 31. Juli bis 8. August) hat Goerdeler bei der Familie Labedzki zugebracht, die sich auch dadurch nicht abschrecken ließ, daß sie am 1. August durch den Londoner Rundfunk von der öffentlichen Fahndung auf Goerdelers Person erfuhr und von dem ungeheuerlichen Preis von einer Million Mark, der für seine Ergreifung ausgesetzt war. Der Steckbrief erschien jetzt in allen deutschen Zeitungen mit seinem Bild. Seine Gastgeber waren nun genötigt, seine Anwesenheit sogar vor der Familie Schatter, ihren Nachbarn, zu verleugnen; aber sie sorgten in der selbstlosesten Weise für ihn, ließen sich auch willig zu Botengängen an alle möglichen Bekannten gebrauchen, die Goerdeler vergeblich um Unterkunft bitten ließ. Dr. Wirmer, der Geldhilfe und ein neues Versteck versprach, wurde gleich darauf selbst verhaftet, was unseren Flüchtling schwer erschüttert hat.

Es entsprach der rastlosen Aktivität seiner Natur, daß er diese Tage unfreiwilliger Muße sogleich zu neuer Schriftstellerei benutzte. Außer den Jugenderinnerungen, die wir schon kennen (Kapitel 1), ist damals eine größere Denkschrift „Die Aufgaben deutscher Zukunft" entstanden.[4] Sie entwickelt in besonders knapper und präziser Form das uns schon bekannte Programm einer deutschen Staatsverfassung, Wirtschafts- und Außenpolitik der Zukunft, gleichzeitig aber einen sehr spartanisch anmutenden Plan für den Wiederaufbau der zerstörten Städte und Industriebetriebe und für den Ausgleich der Kriegslasten. Die Vorschläge Professor Erhards (des heutigen Bundeswirtschaftsministers) für die Lösung des Kriegsschuldenproblems werden sehr gelobt, am Schluß „Lehren der Geschichte" zusammengestellt, die Goerdeler dem deutschen Volk ans Herz zu legen wünscht. Das Christentum, ausschließlich als Predigt der Nächstenliebe verstanden, muß künftig das Fundament aller Innen- und Außenpolitik werden. „Der Staat ist kein Selbstzweck, sondern ein Mittel, Ordnung des Lebens und Wohlfahrt der Bürger zu ermöglichen."

Man sieht, dieser Mann ist so besessen von dem Glauben an seine Berufung als Reorganisator von Staat und Gesellschaft, daß er selbst in diesem verzweifelten Augenblick sich nicht mit dem Rückblick auf das verlorene Glück seiner Jugend begnügen kann, sondern weiter an seinen Zukunftsplänen spinnt und eine Art von politischem Testament verfaßt; es soll dazu helfen, seine politischen Ideen weiterleben zu lassen auch über die drohende Gefangenschaft und den dann sicheren Tod hinaus. Es ist genau dieselbe Haltung, in der wir ihn später im Gefängnis wieder treffen werden.

Sein Gastgeber hat beide Niederschriften treulich aufbewahrt und durch den Krieg hindurchgerettet. Auf die Dauer konnte aber Goerdeler diese guten Leute nicht länger durch seine Gegenwart in Gefahr und Nahrungsknappheit bringen, sich auch bei Luftangriffen nicht immer wieder in Schränken und dergleichen verstecken. Aber wohin dann? Sollte er ins neutrale Ausland fliehen, etwa zu seinen schwedischen Freunden übers Meer? Aber er besaß keinen gefälschten Paß – wie sollte er ihn jetzt noch beschaffen? Zu den Bolschewisten überzulaufen hat sich sicher alles in ihm gesträubt. Entscheidend war für ihn zuletzt die Sorge, durch eine Flucht ins Ausland seine Angehörigen in Lebensgefahr zu bringen.[5] Wenn man seinen Angaben vor der Gestapo glauben darf, war ihm allmählich klargeworden, daß es für ihn keine realen Möglichkeiten der Flucht und kein Versteck mehr gab. Wenn er aber schon über kurz oder lang den Verfolgern in die Hände fallen mußte, dann wollte er noch ein letztes Mal seine westpreußische Heimat wiedersehen und Abschied von ihr nehmen an der Stelle, die er bei jedem Ferienaufenthalt aufzusuchen pflegte: an den Gräbern seiner Eltern und nächsten Verwandten in Marienwerder. Dies scheint nach längerem, ratlosem Schwanken sein letzter Entschluß gewesen zu sein, als er am Abend des 8. August seinen Rucksack packte, seinen Wanderstock ergriff und sich auf eine höchst abenteuerliche Reise machte. Da Fernfahrten in den Osten um diese Zeit nur noch mit amtlichen Ausweisen möglich waren, die Vermittlung eines falschen Passes durch Hauptmann Strünck aber fehlschlug, versuchte Goerdeler, seinen Wehrpaß selbst auf einen fremden Namen umzuschreiben, was aber nur so unvollkommen gelang, daß es sich bei seiner Verhaftung später als wirkungslos erwies. Um Kontrollen zu entgehen, benutzte er auf der Fahrt nach Westpreußen möglichst viele Neben- und Kleinbahnstrecken und ließ sich immer nur für Teilziele Fahrkarten geben. So gelangte er schließlich, mit vielen Umwegen und Aufenthalten, bis zum Abend des 10. nach Marienburg, brachte die Nacht im Warteraum des Bahnhofs zu und fuhr früh am Morgen nach Marienwerder. Dort hat er zwei alte Hausfreundinnen und dann den Friedhof aufgesucht. Aber nun zeigte es sich, daß er als Flüchtling kein unglücklicheres Reiseziel hätte wählen können als dieses westpreußische Städtchen, wo ihn beinahe jedermann kannte. Schon in der Nähe des Friedhofs wurde er von einer Frau erkannt, die ihm hartnäckig folgte. Er wagte deshalb gar nicht, bis zum Grab seiner Eltern vorzudringen, sondern schlug sich seitwärts auf Nebenwege in der Richtung Rahnsdorf, Stuhm, Marienburg, um die Verfolgerin loszuwerden. Nach vielstündigem Fußmarsch kam er bis Stuhnsdorf, gab dort seinen Rucksack als Reisegepäck bis Marienburg auf (offenbar nicht mehr imstande, ihn noch weiter zu schleppen) und brachte die Nacht am Stuhmer See zu. Der Weitermarsch am Morgen des 12. führte ihn bis zu einer Gastwirtschaft bei Konradswalde, Kreis Stuhm, die er todmüde aufsuchte, um zu frühstücken. In seiner tiefen Erschöpfung beachtete er nicht, daß sich in eben diesem Lokal die Zahlstelle eines nahen Fliegerhorstes einquartiert hatte. Erst nach einiger Zeit merkte er, aufblickend, daß ihn eine Luftwaffenhelferin am gegenüberstehenden Tisch scharf beobachtete, und verließ ohne Frühstück sofort das Haus, um in den nahen Wald zu entkommen. Es war aber schon zu spät. Die Büroangestellte, die ihn erkannt hatte, Helene Schwärzel, stammte aus dem Seebad Rauschen, dem ständigen Feriensitz der Familien Goerdeler-Ulrich. Sie war mit ihnen seit vielen Jahren bekannt und hatte samt ihrer Mutter manche Freundlichkeit von ihnen erfahren. Es war nicht Bosheit, auch keineswegs Geldgier, sondern wie es scheint, der für Leute dieser Art meist unwiderstehliche Reiz der Sensation und eine Art von halbbewußtem Geltungsdrang, der sie veranlaßte, zwei bei ihr sitzende Zahlmeister auf den Fremden aufmerksam zu machen; mehr noch: als sie zweifelten und zögerten, auf seine Verfolgung und Verhaftung zu drängen – hinterher war sie sehr unglücklich über das, was sie angerichtet hatte.[6] Weder Goerdeler, der sich mit widerstandsloser Resignation seinen Häschern ergab, noch seine Familie haben ihr deswegen sonderlich gegrollt, sondern sie nur als unselbständiges, letztlich hilfloses Werkzeug eines auf die Dauer unentrinnbaren Schicksals betrachtet. Aber dieses Schicksal war nun freilich von unausdenkbarer Härte.

Kaum weniger als fünf Monate, vom 8. September 1944 bis zum 2. Februar 1945, hat Carl Goerdeler auf die Vollstreckung seines Todesurteils warten, also gewissermaßen zwischen Tod und Leben schweben müssen. Die Geschichte seiner langen Haft gibt seinem Biographen die schwersten aller Rätsel auf. Nur vermuten, nicht einfach schildern läßt sich, was da hinter den Gefängnismauern und was in der Seele des Gefangenen vor sich ging.

Sicher ist, daß ihm das Scheitern des Attentats am 20. Juli und die hoffnungslosen Versuche, den Umsturz dennoch durchzuführen, als eine Bestätigung seiner schweren Bedenken gegen jeden politischen Mord, aber auch gegen die Politik des Grafen Stauffenberg erschienen. Er hat deswegen seine strafrechtliche Mitverantwortung nicht bestritten. „Die Umsturz- und Attentatspläne, die am 20. Juli zur Durchführung kamen, sind mir bekannt. Ich gebe zu, an diesen Plänen an führender Stelle beteiligt zu sein" – wenn auch ohne Kenntnis des Vorhabens zu eben diesem Datum. Das war der erste Satz seiner Vernehmungen vor der Gestapo. Aber moralisch und politisch rückte er gleichwohl von der Gewalttat ab. „Du sollst nicht töten!" rief er als erstes Wort Frau Dr. Nebgen zu, als er mit ihr am 25. auf einer U-Bahnstation in Berlin zusammentraf. Bei allen seinen Gastgebern während der Flucht scheint er sich geradezu mit Erbitterung darüber ausgesprochen zu haben, daß man ihm seinen eigenen Weg, den der offenen Aussprache mit Hitler, verbaut und statt dessen dies unglückselige Attentat verübt hätte. Gewiß: er selbst hatte sich dieser Tat nicht direkt widersetzt, sondern immer nur Gegenvorschläge gemacht. Jetzt empfand er das Scheitern geradezu als „Gottesurteil": es hätte nicht geschehen dürfen, weil es der sittlichen Weltordnung widersprach; darum hatte Gott es scheitern lassen.

Wir stehen damit vor der nackten Tatsache, daß der Hauptträger und Organisator der deutschen Widerstandsbewegung der Tat des 20. Juli nicht nur vorher innerlich widerstrebt, sondern sie nachträglich radikal verleugnet hat. Das ist bitter für alle, die das sittliche Recht dieser Tat bejahen, läßt aber auch die Grenze der politischen Begabung Goerdelers noch einmal deutlich hervortreten; denn sicherlich waren ja alle Umsturzpläne, die das Attentat zu vermeiden suchten, praktisch bloße Utopie; unsere Darstellung hat es immer wieder gezeigt. Und doch: welcher Nachlebende möchte sein Andenken gerade wegen dieses Sträubens herabsetzen! Entsprach es nicht ganz und gar der sittlichen Reinheit seines Wollens, daß er seine Hände nicht mit einer Mordtat beflecken wollte? Man kann ihn wohl einen Besessenen nennen: einen Besessenen der Rechts- und Friedensidee, genau so wie Hitler besessen war von der Idee kämpferischer, brutaler Machtentfaltung. Vielleicht bedurfte es einer solchen Besessenheit, eines so fanatischen Glaubens an die Macht der Vernunft, der natürlichen Moralität des Menschen, der letzten Versöhnbarkeit aller gegensätzlichen Machtinteressen, wie ihn Goerdeler in sich trug, um die schauerlichen Erfahrungen menschlicher Bestialität seit 1933/34 zu überstehen, ohne darüber an der eigenen Lebensaufgabe zu verzweifeln: am Aufbau eines neuen, besseren Deutschlands. Jedenfalls: die Maßstäbe nüchtern-realpolitischen Denkens reichen hier nicht zu.

Als er in das Kellergefängnis im Hauptquartier der Gestapo in der Prinz-Albrecht-Straße eingeliefert wurde, wo man die politischen Hauptfiguren unterbrachte, um sie zu Vernehmungen jederzeit zur Hand zu haben, waren der Personenkreis der Verschwörung und der politische Hintergrund des Militärkomplotts im wesentlichen bereits ermittelt, teils durch Aktenfunde,[7] teils durch Geständnisse.[8] Die Hauptbeteiligten des Militärputsches hatte man auf Hitlers Verlangen schon am 8. August zum Tode verurteilen lassen und hingerichtet, dadurch aber sich selbst wichtiger Zeugen beraubt. Um so mehr kam darauf an, nun möglichst viele Einzelheiten aus Goerdeler herauszuholen, dessen führende Rolle in der Opposition erst jetzt, durch die ersten Vernehmungen, bekannt geworden war; bis dahin hatte man ihn nur als „Defaitisten" (ebenso wie Beck) gekannt und — aus einer gewissen Entfernung — überwacht.[9] Und der Gefangene erwies sich bald als eine Nachrichtenquelle, deren Ergiebigkeit Staunen erweckte.

Mehrfach, und zwar vom ersten Tage an, wird in den Berichten Kaltenbrunners an Bormann-Hitler gemeldet, Dr. Goerdeler habe „außerordentlich weitgehende Aussagen" gemacht, „zahllose präzise Angaben", Zeugnisse „eines geradezu unwahrscheinlichen Gedächtnisses"; die Überprüfung habe in allen Fällen ergeben, daß die Angaben bis ins Detail zuträfen und „die Urteile genau abgewogen" wären.[10] Nur über seine Flucht, vermutete man, habe er im Interesse seiner Helfer und Gastgeber falsche bzw. unvollständige Aussagen gemacht. Seinen Mitgefangenen wurde er bald als Muster eines aufrichtigen Bekenners hingestellt, und sie wurden geradezu gewarnt, nichts zu verschweigen oder zu verschleiern, da Goerdeler bei einer Gegenüberstellung die volle Wahrheit sagen würde[11] – Warnungen, die ihn bald bei den Mithäftlingen in einen bösen Ruf brachten, ja wohl gar als Verräter erscheinen ließen.

War er es? War er seelisch völlig zusammengebrochen und gab er sich selbst und seine früheren Kameraden den Henkern nun hemmungslos preis? Oder tat er es in der eitlen Hoffnung, wenigstens sein eigenes Leben dadurch bis ans nahe Kriegsende zu verlängern? Fragen, die auch nur zu stellen dem Biographen schmerzlich ist, denen er aber keinesfalls ausweichen darf – um der historischen Wahrheit willen.

Zunächst ist eines mit Sicherheit zu erwidern: Von einem seelischen oder auch körperlichen Zusammenbruch kann gar keine Rede sein. In überwältigender Fülle liegen die schriftlichen Zeugnisse dafür vor (wir werden Näheres davon noch hören), daß sich an seiner grundsätzlichen Einstellung zu Hitler und dem Hitler-Reich bis zum letzten Augenblick seines Lebens nichts, aber auch gar nichts geändert hat, und ebensowenig an der vollen, entschiedenen Bejahung seines eigenen Lebenswerkes, an seinem guten Gewissen als Führer einer radikalen, politischen Opposition. Auch seine geistige Kraft blieb bis zum Schluß ungebrochen, wie die unglaublich große Fülle der Niederschriften zeigt, wie aber auch jeder bezeugen kann, der ihn in diesen Monaten gesehen und gesprochen hat. Ich selbst wurde ihm am 8. Januar 1945 zu einer langen Vernehmung gegenübergestellt. Trotz gewisser Anzeichen körperlicher und seelischer Veränderung, von denen später zu reden sein wird, war sein Geist erstaunlich lebendig und klar. Obwohl ihn mein unerwartetes Auftauchen als Häftling sichtlich erschütterte, diktierte er seine Aussagen mit völliger Ruhe, kalt überlegt und genau formuliert, der Sekretärin in die Maschine. Von irgendwelcher Übererregtheit oder gar hemmungsloser Geschwätzigkeit, wie sie durch Anwendung gewisser Drogen erzeugt werden soll, war nicht das geringste zu bemerken. Alles in allem war es durchaus der alte, mir wohlbekannte Goerdeler, der hier sprach. Es ist mir aus mancherlei Gründen mehr als unwahrscheinlich, daß man seiner Aussagefreudigkeit durch irgendwelche Drogen oder gar Folterungen nachgeholfen hat; man hatte es ganz einfach nicht nötig.[12] Er war überzeugt davon, „daß die Staatspolizei um die Ermittlung der Wahrheit bemüht ist, allerdings mit rücksichtsloser Kälte",[13] und er war von Anfang an bereit, ihr dabei weitgehend zu helfen.[14] Das ist alles.

Freilich: es gab auch einen Volksgerichtshof, dessen Verfahren, unter dem Vorsitz des satanischen Freisler, auch Goerdeler als reines Propagandatheater, als Hohn auf jede Gerechtigkeit empfand. Und es gab grausame Methoden indirekter Folterung: eine unerträglich enge, meist stark überheizte Zelle, quälend enge Fesselung, besonders des Nachts, grelles Licht, mitten ins Gesicht während des Schlafs, völlig unzureichende Kost, die ihn (nach dem Zeugnis seines Zellennachbarn Dr. Müller)[15] vor Hunger zuweilen laut stöhnen ließ, Lärm und Geschwätz der Wachposten vor der offenen Zellentür – mit anderen Worten: wochen- und monatelange Schlafstörungen, die einen Menschen wohl zur Verzweiflung treiben und geistig lähmen könnten. Aber so wunderbar es klingt: auch diese Qualen haben den Sechzigjährigen nicht ruinieren, jedenfalls die Klarheit und Produktivität seines Geistes nicht spürbar vermindern können.

Wenn aber so von einem seelischen oder geistigen Zusammenbruch keine Rede sein kann, wird dann nicht sein Verhalten erst recht rätselhaft?

Nun läßt sich bei genauer Betrachtung zunächst feststellen, daß Goerdelers bereitwillig gegebene Auskünfte durchaus nicht in allen Fällen so zuverlässig waren, wie sie den ihn vernehmenden Gestapobeamten erschienen. Ihre Genauigkeit im Detail täuschte darüber hinweg, daß sie oft Wesentliches verschwiegen oder zugunsten gefährdeter Persönlichkeiten umfärbten. Das gilt gleich von der ersten seiner Vernehmungen über die eigene Flucht, der einzigen, deren Protokoll wir im vollständigen Wortlaut kennen. Sehr geschickt hat er da seine Gastgeber gedeckt oder verschwiegen. Als ich selbst ihm gegenübergestellt wurde, war ich ebenso erstaunt über die Genauigkeit seiner Angaben, besonders hinsichtlich der Daten und der Gesprächsgegenstände, wie über die vollendete Klugheit, mit der er an kritischen Stellen des Verhörs belastende Äußerungen so umzufärben wußte, daß sie harmlos, ja für meine Sache günstig wirkten. Es war, als ob er mit sicherem Instinkt herauszuwittern verstünde, in welcher Richtung ich mich wohl verteidigen würde, und der uns verhörende Kriminalkommissar glaubte ihm jedes Wort, weil er meine eigenen, vorher gemachten Aussagen so genau wiederholte. Dasselbe oder Ähnliches wird auch von anderen Fällen – allerdings nicht von allen! – berichtet.[16] Es ist schon denkbar, was Rudolf Pechel vermutet, daß er sehr bald erkannt hat: die wesentlichen Zusammenhänge und die Hauptbeteiligten waren am Tage seiner Verhaftung längst klargestellt; jetzt kam alles darauf an, durch Häufung von immer neuen Details die Verhandlung möglichst lang hinzuschleppen in der Hoffnung, inzwischen würde der Krieg zu Ende gehen, das Hitler-Reich zusammenbrechen, und alle Gefangenen (oder doch ein Großteil von ihnen) würden es überleben. Daß es nur noch wenige Wochen, längstens zwei bis drei Monate dauern könnte, hat er sicher geglaubt und sich auf der Flucht mit seinen Freunden mehrfach darüber unterhalten. Wie hätte er auch nach allem, was er von Tresckow aus dem Osten, von Rommel, Kluge, Hofacker und Speidel von der Westfront, also von den besten militärischen Fachleuten gehört hatte, erwarten können, daß die britisch-amerikanischen Armeen unter Eisenhower noch einen ganzen langen Winter brauchen würden, bis sie sich endlich zum Vorstoß in das Innere Deutschlands entschlossen? Keiner von uns Gefangenen, die wir in den Zellen der Gestapo saßen und voll Sehnsucht und Bangen auf den Tag der Befreiung warteten, hat damals dieses endlose Zögern begriffen. Am wenigsten diejenigen, die (wie der Verfasser) die fast völlige Wehrlosigkeit der sogenannten „Rheinfront" im Spätsommer und Frühherbst noch selbst hatten erleben müssen.

Im einzelnen ist es leider nicht möglich, aus den täglichen Vernehmungsberichten der Gestapo an Hitler genau zu erkennen, wer etwa erstmalig durch Goerdeler „belastet" worden ist. Wahrscheinlich hat es sich aber nur noch um Rand- und Nebenfiguren der Widerstandsbewegung gehandelt, da die Hauptpersonen längst festsaßen, und die „Belastung" wog nicht immer schwer. Man erschrickt zunächst, als Ergebnis des ersten Verhörs (am 14. August) zu lesen, daß „zahlreiche Personen, die sich in wichtigen Stellen des öffentlichen Lebens befinden, belastet worden sind".[17] Ein Gutachten des Reichsministers Speer vom 20. August nennt aber dann die Namen: es sind die Mitglieder des sogenannten „Reuschkreises": Wirtschaftsführer und Volkswirte, die sich zu regelmäßigen Aussprachen über Wirtschaftsfragen versammelten, besonders häufig im Hause des Gutsbesitzers Wenzel auf Teutschenthal bei Halle, und denen Goerdeler seine wirtschaftspolitischen Ideen öfters vortrug. Er hat denn auch nicht versäumt, diesen Klub als rein wirtschaftspolitischen bzw. wirtschaftstechnischen Diskussionsklub zu schildern, und hinzugefügt: Die Herren hätten zwar seine grundsätzliche Ablehnung des Hitler-Staates gekannt; er habe sich aber gehütet, mehr Personen als unbedingt nötig in seine engeren Pläne einzuweihen. Minister Speer hat sich denn auch schützend vor einige dieser Männer gestellt – offenbar mit Erfolg, da die meisten mit zeitweiser Haft davonkamen oder als unentbehrlich in der Rüstungsindustrie geschont wurden.[18] Weitere Nebenfiguren hat der Gefangene, nach einer Aussage des Oberreichsanwalts Lautz, noch nach seiner Verurteilung (am 8. September) in verschiedenen Niederschriften als „Mitwisser" genannt; das habe zu zahlreichen Verhaftungen geführt, doch hätten nur wenige dieser Verfahren, die sich bis in den April 1945 erstreckten, noch zu Ende geführt werden können.[19] Sollte Goerdeler bei diesen Aussagen wirklich die Absicht verfolgt haben, den Gang des Verfahrens zu komplizieren und zu verschleppen, so hätte er in gewissem Sinn seine Absicht erreicht. Es scheint, daß die uferlose Ausdehnung der Verfolgungen, das Auftauchen immer neuer und sehr bekannter Namen in den Reihen der Opposition den Hitler-Behörden zuletzt selbst unheimlich wurde und daß sie sich schließlich scheuten, jede neu auftauchende Spur weiter zu verfolgen.[20] Rund 400 Beamte sollen bei diesen Untersuchungen beschäftigt, etwa 7000 Menschen nach und nach verhaftet worden sein. Mitte September hatte Kaltenbrunner dem „Führer" bereits gemeldet, die Untersuchung sei im wesentlichen abgeschlossen, neue Gesichtspunkte träten jetzt nicht mehr zutage. Acht Tage später fiel den Polizeiorganen ein großer Aktenbestand im Zossener Hauptquartier der Armee in die Hände, der das gesamte, sorgfältig gesammelte Material Becks zur Militärverschwörung von 1938 bis 1940 enthüllte, dazu Teile des Tagebuchs von Canaris – eine Quellenmasse, aus der Hitler lernen konnte, daß die Verschwörung gegen seine Herrschaft schon bis zur Fritsch-Krise von 1938 zurückreichte und daß die angeblich so kleine „Offiziersclique" des 20. Juli bis in die allerobersten Spitzen seiner Wehrmacht hinaufreichte. Die Schockwirkung auf ihn war so groß, daß er verbot, diese Dokumente ohne seine besondere Weisung einem Volksgerichtshof zuzuleiten, und die Untersuchung dieser neuen Fälle streng absondern ließ. General Halders Anwesenheit im Kellergefängnis in der Prinz-Albrecht-Straße sollte vor allen Gefangenen streng geheim gehalten werden, was viele Umstände machte.[21] Tatsächlich hat Hitler die gerichtliche Verhandlung bis zum Kriegsende hinausgeschoben und die am meisten Belasteten (Oster, Canaris, Dohnanyi, Gehre, dazu Strünck, Oberrichter Sack und Dietrich Bonhoeffer) erst im allerletzten Augenblick in Flossenbürg durch ein schnell improvisiertes Feldgericht der SS aburteilen und hinrichten lassen.[22]

Im Ganzen dieser Verfolgung können also die Aussagen Goerdelers schließlich doch keine allzu große Rolle gespielt haben: sie dienten dazu, viele Einzelheiten aufzuklären, eine Reihe von Nebenfiguren mit hineinzuziehen – mehr nicht. Gleichwohl: die Frage bleibt immer noch offen, warum er so bereitwillig aussagte und sich nicht scheute, auch bisher nicht genannte Persönlichkeiten in Lebensgefahr zu bringen. War es einfach Unvorsichtigkeit? Das wäre schwer begreiflich in solcher Lebenslage und wird durch sein früheres Verhalten und durch manche gegenteiligen Erfahrungen im Gefängnis (darunter meine eigene) unwahrscheinlich gemacht. Auch die Deutung Pechels, er habe den Prozeß komplizieren und dadurch hinschleppen wollen, hat zwar viel Einleuchtendes, befriedigt aber allein noch nicht. Denn der Prozeß als Ganzes wurde zwar sehr lange hinausgezogen, aber die Exekutionen der zivilen Angeklagten gingen doch seit Mitte September in ziemlich regelmäßiger Folge alle zwei bis drei Wochen fort.[23] Und schließlich zwingt uns die mannhafte Wesensart Goerdelers, lieber nach grundsätzlichen als nach bloß taktischen Erwägungen für sein Handeln zu suchen.

Vielleicht bringt uns die Betrachtung seiner ersten Aussage über Mitverschworene – der einzigen dieser Art, über die wir Genaueres wissen – auf den richtigen Weg. Was kann ihn veranlaßt haben, seine nahe Verbindung mit so vielen bedeutenden Wirtschaftsführern in solcher Ausführlichkeit zu schildern? Schwerlich etwas anderes als das Bedürfnis, den Hitler-Behörden klarzumachen, daß seine Oppositionsbewegung nichts weniger als eine belanglose Unternehmung einer kleinen Clique ehrgeiziger, verblendeter Offiziere und „Defaitisten" war: daß hinter ihm die bedeutendsten Führer der deutschen Industrie und Landwirtschaft standen. Bald darauf hat er die Haltung der Gewerkschaftsführer, seiner Freunde, noch viel ausführlicher geschildert, später die der kirchlichen Kreise, als deren Repräsentant im September unter anderem mein

Freiburger Kollege von Dietze ihm gegenübergestellt wurde, der erstaunt war, mit seinen Abschwächungsversuchen bei dem Freunde recht wenig Unterstützung zu finden. Mir scheint, es kann gar nicht zweifelhaft sein, warum: Carl Goerdeler dachte nicht daran, in irgendwelcher Ableugnung oder Verschleierung des Geschehenen Deckung zu suchen – im Gegenteil! Er wollte seine Tat nicht verkleinern, sondern so groß, so bedeutend und so gefährlich für das Hitler-Regime als möglich erscheinen lassen. Für ihn handelte es sich überhaupt nicht um einen Offiziersputsch – von dem Attentat Stauffenbergs rückte er wieder sehr deutlich ab –, sondern um den Aufstandsversuch eines ganzen Volkes, repräsentiert durch die besten und edelsten Köpfe aller seiner Schichten, aller Parteien von rechts bis links und beider christlicher Kirchen. Und so, wie er selbst mannhaft zu seiner Tat stand, so erwartete er es – wie selbstverständlich – auch von allen seinen Freunden. Angesichts des Galgens hat er an nichts anderes gedacht als daran, die Wahrheit, die volle und ganze Wahrheit endlich ans Licht zu bringen und den Machthabern ins Gesicht zu schleudern: die Stimme des bedrängten Gewissens unüberhörbar deutlich reden zu lassen. Im öffentlichen Schauprozeß war das unmöglich, wie der schmähliche Verlauf der Verhandlung gegen Feldmarschall von Witzleben und seine Genossen am 7. und 8. August (den er in der Zeitung oder am Rundfunk verfolgt haben wird) schauerlich klar gezeigt hatte. So suchte er um so lauter, deutlicher und vollständiger in den Verhören zu Wort zu kommen.

War das nun die Besessenheit eines blinden Wahrheitsfanatikers, der sich selbst und andere kopfüber ins Verderben stürzt? Oder steckte irgendein politisches Ziel dahinter?

Zunächst ist zu sagen, daß Goerdelers Absichten sich auf eine sehr merkwürdige Weise mit denen Kaltenbrunners, des Gestapochefs, begegneten. Wir hören, dieser habe seinen Beamten die allgemeine Richtlinie gegeben, „es müsse Hitler ein schonungsloses Bild von den Gründen gegeben werden, die zum Attentat geführt hätten. Das könne nicht durch bloße Feststellung eines strafrechtlichen Tatbestandes, sondern allein durch Herausschälung der wahren Motive geschehen. Es seien so viele Männer von hervorragenden beruflichen und charakterlichen Qualitäten in die Verschwörung verwickelt, daß Hitler durch diese Erkenntnis hoffentlich den Schock erlebe, der notwendig sei, ihn zu den notwendigen Änderungen zu veranlassen.“[24] Das mag in dieser Form nachträglich übertrieben sein. Sicher ist aber: einer solchen allgemeinen Weisung entsprechen die täglichen Berichte Kaltenbrunners (bzw. seiner Unterorgane) an den Führer ziemlich genau. Natürlich versäumen sie nicht, gelegentlich Schmähungen und Herabsetzungen der von der Polizei Verhörten einzumischen (nicht immer war ja auch deren Haltung erfreulich, und die geistige Höhenlage der Kriminalkommissare war sehr verschieden). Aber im ganzen überwiegt doch der Eindruck, daß man Hitler (der diese Berichte jeden Abend gierig verschlang) spüren lassen wollte, daß es sich bei den Verhafteten um eine geistige und politische Elite handelte. Lange Zusammenstellungen von Motiven der Verschwörer wurden mehrfach eingefügt, um die Haltung der Offiziere, den Abfall so vieler enttäuschter Nationalsozialisten von der Partei, sogar die patriotische Absicht mancher Verhandlung mit dem Ausland verständlich zu machen. Von einem Kriminalkommissar ist das Wort überliefert: „Daran ist kein Zweifel, daß Sie und Ihre Freunde gute Deutsche sind. Aber Sie sind Gegner des Systems, darum müssen wir Sie vernichten.“[25]

Goerdeler hat diese Grundhaltung sicherlich herausgespürt. Auf nichts ist er in seinen im Gefängnis entstandenen Niederschriften so eifrig bedacht wie darauf, zu zeigen, daß der wahre Patriotismus auf seiner Seite war. Aber letztlich nicht um der eigenen Person und ihres Nachruhms in der Geschichte, sondern um Deutschlands willen. Dessen Schicksal hat ihn offenbar von Anfang an noch stärker beunruhigt als das eigene und das seiner Freunde. Wer ihn verstehen will, muß sich in seine Art, die Welt zu sehen, ganz tief hineindenken. Er sah diese Verschwörung, das Werk unendlich mühsamer und gefahrvoller Unternehmungen vieler Jahre, mit einem Schlag zusammengebrochen – wesentlich dank des kopflosen Draufgängertums (so hart hat er damals geurteilt) seines jüngeren Partners, eines „eigensinnigen Querkopfs“. Nun stand er vor dem Trümmerhaufen seiner Hoffnungen. Aber schlimmer war, daß sich nun auch Deutschland in einen Trümmerhaufen zu verwandeln drohte. Das Luftbombardement begann auch die größten Städte und Industrieanlagen Deutschlands, die kostbarsten Schätze alter Baukultur zu vernichten; in wenigen Wochen, längstens Monaten, mußte die Rote Armee in Berlin stehen. Dann war die Zukunft abendländischer Kultur aufs schwerste bedroht, vielleicht für immer vernichtet. Ließ sich denn gar nichts mehr tun, um diesem wahnsinnigen Spuk ein Ende zu machen? War es überhaupt denkbar, daß der Appell an die Vernunft gänzlich ungehört verhallte? Mußte dieser Hitler denn nicht endlich begreifen, daß es allerhöchste Zeit war, Schluß zu machen, daß seine Herrschaft dicht vor dem Zusammenbruch stand? Je deutlicher, breiter, klarer, exakter man ihm die Unterwühlung seiner Diktatur durch innere Gegner in allen Ständen, allen Ämtern, bis hinauf zu den Spitzen von Armee und Staat ausmalte, um so eher war doch wohl zu hoffen, daß ihm die Augen aufgingen. Was spielten einzelne Menschenschicksale dieser Möglichkeit gegenüber für eine Rolle! Verloren waren sie doch alle, wenn Deutschland zugrunde ging.

Indessen: was bedeuteten die Hoffnungen, Wünsche, Beschwörungen eines Gefangenen im eisernen Mahlwerk dieses menschenfressenden Systems! Erbarmungslos wurden seine Opfer zerquetscht. Noch nicht vier Wochen nach seiner Einlieferung, am 8. September, wurde Goerdeler als „ehrgeizzerfressener, ehrloser, feiger Verräter und politischer Kriegsspion für unsere Feinde" vom Volksgerichtshof zum Tode verurteilt und sein Vermögen eingezogen. Die zweitägige Verhandlung bot das übliche Schauspiel des Niederbrüllens und hämischer, ja gossenhafter Beschimpfungen der Angeklagten (außer Goerdeler noch Hassell, Leuschner, Wirmer und Lejeune-Jung) durch den Präsidenten. Es gab unwürdige Szenen, über die sich sogar der Justizminister Thierack in seinem Bericht an Hitler beschwerte. Goerdeler selbst hatte unter solchen Unflätigkeiten verhältnismäßig am wenigsten zu leiden, konnte aber nicht drei Sätze zusammenhängend sprechen und auch nicht *ein* Mal seine Motive darlegen. Von seinem Offizialverteidiger, der ihm erst am Vortage zugeteilt war, fühlte er sich praktisch im Stich gelassen. – Wie es in diesen Prozessen nicht anders zu erwarten war. Als Goerdeler den Namen des Feldmarschalls von Kluge nennen wollte, schnitt ihm Freisler laut schreiend das Wort ab, verhinderte auch seine Verteidigung gegen den Vorwurf der Kriegsspionage. In seinem Schlußwort erklärte der Angeklagte laut und deutlich, er stünde zu dem, was er getan habe, betrachte aber das Scheitern des Attentats als ein Gottesurteil – was ihm der Vorsitzende nachher als „Scheinheiligkeit" auslegte –, verwahrte sich nachdrücklich gegen den Vorwurf arbeiterfeindlicher, reaktionärer Haltung und wollte mit den Aufrufen der Stauffenberg-Gruppe nicht einfach gleichgesetzt werden. Sein Auftreten wird als offen und würdig geschildert; aber irgendeine eindrucksvolle, zusammenfassende Schlußerklärung wurde ihm unmöglich gemacht.[26]

Erstaunlicherweise war aber nun das Schicksal des Gefangenen mit dem Todesurteil vom 8. September noch keineswegs besiegelt. Während Hassell, Wirmer und Lejeune-Jung, wie in diesen Prozessen üblich, noch am gleichen Tage gehängt wurden, Leuschner zwei Wochen später, blieb Goerdeler, der Hauptschuldige, noch lange Monate aufgespart. Es liegt nahe zu vermuten, daß er dies dem Wunsch der Staatspolizei verdankte, noch recht viele Nachrichten aus ihm herauszuholen. Indessen kann das nicht der einzige Grund gewesen sein. Außer ihm ist auch Popitz, der am 3. Oktober verurteilt wurde, zunächst verschont worden, und zwar bis zu demselben 2. Februar, an dem auch Goerdeler sterben mußte. Er wurde sogar von der Richtstätte wieder zurückgeholt.[27] Beide Männer bekamen den amtlichen Auftrag, Vorschläge für den Wiederaufbau Deutschlands nach dem Kriege auszuarbeiten. Zugrunde lag ein umfänglicher Fragebogen (39 Fragen), der von einem höchst sachverständigen höheren Verwaltungsbeamten (Dr. Mäding) stammte. Es ging um die technische Organisation des Wiederaufbaus der zerstörten Städte und Industriewerke, um den jeweiligen Anteil von Staat und Kommunen, öffentlicher und Privatinitiative, um Fragen der Planung in Gemeinden, Provinzialverbänden und Reich, um kriegstechnische, städtebauliche und volkstumspolitische Probleme, um Siedlungs- und Finanzfragen, Fragen der Rechtsordnung, der Arbeitsbeschaffung und Sozialpolitik – alles in ziemlich buntem Durcheinander, aber für den Verwaltungsfachmann eine prächtige Gelegenheit, seine praktischen Erfahrungen und allgemeinen Reformideen zu entwickeln. Beide Gefangene haben diesen Auftrag mit Eifer bearbeitet; das Resultat legte Goerdeler am 3. Januar fertig vor. Es umfaßte in engzeiliger Maschinenschrift 87 Seiten, die parallele Denkschrift Popitz' 66. Beide wurden durch eine wissenschaftliche Assistentin in Auszügen nebeneinandergestellt und Punkt für Punkt miteinander verglichen.[28] Es ist also kein Zweifel, daß auch ein starkes sachliches Interesse der auftraggebenden Verwaltungsstelle bestanden hat, die Gedanken von zwei so erfahrenen Verwaltungsfachleuten in Händen zu halten. Das gilt erst recht von den weiteren Aufträgen, die Popitz und Goerdeler erhielten. Jener sollte seine Gedanken zur Reichs- und Verwaltungsreform entwickeln, insbesondere zur Neugliederung des Reichsgebiets und über die Zuständigkeit der Reichs-, Landes- und Gemeindebehörden, sowohl im Bereich der politischen Willensbildung wie der Verwaltung; ferner eine Denkschrift ausarbeiten über die Umstellung der Kriegs- auf die Friedenswirtschaft und zuletzt berufliche Lebenserinnerungen niederschreiben als „Beitrag zur Verwaltungsgeschichte". Goerdeler sollte sich äußern über seine Erfahrungen als Preiskommissar und über die Reform der Selbstverwaltung.[29]

Eine große Denkschrift über „Preisüberwachung", mit ausführlichem Bericht über seine eigenen Erfahrungen und eingehenden Vorschlägen für „Preisüberwachung bei fortgeschrittener Kriegswirtschaft", 82 Seiten umfassend, wurde am 9. Januar abgeliefert. Eine dritte, „Gedanken zur Erneuerung der Selbstverwaltung", mit einer sehr eingehenden Kritik der deutschen Gemeindeordnung von 1935 und sehr exakten Vorschlägen zu ihrer Verbesserung, bricht auf S. 61 mitten im Satz ab, wurde also wohl infolge der Hinrichtung nicht mehr zu Ende gebracht. Hier ist noch deutlicher als in der Schrift über Preisüberwachung zu spüren, wie der Verfasser sich bemüht, vor aller Kritik zunächst auch die positiven Leistungen des Hitler-Staates anzuerkennen, und seine Reformvorschläge für Wirtschaft und Verwaltung auch für nationalsozialistische Leser schmackhaft zu machen – freilich ohne darüber seine eigenen Grundsätze preiszugeben.[30] Staunenswert erscheint die Arbeitsleistung aller dieser Denkschriften mit ihrem genau durchdachten, zum Teil literarisch belegten, fachmäßigen Detail.

Was bedeutet das alles? Hat man etwa Goerdelers Leben so lange geschont, weil man ihn noch als Verwaltungsfachmann brauchte?
Die auftraggebende Stelle war die Abteilung III („Deutsche Lebensgebiete") des Reichssicherheitshauptamtes, das sich längst zu einer Art von Zentralbehörde des „Himmler-Staates" ausgewachsen hatte. Leiter dieser Abteilung war Ohlendorf, zuständiger Sachbearbeiter (Referat III A 3 „Innere Verwaltung Reichsgebiet") Dr. Erhard Mäding, Oberregierungsrat im Reichsministerium des Innern, seit Anfang Februar zu dieser Dienststelle abgeordnet. Er hat die Denkschriften der beiden Gefangenen verwaltet, insgesamt etwa 800 Seiten Schreibmaschine, und war an dieser Angelegenheit sachlich stark interessiert. Ende 1944 ist im sogenannten Gästeheim des Reichssicherheitshauptamtes in Wannsee vor einem größeren Kreise von Eingeladenen, darunter auch Angehörigen des Reichsinnenministeriums (Abt. I a) von einem leitenden Mann der Abteilung Ohlendorf ein Vortrag über „die Pläne der Teilnehmer des 20. Juli auf dem Gebiet der Staats- und Verwaltungsreform" gehalten worden. Zugrunde lag in der Hauptsache jener große Plan des (am 10. August hingerichteten) Grafen Fritz Schulenburg für eine künftige Verwaltungsreform, den wir im 13. Kapitel erörtert haben. Er war von der Gestapo beschlagnahmt und wurde von ihr in Abschrift auch dem Reichsinnenministerium zugeleitet. Dort hatte Staatssekretär Stuckart seine Referenten schon im Oktober auf diese „hervorragende, richtungweisende und umfassende" Arbeit des Gehängten hingewiesen. Sie wurde auch jetzt wieder als eine ausgezeichnete Leistung gerühmt, gleichzeitig wurde aber auch über die – damals noch nicht abgeschlossenen – Studien Popitz' und Goerdelers berichtet und bemerkt, daß auch diese Gefangenen, soviel sich bisher erkennen lasse, ein sehr beachtliches Material liefern würden.[31]
Das ist sehr merkwürdig und läßt die von anderer Seite überlieferte Nachricht als glaubwürdig erscheinen, gewisse „mit den Verschwörern sympathisierende Kreise aus SS, Reichsministerialbeamtenschaft und Reichsjustiz" hätten versucht, „die Vollstreckung der über Goerdeler und Popitz verhängten Todesurteile hinauszuschieben, mit dem Untergedanken, sie eventuell ganz verhindern zu können", da das Kriegsende nicht mehr fern war. Darum hätten sie die Erteilung jener Aufträge veranlaßt, um Hitler gegenüber einen Vorwand für den Aufschub der Hinrichtung zu haben.[32] Aber wie konnten solche „Kreise" sich sammeln und aktiv werden?
Der Abteilungsleiter Ohlendorf, Obergruppenführer der SS, war ein Intellektueller aus der Schule von Prof. Jessen, später bei R. Höhn tätig. Jessen hat die Verbindung mit ihm und seinen Freunden auch dann noch weiter gepflegt, als er selber längst zur Opposition gehörte – einmal deshalb, weil ihm daran

lag, über die politische Haltung der SS informiert zu sein, dann aber auch, weil in dem Kreise um Ohlendorf sehr viel freie Kritik an den inneren Zuständen des Hitler-Reiches geübt wurde. Es war wohl so, daß sich in den höheren Rängen der SS immer jüngere Intellektuelle fanden, die sich selbst als Elite und Vorkämpfer einer echten Revolution, die Gefolgschaft Hitlers als weithin korrupt betrachteten. Überhaupt läßt sich sagen, daß Kritik und Zweifel an der Gottähnlichkeit des „Führers“ bis in die obersten Ränge der SS hinaufreichten und daß die innere Geschlossenheit des Führerstaates in den letzten Kriegsjahren nur noch Fassade war.
Jessen war der vertraute Helfer und Freund Popitz', der ihn als Minister auch in seiner akademischen Laufbahn geschützt hat.[33] Ohlendorf war sein Schüler und Verbindungsmann zur SS; Popitz wurde durch Jessen mit Ohlendorf zusammengebracht – sollte nicht diese persönliche Verbindung bei dem mysteriösen Arbeitsauftrag des Reichssicherheitshauptamtes eine Rolle gespielt haben? Es gab wohl wirklich eine Gruppe von SS-Führern, die Goerdelers und Popitz' anerkannte Talente fruchtbar zu machen wünschten für die Zeit nach dem unaufhaltsam sich nahenden Zusammenbruch. Die Tatsache, daß im Amt III des RSHA unter Ohlendorfs Oberleitung ein Nachrichtendienst organisiert war, der mit sachlichem Ernst die wirkliche innere Lage des Reiches und auch die wirkliche politische Stimmung der Regierten zu erfassen suchte – ohne freilich mit seinen schonungslosen Lageberichten irgendeinen praktischen Erfolg zu erzielen – ist in den Nürnberger Prozessen mehrfach zur Sprache gekommen. Den hier tätigen Fachleuten der höheren Verwaltung waren Männer wie Popitz und Goerdeler schon als Träger großer Traditionen wichtig und interessant. Indessen hätten sie sicherlich nichts ausrichten können ohne die persönliche Zustimmung ihres obersten Chefs. Himmler aber besaß noch ein anderes, ein unmittelbar politisches Interesse daran, daß Goerdeler und Popitz möglichst lange am Leben blieben.
Es ist ja längst bekannt, daß Himmler, die seltsamste aller Figuren des „Dritten Reichs“, sich damals schon lange mit Abfallsgedanken trug. Genauer gesprochen: mit der Wahnidee, vielleicht sei er selbst berufen, das sinkende Schiff zu retten, wenn die Hände des Steuermanns unsicher würden und er das Fahrzeug offensichtlich auf Klippen zusteuerte. Blinder Fanatiker des Rassenmythos, der bedenkenlos Millionen von Menschenleben seiner Verwirklichung in einem kommenden Großreich der Germanen opferte, hatte er sich je länger je mehr in die heldische Rolle eines Gründers und Organisators dieses Traumreiches hineingesteigert. Mit seiner „rassereinen“ SS wollte er die Kerntruppe dafür liefern; das Dogma ließ er durch einen großen Stab von Pseudogelehrten immer weiter ausbauen.[34] Den Führer, der ihm die äußere Möglichkeit dazu gab,

verehrte er nach wie vor als Abgott; aber seine Rolle als Hoherpriester der nordischen Weltanschauung spielte er doch mit einer gewissen inneren Selbständigkeit durch. Politisch einen eigenen, klaren Kurs zu finden, war er freilich geistig viel zu beschränkt und vor allem viel zu charakterlos. In unterwürfigen Reden vom sicheren Endsieg des Führers hat er, der Öffentlichkeit gegenüber, sich fast bis zum Schluß überboten.[35] Aber es scheint, daß er schon sehr frühe, schon zu Beginn des großen russischen Abenteuers, sich mit dem Gedanken getragen hat, vielleicht könnte ihm gelingen, was Hitler offenbar mißlang: das gesamte germanische Abendland, einschließlich Englands, zu dem großen Kampf der nordischen Edelrasse gegen das slawische „Untermenschentum" zu vereinigen, so wie es Hitler einst in seinem Kampfbuch, der Bibel Himmlers, gelehrt hatte. Später mag dann die Angst hinzugekommen sein, der große Zukunftstraum könnte im letzten Augenblick wieder zerrinnen. Schon im Mai 1941 notierte Hassell in sein Tagebuch, der Schweizer Diplomat Carl J. Burckhardt habe seiner Frau erzählt, „ein Vertrauensmann Himmlers sei bei ihm gewesen, um ihn zu fragen, ob England wohl mit Himmler statt Hitler Frieden machen würde". Im September besuchte ihn selbst ein junger Mann vom SD (Danfeld) und ließ durchblicken, daß man sich in der Umgebung Himmlers schwere Sorgen mache und über einen Ausweg grüble.[36] Vielleicht stammte dieser junge Mann aus dem Ressort Schellenbergs, der als Leiter eines eigenen Nachrichtendienstes der SS im Ausland den Ehrgeiz hatte, selbständig Außenpolitik zu machen und Himmler nachweislich immer wieder in Versuchung geführt hat, sich von der außenpolitischen Führung Ribbentrops, zuletzt auch Hitlers, loszumachen und eigene Verbindungen mit ausländischen Staatsmännern anzuknüpfen.[37] Tatsächlich hat es denn auch an solchen Versuchen seit 1941 nicht gefehlt, und die Oppositionsgruppe der von Hassell, Popitz und Goerdeler war darüber recht gut informiert. Seit 1943 erhielt sie ihre Nachrichten hauptsächlich durch Langbehn, der seine Vertrauensstellung bei Himmler dazu benutzt zu haben scheint, um in dessen Auftrag in der Schweiz und Schweden Mittelsmänner für Anknüpfungen in England zu suchen, gleichzeitig aber diese den Verschwörern zur Verfügung stellte. Schon im Mai 1943 berichtete er Hassell, „daß auch bei der höchsten SS-Führung die Erkenntnis vom Ernst der Lage und von der Notwendigkeit, Hitler auszuschalten, vorhanden ist".[38] Natürlich kann sich das auch auf Schellenberg bezogen haben, wie denn überhaupt der Quellenwert dieser Gerüchte nicht überschätzt werden darf. Wir wissen aber schon, daß Popitz ziemlich sicher darauf baute und in dem bekannten Gespräch mit Himmler am 26. August 1943 auch nicht völlig enttäuscht wurde. Es scheint, daß Himmler damals sich nach der Möglichkeit eines Sonderfriedens mit den Westmächten bei seinem Gesprächspartner erkundigt hat.[39]

Etwa dieselbe Frage, aber noch eindeutiger, hatte er kurz vorher (im Mai oder Juni 1943) durch einen Mittelsmann (Bankdirektor Rasche) an Jakob Wallenberg richten lassen, der eben damals zu einem Besuch nach Berlin gekommen war. Sie lautete (nach Wallenbergs Notizen): „Glauben Sie, daß die Westmächte Frieden abschließen würden, wenn Hitler nicht mehr da wäre?" Natürlich wich der Schwede einer Antwort aus, berichtete aber Goerdeler davon. Mehrfach haben dann die beiden darüber beraten, was eigentlich von Himmler zu halten sei. Goerdeler erzählte, Himmler habe schon mehrfach Fühler zur Opposition ausgestreckt (es war um die Zeit der Unterhaltungen mit Langbehn und Popitz); er selbst wisse nicht recht, wie er darüber denken solle, fürchte aber, es könnte die Absicht dahinter stecken, die „Antinazis" auszuhorchen. Im übrigen sei die Absicht der Opposition, Himmler gleichzeitig mit seinem Herrn und Meister festzusetzen. Wallenberg fragte: „Weiß Himmler, was ihr macht?" Goerdeler erwiderte: „Ich weiß es nicht. Nach dem Mißlingen des im März geplanten Attentats stand es schlecht um uns. Aber sie kamen auf eine falsche Fährte, und das rettete uns." Wallenberg: „Vielleicht will Himmler euch weiter machen lassen, Hitler stürzen lassen, ohne selbst dabei umzukommen?" Im November hörte er dann vom Scheitern der Attentate, die im September geplant waren; sie wären unter anderem deshalb nicht zustande gekommen, weil man Hitler, Göring und Himmler zugleich umbringen wollte. Er riet: „Laßt doch Himmler aus euren Attentatsplänen heraus! Der hindert euch nicht, wenn es gegen Hitler allein geht!" Damit erklärte sich Goerdeler einverstanden, falls wirklich keine Gefahr eines Bürgerkriegs mit der SS bestehen sollte.[40]

Er war also ganz genau über Himmlers zweideutige Haltung und dessen Versuche, über Schweden eigenmächtig mit den Westmächten Friedensverhandlungen anzuknüpfen, orientiert. Diese Versuche sind andauernd fortgesetzt worden. Im Dezember 1943 gelang es Himmler tatsächlich, über Schweden eine Botschaft nach London und Washington gelangen zu lassen, in der er sich erbot, einen Offizier der Armee und einen Funktionär der Partei zur Unterhandlung mit britischen Vertretern zu entsenden, um Näheres über den Sinn der Formel „unconditional surrender" zu erfahren. Natürlich erhielt er eine Abweisung.[41] Das hinderte ihn nicht, fortwährend nach weiteren Mittelsleuten Ausschau zu halten.[42] Sogar nach dem 20. Juli hat er dieses Spiel fortgesetzt.[43] Gerade im August, während der Verhöre Goerdelers, sollen die schon lange bestehenden Spannungen zwischen Himmler und Bormann, begründet in der persönlichen Rivalität der beiden Männer, aber auch in dem Gegensatz zwischen der SS und der Bormann unterstehenden Parteiorganisation, auf einen Höhepunkt gestiegen sein. Auch über die Durchführung der politischen Prozesse durch Freisler habe es ernste Differenzen gegeben. Himmler habe sich monatelang mit dem Gedanken getragen, „Bormann festzunehmen und Hitler auszuschalten".[44] Im Oktober (oder November) ließ er Jakob Wallenberg durch Schellenberg, vermittelt durch die schwedische Gesandtschaft, zu einer vertraulichen Besprechung nach Berlin einladen. Als Vorwand diente der Wunsch, über die Freilassung verhafteter Schweden mit ihm zu sprechen. Der Schwede vermutete aber (sicherlich mit Recht), daß Himmler inzwischen von den erfolgreichen Bemühungen Goerdelers erfahren hatte, durch ihn und seinen Bruder Markus mit der britischen Regierung in Verbindung zu kommen, und daß er nun diesen Mittelweg für seine eigenen Zwecke ausnutzen wollte. Wallenberg lehnte die Reise schließlich ab, weil er dem blutigen Schergen Hitlers nicht seine Hand leihen wollte, gleichzeitig aber fürchtete, sich ihn durch eine Weigerung zum Feind zu machen und damit seinem Freunde Goerdeler vielleicht zu schaden. Der Entschluß ist ihm aber schwer gefallen, weil ja nicht ganz sicher war, ob er auf einer solchen Begegnung vielleicht doch dem Gefangenen etwas nützen könnte.

Die letztere Erwägung war sehr berechtigt, wie sich noch zeigen wird. Wallenbergs Zurückhaltung hat aber Himmler nicht davon abgeschreckt, seiner Wahnidee noch weiter nachzujagen. Im März 1945 scheint er gewisse Hoffnungen auf Haushofer und den zum Tode verurteilten Dohnanyi gesetzt zu haben, von dem er jetzt wußte, daß er 1938 so erfolgreich Fäden über Rom nach London hatte spinnen helfen.[45] Und noch im April, als das Ende dicht vor der Tür stand, hat er bekanntlich den schwedischen Grafen Bernadotte als Mittelsmann zu gewinnen versucht.[46]

Auf dem Hintergrund dieser höchst seltsamen Tatsachen muß man das Verhalten Goerdelers im Gefängnis sehen. Er wußte ganz genau, wie der oberste Gestapochef in Wahrheit über Hitlers Kriegspolitik und über jene Anknüpfungen nach England dachte, die ihm selbst vom Volksgericht als „politische Kriegsspionage für unsere Feinde" angekreidet wurden. Er kann auch nicht lange in Zweifel darüber gewesen sein, warum gerade er, der Freund Wallenbergs, und Popitz, der Freund Langbehns und nahe Bekannte Carl J. Burckhardts, nicht sogleich nach dem Urteil dem Henker übergeben wurden. Er hätte kein Politiker sein müssen, wenn er nicht wenigstens versucht hätte, diese Lage auszunutzen: für sich selbst, für seine Freunde, aber auch, und vor allem, für Deutschland. Sich unmittelbar an den ebenso charakterlosen wie undurchsichtigen Himmler zu wenden, wird ihm zunächst widerstrebt haben. Aber wer konnte wissen, ob nicht am Ende Hitler, erschüttert durch das Erlebnis des 20. Juli und die offenkundig gewordene militärische Katastrophe (überdies, wie wir heute wissen, seit dem Spätsommer 1944 ein schwerkranker Mann), den Vorstellungen seines früheren Reichskommissars zugänglicher geworden war? Damals, als Preiskommissar und Vertreter des Städtetags, hatte er den Eindruck gewonnen, daß man mit dem Führer nur ganz offen sprechen müßte, um etwas zu erreichen, nicht aber immer mit dem Kopfe nicken, wie es seine Minister taten.[47] Zu unmittelbarer Aussprache mit ihm hatte er deshalb während des Krieges immer wieder gedrängt, zuletzt noch im Juli sich dazu erboten. Falls Hitler wirklich, ebenso wie sein Gestapochef, jetzt an Verhandlungen mit den Westmächten dachte, ehe die Russen hereinbrachen (und es gibt auch dafür einzelne Zeugnisse), brauchte er unbedingt einen Mittelsmann, der Kredit im Ausland besaß. Wie, wenn er, der Gefangene, sich selbst dazu erböte – natürlich unter der Bedingung seiner sofortigen Freilassung und der seiner (noch lebenden) politischen Freunde, von denen ja keiner am Attentat beteiligt war? Es klingt phantastisch. Aber in diesem Hitlerischen Traumreich wurde auch das Phantastische jeden Augenblick zur Wirklichkeit. Tatsächlich hat Goerdeler es gewagt und Ende August, also bald nach seiner Einlieferung ins Gefängnis, eine entsprechende Eingabe an Hitler gerichtet.

Natürlich konnte es dabei nicht ohne kräftige Beimischung geheuchelter Versicherungen der Ergebenheit abgehen; noch weniger ohne sehr energisches Abrücken von dem Attentat. „Wenn wir das Vaterland über alles stellen" (so fing er an), „was doch unser Glaube ist, so haben wir den 20. Juli als ein endgültiges Gottesurteil zu achten. Der Führer ist vor fast sicherem Tode bewahrt. Gott hat nicht gewollt, daß Deutschlands Bestand, um dessen willen ich mich beteiligen wollte und beteiligt habe, mit einer Bluttat erkauft wird; er hat auch dem Führer diese Aufgabe neu anvertraut. Das ist alte deutsche Auffassung. Jeder Deutsche in der Reihe der Umsturzbewegung ist nunmehr verpflichtet, hinter den von Gott geretteten Führer zu treten, auch die Mittel, die einer neuen Regierung zur Verfügung gestellt werden sollten, rückhaltlos ihm zu geben; ob er sie nützen will, für brauchbar hält, entscheidet er." Damit bricht das Zitat der Kaltenbrunnerberichte, denen wir die Kenntnis dieser Eingabe verdanken,[48] ab. Wie die Fortsetzung lautete, können wir späteren Aufzeichnungen Goerdelers entnehmen: Beschwörungen, an das Elend zu denken, dem Deutschland bei weiterer Fortsetzung des Krieges entgegengehen würde, Hinweis auf seine eigenen Auslandsverbindungen und Angebote, für Hitler mit der westlichen Diplomatie zu verhandeln.

Wer Goerdeler kennt, der spürt: nicht alles an dieser Eingabe ist Heuchelei und Berechnung – weder die Auffassung des 20. Juli als „Gottesurteil" über den Mordplan (nicht etwa über den Umsturzplan!) noch der naive, ja phantastische

Glaube an seine eigene Sendung als Vermittler. Hat er wirklich geglaubt, als Unterhändler für Hitler noch irgendwo in der Welt ernst genommen zu werden? Oder hat er es bloß vorgespiegelt, um sich und seine Freunde zu retten? Wie er in Wahrheit dachte, gibt wohl am zuverlässigsten eine seiner letzten Aufzeichnungen wieder, die zweifellos nur für die Nachwelt bestimmt war, also keine taktischen Rücksichten nimmt: Goerdeler schildert hier, welche Friedensbedingungen er selbst vermutlich noch bis Ende 1944 hätte erreichen können. Es sind die uns wohlbekannten Illusionen; nur Elsaß-Lothringen ist abgeschrieben. Er fährt dann fort: „Des Vaterlandes und der Menschheit, vor allem aber der Jugend wegen habe ich mich Ende August in der Haft erboten, diese Verständigung auch für Hitler zu erreichen, weil seit dem Juli keine Möglichkeit mehr bestand, ihn abzusetzen, und das Unglück, dem es nun gegenübersteht und unter dem alle Völker leiden müssen, abgewendet werden mußte. Mein Angebot ist schweigend nicht beachtet."[49]

„Weil seit dem 20. Juli keine Möglichkeit mehr bestand, ihn abzusetzen" – „jeder Deutsche in der Umsturzbewegung ist nun verpflichtet, hinter den von Gott geretteten Führer zu treten"! Der Widerspruch wäre peinlich, wenn es sich nicht so offensichtlich um politische Taktik im Kampf um Leben oder Tod handelte. Daß sich an Goerdelers Grundeinstellung zu Hitler, dem blutigen Tyrannen, in Wahrheit nicht das geringste geändert hat, bezeugen seine späteren Aufzeichnungen mit aller nur wünschenswerten Deutlichkeit. Im Januar hat er ihn geradezu einen „Vampyr" und „Schänder des Menschentums" genannt. Man wird als sicher voraussetzen dürfen, daß er ihn, falls es wirklich zu Verhandlungen mit den Westmächten käme, sobald als möglich auszuschalten gedachte – trotz jenes „Gottesurteils", das ja nur dem Mordversuch, nicht dem Umsturz als solchem gelten sollte. Vielleicht daß die Verhandlungen selbst eine Handhabe dafür boten? Vielleicht daß die Freilassung der Gefangenen des 20. Juli den Anfang bilden würde zu einer inneren Erneuerung Deutschlands? Aber schon die Erörterung solcher Zukunftsperspektiven zeigt, in welche wirklichkeitsfremde Traumwelt man gerät, sobald man versucht, das „Angebot" Goerdelers ernst zu nehmen. Trotz allem, was seine Entstehung psychologisch und politisch erklärt, beleuchtet es die eigentümliche Schwäche des Politikers: seine Neigung zu optimistischen Illusionen und zur Überschätzung der eigenen Mission, mit grausamer Klarheit.

Goerdeler hat aber auch nach seiner Verurteilung das Spiel noch nicht aufgegeben, und es schien zeitweise wirklich so, als ob es noch zu einer Wendung kommen könnte.

Gleich nach seiner Verurteilung begann er die Niederschrift eines sehr umfassenden Memorandums „Gedanken eines zum Tode Verurteilten", das die Summe seiner politischen Erfahrungen, wirtschaftspolitischen Doktrinen und vor allem seine Zukunftspläne zusammenfaßt.[50] Es ist als eine Art von „politischem Testament“ gedacht und am Schluß der Gattin, den Kindern, den Freunden und allen „strebenden Menschen“ gewidmet. Aber vieles spricht dafür, daß der Verfasser auch an die Gestapo, vielleicht an Himmler oder an Hitler selbst, als Leser gedacht hat – zum mindesten bereit war, diesen Text auf Verlangen vorzulegen, und daß er etwa in demselben Sinn damals seine Aussagen machte. Er beginnt mit einer ganz ausführlichen Widerlegung der Anklage als „politischer Kriegsspion“ und schildert zu diesem Zweck seine Auslandsreisen und Gespräche mit Ausländern 1938–43. Von neuem rückt er von dem Attentatsgedanken ab, betont aber, die Engländer hätten nicht den mindesten Anlaß, sich jetzt über die Putschisten des 20. Juli höhnisch zu äußern, da sie selbst immer wieder während des Krieges (der Satz ist unterstrichen!) „eine solche Tat offen als ehrenhafte Notwendigkeit gefordert haben“. Formal, gibt er zu, habe er Hochverrat begangen; aber es geschah zur Rettung Deutschlands. Und hat nicht auch Bismarck 1862 eine Art von Staatsstreich (im Verfassungskonflikt) gewagt, ja hat nicht gerade Adolf Hitler 1923 „die höhere Pflicht der Rettung des Vaterlandes für seinen Staatsstreich in Anspruch genommen“? Sehr energisch beschwert er sich über die Verhandlung des Volksgerichtshofs, ganz besonders darüber, daß es ihm unmöglich gemacht wurde, sich auf die Generäle von Kluge, von Choltitz und Jaenecke zu berufen, die bezeugen könnten, daß er keinen Mordplan verfolgt habe, sondern eine gemeinsame Vorstellung aller höheren Befehlshaber bei Hitler. Er verlangt also Wiederherstellung seiner Ehre und der Rechte seiner Familie. Er hofft, das deutsche Volk werde später stolz darauf sein, „daß es Deutsche gab, die alles wagten, um vom Vaterland und anderen Völkern weitere Opfer und weiteres Unheil abzuwenden. Ich selbst konnte es nicht.“

Auf diese Apologie folgt eine sehr ausführliche Darlegung seiner innen- und außenpolitischen Ziele, die uns schon mehrfach als Geschichtsquelle gedient hat. Vielleicht wäre es, meint er, sogar für Hitler noch möglich, den Weg des Ausgleichs mit den Kriegsgegnern zu gehen, „wenn er die rechten Mittler wählt und sich freiwillig zu kleinen inneren Reformen, die längst fällig sind, entschließt. Dies will ich, wenn mir die Zeit gelassen wird, noch darlegen. Aber ich fürchte, daß dies nicht geschieht. Und trotzdem, selbst wenn Deutschland den Krieg verliert und besetzt wird, der Weg, dann aus jenem Zustand herauszukommen, bleibt derselbe. Denn er wird durch deutsche, englische und amerikanische Lebensinteressen bestimmt.“ Das Zukunftsprogramm, das er entwickelt, erscheint also als ein Gebot echter Staatsvernunft. Es umfaßt auch die ausführlich dargelegten Grundsätze seiner Wirtschaftspolitik, wobei er nicht versäumt, auf seine „Wirtschaftsfibel" hinzuweisen, an deren Abschluß und Ergänzung er im Gefängnis – neben allem anderen – eifrig weitergearbeitet hat. Auch ein kurzer Plan für den Wiederaufbau nach dem Kriege ist beigefügt.

Zuletzt kommt er noch einmal auf seine Auslandsverbindungen zu sprechen und versäumt nicht, die lange Reihe seiner ausländischen Freunde und Bekannten, bis in die höchsten Staatsämter hinein, sorgfältig aufzuzählen. Die Außenpolitik des Hitler-Reichs wird eingehend kritisiert, aber so, daß kränkende Ausdrücke vermieden werden und nur gezeigt werden soll, wie es trotz aller Warnungen der Opposition zu dem großen „Unglück" gekommen ist, als das der Krieg sich nun enthüllt hat, und daß der Schatten des Vorwurfs mehr auf Ribbentrop als auf seinen Herrn und Meister fällt. Noch immer fest überzeugt von seiner eigenen Mission, ruft er seine Freunde im Ausland auf, nach seinem Tod seine Reiseberichte und Aufsätze zu veröffentlichen und dafür zu sorgen, daß über der Frage nach der Kriegsschuld nicht vergessen wird, vor allem jetzt tatkräftig an den Aufbau eines neuen, besseren Europa zu gehen. Gewiß: dieser Krieg war „vermeidbar"; aber er hat seine letzte Wurzel doch in dem Werk von Versailles, und es gibt auch eine Schuld der Gegenseite an der katastrophalen Entwicklung der Dinge. Möchte ein neuer Geist, ein Geist der Versöhnung, des Rechts und des Friedens, statt des Hasses und der Rachegelüste die Zukunft bestimmen!

Ob und in welchem Umfang diese Schrift zur Kenntnis Himmlers gelangt ist, bleibt völlig dunkel. Aber sicher ist, daß Goerdeler bald darauf eine Art von Antwort aus Himmlers unmittelbarer Umgebung empfing. Darüber liegen mir zwei verschiedene (und voneinander abweichende) Berichte vor. Den ersten hat mir der Wachmann Wilhelm Brandenburg 1950 zur Verfügung gestellt. Da heißt es: „Eines Tages wurde Dr. Goerdeler von höchster Stelle – Himmler – das Angebot gemacht, man kann es auch einen Auftrag nennen, seine engen persönlichen und natürlich auch politischen Beziehungen und Freundschaften zu dem schwedischen Finanzmann Wallenberg in Stockholm und dem Zionistenführer Dr. Weizmann und über diesen weiter an den schwedischen König, der wohl auch Goerdeler persönlich kannte, auszuspielen und also jetzt das zu tun, was Goerdeler und sein Kreis höchstwahrscheinlich, nach einem erfolgreichen Staatsstreich sicher, getan hätten, nämlich über diese schwedischen Politiker, den schwedischen König und den sehr bekannten und einflußreichen Zionistenführer Dr. Weizmann die Verbindung zum englischen Premierminister Churchill anzubahnen und auf diesem Wege zu einem schnellen und noch erträglichen Kriegsschluß zu kommen. Diesen Auftrag nahm Dr. Goerdeler, nicht zuletzt in der Hoffnung, eventuell sein Leben auch dadurch erhalten zu können, an. Eine Vorbedingung für das Gelingen war allerdings die persönliche Aufnahme von Unterhaltungen mit diesen genannten Männern. Dazu wurde eine Reise nach Schweden notwendig und hierzu die unbedingte Freilassung von Dr. Goerdeler. Denn es war von vornherein sehr unwahrscheinlich, daß sich die Herren oder auch jede andere Stelle des neutralen Auslandes in ein persönliches Gespräch mit Himmler oder gar Hitler oder einem ihrer Trabanten einlassen würden . . . Eine Reise dieser Goerdelerfreunde oder Bekannten nach Berlin, nach vorhergehender schriftlicher Einladung durch Dr. Goerdeler aus seiner Haft heraus ohne jede Wahrscheinlichkeit seiner Freilassung, war ebenfalls ganz unwahrscheinlich. Eine Aufforderung, einen solchen Vorschlag durchzuführen, hat Goerdeler auch, wie er mir persönlich versicherte, abgelehnt. Die Notwendigkeit seiner persönlichen Freiheit, um durch den ganzen Einsatz seiner Person einen eventuellen Erfolg in Aussicht stellen zu können, hat Dr. Goerdeler Himmler auch persönlich klargestellt. Leider war dieser zu einem solchen Schritt nicht zu bewegen. Dr. Goerdeler faßte dann den Plan, Himmler zu umgehen und sich schriftlich nur noch an Hitler selbst zu wenden und zu versuchen, diesen von der Möglichkeit zu überzeugen." Das war aber, wie Brandenburg weiter darlegt, völlig unausführbar: eine solche Umgehung wäre, selbst wenn sie sich technisch hätte durchführen lassen, von Himmler mit sofortiger Aufspürung und harter Bestrafung der beteiligten Beamten beantwortet worden und hätte Goerdelers sofortigen Tod zur Folge haben können.[51]

Das Ganze klingt wie ein Roman. Aber die ganze Geschichte der Abfallsversuche Himmlers und Schellenbergs ist nichts anderes als ein schlechter Roman. Und wenn schon die beiden im Oktober (oder November) 1944 Jakob Wallenberg durch die schwedische Gesandtschaft einladen ließen, nach Berlin zu kommen, warum sollten sie nicht vorher versucht haben, dasselbe auf dem viel wirksameren Weg über den Gefangenen zu erreichen? Wilhelm Brandenburg gehörte zu jenen Wächtern der Gestapogefängnisse, die ihren Dienst nicht ohne Menschlichkeit taten. Er war kein Berufspolizist, sondern ungefragt „dienstverpflichtet" wie so manche SS-Männer, die man damals einsetzen mußte, weil das ständige Wachpersonal bei der Masse der Verhaftungen nicht mehr ausreichte. Nach seiner eigenen Schilderung hat er sich nach Kräften bemüht, das Los der ihm Anvertrauten möglichst zu erleichtern und ihnen einen gewissen Verkehr mit der Außenwelt zu ermöglichen, ihre Fesseln öfters zu lockern, ihnen Nahrungsmittel, Rauchwaren und dergleichen zuzustecken. In der furchtbaren Einsamkeit ihrer Zellen sehnten sich die meisten Gefangenen nach irgendeiner Form menschlicher Aussprache. Im Fall Goerdelers war die Möglichkeit solcher Aussprachen dadurch erleichtert, daß seine Zelle (wohl wegen der Befürchtung des Selbstmords?) ständig offenstand und durch sich ablösende Posten kontrolliert wurde. Das hat, wie Brandenburg berichtet, zu langen, nächtlichen Unterhaltungen geführt, in denen der Gefangene zu seinem Wärter Vertrauen faßte und ihm nach und nach die ganze Geschichte der Verschwörung erzählte – genau so, wie er es ja auch in den Verhören tat, von deren Verlauf er dem Wärter ebenfalls ziemlich regelmäßig berichtete. Für die Zuverlässigkeit unseres Berichterstatters[52] spricht die Tatsache, daß er es auf sich genommen hat, durch Monate hindurch höchst umfängliche Niederschriften Goerdelers aus dem Gefängnis in seinen Taschen hinauszuschmuggeln, sie nicht ohne Gefahr bei Freunden aufzubewahren und später unversehrt der Familie auszuhändigen.[53] Offenbar stand er unter dem starken Eindruck der ebenso bedeutenden wie gütigen Persönlichkeit seines Gefangenen. Dieser strahlte, schreibt er, eine solche Ruhe aus wie kein anderer, erging sich nie in nutzlosen Klagen über sein Unglück und wußte „nichts von Haß. Nur Hitler hat er gehaßt und sein unseliges Werk." Goerdeler seinerseits war überaus dankbar für die „edle Menschlichkeit und christliche Nächstenhilfe" seines Wärters und betrachtete ihn als Treuhänder seines politischen Nachlasses.[54]

Wir dürfen nach alledem glauben, daß Brandenburg getreulich wiedergibt, was er aus Goerdelers Mund erfahren hat. Nun hat sich aber nach dem Erscheinen der Erstauflage dieses Buches noch ein zweiter Zeuge gemeldet: Regierungsrat Hermann Abendroth, der 1940–42 Dienststellenleiter für „Wirtschaftsspionage-Abwehr" im Reichssicherheitshauptamt (Abt. IV E 2) gewesen war und seit Juni 1944 als Sonderbeauftragter des Reichswirtschaftsministeriums in dem von Schellenberg geleiteten Auslandsnachrichtendienst der himmlerschen Zentralbehörde (Abt. VI Wi 2 RSHA) tätig war: für die Sammlung und Auswertung von Wirtschaftsnachrichten aus dem Ausland. Abendroth war, wie er glaubhaft berichtet, durch mancherlei dienstliche Erfahrungen und Erlebnisse längst dahin gebracht worden, gleich vielen seiner Kollegen an dem großen „Endsieg" zu zweifeln und einen raschen Verständigungsfrieden zu wünschen. Dabei hatten ihn die Reiseberichte Goerdelers von 1937–39 tief beeindruckt, die er im Rahmen seines Sonderauftrags vorgelegt bekommen und gründlich studiert hatte. Er war überzeugt von der richtigen außenpolitischen Einsicht Goerdelers und imponiert von der Fülle seiner Auslandsbeziehungen. Darin traf er sich offenbar mit Schellenberg, der diese Berichte ebenfalls kannte. Jedenfalls stieß er bei diesem sofort auf Verständnis, als er eines Tages, kurz nach Goerdelers Verurteilung (und ganz aus eigener Initiative, wie er versichert) die Meinung äußerte: „Die müssen doch eine außenpolitische Konzeption gehabt haben?" „Wollen Sie mit ihm sprechen?" erwiderte Schellenberg, was Abendroth bejahte.

Es fanden dann kurz nacheinander zwei Unterredungen mit dem Gefangenen statt: die erste in Gegenwart einer Stenotypistin und eines Beauftragten Schellenbergs, des Kriminalkommissars Göring, die zweite unter vier Augen. In der ersten Aussprache bliebe es bei einer allgemeinen Orientierung: über die Leipziger Zeit, Goerdelers Ausscheiden aus dem Dienst, sein Verhältnis zur Partei, vor allem über die Reiseberichte und die Auslandsverbindungen. Die zweite Unterredung dauerte etwa eine Stunde. Abendroth berichtet darüber: „Ich bin, nachdem der Begleiter das Zimmer verlassen hatte, sofort aufs Ziel losgegangen und habe gefragt: „Sind Sie bereit, etwas zu tun?“ Antwort: „Jetzt, da die Russen in Ostpreußen, der Heimat meiner Familie und meiner Verwandten, bereits deutschen Boden betreten, will ich durchaus etwas tun.“ Frage: „Was würden Sie tun?“ Antwort: „Ich würde auf den größten Feind der Kommunisten zugehen.“ Frage: „Wer ist das?“ Antwort: „Churchill.“ Frage: „Wie würden Sie das tun?“ „Über meinen Freund Wallenberg in Schweden.“ Frage: „Und wenn dieser Weg nicht durchschlägt oder gar nicht gangbar ist? Würden Sie über Frankreich oder über die Schweiz gehen?“ Antwort: „Über Frankreich nicht, in der Schweiz würde ich meinen Freund, den Textilindustriellen ... (Schwarzenberg?) aufsuchen oder einschalten.“ Frage: „Würden Sie einen Weg über den Balkan suchen?“ Antwort: „Darüber müßte ich mit meinem Freund Dr. Vogel, dem Chef des Leipziger Messeamtes, sprechen. Außerdem brauche ich dann mein Notizbuch, das in meiner Leipziger Wohnung ist.“ Ich bin sicher (schließt Abendroth seinen Bericht), daß wir uns beide in dem Gefühl trennten, daß ich wiederkommen würde, ich werde das auch gesagt haben. Wir waren wohl beide innerlich stark angespannt, unnötige Worte unterblieben, denn wir wußten beide, worum es ging.“

Abendroth hat über diese Unterredung sogleich einen genauen Bericht an Schellenberg erstattet; dieser wurde als „Geheime Reichssache“ behandelt und zur Vorlage „an Reichsführer SS“ bestimmt. Da er über den Erfolg nichts weiter erfuhr, ist der Berichterstatter heute unsicher, ob seine Niederschrift wirklich in Himmlers Hände gelangt ist. Er glaubt aber, daß Schellenbergs Absicht gewesen sei, durch Wallenberg Goerdelers Freigabe zu Verhandlungszwecken gewissermaßen „anfordern“ zu lassen, sobald er nach Berlin käme. Ob das nun zutrifft oder nicht: auf alle Fälle kann nun kein Zweifel mehr sein,[54a] daß eine Unterredung der Art, wie sie Brandenburg berichtet, wirklich stattgefunden hat und daß sie, obwohl ursprünglich nicht von Schellenberg selbst veranlaßt, unmittelbar in den Zusammenhang der von ihm und Himmler betriebenen „Friedensaktion“ gehört. Fraglich ist nur, ob sie die einzige geblieben ist oder ob etwa Schellenberg selbst (ohne Abendroth davon in Kenntnis zu setzen) sie wiederholt hat. Dafür spricht manches – vor allem die Tatsache, daß die neu aufgetauchte Version des geheimen Gesprächs mit dem Bericht Brandenburgs nicht ganz übereinstimmt. Abendroth hat nichts von irgendeiner Forderung Goerdelers gehört, ihn und seine Freunde zuvor freizulassen, hielt die Freilassung allerdings für selbstverständliche Voraussetzung jeder Mittlertätigkeit des Gefangenen; er hat diesem denn auch nicht zugemutet, was Brandenburg berichtet: ausländische Freunde schriftlich zu Verhandlungen nach Berlin einzuladen. Auch von Dr. Weizmann oder vom König von Schweden als Mittelsleuten war in seiner Aussprache nicht die Rede; wohl aber lag Schellenberg das Aufsuchen solcher Verbindungen nahe. Er hat (nach dem, was Abendroth später durch den Kriminalkommissar Göring erfuhr) in ziemlich häufiger Verbindung mit einem schwedischen Zionistenführer Mazur gestanden, dem er zur Befreiung von Juden aus einzelnen Konzentrationslagern half; bekannt ist seine Verbindung mit dem Grafen Bernadotte, die ursprünglich wohl ähnlich humanitären Zwecken galt. Abendroth selbst will von ihm Aufträge erhalten haben, die der Anknüpfung von Auslandsverbindungen nach der Schweiz (zu A. W. Dulles) und dem Balkan dienen sollten – kurzum: was Brandenburg berichtet, sieht doch eher nach einer Unterhaltung Goerdelers mit Schellenberg selbst als mit dessen Beauftragtem aus. Nur daß Himmler persönlich das Gespräch geführt hätte, halte ich für ganz unwahrscheinlich: so stark hätte sich der „Reichsführer SS", selbst wenn er (wie ich vermute) ganz hinter der Aktion seines vertrauten Mitarbeiters stand, wohl niemals der Gefahr der Demaskierung ausgesetzt.

Alles in allem: welch eine Lage für den zum Tode Verurteilten! Welch einen Sturm der Hoffnungen und Spannungen mußte aber dieses Erlebnis in der Seele des Gefangenen erregen! Und welche Enttäuschung, als dann wieder alles stumm blieb, Woche auf Woche, und er sich langsam davon überzeugen mußte, daß nur eine Fata Morgana in die Einsamkeit seiner Zelle hineingeleuchtet hatte! Gab es denn gar keine Möglichkeit, dieses tödliche Schweigen zu durchbrechen? Wenn es unmöglich war, an Hitler heranzukommen, vielleicht gelang es, Wallenberg doch noch ins Spiel zu bringen – wenn es nicht anders ging, dann eben hinter Himmlers Rücken? Ein Brief vom 8. November an den schwedischen Freund hat sich erhalten, der die ganze hilflose Verwirrung seiner politischen Spekulationen in dieser Lage zeigt, zugleich aber auch Rückschiüsse auf sein Gespräch mit Himmler (oder mit dessen Abgesandten) erlaubt. Wallenberg soll die schwedische Regierung veranlassen, sich als Vermittler zwischen Hitler-Deutschland und den Westmächten einzuschalten, damit der Krieg rasch zu Ende gebracht und Europa vor dem Bolschewismus gerettet wird, der ja Schweden selbst aufs stärkste bedroht. „Da England auf den Sturz des Nationalsozialismus nicht rechnen kann, muß es mit dem jetzigen Deutschland Waffenstillstand schließen. Der Kampf gegen den Nationalsozialismus kostet ihm sonst seine ganze Zukunft... Die allgemeine Katastrophe ist bei Fortsetzung des Krieges unvermeidbar. Also muß England den Nationalsozialismus dulden; dann kann es auch die polnische Frage lösen. Ich habe den Europa rettenden, England und die USA befriedigenden Friedensplan fertig." Was dann folgt, läßt erkennen, wie das jähe Hin und Her zwischen Hoffnung und Verzweiflung in der Seele des Gefangenen eine Art von Haftpsychose zu erzeugen beginnt. „Ich weiß, daß die Nazis, die unter meinem im Gefängnis ausgeübten Einfluß (!) das Kriegsziel bereits begrenzt haben, mitmachen würden; die notwendigen inneren Reformen in Deutschland folgen automatisch, wenn meine Freunde und ich am Leben bleiben. Da wir zum Tode verurteilt sind, muß schnell gehandelt werden ... Zunächst muß alles hinter den Kulissen, Rußland verborgen, vorbereitet werden. Ich beschwöre Sie, sofort die Initiative zu ergreifen. Als erstes muß Ihre Regierung der deutschen mitteilen, daß sie unter zwei Bedingungen die Initiative ergreifen würde: 1. Absolutes Schweigen. 2. Meine und meiner Freunde Begnadigung, weil diese und unsere Mitwirkung in England und USA unentbehrlich ist. (Es handelt sich um Schacht, Popitz, Schulenburg, Halder, Bismarck, führende deutsche Sozialdemokraten, Katholiken und mich.) Die Nationalsozialisten werden, wenn Ihre Regierung fest bleibt, darauf eingehen, und Schweden rettet Europa, die Welt, die Menschlichkeit und die Kultur. Retten Sie, aber sofort! ... Alles steht auf dem Spiel, auch die Zukunft Ihres Vaterlandes. Alles ist zu retten, wenn Sie meine Bitte erfüllen, sonst ist alles verloren."[55]

Man sieht aus alledem, daß Goerdeler die Annäherung Himmlers für eine Wirkung seiner schriftlichen und mündlichen Vorstellungen hält, daß in der Unterredung mit ihm von gemäßigten Friedenszielen und „Begnadigung" der politischen Gefangenen wenigstens die Rede gewesen ist und daß er über das Schicksal der „führenden Sozialdemokraten und Katholiken" nicht näher orientiert war (fast alle waren damals schon hingerichtet). Im übrigen kann man dieses Dokument nur mit Erschütterung lesen: die Hitler-Regierung durch Goerdelers Argumente beeinflußt, sein „Friedensplan" eine Art von Zauberrezept, der naturgegebene Gegensatz zwischen Europa und dem Bolschewismus, dem britischen Weltreich und Rußland stärker als alle Kriegsallianzen, ja als die Furcht vor den Nazis, deren Sturz „automatisch" zu erwarten ist, wenn nur erst ihre Gegner wieder in Freiheit sind – es ist die alte Überschätzung der eigenen Mission und dessen, was er als natürliche Staatsvernunft verstand. Aber das alles nun, in grausiger Verkrampfung und Übersteigerung, zur „fixen Idee" geworden, seit das eigene Todesschicksal und die Katastrophe Europas so eng, so unmittelbar miteinander verknüpft sind. Bald darauf scheint Goerdeler selbst gespürt zu haben, daß seine Phantasie auf Irrwege geraten war. Er bat Brandenburg, den Brief (dessen Beförderung zur schwedischen Gesandtschaft sich überdies als zu gefährlich erwies) zurückzuhalten, und hat damit auch seine letzte Hoffnung begraben.

Hitlers Proklamation zum 9. November 1944 scheint ihm zuerst die Augen dafür geöffnet zu haben, daß jede noch so vage Hoffnung, die Katastrophe des 20. Juli könnte den Tyrannen im Glauben an seine Gottähnlichkeit erschüttert haben, in die Irre ging. Sein Entsetzen darüber fand sogleich seinen Niederschlag in einer neuen, umfänglichen Denkschrift, betitelt: „Unsere Idee", die er seinem Wärter Brandenburg als „politisches Testament" übergab.[56] Sie ist dem Nachweis gewidmet, daß dieser Mann, der sich selbst gewissermaßen bei Lebzeiten das Beiwort „der Große" verliehen hat, in Wahrheit der Verderber Deutschlands und Europas gewesen ist. Goerdeler zieht die Bilanz seiner Tätigkeit und der seiner Partei und stellt dem gegenüber, was er selbst mit seinen Freunden erstrebt hat und im Besitz der Macht für Deutschland und Europa hätte erreichen können. Dieses Thema wird nun immer von neuem variiert, mit wachsender Bitterkeit und Schärfe, Weihnachten 1944 in Abwehr von Beschimpfungen der angeblichen „Verräter und Feiglinge" des 20. Juli durch die Parteipresse.[57] In der Aufzählung der Verbrechen Hitlers und seiner Banden nimmt er kein Blatt vor den Mund. Er spricht von der „viehischen Ermordung von einer Million Juden" und von der Feigheit des deutschen Bürgertums, das solche Dinge „teils unwissend, teils verzweifelnd" geschehen läßt. Eben damals machte ihm die deutsche Ardennenoffensive klar, daß die so oft prophezeite Schlußkatastrophe der deutschen Armee noch immer nicht dicht vor den Toren stand. Er konnte sich das nur so erklären, daß Hitler wohl jetzt seinen Generälen freiere Hand ließe, und vermutete, wenigstens dies hätte der Schreck vom 20. Juli bewirkt.

Nach und nach beginnen sich die Gedanken des einsamen Mannes in seiner Zelle im Kreise zu drehen. In endlos-eintöniger Wiederholung wirft er immer dieselben Gedanken, lange geschichtliche Betrachtungen, politische Erinnerungen, Mahnungen, Beschwörungen an die Nachwelt, an seine Angehörigen, seine Freunde im In- und Ausland, an die Jugend der Welt, an alle Gutgesinnten schlechthin aufs Papier.[58] Da die beschriebenen Bogen immer schleunigst aus der Zelle verschwinden müssen, übersieht er gar nicht mehr, was er schon einmal gesagt hat. Aber es ist nun bloß noch die eine letzte Hoffnung für ihn geblieben: daß nach seinem Tode eine jüngere Generation sein jammervoll zerbrochenes Lebenswerk wieder aufnehmen möchte. Es wird nicht alles umsonst getan sein, wenn wenigstens seine Pläne und Ideen ihn selbst überleben. Möchte doch der böse Geist des Hasses, der Lüge und Gemeinheit, der jetzt in der Welt regiert, nach der Katastrophe des Hitler-Reiches endlich überwunden werden! Möchte doch in der nachwachsenden Jugend Deutschlands und der ganzen Welt ein besserer Geist aufkommen: der Geist christlicher Nächstenliebe und Versöhnung, strenger Rechtlichkeit, Wahrhaftigkeit, Selbstzucht! Davon möchten diese Blätter auf ihre Leser etwas ausströmen, und ihr Verfasser beschwört alle seine Freunde, vor allem auch die im Ausland, daran mitzuhelfen, daß nicht ein neues, noch schrecklicheres Versailles dem Kriegsende folge und damit eine gesunde Zukunft Europas endgültig verbaut werde.

Als ich ihm im Januar 1945 gegenübergestellt wurde, war ich (wie schon früher gesagt) erstaunt über die unversehrte Kraft seines Geistes, aber zugleich doch erschrocken über seine äußere Erscheinung. Ein jäh gealterter Mann stand vor mir, in Ketten an Händen und Füßen gefesselt, in derselben leichten Sommerkleidung, in der man ihn verhaftet hatte, aber abgeschabt und ohne Kragen, das Gesicht abgemagert und seltsam verändert. Am tiefsten erschütterte mich der Anblick seiner Augen: dieser sonst so blitzenden, hellgrauen Augen, deren Leuchten unter den stark vorgewölbten Stirnbögen für mich immer der stärkste Eindruck seiner äußeren Erscheinung gewesen war. Jetzt waren sie völlig glanzlos, wie die Augen eines Blinden – ein Anblick, wie ich ihn noch an keinem Menschen erlebt habe.[59] Seine geistige Kraft war noch immer die alte; aber sicher nicht die seelische. Die natürliche Freudigkeit seines Wesens schien erloschen, der Blick ganz nach innen gekehrt: was vor mir stand, war ein im tiefsten Seelengrund todtrauriger Mann.

So vermutete ich damals. Heute kann ich es in seinen nachgelassenen Papieren nachlesen. In seiner „Januardenkschrift" (die eben damals entstanden sein muß) unterbricht er sich mitten in der Erzählung, um lange Betrachtungen über Gott und das Menschenschicksal einzuschalten: „Denn ich weiß nicht, ob ich nicht am nächsten Tage tot sein werde. In schlaflosen Nächten habe ich mich gefragt, ob ein Gott existiere, der am persönlichen Schicksal der Menschen Anteil nehme. Es wird mir schwer, daran zu glauben, denn dieser Gott ließe nun jahrelang Ströme von Blut und Leid, Berge von Grauen und Verzweiflung über die Menschheit durch einige Hunderttausende erzeugen, die vertiert, geisteskrank oder verblendet sind, jedenfalls keine normalen Menschlichkeitsempfindungen haben. Er ließe Millionen anständiger Menschen sterben und leiden, ohne einen Finger zu rühren. Soll dies ein Gericht sein?" Wie unvollkommen wäre es, wie grauenhaft ungerecht – eine bloße Kollektivstrafe! Er kennt die Verbrecher und Abtrünnigen und straft die Aufrechten, seine Getreuen. Was wäre das für ein Stümpergott! Nein, das ist undenkbar! Warum aber dann dieses furchtbare Geschehen? Haben wir vielleicht darin

gesündigt, daß wir Nationalisten waren, d. h. daß wir Gott für unsere „Nation" in Anspruch nahmen, für unser Volk, an das uns doch kein biblisches Gebot bindet? Liegt darin die eigene Verfehlung, so grübelt er weiter, daß ich meine Nächsten, meine Familie gröblich vernachlässigte, um in ewiger Unruhe politischen Zielen nachzujagen? Daß ich dem Götzen Politik opferte, statt meinen nächsten menschlichen Pflichten gerecht zu werden?
Auch das ist keine Lösung des Rätsels. Denn habe ich nicht (so besinnt er sich) mein ganzes Leben an eine gute Sache gesetzt? Sollte das wirklich strafwürdig sein? Habe ich nicht im Gegenteil gerade darin gefehlt, daß ich im rechten Augenblick die Berufung zu einem Posten ausschlug, in dem ich vielleicht das große Unglück hätte verhindern können? (Er denkt an die Berufung in die Reichsregierung von 1932.) Wo steckt denn nun in Wahrheit meine Schuld? Womit in aller Welt habe ich denn mein grausames Schicksal verdient? Es ist qualvoll, darüber nachzusinnen. „Darüber ringe ich mit meinem Gewissen. Dieser Kampf schmückt die kahlen Wände meiner kleinen Zelle, erfüllt den öden Raum mit Gebilden der Phantasie und einer überwältigend großen Erinnerung. Es ist schwer, dem Glück der Familie und über alles geliebten Menschen entrissen zu sein, einmal im Mittelpunkt des Vertrauens des Volkes gestanden zu haben, in der Welt be- und geachtet gewesen zu sein, und nun seine Tage in mancher körperlichen Entbehrung, vor allem aber in Qualen der Selbstvorwürfe beschließen zu müssen. Ja, es sind Höllenqualen. Wie der Psalmist hadere ich mit Gott, weil ich ihn nicht verstehen kann. „Wen Gott liebt, den nimmt er frühe zu sich!" Nein, das ist kein Trost, das ist vollends unerträglich: wozu ist das Leben geschaffen, wenn es früh beendet werden soll? Und gerade in Zeiten der Krise bedarf die Welt doch so dringend der Guten! Wo ist also des Rätsels Lösung? Der Gefangene quält sich mit der Lösung Augustins herum, daß auch der Sünder selig werden könne, kann sie aber nicht begreifen und billigen, denn sie ist allzu vernunftwidrig. Er sieht nur drei Möglichkeiten: entweder Gott ist gar nicht gütig, die Menschen sind ihm gleichgültig, oder es gibt gar keinen Gott, oder aber es gibt nur einen gerechten Gott, der sich selbst an die Gesetze hält, die er für Natur und Menschenwelt gab, uns aber selbst überläßt, damit fertig zu werden – also den strengen, starren, rächenden Gott der Juden. Vielleicht straft er jetzt das ganze deutsche Volk, selbst die unschuldigen Kinder, weil es die Juden ausrotten ließ, ohne einen Finger zu rühren? Aber ist das noch ein liebender, erbarmender Gott – oder bloß eine philosophische Kraft, die uns zum sittlichen Fortschritt zwingen will, über Berge von Leichen und Leid hinweg? „Nein, die Vernunft kann keinen Ausweg finden. Sie muß heute Gott mit dem Psalmisten zurufen: Halte ein! Siehst Du denn nicht, daß diese Qualen den Unschuldigen nicht mehr verständlich

sein können, daß sie stumpfe Ergebung, aufbäumende Empörung oder höhnende Verhärtung zur Folge haben müssen? Daß die zu harte Strafe die Menschen zurückwirft in ihrem Streben zu Dir? Du hast das Töten verboten und benutzest es zur Erziehung? Du hast es verboten und das Attentat mißlingen lassen; aber dadurch hast Du Millionen unschuldiger Menschen zum Tode verurteilt! Die Vernunft hilft nur zur Erkenntnis, in sich selbst des Schicksals Sterne zu suchen, das Gute als Mittel und Ziel anzuerkennen, weil sonst das Leben untragbar wird, und bei Erfolg und Scheitern festzustellen, wo die Ursachen liegen, dabei den Erfolg in den Leistungen anderer suchend, das Scheitern dem eigenen Versagen zuschreibend. Sehr hart, sehr bitter, aber wenigstens aufrichtig und für die Lebenden erzieherisch – soweit bin ich heute. Und doch suche ich noch durch Christus den barmherzigen Gott. Gefunden habe ich ihn nicht. – O Christus, wo ist die Wahrheit, wo ist der Trost? Was vermögen wir Menschen, um wenigstens den Saum des Seelenfriedens zu erfassen?"

Nicht ohne Zagen bringt der Biograph diese allerpersönlichsten Dokumente aus dem Leben seines Helden an die Öffentlichkeit, für die sie ganz gewiß nicht bestimmt waren. Aber mir scheint, sie haben überpersönliche Bedeutung. Was aus ihnen spricht, ist zunächst das erschütternde Bild der seelischen Verlassenheit eines Todgeweihten, wie sie zahllose andere Opfer des Dritten Reiches auch haben erleben müssen. Goerdeler hat es freilich mit ganz besonderer Härte erlebt. Nicht ein einziges Lebenszeichen seiner Lieben, keine nähere Nachricht über ihr Ergehen hat ihn mehr erreicht, seit die eisernen Tore des Gefängnisses hinter ihm zufielen. Er wußte nur, daß sie alle in Sippenhaft saßen, irgendwo in Gefängnissen und Konzentrationslagern, seine Frau und seine vier Kinder, aber auch seine beiden Brüder mit ihren Familien. Die Enkel hat man ihren Eltern im zartesten Lebensalter (ein- bis dreijährig) entrissen und unter falschem Namen in ein NS-Kinderheim gesteckt, wo sie 1945 nur mit größter Mühe wieder entdeckt werden konnten. Sein sehr geliebter Bruder Fritz, Stadtkämmerer von Königsberg, stand als Mitwisser seiner Pläne vor dem Volksgerichtshof; er war im Gefängnis in der Lehrter Straße zeitweise mein Zellennachbar, und ich werde nie das kalte Grausen vergessen, das mich überlief, als man ihn Anfang Februar dort abholte. Der Abschiedsbrief an seine Kinder, den er in seiner Zelle hinterließ, gehört als Zeugnis einer reinen, tapferen, vollkommen selbstlosen, in schlichter Gottergebenheit gefaßten Mannesseele zu den ergreifendsten Dokumenten dieser Art. Die Mitteilung, daß dieser sein Bruder zum Tode verurteilt sei, hat unseren Gefangenen (nach dem Bericht Dr. Josef Müllers[60]) vor Verzweiflung „halb von Sinnen" gebracht.

Aber seine eigene Verlassenheit griff noch tiefer. Er war nicht nur von Menschen, er war von Gott verlassen. Und gerade in dieser seiner allerpersönlichsten Not erscheint ein überindividuelles Moment, das dringend der Betrachtung bedarf. Was aus diesen erschütternden Dokumenten seiner Seelenqual so laut und so echt herausschreit, ist die religiöse Kernfrage unserer Zeit: die Frage nach der Wirklichkeit Gottes. Carl Goerdeler hat sich sein Leben lang als überzeugten Christen betrachtet. Jetzt, in dieser entscheidenden Lebenskrisis, wurde deutlich sichtbar, daß es das Christentum seiner Jugend, des liberalen 19. Jahrhunderts war, in dem man ihn unterwiesen hatte. Es ist zu bewundern, mit welcher absoluten, erbarmungslosen, gänzlich unsentimentalen Ehrlichkeit er sich der Eigenart dieses seines Christentums bewußt wurde. Es war im wesentlichen immer nur ein Glaube an Christi Gebot der Nächstenliebe gewesen: religiös gesteigerte Ethik, eine Ethik edelster Art. Wie eng hängt sie mit seinem unbeirrbaren Glauben an die Macht der Vernunft im Menschen – letztlich auch in der Geschichte – zusammen! Wir haben diesen rationalen Glauben als die Quelle unzähliger Illusionen, aber auch als beflügelnden Antrieb seiner rastlosen Aktivität kennengelernt. Seine Ethik findet in diesen letzten Dokumenten seiner Hand noch einmal einen wunderbar klaren Ausdruck: „In sich selbst des Schicksals Sterne suchen, das Gute als Mittel und Zweck anerkennen, weil sonst das Leben untragbar wird, und bei Erfolg und Scheitern feststellen, wo die Ursachen liegen, dabei den Erfolg in den Leistungen anderer suchen, das Scheitern dem eigenen Versagen zuschreiben" – also vollkommen selbstlos im Dienst der Gemeinschaft stehen. Von da gab es nun freilich keinen Zugang zu Augustin oder zu Luthers Lehre vom „verborgenen Gott", dessen Geheimnis kein menschlicher Verstand enträtselt. Zu jenem harten Wort des Paulus: „Wer bist du, Mensch, daß du mit Gott rechten willst?" und zu seiner Einsicht in die absolute Sündigkeit aller Kreatur, gerade auch des moralisch strebenden Menschen. Und eben darum auch keinen direkten Zugang zu dem einzigen Trost, den Luthers Predigt kennt: zu jenem höchst paradoxen, höchst gewagten „Sich-Erschwingen" aus aller menschlichen Verlassenheit auf die Gnade des am Kreuze ebenso verlassenen Gottessohnes, dessen Gemeinschaft alle kreatürliche Angst vergessen läßt und von aller Unzulänglichkeit des Menschlichen erlöst.

Ob ihm diese Art von Trost irgend jemand hätte wirklich nahebringen können, wäre die unmenschliche Absperrung des Todgeweihten in Hitlers Kerkern weniger streng gewesen, wird niemand zu beantworten wagen.

Dennoch bleibt es furchtbar, daß in seinen letzten Stunden, soweit wir wissen, auch kein Zuspruch irgendeiner erbarmenden Menschenseele ihn erreicht hat. Justizminister Thierack war schon lange, wie es heißt, unter dem ständig wachsenden Bombenhagel auf Berlin nervös geworden über der Tatsache, daß Goerdeler und Popitz noch immer lebten.[61] Einen Tag bevor der Volksgerichtshof von Bomben zertrümmert und sein Präsident Freisler erschlagen, zahllose Strafakten vernichtet wurden, am 2. Februar 1945, wurde die Exekution dieser beiden „Hauptschuldigen“ (vielleicht auf direkte Weisung Hitlers?) durchgeführt. Goerdelers Zellennachbar Dr. Müller[62] hat eine erschreckende Schilderung von dem Moment gegeben, in dem sie aus ihren Zellen geholt wurden. Am Morgen noch Besuch eines neugierigen Gestapobeamten (Stawitzky) bei Goerdeler, der sich in geheuchelter Freundlichkeit nach seiner gegenwärtigen Beschäftigung erkundigt und die Antwort erhält: „Man wird uns beide wohl noch brauchen“, unter Hinweis auf gute Dienste, die er den Machthabern wohl noch leisten könne. Um Mittag plötzlich das wohlbekannte Geschrei der zur Eile hetzenden Schergen: „Kommen Sie, kommen Sie, kommen Sie!“ Was dann weiter in Plötzensee geschah[63] und was Goerdeler in diesem allerletzten Augenblick empfand, davon kündet kein Zeuge, kein letztes Wort. Die Wohltat eines Abschiedsbriefes an die Seinen, die den anderen zuteil wurde, hat man ihm nicht gegönnt.

Ich selbst werde niemals ohne tiefen Schmerz des Augenblicks gedenken, in dem ich ihn bewußt zum letztenmal sah und doch verhindert war, dem edlen Mann noch einmal die Hand zu drücken und ihm, wie es mich drängte, ein „Auf Wiedersehen in der Ewigkeit!“ zuzurufen.

Die Geschichte der Widerstandsbewegung ist die Geschichte eines gescheiterten Unternehmens. Sie scheiterte letztlich deshalb, weil ihr keine politische Macht zu Hilfe kam, weder von außen noch von innen. Sie blieb ein reiner Aufstand des Gewissens. Eine politische Volksbewegung von revolutionärer Stoßkraft für ihre Ziele zu organisieren, erwies sich unter dem System totalitärer Zwangsherrschaft als unmöglich; und von den Regierungen des Auslands ließ sich – trotz alles Bemühens – nicht einmal ein Versprechen für die Zukunft erreichen, seit der Krieg auch im Westen mit voller Wucht und Leidenschaft entbrannt war. Die politischen Ideale dieser Bewegung, am reinsten und umfassendsten von Carl Goerdeler vertreten, haben sich seither als gesund und zukunftsträchtig erwiesen, sowohl für Deutschland wie für Europa und die Welt. Die Vision einer europäischen Katastrophe, die dem totalen Zusammenbruch deutscher Macht folgen müßte, falls der Krieg bis zum bittern Ende durchgefochten würde, hat sich so, wie Goerdeler es sah, Zug um Zug bestätigt.

Aber bestätigt hat sich auch die uralte geschichtliche Erfahrung, daß politische Ideale ohnmächtig bleiben in der Welt der ewigen Interessenkämpfe, die das Bild der politischen Wirklichkeit bestimmen, sofern ihnen nicht sehr starke, unmittelbar greifbare, allen einleuchtende tagespolitische Interessen zu Hilfe kommen. Die Masse des deutschen Volkes hat erst dann begriffen, daß die Machtpolitik Adolf Hitlers nicht auf eine neue Höhe politischen Glanzes, sondern in den Abgrund führte, als dieser Abgrund schon ganz nahe war. Es ist wenig wahrscheinlich, daß irgendein anderes Volk in seiner Masse dem ebenso verführerischen wie trügerischen Glanz politischer und militärischer Triumphe wesentlich besser widerstanden hätte. Und wenn Goerdeler seine Hoffnung auf die politische Vernunft und Weitsicht ausländischer Staatsmänner setzte, so blieb auch hier die Enttäuschung nicht aus. Auch in den Machtzentralen des Westens regierte nicht die reine Staatsweisheit, sondern – sagen wir es rund heraus – der „Militarismus", d. h. verkrampfter, rein tagespolitischer Kampf- und Vernichtungswille, dem die fernere Zukunft verschleiert blieb und den der leidenschaftliche Zuruf „öffentlicher Meinung" noch fortwährend anfeuerte.

Denn so ist nun einmal die Welt der großen Politik beschaffen, daß in ihr die reinen Idealisten zu scheitern pflegen. Man kann das tragisch nennen. Zuletzt ist es aber nur ein Stück von jener Erfahrung kreatürlicher Unzulänglichkeit, hilflosen Verstricktseins in Schuld und Schicksal auch beim besten Willen, welche die Menschheit immer wieder an sich selber macht und die, von spärlichen Triumphen des Geistes unterbrochen, den Inhalt der Weltgeschichte ausmacht.

Zwingt uns das zu trüber Resignation? Sind wir genötigt, Carl Goerdeler und seine politischen Freunde als reine Utopisten gleichsam abzuschreiben, als Männer, denen die echte Dämonie des Machtwillens und politischen Kämpfertums fehlte und deren Lebenskampf darum zuletzt geschichtlich belanglos blieb? Wem die Weltgeschichte als ein beständiges Ringen des Guten mit dem Bösen, Gottes mit dem Satan erscheint, der kann auf keinen einzigen Kämpfer für die Sache des Guten, am wenigsten auf die echten Idealisten verzichten. Ihr Lebenskampf, auch wenn er äußerlich scheitert, ist niemals umsonst. Scheitern ist Menschenlos; Erfolg ist keinem zugesichert. Aber daß gekämpft wird für die Sache des Guten auf jede Gefahr hin, auch in solchen Lagen, die dem Weltklugen als völlig aussichtslos erscheinen, einfach aus dem trotzigen „Dennoch" des Pflichtbewußtseins – darauf kommt zuletzt alles an. Wo es an solchem Kämpfertum fehlt, das nach dem eigenen Leben nichts mehr fragt und das kein „aussichtslos" gelten läßt, – da hat der Satan sein Spiel endgültig gewonnen.

Wir Deutschen haben sehr viel Anlaß, uns unserer jüngsten Vergangenheit zu schämen. Wir sollten uns auch hüten, die Männer der deutschen Widerstandsbewegung zu Heiligen oder zu „Helden" schlechthin zu machen. Auch sie waren Menschen, mit Unzulänglichkeiten der Einsicht und des Willens, auch von Regungen der Selbstsucht so wenig frei wie alle Kreatur. Dennoch bleibt es ermutigend, daß es in unserem Volk einen solchen Aufstand des Gewissens gegeben hat – einen Aufstand aus echter, sittlicher Empörung gegen den Triumph der Macht – der Macht des Bösen, aber ohne Rücksicht auf die sogenannten „nationalen Interessen".

Gibt es in der neueren Geschichte Europas ein zweites Beispiel dieser Art?

QUELLENNACHWEIS UND ERGÄNZUNGEN

S. 21 [1] Außer den im Text genannten Jugenderinnerungen dienten mancherlei berufliche Zeugnisse und eine Niederschrift der Witwe G's. als Grundlage der biographischen Skizze.

S 22 [2] Das Bewußtsein der Pflichtwidrigkeit im Schuldinhalte und seine Behandlung in der Literatur und den wichtigsten deutschen Gesetzbüchern des 19. Jahrhunderts. Göttinger Diss. 1908. G. bemüht sich nachzuweisen,

1. daß zum (strafrechtlichen) Schuldbegriff das Bewußtsein der (moralischen) Pflichtwidrigkeit gehört, daß aber
2. das deutsche Strafgesetzbuch gut daran tat, für die Auslegung des Begriffs der Schuld den Erwägungen der Wissenschaft und den Erfahrungen der Praxis freien Spielraum zu lassen.

S. 25 [3] Die Landesfinanzen im besetzten Gebiet der 10. Armee vom 20. 2. bis 30. 11. 1918; 8 Seiten Schreibmaschinenschrift.

S. 25 [4] Berlin 2. 9. 1919 an Reg.Rat Schwarz in Königsberg (Zeugnis).

S. 26 [5] Zeugnis des O. B. Dicke vom 1. 9. 1919.

S. 26 [6] Das Folgende nach gleichzeitigen Aufzeichnungen und Korrespondenzen, gesammelt in einer Mappe: „Meine Tätigkeit im Osten, Juni–Juli 1919." Vgl. auch *Gerhard Lawin*, Die Volksabstimmung in Westpreußen, Königsberg 1926, S. 13 ff.

S. 28 [7] Ein gedrucktes Exemplar (Probedruck?) liegt mir vor.

S. 29 [8] Foreign Relations of the United States. The Paris Peace Conference 1919, vol. IV. p. 315 ff.

S. 29 [9] Erklärung von Batockis, Danziger Zeitung, 27. 6. 1919. Sie soll erklären, daß und warum v. B. die Erhebung nunmehr für ganz aussichtslos hält. Die Presse verlangte die Namen der Urheber dieser Pläne eines autonomen Ostdeutschlands kennenzulernen. Bei den Papieren G.s liegt ein Entwurf zu einer Presseerklärung, in der er sich selbst mit prachtvoller Offenheit dazu bekennt. (Ob veröffentlicht, kann ich nicht feststellen.) Es sei keineswegs unmöglich gewesen, „Polen militärisch niederzuwerfen, das gerade in diesen Tagen in der Ukraine schwer geschlagen ist" — freilich nur mit der heimlichen oder offenen Unterstützung des Reiches, das so etwas wie „die rettende Tat von Osten erwartet". Ähnliche Ansichten herrschten in der Grenzschutztruppe, die teilweise (so im Abschnitt Bromberg) seit Monaten in blutigen, aber stets erfolgreichen Abwehrgefechten an der deutsch-polnischen Demarkationslinie stand und sich durchaus nicht damit abfinden wollte, diese Abwehr ohne praktischen Nutzen geleistet zu haben. Ein Generalstabshauptmann Wagner rief noch am 25. Juni die Grenzschutztruppen in Posen zum Angriff auf die Polen und zur Rückeroberung ganz Posens auf. Vgl. *Karl Stephan*, Der Todeskampf der Ostmark 1918/19. Die Geschichte eines Grenzschutzbataillons, 3. Aufl., 1933, S. 130 ff. Aus den von *Georg Cleinow*, Der Verlust der Ostmark. Die Deutschen Volksräte des Bromberger Systems im Kampf um die Erhaltung der Ostmark beim Reich 1918/19 (1934), S. 292/93 veröffentlichten Aktenstücken geht hervor, daß selbst nach Eintreffen der Hallerdivisionen in Polen, am 6. 6. 19, der Generalstab dem Kriegsminister Noske das Kräfteverhältnis deutscher und polnischer Truppen so schilderte, daß 180000 Polen etwa 240000 Deutsche gegenübergestellt werden konnten und daß Noske dieses Kräfteverhältnis sehr günstig erschien. — Das genannte Buch Cleinows (vgl. dazu seinen Aufsatz „Der Kampf um Posen und Westpreußen 1918—20“ in: Grenzlanddeutschtum, herausgegeben von Grothe, Sonderheft von „Deutsche Kultur in der Welt“, 1. Jahrg., Nr. 4, Januar 1921) sucht den Verf. als den eigentlichen Helden der Aufstandsbewegung von 1919 (im Sinne des NS-Nationalismus) hinzustellen, erweckt aber durch die zum Teil groteske Unreife der darin mitgeteilten Pläne (Gründung eines deutsch-polnischen Oststaates außerhalb des Reichsverbandes unter Versöhnung beider Volkstümer, jedoch erst nach vorangegangener Besiegung der Polen und Rückeroberung Posens!) und durch mancherlei innere Widersprüche der Darstellung starke Zweifel an der politischen Urteilsfähigkeit des Autors. Zu seiner Korrektur mag der folgende Tagebucheintrag Goerdelers dienen: „25. 6. 1 Uhr morgens trifft Cleinow ein. Mir bis dahin unbekannt. Sofort Sitzung des Volksratsausschusses. Cleinow entwickelt ganz vernünftig sein dem meinen anscheinend entsprechendes Programm. Fünf Männer (Batocki, Fleischer, von Oppen, Cleinow, ein Graudenzer Sozialist) sollen Führung politischer Aktion übernehmen. Batocki und Oppen erscheinen. Cleinow entwickelt sehr ungeschickt seine Absichten, läßt Notwendigkeit des Kampfes mit Polen ganz in Hintergrund treten und bittet beide, die Führung zu übernehmen. Sie lehnen ab, vor allem, da Below nicht mehr mitmacht. Nun versagt Cleinow völlig. Er erklärt schließlich als einzigen Zweck östlicher Sonderaktion, einen General einzusetzen, der Truppen in Ruhe nach Hause führt. Cleinow macht auf mich Eindruck eines politischen Narren ...“

S. 29 [10] Ganze Partien tragen unverkennbar den Stempel seiner Schreibweise und Geistesart, insbesondere die über das Benehmen der Deutschen im Feindesland („kühl, vornehm, ruhig und mutig“) mit zum Teil recht altfränkisch klingenden Wendungen (z. B.: „Die Frauenwelt soll wenig, aber geschmackvollen Schmuck tragen“). G. nennt in der Überschrift als Mitverfasser den Abg. Dr. Fleischer, Vorsitzenden der Volksräte, und Major Wagner im Generalstab des Danziger AK, beide nächste Gesinnungsgenossen.

S. 29 [11] Abg. Dr. Fleischer an Oberpräsident A. Winnig, 19. 12. 19, Zeugnis des Preußischen Innenministeriums vom 22. 12. 19. — An weiteren Denkschriften zur Frage der östlichen Grenzmark liegen vor: „Ostpreußische Forderungen für eine aktive deutsche Ostpolitik“ (ohne Datum und Verfassernamen, nach dem Eintritt Deutschlands in den Völkerbund), 7 Seiten Maschr. – Notwendige Maßnahmen zur Sicherung der Provinz Ostpreußen gegenüber polnischen Angriffen. o. D. (ob von G.?).

S. 30 [12] Memoirenhafte Niederschriften im Gefängnis 1944, im folgenden stets als „Mem.“ zitiert. Sie zerfallen in mehrere Abhandlungen bzw. Betrachtungen. Näheres im Schlußkapitel!

S. 30 [13] Dr. Melzer in den Leipziger Neuesten Nachrichten, Frankfurt 1. 2. 1955 („Der Oberbürgermeister“).

ZWEITES KAPITEL · BÜRGERMEISTER UND KOMMUNALPOLITIKER

S. 31 [1] Goerdelers Politisches Testament, herausgegeben von Fr. Krause, New York 1945, S. 67 (Bericht eines Leipziger Redakteurs).

S. 31 [2] Niederschriften im Gefängnis 1944/45 (Mem.)

S. 32 [3] Selbstgeschriebener Lebenslauf, wohl von 1930.

S. 33 [4] Ein sehr düsteres Bild von dem „Zerfall genossenschaftlichen Geistes" und der „Entartung" der Gemeindevertretungen seit 1919 malt *E. R. Becker*, Gemeindliche Selbstverwaltung, 1. Teil (1941), S. 318 ff. — offensichtlich von der Sicht der nationalsozialistischen Epoche her. Viel günstiger urteilt auf Grund praktischer Erfahrungen der Ministerialdirektor im preußischen Innenministerium *von Leyden* in „Recht und Staat im neuen Deutschland", herausgegeben von B. Harms, Bd. I (1929), S. 326; er glaubt zu beobachten, daß die anfangs auftretenden Mängel sich mehr und mehr abschwächten.

S. 33 [5] Die Krise der Selbstverwaltung. Leipziger Neueste Nachrichten, 1. 1. 31.

S. 34 [6] Immerhin forderte er eine Heraufsetzung des aktiven und passiven Wahlalters für alle gemeindlichen und staatlichen Vertretungskörperschaften auf das 24. Lebensjahr: Denkschrift für Hindenburg, April 1932. In einer großen Denkschrift von 1941 (?) „Das Ziel" will er wenigstens die Hälfte der Stadtverordneten nach Bezirken wählen lassen.

S. 34 [7] Näheres in der wissenschaftlichen Literatur, von der ich zitiere: *F. Ortmann*, Die neueste Entwicklung des deutschen Staatenverfassungsrechts. Jurist. Diss., Hamburg 1933, S. 42 ff., und *H. Heffter*, Die deutsche Selbstverwaltung im 19. Jahrhundert (1950), S. 779 ff.

S. 35 [8] Auch die Entwürfe des preußischen Innenministeriums für ein preußisches Selbstverwaltungsgesetz von 1930 zeigten dieselbe Reformtendenz. Goerdeler bezieht sich in seiner oben zitierten Denkschrift für Hindenburg (April 1932) ausdrücklich auf Entwürfe von Popitz für die „Etats- und Kassenordnung der Gemeinden". Offenbar sind Vorarbeiten für die preußische Gemeindefinanzverordnung vom 2. 11. 32 gemeint, die dann weitgehend in die deutsche Gemeindeordnung von 1935 (s. unten) übernommen wurden.

S. 35 [9] Abschiedsrede, 31. 3. 37 (Ms.).

S. 36 [10] Die wirtschaftliche Betätigung der Gemeinden. Monatsschrift Reich und Länder (von G. mit herausgegeben), Januar 1937. Davon liegt auch das Ms. einer viel ausführlicheren Fassung vor. — Deutsche Gemeindeordnung als wirtschaftliches Grundgesetz in: Der deutsche Volkswirt, 19. 2., 26. 2., 5. 3., 12. 3., 19. 3., 25. 3. 1937.

S. 37 [11] Der deutsche Volkswirt, 19. 2. 37.

S. 37 [12] Selbstverwaltung und Staat. Ostpreußische Zeitung, 30. 12. 23. — Verwaltung öffentlichen Vermögens. Der deutsche Volkswirt, 12. 3. 37 u. ö.

S. 38 [13] Am 4. 12. 1922 wurde er in den Vorstand der deutschnationalen Volkspartei gewählt. Einzelne Skizzen zu Parteivorträgen finden sich im Nachlaß.

S. 38 [14] Erweiterte Fassung des Aufsatzes: „Die wirtschaftliche Betätigung der Gemeinden", Januar 1937 (Ms.).

S. 39 [15] Dr. O. *Mulert*, Reichsaufbau und Selbstverwaltung 1929, S. 11.

S. 39 [16] *E. Becker*, a. a. O., S. 322.

S. 39 [17] Lohmeyer, der (nach freundlicher Mitteilung des Reichskanzlers a. D. Luther) aus der Schule der Schwander-Dominicus stammte, gehörte zur Demokratischen Partei. Daher wohl auch seine entschieden unitarische Haltung. Der parteipolitische Gegensatz hat eine fruchtbare Zusammenarbeit dieses Demokraten mit G. um so weniger gehindert, als G. seinen Oberbürgermeister als eine sehr intelligente und aktive Persönlichkeit besonders hoch schätzte. — Ähnliche unitarische Ideen publizierte der frühere Reichsminister *E. Koch-Weser* in seiner Schrift: Einheitsstaat und Selbstverwaltung 1928.

S. 40 [18] Wirtschaftsdenkschrift von 1929/30. — „Das Ziel" (wohl 1941): enthält den Grundriß einer neuen Reichsverfassung nach Hitlers Sturz.

S. 40 [19] Diese Forderung finde ich nur bei Goerdeler.

S. 40 [20] Kritik an dem Programm des Lutherbundes zur Erneuerung des Reiches, undatierter Entwurf, etwa 1929. — Rede vor der Deutschnationalen Volkspartei: „Mehr Macht dem Reichspräsidenten!", undatierter Entwurf, offenbar noch in Königsberg entstanden nach dem Vorschlag der Deutschnationalen, dem Reichspräsidenten auch die Präsidentschaft in Preußen zu übertragen (Entschließung vom 9. 12. 1927). — Die Abschaffung der Mißtrauensvoten des Reichstages entspricht dem Programm, das auch die gemäßigten Deutschnationalen verfolgten; vgl. etwa *Graf Westarp*, Am Grabe der Parteiherrschaft 1932, S. 126 f.

S. 41 [21] Über ähnliche Pläne Brünings (unter Auflösung Preußens in seine Provinzen) berichtet dieser in seinem Brief an Dr. Pechel, Deutsche Rundschau, Juli 1947, S. 9.

S. 41 [22] Kritik des Lutherbundes a. a. O. Zunächst will G. (ähnlich wie Lohmeyer) die kommunalen Vertretungskörperschaften entpolitisieren: die Kreistage sollen von den Gemeinden, die Provinziallandtage von den Kreisen beschickt werden und nicht aus direkten Volkswahlen hervorgehen. — Mit einer Neuregelung des Verhältnisses von Reich und Ländern scheint sich auch eine Denkschrift befaßt zu haben, die G. im Dezember 1923 an General Seeckt (damals Inhaber der „vollziehenden Gewalt") übersandte; siehe Seeckt, Aus seinem Leben 1918–1936 von *F. von Rabenau* (1940), S. 389f. Dr. Lohmeyer glaubt, daß sie mitangeregt war durch eine Denkschrift, die er selbst kurz vorher für Geßler verfaßt und Goerdeler gezeigt hatte.

S. 42 [23] Es waren die folgenden: Deutscher Städtetag (Organisation der Großstädte); Deutscher Städtebund (Organisation der kreisangehörigen, also kleinen Städte); Deutscher Landkreistag (Landkreise); Landgemeindetag West (umfassend die Landgemeinden von Westfalen und der Rheinprovinz, die als größere Gemeindeverbände um die sogenannten Bürgermeistereien bzw. Ämter organisiert waren); Deutscher Gemeindeverband (Landgemeinden in den übrigen preußischen Provinzen und deutschen Ländern); Verband preußischer Provinzen. Auskunft über diese Verhältnisse und Goerdelers Wirken in den Spitzenverbänden verdanke ich sehr liebenswürdigen Mitteilungen von Herrn Dr. Jeserich, dem früheren geschäftsführenden Präsidenten des Deutschen Gemeindetages.

S. 42 [24] Interessant ist jedoch seine mehrfach (so im April 1932) vorgetragene Forderung, die Beamten der obersten Reichsämter sollten die Möglichkeit haben, sich in den unteren und mittleren Verwaltungsposten der Länder „Fronterfahrung" zu erwerben, an der es ihnen in bedenklichem Maße fehle.

S. 42 [25] Eine Bestrebung, die Dr. Luther als unnütz, ja schädlich lebhaft mißbilligte.

S. 42 [26] G. erwähnt diese Zusammenkunft auch in einer Denkschrift „Die Preisüberwachung", die 1944 im Gefängnis entstand (s. darüber Kapitel 3, Anmerkung 5). Er bringt sie dort in Zusammenhang mit Vorschlägen zur Beseitigung der Arbeitslosigkeit, die er im März 1933 schriftlich und mündlich Hitler vorgelegt haben will.

S. 43 [27] Außer ihm (nach freundlicher Mitteilung Dr. Jeserichs) O. B. Fiehler-München, Dr. Jeserich, O. B. Dr. Wiedemann-Halle, Ministerialrat Dr. Markull, Reichsfinanzministerium (von Goerdeler sehr gelobt!), Ministerialdirektor Dr. Surén (Reichsinnenministerium), Ministerialrat Dr. Loschelder (Reichsinnenministerium).

S. 43 [28] Der deutsche Volkswirt, 26. 2. 37. —Wie schon erwähnt, gingen diese Bestimmungen auf das von Popitz geschaffene preußische Gemeindefinanzgesetz zurück.

S. 43 [29] Mitteilung Dr. Jeserichs an den Verf.; dieselbe Quelle auch für weitere Einzelangaben im folgenden. Auch in einer 61 Seiten langen, unvollständig abgebrochenen Denkschrift „Gedanken zur Erneuerung der Selbstverwaltung", die G. 1944 im Gefängnis auf Verlangen der Gestapo niederschrieb, rühmt er das Gesetz als große Leistung und ganz besonders den Prolog als idealistischen Aufruf zu Uneigennützigkeit und Verantwortungsbewußtsein. Er kritisiert dann aber sehr ausführlich und mit genauester Sachkenntnis die Mängel des Gesetzes und macht Verbesserungsvorschläge in Form eines Gesetzentwurfes. Sie laufen auf Beseitigung des „Beauftragten der NSDAP" zur Kontrolle der Kommunen, Beschränkung der Führerstellung des Bürgermeisters, echte Beteiligung der Gemeinderäte an der Verantwortung, also mit Beschlußrecht, Wahl der Gemeinderäte statt Ernennung durch die Partei, vor allem auf Beschränkung der Staatsaufsicht hinaus. Auch den Gemeindetag will G. ändern, insbesondere ihm den Charakter einer Zwangsorganisation nehmen. (Photokopie aus den Beständen des Departmental Record Office Dpt. of the Army, Alexandria, Virg., in meinem Besitz.)

S. 44 [30] Diese Gesetze waren im preußischen Innenministerium unter Görings Vorsitz durch Staatssekretär Grauert und Popitz vorbereitet; letzterer war aber nicht für das Gemeindeverfassungsgesetz verantwortlich, das G.s Kritik offenbar im Auge hatte, sondern nur für das Gemeindefinanzgesetz, das auf die Gemeindefinanzverordnung vom 2. 11. 32 zurückging.

S. 44 [31] An einer Stelle seiner Mem. von 1944 erwähnt er als dritten Fehler des Gesetzes, daß es „die Stellung der Stadtverordneten herabgesetzt hat, weil sie nur noch Berater sind". Er verlangt dort auch „Wiedergewährung eines weitgehenden Beschlußrechtes". Diese Forderung, die er auch in seiner im Gefängnis entstandenen Denkschrift über Reform der kommunalen Selbstverwaltung (s. Anm. 29) mit Nachdruck wiederholte, erschien (nach Mitteilung Dr. Jeserichs) 1935 als völlig aussichtslos, auch in den Beratungen des vorbereitenden Ausschusses, zumal das Beschlußrecht schon in dem (von Goerdeler als „reaktionär" betrachteten) preußischen Gemeindeverfassungsgesetz vom Dezember 1933 aufgehoben war. Goerdeler hat aber dann (wie er in der mehrfach zitierten Niederschrift vom 9. Juli 1937 erwähnt) die Bestimmung in das Gesetz hineingebracht, daß jeder Stadtverordnete seine abweichende Meinung zu Protokoll geben kann und muß (§ 57). So sollte erreicht werden, daß die Beratungen ernst genommen würden und der Oberbürgermeister mindestens moralisch zur Verantwortung gezogen werden könnte, wenn er gegen den Rat bestimmter Gemeinderäte eine Entscheidung traf. G. war sehr befriedigt von diesem Teilerfolg und meint in der genannten Aufzeichnung von 1937: „Für Körperschaften mit verwaltungsnahen Befugnissen erscheint mir diese Art der Abstimmung besser als Mehrheitsbeschlüsse, *wenn der Bürgermeister die Ausführung versagen kann.*"

S. 44 [32] An einer anderen Stelle der Mem. ist (natürlich irrigerweise) vom „Anfang März" 1935 die Rede. Für die Ablehnung der Stadtverordnetenwahl macht er besonders „den Vertreter der Partei" (in beratendem Kollegium), „den ehemaligen thüringischen Regierungsrat Sommer", verantwortlich. Nach Dr. Jeserich (Mitteilung an den Verf.) waren vor allem Mitglieder des Stabes Rudolf Heß daran schuld, daß das Beschlußrecht der Stadtverordneten als „zu liberalistisch" gestrichen wurde.

S. 45 [33] Wenn man Hitlers Ausführungen über falschen Zentralismus der Ministerialbürokratie und das Recht städtischer Selbstverwaltung in den von mir herausggb. „Tischgesprächen" von 1941/42, S. 233—236 liest, könnte man hie und da geradezu das Echo von Ideen Goerdelers zu hören glauben.

S. 45 [34] Mem. — Ähnliches Urteil schon in einem sehr bedeutsamen Brief vom 15.6.41 an Dr. *Rehm*, Verfasser einer Schrift über die deutsche Selbstverwaltung, der die Bedeutung der Selbstverwaltung für die Erhaltung echter Freiheitsbegriffe stark unterstrich! Gleichzeitig rückt allerdings G. von seinem ehemaligen Eifer für ein neues Gemeindegesetz jetzt innerlich ab. „Ich habe unter der alten preußischen Städteordnung, unter den sie 1919 abändernden Gesetzen und unter der deutschen Gemeindeordnung gearbeitet. Ich habe gefunden, daß in allen diesen Epochen begeisterte Bürgermeister und Stadträte den Geist der Selbstverwaltung lebendig erhalten konnten, und ich habe Männer gekannt, die ihn auch unter den günstigsten Voraussetzungen entarten ließen."

DRITTES KAPITEL · BERATER DES REICHSPRÄSIDENTEN

S. 47 [1] Handschriftlich.

S. 48 [2] Das Folgende nach G.s Manuskripten:

a) Wirtschaftsdenkschrift, von G. selbst „Herbst 1930" handschriftlich datiert. Vorwort Anfang 1931, darnach Niederschrift des Textes „vor 1½ Jahren", also Mitte 1929 (?), schon damals „verschiedenen Stellen zugeleitet". 48 Seiten Maschinenschrift. Eine ältere Fassung (58 S.) trägt am Schluß den hdschrl. Vermerk: September 1929. G. gibt in der Vorrede von 1931 an, neu bearbeitet habe er nur den Abschnitt über Arbeitsbeschaffung, „weil inzwischen auf diesem Gebiete nichts geschehen ist, das Problem sich zu einem bei dieser Passivität nicht überraschenden Umfang ausgewachsen hat und daher andere Mittel ins Auge gefaßt werden müssen".

b) Für Hindenburg, April 1932 überreicht, 23 Seiten Maschinenschrift, beruft sich auf ältere Vorschläge „vor 2½ Jahren"; gemeint ist wohl die obige Wirtschaftsdenkschrift.

c) Die Lage der deutschen Wirtschaft 5. 6. 1932, 16 Seiten Maschinenschrift.

d) Mehr Macht dem Reichspräsidenten! siehe oben Kapitel II, Anm. 20.

S. 49 [3] Bei diesen Erörterungen spielte die Abneigung des Deutschnationalen gegen den Kultusminister Becker und dessen Schulexperimente offensichtlich eine große Rolle. Goerdeler findet die Ansprüche an die Vorbildung der Lehrer in Volks- und Mittelschulen überspannt, will die „pädagogischen Akademien" wieder zu Lehrerseminaren machen, die Zahl der Bildungsstätten beschränken, das System des höheren Schulwesens vereinfachen, üppige Schulneubauten vermeiden usw. — also ein höchst konservatives und spartanisches Programm, das auch wohl als „reaktionär" empfunden werden konnte.

S 50 [4] „Mehr Macht dem Reichspräsidenten!" (siehe oben!). G. bedauert hier, daß am 1. 1. 1924 der Art. 35 R.V. so geändert wurde, daß auch im Fall der Reichstagsauflösung ein Reichstagsausschuß zur Überwachung der Reichsregierung bestehen blieb; andernfalls hätten die 60 Tage zwischen Auflösung und Neuwahl des Parlaments durch präsidiale Neuordnung sehr fruchtbar genutzt werden können — ein Vorschlag, den man nicht ohne Kopfschütteln liest!

S. 50 [5] Eine aus dem Londoner Nachlaß Goerdelers stammende, offenbar für englische Freunde bestimmte Niederschrift vom 9. 7. 1937 berichtet ausführlich über seine beiden Preiskommissariate unter Brüning und Hitler. Noch viel ausführlicher eine 82 Seiten lange Denkschrift „Die Preisüberwachung", die er im Gefängnis auf Verlangen der Gestapo ausarbeitete und die am 9. 1. 45 formell von dieser zu den Vernehmungsakten gegeben wurde. (Dept. of the Army, Departmental Records Branch, Alexandria, Virg., Photokopie in meinem Besitz). — Presseerklärung vom 8. 12. 31. Ernennungsurkunde vom 10. 12. 31, gez. Brüning. Entlassungsurkunde vom 16. 12. 32, gez. Schleicher. — Schreiben des Reichskanzlers von Papen an G. 16. 6. 32. — G. an Reichskanzler von Papen 17. 10. 32. Staatssekretär von Planck an G. 14. 12. 32. — Begleitschreiben Schleichers zur Entlassungsurkunde 17. 12. 32. — G. an Schleicher 17. 12. 32. — G. will gegen anfänglich starke Bedenken der Reichsregierung erreicht haben, daß seine Stadt Leipzig mit 2 Millionen dafür entschädigt wurde, daß sie ihr Oberhaupt für das neue Ehrenamt freigab: 1 Million geschenkweise, 1 Million als zinsloses Darlehen, beides zur Erleichterung der Arbeitslosenfürsorge. Für sich selbst habe er auf jede Entschädigung außer den Reisekosten verzichtet, selbst auf die ihm angebotene Gestellung eines Kraftwagens. (Schreiben an Reichsstatthalter Mutschmann 23. 11. 37 aus New York). Brüning bezweifelt (brieflich) die Richtigkeit dieser Versicherung; er habe als Kanzler nie etwas davon erfahren. Nachforschungen im Leipziger Stadtarchiv, für deren Durchführung ich Frl. Dr. Drucker und meinen Leipziger Kollegen sehr dankbar bin, ergaben folgendes: G. städt. Personalakten (Berufungsakten) und die Haushaltsrechnungen der Stadt enthalten über die genannten Vorgänge nichts, doch blieb der dort befindliche Brief an Mutschmann ohne Widerspruch. Anläßlich einer 1946/47 darüber angestellten Nachforschung erinnerte sich der Stadtkämmerer Schräpler nur ganz allgemein gewisser vom Reich gewährter Zuschüsse zur Arbeitslosenunterstützung. Sie sind nach Ausweis der Haushaltsrechnungen Anfang der 30er Jahre von 10000 RM auf 17 Millionen gestiegen. Ein zinsloses Darlehen des Reiches ist in den Kassenbüchern nicht zu finden. Anderseits bestätigte der Kollege G.s, der damalige Bürgermeister Dr. Löser, die Darstellung G.s aus der Erinnerung in vollem Umfang. Die nachweisbaren Zuschüsse wurden auf Antrag der in großer Notlage befindlichen Stadt nach und nach gewährt. Auch der Reichsfinanzminister Schwerin-Krosigk erinnert sich daran, daß anläßlich der Berufung G.s Zuschüsse zur Arbeitslosenunterstützung zugesagt und später auch gezahlt wurden (briefl. Mitteilung). Ihre Begründung wird nicht aktenkundig geworden sein.

S. 51 [6] Vgl. dazu seine Aufsätze: Wirtschaftliche Funktion der Preise. Ms. für die Zeitschrift „Die Bank" Dez. 1936. — Die Mittel staatlicher Preispolitik, Ms. für die Zeitschrift für öffentliche Wirtschaft Nov. 1936 (beide sind gedruckt).

S. 51 [7] Nach den zum Young-Abkommen gehörigen Abmachungen (Verpflichtung der Reichsbank durch ihren Präsidenten Schacht) war eine Abwertung der Mark nicht zulässig. G. scheint das nicht beachtet zu haben.

S. 51 [8] „Währendes Geld" Frankfurter Zeitung 2. Okt. 1936. — Frankreichs Erfahrungen nach der Abwertung, ebd. 28. 2. 1937. — Der große Irrtum. Deutsche Rundschau April 1939.

S. 52 [9] Das Folgende beruht z. T. auf brieflichen Auskünften Dr. Brünings an den Verfasser.

S. 52 [10] Senkung der Hauszinssteuer um 20%, der Mieten nur um 15%, was praktisch eine Verbesserung der Lage der Grundbesitzer und der Hypothekenbanken bedeutete, dafür Erhöhung der Umsatzsteuer bei Ermäßigung der Warenpreise und Handelsgewinne.

S. 52 [11] So z. B. W. *Eucken*. Unser Zeitalter der Mißerfolge. 1951, Seite 41. Ähnliche Vorschläge wie G. entwickelte dagegen die Schrift des Freiburger Nationalökonomen Ad. *Lampe*. Notstandsarbeit oder Lohnabbau? 1927. Lampe hat G. seine Arbeiten (auch Zeitschriftenaufsätze) seit dessen erstem Preiskommissariat übersandt und später mit ihm persönliche Verbindung aufgenommen.

S. 53 [12] Brief an Dr. Pechel; Deutsche Rundschau Juli 1947 Seite 5, Seite 12; dazu briefliche Mitteilungen an den Verfasser.

S. 53 [13] Davon hörte Graf Schwerin-Krosigk zu seinem Erstaunen aus dem Munde Brünings selbst im April 1932 (briefliche Mitteilung). Wenn nun Treviranus an Graf Westarp mitteilte, Brüning fürchte nichts mehr als inflatorische Maßnahmen seiner Nachfolger (29. 5. 32, s. Vjschr. f. Zeitgesch. I, 1953, S. 284), so erklärt sich der scheinbare Widerspruch wohl so, daß Brüning wohl sich selbst, nicht aber seinem Nachfolger eine vernünftige Begrenzung der Kreditausweitung zutraute.

S. 55 [14] Die früher schon zitierte „Wirtschaftsdenkschrift" von 1929/31 wollte 200000 Mann zu dreijährigem Arbeitsdienst ohne eigentliche Barentlohnung verpflichten und erwog, weitere 500000 „jüngere Arbeitslose" mit „Zusatzarbeiten" 6—8 Jahre lang gegen allmählich steigende Barlöhne zu beschäftigen. Als „Prämie" sollte ihnen die „zunächst lehnsweise, dann eigentümlich erfolgende Gewährung einer Siedlerstelle" garantiert werden. Auch nach dem Arbeitsdienst sollte man in dieses Verhältnis übertreten können. Die

Ansiedlung dachte sich G. vorzugsweise im Osten, „wo die Grenzen gottlob nicht festliegen".

S. 55 [15] Denkschrift für Hindenburg April 1932. Die ältere Wirtschaftsdenkschrift von 1929/31 erwog auch, alle unverheirateten, noch nicht 23jährigen Arbeitslosen mit Notstandsarbeiten gegen bloße Unterkunft, Verpflegung und Kleidung zu beschäftigen. — Bis zu einem gewissen Grad hielt also G. Notstandsarbeiten auf öffentliche Kosten für empfehlenswert, aber nur als Linderungsmittel und nur als vorübergehende Ausnahme; keinesfalls dürfe dadurch die Sicherheit der Währung und das Gleichgewicht der Haushalte bedroht werden. Darüber hat er sich (mit indirekter, aber sehr deutlicher Kritik der Wirtschaftspolitik der Hitler-Regierung) auf dem VI. Internationalen Gemeindetag in Berlin Juni 1936 ausgesprochen und den Bedenken des Cambridger Professors Hilton gegen planwirtschaftliche Maßnahmen ganz offen zugestimmt. Siehe Zeitschrift „Der Gemeindetag" 30. Jahrgang 1936, Seite 462 ff.

S. 56 [16] Mitteilung Dr. Brünings an den Verfasser. Die Nachricht O. *Meißners*, Staatssekretär unter Ebert, Hindenburg, Hitler (1950) Seite 221, Brüning habe vergeblich versucht, G. als Nachfolger Warmbolds zu gewinnen, trifft nach Mitteilung Dr. Brünings in dieser Form nicht zu. Der Plan bestand wohl zeitweise, ist aber nie mit G. erörtert worden.

S. 56 [17] Deutsche Rundschau Juni 1947, Seite 10. — Vgl. auch *Schlange-Schöningen*, Am Tage danach (1945), Seite 64.

S. 57 [18] Die hohen Löhne stünden auf dem Papier. Jeder dritte Arbeiter erhalte nicht 1 M Stundenlohn, sondern 0,25 M Unterstützung. Für Baugewerbe liege also der richtige Lohn bei 1 plus 1 plus 0,25 : 3 = 0,70 M. G. hat mir auch mündlich diese Szene als einen der wichtigsten Momente seiner Laufbahn geschildert. Sie wird (in allgemeinen Umrissen) bestätigt durch *Schlange-Schöningen*. Am Tage danach (1945), Seite 39; man erfährt dort, daß auch Brüning und Schlange anwesend waren, von seiten der sozialdemokratischen Gewerkschaften vor allem Leipart. Aus einem Erlaß von Papens an G. vom 16. 6. geht hervor, daß man im Papen-Kabinett nicht geneigt war, G.s Anregung zu folgen und „eine Lockerung sowohl der Baustoffkartelle wie des entsprechenden Lohntarifs herbeizuführen"; solche Maßnahmen sollten „im Interesse einer Beruhigung der Wirtschaft und der Arbeitnehmerkreise" hintangestellt werden. Man fürchtete also zuviel Widerstände. Auch eine Herabsetzung der „öffentlichen Versorgungstarife", die G. vorgeschlagen hatte, sollte verschoben werden, mit Rücksicht auf die ungünstige Finanzlage der Gemeinden.

S. 57 [19] *Meißner* a. a. O. 227 bestätigt das.

S. 57 [20] Deutsche Rundschau Juni 1947 Seite 97 mit Bezugnahme auf *Schlange-Schöningen* a. a. O. Seite 73.

S. 58 [21] Briefliche Mitteilung Dr. Brünings an den Verfasser.

S. 58 [22] *Franz von Papen* Der Wahrheit eine Gasse (1952) Seite 182 ff., dazu *Meißner* a. a. O. 226 ff. Papen bestreitet offensichtlich mit Unrecht die Mitwirkung agrarischer Interessenpolitiker beim Sturz Brünings. Sie geht auch aus den in der Vierteljahrsschrift für Zeitgeschichte 1953, S. 261 ff. mitgeteilten Dokumenten über Brünings Sturz, wenn man diese nur kritisch zu lesen weiß, eindeutig hervor. Über die Politik Schleichers in diesen Monaten vgl. vor allem die wichtigen Mitteilungen *G. A. Craigs* aus dem Groener-Nachlaß: Reichswehr and National Socialism, in: Political Science Quarterly LXIII, June 1948, p. 220 ff. Das Buch des Berliner Journalisten *H. R. Berndorff* General zwischen Ost und West (1951) bringt mancherlei wichtige und neue Mitteilungen von Augenzeugen, leider in unkontrollierbarem Gemisch mit freier Ausmalung von Motiven und Tatsachen. Sucht man über die übliche Anklage des „ehrgeizigen Intriganten" hinaus zu einem Verständnis der Politik Schleichers zu gelangen, so bleibt wohl nur die Erklärung, daß er die vorsichtige parlamentarische Taktik Brünings für unfähig hielt, auf die Dauer mit der unheimlichen Dynamik der Hitler-Bewegung fertig zu werden. Das neue Präsidialkabinett der „Barone" sollte ihr durch rasche innen- und außenpolitische Erfolge den Wind aus den Segeln nehmen, sie entweder durch Mitbeteiligung an der Verantwortung – aber ohne entscheidenden Einfluß – in ihrer Propaganda schwächen oder sie spalten; als das nicht gelang, hat er anscheinend zeitweise noch gehofft, Wehrminister unter Hitler zu werden in der Illusion, ihn als solcher überspielen, unter Umständen gewaltsam ausschalten zu können. Eine große Rolle hat offenbar seine Erwartung gespielt, von den Westmächten bald eine Erweiterung der Wehrmacht zugestanden zu erhalten in der Form, daß die SA und SS in deren festen Rahmen (als Milizformation) eingereiht wurden.

S. 59 [23] Hugenbergs Ringen in deutschen Schicksalsstunden (Spruchkammermaterialien seines Verteidigers Dr. Borchemeyer) Detmold 1951 Seite 20.

S. 59 [24] So berichtet G. selbst. Vielleicht stammt die absolute Ablehnung G.s durch Schleicher aus dieser Unterredung?

S. 60 [25] Durch diesen Bericht wird die Angabe *Konrad Heidens* Adolf Hitler (Band I 1936) Seite 301 bestätigt, daß Schleicher längst eine Zusage Hitlers in der Hand hatte, er werde das Papen-Kabinett tolerieren. Dazu siehe auch Brünings Bericht a. a. O. Seite 13, *von Papen* a. a. O. und *Meißner* a. a. O. Die Vorschläge G.s ergeben sich aus den Mem. Außerdem liegt mir eine undatierte kurze Denkschrift vor, die aus dem Mai oder Juni 1932 stammen muß. Ihre Vorschläge klingen an die in den Mem. dargelegten an (Beteiligung der NS. Partei an der Regierung, im Fall der Weigerung Regierung mit weitgehender Vollmacht für 3 Jahre, notfalls auf Grund von Notverordnungen, also „Einziehen in den unbesetzten Schützengraben"). Da indessen die Unterschrift fehlt und sich nur einige Bleistiftnotizen von G.s Hand am Schlusse finden, bleibt ihre Bedeutung unsicher.

S. 60 [26] Es ist bezeichnend, daß Meißner diese Darlegungen zu verhindern suchte, aber von Hindenburg mit den Worten abgewiesen wurde: „Lassen Sie den Herrn Oberbürgermeister ruhig sprechen. Was er sagt, interessiert mich sehr." – Nach von Papen scheiterte die Ministerschaft G.s nicht an seiner Weigerung, sondern an seiner Forderung, zwei Ministerien in seiner Hand zu vereinigen.

S. 61 [27] Er wollte deshalb auch den 1930 gewählten Reichstag bis zum normalen Ende seiner Legislaturperiode, d. h. bis 1934 bestehen lassen, um jede weitere Neuwahl während der Wirtschaftskrise zu vermeiden, in der Erwartung, daß diese bis 1934 überwunden sein würde.

S. 61 [28] Vgl. die interessante Unterhaltung mit Graf Schwerin-Krosigk im April 1932, über die dieser in „Es geschah in Deutschland" (1951) Seite 130 f. berichtet. Dieser Bericht ist allerdings unvollständig, wie ich einer sehr dankenswerten brieflichen Mitteilung v. Krosigks entnehme. Danach hätte v. Krosigk gefragt, warum Brüning „nicht schon 1930 die NSDAP an der Regierung beteiligt habe, um sie zur Verantwortung zu erziehen, solange sie noch zu schwach sei, alle Machtwünsche durchzusetzen. Er setzte mir auseinander, daß die Nationalsozialisten in agitatorischer Weise den Kampf gegen die Deflation und gegen jede Form von Reparationen auf ihr Programm geschrieben hätten. Selbst wenn *er* gewollt hätte, wäre es für *sie* nicht möglich gewesen, in seine Regierung einzutreten, da er den entsagungsvollen Weg der Deflation bis zum Ende habe gehen müssen und auch die Reparationsfrage nicht ohne eine letzte Kapitalzahlung lösen könne. Das sei jetzt anders geworden, da der Boden der Krise erreicht sei und an die Stelle der Deflation bald eine Kreditausweitung treten könne und da das Reparationsproblem demnächst auf der Lausanner Konferenz endgültig bereinigt werden würde. Er stehe daher jetzt in Verhandlungen mit den Nationalsozialisten und glaube, daß sie zu einem Ergebnis führen würden. Brüning hat mir damals nicht gesagt, welches das Ziel und die Grundlage dieser Verhandlungen war." Schwerin-Krosigk glaubte ihn so zu verstehen, er sei bereit, Nationalsozialisten in die Regierung aufzunehmen, und hat entsprechend sowohl im Prozeß des IMT. gegen Schacht Herbst 1945 wie im Nürnberger Entnazifizierungsverfahren gegen Schacht 1947 ausgesagt. Brüning hat das aber in seinem Affidavit für ein Mißverständnis erklärt und sich auf seine Reichstagserklärung vom 11. 5. 1932 berufen; er habe nur (unter gewissen Umständen) gegen die Beteiligung der Hitler-Partei in Länderregierungen keinen Einspruch erhoben. Mir selbst teilte er brieflich mit, seine Verhandlungen mit der NSDAP hätten sich nur auf Preußen bezogen. Dazu stimmt nun freilich nicht, was O. *Meißner* a. a. O. 212 f., 224 ff. mitteilt und ähnlich schon in einem Nürnberger Vernehmungsprotokoll vom 4. 8. 48 (für das Militärtribunal IV) ausgesagt hat. Darnach hätte Brüning wenigstens zeitweise erwogen, auch im Reich die Hitler-Partei „an die Regierung heranzubekommen", und entsprechend Fühlung aufgenommen, und zwar etwa im April. Sollte auch Meißner eine Äußerung Brünings, der nur von Preußen sprach, mißverstanden haben? Sicher ist, daß Brüning am 29. 5. 32 durch Treviranus dem Grafen Westarp raten ließ, „sich nicht ohne verantwortliche Beteiligung der Nazi" auf eine Übernahme der Kanzlerschaft und Bildung eines neuen Kabinetts einzulassen (Bericht Westarps vom 1. 6. 32, Vierteljahrshefte für Zeitgeschichte I. Jahrgang 1953, Seite 284); 2. daß er im August Bemühungen gemacht hat, festzustellen, ob sich nicht eine parlamentarische Rechtsregierung einschließlich der NS bilden ließe, und zwar deshalb, um Hindenburg vor dem Vorwurf eines Verfassungsbruchs zu schützen, der aus Papens Vorgehen in Preußen drohte. Vgl. seinen offenen Antwortbrief an *P. Rohrbach* vom 21. 8. 32 in dessen Broschüre: „Herr Reichskanzler von Papen — lösen Sie auf!" Seite 17 f. (Selbstverlag Rohrbachs 1932).

S. 62 [29] Er hatte Kaas nur einmal gesprochen, aber in stundenlangem Zusammensein jedes politische Thema vermieden. Über die Koalitionsversuche des

Zentrums mit den Rechtsparteien und der Hitler-Partei vgl. *von Papen* a. a. O. 194, 222, 225, 285 sowie *O. Braun* Von Weimar zu Hitler 1940, 2. Auflage Seiten 424 ff., dessen Ausführungen indessen Brüning (brieflich) für „völlig irrig" erklärt. Die Haltung des Zentrums zwischen dem 31. 5. 32 und dem 30. 1. 33 scheint mir dringend der Aufklärung zu bedürfen.

S. 62 [30] Handschriftliches Briefkonzept vom 28. 8. 32 an Hindenburg: „Heute morgen brachte die Presse die Mitteilung, daß bei den Verhandlungen zwischen Zentrum und NSDAP mein Name als preußischer Ministerpräsident eine Rolle spiele." G. ist nicht informiert darüber und noch nicht gefragt, möchte aber Hindenburg persönlich über seine Ansicht unterrichten. „Zur Zeit des Kabinettswechsels richteten sowohl Herr Dr. Brüning, der mir stets offenes Vertrauen entgegenbrachte, als auch Herr von Papen an mich die Frage, ob ich bereit sei, preußischer Ministerpräsident zu werden. Ich habe beiden Herren meine Geneigtheit erklärt, mitzuwirken zu dem Ziele, daß der Dualismus Reich-Preußen beseitigt würde, und unter der Voraussetzung, daß eine möglichst breite Front gesichert sei" . . . „Ich lege Wert auf die an sich selbstverständliche Feststellung, daß ich an dieser Auffassung festhalte." Der Passus, korrigiert, lautete ursprünglich: „Ich brauche nicht zu betonen, daß ich an den Auffassungen festhalte, die im Bericht vom April dieses Jahres darzulegen ich die Ehre hatte."

S. 62 [31] Die Lage der deutschen Wirtschaft 5. Juni 1932. 16 Seiten Maschinenschrift.

S. 63 [32] Es scheint allerdings, als hätte sich die deflatorische Tendenz bei G. infolge der Erfolge Papens etwas gelockert. In der gleichen unten zitierten Dezember-Denkschrift erklärt er „kurzfristige Warenwechsel" zur Finanzierung der Warenerzeugung für unbedenklich, ebenso wie „jede Arbeitsbeschaffung aus gedeckten Mitteln"; allerdings dürften beide Maßnahmen das Gleichgewicht des Staatshaushaltes nicht erschüttern.

S. 64 [33] Nach *O. Meißner* a. a. O. 247 schlug ihn dieser dem Reichspräsidenten vergeblich als Nachfolger Papens vor. In zwei Schreiben vom 17. Oktober an von Papen hatte er erklärt, seine Verantwortung als Preiskommissar nicht ohne laufende Orientierung über die allgemeine Wirtschaftspolitik der Regierung tragen zu können, sich aber gleichzeitig damit einverstanden erklärt, wenn das Reichskabinett beschließen sollte (was dann auch geschah), die Geschäfte der Preisüberwachung einem Reichsbeamten des Wirtschaftsministeriums zu übertragen. Als ihm nun Planck im Auftrag Schleichers am 14. 12. mitteilte, dies solle geschehen und er selbst entlassen werden, hielt er sein Einverständnis zwar aufrecht, betonte aber die dringende Gefahr neuer Preissteigerungen infolge der staatlichen Arbeitsbeschaffung und fügte hinzu, er fürchte, daß die Übertragung der Preisüberwachung auf einen „nicht völlig unabhängigen Mann" sich unter diesen Umständen als Fehler erweisen würde. — Als (indirekten) Ausdruck seiner Enttäuschung wird man wohl auch ein sehr warm gehaltenes Neujahrsschreiben an Brüning vom 30. 12. auffassen dürfen, voll aufrichtigen Dankes „für das nie erschütterte offene Zutrauen", das er unter dessen Kanzlerschaft genossen habe.

S. 64 [34] Mem. Teilweise wiederholt (ohne Namensnennung) in: Goerdelers Politisches Testament. Herausgeg. von *F. Krause* (New York 1945) Seite 23.

S. 65 [1] Er hatte immerhin Mühe, diese Ablehnung Rud. Heß einigermaßen plausibel zu machen.

S. 66 [2] Mem. — In einer Denkschrift für Adolf Hitler August 1934 lobt er als Leistung der Partei „die Ausschaltung des Parteiensystems“ und „die Überwindung der Grenzen der deutschen Stämme“, also die unitarische Gestaltung der Reichsverfassung.

S. 66 [3] Gemeint sind die Ermächtigungsgesetze vom 13. 10. und 18. 12. 1923.

S. 69 [4] Mir liegt eine undatierte Druckschrift (Sonderdruck aus einer Zeitschrift? 10 Quartseiten) vor: „Kleinsiedlung und Wohnungsbau als politische und wirtschaftliche Notwendigkeiten“, in der ein sorgfältig berechneter Plan zur Deckung des Wohnungsbedarfs für die nächsten 5 Jahre (ab Anfang 1936) entwickelt wird.

S. 69 [5] Schreiben an G. vom 18. 6. 36. — Eingabe G.s an Hitler 27. 8. 36 (Anrede: „Hochverehrter Herr Reichskanzler“ — nicht: „Mein Führer“).

S. 70 [6] Auf seiner Amerikareise 1937 hat er mit Erfolg auch amerikanische Industrielle für die Idee einer ökonomischen Volksaufklärung zu interessieren gesucht: Brief an Mr. James D. Money, New York, Chairman der General Motors Corporation, etwa Jan. 38.

S. 70 [7] Mem. — Aufzeichnungen vom 9. 7. 37. Die Einladung erfolgte zunächst durch Minister Frick. Nach Rücksprache mit ihm und Schacht fand eine Besprechung bei Hitler statt. Nach den in Kap. 2, Anm. 26 zitierten Aufzeichnungen G.s von 1944 hatte die erste persönliche Begegnung schon im März 1933 stattgef. Die Berufung erfolgte auf Antrag Schachts (briefl. Mitteil.).

S. 70 [8] Die Mem. berichten diese Szene zweimal, in etwas verschiedenem, hier von mir kombiniertem Wortlaut. Der Zeitpunkt bleibt unklar: 1934 oder Jan. 1935?

S. 71 [9] Mem.

S. 71 [10] Die Geschichte, die Hitler in den Tischgesprächen 143 von Luthers viel zu geringem Kreditangebot berichtet, hat er G. 1935 ganz ähnlich erzählt (Mem.) — nur ist da von 150 statt von 100 Millionen die Rede. — Für Schachts Finanzpolitik: vgl. seine „Abrechnung mit Hitler“. Hamburg 1948 (Rowohlt-Zeitungsdruck).

S. 72 [11] Seine Befugnisse waren bis dahin (durch Gesetz vom 15. 7. 1933) dem Reichswirtschaftsminister und Reichsernährungsminister übertragen worden, jedem für seinen Geschäftsbereich.

S. 72 [12] Briefliche Mitteilung des Herrn Friedrich Sperl, damals Referent im Reichswirtschaftsministerium, an den Verfasser. Die hier zitierte Denkschrift ist undatiert, 52 Seiten. Die Kopfnotiz: „August 1934“ kann nur ganz ungefähr stimmen, da gelegentlich auf einen Aufsatz G.s im Hamburger Wirtschaftsarchiv „Ende August d. J.“ über Ersatzrohstoffe Bezug genommen wird. An anderer Stelle wird Hindenburg, der am 2. 8. 34 starb, als noch lebend erwähnt. Die Abfassung hat sich also wohl von Juli bis September hingezogen. Der Aufbau des Ganzen ist infolge der Überladung mit allen möglichen Postulaten und kritischen Betrachtungen recht unübersichtlich.

S. 73 [13] Nach dem Statistischen Jahrbuch des Deutschen Reichs betrugen die Arbeitslosenziffern des Jahres 1932: Januar 6041910 (Höchstziffer!), April: 5739070. Juli: 5392248. Okt.: 5109173. G. hat eine größere Zahl von „Wohlfahrtsunterstützten" abgerechnet, die unabhängig von der Wirtschaftskrise Unterstützung bezogen.

S. 73 [14] Ergänzt durch „Bemerkungen" vom März 1934; beide Gutachten liegen mir nicht vor. Vgl. dazu die Mitteilung von 1944, s. oben Kapitel 2, Anm. 26. Ein etwas verändertes Programm der Arbeitslosenfürsorge entwickelte G. in dem Aufsatz: Die deutsche Arbeitslosenfürsorge. Jahrbuch für Kommunalwissenschaft 3. Jahrgang 1936, Seite 51ff., den er in Gemeinschaftsarbeit mit seinem Bruder Fritz, Stadtkämmerer von Königsberg, verfaßte. Er gibt hier zunächst einen umfassenden Überblick über die Geschichte der Arbeitslosenfürsorge in Deutschland, spricht von der „besonderen Kühnheit" der Hitlerschen Lösung des Problems, erkennt ihre Erfolge an (Rückgang von 6 Millionen Jan. 1933 auf 2,52 Millionen Jan. 1936), warnt aber vor der Überschätzung der „Produktivität" staatlicher Arbeitsbeschaffung und den Gefahren allzu großer Reichsverschuldung, empfiehlt wiederum: Verbilligung der Produktion durch Lohnsenkungs- bzw. durch Lohnausgleichsmaßnahmen als bestes Mittel zur Belebung der Produktion, kommt aber nicht mehr auf seine früheren Vorschläge zur Reform des Sozialversicherungswesens zurück, sondern will überhaupt nichts mehr von Arbeitslosen-Versicherung als solcher wissen. Die Arbeitslosen-*Fürsorge* soll wesentlich den Gemeinden, aber mit straffer Reichsaufsicht, zugewiesen werden.

S. 73 [15] Für 100000 Siedlungen will er mit 6,7 Millionen Jahreszuschüssen auskommen, also per Siedlung mit 67 Mark!

S. 76 [16] G. selbst erzählt in einem Aufsatz über die Mittel staatlicher Preispolitik (Zeitschrift für öffentliche Wirtschaft 1936), daß er sich in einem konkreten Fall weigerte, Mindestmietpreise für Geschäftshäuser einer Großstadt festzusetzen, deren Besitzer das forderten, ohne zu erwägen, daß diese dann vollends unvermietbar werden würden, solange das Geschäftsleben dieser Stadt nicht wieder aufleben würde.

S. 77 [17] Mem. – Im weiteren auch benutzt: Aufzeichnungen vom 9. 7. 37 und die Kap. 3, Anm. 5 zitierte Niederschrift von 1944.

S. 77 [18] Im Record Office des War Department in Washington fand ich u. a. einen offenbar aus dem Reichswirtschaftsministerium stammenden Sammelband mit Presseausschnitten u. dgl. betr. Preispolitik, darin eine Sammlung von Veröffentlichungen G.s als Preiskommissar. Ich zitiere daraus: Der Sinn der Preisüberwachung, in: Die chemische Industrie, 12. 3. 35. — Preisbestimmung durch Gesetz, in: Zeitschrift der Akademie für deutsches Recht. — Vortrag: Preise und Wirtschaft, in der deutschen Handelskammer Stockholm 14. 1. 36. — Das Problem der Persönlichkeit in der Wirtschaft, in: Zeitschrift des Vereins Berliner Kaufleute Jan. 1936. — Preiskampf im Welthandel, in: Weltwirtschaft Okt. 1935. — Preisüberwachung und Krankenkassen, in: Die Krankenkasse, Juli 1935. — Aufgaben und Mittel der Preisüberwachung, mehrfach wiederholter Vortrag. — Preise und Ausfuhr, in: Deutsche Wirtschaftszeitung, Mai 1935. — Reden bei Eröffnung der Leipziger Messe 1935, im wirtschaftspolitischen Amt der NSDAP, auf Presseabenden usw. Landwirtschaft und

Preisüberwachung, in: Deutsche landwirtschaftliche Presse 1935 Nr. 14. — Preise u. Außenhandel in: Die Bank, Dezember 1934. — Interview im Völkischen Beobachter, 5. 12. 34. G. hofft auf „vertrauensvolle Zusammenarbeit von Staats- und Parteiorganen" in der Preisfrage. Es sind auch einzelne Pressepolemiken gegen G. gesammelt und die Denkschrift „Die Preisüberwachung" von 1944 (vgl. Kapitel 3, Anm. 5).

S. 78 [19] Abrechnung mit Hitler, S. 11. Der in den „Nordwestdeutschen Heften" 1947, Heft 2 veröffentlichte Bericht des SS-Obersturmbannführers Dr. Kiesel gibt eine andere Version der Differenz mit Schacht, angeblich nach Goerdelers Aussagen vor der Gestapo, die aber schon der Daten wegen so nicht stimmen kann und keine Bestätigung in G.s Papieren findet.

S. 78 [20] In den Mem. ist von „Dezember" 1935 die Rede, was aber wohl als „September" zu lesen ist, da die damals erbetene Denkschrift mir mit dem Datum 26. 10. 1935 vorliegt.

S. 79 [21] Aufzeichnung vom 9. 7. 1937.

S. 79 [22] Gütige Leihgabe Prof. Wolfgang Foersters. Paraphe Becks: 2. 11. Paraphe Fritschs: 4. 11. Datiert: Leipzig 26. 10. 35. 15 Seiten Maschinenschrift.

S. 80 [23] Mem. und Vorrede zur Wirtschaftsfibel (etwa 1942 verfaßt). Letztere nennt als Datum der ersten Fassung „Mitte August", was mit anderen Angaben („14 Tage vor dem Parteitag") nicht stimmt und schon dadurch unwahrscheinlich wird, daß Staatsrat Neumann am 12. 8. bat, die Denkschrift möge auch praktische Vorschläge bringen. Die ausführliche Fassung (66 plus 5 Seiten Maschinenschrift) nennt die Daten der Zuschriften Görings und Neumanns. Mitarbeiter waren die Herren Baltz (vom früheren Preiskommissariat) und Wittke (von der Reichsbank). Die Übersendung an Göring erfolgte mit Begleitschreiben vom 17. 9. (mir vorliegend).

S. 80 [24] Es handelt sich um eine Denkschrift von „E. W." vom 21. 7. 36 zum Problem des deutschen Außenhandels. G. befürchtet, daß dieses System als „dumping" auf ausländische Gegenmaßnahmen stoßen und daß es den eben erst angelaufenen „neuen Plan" Schachts (zweiseitiger Tauschhandel) in volle Verwirrung bringen wird.

S. 82 [25] *Schwerin-Krosigk*, a. a. O., S. 188, der die Angaben in Schachts „Abrechnung mit Hitler" erheblich korrigiert. — Schacht in seinem Memoirenwerk (1953), S. 456 beruft sich auf Aussagen Keitels im Nürnberger Prozeß, der die Rüstungsausgaben für das Etatjahr 1936/37 mit sieben Milliarden beziffert habe.

S. 82 [26] IMT Dokument EC 416, auf das mich freundlicherweise Prof. Arthur Schweitzer in Bloomington, Indiana, aufmerksam machte. Teilnehmer: Blomberg, Schacht, Schwerin-Krosigk, Popitz, Koerner, Keppler, Staatsrat Neumann, Dr. Reichle, Oberstltn. i. G. Loeb (Protokollführer). Die nur einstündige „Sitzung" war ein reiner Befehlsempfang ohne Diskussion: Hitlers gleich zu erörternde Augustdenkschrift wurde vorgelesen und als unbedingt zu befolgende Richtlinie eingeschärft! Nach Görings Mitteilung hatte man mehrere Gutachter befragt, doch hatte bis dahin nur G. geantwortet.

S. 83 [27] Nürnberger Dokument 4955 NI (Wilhelmsstraßenprozeß Anklagedokument Bd. 118a = Schacht Exhibit Nr. 48. Defense Doc. Book Suppl.) Das Dokument stammt aus den Papieren Speers. Es handelt sich ganz eindeutig um eine Auseinandersetzung mit der Denkschrift Goerdelers. Hitler bezweifelt die Möglichkeit einer Exportausdehnung, ebenso die einer Beschränkung der Lebensmitteleinfuhren, lehnt jede Beschränkung der Rohstoffzufuhren auf Kosten der Aufrüstung mit Empörung ab, hält ein Aufstapeln von Rohstoffen für sinnlos, fordert statt dessen ein Aufstapeln von Munition und anderem Kriegsmaterial, vor allem aber, da sich nie genug aufstapeln läßt, sofortigen Ausbau der Rüstungsindustrie, der Industrie für kriegswichtige Ersatzstoffe, der Erzgruben ohne Rücksicht auf Rentabilität und Kosten. Ansammeln von Devisen ist nur beschränkt wichtig und darf den Aufrüstungsprozeß nicht behindern. Was die deutsche Wirtschaft noch an auswärtigen Guthaben besitzt, ist schon jetzt zu überprüfen und notfalls in Anspruch zu nehmen. Es müssen sofort zwei Gesetze erlassen werden: ein Strafgesetz für industrielle Sabotage (z. B. durch Kapitalverschiebung ins Ausland) und ein Gesetz, das die gesamte Judenschaft mit ihrem Vermögen verantwortlich macht für Schädigung der deutschen Industrie durch einzelne Angehörige dieser verbrecherischen Gesellschaft.

S. 84 [28] Mem. an mehreren Stellen. Frau A. Goerdeler erinnerte sich 1947, Hitler habe die Wendung gebraucht: „Der Kerl hat gewagt, mir Friedrich den Großen als Beispiel hinzustellen." Das kann wohl nur in Privatunterhaltungen geschehen sein. Die „Reden des Führers am Parteitag der Ehre" enthalten davon ebensowenig etwas wie die großen Presseberichte, die das Münchener Institut für Zeitgeschichte für mich durchzusehen die Freundlichkeit hatte. Auch Dr. Schacht erinnert sich nicht an eine öffentliche Kritik Goerdelers in Nürnberg (briefliche Mitteilung an den Verf.).

S. 84 [29] Schreiben an Dr. Mellinger, Herausgeber der Zeitschrift „Die Bank", vom 8. 12. 36. Dr. Mellinger hatte G. um einen Aufsatz über den Vierjahresplan gebeten, was dieser ablehnte. Er sei ein Gegner aller solcher starren Pläne auf lange Sicht. Wir könnten uns äußerstenfalls für 700 — 800 000 000 Einfuhr ersparen, am Schluß des Vierjahreszeitraums würde ein ungedeckter Rohstoffbedarf für Ernährung und Industrie von mindestens 3,6 Milliarden übrigbleiben.

S. 84 [30] Wirtschaftliche Funktionen der Preise („Die Bank", Ende 1936). Die Mittel staatlicher Preispolitik: Zeitschrift für öffentliche Wirtschaft, November 1936. — Müssen Schulden zurückgezahlt werden? Ms. 15 Seiten Maschinenschrift, im wesentlichen identisch mit einem vom 12. 12. 36 datierten Ms.: Kampf und Ordnung in der Weltwirtschaft.

S. 84 [31] Über seine Kommentare zur Gemeindeordnung (Januar—März 1937) vgl. oben Kapitel 2. Dazu die Aufsätze: Währendes Geld, Frankfurter Zeitung vom 2. 10. 36. Frankreichs Erfahrungen nach der Abwertung. Ebendort 28. 2. 37 u. ö.

S. 85 [32] Der große Irrtum (Blums Währungsexperiment) in Deutsche Rundschau, April 1938, S. 3—9.

S. 85 [33] Mem.

S. 85 [34] Eine der für diese Zwecke bestimmten Denkschriften (An den Finanzminister, 18 Seiten Maschinenschrift vom 27. 1. 39. Nachtrag vom 7. März) liegt mir vor. Sie wendet sich gegen die Neuausgabe von Steuergutscheinen als weiterer Vermehrung des schon längst bedrohlich gewordenen Geldüberhangs, den G. als künstlich verzögerte, aber unaufhaltsam wachsende Inflation auffaßt. Bemerkenswert ist, daß G. seine geldtheoretischen Anschauungen von 1932 immerhin gewandelt hat, da die von ihm so oft vorausgesagte Inflation tatsächlich noch immer nicht eingetreten ist. Er erklärt zwar alle künstlichen Kreditschöpfungen des Reichs, vor allem die Mefo-Wechsel, nach wie vor für eine Störung des Gleichgewichts (zwischen Geld u. Leistungsergebnissen der Wirtschaft). Aber er sieht jetzt, daß 1932 die Kapazität der Industrieanlagen bei weitem nicht ausgenützt war und somit ein weiter Spielraum blieb für Staatsaufträge, finanziert durch „Scheinschöpfungen" von Geld, die dann aus der sich erhöhenden Steuereinnahme rasch abgedeckt werden konnten; allerdings mußten die Preise durch staatliche Kontrolle festgehalten werden, und die staatliche Verwaltung durfte keine Verschwendung treiben. Inzwischen hat sie „sich jedes Vertrauen verscherzt. Es gibt keinen urteilsfähigen Menschen mehr, der annimmt, daß der Staat eine Sparsamkeit zur Tat werden lassen könnte, die jährlich sich vergrößern müßte". Das steht neuen Kreditschöpfungen und Steuergutscheinen im Wege; sie finden kein Vertrauen mehr. Trotzdem mahnt G. mit höchster Energie zur Sparsamkeit

S. 85 [35] Bürgermeister Haake, Ratsherrenältester Wolf.

S. 86 [36] In einem (mir in Abschrift vorliegenden) Rechtfertigungsschreiben des Bürgermeisters Haake an G. vom 16. 11. 36 beruft sich dieser auf sein „Gewissen als Nationalsozialist" und erinnert an den zähen Widerstand, den G. gegen alle Umbenennungen jüdischer Straßennamen geleistet habe. Er weiß die Ratsherren, Beigeordneten und den Kreisleiter auf seiner Seite. G.s Bemühungen, ihn durch eine vorgesetzte Dienststelle wegen Disziplinlosigkeit maßregeln zu lassen, sieht er mit Ruhe entgegen. — Nach einer Aufzeichnung des Herrn Hans Walz (Geschäftsführer von R. Bosch) von 1945 hatte Goerdeler sich auch darüber empört, daß man, ohne ihn zu fragen, aus einer von ihm geförderten Wohnsiedlung den Bau einer Kirche gestrichen hatte.

FÜNFTES KAPITEL · GESCHICHTLICHE VORAUSSETZUNGEN FÜR DEN AUFSTIEG DES NATIONALSOZIALISMUS

S. 92 [1] Vgl. hierzu und zum Folgenden mein Buch: „Europa und die deutsche Frage, Betrachtungen über die geschichtliche Eigenart des deutschen Staatsdenkens", München 1948. Dazu meine Studie: „Le Origini Storiche del Nazionalsocialismo" in dem Sammelwerk: „Questioni di Storia Contemporanea", vol. III, Milano 1953, und meinen Vortrag: „Vom Ursprung des Einparteienstaates in Europa" in Histor. Jahrb. 1954 (Festschrift f. F. Schnabel).

SECHSTES KAPITEL · DIE SOZIALISTISCHE OPPOSITION

S. 99 [1] Der Verf. erinnert sich unter anderem seiner eigenen Beteiligung am Wahlkampf gegen die Präsidentschaft Hitlers im März und April 1932 und einer eindrucksvollen Rede Brünings im Berliner Sportpalast, deren ernste Warnungen vor dem neuen Barbarentum starken Beifall ernteten.

S. 99 [2] Ein besonders eindrucksvolles Zeugnis für die Empörung des liberalen Bürgertums stellt das schon oben zitierte Flugblatt *P. Rohrbachs* „Herr Reichskanzler von Papen, lösen Sie auf!" dar.

S. 100 [3] Sehr eingehende Schilderung bei *Rud. Diels* Lucifer ante portas. Zwischen Severing und Heydrich, Zürich o. J., besonders S. 127 ff. Die Zuverlässigkeit des Buches ist ohne Kenntnis aktenmäßiger Unterlagen schwer zu beurteilen, erscheint aber dem Außenstehenden etwas größer als die romanhaft wirkende Parallelerzählung von *H. B. Gisevius*, Bd. I (1946). Was Gisevius S. 57 zur Charakterisierung von Diels vorbringt, wirkt zu gehässig, um zu überzeugen. Es dürfte durch den scharfen Gegensatz zwischen Diels und Nebe, dem Protektor und Freund Gisevius', bestimmt sein. — Zu beachten ist auch der Hinweis von Diels (S. 205) auf die Bemühungen Papens und seiner nächsten Mitarbeiter 1933, das Ausland über das Auswärtige Amt gegen die Judenverfolgungen zu mobilisieren.

S. 100 [4] *R. Diels*, a. a. O., S. 139.

S. 100 [5] *R. Diels*, a. a. O., S. 141, behauptet, Stalin habe 1933 aus Gründen des russischen Wirtschaftsinteresses einen deutschen Kommunistenaufstand nicht gewünscht, um es mit Hitler nicht zu verderben, den er damals nicht gefürchtet habe. Das klingt nicht sehr überzeugend.

S. 101 [6] *J. B. Jansen* and *Stefan Weyl* (Pseudonym) The Silent War. The Underground Movement in Germany. Philadelphia u. New York 1943, besonders S. 96 ff. Eine sehr kenntnisreiche, klare und anschauliche Darstellung durch zwei deutsche Emigranten, deren Vertrauenswürdigkeit der bekannte Theologe R. Niebuhr in einem Vorwort bezeugt. — „Deutsche innere Emigration. Antinationalsozialistische Zeugnisse aus Deutschland", ges. *K. O. Paetel* (= Dokumente des anderen Deutschland, herausgegeben von Fr. Krause, Bd. IV), New York 1946, bringt unter anderem einzelne Dokumente zur Geschichte des Widerstands der Linken. — We survived. The Stories of Fourteen of the Hidden and the Hunted of Nazi Germany as told to *Eric H. Boehm*, New Haven 1949, bringt 14 Lebensläufe deutscher Naziopfer, besonders jüdischer Verfolgter, aber auch E. Gerstenmaiers und mehrerer Kommunisten, von ihnen selbst erzählt, zum Teil sehr anschaulich. Über seine eigene (und seiner Freunde) Widerstandstätigkeit berichtet *Hermann Brill* in: „Gegen den Strom" (= Wege zum Sozialismus, Heft 1) 1946 mit Abdruck seiner illegalen Schriften. Die Broschüre des VVN.: *Die Stimme des anderen Deutschland* bringt eine bunte, aus lauter Fragmenten bestehende Sammlung von Dokumenten, Lebensskizzen, Pressestimmen usw. aus den Sammlungen des VVN., meist aus kommunistischem Lager stammend. Ähnlichen Inhaltes: *Dokumente des Widerstands*: Artikelserie aus der Hamburger Volkszeitung, Juli—Oktober 1947. In der sozialistischen Emigration in England und Amerika gab es seit dem Black Record Lord Vansittarts 1941 äußerst heftige Diskussionen über die Frage, ob das deutsche Volk und das Hitlertum identisch seien. Vgl. darüber jetzt das sehr sorgsam gearbeitete und aufschlußreiche Buch von *Erich Matthias* „Sozialdemokratie und Nation". Ein Beitrag zur Ideengeschichte der sozialdemokratischen Emigration in der

Prager Zeit des Parteivorstandes 1933—1938 (1952). Anhang S. 268 ff. (Dort auch S. 349 ff. bibliographische Hilfsmittel zur Erfassung der Emigrantenliteratur und Verzeichnis der wichtigsten sozialdemokratischen Emigrantenpublizistik.) — In diesen Zusammenhang gehören wohl die Schriften von *Heinrich Fraenkel* The other Germany, London o. J., und The German people versus Hitler, London 1940, die beide, gestützt auf illegale Berichte aus Deutschland, beweisen wollen, daß die Mehrzahl der Deutschen irgendwie in Opposition gegen Hitler steht. Über die sozialistische und kommunistische Opposition in Deutschland vgl. auch *H. Rothfels:* Die deutsche Opposition gegen Hitler (deutsche Ausgabe 1949), S. 59 ff., der auch viele amerikanische Emigrantenliteratur benutzen konnte. Ferner *A. W. Dulles* Germany's Underground 1947, besonders S. 98 ff. Dulles stand während des Krieges in dauernder Verbindung mit der sozialdemokratischen Emigration, besonders in der Schweiz, und ist sehr gut orientiert. — Eine Masse von Einzeldaten und Zahlen bringt das „Weißbuch der deutschen Opposition gegen die Hitlerdiktatur", herausgegeben von der SPD, London 1945/46. Dieses und anderes Material, wie es von den sozialistischen und kommunistischen Vereinigungen der sogenannten Naziverfolgten nach 1945 gesammelt wurde, findet man in bunter und schlecht geordneter Fülle (vereinigt mit Auszügen aus der neueren Widerstandsliteratur, zum Teil wichtigen Nachrichten aus Gestapoberichten usw.) in dem Buch: Der lautlose Aufstand. Bericht über die Widerstandsbewegung des deutschen Volkes 1933 bis 1945, hg. v. *Günther Weisenborn.* Ricarda Huch hat dem Herausgeber das ihr zugeflossene Material über die kommunistische „Rote Kapelle", der er selbst angehörte, überlassen. Wenn er sich heute auch bemüht, auch den bürgerlichen Widerstandsgruppen gerecht zu werden, so gehört sein Hauptinteresse doch der namenlosen Masse sozialistisch-kommunistischer Widerstandskämpfer. In dem Bestreben, den „Widerstand" als allgemeine Volkssache erscheinen zu lassen, häuft er wahllos alles zusammen, was er an Verfolgten des Naziregimes ermitteln konnte, neben echten politischen Oppositionellen auch bloße Frontdeserteure u. a. m. Mit solcher Art von Schrifttum wird nur Verwirrung gestiftet, und es ist zu bedauern, daß kein Geringerer als M. Niemöller sich dazu bereitgefunden hat, ein Vorwort dazu zu schreiben.

S. 102 [7] Die schärfste Kritik an der Haltung der sozialdemokratischen Parteiführer 1933 übte der später zur Verschwörung des 20. 7. gehörige sozialdemokratische Redakteur *Julius Leber* in seinen nach seiner Verhaftung 1933 niedergeschriebenen Betrachtungen: Ein Mann geht seinen Weg (1952), S. 187 ff.

S. 102 [8] Klarste Darstellung bei *E. Matthias,* a. a. O., S. 29 ff. Über die „Neubeginner" herrschte in der Literatur zunächst eine gewisse Unklarheit. Nach der Schilderung bei *Rothfels,* S. 61 f. könnten sie als eine halbbürgerliche Gruppe erscheinen. Ein Teil ihres Programms von 1933 bei *Paetel:* Innere Emigration, a. a. O., S. 39 ff. und bei *Jensen-Weyl:* Silent War S. 129 ff., *H. Brill,* a. a. O., S. 15 datiert ihre Organisation in Deutschland erst seit Pfingsten 1934. Als Verfasser der vieldiskutierten Broschüre „Neubeginn" hat *Matthias,* a. a. O., S. 292 jetzt W. B. Löwenheim festgestellt, einen Berliner „jungkommunistischen" Intellektuellen. Das „Zehnpunkteprogramm" der sogenannten Volksfront von 1934 findet sich in „Deutsche innere Emigration", S. 41 f. und (etwas abweichend) bei *H. Brill*, S. 16 f. Zu seiner Erläuterung schrieb Brill 1938 eine Flugschrift „Freiheit" (a. a. O., S. 61 ff.), deren scharf revolutionäres Pathos stark absticht von den allzu literarischen Erörterungen seiner älteren Schrift: „Deutsche Ideologie 1937" (ebenda, S. 18 ff.).

S. 103 [9] Nach *Matthias*, a. a. O., S. 292 soll die Gruppe „Neubeginner" in ihrer besten Zeit in Deutschland höchstens 300 Mitarbeiter gehabt haben.

S. 103 [10] Das stellt auch *H. Brill* mit scharfer Kritik an der alten SPD in seiner 1937 verfaßten Schrift „Deutsche Ideologie", a. a. O., S. 42 f. fest.

S. 105 [11] Eine erstaunlich lange Liste illegaler Zeitungen und Zeitschriften aus der Hitlerzeit wurde mir 1949 in dem Ostberliner Institut für Zeitgeschichte gezeigt. Beispiele davon bringt das Buch: *Unser Kampf.* 200 Beispiele aus dem antifaschistischen Kampf in Deutschland mit Abbildungen von illegalen Zeitungen. Als Herausgeber und Verleger nennt sich *J. Altrichter*, Prag o.J. Es handelt sich um eine Art von Mustersammlung und Anweisung für die Illegalen. Eine Reihe illegaler sozialistischer und kommunistischer Flugschriften von 1933/34 fand ich in der Hoover-Library, Stanford, Californien, in Photokopie.

S. 105 [12] Vgl. besonders *R. Diels*, a. a. O., S. 175 ff. u. ö. SS-Bericht über den 20. Juli (Dr. Kiesel), Nordwestdeutsche Hefte 1947, Heft 2, S. 30.

S. 106 [13] Vgl. etwa die Lebensläufe von Herbert Kosnay und Günther Weisenborn in dem schon zitierten Buch: We survived, herausgegeben von *E. H. Boehm.*

S. 107 [14] Die von *Rothfels*, a. a. O., S. 204 aufgeführte Literatur versucht zumeist den Fall zu beschönigen. In der sowjetischen Zone wurde die „Rote Kapelle" unter anderem durch das Drama eines Überlebenden (G. Weisenborn) verherrlicht. Einzelheiten bei *R. Pechel*: Deutscher Widerstand, S. 86 ff. nach Mitteilungen eines Verteidigers. Sachlich vollständiger: *von Schlabrendorff*, 2. Aufl. (1951), S. 96 ff. Die Richtigkeit dieser Darstellung wurde mir von Kennern der Prozeßakten mehrfach bestätigt. Der Militäroberrichter Dr. Sack (der bekanntlich zur Opposition gehörte und nach dem 20. 7. 1944 hingerichtet wurde) soll persönlich bedauert haben, daß ihm die zweifellos landesverräterische Haltung der Gruppe jeden Versuch, wertvolle Persönlichkeiten aus ihr zu retten, auch innerlich unmöglich machte. Das bisher vollständigste Bild der aktenmäßig ermittelten Tatsachen gibt die Schrift des Generalrichters *M. Roeder* Die Rote Kapelle (Aufzeichnungen) 1952, herausgegeben von seiner Tochter. Das Dokumentenbuch der VVN.: Widerstandsgruppe Schulze-Boysen-Harnack, bearbeitet von Kl. Lehmann, Berlin 1948, beschränkt sich auf Dokumente der innerpolitischen Agitation. Ein Bild des weltfremden Intellektualismus, in dem sich die politischen Ideen der Schulze-Boysen, Heilmann und Harnack bewegten, gewinnt man aus den Unterhaltungen Haushofers mit den beiden Erstgenannten, über die *Rainer Hildebrandt* in seiner Haushofer-Biographie (Wir sind die Letzten), S. 138 ff. berichtet. Über die Zahl der Hingerichteten schwanken die Angaben in der Literatur sehr stark. Hitlers Befehl soll sie nachträglich noch erhöht haben. Nach Roeder handelte es sich indessen um eine Urteilsrevision durch einen andern Senat des Reichskriegsgerichts auf Grund juristischer Gutachten und neuaufgefundener Schuldbeweise. Roeder gibt 44 Todesurteile an, Dulles 78 Exekutionen. *G. Weisenborn* Lautloser Aufstand (1953), S. 203 ff. konnte einen Abschlußbericht der Gestapo benützen. Danach gab es 118 Verhaftete, von denen 22 wieder freigelassen wurden, 75 Angeklagte. Also kann die von Dulles gegebene Zahl nicht stimmen. Weisenborn, der selbst zur „Roten Kapelle" gehörte, betont scharf den Unterschied zwischen „Innerem Kreis" (für innerdeutsche Propaganda) und „Äußerem Kreis" (für die Funkverbindung mit Rußland). Jener, schon seit 1936 bestehend, habe von diesem zum größten Teil nichts gewußt. Über die landesverräterische Tätigkeit des zweiten Kreises begnügt er sich mit sehr unbestimmten Angaben abschwächender Tendenz.

S. 108 [15] Abdruck siehe Deutsche Innere Emigration, S. 46 f.

S. 109 [16] Die Stimme des anderen Deutschland, S. 116 ff. *R. Pechel:* Deutscher Widerstand (1947), S. 93 ff. Vgl. auch *G. Weisenborn*, a. a. O., S. 175 f.

S. 109 [17] *H. Brill*, a. a. O., S. 88 ff.

S. 109 [18] Mitteilung von Frau Annedore Leber an den Verf. nach Äußerungen ihres Gatten unmittelbar nach den ersten Treffen.

S. 109 [19] Mir liegt eine Schilderung der Vorgänge, die zu dem verhängnisvollen Gespräch führten, des Verlaufs und der weiteren Folgen aus dem Munde des Berliner Arztes Dr. Rud. Schmid vor, in dessen Wohnung es stattfand und der später auch verhaftet wurde. Ergänzende Mitteilungen erhielt ich aus dem Munde von Frau Rosemarie Reichwein. Danach war Reichwein in dieser Sache am meisten aktiv, doch hätten auch Yorck, Fritz Schulenburg und Stauffenberg der Fühlungnahme zugestimmt. Reichwein kam über Jenaer kommunistische Freunde in Fühlung mit dem Berliner Kommunisten (Studenten) Ferdinand Thomas, der Verbindung mit dem illegalen Zentralkomitee der KPD besaß und als Vermittler diente. Die ersten Aussprachen mit einer Nebenfigur (Hein?) verliefen erfolglos; das Gespräch am 22. 6. wurde sehr vorsichtig geführt, unter Vermeidung aller Namensnennungen, auch der Teilnehmer selbst, unter kluger Führung durch Leber. Der Gestapospitzel (Herm. Rambow, nicht Thomas oder Hein) konnte also der Gestapo nur sehr dürftige Meldungen machen, wie sich bei den Vernehmungen bald herausstellte. Bedeutung gewann die Verhaftung für die SPD-Teilnehmer erst, als die Gestapo nach dem 20. 7. den Namen Lebers auf einer Ministerliste entdeckte. Die Verschwörung Stauffenbergs war also dadurch gar nicht gefährdet, wie dieser mit seinen Freunden fürchtete. Vgl. auch den Aufsatz Dr. Schmids im „Telegraf" vom 3. 1. 47, Nr. 2. Die Angaben *Henks* Die Tragödie des 20. 7. 44, 2. Aufl., S. 53 sind ebenso irrig wie die Vermutung Dahrendorffs, daß Thomas der Spitzel gewesen sei.

SIEBENTES KAPITEL · KIRCHLICHE OPPOSITION

S. 111 [1] Als der nationalsozialistische „Rechtswalter" der Reichskirchenregierung Jäger September 1934 in Württemberg eingriff, um den Landesbischof D. Wurm aus dem Amt zu verdrängen, sammelte man in kürzester Frist

100000 Unterschriften im Lande für einen Protest; gegen ein ähnliches Vorgehen in Bayern (Oktober 1934) protestierten sofort Abordnungen von 60—70000 fränkischen Bauern. Eine sehr lebendige Schilderung des evangelischen Kirchenkampfes (der im Rahmen dieses Buches ebenso wie der katholische nur gestreift werden kann) gibt das Buch von *Heinrich Schmidt* „Apokalyptisches Wetterleuchten. Ein Beitrag der Evangelischen Kirche zum Kampf im Dritten Reich" 1947. Dazu jetzt die Dokumentensammlung: Kirche im Kampf. Dokumente des Widerstands und des Aufbaus in der Evangelischen Kirche Deutschlands von 1933 bis 1945. Herausgegeben von *H. Hermelink* 1950 (betrifft hauptsächlich den Kampf um die Freiheit der Kirche) und die älteren Sammlungen: Deutsche Kirchendokumente. Die Haltung der Bekennenden Kirche im Dritten Reich von *W. Jannasch*, Zürich 1946. — Die Evangelische Kirche in Deutschland und die Judenfrage. Ausgewählte Dokumente aus den Jahren des Kirchenkampfs, 1933—1943. Verlag Oekumene, Genf 1945. Weiter: *W. Niemöller*, Kampf und Zeugnis der Bekennenden Kirche. Bielefeld 1948. — *W. Niesel*, Um die Verkündigung und Ordnung der Kirche. Die Bekenntnissynoden der Evangelischen Kirche der altpreußischen Union 1934—1943, 1949. *K. Barth*, Eine Schweizer Stimme, 1938—1945. Veröffentlichte und unveröffentlichte Vorträge und Briefe zum Zeitgeschehen, 2. Aufl. 1952. Die amerikanische Literatur über den kirchlichen Widerstand verzeichnet *H. Rothfels*, a. a. O., S. 213, Anm. 39. Eine sehr vielseitige Dokumentenauswahl, jeweils nach Sachgebieten geordnet, bietet die Schriftensammlung: Das christliche Deutschland 1933 bis 1945. Dokumente und Zeugnisse, herausgegeben von einer Arbeitsgemeinschaft katholischer und evangelischer Christen. Die evangelische Reihe erschien unter dem Titel: Zeugnisse der Bekennenden Kirche, herausgegeben von *Erik Wolf*, seit 1946, die katholische Reihe ohne besonderen Untertitel. Die „gemeinschaftliche Reihe" brachte unter dem Titel: „Sieger in Fesseln" eine Sammlung von zum Teil sehr eindrucksvollen „Christuszeugnissen aus Lagern und Gefängnissen", beiden Konfessionen entstammend.

S. 112 [2] Vgl. Dr. *H. Picker* Hitlers Tischgespräche im Führerhauptquartier 1941—42, geordnet, eingeleitet und veröffentlicht von Gerhard Ritter, 1951. Abschnitt VII. — Eine Warnung vor dem offenen „Kulturkampf" findet sich schon in „Mein Kampf". Zuletzt war Hitler überzeugt, das Christentum sei eine hoffnungslos antiquierte Angelegenheit, die eines Tages von selbst absterben werde, wenn auch vielleicht erst in 100 Jahren.

S. 112 [3] In diesem Zusammenhang verdient auch bemerkt zu werden, daß trotz allen Drucks und aller antikirchlichen Propaganda des Nationalsozialismus sich bei der 1940 stattfindenden Volkszählung 95% der Bevölkerung als Glieder einer christlichen Kirche meldeten. In Berlin waren es 1938 immerhin 90%.

S. 112 [4] Der Verfasser hat an vielen Zusammenkünften dieser Art selbst teilgenommen.

S. 113 [5] Feierliche Regierungserklärung im Reichstag, 23. 3. 1933.

S. 114 [6] Es ist darum auch ziemlich bedeutungslos, wenn amerikanische Autoren festgestellt haben, daß ein großer Teil der Pfarrerschaft sich nicht zur Bekenntniskirche hielt (in Berlin 1937 von 400 rund 240, davon 40 DC., die anderen neutral, s. *Rothfels*, S. 54). Dahinter stand nicht, was als „Kirchenvolk" in Erscheinung trat. Eine sehr eindringende und quellenmäßig gut gesicherte Darstellung der verschiedenen Formen des nationalsozialistisch gewordenen und säkularisierten Deutschchristentums gibt das Buch von *Hans Buchheim* „Glaubenskrise im Dritten Reich" 1953.

S. 115 [7] Kaum ein zweites Thema der Lutherforschung hat die evangelische Theologie der letzten Jahrzehnte so viel beschäftigt wie die Lehre Luthers von den „Zwei Reichen" und ihr Vergleich mit der Lehre Calvins. Auch in meinem eigenen Schrifttum haben die damit zusammenhängenden Probleme eine bedeutende Rolle gespielt. Mit den Grenzen der Gehorsamspflicht des Christen haben sich die Theologen der sogenannten „Bekennenden Kirche" schon früh beschäftigt. Unser Freiburger Freundeskreis, von dem noch zu reden sein wird, trat Ende 1938 eigens zu diesem Zweck zusammen. Das erste Ergebnis seiner Beratungen war eine von mir redigierte Schrift, die unter dem Titel „Kirche und Welt" als Studienmaterial heimlich vervielfältigt und verbreitet wurde. Bonhoeffer hat wohl als erster (neben Gerstenmaier) auch die Beseitigung Hitlers als ultima ratio zur Wiederherstellung der Rechtsordnung für vereinbar mit dem christlichen Gewissen gehalten. Wie völlig sich dieser Standpunkt später durchgesetzt hat, ist sehr lehrreich den Gutachten der Göttinger Theologen Jwand und E. Wolf im Braunschweiger Remer-Prozeß 1952 zu entnehmen, die stark unter Karl Barths Einfluß stehen. Sehr interessant ist es, dieselbe Entwicklung in der Schrift des norwegischen lutherischen Bischofs *Eivind Berggrav* zu verfolgen, die er als Häftling Quislings schrieb: Der Staat und der Mensch. Deutsche Übersetzung 1946, dort im Anhang ein Vortrag von Berggrav, der in der Quisling-Zeit heimlich verbreitet wurde und unter dem Titel „Wenn der Kutscher trunken ist" zeigen will, daß auch Luther schon eine Pflicht zum Ungehorsam gekannt habe.

S. 115 [8] Aus dem Nachlaß veröffentlicht in der schönen Nachlaß-Sammlung: Widerstand und Ergebung. Briefe und Aufzeichnungen aus der Haft. Herausgegeben von *Eb. Bethge* 1951. Zu vgl. ist auch die nachgelassene theologische Ethik Bonhoeffers, in der das Problem der Illegalität unter dem tiefsinnigen Begriff des „In-Verantwortung-Schuld-auf-sich-Nehmens" behandelt wird, und der Bericht von *E. Bethge* in der Berliner Zeitschrift „Unterwegs" 1947, Heft 6. Ferner das von demselben herausgegebene Bonhoeffer-Gedenkheft 1947 und die Gedichte und Briefe aus der Haft unter dem Titel „Auf dem Wege zur Freiheit", 2. Aufl. 1947.

S. 116 [9] Am eindrucksvollsten wohl der Dahlemer Pfarrer (jetzt Bonner Professor) *Gollwitzer:* Bußtagspredigt vom 16. 11. 1938, abgedruckt in der Zeitschrift Evangelische Theologie 1951/52, Heft 4.

S. 117 [10] Feierliche Verwahrung: „Wir wollen keine Zufluchtsstätte politisch unzufriedener Elemente sein." Kanzelabkündigung vom 16. 12. 1934 bei *Hermelink*, a. a. O., S. 232.

S. 118 [11] Hirtenbrief vom Juni 1933 bei *Joh. Neuhäusler*, Kreuz und Hakenkreuz. Der Kampf des Nationalsozialismus gegen die katholische Kirche und der kirchliche Widerstand (2 Bände 1946) II, S. 52 ff. Das Buch bringt die vollständigste Dokumentensammlung. In der Serie „Das christliche Deutschland", „Katholische Reihe" erschienen ausgewählte Dokumente: Die päpstliche Enzyklika vom 14. 3. 37 nebst dem sich daran anschließenden Schriftwechsel, Kundgebungen und Eingaben des Episkopats, und als Heft 3: Die Predigten Graf Galens nebst interessanten Dokumenten aus dem Goebbels-Ministerium u. a. Gesondert erschienen: Hirtenbriefe des Erzbischofs Gröber in „Die Zeit", hg. v. K. Hofmann 1947. Weiterhin Dokumentensammlungen verschiedener Diözesen (Köln, Münster, Berlin u. a. m.)

S. 119 [12] Näheres über die fast abenteuerliche Vorgeschichte dieser Schrift berichtet der kirchengeschichtliche Mitarbeiter *W. Neuss* Kampf gegen d. Mythus d. 20. Jh., Köln 1947. Dort auch weitere Widerstandslit. beider Kirchen. Ein protestantisches Gegenstück (Antwort auf den Mythos, von *W. Künneth*) erschien 1935 in drei Auflagen.

S. 120 [13] Eine Aufzählung hervorragender Widerstandskämpfer aus dem katholischen Lager, wie sie *R. Pechel*, a. a. O., S. 58 ff. bringt, ist hier nicht möglich. Über die katholische Arbeiterschaft im Widerstand vgl. den Beitrag von Dr. H. J. Schmidt in der Broschüre „20. Juli 1944", Sonderausgabe der Wochenschrift „Das Parlament", 20. 7. 1953.

S. 121 [14] Eine in Dachau 1942 zusammengestellte Namenliste (bei *Neuhäusler*, a. a. O., I, S. 336 ff.) ergibt 225 deutsche Priester. 1945 fanden sich dort 1493 katholische Geistliche verschiedener Nationalitäten, davon 791 Polen.

S. 121 [15] Zitiert nach *Rothfels*, a. a. O., S. 53.

S. 122 [16] Denkschrift Kardinal Bertrams an die Reichsregierung vom 10. 12. 1941. Hirtenbrief der deutschen Bischöfe August 1943 in „Zeugnis und Kampf des deutschen Episkopats" („Das christliche Deutschland", Katholische Reihe II), S. 68 ff.

ACHTES KAPITEL · BÜRGERLICHE OPPOSITION

S. 124 [1] Vgl. das Buch von *Armin Mohler:* Die konservative Revolution in Deutschland 1918—1932. Grundriß ihrer Weltanschauungen (1950), das trotz seines sehr unglücklichen Titels und seiner seltsam schematischen Darstellung eine fleißige Materialsammlung bietet, freilich ohne das Chaos zu klären.

S. 125 [2] Friedrich der Große. Ein historisches Profil. 1936, letzte Seite.

S. 126 [3] Die sozialdemokratische Ideologie dagegen war entscheidend durch westeuropäische Vorstellungen von Freiheit und Nation bestimmt. Das verschärfte noch den schon oben erörterten Gegensatz zwischen ihr und den bürgerlich-„nationalen" Parteien. Wie das Buch von *E. Matthias* Sozialdemokratie und Nation (1952) in sehr interessanter Darlegung zeigt, wurden sich die Führer der SPD dieses Gegensatzes und seiner historischen Wurzeln in der Emigration nach 1933 ganz klar bewußt.

S. 127 [4] *R. Pechel*, a. a. O., S. 75 ff. Die Versicherung Pechels, Papen habe in Marburg als bloßer „Lautsprecher" Jungscher Gedanken gewirkt, wird von diesem in seinen Memoiren S. 364 energisch und sicher mit Recht bestritten. Persönliche Erfahrungen, die ich 1943 in Ankara in einer Vortragsdiskussion mit von Papen hatte, haben mich schon damals überzeugt, daß er es nicht nötig hatte, Gedanken eines anderen einfach auszuleihen — ganz abgesehen davon, daß hier das öffentliche Hervortreten die entscheidende Tat bedeutete. Undeutlich ist bisher, was Jung 1934 gemeinsam mit Schleicher an Verschwörungen spann, doch wohl in Fortsetzung eines langjährigen Kulissenspiels im „Herrenklub", der so viele ehrgeizige Politiker zusammengeführt hat.

S. 128 [5] Deutsche Rundschau, Juni 1947, S. 18, 20 f.

S. 128 [6] Über das politische Verhalten Schleichers nach dem 30. 1. 33 lauten die Nachrichten sehr verschieden. Hitler hat nicht nur in seiner Rechtfertigungsrede vor dem Reichstag, sondern auch Hoßbach und Meißner gegenüber behauptet, er sei im Besitz schwer belastender Dokumente über sein und Bredows, seines früheren Mitarbeiters, hoch- und landesverräterische Tätigkeit seit 1933. Dasselbe hat dann Blomberg vor den höheren Offizieren seines Ministeriums unmittelbar nach dem 30. 6. 34 wiederholt und näher bezeichnet: „Verbindung von Schleicher mit Röhm aufgenommen. Schleicher sollte Vizekanzler werden, Röhm Diktator. Verbindung mit Frankreich aufgenommen, Bredow, Duldung Frankreichs des neuen Kabinetts beim Bürgerkrieg. Gregor Strasser auch dabei." usw. Vgl. *Hoßbach*, Zwischen Wehrmacht und Hitler (1949), S. 57. *Meißner*, a. a. O., S. 372 f. *Foertsch*, Schuld und Verhängnis (1951), S. 57. Auch *Schwerin-Krosigk*, a. a. O., S. 121 f. glaubt an eine erhebliche politische Aktivität Schleichers und Bredows. Dagegen spricht: 1. die eindeutige Versicherung von Schleichers früherem politischem Mitarbeiter Dr. von Carlowitz (brieflich an den Verf.), Schleicher sei nur „unmittelbar" nach dem 30. 1. 33 politisch noch aktiv gewesen, später nicht mehr. Später sei er einmal bei Hindenburg vorstellig geworden wegen Greueltaten der SA, habe aber nur eine frostige schriftliche Antwort bekommen; 2. die große innere Unwahrscheinlichkeit, ja Unmöglichkeit der Behauptungen Blombergs; 3. die von Meißner berichtete Tatsache, daß Hitler der Aufforderung Hindenburgs, seine Beweise vorzulegen, nicht nachkam; 4. die weitere Tatsache, daß er die von Mackensen in der Schlieffen-Gesellschaft mitgeteilte Erklärung, S.s Unschuld habe sich vor einem Ehrengericht erwiesen, widerspruchslos hinnahm; 5. seine feierliche Erklärung in Paris, die gegen François-Poncet erhobenen Verdächtigungen hätten sich als gegenstandslos erwiesen. Für Hitlers (oder Görings?) Mordbefehl wird schon die Verbindung S.s mit Gr. Strasser, Dezember 1932, genügt haben. Außerdem war er sehr unvorsichtig in der Äußerung seiner Oppositionshaltung, wie unter anderem auch *François-Poncet*, Als Botschafter in Berlin, 2. Aufl. 1949, S. 194 bezeugt. Unbegreiflich ist mir, wie *Wheeler-Bennett* Nemesis of Power (1953), S. 315 mit solcher Zuversicht von erneuter politischer Aktivität S.s um den 30. 6. sprechen kann, obwohl er doch selbst S. 316 die angeblichen Schleicher-Röhmschen Ministerlisten, die man ihm damals zeigte, für bloßes Machwerk solcher Wichtigtuer wie des unseligen Alvensleben hält: eine sehr einleuchtende Vermutung! Vielleicht sind sie der Gestapo in die Hände gefallen? Über die Möglichkeit, daß Pariser Zwischenträger als Verleumder Schleichers bei Ribbentrop eine Rolle gespielt haben könnten, vgl. *E. Kordt:* „Nicht aus den Akten" (1950), S. 77 f. Brieflich berichtet mir v. Krosigk von einem Gespräch Schleichers mit d. Ehepaar Lindemann-Bremen Frühjahr 1934, in dem er erschreckend offen über den kommenden Röhmputsch u. s. Beteiligung daran gesprochen habe.

S. 128 [7] *R. Pechel*, a. a. O., S. 77. Über E. Jungs Unvorsichtigkeiten: *François-Poncet*, S. 195. Es scheint, daß Papen selbst in die Pläne Jungs nur sehr wenig eingeweiht war. In seinen Memoiren liest man darüber nichts Näheres. Immerhin wird man aus seiner vagen Mitwisserschaft seine Haltung nach dem 30. 6. wenigstens teilweise erklären müssen, insbesondere die so unterwürfig klingenden Briefe an Hitler, die man ihm in Nürnberg vorhielt. (Wiederabdruck bei *Berndorff*, S. 289 ff.) – *Rauschning*, Gespräche mit Hitler, S. 158 bestätigt die Tatsache einer bürgerlichen Verschwörung, an der er selbst beteiligt war.

S. 129 [8] *Fabian von Schlabrendorff*: Offiziere gegen Hitler. 2. Auflage 1951, Seiten 21 ff. Hier wird auch der Haltung Ernst Niekischs rühmend gedacht, die sicherlich Achtung verdient. Das antinazistische Schrifttum Niekischs indessen (Zeitschrift: „Widerstand" – „Hitler ein deutsches Verhängnis" 1932) scheint mir zu jener Gattung zu gehören, die man politisch nicht ganz ernst nehmen kann: eine verworrene Mischung altpreußischer, ja kleindeutsch-protestantischer Ideen mit völkischem und nationalbolschewistischem Gedankengut. Hitler wird hier nicht als der kommende Diktator geschildert, sondern deshalb abgelehnt, weil er sich von der echten Revolution (die sich Niekisch als absolute Loslösung vom „Westen" vorstellt) auf den Weg der Legalität habe abdrängen lassen und so das gärende deutsche Chaos „kanalisiere", statt es vollends zum Brodeln zu bringen. Gleichzeitig bekämpft ihn Niekisch als angebliche Ausgeburt des bayrisch-österreichischen Katholizismus und des Geistes der Gegenreformation, der die „ländlich-preußischen-protestantischen Kräfte" verderbe usw. Das ist kein tragbarer Boden für politischen Widerstand.

NEUNTES KAPITEL · DIE HALTUNG DER SOLDATEN

S. 130 [1] Vgl. besonders seine Auseinandersetzungen mit Brockdorff-Rantzau wegen der Ostorientierung Deutschlands September 1922: *von Rabenau* Seeckt. Aus seinem Leben. 1918-36 Seite 315 ff. Vollständig veröffentlicht von *J. Epstein* in der Zeitschrift „Der Monat" Jg. I Heft 2 Nov. 1948, Seite 42 bis 50, danach teilweise Wiederabdruck bei *Berndorff* a. a. O. 177 ff. Vgl. auch *G. W. F. Hallgarten* General Hans von Seeckt and Russia 1920–22. The Journal of modern History, Vol. XXI Nr. 1 March 1949 p. 28 ff. Für das Folgende s. *von Rabenau* a. a O. 388 ff. und die neuere Studie (auf Grund des jetzt in Washington befindlichen Nachlasses) von *Reginald F. Phelps*. Aus den Seeckt-Dokumenten. Deutsche Rundschau 1952 Heft 9–10.

S. 131 [2] Die Behauptung *Graf Schwerin-Krosigks* a. a. O. Seite 116, auch Schleicher habe ihn zur Militärdiktatur gedrängt, wird von dessen späterem politischem Adjutanten Dr. Ad. von Carlowitz ganz entschieden bestritten (brieflich). Im Gegenteil habe Schleicher 1923 auf möglichst rasche Beendigung des Ausnahmezustandes gedrängt.

S. 132 [3] *Fr. Hoßbach* a. a. O. 172.

S. 133 [4] Was *W. Görlitz* Der deutsche Generalstab Seite 382 über den angeblichen Anteil von Geldern der Reichswehr, die Schleicher vermittelt habe, an Hitlers Wahlerfolgen 1930 berichtet, stammt (nach brieflicher Mitteilung an den Verfasser) aus einer Denkschrift des Großindustriellen Arnold Rechberg, die 1946 zirkulierte. Görlitz vermutet heute, daß es sich um ein Mißverstehen etwas zynischer Bemerkungen Schleichers durch Rechberg handelt und an Faktischem nichts weiter dahintersteckt als der Anteil von SA-Gruppen an dem Zuschuß von Reichswehrgeldern zum illegalen Grenzschutz Ost. Diese Vermutung wird von Dr. von Carlowitz geteilt, der dementsprechend die Mitteilungen Graf Schwerin-Krosigks a. a. O. 116 für eine Legende erklärt. Daß Schleicher gehofft haben soll, die Hitler-Partei durch Geld „einfangen" zu können, bedeutet m. E. eine starke Unterschätzung der Intelligenz des klugen Mannes. Vgl. auch *H. Foertsch* Schuld und Verhängnis. Die Fritsch-Krise im Frühjahr 1938 (1951) Seite 21.

S. 134 [5] *v. Rabenau* II 653, dazu weiter: ebd. 660, 665, 667. Es mag sein, daß v. Rabenau, den Zeitumständen sich anpassend, die Hitlerfreundlichkeit Seeckts etwas übertrieben hat, wie *R. F. Phelps* (Aus den Seeckt-Dokumenten II, Deutsche Rundschau Okt. 1952 Seite 1022) meint. Ob aber Phelps diese Haltung seinerseits nicht allzu neutral schildert?

S. 134 [6] Auch der damalige Leutnant Graf Stauffenberg, der spätere Attentäter des 20. Juli, gehörte dazu!

S. 134 [7] *v. Papen* a. a. O. 246 ff. Entsprechend die Versicherungen Blombergs im Januar 1933 bei *O. Meißner* a. a. O. 266.

S. 135 [8] Von der Audienz, die Hammerstein gemeinsam mit dem Chef des Heerespersonalamts v. d. Bussche am Freitag, 27. Januar, 11 Uhr vorm., bei Hindenburg hatte, gibt es zwei einander widersprechende Berichte: 1. den v. d. Bussches, abgedr. bei *Foertsch* S. 26f., ähnlich in der Frankfurter Allgemeinen v. 5. 2. 52. 2. den oben gen. Bericht Hammersteins, der später (ungedruckt) zusammen mit andern Papieren in England aufbewahrt wurde und dessen Inhalt mir jetzt Kunrat Frhr. v. Hammerstein, der Sohn des Generals, freundlichst mitteilte. Er ist jetzt gedruckt bei *K. D. Brache*, Die Auflösung der Weimarer Republik. 1955, S. 733 f. Von einer zweiten Audienz Hammersteins am 28. Januar abends, also nach der Entlassung Schleichers, bringt dieser Bericht nichts. Was *Meißner* darüber erzählt (a. a. O. 267), bestreitet auch v. d. Bussche, der u. a. darauf hinweist, daß der von *Meißner* als Teilnehmer erwähnte Gen. v. Stülpnagel schon seit 1931 nicht mehr im Dienst war. Nun bringt aber auch *Berndorff* a. a. O. 261 einen ähnlichen Bericht. Er hat seine Erzählung (wie er mir brieflich mitteilte) aus dem Mund von Hauptmann Nöldechen, einem der Adjutanten Schleichers, und des Redakteurs Wilhelm v. Oertzen (Tägliche Rundschau). Oertzen habe sie wörtlich so von Schleicher gehört, noch in der Nacht des 28., an dessen Abend diese Audienz stattgefunden habe, und Noeldechen war selbst dabei, als Hammerstein sich in eben dieser Nacht mit Schleicher traf und ihm dasselbe berichtete. Diese Mitteilungen haben mich in der 1. und 2. Auflage dieses Buches veranlaßt anzunehmen, daß Hammerstein nach Schleichers Entlassung nochmals vorstellig wurde. Dafür könnte sprechen, daß er in seinem oben gen. Bericht angibt, er hätte in der Audienz vom 27. (er datiert sie irrig auf den 26.) den Eindruck gewonnen, Hindenburg sei völlig unklar darüber, was nun eigentlich geschehen sollte, wenn Schleicher entlassen würde. Sicher ist (und wird u. a. auch von Hammersteins früherem 1. Adjutanten Gen. Kuntzen – bei Hammerstein jun. a. a. O. – bestätigt), daß der Reichswehrchef ein reines Präsidialkabinett Papen-Hugenberg noch mehr fürchtete als eines mit Teilnahme Hitlers, daß er aber gleichzeitig den letzteren nur dann für „tragbar" hielt, wenn ihn Schleicher als Wehrminister „in Zaum halten" konnte. Ob er nun wirklich diesen Gesichtspunkt noch einmal bei Hindenburg vorzubringen gesucht hat, zusammen mit dem (längst entlassenen) früheren Wehrkreiskommandant v. Stülpnagel, und dabei die gröbliche Abfuhr erlitt, von der *Berndorff* berichtet, oder ob die Zeugen *Berndorffs* und *Meißners* (die von der Audienz des 27. nichts zu wissen scheinen) die Einzelheiten und Daten verwechselt haben, vermag ich nicht zu entscheiden. Jedenfalls zeigt die Energie, mit der Hammerstein auf die Beibehaltung Schleichers als Wehrminister drängte, daß er Hitlers „Machtergreifung" gefürchtet, nicht aber gewünscht hat; anderseits hat er ebenso zweifellos einen Einsatz der Reichswehr gegen die Hitlerbewegung abgelehnt.

S. 136 [9] Die zuverlässigste (wenn auch offenbar unvollständige) Darstellung der Beratungen des Schleicher-Kreises am 29. 1. bringt *H. Foertsch* Seite 28 nach einer Erzählung von dem Bussches, der selbst dabei war. Einzelberichtigung (Generalstabschef Adam war nicht dabei) s. bei *Papen* Seite 274. Die wesentlich dramatischere Darstellung *Berndorffs* 262 f. beruht auf einem Bericht Hauptmann Nöldechens und der Schwester Schleichers, Frau von Gaudecker; beide gaben wieder, was ihnen Schleicher soeben erzählt hatte. Eine ganz anders lautende Darstellung bietet *Wheeler-Bennett* „The Nemesis of Power" (1953) 282ff., der sich auf das obenerwähnte Memorandum von Hammerstein jun. und auf unveröffentlichte Tagebücher Schwerin-Krosigks beruft. Danach hätte der Industrielle Otto Wolff in Köln telefonisch zu dem Putsch gegen Hindenburg geraten und hätte Schleicher durch die Nachricht, Blomberg sei schon als sein Nachfolger berufen, in Aufregung gesetzt. Das erscheint durchaus als möglich, ist aber nur sehr schlecht bezeugt (Mitteilung des früheren Staatssekretärs Zarden Spätjahr 1943 an Baron v. Hammerstein jun., ohne jede Zeitangabe). Ganz unglaubhaft aber klingt die Nachricht, der Major a. D. Erich Marcks (Schleichers Pressechef) sei nun zu Hindenburg gesandt worden, um für Hitlers Berufung an Stelle eines Kabinetts Papen–Hugenberg zu plädieren; v. Hammerstein jun. weiß nur, daß Marcks seinerseits am Vormittag des 29. vergeblich bei Hindenburg für eine Berufung Hitlers eintrat. Marcks war ein politischer Aktivist, der damals an Hitlers geschichtliche Mission glaubte. Hat wirklich Schleicher ihn zu Hindenburg entsandt, so kann es sich ebenso wie bei dem Besuch Hammersteins bei Hitler am Nachmittag wohl nur darum gehandelt haben, für die Beibehaltung Schleichers als Wehrminister und gegen ein reines Präsidialkabinett Papen–Hugenberg zu wirken. Dazu vgl. auch *Foertsch* a. a. O. 228 N. 10 nach Mitteilungen von dem Bussches. Schleichers politischer Adjutant Dr. von Carlowitz versichert mir allerdings brieflich, Schleicher sei zwar im August 1932 bereit gewesen, gegebenenfalls in ein Hitler-Kabinett als Wehrminister einzutreten, habe sich aber „am 30. Januar 1933 bestimmt nicht darum bemüht". Wenn das (trotz der gegenteiligen Versicherungen von dem

Bussches) zutrifft, so war vielleicht in erster Linie Hammerstein in dieser Richtung aktiv und Schleicher selbst hielt sich resigniert zurück? Die bei Foertsch mitgeteilte Äußerung Reichenaus im Vorzimmer Hammersteins, man sollte Hindenburg eigentlich jetzt festsetzen, ist überhaupt nur dann verständlich, wenn man annehmen darf, daß er von der entschiedenen Opposition Schleichers und Hammersteins gegen das Präsidialkabinett Papen–Hugenberg und von ihrer Besorgnis wußte, daß Hindenburg sich doch noch darauf versteifen könnte.

S. 136 [10] Die Zwischenträgerei Alvenslebens wird sowohl durch Görings Aussagen vor dem Militärgerichtshof (I. M. T. 26. 9. 1946) wie durch von *Papen* a. a. O. 273 und durch Hitlers Tischgespräche, ed. v. *H. Picker* (1951) Seite 430 bestätigt. Göring ließ Papen melden (und wiederholte es in Nürnberg), Schleicher habe den Nationalsozialisten angeboten, mit Hilfe der Reichswehr Hitlers Ernennung zu erzwingen, Papen, der sie nur betrügen wolle, auszuschalten und Hindenburg nötigenfalls unschädlich zu machen, wenn er nur selbst dafür Kriegsminister im Hitler-Kabinett würde. Diese ganz unsinnige Nachricht kann nur von Alvensleben stammen, wie auch von Papen vermutet und Schwerin-Krosigk mir brieflich bestätigt. Hitler in seinen Tischgesprächen kennt diese Version übrigens nicht. – Papens und Oskar Hindenburgs Aufregung bezeugt *Th. Düsterberg*, Der Stahlhelm und Hitler (1949) Seite 39.

S. 137 [11] *v. Papen* a. a. O. 271. Danach sind alle Gerüchte hinfällig, Hitler habe Blomberg auf Anraten Reichenaus vorgeschlagen. Ausführlich beschäftigt sich damit die oben zitierte Niederschrift des Frh. v. Hammerstein jun.

S. 137 [12] In den Tischgesprächen (Seite 430) behauptet er sogar, Hammerstein habe ihm vor dem 30. Januar telefonisch erklärt, die Reichswehr könne seine Kanzlerschaft unter keinen Umständen billigen. Das ist freilich höchst unwahrscheinlich und steht im Widerspruch zu einer sonst mehrfach in der Literatur erwähnten Äußerung Hammersteins: „Wenn die Nationalsozialisten legal zur Macht kommen, soll es mir recht sein. Im anderen Fall werde ich schießen."

S. 138 [13] *H. Foertsch* Seite 33.

S. 138 [14] *Fr. Hoßbach* a. a. O. 68.

S. 139 [15] Hier sind die bekanntesten Beispiele die Kamarilla Friedrich Wilhelms IV., das Militärkabinett Wilhelms I. (Edwin v. Manteuffel), der Generalstabschef Graf Waldersee und General Ludendorff. Aber selbst Gneisenau, der in diesem Zusammenhang oft als glänzendes Gegenbeispiel angeführt wird, war als Politiker reiner Enthusiast und als solcher nicht ungefährlich (vgl. meine Biographie Steins II 54ff. u. ö. und m. Buch „Staatskunst und Kriegshandwerk" Bd. I [1954], 4. Kapitel). Auch den Kulissenpolitiker Schleicher kann man wohl, bei aller Anerkennung seiner Absichten, einen Mann des Unheils nennen.

S. 140 [16] In geradezu klassischer Klarheit formuliert diese Situation eine 1934 nach dem Röhm-Putsch vor höheren Wehroffizieren gehaltene Rede (doch wohl Blombergs?), über die gewisse Notizen eines Hörers erhalten sind: „Wir bleiben keine unpolitische Armee. Vor Krieg Armee an Kaiser durch Eid gebunden, nach dem Krieg schwankender Staat, Armee unpolitisch, jetzt Armee absolut nationalsozialistisch. Kein Staat tut mehr für seine Armee. Ohne Nationalsozialismus keine Soldatenfreudigkeit im deutschen Volk." *H. Foertsch* 58.

S. 141 [17] Charakteristisch für die Haltung selbst kritisch gestimmter Offiziere jener Anfangsjahre dürfte der bei *W. Förster* L. Beck 2. Aufl. Seite 27 abgedruckte Brief von Oberst Halder an Beck vom 6. 8. 34 sein mit seiner gewaltsamen Unterscheidung zwischen dem „reinen und von idealistischem Schwung getragenen Wollen des Kanzlers" einerseits, den minderwertigen und revolutionären Parteiorganen anderseits.

S. 141 [18] Mitteilung von Prof. v. Dietze nach mündlicher Erzählung Goerdelers.

S. 141 [19] *H. Foertsch* 58, *v. Papen* 357

S. 142 [20] Berichte Kaltenbrunners an Bormann, War Dept., Washington.

S. 142 [21] In einem nachgelassenen Aufsatz von *H. Mau* Vierteljahrshefte für Zeitgeschichte 1953, 119 ff.

S. 142 [22] *O. Meißner* a. a. O. 372 f.

S. 142 [23] Was *Wheeler-Bennett* 329 ff. über einen angeblich von Hammerstein und Mackensen zusammen mit über 30 Generälen unternommenen Protestschritt politischen Inhaltes bei Hindenburg berichtet (Kabinettswechsel, Militärdiktatur!), beruht auf höchst fragwürdigem „Quellen"material der Pariser Emigration. Die ebd. Seite 337 gegebene Schilderung der Führeransprache vom 3. 1. 35, in der er zugegeben habe, die beiden Generäle seien einem „Irrtum" zum Opfer gefallen, und ihre Ehre sei wiederhergestellt, widerspricht völlig der Erinnerung des Generals Foertsch, der ebenfalls Ohrenzeuge war, und ist mit den Mitteilungen *Meißners* 373 (dessen persönliche Haltung Wheeler-Bennett offenbar ganz verzeichnet) nicht zu vereinbaren. Die Darstellung Wheeler-Bennetts über den 30. Juni leidet überhaupt an einer bedauerlich unkritischen Verwertung obskurer Quellenzeugnisse. Der Anteil der Reichswehr an den Vorbereitungen des 30. 6. (nachweisbar nur für Reichenau und Blomberg, aber auch da nur als Abwehrstellung geplant) wird von ihm stark übertrieben und verzerrt. Seine Berichte über angebliche Abmachungen der Reichswehr mit Hitler für den Fall von Hindenburgs Tod (Pact of the Deutschland, 12. April 34) und von dem angeblichen Treffen der Generalität in Bad Nauheim am 16. 5. 34, auf dem Blomberg erreicht habe, daß man für die Nachfolge Hitlers (statt des Generals Epp oder des Kronprinzen) entschied, werden mir von allen von mir befragten Offizieren, die darüber etwas erfahren haben müßten, als Märchen bezeichnet und sind sachlich ganz unmöglich.

S. 143 [24] Daß es sich um einen wirklichen Mord handelt und nicht um ein Feuergefecht mit den Häschern, hat schon *Berndorff* 306 ff. erwiesen. Vgl. auch Vjh. für Zeitgeschichte 1953, 71 ff., u. *Wheeler-Bennett* 323. Nach *Krausnick* a. a. O. (Parlament 24. 11. 55) S. 623 stimmte Blomberg der Verhaftung Schleichers zu.

S. 143 [25] *H. Foertsch* 64. Eine ausführliche Darlegung des staatsstreichähnlichen Charakters der Einführung der neuen Eidesformel bringt *B. Schwertfeger* Hindenburgs Tod und der Eid auf den Führer, in: Wandlung III 1948 Heft 6, Seite 563 ff.

S. 143 [26] Eine mir vorliegende Aufzeichnung des Generals H. G. Zanthier macht u. a. darauf aufmerksam, daß vor 1914 der Rekrutenoffizier gehalten war, den zu vereidigenden Rekruten einzuschärfen, der Fahneneid gelte „bis zum letzten Atemzug", auch außerhalb des aktiven Militärdienstes und auch für diejenigen, welche die Eidesformel absichtlich nicht mitgeschrien hätten!

S. 144 [27] Z. B. Wort der Zweiten Bekenntnissynode der altpreußischen Union an die Gemeinden 5. 3. 35 und Denkschrift der „Vorläufigen Kirchenleitung" vom Mai 1936 bei *Hermelink* a. a. O. 251, 352 f.

S. 144 [28] *W. Foerster* Generaloberst Ludwig Beck. Sein Kampf gegen den Krieg (2. Auflage 1953) Seite 27.

S. 146 [29] I. M. T. XX, 657 Aussagen General Mansteins. – *P. Bor* Gespräche mit Halder (1950) Seite 111.

S. 146 [30] *W. Foerster* Generaloberst Ludwig Beck 1953 (2. Auflage des 1949 erschienenen Buches: Ein General kämpft gegen den Krieg) Seite 32, 51, 54, 58 ff., 62.

S. 147 [31] Der Verfasser hatte während des Krieges mehrfach längere Aussprachen mit ihm unter vier Augen über kriegsgeschichtliche und politische Fragen.

S. 147 [32] Die in der 2. Auflage des Buches von *W. Foerster* gesammelten Zeugnisse seiner ehemaligen Mitarbeiter betonen ebenso die Überlegenheit seiner Führung auf Generalstabsreisen wie die „Kühnheit seines Entschlusses". Manstein (a. a. O. Seite 50) ist überzeugt, daß er diese Eigenschaften auch im Krieg gezeigt haben würde. Ganz allgemein ist das Lob seiner schlechthin überragenden militärischen Begabung. Gegen die Kritik Guderians wird betont, daß er durchaus nicht rückständig gewesen sei in seiner Einschätzung der Panzerwaffe, wohl aber Gegner einer ausgesprochen offensiven Aufrüstung.

S. 148 [33] Völlig verfehlt ist die Charakteristik *Wheeler-Bennetts* Nemesis of Power, p. 299, der den Gegensatz zwischen ihm und Hitler wesentlich darauf zurückführen will, daß Beck nur dann Krieg machen wollte, wenn er gute militärische Chancen bot.

S. 148 [34] *Hoßbach* a. a. O. 152.

S. 148 [35] *W. Foerster*, 1. Auflage 44 ff., in der 2. Auflage gestrichen.

S. 149 [36] Vor allem durch die mehrfach zitierten Bücher von *Fr. Hoßbach* und *H. Foertsch*. Ältere Literatur und Quellen s. bei Foertsch. Die Darstellung bei *Wheeler-Bennett* 364 leidet an manchen Irrtümern und Ungenauigkeiten. Das von ihm benutzte Memorandum O. Johns ist durch Rundstedts eigene Niederschrift (bei Foertsch 102) entwertet.

S. 149 [37] Nach *A. Winnig* Aus zwanzig Jahren, Seite 107 bezeichnete es Fritsch ausdrücklich als seine Aufgabe, für den Frieden zu rüsten und nicht für den Krieg. Nach *Foertsch* a. a. O. 112 f. dachten selbst Reichenau und Blomberg ähnlich.

S. 150 [38] *H. Foertsch* a. a. O. 213. Diese Formulierung scheint mir nicht glücklich. Im übrigen verdienen die Betrachtungen Foertschs in seinem Schlußkapitel aufmerksame Würdigung als sehr ernsthafter Versuch einer politischen Selbstbesinnung des Soldatentums.

S. 151 [39] Das Reichskabinett erfuhr (nach briefl. Mitteilung Dr. Schachts) nur die Beschuldigung gegen Fritsch (2. Febr.), nicht den Freispruch. — Eine mir vorliegende Aufzeichnung des früheren Generaladmirals Boehm, der die Erklärungen Hitlers am 4. 2. und 13. 6. 38 mit anhörte, versichert, daß keiner der Hörer daran zweifeln konnte, dem Führer sei es ernst mit seinem Bedauern über die unglückliche Affäre Fritsch gewesen, schließt sich dem Bericht General Liebmanns (bei *Foertsch* Seite 130) völlig an und polemisiert gegen die ebd. Seite 131 abgedruckte angebliche Erzählung Kluges als unglaubwürdig. Sollte sich letztere aber nicht auf eine andere Ansprache beziehen? — Über einen von Beck geplanten, von Canaris und Hoßbach entworfenen Protestschritt der Generäle s. *W. Foerster* a. a. O. 74. Nach einer Mitteilung O. Johns, auf die sich *Wheeler-Bennett* 378 bezieht, hätte Beck zunächst Fritsch zu einer Pistolenforderung an Himmler veranlaßt, die aber Rundstedt, der sie überbringen sollte, mit Einverständnis Fritschs schließlich doch zurückhielt.

S. 151 [40] Mem. — G. spricht von Vorstellungen bei Gürtner, Schwerin-Krosigk, Schacht, General Heitz (Präsident des Reichsmilitärgerichts), General List in Dresden, Högner, dem Stabschef Rundstedts, Generaloberst Brauchitsch.

S. 151 [41] Mitteilung des Generals Röhricht bei *H. Foertsch* S. 236. Röhricht gab sich mir gegenüber schon 1943 ganz offen als erbitterter Feind des Regimes zu erkennen.

S. 152 [42] *P. Bor*, Gespräche mit Halder (1950) Seite 113 nach den Spruchkammerakten und mündlichen Mitteilungen.

ZEHNTES KAPITEL · GOERDELERS AUSLANDSREISEN 1937/1938 DIE TSCHECHENKRISE 1938

S. 157 [1] Das Folgende nach den Mem. von 1944.

S. 158 [2] Mir liegen darüber verschiedene Aufzeichnungen der Herren Walz und Schloßstein vor, die 1945 niedergeschrieben sind, ergänzt durch mündliche Mitteilungen (1953). Vgl. auch *Th. Heuß*, Robert Bosch (1946). Die Anknüpfung mit G. seit 1936 hätte nach Heuß Seite 674 und Schloßstein zuerst Theodor Bäuerle vermittelt, was dieser (brieflich) bestätigt. Weiterhin berichtet Walz, er selbst habe 1936 Dr. Goerdeler in Leipzig im Rathaus aufgesucht und mit ihm bereits damals gewisse Pläne zum Sturz der Hitler-Regierung besprochen. G.s „Memoiren“ erwähnen davon nichts, wohl aber eine Einladung Boschs und Walz', nach Stuttgart zu kommen, die er auf der groß aufgezogenen Feier von Schachts 60. Geburtstag (22. Januar 1937) erhalten habe.

S. 160 [3] Die Mem. sprechen von Mai bis Juli. Ein im Nachlaß befindliches Schreiben aus London (ohne Unterschrift) vom 27. 8. 39 setzt den Empfänger noch in der Schweiz voraus. Er war aber damals schon über Berlin nach Schweden gegangen (s. unten im Text des folgenden Kapitels). — Für das Folgende liegen mir Abschriften der großen Reiseberichte vor, aus allen oben genannten Ländern, aus Frankreich und England solche von 1937 und von 1938. Dazu Reste der Korrespondenz mit englischen und amerikanischen Freunden 1937—39, meist unter Benutzung von Decknamen geführt, die sich nicht mehr alle mit Sicherheit auflösen ließen. „Reisetagebücher“, die nach Angabe der Mem. außerdem noch vorhanden und von der Gestapo 1944 beschlagnahmt sein sollen, waren mir nicht erreichbar.

S. 160 [4] Nach G.s Aussagen vor der Gestapo 1944 vermittelte ihm Fritsch die Verbindung mit den deutschen Militärattachés im Ausland.

S. 160 [5] Unter den Nachlaßpapieren findet sich sogar eine längere Darlegung über das italienische Steuerwesen (in deutscher Sprache!), die ein Referent des italienischen Finanzministeriums (Belloni) im Auftrag seines Ministers für G. verfaßt hat.

S. 161 [6] Januar bis Mitte März 1938; Mitte April bis Anfang August 1938; Mitte Dezember 1938 bis Ende Februar 1939.

S. 161 [7] *H. Schachts* Mem. Seite 479 berichten von ähnlichen Eindrücken in Brüssel 1937.

S. 162 [8] Vgl. etwa das Protokoll der Unterredung von Lord Halifax mit Hitler am 20. 11. 37: Akten zur deutschen auswärtigen Politik 1918–1945 (ADAP) Serie D Band 1 Nr. 31. Dazu Churchill: Der Zweite Weltkrieg (deutsche Ausgabe) I 295 ff. und Keith *Feiling* The life of Neville Chamberlain (1947) p. 332 ff. Für die französische Politik ADAP. Serie D Band 1 Nr. 22 ff., 70 ff. Den Besprechungen Schachts mit Blum über die Kolonialfragen im Mai 1937 war eine ähnliche schon im Frühjahr 1936 vorangegangen, die aber auf deutscher Seite ohne Erfolg blieb. Vgl. dazu: a. a. O. 70 und *H. Schacht*, 76 Jahre meines Lebens (1953) p. 477 ff.

S. 163 [9] *Churchill* a. a. O. I 276 f.

S. 163 [10] Brief an Dr. Reinhold Schairer, den Haag 27. 7. 37. Darin heißt es: „in Brüssel hatte ich die gewünschten Gespräche; den Erfolg sehen Sie in dem belgischen Vorschlag" (fehlt).

S. 163 [11] Die „Mem." berichten davon, daß ihm Graf Welczeck 1937 von den Bemühungen Delbos' und Blums erzählte, mit der Hitler-Regierung auf dem Weg über Kolonial- und Wirtschaftsabkommen zu einer Verständigung zu kommen. Vgl. dazu ADAP I Nr. 70 ff.

S. 164 [12] Sie sind besonders sorgfältig gearbeitet, sehr anschaulich und frei von groben Vereinfachungen.

S. 165 [13] Abschluß des englischen und kanadischen Handelsvertrages mit USA: 17. Nov. 1938. Über die Vorverhandlungen und die politischen Absichten, die Washington damit verband, s. *Cordell Hull*, Memoirs (1948) vol. I chapter 37, p. 518 ff.; die Auffassungen G.s werden dadurch weithin bestätigt.

S. 166 [14] Über Versuche Schachts im Januar 1937, die amerikanische Politik für eine große, vom amerikanischen Präsidenten einzuberufende Friedens- und Abrüstungskonferenz aller Mächte zu interessieren, vgl. *Cordell Hull* Memoirs I 546 f. Roosevelt ging darauf ein, Hull lehnte den Vorschlag als praktisch aussichtslos und gefährlich (Appeasementpolitik!) ab.

S. 166 [15] G. zählt auf: Lord Riverdale in Sheffield (Stahlwerk Balfour), Prof. Young (Universität London) und dessen Neffen Richard Stopford, Dr. Joan Fry, eine führende Quäkerin, Sir Wyndham Deedes (konservativer General a. D., Vansittart nahestehend), Sir Archibald Sinclair (Liberaler), Morrison (Labour Party), Lord Astor (Times), Garvin (Observer) und eine Reihe Bankleute (Brand, Tyser, McKenna u. a. m.).

S. 166 [16] Briefliche Mitteilung Brünings an den Verfasser. Ein erster Versuch 1938 war gescheitert, anscheinend infolge von irgendwelchen Warnungen, die Schairer an G. übermittelte. Mündliche Mitteilungen erhielt ich von Dr. Schairer, briefliche von Mr. A. P. Young.

S. 167 [17] Er nennt noch einige Vertreter der Presse (New York Times), der Bankwelt und Schwerindustrie. Eine ähnliche Rolle wie Dr. Schairer in England scheint in USA dessen Freund Spencer-Miller gespielt zu haben, Jugendleiter in New York, ferner Gotthilf P. Bronisch in Summit, N. J., den G. vom Büro des Deutschen Städtetages her kannte. In einem Brief an seinen Gefängniswärter Brandenburg (Nov. 1944) nennt G. noch als „treuen Reisebegleiter in USA Richard Adams, dessen Adresse Mr. Mooney in New York weiß".

S. 167 [18] Vgl. *Wheeler-Bennett*, Nemesis of Power 386.

S. 167 [19] G. nennt: Theunis, Coppé, Franck (Präsident der Nationalbank), van Kessel, van Zeeland, Maurice (dessen Mitarbeiter), D. Heinemann, Stadtrat Finckh (Brüssel).

S. 167 [20] Durch Dr. Schairer mündlich.

S. 167 [21] Ich vermute: Spencer-Miller. Veröffentlicht von *Fr. Krause* als „Goerdelers politisches Testament. Dokumente des anderen Deutschland". New York 1945 Seite 19—48.

S. 168 [22] Auffallenderweise ist weder von der Judenverfolgung noch von den Schrekken der Konzentrationslager die Rede. Über letztere war G. 1937 vielleicht noch nicht ausreichend orientiert, und die Judenhetze setzte in voller Heftigkeit erst ein Jahr später ein.

S. 169 [23] *H. B. Gisevius*, Bis zum bitteren Ende I 417 ff. Dazu G.s Mem. In Nürnberg (I. M. T. Band XII, 223) schrieb Gisevius auch dem Reichsbankpräsidenten Schacht eine große Aktivität in dieser Sache zu, von der Schacht selbst nichts berichtet. Nähere Mitteilungen über die Putschpläne des Frühjahrs 1938 machte Huppenkothen am 5. 2. 51 vor dem Münchner Schwurgericht aus zwei Aktenheften der sogenannten „Zossener Funde". Danach plante man Festnahme Heydrichs und Himmlers, dann Appell an die Öffentlichkeit, dann Information Hitlers, der vor vollendete Tatsachen gestellt werden sollte. Machte er nicht mit, so sollte die Generalität zum Staatsstreich aufgerufen werden. Diese Angaben hat Oster bei seiner Vernehmung durch die Gestapo bestätigt: Bericht Kaltenbrunners an Bormann (im folgenden „K. B." zitiert) 2. 10. 44.

S. 170 [24] Über die Absicht, das österreichische Problem jetzt zu lösen, wurde G. schon im Februar durch Neurath unterrichtet (Mem.).

S. 170 [25] Wie der rege Briefwechsel des Winters 1937/38 zeigt, bemühten sich auch amerikanische Freunde (besonders Bronisch und Miller) um eine Vortragseinladung nach USA, die dann schließlich auch erfolgte (durch das Industrial Conference Board), aber von G. aus Gesundheitsgründen abgelehnt wurde. In England bemühte sich u. a. Mr. A. P. Young um seine Einladung; Wheeler-Bennett hatte gehofft, ihm eine Einladung des Chatham House verschaffen zu können. Der Vortrag liegt mir in halb deutscher, halb englischer Fassung vor. Einzelheiten über den Londoner Besuch (15. 3.—14. 4. 1938) bringt eine Aufzeichnung (Bleistiftskizze), die G. zu seiner Verteidigung gegen die unten (s. Anmerkung 32) erwähnte Denunziation verfaßte.

S. 170 [26] Mündliche Mitteilung von Dr. Schairer. Ein schon vorbereitetes Diner zu Ehren des Gastes sei wieder abgesagt worden. In der Korrespondenz der Freunde im Winter 1937/38 ist die Rede von Versuchen, den im April in der Deutschen Rundschau erschienenen Aufsatz „Der große Irrtum" (s. oben Kapitel 4 Anmerkung 32) in der amerikanischen Presse unterzubringen. Er attackiert Roosevelts New Deal und Blums Wirtschaftsexperimente mit deutlicher Spitze gegen Hitlers Wirtschaftspolitik. Weiter ist die Rede von einem Aufsatz über „Wirtschaftskonferenz" und einem „Oslovortrag". Letzterer wurde (nach den Mem.) im März 1937 in Oslo in Gegenwart des norwegischen Königs gehalten und behandelte wie immer die Grundsätze seiner liberalen ‚Wirtschaftspolitik.

S. 170 [27] S. oben Anmerkung 16.

S. 170 [28] 28. und 29. April. S. Documents of British Foreign Policy (DBFP) III, 1 Nr. 164. Vansittart nahm daran teil.

S. 171 [29] DBFP III, 1 Nr. 166 (2. 5. 38).

S. 171 [30] Vgl. die Darstellung *Wheeler-Bennetts* l. c., der selbst zeitweise im Dienst des Foreign Office stand.

S. 171 [31] Aufzeichnungen der Herren Walz und Schloßstein, auch Mem.

S. 172 [32] Schacht gelang es, ein glattes Dementi seiner Freunde in der Bank von England zu erreichen. *Hj. Schacht*, 76 Jahre meines Lebens (1953) Seite 548. Dazu *Gisevius* I, 448 ff., dessen Darstellung die Mem. im wesentlichen bestätigen. Weitere Mitteilungen verdanke ich den Söhnen G.s. G. hat Schacht diesen Freundesdienst sehr hoch angerechnet.

S. 173 [33] So die Mem. an zwei Stellen, mit geringen Abweichungen in der Angabe der Eroberungsziele. Wiedemann, der zur Friedenspartei in der Reichskanzlei gehörte, hat dann doch noch im Einverständnis mit Hitler eine Friedensmission nach London unternommen: Unterredung mit Lord Halifax am 18. 7. 1938, siehe Documents on British Foreign Policy 1919—1938 (DBFP.), III. series, vol. 1, Nr. 510—511. In den Wiedemann-papers der Library of Congress in Washington fand ich Aufzeichnungen W.s darüber, die zeigen, daß er Hitlers Auftrag, eine sehr drohende Sprache in London zu führen, nur stark abgemildert ausgeführt und von sich aus versichert hat, er glaube nicht, daß Hitler schon dieses Jahr Krieg machen werde. In seinem offiziellen Bericht an Ribbentrop für Hitler wagte er das nicht zu melden. Über seine englischen Eindrücke hat er ausführlich den Generalstabschef Beck unterrichtet, s. *W. Foerster* a. a. O., 2. Aufl., S. 128. Nach *E. Kordt*, Nicht aus den Akten (1950), S. 234 fiel er trotzdem bald darauf in Ungnade, weil er Becks Meinung vertrat, England werde im Kriegsfall wohl kaum neutral bleiben. Vgl. auch *Hassells* Tagebücher, 3. Aufl., S. 48 (Versetzung nach San Francisco). Im Spätherbst war er indessen noch als Vermittler für G. tätig (s. unten Kapitel 11, Anm. 16).

S. 174 [34] Daß solche Besprechungen um den 22. 5. auf dem Obersalzberg stattfanden, meldet DBFP. III, 1, Nr. 275, 279. Für das Weitere s. die seit dem 21.4.38 laufenden militärischen Vorbereitungen für den „Fall Grün", siehe IMT, Dokument 388 PS, Bd. XXV, S. 414 ff., zum Teil wieder abgedruckt: ADAP. Serie D, Bd. 2, S. 236 ff. „Weisungen für den Fall Grün" vom 20. 5. u. 30. 5., ebenda Nr. 175 u. 221. Führerbesprechung am 28. 5. bei *W. Foerster*, Beck, 2. Aufl., S. 107 f., dazu *E. Kordt* a. a. O., S. 228. Die „Maikrise" behandelt ausführlich *J. Wheeler-Bennett*, Munich. Prologue to Tragedy (1948), S. 55 ff. Was *Fritz Hesse*, Das Spiel um Deutschland (1953), S. 118 ff. über die „Maikrise" mit wichtigtuender Miene vorträgt, läuft auf die Aufbauschung einer m. E. unnötigen und unbeweisbaren Vermutung hinaus.

Um die schwere Besorgnis der Briten vor einem „Gewaltakt" Hitlers in Böhmen zu erklären, bedarf es keineswegs der Vermutung, sie hätten durch Spionage den Aufmarschplan „Grün" vom 20. 5. (der übrigens sicherlich nicht „von Keitel angeregt", sondern von Hitler befohlen war) kennengelernt. Haben sie ihn wirklich gekannt, so können sie daraus noch nicht eine unmittelbar bevorstehende Aktion herausgelesen haben, die ihre Haltung am 20./21. Mai zu erklären vermöchte. Übrigens schwankten sie höchst unsicher zwischen Besorgnis und Zuversicht, trotz allem zu einer friedlichen Kompromißlösung zu kommen, und eben diese Inkonsequenz wurde verhängnisvoll. Was *Hesse* weiterhin über einen spionierenden „englischen Offizier" zu melden weiß, der „im deutschen Generalstab eingebaut" gewesen und darin „zu einer der höchsten Stellungen aufgestiegen" sein soll, klingt zu wunderbar, als daß man es dem Verf. ohne weiteres, d. h. ohne Namensnennung und konkrete Beweise, abnehmen könnte. Über die Verbindung des englischen Militärattachés mit einem unbekannten deutschen Offizier siehe unten. Sie ist erst für August bezeugt.

S. 174 [35] Es wird nicht ganz ohne Bedeutung sein, daß um eben dieselbe Zeit sich der tyrannische Charakter des Regiments durch die Festsetzung des militanten Pastors Niemöller trotz gerichtlichen Freispruchs erneut bestätigte.

S. 174 [36] Das Folgende nach *W. Foerster*, a. a. O.

S. 175 [37] Nach der von *W. Foerster*, 2. Aufl., S. 98 mitgeteilten Aufzeichnung Becks sind alle in der bisherigen Literatur üblichen Berichte über erregte Aussprachen Becks mit Hitler als Legenden zu betrachten.

S. 175 [38] Die ersten dieser Memoranda vom 5. und 29. 5. wurden schon vor der Weisung des OKW. vom 30. 5. ausgearbeitet, decken sich aber inhaltlich weithin mit den späteren (3. 6. und 16. 7.). Nach *Krausnick* a. a. O. (Parlament, 16. 11. 55), 688, schrieb Vizeadmiral Guse (Marineleitung) damals ähnliche Denkschriften.

S. 175 [39] Mir liegen seine 1945/46 verfaßten Niederschriften vor: Gedanken und Ereignisse — Die Opposition — Der Kampf gegen den Krieg (Ms.).

S. 176 [40] Gamelins Schätzung: DBFP. III, 2, Nr. 1143, Anmerkung. Britischer Militärattaché Stronge in Prag (3. 9. 38): ebenda Nr. 794.

S. 177 [41] Das Nähere bei *Foertsch*, S. 173 ff.

S. 177 [42] Tagebuch Jodls vom 13. 9. bei *Wheeler-Bennett*, Nemesis S. 419; dazu Brauchitschs Angaben IMT. Bd. XX, S. 621 f. (unmögliches Datum).

S. 181 [43] IMT. XX, 679.

S. 182 [44] Die Entlassung vollzog sich in ungewöhnlicher Form. Nach einer von Otto John stammenden Aufzeichnung, die *Wheeler-Bennett*, Nemesis, S. 404 wiedergibt, hätte Beck am 18. 8. seinen Abschied „nach einer stürmischen Szene mit Brauchitsch" erbeten, in der dieser ihm ein kategorisches Verbot aller politischen Diskussionen in der Armee durch Hitler übermittelte. *W. Foerster* weiß davon nichts, berichtet vielmehr, daß Hitlers Rede in Jüterbog vor den Generälen (15. 8.) den Anstoß zum Abschiedsgesuch gegeben hätte. Weitere Aussprachen mit Brauchitsch am 24. und 26. August hätten ergeben, daß Hitler ihn bitten ließ, seinen Abschied „aus außenpolitischen Gründen" vorerst nicht bekannt werden zu lassen. Seit dem 18. tat er keinen Dienst mehr, verabschiedete sich aber von seinem Stab erst am 27. und übergab an diesem Tag die Geschäfte an seinen Nachfolger Halder. Er wurde zunächst zum Oberbefehlshaber an der Westfront ernannt, reichte aber am 19. Oktober auch als solcher seinen Abschied ein und wurde unter Beförderung zum Generaloberst am 31. Oktober entlassen. Jene „stürmische Szene" vom 18. August wird durch diese Mitteilungen unwahrscheinlich. In der Sudetenkrise hat sich Beck nach seiner Entlassung völlig zurückgehalten, was auch *Gisevius* II, 115 bestätigt.

S. 183 [45] DBFP. III, vol. 1—2. — ADAP., Serie D, Bd. 2. — Dazu die Quellensammlung des Chatham House: Survey of International Affairs 1938, vol. II: The Crisis over Tzechoslovakia, January—September 1938, London 1951, mit Einleitung von *A. Toynbee*. — *Fritz Berber*, Europäische Politik 1933—38 im Spiegel der Prager Akten. Essen 1941. — In mancher Hinsicht ergänzend: *John Wheeler-Bennett*, Munich. Prologue to Tragedy. 1948. (Mit scharfer Kritik der Appeasement-Politik Chamberlains und Bonnets.) Eine erste Auswertung der Aktenpublikation versuchte *Gordon A. Craig*, High Tide of Appeasement. The Road to Munich. 1937/38 in: Pol. Science Quarterly, Vol. LXV, Nr. 1, March 1950. Ferner *Emil Schieche*, Prags Annahme des englisch-französischen Plans am 21. 9. 38 in: Stifterjahrbuch III, 1953. An Memoiren sind zu vgl.: *Georges Bonnet* I, Défense de la Paix. 1946. II, Fin d'une Europe 1948. Gekürzte deutsche Ausgabe des Ganzen unter dem Titel: Vor der Katastrophe, 1951 (sehr geschickte, aber angesichts der Aktenpublikationen nicht sehr überzeugende Selbstrechtfertigung des Verf.). *Maurice Gustave Gamelin*, Servir II, 1946. — *W. Churchill*, Der Zweite Weltkrieg I, Kapitel 16. — Ich verzichte im folgenden darauf, jeden einzelnen Satz durch Quellenzitate zu belegen.

S. 183 [46] DBFP. III, Vol. 1, Nr. 164.

S. 183 [47] Protokoll der Sitzung des Comité permanent de la Défense Nationale vom 16. 3. 38 bei *Gamelin*, Servir II, S. 322 ff. Es ist höchst erstaunlich, daß Gamelin hier erklärt, der Versuch eines französischen Angriffs würde auf eine „zone déjà fortifiée" stoßen (im März 1938!), also zu „langwierigen Operationen führen". Die russische Armee und Luftflotte würde praktisch wenig ausrichten können. Am 12. 9. (ebenda S. 344) gegenüber Daladier äußert sich Gamelin etwas optimistischer, erklärt aber einen Angriff am Oberrhein für völlig aussichtslos, allenfalls könnte man gegen den Mittelrhein über das Saarland vorgehen; doch stünden dafür infolge des Fehlens der Truppen an der Alpengrenze und in Nordafrika nur 50—60 Divisionen zur Verfügung, die auf deutscher Seite etwa auf dieselbe Zahl (!) stoßen würden, so daß es ein schweres Ringen geben würde, ähnlich der Sommeschlacht 1916. Hiernach bleibt es völlig rätselhaft: 1. wie Gamelin sich trotzdem am 26. 9. (ebenda S. 351 f.) in London verhältnismäßig optimistisch äußern konnte, allerdings in sehr vorsichtigen allgemeinen Wendungen; 2. wie man im deutschen Generalstab die Erfolgschancen der Franzosen so sehr viel höher einschätzen konnte; 3. wie Gamelin auf 50—60 deutsche Divisionen am Rhein zählen konnte; 4. wie er dazu kam, dem britischen Militärattaché gleichwohl im Januar 1939 zu versichern, es hätte nur an der widerstandslosen Selbstpreisgabe der Tschechen gelegen, daß die französische Armee nicht im September ohne große Schwierigkeit die „Siegfriedlinie" durchbrach. Diese sei damals nur schwach bemannt gewesen (11 Divisionen an der ganzen Westfront), mehr ein Hindernis als ein Vorteil für die Deutschen, der Zement erst halbtrocken, die Unterstände also noch nicht beziehbar! (DBFP. III, 3, Nr. 530). Auch *C. Bonnet* übt scharfe Kritik an den widerspruchsvollen militärischen Auskünften Gamelins und schildert ihn als einen bloßen Radoteur (deutsche Ausgabe S. 264 u. ö.).

S. 184 [48] Das Folgende nach DBFP. III, 2, S. 683 ff. Er ließ seinen Besuch durch den britischen Militärattaché anmelden. Henderson, der diese Meldung nach London am 16. 8. weitergab, unterließ nicht, vor seinem Empfang „in official quarters" zu warnen. — Die Mitteilung *Schlabrendorffs*, 2. Aufl., S. 51, der englische Pressekorrespondent Jan Colvin habe Kleists Besuch vermittelt, scheint hiernach irrig. Über den deutschen Verbindungsmann des britischen Militärattachés vgl. DBFP. III, 3, Nr. 505 u. unten Anm. 51. *Jan Colvin*, Chief of intelligence, London 1951, S. 60 ff. gibt eine ausführliche Schilderung der Reise Kleists, berichtet aber nichts von eigener Mitwirkung, obwohl er sonst sehr viel von seinen Beziehungen zu Kleist, Canaris, Schlabrendorff u. a. erzählt.

S. 186 [49] Nach Fabian von Schlabrendorff bei *Wheeler-Bennett*, a. a. O., S. 413 wurde dieser Brief in Deutschland in mehreren Exemplaren kopiert, von denen eines nach dem 20. Juli 1944 der Gestapo in die Hände fiel und Kleists Todesschicksal besiegeln half. Die Angabe *von Schlabrendorffs*, S. 52, er sei durch Canaris 1938 Hitler vorgelegt worden, ist nach Mitteilung Herrn von Schlabrendorffs an den Verf. dahin zu präzisieren, daß Canaris seinen Inhalt in nicht näher bekannter Weise in einem Vortrag vor Hitler verwertet haben will. Ohne Angabe des Empfängers findet er sich auszugsweise in einem Sammelbericht über ausländische Stimmen zur Tschechenkrise, den das Auswärtige Amt am 6. 9. 38 nach Nürnberg sandte, s. A.D.A.P., Serie D, Bd. 2. Nr. 463, p. 542 u. Nr. 394. Er kam also voll zur Wirkung!

S. 186 [50] *Churchill*, a. a. O. I, S. 357 f.

S. 187 [51] DBFP. III, 2, Nr. 658. Das Folgende: ebd. Nr. 692, 775, 815, Appendix IV, 4 u. vol. 6, p. 707, doc. V. Als „Informant" der Engländer hat sich Dr. Krausnick gegenüber der DBFP. III, 2 Nr. 595 genannte Rittmeister a. D. Viktor v. Koerber selbst gemeldet.

S. 188 [52] Chamberlain hat die praktische Wirkung des Luftbombardements offenbar weit überschätzt. Auf einer britisch-französischen Besprechung in Paris am 24. 1. 1939 erklärte er: „London was now the most vulnerable capital in the world. Within 24 hours of warfare London might be in ruins and most of the important industrial centers in Great Britain as well." DBFP. III, 3, Nr. 325, S. 291.

S. 190 [53] Ich verdanke einem der Mitarbeiter und Freunde Halders, Herrn Oberst a. D. J. Rohowsky, einen gehaltvollen Brief Halders, der darin auf eine Reihe von mir gestellter Fragen eingeht und mich ebenso stark beeindruckt hat wie die in seinem Münchener Spruchkammerprozeß (15.—21. 9. 48) vorgetragenen Tatsachen, deren Kenntnis ich ebenfalls Herrn Rohowsky verdanke. Halders Aussagen in einer Nürnberger Vernehmung am 25. 2. 46, benutzt von *Wheeler-Bennett*, S. 409 u. ö. sowie von *A. W. Dulles*, S. 41 ff. waren mir nicht zugänglich. Das betreffende Protokoll scheint in Deutschland nicht zu existieren, ist auch General Halder selbst und dem Verteidiger Dr. Laternser nicht bekannt. Ich konnte ihn statt dessen selbst sprechen und brieflich ausfragen. Einen wichtigen Beitrag zur Charakteristik Halders fand ich in „Exhibit 269, Weizsäcker, Doc. 140" (Washington) Aussage Hasso von Etzdorf, 5. 4. 48. Etzdorf war Verbindungsmann zwischen AA. und Generalstab von Oktober 1939 bis Herbst 1942. Im übrigen vgl. *Gisevius* II, S. 30 ff. und seine Zeugenaussage in Nürnberg, IMT. XII, S. 230 ff. Dazu *E. Kordt*, S. 240 ff. und *Schacht*, Abrechnung, S. 18. Die äußerst kritische Schilderung, die Gisevius a. a. O. von Halder gibt, beruht vermutlich darauf, daß der General dem „ewigen Putschisten" und Mann der Gestapo mit großer Reserve gegenübertrat; beide Charaktere waren einander offensichtlich antipathisch. Wenn *Wheeler-Bennett*, Nemesis S. 409, gestützt auf ein Memorandum Dr. Johns, Halder vorwirft, daß er die von Hitler befohlene Vorbereitung der „Aktion Grün" energisch vorwärtsgetrieben habe (im Gegensatz zu Beck, der sie hinauszögerte), so ist das ungerecht. Die Passivität Becks drohte längst, den Generalstab in eine unmögliche Lage bei Hitler zu bringen.

S. 190 [54] Nichts deutet auf eine Urheberschaft Becks an den sogleich zu erörternden Putschplänen Halders hin. Nicht einmal von seiner aktiven Beteiligung daran ist Näheres zu hören. Damit steht nicht in Widerspruch, was Hoßbach (bei *W. Foerster*, Beck, 2. Aufl., S. 128, Anm. 83) berichtet: daß sie schon während seiner Amtszeit durch Stülpnagel bearbeitet worden seien, der auch später als einer der aktivsten Gegner Hitlers erscheint. *Pechels* Erzählung (S. 151), die sich auf Mitteilungen Becks stützt, verwirrt den chronologischen Ablauf der Ereignisse völlig und macht Beck gemeinsam mit Witzleben zu Urhebern des Komplotts, was sicher nicht stimmt.

S. 191 [55] Was *Wheeler-Bennett*, S. 414, über die „Mission" des früheren Majors und rheinischen Industriellen Böhm-Tettelbach Anfang September 1938 berichtet, ist sehr ungenau. Berichtigend ist zu sagen: 1. Böhm-Tettelbach erhielt von Oster, nicht von Halder, dem er seit 1933 nur als Stahlhelmführer persönlich bekannt war, seinen Auftrag, englische Politiker zu tatkräftigem Widerstand gegen Hitlers böhmische Pläne aufzufordern und auf das Bestehen einer deutschen Militäropposition hinzuweisen; 2. Böhm-Tettelbach hat praktisch in London nur eine Unterhaltung mit dem früheren Rheinlandkommissar, jetzigen Kaufmann Mr. Piggott gehabt, in Gegenwart eines Majors des Secret Service, dessen Namen er vergessen hat. Später hat er gehört, man habe seine Mitteilungen an Sir Robert Vansittart weitergeleitet, der sich aber 1945 nicht mehr daran erinnern konnte. Die ganze Affäre ist also historisch belanglos. Quelle: Interview des Herrn Böhm-Tettelbach in der Rheinischen Post; die Richtigkeit wurde mir (durch Vermittlung von Oberst a. D. Rohowsky) von Herrn Böhm ausdrücklich bestätigt.

S. 191 [56] Zeugenaussagen Halders im Weizsäcker-Prozeß, 28. 1. 48. Exhibit 270, Doc. 145 (Washington); vgl. auch *Weizsäcker*, Erinnerungen (1950), S. 174 ff.

S. 192 [57] Becks Rücktritt und die Verzweiflung deutscher militärischer Stellen über die Kriegsaussicht wurden gemeldet. Über geheime Mitteilungen Goerdelers nach London berichtet der Zionistenführer Dr. Chaim Weizmann in seiner Autobiographie: Trial and Error (L. 1950) p. 505: „Some time before the

St. Jame's Conference (Sept. 1938) I happened to receive through secret channels an extraordinary German document which I was urgently requested to bring to the attention of the Prime Minister. It had been prepared and forwarded, at the risk of his life, by Herr Goerdeler, the mayor of Leipzig. The document was a detailed exposé of conditions in Germany, and wound up with an appeal to Mr. Chamberlain not to be bluffed into further concessions when he went to meet Hitler in Godesberg or Munich". Dr. Weizmann zeigte das Dokument Sir Warren Fisher, einem der vertrauten Mitarbeiter des Premiers, „and explained that undoubtedly Herr Goerdeler had risked his life several times over to accumulate the information it contained. Sir Warren Fisher opened his desk and showed me an exact copy of the document. ‚I've had this', he said, ‚for the last ten days, and I've tried and tried again to get Mr. Chamberlain to look at it. It's no use'". – Eingehende Schilderungen von der Lage in Berlin gab auch der Danziger Völkerbundskommissar C. Burckhardt. Die Mitteilungen, die er darüber von Weizsäcker erhielt, erschienen ihm so wichtig, daß er sofort in einem Tage per Auto nach Bern fuhr, um Sir G. Warner Mitteilung zu machen. DBFP. III, 2, S. 689ff. u. ebd. Nr. 775.

S. 192 [58] Was *Gisevius* II, S. 38 über einen Attentatsplan Halders berichtet und *Dulles*, S. 45 (mit anderer Datierung), wiederholt, ist irreführend. Halder hat nie ein Attentat geplant, sondern Hitler in Berlin festsetzen wollen. Nur für den Fall, daß Hitler gar nicht mehr vor Kriegsausbruch nach Berlin käme, sondern direkt von Berchtesgaden an die Front reiste, müßte versucht werden, ihn in seinem Salonzug in die Luft zu sprengen und dieses Ereignis als Folge eines feindlichen Attentats oder Luftangriffs hinzustellen. Das scheint Gisevius mißverstanden zu haben (mündliche Auskunft General Halders an den Verf.).

S. 193 [59] Die verschiedenen Berichte (von Gisevius, Schacht in seiner „Abrechnung", Halder, ebenda, S. 18 und mündlich zum Verf.) widersprechen einander in Einzelheiten der Erinnerung so stark, daß kein klares Bild mehr über die ersten Begegnungen zwischen Schacht, Halder, Gisevius und Witzleben zu gewinnen ist. Sicher dürfte nur sein: 1. daß Oster Schacht und Halder zusammengebracht hat; 2. daß letzterer die Beratung durch politische Sachverständige wie Schacht und Weizsäcker wünschte; 3. daß ihm das Auftreten von Gisevius vom ersten Augenblick an unsympathisch war und er es sich diesem gegenüber auch anmerken ließ; 4 daß Schacht keine zentrale Rolle in der Verschwörung gespielt hat.

S. 193 [60] Diese Tatsache ist in manchen Darstellungen der Verschwörung von 1938 stark verwischt. Für das Folgende standen mir unter anderem auch mündliche Auskünfte der Herren Gisevius und Halder zur Verfügung.

S. 194 [61] Nach *Gisevius* II, 50 hätte ihn Oster für die Verschwörung gewonnen; Halder hat mir von unmittelbarer soldatischer Abrede zwischen ihm selbst und Witzleben erzählt. Sie hätten sich gegenseitig gelobt, unmittelbar nach gelungenem Putsch ihren Abschied zu fordern aus dem gemeinsamen Empfinden heraus, durch revolutionäres Handeln eigentlich das Wesen des Soldatentums zu gefährden. (Eine für das Verständnis der deutschen Militäropposition höchst aufschlußreiche Abrede!) Leider hätte sich Witzleben um

Einzelheiten des Putschplanes viel zu wenig gekümmert. Nach *Gisevius* II, 50 hat Witzleben genau so wie Halder nicht eher losschlagen wollen, als bis das Eingreifen der Westmächte absolut sicher wäre. Damit wird die Kritik, die Gisevius S. 44 an der Haltung des „uniformierten Dialektikers" Halder übt, doch wohl hinfällig.

S. 194 [62] Halder, der erst im letzten Augenblick, am Morgen des 28. September, Witzleben nach Einzelheiten über den Stand der Vorbereitungen befragte, erhielt eine äußerst unbefriedigende Auskunft. Von technisch wirklich zureichender Vorbereitung kann offenbar keine Rede sein.

S. 194 [63] *Abshagen*, Canaris, S. 175.

S. 196 [64] Briefliche Mitteilung des Herrn Friedrich Wilhelm Heinz an den Verf., mir gütigst bestätigt und ergänzt durch I. K. H. Prinzessin Wilhelm von Preußen. Nach ihrer Erinnerung fand die entscheidende Besprechung in Klein-Obisch schon vor Mitte August 38 statt und dauerte einen ganzen Tag. Eine von dem Kreise Oster-Schulenburg-Heinz ausgearbeitete Verfassungsdenkschrift wurde beraten. Endziel war ein deutsches Königtum, nicht Kaisertum, dessen Restauration der Prinz ablehnte. *Nach* Kriegsausbruch habe der Prinz gemeint, nun sei es für Umsturzpläne „zu spät". — Leuschner (und ebenso J. Kaiser) haben auch später monarchischen Restaurationsplänen zugestimmt (s. u. Kap. 13). In der Aufzeichnung „Die Opposition", die General Thomas 1945 aus der Erinnerung niederschrieb, heißt es, er habe durch Oster erfahren, das Unternehmen gegen Hitler sei in erster Linie daran gescheitert, daß Graf Brockdorff dem General Witzleben mitteilen ließ, „das junge Offizierkorps sei nicht zuverlässig und würde wohl gegen die SS, nicht aber gegen die Person Hitlers zu kämpfen bereit sein" Nun zeigt die Aufzeichnung Thomas', daß er 1938 noch nicht tiefer eingeweiht war; sie ist über die damaligen Vorgänge recht verworren. Es bleibt also offen, ob, wann und in welchem Zusammenhang die zitierte Äußerung Brockdorffs überhaupt erfolgt ist. Die Bildung des Stoßtrupps und die Bereitschaft Witzlebens, sich am 28. 9. einzusetzen, können dadurch nicht in Frage gestellt werden. — Die Angaben des Herrn Heinz werden mir teilweise bestätigt durch Graf Konrad Finckenstein (jetzt Eutin), der von Heinz für das Unternehmen gewonnen wurde, sich indessen dafür nur bereit hielt (in Pommern). Vgl. auch *Rainer Hildebrandt*: Wir sind die Letzten (Leben Haushofers), o. J., S. 93.

S. 196 [65] *E. Kordt*, S. 256. — Londoner Vorgänge: DBFP. III, 2, S. 680 und Nr. 815, 823, 825; dazu *Wheeler-Bennett*, Munich 97.

S. 196 [66] Es ist mir völlig unbegreiflich, wie *Wheeler-Bennett*, Nemesis 423 behaupten kann, es sei erwiesen, daß die Verschwörer ihre Pläne schon am 15. 9. endgültig aufgegeben hätten — bloß weil ein englischer Zeitungskorrespondent, der Chamberlain nach Berchtesgaden begleitete, dort von einem Offizier gehört haben will, Chamberlains Erscheinen habe einen Anschlag der Armee gegen Hitler, Göring und Himmler verhindert. Ebenso unfair erscheint mir Wheelers Versicherung, S. 423, die Verschwörer hätten in der letzten Augustwoche oder Anfang September (!) Gelegenheit genug gehabt, Hitler in Berlin festzusetzen, wenn sie nur den Mut dazu gefunden hätten. Auch Wheeler-Bennett sollte wissen, daß die Verschwörung erst mit Halders

Amtsantritt anlief und daß in der angegebenen Zeit, selbst wenn Hitler damals gelegentlich in Berlin aufgetaucht wäre (wann soll es geschehen sein?), man ihn nicht ohne weiteres festsetzen konnte, zumal die britische Haltung überhaupt erst erkundet werden mußte und nichts weniger als klar war.

S. 197 [67] DBFP. III, 2, Nr. 928.

S. 198 [68] DBFP. III, 2, Nr. 1093 ff. Leider bringt die britische Aktenpublikation nur sehr wenig über Gamelins Gutachten (S. 575, Nr. 1143, Anm.); vgl. aber den Bericht *Wheeler-Bennetts*, Munich 144 (nach französischer Quelle) und *Gamelin*, Servir II, 344.

S. 199 [69] DBFP. III, 2, S. 379, 538 u. ö. – Die aus einer höchst fragwürdigen französischen Quelle (Bernhard Lavergne) stammende, schon im November 1938 publizierte Legende, am 22. 9. 38 hätten sich die Generäle von Hanneckcn, Ritter von Leeb und Bodenschatz zu einem Protest gegen den Krieg bei Hitler zusammengefunden und ihm eine 18 Seiten lange Denkschrift über den schlechten Zustand der Wehrmacht überreichen lassen, ist zwar bis in *Churchills* Memoiren eingedrungen (deutsche Ausgabe I, 382), bedarf aber kaum der Widerlegung, da ihre Unmöglichkeit für jeden Kenner der Verhältnisse augenscheinlich ist. Ritter von Leeb, der damals außer Dienst war, hat sie auch ausdrücklich in einer Rücksprache mit General Halder (den ich darnach zu fragen bat) als lächerliches Märchen gekennzeichnet.

S. 199 [70] DBFP. III, 2, Nr. 1111. Das Folgende: ebenda.

S. 200 [71] DBFP. III, 2, Nr. 1129.

S. 200 [72] *Wheeler-Bennett*, Nemesis 419; nach *Pertinax*, a. a. O. und *Keitel* (Nürnberg 4. 4. 46).

S. 200 [73] Generaloberst Beck hat mir 1943 erzählt, man habe 1938 im deutschen Generalstab damit gerechnet, eine französische Invasion bestenfalls etwa in der Gegend von Gotha zum Stehen bringen zu können. *Churchill*, Mem. I, 351 spricht von fünf aktiven und acht Reservedivisionen am Westwall, was nach den deutschen Quellen sicher eine zu hohe Schätzung ist. Die französische Armee konnte (nach übereinstimmendem Zeugnis aller britischen und französischen Quellen) sofort 100 Divisionen mobilisieren.

S. 201 [74] DBFP. III, 2, Nr. 1144. Wie wichtig Hitler selbst diesen Brief nahm, zeigt die Mitteilung, er wünsche seine Aufnahme in das britische Weißbuch. Weizsäckers Autorschaft: *Kordt*, S. 265 f.

S. 201 [75] Vgl. *P. Schmidt*, Statist auf diplomatischer Bühne, S. 410 f.

S. 201 [76] So übereinstimmend *Kordt*, S. 269 und *Gisevius* II, 74, der allerdings Brauchitsch zuletzt doch wieder als zögernd und beschwichtigend schildert.

S. 201 [77] *Wheeler-Bennett*, Nemesis 421 glossiert das mit den Worten: „all these gentlemen were in such transports of indignation that none of them could issue an executive order.“ (!) So kann man wohl nur aus sehr sicherer Distanz von der Not der Entscheidung reden.

S. 203 [78] So Wheeler-Bennett durchgehends.

ELFTES KAPITEL
VOM MÜNCHNER ABKOMMEN BIS ZUM POLENKRIEG

S. 204 [1] Nach der Erinnerung der Angehörigen war die Sorge vor einer Verfolgung wegen jener „Londoner Panne“ vom Frühjahr 1938 Grund seines monatelangen Aufenthaltes in Ermatingen. Von dort unternahm er dann die Reise durch Italien und den Balkan. Prof. Siegmund-Schultze erinnert sich an ein Zusammentreffen G.s mit einem Vertreter (oder Mittelsmann) des britischen Foreign Office, der eigens im Flugzeug von London gekommen war, in seinem Hause in Zürich im August 1938. Die lange Unterredung sei für G. wenig befriedigend verlaufen, aber auch nicht durch geeignete Persönlichkeiten vorbereitet gewesen. Ich vermute, daß es sich um ähnliche Einwirkungsversuche auf die englische Politik gehandelt hat, wie sie damals Kleist und Böhm-Tettelbach unternahmen.

S. 204 [2] Unverständlich bleibt mir, was *Sven Hedin*, Ohne Auftrag in Berlin (1950), S. 34 über ein Gespräch mit G. aus dem Juli 1938 berichtet. Darnach sei G. von der Unüberwindlichkeit der Göringschen Luftwaffe in einem kommenden Krieg selbst bei Teilnahme Amerikas fest überzeugt gewesen. – Zu der Mitteilung nach London vgl. oben Anmerkung 57 zu S. 186.

S. 204 [3] Publiziert in: Goerdelers Politisches Testament, herausgegeben von *Fr. Krause*, New York 1945, S. 57–64.

S. 205 [4] Über diese Sätze urteilt *Wheeler-Bennett*, Nemesis 426 mit äußerster Schärfe: „If this be the standard of the intelligence and the accuracy of the conspirators' political intuition, the Western Powers had been very right in disregarding their approaches.“ Möge er sich aus Churchills Memoiren davon überzeugen, daß dieser gewiß nicht ganz unbedeutende Staatsmann G.s Ansicht an diesem Punkt durchaus teilt. Übrigens hat Wh.-B. selbst in seinem früheren Werk (Munich: Prologue of Tragedy) die peacemakers von München sehr scharf kritisiert, während er jetzt erstaunlicherweise ihre „wisdom“ und ihren „sense of reality“ rühmt.

S. 206 [5] Dies war sogar der Eindruck Sir N. Hendersons: „Trotz seines Erfolges ist das deutsche Volk nicht Hitler, sondern Mr. Chamberlain dankbar, und die Deutschen betrachten mit einer großen Angst den Mann, der sie an den Rand des Abgrunds gebracht hat und es wieder tun kann.“ An Halifax, 6. 10. 38, DBFP. III, 3, 615.

S. 206 [6] Vgl. dazu Kapitel 7. Dort auch über tapfere Bußpredigten protestantischer Geistlicher und über die in unserem Freiburger Kreis entstandene Denkschrift von Ende 1938. Es zeugt von sehr bedauerlichem Unverständnis, wenn *Wheeler-Bennett* Nemesis 433 die echte moralische Empörung deutscher Patrioten dadurch zu bagatellisieren sucht, daß er versichert, sie sei nicht humanitärem Empfinden entsprungen, sondern nur dem bürgerlichen Sinn für gesetzliche Ordnung und Sicherheit des Privateigentums (!).

S. 207 [7] Schweiz: 13. 12. 38 — Italien: 19. 12. 38 — Jugoslawien: November 38 — Rumänien: November-Dezember 38 — Bulgarien: Dezember 38 — Zusammenfassende Schlußbetrachtung (über Südeuropa): Dezember 38 — Algerien: 17. 4. 39 — Ägypten: Juli 39 — Libyen: Juli 39 — Palästina: Juli 39 — Syrien: Juli 39 — Türkei: Juli 39.

S. 211 [8] Es ist amüsant zu sehen, wie Goerdeler selbst die ägyptischen Pyramiden zu indirekter Kritik am Hitler-Regiment benutzt: sie sind ihm rohe Kolossalbauten ohne echte Größe, nutzlose Massenhäufungen von Steinen, Zeichen maßloser Verschwendung von Arbeitskräften; künstlerisch lassen sie völlig kalt, denn das Kolossale als solches imponiert noch nicht.

S. 213 [9] Darin waren sich Goerdeler und von Hassell gleich bei ihrer ersten Begegnung am 4. 8. 39 einig: *Hassell*, 2. Aufl., S. 72.

S. 213 [10] Was *Wheeler-Bennett*, Nemesis 434 über angeblich neue Putschpläne Schachts und Becks bald nach München mitteilt, geht auf die Erzählungen von *Gisevius* (Bis zum bittern Ende II, 86 f., IMT. XII, 243) zurück, erscheint mir aber höchst fragwürdig. Gisevius' Angaben sind sehr unbestimmt und nicht ohne Widersprüche (vgl. II, 86 f. mit ebenda 97). Die von ihm berichtete Aussprache Goerdelers mit Halder könnte frühestens im Dezember 38 stattgefunden haben. Die Weisung Hitlers vom 17. 12. an die Wehrmacht (IMT. Doc. C 138), die einzige, die man als Vordeutung auf den Überfall auf Prag vom 15. 3. 39 auslegen könnte, wurde damals schwerlich so verstanden. Der „Märzwirbel" kam doch auch für die „Eingeweihten" als Überraschung.

S. 214 [11] Le Livre Jaune Français 1938/39. Paris 1939, Nr. 17. Für das Folgende auch: DBFP. III, 2, Nr. 301. *R. Coulondre*: Von Moskau nach Berlin (1950), S. 140.

S. 214 [12] DBFP. III, 3, Nr. 285 (1. 11. 38). *Léon Noël*, Der deutsche Angriff auf Polen (Berlin 1948).

S. 214 [13] DBFP. III, 3, Nr. 325 (24. 11.). Das Folgende: ebenda Nr. 403 (6. 12.), 505 (29. 12.), 515 (3. 1. 39).

S. 215 [14] In den gleich zu erwähnenden verschlüsselten Briefen taucht mehrfach ein „Mr. Stoepsel" auf, vermutlich Pseudonym für Mr. Stopford (siehe oben Anm. 15), außerdem „Edgar", der wohl als Gotthilf P. Bronisch (in Summit, N. J.) zu deuten ist. Das Folgende nach mir vorliegenden Briefen an Schairer vom 19. und 20. 10., 17. 11. 38 sowie nach mündlichen Auskünften, die ich den Herren Schairer und Gisevius verdanke.

S. 215 [15] Nach den Memoiren wurde zeitweise auch an Umsiedlung in die Schweiz gedacht, wo sich wirtschaftliche Möglichkeiten ergaben.

S. 216 [16] Politisches Testament, a. a. O., S. 62 (Brief vom 11. 10. 38); dazu *Gisevius* II, 194 und mündliche Mitteilungen von Gisevius. Im Nachlaß G.s findet sich der eigenhändige Entwurf eines Briefes aus Lugano an Hauptmann Wiedemann vom 19. 10. 38, mit der Bitte, „festzustellen, ob ich meine Kraft wieder in öffentlichem Dienst verwenden kann. Äußerungen des Führers über die Verwaltung der Stadt Leipzig nach meinem Abgang lassen mich diese Frage und die Bitte um Ihren Rat stellen". Am 10 12. bedankt sich G. für die am 9. 12. eingetroffene Antwort Wiedemanns, er habe die Frage mit Göring besprochen und wolle sie erneut anschneiden. G. bittet gleichzeitig um Mitteilung, ob jetzt noch Bedenken gegen seine Betätigung in der Wirtschaft bestünden. Es sei damit eilig, weil sich „in der nächsten Zeit besondere wirtschaftliche Möglichkeiten bieten dürften".

S. 216 [17] Abgedruckt in Goerdelers Politischem Testament, herausgegeben von *Krause*, S. 47—52, mir vorliegend in Schreibmaschinenentwurf mit G.s eigenhändigen Korrekturen, wonach ich auch zitiere (und in einer englischen Übersetzung). Vielleicht ist es das Stück, das er am 20. 10. Schairer bat, in Abschrift an A. P. Young, Stopford und Sp.-Miller zu übermitteln?

S. 218 [18] Der Brief (wohl an Schairer) vom 17. 11. 38, mit Bleistift in Blockbuchstaben geschrieben, Unterschrift mit U. (Ulrich, G.s Pseudonym), erklärt, nicht zu begreifen, wie man in England jetzt (nach dem Judensturm) noch mit „talker" (Hitler? Goebbels?) verhandeln könne. Nur wenn feststünde, daß jetzt (im Sinn seiner Denkschrift) „gehandelt" werde, sei er bereit, es noch einmal „mit grauem Tuch" zu versuchen (also wohl einen Militärputsch anzustiften). „Zum zweiten Male ist Zeit zu Ultimatum und Handeln gekommen." Gibt eine Bukarester Adresse für eine etwaige Botschaft aus England an.

S. 220 [19] Eingehende Schilderung des Umschwungs bei *Wheeler-Bennett*, Munich, S. 352 ff.

S. 220 [20] Einen Nachhall dieser Gedankengänge darf man wohl in der Aussage von Gisevius in Nürnberg (IMT. XII, 244) erblicken, er und seine Freunde hätten gewünscht, die Westmächte sollten dem deutschen Volk klarmachen, daß Hitlers Eroberungspläne den Krieg bedeuteten, und dadurch einen neuen Putsch ermöglichen. Der von *Wheeler-Bennett*, Nemesis 436 bemerkte Widerspruch zwischen dieser Darstellung und den Ausführungen in Gisevius' Buch (99), einen Generalsputsch habe man der westlichen Diplomatie damals nicht mehr in Aussicht stellen können, es sei nur noch darauf angekommen, den Krieg zu verhindern, dürfte wohl so aufzulösen sein, daß man den Putsch zwar nicht mehr in Aussicht zu stellen wagte, aber die Hoffnung darauf nicht aufgab. (Vgl. Goerdelers Darlegungen weiter unten im Text.)

S. 220 [21] Erwähnt wird besonders, daß er die vertraglichen Verpflichtungen des englisch-italienischen Abkommens vom 16. 4. 38 nicht erfüllt habe.

S. 221 [22] Große Denkschrift (21 Seiten Schreibmaschinenschrift), undatiert: „Die nächsten praktischen Schritte."

S. 222 [23] Ohne Überschrift und Datum, drei Seiten Schreibmaschinenschrift.

S. 222 [24] Sollte hier an die Besetzung Albaniens (7. 4. 39) gedacht sein, so gäbe das einen Anhalt zur Datierung der Denkschrift.

S. 222 [25] Memorandum ohne Überschrift und Datum, fünf Blatt Schreibmaschinenschrift, dazu eigenhändiges Konzept des Anfangs, ferner ein von der Hand G.s stark durchkorrigiertes Reinkonzept und eine englische Übersetzung.

S. 223 [26] Als zusätzlicher Vorschlag wird beigefügt, die drei Mächte sollten gemeinsam eine Vergewaltigung des Südtiroler Deutschtums verhindern.

S. 224 [27] Diese schiedsrichterliche Tätigkeit wird noch genauer ausgemalt in einem Rückblick auf die Jahre 1938/39, den Goerdeler im September 1944 im Gefängnis verfaßte. Hat ein (ziemlich kompliziertes) schiedsrichterliches Verfahren des neuen Völkerbundes keinen Erfolg, so soll der Friedensbrecher einer allgemeinen Ächtung verfallen.

S. 224 [28] *Wheeler-Bennett*, Nemesis 442 ff.

S. 224 [29] *Gisevius* II, 98 ff. Dazu mündliche und briefliche Mitteilungen von Dr. Schairer und H. B. Gisevius an den Verf. Nach *Schachts* „Abrechnung mit Hitler", S. 20 hat dieser Deutschland schon Anfang März verlassen.

S. 225 [30] Nach seiner brieflichen Mitteilung an den Verf. wurde ihm auch der Auftrag zuteil, weiterhin eine eventuell notwendige Emigration vorzubereiten. *Gisevius* berichtet (Bis zum bittern Ende II, 100 und IMT. XII, 244), Goerdelers „Mittelsmann" (das war Schairer) habe dessen düstere Prognosen auch ins Ausland überbracht, und nimmt als sicher an, daß er auch bei Daladier in Paris war. Dr. Schairer versichert mir: 1. daß er Goerdelers Neigung, pessimistische Berichte über die innere Schwäche des Hitler-Reichs ins Ausland zu bringen, immer widerstrebt habe; 2. daß er niemals Daladier gesehen hat. Die nach Gisevius 1940 in den Papieren Daladiers von der „Abwehr" aufgefundene Mitteilung Goerdelers sei angeblich über die Königin von Holland (via Graf Zech, den deutschen Gesandten) nach Paris gelangt. Gisevius irrt also.

Als Niederschlag von Gesprächen in Ouchy läßt sich *vielleicht* eine Niederschrift in englischer Sprache auffassen, ohne Über- und Unterschrift, sechs Seiten Schreibmaschinenschrift, die sich in Goerdelers Nachlaß (aus London?) fand. Es handelt sich um eine Sammlung von Nachrichten über Deutschlands mangelnde Kriegsbereitschaft, die sich zum großen Teil als krasse Übertreibung darstellen. Die Rüstungsindustrie, heißt es, sei schon jetzt stark überbürdet, das Eisenbahnwesen dem Zusammenbruch nahe, die Ernährungsbasis im Schwinden, der Mangel an Treibstoff für die (angeblich übermotorisierte) Armee und die Luftwaffe katastrophal. Sogar von angeblichen Sabotageakten in der Flugwaffe ist die Rede, von der Absicht passiver Resistenz in gewissen Truppenteilen und der oppositionellen Haltung ganzer Aktivistengruppen unter Führung jüngerer Offiziere. Ein hoher Militär habe sich zu Hitler höchst pessimistisch über die Kriegsaussichten geäußert, „die höchste militärische Autorität" über die italienische Wehrmacht recht kritisch geurteilt. Von Hitler wird einerseits erzählt, er habe „vor vier Wochen" zu 500 jungen Offizieren gesprochen und seine Absicht verkündigt, demnächst einen Schlag gegen England zu führen, um das deutsche Weltreich noch zu seinen Lebzeiten gründen zu können, anderseits: er habe am 24. Januar dem Finanzminister Schwerin-Krosigk, der nach Schachts Abgang seinen Abschied forderte, auf Ehrenwort versichert, in den nächsten fünf Jahren gäbe es keinen Krieg. „Die Armee" sei fest überzeugt, daß Hitler nachgeben und vor einem „größeren Krieg" zurückschrecken würde. Von den Prager Ereignissen seien die Generäle selbst völlig überrascht worden. Sie hätten bisher nicht an ernste Einsatzbereitschaft der Westmächte glauben können und warteten nun mit Spannung darauf, ob den Staatsmännern des Westens jetzt endlich die Augen geöffnet wären. Sollte sich dies in einem neuen, entschiedenen Auftreten äußern, wie Abberufung der Gesandten, Abbruch aller persönlichen Kontakte und einer starken, deutlichen, aggressiven Sprache, so würde ein solcher „Fehlschlag" Hitlerischer Staatskunst „entscheidende Konsequenzen" haben. Was für Konsequenzen, wird aber nicht gesagt, und von einem Vorgehen der Westmächte gegen Italien ist auch keine Rede. Man hört nur, daß Mussolini allen Einfluß in Berlin verloren habe.

Die Niederschrift eröffnet also keine bestimmte politische Aussicht und stellt auch keine bestimmte politische Forderung. Obwohl einzelne der

Nachrichten auf G. zurückgehen werden (z. B. über v. Krosigks Abschiedsaudienz, die auch in den Mem. ähnlich geschildert wird), entspricht das Ganze doch nicht dem Stil G.scher Denkschriften, die immer eine bestimmte Forderung vertreten. Ich möchte auch nicht glauben, daß er so wenig durchgesiebte Nachrichten ins Ausland weiterzugeben wünschte. Von Hitlers Absichten auf Polen und die Ukraine ist mit keinem Wort die Rede, statt dessen nur einmal andeutungsweise von seinem angeblichen Hunger nach ungarischem Weizen und rumänischem Öl. Es kann sich also nicht um die von Gisevius vor dem IMT. (XII, 244) erwähnte, an Daladier gelangte Niederschrift handeln.

S. 226 [31] Die Anklagen gewisser neonazistischer Broschüren in Deutschland finden neuen Stoff in den Mitteilungen *Wheeler-Bennetts*, Nemesis, S. 437, über die Mission von J. Colvin.

S. 227 [32] Siehe Poln. Weißbuch (Les relations Polono-Allemandes et Polono-Soviétiques 1933—39, Paris 1940), Nr. 61/62. Die negative Entscheidung Becks (Nr. 62) erfolgt schon am 25. 3., also vier bzw. sechs Tage vor dem englischen Bündniserbieten. Auch *G. Bonnet* spricht in seinen Memoiren (deutsche Ausgabe S. 255) davon, daß Polen „in blindem Trotz in sein Verderben rannte", und berichtet von unglaublicher Verblendung der polnischen Militärs.

S. 227 [33] Sie hat sich bestätigt: am 23. 3. unterzeichnete die rumänische Regierung den gewünschten Vertrag.

S. 228 [34] DBFP. III, 4, Nr. 389 (17. 3.), Nr. 458 (21. 3.).

S. 229 [35] DBFP. III, 4, Nr. 465 (21. 3.), Nr. 479 und 485 (22. 3.), Nr. 529 (26. 3.), Nr. 538 (27. 3.), Nr. 558 und 564 (29. 3.). Es ist bemerkenswert, daß die Note vom 27. 3. mit dem britischen Angebot an Polen sich ausdrücklich darauf beruft, soeben sei klar geworden, daß die geplante Viermächteerklärung am Widerspruch Polens scheitern müsse.

S. 229 [36] *Wheeler-Bennett*, Nemesis, S. 437, auf Grund von Erzählungen Jan Colvins, der aber davon in seiner Canaris-Biographie (Chief of Intelligence 1951) nichts berichtet. Beck, Oster und Kleist-Schmenzin werden als deutsche Hintermänner Colvins genannt. Colvin habe Sir Alex. Cadogan, Halifax und Chamberlain gesprochen.

S. 229 [37] In der Unterhaltung mit Brauchitsch am 25. 3. hat Hitler ausdrücklich gesagt, er denke vorläufig nicht an eine gewaltsame Lösung der Danziger Frage, um Polen nicht in Englands Arme zu treiben (IMT. Band 38 Doc. R 100). Auch die Weisung für „Operation Weiß" vom 3. 4. (IMT. Doc 120 Band 34, 388 ff.) gilt nur dem Eventualfall.

S. 229 [38] Nicht Juni und Juli, wie *Wheeler-Bennett* 441 meint.

S. 230 [39] Derselbe Berichterstatter bemerkt noch, leider habe G. auch versäumt, zu einem Termin (Anfang Juni?) in Zürich zu erscheinen, zu dem dort ein wichtiges Treffen verabredet war. Es handelte sich um Herstellung einer Dauerverbindung zwischen England und der deutschen Militäropposition.

S. 230 [40] *Schlabrendorff* 2. Auflage 52 f. *Pechel*, Deutscher Widerstand 153. *Wheeler-Bennett* 442, der Trott und Moltke selbst gesprochen hat.

S. 230 [41] *Gisevius* II, 124.

S. 230 [42] IMT Doc. 120 C.

S. 231 [43] Vortreffliche Gesamtdarstellung bei *Alan Bullock*, Hitler. Deutsche Übersetzung 1953 Seite 493 ff.

S. 232 [44] So scheint sich (nach *Wheeler-Bennett* 442 f.) Moltke und Trott zu Solz geäußert zu haben. Für das Weitere vgl. *E. Kordt* 313 ff. 336. Leider gibt Kordt kein genaues Datum für seine eigene Aussprache mit Lord Vansittart an. Trotzdem liegt kein Grund vor, an der Richtigkeit des Kordtschen Berichtes zu zweifeln, nur daß Vansittart im Recht war zu sagen, er habe von den Kordts „nichts von Gewicht" erfahren; denn über Hitlers Annäherung an Moskau war man in London bereits anderweitig informiert, wie die DBFP. III, 5 zeigen. — Vansittarts Nürnberger Erklärungen 1948: Nr. G 5786 und 7586 A. — Erklärungen Halifax' 1948: Weizsäckers Verteidigung. Dok. 496/7.

S. 232 [45] DBFP. III, 6, S. 705—10, ferner Nr. 36, p. 43, Abs. 3. *Wheeler-Bennett* schließt sich natürlich dem ungerechten Urteil Vansittarts von 1948 völlig an!

S. 232 [46] Anlaß zu dieser Vermutung gibt mir der bei *E. Kordt* 380 ff. abgedruckte Brief Theo Kordts an Vansittart vom 16. 2. 40 und die ebd. Seite 362 publizierten Bemerkungen der Denkschrift vom Oktober 1939 über Polen.

S. 233 [47] 6. 5. 39. DBFP. III, 5 Nr. 377 Fußnote 2 p. 433.

S. 233 [48] *G. Bonnet* a. a. O. 214 ff.

S. 234 [49] Wie unsicher sich die britische Diplomatie selbst fühlte, ob sie den richtigen Weg eingeschlagen habe, zeigen überraschend deutlich die sehr merkwürdigen Unterhaltungen, die Chamberlain noch Ende Juni bis Anfang August durch Wilson mit dem deutschen Staatsrat Wohlthat und dem Botschafter von Dirksen führen ließ. Dirksen gegenüber ließ Wilson recht deutlich erkennen, wie froh man wäre, durch eine Entente mit Deutschland auf weltweiter Basis die lästige Verpflichtung den Polen gegenüber wieder loszuwerden. Vgl. Dokumente und Materialien aus der Vorgeschichte des Zweiten Weltkriegs, Band II: Das Archiv Dirksen. Moskau 1948, besonders S. 192 f.

S. 234 [50] Vgl. *Kordt* 305 f. Die Memoiren Weizsäckers machen den Eindruck, als habe er sich im Sommer 1939 allzu lange Illusionen gemacht über die Möglichkeit einer „Schwebelage" im Osten, die Hitlers Kriegspläne hinauszögern würde.

S. 234 [51] *G. Bonnet*, Vor der Katastrophe Seite 209 ff.

S. 234 [52] Vgl. Aussagen Jodls vor dem IMT, am 4. 6. 46 Band 15 Seite 385.

S. 235 [53] Halder vor der 10. Spruchkammer in München (15.—21. 9. 48), dazu die sehr fragwürdigen Spionage-Nachrichten des brit. Militärattachés DBFP. III, 7 Nr. 546, 551, 719, 725. Der in Nr. 551 als „Informant" vermutete „Major Ewald v. Kleist" war bestimmt nicht Kleist-Schmenzin, der reiner Zivilist war. War es nicht V. v. Koerber? (vgl. DBFP. III, 2 Nr. 595).

S. 235 [54] 24 Seiten Schreibmaschine.

S. 236 [55] *Thomas*, Gedanken und Ereignisse und „Die Opposition" (Aufzeichnungen von 1945). — *Gisevius* II, 132 ff. Den Vorwurf, den Gisevius hier gegen Halder und Brauchitsch erhebt, daß sie sich unzugänglich gezeigt hätten für die Argumentation Schachts (Berufung auf Art. 45 II der W. V.), kann ich nicht teilen. Diese formal-juristische Konstruktion war doch offenbar in dieser Lage und gegenüber diesem Reichstag (der übrigens am 1. Sept. zur Zustimmung einberufen wurde) ein allzu dürftiges Argument zur Begründung einer geschichtlich beispiellosen Meuterei. *Wheeler-Bennett* greift nicht nur auf Seite 439 diesen Vorwurf Gisevius' auf, sondern erhebt auch noch auf

Seite 448 schwerste Vorwürfe gegen die deutsche Generalität, weil sie widerspruchslos hingenommen habe, was Hitler (angeblich) in seiner großen Generalsansprache auf dem Berghof am 22. 8. über erbarmungslose Ausrottung des ganzen polnischen Volkes, „Mann, Weib und Kind", durch seine Totenkopfeinheiten gesagt haben soll. Er verschweigt, daß der Quellenwert des Berichtes, auf den sich diese Nachricht stützt (L 3), dem IMT so fragwürdig erschien, daß es ihn als Zeugnis ablehnte (IMT, Band 2 Seite 320 f.) und auch in seiner Dokumentensammlung nicht mehr abdrucken ließ. Seine Vorwürfe gehen also über das Urteil von Nürnberg noch erheblich hinaus. Generaloberst Halder, der jener Ansprache beiwohnte und s. Tagebuchaufzeichnung darüber noch besitzt, bestreitet ganz entschieden, daß die zitierten Äußerungen fielen — es wäre ja auch unbegreiflich gewesen, wenn Hitler die Torheit gehabt haben sollte, den Widerstand seiner Generalität, den er von einer Besprechung mit Führern der Wehrmachtsteile am 14. 8. genau kannte, durch derartige Brutalitäten erst vollends herauszufordern. Er hatte einen sehr sicheren Instinkt für das Echo seiner Hörerschaft. Nun sind nach der Generalsbesprechung vom 22. 8., die mit einem Mittagessen abschloß, schon während des Essens eine Menge (offenbar hinbestellter) Parteigrößen und SS-Führer auf dem Berghof erschienen. Höchstwahrscheinlich hat ihnen Hitler in anderer Form, und zwar in gesteigerter Kriegsstimmung, nochmals seine Kriegspläne vorgetragen; davon dürfte die Aufzeichnung L 3 berichten. Das würde auch ihren Gassenjargon, das begeisterte Herumtanzen Görings usw. erklären (schriftliche und mündliche Mitteilungen General Halders an den Verfasser). Nach dem Tagebuch Halders erfuhr die Heeresleitung nicht vor Ende September von der Idee einer polnischen „Flurbereinigung". Das Dokument L 3 hat der amerikanische Journalist *L. P. Lochner*, wie er mir brieflich mitteilt, seinerzeit durch Hermann Maaß von General Beck erhalten, der es seinerseits von einem ungenannten Offizier bekommen hatte als dessen Nachschrift. Nach DBFP. VII, Nr. 314, gab er es schon am 25. 8. an die brit. Botschaft in Berlin weiter, sicher im Sinne Becks. Die Überschrift habe von einer Rede „vor Militärs" gesprochen. Aber von wem stammte die Überschrift? Sie könnte irrig sein. Ich möchte annehmen, daß der betreffende „Offizier" (war es Wiedemann? oder ein Vertrauter von Canaris?) Gelegenheit hatte, an der Besprechung mit Parteiführern und SS-Offizieren teilzunehmen. *Zwei* Besprechungen mit „den Oberbefehlshabern" haben nach Ausweis des Tagebuchs von Halder am 22. 8. gar nicht stattgefunden. Über die Vormittagsbesprechung berichten sachlich im wesentlichen übereinstimmend die Dokumente PS 798 (wohl Schmundts Nachschrift) und Raeder 27 (genauere und bessere Niederschrift Generaladmiral Boehms). Beide Dokumente wissen nichts von Mordbefehlen. Dok. PS 1014, das sich als Protokoll einer „zweiten Ansprache Hitlers an die Oberbefehlshaber" bezeichnet, weiß auch nichts davon. Es spricht aber von „Herz verschließen gegen Mitleid" und „brutalem Vorgehen"; das könnte eine bewußte Verharmlosung des Inhalts von Dok. L 3 bedeuten. Mir dünkt es am wahrscheinlichsten, daß wir es hier mit einer abschwächenden Aufzeichnung einiger Gedanken der Nachmittagsansprache, vielleicht durch einen militärischen Adjutanten, zu tun haben; daher vielleicht auch die nachträgliche Einklammerung der bedenklichsten Sätze mit Rot? Die Überschrift ist aber in jedem Fall auch hier irreführend. Sie würde vollends unverständlich, wenn das Ganze zur Vormittagsbesprechung gehören sollte. *H. G. Seraphim* in der Festschrift für *H. Kraus* „Mensch und Staat in Recht und Geschichte“, 1945, 450 ff. macht den m. E. verfehlten Versuch, auch die Brauchbarkeit der beiden PS-Dokumente als historischer Quelle zu bestreiten und die Rede Hitlers zu verharmlosen. Auch die von *H. Krausnick* (Beilage zu „Das Parlament“ vom 16. 11. 55, S. 706, Nr. 557 versuchte Deutung des Dokuments L 3 als Fäischung des Amtes Canaris, um durch Übertreibung die Briten aufzustacheln, scheint mir unmöglich. Feldmarschall Bocks sehr später Bericht (bei *Schlabrendorff* 58) ist in seinem Quellenwert zweifelhaft, redet aber auch nur von Maßnahmen der Partei *nach* dem Krieg.

S. 237 [56] DBFP. III, vol. 7, Nr. 581. *U. v. Hassell*, Vom anderen Deutschland. 81 ff. Ebd. 77: Notiz über G.s Reise nach Schweden. Vgl. ferner *E. Kordt* 337 f. über Verhandlungen, die Theo Kordt am Abend des 31. 8. mit Vansittart über das Ribbentropsche Programm der 16 Punkte hatte und in die die Radionachricht hineinplatzte, es sei schon überholt.

S. 237 [57] Briefliche Auskunft seines Partners an den Verfasser. — Nach G.s Aussage vor der Gestapo (die mir in Stockholm mündlich bestätigt wurde) suchte er ausländischen Besitz der Firma Bosch durch Abtretung an eine Bank vor der Beschlagnahme als Feindvermögen zu retten. Eine zweite Reise zu demselben Zweck fand nach *Hassell* 95/98 Ende Oktober statt.

ZWÖLFTES KAPITEL
LETZTE VERSUCHE ZUR LÖSCHUNG DES WELTBRANDES

S. 239 [1] Jodl hat vor dem IMT. (XV, 385) berechnet, daß während des Polenfeldzuges nur 23 deutsche Divisionen einer Übermacht von 110 englischen und französischen gegenüberstanden. Nach *K. von Tippelskirch*, Geschichte des Zweiten Weltkriegs (1951) Seite 7 besaß Deutschland im Herbst 1939 überhaupt nur 52 Divisionen. Im Westen standen auf einer Front von insgesamt 650 km Länge 8 aktive und 23 zum Teil noch nicht mobilisierte Reserve- und Landwehrdivisionen. Der Westwall war immer noch nicht ganz fertig und keineswegs unüberwindlich. Kampfwagen fehlten im Westen gänzlich.

S. 239 [2] 2. Auflage 87 ff.

S. 240 [3] IMT. Dokument L 52 (Band 37 Seite 466 ff.). Hitler zweifelt nicht an der Notwendigkeit, eines Tages den Kampf mit den Westmächten „einmal durchzustehen“, hält seine sofortige Durchführung für dringlich, ehe die englische Aufrüstung weiter fortgeschritten ist und solange Rußland noch Zuschauer bleibt, hat aber auch gegen eine Beendigung des Krieges „nichts einzuwenden“, sofern er alle deutschen Erfolge sichert. Dieses Memorandum las Hitler am 10. Okt. den Spitzen der Wehrmacht vor (Halders Tagebuch, zitiert bei *Wheeler-Bennett* 464); abends erneuerte er aber in seiner Sportpalastrede die Versicherung seiner Friedensbereitschaft.

S. 241 [4] *Von Hassell* 2. Auflage 89 ff. (11. Okt.) Ein sehr merkwürdiges Zeugnis für Hassells Bemühung, möglichst enge Fühlung mit Göring zu halten, sind die beiden Briefe von 1937/38, die in dem Buch „Aus Görings Schreibtisch, ein Dokumentenfund“, hg. v. *F. R. Emessen*, Berlin 1947, S. 32 u. 71 veröffentlicht sind. 1938 gratulierte er ihm zu seinem Anteil an der Überwältigung Österreichs und suchte ihn einzuspannen für sein Bemühen um Weiterverwendung im diplomatischen Dienst, erhielt jedoch, wie es scheint, nicht die nachgesuchte Audienz. Der Kunstankauf von 1937, den er als Botschafter vermittelte, wurde indessen für die staatlichen Museen vorgenommen und erst nachträglich, zu H.s Empörung, durch Göring zu Privatzwecken entführt (briefl. Nachweis durch Frau Ilse v. Hassell). – Zur politischen Haltung von Popitz erfahre ich durch dessen Tochter, daß er zu Oster „sehr alte Beziehungen hatte“, im Herbst 1938 mit Oberstlt. Heinz in Verbindung stand und an den damaligen Umsturzplänen irgendwie mitbeteiligt war, übrigens schon das Aufkommen des Nationalsozialismus mit großer Sorge verfolgt und seine zeitweilige Hoffnung, in seiner amtlichen Stellung und durch Einwirken auf Göring manche Schäden verhindern zu können, relativ früh begraben hatte.

S. 242 [5] *E. Kordt* 367 ff., dazu Faksimile der Abschrift Ph. Convell Evans' im Anhang, mit nicht ganz fehlerfreier Entzifferung. Der Sachverhalt wurde zuerst von dem englischen Historiker *L. Namier* in einer Besprechung des Kordtschen Buches aufgedeckt, die jetzt in s. Essay-Sammlung In the Nazi Era (1952) p. 84 ff. wieder abgedruckt ist. — Übrigens hatte schon die Rundfunkansprache Chamberlains am 4. 9. dem deutschen Volk ausdrücklich versichert, die Feindschaft Englands gelte nicht ihm, sondern ausschließlich seinem Tyrannen.

S. 242 [6] Vermutlich gehört noch in den Zusammenhang dieser Friedensbemühungen, was der Botschafter von Bülow-Schwante (Brüssel) im Wilhelmstraßenprozeß berichtet hat: Ende Oktober 1939 habe ihm G. eine Information Weizsäckers mündlich übermittelt, er möge versuchen, ein Friedensgespräch mit belgischer Vermittlung zustande zu bringen. Das soll dann zu dem bekannten belgisch-holländischen Vermittlungsangebot vom 7. 11. 39 geführt haben: Dok. 1727 NG. Fall 11, Protokoll 9872 ff. (s. *Kosthorst*, zitiert in Anmerkung 12). Vgl. auch unten Anmerkung 69.

S. 243 [7] IMT. Dok. Schacht 27 Band 41 Seite 256 ff. Dazu *Gisevius* II, 150 und IMT. XII, 249 ff. Darnach hat Gisevius an dem Brief mitgearbeitet und ihn in die Schweiz geschmuggelt.

S. 243 [8] *Cordell Hull*, Memoirs (1948) vol. I, 710 ff. 237 (Mißtrauen gegen Schachts politische Gesamthaltung). — Vgl. auch *Hassell* 93 (betr. Bemühungen Görings), 100 (betr. Gisevius). Über ältere Bemühungen Schachts (vor Januar 1937), den Präsidenten Roosevelt zu einer Vermittlungsaktion zu bewegen, vgl. *Hull* I, 546 f.

S. 245 [9] *Hassell* 95 ff. 98 f.

S. 245 [10] Aussage Huppenkothens in München, Schwurgerichtsprozeß Febr. 1951.

S. 245 [11] Vgl. die ausführliche Charakteristik von Prof. E. Weniger, der in Paris 1942—44 zu seinem Stabe gehörte: Die Sammlung 4. Jahrgang 1949, 475—492.

S. 246 [12] Aussagen Halders vor der Münchener Spruchkammer. — Über Leeb: s. die ungedr. Münsterer Diss. von *E. Kosthorst*, Die deutsche Opposition gegen Hitler zwischen Polen- und Frankreich-Feldzug (1953). Kosthorst stützt sich vor allem auf Halders Tagebücher und mündliche Mitteilungen, dazu auf die Dokumente und Protokolle des OKW-Prozesses u. a. Nürnberger Prozesse. S. Aussagen Leebs, Halders und v. Sodensterns im OKW-Prozeß (Fall 12) Protokoll 1874 ff., 2253 ff., 2284–90, 2482, 2510, 3873. Dok. N OKW 3433 = Leeb Dok. Nr. 39 a (Denkschrift vom 11. 10. 39), Nr. 33 (Brief an Brauchitsch vom 31. 10. 39); Rundstedts Denkschrift N OKW 511, 5. – v. Bock und v. Rundstedt haben zwar ebenfalls gegen den Angriff im Westen schriftliche Bedenken erhoben, den von Leeb vorgeschlagenen Schritt indessen abgelehnt. Leeb hat später auf aktive Opposition, als aussichtslos, verzichtet.

S. 246 [13] Es ist sehr auffallend, daß Gisevius noch an demselben 2. November, an dessen Nachmittag er von Halders Putschplänen erfuhr (s. Buch II 154), sich zu Hassell ganz pessimistisch äußerte und für Schachts Reise nach USA einsetzte. Ähnlich skeptisch war Beck noch am 31. 10.: *Hassell* 99 f. Demnach müssen die (sogleich unten im Text behandelten) Vorbereitungen im Generalstab für einen Gewaltstreich (seit Mitte Oktober) nicht nur ganz unabhängig von der Gruppe Beck-Oster-Gisevius, sondern zunächst auch ohne ihre Mitkenntnis erfolgt sein, während sie der Oppositionsgruppe im Auswärtigen Amt durch Etzdorf (und sogar durch ein Telefonat Halders mit Weizsäcker?) längst bekannt waren. G. hatte wohl schon vor dem 29. 10. etwas davon erfahren, als er Hassell nach Berlin zu kommen bat.

S. 246 [14] Näheres bei Kordt 340 f.

S. 246 [15] Zeugenaussage von Etzdorfs im Weizsäcker-Prozeß (Exhibit 209, Weizs. Doc. 140) vom 5. 4. 48, mir in Washington vorgelegt. Teilweise bestätigt durch *Kordt* 356; dazu ergänzend Halders Aussagen vor der Spruchkammer München. *Wheeler-Bennett* 458 berichtet, daß der englische Militärattaché Major Strong schon vor Kriegsausbruch durch einen deutschen Generalstabsoffizier von Mordplänen erfahren habe, die im Kriegsministerium gegen Hitler geschmiedet wurden.

S. 247 [16] *Kordt* 359 ff.

S. 247 [17] Halder erinnert sich nicht daran (*Kosthorst* a. a. O.).

S. 247 [18] *Gisevius* II, 154.

S. 248 [19] Nach den Aussagen verschiedener Zeugen im Huppenkothen-Prozeß Febr. 1951 war er verantwortlich dafür, daß die Geheimpapiere der Gruppe Oster-Canaris nicht sogleich vernichtet wurden. Als sie am 22. 9. 44 der Gestapo in einem Zossener Panzerschrank in die Hände fielen, war diese ganze Gruppe verloren. Nach einer Aufzeichnung seiner Gattin hat Dohnanyi indessen nach seiner Verhaftung immer wieder (in geheimen Weisungen aus der Haft) auf Vernichtung der gefährlichen Dokumente gedrängt – vergeblich, weil Beck („im Interesse der Historie“) auf ihrer Erhaltung bestand.

S. 248 [20] *Gisevius* II, 154. Über die erste Aktion Müller in Rom Oktober 39 (von der weder Hassell noch Thomas noch Kordt berichten) machte Huppenkothen (s. Anmerkung 23!) aus den Zossener Papieren folgende Angaben: nach einem Aktenvermerk vom 18. Okt. war Dr. Müller soeben aus Rom zurückgekommen und meldete, Pater Leiber, der Privatsekretär des Papstes, habe ihm gesagt, der Papst sehe die Möglichkeit, einen für Deutschland günstigen Frieden mit den Westmächten auszuhandeln, sobald eine verhandlungsfähige Regierung in Deutschland da sei, d. h. eine Regierung ohne

Hitler, und sofern ein Angriff im Westen unterbleibe. Einzelne Angaben über die Tätigkeit Dr. Müllers verdanke ich dessen mündlichen Mitteilungen und dem Kreise von früheren Offizieren der Abwehr, der in München (im Rahmen einer „Europäischen Publikation") Fragen der militärischen Opposition gegen Hitler bearbeitet. Weitere Mitteilungen finden sich in der oben genannten Diss. von *Kosthorst*, dem eine der an der römischen Aktion beteiligten Persönlichkeiten, die nicht genannt sein will, nähere Angaben gemacht hat.

S. 248 [21] Die Angaben von *Gisevius* II, 154 f. über eine Aussprache Halders mit Thomas und Oster können schon deshalb nicht stimmen, weil nach Ausweis des Halderschen Tagebuches der Generalstabschef zusammen mit Brauchitsch am 2. und 3. Nov. auf einer Frontreise zur Heeresgruppe B und A war. Er hat Thomas erst am 4. 11., 15.30 Uhr, zu einer dienstlichen Besprechung empfangen, bei der es am Schluß auch zu einer kurzen politischen Aussprache gekommen sein könnte — aber bestimmt nicht über Attentatspläne, wie sie Gisevius meldet. Allenfalls denkbar wäre, daß am 2. 11. Thomas und Oster mit Halders Stellvertreter Stülpnagel gesprochen hätten, der dem Attentatsgedanken weniger fern stand als sein Chef. Einen Empfang Osters hat Halder (wie er mir schreibt) stets vermieden; er hielt ihn für abenteuerlich und sehr unvorsichtig, hatte ja auch keine dienstliche Verbindung mit ihm. Oster scheint demnach nur mit Stülpnagel verhandelt zu haben.

S. 248 [22] Über Protestschreiben G.s, Mackensens und Becks an Brauchitsch und Halder berichten die Mem. Halder erfuhr (nach s. Tagebuch) durch Vortrag seines Quartiermeisters Wagner am 18. 10. von Hitlers Vernichtungsabsichten gegen die polnische Intelligenz; dieser war durch Keitel entsprechend instruiert, vgl. das grauenhafte Dokument 864 P S in IMT. Band 26, Seite 377 ff.

S. 248 [23] General Thomas: Aufzeichnungen „Die Opposition" (November 1945) sowie „Gedanken und Ereignisse" (20. 7. 45). Näheres über die Pläne des Osterschen Kreises fand sich in dem am 22. 9. 44 von der Gestapo in einem Zossener Panzerschrank aufgefundenen Aktenbündel, über das Huppenkothen, damals Sachbearbeiter dieses Fundes im Reichssicherheitshauptamt, in s. Prozeß vor dem Münchner Schwurgericht am 5. 2. 51 berichtete. Seine Angaben können in ihrer Zuverlässigkeit natürlich angefochten werden. Sie sind anscheinend nach bloßen Notizen, z. T. aus dem Gedächtnis gemacht, geben keine genauen Datierungen und lassen das gegenseitige Verhältnis der zitierten Aktenstücke im unklaren; trotzdem haben sie viel innere Wahrscheinlichkeit. Ich entnehme daraus das Folgende: außer Hitler sollen auch Göring, Himmler, Ribbentrop und Heydrich ausgeschaltet werden. Es ist auch wieder daran gedacht, Hitler für geisteskrank zu erklären. Es soll proklamiert werden, eine verbrecherische Clique von Parteigrößen habe einen Staatsstreich geplant, die Wehrmacht im letzten Augenblick zugegriffen, Göring, Himmler und andere verhaftet, wichtiges Aktenmaterial beschlagnahmt, aus dem sich u. a. ergebe, daß Göring auf Reichskosten sich um Millionenbeträge bereichert, viele Deutsche ohne Rechtsgrund festgesetzt habe usw. Umstellung des Regierungsviertels „im Morgengrauen" durch Militär (Potsdamer Regiment 9, Panzerregiment Sagan, 3. Artillerie-

Regiment Frankfurt a/Oder), Besetzung aller Schlüsselpositionen (Post, Telegraph, Rundfunk, Flugplätze, Polizeileitstellen). Beck soll an die Spitze eines Reichsdirektoriums treten und den Oberbefehl über das Heer übernehmen. Verhaftung aller Parteibonzen bis zum Kreisleiter. Standgerichte. Verheißung baldiger Reichstagswahlen. Einleitung von Waffenstillstands- und Friedensverhandlungen, sofortige Aufhebung der Verdunkelungsmaßnahmen. Von Offizieren, auf deren Mithilfe man rechnete, werden Witzleben, Olbricht, Hoepner genannt; vielleicht kämen auch Reichenau, Falkenhausen und Geyr von Schweppenburg in Betracht: weiter Liedig (Marine) und Heinz; als bürgerliche Mitverschworene Goerdeler, Helldorff, Gauleiter Wagner, Hassell; Schacht ist noch nicht eingeweiht. Auffallend ist, daß die Ausschaltung Görings in diesen Plänen eine so große Rolle spielt, obwohl man doch aus Hassells Tagebüchern sieht, daß nicht nur Popitz, sondern auch G. und Hassell noch lange die Hoffnung nicht ganz aufgaben, ihn für die Friedenserhaltung einsetzen zu können, und obwohl selbst Dohnanyi (nach Huppenkothens Bericht) eine „Kerenski-Lösung" mit Hilfe Görings und Reichenaus erwogen haben soll.

S. 248 [24] Ich vermute, daß man dies im Generalstab 1939 deshalb selbst unternahm, weil 1938 Witzlebens Vorbereitungen schwer enttäuscht hatten. Nach Mitteilung Halders (an *Kosthorst* a. a. O.) standen zwei Panzerdivisionen östlich der Elbe zur Verfügung des OKH.

S. 248 [25] Am 5. 11. will ihn *Gisevius* (II, 154) in Berlin gesprochen haben. *Sven Hedin*: Ohne Auftrag in Berlin (1950) S. 68 berichtet von einer Unterredung mit G. am 3. 11. in Stockholm, die drei Stunden dauerte und zeigte, daß G. noch immer große Hoffnungen auf Görings Friedensliebe setzte, ähnlich wie Popitz, obwohl er doch von den Zossener Plänen damals schon einiges erfahren haben muß.

S. 249 [26] *Gisevius* II, 156 berichtet, Halder und Brauchitsch wären am 4. 11. zu den O.-Befehlshabern der Heerestruppen im Westen geflogen, um diese zum Widerstand gegen Hitlers Angriffsbefehl aufzufordern. Richtig ist daran nur (s. o.!), daß beide am 2. und 3. 11. bei den Heeresgruppen B und A waren. Die dienstlichen Besprechungen dienten u. a. dem Zweck, Material für den am 5. 11. angesetzten Vortrag Brauchitschs bei Hitler zu sammeln. Sie konnten berichten, daß keiner der Gruppenkommandeure jetzt einen Großangriff im Westen für aussichtsreich hielt. Nach *Gisevius* 164 hätte dabei Brauchitsch dem General Witzleben von seiner Befürchtung gesprochen, die Gestapo „sei hinter ihm her".

S. 249 [27] Ausführlicher Bericht bei *Wheeler-Bennett* 471, nach den Nürnberger Aussagen Brauchitschs (IMT. XX, 628) und Halders.

S. 250 [28] Auch Hammerstein warnte davor: *Hassell* 299 (28. 3. 44). Hammerstein hat im September 1939 geplant, als Armeeführer Hitler in sein Kölner Hauptquartier einzuladen und dort festzunehmen. Davon berichtete *Schlabrendorff* an den englischen Diplomaten Ogilvie-Forbes, vgl. s. Buch Seite 56, dazu *Wheeler-Bennett* 458. Aber wäre das nicht erst recht ein „Kapp-Putsch" geworden?

S. 250 [29] Generaloberst Halder versichert mir, daß er das Attentat nur als höchst unerwünschte äußerste „Notlösung" betrachtet habe, 1939 ebenso wie 1938.

Als ihn Großcurth mit Attentatsvorschlägen bedrängte unter Hinweis auf die Haltung des Kreises um Oster, habe er in einem Ausbruch von Ärger wohl einmal geäußert: wenn man denn in der „Abwehr" durchaus ein Attentat haben wolle, so möge der Admiral doch selbst dafür sorgen! Das wurde dann von Großcurth, einem fanatischen Draufgänger, offenbar in der von *Gisevius* II 159 wiedergegebenen Form an Canaris (der selbst Attentatsgegner war) überbracht.

S. 250 [30] *Kordt* 370 ff. Kordt spricht davon mit einer menschlich sympathischen Zurückhaltung.

S. 250 [31] Besondere Schwierigkeiten machte die Beschaffung eines geeigneten Zeitzünders Schweizer Fabrikats. *Abshagen*, Canaris 237.

S. 250 [32] *Wheeler-Bennett* 482 ff. bringt sehr interessante Mitteilungen des in Venlo am 9. 11. durch Kidnapping gefangenen britischen Captains S. Payne Best, der mit dem Attentäter Elser im KZ Sachsenhausen zusammen war, aus *Bests* Schrift: Venlo incident (London 1950, mir nciht zugänglich). Sorgsame Erkundungen, die Graf Schwerin-Krosigk bei Beamten des Zollgrenzschutzes Konstanz einzog und mir mitteilte, machen es sehr wahrscheinlich, daß Elser Kommunist war und irgendwie im Dienst ausländischer Spionage stand. Das dürfte aber seine Verwendung im Dienst himmlerscher Organe noch nicht ausschließen, vgl. die seltsam zwielichtige Rolle, die der holländische Landstreicher v. d. Lubbe beim Reichstagsbrand 1933 gespielt hat.

S. 251 [33] Ende Dezember haben dann Oster und G. reichlich phantastisch wirkende Pläne ausgeheckt. Witzleben sollte mit einigen Divisionen „auf dem Wege von Westen nach Osten" in Berlin angehalten werden, um dort einen „legalen" Staatsstreich auszuführen und die SS „auszuheben". Er erwies sich sofort als unausführbar. *Hassell* 113, 119. Nach Halder (Mitt. an *Kosthorst* a. a. O.) waren die zwei bisher vom OKH zurückgehaltenen Panzerdivisionen Ende Dezember schon nach Westen abgerollt; eine Truppenverschiebung im Sinne Witzlebens war praktisch undurchführbar.

S. 252 [34] Nach *Gisevius* II 172 hätte er sogar den Vorschlag Gisevius', das Münchener Attentat zu einem Putsch gegen die Gestapo auszunützen, ernstlich überlegt und Brauchitsch vorgelegt. Osters Unvorsichtigkeit bestand darin, daß er bei einer Heeresgruppe (vermutlich C) einen „Aufruf" Becks offen liegen ließ (Mitt. Halders bei *Kosthorst*). Danach ist die von *Gisevius* II 163 ff. gegebene Schilderung der Frontreise Osters zu berichtigen. Die vorsichtige Zurückhaltung v. Sodensterns, von der er Seite 163 spricht, findet so eine natürliche Erklärung.

S. 252 [35] Diese Unsicherheit wurde (wie es scheint) noch verstärkt durch den unheilvollen Einfluß seiner sehr ehrgeizigen zweiten Frau.

S. 255 [36] IMT. Dok. 789 P S in Band 26 Seite 327 ff.

S. 255 [37] Aussage Halders vor der Münchner Spruchkammer, auch für das Folgende. Dazu *Peter Bor* Gespräche mit Halder (1950) Seite 125 f.

S. 255 [38] Von solchen „wochenlangen" Frontreisen Stülpnagels hat Halder vor der Münchner Spruchkammer gesprochen, auch im OKW-Prozeß von Frontreisen, die anscheinend *nach* dem 23. 11. stattfanden (Prot. 1873). *Kosthorst* a. a. O. weiß nur von einer Reise Stülpnagels zu den drei westlichen Heeresgruppen, die am 29. 10. endete. (Halders Tagebuch-Eintrag.) Mir ist aber zweifelhaft, ob es schon damals um Staatsstreichpläne ging; daß Stülpnagel schon damals ein negatives Ergebnis heimbrachte, besagt die Tagebuchnotiz nicht; wichtig ist, daß nach Mitteilungen Halders und General Röhrichts (ebd.) auch der Oberbefehlshaber des Ersatzheeres Fromm Anfang November um Mitwirkung bei einem Staatsstreich gebeten wurde, wie schon 1938, und daß er auch diesmal sich versagte. — Nach alledem war Becks Angebot vom November an Brauchitsch, seinerseits den Oberbefehl zu übernehmen, falls Bock, Leeb und Rundstedt sich nicht widersetzten (*Hassell* 107, *Gisevius* II, 163), praktisch gegenstandslos.

S. 255 [39] *Thomas*, Die Opposition (27. 11.).

S. 255 [40] Am 16. 1. 40, s. *Schlabrendorff* 61. Das Datum steht (nach Halder) nicht ganz fest. Es könnte auch Anfang Januar gewesen sein. Das Gespräch vollzog sich in stundenlangem Herumwandern im Freien bei bitterer Kälte. Es endete mit einem ziemlich schroffen Bruch zwischen beiden Männern, s. darüber weiter unten!

S. 256 [41] Graf *Gal. Ciano*, Tagebücher 1939—1943 (2. Auflage 1947), Seite 168 (20. 11. 39), Seite 179 (26. 12. 39). Brief Mussolinis an Hitler 3. 1. 40, Hitler e Mussolini Seite 33 ff.

S. 256 [42] Halder vor der Münchner Spruchkammer u. s. Tagebucheintrag vom 12. 2. 40, der auf Informationen im Auswärtigen Amt zurückzugehen scheint und nähere Angaben über die Absichten Welles' enthält. Dazu *Hassell* 113, 132 ff. Darnach hat G. an Popitz berichtet, Göring habe über den Prinzregenten Paul von Jugoslawien Friedensfühler ausgestreckt (Dezember 39). Der Bericht von *Sumner Welles*: Jetzt oder nie! (The Time for Decision) 1944 Seite 93—172, während des Krieges geschrieben, verschweigt manches, vor allem die Unterredung mit Schacht. Interessant ist aber 1. daß Welles nach Seite 133 in Berlin von dem italienischen und belgischen Botschafter hörte, es gäbe jetzt keinen ernsthaften Widerstand der Generäle gegen Hitler mehr; 2. daß nach Seite 138 Göring einen ganz ähnlichen Friedensplan entwickelt hat wie damals die Verschwörer: Wiederherstellung Polens, ohne die von Deutschen bewohnten Landesteile, aber Zugang Polens zum Meer, dauernde Entwaffnung der Tschechei, Verzicht Deutschlands auf Elsaß-Lothringen; — 3. daß S. Welles zu Schacht gesagt haben soll, „ein Zerschlagen des deutschen Volksgebietes sei keinesfalls im Sinn der USA". *Hassell* 135. Schacht war (nach Hassell) von Hitler instruiert und offenbar glücklich darüber, daß man ihn wieder in die Politik einschaltete. Brieflich (an den Verf.) bestreitet er beides. Über die Haltung von *Cordell Hull* s. dessen Memoirs I 737.

S. 258 [43] Diese Denkschrift Riezler-Simons ist es wohl, die *H. Rothfels* vorgelegen hat, der darüber Seite 161 ff. ausführlich berichtet und sich im übrigen auf Mitteilungen von Felix Morley, Herausgeber der Washington Post, bzw. auf einen Artikel von Alexander B. Maley in Human Events 27. 2. 46 stützt. Diese Darstellung ist jetzt nach *Wheeler-Bennett* 486 ff. zu ergänzen und zu berichtigen (auf Grund nicht näher bezeichneter Quellen). Darnach hätte Brüning eine Beteiligung an dem Vorhaben Riezlers abgelehnt.

S. 258 [44] *Hassell* 122 (13. 2. 40). Reisen G.s nach Schweden: ebd. 77 (26. 8.) 98 (1. 11.) 106 (6. 12.).

S. 258 [45] *Hassell* 113, 134. Gespräch G.s mit Sumner Welles: mündliche Mitteilung des Frh. v. Palombini an d. Verf. Unter den Nachlaßpapieren befindet sich ein längerer eigenhändiger Brief Dr. Schairers an Mr. Frank Ashton-Gwatkin, enthaltend Some ideas that came to me during and after my talks in Switzerland u. d. T. Germany as seen by observers at end of 1939. Sie dürften auf Unterhaltungen mit G. zurückgehen, enthalten aber nur Gerüchte, Stimmungsbilder und Vorschläge zur Verbesserung der britischen Rundfunkpropaganda ohne eigentliches historisches Interesse. – Über den Besuch G.s beim König von Belgien im März 40 berichten die Mem., dieser habe ihn um Rat „beschworen", wie er dem Krieg entgehen könne.

S. 258 [46] Mündliche Mitteilungen des Prof. Siegmund-Schultze 1953 an den Verfasser. Es sei ihm ein englisches Flugzeug dafür angeboten worden.

S. 259 [47] Die brieflichen Mitteilungen dieses Mittelsmannes an mich wurden mir von Dr. Josef Wirth inhaltlich voll bestätigt (mündliche Aussprache). Dr. Wirth besitzt noch heute das Konzept seines Briefes an Chamberlain. Von dem gleich zu erwähnenden Umdruck der Rede Chamberlains erhielt ich eine Fotokopie. Es handelt sich um ein mechanisch vervielfältigtes Schreibmaschinenmanuskript mit folgender Überschrift: „Not for Publication in any form before delivery at 3 p. m. today, Saturday 24 th. February 1940. Prime Ministers Speech at Birmingham 24 th February 1940." Also offenbar ein Rotationsabzug für die Presse. — *Dulles* 59 datiert die ganze Aktion irrig erst auf April und weiß offenbar nichts Näheres von der britischen Antwort.

S. 260 [48] Dasselbe Mißtrauen zeigt sich in der Forderung, die Convell Evans an Theo Kordt nach Bern überbrachte.

S. 260 [49] Daß diese Mitteilung erfolgte, ist mir von verschiedenen Zeugen mit aller Bestimmtheit versichert worden. Dr. Geßler bestreitet es und schreibt mir, er wisse von dem ganzen Vorgang nichts; ein Irrtum sei ausgeschlossen. Diesen Widerspruch vermag ich nicht aufzulösen. Die Sache wird um so rätselhafter, als *Hassell*, S. 141, 145 berichtet, daß ihm Geßler am 22. 3. 40 genau dieselben Mitteilungen aus England angedeutet habe, die er selbst bald darauf in Arosa erfuhr (siehe unten); auch er habe sie in der Schweiz erhalten. Geßler scheint sich aber mit sehr dunkeln Andeutungen begnügt zu haben, da Hassell mit seinen Freunden noch Anfang April darüber rätselte, ob etwa Geßler von der Aktion Josef Müller (siehe unten) erfahren habe.

S. 261 [50] *E. Kordt*, S. 381. Treffen T. Kordts mit Convell Evans am 18. 12. 39, 27. 1. 40 und 16. 2. 40. Brief an Vansittart, 16. 2. 40. Er bezieht sich auf die uns schon bekannte Sendung von Philip Convell Evans vom Oktober 39 (Auskunft Dr. E. Kordts). Das Bemühen Theo Kordts, seinen britischen Partner auf einen Umsturz nach Beginn der Westoffensive zu vertrösten, klingt ebensowenig überzeugend wie seine Hoffnung, England werde in jedem Fall einen förmlichen Vernichtungskrieg gegen Deutschland im Interesse Europas vermeiden. Nähere Mitteilungen zu der Berner Aussprache brachte der sogenannte Wilhelmstraßenprozeß (Fall 11), Protok. 12154 ff., 12242 ff., Dok. d. Verteid. 433, Weizsäcker Exh. 338.

S. 261 [51] *Hassell*, S. 126 ff. Späteres Treffen: ebenda S. 141, 146. *J. Lonsdale Bryans*, Blind Victory (Secret Communications, Halifax-Hassell) 1951. Auszug daraus: Vjschr. f. Zeitgesch., Oktober 1953.

S. 262 [52] Im Entwurf einer Regierungserklärung, die Hassell im Januar oder Februar 1940 nach Rücksprache mit Beck, Goerdeler und Popitz für den Fall einer Regimeänderung vor dem Einmarsch in Belgien aufgesetzt hat (Tagebuch, S. 372 ff.), heißt es gleich im ersten Satz: „Die deutsche Regierung ist entschlossen, den Krieg, in den Europa unglücklicherweise gestürzt worden ist, mit aller Kraft weiterzuführen, bis ein Friede gesichert ist, der den Bestand, die Unabhängigkeit, die Lebensbetätigung und die Sicherheit des deutschen Reiches und Volkes gewährleistet und gegenüber Polen im wesentlichen die alten Reichsgrenzen wiederherstellt."

S. 262 [53] Pirzio-Biroli gab in einem für Halifax bestimmten Bericht (*Bryans*, a.a.O., App. A, S. 168) noch an, die deutsche Opposition fordere nicht die deutschen Kolonien zurück, dächte aber an Diskussion des Kolonialproblems im Fall einer allgemeinen Friedenskonferenz.

S. 262 [54] *Bryans*, a. a. O., S. 65. Merkwürdig, aber bezeichnend für diesen Amateurdiplomaten ist, daß er trotzdem glaubte (und offenbar bis heute glaubt), der Staatsstreich in Berlin wäre unfehlbar erfolgt, wenn die britische Diplomatie die verlangten Zusagen gegeben hätte.

S. 264 [55] Briefliche Mitteilung des Generals a. D. Bogatsch an den Verf. in Wiedergabe der Forschungsergebnisse eines Dr. J. Müller nahestehenden Offizierskreises. Danach ließ sich keine Bestätigung finden für die angebliche Zusage der „Grenzen von 1914".

S. 264 [56] Auch davon hat Gen. Halder nichts gelesen.

S. 265 [57] Quellen: Aussage Dr. Josef Müllers in den beiden Huppenkothenprozessen, 9. 2. 51 und 14. 10. 52 (sehr spärlich). Einige ergänzende Mitteilungen in einem Rundfunkvortrag, abgedruckt bei *G. Weisenborn*, Der lautlose Aufstand, S. 241/42. Diss. *Kosthorst*, a. a. O. Aussagen Huppenkothens in den genannten Prozessen. General Thomas: „Die Opposition" und „Gedanken und Ereignisse". Aussage Halders vor der Münchner Spruchkammer und mündliche Aussprache mit dem Verf. Berichte Kaltenbrunners an Bormann, 29. 11. 1944. — *Hassell*, S. 138 f., 144 f. Wenn Thomas schreibt, für das neuzubildende Kabinett sei die Persönlichkeit Görings als tragbar bezeichnet worden, so widerspricht das den Mitteilungen von Ouchy (siehen oben) und ist sachlich unwahrscheinlich. Der bekannte Kieselbericht (Norddeutsche Hefte 1947, Heft 1—2) gibt hier, wie auch sonst, nur sehr ungenaue Daten aus der Erinnerung. Danach wäre sogar das Verbleiben Hitlers unter gewissen Umständen als tragbar bezeichnet worden (? !). — Nach persönlicher Mitteilung des Verlagsbuchhändlers Herrn Georgi in Berlin (Schwiegersohn Olbrichts) stellt dieser Bericht die verstümmelte bzw. verkürzte Fassung eines aus russischer Hand stammenden Vernehmungsprotokolls dar. Herr Georgi hat die ausführliche, ursprüngliche Fassung der Spruchkammer Marburg im Juni 1948 aus Anlaß einer Verhandlung betreffend Oberst Franz Herber übergeben. Meine Versuche, sie noch aufzutreiben, sind leider gescheitert, trotz bereitwilliger Unterstützung durch die Behörden. Die Angaben von Thomas und Kiesel dürften sich aber so erklären, daß nach Angabe Halders (bei Kosthorst) die ihm vorgelegte Form des Berichts von „Entmachtung Hitlers und *womöglich* auch des nationalsozialistischen Regimes" gesprochen hat. Die (oben von mir als richtig unterstellte) Angabe

Huppenkothens über die Grenzabmachungen lautet: „Verbleiben Österreichs und des Sudetenlands beim Reich, also Grenze von 1938 vor Einmarsch in Prag, Revision der Grenzen unter Einbeziehung der volksdeutschen Bevölkerung in den Grenzgebieten, Klarstellung der wirtschaftlichen Stellung Deutschlands in Europa." Dazu steht nicht in Widerspruch, wenn der ungenannte Gewährsmann Kosthorsts versichert, es seien nicht die „alten Reichsgrenzen" in Ost *und West* zugesichert worden, und wenn ein Dementi des Osservatore Romano vom 11./12. 2. 46 sagt: „Non fu mai questione di regolare i problemi dell' Europa orientale uni-lateralmente a profitto della Germania." Da das Original des Berichts wohl sicher als verloren zu betrachten ist, sind Huppenkothens Notizen bis heute der relativ beste Ersatz.

S. 265 [58] In Rom rechnete man auf den Umsturz etwa Mitte Februar (*Kosthorst*, a. a. O.).

S. 265 [59] Siehe Aufzeichnung: „Die Opposition". Außerdem meinte er, man zeigte so dem Landesfeind „die Zerrissenheit der obersten Führung in Deutschland, was nicht zur Stärkung der Friedensbereitschaft dienen konnte" — ein Einwand, der übersieht, daß es für die Hitler-Regierung sowieso keine Friedensbereitschaft Englands gab. Gewichtiger war die Kritik: man hätte den Schritt beim Vatikan nicht tun dürfen, ehe klargestellt war, daß das OKH den Staatsstreich auch durchführen würde.

S. 265 [60] Nach *Hassell*, S. 145, was durch Halders Tagebuch bestätigt wird. Hassells Besuch war vorher abgelehnt. Siehe ebenda S. 138 und *Thomas*, Die Opposition. Halders Spruchkammeraussagen (auch für das Folgende). Was *Wheeler-Bennett*, S. 492 auf Grund eines Johnschen Memorandums über eine Vorlage des „X-reportes" durch Thomas an Brauchitsch berichtet, ist offensichtlich unzutreffend.

S. 266 [61] Insbesondere von Goerdeler, der ihn seit Mitte März noch mehrmals persönlich bestürmt hatte, siehe *Hassell*, S. 140 f. Gen. Halder erinnert sich, im ganzen 5—6mal von 1938 bis Frühjahr 1940 von Goerdeler besucht worden zu sein. Kosthorst nennt als Datum der ersten Begegnung im Frühjahr den 17. 3. (Tagebuch Halders).

S. 266 [62] *Schlabrendorff*, S. 62, nach Aussage Halders, dazu *Hassell*, S. 143. Aussage Halders vor der Münchner Spruchkammer. Der Brief ist nicht erhalten; er fiel in die Hände der Gestapo und wurde Halder 1944 von ihr vorgelegt. *Kosthorst*, a. a. O. entnimmt aus der Tatsache, daß Goerdeler gegenüber Halder den X-Report nicht erwähnt hat, er habe ihn nicht gekannt. Das scheint mir ein voreiliges Argumentieren ex silentio.

S. 266 [63] *Gisevius* II, 238. Dort auch mancherlei Einzelheiten über das Durchsickern der deutschen Angriffsabsichten ins Ausland.

S. 267 [64] *P. Bor*, Gespräche mit Halder, S. 162.

S. 267 [65] Briefliche Mitteilung Gen. Halders an den Verf. Nach einer mir vorliegenden Niederschrift eines mitbeteiligten Ohrenzeugen geheimer Besprechungen im März 1940 war General Hoepner, von jeher einer der entschlossensten Gegner Hitlers (und alter Freund Goerdelers von Königsberg her), damals Kommandeur eines Panzerkorps in Düsseldorf, bereit zu einem Gewaltstreich gegen Hitler, wenn Halder und Brauchitsch zum mindesten einverstanden wären. Er schreckte auch vor einem Attentat nicht zurück.

S. 268 [66] Vgl. jetzt die vortreffliche, allseitige, auf erstklassiges Quellenmaterial aufgebaute Darstellung von *W. Hubatsch*, Die deutsche Besetzung von Dänemark und Norwegen 1940. Göttingen 1952.

S. 268 [67] Thomas' Aufzeichnung: „Die Opposition". Thomas hatte in Frankfurt das AOK Witzlebens aufgesucht und in dessen Abwesenheit seinen Stabschef gebeten, im Sinn der Opposition unter den Heerführern des Westens auf Verweigerung der Angriffsoperationen hinzuwirken. Von ähnlichen Bemühungen, die Canaris, zum Teil in Begleitung von Dohnanyi, bei Truppenführern des Westens unternahm (unter anderem bei Reichenau und Kluge), berichtete Huppenkothen aus den Zossener Papieren (Prozeß vom 5. 1. 51). Dazu vgl. *Hassell*, S. 145, 150: Aussichtslose Bemühungen, durch General von Falkenhausen auf Leeb, Witzleben, List, Kluge u. a. einzuwirken (bei *Wheeler-Bennett*, S. 493, Anm. 2 unrichtig wiedergegeben). Goerdeler verfaßte hierfür ein Memorandum.

S. 269 [68] Mündliche Mitteilung von Gisevius an den Verf.

S. 269 [69] *Hubatsch*, a. a. O., S. 137. Weiterhin: *Dulles*, S. 58 ff. Huppenkothenprozeß 1951. Die von *Wheeler-Bennett*, S. 477 mitgeteilte Nachricht, König Leopold III. von Belgien sei am 6. 11. 39 von Oster über Graf Albrecht Bernstorff gewarnt worden und habe daraufhin mit Königin Wilhelmine konferiert, findet sich in dem sehr lehrreichen Buch des holländischen Außenministers *E. X. van Kleffens*: Der Einfall in die Niederlande (deutsche Übersetzung 1941) natürlich noch nicht. Die von *Wheeler-Bennett*, a. a. O. zitierte sonstige niederländische und belgische Quellenliteratur konnte ich auf westdeutschen Bibliotheken nicht auftreiben. Vgl. auch oben Anm. 6. Über eine ähnliche Warnung, die der frühere Diplomat Graf Albrecht Bernstorff an die holländischen Gesandten vermittelte, vgl. (auf Grund privater Quellen) *Rothfels*, S. 101. Das Buch „Albrecht Bernstorff zum Gedächtnis" (Privatdruck 1952) enthält nur Charakteristiken des Menschen durch seine Freunde.

S. 269 [70] *Abshagen*, Canaris, S. 263 f. Bezichtigungen des „Landesverrats", die auf einen Grafen Soltikow zurückgingen, wurden 1952 von bayrischen Gegnern des Justizministers Dr. Josef Müller ausgenützt und führten zu höchst erregten Verhandlungen im bayrischen Landtag und seiner Fraktion. Dr. Müller hat bestritten, „das Einmarschdatum" verraten zu haben, und sich einem Offiziers-Ehrenrat gestellt, der dann in München gebildet wurde und dessen Materialsammlung vor der Veröffentlichung steht.

S. 271 [71] *Van Kleffens*, a. a. O.

DREIZEHNTES KAPITEL
WIDER DEN SIEGESTAUMEL · ZUKUNFTSPLÄNE FÜR DEUTSCHLAND

S. 272 [1] A. a. O., S. 157 (24. 6. 40). Das folgende Zitat ebenda S. 153 (27. 5. 40). Daß die Stimmung tiefer Niedergeschlagenheit bei dem unerwartet jähen, ja haltlosen Zusammenbruch Frankreichs sich keineswegs auf den Berliner Widerstandskreis beschränkte, kann der Verf. aus eigenem Erleben und in Erinnerung an sehr bewegte Gespräche mit seinen Freiburger Freunden, besonders mit Walter Eucken, bezeugen. Allerdings war uns niemals zweifelhaft, daß England unter Churchill zähe weiterkämpfen und schließlich auch die Vereinigten Staaten in den Krieg hineinziehen würde. G. hat auch im Gespräch 1940 niemals geschwankt in der Überzeugung, daß die Herrschaft des Tyrannen über kurz oder lang in einer grausigen Katastrophe enden würde.

S. 273 [2] Ohne Titel, datiert 1. Juli 1940, 7 Seiten Schreibmaschinenschrift, in der Broschüre „Das Ziel" (siehe unten) S. 8 anscheinend unter dem Titel „Moralischer Zustand" zitiert, ebenso in der Denkschrift „Gesamtlage" (November 40), S. 3.

S. 274 [3] Unmittelbar nach dem Sieg über Frankreich fanden sich im Pariser Quartier des Generalstabschefs Halder Stülpnagel, Fellgiebel, Wagner, Stauffenberg und Tresckow in der Meinung zusammen, jetzt sei nur noch ein Attentat zum Sturz des Hitler-Regimes möglich. Halder überzeugte sie allerdings rasch von der praktischen Unmöglichkeit in diesem Augenblick. Aussage Halders vor der Münchner Spruchkammer, mir auch brieflich bestätigt.

S. 274 [4] *Hassell*, S. 174, 176, 183, 185, 216: Vermittler Gen. von Falkenhausen und von Rabenau; S. 215 (Staatssekretär Planck im Auftrag von Popitz); S. 224: Thomas.

S. 274 [5] 1. Ohne Titel, datiert 15. Juni 1940, 17 Seiten, behandelt Steigen der Preise und Wirtschaftspolitik; 2. Stand des Bildungswesens, Juli 1940, 11 Seiten; 3. Stand der Finanzen, Juli 1940, 17 Seiten; 4. Stand von Wirtschaft und Verwaltung, September 1940, 24 Seiten; 5. Grundsätze für die Friedenswirtschaft, Vortrag Oktober 1940, 37 Seiten; 6. Gesamtlage, Oktober 1940, 24 Seiten (Datum liegt nach S. 18 kurz vor der Wiederwahl Roosevelts am 5. 11. 40); 7. Die Zeit, November 1940, 6 Seiten. Weiterhin findet sich eine Auseinandersetzung mit phantastischen Plänen sozialer Reformpolitik nach dem Kriege, die Reichsleiter Ley nach einem Bericht der Nationaltidende Kopenhagen vom 15. 9. 40 und 13. 9. vor ausländischen Zeitungskorrespondenten entwickelt hatte.

S. 275 [6] Denkschrift (oben zitiert) Nr. 3, S. 16.

S. 275 [7] In den Niederschriften Nr. 4 und 6 klingt der Gedanke an: „Vielleicht waren einige militärische Handlungen erforderlich, um die notwendigen Grenzberichtigungen zu erzielen." Aber sie hätten sich diplomatisch so vorbereiten lassen, daß sie „gewissermaßen als feine Blinddarmoperation mit sicherem Erfolg und ohne den ganzen Körper in Anspruch zu nehmen und zu gefährden, durchgeführt werden konnten". Das steht in offenbarem Widerspruch zu der Behauptung der Denkschrift vom 1. Juli („Moralischer Zustand"), daß „Polen, von England unter Druck gesetzt, am 31. 8. 39 sich bereit erklärt hat, in den Ostfragen entgegenkommend zu verhandeln". Ich vermute, daß G. inzwischen Näheres über die Hartnäckigkeit der Polen 1939 erfahren hatte. In der Schrift Nr. 10 von 1944 (zit. in Anmerkung 12) gibt er eine ziemlich genau zutreffende Schilderung der letzten Stunden vor Kriegsausbruch und der Verhandlungen Ribbentrop–Lipski.

S. 277 [8] Die hier analysierte Denkschrift stammt vom November 1940. G. rechnet aber offensichtlich schon jetzt damit, daß der am 12. September begonnene Vorstoß Grazianis über die ägyptische Grenze scheitern und die Aufstellung eines deutschen Hilfskorps erfordern wird, die dann im Februar 1941 erfolgte.

S. 278 [9] Von den Vorbereitungen eines deutschen Rußlandfeldzuges wußte also G. im November 1940 noch nichts.

S. 279 [10] Man möchte vermuten, daß sich daher auch der Deckname „Pfaff" erklärt, den G. in Hassells Tagebüchern führt. Nach Auskunft Frau v. Hassells handelt es sich aber nur um eine harmlos gemeinte Abwandlung von „Landpastor" – einem älteren Decknamen, zu dem die äußere Erscheinung G.s Anlaß bot.

S. 280 [11] Undatiert. Auf S. 72 ist vom Stand der Finanzen Ende 1940 die Rede, auf S. 22 von Zusammenarbeit mit Rußland, auf S. 16 vom (bevorstehenden?) Angriff auf Rußland. Daß dieser vorbereitet wurde, wußte der Verschwörerkreis seit Ende 1940 bzw. Januar 1941 (*Hassell*, S. 171, 178). Ich vermute also Anfang 1941 als Entstehungszeit. Ein Exemplar aus den Papieren des Hauptmanns d. R. Hermann Kaiser fiel Ende Juli 1944 der Gestapo in die Hände, die Kaiser für den Verf. hielt. Der Anfang stimmt indessen wörtlich überein mit dem ersten Satz des oben zitierten Stückes „Gesamtlage" (Nr. 6), und auf S. 8 wird Bezug genommen auf die oben zitierten Stücke Nr. 2, 3, 4. Auch stilistisch und inhaltlich ist die Verfasserschaft G.s unverkennbar.

S. 280 [12] (Nr. 8). Das Problem der Arbeitslosigkeit, 7 Seiten, undatiert, aber nach dem 31. 12. 1940 (Datum einer Bilanzaufstellung, deren Rückseite als Schreibpapier benutzt wurde!), bringt nur uns längst bekannte Theorien. — (Nr. 9), Geld spielt keine Rolle, 63 Seiten, Juni 1941. Nach Auskunft der Angehörigen G.s eine Art von „Wirtschaftsfibel", für einen Lehrer an einer Kriegsschule geschrieben; setzt die uns bekannten Grundsätze liberaler Wirtschaftspolitik noch einmal lehrhaft auseinander. — (Nr. 10), Geschichtlicher Rückblick, ohne Überschrift und Datum, 61 Seiten, Frühjahr 1944 (S. 51 ist Pétains Besuch in Paris 26. 4. 1944 erwähnt. S. 37, 48 u. 54 finden sich weitere Anspielungen, die auf 1943/44 hinweisen). — (Nr. 11), Praktische Maßnahmen zur Umgestaltung Europas, 9 Seiten, undatierbar, könnte schon vom Frühjahr 1939 stammen, anscheinend zweiter Teil einer längeren Ausarbeitung. Die Aufzeichnung macht den Eindruck einer sehr flüchtig hingeworfenen ersten Skizze. — (Nr. 12), Exposé über staatliche Kunstpflege nach dem Kriege, 3 Seiten, an den Theaterintendanten Schüler in Leipzig, 29. 8. 43 übersandt, als Ergebnis längerer Unterhaltungen. — (Nr. 13), Gedanken eines zum Tode Verurteilten über die deutsche Zukunft (kurz nach dem Todesurteil, 8. 9. 44), 42 Seiten. — (Nr. 14), Unsere Idee, November 1944, 40 Seiten. — (Nr. 15), Ein mir nicht vorliegendes Dokument „Über Sinn, Ziele und Organisation deutscher Staats- und Wirtschaftsführung" vom Januar/Februar 1942 wurde auszugsweise in der Neuen Zeitung,

1. 2. 46 veröffentlicht; am 8. 2. folgte ein gänzlich verständnisloser Kommentar dazu. Die Echtheit dieses Stückes ist mir zweifelhaft, s. u. Anm. 20. – Vgl. auch meinen Aufsatz „Goerdelers Verfassungspläne" in: Nordwestdeutsche Hefte, 1. Jahrgang, Nr. 9, Dezember 1946, S. 6–14. Er stützt sich im wesentlichen auf die Nr. 13–14.

S. 281 [13] Hauptquelle für das Folgende ist die Denkschrift Nr. 10. Sie wurde von G.s Privatsekretärin im Versteck eines nahe befreundeten Verlagshauses untergebracht und nach dem Kriege in halbvermodertem Zustand wieder herausgeholt. – Längere geschichtliche Betrachtungen enthält auch die Schrift „Das Ziel", besonders im ersten Abschnitt über das außenpolitische Ziel.

S. 284 [14] An dieser Stelle kehrt natürlich die uns schon bekannte Kritik an übertriebener Wohlfahrtspolitik und Planwirtschaft der europäischen Staaten wieder, die das Staatsbudget überlasten.

S. 286 [15] Für wirtschaftspolitische Fragen beriet er sich sehr ausführlich (zwischen 1941 und 1944 mindestens zehnmal) mit Prof. Const. von Dietze, Freiburg, und durch ihn mit den Freiburger Nationalökonomen Walter Eucken und Adolf Lampe, für Sozialpolitik mit Prof. Gerhard Albrecht in Marburg. Von seinen sonstigen (sehr zahlreichen) akademischen Beratern ist besonders der ihm nah befreundete Th. Litt, Leipzig, zu nennen.

S. 287 [16] Siehe oben Kapitel 7, Anm. 7 und unten Anm. 70.

S. 288 [17] Die Einzelheiten dieses Urwahlsystems hat G. selbst als variabel betrachtet, je nach der politischen Entwicklung. 1941 („Das Ziel") sieht es noch so aus: Die Bezirke wählen nur die Hälfte der Stadtverordneten (bzw. „Ratsherrn"), ein Viertel wird von der Gesamtgemeinde gewählt, ein Viertel von den Wirtschaftskammern entsandt, und zwar mindestens je ein Unternehmer und ein Arbeiter. Was die Neue Zeitung, 1. 2. 46 über das Urwahlsystem als angeblichen Vorschlag G.s wiedergibt, ist in dieser Form verworren und unverständlich.

S. 289 [18] Siehe dazu Anhang II. G. lehnt also grundsätzlich alle künstlichen Neueinteilungen ab, mit denen sich andere Oppositionelle so viel beschäftigten, siehe den Aufsatz von *W. Münchheimer*, Verfassungs- und Verwaltungsreformpläne der deutschen Opposition in: Europa-Archiv V, 14, 20.7.1950, S. 3188 ff.

S. 289 [19] 1941 heißt es: 30 auf Lebenszeit berufene, mindestens Fünfzigjährige.

S. 290 [20] So in der publizistischen Diskussion, die sich an die Veröffentlichung der Neuen Zeitung vom 1. 2. 1946 (siehe oben Nr. 15) anschloß. Dabei wurde völlig übersehen: a) daß die Regierung Dollfuß ihre Macht auf ernannte, nicht gewählte Körperschaften stützte, noch mehr aber auf eine Bewaffnung des Bürgertums in den „Heimwehren"; b) daß das Ganze nur ein verzweifelter Versuch war, das österreichische Staatswesen einerseits vor dem Nationalsozialismus zu retten, der es Hitler unterwerfen wollte, anderseits vor der Klassenherrschaft einer revolutionären Arbeiterschaft in Wien. Also völlig andere Verhältnisse als in Reichsdeutschland! Übrigens ist das von der Neuen Zeitung benutzte Manuskript mir nie zu Gesicht gekommen. Manche Einzelheiten (wie die weitgehende Beteiligung von Vertretern der Armee und der Kirchen an „Spitzenkörperschaften der Stände" und den

Gemeindekörperschaften) klingen völlig fremd allen mir bekannten Gedankengängen G.s. Auch den Angehörigen G.s ist dieses Manuskript unbekannt. Stammt es überhaupt von G.?

S. 290 [21] Über seine grundsätzliche Stellung zum politischen Parteiwesen vgl. u. a. Anhang II.

S. 291 [22] In der Denkschrift „Das Ziel" werden vierjährige Wahlperioden vorgeschlagen, aber so, daß alle zwei Jahre jeweils die Hälfte der Abgeordneten erneuert wird. In der oben Anm. 12 als Nr. 11 zitierten Denkschrift „Praktische Maßnahmen zur Neugestaltung Europas" (die weit mehr die Zukunft Deutschlands als Europas behandelt) ist an Stelle des kommunalen Auswahlprinzips der Abgeordneten bloß indirekte Wahl durch Wahlmänner vorgesehen; es handelt sich hier wohl um einen sehr frühen, noch unreifen Entwurf.

S. 292 [23] Oben Nr. 5 und „Das Ziel".

S. 292 [24] Quellen: *J. Kaiser*, Der Aufstand des Gewissens, in: „Neue Zeit", 2. 2. 47. — Gespräch des Verf. mit J. Kaiser u. Frau Dr. Nebgen-Kaiser. — Anklageschrift des Oberreichsanwaltes beim Volksgerichtshof gegen Goerdeler, Leuschner, Wirmer, Hassell, Lejeune-Jung vom 3. 9. 44. — G.s Mem. (siehe oben Nr. 13). — Vernehmungen von Leuschner, Maaß, Goerdeler in K. B. Leuschners Angaben wurden mit denen Goerdelers in einem ausführlichen Bericht vom 29. 8. über die Stellung der Arbeiterschaft im künftigen Deutschland zusammengestellt. Einen weiteren Bericht vom 13. 9. 44 über den „Aufbau der deutschen Gewerkschaft" nach Aussagen Leuschners, siehe unten Anhang III. — Anklageschrift des Oberreichsanwaltes beim VGH gegen Leber, Reichwein, Maaß, Loeser, Dahrendorf vom 19. 9. 44. Danach hätte es noch 1943/44 viel Streit unter den verschiedenen Richtungen der Gewerkschaft „wegen der Religionsfrage" gegeben. — Auskunft Gustav Dahrendorfs an Dr. v. z. Mühlen, 5. 5. 48 (erinnert sich unter anderem an eine große Denkschrift von Maaß über die Gewerkschaftsfrage vom März 1943). Gedenkrede Prof. L. Bergsträssers auf Leuschner, 1. 6. 46.

S. 293 [25] Aussage Leuschners vor der Gestapo (K. B.). — Leuschner berief sich auf eine ältere Bekanntschaft mit G. — *Pechel*, S. 291 versichert, er habe G. und Leuschner zusammengeführt, doch gebührt dieses Verdienst wohl in erster Linie J. Kaiser. In den Gestapovernehmungen waren Leber und Maaß sehr bemüht, die Gegensätze zwischen den Sozialisten und Goerdeler als unüberbrückbar darzustellen. Es ist aber schwer zu beurteilen, ob und inwieweit das alles ernst genommen werden darf. Sicher ist, daß Leuschner mehrfach Goerdeler gegen die Vorwürfe seiner Parteigenossen in Schutz genommen hat. Näheres siehe unten Kapitel 15 Anm. 57 u. ö. — K. B. und Anklageschrift gegen Leber, Reichwein, Maaß, Loeser, Dahrendorf (19. 9.). — *Jakob Kaiser*, a. a. O., berichtet, daß er durch den früheren Oberbürgermeister von Düsseldorf, Robert Lehr, mehrfach auf G. hingewiesen und schon bei G.s Rückkehr von seiner Weltreise mit ihm in Verbindung getreten sei. Seitdem gab es viele Zusammenkünfte. Lehr stand Goerdeler schon aus ihrer gemeinsamen Tätigkeit im Vorstand des Deutschen und Preußischen Städtetags nahe, war ihm befreundet, hatte enge Verbindung mit C. Arnold, A. Winnig und den christlichen Gewerkschaftsführern, aber auch zu Hammerstein und war mit seinen Freunden eifrig tätig im Sammeln einer inneren Opposition (in gemäßigt konservativem Sinn), arbeitete auch einen Verfassungsentwurf unter Berücksichtigung des berufsständischen Elementes aus.

S. 293 [26] Der Frage ist in „Das Ziel" ein eigener Abschnitt (Blatt 66—72) gewidmet. Kleinere Konjunkturkrisen (bis etwa 300000 Arbeitslose) sollte die Privatwirtschaft selbst durch Preissenkung u. dgl. zu überwinden suchen. Größere (bis etwa 600000) könnten im allgemeinen durch die Arbeitslosenversicherung der Wirtschaftsgruppen aufgefangen werden. Noch größere würden im allgemeinen auf tiefer sitzende Ursachen hinweisen. Hier müsse dann der Staat eingreifen, zunächst in der Form der bestehenden Arbeitslosenversicherung, die aber vereinfacht und dezentralisiert werden müßte (Gauanteil und Reichsanteil je 20%). Im Fall größerer und länger dauernder Krisen müsse die Volksgemeinschaft eintreten: durch Lohn- und Preiseingriffe, Förderung des Auslandsabsatzes, im äußersten Notfall durch öffentliche Arbeiten. G. empfiehlt Bildung von Reservefonds in Zeiten günstiger Wirtschaftslage.

S. 293 [27] Bekanntlich ein Lieblingsgedanke Goerdelers! Der Hinweis auf seine „Wirtschaftsfibel" kehrt immer wieder! Aber auch Leuschner legte größten Wert darauf. Er wollte sogar eine neunjährige Schulzeit *aller* Deutschen, die zu der „mittleren Reife" führen sollte. K.B.

S. 294 [28] Leuschner sprach von Produktivgenossenschaften (K.B. 29. 8. 44). Über gewisse noch weiter den Sozialisten sich annähernde Programmentwürfe Goerdelers vom Sommer 1944 vgl. unten Kapitel 15.

S. 294 [29] An dieser Stelle ging Leuschner, wie es scheint, etwas weiter als G. „Die Sozialisierung sollte sich auf die Grund- und *Schlüsselindustrien* beschränken, der freie Sektor der Wirtschaft einer planmäßigen Bewirtschaftung durch Selbstverwaltungsorgane unterzogen werden. Die Gewerkschaft hätte dabei die Aufgabe, als Produzent wesentlichen Einfluß auf die Gestaltung der Wirtschaft zu nehmen", aber auch die Verbraucherinteressen zu vertreten. „Staatssozialismus wäre abzulehnen", die Konkurrenz auch der sozialisierten Betriebe untereinander sicherzustellen. G. versicherte in seinen Vernehmungen vor der Gestapo, „man sei sich einig darüber geworden, daß für eine Sozialisierung nur die Bodenschätze, die Elektrizitätswerke und *vielleicht noch einige* Schlüsselindustrien in Betracht kämen". K.B. 29. 8. 44. Nach brieflicher Mitteilung von Herrn Joseph Ersing-Stuttgart (M. d. L.) war man sich im engeren Kreise G.s völlig einig darüber, daß der Bergbau sozialisiert werden müsse. Jakob Kaiser habe Ersing im Sommer 1943 einen von Lejeune-Jung (als künftigem Wirtschaftsminister) dafür ausgearbeiteten Gesetzentwurf gezeigt. Man habe die großen „Bergbauherren" für den Sturz Brünings mitverantwortlich gemacht und ihre Entmachtung gewünscht.

S. 295 [30] Inneres, Äußeres, Unterricht, Wiederaufbau, Wirtschaft und Arbeit vereinigt (Goerdelers alte Forderung seit 1932!), Finanzen, Justiz, Landwirtschaft, Wehrmacht. Nur unmittelbar nach dem Umsturz soll der Kanzler ein direktes Weisungsrecht besitzen.

S. 295 [31] Die wichtige Bestimmung ist in der Denkschrift „Das Ziel" etwas anders gefaßt: Gesetzentwürfe mit finanziellen Auswirkungen können in den Kammern nicht ohne vorherige Zustimmung des Reichskanzlers eingebracht werden. Wird das Etatsgesetz der Regierung abgelehnt, so wird die Verwaltung einstweilen nach dem alten Etat weitergeführt. Das soll aber nur als Übergangsbestimmung „für die ersten Reformjahre" gelten, „weil die Aufgabe der Wiederherstellung geordneter Finanzen das Allerschwerste und sonst gar nicht zu lösen ist". Später können Lockerungen eintreten, etwa in der Weise, daß solchen Finanzgesetzen, die in beiden Häusern eine Zweidrittelmehrheit erhalten, „eine Sonderstellung eingeräumt wird". Zeitweise scheint Goerdeler an eine Art von „Ermächtigungsgesetz" gedacht zu haben, das für eine Übergangszeit von drei bis vier Jahren die Regierung vor dem Gestürztwerden sichern sollte. (Mitteilung von Herrn Ministerialrat a. D. Direktor Friedrich Sperl an den Verf. auf Grund von Gesprächen mit G.) In den Nachlaßpapieren findet sich aber davon nichts. — Eine ähnliche Verstärkung der Exekutive gegenüber dem reinen „Parlamentarismus" ist auch auf allen niederen Stufen der Selbstverwaltung geplant.

S. 296 [32] Als provisorische Übergangslösung wurde von der Umgebung Goerdelers, vielleicht mit dessen Zustimmung, zeitweise auch eine dreiköpfige Regentschaft erwogen, bestehend aus „dem Reichsverweser und zwei Mitgliedern". Siehe das Hassellsche Programm von Anfang 1940, Tagebuch S. 372 ff., das im übrigen fast nur Übergangsmaßnahmen für den Fall des Umsturzes treffen will und die eigentlich entscheidenden Verfassungsfragen ganz offen läßt. In den 1944 verfaßten Proklamationen wird angekündigt, daß, solange noch kein Reichstag gewählt werden kann, vorläufig ein fünfzigköpfiger, aus allen Volksschichten zu berufender Rat ihn ersetzen soll. Siehe G.s Regierungserklärung, von mir veröffentlicht: Gegenwart, 24. 6. 46, S. 13 und *Pechel*, S. 314. Was *Wheeler-Bennett*, S. 508 über die Verfassungspläne des Goerdeler-Kreises und über monarchistische Bestrebungen mitteilt, ist ebenso unzulänglich wie unzuverlässig. Es beruht zum Teil auf Mißverständnis der Quellen.

S. 297 [33] Graf Fritz Schulenburg war schon früher durch seinen Vater, der als Stabschef des Kronprinzen dessen völliges Versagen im November 1918 (in Spa) miterlebt hatte, gewarnt worden. Nach den Angaben, die G. im Verhör der Gestapo machte, hatte er zunächst sehr vorsichtig vorgefühlt, bis er sicher war, daß der Kronprinz die nötige Skepsis gegenüber dem Dritten Reich besaß. In einer Rücksprache mit Beck lehnte dieser ein Hervortreten des Kronprinzen nicht völlig ab, hielt ihn aber nach seinem persönlichen Verhalten für eine sehr fragwürdige Figur. Nach Friedensschluß, meinte er, sollte einer seiner Söhne Nachfolger werden. Beck sprach mit anderen Offizieren darüber, G. selbst mit Stauffenberg. Sie fanden wenig Sympathie für den Plan.

S. 297 [34] Um die Haltung Roosevelts zu einer Restauration der Monarchie unter Louis Ferdinand auszukundschaften, versammelte Jakob Kaiser im November 1941 im Hause Josef Wirmers ein Treffen verschiedener Mitglieder der Opposition mit dem bekannten amerikanischen Journalisten (Assoc. Press) Louis P. Lochner. Dieser übernahm die Aufgabe, im Weißen Haus vorzufühlen, konnte aber infolge des Kriegsausbruchs erst im Juli 1942 nach USA zurückkehren. Roosevelt lehnte seinen Empfang und seine Informationen über die deutsche Oppositionsbewegung als „highly embarrassing" ab. Darüber siehe *Rothfels*, S. 166 f.

S. 297 [35] Geßler dachte an Erhebung des Kronprinzen Ruprecht; Glaise-Horstenau hielt einen Hohenzollern für die Österreicher für untragbar. *Hassell*, S. 141, 227. Vgl. auch *Hassell*, S. 94, 174, 213, 224, 240—242.

S. 298 [36] *Prinz Louis Ferdinand von Preußen*, Als Kaiserenkel durch die Welt 1952, S. 358—368. Das Buch zeigt den Prinzen als eine Persönlichkeit, dem das Leben hauptsächlich als eine Art von reizvollem Sport erscheint. — Bundesminister Jakob Kaiser gab mir 1948 mündlich eine Darstellung, die sowohl von der des Prinzen wie von Anlage IV etwas abweicht. Er sei im Dezember 1942 durch Hermes zu einer Besprechung mit Herrn von Knebel-Döberitz geladen worden. Dort habe man ihm eröffnet, der Kronprinz sei wahrscheinlich zu folgendem Vorgehen zu gewinnen: Proklamation an die Armee; Wiederholung seines Thronverzichts von 1918; er sei aber um des Vaterlandes willen gezwungen, vorübergehend seine bisherige Zurückhaltung aufzugeben und das Kommando der Armee zu übernehmen, um Deutschland zu retten und einen raschen Frieden zu erkämpfen. Knebel schlug vor, ihn zunächst zum Reichsstatthalter zu machen und nach etwa zehn Jahren das Volk über die endgültige Staatsform entscheiden zu lassen (ein Gedanke, der in dieser Form indessen bei den Verschwörern keinen Anklang fand). Frage: ob der katholische Volksteil mitgehen würde? Antwort Kaisers bejahend, ebenso die Leuschners für die Freien Gewerkschaften. Mehrere Begegnungen Kaisers mit dem Prinzen L. F. Zweimal (wohl Dezember 1942 und März 1943) war auch Leuschner dabei. Hammerstein und Beck waren von dem Plan sehr bewegt, aber sehr skeptisch hinsichtlich der Antwort des Kronprinzen, die von Beck durch einen Adjutanten eingeholt wurde und negativ bzw. ausweichend ausfiel. Bei den Soldaten sei die Kandidatur des Prinzen L. F. auf Widerspruch gestoßen, da er der Armee unbekannt war. Nach mündlicher Erzählung Dr. O. Johns hat dieser gemeinsam mit Ernst von Harnack (dem früheren Regierungspräsidenten von Merseburg, der gleichfalls zur Opposition gehörte) ein für Leuschner bestimmtes Memorandum über die Frage einer monarchischen Restauration geschrieben. Leuschner stimmte zu. Auch Jul. Leber habe sich dafür gewinnen lassen. — Völlig undeutlich bleibt, wie der optimistische Bericht Popitz' über seine Unterredung mit dem Kronprinzen Juli 1941 (*Hassell*, S. 213) zu erklären ist: danach hätte dieser „ausdrücklich erklärt, daß er bereit sei, in die Bresche zu springen und alle Opfer und Gefahren, über die er sich völlig klar sei, in Kauf zu nehmen". Das klingt sehr unwahrscheinlich; oder hat er so stark geschwankt? — Dr. Otto John behauptete, der Kronprinz habe sich ihm gegenüber sehr wütend über die ihm gemachte „Zumutung" ausgelassen.

S. 299 [37] Er nennt von den Hohenzollern nur Prinz Friedrich, den jüngsten, 1911 geborenen Kronprinzensohn — ein Name, der sonst nirgends, soviel ich sehe, erörtert wurde.

S. 299 [38] So Trott zu Solz: *Hassell*, S. 240. Trott entwickelte damals (Dezember 1941) den sehr unreifen Gedanken, als populäre Gestalt den Pastor M. Niemöller ins Reichskanzleramt zu berufen. In den Tagebüchern v. Hassells erscheint zeitweise Popitz als der eifrigste aller Monarchisten. Nach Auskunft von dessen Tochter, Frau Dr. Cornelia Schulz-Popitz, war er indessen „im Herzen niemals Monarchist", im Gegensatz zu v. Hassell, und betrachtete die Restauration der Monarchie als reine Zweckmäßigkeitsfrage; zuletzt habe er auch diese entschieden negativ beantwortet. Er fühlte sich in ständigem Gegensatz zu den Deutschnationalen und stand innerlich dem rheinischen Liberalismus näher.

S. 300 [39] „Das Ziel", Abschnitt III, 15. Den Gemeinden (und Stadtkreisen) fallen alle Grund- und Gewerbesteuern, die Getränke-, Lustbarkeits- und Hundesteuern zu; dazu kommen Anteile an der Reichseinkommen- und Umsatzsteuer in Betracht. Ihre Erhebung erfolgt wieder durch die Gemeindebehörden, die „Aufblähung" der staatlichen Finanzämter soll verschwinden. Erwogen wird eine allmähliche Zusammenziehung und Vereinfachung von Einkommen-, Körperschafts- und kleineren Reichssteuern. Große Sorge macht G. die Frage der allmählichen Verminderung der Kriegsschuldenlast des Reiches ohne Devalvation. Er denkt an teilweise Herabsetzung des Zinses der Reichspapiere, eine „Bankrottabwendungssteuer", Delvalvation unter Einschaltung von Zwischensicherungen des Kapitalbesitzes u. a. m. Darüber hatte er längere Diskussionen mit Direktor Friedrich Sperl (dessen Mitteilung an mich).

S. 301 [40] Mitteilungen Bundesministers J. Kaiser an den Verf. Dazu Vernehmung Goerdelers über seine politische Verbindung mit Seitz und Reither (K. B. 6. 9.) und das Erinnerungsbuch von *Lois Weinberger*, Tatsachen, Begegnungen und Gespräche, Wien 1948, S. 120 ff., das eine lebendige Anschauung vermittelt von dem tiefen Eindruck, den die Persönlichkeit G.s auf seine Wiener Gesprächspartner gemacht hat, zugleich von der klugen, verständnisvollen und warmherzigen Art, wie er auf deren Bedenken einging. Nach diesen Berichten ergab sich eine erste Anknüpfung nach Wien durch Kaisers fortdauernde Verbindung mit österreichischen Gewerkschaftlern und Christlich-Sozialen, die teilweise (Weinberger, Hurdes, Troidl u. a.) eine auf Losreißung Österreichs von Hitler-Deutschland gerichtete Widerstandsgruppe formierten. Kaiser brachte G. aber auch mit dem früheren sozialdemokratischen Bürgermeister Seitz in Verbindung. Außer ihm und Kaiser haben auch Habermann und seit Herbst 1943 auch Leuschner Wiener Verbindungsleute gesucht. Diesem wurden auf vieles Drängen Seitz und Reither als geeignete „politische Beauftragte" genannt, was später zu ihrer Verhaftung führte, da sie auf einer Liste erschienen, die der Gestapo sofort in die Hände fiel (Anhang X). Nach der Erinnerung des sozialdemokratischen Parteisekretärs (jetzigen Ministers) Dr. Adolf Schärf hat Leuschner diesen im Sommer 1943 für die deutsche Widerstandsbewegung und für die spätere Erhaltung des „Großdeutschen" Reiches zu gewinnen versucht. Schärf erklärte aber sofort, der Anschluß sei tot für immer; die Deutschen würde man später aus Österreich ebenso vertreiben wie jetzt die Juden. (*A. Schärf*, Österreichs Erneuerung 1945–1955, Wien 1955) S. 19 ff. Dem entspricht, was G. in seinen Vernehmungen über Seitz berichtete: dieser habe sehr viele Vorbehalte gemacht und auf Lockerung der Verbindung Österreichs mit dem Reich gedrängt – ein Bestreben, das auch in dem Buch von Weinberger stark hervortritt. Schließlich hat G. auch mit General Körner und mit Prof. von Srbik gesprochen – anscheinend ohne wesentliches Ergebnis. – In diesem Zusammenhang mag erwähnt werden, daß er in seinem Bemühen um Verbindungen zum süddeutschen katholischen Klerus auch mit Kardinal Faulhaber und dem Freiburger Erzbischof Gröber Gespräche gesucht hat.

S. 301 [41] Nach den K. B. vom 14. 8. gab es in dem bei Hauptm. Kaiser gefundenen Exemplar der Denkschrift „Das Ziel" noch einen sehr merkwürdigen Abschnitt über „Bischofskonferenz". Darin war vorgeschlagen, daß ein „vorläufig leitender Bischof" von Deutschland durch evangelische Geistliche gewählt werden sollte; dieser sollte dann eine vorläufige „Bischofskonferenz" nebst einem Laienausschuß einberufen, alles mit staatlicher Genehmigung. Für Pastor Niemöller wäre eine „Berliner Exklave" zu bilden; er sollte die Kirche nach dem Ausland hin vertreten. Folgt Bildung von Gemeinde-, Kreis- und Gausynoden (mindestens $^{2}/_{3}$ Laien), aus den letzteren delegiert eine endgültige Reichssynode. Das Wahlverfahren schlägt der Erste Bischof dem Staat zur Genehmigung vor. Die staatlichen Kirchenbehörden werden aufgelöst. Anzustreben ist eine größere Selbständigkeit der deutschen katholischen Kirche unter einem Primas gegenüber Rom. „Der Staat würde begrüßen, wenn die beiden leitenden Bischöfe sich über eine Arbeitsgemeinschaft beider Konfessionen verständigen würden." Da diese sehr unreifen Phantasien in dem uns bekannten Exemplar der Denkschrift fehlen (ohne erkennbare Lücke im Text), wird G. selber sie später gestrichen haben.

S. 302 [42] „Das Ziel" Abschnitt II, 9. Dieselben Gedanken entwickelte G. in unserem Freiburger Widerstandskreis 1942 bei der Beratung der von mir entworfenen Denkschrift „Politische Gemeinschaftsordnung". Wir haben sie aber in unseren Vorschlägen nur teilweise und sehr beschränkt verwertet.

S. 302 [43] „Das Ziel" Abschnitt III, 7 will die „Parteigünstlinge" dadurch aus dem Beamtenkörper ausscheiden, daß jeder Beamte, „dessen Leistungen in auffälligem Mißverhältnis zu den Anforderungen des Dienstes stehen oder dem nach seinem Verhalten öffentliche Gewalt ferner nicht anvertraut werden kann", den Dienst zu verlassen hat, im Rahmen einer allgemeinen Reform des Beamtenwesens. „So streng das neue Recht und seine Handhabung, so fern muß es sich von allen Kleinlichkeiten halten. Ob Parteimitglied oder nicht, es wird die Majestät des Rechts wieder hergestellt."

S. 302 [44] Besonders eingehend die verschiedenen Grade der Verantwortlichkeit, auch die verschiedene Motivation nationalistischer Verfehlungen abwägend, wird das Problem der Sühne in der von G. geplanten Regierungserklärung behandelt, die ich in der Gegenwart 24. 6. 46 (1. Jahrgang Nr. 12/13) veröffentlicht habe, s. dort Seite 12.

S. 303 [45] Schilderungen in aller Widerstandsliteratur. Zu beachten vor allem: *Th. Steltzer* Der Kreisauer Kreis, in der Aufsatzsammlung „Von deutscher Politik" 1949, mit Abdruck der Dokumente im Anhang 154 ff. — *Eberhard Zeller* a. a. O. Seite 70—89. Mir lagen vor: Abschrift der von Steltzer abgedruckten Dokumente; einen Vorentwurf lernte ich schon während des Krieges kennen. — Gräfin *Freya von Moltke* Der Aufbau Deutschlands aus dem Gedankengut des Kreisauer Kreises (handschriftlich). — *Peter von Husen* In Memoriam Moltke und Yorck 20. 7. 44 (handschriftlich). — Interview von Husens durch von zur Mühlen. – Bericht Dr. Otto Ehrensbergers über seine Zusammenarbeit mit Yorck und Graf Fritz Schulenburg (handschriftlich). – Urteil des VGH über Moltke, Gerstenmaier, Sperr, Reisert, Fugger, Delp (Photokopie). – Interview Gustav Dahrendorfs durch von zur Mühlen. – Berichte K. B. – Ein Manuskript von Prof. Hans Peters, Köln (früher Berlin): „Erinnerungen an den Kreisauer Kreis" (mit sehr klar gezeichneter Charakteristik Moltkes). – Wertvolle Mitteilungen über die indirekte Widerstandstätigkeit, die Graf Moltke während des Krieges als Jurist im OKW (Fachreferent für Fragen des internationalen Rechtes) ausübte, um Grausamkeiten zu verhindern, bringt der Aufsatz von *W. Wengler* in: Die Friedenswarte. 48. Jahrgang 1948 Nr. 6 Seite 297–305. Ein sehr eindrucksvolles Bild von der Glaubenshaltung des Paters Delp gibt dessen Nachlaßbuch: „Im Angesicht des Todes" (Frankfurt, J. Knecht).

S. 303 [46] Seine Abschiedsbriefe an die Mutter und Gattin, kurz vor dem Gang zum Galgen, lernte ich in Abschrift im Archiv des Kriegsdepartements in Alexandria, Virg., kennen. Sie erscheinen mir als eines der bewegendsten Zeugnisse dieser Art und stehen für mich völlig gleichwertig neben den bekannten Abschiedsbriefen Helmuth von Moltkes (H. J. Graf von Moltke 1907–45. Letzte Briefe aus dem Gefängnis Tegel. 4. Auflage 1953. Zuerst englisch als: A German of the resistance. 2. ed. 1948).

S. 303 [47] Bericht Ehrensbergers a. a. O. Als Reichszuständigkeit waren, soviel der Berichterstatter sich erinnert, nur vorgesehen: Auswärtiges, Außenhandel, Wehrhoheit, Finanzen, Ernährungswirtschaft, allgemeine Wirtschaftslenkung, Verkehrs- und Nachrichtenwesen. Gegen die Übertragung auch der Finanzhoheit auf die Länder sträubten sich Ehrensberger und Schulenburg mit Erfolg. Die Reichsministerien sollten nur bei der Gesetzgebung „mitwirken, ohne eigene Verwaltungsbefugnis, und nur für reichseinheitlich zu ordnende Gebiete. Man wollte die bundesstaatliche Struktur auch mit Rücksicht auf Österreich und das Sudetenland möglichst locker machen". – Nach einer Spruchkammerverhandlung gegen Graf Erbach in Darmstadt (3. 6. 47), die mir vorliegt, soll Yorck eine Denkschrift „Der christlich-soziale Staat" verfaßt haben. (?)

S. 304 [48] Es ist nicht ohne Ironie, daß der Volksgerichtshof am 11. 1. 45 ihn nur zu einer Zuchthausstrafe verurteilte (und ihm damit das Leben rettete), weil er in der Hauptverhandlung einen so harmlos-weltfremden, aber aufrichtigen Eindruck gemacht habe. In seinen Vernehmungen hatte er die Tätigkeit des Kreisauer Kreises sehr geschickt verharmlost und war dabei mit großer Tapferkeit geblieben, trotz grausamer Mißhandlung (K. B.).

S. 304 [49] Der Landrat a. D. Dr. Th. Steltzer, ebenfalls Mitglied des Kreises, gehörte zum Laienorden der Michaelsbrüder, einer Organisation des sogenannten Berneuchener Kreises, einer Vereinigung evangelischer Theologen, die archaisierende Kultusreform auf der Basis altkirchlicher Tradition erstreben, sehr aufgeschlossen für die Formen katholischer Frömmigkeit.

S. 305 [50] Aussage Moltkes K. B. Pater Delp führte Moltke und Mierendorff beim Fuldaer Bischof Dr. Dietz ein, Moltke selbst suchte noch den Berliner Bischof Graf Preysing (mit dem ihn Prof. Peters in Verbindung brachte), den Salzburger Erzbischof Dr. Rohracher und Kardinal Faulhaber auf. Nach Angabe des Rechtsanwaltes Franz Reisert-München (ebd.) bestand Mierendorff hartnäckig darauf, der neu zu schaffende Staat müsse sich „christlich" nennen, was Reisert angesichts der allgemeinen Säkularisation des deutschen Volkes für unmöglich erklärte. – Das Instruktivste über Mierendorff findet sich in der Gedenkrede C. Zuckmayers in dem Privatdruck: Carlo Mierendorff. Portrait eines deutschen Sozialisten. Gedächtnisreden 13.3.1944 in New York von *P. Hertz, A. Vagts, C. Zuckmayer*; sie ist wiederabgedruckt in der „Wandlung" 1. Jahrgang 1945/6 Heft 12. Die sehr poetische Gedächtnisrede von Theo Haubach auf Mierendorff (wohl Dez. 43, Manuskript) ist politisch wenig ergiebig – was man begreift angesichts der damaligen Lage. Die Gedenkrede *E. Henks* auf Haubach (27. 1. 46, Manuskript) fand Widerspruch durch Haubachs Freundin, die sozialistische Jugendführerin Alma de l'Aigle: Unterredung mit von zur Mühlen; s. auch ihre Veröffentlichung: „Meine Briefe von Theo Haubach" 1947. Eine klare und nüchterne Beurteilung verdanke ich Herrn G. Dahrendorf, weitere Mitteilungen der früheren Braut Haubachs, Frl. Anneliese Schellhase. Beide Frauen betonen stark die christlichen Überzeugungen Haubachs. Ein „Haubach-Gedenkbuch" erschien 1954 in Frankfurt.

S. 306 [51] Ein Mann geht seinen Weg. Schriften, Reden und Briefe von *Julius Leber* 1952 Seite 232 f. Nach Seite 242 scheint es, daß er auch eine Unterstützung Schleichers als letzten Bollwerks gegen Hitler im Jan. 1933 gebilligt haben würde. (Verhandlungen Schleicher—Leipart.)

S. 306 [52] a. a. O. Seite 244 f., 247.

S. 307 [53] Seinen Freunden gegenüber gab er 1942 offen zu, daß er das „Neue Ziel", das man dem Nationalsozialismus gegenüber brauche, noch nicht formuliert habe, a. a. O. 280.

S. 307 [54] K. B. 15. 8. Aussage Haubach. Maaß war nach Haubachs Angaben scharf antiklerikal eingestellt; er war aber (nach Mitteilung des Verlegers Müller, der ihn gut kannte) keinesfalls antichristlich gesinnt. — Der kirchlich-katholische Dr. jur. P. v. Husen berichtet von schwierigen Debatten, die er mit Leber gehabt habe, um diesen davon zu überzeugen, daß man die Eltern nicht zwingen dürfe, ihre Kinder in eine christliche Schule zu schicken! Übrigens sei Leber stolz darauf gewesen, daß er das einzige Mitglied der sozialistischen Reichstagsfraktion war, das sich nicht zum Kirchenaustritt habe drängen lassen. (Mitteilung an Dr. von zur Mühlen.) Leber selbst hat vor der Gestapo von schweren Auseinandersetzungen zwischen den Sozialisten und den katholischen Verschwörern (Wirmer, Kaiser u. a.) gesprochen. K. B. und Anklageschrift gegen Leber und Genossen. Vgl. dazu Kap. 15, Anm. 96.

S. 307 [55] Eine Besprechung über landwirtschaftliche Fragen (an denen u. a. auch Prof. v. Dietze-Freiburg teilnahm) blieb nach *Steltzer* a. a. O. 74 ohne fixiertes Ergebnis.

S. 307 [56] Das bestätigt *Steltzer* a. a. O. 72

S. 308 [57] *Th. Steltzer* a. a. O. 77.

S. 308 [58] Um was für eine Karte es sich handelte, ist schwer zu sagen. Hätte *W. Münchheimer*: Die Verfassungs- und Verwaltungsreformpläne der deutschen Opposition gegen Hitler am 20. 7. 44, Europa-Archiv V, 14, 20. 7. 50,

Seite 3188 ff. mit seinen Rekonstruktionen recht, so müßte man annehmen, daß die dort Seite 2191 wiedergegebene Karte die der Kreisauer war. Sie soll von Schulenburg in Zusammenarbeit mit G. Isenberg und Albrecht Haushofer stammen und sieht nur 10 Reichskreise vor, die wesentlich nach dem Gesichtspunkt der Stammeszugehörigkeit abgegrenzt sind. Doch sind Bayern und Rheinland-Westfalen weit über die historische Stammesgrenze ausgedehnt. Das müßte in Bayern starken Eindruck gemacht haben. Dr. von zur Mühlen, früher Assistent Haushofers, sagte mir, er habe Schulenburgs Karte rekonstruieren können. Eine gewisse Rolle dürfte dabei Haushofers Schrift über das „stammhafte Gefüge" des deutschen Volkes gespielt haben (O. John). – Nun gehörten aber weder Haushofer noch Schulenburg noch Wirmer zum Kreisauer Kreis. Überdies berichtet Gräfin *Freya Moltke* (a. a. O.), die Kreisauer Pläne hätten „möglichst kleine Länder" vorgesehen, aufgebaut nach „landschaftlicher, wirtschaftlicher und kultureller Zusammengehörigkeit". *Steltzer* (a. a. O. 84) spricht von Ländern mit nur 3–5 Millionen Einwohnern. Wenn das zutrifft, so käme etwa die Popitzsche Karte (30 Länder a. a. O. 3192) oder allenfalls die zweite „Haushofersche" (18 Länder, Seite 3193) in Betracht. Beide zerteilen aber Bayern, was in München sicher abgeschreckt hätte. Leider sind die Angaben Münchheimers über die Unterlagen seiner Karten nicht genau genug, so daß sich ihr Quellenwert nicht beurteilen läßt.

S. 308 [59] K. B. Aussage Reiserts. Maaß hat vor der Gestapo bezeugt, ihn habe der radikale Föderalismus Moltkes so abgestoßen, daß er daraufhin den Kreisauern den Rücken kehrte. Anklageschrift gegen Leber und Genossen 19. 9. 44. Nach den „Erinnerungen" von Prof. H. Peters entstand das Kulturprogramm der Kreisauer aus Diskussionen über zwei Referate, die er selbst und Prof. Reichwein Pfingsten 1942 in Kreisau hielten. Prof. Dovifat-Berlin lieferte dazu ein Memorandum über Pressewesen (das mir nicht vorliegt).

S. 310 [60] Leuschner und Maaß empfanden diese Ideen als „syndikalistisch", führten sie auf Mierendorff zurück und lehnten sie sehr entschieden ab. K. B.

S. 312 [61] *Th. Steltzer* a. a. O. 81 ff. Die letzten 2 Sätze fehlen im Abdruck.

S. 312 [62] Das Unausgegorene und Romantische der Kreisauer Pläne fiel mir selbst schon 1943 auf, als ich einen Entwurf (wahrscheinlich Vorentwurf?) in Abschrift während meiner eigenen Arbeit an den Zukunftsplänen des Freiburger Kreises zu sehen bekam.

S. 312 [63] Die Existenz des „Kreisauer Kreises" und seine Verbindung mit Aktivisten wie Leber, Leuschner, Stauffenberg und Goerdeler ist nach Ausweis der K. B. der Gestapo nicht erst durch letzteren, sondern schon durch Geständnisse Haubachs bekanntgeworden.

S. 312 [64] Aussage Gerstenmaiers K. B. Ähnlich kritische Äußerungen (über den reinen Intellektualisten Moltke) angedeutet bei *Zeller* Seite 96 Anmerkung 16.

S. 313 [65] Es ist ein Irrtum *Zellers* (in seiner sehr ausführlichen, meist auf ungedrucktem Material beruhenden Charakteristik) Seite 96, Sch. habe diese Listen „nur in seinem Kopf bewahrt". Sie lagen 1944 in Breslau bei einem Frl. v. Grünberg. Auskunft des Herrn Dr. Erich Kessler (im Bundesministerium des Innern). Weitere Auskünfte: Min.Dir. Otto Ehrensberger (früher Reichsinnenministerium), Dr. v. Happe, Senatsdir. in Hamburg. Vernehmungen

Schulenburgs K. B. — Dr. Kessler hat vergebens nach dem großen Reformplan von 1944 (s. im Text) gefahndet.

S. 315 [66] Über diese komplizierte Persönlichkeit und ihre komplizierte politische Betätigung vgl. das schöne Buch seines Freundes *Rainer Hildebrandt* Wir sind die Letzten. Aus dem Leben des Widerstandskämpfers Albrecht Haushofer und seiner Freunde. Berlin o. J., das auch wertvolle Mitteilungen über die politische Betätigung Popitz' enthält. Tief ergreifend sind die im Gefängnis in der Lehrter Straße entstandenen, in der Hand des Ermordeten gefundenen 80 „Moabiter Sonette", die Hildebrandt 1947 veröffentlichte. Sie geben Kunde vom Seelenleben eines reichen Geistes.

S. 315 [67] Was *Zeller* 97 darüber nach unveröffentlichten Aufzeichnungen des Ob.Reg.-Rats W. Muthmann mitteilt, stimmt nur teilweise mit den Karten zusammen, die W. *Münchheimer* a. a. O. vorlegt. Die Veröffentlichung Muthmanns in der Essener Wochenzeitung „Der Fortschritt" vom 7. 10.—14. 11. 49 habe ich nicht gesehen. — Nicht ganz ohne Interesse (im Hinblick auf die heutige Länderabgrenzung) dürfte sein, daß in den Karten Münchheimers Nr. 1 und 3 (beide angeblich von Haushofer) sich ein Südweststaat „Schwaben" findet, allerdings in stark wechselnder Gestalt, aber beide Male ohne Nordbaden.

S. 315 [68] Die Kartenbeilage fehlt im Abdruck bei *Hassell* 376 ff. Nach *Münchheimer* a. a. O. 3192 war an 30 kleine Landschaftsgaue gedacht. Nach Mitteilung Dr. von zur Mühlens, der daran mitgearbeitet hat und sie 1948 zu rekonstruieren versuchte, war sie von A. Haushofer entworfen.

S. 316 [69] Mitteilung der Tochter: *Hassell* 376. Nach Mitteilung von Frau Irmg. Langbehn war auch deren Gatte an der Ausarbeitung beteiligt.

S. 317 [70] Über die von Popitz nach dem Attentat geplante Militärdiktatur vgl. unten Kapitel 15, Anm. 54.

S. 317 [71] Ich verzichte (aus naheliegenden Gründen) darauf, im Text dieses Buches eine ausführliche Analyse des großen Zukunftsprogramms zu geben, das 1942/43 in unserem Freiburger Widerstandskreis entstand: „Politische Gemeinschaftsordnung. Ein Versuch zur Selbstbesinnung des christlichen Gewissens in den politischen Nöten unserer Zeit." (62 Seiten Haupttext, 42 Seiten Anhänge, engzeilig). Da indessen unser Kreis in der Literatur mehrfach erwähnt ist und immer unrichtig bzw. ungenau, ist ein Exkurs darüber unvermeidlich. Wie schon im 7. Kapitel Anmerkung 7 kurz erwähnt, bildete sich kurz nach der Judenverfolgung des Nov. 1938, angeregt durch Prof. C. von Dietze, ein Kreis von Universitätsprofessoren und Theologen der Bekennenden Kirche (zeitweise wirkten auch katholische Gelehrte mit), die in etwa allmonatlichen Zusammenkünften Probleme des Widerstands von christlicher Sicht her erörterten. Ein Teil der Mitglieder beteiligte sich auch an den Sitzungen eines ähnlichen Kreises in Korntal bei Stuttgart (Landesbischof Dr. Wurm, Lic. Thielicke, Prof. Delekat, Th. Bäuerle u. a. m.). Von unserer ersten Ausarbeitung „Kirche und Welt", die zur Diskussionsgrundlage weiterer kirchlicher Kreise wurde, ist schon in Kapitel 7 die Rede gewesen. Im Spätsommer 1942 überbrachte uns Dietrich Bonhoeffer im Auftrag der illegalen Leitung der Bekennenden Kirche in Berlin folgendes Ersuchen: Wir möchten eine größere Denkschrift ausarbeiten, die den deutschen

Kirchenführern als Grundlage dienen könnte für ökumenische Gespräche auf der Weltkirchenkonferenz, die von englischer Seite (Bischof von Chichester, Erzbischof von Canterbury) bald nach Kriegsende unter Mitbeteiligung der deutschen Bekenntniskirche geplant war; sie sollte die Grundzüge einer gesunden Neugestaltung Deutschlands und einer gesunden Friedensordnung, beides von evangelisch-christlicher Sicht her, behandeln. Wir haben dann einen engeren Arbeitsausschuß gebildet (v. Dietze, Ritter, Walter Eucken, Adolf Lampe), in dessen Auftrag ich den Hauptteil der Schrift entwarf. Er enthält zunächst historische Betrachtungen über „Das politische Chaos unserer Zeit und seine Ursachen", sodann eine theologisch-historische Besinnung auf die Grundzüge evangelischer Sozialethik und das Wesen gesunder politischer Gemeinschaftsordnung nach evangelischem Verständnis, schließlich ein ausführliches Programm von Mindestforderungen, die an den deutschen Staat der Zukunft gestellt werden müßten, ebenso innen- wie außenpolitisch. Dieser Entwurf wurde mehrfach durchberaten, zuletzt in einer mehrtägigen geheimen Zusammenkunft (Nov. 1942), an der sich auch der Berliner Bischof Dibelius, Lic. Helmut Thielicke (im Auftrag des Landesbischofs Wurm), Dr. Walther Bauer, Berlin, und C. Goerdeler beteiligten. Der von mir entworfene Text wurde ergänzt durch je einen Anhang über Rechtsordnung (Verfasser Prof. Erik Wolf-Freiburg gemeinschaftlich mit Dr. Franz Böhm-Jena), Erziehung (Prof. Friedrich Delekat), Wirtschafts- und Sozialordnung (Walter Eucken, C. v. Dietze, A. Lampe) und die Judenfrage (v. Dietze). Jan. 1943 wurde die Arbeit abgeschlossen. Das Hauptexemplar (nur drei Exemplare wurden hergestellt) konnte ich in einem Dorf des Hochschwarzwalds verstecken. Im Juli 1945 ist es behelfsmäßig vervielfältigt worden und hat dann als eine der Vorbereitungsarbeiten für die Weltkirchenkonferenz Amsterdam 1948 mancherlei Nutzen im Sinn seines ursprünglichen Zwecks gestiftet. Das historische Einleitungskapitel habe ich in der Zeitschrift „Neubau" Okt. und Nov. 1947 veröffentlicht. Das Ganze trägt, seinem Ursprung entsprechend, mehr den Charakter einer Darlegung von Grundsätzen als eines Verfassungsprogramms, geht aber, besonders in den sehr sorgfältig durchdachten Anhängen, mit seinen Vorschlägen tief in konkrete Einzelheiten ein. — Nach dem 20. Juli 1944 wurden unsere Bemühungen der Gestapo durch Geständnisse eines Berliner Juristen bekannt, der eine nachträgliche (uns nicht mehr bekannt gewordene) Ausarbeitung zur Ergänzung des Anhangs 1 auf Wunsch der Berliner Kirchenleitung geliefert hatte und später hingerichtet worden ist. Dieses Geständnis war, soviel wir wissen, durch schwere Folterungen erpreßt. Die daraufhin erfolgende Verhaftung v. Dietzes, Bauers, Lampes und (etwas später) meiner selbst hing aber zugleich damit zusammen, daß wir Näheres von den Umsturzplänen G.s wußten und mit ihm in politischer Verbindung standen, wie die Anklageschrift gegen v. Dietze und Bauer vom 9. 4. 45 zeigt, die im ganzen den Sachverhalt korrekt wiedergibt. Von der Denkschrift habe ich der Gestapo nur einen Entwurf der theologisch-historischen Einleitung gezeigt und sie hat sich damit abgefunden, diese „religiösen Phrasen" für das Ganze zu nehmen.

VIERZEHNTES KAPITEL
FRIEDENS- UND ZUKUNFTSPLÄNE FÜR EUROPA

S. 320 [1] Vgl. die uns schon bekannten Grundthesen von *Wheeler-Bennett*, der sich selbst doch als wohlwollend-objektiven Beobachter betrachtet.

S. 320 [2] Mündliche Mitteilung von Herrn J. Wallenberg an den Verfasser.

S. 322 [3] Eine Fülle von Nachrichten darüber ist in der Widerstandsliteratur verstreut. Es gab auch viele nationalsozialistische Fühlungnahmen im Ausland schon seit 1940: sie gipfelten in dem Flug Rud. Heß' 1941 nach England. Besonders viele Notizen in *Hassells* Tagebüchern: siehe etwa 158 (10. 8. 40, C. Burckhardt); 181 f. (Febr. 41 ders.); 204 ff. (Mai 41, Haushofer, Heß, Himmler); 218 (30. 8. 41, Langbehn-Burckhardt); 201, 212, 223, 227 (Amerikaner Stallforth, Herbst 41, vgl. dazu den Aufsatz von Maley in Human Events 5./4. 46); 249 (Febr. 42 Burckhardt); 285/87 (Langbehn, Gisevius); 302 (März 43, Gerstenmaier); 321 (August 43, Langbehn); 337 (Trott zu Solz Dez. 43). — Ferner: *Schlabrendorff* 114 (Canaris-USA). Über die Versuche Lochners und Bonhoeffers, Informationen ins Ausland zu bringen (1941/2), s. weiter unten im Text! Widerspruchsvoll lauten die Berichte über die Auslandsverbindungen des Kreisauer Kreises. *Steltzer* a. a. O. Seite 79 versichert, man sei hier „ängstlich bemüht gewesen, jede Verbindungsmöglichkeit zu Nachrichtendiensten" ins Ausland zu vermeiden, weil auch gutgemeinte Mitteilungen propagandistisch ausgewertet werden konnten. Vor der Gestapo hat er ausgesagt, Moltke habe „aus der Sicht seiner kaltschnäuzigen englischen Bekannten gewußt, daß es dort an allen Voraussetzungen für einen Verständigungsfrieden fehlte, und habe es für ungeschickt gehalten, wie G. und Beck mit dem Feuer zu spielen". (K. B. 12. 9.) Das war aber wohl bloße Ableugnung, denn Seite 80 berichtet Steltzer selbst von Versuchen Moltkes und Gerstenmaiers 1943, auf die englische Politik Einfluß zu gewinnen, und druckt Seite 81 ff. eine eigene, für England bestimmte Denkschrift ab. Moltke selbst sagte vor der Gestapo aus (vielleicht absichtlich irreführend?), er habe durch seine Londoner Freunde gewußt, daß G. dort „nur mit ganz reaktionären Citykreisen, vollständig ohne Einfluß auf die englische Politik, in Verbindung gestanden habe; G. sei aber außenpolitisch vollständig urteilslos gewesen". (K. B. 29. 11.) Nach einer brieflichen Mitteilung der Gräfin Moltke (v. z. Mühlen) versuchte Moltke systematisch mit den Widerstandsbewegungen der besetzten Länder, besonders Norwegens, und über Schweden mit England in Verbindung zu kommen (Mich. Balfour). — P. v. Husen berichtet (Interview v. z. Mühlen), Moltke habe vor Weihnachten 1943 eine Dienstreise nach Ankara dazu benutzen wollen, in der Uniform eines amerikanischen Offiziers nach Kairo zu fliegen und dort einen General der Alliierten zu sprechen; das sei aber dann gescheitert. Nach *Dulles* 87 hat er mehrfach von der Türkei aus die Alliierten über Haltung und Hoffnungen der Opposition informiert. — Eine große Übersicht über die Auslandsverbindungen der Verschwörer brachten die K. B. am 29. 11. 44. Darin werden u. a. als Verbindungsmänner nach dem Westen über die Schweiz aufgezählt: Gisevius (durch A. W. Dulles); Ed. Wätjen (durch Schulze-Gävernitz); Strünck, Geßler; als Verbindungsmänner über Schweden

Edgar Baron Uexkuell, v. Trott, Buxhoeveden; über Spanien: Canaris, Otto John; als kirchliche Mittelsmänner: Gerstenmaier, D. Bonhoeffer, Dr. Hanns Lilje, Dr. Josef Müller. — Mein eigener Aufsatz: Die außenpolitischen Hoffnungen der Verschwörer des 20. Juli 1944 in: Merkur III, Heft 11 1949 (englische Fassung, verkürzt, in: Contemporary Review June 1950) ist natürlich heute in seinem Quellenmaterial z. T. überholt.

S. 322 [4] *Hassell*, 249, 285, 287. Seit der Casablancakonferenz wurden die Nachrichten sehr viel ungünstiger, wenn man auch immer noch hörte, die englische Politik fürchte Rußlands und Amerikas Übergewicht bei längerer Fortsetzung des Krieges: ebd. 287, 321, 337. Nach dem K. B. vom 29. 11. wäre noch im Sommer oder Herbst 1942 auf einem Herrenabend bei W. v. Alvensleben davon gesprochen worden, Geßler habe in der Schweiz günstige Nachrichten über die Haltung Churchills von einem Beauftragten des Premiers erhalten. Nach Mitteilung Dr. Otto Geßlers ist das reines Geschwätz. Geßler erklärt mir, er habe nie mit einem Vertreter des feindlichen Auslandes während des Krieges verhandelt.

S. 322 [5] S.-Sch. nannte in seiner brieflichen (und mündlichen) Mitteilung an mich besonders die Herren Schloßstein und Hahn, sowie den Leipziger Freund G.s, Dr. Cramer.

S. 323 [6] IMT. XX, 630 (Aussage von Brauchitsch). — Halder vor der Münchner Spruchkammer. — *Schlabrendorff* 68 (mir durch General Halder bestätigt). — Hitlers Wehrmachtsbefehle vom 12./13. 5. 41: IMT Doc. PS. 884 C. 50/51. *Wheeler-Bennett* 513 behauptet, ohne Versuch eines Beweises, Halder und Brauchitsch hätten die Hitlerschen Mordbefehle mitunterschrieben. Wäre dies der Fall gewesen, so hätte der Ankläger in Nürnberg, der gerade diese Frage genauestens untersuchen ließ, bestimmt nicht versäumt, eine Anklage daraus zu konstruieren. Dies blieb jedoch Wheeler-Bennett vorbehalten, der überdies nicht einmal beachtet, daß Halder nur operative, nicht gerichtsherrliche Weisungen zu zeichnen hatte. Richtig ist allerdings, daß Brauchitsch auf Grund der Befehle Hitlers vom 30. 3. einen Entwurf zu dem berüchtigten „Kommissarbefehl" durch seinen Gerichtsreferenten ausarbeiten ließ, diesen billigte und dem OKW am 6. 5. 41 zur „Mitprüfung und Kenntnisnahme" vorlegen ließ, natürlich noch ohne Unterschrift. Halder lehnte jede Mitverantwortung dafür ab und verweigerte dem Referenten gegenüber sogar die Kenntnisnahme. Im OKW (Warlimont, Jodl) war man bemüht, dem Befehl, der dann von dort ausging, wenigstens einige „Giftzähne auszubrechen" (übrigens mit Unterstützung Rosenbergs). Es ist bekannt, wie unvollkommen das gelang und wie zähe sich Hitler auch weiterhin allen Milderungsvorschlägen der Truppe, des OKH und OKW widersetzt hat. Immerhin wurde erreicht, daß Hitlers ursprünglicher Befehl, die ganze „kommunistische Intelligenz" auszurotten, stillschweigend unter den Tisch fiel und daß die Truppe angewiesen wurde, nur solche Kommissare „erledigen" zu lassen, die sich „einer feindlichen Haltung schuldig machten". Grausig genug blieb das Ganze freilich doch, und Brauchitschs Opposition war lahm. Vgl. IMT Dok. PS 877, 891, 1471, NOKW 200, 209, 252, 484, 1076, 1481, 3556, dazu briefliche Auskünfte Halders, dessen Tagebuch vom 30. 3. und briefliche Mitteilungen (mit vielen Quellenbelegen) von Frau L. Jodl.

S. 323 [7] General Halder schreibt mir u. a.: „Wenn er (Brauchitsch) durch Erziehung und innere Überzeugung auf der Seite der ‚Verschwörer' stand, so vermied er doch ängstlich, bindende Verpflichtungen einzugehen in einer Frage, in der sein Gewissen ihm keine eindeutige Auskunft gab und in der logische Überlegung kein klares Bild über das Verhältnis zwischen Risiko und Erfolg zu geben vermochte."

S. 323 [8] *Hassell* 249. Burckhardt hatte nur andeutend von den Grenzen von 1914 in London als vermutlicher Forderung der Opposition gesprochen.

S. 324 [9] In Bern war Siegmund-Schultze gesagt worden, man wolle versuchen, in London doch noch die Erlaubnis zur Weitergabe des Dokuments zu erreichen. Der britische Generalkonsul in Zürich nahm es daraufhin zunächst in Verwahrung bis auf Abruf, der aber erst am 4. 8. erfolgte. Prof. S.-Sch. behält sich eine Veröffentlichung seines Briefes an Erzbischof Temple und aller zugehörigen Dokumente, einschließlich der Antwort Edens (s. unten) vor.

S. 325 [10] Der innerpolitische Hauptteil ist schon im Kapitel 13 besprochen.

S. 327 [11] Es scheint, als wäre die Zusatzerklärung zur Atlantik-Charta von der deutschen Opposition zunächst nicht beachtet worden. Vgl. *Hassell* 218 f. Nur Art. 8 erweckte Sorgen.

S. 328 [12] *Hassell* 214.

S. 328 [13] Herabsetzung der Rüstungsausgaben von (bisher) jährlich 75 auf 4 Milliarden. — Die Ausarbeitung, von der Gestapo unter G.s Papieren gefunden, ist datiert: 13. 12. 42 und ist als „Erklärung zur Atlantik-Charta" bezeichnet, geht aber gar nicht näher auf diese ein, sondern entwickelt ein eigenes, ziemlich flüchtig entworfenes Zukunftsprogramm, u. a. für die Neuabgrenzung der Balkanstaaten, aber auch für Europa- und Völkerbund. (Anlage zum K. B. vom 16. 8. 44.)

S. 328 [14] Der bekannte Bericht Bischof *Bells* in Contemporary Review Oktober 45 (wiederholt in seinem Buch The Church and Humanity und jetzt wieder abgedruckt in der Sammelschrift „20. Juli 1944". 1953) macht über die politischen Vorschläge der beiden Sendboten kaum nähere Angaben. Die Information Schönfelds über die deutsche Arbeiteropposition und die gewerkschaftlichen Verbindungen stammte weder von Kaiser noch von Leuschner, die es beide ablehnten, nähere Nachrichten darüber ins Ausland gelangen zu lassen. Doch durfte Schönfeld ihre Namen nennen. *Wheeler-Bennett* 553ff. hat die Memoranda Bells und Schönfelds für das Foreign Office von 1942 benutzen können. Darnach legte Schönfeld folgendes Zukunftsprogramm vor: „Wiederherstellung des Rechtsstaates in Deutschland mit weitgehender Dezentralisation; Wirtschaftsgemeinschaft in Europa als stärkste Sicherung gegen Militarismus; Schaffung einer Föderation freier Nationen, zu denen auch Polen und die Tschechoslowakei gehören sollen; europäische Armee unter einer neutralen Autorität." Das sind sehr verschwommene Angaben. Wheeler-Bennetts Bericht läßt nicht erkennen, ob von Angliederung Österreichs und von Wiederherstellung der Grenzen im Osten in dem Memorandum bloß nicht gesprochen wird oder ob auf beides ausdrücklich verzichtet wird. Ich möchte das erstere vermuten. Warum Wheeler-Bennett dies „the most ambitious peace offensive" seit 1940 nennt, verstehe ich ebensowenig wie seine Behauptung (Seite 558), die britische Regierung hätte dahinter eine „Falle“ vermuten dürfen, ähnlich dem Trick der Gestapo beim Venloer Überfall im November 1939.

S. 328 [15] Vgl. Hassells Verhalten in Arosa 1940 (oben Kapitel 12). Dazu Tagebücher 214 f. u. ö., ferner G.s Friedensplan vom 30. 5. 41, Anhang V, 1. Absatz („ausschließlich innerdeutscher Charakter“ des Umsturzes). Es ist hiernach zweifelhaft, ob die Forderung einer *öffentlichen* Erklärung Englands wirklich den Wünschen der Auftraggeber Schönfelds entsprach.

S. 332 [16] *Churchill*, Der Zweite Weltkrieg (Deutsche Übersetzung 1951) Band IV, 2, Seite 309 ff. – *Elliott Roosevelt*, Wie er es sah (Deutsche Ausgabe 1947) Seite 150 ff. — *Robert Sherwood*, Roosevelt and Hopkins (1948) Seite 695 ff. — *Cordell Hull*, Memoirs II Chapter 113, p. 1570 ff. — *Ulrich Meister*, Zur deutschen Kapitulation 1945, in: Zeitschrift für ausländisches öffentliches Recht und Völkerrecht Band XIII (1950/51) 393—410. Angesichts der hier berichteten Tatsachen bedarf die verharmlosende Darstellung *Wheeler-Bennetts* 536 f. und 558 f. („The Casablanca Declaration constituted for the conspirators a very small embarrassment, if any at all“) keiner Widerlegung mehr. Seine Behauptung (Seite 537) „that German Generals as such were not averse in principle or in practice to the formula of Unconditional Surrender“ — da sie ja in Stalingrad bedingungslos kapituliert hätten (!), richtet sich selbst. *Gisevius* II, 258 bestreitet nur die Bedeutung der Casablancaformel für das Scheitern des von ihm erhofften Generalsputsches während der Katastrophe von Stalingrad, nicht ihre verheerende Wirkung überhaupt. Zu beachten ist auch die von *Dulles* 132 Fußnote wiedergegebene Tagebuchnotiz Kessels. Vgl. ferner *P. Schmidt*, Statist auf diplomatischer Bühne (1949) S. 567 über die Wirkung der Casablancaformel auf Hitler. — Die grausigen Tafelspäße Stalins in Teheran (wo er auf die glückliche Erschießung von 50000 deutschen Offizieren mit Roosevelt und Churchill anstoßen wollte), von denen *Elliott Roosevelt* a. a. O. 238ff. berichtet, wird man immerhin nicht als ein Stück diplomatischer Verhandlung auffassen dürfen.

S. 333 [17] General *Thomas*, Die Opposition (ungedruckt).

S. 333 [18] *Dulles* 142 ff. Den dort gegebenen Bericht ergänzte mir Herr Jakob Wallenberg in sehr liebenswürdiger Weise anläßlich eines Besuches in Stockholm 1953 unter Zuhilfenahme seines Tagebuchs. Ich erhielt Abschrift des Goerdelerschen Memorandums vom Mai 1943. Weiterer Bericht in G.s Mem. Nach einer Mitteilung des Frh. von Palombini an den Verf. hätte sich G. auch mit Sumner Welles gelegentlich in Stockholm getroffen, ihn nach der Haltung der USA im Fall eines deutschen Umsturzes gefragt u. d. Auskunft erhalten, es sei nicht ausgeschlossen, daß man dort über eine vernünftige Grenzziehung im Osten mit sich reden lassen würde. Leider erinnert sich Herr v. P. nicht mehr an das Datum, glaubt aber, es sei 1942 gewesen. Er selbst sei dabeigewesen.

S. 334 [19] Gleich darauf, im März 43, kurz vor dem Tresckow-Attentat, hat allerdings Dr. Jos. Müller im Auftrag Becks nach England (über den Vatikan?) melden lassen, „daß die Generäle sich aus ethischen Gründen zum Handeln verpflichtet fühlten“. Rundfunkansprache Müllers, abgedruckt bei *G. Weisenborn*, Der lautlose Aufstand (1953) Seite 242. Der politische Sinn dieser Mitteilung und ihr Verhältnis zu G.s politischen Absichten bleibt einstweilen ganz dunkel. In der Hauptversammlung vor dem VGH am 8. 9. 44 ist von einer Fühlungnahme G.s mit Kardinal Faulhaber-München im März 1943 berichtet worden, G. fragte, ob Faulhaber „außenpolitische Einflußmöglichkeiten habe und ob ein Zusammengehen der beiden Kirchen in Frage komme". Die Antwort war: der Kardinal besitze außenpolitische Verbindungen nur zum Papst, für ein Zusammengehen beider Kirchen sei die Zeit günstig. Auch den Freiburger Erzbischof Gröber hat G. gelegentlich aufgesucht. Bericht Thieracks an Bormann 8. 8. 44.

S. 334 [20] Das handschriftliche Original ist noch im Besitz des Herrn Jakob Wallenberg, der seine Veröffentlichung freundlichst gestattete. — Die Fassung ist im Verhältnis zu anderen Schriften G.s ungewöhnlich knapp: 28 kurze Leitsätze, in der Abschrift 5 Seiten umfassend.

S. 336 [21] Er ließ sich darin auch durch Einwendungen sachkundiger Diplomaten nicht erschüttern. Botschafter a. d. Rich. Meyer von Achenbach berichtet mir, er habe ihn im Mai 1943 (und noch öfters) in Stockholm vergeblich über den wahren Ernst der Lage und die Aussichtslosigkeit seiner Bemühungen in England aufzuklären versucht. Mitteilungen über die künftige Westgrenze Polens, über die damals in London mit der polnischen Emigrantenregierung verhandelt wurde, hätten ihn tief erschüttert; er habe sich indessen gesträubt, diese Pläne ernst zu nehmen. Er habe auch die Selbständigkeit der russischen Politik unterschätzt und nicht einsehen wollen, „daß der russische Vormarsch nach Westen, wenn überhaupt, nur durch Einvernehmen mit den Russen angehalten werden könnte". Dazu wird man nun freilich bemerken dürfen: 1. daß nicht zu sehen ist, wie die Verschwörer ein solches „Einvernehmen" hätten erzielen sollen, wenn die Ostfront zusammenbrach; 2. daß die Alternative gegenüber solchen Mitteilungen doch wohl nur lauten konnte: totale Resignation — oder aber: Hoffnung trotz allem.

S. 336 [22] Die Erzählung bei *Dulles* 144 verlegt irrig diese Bitte schon auf Mai.

S. 336 [23] Wallenberg erschien diese Ankündigung verfrüht; auch könne Schlabrendorff nur als Verbindungsmann nützlich werden; als Unterhändler bedürfe es einer anderen, bekannteren Persönlichkeit.

S. 338 [24] Persönliche Mitteilung Herrn Wallenbergs an den Verf.

S. 338 [25] *Hassell*, S. 325, 334.

S. 338 [26] Offensichtlich korrekter waren seine Aussagen vor der Gestapo im August 44, die ich im folgenden wörtlich wiedergebe: „Herbst 1943 trifft sich Goerdeler mit Jakob Wallenberg in Berlin. Dessen Bruder Markus war in London gewesen. Ergebnis: die Engländer würden sich nicht mehr abhalten lassen, die Luftangriffe auf Deutschland zu verstärken. Sie könnten angeblich auf dieses Mittel nicht verzichten, um den Krieg schneller zu Ende zu bringen. Von dem Einsatz dieses Kriegsmittels könne allenfalls abgesehen werden, wenn auch Deutschland dazu bewogen würde, den Krieg abzukürzen. Frage G.s: Was England bereit sei zu garantieren, falls der Krieg ohne Fortsetzung des Kampfes bis zum letzten abgeschlossen würde. Antwort: Es sei sehr schwierig, von den Engländern eine bestimmte Zusage zu erhalten. Sie zögen sich immer darauf zurück, daß sie erst ihr Parlament befragen müßten. Immerhin glaubt Wallenberg sagen zu können, daß die

Engländer zu einer Politik bereit seien, die die Sowjets östlich der alten polnischen Ostgrenze zum Stehen bringe und die baltischen Staaten nicht unter Sowjeteinfluß fallen lasse. Auf die ausdrückliche Frage von G. hin habe Wallenberg erklärt, daß diese Auffassung von so autoritativer Seite komme, daß es eine Stelle von größerer Autorität in England nicht gäbe. Gegenfrage Wallenbergs: Welcher deutsche Beitrag zur Abkürzung des Krieges? G. will ausweichend geantwortet haben, die russische Gefahr bestehe für England bei kurzem und bei langem Krieg. Antwort Wallenbergs: Er sehe dies ein, glaube aber, die Engländer würden stur in dem bisherigen Stil weiter Krieg führen; Goerdeler: Es sei doch sinnlos, Deutschland gegenüber immer wieder übertriebene Forderungen zu erheben, die zur Fortsetzung des Krieges geradezu nötigten (unconditional surrender). Abschließende Erklärung Wallenbergs: Auch das sei richtig, aber da sei nichts mehr zu machen." K. B. vom 17. 8. In der Aufzeichnung vom September 1944, kurz nach der Verurteilung, stellt G. die Dinge so dar, als hätte Churchill seinen Friedensplan vom Mai praktisch angenommen. Dasselbe hat er in einer späteren Vernehmung vor der Gestapo behauptet: Auszug aus dem Vernehmungsprotokoll als Anlage zu K. B. vom 21. 9. In der Aufzeichnung vom November 44 (Unsere Idee) heißt es: die Engländer seien „im wesentlichen mit allem einverstanden gewesen". Diese Entstellung kann nur bewußt tendenziös sein — in welchem Sinn, wird das letzte Kapitel zu erörtern haben.

S. 338 [27] Sie fiel der Gestapo nach dem 20. Juli in die Hände. Vermutlich handelt es sich um das Stück, das im sogenannten Kiesel-Bericht (Norddeutsche Hefte 1947, Nr. 1/2) S. 25 als „Memorandum an die westlichen Alliierten" bezeichnet ist und nach diesem Zeugen im „Askanischen Hof" gefunden wurde. Ich fand sie unter den Beilagen der K. B. — *R. Pechel* muß eine Kopie unter den von ihm eingesehenen Funden der Gestapo benutzt haben, da er S. 220 f. ein Stück daraus abdruckt; er unterscheidet das Stück aber nicht von der S. 213—220 von ihm auszugsweise publizierten Niederschrift.

S. 338 [28] Abweichend von der mit Wallenberg verabredeten Aufzeichnung vom März 1943 ist wieder von der Ostgrenze vor 1914 die Rede. Doch soll Polen durch Staatsunion mit Litauen für den Verlust von Westpreußen entschädigt werden und so einen Zugang zum Meer bekommen, außerdem jede Unterstützung für seinen Wiederaufbau erhalten, die es braucht.

S. 340 [29] Einen ausführlichen Verfassungsplan für die künftige Organisation Europas und des Weltstaatensystems fand die Gestapo 1944 unter den Papieren, die G. in seinem Berliner Standquartier, dem Hospiz am Askanischen Platz, zurückgelassen hatte. Es wurde für den Gebrauch der Gestapokommission in 90 Ausfertigungen vervielfältigt und ist nach einem dieser Exemplare von *R. Pechel*, S. 213 ff. auszugsweise veröffentlicht. Eines dieser Exemplare muß G. vorgelegen haben, als er im November 1944 seine große Niederschrift „Unsere Idee" (40 Seiten Schreibmaschinenschrift zu 60 Zeilen) anfertigte, da ganze Partien hier wörtlich wiederkehren. Ein ähnliches Europaprogramm enthält auch die schon in Kapitel 13 benutzte Niederschrift „Gedanken eines zum Tode Verurteilten über die deutsche Zukunft" vom September 1944. Auf die nicht sehr belangreichen Abweichungen der verschiedenen Entwürfe im einzelnen einzugehen erübrigt sich. Sie betreffen hauptsächlich die Fragen der Grenzziehung im Osten (russische Westgrenze vom 1. 9. oder vom 31. 12. 39, Teilung der ehemals preußischen Provinz Posen nach Volkstümern?), die Behandlung Elsaß-Lothringens (Volksabstimmung? Autonomie?), die Bildung von regionalen Staatsgruppen in Europa, die Zukunft Japans und Chinas, die beide zu ihrem Recht kommen sollten, die technische Organisation und den stufenweisen Aufbau der künftigen Staatenbünde Europas und der Welt, die Wiederaufbaugemeinschaft, die Weltschiedsgerichte, die Schaffung einer Weltluftpolizei, die Europäisierung des Kolonialbesitzes der europäischen Staaten mit gleichem Zugangsrecht für alle Europäer, europäischen Kolonialtruppen u. dgl. mehr. Schließlich wird auch das Verhältnis des britischen Empire zum künftigen Europabund erörtert: es soll möglichst zur Mitgliedschaft gewonnen werden und eine Vermittlerrolle zu den USA spielen. Wie sich Goerdeler den regionalen Zusammenschluß europäischer Staatengruppen dachte, erhellt aus dem Abdruck *Pechels*, S. 214. Es ist ganz interessant, diesen Passus mit ähnlichen Zukunftsphantasien Churchills in Casablanca zu vergleichen: *Churchill*, Bd. VI, 2, S. 341.

S. 340 [30] Aussage Steltzers, K. B., 12. 9. 44. — Mitteilungen Dr. von Husens an v. z. Mühlen. — Nach Gerstenmaier (bei *Hassell*, S. 371) referierte Trott Anfang 1943 auf einer Zusammenkunft der Kreisauer mit dem Goerdeler-Kreis über die außenpolitischen Ideen der ersteren und sprach von europäischer Föderation.

S. 340 [31] So das Ergebnis der Gestapovernehmungen, K. B., 21. 11. 44. Ähnlich habe Langbehn gedacht. Dazu Mitteilungen von Prof. E. R. Huber, Freiburg, der sich mit Reichwein über dieses Thema noch 14 Tage vor dessen Verhaftung unterhalten hat. Er versicherte mir aber mit aller Bestimmtheit, daß von kommunistischen Überzeugungen bei Reichwein keine Rede sein könne. Nach mündlicher Mitteilung Dr. O. Johns hätte auch Haushofer viel von deutscher Mittellage und der Notwendigkeit einer Fühlungnahme mit dem Osten gesprochen. — Über Trott: K. B., 8. 8. 44, dazu *Hassell*, S. 321, 332, 334. Hassell verfaßte für die Berbersche Zeitschrift „Auswärtige Politik" einen Aufsatz „Deutschland zwischen Ost und West", dessen Korrektur er noch am 25. 7. 44 gelesen hat, der aber nach seiner Verhaftung herausgenommen werden mußte. Er ist rein geschichtlich und politisch farblos. (Mitteilung d. Manuskripts und seiner Geschichte durch Herrn J. von Kempski an den Verf.)

FÜNFZEHNTES KAPITEL · UMSTURZVERSUCHE 1942–1944

ZU ABSCHNITT I: VOR STALINGRAD

S. 343 [1] Siehe oben Kapitel 10. Ich verdanke dem ehemaligen Ordonnanzoffizier Hoepners, Herrn Dr. Bothe-Berlin, eine sehr eingehende schriftliche und mündliche Charakteristik des Generals und bedaure lebhaft, seine Mitteilungen, die mir von Frau Irma Hoepner überlassenen strategischen und kriegsgeschichtlichen Ausarbeitungen ihres Gatten und briefliche Mitteilungen Dritter wegen Raummangels hier nicht auswerten zu können. Die strategischen Aufzeichnungen lassen erkennen, daß Hoepner (nicht Hoeppner!, die falsche Schreibung kehrt immer wieder, sogar bei E. Zeller) das gerade Gegenteil eines Defaitisten war. Noch am 21. 6. 43 schließt er eine Betrachtung über die „Festung Europa" mit der Mahnung: „Vertrauen! Nerven!" Anderseits wird bezeugt, daß er schon 1937 erbitterter Gegner des Naziregiments war und daraus kein Hehl machte, schon Frühjahr 1940 das Attentat forderte und sich für den Umsturz zur Verfügung stellte. Zu seiner menschlichen Charakteristik nur folgendes in Kürze: 1. Den Befehl zum Rückzug seiner Armee auf die von ihm seit langem vorsorglich vorbereitete „Hoepnerlinie" erteilte H. am 7. 1. 42 in bewußtem Widerspruch zum Führerbefehl und meldete den Rückzug erst, als er schon angelaufen war. 2. Nach seiner Entlassung erklärte er seinen Mitarbeitern beim Abschied: „Ich bin meines Postens ... enthoben worden, weil ich einen Führerbefehl nicht befolgt habe. Seit meiner Jugend der Armee verbunden und dadurch den deutschen Soldaten verpflichtet, fühlte ich mich bei meinen Entschlüssen stets einem Höheren verantwortlich. Jederzeit würde ich wieder genau so handeln, wie ich gehandelt habe ... Ich gehe in dem Bewußtsein einer meiner Armee und dem Volke gegenüber erfüllten Pflicht." 3. Ende Mai 1940 als Kommandeur des 16. Armeekorps herrschte er einen ihm unterstellten SS-Divisionsführer, der sich im Übereifer erbot, einen Brückenkopf über den La Bassée-Kanal zu halten („Menschen spielen dabei gar keine Rolle"), in höchster Empörung an: „Menschenleben spielen bei Ihnen gar keine Rolle? Ein Schlächter sind Sie und kein Offizier! Ein militärischer Erfolg hat nur dann Wert, wenn er mit sparsamsten Verlusten an Menschen erzielt wird. Sonst könnte man jeden Ignoranten an militärische Führerstellen setzen." 4. Das Andenken Hoepners droht dadurch verdunkelt zu werden, daß der in IMT Bd. 37, S. 671 ff. als Dok. L 180 abgedruckte Bericht des SD-Einsatzführers Dr. Stahlecker, eines der schlimmsten Wüteriche, von „sehr enger, ja fast herzlicher Zusammenarbeit" mit der Panzergruppe Hoepner spricht. Nach einem sehr genauen brieflichen Bericht Dr. Bothes kann sich indessen diese Bemerkung (die überdies Aufschneiderei ist) nur darauf beziehen, daß H. der zeitweise unbeschäftigten SS-Truppe Stahleckers auf dessen Wunsch Gelegenheit gab, sich am Ausräumen eines sogenannten Kessels russischer Truppen (nordwestlich Luga) in normalem militärischem Kampf zu beteiligen und dadurch militärische Auszeichnungen zu verdienen. Von seiner eigentlichen Tätigkeit, die sich völlig jenseits des Hoepnerschen Befehlsbereichs vollzog, hat Hoepner nie etwas erfahren.

S. 343 [2] *Wheeler-Bennett*, S. 514 behauptet das Gegenteil ohne jede Begründung.

S. 344 [3] Mir liegen ausführliche Auskünfte vor, die ich der Witwe, Frau Eva Olbricht, und dem Schwiegersohn, Herrn Fr. Georgi, verdanke. Von Herrn Georgi stammt auch eine Schilderung der Abschiedsszene im Wehrministerium Bendlerstraße, die er noch in der Nacht vom 20. auf 21. Juli 1944 niederschrieb und aus der die mannhaft todbereite Haltung Olbrichts ergreifend hervorleuchtet.

S. 344 [4] *Thomas*, Die Opposition (handschr.). Dem Verf. scheinen die Daten etwas durcheinandergeraten zu sein. Er setzt Goerdelers Besuch bei Kluge (Herbst 1942) schon auf Frühsommer 1941. Vgl. auch *Hassell*, S. 224.

S. 345 [5] *Schlabrendorff*, S. 54, 66 f. u. ö. Briefliche Auskunft Gen. Halders an mich. – Gisevius' Behauptung, Tresckow sei erst durch Goerdeler 1942 für die Verschwörung gewonnen worden, stammt wahrscheinlich von Goerdeler selbst, der in seinen Vernehmungen 1944 ausgesagt hat, er habe Tresckow noch im Spätherbst 1942 bei zweimaligem Treffen, in Smolensk und in Berlin, erstaunlich optimistisch im Blick auf die militärische Lage der Ostfront getroffen. Er selbst, G., habe ihn erst über die Gesamtlage richtig ins Bild gebracht. Mir ist sehr wahrscheinlich, daß Tr. übertriebenen Prophezeiungen eines baldigen militärischen Zusammenbruchs, zu denen Goerdeler neigte, entgegengetreten ist. Seine politische Oppositionshaltung ist aber schon für 1938/39 einwandfrei bezeugt. Danach entfällt die ganze (mit „vielleicht" eingeschränkte) Charakteristik Tresckows durch Gisevius, a. a. O., die *Wheeler-Bennett*, S. 315 (ohne „vielleicht") übernimmt.

S. 345 [6] Von der Hand Rudolf von Gersdorffs liegt mir eine memoirenhafte Aufzeichnung (nach 1945) vor, die zu den eindrucksvollsten Selbstzeugnissen dieses Geistes gehört. Danach war Gersdorff schon Juni 1941 Offizier im Stab der Heeresgruppe Mitte. Er schildert den dort geführten Kampf gegen Hitlers grausame Heeresbefehle, spricht von der Opposition der Berufsoffiziere gegen den Dilettantismus der Obersten Kriegsleitung, betont aber: „Noch mehr zwang uns das Grauen vor der nationalsozialistischen Gewaltherrschaft und deren verbrecherischen Taten dazu, alles zu tun, um das deutsche Volk und die Welt von seinen Verderbern zu befreien ... tiefes Verantwortungsgefühl gegenüber Gott, der Welt und dem deutschen Volke war das Antriebsmoment, das die deutschen Widerstandskämpfer wie unter einem inneren Zwang handeln ließ."

S. 345 [7] Mitteilung Halders an den Verf.

S. 345 [8] *Schlabrendorff*, S. 79 ff., *Hassell*, S. 229, *Wheeler-Bennett*, S. 516 konstruiert willkürlich aus den Angaben Schlabrendorffs, S. 74 einen angeblich durch „dilettantisches Ungeschick" der Verschwörer gescheiterten Attentatsversuch anläßlich Hitlers Besuch in Borissow, den er auf 4. August verlegt. Damals, mitten im siegreichen Vormarsch, einen Versuch zur Festsetzung Hitlers zu planen, wäre der Gipfel des politischen Dilettantismus gewesen.

S. 345 [9] Nach *Hassell*, S. 232 hatte er sich Falkenhausen und Thomas gegenüber, die ihn (anscheinend im Oktober) zum Handeln drängten, zum Staatsstreich bereit erklärt, falls Hitler beseitigt würde.

S. 346 [10] Gen. *Thomas*, a. a. O. (Ms.) – *Hassell*, S. 231, 244, 248. Die letztgenannte

Stelle läßt erkennen, daß auch von Hassell den Goerdeler-Beckschen Plan „isolierter Aktion" Witzlebens für utopisch hielt. *Pechel*, S. 154 ff. Dazu ist zu vergleichen die Kritik des Pechelschen Buches durch *Gisevius* in der Neuen Züricher Zeitung vom 1. 4. 47 und in den späteren Auflagen seines Buches, die das Utopische der von Pechel nach Paris getragenen Pläne scharf betont. Witzleben (der sehr leicht aufbrauste) sei darüber so empört gewesen, daß er die Verbindung mit Goerdeler abbrach. Fatal sei auch das Faktum, daß gemeinsam mit Pechel sich der Wichtigtuer W. von Alvensleben in die Planungen einzuschalten suchte. — *Wheeler-Bennett*, S. 526 vermengt die Pläne des Winters 1941/42 sehr leichtfertig mit dem, was *Gisevius* II, S. 257 über Putschpläne des Januar 1943 berichtet. Gisevius ist indessen daran mit schuld, da er auf S. 257 den längst entlassenen Witzleben als noch in Frankreich amtierend voraussetzt; ebenso in seiner Nürnberger Aussage am 25. 4. 46, IMT XII, S. 265.

S. 347 [11] *Thomas*, a. a. O. — *Schlabrendorff*, S. 83. Danach hatten sich mehrere Industrieführer im letzten Augenblick geweigert, ihre Unterschrift zu geben. — Goerdelers Verbindungen mit der rheinischen Industrie wurden vor allem durch den sogenannten Reusch-Kreis (um den Direktor der Guten-Hoffnungs-Hütte) vermittelt. Im Hause des Großgrundbesitzers Wenzel-Teutschental (bei Halle) fand er Gelegenheit, seine Ideen vor Wirtschaftsführern zu entwickeln. K. B. und sogenannter Kiesel-Bericht: Nordwestdeutsche Hefte 1947, 2, S. 21.

S. 347 [12] *Thomas*, a. a. O.

S. 347 [13] *Gisevius* in seiner Nürnberger Aussage, IMT XII, S. 264 u. ö. Unklar bleibt, wann zuerst und in welchem Umfang auf Manstein eingewirkt wurde. *Dulles*, S. 66 spricht (nach Angaben von Gisevius) von einem Überredungsversuch, der schon vor dem Fall von Sebastopol (1. 7. 42) erfolgt sein müßte. *Schlabrendorffs* Angaben, S. 159 sind undatiert. *Thomas*, a.a.O. berichtet von einer Entsendung des ihm ergebenen Oberst Bentler an Manstein im Winter 1942/43; Manstein habe grundsätzlich zugestimmt, jedoch erklärt, „die Zeit sei für die Beseitigung Hitlers noch nicht reif genug". — IMT XII, S. 264 berichtet Gisevius von einem Brief Becks (wohl von Ende 1942), den Manstein ablehnend beantwortet habe; ferner von einem Besuch Tresckows und eines Oberstleutnants Graf von der Schulenburg „ein paar Monate später", also nach dem Fall von Stalingrad, der ebenfalls vergeblich blieb. Manstein selbst hat vor dem Nürnberger Tribunal, in sichtlichem Ärger über das Auftreten von Gisevius als Ankläger der Generäle, zwar den genannten Brief Becks und seine Antwort („ein Krieg ist nur verloren, wenn man ihn verloren gibt") bestätigt, im übrigen aber bestritten, überhaupt während des Krieges mit der politischen Opposition in Fühlung gewesen zu sein. Er habe erst nach dem Kriege begriffen, daß verschiedene Besucher ihn „sondieren" wollten: so Gen. von Gersdorff, der Briefe Goerdelers und Popitz' mitbrachte, aber nicht zu übergeben wagte. Er habe „immer den Standpunkt vertreten, daß eine Beiseiteschiebung oder Beseitigung Hitlers im Kriege zum Chaos führen müsse", IMT XX, S. 680f. Dazu vgl. *Zeller*, S. 335 f., Anm. 24. Das läßt sich mit den Angaben der obengenannten Zeugen nicht vereinigen. Sicher ist aber richtig, daß Manstein niemals irgendeine Zusage an die Verschwörergruppe gegeben hat. Vgl. auch *Schlabrendorff*, S. 160 über seine Treueerklärung an Hitler. Seit Winter 1942/43 gehörte Oberst Schultze-Buettger als erster Generalstabsoffizier zum Stabe Mansteins, ein früherer Adjutant Becks, der dessen Ansichten an Manstein übermittelte: *Schlabrendorff*, S. 94 und K. B. vom 9.9. Nach einem Vortrag Axel von dem Bussches (Göttinger Universitäts-Zeitung, 7. 3. 47) hat auch Fritz Schulenburg als Kriegstagebuchführer im Stabe Mansteins diesen zu überreden gehofft.

S. 348 [14] Nach den Andeutungen, die mir G. Ende 1942 unter vier Augen machte, scheint in Smolensk von Festnahme Hitlers bei einem Besuch des Hauptquartiers Smolensk die Rede gewesen zu sein. Im übrigen siehe *Schlabrendorff*, S. 93; *Gisevius* II. S. 253. G. hat das Datum der Reise vor der Gestapo einmal (K. B. 21. 9.) als „August 1942", ein andermal als „Spätherbst 1942" (21. 8.) angegeben. Nur das letztere kann richtig sein; vgl. *Hassell*, S. 274 u. 281. Als Reisevorwand dienten fingierte Geschäftsinteressen der Firma Bosch. G. mußte zeitweise auf einem Kohlentender fahren! Auf der Rückreise traf er auf dem Bahnhof in Königsberg Popitz, der gerade unterwegs zu Küchler war, dort aber nur „offene Türen einrannte". (Memoiren und Mitteilungen der Familie.)

S. 348 [15] *Thomas*, a. a. O. Thomas nennt als Teilnehmer an den Vorbereitungen auch Hoepner. *Hassell*, S. 256 weiß im März 1942 nur von Beck als „Zentrale" zu berichten; erst im Januar 1943 hat er von Plänen eines „Direktoriums" gehört, das aus Beck, Schacht, Goerdeler, ihm selbst und einem General bestehen sollte (S. 289).

S. 349 [16] *Thomas*, a. a. O., dazu *Schlabrendorff*, S. 94. G. hat vor der Gestapo (K. B., 21. 8.) von dieser Zusammenkunft ausgesagt, Tresckow habe von optimistischer Stimmung der Front berichtet, habe zwar selbst Sorgen geäußert, aber noch keinen Anlaß zu Umsturzunternehmungen gesehen. Erst er selbst in Gemeinschaft mit Olbricht habe ihn zu gegenteiliger Ansicht bekehrt. Zu dieser (offensichtlich übertriebenen und einseitigen) Darstellung vgl. oben Anm. 5.

S. 349 [17] Näheres darüber bei *Gisevius* II, S. 254 ff., der am 12. 1. 43 aus Bern nach Berlin zurückkehrte und von Olbricht als technischer Mitarbeiter an den Aufstandsplanungen eingesetzt wurde.

S. 349 [18] *Jesco von Puttkamer*, Irrtum und Schuld. Geschichte des nationalen Komitees „Freies Deutschland" (1948), S. 51. Von höchster Erbitterung der Fronttruppen um Stalingrad über Hitlers Strategie wird mir auch von anderen Feldzugsteilnehmern berichtet.

Die Hoffnung der Verschwörer, Paulus werde einen Aufruf gegen Hitlers wahnsinnige Kriegführung erlassen, den dann andere Heerführer (von Kluge) aufnehmen sollten, wird mir auch von Verleger Müller bestätigt, der als Leipziger Bekannter G.s mit diesem in enger Fühlung stand und ihm oftmals, besonders aber im Herbst 1943, als Vermittler von Nachrichten aus der Berliner Verschwörerzentrale (in Vertretung des Fabrikanten Walter Cramer) diente.

S. 349 [19] Mem.

S. 350 [20] Es handelt sich wohl um den oben Anm. 13 erwähnten Brief, den allerdings *Gisevius* II, S. 260 erst auf Februar 1943 anzusetzen scheint (?). Für die Angabe *Wheeler-Bennetts*, S. 533, Beck habe durch einen Fliegeroffizier einen persönlichen Appell an Paulus gerichtet, fehlt der Beleg.

S. 350 [21] *Gisevius* II, S. 257 und IMT XII, S. 264 f. gibt einen sehr dramatischen Bericht, in dem auch Fellgiebel als Übermittler von Nachrichten aus dem Hauptquartier eine Rolle spielt. Er spricht von „Gehorsamsverweigerung" Kluges und Mansteins, auf die man gerechnet habe, von einer dadurch entstehenden „Verwirrung", die Beck zum Umsturz mit Hilfe des Heimatheeres und Witzlebens (als Oberbefehlshaber West) benutzen wollte. Das kann in dieser Form nicht stimmen, weil ja Witzleben schon seit 28. 2. 42 dienstentlassen war. Allerdings spricht auch die Anklageschrift gegen G. von einer Meuterei, die vom Westheer ausgehen sollte, das in die Heimat zurückmarschieren würde. Das Urteil des VGH behauptet in seiner Begründung, Beck habe (nach einem von ihm, Goerdeler, Olbricht, Popitz und Hassell ausgeheckten Plan) den Vorstellungen der ältesten Feldmarschälle dadurch Nachdruck zu geben gewünscht, daß das Hauptquartier von drei Divisionen umstellt wurde. Das lief dann allerdings auf einen Putsch hinaus. Weiter haben dann Major Graf Lynar und Oberstleutnant Smend 1944 vor der Gestapo ausgesagt, Tresckow habe nach Stalingrad ein Zusammentreffen aller H.-Gr.-Befehlshaber zustande bringen wollen, am besten im Hauptquartier Kluges; diese sollten Hitlers Rücktritt vom Oberkommando des Heeres fordern und dabei sollte Hitler „ausgeschaltet" (also bei Weigerung festgenommen?) werden. (K. B., 18. 8.) Das deckt sich wenigstens teilweise mit den Angaben von Gisevius. — Manstein selbst hat in Nürnberg versichert (IMT XX, S. 679 f.), er habe mehrfach eine Abgabe des Oberkommandos der Armee von Hitler gefordert. Zu Mansteins Haltung vgl. auch *Schlabrendorff*, S. 159 f., *Hassell*, S. 291, und *D. v. Choltitz*, Soldat unter Soldaten (1951), S. 304 f. (Ablehnung offenen Aufstands). Eine Änderung der Kriegsspitzengliederung wurde von Hitler auch durch Kluge gefordert, ebenso durch Halders Nachfolger Zeitzler, der auch bald in heftige Konflikte mit Hitler geriet. Darüber fand ich in Alexandria eine Aufz. des Obstlt. i. G. Smend vom 1. 8. 44, Abschrift mit wütenden Randglossen Jodls (Box 1287, EAP 125/4). Er schildert, um Zeitzlers zuletzt offen oppositionelle Haltung zu rechtfertigen, die seit Stalingrad im Generalstab ganz allgemein herrschende, vom Ia Heusinger zum mindesten geduldete Stimmung: „So geht es nicht!" „Der Krieg geht verloren — auch der Zeitzler, auch der Führer schaffen es nicht." Ferner ebenda Zeitzlers Interrogation vom 16. 6. 47 (Summary 2466), in der er seinen letzten Zusammenstoß mit Hitler im Frühsommer 1944 schildert.

S. 350 [22] Darüber gibt es einen interessanten Bericht: „Kritik an der Kriegsspitzengliederung und an der Kriegführung" in den K. B. auf Grund von Vernehmungen der Generalstabsoffiziere, besonders Meichßners. Ferner eine Zusammenstellung „Der unpolitische Offizier und Nur-Soldat", die Kaltenbrunner am 24. 10. 44 an alle höheren SS- und Polizeiführer versandte, ebenfalls auf Grund von Vernehmungen verschiedener Offiziere. (Fotokopie aus dem amerikanischen Dokument Center in Berlin, in meinem Besitz.) Die Gründe der Kritik des Offizierskorps an Hitlers Kriegführung sind in dem bekannten Kiesel-Bericht, Nordwestdeutsche Hefte 1947, Heft 1/2, S. 10–16 gut zusammengestellt. Als Beilage der K. B. findet sich noch eine Aufzeichnung „Die geistige Haltung des Offiziers", auf Grund von Aussagen Osters, der versucht hat, die Kritik der älteren Offiziersgeneration gegen den NS aus der Geschichte des ehemals kaiserlichen Offizierskorps verständlich zu machen.

S. 351 [23] Vgl. „Kurt Huber zum Gedächtnis. Bildnis eines Menschen, Denkers und Forschers", herausgegeben von *Clara Huber* 1947. – *Inge Scholl*, Die weiße Rose 1952. – „Der 18. Februar" in „Die Gegenwart" vom 30. Oktober 1946. *Pechel*, S. 96 f. Dort auch Näheres über die geistigen Einflüsse (Th. Haecker, C. Muth u. a.).

S. 352 [24] *Schlabrendorff*, S. 112 ff. Mündliche Mitteilung von Gersdorff bei *Wheeler-Bennett*, S. 564; *Abshagen*, Canaris, S. 313 f. Über Goerdelers Haltung vgl. oben Kapitel 14 seine Äußerungen zu Wallenberg im August 1943!

S. 352 [25] Nach dem K. B. vom 22. 8. 44 wäre in den Vernehmungen festgestellt worden, daß die Verschwörer Oster seit seinem Abschied aus dem Dienst nicht mehr über den Fortgang des Komplotts orientierten. Schon vorher hatte ihm Olbricht verboten, ohne seine persönliche Genehmigung irgendwelche weitere Personen in den Verschwörerkreis einzubeziehen. Er galt also wohl als unvorsichtig.

S. 352 [26] Näheres über die Vorgänge in der Abwehr bei *Abshagen*, S. 356 ff. und bei *Gisevius* II, S. 265 ff., dem im April selbst der Boden in Deutschland zu heiß wurde und der ihn erst Juli 1944 wieder zu betreten wagte. *Schlabrendorff*, S. 126 f.

S. 353 [27] *Pechel*, S. 198; *Hassell*, S. 289 ff. u. ö.

S. 353 [28] *Emil Henk*, Die Tragödie des 20. Juli 1944 (1946), S. 34. Henk will diese Meinung selbst auf einer Oberstdorfer Konferenz mit Mierendorff und Haubach vertreten und durchgesetzt haben. Wenn er die Oberstdorfer „Beschlüsse" (waren sie wirklich mehr als Augenblicksmeinungen?) damit begründet, daß sonst im Moment des Umsturzes die bolschewistische Macht übergroß würde, so steht das in seltsam schroffem Gegensatz zur Absicht Becks und Goerdelers, mit Hilfe des Staatsstreichs gerade die Ostfront zu stärken durch Zusammenziehen aller Kräfte an dieser einen Stelle. Hat man das in Oberstdorf nicht gewußt und erörtert? Vgl. auch *Gisevius* II, S. 260. – Über das Treffen mit den „Kreisauern" im Hause Peter Yorcks siehe *Hassell*, S. 290 und 370 f. Fritz Schulenburg suchte zu vermitteln, Beck führte den Vorsitz. – Kritische Stimmen über Goerdeler: *Hassell*, S. 239 (Dezember 41), und 244 (Januar 42). *Pechel*, S. 198 (Goerdeler erzählt Anfang 1942, daß ihn Hassell und Popitz in die zweite Linie zu drängen suchen, erzählt es aber ohne Bitterkeit). *Hassell*, S. 289 (Januar 43) und 292 (Februar 43) u. ö. Nach der Anklageschrift gegen G. hat Graf Moltke auf der Zusammenkunft das böse Wort gebraucht: Was G. plane, sei die „Kerenski-Revolution", und der Gestapo später erklärt, er habe G. für einen „politischen Hochstapler" gehalten! Nach dem Urteil des VGH über

Fritz Goerdeler (War Deptm. Departmental Records Branch) erfuhr dieser im Sommer 43 von seinem Bruder, Graf Moltke habe ihn bei Beck „in Ungnade" gebracht, Leuschner habe aber die Lage durch sein Eintreten wiederhergestellt.

S. 353 [29] Nach den Aussagen des katholischen Schriftleiters Groß vor der Gestapo (K. B., 18. 9.) wurde dieser im August oder September 1942 von dem Jesuitenpater Delp vertraulich vor dem Kreise Goerdelers gewarnt, in dem „wirtschaftsreaktionäre Kräfte" tätig seien, und nachdrücklich auf den Kreisauer Kreis hingewiesen, der dem katholischen Denken besser entspräche. Dieselbe Eröffnung machte Delp dem Verbandspräses Dr. Müller. Groß gab die Warnung gegen Delps Wunsch an Letterhaus weiter, der damals nach Berlin ging. Dieser sprach mit Jakob Kaiser, der Goerdeler nachdrücklich verteidigte. Einige Monate später fand dann eine Aussprache zwischen Delp, Groß, Kaiser und Letterhaus statt, die zu einem befriedigenden Ausgleich des Gegensatzes führte. Delp habe freilich nach wie vor mehr dem Moltkekreis zugeneigt, der besseres Verständnis als Goerdeler für den katholischen Gedanken besitze.

S. 353 [30] Denkschrift vom 26. 3. 43, siehe Anhang VII.

S. 353 [31] *Hassell*, S. 293.

S. 353 [32] Ich verdanke die Abschrift Herrn Ludwig Kaiser (Kassel), der einen Durchschlag aus dem Nachlaß seines Bruders, Studienrates und Hauptmanns der Reserve Hermann Kaiser, besitzt. Der Text hat mir (wenn mich meine Erinnerung nicht trügt) schon 1943 einmal vorgelegen; er wurde damals heimlich im Freundeskreise G.s weitergegeben. Einige kurze Stellen wurden in der „Wandlung" 1. Jahrgang 1945/46 Heft 6 Seite 536 f. veröffentlicht. Das Stück erscheint mir zur Veranschaulichung der Werbemethoden G.s in militärischen Kreisen so wichtig, daß ich es trotz seines Umfangs als Anlage VII in vollem Wortlaut vorlege.

S. 356 [33] Darüber vgl. jetzt *Cordell Hull*, Memoirs II, 1165 ff.: Stalins Ambitions, und S. 1246 ff.: Stalin the Sphinx. Über die Konferenz von Casablanca: *Churchill*, Memoiren, deutsche Ausgabe IV, 2, S. 290 ff. G. ist also überraschend gut orientiert. Wenn er glaubt, die britischen Luftattacken so deuten zu können, daß man in London keineswegs Deutschland als Ganzes zu „zerschlagen" wünsche, sondern das deutsche Volk nur genügend deutlich zum politischen Umsturz auffordern wolle, so ist auch diese Deutung bekanntlich nicht ganz irrig.

S. 358 [34] Abdruck des Briefes: Wandlung 1945—46 Heft 2, S. 173 und *Gisevius* II, S. 261 ff. Das mir vorliegende Original trägt deutlich lesbar das Datum 17. 5. 44 (nicht 43). Das muß aber, wie schon der Bezug auf Tunis zeigt, ein Schreibfehler sein. Vgl. dazu die ganz eindeutigen Tagebuchnotizen des Überbringers Hptm. d. R. Herm. Kaiser, Wandlung a. a. O. S. 175, dem Olbricht ihn zur Aufbewahrung zurückgab. Aus dessen Nachlaß ist er an die Familie G. zurückgelangt.

S. 359 [35] Über diese Debatte vgl. Tagebuch des Hauptmanns H. Kaiser. Notizen von Januar bis Juli 43, abgedruckt in: Wandlung 1945/46, Heft 6, S. 530 ff. auch für das Folgende.

S. 359 [36] Vollständiger Abdruck siehe Anhang VIII; englische Übersetzung des Ganzen bei *Wheeler-Bennett* S. 570–574. Zwei Absätze daraus veröffentlicht in der „Wandlung" a. a. O. S. 535 f. Einige andere Stellen bei *Gisevius* II, S. 263 f.

S. 359 [37] Hier spricht G. wohl aus eigener bitterer Erfahrung. Sein sehr geliebter Sohn Christian, Berufsoffizier, kam auf Anzeige seines Kompaniechefs 1942 vor das Kriegsgericht wegen einer von ihm verfaßten und an Kameraden mitgeteilten Denkschrift gegen Hitler. Dank des Einsatzes seines Kommandeurs wurde er nur zu 6 Wochen Arrest verurteilt und an die Ostfront versetzt, wo er gleich darauf (15. Mai 1942) fiel. Sein Vater hat diesen Verlust ebenso schwer ertragen wie Olbricht den seinen und sich noch im Gefängnis bittere Vorwürfe darüber gemacht, daß er den sehr begabten Sohn, der schon beim Eintritt in die Armee als Fahnenjunker 1936 sich sträubte, den Treueid auf Hitler zu leisten, überhaupt gedrängt hatte, Offizier zu werden.

S. 360 [38] Nach *Schlabrendorff* S. 161. Vermutlich ist ein Brief Olbrichts an Kluge, der ihn ebenfalls beschwor, die Führung des sich bildenden Komplotts zu übernehmen, und den Stieff am 13. 8. an Kluge übergab (K. B. Aussage Stieff), an die Stelle des Goerdelerbriefs getreten.

S. 361 [39] *Schlabrendorff* S. 113 f.

S. 362 [40] Hauptquelle: die von *Dulles* gefundene und S. 151 ff. abgedruckte Anklageschrift des VGH. nebst Kommentaren des Fräuleins Sarre (ebd. 162), dazu jetzt der im Text zitierte K. B. 5. 9., durch den die bisherigen Zweifel über G.s Mitwisserschaft endgültig geklärt werden. Vgl. auch seine Anspielungen im Brief an Kluge (Anhang VIII), im Gespräch mit Wallenberg (August) bei *Dulles* S. 145 und in der Märzdenkschrift (Anhang VII) auf Spaltungen in der Naziführerschaft. Witzlebens Haltung (*Dulles* S. 160) erweist sich auch diesmal als die eines völlig unpolitischen Draufgängers. Vgl. ferner *Hassell* 311 f., 326, 338. Über die Aktivität Langbehns vgl. auch *R. Hildebrandt* a. a. O. 135 f. Das Urteil des VGH gegen Popitz und Langbehn vom 30. 9. 1944 bringt nichts Neues gegenüber der Anklageschrift. Eine sehr eindringliche Charakteristik der Persönlichkeit Langbehns und seiner politischen Entwicklung von der Linken zur Rechten verdanke ich seinem Freunde, Dr. Kleine und seiner Gattin, ähnliche Briefe über ihn und Popitz den Herren Minister a. D. Gereke, Ministerialdirigent E. Burkert und Hermann Schilling (alles durch von zur Mühlen). – Zum Himmlergespräch vgl. auch unten Kap. 16, Anm. 39 und Nachtrag 5 auf S. 610.

ZU ABSCHNITT III: VORBEREITUNGEN IM HERBST 1943

S. 363 [41] K. B. 28. 7. 1944.

S. 363 [42] Aussage G.s K. B. 21. 9. 1944. Entsprechend ein kurzer Bericht in den Mem.

S. 365 [43] Wie weit diese Tätigkeit ging, läßt sich aus *Schlabrendorffs* Bericht (S. 125 ff.), auf den wir hier allein angewiesen sind, nicht deutlich entnehmen. Dieser ausgezeichnete Bericht entbehrt leider einer klaren chronologischen Ordnung und bringt anscheinend manches, was erst im Winter unter Mitwirkung Stauffenbergs (also seit Oktober) geschah, so vor, daß der Leser glaubt, es sei schon im Sommer veranlaßt worden. Genaue Zeitdaten sind in dem Buche überhaupt sehr selten. Dadurch ist große Verwirrung in der Literatur (auch bei *Wheeler-Bennett*) entstanden. Sicher ist aber, daß Tresckow im Sommer 1943 die Hauptarbeit bei der technischen Vorbereitung des Putsches geleistet hat. Er war (nach Mitteilung seiner Gattin) zuerst im Mai in Urlaub, dann wieder an der Front und gab Ende Juli einen mit der Familie geplanten Erholungsurlaub in der Elmau auf, um sich statt dessen im August und September ganz der Vorbereitung des Staatsstreichs zu widmen. Dieser schien ihm seit der schweren Bombardierung Hamburgs doppelt dringlich; für seine technische Vorbereitung, meinte er, sei praktisch noch sehr wenig geschehen (s. a. u. Anmerkung 48).

S. 366 [44] Näheres bei *Schlabrendorff* S. 163 ff.; wesentlich ausführlicher auf Grund neu gesammelten Materials *Zeller* S. 185 ff. Die Aussagen Stieffs und Schulenburgs im K. B. bestätigen, daß seit Oktober 1943 Graf Stauffenberg die drängende Kraft hinter allen Attentatsversuchen war. Graf Fritz Schulenburg hat ihn dabei als Vermittler zu jungen Offizieren unterstützt. Man versuchte auch Offiziere im Großen Hauptquartier (OKW und OKH) zu finden, wie Meichßner und Stieff selbst, die das Attentat unternehmen sollten. Oberleutnant von Haeften war zu einem Pistolenattentat bereit, das aber als zu unsicher aufgegeben wurde (einen Bombenanschlag hat er nach *Schlabrendorff* S. 167 aus moralischen Bedenken abgelehnt). Über die Sprengstoffbeschaffung hat die Gestapo eine tabellarische Übersicht (Diagramm) aufgestellt, die Hitler den komplizierten Zusammenhang der Weitergabe (über Stieff, Kuhn, von Hagen, Klamroth u. a.) veranschaulichen sollte. (Archiv des War Dept. Alexandria). Unaufgeklärt bleibt vorläufig, welcher Anschlag im September 1943 geplant war, für den G. (siehe oben Kapitel 14) seinem Freund Wallenberg den Umsturz so bestimmt ankündigte. Frau von Tresckow erinnert sich deutlich der ungewöhnlichen Unruhe, die ihren Gatten damals umtrieb, und einer neuartigen Bekleidungsprobe (Leichtgepäck), die längere Zeit in seinem Zimmer herumlag, ihn viel beschäftigte und dann verschwand. Vielleicht war der später auf Weihnachten angesetzte Anschlag (von dem Bussche) ursprünglich schon für September geplant? Verleger Gotthold Müller (Stuttgart) erinnert sich deutlich, daß ihm G. Ende Sept. 1943 sagte: „Es ist soweit!", sich zur Tarnung in ein Krankenhaus zurückzog und ihn um Vermittlung eines getarnten Anrufs aus Berlin bat. Nach Tagen größter Spannung stellte sich heraus, daß die „Aktion" nicht zustande gekommen war. Gerüchtweise hat er später gehört, es habe sich um einen Anschlag auf Hitlers Leben anläßlich einer Versammlung der höheren Generalität und der Generalärzte der Armee in Bad Schachen am Bodensee gehandelt, an der auch Himmler, Göring und Goebbels teilnehmen sollten.

S. 367 [45] *Zeller* S. 174 vgl. auch ebd. 158.

S. 367 [46] G. schreibt im November 1944 (Mem.) rückblickend: „Tresckow machte mich im Herbst 1943 mit Oberstleutnant Graf Stauffenberg bekannt, einem hochgesinnten, in Afrika schwer verwundeten Generalstabsoffizier, der sich später als Querkopf erwies, der auch Politik machen wollte. Ich schätzte ihn hoch und hatte doch manchen Zusammenstoß mit ihm. Er wollte einen unklaren politischen Kurs mit Anlehnung an Linkssozialisten und Kommunisten und hat mir durch überheblichen Eigensinn das Leben sehr schwer gemacht." Übrigens gab es nicht nur mit der bürgerlichen Rechten Verstimmung. Stauffenbergs sozialpolitische Ansichten erschienen den Sozialisten Maaß und Leuschner, die sich im Winter 1943/44 mit ihm über sein Zukunftsprogramm unterhielten, nicht nur unklar, sondern „recht reaktionär". Er habe unter anderem mit Eifer Erhaltung der „überkommenen Güter" und „Berücksichtigung der geschichtlichen Leistungen des Adels" verlangt (hat er sich gegen Aufteilung des Großgrundbesitzes gewandt?) K. B. Aussage Maaß 12. 8.

S. 367 [47] Über die verschiedenen Mitarbeiter Stauffenbergs, Olbrichts und Tresckows ausführlich: *Zeller* S. 162 ff.

S. 368 [48] *Schlabrendorff* S. 125 ff. *Zeller* S. 175 ff. *Zeller* S. 162 ff. stellt die Dinge so dar, als hätte Stauffenberg alle wesentliche Arbeit geleistet. Wenn es aber richtig ist, was er S. 185 (nach mündlicher Überlieferung?) berichtet, daß die generalstabstechnischen Vorbereitungen schon am 10. 10. abgeschlossen waren, kann Stauffenberg damit nur wenige Tage beschäftigt gewesen sein. Frau von Tresckow, die selbst als Sekretärin ihres Gatten alle Vorarbeiten mundierte und das ganze Material an Stauffenberg übergab, bestätigte mir, daß die wesentliche Arbeit schon im August und September durch Tresckow geleistet wurde.

S. 368 [49] Vgl. die Aussprache G.s mit Wallenberg o. Kapitel 14.

S. 369 [50] Allerdings scheint es nach *Zeller* S. 169, daß Stauffenbergs engerer Freundeskreis den Ehrgeiz hatte, diesen jungen Obersten nicht nur als Staatssekretär und ersten Gehilfen, sondern sogar als „möglichen Nachfolger" neben Beck zu stellen.

S. 369 [51] Nach der Begründung des Urteils des VGH. gegen G. geschah es, nachdem Stieff und Fellgiebel über die sehr ungünstige Lage an der Ostfront erneut berichtet hatten.

S. 369 [52] Mich selbst hat er schon im Januar 1943 vertraulich gebeten, ihm Vorschläge für die Besetzung des Kultusministeriums zu machen, am liebsten (wegen der Erleichterung internationaler Verbindungen) durch einen Katholiken. Seine Frage, ob ich selbst bereit sei, dann Staatssekretär oder auch Minister (mit einem katholischen Staatssekretär) zu werden, habe ich sogleich verneint, weil ich mich als Gelehrter nicht für einen politischen Posten zu eignen glaubte. Es ist übrigens sehr bemerkenswert, mit welcher Vorsicht G. diese Dinge behandelte. Er nannte mir keinen einzigen Namen der sonst noch in Aussicht genommenen Minister und bat, ihm meine brieflichen Vorschläge (die ich ihm in Aussicht stellte) auf kunstvoll getarnten Umwegen zukommen zu lassen.

S. 369 [53] Aussage Wirmer 30. 8. 1944. (K. B. 26. 9.) Briefliche Mitteilung des Herrn J. Ersing. Weitere Nachrichten entnehme ich den K. B.

S. 370 [54] G. hat in seinen Vernehmungen ausführlich geschildert, wie schwierig es war und wie lange es dauerte, Loeser für die Übernahme des Postens zu gewinnen (K. B. 19. 8.). Über die schwere Verärgerung Popitz' vgl. *Hassell* S. 326, 339, 340. Nach den K. B. (5. 9.) hat G. in seiner Vernehmung behauptet, er habe seit Oktober 1943 den Umgang mit Popitz' getreuestem Anhänger Prof. Jessen abgebrochen, da er von dieser Seite Quertreibereien, besonders in Personalfragen, erwartete. Vermutlich wollte er aber damit Jessen (der durch Aussagen v. Hassells „schwer belastet“ und daraufhin verhaftet war) nur decken; denn nach briefl. Mitteilung Frau Jessens hat er in deren Hause noch bis 1944 verkehrt. Vgl. ferner *Dulles* S. 154f. Nach Mitteilung des Ministers a. D. Dr. Günter Gereke hat Popitz im Einverständnis mit Hassell und Leuschner den Feldmarschall Witzleben zu überreden versucht (nicht ganz ohne Erfolg), daß er nach dem Attentat auch den Posten des Reichskanzlers provisorisch übernähme unter Beratung durch den Kreis Popitz', aber auch G.s und Leuschners. Diese Berater sollten unter Umständen als „Kommissare der Reichsregierung“, jeweils von einem General begleitet, in die Provinzen entsandt werden. Also eine reine Militärdiktatur, der die Bildung einer neuen bürgerlichen Regierung erst später nachfolgen sollte! Daß Leuschner sich an dieser Intrige beteiligt habe, hält J. Kaiser für völlig ausgeschlossen, schon deshalb, weil er Popitz als „zu reaktionär“ entschieden ablehnte. Er habe immer an G.s Kanzlerschaft festgehalten. Nach Angaben O. Johns, der als Mittelsmann zwischen Popitz und Witzleben diente, hätte sich Popitz an Witzleben gewandt, als Leber jede Aussprache mit ihm selbst ablehnte. Diese Intrigen gingen aber noch weiter. Nach einem Briefe General von Falkenhausens an von zur Mühlen (23. 1. 48) hat „man“, d. h. Popitz mit Zustimmung Moltkes und Trotts, zeitweise geplant, Falkenhausen statt Goerdeler zum Kanzler zu machen. – Schachts Nennung stieß auf so allgemeine Ablehnung, daß er auf keiner Ministerliste erscheinen konnte. G. hätte offenbar seine Talente gern mit eingesetzt und fragte 1943 einen seiner ausländischen Freunde, ob Schacht nicht über gute Auslandsverbindungen verfüge. Dieser riet aber ab und empfahl nur seine Wiederverwendung als Reichsbankpräsident.

S. 370 [55] Diese Kombination erfuhr Dr. Er. Kessler schon im Januar 1944 (briefliche Mitteilung).

S. 370 [56] Näheres siehe unten im Abschnitt V.

S. 370 [57] Begründung der Anklage des VGH. vom 8. 9. 1944 gegen G., Leuschner, Wirmer, von Hassell, Lejeune-Jung. Aussagen Maaß K. B. 12. 8. u. ö. *Zeller* S. 174, 176. *Gisevius* II, S. 279, ausführlicher: Neuauflage 1954. Nach Aussage Lebers (K. B. 10. 8.) hat dieser zeitweise sogar daran gedacht, Leuschner später an Stelle Becks zu setzen. Stauffenberg, dessen Bruder Berthold, Schwerin und Fritz Schulenburg hätten sich aber Sorgen gemacht, ob eine sozialistisch geführte Regierung dem Ausland gegenüber in der Frage eines „entehrenden Friedens“ die nötige Festigkeit zeigen würde; sie hätten darin G. mehr zugetraut und darum zunächst an ihm festhalten wollen. Fritz Schulenburg habe übrigens ihn, Leber, als seinen Konkurrenten für das Ministerium des Innern betrachtet. Danach dürfte jedenfalls feststehen, daß die Rolle Fritz Schulenburgs von *Gisevius* II, S. 279 nicht richtig gezeichnet ist. In den K. B. wird der Gegensatz der Sozialisten gegen G. offensichtlich stark übertrieben. So soll z. B. Maaß gesagt haben, Leber und Leuschner hätten G. als bloßen „Steigbügelhalter“ für eine rein sozialistische Regierung betrachtet. Davon kann nach Jacob Kaisers bestimmter

Erinnerung gar keine Rede sein. „Dazu war unser aller Verbundenheit zu stark und zu verantwortungsbewußt und die Achtung voreinander zu groß" — was Richtungsdifferenzen nicht ausschloß. — Nach *Zeller* S. 176 und Anmerkung 17 S. 342 sieht es so aus, als hätte Stauffenberg selbst daran gedacht, später Kanzler zu werden, oder wenigstens hätten einzelne seiner Freunde es gewünscht — eine seltsame Vermutung, die sich ausschließlich auf eine einzelne, angebliche, höchst fragwürdige Äußerung Schulenburgs beruft und durch keine weiteren Quellen gestützt wird.

S. 371 [58] Siehe Anhang IX, Nr. 5. Lejeune-Jung war ehemals Mitglied des Berliner Juniklubs (Moeller van den Bruck). Er lieferte im Juni 1943 eine wirtschaftspolitische Denkschrift, die dann viel diskutiert wurde. In dem bei *Schlabrendorff* S. 153 abgedruckten Aufruf der neuen Regierung ist von einem (sicher von ihm) „vorbereiteten Grundgesetz über wirtschaftliche Reichsgerechtsame" die Rede. Siehe dazu auch oben Kapitel 13 Anm. 29. Die Kreisauer diskutierten mit ihm sogar über Verstaatlichung landwirtschaftlicher Betriebe! K. B. von 6. 9., Aussage G.s. Anklageschrift gegen G., Leuschner, Wirmer, Hassell, Lejeune-Jung vom 3. 9. 1944. — Nach der Aussage G.s (K. B. 6. 9.) hat dieser selbst noch am 15. 7. 1944 an ihm festgehalten gegen das Widerstreben von Gisevius und Strünck, die ihn zu alt und ideenlos fanden (oder zu sozialistisch?).

S. 371 [59] *Hassell* S. 327 f., 332.

S. 373 [60] *Dulles* S. 32 f., leider ohne Quellenangabe (Gisevius?).

S. 373 [61] Das hat mir Kriminalkommissar Schrey, der meine Vernehmung seit Oktober 1944 durchführte, ausdrücklich versichert, als ich ihn durch die Bemerkung provozierte, die Gestapo sei doch zweifellos schon sehr lange über G.s Treiben orientiert gewesen. Vgl. auch den Kieselbericht a. a. O. S. 29 und *Pechel* S. 299. Die K. B. ergeben ein gutes Bild von G.s Anwerbung „politischer Beauftragter", von ihren vielen Fehlschlägen, aber auch von der Geschicklichkeit seines Vortastens in jedem einzelnen Fall. Daß die „politischen Beauftragten" seit Herbst 1943 auf Drängen Stauffenbergs zusammengesucht wurden, hat G. in seinen Vernehmungen bezeugt (6. 9.)

S. 373 [62] Im Anhang bei *Hassell* S. 385.

S. 373 [63] *Steltzer*, Von deutscher Politik (1949) S. 165 ff.

S. 373 [64] (Nr. 1) Regierungsprogramm vom Frühsommer 1944, von mir veröffentlicht in der „Gegenwart" 24. 6. 46 unter dem Titel: „Das Regierungsprogramm vom 20. Juli 1944". — (Nr. 2) Aufruf von (angeblich) Ende 1943 bei *Schlabrendorff* S. 149—157. — (Nr. 3) „Regierungserklärung Nr. 2 (3. Fassung)". Bei *Pechel* S. 314—325. Dieses Stück hat dem VGH vorgelegen; Wirmer hat G. als Verfasser bezeichnet: siehe Urteilsbegründung des VGH. G. hat das in der Verhandlung nicht direkt bestritten. Es gab Korrekturen von seiner und Hassells Hand. — (Nr. 4) Entwurf eines Aufrufs, bezeichnet „Material für . . .", beginnend: „Es ist genug, das Maß ist voll. Die Vaterlandsliebe des deutschen Volkes und seine edeln Gefühle sind schmählich mißbraucht" . . . (anscheinend Frühjahr 1943). Anlage zum K. B. vom 19. 8., im Askan. Hof gefunden. Enthält auf etwa 8 Seiten (Schreibmaschine) heftige Anklagen gegen das System des Terrors, die Korruption der obersten Parteibonzen, vor allem gegen den „Verbrecher, der den Namen eines

Feldherrn verunglimpft" und bedenkenlos Millionen Menschenleben seinen dilettantisch-verrückten Plänen opfert. Leidenschaftliche Verteidigung Alt-Preußens. Die Form ist sehr unausgereift und sehr persönlich. Es ist sicher nicht zufällig, daß eine so stark polemische Formulierung sich nur in dieser formlosen ersten Skizze, die später nicht mehr verwendet wurde, findet. (Nr. 5) Rundfunkansprache, in G.s „Notizen" von der Gestapo gefunden, K. B. vom 14. 8. Anlage. Überschrift dort: „Rundfunk". Abdruck bei *Pechel* S. 309—314 u. d. Überschrift: „Presse".

S. 374 [65] In Nr. 1 wird gleich zu Anfang betont, es „handelt sich jetzt nicht um grundsätzliche Auseinandersetzungen über sozialistische, kommunistische oder um individuelle, staatsgeplante oder freie Wirtschaft", sondern darum, die „nackte Existenz" Deutschlands in gemeinsamer Anstrengung zu retten (deutlich an die Adresse der Kreisauer gerichtet). Gegen Schluß wird das uns schon bekannte sozialpolitische Programm entwickelt, aber mit ungewohnter Schärfe gegen Kapitalbesitzer, die als „charakterlose Lumpen" ihre Arbeiter auszubeuten versuchen sollten, und mit so starker Betonung des Mitbestimmungsrechts der Arbeiter in der Betriebsführung, daß sogar (ein völliges Novum!) die Möglichkeit angedeutet wird, die Arbeiter „Eigentümer oder Miteigentümer" von Unternehmungen werden zu lassen, dann allerdings mit Beteiligung auch am Risiko. „Wenn wir dafür nur die soziale Gerechtigkeit, die hingebende Arbeitsfreudigkeit und große Leistung eintauschen, dann wollen wir jeden anderen Gesichtspunkt diesem Ziel unterordnen." Gleich danach wird dann aber wieder gegen „Planwirtschaft als Grundsatz" polemisiert, die nur zur Drosselung der Produktion und dazu führe, daß „Mangel erzeugt und Mangel verteilt wird". In Nr. 2 ist S. 155 mit Lejeunes Wendung von „wirtschaftlichen Reichsgerechtsamen" die Rede. Religiöse Wendungen, die auf Wirmers Einfluß zurückgehen könnten, finden sich besonders auffallend in Nr. 3 S. 324 f.

S. 374 [66] In seinem Schlußwort vor dem VGH (Bericht Thieracks an Bormann, der mir vorliegt) erklärte G., er habe mit Stauffenbergs Entwürfen nichts zu tun und habe daran nur deshalb herumkorrigiert, weil er ihre Unbrauchbarkeit deutlich machen wollte. Das kann sich wohl kaum auf den kurzen „Aufruf an die Soldaten" beziehen, der nach der Urteilsbegründung des VGH (gegen G. und Genossen, Archiv des War Dept.) von Stauffenberg stammt und bei *Pechel* S. 304f. abgedruckt ist, wohl aber auf den schwungvollen „Aufruf an das deutsche Volk", den man bei *G. Weißenborn*: Der lautlose Aufstand S. 142–144 abgedruckt findet. Das Urteil nennt Stauffenberg als Verfasser eines so betitelten Aufrufs. Der Text, den *R. Pechel* S. 305 bis 309 davon bietet, kann unmöglich ein Ganzes bilden, da er sich zum Teil wiederholt. Es scheint sich um zwei verschiedene Überarbeitungen eines Textes zu handeln. Vielleicht ist die auf S. 306–309 stehende Fassung, die deutlich Goerdelersche Wendungen enthält, von diesem überarbeitet worden? Nach einer Feststellung Freislers am zweiten Verhandlungstag gibt es nun noch einen „Aufruf an die Wehrmacht" von der Hand Becks, der ebenso wie die bei Pechel abgedruckten Stücke im Askan. Hof (G.s Absteigequartier) vorgefunden wurde. Ich fand ein solches Stück in den K. B. und drucke es als Anhang XI. Nach der Schilderung, die mir Frau von Tresckow von der Entstehung der Aufrufe pp. gab (Entwürfe teils Tresckows, teils Becks und G.s, gegenseitige Korrekturen, Kürzungen, Neugestaltungen usw.), dürfte es unmöglich sein, die Autorschaft des heute Vorliegenden noch zu entwirren. Nach einer Aufzeichnung des G. befreundeten Leipziger Theaterintendanten Dr. Schüler (von 1945) hat dieser von den Materialien, die G. im Hause Schülers versteckt hielt, alles, was sich auf den Umsturz bezog, verbrannt. Das betraf vor allem Aufrufe an die Bevölkerung, Augenzeugenberichte aus den Konzentrationslagern, eine Namenliste mit etwa 80 Namen und verschiedene Nachweise über Korruption nationalsozialistischer Führer. Die Gestapo hat also im Askanischen Hof nur einen sehr bescheidenen Restbestand gefunden.

S. 374 [67] K. B. 8. und 14. 8. Anklageschrift gegen Leber. — Der K. B. vom 24. 11. berichtet über den Inhalt des geplanten Aufrufs folgendes: „Erklärung der unveräußerlichen Freiheitsrechte. Wiederherstellung von Recht, Gesetz und Ordnung". Sozialisierung der Grund- und Schlüsselindustrien, Toleranz in Rassen-, Glaubens- und Klassenfragen, Wiederherstellung der jüdischen Rechte. Der Vorspruch, über den man sich nach langem Hin und Her einigte, sollte etwa lauten: „Die Volksbewegung bekennt sich zur deutschen Kultur und zur christlichen Vergangenheit des deutschen Volkes." Dieses Zugeständnis an das Christentum habe lebhaften Widerspruch Lebers hervorgerufen, er habe sich als marxistischer Freidenker gegeben, G. habe das Bekenntnis zum Christentum indessen verlangt. Eine endgültige Einigung sei wegen dieses Gegensatzes nicht gelungen. —

S. 375 [68] *Emil Henk*, Die Tragödie des 20. Juli 1944. (1946) S. 46 ff. gibt eine Schilderung einer sozialistischen Aufstandsorganisation, vornehmlich in Hessen, mit Angabe vieler Namen. Es bleibt aber rätselhaft, 1. wie sie in den paar Wochen zwischen 6. 6. und 20. 7. 1944 aufgebaut werden konnte, 2. wie sie der Aufmerksamkeit der Gestapo entgehen konnte. Diese Zweifel werden durch briefliche Mitteilungen G. Dahrendorfs bestät gt, der seinerseits aus Norddeutschland nur von persönlichen Verbindungen ohne organisatorischen Charakter zu berichten weiß. Übrigens gibt *Henk* S. 60 selbst zu, daß für einen Aufstand praktisch nichts vorbereitet war außer allenfalls ein Eisenbahnerstreik in Mainz. Haubach hat nach den K. B. ausgesagt, er und Mierendorff hätten sich gelegentlich lustig gemacht über Leuschner und seine angebliche, nie näher zu bezeichnende „Gefolgschaft". Mierendorff habe gemeint, es seien nicht mehr als ein „halbes Dutzend alter Gröbels". Der Nimbus des großen Arbeiterführers sei Künstelei gewesen. Beide Sozialisten standen aber der prakt. Gewerkschaftsarbeit fern; auf ihre Aussagen wird man also nicht viel geben dürfen. Leber gab an, er sei sich über die Schwäche seiner Gefolgschaft klar gewesen, habe aber auf die Anhänglichkeit seiner alten Genossen gehofft, auch auf die heimkehrenden Emigranten. G. habe oft darüber geklagt, wie schwierig es sei, alte Sozialdemokraten zusammenzufinden. Der K. B. vom 24. 11., der das berichtet, gibt dann eine Übersicht der früheren Gewerkschaftler mit Altersangaben: von 80—62 Jahren.

S. 379 [69] Memorandum „Russia's position" von einer ungenannten hohen militärischen Autorität (Marshall?) in Quebec vorgelegt durch Hopkins, siehe *Sherwood*, Roosevelt and Hopkins (1948/50) p. S. 748.

S. 379 [70] Zu obiger Darstellung vgl. die ausgezeichnete, quellenmäßig sorgsam unterbaute Arbeit von *Boris Meißner*, Rußland, die Westmächte und Deutschland (Abhandlungen der Forschungsstelle für Völkerrecht usw. Hamburg Band 5) 2. Auflage 1954 Kapitel 1; Vorabdruck im „Europaarchiv", Abt. Ostarchiv 6. Jahrgang 1951. Von den dort genannten Quellen am wichtigsten: *C. Hull*, Memoirs II, *Churchill*, 2. Weltkrieg Band X 1952. *Sherwood* a. a. O. *Peter Kleist*, Zwischen Hitler und Stalin, 1950. Vgl. auch *H. G. Sasse*, Die ostdeutsche Frage auf den Konferenzen von Teheran bis Potsdam. Jahrbuch für die Geschichte Mittel- und Ostdeutschlands, Band II, 1954, S. 11—82.

S. 381 [71] *Jesko von Puttkamer*, Irrtum und Schuld. Geschichte des nationalen Komitees „Freies Deutschland". 1948. *Heinrich Graf von Einsiedel*, Tagebuch der Versuchung. 1950. — Deutsche, wohin? Protokoll der Gründungsversammlung des Nationalkomitees „Freies Deutschland" und des Bundes deutscher Offiziere. Vorwort von P. Merker und A. Vieth von Golssenau. Mexiko o. J. (1944) (aus der Bibliothek des Münchener Instituts für Zeitgeschichte). Weitere Literatur siehe bei *E. Matthias*, Sozialdemokratie und Nation, 1952, S. 268.

S. 381 [72] Kapitel 6. — Der Kiesel-Bericht Nordwestdeutsche Hefte 1947, Heft 2, S. 18, behauptet, daß kommunistische deutsche Kriegsgefangene die oben genannte Verbindung herstellten und daß General Lindemann im Auftrag der Verschworenen vergeblich versucht habe, mit dem Nationalkomitee Verbindung zu bekommen. Ich vermag das nicht nachzuprüfen; die K. B. berichten davon nichts. Wohl aber lassen sie erkennen, daß die Gestapo den anfangs bestehenden Verdacht einer Verbindung der Berliner Oppositionsgruppen mit dem Nationalkomitee später als gegenstandslos fallen ließ. Näheres darüber siehe unten zu Anm. 89. Kiesels Bericht macht auch an dieser Stelle den Eindruck ungenauer Erinnerung.

S. 381 [73] *Gisevius* II, S. 275 ff. Ausführlicher in der Neuauflage 1954, die ich im Fahnenabzug lesen konnte. *Dulles* S. 81, 131 f., 137 ff., 172.

S. 382 [74] *Dulles* S. 131 f. Nach *Gisevius* (Auflage 1954) handelt es sich nicht, wie *Zeller* S. 349, Anm. 9 angibt, um die „Diktion von Dulles", sondern um Trotts eigene Worte. Zeller bringt diese Botschaft nur in einer Anmerkung und setzt dafür in den Text S. 193 f. eine willkürlich von ihm selbst zusammengestückelte, angebliche Botschaft Trotts. Die ersten zehn Zeilen stammen aus einem Bericht, den Dulles im April 1944 nach Washington kabelte und der sich ausdrücklich auf G. und Beck beruft, also mit Trott nicht das geringste zu tun hat (*Dulles* S. 136). Der Rest ist einem Bericht von Gaevernitz über eine zweite Botschaft Trotts im April 1944 (ebd. S. 137) entnommen, ohne Kennzeichnung der Auslassungen. Die wahren Ansichten Trotts sind so verschleiert. Über die Aprilbotschaft Trotts 1944 siehe oben im Text. Die Angabe *Zellers* S. 193, die von ihm kombinierte Botschaft ginge auf Beck zurück, ist irreführend.

S. 383 [75] Vgl. dazu auch: Ein Mann geht seinen Weg, herausgegeben von *Dahrendorf*, S. 286 (gegen Gisevius).

S. 384 [76] *Hassell* S. 321, 332, 334, schon oben Kapitel 14, Anm. 31 zitiert. Was *Gisevius* II, S. 278 über sein Gespräch mit Trott im April 1944 berichtet, läßt sich doch wohl so deuten, daß Trott in tiefer Enttäuschung jeden Glauben an eine Verständigung der Opposition mit den Westmächten verloren hatte und dem sehr kräftigen, seinen Partner bestürzenden Ausdruck gab, ohne deshalb eine „Option für den Osten" zu vollziehen. — Was *Dulles* S. 89 über marxistische Studien Trotts in seiner Berliner Studentenzeit nach Kessels Tagebuch berichtet, beweist natürlich nichts für seine politische Haltung 1943/44. Dies um so weniger, als er ja später in Oxford als Stipendiat studierte. Über die angeblich kommunistischen Neigungen Trotts in seiner Berliner Studentenzeit hat sich nachgerade eine Art von Legende gebildet, der der schöne Nachruf *Götz von Selles* im Jahrb. d. Albertus Univers. Königsberg V, 1954, S. 160ff. mit Recht entgegentritt.

S. 384 [77] K. B. 24. 7.

S. 385 [78] Unter anderem wurde mit seiner Hilfe eine Vortragsreise nach Stambul und Ankara vermittelt, wo ich mehrmals vor einem ziemlich großen internationalen Hörerkreis sprechen konnte. Weitere Vortragsreisen in Schweden sollten folgen (auf die Trott besonderen Wert legte), kamen aber nicht mehr zustande. Eine letzte Frucht dieser Bemühungen ist mein 1948 erschienenes Buch „Europa und die deutsche Frage". Bei der Vermittlung des britischen Materials leistete Trotts Sekretärin, Frau Dr. Alste Horn geb. Oncken, wertvollste Hilfe. —

S. 386 [79] *Hassell*, S. 337. — K. B. 29. 11.

S. 386 [80] *Peter Kleist* a. a. O. S. 242.

S. 386 [81] *Hassell*, S. 321 (15. 8. 1943).

S. 386 [82] Nach Art. 2 verpflichteten sich beide Mächte, nur in gegenseitigem Einverständnis über Waffenstillstand oder Frieden zu verhandeln.

S. 386 [83] K. B. 26. 8. Aussage Schulenburgs.

S. 387 [84] *P. Kleist* S. 266.

S. 387 [85] Interrogation Sonnleithner vom 8. 12. 1947: Record Branch des War Dept., Alexandria Virg.

S. 387 [86] K. B. 29. 11. Hiernach und nach der Aussage Sonnleithners sowie *Hassells* S. 327, 332, 334 entfällt der von *Wheeler-Bennett* S. 616 auf Grund eines Briefes von Dr. G. Hilger erhobene Zweifel, ob Schulenburg jemals ernsthaft zu dem Abenteuer bereit gewesen ist. *Gisevius* II, S. 304 will im Juli 1944 gehört haben, Schulenburg habe sich selbst mit Kluge wegen der Durchschleusung durch die Front in Verbindung gesetzt. Das müßte dann schon vor dem 12. 10. 1943 gewesen sein. War aber Kluge damals schon so tief im Komplott, daß man ihm eine solche Unternehmung zutrauen konnte? Nach K. B. vom 28. 8. besprach sich G. im Herbst (wohl September) 1943 mit Tresckow auf dessen Anregung über die Möglichkeit, Schulenburg durch die Ostfront zu schleusen, um mit Stalin zu verhandeln. Je nach dem Ergebnis dieser Verhandlung sollte eine „militärische Aktion" erfolgen. G. trug Bedenken, seine Außenpolitik gewissermaßen um 180° zu drehen. Nur wenn die Verhandlung mit dem Westen sich als aussichtslos erweisen sollte, könne man an solche Fühlungnahme denken. Er gab sein Einverständnis nicht endgültig.

S. 387 [87] *Hassell*, S. 332.

S. 388 [88] Nach K. B. vom 28. 8. hat sich Tresckow im August 1943 mit Schulenburg in dessen Berliner Wohnung über die „Ostfrage" unterhalten. Schulenburg hoffte, es bestünden noch Möglichkeiten, mit den Westmächten zu verhandeln. Eine Schwenkung auf die Seite der Sowjets sei aus Gründen der Gesamtpolitik bedenklich und noch nicht notwendig. Man müsse jedenfalls alles mit Beck und G. vorher besprechen. Beck wich auf Anfragen (Tresckows?) aus und erklärte, auf jeden Fall an Hassell als Außenminister festhalten zu wollen. Tresckow kam dann nach längerer Überlegung zu dem Schluß, zunächst müsse ein Versuch mit den Westmächten gemacht werden. — Sonnleithners Aussagen erscheinen auch sonst sehr fragwürdig. So behauptet er, Schulenburg habe den Posten des Außenministers im Kabinett G. erstrebt, um seine Ostpolitik durchzusetzen, und habe ihn, Sonnleithner, gebeten, ihm dabei zu helfen und sich mit der Widerstandsgruppe (Stauffenberg und Stieff) in Verbindung zu setzen. Sonnleithner habe das abgelehnt, aber statt dessen Staatssekretär Steengracht um seine Mittlerdienste bei den Kreisauern gebeten. Steengracht, Nachfolger Weizsäckers, war (ursprünglich jedenfalls) ein Mann Ribbentrops, vgl. über ihn *Hassell* S. 307, 328.

S. 388 [89] Stauffenberg soll geäußert haben: „Er halte nicht viel von Proklamationen hinter Stacheldraht." Nur Oberst i. G. Mertz von Quirnheim, dessen Schwager Generalmajor Korfes bei Seydlitz tätig war, habe sich (zu Major Blumenthal) dahin geäußert, man könne nicht wissen, ob nicht am Ende die Sowjets doch noch ernsthaft mit der Seydlitz-Gruppe zusammenarbeiten müßten. K. B. 29. 11. — Haltung Becks und G.s: K. B. 21. 11. — Haltung Trotts: K. B. 8. 8. (Aussage Trotts). Wenn *Dulles* S. 172 gehört hat, Trott habe kurz vor dem 20. 7. versucht, über Stockholm mit dem Seydlitz-Komitee in Fühlung zu kommen, so kann sich das nur auf eine der im Text erwähnten Erkundungen beziehen. Daß er die sowjetische Gesandtin Mme. Kollontay dazu aufgesucht habe, scheint mir für einen Beamten des Deutschen Auswärtigen Amtes ausgeschlossen; vgl. auch Trotts Äußerung zu *P. Kleist* a. a. O. S. 242.

S. 388 [90] *J. von Puttkamer* a. a. O. S. 66 f.

S. 389 [91] Mem. (Aufzeichnungen vom September 1944) K. B. 21. 11.; 29. 11.

ZU ABSCHNITT V: ENDE DER VERSCHWÖRUNG

S. 390 [92] Das Folgende nach den Mem. (Novemberaufzeichnungen 1944) Hoffnungen auf die polnische Exilregierung: Urteilsbegründung des VGH.

S. 390 [93] Nach den K. B. vom 11. 9. datierte die Bekanntschaft mit Choltitz schon vom Herbst 1943 und war durch Baron Palombini vermittelt. G. hoffte damals durch Choltitz auf Manstein einwirken zu können.

S. 390 [94] *Gisevius* II, S. 321.

S. 390 [95] Das Nähere bei *Zeller* S. 190f. Mir liegen Aufzeichnungen Kurt v. Hammersteins von 1955 vor, in denen von verschiedenen Gesprächen mit Heinrich v. Kleist, Sohn Ewald v. Kleists, Oberlt. Frhr. v. d. Bussche (beide aus dem Inf.Rgt. 9) und mit Rittmeister v. Boeselager 1943 und 1944 berichtet wird. Sie bestätigen, daß Tresckow und Stauffenberg diese jungen Leute zu verschiedenen Attentatsversuchen einzusetzen sich bemühten. Die Anklageschrift des VGH will festgestellt haben, daß G. nach dem Scheitern eines Attentatsversuchs im Februar (Kleist?) sehr ungeduldig wurde und bei Beck auf rasches Handeln der Offiziersverschwörung drängte.

S. 391 [96] K. B. 8. 8. und 14. 8. u. ö. (37. Aussage Wirmer). — Anklageschrift gegen G. und Genossen vom 3. 9. — Anklageschrift gegen Leber und Genossen vom 19. 9. — Nach der letzteren hat 1943 auch Graf Fritz Schulenburg als Vermittler für G. bei Leber gewirkt, 1944 haben außer den Katholiken auch Leuschner und Haubach sich schließlich um Aussöhnung bemüht. Hier ist als Datum der zweiten scharfen Aussprache, bei der Leuschner fehlte, der 5. 6. angegeben, im K. B. vom 14. 8. ein Tag „um den 15. 6.". Letzteres ist mir deshalb wahrscheinlicher, weil da die alliierte Landung in Frankreich (6. 6.) schon erfolgt war, was Lebers Haltung besser erklären würde. Die Aussagen Lebers über heftige Streitigkeiten zwischen sozialistischen und katholischen Arbeiterführern über den christlichen Charakter des künftigen Staates werden von J. Kaiser und seiner Gattin bestritten; zum mindesten seien sie „äußerst übertrieben"; wohl aber seien die sehr verschiedenen Charaktere Leuschners und Lebers gelegentlich in Gegenwart von Goerdeler, Kaiser, Wirmer und Habermann aufeinandergeplatzt. Gisevius und Helldorff polemisierten gegen die Gewerkschaften: K. B. passim. – Intrigue Popitz': Anklageschrift gegen G. und Genossen. Siehe a. oben Abschnitt III, Anm. 54.

S. 392 [97] *Hassell*, S. 343 f. — *Schlabrendorff*, S. 171 (dunkle Drohung Himmlers 1943). *Gisevius* II, S. 305. Das schockartige Erlebnis, plötzlich Stauffenberg statt G. und Beck als die zentrale Figur des Komplotts vor sich zu sehen, wird viel zu dem starken Ressentiment beigetragen haben, das Gisevius' Charakteristik Stauffenbergs offensichtlich beherrscht. Freilich ist die scharf „antimilitaristische" Grundtendenz des Buches auch sonst überall sichtbar.

S. 392 [98] Erhebliche Aufregung scheint bei den Verschworenen auch die Nachricht verursacht zu haben, daß Nikolaus von Halem und Mumm von Schwarzenstein am 16. 6. vom VGH zum Tode verurteilt wurden, siehe *Schlabrendorff*, S. 178 ff.

S. 393 [99] Aussage G.s K. B. 29. 11. Das Folgende nach *Dulles*, S. 136 ff.

S. 394 [100] Mit etwas anderen Worten hat G. diese Phase seiner Projekte in seiner im Gefängnis Nov. 1944 entstandenen Niederschrift „Unsere Idee" festgehalten, und zwar als *letzte* Phase. Dabei ist bemerkenswert, daß er von den Abmachungen von Teheran offenbar keine klare Vorstellung besaß. Es heißt dort: „Transport der Westarmee nach dem Osten, um die Russen auf die Linie Peipus-See—Dnjestr zurückzuwerfen und damit uns und England von unerträglicher Bedrohung zu befreien, auch die Errichtung eines polnischen Staates zu ermöglichen, der unserem Interesse entsprach und England die Erfüllung seiner Garantie ermöglichte. Dieser Schlußkampf gegen England wird politisch dadurch möglich, daß Rußland, wie feststand, sich weigern würde, bis zur alten polnischen Ostgrenze zu räumen, und Einigung mit England auf der weiter westlichen Curzonlinie noch nicht erfolgt war, Rußland aber im Vertrag mit England 1942 auf jede Eroberung verzichtet hatte, USA überhaupt nicht vertraglich mit Rußland gebunden ist, also jene Räumungsverweigerung Rußlands eine Verletzung seines Vertrags war."

S. 395 [101] *Dulles*, S. 139, Wie hätten Olbricht und Stauffenberg hoffen können, die Flotte zur Preisgabe von Bremen und Hamburg zu bewegen? Wie hätten sie darauf rechnen können, „zuverlässige" Truppen in München zu finden, die Hitler „isolierten"? Wie sollte diese Isolation durchgeführt werden? Sehr skeptisch stimmt auch die Angabe, die Urheber des Planes hätten über Rommels Haltung noch Anfang Mai nichts Näheres gewußt. G. und sein Kreis waren darüber längst informiert.

S. 395 [102] Beide Zitate nach *Wheeler-Bennett*, S. 621 f., der den Wortlaut des stenographischen Protokolls bringt. Seine Behauptung, beide Reden hätten auf die Verschwörer ermutigend gewirkt, bleibt ohne Beleg.

S. 396 [103] Gestützt auf Agentenberichte aus der Türkei hat er nach Angaben Dr. Otto Johns (am ausführlichsten bei *Wheeler-Bennett*, S. 626) Anfang Juni im vertrauten Freundeskreis bei einer Flasche Wein und in gehobener Stimmung wegen seiner bevorstehenden Ernennung zum Chef des Stabes der Ersatzarmee sich etwa so geäußert, in betontem Gegensatz zu sehr pessimistischen Prognosen Hansens. Die Russen, sagte er, erwarteten die Errichtung einer „zweiten Front" nicht mehr für 1944, und wenn sie stattfände, so wäre die Erfolgschance etwa 50 : 50. Die Engländer würden dann wohl friedensbereit werden, da sie ja noch nicht durch hohe Menschenverluste verbittert wären. Das klingt zunächst mehr spielerisch als ernst gemeint (Stauffenberg liebte offenbar das Spiel mit extremen Ansichten in der Diskussion). Aber es muß doch mehr dahinter stecken. Siehe oben im Text.

S. 396 [104] Über Stauffenbergs (angeblich doppelte) Verbindung nach England siehe die im Anhang XII wiedergegebene Meldung der Gestapo vom 2.8.44. Die dort aufgezählten Friedensforderungen entsprechen ungefähr den uns bekannten Wünschen Goerdelers, der mit ihm offenbar auch Ende Juni über diese Fragen in Verbindung stand. Vor der Gestapo (K. B. vom 17. 8.) hat G. von einer Unterredung mit Stauffenberg im Juni berichtet; dieser habe ihm mitgeteilt, er habe Gelegenheit gehabt, unmittelbar eine Mitteilung an Churchill gelangen zu lassen. Er habe in diesem Zusammenhang Graf Bismarck (wohl den Potsdamer Regierungspräsidenten, der verhaftet war?) als Verbindungsmann zu Churchill genannt und damit gerechnet, daß seine Mitteilung Churchill in etwa acht Tagen erreichen werde. G. vermutete: über Wallenberg, der Bismarck in Berlin zu besuchen pflegte. G. war sehr ärgerlich über diese Einmischung Stauffenbergs in seine eigenen außenpolitischen Bemühungen (ebenso wie über seine selbständige Verbindung mit den Gewerkschaften) und beschwerte sich bei Beck darüber, der aber meinte, man dürfe dem jungen Draufgänger nicht zuviel Zügel anlegen. In seinen Aufzeichnungen vom November 44 berichtet G. von seiner letzten Unterredung mit Stauffenberg am 18. 7., dieser habe ihm „offenbart, daß er direkte Verbindung mit Churchill habe und dieser im Besitz der Forderung sei, daß im Falle der Aktion alles deutsche Gebiet im Reich verbleiben oder mit ihm vereint werden müsse". Vielleicht hängt diese Versicherung Stauffenbergs mit einem Versuch des Staatssekretärs a. D. Planck zusammen, sich gemeinsam mit einem Herrn von Siedersleben (Freund des SS-Generals und Himmlerschen Stabschefs Wolff) am 23. 7. in Stockholm mit Wallenberg zu treffen; dieser telegraphierte zurück: er sei verreist. Herr J. Wallenberg, der mir das mündlich erzählte, vermutete, daß Planck wohl an Stelle Schlabrendorffs treten sollte, den ihm Goerdeler kurz vorher durch einen unbekannten Boten erneut als Unterhändler für den Waffenstillstand nach erfolgtem Umsturz hatte anmelden lassen. Da aber G. gegen Planck eine starke Abneigung hegte, ist das sehr unwahrscheinlich; vielleicht sollte er als der Bote Stauffenbergs auftreten? Oder hing das Ganze mit Himmlerschen Abfallsplänen zusammen? — Der K. B. vom 29. 11. meldet weiter: Stauffenberg suchte gewisse Verbindungen zu USA, insbesondere zu Eisenhower und seinem Stabschef Marshall. (Das wird sich auf die noch zu erörternden Recherchen durch O. John beziehen.) Berthold Stauffenberg hat von diesem Plan im Juni 1944 gehört. Trott hat sich sehr kritisch über Stauffenbergs außenpolitische Orientierung und Fähigkeit geäußert. Seinen, Trotts, Argumenten gegenüber habe er sich immerfort darauf berufen, daß jeder Stratege der angelsächsischen Mächte notwendig gegenüber Deutschland einlenken müsse, um nicht Rußland ein katastrophales Übergewicht zu verschaffen. Trott hatte das Gefühl, daß er sich auf irgendwelche Information von dritter Seite her verließ, und vermutete, daß es sich um irgendeinen Sonderagenten Eisenhowers handelte, dem St. in die Hände gefallen war. Er hatte außerdem den Eindruck, daß auch Beck in jüngster Zeit positive Anknüpfungsmöglichkeiten zum amerikanischen Gegner, wahrscheinlich zu dessen militärischem Oberkommando, gefunden zu haben glaubte. Stauffenberg habe mit Nachdruck betont, „daß der alte Herr Grund hätte, anderer Ansicht zu sein als ich (Trott)". — Nach der Anklageschrift gegen Leber war Goerdeler bei dem zweiten, oben erörterten Zusammenstoß mit den Sozialisten (Anfang oder Mitte Juni) noch fest überzeugt von der Möglichkeit einer Verständigung mit den Westmächten.

S. 396 [105] Siehe darüber oben Abschnitt III. — Nach brieflicher Mitteilung des Verlegers Gotthold Müller war dieser am 10. 6. bei Wallenberg in Stockholm und teilte das Ergebnis G. am 20. 6. vor dessen Abreise in das Seebad Rauschen bei Königsberg mit. Nach dem Urteil des VGH über Fritz Goerdeler (Record Branch d. War Dptm. Washington) hat dieser berichtet, er habe Ende Juni seinen Bruder in Rauschen tief pessimistisch angetroffen. „Er versprach sich nach Landung der Westmächte in der Normandie kaum noch einen Erfolg von Verhandlungen. Man müsse die Dinge eben treiben lassen" — eine für C. G. ganz unerhörte Resignation!

S. 397 [106] *Schlabrendorff*, S. 175 f.; auch für das Folgende.

S. 398 [107] *Karl Strölin*, Verräter oder Patrioten? 1952, S. 32 ff. *Hans Speidel*, Invasion 1944. Ein Beitrag zu Rommels und des Reiches Schicksal (1949), passim. *Lutz Koch*, Rommel 1950, S. 216 ff.

S. 399 [108] Strölins Vorschlag, Rommel statt Beck zum Staatspräsidenten oder doch zum Oberbefehlshaber der Wehrmacht zu berufen (*Strölin*, S. 34; *Speidel*, S. 86), hat in Berlin kein irgendwie erkennbares Echo gefunden; Rommel selbst hat einen politischen Auftrag abgelehnt. Die von *Wheeler-Bennett*,

S. 609 erwogene Frage, ob Goerdeler geplant habe, Beck und Witzleben durch Rommel zu ersetzen, ist sicherlich zu verneinen. Wohl aber scheint es, daß der Gedanke einer Reichsregentschaft durch Rommel die Phantasie mancher in Paris tätiger Verschwörer entzündet hat; vgl. die Äußerungen von Ministerialdirektor Michel in dessen Tagebuch und Cäsar von Hofackers bei *Koch*, Rommel, S. 221.

S. 399 [109] Vgl. dazu seine oben Anm. 104 zitierten Versuche, mit Eisenhower und Marshall in Verbindung zu kommen. Dazu K. B., 30. 7.: Bericht über eine Besprechung in Stauffenbergs Wohnung vom 16. 7. 44, in der „Verhandlungen von Militär zu Militär" empfohlen wurden.

S. 400 [110] Es ist also nicht richtig, wenn *Wheeler-Bennett*, S. 631 behauptet, Rommels Plänen hätte jede Koordination mit der Berliner Verschwörung gefehlt.

S. 400 [111] *Speidel*, S. 133 ff.

S. 400 [112] *Schlabrendorff*, S. 177 f. Das dort angegebene Datum „Ende Juni" kann nicht stimmen, da Kluge erst am 7. 7. Oberbefehlshaber im Westen wurde. Nach *Schlabrendorff*, S. 178 hätte Kluge erklärt, Tresckow nicht als Stabschef anfordern zu können; nach *Speidel*, S. 145 war ihm Tresckow von Schmundt angeboten; er hatte aber seine Ernennung abgelehnt, weil er sein revolutionäres Drängen fürchtete.

S. 401 [113] *Dulles*, S. 176, leider ohne Quellenangabe, aber wohl nach Mitteilungen von *Gisevius*; siehe dessen Buch II, S. 299, 321. Danach hätte Kluge die Beseitigung von Hitler, Göring und Himmler gefordert, ähnlich wie Rommel. Was Gisevius von Beck über Rommel erfahren haben will, steht aber in krassem Gegensatz zu den Angaben von Speidel. Daß Kluge den Tod Hitlers gefordert hat, geht auch aus seinem Telephongespräch mit Beck am 20. 7. hervor, über das zu vgl. *Wheeler-Bennett*, S. 663 und die dort angeführten Quellen, besonders Blumentritt (bei *Liddell Hart*, The other side of the hill, S. 432 ff.). Ferner aus den Aussagen Goerdelers, K. B., 21. 9.

S. 402 [114] Die Vermutung von Gisevius, politischer Ehrgeiz habe Stauffenberg am 20. 7. getrieben, vorzeitig den Führerbunker zu verlassen, ehe er Hitler vollends umgebracht hatte, scheint mir also unnötig; sie ist auch insofern unbegründet, als nirgends bezeugt ist, er habe den Plan einer Regierung Beck-Goerdeler im letzten Augenblick aufgegeben. Das Gegenteil beweist sein Verhalten am 18. 7. gegenüber Goerdeler; siehe unten.

S. 402 [115] Das Nähere bei *Zeller*, S. 201 ff.

S. 403 [116] *Gisevius* II, S. 299, 322. Für das Folgende: ebenda S. 302, 304.

S. 403 [117] In krassem (und von mir vorläufig nicht auflösbarem) Widerspruch zu diesen von Gisevius in seinem Buch wiedergegebenen Äußerungen steht, was K. B. vom 17. 8. anscheinend nach Aussagen Strüncks berichtet: Gisevius habe am 17. 7. mit Oberst Hansen bei Strünck gesessen und unter anderem mitgeteilt: seine Ermittlungen in der Schweiz hätten eindeutig ergeben, daß Verhandlungen mit England möglich wären. Engländer und Amerikaner hätten Anfang Juni gern vor der Invasion Schluß gemacht, um für Ostasien freie Hand zu bekommen. Von Strünck fuhr Gisevius im Wagen Hansens zu Beck. — K. B. vom 7. 9. ergänzt das noch, nach Aussagen Strüncks: Goerdeler habe sich bei Gisevius über die politische Haltung von Dulles erkundigt. Gisevius habe dessen Verständnis für deutsche

Verhältnisse und seine nahe Verbindung zu Roosevelt gerühmt; Dulles habe Goerdeler und Beck als gute Namen in Washington empfohlen. Eisenhower habe bereits Instruktion bekommen, im Falle einer Regierung Beck-Goerdeler nicht unconditional surrender zu verlangen. Dulles werde nichts ohne Rücksprache mit Gisevius nach Washington berichten und fordern. Ist das nun alles reines Mißverständnis von Strünck? Auch Goerdeler muß ihn dann völlig mißverstanden haben, da er sich in seinen Niederschriften im Gefängnis immer wieder auf Gisevius (neben Wallenberg) als Zeugen für die angeblich weitgehende Verhandlungsbereitschaft der Westmächte beruft.

S. 403 [118] Dieses Bedürfnis hat *Gisevius* offenbar nicht verstanden, wie die II, S. 306 ff. wiedergegebene Unterhaltung mit Stauffenberg zeigt. Auch Oberst Hansen, der sich zu Stauffenbergs Freunden rechnete, war offenbar von dieser Dialektik beunruhigt und verwirrt.

S. 404 [119] *Wheeler-Bennett*, S. 630 f. nach Angaben Johns. Aussagen Klaus Bonhoeffers, K. B., 12. 10. Danach brachte Lindenberg, Bevollmächtigter der Lufthansa in Madrid, die Hiobspost Johns am 11. 7. nach Berlin. Otto John traf dort am 18. 7. auf Anfordern Stauffenbergs selbst ein, bestätigte und ergänzte aber nur die frühere Mitteilung.

S. 404 [120] Aussagen Stieffs vor dem VGH am 7. 8. 44, nach dem Protokoll: IMT, Dok. 3881 PS, Bd. 33, S. 317 ff. Stieffs Angaben sind aber undeutlich. Dazu *Zeller*, S. 210 und Anm. 33. Die Angabe *Schlabrendorffs*, S. 185, ein erster Attentatsversuch sei am 5. 7. daran gescheitert, daß Himmler nicht da war, muß auf einer Verwechslung von Daten beruhen. Wenn es richtig ist, was Schl. von Voß hörte (S. 184), *zwei* Versuche seien gescheitert, kommt nur der 11. und 15. in Betracht. Allerdings hat Stieff behauptet, er habe auch am 6. (nicht 5.!) ein Attentat verhindert. Seine wirkliche Einstellung zum Attentatsgedanken kann aber nicht zweifelhaft sein. Sie wird unter anderem beleuchtet durch eine Äußerung, die Klamroth der Gestapo berichtete: „Sie, Herr Klamroth, haben ja diese trübe Erfahrung (eines verlorenen Krieges) im vorigen Krieg schon einmal gemacht. Ich bin damals nicht dabei gewesen. Aber das eine will ich Ihnen versichern: So, wie das vorige Mal, verlieren wir diesen Krieg nicht, ob mit oder gegen diese Führung." K. B., 4. 8. Danach drängte bei den Berchtesgadener Besprechungen (im Berchtesgadener Hof) Wagner am stärksten auf das Attentat. *Zellers* Meinung (S. 355, Anm. 43), der Attentatsversuch vom 15. sei auf dem Obersalzberg erfolgt, ist irrig. Unter den Akten des War Deptm. (a. a. O.) findet sich unter allerhand Materialien über das „Verrätergeschlecht Stauffenberg" die folgende Notiz:

„Oberst von Stauffenberg war in der Zeit vom 1. bis 20. Juli in folgenden Besprechungen anwesend:

Sonderbesprechung vom 6. 7. 44 von 17.05 bis 18.00 auf dem Berghof über Neuaufstellungen.

Sonderbesprechung vom 6. 7. 44 von 23.55 bis 0.50 auf dem Berghof über Neuaufstellungen.

Morgenlage vom 11. 7. 44 von 13.07 bis 15.30 auf dem Berghof.

Im ersten Teil der Morgenlage vom 15. 7. von 13.10 bis 13.40 in der Wolfsschanze.

Sonderbesprechung vom 15. 7. von 13.40 bis 14.20 in der Wolfsschanze betreffend Stellungsbau und Auffangorganisation.
Sonderbesprechung vom 15. 7. von 14.20 bis 14.25 Wolfsschanze mit Generaloberst Fromm.
Morgenlage vom 20. 7. 44 in der Wolfsschanze.
Am 7. 6. 44 fand auf dem Berghof von 15.52 bis 16.52 eine Sonderbesprechung mit Generaloberst Fromm statt, an der der Erinnerung nach Oberst Graf Stauffenberg teilgenommen hat. Eine genaue Feststellung ist nur an Hand der Niederschrift möglich, die im Panzerschrank in Berlin ist.
Ferner ist Oberst Graf von Stauffenberg *vor* Beginn der Morgenlage am 18. 7. 44 im Lagezimmer gesehen worden.
F. H. Q. am 22. 7. 44 eigh. Unterschrift: Dr. Peschel"
Stenograf. Dienst. (Perchel?)
Dr. Pe/Dt.

S. 404 [121] Ich halte mit *Zeller*, S. 316, N. 45 die Aussage Klausings vor dem VGH (IMT 33, S. 432) für zuverlässig. Danach hatte nicht Klausing, wie *I. D. von Hassell:* „Verräter? Patrioten!", S. 33 meint, die Bombe werfen sollen. Für *Zellers* Mitteilung, S. 212, Stauffenberg habe auf telephonisches Abraten Olbrichts auf das Attentat verzichtet, fehlt der Quellenbeleg. Dagegen hat Stieff vor dem VGH behauptet, er habe am 6., 11. und 15. abgeraten; und Stauffenberg hat gesagt, Stieff habe ihn „irritiert". Wenn Olbricht wirklich abgeraten hat, war es nur wegen der Abwesenheit Himmlers? Auffallend ist, daß für den 11. nichts überliefert ist von „Walküre"-Alarm wie für den 15. und daß weder Beck noch Stauffenberg am 12. und 13. gegenüber Gisevius irgend etwas von der Planung am 11. erwähnt haben.

S. 404 [122] Zitiert in der Anklageschrift gegen Goerdeler u. Gen. vom 3. 9. 44.

S. 405 [123] *Gisevius* II, S. 308.

S. 405 [124] Daß diese (durch Mitteilungen Becks an Gisevius am 12. bezeugte) Botschaft Stauffenberg schon am 10., also vor dem ersten Attentatsversuch, erreicht habe, wie *Zeller*, S. 211 versichert, ist höchst unwahrscheinlich, da Hofacker am 10. noch in Paris bei Kluge gewesen sein muß.

S. 405 [125] Olbricht hatte absichtlich schon zwei Stunden vor Eintreffen der Nachricht vom Obersalzberg alarmiert, um allen Gegenmaßnahmen der SS zuvorzukommen. Die Tatsache, daß dies beinahe zur Entdeckung des Komplotts geführt hätte und daß ein „Übungsalarm" keinesfalls wiederholt werden konnte, hat dann bekanntlich am 20. Juli dazu geführt, daß man in der Berliner Zentrale nichts unternahm, ehe Nachricht aus Rastenburg eintraf. Nun scheint Fellgiebel die Meldung von dem Vollzug des Attentats in einer Form gegeben zu haben, die sein Mißlingen erkennen ließ („Es ist etwas Furchtbares passiert. Der Führer lebt" — nach dem Bericht von Dr. Arntz, Leutnant der Reserve im Stabe Fellgiebels —), so daß dann der Staatsstreich erst nach drei Stunden ausgelöst wurde, und erst auf Veranlassung Stauffenbergs, der in Rangsdorf mit dem Flugzeug gelandet war. Die Verzögerung vom 15. hat sich also auch am 20. verhängnisvoll ausgewirkt. Über die Aktion der Dienststelle Fellgiebels am 20. 7. gibt K. B. vom 31. 8. sehr erwünschte genaue Auskunft nach Aussagen des Oberst Hahn. Danach war schon lange vor dem 20. 7. festgestellt, daß eine Absperrung der Wolfsschanze von den Nachrichtenverbindungen technisch äußerst schwierig war, ein großes Aufgebot mitwirkender Kräfte erforderte und sich schlechterdings nicht „vorbereiten“ ließ. Sie war überhaupt erst möglich, wenn der Tod Hitlers feststand. Am 20. 7. informierte Fellgiebel den Oberst Hahn schon kurz nach 13 Uhr, daß der Führer verletzt, aber nicht tot sei, mit ähnlichen Worten, wie oben angegeben. Nach K. B. vom 11. 9. rief Fellgiebel 18 Uhr 20 in der Berliner Nachrichtenzentrale an: ob sie alle verrückt wären? Der Führer sei gesund.

S. 406 [126] *Zeller*, S. 357, N. 46 behauptet, ohne jeden Quellenbeleg, General Beck habe „nach dem Mißerfolg des 11. das Verhalten für diesen Fall festgelegt“. Wie denn? Seine Polemik gegen die Darstellung, die Gisevius nach den Aussagen Graf Helldorffs von den Vorgängen in der Bendlerstraße gibt, ist so lange als bloß tendenziöse Apologetik des Helden zu betrachten, als nicht eindeutige und überzeugende Gegenbeweise besserer Quellen vorgelegt werden. Leider zitiert Z. als einzigen Kronzeugen für seine Darstellung das sehr flüchtig gearbeitete Buch von *W. Görlitz*, in dem übrigens nähere Angaben fehlen. Das Telephongespräch Stauffenbergs weiß er seinerseits überhaupt nicht zu erklären.

S. 406 [127] Mem. (Aufzeichnung vom November 1944).

S. 407 [128] Vgl. dazu *Dulles*, S. 139.

S. 407 [129] Als Vermittler diente dabei Rechtsanwalt Hauptmann d. R. Strünck, dessen Wohnung unzählige Male als Treffpunkt der Verschwörer diente und der selbst häufig die Verbindung der Abwehrzentrale mit dem Schweizer Außenposten herstellte.

S. 408 [130] In die ganze Tiefe der Not, in die sich Goerdeler damals verstrickt sah, lassen Aufzeichnungen hineinblicken, die sich Dipl.-Landwirt Otto Held, ein naher Verwandter G.s, 1946 über Gespräche machte, die er im Juli 1944 (zuletzt noch in der Nacht 18./19. 7.) mit G. führte. Er gibt dessen Gedanken folgendermaßen wieder: „Noch nie in der Geschichte haben Attentate Gutes gestiftet. Sie verstoßen gegen das 5. Gebot. Gelungen greifen sie der Entscheidung Gottes unwiderruflich vor; mißglückt erreichen sie das Gegenteil des Gewollten. In beiden Fällen schaffen sie Märtyrer, für deren Blut Sühne gefordert wird, und jede Vergeltung pflegt schwerer auszufallen als die Tat selbst. So reißen Attentate neue Wunden im Volkskörper auf, die am schwersten heilen und neue Vorbelastung der Zukunft werden.“
Zu diesen sittlichen Bedenken tritt noch die Erwägung, daß nur ein lebender Hitler vor dem ganzen deutschen Volk durch eine Gerichtsverhandlung so bloßgestellt werden könnte, daß jedes Aufkommen einer Dolchstoßlegende dadurch erstickt würde. Aber freilich müßte eine solche Selbstreinigung des deutschen Volkes erfolgen, ehe die deutsche Front total zusammengebrochen ist – sonst bleibt sie wirkungslos, ja sie kommt gar nicht mehr durch Deutsche selbst zustande. „Mitte Juli“, schreibt Held, „drängte also die Zeit aufs höchste. Es drängten auch Kluge und Rommel: Die Truppe „verdorre“ im feindlichen Material, besonders der Luftwaffe. Goerdeler antwortete: Dann solle sich der Herr von Kluge einen starken französischen Sender greifen und unter voller Nennung seines Namens Volk und Wehrmacht

die wahre Lage bekanntgeben (Geheimnisse waren da nicht zu verraten, da die Dinge ja für sich sprachen). Dann sei zu fordern: Adolf Hitler, in dessen Namen und Auftrag schon so viele Millionen Männer, Frauen und Kinder in den Tod gegangen sind, soll endlich auch sein eigenes Leben dem Richter stellen und zurücktreten! Tut er dies nicht, macht er weiter sein verwirktes Schicksal zum Schicksal des ganzen Volkes – dann verläßt die Westarmee ihre Stellungen, marschiert in die Heimat und setzt eine Friedensregierung ein. – Das hätte klare Verhältnisse geschaffen. Auch die Truppe hätte man nicht mehr mit der „kleinen Clique" ehrgeiziger Reaktionäre bluffen können. Doch der erste Schritt lag nicht in Goerdelers Hand. Die allein hierzu bewaffnete Macht hatten, fürchteten Verwirrung durch Befehl und Gegenbefehl (besonders bei Hinweis auf den Eid); auch drohte offener „Bruderkampf" mit den in Frankreich neu aufgestellten SS-Divisionen, noch ehe ein Waffenstillstand mit den Westmächten der Fronttruppe den Rücken freigab. Es konnte die Auflösung werden, also gerade das herbeiführen, was unter allen Umständen vermieden werden mußte."

S. 408 [131] Vgl. oben Anm. 104. – Bei seiner Vernehmung am 13. 8. (Aussageprotokoll a. d. K. B. liegt mir vor) versicherte G., weder Stauffenberg noch Hptm. Kaiser hätten ihm am 18. 7. irgend etwas von dem unmittelbar bevorstehenden Attentat gesagt. Das wird, zum mindestens für das Datum, zutreffen, da G.s Mitwissen in diesem Augenblick, da er jeden Moment verhaftet werden konnte, ebenso gefährlich wie nutzlos gewesen wäre.

S. 409 [132] K. B., 30. 7. Nach der Aussage Goerdelers hat dieser am 15. 7. bei der erneuten Durchberatung der Ministerlisten in Becks Wohnung diesem vorgeschlagen, doch lieber Schulenburg als Hassell zum Außenminister zu machen. Schulenburg sei bei Stalin persona grata. Gegenüber Hassell sei die Stimmung in England nicht gut; er sei dort als Schwiegersohn (und Biograph) Tirpitz' bekannt. Beck war einverstanden mit der Veränderung. K. B., 28. 8. Ähnlich *Gisevius* II, S. 304, 335. Danach wollte Beck Hassell zu freiwilligem Verzicht bringen und zum Staatssekretär machen.

SECHZEHNTES KAPITEL · DAS ENDE

S. 411 [1] *Gisevius* II, S. 348.

S. 411 [2] Seine Niederschrift ergänzt und berichtigt die Angaben G.s bei seiner ersten Vernehmung am 13. 8., die offensichtlich bemüht sind, seine Helfer und Gastgeber zu decken bzw. zu verbergen. Über die Fahrten des 18. und 19. liegt mir ein Bericht des Oberregierungsrats Dr. Gerhard Wolf vor. Der Gestapo hat G. alle seine Gastgeber in und um Berlin verschwiegen, bis auf Ulrich und Brodführer, die er indessen als politisch ahnungslos und fern allen Komplottplänen schilderte, ebenso wie Palombini und Ehrhardt. Im übrigen behauptete er, sich vom 25. 7 bis 8. 8. in den Wäldern um Großberlin umhergetrieben und alle Nächte bis auf zwei im Freien übernachtet zu haben. Die Gestapo hat ihm das aber nicht geglaubt (KB 15. 8.) und nach und nach alle Gastgeber ermittelt.

S. 413 [3] Der schwedische Gesandte war verreist, und sein Vertreter wollte einen so gewagten Schritt nicht selbständig tun. Aus demselben Grund scheiterte auch Dr. Elsas mit seinen Bemühungen für G. bei der Gesandtschaft. (Auskunft der Familie Elsas.) In Dessau hat G. nach seiner Aussage rein geschäftliche Angelegenheiten besprochen in der Absicht, so herauszufinden, ob schon eine öffentliche Verfolgung gegen ihn lief. Daß diese Angaben stimmen, ist schon deshalb anzunehmen, weil er die Namen der Offiziere und Beamten angab, mit denen er verhandelt habe (v. Korttnaurer, Peters). Oberfeldrat von Heinz habe er nicht getroffen: vielleicht hatte er auf dessen Hilfe bei der Flucht gerechnet, wie die Gestapo vermutete?

S. 414 [4] 11 Seiten engzeilig in der Maschinenabschrift, „geschrieben zwischen 1. und 11. August in Berlin". Ein „Abschiedswort", beginnend „Deutsche Schwestern und Brüder". 8 Seiten, unterschrieben „Im Walde der Dübener Heide, Ende Juli 1944", aus dem ich einen Auszug unter dem Titel „Ein Abschiedswort Dr. Goerdelers" in der „Neuen Zeitung" vom 19. 12. 46 veröffentlicht habe, halte ich heute, nach genauer Kenntnis des Goerdelerschen Schrifttums, für unecht. Es wurde seinerzeit der Familie G. von einer Persönlichkeit übergeben, von deren Bekanntschaft mit G. sie nie etwas gehört hatte, und zwar nur in Maschinenabschrift. Nicht nur der Stil und in vielem auch der Gedankengang sind G. fremd, sondern es finden sich auch einzelne unrichtige, ja unsinnige Behauptungen über die Entwicklung der Hitleropposition, die G. nie aufgestellt hätte. Im übrigen hat sich G. überhaupt nicht im Walde der Dübener Heide umhergetrieben. Die Niederschrift scheint erst 1945 entstanden zu sein (Prophezeiung von Hitlers Selbstmord!).

S. 414 [5] So hat er seiner Nichte Frau Held am 29. gesagt, als sie sich in der Nähe vom Bahnhof Rummelsburg länger über seine Fluchtpläne unterhielten. Er zeigte sich dabei voller Hoffnung, in Deutschland so lange untertauchen zu können, bis das nahe Kriegsende, auf das er bestimmt rechnete, herbeigekommen wäre (Aufzeichnungen von Frau Eva Held). — Wie unerträglich groß die Gefahr für G.s Gastgeber war, zeigt die Tatsache, daß Schatter, Ulrich, Landwehr, Lehmann, Lilje, Klimpel und Palombini wegen Beihilfe zur Flucht vor den Volksgerichtshof kamen und zu hohen Haftstrafen verurteilt wurden. (Prozeßbericht, Archiv des War Dptm. Alexandria.) Der Name Dr. Elsas erscheint hier nicht. Elsas war früher Erster Bürgermeister von Berlin und Vizepräsident des Deutschen Städtetags, wurde aber, auch aus rassischen Gründen, verfolgt, ohne Gerichtsurteil aus dem Gefängnis Lehrterstraße in das Konzentrationslager Sachsenhausen überführt und hat dort um die Jahreswende den Tod gefunden. (Mitteilung der Familie.) Das Folgende wesentlich nach G.s Aussagen vor der Gestapo, die mir hier durchaus glaubhaft erscheinen, während die Mitteilungen der Labedzkis an Reinh. Goerdeler sich im Datum der Abreise (11. 8.) offensichtlich irren.

S. 415 [6] Urteil des Schwurgerichts beim Landgericht Berlin über Helene Schwärzel vom 1. 11. 1947. G. hat seinem Gefängniswärter Brandenburg gesagt, er könne auch den beiden Zahlmeistern ihr Eingreifen nicht verübeln. Hätten sie ihn nach der Anzeige nicht verhaftet, so hätten sie sich schwerer Bestrafung ausgesetzt.

S. 417 [7] Wichtigste: Die Liste der „politischen Beauftragten" und „Verbindungsoffiziere" bei den Wehrkreiskommandos, gefunden in der Nachrichtenzentrale der Bendlerstraße. Siehe oben Kapitel 15, Abschnitt III, nach Anmerkung 61 und Anhang X. – Tagebuch des Hauptmanns d. R. H. Kaiser und in dessen Besitz die große Denkschrift „Das Ziel" von 1941: K. B., 1. 8. Der Aktenfund im Hospiz am Askanischen Platz aus der Hinterlassenschaft Goerdelers wird in den K. B. am 3. 8. gemeldet; es handelte sich dabei offensichtlich nicht um eine „Ministerliste" (diese wird erst am 14. 8. gemeldet; sie soll im Panzerschrank Olbrichts gefunden sein), sondern im wesentlichen um die bei *Pechel*, S. 213–221 und 304 ff. abgedruckten Entwürfe und Aufrufe. Von „Leichtsinn" Goerdelers zu sprechen, liegt kein Anlaß vor. G. war so vorsichtig, kein Notizbuch zu führen, keine Adressenliste seiner Bekannten, sondern deren Adressen und sogar Telephonnummern systematisch auswendig zu lernen. Er hat öfters verschlossene Umschläge mit Materialien im Geldschrank der Hotelleiterin Frau Erna Benoit, die als Königsbergerin der Familie bekannt und befreundet war, aufbewahren lassen; sie wurden regelmäßig in seinem Beisein dort eingeschlossen. G. war nach der Auskunft Frau Benoits „peinlich ordentlich und ließ nie etwas herumliegen". Ende Januar 1944 wurde das Haus teilweise ausgebombt und Frau Benoit verließ es. Den Geldschrankschlüssel übergab sie ihrer Nachfolgerin Frau Klatt-Schaumann, die das Hospiz notdürftig wieder herrichten ließ. G. blieb dem Hause treu und benutzte es wieder als Absteigquartier, sobald wieder einige Zimmer benutzbar waren, d. h. seit Juni 44. Er hat in dieser Zeit Frau Klatt, die ihm noch fremd war, niemals Akten übergeben. Am 18. 7. sprach sie ihn nur ganz kurz und erfuhr am 19. vom Portier, daß G. sein Zimmer aufgegeben und seine Koffer abgeholt habe. Nach dem 20. 7. „wurde von der Gestapo lediglich festgestellt, bis wann G. dort gewohnt habe und ob noch Sachen vorhanden seien. Es wurde weder eine Haussuchung noch eine Öffnung des Geldschrankes verlangt". (Briefliche Auskunft der Frau Klatt.) Wer hat nun das Aktenstück ohne Haussuchung herausgegeben? Handelt es sich etwa um einen Zimmerdiebstahl des Hotelpersonals?–Was *Wheeler-Bennett* an mehreren Stellen seines Buches über leichtfertige Geschwätzigkeit G.s und angebliche Vervielfältigung seiner Ministerlisten berichtet, ist freie Phantasie der von ihm Befragten (Otto Johns?).

S. 417 [8] Wichtigste: Geständnisse der am 8. 8. Verurteilten, Aussagen von Oberst Hansen, Fritz Schulenburg, Graf Helldorff, Graf Bismarck, Stieff, Berthold Stauffenberg, Kranzfelder, Trott, Wirmer, Leber, Maaß. Am 15. 8. wurde Leuschner verhaftet, der in den früheren Vernehmungen schon oft genannt war, am 15. auch Haubach vernommen, der über den „Kreisauer Kreis" genauere Angaben machte. Die Vernehmungen im einzelnen waren, soviel die K. B. erkennen lassen, sehr unterschiedlich in ihrer Ergiebigkeit, lieferten aber im ganzen schon vor dem 13. 8. (erste Vernehmung G.s über seine Flucht) ein ziemlich rundes Bild, da Ableugnen praktisch meist unmöglich war. Auch über die Entstehung der Ministerlisten konnten schon vor G.s erster Vernehmung genauere Berichte geliefert werden. Ebenso erhielt die Gestapo schon Anfang August die ersten Nachrichten über die Verbindungen der Verschwörer nach England.

S. 417 [9] Kiesel-Bericht, a. a. O., S. 30.

S. 417 [10] So K. B., 15. 8. und 4. 9.

S. 417 [11] Das habe ich selbst erlebt.

S. 418 [12] Wenn mir dies von meinem „Referenten", Kriminalkommissar Schrey, sehr nachdrücklich versichert wurde, so mag das nicht als beweiskräftig gelten, obwohl Schrey, als Kriminalbeamter älterer Schule, einen korrekten Eindruck machte. Aber

a) machte G. „sehr weitgehende Aussagen" vom ersten Tage an,

b) hat er seinem Wächter Brandenburg, dem er voll vertraute (siehe darüber später!), nach dessen brieflicher Auskunft an mich nie über Mißhandlung oder Anwendung von Drogen geklagt, obwohl er viel von seinen Vernehmungen erzählte,

c) hält sein Zellennachbar Dr. Josef Müller (seit Anfang Dezember), der seinen Tageslauf genau überwachen konnte, da die beiden Zellentüren stets offen stehen mußten, die Anwendung von Drogen für ausgeschlossen (mündliche Auskunft an mich).

S. 418 [13] Begleitschreiben für seinen Wächter Brandenburg zu dem Manuskript „Unsere Idee", November 1944.

S. 418 [14] Zu vergleichen etwa die Schilderung Huppenkothens in dessen Prozeß am 5. 1. 51, wie G., den er nach seinen Beziehungen zu Dohnanyi gefragt hat, ohne weiteres sich bereit findet, in zwei Stunden ein langes Exposé mit vielen Details zu diktieren, mit einem „uhrenhaften" Gedächtnis.

S. 418 [15] Aussage im Huppenkothenprozeß, 9. 2. 51 u. mündlicher Bericht an den Verf.

S. 419 [16] Aufzeichnungen des Oberregierungsrates Dr. Wolf (ungedruckt). Darnach wurde beiden, Wolf und G., ein raffiniert ausgedachter Fragebogen zugestellt, den G. genau in demselben Sinn wie Wolf ausfüllte, was dieser als höchst wunderbar empfand. Ähnliche Erfahrungen machten Pechel, von Zitzewitz-Muttrin und von Puttkamer-Nippoglense, siehe *Pechel*, S. 223, 301. Seine Angaben werden hinsichtlich Zitzewitz bestätigt, durch K. B. vom 4. 9. Dr. Otto Schniewind berichtet mir (durch von zur Mühlen), daß G. bei der Gegenüberstellung frühere Aussagen widerrufen und dadurch Schn.s Leben gerettet habe. Über seine Gespräche mit General Halder von 1939—40 gab er K. B., 5. 9., einen langen Bericht, der aber Halder als „hitlerhörig" entschieden mehr entlastete als belastete. Rückhaltloser war der Bericht über Kluge, 21. 9., der aber damals schon lange tot war. Vgl. auch oben Kap. 15, Anm. 54 (betr. Fall Jessen).

S. 420 [17] K. B., 15. 8.

S. 420 [18] Unvollständiger Entwurf eines Gutachtens Speers: War Dept. Alexandria (EAP 1—a—28/3). Er deckt Vögler, Geheimrat Bücher, Generaldirektor Meyer (MAN, Augsburg), Geheimrat Reusch und nennt noch Löser. Nach den K. B. vom 4. 9. hätte G. außerdem noch genannt: Wenzel, Sauerbruch, Graf Hardenberg, Prof. Woermann-Halle (der als Ministerkandidat verdächtigt wurde, aber mit dem Leben davonkam), Bosch-Heidelberg, Schacht, von Siemens-Berlin. Zu dem Ganzen vgl. auch den Kiesel-Bericht, a. a. O., S. 20 f., der mit gutem Grund betont, daß es sich hier im allgemeinen nicht um echte Widerstandskämpfer gehandelt habe. — Speer hat sich, wie das oben zitierte Aktenfaszikel zeigt, auch sonst vielfach um die Rettung bedrohter Persönlichkeiten (unter anderem des Generals Fromm) bemüht. — Wenzel-Teutschental wurde (als einziger des Kreises?) am 13. 11. zum Tode verurteilt, weil er (bei einem Treffen in seinem Hause am 10. 11. 43) eine ihm von G. angebotene Kandidatur als Landwirtschaftsminister zwar abgelehnt, aber keine Anzeige gegen G. erstattet hatte. (Prozeßbericht im Archiv des War Dept., Alexandria.)

S. 420 [19] Interrogation Ernst Lautz', 17. 6. 48 (War Dept., Alexandria). Es kann sich bei den von Lautz genannten Niederschriften nicht um die großen, später noch zu erörternden Ausarbeitungen gehandelt haben, die G. als eine Art von „politischem Testament" aus dem Gefängnis schmuggeln ließ,

a) weil diese nie aus dem Gefängnis herausgelangt wären, wenn sie der Gestapo zu Gesicht kamen,

b) weil in ihnen geradezu auffallend wenige Namen deutscher Oppositioneller genannt werden, soweit diese noch am Leben waren, dafür um so mehr ausländische Freunde und Bekannte G.s.

S. 420 [20] So war es uns erstaunlich, daß die Verfolgung unseres Freiburger Kreises mit meiner Verhaftung (1. 11.) ein Ende nahm, obwohl auch so bekannte Namen wie die der Professoren Walter Eucken und Erik Wolf und der Bischöfe Dibelius und Wurm der Gestapo als mitbeteiligt bekannt waren.

S. 421 [21] Niederschrift des Wärters W. Brandenburg siehe unten.

S. 421 [22] Dies ist das Ergebnis des Huppenkothen-Prozesses von 1951. Die Frage, wer dafür verantwortlich ist, daß diese Aktenmasse nicht rechtzeitig (spätestens nach der Verhaftung Dohnanyis, Frühjahr 1943) vernichtet wurde, bedarf noch der Klärung. Wahrscheinlich ist Becks pedantisches Bemühen um historische Dokumentierung des Komplotts in erster Linie daran schuld. Wie mir Generaloberst Halder erklärte, wurden ihm vollständige, sorgsam geordnete Briefreihen und Gesprächsprotokolle Becks von der Gestapo vorgelegt. Den unmittelbaren Anlaß zur Hinrichtung aller in Flossenbürg noch lebenden Verschwörer hat aber (nach Sondereggers Aussage) das im April 1945 aufgefundene vollständige Tagebuch Canaris' gegeben, das Hitlers besonderen Zorn erregte. S. auch oben Kapitel 12, Anm. 19.

S. 421 [23] 8. IX., 14. IX., 28. IX., 12. X., 13. X., 14. X., 10. XI., 14. XI., 30. XI., 20. XII., 5. I. usw.

S. 422 [24] Kiesel-Bericht, a. a. O., S. 32.

S. 423 [25] Bericht Dr. Gerhard Wolfs.

S. 424 [26] Zwei Berichte Thieracks für Bormann-Hitler am 8. 9.; der erste wurde auf Befehl Hitlers noch in der Nacht vom 7./8. verfaßt und ins Hauptquartier telegraphiert. — Ferner Beschwerde G.s in der großen Septemberdenkschrift (siehe unten).

S. 424 [27] Vgl. den weiter unten zu erörternden Bericht W. Brandenburgs.

S. 425 [28] Diese Vergleichung umfaßt allein 38 Seiten. Alle drei Stücke wurden mir 1950 von Herrn Dr. Mäding-Köln freundlichst übersandt, dem es nach langer Bemühung gelungen war, sie im Besitz der bearbeitenden wissenschaftlichen Mitarbeiterin aufzufinden. Ein Exemplar der Arbeit Goerdelers fand ich (nebst Original des Ablieferungsprotokolls vom 3. 1. 45) im April 1953 im Archiv des War Dept., Alexandria (Sign. 250—e—28. Goerdeler 11). Nach Angabe der Sachbearbeiter beim Reichssicherheitshauptamt, Abt. Ohlendorf, existierten 1945 drei Exemplare, von denen Nr. 1 zur sogenannten Führungsgruppe Süd gelangte, Nr. 2 in Mitteldeutschland sichergestellt wurde und verschwunden ist, Nr. 3 bei der Internierung der Reichsregierung Dönitz von englischen Behörden beschlagnahmt wurde. Siehe *Münchheimer* im Europa-Archiv V, 14, 1950, S. 3195; vgl. auch oben Kapitel 13, Anm. 58. Ich vermute, daß Nr. 1 nach Washington gelangt ist.

S. 425 [29] Aufzeichnung des Oberregierungsrats Dr. Mäding vom 3. 4. 47 im Civil Internment Camp Fallingsbostel, mit dem ich in briefliche Verbindung kam. Hiernach auch das Folgende.

S. 425 [30] Beide letztgenannte Stücke fanden sich im Archiv des War Dept., Alexandria, und wurden für mich fotokopiert. Siehe oben Kapitel 2, Anm. 26 und Kapitel 3, Anm. 5. Bemerkenswert sind in der Denkschrift „Preisüberwachung" das Lob, das Goerdeler der hochentwickelten Technik der deutschen Preiskommissariate spendet, und die sehr weitgehende Befugnis, die er ihnen in der fortgeschrittenen Kriegswirtschaft zubilligt. Die Denkschrift über Selbstverwaltung bricht an der Stelle ab, wo nach den Gemeinden, dem Gemeindetag, den Kreisen und Gauen auch die wirtschaftlichen und sozialen Selbstverwaltungsorgane (Wirtschaftskammern, Arbeitsfront usw.) behandelt werden sollen.

S. 426 [31] Briefliche Mitteilungen von Dr. Erich Kessler (Bundesministerium des Innern) an den Verf. und an Dr. v. z. Mühlen; bestätigt durch Ministerialrat Kettner (ehemals persönlicher Referent Stuckarts). Vgl. auch die Mitteilungen des Oberregierungsrats W. Muthmann bei *Zeller*, S. 98, Anm. 1. Nach einer brieflichen Mitteilung Dr. Mädings an den Verf. haben auf dessen Veranlassung mehrere Zusammenkünfte von Beamten der Abt. III mit solchen des Reichsinnenministeriums im kleinen Gästehaus des RSHA in Lichterfelde stattgefunden, in denen u. a. die Ausarbeitungen Goerdelers und Popitz' besprochen wurden. Kaltenbrunner u. Himmler haben aber davon bestimmt nichts gewußt.

S. 426 [32] Bei *Münchheimer* Europaarchiv V, Heft 14, S. 3195. Münchheimers Mitteilungen gehen zum Teil auf Auskünfte Dr. Mädings von 1947 zurück. Dieser betont jedoch, daß die Abt. III des RSHA mit ihren Aufträgen an G. und P. erst dann herantrat, als sie erfahren hatte, daß deren Hinrichtung aufgeschoben sei. Mäding vermutet, daß nicht etwa Ohlendorf den Strafaufschub erwirkt hat. Mäding hat indessen mit Zustimmung Ohlendorfs und Kaltenbrunners Ende Januar weiteren unbestimmten Strafaufschub für Popitz beantragt, mit der Begründung, dieser müsse Gelegenheit erhalten, seine Memoiren als wichtigen Beitrag zur preuß. Verwaltungsgeschichte zu schreiben. Für Goerdeler einen ähnlichen Antrag zu stellen, erklärte Ohlendorf für vollkommen aussichtlos, weshalb es unterblieb.

S. 427 [33] Mitteilungen von Frau Käthe Jessen (an v. z. Mühlen), auch über die Beziehungen Jessens zu Ohlendorf und Höhn. Diese Mitteilungen geben auch exakte Einzelheiten über die aktive Verschwörertätigkeit Jessens, hauptsächlich in der Paßabteilung beim Generalquartiermeister des Heeres.

S. 427 [34] Zur Deutung Himmlers vgl. meinen Aufsatz „Wunschträume Heinrich Himmlers am 21. Juli 1944" in der Zeitschrift „Geschichte in Wissenschaft und Unterricht" 1954, Heft 3. Dazu seine Rede vom 3. 8. 44 in den Vierteljahrsheften für Zeitgeschichte 1953, S. 368 ff. Ferner das erste Kapitel in

Trevor Roper, The last days of Hitler (1947). Hier viele aus mündlicher Überlieferung (besonders von Speer) stammende Einzelheiten über die Rolle Schellenbergs als Versucher Himmlers. Leider beziehen sich alle konkreten Details nur auf den Winter 1944/45 und April 1945.

S. 428 [35] Vgl. die schon genannte Rede, die er nach dem 20. Juli vor seinen SS-Offizieren hielt, Vierteljahrshefte für Zeitgeschichte 1953, S. 368 ff.

S. 428 [36] *Hassell*, S. 205, 223.

S. 428 [37] *Trevor Roper*, a. a. O. Auch Huppenkothen wußte von diesen Machenschaften (Prozeßaussage, 6. 2. 51).

S. 428 [38] *Hassell*, S. 311. Vgl. auch ebenda S. 274 (Oktober 42), 285 (Dezember 42).

S. 429 [39] Siehe auch Kapitel 15, Abschnitt II. Nach einem mir vorliegenden Bericht Gustav Dahrendorfs hat dieser folgende Einzelheit aus dem Gespräch Popitz' erfahren: Dieser erzählte Himmler von seinen Unterhaltungen mit Prof. C. Burckhardt. Himmler erkundigte sich, ob nach Burckhardts Ansicht England und Amerika zu einem Sonderfrieden bereit sein würden. Popitz erwiderte, er habe die gleiche Frage gestellt. Burckhardt habe geantwortet: mit Hitler nie, weil er nicht vertragstreu sei, wohl aber würde Himmler als möglicher Vertragspartner angesehen werden. Wenn diese Nachricht zutrifft, hat natürlich Popitz den „Reichsführer SS" bewußt getäuscht. Dahrendorfs Mitteilung stammt aus der Lektüre der Polizeiakte Popitz–Langbehn, die ihm vorgelegen hat. Sie war ebenso wie die von *Dulles* S. 151 ff. benutzte Anklageschrift in einem geplünderten Eisenbahnwaggon gefunden worden. Graf Schwerin-Krosigk teilt mir brieflich folgendes mit: „Popitz hat Verlauf u. Inhalt seines Gesprächs mit Himmler dem Staatssekretär Stuckart, mit dem er sehr offen sprechen konnte, erzählt. Er hat mit einer Kritik an der inneren Verwaltung begonnen, praktische Reformvorschläge gemacht und sich vorsichtig immer weiter vorgefühlt. Himmler hat ebenfalls Stukkart über das Gespräch informiert und ihn beauftragt, mit Popitz wegen der Reform der inneren Verwaltung in Kontakt zu bleiben." Diese Mitteilung erhellt offenbar die Hintergründe für die Aufsparung Popitz' im Gefängnis wieder ein wenig mehr. – Herr O. Held, Gatte von G.s Nichte Eva Held, berichtet mir von einem sehr merkwürdigen Gespräch, das er (nach ganz bestimmter Erinnerung) im August 1938 mit G. hatte. Dieser habe berichtet, „einer unserer besten Freunde" sei kürzlich mit Himmler ins Gespräch gekommen, der seinerseits Hitler für verrückt erklärt habe. G. sei unsicher gewesen, ob das bloß ein „Aushorchen" war oder bloß Ausdruck eines momentanen Ärgers über Bevorzugung von Rivalen oder Symptom jener Neigung des SS-Führers, sich vom allgemeinen Parteikurs zu emanzipieren, die auch sonst wohl zu beobachten sei. Jedenfalls wünschte er weitere Information über diese Interna durch geeignete Verbindungsleute. Man dürfe keine Gelegenheit versäumen, „am Feind zu bleiben", ohne sich vor seinen Wagen spannen zu lassen und ohne ihm Einblick in die eigenen echten Absichten zu gewähren. Das Datum erscheint unwahrscheinlich früh, Herr Held erklärt aber eine Verwechslung für ausgeschlossen.

S. 429 [40] Persönliche Mitteilungen Wallenbergs an den Verf., auch über die weiter unten besprochene Einladung Himmlers, November 1944. Vgl. dazu auch *Dulles*, S. 145 f.

S. 429 [41] *Cordell Hull*, Memoirs II, S. 1573.

S. 429 [42] *Hassell*, S. 350 (Juni 1944)

S. 429 [43] Huppenkothen berichtet in seinem Prozeß (6. 2. 51), Kaltenbrunner habe unmittelbar nach dem 20. 7. in größerem Kreise gesprochen und sehr positive Angaben über Besprechungen mit den Westmächten gemacht.

S. 430 [44] Kiesel-Bericht, a. a. O., S. 32 f.

S. 430 [45] Nach Huppenkothen (Prozeß 5. 1. 51) erbot sich Dohnanyi nach seiner Verurteilung zum Tode in einer durch Huppenkothen weitergereichten Botschaft an Himmler, seine Beziehungen nach Rom, Schweden und England diesem zur Verfügung zu stellen. Nach einer Zeugenaussage des Pastors Bethge ging dies auf eine Ende März übermittelte Bitte Himmlers (oder Kaltenbrunners?) zurück, sich „über die Geschichte des letzten halben Jahres zu äußern". Dasselbe Ersuchen erging an den im Gefängnis Lehrterstraße gefangenen Haushofer, der plötzlich Leseerlaubnis und andere Erleichterungen erhielt. Dohnanyi lag im Lazarett, der Gefängnisarzt Dr. Tietze bestätigte Bethges Angaben. Dohnanyi habe durch Sonderegger und Huppenkothen mehrfach versucht, zu einem Gespräch mit Himmler zu kommen, und es sei erwogen worden, den Kranken dorthin zu bringen.

S. 430 [46] Graf *Folke Bernadotte:* Das Ende. Meine Verhandlungen in Deutschland im Frühjahr 1945 und ihre politischen Folgen. Zürich 1945.

S. 431 [47] Das wird in den im Gefängnis geschriebenen Memoiren gelegentlich ausdrücklich betont.

S. 431 [48] K. B., 4. 12. Ich habe ohne Auslassung zitiert.

S. 432 [49] Aufzeichnung ohne Überschrift und Datum, nicht vor Januar 1945 — dazu in einer etwas früheren Aufzeichnung (Anfang Weihnachten, Ende Januar): „Feigheit? Verrat? Gott wird richten. Und weil bei ihm, wie der 20. Juli bewiesen hat, das Gericht steht, deshalb habe ich mich im Gefängnis erboten, jenen Frieden ohne Elsaß-Lothringen, das verloren ist, auch dieser Regierung zu vermitteln, um wenigstens Volk, Vaterland und unsere Kinder und deren Zukunft in einem freien Lande zu retten. Ich glaube dazu in der Lage zu sein, weil ich die fremden Länder und Staatsmänner kenne usw. Man wird mein Erbieten ablehnen, denn man ist hochmütig und engherzig." Gleich darauf nochmals: „Diesen Ruf Gottes" (der gerechter Richter ist) „vernehmend habe ich mich im Gefängnis erboten, mit den Engländern und Amerikanern eine Verständigung herbeizuführen."

S. 433 [50] Nachlaß. In engzeiliger Maschinenabschrift, 42 Seiten. Kam handschriftlich aus dem Gefängnis.

S. 435 [51] Aus einem Manuskript: Widerstandskämpfer des 20. Juli während ihrer Haftzeit im Gefängnis des Reichssicherheitshauptamtes. Ein kurzer Überblick und eine Erinnerung zur sechsten Wiederkehr des 20. Juli 1944. Mir vom Verfasser im Dezember 1950 zur Verfügung gestellt, brieflich bestätigt und ergänzt.

S. 436 [52] Mißtrauisch äußerte sich mir gegenüber Dr. Josef Müller, der von allen diesen Wächtern mehr oder weniger Spitzelei befürchtete.

S. 436 [53] Sie liegen in Goerdelers Handschrift vor, mit Bleistift auf kleine Papierbogen (Quartblätter) geschrieben. Das Papier besorgte Brandenburg. Goerdeler, schreibt dieser, habe auch Briefe an ausländische Freunde geschrieben, die aber erst nach Kriegsschluß expediert werden konnten. Seine amtlichen

Aufträge gaben offenbar G. die Möglichkeit, noch umfangreiche Privatschreibereien unentdeckt durchzuführen. Außerhalb der Zelle hat G. (nach Auskunft Brandenburgs) auch vieles in die Maschine diktiert; ich nehme an: Aussagen und amtliche Ausarbeitungen.

S. 436 [54] Brief an Brandenburg. Diesem zusammen mit der Denkschrift „Unsere Idee" November 1944 übergeben.

S. 437 [54a] Ausführliche autobiographische Aufzeichnungen, der detaillierte Bericht über die Vorgänge von 1944 und eine längere mündliche Aussprache mit Herrn Abendroth, der ohne alle Nebenabsichten mich aufsuchte, haben mich von der Glaubwürdigkeit dieses Zeugen überzeugt. Neuerlich hat er von Huppenkothen erfahren, dieser habe ebenfalls zwei Unterredungen mit G. gehabt (dazu s. o. Anm. 14 zu S. 418) und ein Schreiben G.s an Himmler gesehen, das diesen auch erreicht habe.

S. 439 [55] Zu Anfang des Briefes bittet G. den schwedischen Freund, seiner Familie zu helfen, die seit drei Monaten in Sippenhaft ist, womöglich (mit Unterstützung des schwedischen Kronprinzen) ihre Überführung nach Schweden zu erwirken. Ferner: das Manuskript seiner „Wirtschaftsfibel" zum Druck in Schweden zu bringen. G. erhofft davon einen Welterfolg, Übersetzung „in alle Sprachen" usw. Der Ertrag könnte zum Unterhalt seiner Familie dienen. Nach der Aussage von Dr. Josef Müller im Huppenkothenprozeß (9. 2. 51) hätte G. auch noch einen (nicht beförderten) Brief an den Papst mit der Bitte um Friedensvermittlung geschrieben.

S. 440 [56] 168 Seiten Handschrift auf Quartblättern.

S. 440 [57] Niederschrift „Im Gefängnis, Weihnachten 1944", in der Maschinenabschrift sechs Seiten engzeilig. Schon oben Anm. 49 zitiert. Am Schluß: „Gefängnis Januar 1945 im Angesicht des Todes und in Liebe zu den jungen Menschenkindern aller Völker."

S. 440 [58] Memoirenhafte Niederschrift ohne Titel, vorzugsweise für die Familie bestimmt, jäh abbrechend mit der Schilderung seines ersten Londoner Besuchs 1937, undatiert, nicht vor Januar 1945, im folgenden „Januardenkschrift" genannt. In der Abschrift 34 engzeilige Maschinenseiten. — „Erfahrungen und Erkenntnisse. Geschrieben im Januar 1945 im Gefängnis", in der Abschrift 13 engzeilige Maschinenseiten. Enthält einen geschichtlichen Rückblick auf die Geschichte des 19. Jahrhunderts mit der zu Anfang ausgesprochenen Absicht, die unerhört vielseitigen politischen Erfahrungen der jetzt noch lebenden älteren Generation für die Nachwelt festzuhalten. Der Aufsatz verliert sich zuletzt in Detailprobleme der modernen Stadtverwaltung bis zu den Abwässeranlagen, bricht S. 13 mitten im Satz ab. — Der wahre Frieden, undatierbar, aber „im Angesicht des Todes" geschrieben. In Abschrift sieben Seiten engzeilig. Will aufzeigen, „welche Ursachen die Welt in Unordnung, Unruhe, Unglück und Armut gestürzt haben", mit Mahnungen an die Nachwelt.

S. 441 [59] Diesen Eindruck bestätigt mir Prof. von Dietze, der ihm schon Ende September gegenübergestellt wurde.

S. 443 [60] Aussage im Huppenkothenprozeß, 9. 2. 51.

S. 444 [61] So die aus dem Amt Ohlendorf stammende Nachricht bei *Münchheimer*, Europa-Archiv V, 14, S. 3195. Der damalige Anklagevertreter beim VGH

Oberreichsanwalt Lautz erinnert sich, damals gehört zu haben, Thierack habe bei Hitler Vorstellungen gegen den weiteren Aufschub der Hinrichtung erhoben. Er kann aber die Quelle nicht mehr nennen. Die Verfügung, die G.s Exekution anordnete, trug nach seiner Erinnerung Thieracks Unterschrift (briefl. Mitteilung an d. Verf.). G. Dahrendorf erinnert sich, in der oben Anm. 39 genannten Polizeiakte gelesen zu haben, daß Thierack fortlaufend bei der Gestapo nachfragte, warum Popitz noch nicht exekutiert sei, und bis Ende Januar damit abgefunden wurde, er werde noch zu Vernehmungen gebraucht. Langbehn, der zusammen mit Popitz am 3. 10. verurteilt war, wurde schon am 12. 10. hingerichtet.

S. 445 [62] Huppenkothenprozeß, 9. 2. 51.

S. 445 [63] Nach den in der Schrift „20. Juli 1944“ (Sonderausgabe der Wochenzeitung „Das Parlament“ 1953), S. 81 abgedruckten Augenzeugenberichten der ersten von Hitler selbst angeordneten Hinrichtungen wird man annehmen dürfen, daß es sich, auch im Fall Goerdeler, wenigstens um einen sehr raschen Tod gehandelt hat — entgegen mancherlei Gerüchten.

ANHANG

ANHANG I

Aus der Niederschrift Goerdelers: „Gedanken eines zum Tode Verurteilten – September 1944 im Gefängnis“: Über den künftigen inneren Zustand Deutschlands

(Zum Text S. 286 ff.)

... Ich müßte jetzt den europäischen Zustand schildern, den ich (als Zukunftsziel) im Auge habe und der den unseres Vaterlandes mit umschließt. Da ich aber nicht weiß, ob mir (noch genug) Zeit zur Verfügung steht, stelle ich zunächst dar, welchen inneren Zustand Deutschland braucht, um zu gesunden und zu bestehen, denn ohne ihn wäre der außenpolitische und lebensnötige Stand nicht zu erreichen und zu halten.

1. Das Recht muß in der Hand unabhängiger Gerichte gesichert werden. Diese dürfen *nur nach dem Gesetz*, nicht nach Weltanschauung Recht sprechen. In die Gerichte müssen in allen Instanzen auch angesehene Laien, in die Richterstellen in großem Umfange Rechtsanwälte berufen werden, um Lebensnähe in die Rechtsprechung zu bringen. Immer zwei Instanzen!
2. Die Persönlichkeitsrechte: Freiheit der Meinung, des Gewissens, der Religion, der Lehre, des Körpers müssen gegen jeden Eingriff, den nicht der Richter kraft Gesetzes verfügt, geschützt, aber durch Verfassung und Gesetz unter das Gemeinwohl geordnet werden.
3. Die Presse darf keine schrankenlose Freiheit erhalten, ihr ist die Pflicht zur Wahrheit aufzuerlegen. Unwahrhaftigkeit wird, auch wenn sie nicht beleidigend ist, bestraft, denn der Mißbrauch der Meinungsfreiheit in der Presse ist untragbar. Ordnung der Presse durch Ehrengerichte, deren Zusammensetzung und Zuständigkeit der Staat gesetzlich bestimmt.
4. Grundlage des staatlichen Wirkens müssen Anstand und Lauterkeit sein, sie müssen auch die Beziehungen der Menschen untereinander bestimmen, und zwar auf allen Gebieten des Zusammenwirkens.
5. Der Familie gebührt besonderer Schutz als der Zelle staatlichen und völkischen Aufbaus. Das geschieht durch Zuweisung der Erziehungsaufsicht an sie und durch Errichtung einer Kinder-Rentenkasse, die kinderreichen Familien Renten zu Lasten kinderloser oder kinderarmer zuweist; außerdem ist das Wahlrecht für Verheiratete mit mindestens drei Kindern bei dem Vater ein doppeltes.
6. Das Erziehungswesen ist zu vereinfachen: drei Jahre Grundschule, fünf Jahre Volksschule, drei Jahre Fortbildungsschule, neun Jahre höhere Schule oder sechs Jahre Mittelschule. In höheren Schulen zum Zwecke der Einheit und der Erleichterung für Eltern und Kinder nur: Gymnasium der humanistischen Form und Oberrealschule.

Auf allen Schulen ab 15. Lebensjahr Volkswirtschaftskunde an Hand einfacher *Fibel* (schon verfaßt), so daß alle Deutschen gegen die Pest der Gegenwart, gegen wirtschaftliche Illusionen, geimpft sind. Universitäten und technische Hochschulen werden zusammengelegt, um die Einheit des Wissens und seinen umfassenden Inhalt wiederherzustellen. Sie und die Studenten erhalten das Recht der Selbstverwaltung unter Aufsicht des Staates. Eine Universität (Heidelberg) wird nach englischem College-System versuchsweise eingerichtet. Die hauptamtlichen Kuratorenstellen werden zur Ersparnis eingezogen. Die Reichsstatthalter üben die Aufsicht aus. In allen Erziehungsanstalten Höchstanforderungen zur Erzielung höchster Leistungen. Religionsunterricht bis zum 14. Lebensjahr, wenn die Eltern nicht das Gegenteil wünschen, damit die Jugend wieder die Zehn Gebote lernt und beherzigt. Über den Religionsstand bestimmen die Eltern bis zum 18. Lebensjahr. Der Unterricht darf nur von den dazu bereiten Lehrern oder Geistlichen erteilt werden.

7. Die Kirchen erhalten das Recht der Selbstverwaltung und verlieren die Staatszuschüsse; sie finanzieren sich selbst. Die evangelische Kirche erhält Steuerrecht nur, wenn sie sich vereint nach dem Synodalsystem (Mitwirkung von Laien).
Die katholische Kirche nur, wenn sie einen deutschen Primas stellt, der für Bestätigung höherer Kirchenstellen-Besetzungen zuständig wird. Die Kirchen erhalten Freiheit der Betätigung zur praktischen Übung ihrer Lehre, insbesondere auf dem Gebiet der Wohlfahrt, der Krankenpflege, der Erziehung. Ihre Einrichtungen stehen im Wettbewerb mit denen des Staates, der Gaue und Kreise und der Gemeinden.
8. Die Verfassung baut sich auf der Selbstverwaltung großer Gaue, der Kreise und Gemeinden auf. Ihnen sind alle Aufgaben zuzuweisen, die nicht der Reichseinheit wegen vom Reiche wahrgenommen werden müssen.
Das Reich behält:
1. das Rechtswesen,
2. die Wirtschaftspolitik, einschließlich Sozial- und Arbeitsrecht,
3. die Innenpolitik,
4. die Außenpolitik,
5. die Finanzpolitik,
6. die Grundsätze des Erziehungswesens und das Kirchenwesen,
7. die Grundsätze für den Wiederaufbau, die öffentlichen Arbeiten des Reiches,
8. das Reichsverkehrswesen und die Aufsicht über den öffentlichen Verkehr einschließlich Luftfahrt,
9. das Wehrwesen.

Zu 2: Im Wirtschaftsministerium ein Staatssekretär für Sozialpolitik. Kein Arbeitsministerium, da Wirtschaftspolitik die auf Ausgleich gerichtete Sozialpolitik mit umfaßt.

Zu 8: Vom Reichsverkehrsminister beaufsichtigt:
a) der Generaldirektor der Reichsbahn,
b) der Generaldirektor der Reichspost,
c) der Generaldirektor der Luftfahrt.

Unter ihm je ein Staatssekretär für
- a) Landstraßen,
- b) Wasserstraßen und Häfen.

Die *Gaue* verwalten selbst:
- a) Universitäten,
- b) Wohlfahrtswesen } soweit von den Kreisen übernommen
- c) Gesundheitswesen } oder bisher üblich,
- d) Landesmeliorationen,
- e) Friedens-, Kreis- und Gaugerichte.

Die Landgerichte werden durch Erweiterung der Zuständigkeit der Friedens- und Kreisgerichte, letztere in kollegialer Zusammensetzung (mit Laien) entbehrlich. Das Reich errichtet selbst alle Gerichte, besetzt aber selbst nur das Reichsgericht.
- f) die Gaustraßen,
- g) ihr Vermögen,
- h) die ihnen vom Reich übertragenen Aufgaben,
- i) solche Aufgaben ihrer Kreise, die sie von diesen mit deren Zustimmung übernommen haben.

Die *Kreise* verwalten:
- a) Höhere Schulen,
- b) Wohlfahrtswesen } soweit nicht an Gaue abgetreten oder
- c) Gesundheitswesen } soweit von Kreisen übernommen,
- d) Kreismeliorationen,
- e) Kreisstraßen,
- f) ihr Vermögen, insbesondere ihre wirtschaftlichen Unternehmen,
- g) die ihnen vom Gau übertragenen Aufgaben,
- h) solche Aufgaben ihrer Gemeinden, die sie von diesen mit ihrer Zustimmung übernommen haben.

Die Gemeinden verwalten alle Aufgaben der örtlichen Gemeinschaft, soweit sie nicht von Reichsbehörden betreut werden oder von den Kreisen mit Zustimmung der Gemeinden übernommen sind.
Die Aufsicht über die Selbstverwaltung der Gaue, Kreise oder Gemeinden führt der Reichsstatthalter; diese Zusammenfassung schafft Vereinfachung. Der Statthalter soll sich zur Ausübung reisender Beamten bedienen, die an Ort und Stelle nach dem Rechten sehen und Berichtswesen vermeiden. Das schafft die zweite wesentliche Vereinfachung. Die Aufsicht beschränkt sich auf die Gesetzmäßigkeit der Handlungen der Selbstverwaltung und erstreckt sich nicht auf die Zweckmäßigkeit. Die deutsche Gemeindeordnung bleibt bestehen. An Stelle der Ernennung der Ratsherren durch die NSDAP tritt deren Wahl, sobald die Soldaten zu Hause sind. Bis dahin werden die Ratsherren von den örtlichen Berufsorganisationen alter Art bestellt. Der Oberbürgermeister bedarf der Zustimmung der Ratsherren für alle Entschließungen, durch die die Steuern erhöht oder Schulden eingegangen werden. Sonst hat er sie nach dem in der Gemeindeordnung festgelegten Verfahren nur zu hören. Der Oberbürgermeister und die Beigeordneten werden von den Ratsherren gewählt und bedürfen der Bestätigung durch den Reichsstatthalter. Die Gemeindewahlen erfolgen in kleinen Bezirken, die der Zahl der Ratsherren (5–60) entsprechen.

Für jeden Bezirk werden vier Kandidaten aufgestellt, die im Bezirk wohnen und 30 Jahre alt sein müssen. Die Aufstellung erfolgt durch die im Bezirk hauptsächlich vertretenen Berufe (Wirtschaftsgruppen), durch die deutsche Gewerkschaft und die politischen Bewegungen; jede stellt einen Kandidaten, die politischen Bewegungen zwei. Von den vier Kandidaten ist gewählt, wer die meisten, nicht mehrsten Stimmen hat. Also weder Verhältniswahl noch Stichwahl. Ob später bei weiterer politischer Entwicklung Änderungen des Wahlsystems notwendig werden, ist dann zu entscheiden. Vorerst verlangt die unpolitische Veranlagung der Deutschen und ihre Entwöhnung von der Politik vorsichtiges Vorgehen. Da lasse man sich nicht durch die Westmächte beirren.
Die Kreistagsabgeordneten werden von den Ratsherren der Gemeinden gewählt, die zum Kreise gehören, denn die Gemeinden sind die Zellen des Kreises. Die Zahl der Kreisverordneten beträgt je nach der Größe des Kreises 20–50. Diese werden auf die Gemeinden entsprechend der Größe der Gemeinden verteilt, die Ratsherren kleiner Gemeinden treten zur Wahl zusammen in einen Wahlkörper. Das Kreisstatut kann die Verteilung mit Genehmigung des Reichsstatthalters ändern, um ländlichen Gemeinden angemessenen Einfluß gegenüber städtischen zu sichern; in jedem Falle müssen ländliche Gemeinden mindestens zwei Fünftel der Kreisverordneten wählen. Die Kreisverordneten brauchen nicht Ratsherren zu sein, müssen aber im Kreise wohnen. Gemeinden über 25000 Einwohner bilden einen Stadtkreis.
Die *Kreisverordneten* wählen:

1. den Landrat, der der Bestätigung durch den Reichsstatthalter bedarf; die höheren Beamten stellt das Reich zur Verfügung, um Ausbildungsmöglichkeiten zu haben, der Kreis bezahlt sie.
2. Die Gauverordneten (50–80), Verteilung auf die Kreise erfolgt analog der auf die Gemeinden; das Gaustatut kann Änderungen festsetzen, die Landkreise müssen mindestens die Hälfte der Gauverordneten stellen. Diese müssen *später* fünf Jahre Gemeinde- oder Kreisverordnete gewesen sein, um Erfahrung in der Selbstverwaltung nachzuweisen.

   Die Gauverordneten bilden den Gautag. Dieser wählt
   1. den Landeshauptmann, der die Gauselbstverwaltung leitet,
   2. die Landesräte, seine Mitarbeiter.

      1 und 2 bedürfen der Bestätigung des Statthalters.
   3. Die Hälfte der 300 Reichstagsabgeordneten; diese werden auf Gaue nach der Einwohnerzahl verteilt, müssen im Gau wohnen, 35 Jahre alt und fünf Jahre in der Selbstverwaltung tätig gewesen sein.

Die Kreis- und Gauordnung sind als Reichsgesetz nach dem Vorbild der Gemeindeordnung zu erlassen.
Die andere Hälfte der Reichstagsabgeordneten werden von den fünfundzwanzigjährigen Deutschen in 150 Wahlkreisen gewählt, auch sie müssen 35 Jahre alt und mindestens fünf Jahre in öffentlichen Ehrenämtern tätig gewesen sein. Für jeden Wahlkreis werden vier Kandidaten aufgestellt nach dem Muster für Gemeindewahlen. Gewählt ist der Kandidat, der die meisten Stimmen erhält, also auch hier weder Verhältnis- noch Mehrheitswahlrecht. Die Kandidaten müssen im Wahlkreise wohnen.

Neben dem Reichstag wird ein Reichsständehaus errichtet. Ihm gehören an

a) die Leiter der Reichsgruppen (Wirtschaft),
b) die Präsidenten der Reichswirtschaftskammern,
c) die Leiter der sonstigen Reichsberufsgruppen (Ärzte, Anwälte, Beamte, Techniker, Künstler usw.),
d) je drei evangelische und katholische Bischöfe,
e) die Rektoren der Universitäten,
f) die gleiche Zahl Vorstandsmitglieder der deutschen Gewerkschaft wie Betriebsführer zu a–c,
g) bis zu 50 angesehene Deutsche aller Stände, die 50 Jahre alt sein müssen und vom Generalstatthalter berufen werden.

Die Reichsregierung arbeitet als Kabinett, also in Beschlußfassung mit Führung durch den Reichskanzler. Minister, die seine Richtlinien nicht billigen, scheiden aus. Die Minister werden vom Generalstatthalter berufen. Sie bedürfen nicht des Vertrauens der Reichshäuser. Er hat sie aber abzuberufen, wenn der Reichstag mit Zweidrittelmehrheit oder *beide* Häuser mit einfacher Mehrheit dies verlangen *und* gleichzeitig eine neue Regierung namhaft machen.

Die Regierung kann Gesetze mit und ohne Zustimmung des Reichstages erlassen. Im letzteren Falle muß sie das Gesetz aufheben oder zurücktreten, wenn beide Häuser mit Mehrheit, davon mindestens eines mit Zweidrittelmehrheit es verlangen. So hat sie ein nicht nur auf Notzeiten beschränktes Führungsrecht und ausreichende und doch kontrollierte Führungsmöglichkeiten. Der Zustimmung der Reichshäuser bedarf sie immer

a) für das Etatsgesetz,
b) Steuergesetze,
c) Verträge mit dem Ausland,
d) Zollgesetze.

Auch die Reichshäuser können mit übereinstimmenden Beschlüssen Gesetze machen, solche mit finanziellen im Etat nicht vorgesehenen Auswirkungen aber nur mit Zustimmung der Regierung. Der Reichstag allein ist zuständig für die Kontrolle der Einhaltung des Etatsgesetzes durch die Regierung. Verweigert er die Entlastung, so ist das Ständehaus zu hören. Verweigert auch dieses, so ist die Regierung verantwortlich, der Beanstandung nachzukommen, im anderen Fall entscheidet ein Ausschuß endgültig, für den beide Häuser je die Hälfte der Mitglieder ernennen und der vom Präsidenten des Rechnungshofes ohne Stimmrecht geleitet wird. Die Reichsregierung bedient sich zur Durchführung ihrer Aufgaben

1. der Gauselbstverwaltung, gegen Erstattung der Unkosten,
2. der Statthalter,
3. besonderer Behörden (Finanzämter, Arbeitsämter usw.).

Die Arbeitsämter werden im Zuge der Reform der Arbeitslosenversicherung von der Reichswirtschaftskammer übernommen.

Dies ist der ungefähre Aufbau der Reichsverfassung und Verwaltung. Man muß auf der den Deutschen am meisten auf den Leib geschnittenen Selbstverwaltung aufbauen, die das 19. Jahrhundert so glanzvoll gestaltete. Also keine Wiederholung des Bismarckreiches, keine des Weimarer, keine des Dritten Reiches, vielmehr aus allen Erfahrungen das Beste.

An der Spitze des Staates vorläufig ein Generalstatthalter, der von der Regierung vorgeschlagen, erstmals nur vom Ständehaus gewählt wird, da Wahlen erst nach voller Demobilmachung möglich. Amtsdauer fünf Jahre. Später Wahl durch beide Häuser (Reichstag und Ständehaus) in gemeinsamer Sitzung.
Mir erscheint für unser Volk die erbliche Monarchie als beste Staatsführung. Unser wetterwendisches, unpolitisches Volk bedarf des Ballastes im Staatsschiff. Der Monarch soll nicht regieren, sondern über die Verfassung wachen und den Staat repräsentieren. Das Hohenzollernhaus und die Wittelsbacher könnten würdige Monarchen stellen, z. B. den Kronprinzensohn Prinz Friedrich. Kann die Monarchie nicht in den Sattel gehoben werden, dann muß es beim Generalstatthalter oder Reichspräsidenten verbleiben, dessen unbeschränkte Wiederwahl möglich sein muß und der bei der dritten Wiederholung seiner Wahl auch auf Lebenszeit gewählt werden kann.

Die Verwaltung muß ganz auf *äußerste* Sparsamkeit abgestellt werden, eingedenk der Tatsache, daß das Volk allein die Mittel erarbeitet, die der Staat usw. verbrauchen. Bevor nicht jeder Deutsche sein behagliches Heim hat, gehören in die Amtsräume weder Polstermöbel noch Teppiche. Erst müssen die Wohn- und produktiven Arbeitsstätten erarbeitet werden. Wenig, aber ausreichend bezahltes Personal, dem Selbständigkeit und Verantwortung anerzogen und gewährt werden muß. Zutrauen und Selbstverantwortung erhöhen die Leistungen der Menschen. Wer eine Sache wirklich verantwortlich bis ans Ende bearbeitet, muß sie auch unterzeichnen dürfen.
Wenig Gesetze, wenig Verordnungen. Wie in der Selbstverwaltung muß man auch den einzelnen Staatsbürgern gestatten, Dummheiten auf eigene Kosten zu machen. Nur soweit ein Interesse der Allgemeinheit besteht, sind obrigkeitliche Regelungen erforderlich. Wir sind in der Vielgesetzgebung geradezu entartet. Um so lange als möglich politische Parteien zu vermeiden, von denen immer nur die drei stärksten zugelassen werden dürfen – die von den schwächeren Gruppen Gewählten scheiden aus –, ist eine Volksbewegung auf breitester Grundlage zu entwickeln, die zunächst von der Regierung, später selbständig zu führen ist. In ihr sind auch Oppositionsgruppen gestattet, die Volksbewegung soll ihnen bei der Aufstellung der Kandidaten Rechnung tragen. Später mögen sich daraus Parteien – konservativ – liberal – Sozialisten – Kommunisten – entwickeln. Der Marxismus hat abgewirtschaftet und kann nicht wieder Grundlage einer Partei werden, ebensowenig ist den Kirchen gestattet, über Parteien Politik zu machen. Doch läßt sich in dieser Richtung nichts dogmatisch festlegen. Hier beginnt die politische Kunst, wie sie Bismarck meisterhaft geübt hat. Im Staat machte er nur den Fehler, die Arbeiterbewegung zu bekämpfen und so Arbeiter zu Gegnern statt zu Trägern des Staates zu machen. Der Staat muß nur dafür sorgen, daß möglichst wenig Parteien politisch wirken, ideal: eine für die Regierung, eine gegen die Regierung. Der Staat hat ferner die Aufgabe, die Arbeiter zu Mitträgern der Verantwortung für den Staat zu machen. Auf drei Gebieten: Verfassung – Außenpolitik – Sozialpolitik müssen wir das Beste aus den großen Erfahrungen ziehen, die die ältere Generation

in drei Staatssystemen Deutschlands: Kaiserreich, Weimarer Reich und Drittes Reich und aus der Tatsache hat schöpfen dürfen, daß in den letzten 30 Jahren alle nur denkbaren politischen, wirtschaftlichen und sozialen Systeme in der Welt ausprobiert sind, alle!

Wirtschafts- und Sozialpolitik

Die deutschen Arbeiter und Angestellten ab 18. Lebensjahr sind in einer deutschen Gewerkschaft durch Gesetz als Pflichtmitglieder zusammenzuschließen. Sie erhält alle Selbstverwaltung, wählt also ihre Organe selbst, muß sich aber so gliedern, wie die gewerbliche Wirtschaft in Gruppen gegliedert ist oder wird.

Diese Gewerkschaft muß

1. die Sozialversicherung, mit Ausnahme der Unfallversicherung, aller Art selbst betreuen. Nur die Arbeiter und Angestellten zahlen – gegen entsprechende Lohnerhöhung – Beiträge. Die von der Gewerkschaft verwalteten Versicherungsanstalten stehen unter Aufsicht des Staates;
2. die Tarifverträge mit den Unternehmergruppen abschließen, bei Streitigkeiten entscheiden Schiedsgerichte, deren oberstes, von der Reichswirtschaftskammer eingerichtet, verbindliche Sprüche fällt;
3. die Kandidaten der Belegschaften in doppelter Zahl benennen, die von diesen zu wählen sind in
   a) Vorstände der großen } Gesellschaften,
   b) Aufsichtsräte aller } Gesellschaften,
   c) Vertrauensräte aller Wirtschaftsbetriebe;
4. ihre Vertreter in die Wirtschaftskammern entsenden;
5. sonstige vom Staat usw. gewünschte Vertreter, z. B. in das Ständehaus, entsenden und Arbeit leisten.

Um diese Aufgaben zu erfüllen, muß sich die Gewerkschaft auch territorial gliedern, und zwar bis zu Bezirken der Wirtschaftskammern. Örtliche Dienststellen sind gestattet. Die Gewerkschaft darf eigene Wirtschaftsbetriebe haben, und zwar auf allen Gebieten, die aber nach wirtschaftlichen Grundsätzen betrieben werden müssen, also keine Zuschüsse empfangen dürfen und daraufhin vom Staate beaufsichtigt werden. Dadurch werden übertriebene Sozialisierungswünsche der Arbeiter beseitigt. Was die Sozialisierung betrifft, so ändert sie am Lose der Arbeiter nichts. Auch ein Kohlenbergwerk des Staates ist dem Wettbewerb zumindest des Auslandes ausgesetzt, dieser bestimmt die Preise, der Arbeiteranteil am Ertrage kann nur durch Leistung und Wirtschaftlichkeit gesteigert werden. Aber die Sozialisierung der Bodenschätze und der der ganzen Wirtschaft dienenden Monopolbetriebe (Eisenbahn, Post, Elektrizitätsversorgung, Gas, Wasser), die Monopole sein müssen, weil Wettbewerb unwirtschaftlich wäre – doppelte Gleisanlagen, Rohrleitungen usw. –, entspricht den Forderungen der sozialen Gerechtigkeit. Ich habe das in sechs Aufsätzen „Die wirtschaftlichen Grundgesetze der deutschen Gemeindeordnung" ausgearbeitet, die in der Zeitschrift „Der deutsche Volkswirt" 1935, 1936 oder 1937 erschienen sind.

Sie sind beim Reich, Gau, Kreis oder Gemeinden zu sozialisieren, d. h. in Gemeineigentum zu überführen, aber ebenfalls nach rein wirtschaftlichen Grundsätzen zu betreiben, d. h. ohne Fremdzuschüsse müssen sie sich selbst

erhalten. Nach Möglichkeit sind sie z. B. in der Kohlenwirtschaft zu dezentralisieren, so daß auch zwischen ihnen noch leistungssteigernder Wettbewerb herrscht. In sozialisierten Betrieben haben die Arbeiter die gleichen Vertretungen im Vorstand, Aufsichtsrat usw. wie in großen Kapitalgesellschaften.
Große Kapitalgesellschaften sind solche, die mehr als 50 Millionen Goldmark anonymes Kapital haben. Für sie gilt

a) im Aufsichtsrat hat das Reich einen Bevollmächtigten,
b) in den Aufsichtsrat und in den Vorstand entsenden die Arbeiter und Angestellten Vertreter, in jenen für drei Jahre drei, in diesen für sechs Jahre einen bis zwei; die Gefolgschaft wählt sie aus Listen, die die deutsche Gewerkschaft aufstellt.

In sonstige Kapitalgesellschaften entsenden die Arbeiter und Angestellten zwei Vertreter in den Aufsichtsrat.
In Konzerne, Trusts und Syndikate entsendet das Reich einen Bevollmächtigten in den Aufsichtsrat oder das gleichstehende Organ, der auch das Recht hat, jederzeit jede Auskunft und jede Einsicht zu verlangen. Zweck dieser Bestimmung ist, einzugreifen, wenn die Zusammenfassung sich als wirtschaftswidrig oder wirtschaftlich nicht notwendig erweist. Dann kann das Reich die notwendigen und wirtschaftlichen Dezentralisierungen verlangen. Denn es muß Ziel sein, möglichst viele selbständige wirtschaftliche Existenzen zu schaffen, die auf eigene Verantwortung wirtschaften. Je mehr solcher Existenzen in Klein- und Mittelbetrieben, desto besser für die Volkswirtschaft. Also Förderung des Mittelstandes in Stadt und Land, aber ohne Subventionen, dagegen durch eine Steuerpolitik, die die Klein- und Mittelbetriebe entlastet.
Die Wirtschaftspolitik muß sich streng auf die wirtschaftlichen Naturgesetze aufbauen, die ich in der „Wirtschaftsfibel" dargelegt habe. In ihr müssen alle Deutschen ab 15. Lebensjahr geschult werden. Vor 100 Jahren war das nicht nötig, da der Wirtschaftsablauf sich in Kleinbetrieben übersichtlich vollzog, denn die Betriebe bedurften keiner kapitalfressenden Maschinen. Jetzt ist in allen Ländern der ganzen Welt die Über- und Einsicht verlorengegangen und daher eine Pest bequemer Illusionen über Wirtschaft, Währung, Geld, Schulden verbreitet, die Unmögliches von den Regierungen verlangen und die öffentlichen Meinungen verwirren. Ihnen können nur festes Wissen und Aufklärung entgegenwirken. Dies ist notwendig. Es muß erreicht werden, daß der intelligente Arbeiter die Bilanz seines Betriebes lesen kann. Sie muß aufhören, für ihn ein Buch mit sieben Siegeln zu sein, das er als Betrug seiner einfachen Sinne betrachtet und das sein Mißtrauen weckt. Erst dann wird er fähig zu beurteilen, was der Betrieb ihm geben kann, ohne daß die Leistungsfähigkeit nachläßt. Das wäre entscheidend wichtig. Die Betriebsführer sind verpflichtet, ihren Gefolgschaften jedes Vierteljahr, ihren Vertrauensleuten jeden Monat eine erschöpfende Übersicht über die Lage des Betriebes in jeder Hinsicht zu geben, damit die Gefolgschaft immer bewußter in die Verantwortung für den Betrieb hineinwächst und den Kreis ihrer verantwortlichen Trägerschaft schließt.

ANHANG II

Goerdeler über politisches Parteiwesen und über die Schaffung von „Reichsgauen“

(Aus seiner Denkschrift „Das Ziel“ 1940/41)

(Zum Text S. 286 ff.)

I

Den einen wird das (von mir vorgeschlagene) Wahlrecht zu verwickelt, zu mißtrauisch erscheinen. Ihnen die Antwort, daß es nicht vertretbar ist, in einem derart durch Unfreiheit und Propaganda kritiklos gewordenen Volke die ganze Politik und damit das Wohl der Menschen sowie die Sicherheit des Staates ganz auf das direkte Wahlrecht zu gründen. Anders ist es bei Fragen über einen bestimmten Gegenstand. So mancher Deutsche wird Sorgen vor Wahlrecht und Volksvertretung haben. Aber seine Sorgen sind unberechtigt, wenn man sich nur darüber klar ist, daß es not tut, die Erfahrungen der Vergangenheit zu berücksichtigen, und daß es überhaupt keine Möglichkeit gibt, den Kampfcharakter des Lebens auch auf diesem Gebiete zu umgehen. Der diktatorische oder tyrannische Führerstaat ist ebenso unmöglich wie der entfesselte überdemokratische Parlamentarismus. Vollkommen sinnlos und untragbar aber ist der Führerstaat, der zum großen Teil durch Nötigung und Terror zusammengetrieben ist; ein Führerstaat, der den Grundsatz duldet, ja durchführt: „Die Partei befiehlt dem Staat.“ Wer führt nun: der Führer oder die Partei? In Wirklichkeit je nach Laune und Gelegenheit: beide! Dieser „Führerstaat“ ist nur durch Terror und unwahrhaftige, keine Verderbtheit scheuende Propaganda zusammengehalten, auf Ausnutzung der Geltungstriebe aufgebaut und muß daher die Freiheit des Geistes und des Gewissens, das helle Licht öffentlicher Wahrheit wie die Pest scheuen. Die Folgen werden sich in ernsten Lagen klar zeigen. —Wir hatten in unserem Leben genügend Möglichkeit, Erfahrungen zu sammeln. Wir haben uns seit 1919 mit allen Parteien herumgeschlagen; wir wissen daher auch, welche gefährlichen und welche nützlichen Kräfte in ihnen schlummern; wir wissen, daß es möglich ist, mit ihnen selbst unter den schwierigsten Umständen fertig zu werden, wenn wir nur ein klares sachliches Ziel vollkommen unbeirrt verfolgen, wenn wir nur von der großartigen Waffe Gebrauch machen, daß im allgemeinen niemand eine leidenschaftliche Sehnsucht verspürt, sich durch Verletzung der Gesetze der Vernunft und des Anstandes öffentlich lächerlich zu machen. — Aber wir wissen auch, daß wir auf der Verwaltungsseite an vielen Stellen mit Menschen rechnen müssen, die die Kunst der Behandlung der Menschen und Parteien nicht verstehen, es sind daher Hilfsmittel gegen Entartung nach beiden Seiten einzubauen ...

II

Die bisherigen Gemeinde- und Kreisgrenzen bleiben aufrechterhalten. Die neuen Gaugrenzen müssen in zwei Wochen festgelegt werden, damit nicht wieder das Reformwerk im Laufe der Zeit versandet.

Viele sind der Ansicht, daß es zweckmäßig sei, die jetzige Gaueinteilung in größerem Umfange zu ändern, etwa in der Richtung, daß möglichst ausgeglichene Gaue entstehen. Dieser Wunsch geht häufig so weit, daß man sogar möglichst gleich große Gaue für erstrebenswert hält.

Demgegenüber setzen wir den Gedanken der Tradition. Viel wichtiger als die sogenannte wirtschaftliche Ausgeglichenheit der Gaue, die übrigens ständig wechseln würde, ist das Zusammengehörigkeitsgefühl der Menschen in den Gauen, das nur durch eine gemeinsame Geschichte geschaffen werden kann. Ein Musterbeispiel für die bindende und widerstandsfähige Kraft einer solchen Tradition ist England, wo man seit vielen Jahrhunderten weder an den Verwaltungsgrenzen noch an der Verfassung mit Ausnahme der Stellung des Oberhauses Wesentliches geändert hat. Es bleibt dem gesunden Sinn der jeweils Lebenden überlassen, in dieses starre System der Tradition die Elastizität zu bringen, die die Gegenwart erfordert, aber nicht mit geschriebenem Recht, sondern mit gesundem Sinn, Takt und Einsicht.

Aus diesen hier nur kurz zu behandelnden Erwägungen heraus sollten folgende Gaue bestimmt werden:

Ostpreußen – Westpreußen – Warthegau oder Posen – Oberschlesien – Niederschlesien – Sudetengau – Obersachsen (Dresden) – Mittelsachsen (Magdeburg einschließlich Anhalt) – Brandenburg – Berlin – Pommern – Mecklenburg – Schleswig-Holstein – Niedersachsen (Bremen, Hannover und Braunschweig) – Hamburg – Oldenburg – Westfalen – Rheinprovinz (ohne Trier) – Hessen-Nassau (Kassel) – Thüringen – Saarpfalz (linksrheinische Pfalz, Regierungsbezirk Trier) – Saargebiet – Hessen (Hauptstadt Darmstadt) – Elsaß – Baden – Württemberg mit Vorarlberg – Bayern mit Tirol (Hauptstadt München) – Franken (Hauptstadt Nürnberg) – Österreich.

Die Einteilung des Reiches in diese Gaue erfolgt in zwei Wochen; für die Überleitung in den neuen Zustand wird eine Frist von drei Jahren gesetzt. Diese ist notwendig, um die Verwaltungsmaßnahmen und die finanzielle Neuordnung ohne Reibung sicherzustellen ...

ANHANG III

Zum Aufbau der Deutschen Gewerkschaft nach Aussagen W. Leuschners vor der Gestapo[1]

Nach den Aussagen von *Leuschner* sollte die „Deutsche Gewerkschaft" unter seiner Leitung, mit *Jakob Kaiser* und *Habermann* als Stellvertreter, wie folgt aufgebaut werden:

1. *Reichsleitung*

Die Reichsleitung sollte in etwa acht bis zehn Abteilungen gegliedert werden.

1. *Presse:* Vorgesehen der ehemalige Redakteur der Gewerkschaftszeitung, *Richard Seidel*, zuletzt wohnhaft in Berlin. Mit *Seidel* ist darüber nicht gesprochen worden, doch wurde damit gerechnet, daß er ebenfalls kein Nationalsozialist geworden war und den Posten übernommen hätte.
2. *Wirtschaftspolitik:* In Aussicht genommen war der frühere Wirtschaftspolitiker des allgemeinen deutschen Gewerkschaftsbundes, *Fritz Tarnow*, früher Mitglied des erweiterten Vorstandes des ADGB und Vorsitzender des Holzarbeiterverbandes. *Tarnow*, der 1933 emigriert ist, stand bis etwa 1939 mit *Leuschner* in Briefwechsel. *Leuschner* nimmt an, daß *Tarnow*, mit dem er eng befreundet war und auch familiär verbunden war, sofort zurückgekommen wäre, um die Gewerkschaftsarbeit wieder aufzunehmen.
3. *Sozialpolitik:* Die Abteilung wollte *Jakob Kaiser* selbst übernehmen.
4. *Jugend:* Der in Aussicht genommene *Haschke* lehnte ab, da er sich wegen seines fortgeschrittenen Alters nur noch bedingt für Jugendfragen interessiere. Man einigte sich darauf, daß man einen Vertreter der jungen Generation finden müsse, der möglichst Kriegsteilnehmer gewesen sein sollte.
5. *Rechtsberatung:* In Aussicht genommen war der ehemalige Zentralarbeitersekretär (*Hansen?*).
6. *Finanzverwaltung:* Die Abteilung wollte *Habermann* übernehmen, der sich für diese Fragen besonders interessierte. *Habermann* wollte aus dem früheren Kreis des Deutschnationalen Handlungsgehilfenverbandes, dem auch das gesamte Bankpersonal angehörte, entsprechende Mitarbeiter suchen.
7. *Personalverwaltung:* Für die Personalfragen und die Organisation wollte *Kaiser* die früheren Gewerkschaftler *Maschke* oder *Schlimme* heranziehen. *Schlimme* habe sich allerdings nach Verbüßung seiner Strafe nach 1933 nirgends mehr blicken lassen.
8. *Angestellte:* Die Angestelltenfragen wollte *Habermann* persönlich übernehmen, da er als früherer stellvertretender Vorsitzender des DHV die größeren Erfahrungen gehabt habe. Die kaufmännischen Angestellten sollten unter Einbeziehung der Versicherungs- und Bankangestellten unter einem früheren Funktionär des DHV zusammengefaßt werden.
9. *Schulung und Bildung:* Auch um dieses Gebiet wollte sich *Habermann* persönlich bekümmern. *Habermann* hoffte, daß er in Hamburg in seinem alten Bekanntenkreis genügend Mitarbeiter finden würde.

---

[1] K. B. vom 13. 9. 44. Zum Text Seite 292 ff.

II. Bezirkssekretariate

1. *Berlin:* Gedacht wurde an *Volmershaus*, den früheren Bezirkssekretär von Berlin. Da er sich zur Zeit im Konzentrationslager befindet, sollte *Richard Timm* vorübergehend die Vertretung übernehmen. *Timm* war unterrichtet.
2. *Ost-Westpreußen:* In Aussicht genommen war von *Leuschner* der frühere Bezirkssekretär *Quallo*, der inzwischen von Königsberg verzogen ist und in einem kleinen Ort in Ostpreußen wohnt. Gesprochen habe man mit *Quallo* nicht darüber.
3. *Stettin, Pommern, Mecklenburg:* Auch für Stettin sollte der alte Bezirkssekretär *Zabel* wieder eingesetzt werden. *Leuschner* nimmt an, daß mit *Zabel* auch gesprochen worden ist.
4. *Hamburg, Holstein, Oldenburg:* In Hamburg war mit dem früheren Bezirkssekretär *Hein* gelegentlich eines Besuches in Berlin gesprochen worden. *Hein* stellte sich auch zur Verfügung. Er ist jedoch vor rund drei Monaten verstorben. Als Nachfolger nahm *Leuschner Schönfelder*, Hamburg, in Aussicht, der früher Vorstandsmitglied des Zimmererverbandes war und ein tüchtiger Gewerkschaftsfunktionär gewesen sei.
5. *Hannover:* In Hannover ist der frühere Bezirkssekretär *Brennicke* verstorben. *Leuschner* hat überlegt, ob man nicht den früheren Gewerkschaftssekretär für Kassel *Braumers-Reuther* einsetzen könne, der aus Kassel weggezogen ist und in einem kleinen Ort im Taunus wohnt.
6. *Schlesien:* Mit dem früheren Bezirkssekretär für Schlesien, *Oswald Wirsich*, hätte *Leuschner* selbst gesprochen und dessen Einverständnis erhalten. *Leuschner* hat den Eindruck gehabt, daß *Wirsich* sich auch bereits um Verbindungen in seinem Bezirk bekümmert hat.
7. *Sachsen:* Der letzte Bezirkssekretär für Sachsen, *Arndt*, sei nicht mehr in Frage gekommen und habe abgelehnt. Er habe inzwischen ein Geschäft gegründet und sei nach Berlin verzogen. *Leuschner* hatte ihn 1941/42 gesprochen und ihn gefragt, ob er wieder zu den Gewerkschaften zurückgehe. *Arndt* habe ihm darauf erwidert, daß er froh sei, nichts mehr damit zu tun zu haben. An seiner Stelle war an den früheren Gewerkschaftssekretär für Leipzig, *Schilling*, gedacht, der sich allerdings seit längerer Zeit in Haft befindet.
8. *Thüringen:* In Frage kam der frühere Bezirkssekretär des ADGB, *Hartmann*, der zwar auf Anfrage von *Leuschner* hin nicht sehr begeistert war, aber nicht abgelehnt hätte, wenn man ihm bei geglücktem Umsturz den Posten angetragen hätte.
9. *Bayern:* Der frühere Bezirkssekretär für Bayern, *Kupfer*, war unterrichtet und einverstanden, verunglückte aber im Frühjahr 1944 tödlich. *Leuschner* plante als Ersatz den früheren Mitarbeiter von *Kupfer*, *Zwosta*, Nürnberg, ohne daß er Gelegenheit gehabt hätte, ihn zu sprechen und zu fragen.
10. *Württemberg:* 1942 hat *Leuschner* den früheren Bezirkssekretär *Jakob Weimer* in Stuttgart aufgesucht. *Weimer* bezog sich darauf, daß er schwer herz- und nierenleidend sei. Wenn er vorübergehend einen Dienst erweisen könne, würde er, vorausgesetzt, daß sich sein Gesundheitszustand nicht weiter verschlechtere, zusagen.

11. *Südwestdeutschland: Leuschner* hatte mit dem aus seiner Darmstädter Zeit befreundeten *Karl Grötzner* gesprochen. Dieser verstarb jedoch 1940. Er hatte dann in der Folgezeit verschiedene Leute in Aussicht genommen, zum Beispiel das frühere Ausschußmitglied des Bezirkes, *Wilhelm Thomas* in Mainz. Der frühere Geschäftsführer des Bauarbeiterverbandes für Mainz, der *Leuschner* 1940 in Berlin aufsuchte, erzählte jedoch ausdrücklich, daß *Thomas* körperlich und geistig nicht mehr über das notwendige Leistungsvermögen verfügte. Auch *Braumers-Reuther* wäre gegebenenfalls für Südwestdeutschland in Betracht gekommen.
12. *Rheinland:* Das katholische Rheinland-Westfalen sollte mit einem Vertreter der christlichen Gewerkschaften besetzt werden. Anfänglich habe *Jakob Kaiser Letterhaus* benannt. *Leuschner* will nicht wissen, ob *Letterhaus*, nachdem er als Politischer Beauftragter und später als Wiederaufbauminister vorgesehen war, etwa doch noch die Gewerkschaften hätte übernehmen sollen.

III. Industriegruppen

Als Industriegruppen sollten der Reichsleitung unterstellt werden:

1. *Holz:* Vorgesehen war *Schleicher*, zuletzt Vorstandsmitglied des Holzarbeiterverbandes, der früher schon als Nachfolger des emigrierten *Tarnow* gegolten habe. *Leuschner* will sich sicher gewesen sein, daß *Schleicher* sich in seiner Einstellung nicht geändert hatte. Für den Posten wäre gegebenenfalls auch *Richard Timm* in Frage gekommen, der Jugendsekretär im Holzarbeiterverband war. *Leuschner* hat auch mit Timm bereits darüber gesprochen.
2. *Bau:* Die Leitung sollte der frühere Vorsitzende des Bauarbeiterverbandes, *Nikolaus Bernhardt*, Berlin, übernehmen.
3. *Steine und Erde:* Das Gebiet gehörte früher zum Fabrikarbeiterverband, dem auch die Gruppe Chemie zuzählte. Leiter dieser Organisation war *Brey*, eines der Vorstandsmitglieder *Carl. Carl* habe schon damals als Nachfolger von *Brey* gegolten. Ohne mit ihm gesprochen zu haben, hat ihn *Leuschner* für die Gruppe „Steine und Erde" in Vorschlag gebracht.
4. *Eisenbahn:* Der frühere Vorsitzende des Eisenbahnerverbandes *Scheffel* schied wegen hohen Alters aus. Benannt wurde *Apitzsch*, der früher schon in der Eisenbahngewerkschaft eine Rolle spielte.
5. *Metall:* Auch für diese Industriegruppe kam der frühere Vorsitzende des Metallarbeiterverbandes, *Albin Brandes*, wegen hohen Alters nicht mehr in Frage. An seine Stelle sollte einer der Funktionäre des ehemaligen Metallarbeiterverbandes, *Teichgräber*, treten.
6. *Leder und Bekleidung:* Man habe es für durchaus zweckmäßig angesehen, die früher getrennten Organisationen so zusammenzufassen, wie dies in der Deutschen Arbeitsfront geschehen sei. Am liebsten hätte *Leuschner* den 1933 emigrierten *Reißner* eingesetzt. Man sah schließlich den früheren Vorsitzenden des Bekleidungsarbeiterverbandes, *Thierfelder*, vor, bei dem sich *Leuschner* 1936 einen Anzug machen ließ. Man habe zwar damals über die organisatorischen Fragen nicht gesprochen, doch rechnete *Leuschner* auf Grund

der Einstellung, die bei *Thierfelder* sichtbar wurde, fest damit, daß er annehmen würde.

7. *Textil:* Für die Gruppe Textil hatte *Jakob Kaiser* einen Funktionär der christlichen Gewerkschaft in Bereitschaft.
8. *Buchdrucker: Leuschner* rechnete mit dem letzten Vorsitzenden, *Krautz*, Berlin, der längere Zeit in Haft war und wohl auch 1939 mit den Gewerkschaftssekretären verhaftet gewesen ist. Im Hinblick auf seine Vergangenheit hatte *Leuschner* seine Teilnahme als sicher angesehen.
9. *Transport: Leuschner* rechnete mit dem früheren Vorsitzenden des Transportarbeiterverbandes, *Beckmann.*
10. *Bergarbeiter:* Nachdem *Husemann* tot war, zog *Leuschner Jannecke* in Betracht. Für den Fall, daß er ausfiel, hielt *Kaiser* einen Bergarbeiterfunktionär aus dem oberschlesischen Revier bereit, an dessen Namen sich *Leuschner* nicht mehr erinnern will.
11. *Angestellte:* Sie sollten unterteilt werden in a) kaufmännische Angestellte, b) technische Angestellte, c) Werkmeister. Für diese Gruppen sollte *Habermann* die erforderlichen Personalvorschläge machen.
12. *Landwirtschaft:* Man sei sich zunächst noch nicht einig gewesen, ob die Gruppe Landwirtschaft weiter mit dem Reichsnährstand vereinigt bleiben sollte.
13. *Fremdenverkehr:* Ein fester Vorschlag habe nicht bestanden. Wahrscheinlich hätte man den Gruppenleiter aus den früheren christlichen Gewerkschaften übernommen, in denen die führenden Gasthausangestellten vor 1933 organisiert waren.
14. *Gauleitungen und Ortsgruppen:* Man habe angenommen, daß die früheren örtlichen Gewerkschaftsfunktionäre zum großen Teil wieder an ihre Arbeitsplätze zurückkehren würden, an denen sie 1933 abgelöst worden sind. Um die Ausfüllung der Lücken inzwischen verstorbener Funktionäre habe man sich keine Sorge gemacht, da für die Übergangszeit die Tätigkeit jedes einzelnen zunächst nicht groß gewesen wäre und ein Funktionär mehrere Arbeitsgebiete zusammen übernehmen konnte. Man habe sich zunächst nicht viel darum gekümmert, die Besetzung im einzelnen festzulegen. Wenn erst einmal der Umsturz erfolgt und die „Deutsche Gewerkschaft" verkündet worden wäre, hätten nach Meinung von *Leuschner* genügend alte Bekannte zur Verfügung gestanden.

Bemerkung des Herausgebers: Es fällt auf, daß die Namen einzelner christlicher Gewerkschaftler hier fehlen, die nach der Erinnerung von Frau Dr. Nebgen-Kaiser ebenfalls eingesetzt werden sollten: so *Franz Leuninger* für Schlesien (wurde später hingerichtet), *Reimar Mager*, Dresden, für eine zentrale Aufgabe, nötigenfalls für Sachsen, *Heinrich Körner* für Westdeutschland (statt Letterhaus), *Josef Ersing* für Württemberg, *Johannes Platte* für die Bergarbeiter.

ANHANG IV

Aus dem Entwurf eines Aufrufs, den der deutsche Kronprinz an Armee und Volk erlassen sollte (Nachlaß Goerdelers, Verfasser unbekannt)[1]

(Zum Text S. 298 ff.)

Als ich auf die Krone Preußens und die deutsche Kaiserwürde verzichtete, geschah es nicht, um den Weg für eine Entwicklung frei zu machen, die nun dazu geführt hat, daß der untadelige Ruf des deutschen Volkes der Vernichtung, sein blank gehaltenes Ehrenschild der Beschmutzung ausgesetzt ist.
Es hat ein Zustand der Rechtlosigkeit, der zügellosen Willkürherrschaft und der moralischen Verwilderung eingesetzt, wie er in der Geschichte unseres Volkes noch nie dagewesen ist. Dieser Zustand droht nunmehr in den voller Schutzlosigkeit auszuarten, die innere Front zu zerstören und damit die Schlagkraft der Wehrmacht zu lähmen. ... (Folgen Beispiele bestialischer Mordtaten.)
Nicht zu solchen Untaten haben Eure und meine Vorfahren in jahrhundertelanger Arbeit und mit vielen Opfern, aber in Ehren und Gottesfurcht das Deutsche Reich geschaffen. Das Blut deutscher Soldaten, das Glück aller deutschen Familien darf nicht weiter vergossen und zerstört werden, um entmenschten Verbrechern solche feigen Untaten zu ermöglichen. Deutsche Jungen dürfen nicht weiter gezwungen werden, blutdürstige Befehle gewissenloser Führer auszuführen und dabei seelisch zugrunde zu gehen.
Als meine Vorfahren die Mark Brandenburg übernahmen, setzten sie Recht und Ordnung des Staates gegen den eigenwilligen Adel durch. Recht und Sauberkeit sind der Stolz des deutschen Volkes geworden.
Ich habe nicht dem Thron entsagt, um das Reich Wahnwitzigen und Verbrechern auszuliefern ... Der Führer hat dem deutschen Volke den geleisteten Eid durch geheime Mordbefehle gebrochen.
Ich stelle mich vor den Thron meiner Väter, vor dem sie Unrecht nicht duldeten, vor das Werk unserer Vorfahren, um es zu retten und Euch um die Frucht harter Arbeit nicht durch Buben betrügen zu lassen, die sich scheinheilig, aber schamlos im Rücken unserer Soldaten bereichert haben.
Ich habe die Führung des Reiches und den Oberbefehl über die Wehrmacht übernommen. Soldaten und Beamte werden einen Eid leisten, den sie mit redlichem Herzen halten können, wie auch ich zu Gott schwöre, daß ich das Reich in Recht und Anstand, in Treue und Redlichkeit führen werde. Ich werde daher befehlen, die verantwortlichen Verbrecher dingfest zu machen und vor Gericht zu stellen. Das deutsche Volk wird Gelegenheit erhalten, sich

---

[1] Bundesminister Jakob Kaiser glaubt nicht, daß der Entwurf von Goerdeler selbst stammen könne, sowohl dem Inhalt und Stil nach wie in Erwägung der Tatsache, daß Goerdeler gegenüber seinen Freunden nie einen derartigen Entwurf erwähnt hat. Ich möchte die Vermutung wagen, daß er von dem Gutsbesitzer von Knebel-Döberitz stammen könnte, der sich am meisten für eine solche Aktion des Kronprinzen einsetzte und diesem auch persönlich nahestand.

selbst ein Urteil über Größe und Umfang der Verbrechen und der Gefahr zu bilden.
Noch ist Krieg. Aber wir wollen in gemeinsamer Arbeit einen Frieden erstreben, der unsere nationalen Lebensnotwendigkeiten erfüllt, die Freiheit des ganzen Volkes und jedes Deutschen in einem lauteren, auf Recht und Anstand gegründeten Staate sichert, ohne Freiheit und Glück anderer Völker zu zerstören. Nur enge Zusammenarbeit aller Völker wird uns und der Welt Wohlfahrt und Glück bringen.
Sobald dies Ziel sichergestellt ist, wird mein Sohn Prinz Louis Ferdinand an meine Stelle treten, nachdem mein ältester dazu berufener Sohn Prinz Wilhelm seinen Wunden erlegen ist.
Die Arbeit, die wir alle zu leisten haben, ist schwer. Verbrechen zu ahnden, Unrecht zu lindern, ist allein Sache des Staates. Wir wollen ans Werk gehen, indem jeder dem anderen wieder offen in die Augen blickt und mit Vertrauen in die anständige Gesinnung hilft.
Dann wird uns auch Gott helfen, Ehre und Zukunft des Vaterlandes zu sichern.

ANHANG V

Friedensplan Goerdelers, zur Übermittlung an die britische Regierung bestimmt, vom 30. Mai 1941.

(Zum Text S. 323 f.)

Eine Gruppe deutscher Persönlichkeiten, der führende Männer aller Lebensgebiete angehören, ist bereit, die Verantwortung für die Bildung einer Regierung zu übernehmen, die zu gegebener Zeit die Bestätigung durch eine freie Willensäußerung des deutschen Volkes nachsuchen würde. Alle diesbezüglichen Schritte würden ausschließlich innerdeutschen Charakter haben. Die maßgebenden Persönlichkeiten wünschen indessen schon jetzt Klarheit darüber zu gewinnen, ob alsbald nach erfolgter Einsetzung einer solchen, den Nationalsozialismus ablehnenden Regierung gemäß früheren Versicherungen der britischen Regierung Friedensverhandlungen aufgenommen werden könnten.

Folgende von der deutschen Gruppe verfolgten Friedensziele werden als Grundlage von Verhandlungen vorgeschlagen:

1. Wiederherstellung der vollen Souveränität der während des Krieges von den Kriegsparteien besetzten neutralen Länder.
2. Bestätigung der vor dem Kriege erfolgten Anschlüsse von Österreich, Sudetenland, Memelland an Deutschland.
3. Wiederherstellung der Grenzen Deutschlands von 1914 gegenüber Belgien, Frankreich, Polen.
4. Festsetzung der europäischen Ländergrenzen auf Grund des nationalen Selbstbestimmungsrechtes durch eine Friedenskonferenz sämtlicher Staaten.
5. Rückgabe der deutschen Kolonien oder gleichwertiger Kolonialgebiete unter gleichzeitiger Einrichtung eines internationalen Mandatarsystems für alle Kolonien.
6. Keine Kriegsentschädigungen, gemeinsamer Wiederaufbau.
7. Abbau der Zollgrenzen.
8. Einsetzung eines mit Vollmachten versehenen Weltwirtschaftsrates.
9. Internationale Kontrolle der Währungen.
10. Wiederaufnahme der Arbeiten des Internationalen Arbeitsamtes.
11. Wiederherstellung des Rechtes, Bestrafung der Schuldigen.
12. Ausbau der internationalen Schiedsgerichtsbarkeit.
13. Begründung einer regelmäßigen Konferenz der europäischen Staaten und entsprechender Zusammenschlüsse auf regionaler Basis.
14. Allgemeine Begrenzung und Herabsetzung der Rüstungen.
15. Internationale Kontrolle der Rüstungen und der Rüstungsindustrien.

ANHANG VI

Friedensplan Goerdelers, vermutlich für britische Leser bestimmt. Wahrscheinlich vom Spätsommer oder Herbst 1943[1]

Wir gehen davon aus, daß

1. Deutschland um des deutschen Volkes, der Voelker Europas und des Friedens der Welt willen moralisch und materiell stark sein muß.
2. Daß zwischen England und Rußland Interessengegensaetze von Ostasien bis zum Mittelmeer, vom Mittelmeer bis zum Nordatlantik bestehen, die in der Natur der Verhaeltnisse begruendet sind;
3. daß Europa eine Sicherung gegen russische Uebermacht braucht;
4. daß diese Sicherung zur Zeit nur durch England oder Deutschland auf laengere Zeit sichergestellt werden kann;
5. daß es zweifelhaft ist, ob Amerika dauernd Kraefte fuer diese Sicherung zur Verfuegung stellen wird;
6. daß es daher sinnvoll und geboten ist, die natuerliche Interessengemeinschaft zwischen England und Deutschland zu verwirklichen, weil sie alle jene Voraussetzungen erfuellen würde;
7. daß diese Verwirklichung nur erfolgen kann, wenn die europaeischen Voelker in Freiheit und Selbstaendigkeit sich zu einem ewigen Friedensbund zusammenfinden, in dem weder Deutschland noch eine andere Macht Vorherrschaft beansprucht;
8. daß kein weißes Volk dazu beitragen darf, Japan eine Ausdehnung auf Kosten anderer weißer Voelker oder Chinas zu ermoeglichen;
9. und daß im uebrigen die ganze Welt wirtschaftlicher Zusammenarbeit bedarf, um die Finanzen in Ordnung zu bringen, Arbeit zu sichern und Wohlstand wieder zu begruenden.

Deutschland muß Recht und Anstand bei sich selbst wieder herstellen. Das ist es seiner Ehre und anderen schuldig. Nur wenn es die Verbrecher gegen das Recht, auch die Verstoeße gegen das Voelkerrecht, selbst bestraft, kann es seelisch wieder gesunden. Daher muß dringend vor jedem Gedanken gewarnt werden, diese Bestrafung durch Dritte oder durch einen internationalen Gerichtshof vollziehen zu lassen. Selbst die Deutschen, die mit Haß und Verachtung auf die Schaendung des guten deutschen Namens durch Deutsche blicken und zu jeder gerechten Haerte bereit sind, oder vielmehr gerade diese Deutschen werden es entschieden ablehnen, an einer solchen Bestrafung durch Dritte teilzunehmen. Angesichts der ungeheuerlichen, in der Geschichte einzigartigen Verbrechen, die Hitler und seine Trabanten begangen haben, ist der Wunsch der verletzten Voelker auch diesen Deutschen sehr verstaendlich; aber die Vernunft und die Verantwortung vor der Zukunft gebieten, daß diese Gefuehle gebaendigt werden. Selbstverstaendlich soll es jedem Menschen in der Welt und jeder Regierung freistehen, Anzeige gegen deutsche Verbrecher zu erstatten und selbstverstaendlich wird das daraufhin Veranlaßte dem Anzeigen-

[1] Anlage 2 zu K. B. vom 17. 8. 44. Zum Text S. 338 f.

den mitgeteilt werden. Auch gegen die Anwesenheit offizieller Vertreter der verletzten Nation bei den oeffentlichen Verhandlungen ist nichts einzuwenden; im uebrigen wird die Oeffentlichkeit der Verhandlungen garantiert und damit ohne jede Entwuerdigung die Sicherheit der Nachpruefung geschaffen. Nach dem ungeheuren Unglueck, in das Hitler das deutsche Volk gestuerzt hat, ist nicht daran zu zweifeln, daß die deutschen Gerichtshoefe eher zur Haerte als zur Milde neigen werden. Daß Deutschland materiell genuegend stark wieder werden muß, ergibt sich aus der Notwendigkeit, das Deutsche Reich zumindest gegen einen dauernden Druck der gewaltigen russischen Kraft zu sichern. Daraus ergibt sich auch die Notwendigkeit, den territorialen Bestand Deutschlands, wie er sich durch die Geschichte als sinnvoll und notwendig herausgestellt hat, zu erhalten.

Alle Plaene, Deutschland aufzuteilen, muessen immer wieder Spannungen in Deutschland und damit in Europa erzeugen. Denn Deutschland liegt nun einmal in der Mitte des Kontinents. Als deutsche Grenzen kommen in Betracht:

im Osten etwa die Reichsgrenze von 1914;

im Sueden die in der Konferenz von Muenchen 1938 anerkannte Grenze einschließlich Oesterreichs; auch muß Suedtirol, ein rein deutsches Land, bis zur Grenze Bozen–Meran zu Deutschland zurueckkehren. Die italienische Herrschaft hat dort nur Verbitterung und Rueckschritt erzeugt;

im Westen ist die Elsaß-Lothringen-Frage sehr schwer zu loesen; es gibt keine Ruhe, wenn Elsaß-Lothringen in seinem alten Bestand zu Deutschland oder Frankreich geschlagen wird; es gibt zwei andere Moeglichkeiten:

a) entweder Elsaß-Lothringen wird ein autonomes Land etwa in der Stellung der Schweiz, oder

b) durch eine neutrale Kommission wird die Sprachgrenze ermittelt, wie sie 1918 und 1938 war. Zwischen diesen beiden Linien muß die Grenze zwischen Frankreich und Deutschland liegen. Daß in diesem zweiten Falle Deutschland Elsaß-Lothringen weitgehende Selbstverwaltung zuweist, liegt ebensosehr in sachlichen Notwendigkeiten wie in unseren Ueberzeugungen und Zielen begruendet;

im Norden muß in aehnlicher Weise wie im Westen die gerechte Grenze gegenueber Daenemark ermittelt werden.

Im uebrigen werden in einem europaeischen Staatenbunde, auf den wir hinstreben muessen, innereuropaeische Grenzen eine immer geringere Rolle spielen. Dieser territoriale Bestand des Deutschen Reiches setzt eine Verstaendigung ueber Polen voraus. Soweit sich jetzt uebersehen laeßt, ist der Bestand Polens davon abhaengig, daß die deutsche Front im Osten die polnische Ostgrenze von 1938 haelt. Bricht sie zusammen, so ist Polen an Rußland verloren. Wir verstehen Empoerung und Haß des polnischen Volkes nach allem, was geschehen ist, sehr wohl. Wir wuerden ebenso fuehlen. Aber auch hier gebietet die Verantwortung vor der Zukunft zu verhindern, daß diese Gefuehle sich gewalttaetig Bahn brechen. Sie muessen sich einer geordneten Bestrafung der Verbrecher und der Wiedergutmachung durch Zusammenarbeit unterordnen. Polen kann Ersatz fuer Westpreußen und Posen durch eine Staatsunion mit Litauen erhalten. Dadurch wird beiden Voelkern geholfen und Polen der Zugang zum Meer geschaffen. Eine solche Union hat in frueheren Jahrhunderten bestanden; sie ist an dynastischen Fragen gescheitert. Solche Spannungen sind heute nicht mehr vorhanden oder zu vermeiden. Außerdem besteht die Moeglichkeit, Polen ueber die deutschen Haefen jede Verbindung zum Weltverkehr zu sichern. Die Zukunft wird solche Verbindungen nicht mehr von militaerischen Fragen abhaengig machen, denn sie steht und faellt fuer alle europaeischen Voelker mit dem dauernden europaeischen Frieden.

So ist zu hoffen, daß allmaehlich nach diesen furchtbaren und leidvollen Erfahrungen auch das Verhaeltnis zwischen Deutschland und Polen wieder ausgeglichen wird. Jedenfalls werden wir bereit sein, Polen bei der Heilung seiner Wunden und in Zukunft jede nur moegliche Hilfe angedeihen zu lassen.

An eine Wiedergutmachung des durch den Hitlerismus den europaeischen und anderen Voelkern zugefuegten Schadens ist nicht zu denken. Deutschland ist durch Hitler schon vor diesem Kriege in ungeheure Schulden gestuerzt. Die Bewunderung, die andere Voelker Hitlers Kuensten auf diesem Gebiete entgegengebracht haben, war fuer das deutsche Volk verhaengnisvoll. Die gewaltige Schuldenlast dieses unseligen Krieges teilt Deutschland mit der ganzen Welt. Die Zerstoerungen aber, die der Krieg angerichtet hat, sind heute schon in Deutschland groeßer als in jedem anderen Teil Europas. Es ist daher physisch fuer Deutschland unmoeglich, außer dem Aufbau in Deutschland, der Generationen in Anspruch nehmen wird, auch noch den in anderen Laendern zu schaffen.

Wir schlagen daher zur seelischen Entspannung und zur materiellen Erleichterung ein europaeisches Gemeinschaftswerk fuer den Wiederaufbau vor, an dem jeder europaeische Staat nach dem Maß seiner Kraefte teilnimmt.

Ueber die Interessengegensaetze zwischen England und Rußland brauchen wir nichts zu sagen; sie sind da. Im 19. Jahrhundert sind sie durch das europaeische Gleichgewicht ausgeglichen; trotzdem hat es diesen und jenen bewaffneten Konflikt gegeben (z. B. Krim-Krieg). 1918 konnte England die unueberlegte erniedrigende Behandlung Deutschlands hinnehmen, weil Rußlands Kraft fuer lange Zeit ausgeschaltet schien. Jetzt ist an der Wiedererstarkung Rußlands nicht mehr zu zweifeln. Gewiß ist auch Rußland durch diesen Krieg gewaltig geschwaecht. Aber das naturhafte russische Volk gleicht solche Verluste schneller aus als die empfindlicheren europaeischen Voelker.

Zur Zeit herrscht in Rußland ein gleichmaeßiges bolschewistisches System. Daß der Bolschewismus alles (selbsttaetige) menschliche Leben und Streben toetet, ist eine Tatsache, der sich selbst die Russen nicht verschließen konnten. Sie haben daher den Kommunismus immer mehr abgeschwaecht. Aber dazu gehoert eigene bittere Erfahrung. Wenn das heutige Rußland Vorherrschaft ueber Europa ausuebt, werden die mittel- und westeuropaeischen Voelker, durch den Krieg geschwaecht, durch Leidenschaft bewegt, vor schier unerfuellbaren Aufgaben stehend, zunaechst dem radikalen Bolschewismus verfallen. Das waere der Tod der europaeischen Kultur und der Geltung Europas, waere wohl auch fuer England eine große Gefahr. Noch gefaehrlicher aber wird Rußland, wenn es zu den wahren Gesetzen der Wirtschaft und der Politik allmaehlich zurueckfindet. Denn dann wird seine Kraft noch groeßer. Rußland duerfte die einzige Macht auf der Erde sein, die ohne eine große Flotte das englische Empire lebensgefaehrlich treffen koennte. Es ist selbstverstaendlich eigenste Sache Eng-

lands, diese Lage zu pruefen und jede Schlußfolgerung zu ziehen, die es in seinem Interesse fuer notwendig erachtet. Wir koennen nur unsere Meinung sagen, und die besteht darin, daß alle europaeischen Voelker westlich Rußlands sich gegen eine russische Uebermacht und Vorherrschaft sichern muessen. Weder Frankreich noch Italien noch ein Zusammenschluß der kleineren Voelker kann diese Sicherung zur Zeit gewaehren. Deutschland kann es eben noch, wenn es rechtzeitig die Verbrecher zum Teufel jagt und bestraft, und wenn ihm England und Amerika die Moeglichkeit gewaehren, den Krieg ohne Zusammenbruch zu liquidieren. Ein Hemmnis hierzu ist die Forderung der bedingungslosen Kapitulation.
Die Ereignisse in Italien sollten warnen. Jedenfalls ist eins mathematisch sicher: Wird Deutschland im entscheidenden Moment bedingungslose Kapitulation abgefordert, so legt der deutsche Soldat auch im Osten genau so die Waffen nieder, wie es jeder andere Soldat der Welt tun wuerde. Damit wuerde Rußland der Vormarsch freigegeben werden. Wo er zum Stehen kommt, weiß kein Mensch. Vielleicht sieht sich England genoetigt, hierueber mit Rußland eine Verstaendigung zu treffen, wie lange diese aber halten wird, ist nicht voraussehbar; denn noch ist der Kriegsschauplatz Ostasien vorhanden, der englische und amerikanische Kraefte in Anspruch nimmt.
Am schnellsten erhalten die angelsaechsischen Reiche die meisten Kraefte fuer Ostasien frei, wenn die europaeische Sicherung gegen Rußland durch Europa selbst erfolgen kann. Es wird notwendig sein, hierzu die europaeischen Voelker zusammenzubringen, aber das erfordert Zeit. Inzwischen waere es die Aufgabe Deutschlands, diesen Schutz zu uebernehmen.
Das ist wieder nur moeglich, wenn man nicht die Forderung auf totale Entwaffnung stellt. Daß Deutschland den Krieg in der Luft und auf den Meeren einstellt, ist selbstverstaendlich. Im uebrigen muß man ihm einstweilen die Waffen lassen. Die Abruestung kommt mit fortschreitender Waffenruhe und Befriedung von selbst, denn Deutschland steht wie jedes andere Volk vor der ungeheuerlichen Aufgabe, eine Schuldenlast von mehreren Hundert Milliarden zu liquidieren, ohne daß es zu Inflation oder anderen wirtschaftlichen Zusammenbruechen kommen darf. Diese Leistung kann jedes Volk nur vollbringen, wenn es seine oeffentlichen Ausgaben auf die Hoehe seiner Einnahmen zurueckschraubt. Fuer Deutschland bedeutet das fast die Totalabruestung. Sie kann aber erst erfolgen, wenn die Lage gegenueber Rußland geklaert ist.
Deutschland raeumt selbstverstaendlich alle besetzten Gebiete. Die Raeumung erfolgt schrittweise. Zunaechst werden alle Einrichtungen zurueckgezogen, die nichts mit militaerischer Besetzung zu tun haben. Diese wird auf das zur Aufrechterhaltung der Ordnung erforderliche Maß beschraenkt. Sofort werden selbstaendige nationale Regierungen wieder ans Ruder gelassen. Mit ihnen werden die militaerischen Raeumungen besprochen, so daß keine Verwirrung eintritt.
Deutschland wird diese seine Bereitwilligkeit, Luft- und U-Boot-Krieg einzustellen, und zu raeumen, von vornherein oeffentlich erklaeren. Gegenueber Rußland wird nur die alte Ostgrenze Polens von der deutschen Wehrmacht gesichert. Somit hat Rußland keinen Anlaß, von England und Amerika die Fortsetzung des Krieges, insbesondere des Luftkrieges, zu verlangen. Das so-

fortige Aufhoeren des Luftkrieges ist Voraussetzung fuer das schnelle Gelingen des Umbruchs in Deutschland. Deutschland ist erfreut, feststellen zu koennen, daß Amerika sich wieder mit europaeischen Angelegenheiten auch nach diesem Kriege befassen wird. Deutschland ist ueberzeugt, daß es Maerchen sind, die behaupten, Amerika wolle in Europa oder in Afrika festen Fuß fassen. Wir glauben auch nicht ernstlich daran, daß man in Amerika ernsthaft daran denkt, mit amerikanischen Kraeften Deutschland verwalten, seine Schulen reformieren und Deutschland gesund machen zu wollen. Wenn wir Deutschen, die wir eine Rettung unseres Vaterlandes aus dem moralischen und materiellen Zusammenbruch erstreben, gewissenlose Materialisten waeren, dann koennten wir dies uns mehrfach verkuendete Vorhaben der USA mit Ruhe ueber uns ergehen lassen. Es wuerde sich naemlich bald erweisen, daß es fuer Amerika kostspielig, gefaehrlich und schließlich undurchfuehrbar ist. Amerika wuerde naemlich die totale Verantwortung fuer die Not in Deutschland und fuer seinen Wiederaufbau uebernehmen, damit Deutschland entlastend. Aber aus ideellen Gruenden lehnen wir es entschieden ab, uns von einem anderen Volke gesund machen zu lassen. Es ist vollkommen sicher, daß Deutschland eines Tages dieses Rettungswerk selbst vollbringen wird; die Gefahr besteht nur darin, daß dann Uebertreibungen eintreten koennen.

Es besteht fuer solche Plaene aber auch keine moralische Berechtigung.[1] Einflußreiche Englaender und Amerikaner sind vor diesem Kriege darauf hingewiesen, daß Hitler ihn entfesseln und furchtbares Unglueck ueber die Welt bringen wird. Sie, darunter der englische und franzoesische Botschafter, haben es nicht glauben wollen. (Vgl. Ward Price). Sie haben uns Deutsche, die wir warnten, fuer Maenner ohne nationale Gesinnung gehalten. Sie haben uebersehen, daß wir unser Vaterland von ganzem Herzen lieben und seine Groeße und Ehre wollen, daß wir aber aus unseren Leiden wußten, welchen Weg der satanische daemonische Hitler nehmen würde. Trotz unserer Warnung ist Chamberlain 1938 Hitler nachgelaufen. Damals war durch englische Festigkeit der Krieg vermeidbar und Hitler zu entlarven. Es liegt uns fern, die Verantwortung, die wir Deutsche zu tragen haben, vermindern zu wollen; aber es liegt ein nicht nur von uns Deutschen verschuldetes, tragisches Geschehen vor, unter dem wir Deutschen nicht geringe Opfer fuer unsere Ueberzeugung gebracht haben. Wenn wir uns befreien, wird die Welt erfahren, was anstaendige Deutsche erlitten und gelitten haben, wieviele von ihnen qualvollen Todes gestorben sind fuer die deutsche Ehre und die Freiheit der Welt.

Jeder einsichtige Englaender und Amerikaner wird auch nicht verkennen, daß es sich verhaengnisvoll ausgewirkt hat, den demokratischen Regierungen in Deutschland genuegendes Entgegenkommen zu versagen, um es dem Luegenmeister und Verbrecher Hitler Stueck um Stueck zuzugestehen. Was sollten die anstaendigen Deutschen denn eigentlich tun, wenn man von draußen Hitler einen politischen Erfolg nach dem anderen ermoeglichte?

Man wird damit rechnen muessen, daß Amerika nicht immer die Sicherung Europas gegenueber Rußland mit uebernimmt. Und daher erscheint es uns als

---

[1] Von hier bis zum Schluß des Absatzes abgedruckt bei *R. Pechel*, Deutscher Widerstand (1947), S. 220f.

Gebot der Stunde, nun endlich jene Interessengemeinschaft zu verwirklichen, um die weitblickende Englaender und verstaendige Deutsche seit mehr als 50 Jahren gerungen haben. Wir Deutsche werden auf Flottentraeume zu verzichten haben. Auch wir lieben das Meer und werden es befahren, aber wir koennen anerkennen, daß der Schutz der Meere durch England aus seinem eigenen Interessengebiet zu verwirklichen ist, waehrend uns Deutschen die Hauptlast der Landsicherung Europas obliegt. Wir haben daher das groeßte Interesse daran, daß wir die Lasten dieser Sicherung nicht allein tragen.

Daher erscheint uns der Zusammenschluß der europaeischen Voelker zu einem europaeischen Staatenbunde geboten. Sein Ziel muß sein, Europa vor jeder Wiederkehr eines europaeischen Krieges vollkommen zu sichern. Jeder europaeische Krieg ist glatter Selbstmord. Die Zeit ist reif, diesen idealen Gedanken in die Wirklichkeit zu uebersetzen, weil mit ihm die realen Interessen uebereinstimmen. Wir empfehlen schrittweises Vorgehen:

ein staendig tagender europaeischer Wirtschaftsrat soll zunaechst fuer Beseitigung aller Verkehrshemmnisse, fuer einheitliche Verkehrseinrichtungen, fuer gleiches Wirtschaftsrecht, fuer Aufhebung der Zollgrenzen usw. sorgen. Wenn dieser Prozeß eine gewisse Entwicklung erreicht hat, werden gemeinsame politische Einrichtungen begruendet: Als solche kommen in Betracht:

ein europaeisches Wirtschaftsministerium

eine europaeische Wehrmacht

ein europaeisches Außenministerium.

Ueber Einzelheiten wird man sich unschwer verstaendigen koennen. Wir sind zu jeder Mitarbeit, auch zu einer schnelleren bereit, falls sie nuetzlich zu sein scheint. Jedenfalls kann die Grundlage einer europaeischen Gemeinschaft nur Freiheit und Selbstaendigkeit der Nationalstaaten in allen ihren Entschließungen sein.

Der europaeische Friede ist durch ein Schiedsgerichtsverfahren zu sichern, dessen Entscheidungen mit gemeinsamer Kraft unter allen Umstaenden durchgefuehrt werden. Es ist kein Geheimnis, daß Deutschland sein Buendnis mit Japan fuer einen Verrat an den weißen Interessen betrachtet. Wir koennen selbst die Bindungen einer Verbrecherregierung nicht von heute auf morgen wegwerfen, aber wir sind nicht verpflichtet, unterzugehen, damit Japan einen auch fuer Japan aussichtslosen Krieg fortsetzen kann. Auf dieser Grundlage werden wir unser Verhaeltnis zu Japan neu gestalten. Ehe wir nicht die genauen Plaene Englands und Amerikas kennen, koennen wir keine weiteren Einzelfragen hinsichtlich Japans beruehren. Wir koennen nur feststellen, daß die Wiederherstellung des europaeischen Kolonial- und sonstigen Besitzes in Ostasien von uns fuer notwendig gehalten wird, und daß wir zu gegebener Zeit und mit den anstaendigerweise zu vertretenden Mitteln daran mitzuwirken bereit sind. Wir sind ferner davon ueberzeugt, daß China von Japan ueberfallen ist und daher einen gerechten Verteidigungskrieg fuehrt. Dem werden wir in unserer Politik Rechnung tragen, zumal auch unsere ganze menschliche, wissenschaftliche und wirtschaftliche Hochachtung dem chinesischen Volke gilt.

Ueber den Zusammenschluß der europaeischen Voelker hinaus bedarf die Welt der Zusammenarbeit aller Voelker. Ohne sie ist dieses oder jenes große Volk der Absatzlosigkeit seiner Erzeugnisse, der Arbeitslosigkeit und der Armut ausgesetzt. Diese Not eines der großen Voelker mueßte aber wieder auf die anderen zurueckwirken. Die Zusammenarbeit verlangt, daß zunaechst jeder einzelne Staat seine Finanzen in Ordnung bringt. Geordnete Staatsfinanzen sind erste Voraussetzung sicherer Waehrung. Stabile Waehrungen sind unerlaeßliche Voraussetzung zur Wiederingangsetzung des Welthandels. Dieser soll so frei wie moeglich sein. Einzelheiten sind zu besprechen und zu entwickeln. Um diese Entwicklung zu beschleunigen, ist die Einrichtung einer internationalen Bank erforderlich. Wir haben mit großem Interesse von den englischen und amerikanischen Vorschlaegen Kenntnis genommen und erachten sie fuer eine gute Grundlage, an der mitzuarbeiten wir selbstverstaendlich bereit sind.

Ueber die zukuenftige innere Verfassung Deutschlands koennen wir einiges bestimmt, anderes nur andeutungsweise sagen.

Sie wird das Recht und die Freiheit des Individuums wieder sicherstellen; sie wird die Freiheit der Gewissen, die Freiheit des Geistes, die Freiheit der Presse wiederbringen; sie wird sich auf Teilnahme und Kontrolle des Volkes aufbauen. Sie muß aber auch den Erfahrungen der Vergangenheit Rechnung tragen. Die demokratischen Einrichtungen koennen nur in dem Schrittmaß hergestellt werden, wie es gelingt, das Recht wieder herzustellen, die Verbrecher zu bestrafen und das deutsche Volk wieder politisch reif zu machen. Welche Staatsspitze Deutschland haben wird, koennen wir gegenwaertig noch nicht sagen. Uns ist klar, daß nur eine Monarchie in parlamentarischen Grenzen Deutschland so schnell wie moeglich innere Ruhe wiedergeben und es zu einem besonderen Faktor der Mitarbeit machen kann. Aber wir wissen nicht, wie sich die Meinung des Volkes zu dieser Frage entwickeln wird.

Die Hauptsache ist, daß Deutschland ruecksichtslos den Zentralismus abbaut und seine gute, gediegene Selbstverwaltung in den Gemeinden, in den Verwaltungskreisen und in den deutschen Laendern wiederherstellt. Preußen wird im Reich aufgehen. Die preußischen Provinzen werden verschwinden; es werden deutsche Laender gebildet werden, die sich weitgehend selbst regieren ebenso wie die Gemeinden, so daß fuer eine zentrale Reichsregierung und Volksvertretung nur diejenigen Aufgaben verbleiben, die unerlaeßlich sind, um den Zusammenhalt des Reichs sicherzustellen.

Nach unserer innersten Ueberzeugung sehnen sich alle Völker der Welt nach rechtem Frieden und echter Ruhe. Das religioese Bewußtsein in Deutschland ist durch die Unterdrueckung im letzten Jahrzehnt ungeheuer vertieft und verbreitert. Für uns wird die christliche Religion und ihre Lehren Stuetze und Leitsatz auch bei allen politischen Maßnahmen im Innern und im Äußern bleiben. Wir halten es fuer notwendig, daß auch die Grundsaetze der Außenpolitik mit der christlichen Moral in Uebereinstimmung gebracht werden.

ANHANG VII

Geheime Denkschrift Goerdelers, für die Generalität bestimmt, über die Notwendigkeit eines Staatsstreichs. 26. März 1943

(Zum Text Seite 353 ff.)

Lage und Möglichkeiten

Major *Niemann*, seit Februar 1918 Oberquartiermeister der Heeresgruppe Albrecht von Württemberg, richtete am 20. Juli 1918 eine Denkschrift an General Ludendorff, deren Inhalt ein würdiger Beweis für das Vertrauen ist, das die Generalstabsoffiziere im Ersten Weltkrieg ihrem Chef entgegenbrachten. In der Denkschrift heißt es:

„Der Soldat muß an den Sieg glauben, und eine oberste Heeresleitung, die den Glauben und Willen nicht hätte, die Widerstandskraft des Feindes mit Waffengewalt zu brechen, würde ihrer Aufgabe nicht gewachsen sein.

Der Politiker, der die Waffenerfolge in ihrer Wirkung für das *zukünftige* Weltbild auszuwerten hat, sieht die militärischen Erfolge unter einem andern Gesichtswinkel. Das, was dem Heerführer zum Selbstzweck wird, ist für ihn das Mittel zum Zweck, das Mittel zur Verwirklichung seines politischen Programms. Lassen sich die Waffenerfolge so steigern, daß die Hilfskräfte des Feindes erschöpft werden können, dann ist die Aufgabe des Politikers verhältnismäßig einfach. Er braucht sein Konzept nur in die Reinschrift zu übertragen.

Anders und komplizierter wird die Aufgabe, wenn die Waffengewalt zur radikalen Beseitigung des feindlichen Willens *nicht* ausreicht. Der Waffenerfolg kann dann nicht mehr als politisches *Zwangs*mittel, sondern nur noch als *Druck*mittel gewertet werden.

Politik und Kriegführung müssen Wirklichkeitssinn genug besitzen, in kühler Erwägung festzustellen, ob die Politik auf das Zwangsmittel oder auf das Druckmittel einzustellen ist.

Ist bei uns diese Auseinandersetzung zwischen Politik und Kriegführung erfolgt? Ich weiß es nicht. Mir scheint aber, daß sie nicht mit der nötigen Klarheit erfolgte. Jeder von uns, der das Wort von dem Niederzwingen des Gegners mit Skeptizismus betrachtete, wurde als Schwächling gebrandmarkt. Der Unterschied zwischen militärischer Siegeszuversicht und politischer Wirkungsmöglichkeit wollte nicht in die Köpfe hinein.

Ich glaube an die Überlegenheit unserer Waffen wie an ein Evangelium, ich glaube aber nicht, daß wir mit Waffengewalt zum Diktieren eines Friedens kommen werden. Unsere militärische Kraft kulminiert, sie läßt sich nicht mehr steigern, weder zu Lande noch zu Wasser. Dauert der Krieg weiter, dann müssen wir den absteigenden Ast der Kurve betreten. Die intellektuelle und moralische Überlegenheit der Führung kann auf die Dauer die schwindenden Volkskräfte und den steigenden Rohstoffmangel nicht ersetzen.

Wer wie ich zu dieser Überzeugung gekommen ist, der wird eine andere Orientierung unserer auswärtigen Politik für notwendig halten. Das Schlag-

wort vom „Durchhalten bis zum siegreichen Ende" ist doch eben nur ein Schlagwort, ein euphemistischer Ausdruck für das freiwillige „ehrenvolle Sterben", das nur dem deutschen Idealismus verständlich ist.
Wir müssen unsere militärischen Kräfte als Druckmittel ausnutzen, solange wir die *militärische Überlegenheit noch besitzen.* Treten wir im Zeichen des Abstiegs an den Verhandlungstisch, dann spielen wir ohne Atouts. Das Druckmittel wird dann von Tag zu Tag wirkungsloser."
Oberst Bauer, ein entschiedener Vertreter rücksichtsloser Kriegführung, stimmte diesen Gedanken durchaus zu und bemerkte überdies: „Wir müssen wieder wahrheitsgetreu werden ..., das Streben, es den andern an Propaganda gleich zu tun, hat uns zur Unwahrheit geführt, die unserm inneren Wesen widerspricht und infolgedessen ungeschickt und unwirksam war ... Eine wirksame Propaganda ... ist nur erreichbar, wenn wir die Wahrheit sagen, die Öffentlichkeit rechtzeitig orientieren und so Volk und Presse tatsächlich an den Geschehnissen teilnehmen lassen ... Auch im Ausland macht schließlich Wahrheit und Offenheit den größten Eindruck ..."
General Ludendorff trat diesen Meinungen bei. Er schreibt (Meine Kriegserinnerungen S. 547) über den 8. August 1918: „Das Kriegführen nahm damit, wie ich mich damals ausdrückte, den Charakter eines unverantwortlichen Hasardspiels an, das ich immer für verderblich gehalten habe. Das Schicksal des deutschen Volkes war mir für ein Glückspiel zu hoch. Der Krieg war zu beendigen." Hierzu war es aber bereits politisch zu spät.
Für die gegenwärtige Betrachtung ist es nicht von wesentlicher Bedeutung, daß *dieser* Krieg vermeidbar war, daß die entscheidenden deutschen Lebensnotwendigkeiten ohne ihn hätten sichergestellt werden können. Aber wissen muß man, daß Hitler seit Mai 1938 den Krieg *wollte*, und daß alle seine gegenteiligen Behauptungen unrichtig sind. Auf Wunsch steht der schlüssige Beweis für diese Feststellungen in Dokumenten und Zeugen zur Verfügung.
Ebenso ist für diese Betrachtung nicht entscheidend, daß der Krieg so, wie er politisch angelegt und geführt ist, nie zu gewinnen war, wie gewaltig und erfolgreich auch die Leistungen unserer Wehrmacht sein mochten. Auf Wunsch steht der Beweis auch hierfür zur Verfügung. Als wichtig ist hier nur zu erwähnen, daß man einen Weltkrieg nicht mit einer unfähigen militärischen Oberleitung und nicht mit einer abenteuerlichen politischen Führung gewinnen kann. Entscheidend ist die Tatsache, daß *jetzt die deutschen Kräfte auf allen Gebieten sich dem Zustande des Verbrauchtseins nähern*, daß wir uns in der absteigenden Linie befinden, während der Kräfteeinsatz der Gegner noch einer erheblichen Steigerung fähig ist.
Im Inneren sind die Grundlagen von Recht, Anstand, Sittlichkeit und Ehrliebe, der Sinn für Menschlichkeit und Verantwortungsbewußtsein zerstört. Diese Tatsache wird nicht dadurch gemildert, daß es noch gerechte Urteile, noch anständige Menschen, noch sittlich hochstehende Persönlichkeiten, noch freiheits- und ehrliebende Deutsche gibt. Entscheidend ist, daß jene für jede Gemeinschaft unentbehrlichen Bindungen und Werte nicht mehr *vom Staate geachtet*, sondern von seinen Organen und Gerichten sowie von hohen Parteifunktionären täglich auf das gröblichste und dem Volke erkennbar verletzt werden. Entscheidend ist, daß die Staatsführung diesen Zustand selbst herbei-

geführt hat und bewußt aufrechterhält. So wird *durch sie* unser Vaterland nicht nur wirtschaftlich, sondern sittlich allmählich bolschewisiert. Der *russische* Bolschewismus, den ich schroff ablehne und der heute in seinen Leistungen weit überschätzt wird, wird von ihr nur als Popanz zur Rechtfertigung verlustreicher Kriegsführung und zur Aufpulverung des deutschen Spießers benutzt nach der Devise: haltet den Dieb!

Den stärksten Ausdruck findet die Erschütterung der sittlichen Grundlagen des Staatslebens in der immer weiter umsichgreifenden *Korruption*. Sie wird immer schamloser von hohen und höchsten Würdenträgern der Partei, insbesondere von Göring, betrieben. Sie dient einer im Kriege besonders verwerflichen, geradezu unerhörten Selbstbereicherung. Sie bedeckt, auch in den besetzten Gebieten begangen, den deutschen Namen mit Schande. Auch dies ist dem deutschen Volk weithin bekannt; ebenso, daß Hitler diese Korruption duldet. Seine Beteiligung am Eherverlag, der zwangsweise andere Unternehmungen sich einverleibt oder tot macht, ist nach deutschem Beamtenrecht vollkommen unmöglich. Beweise für unzählige Korruptionsfälle und für die sonst von hohen Würdenträgern begangenen Verbrechen aller Art stehen jederzeit zur Verfügung.

Die *allgemeine Wehrpflicht* ist in Zeiten tiefster Erniedrigung des deutschen Volkes durch kühne und mutige, besonnene und sittlich hochstehende Männer geschaffen. Mehr als ein Jahrhundert lang ist sie in diesem Geist erhalten. Trotzdem hat nicht verhindert werden können, daß sich in steigendem Maße Auseinandersetzungen zwischen militärischen Führern und Trägern politischer Verantwortung entwickelt haben. Aber alle diese Auseinandersetzungen haben den sittlichen Gehalt dieser Wehrpflicht nicht gefährden können, weil sie sich auf einer Grundlage vollzogen, die allen Beteiligten selbstverständlich und gemeinschaftlich war, nämlich der Grundlage gleichen Ehr- und Anstandsgefühls. In diesem Kriege sehen sich die militärischen Führer zum ersten Male vor einen Konflikt mit einer politischen Führung gestellt, die diese überkommenen Grundlagen von Ehre und Anstand zum alten Eisen geworfen hat. Aber sie sind kein altes Eisen, sondern enthalten gerade diejenige lebendige Kraft, die jede Gemeinschaft zu ihrem Bestande nötig braucht; insbesondere eine Gemeinschaft, die höchste Opfer verlangt. Das Volk fühlt von Woche zu Woche klarer, daß die höchste Pflicht des Mannes, für das Vaterland das Leben einzusetzen, zu selbstsüchtigen oder unsinnigen Zielen mißbraucht wird. Auch in vielen Soldaten lebt diese Erkenntnis. Der Soldat aber braucht die Einheit zwischen sittlicher Forderung und gegebenem Opfer. Duldet man Spannungen in diesem Punk t so muß sich das schwer rächen. Auch das Volk erkennt immer mehr, daß es notwendig ist, dies tragische Verhängnis abzuwehren.

2

Die von Anfang an verhängnisvolle, ja sinnlose *Doppelherrschaft von Staat und Partei* hat die vorhersehbare Wirkung gehabt. Verantwortungsbewußtsein und Entschlußkraft sind gelähmt, Entscheidungen werden hin und her geschoben; einander widersprechende Entscheidungen lähmen die Verwaltung. Die Gauleiter erkennen die Autorität der Minister und der Reichsregierung nur insoweit an, als es ihnen paßt; da Hitler auf diese Gauleiter angewiesen zu sein glaubt, läßt er ihnen zu solchem anarchischen Tun freie Hand. Ein Zerrbild geordneten Staatswesens ist in der Entwicklung. Gerade die anständigen Mitglieder der Partei, die an verantwortlichen Stellen wirken, bezeichnen bereits diesen Zustand als den Beginn der Anarchie; richtiger betrachtet, handelt es sich um Agonie. Es ist ein offenes Geheimnis, daß z. B. der Herr Reichswirtschaftsminister viele Maßnahmen, die auf seinem Gebiete durch einen verkrachten Textilindustriellen getroffen werden, wie z. B. die Geschäftsschließungen, nicht billigt. Aber da die Partei dahintersteht, wagt selbst dieser alte Parteimann nichts dagegen zu tun. Und jener Industrielle vertritt den perversen Standpunkt, daß das deutsche Volk erst dann seine Kräfte für den Krieg voll einsetzen würde, wenn niemand mehr etwas zu verlieren hätte. Man stelle sich diesen Gedankengang bis zu Ende gedacht vor! Bisher sind alle Kriege geführt, um das, was ein Volk durch Generationen erarbeitet hat, zu erhalten und eine bessere Zukunft zu gewinnen. Aber das ist noch nicht das Schlimmste: geradezu verhängnisvoll ist, daß die Männer, die hierfür verantwortlich sind, gar nicht daran denken, solche Gedankengänge etwa bei sich in die Tat umzusetzen, sondern im Gegenteil alles tun, um sich selbst den Wirkungen ihrer perversen Maßnahmen zu entziehen. Diese Erkenntnis ist es, die die seelische Schwungkraft des deutschen Volkes *total zerstört*, weil es den Glauben an eine sittliche Führung verliert.

3

Hitler ist kein Feldherr; es wäre auch erstmalig in der Geschichte der Völker, daß ein Mann die Führung einer Millionenmacht meistern könnte, ohne in harter Schule sich bestimmte Grundelemente zu eigen gemacht zu haben, deren Erlernung selbst einem Moltke notwendig war. Feldherrntum ist Hitler lediglich zum höheren Ruhm der Partei durch Propaganda angedichtet worden. Wäre er ein Mann, so hätte er es von sich gewiesen und denjenigen zuerkannt, denen diese Bezeichnung gebührt. Sie aber hat er abgefunden, wie es ihm paßte, hier mit Beförderungen, dort mit vorschnellen Entlassungen, ja mit Bestrafungen. Er hat sich nie gescheut, ihnen die Verantwortung für das Unglück von Moskau (Winter 1941/42) zuzuschieben und verbreiten zu lassen, daß es nur *seinem* persönlichen Eingreifen auf dem Schlachtfeld (er habe Generalen die Schulterstücke abgerissen, er habe Verwundeten die Pelze der Offiziere gegeben und sie verbunden!!) gelungen sei, die Katastrophe zu wenden. Jüngst hat er den Reichspressechef Dietrich auf das verletzendste beschimpft, weil er nicht verhindert habe, daß es in der Presse so dargestellt sei, als ob die Südarmee unter dem Oberbefehl des Generalfeldmarschalls von Manstein Charkow wieder erobert habe; der Rückzug in Rußland sei vollkommen verfehlt gewesen. Wenn er (Hitler) nicht da gewesen wäre, wäre er noch viel schlimmer verlaufen! *Er* habe Charkow wiedererobert, nicht Herr von Manstein. – Auf Hitlers Veranlassung ist im Dezember 1942 ein Werk zu Geschenkzwecken erschienen „Glückhafte Strategie". In ihm wird Hitler als der bedeutendste der bedeutenden Feldherren der Weltgeschichte dargestellt! Das Buch steht auf Wunsch zur Verfügung.
Durch die verschiedensten Maßnahmen (besondere SS-Waffen- und Feldluftdivisionen, Bestimmungen über den Ersatz im Offizierskorps, über Eheschlie-

ßungen von Offizieren, Eingriffe in die unerläßliche Selbständigkeit der Truppenführung und in die genial aufgebaute, auf Erzielung höchster Verantwortung gerichtete Einrichtung des Generalstabs, Erschwerung christlicher Stärkung des Soldaten usw.) hat er es unternommen, mitten im Kriege die Wehrmacht und ihren erfolgreichen Einsatz anzunagen.

4

In der *Ernährung* werden wir nunmehr in kürzester Frist ebenfalls eine dauernd abfallende Linie betreten. Göring hat, um sich wieder beliebt zu machen, im Herbst 1942 wahrheitswidrig die Ernährungslage zu günstig geschildert. Die damals erfolgte Erhöhung von Rationen war unverantwortlich, wir werden sie mit um so schärferen Herabsetzungen zu bezahlen haben.

Irgendwelche Brotgetreidereserven sind nicht mehr vorhanden. Aus der Ukraine lassen sich bei den Transportverhältnissen und angesichts des schlechten Saatenstandes nur kleine Mengen herausbringen. Balkan und Frankreich sind erschöpft. Staatssekretär Backe hat Mitte März vorgeschlagen, das Abschlachten des ganzen Geflügels in Deutschland anzuordnen, um die Brotrationen zu sichern.

Die jetzige Fleischration wird aufrechterhalten durch Abschlachten von Milchkühen. Je länger man sich scheut, die Lüge einzugestehen, je schlimmer muß diese Maßnahme auf die künftige Milch- und Fettversorgung wirken.

In der Fettversorgung lebten wir von der Hoffnung, daß es gelinge, 50000 Tonnen Ölsaaten aus der Ukraine oder durch Blockadebrecher hereinzubringen. Also auch hier ein Hasardspiel.

Da immer weniger sachkundige deutsche Menschen den Boden bearbeiten, da ihm eine immer geringere Düngung zugeführt wird, müssen die Ernteerträgnisse dauernd zurückgehen. Ähnliches gilt für die besetzten Gebiete, deren Leistungsfähigkeit und Leistungswillen fast planmäßig zerstört werden. Auch dort Anarchie. Der Gauleiter von Ostpreußen hat vor kurzem aus der Ukraine den vom Reichsernährungsminister eingesetzten sehr tüchtigen Landesbauernführer aus ganz nichtigen Gründen fortgeschickt.

5

Minister Speer, der noch im Kriege jetzt so dringend benötigte Wohnungen abgerissen hat, der ein tüchtiger Architekt sein mag, dem aber doch jede Sachkunde für sein jetziges Amt fehlt, hat bei Amtsantritt Anfang 1942 Steigerung der Rüstung um 50% versprochen. Er hat nicht verfehlt, die Verantwortung hierfür auf Industrielle abzuladen, die ihm voreilig diese Möglichkeit zugesagt haben. Um sich selbst aus der Gefahr herauszubringen, wegen nicht erfüllten Versprechens belangt zu werden, halten Herr Speer und diese Industriellen vielfach auch heute noch an diesen Schätzungen fest. Daß sie aber unrichtig sind, ist nicht schwer einzusehen:

a) die Zahl der eingesetzten gelernten und ungelernten deutschen Arbeiter geht ständig wegen ihrer Einziehung zur Wehrmacht zurück;
b) die Zahl der ausländischen Arbeiter steigt zwar, ihre Leistungen sind aber sehr unterschiedlich, außerdem sind sie eine wachsende politische Gefahr;
c) bestimmte Rohstoffe (Gummi, Kupfer, Nickel u. a.) werden immer knap-

per; insbesondere gilt dies für die Kohle, die unter immer ungünstigeren Verhältnissen abgebaut wird. Mit der Kohle sinken Strom, Gas, Aluminium; selbst Zellulosefabriken müssen allmählich stillgelegt werden, weil die Holzvorräte erschöpft sind und die Transportlage namentlich in der Ostsee Heranschaffung von Holz aus dem Norden erschwert;

d) die Zerstörung durch englische Luftangriffe nimmt einen immer größeren Umfang an. Bisheriger Schaden etwa 20–30 Mrd. RM. Bekannt ist, daß die Essener Krupp-Betriebe zu rund 60%, vielleicht mehr, zerstört sind. 40000 Häuser sind unbrauchbar, 45% der Einwohner ihres Heims beraubt, und dies in zwei Angriffen von insgesamt 70 Minuten Dauer. Ich empfehle dringend, Generalstabsoffiziere in Zivil immer wieder in die Zerstörungsgebiete des Westens zu entsenden; das nimmt nur kurze Zeit in Anspruch, gibt aber allein klaren Einblick in die ungeheure Bedeutung, die diese Zerstörungen materiell und seelisch anrichten;

e) die seelische Schwungkraft läßt immer mehr nach. Das ist schon deshalb nicht anders möglich, weil die Grundlage für die Entwicklung seelischer Kräfte ge- oder zerstört ist (vgl. Ziffer 1). Die Wirkung dieser Tatsache wird durch die Wirkung der Luftangriffe erhöht; schon die vielen Alarmierungen tun das Ihre. Aus Heim und Haushalt wird über Nacht zersetzendes, kollektivistisches Barackenleben. Für verlorenen Hausrat gibt es keinen oder kümmerlichen Ersatz: *einen* Löffel, *ein Hemd* usw. Die Bevölkerung sieht die Arbeit von Jahrhunderten und unersetzliche Kulturwerte der plötzlichen Vernichtung preisgegeben. Der Soldat kämpft zum Schutze einer Heimat, die sich immer mehr mit Trümmern bedeckt. Frauen und Kinder, für die er im Felde steht, sind fernab gleichen Gefahren ausgesetzt wie er.

Die seit Jahren im Gang befindliche Schließung von Geschäften tut das Ihre. Sie ist in Anlage und Durchführung übereilt. Es werden Menschen frei gemacht, die infolge Alters usw. unbrauchbar sind. Verwertbare Menschen werden in Fabriken geschickt, wo Rohstoffe und Maschinen für sie fehlen. Es hat den Anschein, als ob man auch noch diese Seite des totalen Krieges *spielen* will. Das ist um so unverantwortlicher, als mit diesen Maßnahmen eine breite Schicht des Mittelstandes vernichtet wird. Dieser Mittelstand ist aber das Wertvollste, was ein Volk im Laufe der Jahrzehnte bildet. Er ist das natürliche Reservoir für die Führungsschicht, die sich aus ihm in noch längeren Zeiträumen entwickelt. Die Schließung erfolgt vielfach nach Willkür. Alle Juweliere wissen heute, daß bestimmte, Herrn Göring nahestehende Juweliergeschäfte in Berlin ihre Werkstätten weiter in Betrieb halten können. Alle diese Tatsachen sind längst dem deutschen Volk bekannt. Der Anblick der geschlossenen Läden tut das Seine. Nur wenn man die Stimmung absichtlich nach unten treiben will, kann man so verfahren.

Die Folge aller dieser Tatsachen *kann* nur sein, daß die *Rüstungserzeugung* im ganzen dauernd zurückgeht. Mag die Panzererzeugung steigen, dann fällt die Erzeugung von Geschützen oder von Flugzeugen oder von Munition. Nimmt man dazu den Verlust an schweren und mittleren Waffen, an Fahrzeugen, der im Winter 1942/43 an der Ostfront dank der „genialen" obersten Führung entstanden ist, so kommt man zu dem harten logischen Schluß, daß dieser

Verlust nicht mehr wettzumachen, geschweige denn eine Verbesserung unserer Bewaffnung zu erreichen ist.
Diese wird auch dadurch nicht verbessert, daß Hitler krampfhaft Erhöhungen der Produktion bald bei den Panzern, bald für U-Boote oder Flugzeuge, demnächst wohl für die Flak *befiehlt.* Jeder Sachkundige, der einen solchen Befehl entgegennimmt, weiß bei seiner Entgegennahme, daß jeder einzelne nicht oder erst nach Ablauf von vielen Monaten vielleicht erfüllbar ist, daß sie aber *miteinander* nicht nur nicht durchführbar sind, sondern daß dies Miteinander ein Durcheinander nach unten ergibt. Dies Durcheinander muß eintreten, wenn die obersten Stellen durch den Wahnsinn der obersten Führung sich gehindert glauben, schon beim Empfang solcher Befehle die Unausführbarkeit geltend zu machen. Dies geschieht nicht. Es ist zweifellos ein ungeheuerlicher Zustand, daß als unausführbar oder schädlich erkannte Befehle nach unten ungefiltert weitergegeben werden, bis sie schließlich ganz unten ihre Unausführbarkeit erweisen, nachdem sie in allen Zwischenstellen Verwirrung angerichtet, Kräfte und Zeit überflüssigerweise beansprucht haben.
Eine Reserve allerdings haben wir noch in der Mechanik der Rüstungsproduktion: weiter fortzuentwickelnde Rationalisierung. Aber sie hat zur Voraussetzung beste Sachkunde der von oben kommenden Dispositionen und höchsten Leistungswillen von unten.
Selbstverständlich machen auch die Gegner schwere Fehler; aber vier Tatsachen sind auf ihrer Seite vorhanden:

1. eine größere Menschenreserve,
2. eine, insbesondere nach dem Hinzutritt Südamerikas hinreichende Rohstoffreserve,
3. eine genügende Fähigkeit, sich der U-Boot-Gefahr zu erwehren und die Abwehr zu verbessern,
4. eine geradezu ungeheuer überlegene *politische* Führung.

Man muß England kennen, um den großen Unterschied in englischer und deutscher Staatsführung objektiv zu begreifen. *Wir* haben einige Male solche Vollendung politischer Führung gehabt: beim Großen Kurfürsten, bei Friedrich dem Großen, bei Bismarck. Im übrigen sind wir Deutschen zu sehr darauf aus, unsere soldatische Überlegenheit ausschließlich ins Feld zu führen, wir lassen den Kopf nicht genug arbeiten, außer im rein Militärischen. England aber führt seine Kriege mit dem Kopf. Es schont und spart Menschenleben, es geizt nicht mit der Zeit, es gewinnt dank seiner vorzüglichen Nerven, durch geschickte Mobilisierung und Ausnutzung aller Kräfte in der Welt schließlich so viel Kraft, daß es auch gefährlicher Situationen Herr wird. Wir sehen diese Politik jetzt wieder am Werke, wenn wir die Vorsicht bei der Behandlung Rußlands betrachten. Prestigeverluste sind England gleichgültig, solange sie den Krieg nicht *entscheidend* beeinflussen. Hitler aber *lebt* vom Prestige und wird daher dauernd zu unsachlichen, zum Teil wahnwitzigen Maßnahmen verleitet.

6

Im Westen und Süden Deutschlands steigt die *Abneigung gegen Preußen.* Das ist zwar höchst unsachlich, aber in der historischen Entwicklung begründet.

Ich bekenne mich als Preuße und betrachte es als eine Ehre, daß in schweren Zeiten die Verantwortung Preußens auch besonders schwer gewogen wird. *Österreich* hat in allen Schichten seines Volkes dem Deutschen Reich innerlich die Gefolgschaft aufgesagt. Das war bei den seit 1938 angewandten Methoden klar voraussehbar. Mit Worten ist diese Abkehr nicht mehr zu ändern.

7

Unsere Verbündeten nähern sich dem Ende ihrer Kraft und sind am Ende ihres Kriegswillens. Sie glauben nicht mehr an einen Sieg Deutschlands. Voraussichtlich werden die ersten, die offen ausscheiden, Italien und Finnland sein. Die Linie der italienischen Politik weicht immer erkennbarer von der Hitlers ab. Italienische Truppen werden aus dem Osten, italienische Arbeiter aus Deutschland zurückgezogen. Seit November hat Mussolini Hitler nicht im Zweifel darüber gelassen, daß Italien sich an neuen Offensivhandlungen nicht mehr beteiligen könne, und daß der Verlust von Tunesien eine neue politische Lage schaffen werde. Es ist offenbar das Ziel seiner Politik, sich für diesen Zeitpunkt freie Hand zu sichern. Auch aus verschiedenen Verlautbarungen der „Agencia Stephani" geht klar hervor, daß Mussolini beginnt, wieder selbständige Politik zu machen. Diese ganze Haltung Mussolinis beweist letztlich, daß er keine Notwendigkeit mehr sieht, militärische Maßnahmen Hitlers gegenüber Italien zu fürchten.

Finnland hat vorsichtige Fühlungen mit Rußland aufgenommen. Es hat eine Koalitionsregierung einschließlich der dort sehr starken, aber sehr gemäßigten Sozialdemokratischen Partei gebildet, nicht, um sich stark für die Fortsetzung des Krieges zu machen, sondern um die Verantwortung für den unvermeidlichen Friedensschluß allen politischen Kräften aufzuerlegen. Die Lage Finnlands ist so ernst, die gesamte Weltlage so eindeutig, daß irgendwelche Zukunftsversprechungen Hitlers an dem grundsätzlichen Entschluß Finnlands nichts mehr ändern können. Es wird nur dann an unserer Seite verbleiben, wenn Rußland ihm die staatliche Selbständigkeit verweigert.

Japan hat im Herbst 1942 vergeblich versucht, zwischen Hitler und Stalin zu vermitteln. Als dies mißlang, hat es sich mit Rußland so weit verständigt, daß Rußland einen Teil seiner Fernostarmee nach Europa hat werfen können. Japan ist nicht in der Lage, in China, am Malaienarchipel, in Hinterindien und gleichzeitig gegen Rußland zu kämpfen. Es wird also nur den Krieg im Rahmen seines engsten Interesses führen. Es durchschaut die europäische Lage vollkommen klar; also wird es jetzt, *nach* dem russischen Wintererfolg, nicht etwas tun, wozu es *vor* diesem Erfolg sich nicht stark genug fühlte. Japanische Politiker denken durchaus an die Möglichkeit, sich mit England zu verständigen; sie wissen, daß England ein Gegengewicht gegen Rußland braucht, und sind durchaus bereit, ein solches darzustellen. Es fragt sich nur, ob England zu irgendwelchen, wenn auch billigen Konzessionen gegenüber Japan bereit ist.

Ungarn sieht seine Zukunft nach wie vor in Anlehnung an Italien. Früher fürchtete es den deutschen Druck, jetzt fürchtet es die Folgen seiner Vergrößerungspolitik gegenüber sämtlichen Nachbarn.

Bulgarien ist entschlossen, nicht in den Krieg einzutreten, und sich hierüber auch mit der Türkei einig. Das bulgarische Volk würde seinen König absetzen, falls er den Kampf gegen Rußland verlangt. Die Armee ist schlecht bewaffnet. Auch ist wichtig zu wissen, daß schon vor diesem Kriege in Bulgarien und Jugoslawien einsichtsvolle Politiker eine Union zwischen den beiden Ländern befürworteten. Diese Pläne sind wieder aufgenommen, und die dynastischen Schwierigkeiten sind in den Hintergrund getreten.

Die *Türkei* hat sich mit den Angelsachsen verständigt; dazu bedarf es keines schriftlichen Vertrages. Wie ich seit Jahren betont habe, ist der Haß gegen Italien die nationale Leidenschaft der Türken. Ihr Ziel ist die Wiedergewinnung des ihnen von Italien 1919 abgenommenen Dodekanes. Hieraus hat sich von vornherein auch in diesem Krieg ihre Haltung ergeben.

Schweden vertritt auf politischem wie wirtschaftlichem Gebiet immer stärker sein Interesse. Es gibt uns keine Kredite mehr, es macht Schwierigkeiten bei Durchtransporten, liefert desertierte deutsche Soldaten nicht aus usw. Alles Dinge, die es sich noch vor zwei Jahren nicht gestattet hätte.

In der *Schweiz* ist die gleiche Entwicklung vollkommen einwandfrei festzustellen.

Wir sehen also, daß sich hinter den kriegerischen Ereignissen bereits eine neue politische Orientierung vollzieht. Es fehlen nur noch einige Rückschläge auf der Seite Hitlers, und der dünne Nebel, der über diesem politischen Vorgang liegt, zerreißt zum Schrecken des deutschen Volkes, das sich dann vollkommen isoliert sehen wird. Die Welt hat ganz einfach das getan, was jeder verantwortungsbewußte Staatsführer tun muß: sie hat die Folgerungen aus der Lage Deutschlands gezogen. Alle Staaten außerhalb Deutschlands wenden sich zur Wahrnehmung ihrer Interessen von der Hitlerschen Politik ab und dem Kraftmagnet der angelsächsischen zu.

Es liegt auf der Hand, daß das Ausscheiden auch nur *eines* kleinen Bundesgenossen auf Stimmung und Leistung im Volke und an der Front weiter leistungsmindernd wirken muß.

Verhängnisvoll erinnert diese Entwicklung an die seit Frühsommer 1918 sich vollziehende. Viel zu spät haben damals die verantwortlichen Stellen in Deutschland einer ähnlichen Entwicklung Rechnung getragen. Es wäre sehr bequem, sich damit zu trösten, daß im vorigen Weltkrieg die Kriegskraft Deutschlands von innen heraus mehr oder minder planmäßig zerstört sei, weil die Staatsführung nicht energisch genug destruktiven Tendenzen entgegengetreten sei. Was auf diesem Gebiete damals versäumt sein mag, wurde aufgewogen durch die sachlich richtige, tiefe Überzeugung des Volkes, daß der Krieg unvermeidbar war, und durch die ebenso berechtigte Gewißheit, daß alle führenden Männer sittlich unangreifbar waren. Dieser Glaube, diese Überzeugung und diese Gewißheit sind heute nicht nur nicht vorhanden, sondern sie können gar nicht vorhanden sein. Daraus und aus der Vernichtung von Recht und Anstand ergibt sich ein erschreckender Mangel an seelischer Schwungkraft; er ist um so verhängnisvoller, als er, durch Terror und unwahrhafte Propaganda verhüllt, sich plötzlich in aller Furchtbarkeit enthüllen wird, wenn diese Mittel gegenüber der Gewalt der offenbaren Tatsachen versagen. Ja, wenn sich der sittlichen Lauterkeit der deutschen Führung im ersten Weltkriege heute eine etwas härtere Faust gesellen würde als damals, dann ließe sich über die Vermeidung von 1918 sprechen; aber die Umkehrung des Verhältnisses, die harte

Faust *ohne* Sittlichkeit, die wird sich als noch viel unglückseliger erweisen als die Mischung von 1917/18.
Keine Beschönigung, kein Einlullen unseres Gewissens enthebt eine verantwortungsbewußte Führung, *rechtzeitig* die Folgerungen zu ziehen, die allein das heranrückende Unheil abwenden können. 1918 lehrt uns, *was* rechtzeitig ist. Wenn man nach gewissenhafter Prüfung zu der Überzeugung kommt, daß man den Krieg nicht mehr gewinnen und eine günstigere Situation für Verhandlungen nicht mehr herbeiführen kann, dann muß man an die Stelle des militärischen Tuns das politische setzen, und wenn die vorhandene Staatsführung sich die Wege dazu verbaut hat, dann muß sie selbstverständlich weichen, wie das noch immer in der Geschichte jedes Volkes der Fall gewesen ist, insbesondere aber dann, wenn diese Staatsführung sich selbst so in den Vordergrund gestellt und so sehr die Verantwortlichkeit aller anderen ausgeschaltet hat. Sieht eine solche Staatsführung nicht ihre selbstverständliche Pflicht, das eigene Geschick für nichts, das des Volkes für alles zu achten, so muß ihr das beigebracht werden.

8

Mit den bisher angewandten Mitteln und in dem bisher geübten Verfahren kann überhaupt *kein* Krieg gewonnen werden. In diesem Krieg hat sich falsche oberste Führung bereits so tiefgehend ausgewirkt, daß es nicht mehr möglich ist, mit militärischen Mitteln den Kriegswillen der Gegner zu brechen und so zu einem guten Ende zu kommen. Aber durch Zusammenwirken anständiger und verständiger politischer und militärischer Führung ist die *Lage noch zu retten*.
Im Herbst 1917/18 hatten einsichtige Generalstabsoffiziere und Politiker klare Erkenntnisse gewonnen. Es ist ein Verhängnis gewesen, daß Ludendorff erst im September 1918 unerschütterliche Klarheit gewann und bis dahin, wie die Urkunden beweisen, zwischen den verschiedenen Möglichkeiten militärischer Erfolgserzielung doch eben geschwankt hat; dies in Verbindung mit einer ebenfalls unschlüssigen und schwankenden politischen Führung hat dann mit Naturnotwendigkeit den Zusammenbruch herbeigeführt. Wir dürfen jetzt nicht den gleichen verhängnisvollen Fehler begehen und uns nicht durch die neuerlich sachkundig erzielte Konsolidierung der Ostfront das Gesamtbild vorübergehend verzerren lassen. Wir dürfen nicht zum zweiten Male unser ganzes Geschick dem ungewissen U-Boot-Krieg anvertrauen; er kann an den hier festgestellten Tatsachen nichts Entscheidendes ändern.
1918 war der Entschluß, rechtzeitig die Folgerungen aus der Unmöglichkeit des Sieges zu ziehen, schwer. Denn es war ungewiß, wie die Kriegsgegner sich zu weiteren Verständigungsversuchen verhalten würden. Auch sah Ludendorff sich keinem klaren und entschlossenen Politiker gegenüber. So kam es nicht zu dem notwendigen Zusammengehen zwischen militärischer und politischer Führung, die allein ermöglicht hätte, die Gunst des Augenblicks zu erreichbaren Zielen rechtzeitig zu nützen.
Heute muß der Entschluß zu richtigem Handeln ebenso leicht sein, wie er damals schwer war. Abhängig ist er von der Herstellung sachverständiger, verantwortungsbewußter politischer und militärischer Führung. *Hieran ist nichts*

abzudingen, so hart diese Erkenntnis sein mag. Dafür ist aber klar erkennbar, wie die entscheidenden Teile unserer Gegner, nämlich die Angelsachsen, auf eine solche Wendung in Deutschland reagieren würden, ja müssen Es wäre auch beschämend, wenn sich in der Generation mit den seit 1914 gewonnenen Erfahrungen nicht auch genügend energische und geschulte politische Köpfe fänden. Sie sind in genügender Zahl in Deutschland vorhanden, allerdings zur Zeit nicht an offiziellen Stellen.
Es wäre daher für Männer, die jene bitteren Erfahrungen, jene verschiedenartigen politischen und wirtschaftlichen Zustände in Deutschland seit 1914 handelnd miterlebt haben, trostlos, wenn zum zweiten Male der rechte Entschluß zur rechten Zeit versäumt würde. Wer es immer versäumt, wird es mit voller Verantwortung vor dem Volke und vor der Geschichte zu bezahlen haben. Das Schicksal der Intelligenz steht auf dem Spiele; sie hat in jedem Volke die organische Aufgabe, das Volk recht zu führen. Versagt sie, so ist sie unrettbar geliefert.

9

Welche Ziele sind denn noch durch richtiges Handeln erreichbar?

a) Der Bestand des Reichs in den Grenzen von 1914, vermehrt um Österreich und Sudetenland. Vielleicht wird es notwendig sein, sich mit den Franzosen auf die Sprachgrenze zu verständigen, wie sie etwa 1918 oder 1938[1] feststellbar ist. Durch eine solche Verständigung würde erstmalig der alte Kampfbegriff Elsaß-Lothringen eliminiert werden. Das mag dem Nichtpolitiker oberflächlich erscheinen. Für eine Politik aber, die auch europäisch denken und sich daher darüber klar sein muß, daß rechtzeitige Schonung von Empfindlichkeiten gewaltige Früchte bringen kann, sind solche Erwägungen nicht ohne wesentliche Bedeutung.
b) *Auch die führende Stellung Deutschlands auf dem Kontinent* kann noch erarbeitet werden.
c) Erreichbar ist sogar noch die *Wiedergewinnung Südtirols.* Wir wissen, daß die Entente 1919 nicht sehr freudig dieses Gebiet an Italien gegeben hat. Sie wird es heute mit Vergnügen an Deutschland zurückfallen lassen, wenn wir selbst fähig sind, es zu besetzen. Der Raub dieses Gebietes durch Italien war eine solche bevölkerungspolitische Infamie, daß wir uns nicht zu scheuen brauchen, diesen Raub wieder gutzumachen. Ich mache überdies darauf aufmerksam, daß die Wiedergewinnung Südtirols das beste Mittel wäre, um Österreich im deutschen Reichsverbande aus freien Stücken zu halten.
d) Dagegen ist der Zeitpunkt, Kolonien *jetzt* zu erwerben, verpaßt. Das wäre wohl vor einem Jahr noch möglich gewesen. Ich habe rechtzeitig darauf aufmerksam gemacht. Heute stehen wir vor der Frage, ob wir es noch verantworten können, an der Kolonialfrage einen im Augenblick noch möglichen, eben skizzierten Frieden scheitern zu lassen. Unsere Stellung ist überdies dadurch ungeheuer erschwert, daß in den besetzten Gebieten und den Juden gegenüber Methoden der Menschenbeseitigung und der Glaubensverfolgung angewendet sind, die niemand vor der Öffentlichkeit gutheißen

[1] Die mir vorliegende Kopie hat 1935, was aber wohl ein Schreibfehler ist.

kann, die öffentlich niemand verantworten wird und die dauernd als schwere Belastung auf unserer Geschichte ruhen werden. Man kann sie ebensowenig wegwischen wie die Blutspuren auf dem Schlüssel zu Blaubarts Kammer. Dagegen ist noch zu erreichen, daß man sich darauf einigt, *nach einem gewissen Zeitraum* im Rahmen der ostasiatischen Bereinigung und eines größeren Weltabkommens auch über die Beteiligung Deutschlands an Verwaltung und Besitz von Kolonien sich zu verständigen. Wir müssen einmal lernen, harten Tatsachen *politisch* ebenso Rechnung zu tragen, wie auch der *Soldat* gewohnt ist, solchen Tatsachen bei der Kriegführung nicht aus dem Wege gehen zu können. Kühnheit ohne Tatsachensinn ist leichtfertig. *Allmählich* läßt sich bei energischer und geschickter Zielverfolgung koloniale Betätigung Deutschlands erreichen.

10

Weswegen sind diese Ziele noch erreichbar?

a) England und USA haben dasselbe Lebensinteresse wie Deutschland, daß Europa so bald wie möglich zur Ruhe kommt, um ihnen die überquellenden Rohstoffe und Nahrungsmittel abtauschen zu können. Ohne die Wiederingangsetzung dieses Tauschverkehrs sind die angelsächsischen Weltreiche verloren. Andere Menschen, die in gleicher Weise kaufkräftig sind wie die 350 Millionen Europäer, gibt es auf dieser Welt nicht. England und Amerika sind wie Deutschland mit Schulden schwer belastet; sie hindern diese beiden Weltreiche, die nach dem Kriege auch bei ihnen anwachsenden Arbeitslosen mit öffentlicher Unterstützung zu befriedigen. Produktive Arbeit ist erforderlich. Wenn also jene Erzeugnisse keine Abnahme finden, so sind schwere soziale und politische Revolutionen eherne Folge. Um den europäischen Markt wird England sich bald nach dem Kriege mit USA streiten. Diese Interessengegensätze sind jetzt schon erkennbar. Naiv wäre es, an die Möglichkeit zu glauben, daß man sie *während* des Kampfes ausnützen kann.
Ein solches geordnetes, friedlich arbeitendes Europa ist aber nur zu haben, wenn sein Zentrum Deutschland befriedet und befriedigt ist.

b) Die beiden angelsächsischen Weltreiche haben wie Deutschland ein Lebensinteresse daran, daß der Bolschewismus nicht weiter nach Westen vordringt. Nur Deutschland kann den Bolschewismus aufhalten. Wenn Deutschland durch Kriegsverlust und ungünstigen Frieden geschwächt wird, dann findet der Bolschewismus leichteren, vielleicht allzu leichten Weg nach dem Westen.

c) England hat ein Lebensinteresse daran, daß kein starkes Rußland aus diesem Kriege hervorgeht, denn dieses Rußland kann als einzige Macht England auch ohne Flotte in Indien, in den Meerengen von Konstantinopel, also in Vorderasien und im Fernen Osten empfindlich treffen. Rußland hat seit September 1942 sich diese Möglichkeit durch Verständigung mit Japan offengehalten. Rußland kann, wenn Deutschland den Krieg verliert, sein Verhältnis zu Japan bis zum Bündnis gestalten. Es würde damit den Angelsachsen die Niederwerfung Japans unmöglich machen.
Der Gegensatz England-Rußland ist in Casablanca erneut offenbar geworden. Es wäre kindlich, davon zu träumen, daß sich beide Mächte während

des Krieges trennen werden. Dazu haben sie zu nüchterne und kluge politische Führungen. Aber ebenso töricht wäre es, die innere Notwendigkeit ihrer Gegensätze auch nur einen Augenblick zu übersehen. Sie sind auch bei den Versuchen der Finnen, mit Rußland zu einem günstigen Abkommen zu gelangen, in die Erscheinung getreten. Stalin hat die Finnen wissen lassen, daß sie als Vorbedingung für jeden Waffenstillstand Petsamo und Hangö abtreten müßten. Für England und Schweden sind schon diese Stärkungen Rußlands gefährlich. Aus ihrem politischen Rat an die Finnen ergibt sich deren auffälliges Kurztreten.

Auch die Vorsicht, die England im Errichten einer zweiten Front walten läßt, ist nicht nur ein Beweis für die menschensparende militärisch schwerfällige Politik Englands, sondern auch dafür, daß England gar keine Veranlassung sieht, Rußland den Kampf zu sehr zu erleichtern. Selbst die Luftangriffe auf Deutschland sind trotz ihrer zunehmenden und weitreichenden Wirkung doch so dosiert, daß man klar den englischen Wunsch erkennt, Deutschland nicht zu zerschlagen, es aber genügend deutlich aufzufordern, nun auch das Seinige zu tun, um rechtzeitig die Voraussetzungen zu schaffen, mit denen die Vorherrschaft eines bolschewistischen Rußlands gemeinsam abgewendet werden kann.

Wir stehen aber auch hier in der letzten Phase der Ausnutzbarkeit dieser Interessenlage. Gerade jetzt wird in Washington darüber verhandelt, daß Rußland als Preis für eine angelsächsische Offensive auf Europa seine Kriegsziele begrenzt. Ist diese Einigung erfolgt, verengen sich unsere politischen Möglichkeiten.

Ein klareres Spiel der gegnerischen Politik kann man wirklich nicht verlangen. Es wäre kindisch, sich eigensinnig auf den Standpunkt zu stellen, es sei ja schließlich Sache Englands, dies alles zu verhindern. Das heißt die Notwendigkeit verkennen, die für England besteht, wie sie zu Beginn des vorigen Jahrhunderts für Preußen-Deutschland bestand, ein unberechenbares, zum Wahnsinn gesteigertes System – damals das napoleonische – aus dem politischen Leben der Völker zu entfernen.

Die Durchführbarkeit der aufgeführten politischen Ziele habe ich auf meinen Vorkriegsreisen in England und USA festgestellt. Sie kann jederzeit durch Fühlungnahme mit den Angelsachsen erwiesen werden. Ich rate aber von einer solchen vorherigen Fühlungnahme ab, weil sie nur als moralische Schwäche gedeutet würde. Es liegen auch so genügend sichere Anhaltspunkte für die Erreichbarkeit dieser Ziele vor.

Der Verwirklichung der obengenannten Ziele steht heute keine gleich starke Rücksicht auf Frankreich gegenüber, wie sie 1918/19 die Engländer und Amerikaner bedrückte. Das Versagen Frankreichs hat in England sehr peinlich gewirkt; die Engländer sehen sehr klar, daß Frankreich kein Damm mehr auf dem Festlande sein kann, daß sie nunmehr entschlossen sein müssen, ein neues Gleichgewicht zu erstreben, das da etwa lautet: Europa mit deutscher Stärke gegen Rußland.

An dieser Gestaltung sind nicht nur unsere jetzigen Verbündeten, sondern auch die Neutralen, eigenartigerweise auch Polen und Tschechen, lebensnotwendig interessiert. Sobald die politische Führung Deutschlands wieder

zu denjenigen unerläßlichen Grundelementen menschlichen Zusammenlebens zurückkehrt, die bisher auch von einem starken Deutschland anerkannt wurden (Menschlichkeit, Ritterlichkeit, Recht, Anstand), werden wir sehen, wie schnell sich einem solchen Deutschland nicht die allgemeinen Sympathien, wohl aber die Wucht gemeinsamer Lebensinteressen zuwenden. *Denn selbst Polen und Tschechen* sind in ihrem Bestande davon abhängig, daß Deutschland genügend Widerstandskraft gegenüber Rußland behält.
Ich kann in sichere Aussicht stellen, daß ein Deutschland, das sich außer einer ehrenhaften, sachkundigen militärischen Führung wieder eine – einfach gesprochen – anständige politische Führung gibt, binnen 48 Stunden den Luftkrieg beendet sehen kann. Die nächsten Schritte können dann einer Entspannung mit den Westmächten gewidmet sein, die es ermöglicht, alle Kriegskräfte des deutschen Volkes auf den Osten zu konzentrieren.

11

Damit komme ich zu den *Voraussetzungen*, die geschaffen werden müssen, um diese unsern Bestand und unsere Zukunft sicherstellenden Ziele zu erreichen:

a) Unsere Wehrmacht darf noch nicht (vgl. Denkschrift Niemann) unfähig erscheinen, weiter Krieg zu führen; der Sieg darf dem Gegner noch nicht in der Nähe winken. Insbesondere muß die deutsche Wehrmacht fähig bleiben, die Ostfront nicht weiter westlich als die alte Ostgrenze Polens zu halten. Dies ist wichtig, weil wir dann sowohl den Polen wie den Angelsachsen gegenüber den Schlüssel für das Geschick Polens in den Händen halten.
b) Unser Rüstungspotential darf nicht weiter durch Zerstörungen und durch Unsachlichkeit vermindert werden.
c) Deutschland muß eine anständige, sachkundige Führung erhalten.
d) In den besetzten Gebieten ist ein rein militärisches Regime einzurichten, das nach anerkanntem Völkerrecht auf den Grundlagen des Anstandes die Ordnung aufrechterhält.
e) Gleichzeitig ist zu erklären, daß Deutschland entschlossen ist, die politische Selbständigkeit dieser Gebiete schrittweise wieder herzustellen, sowie es die Entspannung der politischen Lage gestattet. Die Entspannung wird beschleunigt, wenn es möglich ist, in den Gebieten je nach ihrer Verfassung ordnungsmäßige selbständige Regierungen herzustellen. Dies gilt in vollem Umfang auch für Polen. Die Eingliederung Polens in Deutschland wäre auch für uns kein Segen. Ein selbständiges, richtig behandeltes Polen wird ganz von selbst wirtschaftlich und politisch Anschluß an Deutschland suchen müssen. Nach Möglichkeit ist ihm Staatsunion mit einem im übrigen autonomen Litauen (Zugang zum Meer) zu verschaffen.
f) Über die zukünftige Gestaltung Europas sind sofort klare, schöpferische Erklärungen abzugeben, schon damit wir wieder die Initiative gewinnen (siehe Ziffer 13 b).

12

Die neue deutsche *Verfassung* muß sich auf die Mitarbeit *aller* anständigen Deutschen aller Schichten gründen. Sie darf ebensowenig die reaktionäre Wiederherstellung vergangener Zustände im Auge haben wie das Schicksal der Nation radikalen und illusionistischen Elementen anvertrauen. Sie muß entschlossen die Folgerung daraus ziehen, daß ein großer Teil der Intelligenz Deutschlands, insbesondere in der Schwerindustrie, politisch und moralisch versagt hat. Daraus werden sich sowohl auf wirtschaftlichem wie auf politischem Gebiet Folgerungen ergeben. Die wichtigste ist die nun wirklich volle und auf Vertrauen gegründete Eingliederung der verständigen Arbeiter in Staat und Wirtschaft auf der Grundlage voller Mitverantwortung. Ohne Verantwortung und Leistung kein öffentliches Recht und kein öffentliches Amt.

Jede Spaltung des Volkes in Partei und Nichtpartei muß vermieden werden, ebenso jede unsinnige Spaltung nach Generationen. Geschichte und Geschick eines Volkes werden durch den harmonischen Zusammenklang der die verschiedenen Lebensalter beherrschenden Kräfte bestimmt und erreicht, nicht durch das törichte Geschwätz vom Unterschied in den Generationen. Es leben ja auch dauernd sämtliche Altersstufen nebeneinander und nicht etwa klar abgegrenzte Generationen. *Die einzige Spaltung, die es in Deutschland geben darf, ist die zwischen anständig und unanständig.* Es stehen gerade unserer Generation genügend Erfahrungen zur Verfügung; es stehen auch genügend Männer bereit, die solche Erfahrungen besitzen, die bereits bewiesen haben, was sie leisten können, und die bereit sind, auch in schwerster Zeit und auf jede Gefahr hin sich zur Rettung des Vaterlandes einzusetzen. Die Namen stehen auf Wunsch in persönlicher Besprechung zur Verfügung. Dem Papier können sie aus naheliegenden Gründen nicht anvertraut werden. Die Träger dieser Namen gehören allen Schichten der Bevölkerung, allen deutschen Landesteilen an; es ist wesentlich, zivile und militärische Kräfte in einer Regierung zu vereinen. Recht des handelnden Soldaten ist es, den Politiker zu bestimmen, dem er Vertrauen entgegenbringt. Dieser muß sich dann im Benehmen mit jenem die geeigneten Mitarbeiter wählen.

Deutschland bedarf einer monarchischen Spitze, die eine stetige Innen- und Außenpolitik gewährleistet. Eine wählbare Spitze vermag das nicht, jedenfalls nicht nach Charakter und Tradition der Deutschen. Es ist wichtig zu wissen, daß insonderheit die Arbeiter heute eine monarchische Spitze mittragen würden, die ihnen als Verkörperung des Befreiungswerkes erscheint. Später wird diese Lösung schwieriger sein. Aber möglich ist es, zunächst diese Frage offen zu lassen und an die Spitze des Staates einen Regenten zu stellen. In seiner Person muß sich der Ausgleich aller politischen und militärischen Interessen vollziehen. Unter ihm ein Oberbefehlshaber der gesamten Wehrmacht mit Befehlshabern der Wehrmachtteile und ein Kanzler mit verantwortlichen Ministern.

13

Somit Programm:

a) *Im Innern:* Die verantwortliche Reichsregierung, die wieder in ordnungsmäßigen Kabinettsberatungen arbeiten muß, erhält genügend Bewegungsfreiheit, um führen zu können; unerläßlich aber ist eine Kontrolle durch eine Vertretung des Volkes. Einstweilen nur Beratungsorgane in Reich, Kreisen, Ländern und Gemeinden. Endgültige Verfassung erst nach Rückkehr der Frontsoldaten.

Sofort Wiederherstellung der alleinigen Souveränität des Staates.
Wiederherstellung von Recht und Anstand, von Gewissens- und Geistes-, von Glaubens- und Religionsfreiheit.
Trennung von Staat und Kirchen, die sich selbst erhalten müssen und keine Politik treiben dürfen. Saubere Vermögensauseinandersetzung; dafür weist der Staat ihnen lebensnahe Aufgaben, insbesondere auf dem Gebiet der Wohlfahrtspflege und der Erziehung zu und bekennt sich klar zu christlichen Grundsätzen. Eine Abteilung für kirchliche Angelegenheiten im Ministerium übt die erforderlichen Aufsichtsrechte aus.
Aufbau aller Verwaltungen auf Sachkunde und Verantwortungsbewußtsein.
Wiederherstellung der Selbstverwaltung in Gemeinden, Kreisen und Ländern und gleichzeitige Beseitigung übertriebener Zentralisation.
Ordnung der Finanzen und der Währung.
Vereinfachung der Kriegswirtschaft unter voller Aufrechterhaltung der kriegsbedingten Zwangswirtschaft. Baldmögliche Überleitung der letzteren in eine Wirtschaft, die sich ebensosehr auf den Unternehmungsgeist der Persönlichkeit wie auf den notwendigen Verantwortungssinn gegenüber der Allgemeinheit, auf Anerkennung der Bedeutung des Wertes des Arbeiters und der Bedeutung des Kapitals stützt. Privatmonopole werden in Reichsgerechtsame überführt.
Wiederherstellung eines klaren Erziehungswesens, das auf jeder Stufe Grundkenntnisse lehrt und den Blick aufs Ganze richtet. Besonders wichtig die Bildung des Charakters auf christlicher Grundlage und eine wirtschaftliche Erziehung, die allein Unternehmer und Arbeiter befähigt, den Tatsachen Rechnung zu tragen, in gegenseitiger Achtung zusammenzuwirken sowie die rechte Grenze zu finden zwischen den berechtigten Interessen der Sparer und den berechtigten Interessen der Arbeiter, zwischen Einzelunternehmen und öffentlichen Betrieben.
Aufrechterhaltung einer genügend starken deutschen Wehrmacht, deren Offiziere und Unteroffiziere Aussichten haben müssen, vorübergehend (zwecks Fortbildung) oder dauernd in die Verwaltung, die Wirtschaft oder in das Erziehungswesen übergehen zu können.

b) *Nach außen:* Zusammenfassung aller Kräfte; Bereitschaft zur Verständigung, die die Lebensnotwendigkeit des deutschen Volkes sichert.
Einigung Europas auf der Grundlage selbständiger europäischer Staaten. Die Einigung wird stufenweise durchgeführt. Sofort wird eine europäische Wirtschaftsunion mit einem ständig tagenden europäischen Wirtschaftsrat gebildet. Erst einer solchen wirtschaftlichen Einigung kann später politisches Zusammenwachsen folgen.
Wiederherstellung der weltwirtschaftlichen Beziehungen unter Berücksichtigung der nationalen Notwendigkeiten eines lebensfähigen Bauerntums und unter Einsatz frei werdender Teile der Marine- und Luftstreitkräfte. Mitwirkung an der Stabilisierung der Währungen, ohne die Weltwirtschaft nicht möglich ist.

c) Alle diese Maßnahmen sollen plastisch den Willen verkörpern, daß wir kein 1918, sondern Deutschland und unser Volk zu nationaler Behauptung stärken wollen. Wir müssen uns aber klar sein, daß die Wiederholung von 1918 eben nur vermeidbar ist, wenn rechtzeitig so, wie hier vorgeschlagen, gehandelt wird.

14

Es ist notwendig zu wissen, daß man sich auch in führenden Parteikreisen darüber klargeworden ist, daß es weder persönlich noch sachlich so weitergeht. Dabei ist man sich klar, daß sowohl die politische wie militärische Führung geändert werden muß. Die Macht der Tatsachen setzt sich also wie immer als harte Lehre durch. Nur darf man nicht, wenn man nicht ungeheure Opfer bringen will, warten, bis sich dies alles von selbst vollzieht; würde man warten, so ständen für den Wiederaufbau keine materiellen und sittlichen Kräfte mehr zur Verfügung.
Aus der Bewegung in der Partei ergibt sich für die Wehrmacht auch die Möglichkeit, mit diesen Kräften der Partei zusammenzugehen. Sie wird sich dabei allerdings klar sein müssen, daß die bisher im Vordergrund stehenden Parteimänner weder im Volk noch draußen irgendeine Resonanz mehr finden können. Aber zu einem von beiden möglichen Schritten, der zur Änderung des gegenwärtig unhaltbar gewordenen Zustandes führt, muß sie sich entscheiden. Wie diese Entscheidung durchzuführen ist, wird mündlich zu besprechen sein. Durchdacht ist es, ebenso wie selbstverständlich alle sonstige Gedankenarbeit bewältigt ist, die zur Durchführung des in Ziffer 13 dargelegten Programms erforderlich ist.

15

Ende 1918 hat das deutsche Volk, auf welchem Wege und auf wessen Einfluß auch immer, sich in dem Zusammenbruch von einem Monarchen getrennt, der unfähig war, politische und militärische Gesichtspunkte klar und in erreichbaren Zielen zu vereinigen. Diese Trennung ist erfolgt, trotzdem Kaiser Wilhelm II. moralisch untadelig war. Heute stehen wir unter einer Führung, die sich nicht nur als unfähig erwiesen hat, sondern vermessen und wahnwitzig ist und jedes sittlichen Gehalts entbehrt, weil sie sich des Verbrechens bedient, Verbrechen anordnet und Verbrechen sowie Korruption duldet.
Das deutsche Volk hat in allen seinen Schichten, insbesondere in der Arbeiterschaft, dies erkannt. Stalingrad, die Zerstörungen durch Luftangriffe und die Schließungen von Geschäften haben diese Erkenntnis wesentlich gefördert. Das Volk hat, von Teilen der Intellektuellen abgesehen, das Vertrauen zu Hitler verloren, soweit dies je wahrhaft vorhanden und nicht durch Demagogie erschlichen war. Daran hat auch seine von Entstellungen erfüllte Rede am 21. 3. 1943 nichts mehr ändern können. Ein Mann kann führen entweder durch die Stärke seiner sittlichen Kraft oder durch Erfolge. Fehlt, wie hier, jene vollkommen und hören diese auf, so ist er erledigt. Das Volk ist nicht nur reif, sondern es wartet, daß eine rettende Tat geschieht. Hinter der Reife kommt immer die Fäulnis; wer die Reife nicht nützt, muß sich mit der Fäulnis abfinden.
Es ist außer jedem Zweifel, daß seit einigen Wochen im Anschluß an die oben dargelegten Vorgänge der Radikalismus wächst. Das deutsche Volk, insbesondere der deutsche Arbeiter, selbst Kommunisten, hatten ein großes Vertrauen

zur moralischen Qualität der Generale. Dies Vertrauen beginnt zu wanken, weil das Volk glaubt, daß sie sich, ihren Soldaten und dem Volk alles bieten lassen, was ihnen von einer unfähigen und zum Teil verbrecherischen Führung zugemutet wird. Das Volk hat lange in den Offizieren, besonders den höheren, die selbstverständlichen Hüter von Ehre und Anstand gesehen. Nunmehr fängt es an, dieses Vertrauen zu verlieren, und ich muß mit allem Ernst darauf aufmerksam machen, daß diese Bewegung schnell fortschreitet. Damit wird allmählich den verständigen und verantwortungsbewußten Männern der Arbeiterschaft die Möglichkeit aus der Hand geschlagen, noch auf die große Masse ordnend einzuwirken. Wir haben heute bereits, anders wie vor sechs Monaten, vier Strömungen in der Arbeiterschaft: eine bolschewistische, Rußland zustrebende; eine kommunistische; eine radikal-sozialistische und eine zur Zusammenarbeit mit der Intelligenz und der Wehrmacht bereite. Diese letztere hat auch heute noch die gewaltige Mehrzahl hinter sich. Aber von Woche zu Woche verliert sie Kräfte an die radikalen Gruppen. Diese Entwicklung vollzieht sich fortschreitend mit eherner Folgerichtigkeit. Ihre Endwirkung liegt auf der Hand. Heute kann noch verbürgt werden, daß die große Mehrzahl der Arbeiter, die Beamten und eine erhebliche Mehrheit der Wirtschaft sofort bereit sind, sich hinter eine sachkundige, sittliche Staatsführung zu stellen.
Läßt man durch Untätigkeit den Radikalismus weiter fortschreiten, so wird er sehr viel schlimmere Formen annehmen als 1918. Darauf ist immer hingewiesen, diese Pflicht sei auch hiermit erfüllt.

16

Ein Risiko sehe ich für den entschlossen Handelnden überhaupt nicht mehr. Wie ist es möglich, daß das so anständige deutsche Volk so lange ein so unhaltbares System trägt? Die Erklärung ist einfach: nur weil sich alle Verstöße gegen Recht und Anstand im Schutze der Geheimhaltung und unter dem Druck des Terrors vollziehen. Dies ändert sich mit einem Schlage, wenn das Licht der Wahrheit in aller Öffentlichkeit auf die unhaltbaren Zustände gerichtet wird. Man stelle dem deutschen Volk in klaren Worten, aber öffentlich dar, was es im geheimen schon weiß und bespricht: nämlich die Folgen unfähiger militärischer Führung, das Übermaß von Korruption, die zahllosen Verbrechen, die mit unserer Ehre nicht vereinbar sind, und richte dann öffentlich an alle die Frage, wer bereit ist, diesen Zustand gutzuheißen, und wer es für richtig hält, daß er bestehen bleibt. Ich übernehme die Bürgschaft dafür, daß niemand dann vortritt; denn es gibt in der ganzen Welt niemand, selbst keinen geborenen Verbrecher, der sich *öffentlich* zu einem System der Verbrechen bekennt.
Es ist ein großer Irrtum anzunehmen, daß die seelische Kraft des deutschen Volkes erschöpft sei; sie ist nur geradezu planmäßig verschüttet. Es ist also die Aufgabe einer rettenden Tat, die Deckmasse, d. h. das Geheimnis und den Terror, hinwegzuräumen, Recht und Anstand wiederherzustellen und damit einen ungeheuren seelischen Kraftzuwachs frei zu machen. Lassen wir uns nicht in unserem Glauben daran beirren, daß das deutsche Volk wie in der Vergangenheit, so auch für die Zukunft dies will: Gerechtigkeit, Redlichkeit und Wahrhaftigkeit! Die geringen entarteten Bestandteile unseres Volkes, die das nicht

wollen, müssen, wie früher, durch die auf das Recht gestützte Kraft des Staates unten gehalten werden.
Es handelt sich also praktisch nur darum, einen Zustand herzustellen, in dem es auch nur 24 Stunden möglich ist, die Wahrheit wieder zu Worte kommen zu lassen und damit das allgemeine Vertrauen in den festen Willen zu gewinnen, daß Recht und Anstand wieder herrschen sollen.
Ich bin gefragt worden, ob es nicht richtiger sei, zunächst einmal erst, etwa im Winter oder Frühsommer 1944, Rußland durch einen entscheidenden Schlag so weit zu schwächen, daß es als ernsthafter Kriegsgegner ausscheidet. Ich unterstelle, daß dies möglich ist. Meine Antwort muß trotzdem ein klares Nein sein. Wir haben nicht mehr so viel Zeit, um einen solchen militärischen Erfolg, selbst wenn er möglich sein sollte, abzuwarten; denn in der Zwischenzeit vollziehen sich auf allen Gebieten alle jene Entwicklungen, die oben dargelegt sind. Ihre Wirkungen, besonders die der Luftangriffe – man bedenke die Folgen, wenn auch nur 20 rüstungswichtige Städte und ihre Arbeitsstätten das Schicksal Essens erleiden – müssen einen solchen Grad erreichen, daß an eine Möglichkeit, den Krieg weiterzuführen, gar nicht zu denken ist. Wir würden also – theoretisch gedacht – bestenfalls einen Erschöpfungssieg im Osten erringen, den wir aber politisch nicht mehr ausnützen könnten, sondern den wir mit weiteren schweren Blutopfern, mit gewaltigen Zerstörungen und mit dem Versiegen aller materiellen und seelischen Kräfte bezahlt haben würden, während kein Anhaltspunkt dafür gegeben ist, daß bei unserem Gegner eine gleiche Entwicklung Platz gegriffen hat. Wahrscheinlich aber ist, daß in diesem langen Zeitraum die Angelsachsen bereits entscheidende militärische und wirtschaftliche Erfolge errungen haben dürften, zumal sie möglichst bald freie Hand im Fernen Osten gegenüber Japan brauchen. Ich muß also pflichtgemäß vor einem solchen zuwartenden Plan dringend warnen; seine Verfolgung würde in sicheren Zusammenbruch führen.

ANHANG VIII

Goerdelers Entwurf eines Briefes an Generalfeldmarschall von Kluge 25. 7. 1943

(Zum Text S. 359 f.)

Sehr geehrter Herr Generalfeldmarschall!

Die von hohen militärischen Stellen genährte Auffassung, daß die Zerstörungen im Westen nicht so schlimm seien, und daß die Arbeiter nach wenigen Tagen, in denen sie sich „ihre Klamotten aus den Trümmern geholt" hätten, wieder zur Arbeit kämen, hat mich bestimmt, mir das Zerstörungsgebiet selbst anzusehen. Sie würden ebenso erschüttert sein wie ich. Dort liegt die Arbeit von tausend Jahren in Schutt. Es hat keinen Zweck, die Gefühle zu beschreiben, die mich bewegten, als ich vom Toelleturm ab auf die Ruinenstadt Barmen und auf das zur Hälfte zerstörte Elberfeld heruntersah. In Essen findet man kaum durch die Straßen, weil in den Trümmern alle Anhaltspunkte, die man gewohnt war, fehlen. Krupp ist zu 60 % zerstört und arbeitet auch nur ungefähr zu 30 %. Die gegenteilige Behauptung ist unrichtig. Er hat auch nicht etwa die zerstörten Teile an anderen Orten Deutschlands wieder aufgebaut; nein, der Beginn der Verlagerung ist im Anfang. Wer den Mut zum Denken hat, muß sich schon ohne besondere Sachkunde sagen, daß man erst Gebäude finden, dann sie herrichten, dann die Maschinen zum größten Teil neu beschaffen und dann Kohle und Arbeitskräfte herbeiholen muß. In Elberfeld arbeiteten selbst unversehrte Betriebe des Stadtteils Vohwinkel zu 30 %, weil die Arbeiter abgewandert sind. Aus Wuppertal und Essen sind je etwa zwei Drittel, aus Köln vier Fünftel der Bevölkerung verschwunden. So sieht es mit den Leuten aus, die sich ihre Klamotten in drei Tagen aus den Trümmern heraussuchen. Die Kohlenproduktion des Ruhrgebietes ist nunmehr von 420000 t täglich auf 300000 t gesunken und sinkt unablässig weiter. Im Juni ist auch erstmals die Fertigung der süddeutschen Rüstungsindustrie stark gesunken, weil der Rückgang der Zufuhr aus dem Ruhrgebiet sich nunmehr bemerkbar macht. Aus diesen Trümmern ist im übrigen nichts hervorzusuchen. Es sind Massen von Schutt, Beton und Eisen. Ein Wiederaufbau wird viele Generationen dauern. Die Unterbringung der Trümmer auf deutschem Boden ist überhaupt nicht möglich, weil zuviel Land verlorengehen würde. Man muß sie also ins Meer schaffen. Die Beseitigung der Trümmer allein von Essen wird, wenn man täglich 100 Waggons mit ihnen beladet, etwa drei Jahre in Anspruch nehmen!

Der bisher entstandene Schaden ist mit 100 Milliarden Mark zu gering geschätzt. Unsere bisherige Reichsschuld beläuft sich auf 250 Milliarden, in drei Monaten werden die Schulden genau so hoch sein wie das gesamte Vermögen.

Sie, Herr Generalfeldmarschall, wissen, daß alle Theorien, als ob dies nichts zu sagen habe und die heillose Schuldenwirtschaft ungestraft weitergehen könne, Unsinn sind. Nein, das deutsche Volk steht vor der Wahl, entweder seinen Bankrott zu erklären; dann haben wir alle unser Vermögen verloren, dann sind auch die Industrien ohne jedes Kapital. Da dieser Zustand unmöglich ist, weil er Revolution radikalsten Ausmaßes bedeutet, so müßten auch die-

jenigen, die ihr Vermögen in Grundbesitz angelegt haben, davon hergeben, um die Betriebe, die zur Aufrechterhaltung der Wirtschaft und zur Vermeidung der Revolution erhalten bleiben müssen, mit Vermögen auszustatten. Wir werden also alle arm. Oder das deutsche Volk kann wieder einmal die Wahrheit verschleiern und den Marsch in die Inflation antreten, indem es weiter Schulden macht und die Dinge sich weiter so entwickeln läßt, wie sie schon laufen. Das Ende *dieser* Entwicklung kommt auf dasselbe heraus wie das andere. Denn zum zweiten Male gibt es nicht die Möglichkeiten von 1923.
Schon jetzt sind die Schwierigkeiten, das Leben des deutschen Volkes für Krieg und Frieden zu erhalten, gewaltig. Denn ganz Europa ist glücklich durch den Wahnsinn Hitlers ruiniert. 1918 waren wenigstens noch Norwegen, Dänemark und Holland intakt; heute sind sämtliche europäische Länder weithin verwüstet, der Vorräte und des Goldes beraubt und verfügen über ruinierte Währungen. Es kann einen der heilige Zorn packen, wenn man hört, mit welcher Leichtfertigkeit selbst von gebildeten Menschen von dem Wiederaufbau nach dem Kriege gesprochen wird. Es kann einen mit Empörung erfüllen, daß gebildete Menschen einfach auf Kosten einer zusammenbrechenden Allgemeinheit in den Tag hineinleben und sich damit begnügen, daß wir *heute* noch nicht zusammengebrochen sind, sich der Illusion hingeben, als ob das so weitergehen würde!
Die Überleitung in den Friedenszustand, wo Millionen von Soldaten, der Arbeit entwöhnt, nach Wohnung und Arbeit suchen und vielfach nur Trümmer finden, *kann* überhaupt nur geschehen, wenn wir eine moralische, ideale, die Seele der Menschen packende und über materielle Schwierigkeiten hinwegreißende Auffassung zur Grundlage des Handelns machen und für sie die Menschen gewinnen.
Zur Zeit sind die Bande aller Moral zerrissen; was da ist, ist nur noch Konvention. Wer wie ich fast dauernd herumfährt, sieht, wie z. B. in den großen Hotels geschoben wird. Er sieht Offiziersgestalten, die nichts mehr mit unserem guten Offizierstum zu tun haben; er sieht junge Bengels, namentlich mit Parteiabzeichen, die mit dem Maule siegen, aber nicht daran denken, ihrer Wehrpflicht zu genügen. Selbst in der Wehrmacht müssen die Grundlagen der Moral auf das schwerste erschüttert sein, weil die religiöse Grundlage verlassen ist und weil der Kamerad den Kameraden hinter dessen Rücken anzeigen darf, ohne selbst als ein Lump behandelt zu werden. Die Errichtung des Sondergerichts beim Reichsmilitärgericht, die Durchsetzung der Armee mit Spitzeln spricht doch Bände! Vor einer Woche vernahm ich den Bericht eines $18^1/_2$jährigen SS-Soldaten, der früher ein ordentlicher Junge war, jetzt mit Gelassenheit erzählte, daß es „nicht gerade sehr schön wäre, Gräben mit Tausenden von Juden angefüllt mit dem Maschinengewehr abzusägen und dann Erde auf die noch zuckenden Körper zu werfen"! Was hat man aus der stolzen Armee der Freiheitskriege und Kaiser Wilhelms I. nur gemacht! Aber das *Volk* weiß und fühlt dies mit einer bewunderungswürdigen, gottlob vorhandenen instinktiven Sicherheit. Lassen Sie sich, sehr verehrter Herr Generalfeldmarschall, um Gottes willen nicht täuschen, wenn man ihnen sagt, daß das Volk die Lügen glaubt, zu denen man es zwingen will! Das Volk verachtet diese Lügen und haßt ihre Verbreiter. Das ist die Wahrheit. Sie wird um so elementarer hervorbrechen,

je länger man sie zu unterdrücken sich bemüht. Aber es wird sich dann auch gegen alle wenden, die eine *Mitverantwortung* auf sich geladen haben.

Im Süden macht Hitler den fünften militärischen Fehler: Er setzt deutsche Soldaten und wertvolle Waffen in Sizilien ein, während jede Überlegung ihm sagen muß, daß Italien nicht mehr zu retten ist, weil es sich selbst nicht mehr retten will. Die Verzettelung der deutschen Kräfte, die nutzlose Aufopferung der deutschen Soldaten ist ein Verbrechen; denn selbst der durch Verteidigung Siziliens erzielte Zeitgewinn bedeutet gar nichts. Die geheimnisvollen Andeutungen von neuen gewaltigen Waffen sind nach meinen Feststellungen unverantwortliches Geschwätz; selbst wenn diese neuen Waffen eines Tages wirklich einsatzbereit sein werden, ändern sie ja gar nichts mehr an der innerlich schon vollzogenen Entscheidung – ganz abgesehen davon, daß der Gegner ebenso wirksame besitzt. Es wird also militärisch – bloß noch wahnwitziger – der gleiche Fehler gemacht wie 1918: man *hat nicht den Mut, rechtzeitig die gebotenen Folgerungen* zu ziehen. 1943 aber ist das sehr viel verhängnisvoller als 1918, weil damals die Führung geistig und moralisch gesund war, während sie heute geisteskrank und moralisch verderbt ist.

Wer noch einen Beweis dieser Geisteskrankheit bedürfte, muß doch darauf verzichten, wenn er hört, daß Hitler seiner Umgebung die Teilung Italiens als Ziel hingestellt hat! Endlich würde Mussolini ihn um Hilfe bitten müssen; dann würde er ihn vielleicht zum Statthalter von Norditalien einsetzen und den Apennin zur deutschen Grenze machen! Hitler ist auch bereit, Rußland, wenn es nur Frieden macht, Grenzen zuzugestehen, die eine anständige deutsche Regierung auch heute noch nicht einzuräumen brauchte; er fabelt sich und anderen nahen Sieg vor!

Angesichts dieses nun offenbar werdenden nationalen Unglücks, in das uns eine wahnwitzige, göttliches und menschliches Recht verachtende Führung gebracht hat, erlaube ich mir eine letzte Bitte an Sie, sehr verehrter Herr Generalfeldmarschall, zu richten. Sie können gewiß sein, daß es die letzte sein wird. Nunmehr ist die Stunde gekommen, in der wir auch über unser persönliches Geschick endgültig zu entscheiden haben. Hier ist der Weg, den das Gewissen klar weist, dort der andere, bequemere. Jener mag Gefahren enthalten, aber er ist ehrenvoll; dieser führt zu bitterem Ende und furchtbarer Reue. Wissen Sie, sehr geehrter Herr Generalfeldmarschall, angesichts der furchtbaren, sich immer mehr beschleunigenden Zerstörungen deutscher Städte noch ein Mittel, um einen Sieg zu erringen, der 1. ermöglicht, Rußland endgültig von Europa fernzuhalten, 2. die USA und das englische Weltreich dazu zu zwingen, diese Angriffe aufzugeben und schließlich Frieden zu machen? *Das* ist doch politisch und militärisch gesehen die Frage, die vor uns steht. Wenn es diesen Sieg gibt, dann muß man seine Möglichkeit dem deutschen Volk nicht mit Lüge, sondern mit der Wahrheit, die doch dann vorhanden sein muß, klarmachen. Wenn es aber den Sieg nicht gibt, dann ist die Fortsetzung des Krieges ein glattes Verbrechen, weil es für ein Volk niemals ein heroisches Ende, sondern immer nur ein Weiterlebenmüssen gibt.

Ich habe erneut festgestellt und übernehme dafür die Verantwortung, daß die Möglichkeit noch vorhanden ist, zu einem für uns günstigen Friedensschluß zu kommen, wenn wir Deutschen uns selbst wieder verhandlungsfähig machen.

Daß mit Verbrechern und Narren kein Staatsmann dieser Welt verhandeln kann, weil er nicht leichtfertig das Geschick seines Volkes Narrenhänden anvertrauen kann, ist doch selbstverständlich. Das sagt uns ja auch unser eigenes Gewissen. Natürlich sind die Möglichkeiten schwieriger zu verwirklichen als vor einem Jahr. Sie sind auch nur auszunutzen, wenn der Politiker noch eine gewisse zeitliche Bewegungsfreiheit hat, wenn er also nicht wie 1918 von heute auf morgen vor das militärische „Wir können nicht mehr!" gestellt wird. Wird diese zweite, vom Militär abhängende Voraussetzung erfüllt, so können wir mit Ruhe, mit verständigem Handeln, den Krieg sofort in der Luft und allmählich auch im Lande abbremsen. Wer dem deutschen Volk heute verkünden kann, daß der Krieg in der Luft beendet ist, der hat das Volk hinter sich, und es wird niemand wagen, gegen ihn eine Stimme zu erheben oder einen Finger zu rühren. So liegen die Dinge, und nicht ein Jota anders.

Zu einem solchen Handeln, in dem man einfach die Dinge beim richtigen Namen nennt und die Verbrecher packt, stehe ich auf jede Gefahr hin zur Verfügung. Ich könnte auch zu diesem Zweck wieder Offizier werden, wenn ich nur ein planvolles, schnelles Zugreifen damit sichergestellt wüßte. Heute noch kann ich erklären, daß ich Ihnen, Herr Generalfeldmarschall, und jedem anderen zum notwendigen Handeln entschlossenen General die erdrückende Mehrheit der deutschen Arbeiterschaft, der deutschen Beamten und der deutschen Wirtschaft zuführen kann. Ich kann Ihnen auch, wenn Sie es wollen, Herrn Goebbels oder Herrn Himmler zum Bundesgenossen machen; denn auch diese beiden Männer haben längst begriffen, daß sie mit Hitler verloren sind. Es handelt sich also wirklich nur um den Entschluß, um die kühle Überlegung und um das rechte Handeln. Am gefährlichsten und schließlich unerträglich aber ist, vor der Stimme des Gewissens Tag um Tag die Ohren zu verschließen. Darin werden Sie, sehr geehrter Herr Generalfeldmarschall, wie ich überzeugt bin, mit mir übereinstimmen.

Sie müssen aber auch wissen, daß meine Wirkungsmöglichkeit zeitlich begrenzt ist. Ich gelte seit vielen Jahren als Militarist, als Bewunderer des Militärs, als Förderer militärischen Wesens, als Freund manchen Generals. Ich habe manche unangenehme Stunde in meinem Leben deswegen erlebt, sowohl nach dem Ersten Weltkrieg wie in den letzten Jahren; denn viele Männer Deutschlands haben von vornherein von den Generalen nichts erwartet. Ich aber habe stets ihre Stange gehalten und habe gesagt, man könne sich auf ihren Charakter und ihr Verantwortungsbewußtsein verlassen. Nun kommt es wirklich so weit, daß ich selbst mich blamiert fühle und daß man mir in Süddeutschland, wo ich treffliche Freunde habe, schon sagt, an allem sei der preußische Militarismus schuld. Es sind nicht törichte Männer, die dies sagen; es sind Männer, die ein warmes Herz für Deutschland und für den deutschen Soldaten haben, die aber darüber verzweifeln, daß man sehenden Auges, denkenden Verstandes und fühlenden Herzens von Verbrechern und Narren das Vaterland in den Abgrund führen und die deutsche Jugend und die deutschen Männer willenlos in Tod und Verstümmelung treiben läßt.

Wir müssen nunmehr Schluß damit machen, Narren zu gestatten, dem deutschen Volk ihre Illusionen und Lügen aufzwingen zu wollen, aus einem aus Herrschsucht geborenen Eroberungskriege einen Krieg notwendiger Verteidigung zu machen. Wir haben gar keine Veranlassung, den Bolschewismus oder die Angelsachsen zu fürchten. Auch dort wird mit Wasser gekocht, und wir haben vieles in die Waagschale zu werfen. Auch sie alle sind auf unsere Kraft und unser Können angewiesen. Aber es müssen wieder anständige Deutsche sein, die die deutschen Interessen mit Kraft und Vernunft vertreten.

Ich werde Ihnen nicht mehr lästig werden, sehr geehrter Herr Generalfeldmarschall; ich habe nur noch *eine* Antwort von Ihnen zu erbitten und weiß, welche Bedeutung es hat, wenn Sie mir die Antwort verweigern. Nur eines bitte ich: sie nicht etwa deshalb zu verweigern, weil Sie Sorge haben. Ich habe zu schweigen gelernt und werde es jetzt nicht verlernen. Ich weiß, was ich den Männern schuldig bin, denen ich vertraue. Wenn aber nicht wenigstens drei oder vier Männer in Deutschland zueinander mehr Vertrauen haben, dann allerdings können wir einpacken.

Mit den besten Empfehlungen

Ihr sehr ergebener
gez. Goerdeler

ANHANG IX

Ministerlisten Goerdelers

(Zum Text S. 368 ff.)

Ich stelle im folgenden zusammen, was mir über die verschiedenen Abwandlungen der von Goerdeler zusammengestellten Kabinettslisten bekannt geworden ist.

1. Januar 1943. Goerdeler legt Dr. Otto *Schniewind* (Beirat der Firma Telefonbau und Normalzeit Lehner & Co., Frankfurt/M., bis Frühjahr 1937 Ministerialdirektor im Reichswirtschaftsministerium) folgende vorläufige Liste vor:
Leuschner Vizekanzler, von Hassell Auswärtiges Amt, Ewald Loeser (Direktor bei Krupp, früher Stadtkämmerer von Leipzig) Finanzen, Popitz Kultus, Langbehn Justiz, von Gayl Inneres, Blessing Reichsbankpräsident, von Wedel Vizepräsident der Reichsbank, Dr. Hans Koch Reichsgerichtspräsident, Schniewind Wirtschaft (dafür war zuerst Loeser vorgesehen. Schniewind lehnte aber ab, Finanzminister zu werden). Mitteilung von Dr. Otto Schniewind, durch Dr. H. von zur Mühlen. Hassell gegenüber (Tgb. 350) hat sich Schniewind im Mai 1944 sehr abfällig über Goerdeler und über die unerfreulichen „Liquidationsaufgaben" des geplanten Ministeriums geäußert. Er habe seine Bereitschaft zurückgezogen.

2. August 1943. Frhr. v. Teuchert (Oberregierungsrat, Mitglied der Militärverwaltung in Frankreich) bringt von Berlin folgende Liste mit:
Fritz v. d. Schulenburg Inneres, Popitz Finanzen, Beck Kriegswesen, Justiz ein Rechtsanwalt (Wirmer?), Auswärtiges Brüning oder (falls nicht zu gewinnen) von Hassell (Walter Bargatzki, Persönliche Erinnerungen an die Aufstandsbewegung des 20. 7. 44 in Frankreich, Manuskript von 1945).

3. Januar 1944. Nach brieflicher Mitteilung von Jos. Ersing wurde diesem im Januar 1944 in Berlin folgende Kabinettsliste vorgelegt: Goerdeler Kanzler, Leuschner Vizekanzler, Leber Inneres, Loeser Finanzen, Bolz (württembergischer Staatspräsident a. D.) Kultus, Wirmer Justiz, Paul Lejeune-Jung (Syndikus) Wirtschaft, Dr. Hermes Ernährung, von Hassell Äußeres, Verkehrsminister: ein Sozialdemokrat. Hierzu ist zu bemerken: nach der Aussage Wirmers (K. B. 26. 9.) war zeitweise auch an Stegerwald als Ministerkandidat gedacht; er erschien aber dann als zu alt und politisch nicht unbelastet. Für das Verkehrsministerium suchte Goerdeler im Februar 1943 vergeblich Staatssekretär a. D. Königs zu gewinnen. Hermes wurde Anfang 1943 von Goerdeler und Kaiser aufgesucht, machte aber Vorbehalte und geriet mit Goerdeler in Spannungen, weil er freie Hand in der Auswahl seiner Mitarbeiter haben wollte. Die Besprechungen wurden bis Dezember 1943 fortgesetzt.

4. Von der *Gestapo in Vernehmungen ermittelte, am 29. 9. gemeldete Namenliste*, ohne Bezeichnung des Zeitpunktes[1]:

---

[1] Wenn die Liste in dieser Form jemals Geltung hatte, kann es sich wohl nur um ein ziemlich frühes Stadium handeln, da z. B. Königs schon im Februar 1943 abgelehnt

Generalstatthalter (Reichsverweser): Beck, zugleich Oberbefehlshaber der Wehrmacht.
Später, falls statt Monarchie eine Republik beschlossen wird:
Reichspräsident Leuschner. Staatssekretär des Präsidenten: Graf Schwerin-Schwanenfeld.
Reichskanzler: Goerdeler, Chef seiner Presse-Abteilung: Dr. Kiep;
später soll Leuschner oder Leber Kanzler werden.
Vizekanzler: Leuschner, sein Staatssekretär: Graf Peter Yorck.
Innenministerium: Graf Fritz v. d. Schulenburg, zunächst nur beauftragt mit Versehung des Ministeriums. Eventuell soll er Staatssekretär werden, Leber Minister.
Chef der Polizei: von Tresckow; zunächst kurzfristig: Graf Helldorf.
Auswärtiges Amt: Botschafter a. D. Friedrich Werner v. d. Schulenburg oder Botschafter a. D. Dr. Ulrich von Hassell.
Kriegsministerium: Generaloberst Hoepner, Staatssekretär General Olbricht und Claus Graf Schenk von Stauffenberg.
Propagandaministerium: nur im Kriegsfall einzurichten[2].
Wirtschaftsministerium einschließlich Arbeit, Ernährung, Reichsbank, Preiskommissariat, Arbeitseinsatz: Blessing, gleichzeitig Reichsbankpräsident, oder Lejeune-Jung. Staatssekretär: Bankdirektor Dr. Ernst (früher Ministerialdirektor im Reichswirtschaftsministerium).
Ernährungsministerium: falls es vom Wirtschaftsministerium abgetrennt wird: Graf Fritz v. d. Schulenburg, kurzfristig. Als Minister für später sind geplant: Schlange-Schöningen oder Frh. v. Lüninck oder Hermes oder ein Fachbeamter des Ministeriums[3].
Finanzministerium: zunächst Popitz. Es soll versucht werden, für später Schwerin-Krosigk zu gewinnen oder Loeser. Staatssekretär: Helfferich.
Kultusministerium: einschließlich Kirchenministerium und gewissen unpolitischen Teilen des bestehenden Propagandaministeriums (Theater, Rundfunk, Film): zunächst Popitz, später Reichwein oder Schuschnigg, Staatssekretär Studienrat Hermann Kaiser.
Verkehrsministerium (einschließlich Post): Lokomotivführer a. D. Matthäus Herrmann[4].

---

haben soll (s. o.). Es ist aber auch möglich, daß der Berichterstatter der Gestapo (Obersturmbannführer von Kielpinski) sie aus allen möglichen in den Vernehmungen aufgetauchten Namen kompiliert hat.

[2] Nach den Aussagen Lebers vor dem VGH war Mierendorff und nach dessen Tod Haubach als Referent für Presse und Propaganda vorgesehen. Anklageschrift vom 19. 9. 44 gegen Leber und Genossen.

[3] Nach Aussagen Goerdelers (K. B. 26. 9.) hat dieser zeitweise auch an Woermann-Halle oder an Dr. Schlabach, Hauptgeschäftsführer der Gruppe Landmaschinenbau, als Staatssekretäre unter Hermes gedacht. Beide waren bereit. Schlabach starb im Frühjahr 1944, Woermanns Nennung stieß auf Widerspruch, weil er formell Parteigenosse war (Mitteil. J. Kaisers).

[4] Ein 65jähriger schwerhöriger Gewerkschaftler aus Oberfranken, 1928—33 Mit-

Staatssekretär: Königs. Als Beamter im Verkehrsministerium: Stadtbaurat a. D. zur Nieden[5].

Postministerium (falls abgetrennt): General Fellgiebel, Staatssekretär: Thiele.

Justizministerium: beauftragt für den Übergang: Heereschefrichter Dr. Sack, später Minister: Min.Dirigent Kriege.

Rüstungsministerium: es soll versucht werden, Speer zu gewinnen[6].

5. *Letzte Ministerliste vom Juli 1944* (nach Mitteilung Jakob Kaisers): Staatschef: Beck — Kanzler: Goerdeler — Vizekanzler: Leuschner — Innenminister: Leber — Wirtschafts- und Arbeitsminister: Lejeune-Jung — Kultusminister: Bolz – Wiederaufbau: Letterhaus (falls dieses Ministerium nicht geschaffen wird, soll Letterhaus Minister ohne Portefeuille werden) – Finanzminister: Loeser — Justiz: Wirmer — Außenminister: Hassell oder Schulenburg — Landwirtschaftsminister: Hermes. Außerdem sollte noch ein Österreicher als Sprechminister ins Kabinett berufen werden; gedacht war an einen Christlich-Sozialen (Gleißner?) oder einen Sozialdemokraten (Seitz?). Für den ersten Reichstag war an Löbe als Reichstagspräsident gedacht.

6 *Von der Gestapo am 14. 8. gemeldete Liste* (K. B.): Sie stimmt mit Nr. 5 überein, meldet aber Fr. v. d. Schulenburg als Staatssekretär im Innenministerium unter Leber, als Kultusminister neben Bolz noch Schuschnigg.

Die bei *Gisevius* II 354 gedruckte Liste entspricht ebenfalls Nr. 5, nennt aber auch Olbricht als Kriegsminister. Die vom *Wheeler-Bennett* 622 abgedruckte Liste entspricht mit einzelnen Abweichungen etwa Nr. 4. Leider fehlt dort die Quellenangabe.

---

glied des Reichsbahnverwaltungsrates, den Leuschner vergeblich zu gewinnen suchte. Er wurde vom VGH freigesprochen, da er Leuschners Absicht sicher gar nicht verstanden habe. Urteil des VGH über Schwartz, Schwamb, Herrmann vom 13. 1. 45 (Fotokopie a. d. Doc. Center Berlin).

[5] Früherer Leipziger Mitarbeiter G.s. Wurde am 23. 4. 45 zusammen mit anderen Insassen des Gefängnisses Lehrterstraße erschossen. Nach andern, der Familie verfügbaren Nachrichten war er mindestens zeitweise auch als Verkehrsminister oder Staatssekretär vorgesehen.

[6] Eine etwas andere Form dieser Liste bringt *G. Weisenborn* a. a. O. 142 ohne Quellenangabe.

ANHANG X

Liste der von den Verschwörern des 20. Juli gesammelten „Politischen Beauftragten“ und „Verbindungsoffiziere“ der Wehrkreise

(Zum Text S. 372)

Im ersten Faszikel der K. B. findet sich ein Bericht Chef WNV im OKW vom 22. 7. 44: Meldung der Dienststelle AGN/HNV. Er gibt genau datiert, nach Stunden und Minuten die von den Verschwörern am Nachmittag des 20. Juli durchgegebenen Befehle wieder, zuerst Zeittafel (7 S.), dann die Befehle selbst im Anhang. Unterschrift: Thiele.

Hier findet sich nun ein Fernschreiben KR-HOKW – 076000 vom 20. Juli, 19 Uhr 48, unterzeichnet Hoepner, in dem die Verbindungsoffiziere (VO) und Politischen Beauftragten (PB) der einzelnen Wehrkreise genannt werden. Die Namen scheinen teilweise durch Hörfehler entstellt.

WK I:	PB	Graf Dohna-Tolksdorf
	VO	Graf Lehndorff-Steinort
WK III:	PB	Oberlandforstmeister von Willisen, Schwerin, und von Kleist, Schmenzin, Stolpe
	VO	Major Graf Blumenthal, Berlin
WK IV:	PB	Walter Cramer, Leipzig
	VO	Generalmajor Oster
WK V:	PB	Fischer, Stuttgart (Adresse angegeben)
		Rechtsanwalt Frank, Karlsruhe, als Unterbeauftragter für Baden
WK VI:	PB	Hauptmann Letterhaus im OKH
		Landrat Sümmermann (Summermann?) als Stellvertreter
	VO	keine Angabe
WK VII:	PB	Minister a. D. Geßler, München
	VO	Major Frhr. von Leonrod, Berlin
WK VIII:	PB	Rechtsanwalt Lukaschek, Breslau
		Polizeipräsident Voigt, Breslau
		Rechtsanwalt Kaschny, Ratibor
	VO	Rittmeister Scholz-Babisch
WK IX:	PB	Minister a. D. Noske, Frankfurt
		Röhlich (Fröhlich?), Weimar
	VO	Oberstleutnant Frhr. von Sell, Berlin
WK X:	PB	Dahrendorf, Berlin
		Tantzen, Ministerpräsident a. D., Oldenburg
	VO	nicht genannt
WK XI:	PB	Oberbürgermeister Mende (muß heißen: Menge), Hannover
		Hermann Lindemann (Lüdemann?), Berlin
	VO	Oberst Wagner, OKW, Truppenabt. Berlin

WK XII: PB Rechtsanwalt Schwamb, Frankfurt
Rechtsanwalt Loßmann (muß heißen: Koßmann), Saarbrücken
VO Hauptmann Kaiser, OKH, Berlin, zur Zeit Wiesbaden
WK XIII: PB Georg Böhme, Nürnberg-Fürth
VO nicht genannt
WK XVII: PB Seitz, Wien
Reither (Bauernführer)
VO Oberst Graf Marogna-Redwitz
WK XVIII: PB Rehrl, Salzburg
von Mörl, Innsbruck
Oberst Armster, Kommando Meldegebiet Wien
WK XX: PB Frhr. von Lüninck, Ortwig, Westfalen
VO Oberstleutnant von Boehmer, Danzig
WK XXI: PB Ministerialdirektor Oberst Vollert, Prag
VO Major Kißling, Trebnitz, Schlesien
WK Böhmen-Mähren: VO Oberstleutnant Graf Uexkuell, Wehrkommando Leutlingen

In seinen Vernehmungen hat Goerdeler nähere Angaben darüber gemacht, wann und wie er mit den einzelnen PB in Verbindung kam. K. B. vom 6. 9. berichtet darüber unvollständig. Es zeigt sich aber erstens: daß fast alle Genannten erst seit 1943 mit Goerdeler näher bekannt wurden; zweitens: daß die folgenden Namen (meist alte Gewerkschaftler) durch Leuschner auf die Liste gebracht und befragt wurden: Böhme, Fröhlich, Lüdemann (Min. a. D.), Schwamb, Summermann. Koßmann gehörte zum Kreis Jakob Kaisers, Tantzen war durch Wirmer eingeladen.

ANHANG XI

Aufruf an die Wehrmacht. Entwurf des Generalobersten L. Beck

(Zum Text S. 374 und zu Anmerkung 66 auf S. 544)

Soldaten!

Tapfer und todesmutig habt Ihr vier Jahre hindurch gekämpft, ohne je zu verzagen, allen Gefahren trotzend, unbekümmert um alle Mühen und Leiden, nur durchdrungen von eisernem Pflichtgefühl und glühender Liebe zu Volk und Vaterland. Keine Aufgabe war Euch zu schwer, kein Opfer zu groß. Erfüllt von dem Glauben, der Krieg sei gerecht und notwendig, um das nach dem ersten Weltkrieg geschehene Unrecht wieder gutzumachen und unsere Freiheit zu sichern, seid Ihr in den Kampf gezogen. Zu Lande, in der Luft und auf der See habt Ihr Gewaltiges geleistet und den Lorbeer der Unüberwindlichkeit an Eure Fahnen geheftet. Und trotzdem ist ein Ende des Krieges nicht abzusehen. Eure Heimkehr zu Frau und Kindern, nach Haus und Hof zu friedlicher Arbeit scheint in weite Ferne gerückt zu sein. Ihr werdet Euch selbst schon oft genug gefragt haben, wie das zu erklären ist. Antwort habt Ihr nicht gefunden. Denn eine Propaganda, die vor keiner Lüge zurückschreckt, mit Eurem Heldenmut und Eurem Leben gewissenlos spielt, hat Euch den Blick getrübt. In Wirklichkeit ist die Antwort klar und einfach: Eine Staatsführung, die die Politik nicht mehr als die Kunst des Möglichen ansieht und die Erreichung ihrer Ziele nicht mit sparsamstem Kräfteeinsatz anstrebt, sondern in phantastischen Plänen grenzenloser Eroberungen schwelgt, die überhaupt keine sittlichen Bindungen weder dem eigenen noch einem anderen Volke gegenüber anerkennt, kann niemals zu einem Frieden mit den übrigen Völkern gelangen. Hieran können Eure Führer nichts ändern, sie erwirken bei solcher Staatsführung nur immer maßlosere Wünsche. Statt einer weisen Beschränkung auf die wahren Lebensnotwendigkeiten unseres Volkes wurde unter dem Deckmantel einer Neuordnung Europas die Unterwerfung fast des ganzen Erdteiles betrieben. Die besiegten Völker wurden unterjocht und ausgebeutet, statt sie durch weise Rücksicht auf ihren nationalen Stolz, auf ihren Freiheitswillen und auf ihre Lebensinteressen zu gewinnen und Brücken zu einer dauerhaften Verständigung zu schlagen. So hat die Staatsführung die klaren Lehren der Geschichte, die solches Vorgehen zur Erfolglosigkeit verurteilen, mißachtet und überall statt Vertrauen Haß gesät. Sie hat damit den Weg zu einem baldigen dauerhaften Frieden sich hemmungslos verbaut.
Wir wünschen keine Versklavung anderer Völker. Die Freiheit, die unsere Väter im vorigen Jahrhundert für Deutschland als köstlichstes Gut völkischen Lebens errungen und die wir in gleicher Begeisterung zu hüten haben, muß auch allen anderen Völkern zugestanden werden. Denn nur auf dieser Grundlage kann die Kluft überbrückt werden, die eine hemmungslose, machtberauschte Politik aufgerissen hat. Ein Weiteres noch droht Euch um den Erfolg Eurer Siege zu bringen, die Ihr unter der Führung geschulter und erfahrener Männer erfochten habt: Das „Feldherrngenie" Hitlers, das er in wahnwitziger

Verblendung sich selbst angemaßt hat und das ihm von Speichelleckern aufs widerlichste angehimmelt worden ist. Wer einen Stiefel besohlen will, muß es gelernt haben. Wer ein Millionenheer führen will, muß die Fähigkeit dazu auf den verschiedenen Stufenleitern harten militärischen Dienstes erlernt und bewiesen haben. Seitdem sich Hitler im Winter 1941/42 selbst den Oberbefehl zuerkannt hat, wurde durch Eigensinn, Unfähigkeit und Maßlosigkeit die Wehrmacht in Lagen gebracht, vor denen Sachverständige gewarnt hatten und die vermeidbare schwerste Opfer gekostet haben. Der Untergang der 6. Armee bei Stalingrad, der Zusammenbruch des unüberlegten Unternehmens in Nordafrika, sowie die vergeblichen Opfer auf Sizilien sind einzig und allein unfähiger, gewissenloser Führung zuzuschreiben. Hunderttausende brave Soldaten büßten für Vermessenheit und Eitelkeit eines einzelnen mit Leben, Gesundheit oder Verlust der Freiheit. Mit unbarmherziger Kälte hat diese Führung unsägliches Leid, das vermieden werden konnte, in zahllose Familien gebracht. Viele höhere Führer sind bereits zurückgetreten, manche aus dem Leben geschieden, weil sie die Verantwortung für solche gewissenlose, unfähige Führung nicht tragen wollten. Andere wurden beseitigt, weil sie den Mut hatten, ihre warnende Stimme zu erheben, damit kostbares Blut geschont und nicht vergeudet würde. Niemals in der deutschen Geschichte hat eine militärische Führung mit größerer Skrupellosigkeit die edle Einrichtung der allgemeinen Wehrpflicht und das Vertrauen mißachtet, das Soldaten ihr entgegengebracht haben. Während Ihr fern der Heimat kämpft, um sie zu verteidigen, sind zahlreiche deutsche Städte, die sicher zu schützen Göring sich vermessen gerühmt hatte, in Schutt und Asche gesunken, sind unersetzliche Kulturwerke, zahllose Arbeitsstätten und Hunderttausende von Wohnungen zerstört, zahlreiche Familien tapferer Soldaten getötet und ausgelöscht für immer. Niemals vorher hat sich so Furchtbares im deutschen Vaterland zugetragen.

Soldaten! So darf es nicht weitergehen! Eure Heimkehr darf dermaleinst nicht auf ein Trümmerfeld führen, auf dem die Jugend, Eurer Erziehung beraubt, mit Heimat und Elternhaus auch der Seele verlustig geht, wo materielle Begierden alle edlen Gefühle für Eure Freiheit, für Menschenwürde und Nächstenliebe zu verdrängen und zu ersticken drohen. Wollt Ihr, daß die geheiligten Ordnungen von Zucht und Sitte durch Sünde und Laster zerstört werden? Wollt Ihr, daß die Jugend uns einst dafür verdammt, weil wir den Mut zur Verantwortung, zur Rettung des Vaterlandes nicht rechtzeitig aufgebracht hätten? Vielleicht haben wir schon zu lange gezögert, aber wir dürfen nicht mehr weiter warten. Denn nun bereitet man den gewissenlosesten Schlag vor, die Führer der Wehrmacht für das ganze Unglück verantwortlich zu machen. Wir müssen handeln, weil – und das wiegt am schwersten – in Eurem Rücken Verbrechen begangen wurden, die den Ehrenschild des deutschen Volkes beflecken und seinen in der Welt erworbenen guten Ruf besudeln. Selbstsüchtige Kreaturen in hohen und höchsten Stellen haben sie zugelassen oder gar selbst begangen. Sie haben den Krieg dazu benutzt, sich schamlos auf Kosten des eigenen und fremder Völker zu bereichern und aus der Not der Armen und dem Elend der Unglücklichen Nutzen zu ziehen. Diese Männer haben sich nicht gescheut, sich mit dem Ruhm Eurer Heldentat zu brüsten, ohne daß sie selbst den Krieg je im Leben gespürt haben. Ihr werdet die Einzelheiten erfahren. Wir werden mit unerbittlicher Strenge im öffentlichen Verfahren durchgreifen. Das Schlimmste ist, daß dieses schamlose Treiben von Adolf Hitler befohlen oder gebilligt wurde. Eine solche Führung, ob wahnwitzig oder voll verantwortlich, hat den Anspruch auf Gehorsam vor Gott und den Menschen verwirkt, denn sie hat den Eid gebrochen, den sie selbst einst dem Vaterlande geschworen hat, dem sie wie jeder Bürger unterworfen ist, und damit die Treue, die sie dem Eidleistenden schuldig ist, mit Füßen getreten. Sie könnte Volk und Vaterland nur noch einer schimpflichen, furchtbaren Katastrophe entgegenführen. Dies zu verhindern, sind wir fest entschlossen. Hierfür stehen wir vor Gott ein. Hierfür nehmen wir Euch in Eid und Pflicht. Im Einverständnis mit Euren ältesten soldatischen Führern und meinen Mitarbeitern habe ich daher die politische und militärische Leitung übernommen. Eures Vertrauens bin ich gewiß. Hervorragende Männer aus allen Schichten des Volkes haben zugestimmt und geloben selbstlose Hingabe und Treue. Ich werde diejenigen Maßnahmen treffen, die überall Führung und Verwaltung durch sachkundige Männer untadligen Charakters sicherstellen.

Soldaten! Noch ist die Stunde nicht gekommen, sich dem Gedanken des Friedens hinzugeben. Noch müssen wir kämpfen, um zu verteidigen und zu retten, was uns teuer ist, bis ein ehrenvoller Ausgang des Krieges gesichert ist. Viererlei verspreche ich Euch aber schon jetzt:

Erstens: Nur solche Opfer werden von Euch verlangt werden, die nach gewissenhafter Prüfung unbedingt notwendig sind, um uns zu verteidigen, um den Krieg zu gutem Ende zu führen.

Zweitens: Vertrauenswürdige, sachkundige deutsche Männer werden alles daransetzen, um zu einem dauerhaften, unsere Zukunft sichernden Ausgleich mit allen Völkern zu kommen.

Drittens: Hinter Eurem Rücken und unter Eurem Schutze werden wieder Recht und Gerechtigkeit, Anstand und Sauberkeit, Sachkunde und selbstlose Pflichterfüllung herrschen.

Viertens: Nach dem Kriege wird alle Kraft des Volkes eingesetzt werden, um Wohnungen, Hausrat und Nahrung und wahrhaft soziales Zusammenleben zu schaffen. Ein klares Lebensziel ruhiger friedlicher Arbeit soll vor uns stehen. Wir alle werden hart arbeiten und einfach leben müssen, aber wir werden dafür wieder Kraft und Reichtum der Seele finden.

Ich vertraue, daß Front und Heimat, alle vereint in gesammelter Kraft, weiter ihre Pflicht bis zum äußersten tun in Demut vor Gott, für Ehre und Freiheit, für Volk und Vaterland.

ANHANG XII

Gestapobericht über angebliche Verbindungen Stauffenbergs nach England im Frühsommer 1944

(Zum Text S. 389 und 25 — Anmerkung 104 auf S. 537)

Bericht vom 2. 8. 1944

Verbindung zum Ausland

Die neuere Vernehmung des Hauptmanns *Kaiser* gibt eine Reihe von Hinweisen, daß Stauffenberg über Mittelsmänner zwei Verbindungen zur englischen Seite hatte. Den Zusammenhängen wird im Augenblick im einzelnen nachgegangen. Bereits am 25. Mai hat Kaiser für Stauffenberg eine Notiz ausgearbeitet, worüber mit der Feindseite verhandelt werden sollte:

1. Sofortiges Einstellen des Luftkrieges
2. Aufgabe der Invasionspläne
3. Vermeiden weiterer Blutopfer
4. Dauernde Verteidigungsfähigkeit im Osten
   Räumung aller besetzten Gebiete im Norden, Westen und Süden
5. Vermeiden jeder Besetzung
6. Freie Regierung, selbständige selbstgewählte Verfassung
7. Vollkommene Mitwirkung bei der Durchführung der Waffenstillstandsbedingungen, bei der Vorbereitung der Gestaltung des Friedens
8. Reichsgrenze von 1914 im Osten
   Erhaltung Österreichs und der Sudeten beim Reich
   Autonomie Elsaß-Lothringens
   Gewinnung Tirols bis Bozen, Meran
9. Tatkräftiger Wiederaufbau mit Mitwirkung am Wiederaufbau Europas
10. Selbstabrechnung mit Verbrechern am Volk
11. Wiedergewinnung von Ehre, Selbstachtung und Achtung

Ende Juni 1944 hat Kaiser von Goerdeler erfahren, daß von höchster englischer Stelle aus Erkundigungen über die Verschwörerclique eingezogen worden sind. Stauffenberg hat

a) eine Liste von Männern übermittelt, die die zukünftigen Verhandlungspartner Englands sein sollten,
b) den Wunsch, daß Österreich beim Reich bleibt,
c) die Bitte, daß die Abrechnung mit den Kriegsverbrechern der künftigen deutschen Regierung überlassen bleiben sollte.

Das Tagebuch Kaisers, das vom 9. Mai bis 15. Juli reicht und eine Fülle von Hinweisen enthält, wird zur Zeit ausgewertet.

PERSONENREGISTER

In dem nachfolgenden Personenregister sind die Namen Goerdeler und Hitler fortgelassen, um das Register nicht praktisch nutzlos anschwellen zu lassen. – Für die 3. Auflage wurde das Register durch die Herren Klaus Schwabe und Wolfgang Steglich neu bearbeitet.